2016 总第14期
FUZHOU NIANJIAN

# 抚州年鉴

《抚州年鉴》编辑委员会 编

方志出版社
Publishing House of Local Records

**图书在版编目(CIP)数据**

抚州年鉴.2016/《抚州年鉴》编辑委员会编.—
北京:方志出版社,2017.3
ISBN 978-7-5144-2389-1

Ⅰ.①抚… Ⅱ.①抚… Ⅲ.①抚州-2016-年鉴
Ⅳ.①Z525.63

中国版本图书馆CIP数据核字(2017)第061167号

**抚州年鉴(2016)**

**编　　者:**《抚州年鉴》编辑委员会
**责任编辑:**王　俊

**出 版 人:**翼祥德
**出 版 者:**方 志 出 版 社
地址　北京市朝阳区潘家园东里9号(国家方志馆4层)
邮编　100021
网址　http://www.fzph.org
**发　　行:**方志出版社发行中心
电话(010)67110500
**经　　销:**各地新华书店
**印　　刷:**江西龙莹印务有限公司

**开　　本:**889×1194　1/16
**印　　张:**23.8
**字　　数:**1025千字
**版　　次:**2017年3月第1版　2017年3月第1次印刷
**印　　数:**001—600册

ISBN 978-7-5144-2389-1　定价:280.00元

- 地方财政科技支出 4.95 亿元，全年全市申请专利 2450 件，获得授权专利 1746 件，有省级以上重点实验室和省级工程技术研究中心分别达到 4 个和 14 个
- 全市全年送戏下乡 1039 场，送电影下乡近 29589 场，指导乡村开展文体活动近 632 场
- 全市参加新农合 300.89 万人，参合率达到 99.44%
- 年末，全市常住人口为 3984687 人，其中，城镇人口 1795565 人，占全市常住人口的 44.97%
- 城镇居民人均可支配收入 25065 元，人均消费性支出为 15032 元；农村居民人均可支配收入 11441 元，人均生活消费支出 7488 元，增长 12.1%
- 全市范围内深入开展“四进四联四帮”活动，构建新型干群关系，促进基层维稳、扶贫等工作的有效开展，共组织 1808 支“连心”小分队、4700 余名党员干部深入一线，为民办实事 4723 件，完成为民项目 672 个，解决矛盾纠纷 1591 件，实现 5 万人精准脱贫目标
- 城镇新增就业 4.39 万人，完成城镇保障性安居工程 12153 套，新建、改造农村危房 20144 户
- 新创建 2 个国家级生态文化村、1 个省级生态乡镇和 5 个省级生态村；被中国标准化研究院评为“2015 年中国大陆城市‘氧吧’50 强”第一名

# 抚州市经济实力示意图

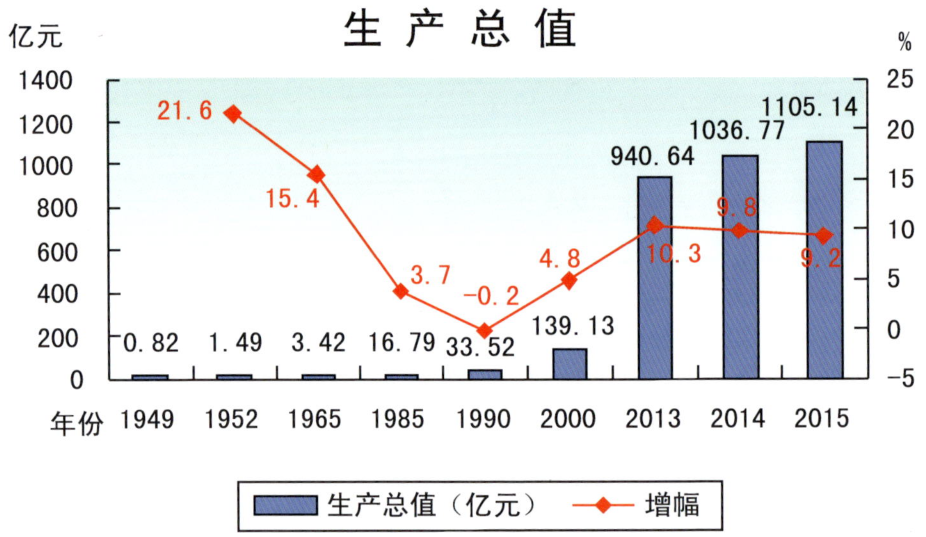
生产总值
亿元
%
1400
1200
1000
800
600
400
200
0
25
20
15
10
5
0
-5
21.6
15.4
3.7
-0.2
4.8
10.3
9.8
9.2
0.82
1.49
3.42
16.79
33.52
139.13
940.64
1036.77
1105.14
年份 1949 1952 1965 1985 1990 2000 2013 2014 2015
生产总值（亿元）
增幅

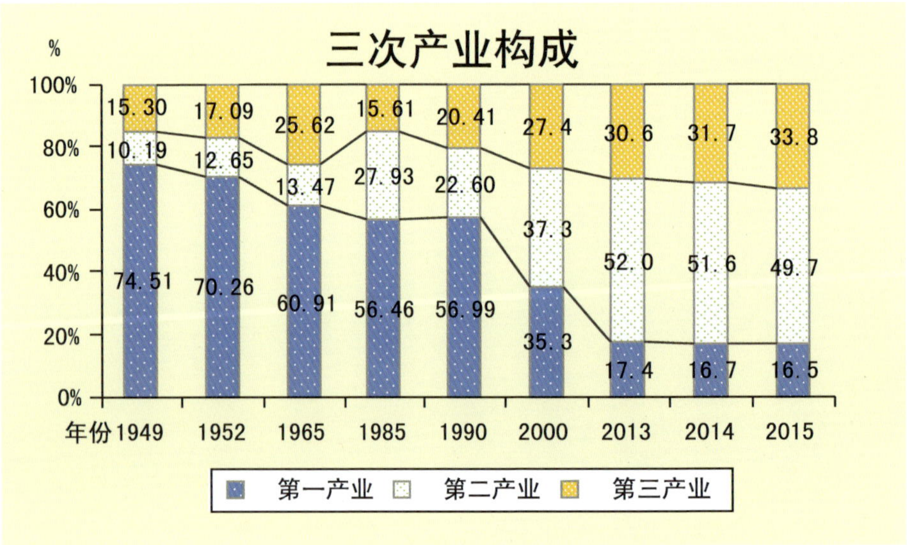
三次产业构成
%
100%
80%
60%
40%
20%
0%
15.30 17.09 25.62 15.61 20.41 27.4 30.6 31.7 33.8
10.19 12.65 13.47 27.93 22.60 37.3 52.0 51.6 49.7
74.51 70.26 60.91 56.46 56.99 35.3 17.4 16.7 16.5
年份 1949 1952 1965 1985 1990 2000 2013 2014 2015
第一产业
第二产业
第三产业

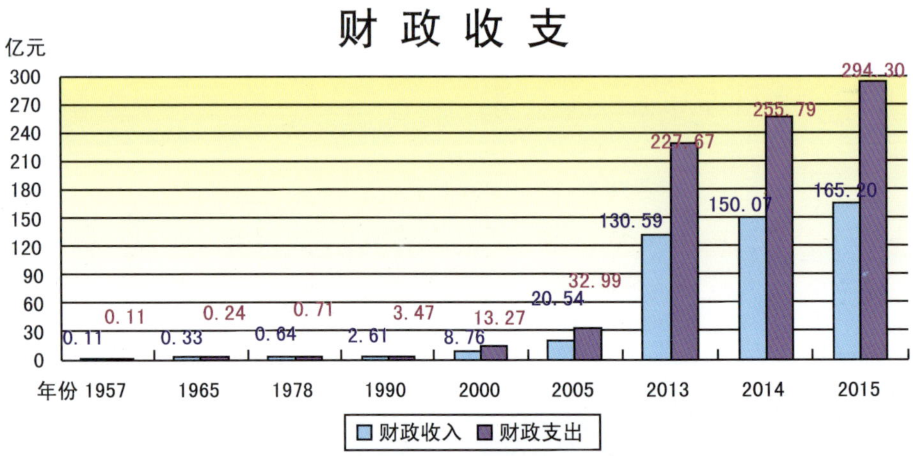
财 政 收 支
亿元
300
270
240
210
180
150
120
90
60
30
0
0.11 0.33 0.64 2.61 8.76 20.54 130.59 150.07 165.20
0.11 0.24 0.71 3.47 13.27 32.99 227.67 255.79 294.30
年份 1957 1965 1978 1990 2000 2005 2013 2014 2015
财政收入
财政支出

# 抚州市经济实力示意图

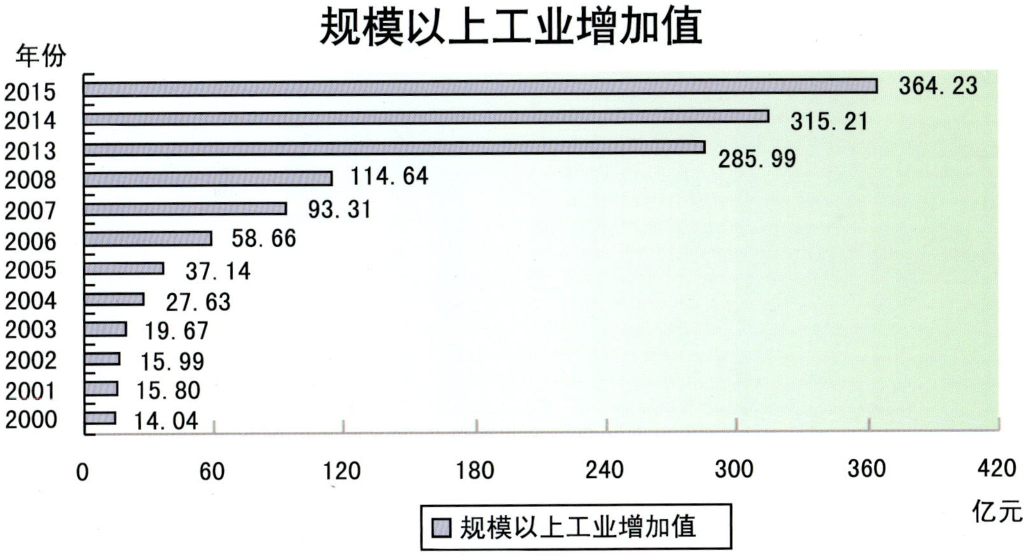
规模以上工业增加值
年份
2015
2014
2013
2008
2007
2006
2005
2004
2003
2002
2001
2000
364.23
315.21
285.99
114.64
93.31
58.66
37.14
27.63
19.67
15.99
15.80
14.04
0
60
120
180
240
300
360
420
亿元
规模以上工业增加值

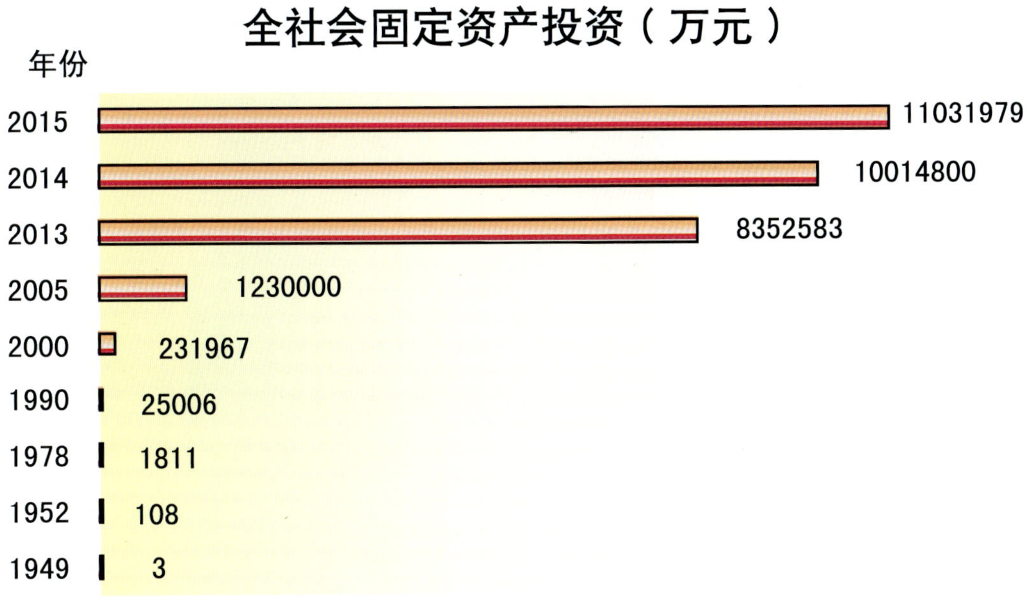
全社会固定资产投资（万元）
年份
2015
11031979
2014
10014800
2013
8352583
2005
1230000
2000
231967
1990
25006
1978
1811
1952
108
1949
3

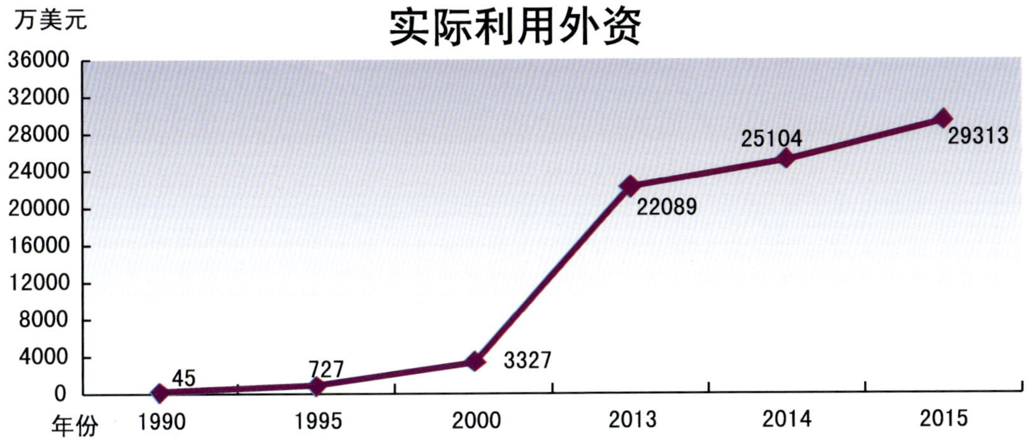
实际利用外资
万美元
36000
32000
28000
24000
20000
16000
12000
8000
4000
0
45
727
3327
22089
25104
29313
年份
1990
1995
2000
2013
2014
2015

# 抚州市居民生活水平示意图

## 城市居民可支配收入及农民人均纯收入

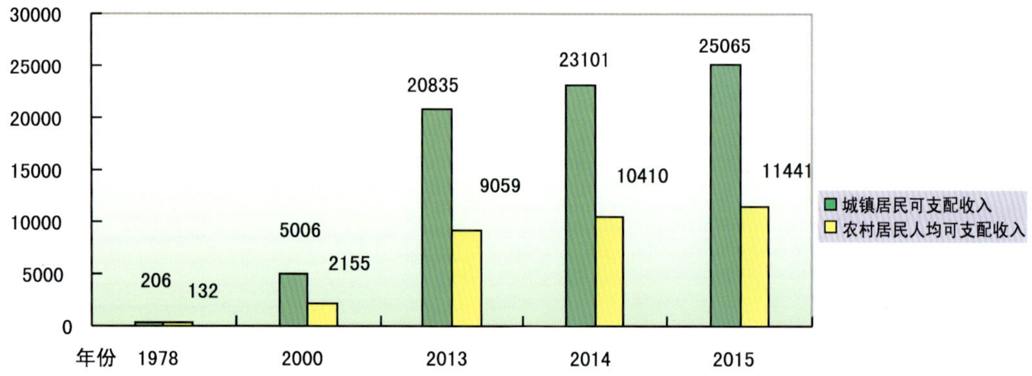


## 城乡居民储蓄存款年末余额（亿元）

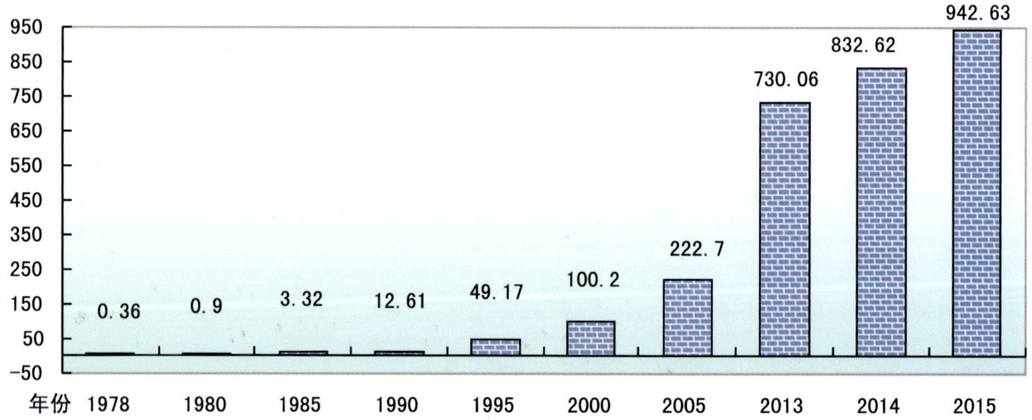


## 商品零售价格指数和居民消费价格指数

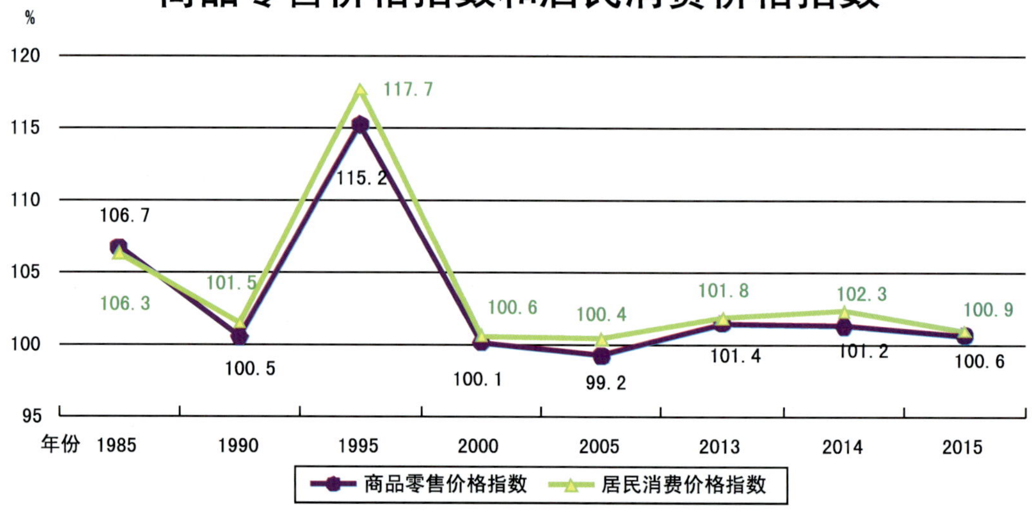

# 中共抚州市委三届十一次全体（扩大）会议

▲市委书记肖毅代表市委常委会作工作报告

▲市委副书记、市长张鸿星总结上半年全市经济社会发展工作，着重就做好下半年经济工作进行部署

▲8月2日，中共抚州市委三届十一次全体（扩大）会议在市行政中心会议中心召开。会议主要任务是贯彻落实省委十三届十一次全会精神，总结上半年全市经济社会发展工作，部署下半年和今后一个时期全市各项工作。

本栏目图片由李劼提供

# 抚州市三届人大五次会议

▲省委常委、省委秘书长、市委书记龚建华作闭幕会议讲话

▲市委副书记、市长张和平作政府工作报告

▲市第三届人民代表大会第五次会议上，黄牡香当选市人大常委会主任

▲1月20日至22日，抚州市第三届人民代表大会第五次会议召开。会议审议通过了关于政府工作报告的决定、关于抚州市2014年国民经济和社会发展计划执行情况与2015年国民经济和社会发展计划的决定、关于抚州市2014年市级总预算执行情况和2015年市级总预算的决议、关于抚州市人大常委会工作报告的决议、关于抚州市中级人民法院工作报告的决议、关于抚州市人民检察院工作报告的决议，及其他人事任免事项。

本栏目图片由朱定帅供稿

# 抚州市三届人大六次会议

▲市委书记肖毅发表讲话

▲市委副书记、新当选市长张鸿星发表讲话

▲5月25日至26日，抚州市三届六次会议召开。会议依照法定程序，选举张鸿星为抚州市人民政府市长。会议号召，全市上下要紧密团结在以习近平同志为总书记的党中央周围，在省委、省政府的坚强领导下，振奋精神，坚定信心，抢抓机遇，真抓实干，敢于担当，勇争一流，为抚州早日全面建成小康社会而努力奋斗。

本栏目图片由朱定帅供稿

# 抚州市政协三届五次会议

▲政协主席谢发明作市政协常委会工作报告

▲市政协委员作代表发言

▲1月19日至21日，中国人民政治协商会议抚州市第三届委员会第五次会议召开。会议审议通过市政协三届五次会议提案审查报告和大会决议。会议接受黄德宪、廖建辉辞去政协抚州市第三届委员会副主席职务；选举徐建辉、柏林为政协抚州市第三届委员会副主席，选举陈辉为政协抚州市第三届委员会常务委员。

本栏目图片由郑海云供稿

▲7 月 14 日至 15 日，省委副书记、省长鹿心社赴崇仁县、临川区、抚州高新区、黎川县和南城县等地调研。省委副书记、常务副省长莫建成随同调研；市委书记肖毅，市委副书记、市长张鸿星等市领导先后陪同调研。图为省长鹿心社在黎川县调研。

▲12 月 11 日，市委常委、常务副市长于秀明深入挂点村——宜黄县梨溪镇里阴村，指导村党支部专题组织生活会。现场指导帮扶工作，走访慰问部分困难群众和革命烈士家属。

本栏目图片分别由黎川县党史办、市委办供稿

▲ 10 月 22 日，中共中央政治局委员、中央政法委书记孟建柱在省委书记、省人大常委会主任强卫，中央政法委秘书长汪永清，中央政法委副秘书长、中央综治办主任陈训秋，省委常委、政法委书记周萌，省委常委、南昌市委书记龚建华，副省长、省公安厅厅长郑为文等同志的陪同下，莅临抚州市公安局视察调研，抚州市委书记肖毅，市委副书记、市长张鸿星等陪同。图为孟建柱视察市公安局出入境管理处。

▲ 9 月 20 日，国家宗教事务局局长王作安率队深入宜黄县曹山宝积寺调研。

本栏目图片分别由市公安局、宜黄县党史办供稿

▲5月21日上午，抚州市委召开全市“三严三实”专题教育动员部署会并举办专题讲课。会议要求，各地各部门要深入学习习近平总书记关于“三严三实”的重要论述，准确把握中央和省委、市委关于开展专题教育的部署要求，切实增强践行“三严三实”的思想自觉和行动自觉，把从严从实的要求贯穿于“三严三实”专题教育始终，推动专题教育深入扎实开展。

▲6月24日上午，抚州市开展“四进四联四帮”活动暨精准扶贫攻坚动员大会召开。宣布《关于开展“四进四联四帮”活动干部作风建设工作方案》和《关于扎实推进精准扶贫工作的实施意见》，并就贯彻落实会议精神作出部署。

本栏目图片由周虹供稿

# 抚州市第三届纪律检查委员会第六次全体会议

▲市委书记肖毅出席市纪委三届六次全会，并颁发党风廉政建设主体责任书

▲市委常委、市纪委书记吴伟柱出席市纪委三届六次全会

▲2016年2月2日，中国共产党抚州市第三届纪律检查委员会第六次全体会议在抚州举行。全会深入贯彻落实十八届中央纪委六次全会、省纪委十三届六次全会精神，总结回顾2015年党风廉政建设和反腐败工作，研究部署2016年工作任务。审议通过市纪委常委会所作的《坚持挺纪在前，全面从严治党，为建设幸福抚州提供坚强的纪律保证》的工作报告；下发了全面从严治党主体责任书和监督责任书。

本栏目图片由市纪委提供

# 编辑说明

一、《抚州年鉴》是中共抚州市委、市人民政府主办的地方综合年鉴，由《抚州年鉴》编纂委员会组织编辑，市委党史办、市地方志办具体承编，由市直各单位、各县区、中央和省属驻抚州单位撰稿，一年一鉴。

二、本年鉴以马克思主义、毛泽东思想、邓小平理论、“三个代表”重要思想、科学发展观为指导，贯彻落实习近平总书记系列重要讲话精神和治国理政新理念新思想新战略，坚持辩证唯物主义和历史唯物主义的立场观点，实事求是，全面、客观、系统记录抚州市经济和社会发展的基本情况，旨在发挥“存史、资政、育人”的作用。

三、本年鉴设类目、分目和条目。条目为基本记述单元。

四、本年鉴基本内容分为综合情况、动态信息和辅助资料三大部分。综合情况设特载、大事记、年度关注、概览等 4 个类目。动态信息设中国共产党抚州市委员会、抚州市人民代表大会、抚州市人民政府、政协抚州市委员会、中共抚州市纪律检查委员会、民主党派·工商联、群众团体、武装、法治、农·林·水、工业、工业园区·高新技术产业园区、交通运输、信息产业、贸易、市场建设·招商引资、财政·税收、金融·保险、经济管理与监督、城乡建设与管理、环境保护·自然观测、教育、文化艺术·新闻出版管理、新闻媒体、科技·卫生·体育、民政、居民生活·人口与计划生育、县区概况、人物·荣誉等 29 个类目。辅助资料包括主要统计资料和附录以及穿插于其他类目的相关资料。条目中涉及有关抚州经济和社会发展数据，以统计部门公布的数据为准。

五、本年鉴结构层次设置是为方便分类编辑和读者系统阅读，不反映严格的科学分类体系，机关、企事业单位等排序和层次并不表示其地位和规格。所载新任市领导指 2015 年新任市委、市人大、市政府、市政协领导人。县区主要领导人名录在所属县区概况之后列一条目，市直单位领导人名录列于相关类（分）目末尾，便于查找。

# 《抚州年鉴》（2016）编辑委员会



# 《抚州年鉴》编辑部

# 《抚州年鉴》撰稿单位主审(分管)领导及县(区)编辑室负责人

(大体按栏目顺序排列)

## 市直单位主审(分管)领导

市委办　赵　立
市纪委　赵荣贵
市人大办　罗海清
市政府办　王　武
市政协办　刘海滨
抚州军分区　杨秀伟
组织部　宋东方
宣传部　夏　俊
文明办　乔保安
统战部　张全明
政法委　王　俊
政研室　王云生
保密机要局　黄文彪
机关事务管理局　黄凡元
农工部(农办)　徐文勤
直属工委　鄢新员
信访局　谭海波
党史办　黄志刚
老干局　阙晋林
台办　陈克胜
党校　周泽南
档案局　吴建新
民族宗教局　朱　萍
人力资源和社会保障局　宋有志
旅发委　邱义林
编制办　李建平
接待办　胡会华
无线电管理局　李　明
民革　黄港清
民盟　唐　化
民建　姜东兴
民进　刘菊娇
农工党　赵卫平
九三学社　邱志萍
工商联　蔡　青
总工会　傅晓林
团市委　邹　俊
妇联　付晓红
文联点　李　伟
社联　谢　红
科协　杨正荣
残联　张文卫
台联　徐明亮
红十字会　娄红玲
侨联　黄德超
人防办　黄文如
武警支队　郑立平
消防支队　陈文欣
公安局　刘向东
检察院　胡京华
法院　鄢清员
司法局　徐来发
农业局　蔡晓东
林业局　杨书斌
水利局　李忠东
廖坊水利枢纽管理局　陈　霞
廖坊水电厂　陈智云
农机局　黄志辉
农业开发办　何　东
扶贫和移民局　廖　燕
工信委　蓝师龙
国资委　祝正发
供电公司　刘立灿
交通局　陈　峰
公路局　刘其昌
市政务信息办　黄　斌
邮政公司　王　伟
邮政管理局　梁明昌
电信局　沈蔚锋
移动公司　张卫东
联通公司　刘运忠
商务局　尧水平
供销社　曾庆华
粮食局　翁福达
盐业公司　梁晓林

烟草局　万应发

中石化抚州分公司

程少明

建设局　李湘勇

规划局　李金龙

房管局　陈　菁

城管执法局　周平星

园林绿化局　罗小欣

财政局　王剑光

国家税务局　谢润斌

地方税务局　吴江华

发改委　陈　峰

投资公司　曾腊如

安监局　李剑平

工商局　黄厚祝

市场监管局　邹书成

药品监督局　李肇寿

国土资源局　罗光华

统计局　唐永文

调查队　花志兴

审计局　魏建平

金融办　刘龙飞

人民银行　叶莉萍

银监分局　李荣祖

农发行　孙　凯

工商银行　陈红根

农业银行　彭建军

中国银行　刘瑞明

建设银行　余晓文

省联社抚州办事处

杨祥才

抚州农商银行　苏海东

邮政储蓄银行　彭华彬

九江银行　许　操

上饶银行　曹　平

寿保公司　廖必刚

人保公司　吴根福

环保局　黄达友

气象局　周永辉

水文局　李　杰

教育局　袁旭光

文化广电新闻出版局

彭晓建

防震减灾局　李伟才

## 县（区）分管领导

临川区　杜晓良

南城县　张沥泉

黎川县　艾鹏华

南丰县　伍　珊

崇仁县　肖　明

乐安县　吴淑琴

宜黄县　余　娜

金溪县　饶源中

资溪县　傅武彪

广昌县　李　凯

东乡县　陈丰平

高新区　吴真发

## 县（区）编辑室负责人

临川区地方志办　姚为民

南城县地方志办　熊春玲

黎川县地方志办　余天禄

南丰县地方志办　伍长福

崇仁县地方志办　谢晓红

乐安县地方志办　王国庆

宜黄县地方志办　胡美凤

金溪县地方志办　李山冕

资溪县地方志办　帅建忠

广昌县地方志办　钟立新

东乡县地方志办　方莉华

# 目　录

CONTENTS

## 特　载

**在市委全面深化改革领导小组会议上的讲话**
中共抚州市委书记 ………………………… 肖　毅(1)
**在市委全面深化改革领导小组会议上的讲话**
抚州市人民政府市长 ……………………… 张鸿星(5)
**抚州市国民经济和社会发展第十三个五年规划纲要**
…………………………………………………… (8)

## 大事记

**2015 年 1—12 月大事记** ……………………………… (18)

## 年度关注

**干部在一线锻炼　问题在一线解决**
——抚州市开展“四进四联四帮”活动做法与启示
…………………………………………………… (27)
**创建文明城市　助推全面发展**
——抚州市文明城市创建工作综述 ……………… (29)
**“十二五”期间抚州经济建设和社会发展回眸** ……… (31)

## 概　览

**经济社会发展综述** ……………………………………… (35)
**自然环境** ……………………………………………… (35)
地理
土地资源
矿产资源
能源资源
水资源
植物资源
动物资源
**历史简况** ……………………………………………… (37)
政区沿革
历史述要
**2015 年气候状况** ……………………………………… (39)
概况
重大气候事件
**2015 年环境质量状况** ………………………………… (40)
地表水环境质量状况
降尘质量状况
环境空气质量状况
声环境质量状况
**2015 年人口发展状况** ………………………………… (41)
人口增长有效控制
人口加速向城镇集聚
**2015 年国民经济和社会发展状况** …………………… (41)
概况
农业发展稳定

工业和建筑业保持稳步发展态势
固定资产投资增长较快
国内贸易平稳发展
对外经济发展势头好
交通、邮政和旅游平稳发展
城市建设水平不断提高
金融和保险稳步增长
教育和科学技术持续发展
文化卫生和体育事业不断发展
人口、人民生活和社会保障
生态文明建设步伐加快
**2015 年精神文明建设工作** …………………………… (47)
概况
持续推进培育和践行社会主义核心价值观
建好用好道德讲堂
深化“我们的节日”主题活动
积极打造“好人文化”
不断推进志愿服务制度化
稳步提升未成年人思想道德建设水平
市文明办领导名录

# 中国共产党抚州市委员会

**综　述** ……………………………………………… (49)
市委领导名录
**市委重要会议** ……………………………………… (50)
市委常委会
市委全委会
**市委重要决策** ……………………………………… (52)
全面推进法治抚州建设
改善农村人居环境行动计划(2015—2020 年)
推进改革创新和农业现代化建设
深化教育改革推进发展升级
加快推进军民融合深度发展
开展“三严三实”专题教育
开展“四进四联四帮”活动
推进精准扶贫工作
进一步推进开放升级
推动人大工作发展
集中开展市中心城区“五车”整治
加强禁毒工作
加快推进抚州高新区发展升级
进一步加强全市机关作风建设
推进扩权强镇试点工作
进一步加强法治政府建设
加强和改进党的群团工作
推进全市生态文明建设
促进政协事业发展
**市委办公室工作** …………………………………… (55)
概况
当参谋跟得上
抓落实贴得紧
做耳目更灵敏
保运转更畅通
完善各项制度
创新管理机制
优化干部队伍
开展“三问”大讨论
开展“三严三实”专题教育
稳步开展“把纪律挺在前面”试点工作
深入开展“四进四联四帮”活动
市委办领导名录
**保密机要工作** ……………………………………… (56)
概况
提升服务保障水平
促进规范化管理
提升干部综合素质
市委保密机要局领导名录
**接待工作** ………………………………………… (57)
概况
做好政务接待和商务接待
配合完成重大活动和团组接待
实现国有资产管理增值提效
市接待办领导名录
**机关事务管理** ……………………………………… (58)
概况
抓好公共机构节能
推进公务用车制度改革

巩固办公用房清理成果
清理规范驻省会城市办事机构
精神文明创建
提升保障和服务水平
开展“三严三实”专题教育
开展“四进四联四帮”活动
提升队伍凝聚力战斗力
加强党风廉政建设
市机关事务管理局领导名录
**组织工作** …………………………………………………… (59)
概况
“三严三实”专题教育
领导班子和干部队伍建设
基层党组织和党员队伍建设
人才工作
自身建设
市委组织部领导名录
**宣传工作** …………………………………………………… (62)
概况
理论武装工作更加深入
新闻舆论宣传富有成效
公民思想道德不断提升
文化文艺事业喜讯连连
宣传工作基础得到夯实
抚州市成功创建省级文明城市
抚州在全省新媒体系列评选活动中荣获两项大奖
抚州市首次在省外市场竞争中获得“走出去”文化项目
抚州民间文艺喜摘两朵“山花”
宁宏昌被评为“第五届全国道德模范”
李进明当选首批全国岗位学雷锋标兵
抚州市两家基层文化集体获全国先进
市委宣传部领导名录
**统战工作** …………………………………………………… (64)
概况
中国共产党领导的多党合作和政治协商工作
非公有制经济人士工作
民族宗教工作
党外代表人士队伍建设工作
党外知识分子和新的社会阶层代表人士工作
海外统战工作
工商联组织建设工作
服务经济建设工作
全市统战工作会议
市委统战工作会议
市各民主党派换届
市委统战部领导名录
**政策研究** …………………………………………………… (65)
概况
调查研究结硕果
深化改革创佳债
建言献策开新路
作风建设迈大步
市委政研室(改革办)领导名录
**农村工作** …………………………………………………… (66)
概况
农业经济持续向好
农业升级稳步推进
农业发展基础支撑明显增强
农产品质量安全保障有力
农村生态环境巩固提升
新农村建设升级发展
扶贫攻坚精准有力
农村改革深入推进
市委农村工作部(农办)领导名录
**机关党建** …………………………………………………… (69)
概况
抓好机关党员经常性教育
开展党员教育培训工作
深化党员干部理想信念教育
开展“四进四联四帮”活动
抓好机关基层党组织建设
严格党员管理和发展党员工作
深化党内激励、关怀、帮扶机制
开展主题活动
扎实做好调查研究
机关精神文明建设水平得到提升
党建工作
“五星创评”活动
争先创优

市直机关工委领导名录
**信访工作** …………………………………………… (70)
概况
领导重视有新高
部门配合更紧密
机制创新亮点多
队伍建设举措实
市信访局领导名录
**老干部工作** ……………………………………… (72)
概况
激励离退休干部传播正能量
为老同志解决实际问题取得新进展
推进文化养老展现新气象
全市离退休干部"双先"表彰大会
离退休干部党建工作培训班
编修《老干部工作志》
开展三项走访慰问活动
"情暖朝阳,十佳五老"评选颁奖活动
纪念抗战胜利70周年省市县离退休干部文艺汇演
离退休干部纪念抗战胜利七十周年邮展
赴乡村文艺演出
市委老干部局领导名录
**对台工作** ………………………………………… (72)
概况
市委常委、纪委书记吴伟柱会见赣台交流服务中心理事长蔡孟勋
省台办副巡视员陈幸福莅抚参加金溪台湾工业小区揭牌仪式
副市长韦萍走访慰问在抚台胞
金溪县召开金台经贸产业合作推介会
市台商协会筹备会议召开
省农业厅、省台办联合调研组赴乐安县赣台农业合作试验区调研
全市对台工作会议召开
市委书记肖毅会见台湾农业交流考察团一行
抚台农业合作交流座谈会举行
市台湾同胞投资企业协会第一次全体会员大会召开
省台办主任欧阳泉华出席市台湾同胞投资企业协会成立大会
市台资企业协会成立大会暨抚台经贸合作恳谈会举行
省台办副巡视员陈幸福督查抚州市"赣台会"签约项目
市长张鸿星走访台湾商业总会
2015江西抚州(台北)经贸合作恳谈会在台湾举行
第十三届赣台(宜春)经贸文化合作交流大会开幕
台湾华生集团王昭扬董事长一行莅抚洽谈项目
市政协主席谢发明率团赴台开展经贸交流之旅
副市长魏建新率团赴台进行经贸考察
市长张鸿星会见台湾旺旺中时传媒集团采访团
省台办欧阳泉华主任一行到抚调研"精准服务台企月"活动
市长张鸿星深入台资企业"大润发"开展"精准服务台企月"活动
市长张鸿星莅临市台商协会指导工作
市委书记肖毅出席嘉盛精密纺织收购意大利蝴蝶品牌签约仪式
市委台办领导名录
**史志工作** ………………………………………… (75)
概况
全面推进《中国共产党地方历史》编纂
年鉴编辑工作居全省前列
地情书籍编写形式多样
开展纪念抗战胜利70周年系列活动
优质高效完成省地方志办布置的各项任务
开展"四进四联四帮"活动
市委党史办、市地方志办领导名录
**党校工作** ………………………………………… (77)
概况
完成培训任务
推进教学改革
推动科研转型
做好校园的日常管理
新校建设稳步推进

强化业务指导
市委党校领导名录
档案工作 …………………………………………… (77)
概况
加强重点建设项目档案管理工作
提高农村档案工作水平
推进企业档案工作规范化管理
做好民生领域档案工作
发挥档案服务社会作用
共同举办抚州市纪念抗日战争胜利 70 周年巡回展
档案法制宣传教育更加活跃
档案新闻宣传力度不断加大
档案学术研究与交流出硕果
加大档案执法检查力度
推进档案馆库建设
丰富优化馆藏档案资源
加快数字档案馆建设步伐
市档案局领导名录

## 抚州市人民代表大会

综　述 …………………………………………… (80)
市三届人大常委会领导名录
市三届人大专门委员会领导名录
市人大常委会工作部门领导名录
人大会议及常务委员会会议 ……………………… (81)
市三届人大五次会议
市三届人大六次会议
市三届人大常委会第二十三次会议
市三届人大常委会第二十四次会议
市三届人大常委会第二十五次会议
市三届人大常委会第二十六次会议
市三届人大常委会第二十七次会议
市三届人大常委会第二十八次会议
市三届人大常委会第二十九次会议
市三届人大常委会第三十次会议
市三届人大常委会第三十一次会议
监督工作 …………………………………………… (83)
听取和审议专项工作报告
推进地方立法筹备
开展对献血法、农产品质量安全法执法检查
代表视察、调研，助力问题解决
开展环保抚河行活动
专题询问回应社会关切
信访督办和规范性文件备案审查
选举任免和决定重大事项 ………………………… (84)
讨论决定重大事项
依法行使人事任免权
办理人大代表建议和意见 ………………………… (85)
办理建议和意见
加大建议督办工作力度

## 抚州市人民政府

综　述 …………………………………………… (86)
概况
经济平稳较快增长
产业升级有新成效
重大项目建设有新进展
改革创新动力增强
区域合作有新突破
生态环境治理有新变化
民生和社会事业有新进展
市政府领导名录
市政府常务会议和市长办公会 …………………… (87)
施政纪略 …………………………………………… (89)
衔接上级政府取消和下放一批行政审批项目
试行国有资本经营预算的意见出台
加快发展养老服务业实施办法出台
加快电网发展强化电力保障的意见出台
主要污染物总量减排计划下达
规范行政审批行为
国有林场改革
2015 年国民经济和社会发展计划
稳增长促升级的若干政策措施出台

衔接上级政府取消和调整一批行政审批项目
市本级政府和社会资本合作(PPP 模式)实施办法(试行)出台
支持农村信用社改革和发展的意见出台
推进户籍制度改革的实施意见出台
房地产顺位抵押贷款登记管理工作的意见(试行)出台
房屋征收与补偿安置管理办法(试行)出台
市城市规划区建设用地范围内土地和房屋征收工作机制出台
加快推进气象现代化建设的意见出台
开展农村生活垃圾专项治理的实施意见出台
抚州市法治政府建设指标体系出台
推进林地流转进一步深化集体林权制度改革的实施意见出台
抚州市服务业发展提速三年行动计划下达
全面推进大众创业万众创新
取消非行政许可审批类别
加快推进昌抚通信同城化工作的实施意见出台
衔接省政府下放行政权力事项
提升市中心城区环境空气质量的意见出台
进一步健全完善临时救助制度出台
市中心城区规划委员会工作规则出台
农村综合产权交易市场建设

**办理人大议案、建议和政协提案** …………………… (93)

**市政府办公室工作** …………………………………… (93)

概况
办文办会工作效能提升
以文辅政
督查督办推动决策落实
应急管理处置能力提升
优化金融服务
推进信息化服务平台建设
市政府办公室领导名录

**行政服务** ……………………………………………… (94)

概况
简政放权有新举措
办事效率有新提高
市行政服务中心管委会领导名录

**民族和宗教工作** ……………………………………… (94)

概况　为少数民族地区发展争取资金项目
宗教办和谐稳定
国家宗教事务局局长到宜黄宝积寺调研
市民宗局领导名录

**体制改革** ……………………………………………… (95)

概况
继续推进简政放权和市场化改革
推行生态文明体制改革
农业农村体制改革
民主法制建设
推进社会体制改革
创新党的建设制度改革

**外事侨务** ……………………………………………… (96)

概况
做好侨务工作

**政府财政预决算** ……………………………………… (96)

概况
全市总预算执行情况
市本级预算执行情况(不含高新区)

**人力资源和社会保障** ………………………………… (97)

概况
人事管理绩效显
人事工资管理务实
就业形势稳定
社会保障加强
为劳动者维权
市人社局领导名录

**机构编制管理** ………………………………………… (98)

概况
推行权责清单制度
清理非行政许可审批事项
乡镇综合执法试点
整合不动产登记职责
事业单位法人登记管理
推进网上名称管理工作
出台《抚州市控编简编工作实施方案》
市编办领导名录

**招投标管理** …………………………………………… (99)

概况
电子化与纸质会签相结合

规范业务办事流程提高服务质量
县区交易中心规范运行
在全省率先启动远程异地评标系统建设
建设全市农村综合产权交易市场
市公共资源交易中心领导名录
**旅游管理** ………………………………………………（99）
概况
景区创建有条不紊
做好重点旅游项目储备规划
加强旅游管理
大金山寺向游客免费开放
市旅游发展委员会领导名录
**无线电管理** ………………………………………………（101）
概述
无线电服务经济社会发展
开展频率使用及无线电发射设备专项检查
做好无线电安全保障
市无线电管理局领导名录

## 政协抚州市委员会

**综　述** ………………………………………………（102）
市政协领导名录
市政协办公室和专委会领导名录
**重要会议和活动** ………………………………………（104）
市政协三届五次会议
市政协三届十七次常委会议
市政协三届十八次常委会议
市政协三届十九次常委会议
市政协三届二十次常委会议
市政协三届二十一次常委会议
市政协三届二十二次常委会议
"三严三实"专题教育动员部署会
全市县（区）政协主席座谈会
闽浙赣皖四省九市政协联谊会第 25 次会议
共建文明社区动员会
全市政协宣传信息工作座谈会
各界人士中秋座谈会
开展"界别活动月"活动
**专门委员会工作** ………………………………………（105）
提案工作紧扣中心
提案办理协商规范有力
对"智慧城市"建设情况视察
视察轻纺城市场环境综合整治情况
开展深化区域合作情况视察
调研市中心城区小升初就近入学情况
开展"建立长效机制、创建文明城市"视察
开展发挥体育社团组织作用视察
专题调研医疗县乡一体化
开展加强气象为农服务视察
视察林业科技推广
专题视察构建立体化社会治安防控体系
"六五"普法检查验收
召开全市司法公开工作情况通报会
召开全市政协社会和法制委员会工作座谈会
开展民营企业法治环境调研
调研乡村旅游产业
开展"挖掘宗教文化特色，恢复法眼宗祖庭"视察
开展促进少数民族地区发展调研
打造文史征编品牌
召开全市政协文史工作座谈会

## 中共抚州市纪律检查委员会

**综　述** ………………………………………………（107）
市纪委（监察局）领导名录
**重要会议** ………………………………………………（107）
市纪委三届五次全会
全市落实党风廉政建设主体责任专修班
全市落实党风廉政建设监督责任专修班
全市"把纪律挺在前面"重要精神学习交流会
全市纪检监察系统"警示教育月"活动动员部署会
全市农村集体"三资"监管工作会议
全市公务消费一体化监管工作会议
市纪委监察局"三严三实"专题教育动员部署会暨专题党课

市纪委“把纪律挺在前面”工作约谈会
全市青年干部“青春倡廉 清廉抚州”学思践悟交流会
抚州市作风监督“一键通”上线运行仪式
全市开展领导干部违规插手干预工程项目问题专项治理工作会议
全市“治理插手工程项目问题”组织协调会
“清风苑杯”抚州市纪检监察系统第三届运动会
抚州市“把纪律挺在前面”先行先试工作汇报会
全市纪检监察干部监督工作座谈会
抚州市2015年度市直单位党风廉政建设满意度测评大会
全市第三届廉文化节“清风苑杯”廉政诗歌散文电视朗诵大赛
全市第三届廉文化节“把纪律挺在前面”书画展
全市第三届廉文化节临川文化廉洁思想研究交流会
全市纪检监察系统第三届纪律审查技能大比武及主业培训活动
**党风廉政建设** ………………………………………… (109)
强力落实主体责任
坚决履行监督责任
建立健全“四早机制”
坚决惩治腐败
“红包”“违插”专项治理
纪委监督同级党委
打造纪律审查监控平台
打造“两个责任”管理平台
打造干部作风监督平台
深化公务消费“一体化”监管和农村集体“三资”监管改革
全面开设纪律讲堂
组织“把纪律和规矩挺在前面”主题教育展
全面推行纪律处分执行公示
全面实行“一案三查找”
全面开展纪律建设“五约谈”
严格干部监督教育管理
**典型案例** ………………………………………… (111)
孙剑平违纪案
孙木林违纪案
聂发来违纪案
胡珊珊违纪案
聂小乐违纪案
傅新明违纪案
陈国忠违纪案

## 民主党派·工商联

**民革抚州市委会** ………………………………… (113)
概况
思想建设实现新提升
组织建设焕发新面貌
参政议政取得新成效
服务社会展示新作为
民革市委会领导名录
**民盟抚州市委会** ………………………………… (114)
概况
思想建设主体鲜明
参政议政亮点纷呈
组织建设富有成效
社会服务丰富多彩
民盟市委会领导名录
**民建抚州市委会** ………………………………… (115)
概况
加强思想建设
激活基层组织活力
提高建言献策的能力
扩大民建社会影响力
强化机关工作执行力
民建市委会领导名录
**民进抚州市工作委员会** ………………………… (117)
概况
打造高素质参政党地方组织
履行参政议政民主监督职能
打造抚州民进社会服务品牌
为建设幸福抚州贡献力量
机关建设取得新成绩

民进市工委领导名录
**中国农工民主党抚州市委员会** …………………… (119)
概况
学习教育有新成效
参政议政有新亮点
社会服务有新影响
自身建设有新发展
农工党市委会领导名录
**九三学社抚州市委会** …………………………… (120)
概况
把握正确政治方向
参政履职有新成绩
社会服务工作有新进展
组织建设有新举措
九三学社抚州市委会领导名录
**工商联** ……………………………………………… (121)
概况
助推非公经济健康持续发展见成效
促进非公经济人士健康成长见成效
主动参与经济社会发展见成效
基层商会组织建设见成效
自身建设见成效
市工商联领导名录

## 群众团体

**抚州市总工会** ……………………………………… (124)
概况
强化理论武装
凝聚职工力量
维权维稳
注重民生福祉
加强自身建设
市总工会领导名录
**共青团抚州市委员会** …………………………… (126)
概况
青少年思想引领工作扎实有力
服务党政大局有成效
服务青少年成长发展
加强自身建设
团市委领导名录
**抚州市妇女联合会** …………………………………… (127)
概况
“三大平台”引领妇女主动适应经济发展新常态
“三个结合”带领全市妇女树立文明法治新风尚
“三大创新”推进妇联组织自身能力作风建设
市妇联领导名录
**抚州市文学艺术界联合会** …………………………… (128)
概况
主要工作与活动
作品发表、出版与获奖
市文联领导名录
**抚州市社会科学界联合会** …………………………… (130)
概况
社科研究成果丰硕
规划课题再取新突破
社科学会活动繁荣有序
社科普及宣传周活动丰富多彩
开展“四进四联四帮”活动
开展“三严三实”教育活动
参与“省级文明城市创建”工作
做好建立“抚州国际汤显祖研究中心”相关工作
2015 年度省级社科规划立项名单
市社科联领导名录
**抚州市科学技术协会** ………………………………… (131)
概况
开展“三严三实”专题教育活动
开展“四进四联四帮”活动
加强科协工作宣传
提升科协机关管理水平
开展全国科普日活动
举办流动科技馆巡展
开展科普志愿月活动
科普进社区、进学校、进机关
提升农民科学素质
提高青少年科学素质
提升居民科学素质
加强科普阵地建设

推动院士工作站建设
为科技工作者服务
加强学会建设
市科协领导名录
**抚州市台湾同胞联谊会** ……………………………… (133)
概况
开展"心系台企谋发展 新春走访开新篇"活动
台胞蔡孟勋捐资资溪县福利院
台商林志和捐赠两台120急救车
台湾环能海运股份有限公司董事长许明财一行到临川考察
深圳市台商协会常务副监事长曾国来一行前往东乡考察
台湾逢甲夜市首次进驻抚州马家山广场
抚州籍在台知名人士吴挽澜去世
台商潘杨己一行赴东乡考察交流
台资企业德隆数控科技有限公司开展"爱心成就未来"捐助活动
台湾著名学者龚鹏程在抚州正觉古寺讲学
省台盟慰问广昌困难群众
市台联、台协代表参加全省台商台胞台属迎新年茶话会
市台湾同胞联谊会领导名录
**抚州市残疾人联合会** ……………………………… (134)
概况
四进四联四帮
康复服务
教育扶贫
宣传文体
组织建设
维权保障
市残联领导名录
**抚州市归国华侨联合会** ……………………………… (135)
概述
为侨服务凸显特色
联谊活动彰显活力
助力建设幸福抚州
加强组织建设
市归国华侨联合会领导名录
**抚州市红十字会** ……………………………… (136)
概况
"三救三献"核心业务跨越式发展
组织建设跃上新台阶
红十字志愿队伍不断壮大
提升红十字文化影响力
市红十字会领导名录

# 武　　装

**抚州军分区** ……………………………… (139)
概况
抚州军分区新营院揭牌
参加省军区教学法比武考核
组织全区"四会"教练员比武考核
新营院信息化建设
组织军地联合抗洪抢险演练
迎接南京军区司令员蔡英挺到抚视察
省军区军事斗争准备和能力检验评估
组织年度工作综合检查和乡(镇)武装部长考核
军分区党委议战议训会召开
组织民兵组织整顿
组织后备力量检查验收
征兵工作
市委武委会召开
迎接南京军区军民融合检查调研
组织支援保障演习部队跨区机动针对性训练
组织国防动员指挥演练
加强安全管理
枪支弹药管理及装管队伍建设
开展军民共建文明社区活动
军分区第七次党代表大会召开
省国教办对抚州博物馆申报省级国防教育基地考评
房地产管理
转隶固定资产清查登记
市军分区领导名录
**武警部队** ……………………………… (142)
概况

安全保卫
警地共建
“全国道德模范”提名奖
市武警支队领导名录
**消防部队** …………………………………………（143）
概况
火灾隐患排查整治
灭火战斗与应急救援
经费保障与基础建设
消防工作社会化
市消防支队领导名录
**人民防空** …………………………………………（145）
概况
人防工程建设
在建人防工程质量监督
召开人防专业队整组、疏散基地建设现场会暨社区人防建设推进会
红土地－2015 演习
行政审批
人防宣传教育
服务经济社会发展
市人民防空办公室领导名录

# 法　　治

**综　述** …………………………………………（146）
**政法委及综治办** ……………………………………（146）
概况
严厉打击经济领域犯罪
化解经济风险隐患
服务经济发展升级
严厉打击违法犯罪活动
预防化解社会矛盾
扎实推进反邪教工作
推进依法治市工作
全面规范执法司法行为
依法处置信访问题
打牢忠诚使命的思想基础
强化业务过硬的能力培训
狠抓清正廉洁的肃纪教育
市委政法委及综治办、610 办、维稳办领导名录
**法制政府建设** ………………………………………（149）
概况
政府法治建设推进
精准开展法治审查
深化行政执法改革
政府法治建设助力社会和谐发展
市政府法制办领导名录
**公　安** …………………………………………（149）
概况
打击刑事犯罪
社会治安管理无缝覆盖
加强交通管理
注重警务实战建设
深化公安行政管理改革
市公安局领导名录
**检　察** …………………………………………（150）
概况
优化经济发展环境
依法惩治严重刑事犯罪
维护群众合法权益
推进社会治理创新
惩治和预防职务犯罪
加强诉讼活动法律监督
市检察院领导名录
**法　院** …………………………………………（151）
概况
依法审判保障社会和经济秩序发展
加强便民利民举措
创新机制破解难题
诉讼服务中心竣工交付使用
市中级人民法院领导名录
**司法行政** …………………………………………（152）
概况
法治抚州建设领导小组第一次全体会议召开
抚州市法律顾问团成立
开展一户一名“法律明白人”培养工程
市司法局领导名录

# 农·林·水

综　述 …………………………………………………… (154)
市农业局领导名录
种植业 …………………………………………………… (155)
概况
粮食生产实现"十二连丰"
农村居民人均可支配收入实现"十二连快"
农业十大产业化集群初具雏形
农村集体"三资"监管工作进入新常态
南丰蜜橘品牌价值191.5亿元 列全国第八
苍源药业成为江西省第一家在"新三板"挂牌的农业企业
"广雅"商标荣获"中国驰名商标"
黎川船屋白茶率先在江西省茶叶企业创作MTV"船屋茶歌"
农产品质量安全水平稳步提高
互联型农业全面推开
推进现代农业
构建新型经营体系
强化科技支撑能力
提高农产品安全水平
激发农村发展活力
强化柑桔黄龙病防控手段
健全外来生物的防控体系
推进干部作风建设
养殖业 …………………………………………………… (157)
概况
发展生态循环农业
畜禽生产基本形成"三带四基地"的区域集群养殖特色
确保畜产品质量安全
开展生猪屠宰专项整治
特种水产养殖蓬勃发展
推进渔业项目建设
创建"智慧渔业"
加强水产品质量监管
壮大渔业龙头企业
强化渔业资源保护
加强渔政管理
林　业 …………………………………………………… (160)
概况
深化两项林业改革
实施造林绿化工程
加强森林资源保护
加大资源管理力度
发展林业特色产业
推进林业法治建设
加强干部作风建设
市林业局领导名录
水利水保 ………………………………………………… (161)
概况
做好防汛工作
抓好全市2014—2015年冬春水利项目建设的扫尾工作
抓好全市2015年度水利项目建设
严把水利工程质量关
推进水管体制改革
加强水资源管理
强化水行政执法
服务中心工作
编制水利"十三五"规划
改变工作作风
开展"三严三实"专题教育活动
市水利局领导名录
廖坊水利枢纽管理 ……………………………………… (163)
概况
推进各项工程验收和维养工作
按时完成|灌区二期项目申报修编工作
围绕汛期特殊时段,科学统筹,精准调度,确保了各类工程安全运行
廖坊水利枢纽管理局领导名录
中电投江西电力有限公司廖坊水电厂 ………………… (164)
概况
践行社会主义核心价值观
向"映山红"书屋捐赠书籍
彭小峥到廖坊水电厂调研

反腐倡廉宣传教育月形式多样
党员干部到监狱接受警示教育
荣获“标准化一级企业”称号
抚州市委书记肖毅到廖坊水电厂考察
廖坊水电厂职工聆听先进事迹报告会
刘洪亮到廖坊水电厂“送清凉”
省直工委检查廖坊水电厂党支部规范化建设
任小六荣获 2015 年度《中国发电》优秀通讯员
坚持以奋斗者为本
抓住罕见冬汛增发电量
提前 24 天完成全年发电任务
荣获省劳动保障诚信 AAA 级单位
夯实安全生产根基
提升党支部标准化建设价值
开展“五型”班组建设
工会为职工撑起“保护伞”
中电投江西电力有限公司廖坊水电厂领导名录
**农业机械化** …………………………………………… (166)
概况
农机装备水平快速增长
大幅增加农机化投入
提升农机化综合水平
提高农机化服务水平
农机安全生产势态平稳
落实农机购置补贴政策
开展全市涉农资金专项整治
农机社会地位不断提升
夯实机械化示范区建设
安全生产保一方平安
市农业机械化管理局领导名录
**农业综合开发** ………………………………………… (167)
概况
江西省批复抚州市 2015 年度国家农业综合开发
存量资金土地治理项目计划
江西省批复抚州市 2015 年度农业综合开发
产业化经营项目计划
江西省批复抚州市世界银行贷款可持续发展
农业项目 2015 年度计划项目
市农业综合开发办领导名录
**扶贫和移民工作** ……………………………………… (169)
概况
精准扶贫
整村推进
移民工作
搬迁扶贫
劳动力转移培训
社会扶贫
市扶贫和移民局领导名录

## 工　业

**综　述** ………………………………………………… (170)
概况
加强工业经济运行监测
加大项目建设推进力度
强化对企业精准帮扶
推进工业化和信息化融合
狠抓淘汰落后产能和节能减排
工业发展存在的问题与不足
市工信委领导名录
**支柱产业及骨干企业** ………………………………… (171)
概况
机电汽车工业主营收入和利税
食品加工工业主营收入和利税
电子信息工业主营收入和利税
化工建材工业主营收入和利税
医药工业主营收入和利税
有色金属加工业主营收入和利税
**特色产业与重点企业** ………………………………… (171)
概况
产业集群效益
重点企业效益
**电力工业** ……………………………………………… (172)
概况
安全生产基础进一步夯实
电网建设步伐加快
优化服务品牌形象
提升经营效益

深化“三个建设”成效
抚州供电公司领导名录

## 工业园区·高新技术产业园区

综 述 …………………………………………………… (173)
抚州高新技术产业园区升级为国家高新技术产业开发区
博雅生物设立全市首个博士后工作站
沙特科斯特公司成功收购添光化工
抚州高新技术产业开发区
江西抚北工业园区
南城县工业园区
黎川工业园区
南丰县工业园区
崇仁县工业园区
乐安工业园区
宜黄县工业园区
江西金溪县工业园区
资溪县工业园区
广昌县工业园区
江西东乡经济开发区

## 交通运输

地方交通管理 …………………………………………… (178)
概况
金抚高速公路通车
福银高速临川北互通建成通车
赣东大道(环城南路—临川大道)通车
孔家桥维修加固工程半幅通车
抚州市区外环路建成通车
《昌抚合作示范区总体规划(2015－2025年)》发布
抚州市中心城区计划新建3处公共停车场
东临公路进入畅通新时代
抚州市综合客运枢纽站主站房装修完毕
南城千年太平桥结束60年通车史
临川嵩湖农民争相捐款建新路
南丰大桥动工兴建
抚州邮政抓好“四大建设”助推行业发展
市交通运输局领导名录
公路建设与管理 …………………………………… (181)
概况
交通运输部检查组至抚检查公路工作
S206资洵线长兴岭隧道竣工
S208石宁线二都隘上段改建开工
S214丰德线洪门至蛟山段改建开工
S214丰德线蛟山至荷源段改建竣工
S214丰德线德胜关至叶竹隘段改建开工
S222宋水线增田至招携段改建完工
S316里崇线凤岗至孤岭段改建完工
S318厚莲线隘上至王背港改建完工
S318厚莲线大山岭至浙际段改建完工
S318厚莲线满源至应坊段改建完工
S318厚莲线黎川县两座危桥重建竣工
S316崇仁县境内反帝四桥及胥陂桥重建竣工
市公路局领导名录
高速公路路政管理 ………………………………… (183)
概况
加大路域环境整治力度
组织迎“国检”各项工作
抓好路产路权复查工作
抓好联勤联动
确保零投诉零滞留
深入开展文明创建活动
抚州高速公路路政管理支队领导名录
公路运输与安全生产 ……………………………… (184)
概况
抚州市区至抚州东站公交班线开通
昌抚城际公交开通事宜在昌协商座谈
抚州长运公司生产经营保持平稳
抚州至南丰开通高速班线
抚州市加快农村现代物流网络建设
抚州市城区开通29路公交车
市城区出租车起步价调整为6元/2千米

抚州公交生产保持安全平稳态势
广昌“物流航母”引领产业升级
“一体化”助推南城物流“高台起跳”
南城汽配产业集群崛起
市公路运输管理处领导名录
**水路运输与安全管理** ……………………………… (187)
概况
开展国内水路运输业核查
连续31年水上交通安全无事故
抚州港航分局(海事局、船检局)领导名录
**铁路交通** ……………………………………………… (188)
概况
抚州火车站有两对直达北京、兰州列车停靠
大唐抚州发电公司铁路专线开通
黎川县积极争取鹰梅铁路设计经过当地

# 信息产业

**综　述** ………………………………………………… (189)
**基础建设和技术运用** ……………………………… (189)
**政务信息化** …………………………………………… (189)
概况
完成“智慧抚州”总体规划建设和抚州市“十三五”信息化发展规划的编制
推进政务信息系统重点项目建设
抓好政务网络和应用安全建设
完善网站管理建设
市政务信息办领导名录
**邮　政** ………………………………………………… (190)
概况
以“互联网+农业”探索农村电商发展新模式
配送体系更加完善
积极服务大众
文化品牌业务转型突显社会效益
能力建设再上规模
机制体制不断创新
党风廉政建设和作风建设落到实处
精神文明建设硕果累累
市邮政公司领导名录
**邮政管理** ……………………………………………… (191)
概况
抓好“五大建设”持续优化行业发展环境
依法治邮规范行业发展
执法形式多样化
开展全市邮政行业从业人员知识培训
加强邮政法律法规普及宣传
推动行业发展升级
市邮政管理局领导名录
**电　信** ………………………………………………… (193)
概况
“四进四联四帮”扎实推进
生态文明城市创建主动参与
服务倡优
助推“互联网+”
铺就抚州网络高速公路
企业发展步入新空间
市电信公司领导名录
**移动通信** ……………………………………………… (194)
概况
4G发展迈上新台阶
数字化服务创造新佳绩
网络质量实现新跨越
基础管理适应新常态
队伍建设展现新风貌
党建工作呈现新局面
市移动通信公司领导名录
**联合通信** ……………………………………………… (195)
概况
业务发展规模持续提升
深化用户服务理念
打造精品网络
精神文明建设
市联通公司领导名录

## 贸　易

综　述 …………………………………………………… (196)
商　务 …………………………………………………… (196)
国内贸易 ………………………………………………… (196)
完善市场体系建设
组织企业参加各类展销会
强化市场监管
促进电商企业发展
对外贸易 ………………………………………………… (196)
引导外贸企业全方位开拓国际市场
优化出口产品结构
出口商品结构
进口商品结构
出口商品市场
进口商品市场
口岸平台 ………………………………………………… (198)
市商务局领导名录
供销合作 ………………………………………………… (199)
概况
在改革发展上抓机遇
在传统发展上谋进步
在电商发展上求突破
在发展环境上求稳定
市供销社领导名录
粮　油 …………………………………………………… (200)
概况
思想作风建设
廉政建设
粮食收购
产销协作
粮食轮换
仓储管理
宏观调控
依法行政
项目建设
深化改革
服务大局
市粮食局领导名录
烟草专卖 ………………………………………………… (201)
概况
烟叶生产
推动烟叶产业发展
促进烟叶质量持续提升
狠抓基地单元及科技示范园建设
狠抓服务主体和种植主体建设
卷烟营销
加快品类结构调整步伐
为省产烟发展创造空间
突出省产新品培育
调整修改年度工作业绩考核办法
专卖管理
科技创新
队伍建设
市烟草专卖局(公司)领导名录
食盐经营 ………………………………………………… (203)
概况
食盐经营
食盐监管
非盐销售
党群工作
市盐业公司(盐务局)领导名录
石油经营 ………………………………………………… (204)
概况
提升经营质量
提高管理水平
从严安全管理
突出网络发展
中石化抚州分公司领导名录

## 市场建设·招商引资

商品市场 ………………………………………………… (205)
电子商务 ………………………………………………… (205)
概况

省级电子商务示范项目
**人力资源市场** …………………………………………（205）
概况
2015"欢乐春节家乡行"
"春风行动"与就业援助
民营企业招聘
高校毕业生就业和网络招聘
**赣东人才市场** …………………………………………（205）
概况
信息型人才服务
主动型人才服务
**土地市场** ………………………………………………（206）
概况
土地出让收入
土地调控与供应
**房地产市场** ……………………………………………（206）
概况
房地产交易
**招商引资** ………………………………………………（207）
概况
重要招商活动
外资利用
对外经济合作
市商务局领导名录

## 财政·税收

**财政管理** ………………………………………………（208）
概况
全市财政运行态势良好　民生重点支出保障有力
财源建设力度持续加大
跑项争资工作不断增强
税收征管信息平台启动
财政改革工作成效显著
市财政局领导名录
**国家税收** ………………………………………………（209）
概况
服务经济促发展
依法治税防风险
强化征管提质效
创新手段优服务
狠抓勤廉严作风
以人为本带队伍
着眼规范强管理
市国家税务局领导名录
**地方税收** ………………………………………………（214）
概况
服务发展措施有力
工作创新成效显著
文明创建成绩优异
法治建设扎实推进
税收征管提质增效
行政效能稳步提高
市地税局领导名录

## 金融·保险

**综　述** ………………………………………………（217）
金融产业规模稳步提升
金融机构组建成效明显
金融改革创新有序推进
资本市场融资取得突破
金融服务机制逐步建立
金融生态环境持续向好
市政府金融办领导名录
**中国人民银行抚州市中心支行** …………………………（218）
概况
围绕"三条主线"贯彻落实稳健的货币政策
抓住"三个环节"加强金融改革创新和金融管理
立足"三新思维"推进金融服务体系建设
围绕"三个提升"履行从严治党政治责任
人民银行抚州市中心支行领导名录
**中国银行业监管会抚州监管分局** ………………………（219）
概况
防控重点领域风险
提升金融支持实体经济水平

推动农合机构改革转型发展
加强监管能力建设
加强党建和队伍建设
抚州银监分局领导名录
**中国农业发展银行抚州市分行** ……………………（220）
概况
推动信贷业务加速发展
加强存款组织工作
规范发展中间业务
实现财务增收提效
夯实各项基础
开展合规文化根植活动
开展“三严三实”教育活动
企业文化建设持续深化
市农发行领导名录
**中国工商银行抚州分行** ………………………………（221）
概况
增强负债业务核心竞争力
实现资产业务稳健发展
夯实全行发展的根基
拓宽中间业务收入来源
加强内控案防管理工作
打造风清气正的干部队伍
加大干部队伍的培养力度
提升关心关爱员工的能力
市工行领导名录
**中国农业银行抚州分行** ………………………………（222）
概况
履行金融主体责任
推进三大业务转型
加强党廉队伍建设
提升风险管控能力
市农行领导名录
**中国银行抚州市分行** …………………………………（223）
概况
竞争能力在应对挑战中不断增强
品牌形象在服务升级中逐步提升
“三严三实”在企业文化中更加彰显
市中行领导名录
**中国建设银行抚州市分行** ……………………………（224）
概况
提升实体经济服务能力
提升客户服务能力
增强内控管理
优化管理队伍
改进工作作风
丰富企业文化
市建行领导名录
**江西省农村信用社联合社抚州办事处** ……………（225）
概况
提升服务水平
推进产权改革
提优经营效益
加大支农支小力度
社会贡献全面提升
成立区域审计中心和辖区党组
省联社抚州办事处领导名录
**抚州农商银行** ……………………………………………（225）
概况
结构调整成效凸显
盈利水平稳中有升
发展质量逐步向好
业务转型加快实施
党建工作全面加强
抚州农商银行领导名录
**中国邮政储蓄银行抚州市分行** ………………………（226）
概况
经营业绩提升
风控能力增强
管理水平精细
发展环境优化
企业凝聚力增强
市邮储银行领导名录
**九江银行抚州分行** ……………………………………（227）
概况
加强内控管理机制
加强信贷管理
提升服务管理水平
促进全员思想提高
全年安全无事故

筹建网点布局
人才队伍显规模
结构调整
发展小微客户
改革创新业务
互联网科技金融创新
培养核心人才
创新业务服务功能
九江银行抚州分行领导名录
**上饶银行抚州分行** ………………………………… (229)
概况
调整管理结构
银企合作谋共赢
确保经营安全
丰富企业文化
夯实发展基础
上饶银行抚州分行领导名录
**中国人寿保险股份有限公司抚州分公司** ………… (230)
概况
业务发展稳中有升
品牌实力提升
开展"国寿1+N"增值服务
发展计划生育系列保险
普及学生平安保险
开拓建筑工程险
安置下岗职工再就业
发展商业养老保险和企业年金
提升保险服务水平
中国人寿抚州分公司领导名录
**中国人民财产保险股份有限公司抚州市分公司** … (232)
概况
业务规模再创新高
三农保险稳步发展
发挥保险职能
服务能力再上台阶
强化基层建设
推进企业文化
人保财险抚州市分公司领导名录

## 经济管理与监督

**综合管理与宏观调控** ………………………………… (233)
概况
重大项目迅速推进
区域合作提升发展平台
农业现代化扎实推进
第二产业转型升级加快
现代服务业发展加快
招商引资、对外开放步伐加快
社会事业全面进步
生态文明建设取得新成效
重点领域改革释放活力
市发改委领导名录
**国有资产管理** ………………………………………… (235)
概况
国企改革稳步推进
加强国有资产管理
市国资委领导名录
**新城区开发建设管理** ……………………………… (235)
概况
道路网络更加完善
公共交通更加便利
城区环境更加优美
促进公共事业发展
市投资公司领导名录
**安全生产监督** ………………………………………… (236)
概况
全面开展企业安全生产标准化建设
开展隐患排查和治理
安全生产宣传教育培训
市安监局领导名录
**价格管理** …………………………………………… (237)
概况
贯彻落实"改、放、减"
监督管理公共品价格
依法治价

**市场和质量监管** …………………………………… (238)
概况
简政放权
市场整治
质量兴市
引领标准化工作
服务三农成效突出
特种设备安全加强
加强计量监管
市市场和质量监督管理局领导名录
**国土资源管理** …………………………………… (239)
概况
清理闲置低效工业用地
保护耕地
严格矿山管理
防治地质灾害
加强国土资源执法监察
不动产登记全面展开
市国土资源局领导名录
**食品药品监督** …………………………………… (240)
概况
检测能力提升
监管食品安全
监管药品安全
市食品药品监督管理局领导名录
**统计管理** …………………………………… (241)
概况
组织实施全国1%人口抽样调查
创新统计改革
做好强化统计服务工作
数据质量提高
基层统计基础建设
市统计局领导名录
**统计调查** …………………………………… (241)
概况
开展统计调查
抚州调查队领导名录
**审计监督** …………………………………… (242)
概况
恪守职责开展各项审计工作
市审计局领导名录

## 城乡建设与管理

**综　述** …………………………………… (243)
重点项目建设加快推进
民生服务保障能力提升
小城镇规划建设稳步推进
建筑业发展加快转型升级
建筑市场监管力度不断提高
市建设局领导名录
**城市规划** …………………………………… (244)
概况
优化城镇空间布局
调整控制性详细规划及有关专项规划
打击“两违”违法建设行为
督促推动县城总规修编工作
加强农民建房宣传管理
市城市规划局领导名录
**城市建设** …………………………………… (244)
严格水质安全管理
强化污水处理设施建设运行督查
助推燃气行业健康发展
申报海绵城市试点
**村镇规划与建设** …………………………………… (245)
抓好农村危房改造
加强古村古镇保护
申报国家传统村落保护补助资金
2015年抚州市重点工程建设项目
**建筑业** …………………………………… (247)
营造建筑业发展环境
扶持建筑骨干企业发展
加快推动建筑产业结构升级
**房地产业** …………………………………… (248)
概况
保障性安居工程稳步推进
房地产市场健康稳定发展
物业管理逐步规范

房屋征收机制不断健全
市房管局领导名录
**城市管理** …………………………………………… (248)
概况
全面树立城管形象
努力健全工作机制
改造老城区基础设施
改善民生环境
架起便民服务桥梁
强化法制意识
推进专项整治
抢时增效合力创建
加大扬尘治理力度
加强户外广告管理
市城管执法局领导名录
**城市园林** …………………………………………… (250)
概况
工程建设亮点纷呈
绿化管护成效明显
行业管理逐步深化
创先争优成绩突出
**风景名胜管理** ……………………………………… (251)
风景名胜区申报概述
天门岭、相山风景名胜区简介
品牌创建持续开展
风景名胜资源资料库日益完善
风景名胜安全管理体系不断健全
景区营销水平不断提升
市园林绿化(风景名胜管理)局领导名录

## 环境保护 · 自然观测

**综 述** …………………………………………… (252)
**环境监测** …………………………………………… (252)
地表水监测
降尘监测
市城区环境空气监测
环境噪声监测
**辐射环境管理** ……………………………………… (253)
概况
核技术利用项目环评审批与验收
辐射安全许可证发放
辐射安全检查
辐射安全日常监管
核文化宣贯
辐射安全管理档案标准化建设
**污染防治** …………………………………………… (253)
水污染防治
重金属污染防治
清洁生产审核
农村环境综合整治
医疗废物处置
危险废物管理
**生态保护** …………………………………………… (254)
概况
生态保护红线划定
市环保局领导名录
**气象工作** …………………………………………… (254)
概况
气象服务
防雷减灾
气象改革
市气象局领导名录
**水文工作** …………………………………………… (256)
概况
雨情、水情概况
水文情报服务
中小河流水文监测系统建设
水环境监测
环保抚河行活动
山洪灾害调查与评价
水资源调查与评价
市水文局领导名录
**防震减灾** …………………………………………… (257)
概况
防震减灾宣传教育
地震监测及震情跟踪
抗震设防监督管理

应急管理
市防震减灾局领导名录

# 教　育

综　述 …………………………………………………… (258)
教育概况
办学条件
教育均衡
教育改革
各类教育
区域协作
队伍建设
先进典型
依法治教
效能管理
文明创建
规范运行
党的建设
市教育局领导名录
基础教育 …………………………………………………… (260)
概况
廉洁修身教育
“素质教育月”活动
纪念中国人民抗日战争暨世界反法西斯战争胜利70周年主题教育活动
省、市级普通中学三好学生、优秀学生干部评选活动
第二届中小学班主任“育人风采”展示活动
争取国家、省资金支持学前教育发展
编制实施第二期学前教育三年行动计划
开展幼儿“健康、快乐、发展”主题活动
学前教育宣传月活动
做好省、市级示范幼儿园评估复评工作
幼儿园教师观察案例征文比赛
学前教育科学保教培训
参加全省幼儿园教师参加专业技能展示活动
特殊教育持续发展
做好普通高中省级评估工作
示范学校创建
校外教育有新突破
科技教育成绩斐然
首次《国家学生体质健康标准》数据上报率达到100%
首次举办中小学校园足球联赛
高雅艺术进校园活动
举办中小学生体育运动会
关心下一代工作成绩突出
妇女儿童发展规划中期评估
职业技术教育与成人教育 …………………………… (263)
概况
市领导高度重视职业教育发展
编制并下发抚州市现代职业教育体系建设规划
推动示范县、示范校建设
规范中职学校办学行为
开展全民终身学习活动
抓招生,促发展
开展技能竞赛
选派教师参加出国进修和国家级、省级业务培训
组织推荐教师参加江西省中等职业学校教师信息化教学大赛
加强学校基础能力建设
组织中职学生参加技能等级考试
申报教育部现代学徒制试点单位
开展职业教育活动周系列活动
学校后勤与产业管理 ………………………………… (264)
履行学校后勤与产业管理工作职能
加强教育行业风险管理
做好农村学校劳动实践基地建设工作
监管学生校服和学生作业本质量
高等教育和高等院校 ………………………………… (265)
东华理工大学
东华理工大学领导名录
南昌大学抚州医学院 ………………………………… (266)
概况
学院现状
校园文化
体系管理

特色专业
突出成绩
南昌大学抚州医学院领导名录
**江西中医药高等专科学校** …………………………… (267)
概况
招生就业
师资队伍
人才培养
年度亮点
江西中医药高等专科学校领导名录
**抚州市广播电视大学(抚州市高等职业技术教育中心)** …………………………………………………… (269)
概况
教学基础设施建设
专业设置
师资建设
系统建设
招生与就业
主要成绩
抚州市广播电视大学(抚州市高等职业技术教育中心)领导名录
**抚州职业技术学院** ………………………………… (270)
概况
党建工作
招生工作有突破
校企合作有发展
基础设施建设有改善
干事创业有信心
抚州职业技术学院领导名录

## 文化艺术·新闻出版管理

**文　化** …………………………………………………… (272)
综述
市文化广电新闻出版局领导名录
**艺术创作** ………………………………………………… (272)
概况
谋划大型剧目创作
举办全市首届艺术创作大赛
组织抚州市纪念反法西斯胜利美术作品展
举办抚州市首届美术作品展
加强文艺创作平台建设
启动汤显祖逝世400周年纪念活动筹备工作
**社会文化** ………………………………………………… (273)
概况
“华夏梦都才子之乡”——江西省抚州市文化展示月在京开幕
“春雨工程—文化志愿者边疆行”文化交流
举办非物质文化遗产展演展示周活动
开展文化惠民工程
继续打造书香抚州品牌活动
参演“百姓大舞台”全省优秀文艺节目汇演
抚州采茶戏再飨戏迷
**文化市场监管** ………………………………………… (273)
概况
文化市场监管效能提升
文化综合执法机构成果丰硕
文化执法队伍建设整体提升
文化市场监管平台领跑全省
**图书馆藏** ………………………………………………… (274)
概况
夯实阵地服务
网络书香·数字图书馆建设与服务
服务读者活动形式多样内涵丰富
做好抚州—广州两地青年文化交流活动
文化志愿边疆行活动有声有色
**文物博物** ………………………………………………… (275)
概况
加大文物保护工作力度
提升博物馆服务水平
**新闻出版管理** ………………………………………… (276)
概况
打造书香抚州品牌活动
打击侵犯著作权行为
推进软件正版化工作
开展版权服务工作
**文化产业** ………………………………………………… (276)
概况

产业结构优化
行政审批提效

# 新闻媒体

**广播电视** …………………………………………… (277)
概况
围绕中心服务大局
电视产业和广告经营稳健发展
事业建设取得新进展
“三严三实”专题教育深入开展
**抚州日报社** …………………………………………… (278)
概况
营造“绿色崛起 跨越发展”氛围
宣传助推“三严三实”专题教育活动
助推“省级文明城市创建”
助推“昌抚一体化”建设
提升新媒体建设
强化责任 锻造队伍
抚州日报社领导名录
**临川晚报社** …………………………………………… (279)
概况
围绕中心服务大局
加大本土新闻的策划力度
好新闻评选获得大面积丰收
报纸发行创历史新高
外宣工作进展顺利
临川晚报社领导名录
**抚州广播电视报** ……………………………………… (280)
围绕中心促发展
抓好报社采编工作
转变工作作风
广告开拓新市场
把握报纸大发行量基础
抚州广播电视报社领导名录
**图书发行** …………………………………………… (281)
概况
巩固扩大主业市场份额
创新工作机制
抓好班子建设和职工队伍建设
安全生产常抓不懈
江西新华发行集团抚州市分公司领导名录

# 科技·卫生·体育

**综　述** …………………………………………… (283)
**科　技** …………………………………………… (283)
概况
高新技术产业快速发展
科技合作协同创新
加强企业研发中心建设
项目带动企业科技创新能力提升
知识产权促进专利产业化
科技计划及项目管理
科技经费投入与管理
科技成果
市科技局领导名录
**卫　生** …………………………………………… (284)
概况
深化医药卫生体制改革
卫生计生服务能力提升
加强公共卫生管理
规范卫生行政执法和行业监管
市卫生局领导名录
市卫计委领导名录
**体　育** …………………………………………… (285)
概况
抚州市第一届残疾人运动会开幕
市体育运动学校(市少年儿童学校)新校区揭牌
全市中小学生体育运动会开幕
市体育局领导名录

# 民　　政

综　述 ……………………………………………… (288)
市民政局领导名录
社会救助 ……………………………………………… (289)
概况
民生工程惠及百姓
确保制度不断完善
医疗救助成效显著
加强资金安全运行
保障“五车”整治推进
养老水平全面提升
优抚安置 ……………………………………………… (290)
概况
各项优抚政策落实到位
军休人员接收安置顺利完成
退役士兵安置到位
抚州市第二次被评为全省双拥模范城
救灾救济 ……………………………………………… (291)
概况
防灾减灾组织健全
做好灾前防范灾后救助工作
社会福利 ……………………………………………… (291)
概况
养老服务体系建设不断完善
养老示范项目建设有序推进
农村敬老院升级改造稳步实施
福彩公益活动异彩纷呈
慈善事业 ……………………………………………… (291)
概况
慈善活动空前活跃
慈善项目品牌效应突显
慈善文化建设取得新突破
救助管理和殡葬改革 …………………………… (292)
概况
妥善安置寻亲无着流浪乞讨人员
深化殡葬改革
开展殡葬“红包”治理
社会组织管理 ………………………………………… (293)
概况
优化社会组织行政审批程序
协调开展社会组织公益创投活动
加强社会组织党组织建设
基层政权和社区建设 …………………………… (293)
概况
全面启动行政区划调整工作
组织实施地名普查
边界管理成效显著

# 居民生活·计划生育

城乡居民收入与消费 …………………………… (294)
概况
城乡居民收入
城乡居民消费支出
数字影院代替传统影院
新能源汽车推广
市区公共自行车开始试运行
“一元化”户口登记工作正式启动实施
居民家庭经济状况核对中心成立
居民购买本地汽车可获补贴
旧衣服捐赠和再使用公益项目启动
住　房 ……………………………………………… (295)
概况
系列房产新政出台
住房公积金有序发展
调整多项住房公积金政策
市住房公积金管理中心领导名录
保护消费者权益 ………………………………… (296)
婚　姻 ……………………………………………… (296)
家　庭 ……………………………………………… (297)
妇女儿童 ……………………………………………… (297)
概况
关怀帮扶女性
关怀帮助儿童

**青年人** ………………………………………………… (297)
青年创新创业创优
青少年健康成长
**老年人** ………………………………………………… (297)
概况
老年人权益保障
居家养老服务
农村老年协会
敬老爱老宣传
全国第四次中国城乡老年人生活状况抽样调查
**人口发展** ………………………………………………… (298)
概况
做好人口服务管理
关爱失独家庭
落实农村“独生子女户、双女户”子女初中升学考试加分政策

# 县区概况

**抚州国家高新技术产业开发区** ……………………… (299)
概况
主要领导名录
升级为国家级高新区
苍源种植在“新三板”挂牌上市
明恒纺织在上海股交中心成功挂牌上市
博雅生物获批抚州市首家博士后科研工作站
德义半导体一项目荣获全国创业创新大赛第八名
嘉盛精纺成功收购意大利高端品牌“蝴蝶”
国内不锈钢第一品牌落户抚州
**临川区** ………………………………………………… (300)
概况
主要领导名录
以路为媒推动旅游产业加速升级
“三促”拓宽贫困农民增收路
推动物流产业发展
大唐抚州发电公司铁路专线开通
傅烈烈士亲属一行回临川捐赠遗物
临川发布被评为2015江西最值得关注的十大县区政务微信
**南城县** ………………………………………………… (301)
概况
主要领导名录
植入文化元素发展旅游业
举行纪念罗汝芳诞辰500周年研讨会
多措并举保护古城
中国家具协会与南城共建“中国校用家具生产基地”
南城醉仙湖水利风景区晋升国家级
南城新兴产业年创产值百亿元
加强野外文物保护
食品加工业发展升级
14个重点民生项目温暖百姓
**黎川县** ………………………………………………… (303)
概况
主要领导名录
油画产业蓬勃发展
陶瓷产业发展提速
第三产业实现新跨越
社会事业全面发展
森林防火工作成效显著
环保工作成绩斐然
洲湖村获2015年中国最美休闲乡村(历史古村)称号
新庄烤烟专业合作社服务烟农受表彰
**南丰县** ………………………………………………… (305)
概况
主要领导名录
南丰橘文化旅游产业集聚区成功创评“国家4A级旅游景区”
南丰县被评为全国食品工业强县
南丰傩舞文化异彩纷呈
第十二届江西南丰蜜橘文化旅游节开幕
土地有序流转促进农户增收
包坊村获“全国民主法治示范村(社区)”称号
罕见秋、冬连汛致使南丰蜜橘受灾惨重
全省社会保险基金管理工作座谈会在南丰召开
南丰县农合行营业部获“全国巾帼文明岗”称号
南丰县琴城镇入选江西“十大休闲旅游小镇”

举行大型民间艺术踩街活动
国安美食街入选江西省美食街
南丰县被评为全省专利十强县
**崇仁县** …………………………………………… (308)
概况
主要领导名录
工业园区获“国家新型工业化产业示范基地”称号
周毛毛获“全国初中数学优质课说课评比一等奖”
崇仁县与仙游县缔结友好城市
开展首届“最美崇仁人”评选活动
举办第二届江西·崇仁麻鸡美食文化旅游节
企业申请专利大幅增长
**乐安县** …………………………………………… (309)
概况
主要领导名录
央视七套《农广天地》栏目组拍摄“乐安花猪”
移民整体搬迁项目全面竣工
荣获全国法治县(市、区)创建活动先进单位称号
曾传芳将军家庭获授“共和国将军之家”
精准扶贫扎实推进
疾控中心荣获全省食品安全工作先进单位
社会保障便民服务点全覆盖模式在全省推广
全省社区(村)党组织书记、居(村)委会主任培训班到乐安观摩学习
智能遥控耕整机通过省农业机械鉴定站鉴定
开展第七个全民健身日文体展示活动
**宜黄县** …………………………………………… (311)
概况
主要领导名录
获国家制种大县奖励
禾杠操获全国乡村“亿万农民健身活动”传统项目优胜奖
耕地保护工作成效显著
“三农”工作呈现新局面
国土执法成效显著
棠阴镇中心卫生院获全国“群众满意的乡镇卫生院”殊荣
国家宗教事务局领导深入曹山宝积寺调研
推行杂交水稻制种保险试点
荣获“2015年春季森林防火平安县”称号
县检察院被省检察院记集体三等功
对口支援工作(抚州市)座谈会在宜黄召开
**金溪县** …………………………………………… (313)
概况
主要领导
农村土地确权登记颁证走在全省前列
金溪法院加大执行力度
关工委获“全国关心下一代先进集体”称号
金抚高速公路建成通车
开展公共文化标准化均等化建设试点
金溪县文化研究会成立
《陆九渊故事》出版
金溪荣膺“江西省卫生县城”称号
香料日化产业实力进一步加强
国家林木生物产业基地落户金溪
公共文化标准化均等化建设试点
徐坊村获省级水生态文明村荣誉
社会化模式联合建立未成年人就业帮教基地
与江西师大签订全面合作协议
**资溪县** …………………………………………… (315)
概况
主要领导名录
资溪全国首创的生态审计成为“样本”
资溪列入全省首批生态文明先行示范县
资溪入选中国候鸟旅居县口碑榜
有机农业品牌效应突出
跻身国家可持续发展实验区
通过国家三类城市语言文字工作评估验收
江西马头山国家级自然保护区管理局挂牌
举办江西省第三届寒兰博览会
**广昌县** …………………………………………… (317)
概况
主要领导名录
产业转型升级提质增效
保障和改善民生
广昌快速发展电子商务
启动村卫生所的升级改造工程
发展果林产业治理水土流失

盱江司法所荣获“全国模范司法所”称号
**东乡县** …………………………………………… (318)
概况
主要领导名录
红星垦殖场纪念王震将军诞辰107周年
举行纪念舒同诞辰110周年活动
人民调解宣传获全国先进
东乡县获“2015中国新能源产业百强县”称号
花猪保种场成为国家级畜禽遗传资源保种场
院士工作站揭牌
举办国际职业搏击王者争霸赛
农民周长根出版学术著作
国家野生稻资源平台落户东乡
143个便民取款点覆盖东乡行政村
财政收入突破20亿元
大学生村官获邀“参加东盟+3村官交流项目”活动
年产10万吨燃料乙醇项目开工
评为“全省专利十强县”
被列为全省水权试点地区
开展农村垃圾专项治理
率先在全市开展乡镇综合行政执法改革
两名学子考入俄罗斯列宾美术学院
46名听障儿童获国外慈善机构捐赠助听器

# 人物·荣誉

**2015年新任市领导** ……………………………… (321)

肖　毅　张鸿星　黄玉剑　李建林　李兰贵
谭小平　吴建春　段院龙　肖承贵　徐建辉
柏　林　宋智勇

**2015年受省(省委、政府)部级以上表彰的先进个人** ……………………………… (324)
梁　安　何　立　兰念瑛　林小红　吴关保
魏九忠　王　俊　饶辉华　李剑平　陈森林
宁宏昌　邱艳芳　王文德　汤　锋　付长旺
艾应平　章水明　江聪越　魏云秀　温金花
揭金发　吴佺孙　周　宇　邓民富　郑木辉
胡霞国　王　辉　李巧玲　邹　艳

**2015年受省(省委、政府)部级以上表彰的先进集体** ……………………………… (328)

# 主要统计资料

抚州市土地面积与乡镇名称 …………………… (331)
抚州市国民经济主要指标 …………………… (332)
抚州市生产总值及构成 …………………… (338)
抚州市主要年份生产总值 …………………… (339)
抚州市规模以上工业企业单位数、总产值和增加值 …………………… (340)
抚州市主要工业产品产量 …………………… (342)
抚州市主要农作物产量 …………………… (344)
抚州市农林牧渔业总产值(按现行价格计算) …… (345)
抚州市农林牧渔业总产值(按可比价格计算) …… (347)
抚州市畜牧业生产情况 …………………… (349)
抚州市渔业生产情况 …………………… (350)
抚州市金融机构信贷收支情况 …………………… (351)
抚州市固定资产投资 …………………… (352)
抚州市财政收入统计表 …………………… (354)
抚州市财政支出 …………………… (354)
抚州市各级各类学校基本情况 …………………… (355)

# 附　录

**文件目录** …………………………………… (356)
2015年抚州市委主要文件目录
2015年抚州市人大常委会主要文件目录
2015年抚州市政府主要文件目录
2015年抚州市政协主要文件目录
2015年抚州市纪委主要文件目录
**文章目录** …………………………………… (363)
2015年抚州市在国家级报刊、电(视)台上稿、播出情况

# 特　　载

## 在市委全面深化改革领导小组会议上的讲话

中共抚州市委书记　肖　毅

（2016年4月15日）

今天，我们召开市委全面深化改革领导小组会议，主要任务是贯彻落实中央、省委全面深化改革决策部署，总结2015年全面深化改革工作，研究部署2016年重点改革任务。刚才，大家认真审议了《市委全面深化改革领导小组2016年工作要点》和7个专项小组2016年工作计划，与会同志作了很好的发言，特别是鸿星同志对今年重点改革任务提了很好的意见。会后，请市委改革办根据今天的会议精神，对《工作要点》作进一步修改完善。

2015年，我市认真贯彻落实中央、省委重大改革部署，以协调推进"四个全面"战略布局为统领，主动适应经济发展新常态，牢牢把握改革方向，积极谋划、主动作为，全面深化改革工作取得明显成效。一是激发了市场活力。通过进一步简政放权，大力精简行政审批事项，快速推进"三单一网"建设，广泛推进商事制度改革等，充分激发了全民创业热情。在经济发展新常态的大背景下，去年全市新登记注册企业、注册资本额同比依然保持了较快增长，市场主体活力显著增强。二是增强了发展动力。通过深入推进财税体制改革、投融资体制改革、生态文明体制改革以及农业农村体制改革等，进一步优化了产业布局，促进了产业结构调整，探索了破解要素瓶颈制约的有效途径，为全市经济发展提供了动力支持，确保了全年经济稳中向好目标的实现。三是凝聚了各方合力。深入推进教育、医疗、社保、就业等一系列民生领域改革，进一步释放了改革红利，广大人民群众的获得感和幸福感不断增强，全市上下支持配合改革、积极参与改革、凝心聚力抓好改革的氛围更加浓厚，为推动改革向纵深发展夯实了基础。四是提升了影响力。在推进改革的进程中，各地各部门注重总结提升，创造了许多特色亮点，我市"三公消费"监管、农村产权制度改革、南城县"多证合一"等改革工作在全省起到了示范带动作用，形成了一批"抚州经验"。特别是我市的基础教育改革被列为我省"苏区振兴"四大平台建设之一，既符合国家教育方针政策，又彰显了临川教育集团的品牌价值。我市深入推进消化超职数配备干部工作，在严格执行中央、省委干部人事政策的同时，又充分考虑了干部个人的实际情况，整治工作取得了明显成效。总体来说，我市的改革工作在全省有位置、有影响。

在深化改革方面，我市也存在一些突出问题，各级党委政府必须引起高度重视。一是观望心态。去年，我市部署的各项改革任务中，有些落实得很好，有的却未见动静，反映出许多领导干部习惯于看上面的安排、等上面的指示，常常抱着"看一看""等一等"的心态。体现在具体工作中，推一下、动一下，不推就不动，有的甚至推而不动。二是空转现象。个别地方和单位为了改革而改革，没有坚持问题导向，没有紧扣当前正在推进的重点工作。把上级党委布置的改革工作作为一般性的任务，没有把"改革作为第一动力"来认识和推进工作，提出的改革方案比较空泛，在具体工作中深入不下去，找不到落脚点。三是有松懈情绪。有些同志认为改革开放三十多年来，各地各部门坚持不懈地推进改革，本部门本领域的改革事项已基本改完，思想上存在"松一松""歇一歇"的想法，工作缺乏主动性，找不到改革工作的切入点。四是有畏难情绪。有的同志认为好改的都已经改完了，剩下的都是难啃的硬骨头，对深入推进改革信心不足，在困难面前畏缩不前。比如，消化超职数配备干部工作涉及干部的岗位调整和切身利益。个别县（区）推进缓慢，主要是因为有畏难情绪,不敢触动核心利益,心里小九九多,顾虑重重,不敢较真碰硬。五是失效情况。有的改革举措针对性、操作性不强,配套衔接不到位,进度和质量与预期目标存在一定差距,一些改革任务没有完成,承诺事项没有兑现,影响了党委政府在群众心中的形象和地位。在今后的改革中,这些问题有可能依然存在,各地各部门要高度重视,采取有效措施加以解决。

2016年是“十三五”规划开局之年,也是全面深化改革关键之年。我们要深入贯彻落实习近平总书记视察江西时的重要讲话精神,切实按照中央和省委改革部署,牢牢把握“高位谋势、精准发力、敢于担当、跨越发展”的总要求,扎实做好今年各项改革工作。下面,我再强调三点意见:

## 一、高位谋势,善用新思维、新理念引领改革

习近平总书记视察江西工作时提出了新的希望和“三个着力、四个坚持”的总体要求,其核心内涵就是要树立新理念、就是要改革创新。总书记在提出新的希望时,强调要向改革开放要动力、向创新创业要活力;在提出“四个坚持”时,第一个坚持就是“用新发展理念引领发展行动”;在阐述弘扬井冈山精神时,指出要实事求是闯新路,善于用改革的思路和办法解决前进中的问题。总书记对江西工作的要求,全面贯穿了改革这条鲜明主线,全面体现了新发展理念的要求,我们一定要深刻学习领会和准确把握习近平总书记新的希望和“三个着力、四个坚持”的总体要求,坚持用新思想谋划新发展、用新理念提出新思路、用新举措应对新情况、用新方法解决新问题,坚定不移推进改革。

在经济发展新常态下,许多同志仍然习惯于“穿新鞋走老路”,没有自觉贯彻新发展理念,思想跟不上新形势,适应不了新要求。今年3月下旬,我市举办了全市领导干部学习党的十八届五中全会精神专题研讨班,每位领导干部的交流发言材料我都认真看了,有些同志能够深刻理解和准确把握新发展理念的要求,紧紧围绕我市生态文明建设的各项工作部署和要求谈认识、谈体会、谈打算,观点新颖、内容丰富、重点突出,非常精彩;有些同志的发言虽然滔滔不绝,但老生常谈,内容、观点和思维方式都缺乏新意,没有体现新发展理念的要求,从中反映出了许多领导干部的知识结构、能力素养适应不了当前的发展任务,或多或少地存在本领恐慌,不会为、不善为、不能为的问题比较突出。在互联网与制造业深度融合的时代背景下,新技术、新产品、新模式、新业态层出不穷。最近《人民日报》报道了数字阅读、VR等新技术、新产业。数字阅读以阅读对象的数字化和阅读终端的无纸化为主要特征。杭州市正借助全国最大的数字阅读运营商落户当地的有利契机,积极引导关联产业聚集,全力打造全国数字产业中心。VR技术是利用计算机生成模拟环境。VR技术的迅猛发展,必将拓展设备生产、技术研发、视频资源等广阔的市场空间。在现代经济条件下,要实现抚州绿色崛起、跨越发展,必须紧紧依靠互联网和现代金融“两只翅膀”。马云的阿里巴巴公司虽然注册地在杭州,但它的电子商务交易面向全世界,仅去年“光棍节”的交易额就达915亿元,交易产生的数据、资金、税收都汇集到了杭州。近年来,九江共青城发展私募基金走在了全省前列。私募基金不但可以为企业发展提供全方位的增值服务,助推产业转型升级。同时,又能产生巨大的杠杆效应,企业一旦IPO上市(首次公开募股),将为私募基金注册地带来丰厚的税收收入,这是阿里巴巴电商模式在资本市场的体现。再比如,抚州高新区金凤凰文化公司的办公室只有几十平方米、几张办公桌、几台电脑,但是这家公司引进了42家文化传媒企业,其中10家上市公司,仅去年几个月就实现主营业务收入22亿元,纳税1.35亿元。在经济发展新常态下的新业态,有些同志总是用老眼观看待,怀疑、疑惑甚至否定。对于新生事物不要简单的否定,不要轻易说不。在做出判断之前,首先要问问自己懂不懂。如果自己不懂就武断地否定,这种做法未免太过草率,重要的发展机遇就会被拒之门外。各级领导干部要潜心研究新技术、新产品、新模式、新业态,积极鼓励、支持和引导新兴产业发展,做到寓管理于服务之中,建立和规范新兴产业帮扶管理机制。

要通过加强学习,解决领导干部思想观念滞后、本领恐慌等问题。一要学习新理念。市委举办的全市领导干部学习党的十八届五中全会精神专题研讨班,重点就“经济发展新常态”“新发展理念”“供给侧结构性改革”三个关键词进行了深入解读,目的是进一步引导全市上下用新发展理念谋划抚州发展,用生态文明建设统领抚州发展。各地各部门要深入开展解放思想“三问”大讨论活动,摒弃传统的发展思维和发展理念,加快转变发展方式和工作手段,在生态文明建设中找准位置、履行职责、发挥作用。二要学习新知识。要深入学习习近平总书记治国理政系列重要讲话精神,特别是视察江西工作时的重要讲话精神,结合工作实际深刻领会创新、协调、开放、绿色、共享五大发展理念的重要意义和科学内涵,准确把握中央和省委作出的重大改革部署,坚持用新发展理念引领改革。各级领导干部应少一点应酬、多一点时间静心学习,“读书一卷则有一卷之益,读书一日则有一日之益”,始终把学习作为提升素质能力的重要途径,认真学习信息化、互联网、现代金融、市场、法律等新知识,努力打造学习型机关、学习型政府、学习型社会,消除本领恐慌,增强改革底气。三要学习新方法。要积极“走出去”,到发达地区参观学习考察,接受新事物、掌握新经验。4月11日至12日,我市组织党政代表团到福建福州、莆田学习考察。海峡国际智贸城经营的各种进口商品琳琅满目,让人大开眼界。各部门要创新思维、积极探索,能否把海峡智贸城引进到抚州,把福州自贸区的优惠政策延伸到抚州呢?市商务部门要主动加强沟通对接,争取智贸城来抚州开设分店,创造新的消费热点,吸引周边地市的人流、物流、资金流向抚州集聚。

## 二、以问题为导向,以当前工作为重点,精准发力,推动改革

改革的根本目的是为了推动发展。在部署今年各项改革任务时,必须坚持问题导向,强化改革意识,结合年初确定的改革工作目标任务,抓住关键环节,着力破解难题,确保今年各

项改革任务圆满完成。

**一要紧扣中央和省委决策部署，扎实推进供给侧结构性改革。**习近平总书记在视察江西工作时明确提出，要着力加强供给侧结构性改革。省委强书记在今年省委全面深化改革领导小组会议上强调，要重点围绕去产能、去库存、去杠杆、降成本、补短板“五大任务”，扩大有效供给，推进供给侧结构性改革，必须重点要把握以下三个方面：一是着眼去杠杆推进供给侧结构性改革。不断深化财税金融改革，规范资本运行，规范各类融资行为，开展金融风险专项整治，坚决遏制非法集资蔓延势头，避免出现区域性、系统性金融风险。二是着力降成本推进供给侧结构性改革。着力加快行政审批制度改革，精简审批事项，清理规范行政事业性收费和中介服务价格，开展优化企业发展环境专项行动，降低企业制度性交易成本，解决企业在涉企税费、水电价格等方面的问题。三是着手补短板推进供给侧结构性改革。针对产业发展、基础设施、民生事业等方面的短板，加快体制机制改革步伐，着力补齐发展短板，以有效供给带动有效需求。我市在积极推进供给侧结构性改革的同时，最重要、最根本的问题是要加快调结构的步伐，通过加快产业结构调整，倒逼企业发展升级，不断适应市场需求。

**二要与当前工作相紧密结合。**如果仅仅是为了改革而改革，就容易导致改革空转，出现“两张皮”现象，就会削弱改革的动力和作用，就会削减改革的红利和效果，达不到改革的预期目标。要坚持用创新的思维、改革的办法、市场的手段适应新变化、解决新问题、赢得新发展。我市在推进生态文明示范市建设的进程中，要加快推进林业综合执法体制改革、城市综合执法体制改革以及部门机构设置等，尽快理顺管理体制机制，形成上下贯通、权责明确、统一完善的机构体系。要把医疗基础建设工程作为推动我市医疗机制体制改革的重要抓手，切实抓紧抓实，加快解决老百姓“看病难、看病贵”和“误诊”问题。老百姓有个头疼脑热，往往是“小病拖、大病捱，危重才往医院抬”。通过市卫计委随机调查，我市贫困户中因病致贫返贫率高达66.37%。要正视我市医疗卫生基础条件差的现实，加快推进分级诊疗制度建设，积极探索构建智慧医院体系，逐步构建全市一体化的会诊机制，把优质高效的卫生医疗服务延伸到村一级，提升基层卫生服务能力和水平。据有关部门反映，今年春节期间我市各县区医院爆满，许多外出务工的老乡回来看病。这是因为全国医保系统没有联网，在打工的地方看病不能报销，所以有点小病就拖着等过年回家再来看病，以致小病拖成了大病。要加快推进全市域的医疗医保体制改革，使医保费用报销流程更加科学、服务更加便利，建立医保报销比例与经济增长同步机制，解决群众“看病难、看病贵”的后顾之忧。今年我市下决心把乡镇卫生所、村级卫生室建好，明年再着手解决乡以上敬老院问题，依托敬老院解决农村留守老人、留守儿童问题。此外，要加强流动党员管理、开展“把纪律挺在前面”先行先试以及行政服务体系、新业态监管、养老保障体制改革等工作，既要沿着中央、省委的改革路标奋勇前行，确保改革方向不偏移、改革举措不断档，又要紧密结合抚州实际开拓创新，确保我市改革有特色、有亮点、有成效。

在推进我市深化改革工作中，有两点需要引起注意。一是改革要在机制体制方面动脑筋、做文章。要坚持问题导向，创新体制机制，而不能将改革任务与日常工作混为一谈。比如，封山育林是正常的一般工作，但如果推进不下去就要深入剖析体制机制方面存在的问题，对涉及到林业体制、林管站体制以及人员管理、执法权、经费支出等问题，要认真分析研究，逐项攻坚解决。二是改革要有前瞻性和引领性，要充分考虑经济效益和社会效益。坚持“群众有所需，改革有所应”的原则，着力解决好各级党委政府高度重视、社会各界密切关注、人民群众热切期盼的重大民生问题，突出抓好文化、教育、医疗等重点领域改革，增强人民群众的幸福感和获得感。请市委改革办根据今天会议讨论的情况对《市委全面深化改革领导小组2016年工作要点》和7个专项小组《2016年工作计划》进行修改完善，凡是不涉及机制体制改革的日常工作要调整，使改革工作能够聚焦机制体制创新。

## 三、坚持正确方向，敢试敢闯敢干，努力提高狠抓落实的操作水平

**一要坚持党的领导。**各级党委要切实履行深化改革的领导责任，市委全面深化改革领导小组每个季度或4个月要召开一次调度会，加强对深化改革工作的研究调度，推动各项改革举措和任务落到实处。深化干部人事制度改革，建立科学有效的选人用人机制，使各方面优秀人才充分涌现，为全面深化改革锻造一支信念坚定、真抓实干、能打硬仗的高素质干部队伍。深入开展“四进四联四帮”活动，提升基层党组织的凝聚力和战斗力，引导广大干部群众积极投身改革事业，以抓铁有痕、踏石留印的实干作风，为深化改革作出新的贡献。

**二要有法治意识。**当前，我市深化改革工作进入了攻坚期和深水区，要加快建立和完善社会稳定风险评估机制，对可能产生的风险矛盾要有清醒的判断，提前制定应对方案。各级党委要在法治的框架内推进改革，善于用法治的思维化解矛盾，缓解改革带来的社会阵痛。各级领导干部要增强法治思维，习惯在阳光下用权、在监督下执政，决不能打着改革的旗号与民争利，甚至搞劳民伤财的政绩工程。强化法治对权力的制约和监督作用，坚持公正执法，公平司法，切实维护社会的公平正义，确保改革始终沿着正确方向顺利推进。

**三要敢闯敢试。**蹄疾步稳推进深化改革，一方面要敢改、敢闯、敢试，胆子要大、方法要好、步子要稳，对于牵涉面广涉及千家万户的改革工作要先行试点，在取得经验的基础上再逐步推开；一方面要敢于突破，敢为人先，不能给自己的思维设限，要敢于打破思想桎梏和制度藩篱，拿出逢山开路、遇水搭桥的勇气和魄力，积极先行先试推进改革。4月13日至14日，省委副书记刘奇同志深入我市调研，对我市提出要坚定不移走绿色发展之路，保护好青山绿水，提升产业层次，实现高质量的绿色发展的要求。如果走常规的发展路子，以我市目前的发展基础很难实现跨越发展。因此，我们要审时度势，把信息产业、文化创意、休闲旅游、健康养生养老等作为今

后的战略新兴产业来抓，从现在开始就要打基础、抓示范。

总之，各县区、各部门要切实增强改革工作的责任感、危机感和使命感，真正把全面深化改革作为推动我市经济社会发展的动力，一项一项抓好工作落实。通过深入推进体制机制改革，努力营造风清气正的政治环境、高效务实的发展环境、公平有序的法治环境、山清水秀的生态环境，不断提升抚州的知名度和影响力，带动绿色产业发展升级，加快抚州实现绿色崛起、跨越发展！

（市委办）

·资 料·

## 2015年抚州市规模以上工业企业利税总额前50名排名

单位：万元

| 企业名称 | 利税总额 | 排位 | 企业名称 | 利税总额 | 排位 |
|---|---|---|---|---|---|
| 江西自立环保科技有限公司 | 135139 | 1 | 江西迪比科股份有限公司 | 8963 | 26 |
| 恒吉集团铜业有限公司 | 80101 | 2 | 江西金灶资源再生利用有限公司 | 8847 | 27 |
| 江西晨飞铜业有限公司 | 38429 | 3 | 江西华宇香料化工有限公司 | 8426 | 28 |
| 江西变电设备有限公司 | 33085 | 4 | 江西卓远纺织有限公司 | 8388 | 29 |
| 江西海润陶瓷有限公司 | 26254 | 5 | 江西省永方电源有限公司 | 8210 | 30 |
| 江西金品铜业科技有限公司 | 23625 | 6 | 江西六和化工实业有限公司 | 8084 | 31 |
| 江西万泰铝业有限公司 | 19445 | 7 | 江西南城南方水泥有限公司 | 8040 | 32 |
| 江西森科实业股份有限公司 | 19012 | 8 | 大亚木业(江西)有限公司 | 7905 | 33 |
| 江西天行化工有限责任公司 | 17354 | 9 | 江西华芸实业有限公司 | 7709 | 34 |
| 江西江铃底盘股份有限公司 | 17061 | 10 | 抚州市临川富临铜材有限公司 | 7609 | 35 |
| 江西雨帆生物能源有限公司 | 16640 | 11 | 回音必集团(江西)东亚制药有限公司 | 7229 | 36 |
| 江西博雅生物制药股份有限公司 | 16415 | 12 | 江西日上化工有限公司 | 7150 | 37 |
| 江西明正变电设备有限公司 | 14952 | 13 | 江西银涛药业有限公司 | 7137 | 38 |
| 江西赣电电气有限公司 | 14192 | 14 | 抚州红狮水泥有限公司 | 6969 | 39 |
| 江西雨帆农业发展有限公司 | 13784 | 15 | 江西省九州陶瓷有限公司 | 6914 | 40 |
| 江西人民铜业有限公司 | 13389 | 16 | 江西嘉顺瓷业有限公司 | 6836 | 41 |
| 江西金泰米业有限公司 | 12689 | 17 | 江西众嘉环保科技有限公司 | 6818 | 42 |
| 江西金弘实业有限公司 | 12649 | 18 | 江西华晨香料化工有限公司 | 6785 | 43 |
| 崇仁县万鑫铜材有限公司 | 11971 | 19 | 江西天同实业有限公司 | 6748 | 44 |
| 江西百神昌诺药业有限公司 | 10295 | 20 | 江西省康舒陶瓷有限公司 | 6711 | 45 |
| 江西省环球陶瓷有限公司 | 10214 | 21 | 江西麻姑实业集团有限公司 | 6570 | 46 |
| 南丰县伟华金属材料有限公司 | 10068 | 22 | 江西思派思香料化工有限公司 | 6463 | 47 |
| 江西恒兴食品有限公司 | 10058 | 23 | 江西抚州南方水泥有限公司 | 6435 | 48 |
| 崇仁县盛盈精制米厂 | 9741 | 24 | 抚州市伟达纺织有限公司 | 6295 | 49 |
| 南丰县华夏五千年生态酒庄有限公司 | 9573 | 25 | 江西宝仁达包装用品有限公司 | 6152 | 50 |

# 在市委全面深化改革领导小组会议上的讲话

抚州市人民政府市长 张鸿星

（2016 年 4 月 15 日）

今天，市委肖毅书记亲自主持召开市委全面深化改革领导小组全体会议，认真回顾总结 2015 年的改革工作，部署安排 2016 年的改革任务，非常及时，非常必要，也非常重要。等一下，肖毅书记还将作重要讲话，请大家认真贯彻落实，我这里简单讲两点意见。

## 一、充分肯定抚州改革工作阶段性成果

2015 年，在省委、省政府和市委的正确领导下，全市上下聚焦重点、把握要点、攻克难点，锐意改革，开拓创新，抓好了一批重点改革事项，取得了显著成效。

**一是形成了一批好的改革成果。**去年我市有一批改革成果在全省形成了经验，比如公务消费一体化监管和农村集体三资监管改革，走在了全省的前列，受到了省委、省政府主要领导的高度肯定，已经在全省推广。二是探索了一批好的改革试点。一批改革试点的示范效应逐步显现。如经济领域的行政审批制度改革，我们按照省里要求全面完成了任务；南城在全省率先发出了第一张“三证合一”的营业执照；农村综合产权交易市场建设试点已初步搭建了平台，快的话下个月就可以试运行；资溪生态文明资源损害问责试点、目标管理差异化考核机制、国有银行改革、市中心城区义务教育免试就近入学制度、临川教育集团转型升级等改革试点，走在全省前列，形成了“抚州特色”和“抚州经验”。另外，在党建方面，市纪委的归口派驻与单位派驻相结合的管理体制，把纪律挺在前面，也作为全省的试点在推进；组织部门在干部队伍建设和管理中的改革创新，既考虑到干部队伍管理，又考虑到原来同志的待遇落实；“四进四联四帮”在全省创造了经验。在今后的改革工作中，要进一步深化、巩固和发扬这些成果，切实推动经济和社会发展。

## 二、积极谋划推进 2016 年的改革工作

做好 2016 年改革工作，要乘势而上、顺势而为，重点把握三个方面：

第一，要坚持问题导向。改革是手段，不是目的，正如市委肖毅书记强调的，“不要为了改革而改革”，我们要从社会经济发展过程中遇到的问题去找方向，找出抚州亟需改革的重点课题。比如针对现在重点工程审批效率比较低的问题，我们在审批制度方面就要再创经验，努力把抚州打造成为全省审批效率最高的设区市。目前，我们项目审批时间特别长，一般情况正常走程序需要两年时间。市第一人民医院老院区建设项目就是一个范例，认认真真按程序走，用了两年时间，最近才开工建设。这样的问题摆在面前，我们就要下决心改革，对此，市行政服务中心要认真研究，切实提高审批效率。再比如招投标改革问题。现在抚州招投标市场乱象丛生，几乎每一个项目招投标结束都会有一些不良反映，甚至有人放出话来，只要他想中到的标没有中不到的。这说明什么问题？说明我们的招投标市场比较混乱，缺乏一个优质高效的透明制度。还比如省政府鹿心社省长在今年省“两会”之前到抚州召开“两代表一委员”座谈会，就专门谈到便民服务事项下放到乡镇一级的问题，今年的改革工作要点要把这项工作补充进去。还比如打造“对接‘21 世纪海上丝绸之路’的桥头堡”问题。我们的通关体系怎么建立？开放型经济体制上怎么运用通道的优势，来实现物流、货流的便捷高效的运行？像以上种种问题的解决，就要坚持问题导向，不要为了改革去弄很多题目，最后什么结果也没有。要适当聚焦重点问题，进行专题研究，这样精力上顾得过来，效果也会更明显。对于原来好的改革做法，比如公务消费一体化和农村集体三资监管，还要继续深化、巩固、提升，不能就此止步。

第二，要突出改革重点。一是突出抚河流域生态保护及综合治理。要围绕抚河流域生态保护及综合治理这个生态文明建设的引领项目，突出必须要改革的重点，探索市中心城区生态补偿机制，建立生态云平台，创新生态体制机制建设。这是一个大课题，既包含了经济社会发展，又包含了制度创新。二是突出构建绿色产业体系。构建绿色产业体系不能满足于一般性的工作，重点要在研究体制机制上下功夫。比如市委、市政府已提出用上市、基金等金融资本理念来推动产业发展，就是要换一个角度看问题，通过体制机制创新驱动来推动产业发展。再比如在发展壮大旅游休闲、中医药、健康养生养老、文化创意、新型建筑建材、信息产业等新兴产业上，我们就要学会运用 PPP 模式，用新型的

资本力量来推动产业发展。三是突出社会事业和民生工程。今年,市委肖毅书记提出重点要夯实乡镇基层医疗卫生基础,要认真抓好落实。除此之外,我们还要研究其他全面性、全局性、制度性的社会事业和民生工程,特别是明年要实施的,今年就要统筹考虑谋划。四是突出体制机制改革。在东乡推行的乡镇综合执法改革试点效果不错,今年要做好总结、提升、推广工作。《改革工作要点》的内容要做减法,要突出重点,不要罗列日常工作、一般性的工作,不要面面俱到,因为这些工作市委、市政府已经进行了布置,否则的话,就分散了大家的精力,不知道重点在哪里。要突出重点、集中力量、聚焦精力,在改革工作上取得扎扎实实的经验。

第三,要建立改革推进机制。要建立健全市领导挂帅、职能部门牵头、相关部门配合的工作机制。一般来说,摆在第一位的就是牵头部门,就有责任牵头成立工作组,建立平行的协调机制,把相关部门统筹起来,立即开展工作。但是往往很多工作,说是部门牵头,最后没人牵头,落实不下去,最后工作也耽搁了。所以,市领导挂帅或职能部门牵头,某种意义上就是分管副秘书长牵头,牵头部门是谁,就由哪个口的分管副秘书长来牵头,组成由部门主要领导或分管领导、专业骨干构成的研究队伍。研究队伍怎么做?一要研究国家政策。现在抚州干部的政策水平整体不高,谈的问题、谈的观点很多都是老观点、老问题,跟不上时代发展的要求。现在国家政策变化很快,但我们好多同志不注意学习,送上来的文件,拿出来的汇报,跟五年前、十年前的汇报是一样的,内容几乎差不多,在这方面要下苦功夫。二要组织小分队外出学习。课题小组一定要经常出去,只要肯带着问题去学,了解人家碰到问题是怎么做的,很多问题就能找得到解决的办法。比如基金问题,原来大家对基金都不熟悉,后来由财政部门牵头、市金融办配合,相关部门一起出去考察学习,回来以后认真研究,最后提出了科学可行的方案。所以,一定要组织小分队出去学习,提高职能部门的参谋、助手、落实能力,不要闭门造车,不要应付了事,不要胡编乱造,否则一点价值也没有。三要拿出专题报告。一个课题组成立了以后,就要认真去研究,拿出能够转化出成果的政策性意见和建议。这些意见和建议,经过讨论完善后,要能形成文件,能够落地。不然的话,改革工作看起来这么多,最后到年底却捞不出干货。我希望今年的其他改革工作能够像公务消费一体化、农村三资监管等改革事项一样,摸索出抚州自己的经验,在全省当中有自己的地位,包括纪检提出的改革,党务工作的创新,都要在全省创造经验。四要坚持定期调度。各专项改革工作领导小组每季度要调度一次,对遇到的困难和问题,要及时发现、及时研究、及时解决。同时,建议市委深化改革领导小组每半年调度一次,这样便于在专项小组发现问题的基础上及时解决困难和问题。我相信,只要大家充分重视,集中精力,组建好团队,我们的改革工作就一定能够创造出新经验,取得更大的改革成果。

(市政府办)

·资 料·

# 2015年抚州市全社会从业人员情况

单位:万人

| 指 标 | | 合计 | 城镇 | 乡村 |
|---|---|---|---|---|
| **总 计** | | **224.64** | **84.30** | **140.34** |
| 一、按国民经济行业分 | 农、林、牧、渔业 | 90.51 | 1.13 | 89.38 |
| | 采掘业 | 0.65 | 0.37 | 0.28 |
| | 制造业 | 25.91 | 11.04 | 14.87 |
| | 电力、燃气及水的生产和供应业 | 0.90 | 0.72 | 0.18 |
| | 建筑业 | 19.07 | 4.18 | 14.89 |
| | 交通运输、仓储及邮政业 | 6.46 | 2.40 | 4.06 |
| | 信息传输、计算机服务和软件业 | 1.15 | 0.36 | 0.79 |
| | 批发和零售业 | 20.92 | 11.42 | 9.50 |
| | 住宿和餐饮业 | 7.58 | 3.53 | 4.05 |
| | 金融业 | 0.81 | 0.81 | — |
| | 房地产业 | 0.61 | 0.45 | 0.16 |
| | 租赁和商务服务业 | 0.64 | 0.64 | — |
| | 科学研究、技术服务和地质勘查业 | 0.22 | 0.22 | — |
| | 水利、环境和公共设施管理业 | 0.56 | 0.56 | — |
| | 居民服务和其它服务业 | 6.38 | 4.76 | 1.62 |
| | 教育 | 4.92 | 4.92 | — |
| | 卫生、社会保障和社会福利业 | 1.48 | 1.48 | — |
| | 文化、体育和娱乐业 | 0.76 | 0.58 | 0.18 |
| | 公共管理和社会组织 | 4.53 | 4.53 | — |
| | 其它 | 30.58 | 30.20 | 0.38 |
| 二、按三大产业分 | 第一产业 | 90.51 | 1.13 | 89.38 |
| | 第二产业 | 46.53 | 16.31 | 30.22 |
| | 第三产业 | 87.60 | 66.86 | 20.74 |

# 抚州市国民经济和社会发展第十三个五年规划纲要

抚州市国民经济和社会发展第十三个五年(2016—2020年)规划纲要,是根据《中共抚州市委关于制定国民经济和社会发展第十三个五年规划的建议》编制的,是指导抚州未来五年发展的宏伟蓝图,主要明确未来五年经济社会发展的宏伟目标、主要任务和重大举措,阐明市委、市政府战略意图,明确政府工作重点,引导市场主体行为,是编制各级各类规划、实施重大工程项目的基本依据,是指导全市人民共同奋斗的行动纲领。

## 第一篇　大力推进跨越发展,同步建成全面小康

"十三五"时期,是我市与全国同步全面建成小康社会的决胜期,是加快发展升级的关键期,是实现以中国梦为引领、建设幸福抚州的战略机遇期,必须深入分析我市内外形势新变化新特点,准确把握面临的新机遇新挑战,积极适应和引领经济社会新常态,努力开创科学发展新局面。

### 第一章　发展基础

"十二五"时期,是我市发展历程中极不平凡的五年。面对国际金融危机持续冲击和国内经济下行压力,在省委、省政府的坚强领导下,市委、市政府团结并带领全市人民,全面贯彻落实科学发展观,改革创新、攻坚克难,围绕建设殷实、文明、和谐的幸福抚州,始终坚定不移把加快发展摆在首要位置,全力推进"三大战役",经济社会发展取得新的重大成就,"十二五"规划确定的预期目标和主要任务基本完成。

**——国民经济再上新台阶。**2015年,地区生产总值突破千亿元大关,达到1105.14亿元,年均增长10.5%,人均GDP达到27735元;财政总收入达到165.2亿元,年均增长17.4%;500万元以上固定资产投资达到1099.67亿元,年均增长18%;社会消费品零售总额达到428.2亿元,年均增长13.2%。

**——结构调整再显新成效。**三次产业比例由2010年的19∶49.9∶31.1调整为2015年的16.5∶49.7∶33.8。发展质量和效益明显提高,规模以上工业企业达到903家,规模以上工业增加值占工业增加值的81%。产业集群发展态势良好,全市共形成3个省重点工业产业集群(其中2个为省工业示范产业集群)、2个省级现代物流产业集群、2个省级旅游产业集群和10个省级农业产业集群,已建成1个国家级、5个省级现代农业示范区。

**——城乡面貌再现新变化。**新型城镇化稳步推进,2015年全市常住人口城镇化率达到44.97%,年均提高1.39个百分点;社会主义新农村建设扎实推进,5年完成3794个新农村点建设,农村面貌发生深刻变化;城乡基础设施日趋完善,向莆铁路建成通车,结束了我市没有干线铁路穿越城市腹地的历史;沪昆铁路杭南长客专建成并设抚州东站,是穿越我市境内的第一条高铁;抚州电厂一期工程1号机组投产发电,圆了抚州人民的"电厂梦";鹰梅铁路正在积极开展前期工作;吉抚武铁路列入江西省铁路网规划;抚州—吉安高速、抚州—金溪高速、南昌—宁都高速(乐安段)建成通车,全市高速公路通车里程达到632公里,实现县县通高速;天然气入抚推进迅速,西气东输二线工程、省天然气管网一期工程抚州段、省天然气管网抚州—南城—黎川支线工程均已建成,市区(临川区)、东乡、南城、金溪、黎川等县城区已通长输管道天然气。

**——改革开放再取新进展。**深入推进行政审批体制改革,2011年以来,共取消113项、下放231项审批事项;政府职能、投资、财税、户籍、土地、价格等重点领域和关键环节的改革步伐加快。全面扩大开放取得明显成效,2015年出口总额达到16.5亿美元,年均增长27%;直接利用外资达到3.8亿美元,年均增长15%。

**——发展位势提至新高度。**我市已成为5个国家发展战略和1个省级战略的"5+1"政策叠加区。全市除临川区、东乡县外均纳入原中央苏区范围,享受苏区振兴发展政策红利;省政府出台《关于支持抚州深化区域合作加快发展的若干意见》,"融入南昌、对接海西、建设向莆经济带"上升为省级区域发展战略,昌抚一体化步伐明显加快。抚州高新区成功升级为国家级高新技术产业开发区;崇仁工业园区被批复为"国家级新型工业化产业示范基地(装备制造·输变电设备)";金溪县被认定为全国唯一的"国家林木香料生物产业基地"。高新区、南城县、崇仁县省级工业园区完成扩区调区。

**——社会事业再创新佳绩。**五年累计新增城镇就业24.9万人,城镇登记失业率控制在3.3%以内。城乡医疗卫生条件逐步改善,新型农村合作医疗全面覆盖,社会保障覆盖面逐步扩大,城镇职工基本养老保险参保人数达58万人,比2010年增加18.49万人,城乡居民基本养老保险参保人数达到145万人,比2010年增加119万人。教育事业蓬勃发展,品牌影响力不断扩大,办学条件明显改善,教师队伍得到加强,教育质量稳步提升,高中教育继续领跑全省,5年录取清华北大人数约占全省录取总数的1/3。文化软实力显著提高,名人雕塑园、拟岘台等一批文化休闲项目相继建成,中国(抚州)汤显祖艺术节、南丰国际蜜桔文化节、广昌国际莲花节等影响力日趋扩大;科技创新能力增强,共新增1个国家高新技术开发区、1个国家级高新技术产业化基地、3个省级高新技术产业化基地、1个省部共建国家重点实验室、1个国家级工程研究中心、16个省级工程(技术)研究中心、20个省级

企业技术中心、1个省级科技企业孵化器和56家高新技术企业。科技进步对经济增长贡献率达到50.3%，比2010年提高5.2个百分点。

**——人民生活迈上新台阶。**2015年，全市城镇居民人均可支配收入25065元，按可比价计算，年均增长8.6%；农村居民人均可支配收入11441元，按可比价计算，年均增长10.8%；保障性安居工程扎实推进，五年完成城镇保障性安居工程45083套，完成棚户区改造20509户；农村危房改造进展顺利，新建和改造农村危旧房57209户。

**——生态文明再铸新成就。**全市与全省同步纳入全国首批生态文明先行示范区建设。"四城同创"成效显著，成功创建"国家园林城市"、"国家森林城市"和"省级卫生城市"。全市森林覆盖率达到65.6%，比2010年提高1.4个百分点。城市绿化覆盖率达到41.34%，中部第一。拥有马头山国家自然保护区和岩泉国家森林公园等国家、省级自然保护区和森林公园17个，空气质量、河流断面水质常年在二级以上，环境综合评价居全国第七。节能降耗成效显著，单位生产总值能耗五年累计下降13%。市中心城区生活污水集中处理率和城镇生活垃圾无害化处理率分别达到92%、95%。

**——党风政风建设打开新局面。**全面推进依法治国，全面从严治党，开创党风廉政建设和反腐败斗争新局面。党的群众路线教育实践活动和"三严三实"专题教育成果丰硕，各级政府作风大幅好转，行政效能明显提高，基层民主不断发展，法治抚州建设全面展开，为加快全面建成小康社会进程提供了坚强的政治和法制保证。

五年来，我市经济社会发展在下行压力不断加大下取得丰硕成果，实属不易。展望未来，我市经济社会发展已站在新的更高起点上！

## "十二五"规划主要指标完成情况表

表3－1

| 类别 | 指标 | "十二五"规划 | | | 2015年 | | 属性 |
|---|---|---|---|---|---|---|---|
| | | 2010年 | 2015年 | 年均增长(%) | 实际值 | 年均增长(%) | |
| 经济发展 | 全市生产总值(亿元) | 630 | 1469 | 15 | 1105.14 | 10.5 | 预期会 |
| | 人均生产总值(美元) | 2354 | 5274 | 14.1 | 4280 | 10 | 预期会 |
| | 财政总收入(亿元) | 74 | 226 | 25 | 165.2 | 17.4 | 预期会 |
| | 全社会固定资产投资(亿元) | 648 | 2406 | 30 | 1099.67 | 18 | 预期会 |
| | 社会消费品零售总额(亿元) | 230.7 | 528 | 18 | 428.2 | 13.2 | 预期会 |
| | 出口总额(亿美元) | 5.45 | 16 | 24 | 16.5 | 27 | 预期会 |
| | 外商直接投资(亿美元) | 1.52 | 6.5 | 26 | 3.8 | 15 | 预期会 |
| 经济结构 | 非农产业比重(%) | 81 | 88 | [7] | 83.5 | [2.5] | 预期性 |
| | 城镇化率(%) | 38 | 53 | [15] | 44.97 | [6.97] | 预期性 |
| | 研发经费占CDP比重(%) | 0.39 | 1 | [0.61] | 0.45 | [0.06] | 预期性 |
| | 全市总人口(万人) | 392.87 | 409.59 | 0.8 | 400.86 | 0.74 | 约束性 |
| | 城镇人均可支配收入(元) | 14445 | 26000 | 11 | 25065 | 8.6 | 预期性 |
| | 农民人均纯收入(元) | 5848 | 1000 | 11 | 11441 | 10.8 | 预期性 |
| | 城镇登记失业率(%) | 41 | — | 42 | — | 3.3 | 预期性 |
| | 城镇新增就业人数(万人) | 4.27 | 4.5 | [20以上] | 4.4 | [24.9] | 预期性 |
| | 九年义务教育巩固率(%) | 90 | 93 | [3] | 93 | [3] | 约束性 |
| 社会民生 | 亿元生产总值生产安全事故死亡率(%) | 0.22 | 0.143 | －8 | 0.085 | －12.27 | 约束性 |
| | 职工基本养老保险参保人数(万人) | 39.51 | 52.88 | [13.37] | 58.12 | [18.61] | 约束性 |
| | 城乡三项基本医疗保险参保率(%) | 90 | 95 | [5] | 96 | [6] | 约束性 |
| | 城镇保障性安居工程建设(万套) | 0.85 | 0.45 | [4.5] | 0.46 | [4.51] | 约束性 |

续表

| 类别 | 指标 | “十二五”规划 | | | 2015 年 | | 属性 |
|---|---|---|---|---|---|---|---|
| | | 2010 年 | 2015 年 | 年均增长(%) | 实际值 | 年均增长(%) | |
| 资源环境 | 耕地保有量(万亩) | 479.8 | 487 | -0.07 | 478.04 | -0.073 | 约束性 |
| | 农业灌溉用水有效利用系数 | 0.44 | 0.50 | [0.06] | 0.50 | [0.06] | 预期性 |
| | 森林覆盖率(%) | 64.2 | 65 | 持续稳定 | 65.6 | [1.4] | 约束性 |
| | 森林蓄积量(万立方米) | 4500 | 5060 | [560] | 5060 | [560] | 约束性 |
| | 废话是能源占一次能源消费比重(%) | — | — | 8 | — | 8 | 约束性 |
| | 全市主要河流监测断面Ⅰ~Ⅲ类水质比重(%) | 90 | 90 以上 | 90 以上 | 约束性 | — | — |
| | 单位工业增加值用水量降低(%) | — | — | 省下达的目标 | -10 | — | 约束性 |
| | 单位地区生产总值能耗累计下降(%) | [20] | — | — | [16] | [13] | 约束性 |
| | 化学需氧量 | 7.928 | — | — | [-7.0] | [-17.0] | 约束性 |
| | 主要污染物排放量二氧化硫 | 2.087 | — | — | -[2.8] | [-2.8] | 约束性 |
| | 累计下降(%)氨氮 | 0.745 | — | — | [-2.8] | [-2.8] | 约束性 |
| | 氮氧化物 | 2.496 | | — | —[-2.0] | [-2.0] | 约束性 |
| | 城镇生活污水集中处理率(%)(市中心城区) | 90.74 | 93 | [2.26] | 93 | [2.26] | 约束性 |
| | 城镇生活垃圾无害化处理率(%)(市中心城区) | 90 | 98 | [8] | 100 | [10] | 约束性 |

说明:1. 固定资产投资自 2011 年起调整为 500 万元以上,表中“十二五”规划目标为老口径的全社会固定资产投资,2015 年实际值为新口径的 500 万元以上固定资产投资

2. 人的地位生产值换算为美元,以 2015 年年底的汇率 6.48:1 计算

3. [ ]为五年累计值

**第二章　发展环境**

“十三五”时期,世界经济缓慢复苏态势趋于稳定,我国经济长期向好的基本面没变,为我市经济平稳较快增长提供了较好的宏观环境。国际产业分工格局深度调整,新技术新业态不断涌现,正在引发影响深远的产业变革,形成新的生产方式、商业模式和增长空间,有利于我市发挥后发优势、加快推进产业转型升级。国家“四个全面”战略布局协调推进将释放新的制度红利、激发新的市场活力,“五位一体”协同发展将孕育巨大的发展潜能;国家统筹实施“四大板块”和“三个支撑带”战略组合,赣南等原中央苏区振兴发展上升为国家区域发展战略,“融入南昌、对接海西、建设向莆经济带”和支持昌抚一体化上升为省级区域发展战略,有利于我市进一步发挥区位优势,加速承接发达地区产业转移,开拓区域发展新空间;我省全境纳入国家生态文明先行示范区建设,有利于我市将生态优势转化为发展优势、经济优势。但也要清醒地看到,“十三五”时期国际环境的不稳定性和不确定性增加,国内“三期叠加”影响仍然存在。我市经济总量小、人均水平低、发展不足,仍是今后一个时期的主要矛盾;产业结构性矛盾突出,全面创业氛围不浓,创新能力不足,对我市实现跨越发展带来了巨大压力。

总之,“十三五”时期是我市加快发展的重要战略机遇期,机遇和挑战并存、机遇大于挑战。全市上下务必增强机遇意识和忧患意识,保持战略定力,坚定发展信心,抓住用好机遇,牢牢把握发展主动权,推进抚州跨越发展,努力实现同步全面建成小康社会目标。

**第三章　指导思想和原则**

“十三五”全市经济社会发展的指导思想是:高举中国特色社会主义伟大旗帜,以邓小平理论、“三个代表”重要思想、科学发展观为指导,深入贯彻习近平总书记系列重要讲话及省委十三届以来全会精神,落实省委“发展升级、小康提速、绿色崛起、实干兴赣”十六字方针,以及市委“高位谋势,精准发力,敢于担当,跨越发展”总体工作要求,按照“四个全面”战略布局和“五位一体”总体布局,以“提前翻番、同步小康”为总目标,以创新、协调、绿色、开放、共享发展理念为导向,以“五化”同步为主要路径,以创新为动力,积极推进“融入南昌,对接海西,建设向莆经济带”发展战略,实施“一核两带四区”战略布局,

努力实现“南昌大都市副中心城市、江西对接‘21世纪海上丝绸之路’的桥头堡、全省生态文明先行示范市、全国历史文化名城”的战略定位，全面建成宜居宜业宜游的幸福抚州。

与全国同步实现全面建成小康社会奋斗目标，推动经济社会持续健康发展，必须加强党的领导，不断提高党的执政能力和水平，以发展理念创新来破解发展难题、培植发展优势。在发展中始终坚持以下原则。

**——坚持创新发展，激发内生动力。**充分发挥市场配置资源的决定性作用，正确处理好政府与市场的关系，加快推进重点领域和关键环节的改革，建设统一开放、竞争有序的现代市场体系，有效激发市场主体的活力和创造力，全面奠定推动经济社会持续健康发展的制度基础；围绕转方式、调结构，大力实施创新驱动发展战略，充分发挥企业的创新主体作用，加速推进科技与经济深度融合，加强创新成果同产业发展和现实生产力的对接，激发全社会创新活力和创造潜能，全面提升创新对经济增长和产业升级的贡献度。

**——坚持协调发展，推动五化同步。**统筹谋划全市经济布局和城乡发展，促进城乡协调发展。加速信息化与工业化深度融合，提升新型工业化、城镇化对农业现代化的带动效应，把绿色化贯穿于工业化、信息化、城镇化和农业现代化的全过程，使五化同步成为推动抚州发展升级的重要路径。

**——坚持绿色发展，转变发展方式。**围绕建设全省生态文明先行示范市的总体目标，把生态文明理念贯穿于经济社会发展全过程和各领域，大力发展绿色产业，加快推行绿色低碳循环的生产方式，倡导全社会践行节约健康环保的生活方式，大力改善提升生态环境质量。

**——坚持开放发展，提升区域地位。**围绕“融入南昌、对接海西、建设向莆经济带”发展战略，以更加主动、更加开放的姿态，加强互动对接、合作共赢，推进全方位、宽领域、高层次对外开放，全面提升抚州在全省乃至全国区域格局中的地位和作用。

**——坚持共享发展，增进人民福祉。**围绕解决好人民群众最关心最直接最现实的利益问题，持续加大就业、教育、医疗、社会保障等民生工程实施力度，加快推进基本公共服务均等化，加强和创新社会治理，保障社会公平正义，让全体人民更广泛参与发展过程、更公平享受发展成果，全面增强人民群众的获得感，提升群众的幸福指数。

**第四章　发展目标**

“十三五”时期，全市经济社会发展的总体目标是：与2010年相比，地区生产总值和城乡居民收入提前实现翻一番，全面建成小康社会，综合经济实力达到全省中等以上水平。

**——国民经济发展迈上新台阶。**在提质增效的基础上，经济保持合理较快增长，全市地区生产总值年均增长9.5%左右，2020年达到1800亿元、力争跨上2000亿元台阶，人均GDP达到43000元、力争突破45000元；500万元以上固定资产投资年均增长14%，达到2100亿元；财政总收入年均增长10%，达到266亿元、力争突破300亿元；社会消费品零售总额年均增长11%，达到700亿元；出口总额年均增长5%，达到21亿美元；实际利用外资年均增长10%，达到6亿美元。

**——结构调整升级取得新进步。**在五化协同推进的前提下，农业现代化取得明显进展，战略性新兴产业和先进制造业加快发展，服务业比重明显提高，三次产业比例达到13:49:38。发展质量和效益明显提升，力争主营业务收入过10亿元的企业50户以上、过50亿元的企业5户以上、过100亿元旗舰企业实现突破，规上工业增加值占工业增加值的比重达75%以上。新型城镇化加快推进，常住人口城镇化率达到52%，户籍人口城镇化率达到40%。自主创新能力不断增强，研究与试验发展（R&D）经费占GDP比重达到0.9%，高新技术产业增加值占GDP比重达到20%，万人拥有有效发明专利量达到1.5件，科技进步贡献率提高到55%。

**——生态文明建设再创新成效。**生态环境质量全面提升，符合主体功能区定位的国土空间开发格局全面形成，绿色生产、生活方式普遍推行，生态文明制度体系基本形成。森林覆盖率稳定在65.5%以上，森林蓄积量达到6000万立方米。资源能源利用效率大幅提升，单位生产总值能耗累计下降、单位生产总值二氧化碳排放量、主要染污物排放量控制在省下达的目标范围内。重要水功能区水质达标率达100%。市中心城区生活污水集中处理率、城镇生活垃圾无害化处理率分别提高到95%、98%。空气质量保持国家二级标准，生态环境质量继续位居全省前列。省级风景名胜区达到8个、国家风景名胜区实现零的突破。

**——人民生活水平取得新提高。**居民收入增长与经济发展同步，城乡和阶层收入差距进一步缩小。力争城镇居民人均可支配收入年均增长9.5%，到2020年达到40000元；农村居民人均可支配收入年均增长10.5%，到2020年达到19000元、力争突破20000元。全市总人口控制在421万人以内，五年新增城镇就业人数20万人。五年完成棚户区改造2.25万户；学前三年毛入园率达75%，九年义务教育巩固率达96%，高中阶段教育毛入学率达94%，高等教育毛入学率达42%。城镇职工基本养老保险参保人数达到65.8万人，城乡居民养老保险参保人数达到147万人，城镇居民基本医疗保险参保率稳定在96%以上。现行标准下的贫困人口全面脱贫，贫困县全部摘帽。

**——人民文明素质和社会文明程度达到新高度。**社会主义核心价值观更加深入人心，社会发展更加和谐包容；人民思想道德素质、科学文化素质、健康素质明显提高，“诚信抚州”、“健康抚州”和“幸福抚州”基本建成；文化事业繁荣发展，文化产业成为支柱性产业，临川文化软实力和影响力显著增强，基本建成全国历史文化名城。

**——深化改革和法治抚州建设取得新成果。**重要领域和关键环节改革取得明显进展，先行先试取得显著成效，适应引领新常态的各方面制度机制更加成熟。经济、政治、文化、社会和生态文明等五大领域的法治建设全面推进，法治氛围全面形成，科学立法、严格执法、公正司法、全民守法的进程全面加快，有法可依、有法必依、执法必严、违法必究的原则全面落实，治理体系和治理能力现代化全面推进。

## “十三五”时期经济社会发展主要指标

表 3－2

<table>
<tr><th>类别</th><th colspan="2">指标</th><th>2015 年</th><th>2020 年</th><th>累计或年均增长(%)</th><th>属性</th></tr>
<tr><td rowspan="6">经济发展</td><td colspan="2">地区生产总值(万亿元)</td><td>1105.14</td><td>1800</td><td>9.5</td><td>—</td></tr>
<tr><td colspan="2">财政总收入(亿元)</td><td>165.2</td><td>266</td><td>20</td><td>—</td></tr>
<tr><td colspan="2">500 万元以上固定资产投资(亿元)</td><td>1099.67</td><td>2100</td><td>14</td><td>—</td></tr>
<tr><td colspan="2">社会消费品零售总额(亿元)</td><td>428.2</td><td>700</td><td>11</td><td>—</td></tr>
<tr><td colspan="2">出口总额(亿美元)</td><td>16.5</td><td>21</td><td>5</td><td>—</td></tr>
<tr><td colspan="2">实际利用外资(亿美元)</td><td>3.8</td><td>6</td><td>10</td><td>—</td></tr>
<tr><td rowspan="6">转型升级</td><td colspan="2">三产比例(%)</td><td>16.5:49.7:33.8</td><td>3:49:38</td><td>—</td><td>—</td></tr>
<tr><td colspan="2">互联网普及率(%)</td><td>35</td><td>80</td><td>[45]</td><td>—</td></tr>
<tr><td colspan="2">科技进步贡献率(%)</td><td>50.3</td><td>55</td><td>[4.7]</td><td>—</td></tr>
<tr><td colspan="2">研究与试验发展(R&D)<br>经费占 CDP 比重(%)</td><td>0.45</td><td>0.9</td><td>[0.45]</td><td>—</td></tr>
<tr><td colspan="2">常住人口城镇化率(%)</td><td>44.9</td><td>52</td><td>[7.1]</td><td>—</td></tr>
<tr><td colspan="2">户籍人口城镇化率(%)</td><td>—</td><td>40</td><td>—</td><td>—</td></tr>
<tr><td rowspan="11">社会民生</td><td colspan="2">全市总人口(万人)</td><td>400.86</td><td>421</td><td>0.99</td><td>—</td></tr>
<tr><td colspan="2">城镇人均可支配收入(元)</td><td>25065</td><td>40000</td><td>9.5</td><td>—</td></tr>
<tr><td colspan="2">农民人均可支配收入(元)</td><td>11441</td><td>19000</td><td>10.5</td><td>—</td></tr>
<tr><td colspan="2">城镇新增就业人数(万人)</td><td>4.4</td><td>4.4</td><td>[20 以上]</td><td>—</td></tr>
<tr><td colspan="2">基本养老保险参保率(%)</td><td>80</td><td>90</td><td>[10]</td><td>—</td></tr>
<tr><td colspan="2">人均预期的寿命(岁)</td><td>73</td><td>74.5</td><td>[1.5]</td><td>—</td></tr>
<tr><td colspan="2">主要劳动年龄人口<br>平均受教育年限(年)</td><td>10</td><td>11.5</td><td>[1.5]</td><td>—</td></tr>
<tr><td colspan="2">农村贫困人口脱贫(万人)</td><td>—</td><td>—</td><td>[13.9]</td><td>—</td></tr>
<tr><td colspan="2">城镇棚户区住房改造(套)</td><td>—</td><td>—</td><td>[22554]</td><td>—</td></tr>
<tr><td colspan="2">亿元生产总值生产<br>安全事故死亡率(%)</td><td>0.085</td><td>0.059</td><td>－6</td><td>—</td></tr>
<tr><td colspan="2">工矿商贸企业从业人员<br>十万人生产事故死亡率(%)</td><td>0.86</td><td>0.688</td><td>－4</td><td>—</td></tr>
<tr><td rowspan="9">生态文明</td><td colspan="2">新增建设用地规模(万亩)</td><td colspan="2">—</td><td>省下达的目标</td><td>—</td></tr>
<tr><td colspan="2">万元 GDP 用水量(立方米)</td><td colspan="2">—</td><td>省下达的目标</td><td>—</td></tr>
<tr><td colspan="2">非化石能源占一次能源消费比重(%)</td><td>8</td><td>10</td><td>[2]</td><td>—</td></tr>
<tr><td colspan="2">单位 GDP 能耗降低(%)</td><td>[13]</td><td colspan="2" rowspan="2">下达的目标</td><td>约束性</td></tr>
<tr><td colspan="2">单位 GDP 二氧化碳排放降低(%)</td><td>—</td><td>约束性</td></tr>
<tr><td rowspan="2">森林发展</td><td>森林覆盖率(%)</td><td>65.6</td><td>65.6 以上</td><td>持续稳定</td><td rowspan="2">约束性</td></tr>
<tr><td>森林活立木<br>总蓄积量(万立方米)</td><td>5060</td><td>6000</td><td>[940]</td></tr>
<tr><td colspan="2">主要河流监测断面Ⅲ类<br>以上水质比重(%)</td><td>90 以上</td><td>90 以上</td><td>持续稳定</td><td>约束性</td></tr>
<tr><td>空气质量</td><td>县级及以上城市细颗粒物<br>($PM_{2.5}$)浓度下降(%)</td><td>—</td><td>—</td><td>[12]</td><td></td></tr>
</table>

续表

| 类别 | 指标 | | 2015 年 | 2020 年 | 累计或年均增长(%) | 属性 |
|---|---|---|---|---|---|---|
| 生态文明 | 空气质量 | 县级及以上城市空气质量优良天数比率(%) | — | >85 | — | 约束性 |
| | 城镇生活污水集中处理率(%)(市中心城区) | | 90 | 95 | [2] | 约束性 |
| | 城镇生活垃圾无害化处理率(%)(市中心城区) | | 100 | 100 | 持续稳定 | 约束性 |
| | 主要污染排放量减少(%) | COD | 6.5707 | 下达的目标 | | 约束性 |
| | | 氨氮 | 0.6650 | | | |
| | | 二氧化硫 | 2.0280 | | | |
| | | 氮氧化物 | 2.4470 | | | |

说明:[ ]为五年累计值

## 第二篇　实施绿色崛起战略,打造生态文明建设“抚州样板”

牢固树立“既要金山银山、更要绿水青山,绿水青山就是金山银山”的生态文明理念,坚定不移地走生态立市、绿色发展之路,把生态文明建设融入经济社会发展各领域和全过程,努力创建全省生态文明先行示范市,形成可复制、可推广的“抚州样板”。

### 第一章　巩固提升生态优势

坚持保护优先和自然恢复为主,以重要生态功能区为重点,加大生态保护和建设力度。

#### 第一节　落实主体功能区战略

按照《江西省主体功能区规划》要求,划定生态、农业、城镇空间,加快启动生态环境保护、水资源管理、永久基本农田范围三条红线划定工作,把禁止开发区、重要河流源头、主要供水地、主要山脉、重点湖泊、基本农田等生态功能极重要地区划入红线范围,强化对重点生态功能区和生态环境敏感区域、生态脆弱区的有效保护。在市域范围内,按照优化提升、重点开发、生态保护三类功能区要求,实施分类指导、分片推进,引导和激励各功能区聚焦主体功能、突出发展重点、加强生态保护,科学有序地实施空间开发,统筹实施广昌、资溪、宜黄等河流源头的生态移民工程。

#### 第二节　加强生态建设

全面实施绿色生态屏障建设、生态家园创建等重大生态工程,在全境大力实施封山育林、退耕还林、荒山造林工程,打造可持续发展的“绿色银行”,创建一批生态县、生态乡镇,建设一批宜居宜业宜游的生态文明示范村,推进资溪、广昌、东乡、崇仁、乐安、宜黄、南丰等县创建全省生态文明先行示范县,努力争取更多县纳入国家重点生态功能区。强化生态功能价值、提高生态产品生产能力,构建“一河两屏”为主体的生态安全格局。加强城市造林绿化,不断增加城区绿地面积。

#### 第三节　维护生物多样性

建立生物物种资源数据库,加强生物多样性保护基础能力建设,健全物种资源调查、监测、预警和评价体系;加大抚河流域内湿地和公益林保护力度,加强自然保护区、风景名胜区、森林公园和湿地公园建设,形成布局合理、类型齐全、设施先进、管理高效的自然保护网络体系。

**专栏 1 生态保护重大工程**

**(一)加强森林资源培育**

推广使用林木良种,巩固退耕还林成果,完成人工造林面积 80 万亩;采取更新、补植和抚育等措施,完成低产低效林改造 100 万亩;完成油茶低产林改造 15 万亩,新造 10 万亩;完成低产竹林改造 150 万亩;新建花卉苗木基地 4 万亩;林下经济经营面积达 30 万亩。

**(二)加强森林资源保护**

对全市 790 万亩天然林区实施保护性建设,将可以培育成为天然林的未成林封育地、疏林地、灌木林地等划入天然林保护范围;在全市范围内实施封山育林;加大抚河源头地区生态公益林保护力度;新增国家级或省级森林公园 3 处以上。加强森林防火基础设施建设,在省际、市界、县(区)界和火灾多发地营造生物防火林带 2000 公里;加强林业有害生物防治。

**(三)加强湿地保护与修复**

对功能降低、生物多样性减少的湿地进行综合治理,实施湿地恢复与综合治理工程,重点加强洪门湖、盱江河等湿地保护与恢复工程建设;创建资溪、南城、广昌、梦湖(市城区)4 个国家级湿地公园,黎川、东乡、临川、崇仁、乐安 5 个省级湿地公园。全市湿地面积稳定在 510 万亩以上,湿地保护率达 19.13%。

**(四)加强生物多样性保护**

建设全市野生动植物救护繁育中心;建设资溪县华南虎繁育及野化训练基地;创建广昌抚河源、黎川岩泉国家级自然保护区,在临川、南城、南丰、崇仁、金溪、资溪、东乡新建 7 个省级自然保护区。加强林业种质资源保护,新建抚州市植物园。

### 第二章　强化环境治理和防护

坚持“保护优先、预防为主、综合治理、公众参与、损害担责”的原则,深入开展净空、净水、净土行动,着力解决好水、空气、土壤等环境污染问题。

第一节 强化空气污染防治

深入开展大气污染防治行动,实施以改善城乡空气环境质量为重点的“净空工程”,切实提高大气环境质量。对二氧化硫、氮氧化物等实施总量控制,严格执行计划。实施火电、有色、水泥等重点行业脱硫脱硝、除尘设施改造升级工程,按要求逐步淘汰燃煤小锅炉。全面实施禁燃区管理,控制秸秆焚烧和城区扬尘。整治化工建材、包装印刷等行业挥发性有机物。开展机动车污染防治,淘汰黄标车,加强机动车环保合格标志管理,加强机动车环境监管能力建设。强化 $PM_{2.5}$ 指标约束,力争空气质量指数达到优良天数占比位居全省前列。

第二节 加强水环境综合治理

全面实施水污染防治行动计划,重点实施以改善水环境质量为核心的“净水工程”,切实提升水质量。以抚河流域生态保护和环境综合治理为重点,划定抚河两岸岸线保护区、控制利用区、保留区和开发利用区,严格实施分类管理和环境准入,加强抚河流域水环境综合治理;强化抚河源头生态保护修复与水土保持,建设抚河绿色生态廊道,推进河流沿岸城镇“一河两岸”工程,对抚河干流及各大小支流堤岸进行除险加固,完善防洪体系,建设生态堤防,开展抚河流域河道治理;加强河道采砂管理,明确砂石禁采期和禁采区;实施抚河流域环保整治行动计划,研究制定抚河流域综合整治方案,组织开展抚河源头及其干流沿岸 1 公里范围内的污染企业及排污口全面排查,加强入河排污口的治理和监管,严格控制入河污染物总量,减少水体污染。推进重点水源地保护和建设,规划建设市中心城区和县城应急备用水源工程。完善城镇、工业园区污水处理设施及其收集管网,推动城镇雨污分流、污水收集管道系统建设,力争市中心城区生活污水集中处理率达到95%。完善水质监测监管体系,加快建立市、县二级污染源自动监控网络。

第三节 加强土壤环境综合治理

制定实施土壤污染防治行动计划,实施以重金属等污染治理为重点的“净土工程”,切实保护土壤环境质量。积极推动以抚河流域为重点的重金属污染治理与修复试点示范。加强重金属污染综合治理,加大持久性有机物、危险废物、危险化学品污染防治力度。推动重大环境隐患治理,加强对重大环境风险源的动态监测与风险控制。加强农业面源污染防治和矿山治理恢复。重点推进城乡环卫一体化建设,科学开展农村生活垃圾专项治理,增加农村环卫设施投入,加强卫生保洁队伍、收集清运监管体系和垃圾填埋场建设,创新体制机制,确保农村生活垃圾日产日清日运和有效处理。到 2017 年,全市 90% 以上村庄的生活垃圾得到及时有效处理,通过省级检查验收。到 2019 年,全市所有农村地区形成科学治理生活垃圾的长效机制,垃圾治理成为人们的自觉行动和良好习惯,广大农村成为“干干净净、漂漂亮亮、井然有序、和谐宜居”的幸福家园。

**专栏 2 生态环境治理和恢复重点工程**

**(一)抚河流域生态保护及综合治理工程**

主要包括生态保护与修复、防洪疏浚、水资源保护、水资源利用配置和产业结构调整等 5 大工程。实施抚河源头保护区生态建设,开展河道疏浚,新建下马山、疏山等梯级枢纽,完善抚州市城区防洪工程,实施抚河干流沿岸重要圩堤除险加固工程,开展抚州市城区、重点城镇、重点圩区等重点涝区的排涝设施改造和建设。

**(二)中小河流、水库治理工程**

加强乐安抚河源头公溪河、崇仁河、宜黄河、南城沙洲水等治理。实施承担重点防洪任务的 50 个乡镇防洪工程。加强洪门水库、廖坊水库综合治理和生态环境保护。

**(三)农村河塘整治与水系连通**

推进农村河塘整治与水系连通,共 13438 座山塘,总库容 32164.58 万立方米。开展农村小河道、小河沟、小塘坝、小湖泊的清淤疏浚、岸坡整治、河渠连通等工作,实现引排顺畅、水源互济、灌溉保障、水清岸绿。

**(四)城镇环境公共设施建设工程**

推动城镇污水收集管网、垃圾收运体系向城乡结合部延伸。在城镇污水、垃圾处理和工业园区污染集中治理等重点领域开展特许经营试点。积极推进污水处理设施建设,大力实施污水配套管网工程,促进污水再生水利用,到 2020 年,实现全市工业园区污水处理设施建设全覆盖。

**(五)水环境治理工程**

实施畜禽养殖污染治理与达标排放工程,加强种植业污染防治。专项整治造纸、印染、化工等重点污染行业。开展城乡饮用水源规范化建设与水源保护,加强河流源头及湖泊生态环境保护。实施东乡县水资源确权试点。实施洪门水库优良水质保护工程。

**(六)土壤环境治理工程**

加强重金属污染监测、修复技术和应急能力建设,大力实施重金属废渣治理和重金属污染土壤修复工程。

**(七)矿区环境治理和恢复工程**

实施乐安铀矿矿区核污染综合治理、崇仁河矿区污染综合治理生态恢复、广昌县矿山生态恢复、崇仁县礼陂镇、乐安县、东乡县辖区废弃煤矿生态修复等工程。

**(八)河道治理工程**

加强黎川县大源水、南丰县甘坊水、乐安县鳌溪水和龚坊水、宜黄县黄陂水、金溪县朱坊水、资溪县泸阳水、广昌县长桥水和苦竹水等 9 条重点山区河道治理。

**(九)垃圾处理工程**

加强生产、生活垃圾无害化处理,实施城镇和农村生活垃圾无害化处理工程、农村环境综合整治工程,建设一批垃圾处理填埋场。

**(十)废弃物处理工程**

建设抚州市工业固体废物处理处置中心,建设南城县畜禽养殖粪便综合利用、南丰县烂橘烂果无害化处理、广昌县县级医疗废物集中处理、东乡县百奥迈斯生物科技公司年无害化处理 6000 吨病死畜禽等项目。

**第三章 推进生产绿色循环低碳发展**

“十三五”时期,要落实节约优先战略,全面推行绿色循环低碳的生产方式,大幅度提高资源利用效率。

第一节 推动绿色发展

禁止新上高污染、高排放企业,大力推动生物医药、新能源、信息技术、绿色食品和节能环保等战略性新兴产业发展，引导新兴产业高起点绿色发展。着力壮大生态旅游、健康养生养老等绿色服务业，把生态优势转化为发展优势。推进清洁生产，实施清洁生产促进工程，推进农业、工业、建筑、商贸服务等重点领域清洁生产示范工程建设，努力实现工业“三废”近零碳排放、农业污染物达标排放。设立市级生态文明建设专项资金，重点支持产业绿色转型发展、重大生态工程建设、环境污染防治和保险等。

第二节 推动循环发展

大力发展循环经济，推动可再生能源、再制造、资源回收利用等产业发展，加快构建循环产业体系，推动工业、建筑、生活以及农林废弃物等资源再生利用，加强能源消耗总量和能耗强度双控制，推进资源节约集约利用。加强水资源节约，实施最严格的水资源管理制度，加强“三条红线”管理。强化土地利用总体规划和年度计划约束性，促进土地节约集约利用。

第三节 推动低碳发展

实施建筑节能、工业节能、公共机构节能、交通节能等工程。加强节能监测体系建设，推动符合抚州发展的低碳经济模式，建立以碳排放为特征的产业体系。有序开展低碳示范工程，制定低碳产品推广目录，在高能耗、高排放的工业领域实行温室气体控排示范工程，推进东乡 APEC 低碳示范城镇建设。加强基础能力建设，完善温室气体统计核算制度，积极开展低碳发展相关培训，加强队伍建设和人才培养。

**第四章 推行绿色低碳生活方式**

倡导绿色价值观，树立生态文明理念，建立生态文明教育体系，形成崇尚生态文明的社会氛围，实现绿色低碳的生活方式和勤俭节约消费模式，广泛开展绿色环保活动。

第一节 提高全民生态文明意识

树立生态文明观念，应用多种形式和手段，深入开展保护生态、爱护环境、节约资源的宣传教育和知识普及活动，牢固树立善待生命、尊重自然的伦理观，保护环境就是保护生产力的发展观等观念；强化经济、社会和环境相统一的效益意识，经济、社会、资源和环境全面协调发展的政绩意识，节约资源、循环利用的可持续生产和消费意识等三种意识。构建全民生态教育体系，将生态文化知识和生态意识教育纳入国民教育和继续教育体系，纳入党校党政干部培训计划，纳入企业培训计划。加强农村生态文化教育培训。

第二节 广泛开展绿色低碳生活行动

推行绿色循环低碳生活方式，开展形式多样的生态文明创建活动，大力倡导绿色消费、绿色家居、低碳办公、低碳出行，推行家庭垃圾分类处理和餐厨垃圾无害化处理，推进政府绿色采购，促进生活方式向勤俭节约、绿色低碳、文明健康转变。广泛开展环保志愿者活动，有计划地开展生态监护行动、环保进社区、进学校等活动，广泛开展义务植树造林等环保公益活动。

**专栏 3 绿色生产和生活重点行动**

**(一)实施节能行动计划**

实施化石能源节约替代、绿色照明推广、电机系统节能、余热余压利用等节能改造项目；实施节能技术产业化示范工程，推进节能变压器等一批节能产品规模化及其应用；推动公共机构绿色节能办公，到 2020 年，有关产品政府采购比例达到 100%。

**(二)实施节地行动计划**

严格控制城乡建设用地规模，强化城市建设用地开发强度、土地投资强度、努力实现新增建设用地规模逐步减少，单位固定资产投资建设用地面积下降 30%。

**(三)实施全民节水行动计划**

高耗行业节水改造示范，推广先进节水技术，鼓励废水深度处理和回用，推广农业节水灌溉模式和技术；城市节水改造工程，加强管网漏损控制管理，开展公共机构节水活动，加大公共机构节水型示范单位创建力度。积极推进公共机构节水器具应用，到 2020 年，公共机构节水器具普及率达到 100%。

**(四)实施家庭垃圾分类处理计划**

普及家庭垃圾分类处理知识，完善垃圾回收设施，合理收运、处置和再利用家庭垃圾，探索建立生活垃圾分类减量激励机制。

**(五)倡导绿色出行“135”计划**

建立完善公共自行车服务体系、公交体系，倡导公众 1 公里步行、3 公里骑自行车、5 公里乘坐公交车。公交出行率占比达到 20%。

**(六)加快生态文明创建**

大力创建全省生态文明先行示范市。创建 2 个国家级生态县、7 个省级生态县、60 个省级生态乡镇。

**(七)实施生态文化教育示范工程**

深入开展生态文明宣传教育、知识推广、专题行动等活动，建立健全生态文明建设宣传报道制度和教育培训体系，提高生态文明知识普及率。积极创建省级生态文化示范教育基地。

**(八)气象保障工程**

建设全市气候变化综合观测网。建立短期气候预测预警系统和生态文明气象业务服务平台，提升应对生态气象灾害能力。建设太阳能光伏发电气象示范基地。建设城市空气质量预报系统。建设东南区域人工影响天气中心，构建东南区域空地一体化作业体系。以主要生态农业区、水源涵养区、江河源头区为重点，建设人工影响天气重点作业区。

**第五章 建立健全生态文明制度体系**

以体制机制创新为动力，正确处理资源环境与经济社会发展的关系，建立健全符合抚州实际、系统完整、可复制可借鉴的生态文明制度体系。

第一节 建立健全考核评价制度和责任追究制度

探索建立体现生态文明建设要求的领导干部评价考核体系，建立干部生态环境保护年度述职、约谈、“一票否决”、离任审计、责任追究制度，用考核的“指挥棒”激发保护生态环境的“正能量”。制定差异化评价考核体系，按照各地主体功能定位，对各县(区)实行有区别、有侧重的绩效评价考核，逐步提高生态文明指标考核权重。创新抚河流域生态环境保护责任机制，探索建立“河长制”、“山长制”、“路长制”，构建市、县(区)、乡镇、村委会、村小组的责任体系。建立企业环保责任追究制度，完善生态环境损害赔偿制度,将生态环境的损害列入赔偿范围。建立环境损害鉴定评估机制,为落实环境责任提供有力支撑。

第二节　完善生态补偿制度

开展抚河源头生态补偿试点,探索建立抚河流域生态补偿机制,推动建立跨区域的横向生态补偿制度和流域内的纵向生态补偿制度;探索建立公益林补偿标准动态调整和政府赎买重点公益林机制,加大湿地和公益林生态补偿力度。探索开展林业碳汇交易试点和抚河流域排污权交易试点,形成有利于资源节约和环境保护的利益导向机制;争取上级对抚河源头、抚河流域湿地公园、自然保护区进行生态补偿试点,对重点生态功能区给予转移支付支持。探索多元化的生态补偿资金筹集机制,建立中央转移支付与地方配套相结合的补偿方式,探索通过税收减免与返还,以及从收取的资源税、污水处理费中抽取等多种方式筹集生态补偿资金。

第三节　完善河湖管理体制机制

成立抚河流域管理局,将水务、环保、国土、交通及农业等相关部门承担的相应职责划入流域管理局统一管理。编制抚河水域保护规划,以抚河流域河道自然岸线为基准,对河湖管理范围确权划界,在河道管理范围毗邻区域,进一步划定堤防安全保护区。完善涉河项目审批制度,制定相关水域占用的控制标准。参照相关资源有偿使用的规定,探索建立河湖水域岸线的有偿使用制度,细化补偿方式、标准。

第四节　健全自然资源资产产权制度

加快推进对河流、森林、山岭、荒地、湿地等自然生态空间统一确权登记;创新自然资源全民所有权和集体所有权的实现形式,探索所有权和使用权相分离,扩大集体林地、土地使用权的出让、转让、出租、抵押、担保、入股等权能改革,明确占有、使用、收益、处分等权利归属关系和权责。探索建立水权制度,开展水域、岸线等水生态空间确权试点,分清水资源所有权、使用权及使用量。

第五节　完善生态环境监管制度

完善污染物排放监督机制,实行污染物排放许可制和污染物排放总量控制制度。规范污染物排放行为,禁止无证排污和超标准、超总量排污。构建统一监督所有污染物排放管理体系,对工业点源、农业面源、交通移动源等排放的污染物,对大气、土壤、地表水和地下水等所有纳污介质,统一监管。严格执行环境法规政策标准,进行综合管理,实现要素综合、职能综合和手段综合,实现污染治理的全防全控。以流域、区域生态环境质量的状况及其变化、损害健康的重点污染源和污染物排放情况为基础,构建监测预警机制,对水土资源和环境容量超载区域及时亮红灯,促进发展方式、产业结构及布局的调整优化。

第六节　强化公众参与监督机制

强化环境信息公开,保障公众的环境知情权、参与权和监督权。及时公开涉及民生、社会关注度高的环境质量监测、建设项目环评、企业污染物排放等信息,主动向社会通报环境状况和突发环境事件。对涉及群众利益的重大决策和建设项目,广泛听取公众意见和建议。引导企业进一步真实、客观地公开环境信息,监督企业按规定公开污染物排放自行监测信息。

## 第三篇　实施产业转型升级战略,加快构建绿色产业体系

立足资源禀赋、产业基础和区位条件,以高效生态农业为基础、战略性新兴产业为重点、现代服务业为支撑,引导产业合理布局。改造提升优势传统产业,大力发展新兴战略性产业,促进产业集聚,打好转型升级“组合拳”,实现一产更优、二产更强、三产更靓。适应引领新常态,借助“互联网+”和现代金融手段,在更高层次上推动产业融合,促进提质增效,着力构建高端化、高质化、高新化的有竞争力的绿色产业体系。

### 第一章　优化产业空间格局

合理的产业空间布局是经济社会健康发展的基础。“十三五”时期,要优化产业空间格局,形成要素配置合理、空间集约均衡的发展布局。

第一节　农业布局

构建“一区一带十集群”产业格局,“一区”,即以临川国家现代农业示范区为核心,创建抚州市国家现代农业示范区;“一带”,即将临川、南城、南丰、黎川、广昌、资溪等向莆铁路沿线县(区)建设成昌抚农业合作、赣闽台农业合作的核心增长极和优质农产品供应基地带;“十集群”,即做强做优南丰蜜橘、广昌白莲、崇仁麻鸡、东乡生猪、南城禽蛋、宜黄水稻制种、黎川茶树菇、资溪白茶、乐安油茶和金溪香料十大农业产业集群,推进绿色生态农产品生产。

第二节　工业布局

根据抚州的地理特征和工业基础,综合考虑交通、城市空间和现有企业、园区布局状况,重点打造以市中心城区为核心、向莆铁路为主轴、鄱阳湖地区抚河上游为支轴的Y型“一核两廊”的工业布局构架。“一核”,即立足现代工业新城、生态文化名城的定位,依托抚州高新区、抚北工业园区、东乡经开区,着力打造抚州工业中心。发挥中心城区的集聚和辐射功能,着力打造“半小时经济圈”,逐步形成市区向南昌靠拢、县城向市区靠拢、产业沿向莆铁路布局的发展格局。“两廊”,即抓住海峡西岸经济区、鄱阳湖生态经济区、南昌经济圈大发展的契机,把握区域合作分工中的定位,重点打造沿向莆铁路沿线和抚河上游两个工业走廊。

第三节　旅游业布局

构建“一区一带六极”的全域旅游发展大格局。“一区”,即市中心城区旅游核心区,大力加快文昌里历史文化街区等旅游景区建设,使之成为破解抚州旅游“无核化”的引爆点;“一带”,即环城旅游经济带,主要包括临川、南城、崇仁、金溪、东乡五县(区),将近域山水和文化资源纳入核心区板块开发建设,加快建设成旅游产业增长极和旅游产业重要板块;“六极”,即加快推进远域的资溪、黎川、南丰、乐安、宜黄、广昌六县实行差异性和特色化发展,做大做强特色旅游,实现“引流入抚”。

第四节　物流业布局

按照打造区域物流中心的总体要求,优化全市物流节点空间布局,促使物流资源向产业基地、园区、城镇集中,向向莆铁路经济带集中,形成重点突出、功能齐全、连接通畅的物流产业空间格局。以物流园区、物流中心和配送中心三个层次节点设施建设为重点,打造“一心、三带、四翼”物流节点设施群。“一心”,即以市中心城区为中心,分抚州综合物流园和抚州综合保税区两大片区,建设物流服务核

心功能区；“三带”，即“卄”字型物流节点设施集群带，以市中心城区为中心，东乡、崇仁为两翼的北部集群带；以南丰为中心，金溪和广昌为两翼的纵向集群带；以南城为中心，临川和黎川为两翼的赣闽发展集群带；“四翼”，即以东乡、崇仁（乐安）、广昌、南城为四大联络节点，形成四大物流集聚区。

**第二章　提升农业现代化水平**

突出抓好“六化”（产业规模化、产品特色化、生产智能化、营销品牌化、技术标准化、组织现代化），大力推行“接二连三”发展模式，转变农业生产、经营、资源利用和管理方式，着力构建生态有机的绿色农业体系，推动我市由传统农业大市向现代农业强市转变。

第一节　加快农业生产结构调整

积极调整产业、产品结构。以市场需求为导向，以经济效益为中心，积极调整农业内部产业结构。在稳定粮食生产的基础上，促进种植业的基本格局由以粮食为核心向粮食、经济作物共同发展转变，积极发展蔬菜、水果、茶叶、花卉、中药材等具有较强竞争优势的园艺产品和水产品。做大做强烟叶产业，打造优质、特色、生态、安全的抚州烟叶新名片。大力发展养殖业，促进种养业全面发展。以提高农产品竞争力为核心，大力调整品种和品质结构。把提高农产品质量，发展适销对路的优质专用农产品作为农业结构调整的重点。

加强绿色品牌建设。以特色农产品交易中心为平台，着力壮大农业产业集群，全面实施农业标准化管理，加强食品安全体系建设，提高农产品质量和食品安全水平，推进绿色有机农产品生产。加快推进农产品“三品一标”认证，培育壮大一批带动能力强的农产品品牌，巩固绿色、安全、优质农产品“金字招牌”，将抚州打造成全国绿色有机农产品生产基地。

坚持走绿色生态化发展之路。注重循环农业发展，扶持休闲观光农业产业和农家乐开发，建成更多的现代农业生态园。加快培育一批经营特色化、管理规范化、服务标准化的休闲农业示范点、农业观光采摘园、休闲农业园区，遴选一批休闲农业乡村旅游精品路线，实现“园区变景区、田园变公园、产品变商品、农房变客房”。

本栏编辑　汪志强

·资　料·

## 2015 年抚州市各县（区）总人口

| 县区 | 总人口（人） | 年平均人口（人） | 出生率（‰） | 死亡率（‰） | 自然增长率（‰） | 城镇化率（%） |
|---|---|---|---|---|---|---|
| 抚州市 | 3992806 | 3984687 | 13.31 | 6.23 | 7.08 | 44.97 |
| 临川区 | 1112472 | 1110405 | 13.10 | 6.31 | 6.79 | 51.44 |
| 南城县 | 312192 | 311565 | 13.28 | 6.24 | 7.04 | 50.79 |
| 黎川县 | 234817 | 234365 | 13.15 | 6.14 | 7.01 | 47.78 |
| 南丰县 | 293649 | 293075 | 13.22 | 6.29 | 6.93 | 39.18 |
| 崇仁县 | 355535 | 354742 | 13.57 | 6.26 | 7.31 | 40.15 |
| 乐安县 | 353202 | 352424 | 13.59 | 6.54 | 7.05 | 38.03 |
| 宜黄县 | 228348 | 227891 | 13.2 | 5.89 | 7.31 | 34.87 |
| 金溪县 | 301250 | 300641 | 13.32 | 6.36 | 6.96 | 36.3 |
| 资溪县 | 114016 | 113796 | 13.12 | 5.94 | 7.18 | 52.65 |
| 东乡县 | 447370 | 446334 | 13.65 | 6.08 | 7.57 | 46.97 |
| 广昌县 | 239955 | 239449 | 13.35 | 5.93 | 7.42 | 42.2 |

说明：根据人口抽样调查数据推算

# 大　事　记

## 1　月

8—13 日，全市“三大战役”大巡察开展，全面评阅提升年战果。重点巡察各地工业（旅游）、农业（新农村建设、镇村联动）、文化、城建（民生工程）和交通水利等项目。

14 日，中共抚州市委三届九次全体会议举行。会议传达学习省委十三届十次全会、全省经济工作会议精神，研究部署 2015 年全市经济社会发展和党的建设等各项工作，动员全市进一步深化区域合作，加快推进发展升级，奋力开创幸福抚州建设新局面。会议审议通过《2014 年市委常委会工作报告》和《中共抚州市委关于全面推进法治抚州建设的实施意见》。

14—15 日，省工商联十届四次执委会在抚州市召开。会议传达全国工商联十一届三次执委会等会议精神，表彰 2014 年度先进单位。省委常委、统战部长蔡晓明讲话；省工商联主席雷元江作工作报告；省工商联党组书记刘金炎主持；市委副书记、市长张和平致辞。

16 日，2015 年江西民营企业家（抚州）经贸合作洽谈会在抚州市召开。省工商联主席、江西省总商会会长雷元江，市委副书记、市长张和平致辞；省委统战部副部长、省工商联党组书记刘金炎，省工商联副主席洪跃平、刘星平，以及市有关领导出席会议。

19 日，赣抚商会、昌临文化经济促进会 2014 年会召开。

19—21 日，中国人民政治协商会议抚州市第三届委员会第五次会议召开。受政协抚州市第三届委员会常务委员会的委托，谢发明在 19 日的开幕大会上向大会作工作报告，并在 21 日的闭幕大会上作重要讲话；黄耀波在开幕大会上作市政协三届四次会议以来提案工作情况的报告。

20—22 日，抚州市第三届人民代表大会第五次会议召开。市长张和平在 20 日上午举行的开幕大会上作政府工作报告；王晓媛在 21 日上午举行的第二次全体会议上作市人大常委会工作报告；江西省委常委、省委秘书长、抚州市委书记龚建华在 22 日举行的闭幕大会上发表讲话。

24 日，文化部副部长董伟深入黎川，就对口援建工作以及文化产业发展情况进行调研。

26 日，抚州市人民政府与江西师范大学全面合作正式签约。

27 日，中央专项彩票公益金支持革命老区扶贫项目终期绩效评价组在黎川县调研。

29 日，全市扶贫移民工作会议召开。

## 2　月

3 日，中共抚州市第三届纪律检查委员会第五次全体会议在市行政会议中心举行。江西省委常委、省委秘书长、抚州市委书记龚建华出席会议并讲话。

6 日，省人大常委会副主任谢亦森一行，深入南丰县走访慰问困难企业、敬老院和农村贫困户，并召开扶贫开发工作座谈会。

6 日、7 日，省委常委、省委统战部部长蔡晓明先后深入广昌、南丰县走访慰问，并进行扶贫调研。中国农业银行江西省分行行长温学宇，江西师范大学党委书记田延光，省地税局总经济师赖新生，省委统战部副部长蔡清平等随同；市委副书记、市长张和平陪同。

6 日，抚州仲裁委员会一届二次全体委员会议召开。

9 日，全市农村工作会议在市行政会议中心举行。

10 日，南昌银行抚州分行开业暨捐赠仪式，于秀明常务副市长、周小平副市长出席。

11 日，副省长胡幼桃在乐安县走访慰问，韦萍副市长陪同。

13 日，市委、市政府在市文化广场举行“活力抚州 · 幸福家园”——2015 年“欢乐春节家乡行”活动开幕式。市委副书记、市长张和平宣布开幕；魏建锋、谢发明等市领导出席。

13 日，市委、市政府在汝水森林宾馆三号楼多功能会议厅举行全市企业家迎春座谈会。优秀企业家代表和中央、省驻抚单位负责人共 200 余人。市委副书记、市长张和平致辞。魏建锋、谢发明等市领导出席。

14—15 日，省政协主席黄跃金深入抚州市走访慰问困难群众，并就扶贫开发工作进行调研。

15 日，市委、市政府 2015 年春节团拜会在汝水森林宾馆三号楼多功能会议厅举行。江西省委常委、省委秘书长、抚州市委书记龚建华致辞；市委副书记、市长张和平主持；魏建锋、黄牡香、谢发明 等在家市四套班子领导出席团拜会。

15 日，由市委、市政府主办，市委宣传部、市文化新闻出版局、市文学艺术界联合会、抚州广播电视台承办的 2015 年抚州市春节文艺晚会在汤显祖大剧院举行。龚建华、张和平、魏建锋、黄牡香、谢发明等在家的市四套班子领导观看演出。

25 日，人大常委会副主任谢亦森在高新区走访调研。

28 日，中央统战部相关领导在抚参观考察。

## 3 月

18 日，全市领导干部会议召开。江西省委常委、省委秘书长、抚州市委书记龚建华讲话。受省委委托，省委组织部常务副部长赵力平宣布省委关于抚州市政府主要负责同志调整的决定。省委决定，张鸿星同志任中共抚州市委委员、常委、副书记，提名为抚州市政府市长候选人；张和平同志另有任用。市四套班子在家领导出席会议。

18 日，江西省委常委、省委秘书长、抚州市委书记龚建华，市委副书记、市政府党组书记张鸿星在汝水森林宾馆会见台湾华生集团董事长、总裁王昭扬一行，双方就促进台湾华生集团在抚州高新区投资创办的智胜产业园项目尽快落地投产进行沟通交流。

23 日，市三届人大常委会第二十四次会议在市人大常委会会议室举行。

25 日，2015 江西抚州（北京）经贸合作交流洽谈会在北京举行。中央统战部光彩事业指导中心主任余敏安出席并讲话；中央统战部五局巡视员戚建美，中央统战部办公厅副主任章建敏，中央统战部光彩事业指导中心副主任牛建国出席；市委副书记、代市长张鸿星致辞；市领导黄牡香、谢发明等出席洽谈会。

30 日，全市 2015 年卫生工作会议召开。

31 日，全市教育工作会议召开。

## 4 月

2 日，全市金融工作会议召开。

6 日下午 2 点 25 分，抚州市汤显祖大剧院发生火灾。市领导张鸿星、黄牡香、周小平、袁川、刘菊娇、吴建春等第一时间赶赴现场，指挥救火。

7—8 日，副省长李炳军深入广昌县调研。省政府副秘书长叶磊，省农业厅厅长胡汉平，中国农业银行江西省分行行长温学宇，省水利厅副厅长曾小旦，省扶贫和移民办副主任饶振华等随同；市委副书记、代市长张鸿星陪同。

14 日，全市防汛工作电视电话会议在市防汛抗旱总指挥部召开。市委副书记、代市长张鸿星出席并讲话。

14 日，港澳台海外知名人士抚州（广昌）行客商对接调度会在市政府常务会议室举行。市委副书记、代市长张鸿星主持会议。

14—16 日，全国政协常委、中华海外联谊会副会长、澳门康泽工商有限公司董事长廖泽云，中央统战部三局局长、中华海外联谊会秘书长郑钢森率中华海外联谊会考察团深入广昌，开展“港澳台海外知名人士广昌行”经贸合作活动。市委副书记、代市长张鸿星陪同；省委统战部副部长蔡清平随同。16 日，重点产业招商引资推介会在汝水森林宾馆举行，郑钢森讲话，张鸿星致辞；市委副书记魏建锋、市政协主席谢发明等出席会议。

17 日，省长鹿心社在东乡县、临川区调研。

17 日，市委副书记、代市长张鸿星在汝水森林宾馆会见江铃汽车集团公司董事长、总经理邱天高，党委书记蒋林生一行，双方就进一步深化合作，推进汽车产业发展进行交流。

17 日，全市招商引资工作调度会召开。

24 日，全市领导干部会议召开。受省委委托，省委组织部副部长、省人大常委会选任联工委主任龚绍林宣布省委关于抚州市委主要负责同志调整的决定：肖毅同志任抚州市委委员、常委、书记；龚建华同志已调任南昌市委书记，不再担任抚州市委书记、常委、委员。市委副书记、代市长张鸿星主持会议，市四套班子在家领导出席。

25 日，市委书记肖毅利用休息日，深入抚州高新区调研。他强调，要把抚州高新区当作全市发展升级的排头兵、工业升级的主战场，努力提升招商引资水平和产业科技含量，使其真正成为引领抚州经济发展的核心增长极。

26 日，市委书记肖毅，市委副书记、代市长张鸿星到市总工会，欢送抚州市当选的 5 位全国劳动模范和先进工作者赴京参加表彰大会，并向全市广大劳动者致以节日问候。

27 日，副省长郑为文在抚调研。

27 日，抚台农业合作交流座谈会。

28 日，台湾农业交流考察团在抚考察。

28 日，抚州苍源中药材种植股份有限公司新三板挂牌仪式。

30 日，全市双拥工作领导小组会议在市委常委会议室召开。市委书记、市双拥工作领导小组组长肖毅主持；市委副书记、代市长、市双拥工作领导小组第一副组长张鸿星讲话。市有关领导出席会议。

## 5 月

4 日，由市委宣传部、团市委等单位联合主办的全市首届“最美少年”暨“青年五四奖章”颁奖大会在市行政会议中心举行。受市委书记肖毅委托，市委副书记、代市长张鸿星致辞；市委副书记魏建锋，市人大常委会主任、市委政法委书记黄牡香，市政协主席谢发明等市领导出席。

5 日，抚州生活垃圾焚烧发电项目领导小组全体会议召开。

6 日，市政府第四十六次常务会议在市政府第一会议室召开。市委副书记、代市长张鸿星主持；市领导于秀明、周小平、周学胜、刘菊娇、吴建春、魏建新、韦萍及喻大荣出席。会议审议了《关于创新经营机制做大做强国有林场的意见》（送审稿）、《临川教育集团学校转型升级实施方案》（送审稿）、《关于促进中心城区房地产市场平稳健康发展的实施意见》（送审稿）、《2015 年抚州市民生工程安排意见》《关于加快实施土地开发复垦补充耕地工作的通知》《抚州市本级产业发展引导资金管理暂行办法》（送审稿）和《关于市中心城区房屋征收与土地征收纠纷调解中心的筹建方案》。

6 日，由省交通运输厅副厅长梁必康，省高速公路投资集团公司党委书记、董事长王江军率领的省交通运输厅调研组到抚，就断头路、瓶颈路和高速公路建设情况等进行调研，并召开有关座谈会。市委副书记、代市长张鸿星出席座谈会并讲话。

7 日,全市人口和计划生育工作会议召开。

8 日,南京军区副政委王平中将到抚州,就军民融合深度发展工作开展调研。江西省军区副政委戴勇、政治部副主任黄恩华随同;市委书记肖毅参加座谈并讲话。

8 日,市委书记肖毅接受人民日报的专访。

8 日,2015 年江西抚州(泉州)招商引资推介会在"海上丝绸之路"的起点、东亚文化之都——泉州市举行。市委副书记、代市长张鸿星致辞;市人大常委会主任、市委政法委书记黄牡香,市政协主席谢发明等出席。会上还进行项目签约,共签约项目 24 个,签约资金总额 149 亿元。

11 日,抚州市组织收听收看全省"三严三实"专题教育动员部署会暨专题党课,聆听省委书记强卫讲话及授课。市委书记肖毅,市委副书记、代市长张鸿星,市委副书记魏建锋,市人大常委会主任、市委政法委书记黄牡香,市政协主席谢发明等市四套班子在家领导在抚州分会场收听收看。

12 日,中组部、国家公务员局、公安部领导到赣开展人民警察分类管理工作改革专题调研座谈会,吴建春副市长在南昌参加。

12 日,市委书记肖毅主持召开市委常委会议。会议传达学习全省"三严三实"专题教育动员部署会暨专题党课精神,研究部署抚州市开展专题教育工作;研究关于临川教育集团学校转型升级和召开市三届人大六次会议有关事项等工作。张鸿星、魏建锋、黄牡香、谢发明、熊云鹏、李智富、吴伟柱、吴立成、周小平、袁川、周学胜出席。

12 日,市委书记肖毅和市委副书记、代市长张鸿星,分别在汝水森林宾馆会见江铃集团原董事长王锡高一行,双方就如何做大做强汽车产业、实现企业地方共赢进行深入交流。

12 日至 13 日,中央维稳办副主任夏诚华在省委政法委常务副书记、维稳办主任林强,省委维稳办副主任万小根的陪同下,率调研组到抚州市调研维护社会稳定工作。市委书记肖毅,市人大常委会主任、市委政法委书记黄牡香等有关领导出席座谈会。

14 日至 15 日,省地税局党组书记、局长张和平率省地税局调研组,深入广昌县、抚州高新区和市地税局调研指导工作。期间,市委书记肖毅,市委副书记、代市长张鸿星在汝水森林宾馆会见张和平一行。

5 月 15 日,牵挂汛情的市委书记肖毅深入市防汛抗旱总指挥部和部分圩堤、水库,考察指导防汛工作。

16 日,抚州市台湾同胞投资企业协会成立大会暨抚台经贸合作恳谈会在汝水森林宾馆召开。国台办发来贺电并派员参加;市委书记肖毅致辞;省台办主任欧阳泉华讲话;市委副书记、代市长张鸿星作招商推介;市委副书记魏建锋主持;市人大常委会主任、市委政法委书记黄牡香,市政协主席谢发明等出席。

16 日,市委副书记、代市长张鸿星在汝水森林宾馆会见绿地控股集团有限公司执行副总裁孙志文一行,双方就推进绿地控股集团在抚投资合作事宜交换意见。

18 日至 19 日,省水利厅厅长罗小云率调研组到抚州就防汛度汛工作、水利项目建设等进行调研指导。市委书记肖毅,市委常委陪同。

19 日,全市"十三五"项目谋划调度会在市行政中心召开。市委书记肖毅讲话。市委副书记、代市长张鸿星主持并讲话。

19 日,中国光彩事业抚州(广昌)行活动调度会在市政府常务会议室召开。市委副书记、代市长张鸿星主持并讲话。

19 日,市委书记肖毅和市委副书记、代市长张鸿星,分别在汝水森林宾馆会见邮储银行江西省分行党委书记吴祖讲一行。

19 日,市委人民武装委员会全体会议在抚州军分区会议室召开。市委副书记、代市长、市委武委会主任张鸿星出席会议并讲话。

19 日,中国建材集团党委副书记、纪委书记、中国新型房屋集团董事长郝振华一行到抚州考察。

21 日,副省长李炳军到东乡县调研。

21 日,市委召开全市"三严三实"专题教育动员部署会暨专题党课。市委书记肖毅作动员讲话并上首堂党课。市委副书记魏建锋主持;市人大常委会主任、市委政法委书记黄牡香,市政协主席谢发明等市四套班子在家领导出席。

22 日,抚州市以抚州高新区为主会场、11 个县(区)为分会场,举行全市重点项目集中开工仪式。在主会场举行的市中心城区 15 个重点工程项目集中开工仪式上,市委书记肖毅宣布项目开工,市委副书记、代市长张鸿星致辞,市委副书记魏建锋主持,黄牡香、谢发明等市领导出席。

22 日,抚州市首届残疾人体育运动会在市体育中心开幕。省残联党组书记、理事长陈卫华致辞;市委书记肖毅宣布开幕,市委副书记、代市长张鸿星讲话。

22 日,市委书记肖毅和市委副书记、代市长张鸿星,分别在汝水森林宾馆会见北京创盈科技产业集团董事长易斌一行。

22 日,市委书记肖毅和市委副书记、代市长张鸿星,分别在汝水森林宾馆会见东华理工大学党委书记徐跃进、校长柳和生、副校长花明等一行。

25—26 日,抚州市第三届人民代表大会第六次会议在市行政会议中心三楼主会场开幕。会议选举张鸿星为抚州市人民政府市长。市委书记肖毅在大会闭幕时发表讲话。

26 日,市委书记肖毅和市委副书记、市长张鸿星,分别在汝水森林宾馆会见工商银行江西分行党委书记、行长倪百祥一行。

## 6 月

1 日,抚州军分区党委第一书记任职大会召开。省军区政委杨笑祥代表省军区党委宣读市委书记肖毅担任抚州军分区党委第一书记的任职命令,颁发任职命令状并讲话。肖毅在任职大会上讲话。市委副书记、市长张鸿星出席大会。

2 日至 3 日,省委书记强卫到抚州市临川区、高新区、南城县调研。副省长、省公安厅厅长郑为文随同;市委书记肖毅,市委副书记、市长张鸿星陪同。

3 日,抚州市通信行业协会成立大会召开。

4 日,市委书记肖毅在市行政中

心九楼会见室会见中国建设银行江西省分行行长万国平、行长助理丁俊一行。

5日，由赣商联合总会会长、科瑞集团董事局主席郑跃文率领的赣商联合总会考察团一行17人到抚州市考察。市委书记肖毅主持座谈会；市委副书记、市长张鸿星介绍抚州经济社会发展情况。

6日，市委书记肖毅与光大兴陇信托有限责任公司常务副总经理陈凯慧率领的调研组一行，就金融业发展和重大项目融资进行座谈。

8日，由福建省江西商会会长胡连荣率领的福建省江西商会考察团赴抚州市考察。市委书记肖毅，市委副书记、市长张鸿星在抚州荣誉国际酒店会见考察团一行。

9—10日，省委常委、省委政法委书记、省综治委主任周萌深入乐安、崇仁调研综治维稳工作。

10日，文昌里历史文化街区改造项目专题汇报会在市政府第一会议室召开。市委副书记、市长张鸿星出席并讲话。

11日，省委《关于加强作风建设营造良好从政环境的意见》精神宣讲报告会在抚州举行，省纪委常委汪爽作宣讲报告。市委书记肖毅主持并讲话；魏建锋、谢发明等市四套班子在家领导聆听报告。

12日，以省人社厅副厅长吴福全为组长的省双拥创建考评组一行，到抚州市考评指导省级双拥模范城创建工作，并召开汇报会。市委书记肖毅出席并作汇报；市委副书记、市长张鸿星等出席。

13日，市委书记肖毅会见赣抚商会会长、正邦集团总裁林印孙一行，就双方项目合作事项进行深入交流。

15日，市政府第四十七次常务会议在市政府第一会议室召开。市委副书记、市长张鸿星主持。于秀明、周小平、周学胜、赵世斌、魏建新、韦萍及喻大荣出席。

15日，市委副书记、市长张鸿星会见广东海利集团有限公司董事长李儒昌一行，双方就加强合作事宜进行深入交流。

16日，市委书记肖毅，市委副书记、市长张鸿星在汝水森林宾馆会见中国银行江西分行行长张东向一行。

16日，市委书记肖毅，市委副书记、市长张鸿星在汝水森林宾馆会见在抚州市考察的中船钢构工程股份有限公司副董事长、总经理，中船第九设计研究院工程有限公司董事长周辉一行，就加强双方合作事宜进行洽谈。

16日，市委副书记、市长张鸿星在汝水森林宾馆会见在抚州市调研的农发行江西分行行长李贤文、副行长黄奕忠、行长助理韩闽军一行。

18日，市委中心组开展“三严三实”专题教育第一次集中学习。市委书记肖毅主持并讲话。市委副书记、市长张鸿星，市委副书记魏建锋，市人大常委会主任、市委政法委书记黄牡香，市政协主席谢发明等市四套班子在家领导参加学习并发言。

23日，调整临川区管辖范围调协会召开，市委副书记、市长张鸿星出席。

24日，省委常委、省委宣传部长姚亚平在南丰县调研，市长张鸿星陪同。

24日，全市开展“四进四联四帮”活动暨精准扶贫攻坚动员大会召开。市委书记肖毅讲话。市委副书记、市长张鸿星主持；市委副书记魏建锋宣读《关于开展“四进四联四帮”活动加强干部作风建设工作方案》；市人大常委会主任、市委政法委书记黄牡香，市政协主席谢发明等市四套班子在家领导出席。

25日，市委书记肖毅主持召开市委常委会议，研究部署进一步贯彻落实省委书记强卫近期在抚州调研时的讲话精神，以及推进开放升级、稳增长促发展等工作。张鸿星、魏建锋、黄牡香、谢发明、熊云鹏、于秀明、吴伟柱、吴立成、王新有出席。

25日，市委全面深化改革领导小组举行第三次全体会议。市委书记、市委全面深化改革领导小组组长肖毅主持并讲话，市委副书记、市长、市委全面深化改革领导小组副组长张鸿星出席。

24—26日，省委常委、省委宣传部部长姚亚平深入南丰县、南城县、金溪县和市中心城区，考察调研抚州市文化遗产保护与利用工作。市委书记肖毅，市委副书记、市长张鸿星等市领导先后陪同调研并出席座谈会；省文明办主任张天清随同调研。

25—26日，省委常委、农工委书记彭昆生在南丰县调研，副市长魏建新陪同。

26日，全市公安反盗窃（飓风）行动暨重点工作布置推荐会召开。

29日，市委书记、市委“四进四联四帮”活动领导小组组长肖毅深入东乡县岗上积镇东源村，调研指导“四进四联四帮”活动。

30日，市委副书记、市长，市委“四进四联四帮”活动领导小组第一副组长张鸿星深入临川区湖南乡坪山村，调研指导“四进四联四帮”活动。

## 7 月

2日，市党政代表团赴南昌先后拜访南昌铁路局和省国土资源厅，积极寻求对抚州一批重大事项、重大项目的支持，助力抚州发展升级。市委书记肖毅，市委副书记、市长张鸿星等市领导参加活动；南昌铁路局局长王培、党委书记王秋荣，省国土资源厅党组书记、厅长刘定明及省国土资源执法监察总队总队长许建平等会见。

3日，市政府第四十八次常务会议在市政府第一会议室召开。市委副书记、市长张鸿星主持。于秀明、周小平、周学胜、赵世斌、刘菊娇、吴建春、魏建新、韦萍及喻大荣出席。会议审议《市属公办学校义务教育免试就近入学相关工作的请示》《关于进一步推进户籍制度改革的实施意见》《关于加强禁毒工作的意见》《关于进一步推进抚州市投资发展（集团）有限公司市场化转型改革方案（送审稿）》、《抚州市工业与科技创新投资发展有限责任公司组建方案》《贯彻落实省政府办公厅关于进一步推进工业园区节约集约用地若干措施的意见》。

6—8日，省委常委、省纪委书记周泽民在抚州调研。市委副书记、市长张鸿星陪同。省纪委常委、省监察厅副厅长王仁辉，省纪委组织部部长胡国庆随同调研。

9日，市委副书记、市长张鸿星在汝水森林宾馆会见江西省出入境检验检疫局局长吕志平一行，双方就进一步深化合作进行友好交流。

9日,市委副书记、市长张鸿星在汝水森林宾馆会见在抚州市考察的宁波市抚州商会会长、宁波美康生物科技股份有限公司董事长邹炳德一行。双方就增进了解、促进合作进行深入交流。

9—10日,省委常委、省委统战部部长蔡晓明深入抚州市考察调研。省政协副主席、民盟省委会主委刘晓庄,省住房和城乡建设厅厅长陈平,新华社江西分社社长余孝忠,省委统战部副部长蔡清平,省商务厅副厅长李青华,农行江西省分行副行长戴发文等随同调研;市委书记肖毅,市委副书记、市长张鸿星先后陪同。

9—10日,全市现代农业示范园建设暨农村改革现场推进会在东乡县召开。市委书记肖毅出席会议并讲话。

14—15日,省长鹿心社赴崇仁县、临川区、抚州高新区、黎川县和南城县等地调研。省委副书记、常务副省长莫建成随同调研;市委书记肖毅,市委副书记、市长张鸿星等市领导先后陪同调研。

15—16日,省旅游集团有限责任公司董事长曾少雄率调研组一行10余人到抚州市,就旅游项目建设和景区发展进行专题调研并座谈。市委副书记、市长张鸿星出席座谈会;省旅游和发展委员会副巡视员徐信国随同调研。

16日,根据《市委中心组"三严三实"专题学习研讨安排》,市委中心组围绕"传承红色基因,坚定理想信念,大力弘扬井冈山精神和苏区精神,打好扶贫攻坚战,着力推动老区加快发展"主题进行集体学习。市委中心组成员先后到市烈士陵园、市博物馆,向烈士纪念碑敬献花篮,参观"赣东烽火展"。市委书记肖毅,市委副书记、市长张鸿星以及魏建锋、谢发明等在家的市四套班子领导参加活动。

17—18日,由50多位在京江西籍知名企业家组成的北京江西企业商会投资考察团一行到抚州市考察。省政府驻京办党组副书记、副主任、北京江西企业商会名誉会长江枝英,省商务厅副厅长陶莉萍,省政府驻京办党组成员、副主任高延平,北京江西企业商会会长、泰康人寿保险股份有限公司总裁刘经纶参加考察。市委书记肖毅,市委副书记、市长张鸿星在汝水森林宾馆会见考察团一行。

18日,市委书记肖毅与全市40名青年干部代表一同在市博物馆参观全市"把纪律挺在前面"主题教育展。

23日,市委副书记、市长张鸿星主持召开凤岗河治理生态建设工程现场推进会。

24日,市委书记肖毅,市委副书记、市长张鸿星在汝水森林宾馆三号楼一楼会见厅会见在抚州市参观考察的香港铜锣湾集团董事局主席、大中华(两岸四地)购物中心联盟主席、中国商业联合会副会长、香港诗词学会会长陈智一行,双方就城市综合体项目的相关事宜进行深入交流和友好洽谈。

24日,市政府第四十九次常务会议在市政府第一会议室召开。市委副书记、市长张鸿星主持。

27日,昌抚通信同城化和金融同城化专题协调会议在抚州市召开。

29日,全市创建省级文明城市暨"五车"整治动员大会在市行政中心召开,市委副书记、市长张鸿星出席。

29日,市委书记肖毅,市委副书记、市长张鸿星在抚州海峡交易所会见参加交易所开业庆典仪式的原全国政协委员、著名经济学家艾丰一行,并在京抚商会会长、海峡交易所董事长刘享龙的陪同下参观交易大厅,就加快抚州现代金融业的发展进行交流。

31日,全市棚户区改造推进暨文昌里历史文化街区改造动员会在市行政中心召开。

## 8　月

1日,专项建设国债项目申报工作协调会召开。

2日,《汤显祖》剧目创作座谈会在市行政中心举行。

3日,全市推进党建"三大工程"暨农村基层党建工作会议在市行政中心召开。

3日,市委在行政中心召开市直单位"连心"小分队工作座谈会。市委书记肖毅出席并讲话。

4日,2015江西抚州(台北)经贸合作恳谈会在宝岛台湾举行。

10日,全省"十三五"科技发展规划暨科技进步统计监测座谈会在抚州市召开。

11日,上海复星集团和工行江西省分行领导在广昌县调研考察和开展帮扶活动。

14日,全市精准扶贫攻坚现场推进会在广昌县召开。市委书记肖毅,市委副市记、市长张鸿星出席并讲话。市人大常委会主任、市委政法委书记黄牡香,市政协主席谢发明等出席。

16日,赣抚商会返乡创业扶贫恳谈会在市行政中心召开。

19日,省委常委、省委组织部长赵爱明深入抚州市,就"三严三实"专题教育和基层党建工作进行调研。

25日,抚州市纪念中国抗日战争暨世界反法西斯战争胜利70周年巡回展览在市行政中心开展,并现场赠阅《抚州文史》"抚州抗战"专辑。

27日,《江西省气象局与抚州市人民政府共同推进抚州市气象现代化建设合作协议》签约仪式在市汝水森林宾馆举行。省气象局局长薛根元,市委副书记、市长张鸿星分别代表双方签约。

## 9　月

2日,抚州市招商引资工作暨中国光彩事业抚州(广昌)行活动推进会在市行政中心召开。

6日,市委书记肖毅主持召开全市工业发展研讨会。市委副书记、市长张鸿星出席会议。

7日,市委书记肖毅主持召开全市现代物流业发展研讨会。市委副书记、市长张鸿星出席会议。

8日,市委书记肖毅,市委副书记、市长张鸿星分别率队到市城区部分学校,走访慰问优秀教师、从教30年教师、一线教师和离退休教师代表,并代表市委、市人大、市政府、市政协向全市广大教育工作者和退休教师致以节日的问候,向所有关心支持抚州教育事业的社会各界人士表示衷心感谢。市政协主席谢发明参加走访。

8日,全市财经工作研讨会在市行政中心召开。市委书记肖毅出席并讲话。市委副书记、市长张鸿星主持会议。

8日，市委书记肖毅和市委副书记、市长张鸿星在市汝水森林宾馆会见江铃汽车集团公司董事长、总经理、党委副书记邱天高，双方就进一步深化合作，推进汽车产业发展进行深入交流。

8日，市委书记肖毅在市汝水森林宾馆会见河南南阳佳吉食品饮料有限公司董事长刘泽宇，双方就有关项目推进事宜进行深入交流。

7日至9日，省委常委、宣传部长姚亚平率省社科院党组书记姜玮、省社科联副主席吴永明，深入崇仁、黎川两县进行调研。市委书记肖毅陪同调研。

9日，市委书记肖毅深入黎川县潭溪乡芦陂村和南城县天井源乡尧坊村进行检查，看望慰问驻村“连心”小分队队员，详细了解“四进四联四帮”活动开展情况。

10日，市委中心组围绕“严于律己”主题，开展“三严三实”专题学习。市委书记肖毅主持并讲话。魏建锋、黄牡香、谢发明等在家的市四套班子领导参加学习。

12—13日，由深圳市江西商会会长、方大集团股份有限公司董事长熊建明率领的深圳商务考察团到抚州市进行考察。市委书记肖毅，市委副书记、市长张鸿星，副市长韦萍陪同考察并出席座谈会。

14日，昌抚一体化对接交流会在市汝水森林宾馆举行。省委常委、南昌市委书记龚建华，市委书记肖毅，南昌市委副书记、市长郭安，市委副书记、市长张鸿星分别讲话。南昌市领导蔡社宝、周关、陈德寿、刘建洋、江晓斌、龙和南，市领导黄牡香、谢发明等参加会议。

14日，抚州市与江西出入境检验检疫局在市行政中心举行共同促进抚州开放型经济发展升级合作备忘录签约仪式。市委书记肖毅，江西出入境检验检疫局局长吕志平出席；市委副书记、市长张鸿星主持。

14—15日，省委常委、南昌市委书记龚建华率南昌市党政代表团到抚考察，交流两地经济社会发展经验做法。市委书记肖毅，市委副书记、市长张鸿星，市人大常委会主任、市委政法委书记黄牡香，市政协主席谢发明等市四套班子领导陪同。

16—17日，市委书记肖毅赴广东省走访考察海利集团，并出席抚州高新区与该集团年产15万吨不锈钢管及磨砂板生产项目的签约仪式。

17日，市委副书记、市长张鸿星主持召开市政府第五十一次常务会议，市领导于秀明、周学胜、吴建春、魏建新、韦萍、肖承贵及喻大荣出席。会议传达全省加快转变农业发展方式现场会会议精神，研究贯彻意见；审议《抚州市市容环境专项整治工作方案》《抚州市行政机关负责人行政诉讼出庭应诉规定》《抚州市新能源汽车推广应用财政补贴实施细则》。

17日，全市“十三五”规划编制工作推进会在市行政中心召开。市委副书记、市长张鸿星讲话。

20日，国家宗教事务局局长王作安率队深入宜黄县曹山宝积寺调研。国家宗教事务局港澳台办主任肖虹随同调研。省委统战部副部长、省民宗局局长张勇，市委书记肖毅，市委副书记、市长张鸿星，省民宗局党组成员、副局长梅仕灿陪同调研。

20日，市委书记肖毅在市汝水森林宾馆会见江苏康缘药业股份有限公司董事长肖伟，双方就项目推进事宜进行深入交流。

22日，2015第六届环鄱阳湖国际自行车大赛抚州站在市区梦湖畔鸣笛开赛。省体育局局长、大赛组委会常务副主任晏驹腾，省政府办公厅副主任徐松柏，省体育局副巡视员、大赛组委会副主任古芳远，省体育总会副主席、大赛组委会副主任杜雅军出席开幕式；市委副书记、市长、大赛抚州站组委会主任张鸿星出席并致辞。

23日，国家国防教育宣讲报告会（江西抚州市）在市行政会议中心举行。中国人民解放军国防大学战略教研部教授王宝付作专题辅导报告；市委书记肖毅，市委副书记、市长张鸿星等在家的市四套班子领导出席。

24日，全市开展领导干部违规插手干预工程项目问题专项治理工作会议在市行政中心召开。市委副书记、市长张鸿星主持；市委副书记魏建锋，市人大常委会主任、市委政法委书记黄牡香，市政协主席谢发明等在家的市四套班子领导出席会议。

24日，大型旅游实景演出项目——《寻梦·牡丹亭》策划方案汇报会在市汝水森林宾馆召开。市委书记肖毅出席并讲话。市委副书记、市长张鸿星出席并讲话。

24日，2015年抚州市劳动模范和先进工作者评选表彰大会召开。

25—27日，2015江西旅游商品博览会在南昌国际展览中心举行，由全市各县（区）选送的65项共计千余种旅游商品在省旅博会上一展风姿。其间，省委书记强卫、副省长朱虹参观抚州市展馆。

29日，全市深化医改暨全面推开县级公立医院改革和计划生育工作会召开。

30日，抚州市隆重举行2015年烈士纪念日公祭活动。市委书记肖毅，市委副书记、市长张鸿星，市人大常委会主任、市委政法委书记黄牡香，市政协主席谢发明等在家的市四套班子领导参加公祭活动。

## 10 月

9日，全市2015年重点工程重大项目建设推进工作会召开。

11日，以“永远跟党走，共筑中国梦”为主题的抚州第三届庆国庆大合唱比赛在市文化广场举行，市委书记肖毅，市委副书记、市长张鸿星，市委副书记魏建锋，市人大常委会主任、市委政法委书记黄牡香等在家的市四套班子领导出席活动并为获奖代表队颁奖。

11日，市委书记肖毅在汝水森林宾馆会见在抚州考察的中国安全与战略研究会会长彭顺生、副会长毛秉模一行。

14日，市委书记肖毅在汝水森林宾馆会见在抚州市考察的大公国际资信评估有限公司董事长关建中、独立董事周兆金和光大银行南昌分行行长冯翔一行，就临川区温泉景区开发等具体事项进行深入交流和友好洽谈。

14日，市中心城区“天网”工程三年（2015—2017年）规划建设推进工作会在行政中心召开。

18日，全市干线公路迎国检路域环境暨农村垃圾综合整治动员大会在市行政中心召开。

19 日,市委书记肖毅在汝水森林宾馆会见以广州市民营企业商会会长、广州市光彩事业促进会常务副会长、海印实业集团有限公司董事长邵建明为团长的广州市“江西老区·同心光彩行”考察团一行。

20 日,市委书记肖毅在汝水森林宾馆接见全市“双先”表彰代表和老干部工作者,代表市委、市政府和全市广大干部群众向他们致以节日问候,送上诚挚祝福。

21 日,全市森林防火、湿地候鸟保护、松材线虫病防控、油茶产业精准扶贫和植树造林工作会议召开。

21 日,国家土地督察南京局抚州例行督察汇报会召开,副市长肖承贵副参加。

22 日,中共中央政治局委员、中央政法委书记、中央社会管理综合治理委员会主任孟建柱一行在抚考察调研。

22 日,民革抚州市第四次党员大会在市行政中心召开。

23 日,民盟抚州市第四次代表大会在市行政中心召开。

23 日,临川教育集团学校转型升级签约仪式在汝水森林宾馆举行。

23－25 日,抚州市党政代表团先后赴赣州市大余县和上饶市婺源县考察旅游产业发展。市委副市记、市长张鸿星,市委副书记魏建锋,市人大常委会主任、市委政法委书记黄牡香,市政协主席谢发明等在家市四套班子领导参加考察。

26 日,省委常委、常务副省长毛伟明一行在抚调研,张鸿星市长、于秀明常务副市长陪同。

26 日,2015 江西省抚州(上海)现代服务业招商推介会召开。

26 日,九三学社抚州市第四次社员代表大会在市行政中心召开。省政协副主席、九三学社省委会主委李华栋致辞;市委书记肖毅讲话;市政协主席谢发明,九三学社省委会副巡视员、组织部长田荣等出席。

27 日,中国农工民主党抚州市第四次代表大会在市行政中心召开。大会听取并审议农工党抚州市第三届委员会工作报告,选举产生以郑友清为主委的农工党抚州市第四届委员会领导班子。省政协副主席、农工党省委会主委郑小燕致辞;市委书记肖毅讲话;市委副书记、市长张鸿星,市人大常委会主任、市委政法委书记黄牡香,市政协主席谢发明等出席。

27 日下午至 28 日上午,省委常委、副省长朱虹深入抚州市南丰县、黎川县考察调研旅游业发展情况。

28 日,民进抚州市工作委员会第二次会员大会在市行政中心召开。省政协副主席、民进省委会主委汤建人致辞;市委书记肖毅讲话;市人大常委会主任、市委政法委书记黄牡香,市政协主席谢发明,民进省委会专职副主委欧阳剑雄,民进省委会副巡视员、秘书长陈洪萍等出席。

28 日,市政府与中国电信江西公司在汝水森林宾馆举行“全光网城市”建设战略合作协议签约仪式。市委书记肖毅致辞,中国电信江西公司党组书记、总经理黄晓庆与市委副书记、市长张鸿星代表双方签约。

28 日,省科学院与抚州市科技合作专项调研座谈会在汝水森林宾馆举行。市委副书记、市长张鸿星和省科学院院长王晓鸿分别致辞。

29 日,民建抚州市第四次代表大会在市行政中心召开。省政协副主席、民建省委会主委孙菊生致辞;市委书记肖毅讲话;市委副书记、市长张鸿星,市政协主席谢发明等出席。

## 11 月

4 日,省水利厅党委书记、厅长罗小云率调研组到抚州,就抚河流域生态保护和综合治理有关事项进行对接,并在汝水森林宾馆召开座谈会。市委书记肖毅主持座谈会。

4 日,市委副书记、市长张鸿星率考察团赴美国加州帕萨迪纳市,考察美国正道汽车公司总部考察,并出席抚州高新区、江西迪比科股份有限公司与正道集团有限公司战略合作协议签约仪式。

9 日,陕西通家汽车股份有限公司与江西迪比科股份有限公司新能源产业战略合作签约仪式暨抚州市 2015 新能源产业座谈会在抚州高新区举行。市委副书记、市长张鸿星出席并讲话。

10 日,第十二届江西南丰蜜橘文化旅游节在南丰县橘都文化广场隆重举行。省政府党组成员尹建业,中国国际经济合作发展局局长、中合三农集团党委书记张炳忠,中合三农集团董事长任怀深,省农业厅党委书记陈日武,省扶贫和移民办主任章康华,省政府办公厅副主任熊科平,省旅发委副主任胡海,省商务厅副厅长李青华,北京军区政治部宣传部副部长王杨,北京军区政治部战友文工团团长李劲,南昌海关副关长胡泽,江西广播电视台副台长龚荣生等应邀出席。市委书记肖毅致辞并宣布开幕,市委副书记、市长张鸿星主持,市人大常委会主任黄牡香、市政协主席谢发明等在家市四套班子领导出席。

10 日,第十二届江西南丰蜜橘文化旅游节民间艺术踩街活动在南丰举行。市委书记肖毅,市政协主席谢发明出席启动仪式并观看定点表演。

12 日,大型红色经典交响音乐会《长征组歌》在市体育馆隆重上演。市委书记肖毅,市委副书记、市长张鸿星等在家市四套班子领导出席活动并观看演出。

13 日上午,市生态文明先行示范区建设领导小组第一次会议在市行政中心召开。市委书记肖毅主持并讲话。市委副书记、市长张鸿星讲话。

13 日下午,市委副书记、市长张鸿星主持召开市政府第五十三次常务会议,市领导于秀明、周小平、周学胜、赵世斌、刘菊娇、吴建春、魏建新、韦萍、肖承贵及喻大荣出席。会议审议《关于贯彻落实＜社会救助暂行办法＞实施意见》《关于进一步健全完善临时救助制度的通知》《抚州市居民家庭经济状况核对办法》《抚州市下肢残疾人专用代步车管理办法》(送审稿)。

16 日,供销总社黄长春一行在抚考察,并洽谈农产品批发市场项目。

17 日下午,全省骨干建筑企业发展调度会在抚州召开。副省长、省公安厅厅长郑为文出席并讲话;省政府副秘书长谢茂林出席;省住建厅厅长陈平主持并讲话;市委副书记、市长张鸿星致辞;省住建厅总工程师章雪儿通报全省建筑产业发展情况;副市长肖承贵出席。

18 日,省委宣讲“一个《准则》、两个《条例》”精神抚州报告会在市行政中心举行。

18 日，支持迪比科发展升级调度会在抚州高新区召开。市委副书记、市长张鸿星主持会议并讲话，市委常委、副市长周小平，市政府秘书长喻大荣出席会议。

19 日，全市创建省级文明城市迎检调度会在市行政中心召开。市委书记肖毅出席并讲话。市委副书记、市长张鸿星主持会议；魏建锋、黄牡香和谢发明等在家的市四套班子领导，法检两长，市委各部门、市直各单位、各人民团体、各大中专院校和中央、省驻抚单位党政主要负责人，市直主要责任部门下属执法单位以及市属中小学校主要负责人，临川区四套班子领导，抚州高新区党政班子领导，临川区、抚州高新区相关单位、乡镇、街办党政主要负责人和市创建文明城市指挥部各创建工作组专职副组长等共 260 余人参加会议。

20 日，市委书记肖毅主持召开市委常委会议。张鸿星、魏建锋、黄牡香、谢发明、熊云鹏、于秀明、吴伟柱、周小平、王新有、黄玉剑、周学胜、李建林、李兰贵、谭小平出席。

20 日，中国江西国际经济技术合作公司党委书记、总经理徐国建，中国进出口银行江西省分行副行长关力冬，江西国际公司党委委员、副总经理杨江，江西国际公司党委委员、法务总监黄光明，江西国际公司党委委员、总经济师张建安等人在抚州市就有关合作项目进行实地考察调研，并在汝水森林宾馆召开调研座谈会。会议就共同开拓海外建筑市场达成一致意见，现场签订《对外工程承包战略合作框架协议》。市委副书记、市长张鸿星，副市长韦萍，市政府秘书长喻大荣出席签约仪式。

20—21 日，市委书记肖毅，市委副书记、市长张鸿星率抚州市党政代表团赴吉安市学习考察，市政协主席谢发明等在家的市四套班子领导以及市委有关部门、市直有关单位和各县（区）主要负责人参加考察。吉安市委书记王萍，市委副书记、市长王少玄，市委副书记肖洪波等吉安市领导陪同考察。

25 日，阿里巴巴“中国制造·特色中国”项目考察组到抚州考察。市委副书记、市长张鸿星在汝水森林宾馆会见考察组成员一行，并出席相关座谈会。

26 日，市委书记肖毅主持召开市委常委（扩大）会议。会议审议《中共抚州市委关于制定全市国民经济和社会发展第十三个五年规划的建议（审议稿）》，科学谋划抚州“十三五”发展蓝图，大力推进抚州绿色崛起、跨越发展，努力实现同步全面建成小康社会发展目标。张鸿星、魏建锋、黄牡香、谢发明、熊云鹏、于秀明、吴伟柱、周小平、王新有、黄玉剑、赵世斌、李建林、李兰贵等出席。

26 日，抚州大讲堂讲座在市行政中心举行。曙光信息产业股份有限公司副总裁兼曙光云计算技术有限公司执行总裁关宏明、曙光云计算技术有限公司解决方案部总经理孙会首和台湾玄奘大学企管所客座教授颜宗明授课。肖毅、张鸿星、魏建锋、黄牡香、谢发明等市领导参加讲座。

27 日，省、市领导在汝水森林宾馆会见赴抚参加“中国光彩事业抚州（广昌）行”的中央统战部光彩事业指导中心主任、中国光彩会副秘书长余敏安，中央统战部办公厅副巡视员王丽颖等领导和部分客商。省委常委、统战部长蔡晓明，省政府副省长刘昌林，省政协副主席、民建省委会主委孙菊生，省委统战部常务副部长、省工商联党组书记刘金炎，省工商联主席雷元江，省委统战部副部长蔡清平，省商务厅副厅长陶莉萍；市委书记肖毅，市委副书记、市长张鸿星，市委副书记魏建锋，市人大常委会主任、市委政法委书记黄牡香，市政协主席谢发明等领导参加会见。

27 日，闽粤赣十三市党政领导第十九次联席会议在抚州召开。市委书记肖毅出席会议并致辞，市委副书记、市长张鸿星主持会议。

28 日，“中国光彩事业抚州（广昌）行”活动在市行政中心开幕。省委常委、统战部长蔡晓明出席并讲话；副省长刘昌林，省政协副主席、民建省委会主委孙菊生，中央统战部光彩事业指导中心主任、中国光彩会副秘书长余敏安，省委统战部常务副部长、省工商联党组书记刘金炎，省工商联主席雷元江，省委统战部副部长蔡清平，青海省工商联巡视员魏勤出席；市委书记肖毅致辞，市委副书记、市长张鸿星主持；中央统战部办公厅副巡视员王丽颖和省直有关单位领导陶莉萍、洪跃平、刘星平，市领导魏建锋、黄牡香、谢发明等领导参加开幕式。

28 日，省委常委、统战部长蔡晓明深入到临川温泉景区考察调研，省政协副主席、民建省委会主委孙菊生一同调研。市委书记肖毅陪同调研。

## 12 月

2 日，市委副书记、市长张鸿星在汝水森林宾馆会见民生银行南昌分行行长朱东勇一行。

2 日，市委副书记、市长张鸿星在汝水森林宾馆会见阿里巴巴农村电商江西工作领导小组组长李力一行。

3 日，中共抚州市委三届十二次全体会议在市行政中心开幕。市委书记肖毅主持会议并在开幕大会上代表市委常委会作工作报告，市委副书记、市长张鸿星就《中共抚州市委关于制定全市国民经济和社会发展第十三个五年规划的建议（讨论稿）》作说明。

3 日，全市电网建设工作推进会在市政府召开。市委副书记、市长张鸿星讲话。

3 日，副省长李贻煌到抚州调研。省政府副秘书长张小平、省安监局局长龙卿吉、省工信委副主任万庆胜等随同；市委书记肖毅，市委副书记、市长张鸿星先后陪同。

3 日，市委副书记、市长张鸿星主持召开市政府第五十四次常务会议。于秀明、周小平、周学胜、赵世斌、刘菊娇、吴建春、魏建新、韦萍、肖承贵及喻大荣出席。会议审议《关于提请研究寻梦牡丹亭项目的请示》《关于东乡县撤县设区的请示》《抚州市农村综合产权交易市场建设工作方案》和《海峡交易所农村综合产权交易市场建设方案》。

4 日，市委书记肖毅主持召开市委常委会议。会议审议《关于提请研究寻梦牡丹亭项目的请示》和《抚州市大型实景演出框架合作协议（送审稿）》《抚州市大型实景旅游驻场演出项目委托规划设计服务合同书（送审稿）》，要求有关部门抓紧打造《寻梦·牡丹亭》实景演出项目，全力推动抚州市文化与旅游融合发展。张鸿星、魏建锋、黄牡香、谢发明、于秀明、吴伟柱、周小平、王新有、黄玉剑、周学胜、赵世斌、李建林、李兰贵、谭小平等出席。

7日,昌抚通信同城化工作推进会召开,市委副书记、市长张鸿星出席。

12日,市政府与意大利意中交流协会成功签订全方位战略合作框架协议。市委副书记、市长张鸿星出席相关座谈会并见证协议签约。

12日,江西德义半导体科技有限公司孵化器竣工投产庆祝仪式在抚州高新区举行。市委副书记、市长张鸿星出席并宣布竣工投产。

14日,文化部党组成员、中纪委驻文化部纪检组组长王铁一行在黎川县调研。

14日,全市经营性国有资产集中统一监管协调暨动员大会在市行政中心召开。市委副书记、市长张鸿星讲话。

8日至17日,市委书记肖毅率代表团先后赴法国、西班牙和英国进行为期十天的文化友城交流活动。

17日,抚州市政府与中国银行江西省分行、进出口银行江西省分行、邮储银行江西省分行、农业发展银行江西省分行签订政银战略合作协议仪式在南昌举行,张鸿星市长、于秀明常务副市长参加。

21日,中央部委在抚挂职干部座谈会在汝水森林宾馆召开。市委书记肖毅出席并讲话。市委副书记、市长张鸿星参加座谈。

22日,市委政协、统战工作会议在市行政中心召开。

22日,京粤港投资控股集团董事局主席李栋良率考察组到抚州考察。市委副书记、市长张鸿星在汝水森林宾馆会见考察组一行。

23日,市委书记肖毅主持召开市委常委会,传达学习全省领导干部会议精神。张鸿星、魏建锋、黄牡香、谢发明、于秀明、吴伟柱、周小平、王新有、黄玉剑、周学胜、赵世斌、李建林、谭小平出席。

23日,江西嘉盛精密纺织有限公司收购意大利Filatura di Crosa(蝴蝶)品牌签约仪式在汝水森林宾馆举行。市委书记肖毅出席签约仪式。

24日,纪念舒同诞辰110周年书画展在市博物馆举行开展仪式。市委副书记、市长张鸿星宣布书画展开展;魏建锋、黄牡香、谢发明等市领导出席并参观书画展。

24日,由中国农业发展银行党委委员、副行长姚瑞坤率领的调研组深入南丰县调研。

25日,市委副书记、市长张鸿星主持召开市政府第五十五次常务会议。于秀明、周小平、刘菊娇、吴建春、魏建新、韦萍、肖承贵及喻大荣出席。

25日,市党外知识分子联谊会第三届理事会第一次会议在市行政中心召开。市委书记肖毅出席并讲话。张鸿星、魏建锋、黄牡香、谢发明等市领导出席。

25日,江西海利科技有限公司开工庆典仪式在抚州高新区举行。市委书记肖毅下达开工令;市委副书记、市长张鸿星出席庆典仪式。

25日,全市社会治安防控体系建设工作会议在市行政中心召开。市委书记肖毅、市委副书记、市长张鸿星出席,市委副书记魏建锋宣读关于表彰综治工作先进集体和见义勇为先进个人的决定,市人大常委会主任、市委政法委书记黄牡香主持。

30日,广东省抚州商会回乡投资考察暨开展慈善捐赠活动在抚召开,市委副书记、市长张鸿星出席。

30日,抚州市政府与中国建设银行江西省分行全面战略合作备忘录签约仪式,市委副书记、市长张鸿星出席。

本栏编辑　黄志刚

# 年度关注

## 干部在一线锻炼　问题在一线解决

### ——抚州市开展“四进四联四帮”活动做法与启示

“苏区干部好作风，自带干粮去办公。日着草鞋干革命，夜打灯笼访贫农。”这首当年在江西广为流传的山歌，是当年苏区干部好作风的生动写照。密切联系群众、与群众心连心，是中国共产党的政治优势，更是各级干部的基本功。2015年6月起，抚州市在全市范围内开展“四进四联四帮”活动，通过党员干部进农村、进社区、进基层单位、进网络，联系基层群众、联系基层干部、联系服务对象、联系广大网民，帮助化解矛盾、帮助精准扶贫、帮助产业发展、帮助村（镇）社区建设。一年多来，全市1810支“连心”小分队、4700余名驻村干部一直坚持吃住在“连心”村，帮助基层和群众解决生产生活问题，做了大量卓有成效的工作，密切了党群关系，维护了社会稳定，改善了群众生活，推进了脱贫致富。

#### 一、主要做法

1. 精心挑选，确保“选得准”。一是配强“连心”小分队队长。把思想政治素质较高、农村工作经验丰富、担任科级以上领导干部、相对比较年轻、身体健康等5个方面作为担任“连心”小分队队长的必备条件，配强“连心”小分队队长。由“连心”小分队队长兼任“连心”村党支部第一书记，加强基层组织建设；二是精心选派“连心”小分队成员。对“连心”小分队其他成员的选派，也注重基层工作经验和基层工作能力。对不适应基层工作和在基层工作表现不好的选派干部，一律要求派出单位召回或重新选派。至2015年年底，全市共召回小分队成员38人，重新选派小分队成员38人，其中市直9人；三是把“连心”小分队工作经历作为干部提拔的重要依据。市委明确规定，“今后凡是年轻干部、后备干部的提拔，均必须有参加‘连心’小分队的经历”。选派工作开展以来，市直单位有2名拟提拔任用的人选因未有小分队经历未列入考察，有24名第一书记提任到县级领导岗位、187名小分队成员提任为科级领导干部。

2. 精确选派，确保“下得去”。一是调查摸底，人员精准对接。围绕“是不是基层所需要”“是不是本人所乐意”这两个重点，该市对全市各村选派需求进行调查摸底，在此基础上，按照“党群部门联弱村、经济部门联穷村、政法部门联乱村、农业部门联产业村、科技部门联专业村”等方法，对全市1810个行政村选派干部反复筛选，力求适需结合；二是强化保障，解决后顾之忧。该市规定，选派干部“两个不变”，即身份不变、待遇不变，一般一年一轮派。工作与选派单位全脱钩，必须“吃住在村、工作在村”，自办伙食，自带被褥和生活用品，不得增加村和群众一分钱负担。市直单位选派干部按每人每天50元标准进行补助，不足部分由财政兜底。县（区）结合实际参照执行。市直100个小分队，有31个吃住在农户家，69个吃住在村。

3. 精细管理，确保“呆得住”。一是工作目标化。市委明确要求，“连心”小分队要实现“驻村入户进得去、留得下，联系群众联得紧、系得牢，为民办事办得实、看得见”3项目标，完成信访维稳、精准扶贫、基层组织建设3大任务，每个方面都具体细化工作内容，使小分队行有方向、干有目标；二是考核制度化。建立派驻成效与考核工作“双挂钩”的制度，即与个人任用挂钩，派驻期间，违反纪律、工作不力的小分队成员影响个人年终考核和提拔任用，与单位考评挂钩，将小分队工作纳入单位党建工作考评，排名倒数十位的单位取消单位党建工作评先评优资格；三是督查常态化。市委“四进四联四帮”领导小组办公室先后8次开展专项督查，督查范围覆盖12个县（区）157个乡（镇、场、街道），共抽查327个村。每次督查，均下发督查通报，直接发县（区）委书记、县（区）长、组织部长，在督查过程中发现违反驻村工作纪律的，第一次给以全市通报批评，第二次对“连心”小分队队长进行诫勉谈话，第三次责成选派单位更换小分队队长人选，同时按有关规定进行组织处理。

4. 精准指导，确保“干得好”。一是加强工作对接。要求县（区）委活动办每季度牵头组织市、县（区）“连心”小分队与对口相关县（区）直单位碰头会，提供沟通交流平台；二是加强安排指导。各级“四进四联四帮”活动领导小组办公室每月或每半月下发一次近期工作安排意见，指导小分队工作,做到“年度有计划、月度有安排”,努力解决小分队下去“干什么”和“怎么干”问题;三是加强业务培训。为提高各级小分队的工作能力,市委“活动办”每季度举办一次市、县(区)“连心”小分队工作座谈会,组织小分队之间开展“实地参观”,以会代训。各级共组织“连心”小分队成员培训1.5万余人次,其中市本级培训821人次。

## 二、主要成效

1. 密切了党群干群关系。全市各级“连心”小分队坚持吃在村里、住在村里、工作在村里,与群众日夜相处,打成一片。崇仁县白陂乡赵家村丰产口村小组是三峡移民安置点,村中的水井因为受到污染无法饮用,为此当地群众多次上访。该市扶贫移民局、国家统计局抚州调查队驻村“连心”小分队进驻该村后,积极帮助寻找水源,多方筹措资金重新打井,彻底解决了村民的饮水问题。村民们非常感动,自发在新修的水井旁立碑,刻上“连心井”三个鲜红大字。该市审计局驻临川区湖南乡坪山村“连心”小分队挨家挨户摸民情、解民意、访民苦工作,帮助群众解决实际问题。在每户张贴“连心卡”。“连心卡”详细告知了小分队人员姓名、电话、单位和地址,让群众反映诉求更直接、高效、便捷,拉近了村民与小分队的距离,深受群众欢迎。

2. 维护了全市社会稳定。开展“四进四联四帮”活动,有力地维护了农民群众的切身利益,促进了农村社会的和谐稳定。2015年,抚州市信访工作呈现出信访总量、重复信访量、越级信访量和集体上访量“四个下降”的局面,全市社会稳定处在历史上最好时期,受到省委主要领导肯定。特别是“连心”小分队挂点的“连心村”,到市以上上访同比下降了79.2%,到县上访同比下降了59.5%,基本上做到小事不出村、大事不出乡镇。

3. 改善了群众生产生活。开展“四进四联四帮”活动,重要目的就是要帮助基层和群众解决生产生活困难。自活动开展以来,全市各级“连心”小分队共为群众办好事、办实事1.8万余件,完成为民项目2600余个,化解矛盾纠纷6500余起,作出了实实在在的贡献、取得了实实在在的成效。市民政局“连心”小分队针对临川区温泉镇杨源村留守老人、留守儿童、留守妇女等“三留人员”较多的情况,一方面落实专人结对帮扶,另一方面争取项目资金近50万元,建起了一座集托老、托幼、医疗卫生、文化娱乐、公益服务和办公等为一体的村级服务中心,解决了当地没有养老、看病、活动场所的问题。

4. 提升了组织带动能力。在“四进四联四帮”活动中,“连心”小分队积极协助当地党委、政府加强基层组织建设,使基层党组织成为一个个散布在赣东大地上的坚强战斗堡垒。该市南丰县白舍镇中和村是一个软弱涣散村,一度缺村支部书记。市委组织部、农发行抚州分行“连心”小分队进驻后,积极与白舍镇党委研究解决办法,很快按程序任命邻村党支部书记兼任中和村党支部书记,推动村“两委”实行坐班制,落实“三会一课”制度,发挥老党员和无职党员作用,村干部形象大为改观,班子凝聚力、号召力大大增强。中和村党支部被推荐为全省抗洪救灾先进基层党组织候选单位,村党支部书记揭金财被推选为出席省第十四次党代表大会初步人选。

## 三、工作启示

1. 开展“四进四联四帮”活动,必须聚焦精准扶贫。按照国家现行扶贫标准,抚州市还有12.6万群众因地理条件、生产资料等条件制约或因病因残,生活在贫困线以下,脱贫攻坚、同步小康的任务仍十分艰巨。开展“四进四联四帮”活动,就是要协助、指导村“两委”按照坚持输血造血相结合、扶贫扶智相结合的思路,实施精准识别、精准分类、精准施策,全力抓好产业扶贫、安居扶贫、保障扶贫各项任务,让贫困群众稳步走在“希望的田野上”。

2. 开展“四进四联四帮”活动,必须聚焦基层基础。通过大力开展党的群众路线教育实践活动、“三严三实”专题教育,基层基础得到进一步夯实。但不可否认的是,组织观念弱化、党员意识弱化、组织生活虚化等突出问题在很大部分基层党组织存在。开展“四进四联四帮”活动,就是要协助、指导村党支部推动落实好“三会一课”、民主生活会、民主评议党员等制度,推动落实好软弱涣散基层党组织整顿,力争在发挥党组织的战斗堡垒作用、党员的先锋模范作用上取得更大成效。

3. 开展“四进四联四帮”活动,必须聚焦信访维稳。群众生产生活中还有什么问题和困难?群众之间、群众与基层政府之间还有什么矛盾纠纷?这些问题坐在机关是听不到、看不到的,必须深入基层,深入群众,去了解,去掌握。开展“四进四联四帮”活动,就是要帮助村“两委”化解矛盾纠纷,做好信访维稳工作,把群众的权益维护好,把群众的情绪理顺好,把群众的期盼落实好。

4. 开展“四进四联四帮”活动,必须聚焦转变作风。市委书记肖毅多次强调,干部作风转变之日,就是抚州经济振兴之时。开展“四进四联四帮”活动,就是要着眼于解决机关作风不实、群众感情不深等突出问题,继续发扬当年苏区干部好作风,放下架子、俯下身子、耐下性子,真正与群众同吃同住同劳动,成为一支“不一样”的工作队。

(市委“四进四联四帮”
活动办公室 黄志刚)

# 创建文明城市　助推全面发展

## ——抚州市文明城市创建工作综述

近年来，在市委、市政府的坚强领导下，在省文明办的关心指导下，抚州市大力推进省级文明城市创建工作，并顺利通过2015年省里综合测评，被省委、省政府授予江西省第五届文明城市荣誉称号。

### 一、创建的主要做法及成效

**（一）实施高位推动，筑牢创建基础。**市委、市政府把创建省级文明城市作为重要的中心工作狠抓，成立以市委书记为总负责、市长为总指挥、市委副书记为常务副总指挥、其他相关市领导为副总指挥、市直各相关单位及临川区、高新区主要负责同志为成员的创建文明城市指挥部，明晰部门职责，细化分解任务，构建市、区、街道、社区四级联创文明社区和示范路的责任体系。市四套班子领导分别挂点市中心城区34个社区及47条示范路段，带头深入挂点社区，调度创建工作，特别是市委书记肖毅先后数次深入一线暗访调研并现场督办问题，10多次对创建工作作出重要批示，在社会上产生强烈反响，有力地推动了各项创建任务的落实，形成各级各部门各负其责、上下联动的创建大格局。三年来，共建单位不断加大人力、物力、财力投入，34个社区直接帮建资金就达2000余万元，社区软硬件设施实现“三年三大变”。硬件设施方面，2013年社区服务用房面积达标（300平方米）的只有1个，2014年达到17个，2015年上升到31个，每个社区如今都设有固定的宣传平台，环卫、安全设施也不断完善。软件建设方面，各社区均竞相发动社区居民开展各类群众性精神文明创建活动、广场文艺汇演等社区文体活动和邻里守望、文明劝导等志愿服务约上万场次。同时，社区身边好人榜定期发布、定期更新。结合“四进四联四帮”活动和市直机关干部社区报到工作制度，安排千名机关干部下沉到社区一线，开展社区志愿活动达6500多人次，带动群众积极主动参与到创建中。

**（二）道德建设成果丰硕，好人效应不断彰显。**一是大力开展典型选树活动。在全市范围内广泛开展市级道德模范评选、身边好人榜发布、各类最美人物评选等活动，并将典型事迹充实到抚州好人好事库当中。同时，积极做好全国道德模范、中国好人榜、江西省道德模范和身边好人的选送工作。三年来，先后开展两届全市道德模范评选活动、37场最美人物评选活动、3300余场道德讲堂活动，4次诚信红黑榜发布活动，使核心价值观深入人心，催生了赣抚大地的“好人”如雨后春笋般涌现。先后有4人当选江西省道德模范，23人入选“中国好人榜”，33人被评为“江西好人”。2015年，崇仁县政协退休干部宁宏昌当选全国道德模范，武警抚州支队李进明荣获全国道德模范提名奖、全国首批岗位学雷锋标兵，实现了典型人物的重大突破；二是强化典型宣传。在通过微信微博、报纸、电视、宣传栏等各类媒体媒介广泛宣传典型事迹的基础上，将人民公园打造成抚州好人公园、羊城广场打造成抚州好人广场，设计制作好人宣传牌200余块，并充分利用江西好人网平台和各种载体，将身边好人发布制度延伸至社区、学校、企业。三年来，全市共发布身边好人近2万余人次，其中在江西好人网发布8232人次，不断扩大典型人物的引领示范效应，辐射带动越来越多的人民群众主动做好人、行好事，积极参与志愿服务活动和文明城市创建工作队伍当中。同时，成立抚州市志愿服务联合会，全市拥有2353支志愿者队伍，23万余名注册志愿者，志愿服务涉及扶贫济困、助老助残等多个领域，文明新风尽吹赣抚大地。

**（三）坚守民生情怀，市容环境面貌一新。**三年来，市委、市政府始终坚持创建为民、利民、惠民的导向，把创建当作最大的民生实事来抓，不做表面文章，不搞“应景式”创建，投入了大量人力、物力、财力改进城市软硬件环境；一是着力抓好城市硬件设施建设。仅2015年市财政就投入200多亿元用于民生支出，民生支出占公共财政预算支出比重达68.6%，集中办好50件民生实事，既提升改造赣东大道等主次干道、大型绿地公园，又整改建设小街巷、小游园等，仅赣东大道改造就投入近亿元，城市配套功能更趋完善，群众得到更多实惠，让老百姓真切的感受到创建工作带来的生活便利、环境改善。同时，市政设施加快修缮维护，近千平方米人行道得到维护，近3万平米城市道路进行维修，26条主次干道的道路标线得到刷新，12座公交安全岛投入使用，城区所有道路指示牌得到更新；二是着力抓好城市软环境建设。市城管、交警、公安、交通、市场监管、卫计、食药监等职能部门，针对市容环境、农贸市场、“六小”行业、公共交通、校园及周边环境、交通秩序、“五车”乱象、社区环境等八个方面存在的突出问题，联合相关职能部门，集中精力，人员下沉，由点及面全面铺开，持续加大整治工作力度，既打“攻坚战”，又打“歼灭战”，有效地改善了市容市貌，为市民营造安全、舒适的出行和生活环境。仅2015年，就累计出动执法人员10万余人次，对近50条主次干道及小街小巷的占道经营、乱搭乱建等进行拉网式、地毯式整治，各主次干道、集贸市场焕然一新，清除一系列市容“顽疾”。尤其是“五车”整治成效显著，封存三轮车1436辆，整治乱停乱放3000多起，清理“僵尸车”214辆，城市环境秩序焕然一新。

**（四）创建宣传遍布全城，群众拥护迅速提升。**三年来，传统主流媒体、各种新媒体、户外媒体的持续同时发力，立体式宣传文明创建和《抚州市市民公约》。市属媒体每天报道创建工作动态,主动曝光问题,引领群众关注和监督。9家民间媒体也纷纷利用微信微博等新媒体平台,积极曝光各类不文明行为,倒逼创建工作落实。同时,城市公益广告宣传覆盖面不断扩大、无处不在,视觉冲击力不断加大。先后利用公共场所各类Led电子屏、宣传长廊(栏)、车体广告、工地围挡、围墙等,刊播创建宣传语或公益广告,传统媒体刊播公益广告1.8万余幅(次),新媒体刊播公益广告3000余幅(次),各类户外公益广告达到近3万幅(次),其中道路围墙设置3千多平米具有抚州特色的手绘广告,实现创建文明城市家喻户晓,对市民产生潜移默化的影响,群众满意度达93.2%。

**(五)保持创建工作延续性,不断深化创建成果。**2015年12月,文明城市创建测评验收后,抚州市坚持机构不撤,人员不减,力度不降,把文明城市创建成果最大程度地向经济社会等各个领域拓展。一是按照"一完善、两提高"的要求(完善城市功能、提高管理水平、提高市民素质),大力实施"创建文明城市完善城市功能项目计划",涉及市政道路、公共服务、生活配套设施等28个项目,三年内全部建成。同时,加快建设抚州精神文明建设活动中心,设立全市卫生日;二是以抚河流域生态保护及综合治理工程为突破口,大力推进生态文明先行示范市建设。按照河畅、水清、岸绿、景美的要求,在市中心城区全面启动抚河城区段整治和景观建设,打造"一河两岸"十里长廊。各县(区)推进特色小镇建设,全面实施县城段河流整治和景观建设。按照水生态文明标准、新农村建设标准和绿色生活方式标准,抓好沿抚河两岸6个县(区)36个示范点建设。示范点大力推进"清洁工程""厕所革命"、爱国卫生运动等环境整治,推广运用太阳能等绿色能源,着力发展绿色产业,形成"一村一品"的产业格局。

## 二、创建收获的重要经验

**(一)最关键的是高位的强力推动和密集调度。**尤其是2015年7月以来,市委、市政府成立创建指挥部,主要领导亲自挂帅,连续召开两次关键性、高规格的全市会议,动员和调度全市创建工作,为创建工作注入"强心剂"。市委书记肖毅亲力亲为,多次强调创建作风问题,并先后两次深入一线暗访调研并现场督办问题,产生强烈反响,有力地推进创建工作。市长张鸿星亲自到创建指挥部,给全体工作人员鼓劲和召开座谈会,并多次召开政府常务会和办公会,听取汇报,研究工作,解决问题。市委副书记魏建锋在创建关键时期多次主持召开指挥部会议,调度布置创建工作,并经常亲临挂点社区,狠抓社区共建工作。市四套班子其他领导也月月深入挂点社区,周周调度创建工作。各级领导以身示范,身体力行,为全市干部群众树立了标杆,推动了创建工作迅速深入开展。

**(二)最根本的是坚持创建利民、创建惠民的创建原则。**此次创建,市委、市政府始终坚持创建为民、利民、惠民,把创建当作最大的民生实事来抓,不单单是为了迎检过关,不是为了一块牌子而做表面文章,不是单纯的"应景式"创建,而是力图通过创建解决群众反映强烈的问题,让老百姓得实惠。像"五车"乱象、违章搭建、小区"脏乱差"、道路颠簸坑洼、食品卫生问题等等,都是以往群众反映较强烈的问题,在这次创建的空前力度下都得到有效解决和清理。尤其是通过创建,把城市环境"脏乱差"的典型——酸菜鱼一条街打造成了餐饮示范区,城市的社区卫生死角全面清除,这些都深受群众好评。从而,以实实在在的创建取信于民,群众拥护度不断提高,迸发出更高的创建热情,创建凝聚力不断增强,党委、政府形象也得到不断提升。

**(三)最重要的是高度完备的创建机制和组织架构。**2015年7月,市委、市政府审时度势,抽调人员,成立创建文明城市指挥部。不断加强创建领导,明确一把手责任制,细化分解任务,明晰创建职责。市、区、街道、社区,每个领导都守土有责,肩上都有担子。在创建过程中,创建指挥部牢牢树立"一盘棋"思想,坚持实施例会制度、督查制度、通报制度、回访制度,定期调度工作,及时反馈问题,加强工作联动,倒逼工作落实。短短4个月内,创建行动部及各对标创建工作组开展督查近2000次,发出工作督办单近600份。全市形成上下联动、条块结合、齐抓共管的工作格局,有力地推进了整体创建工作。

**(四)最得力的是功在必成的坚定决心和攻坚克难的优良作风。**2015年7月的动员大会之后,市城管、交警、交通等部门立即集中人员,主要领导身先士卒,处处都能看到城管和交警等执法人员的身影,他们成为电视新闻和专题节目中最露脸的"明星"。特别是城管部门在市容环境综合整治中,发挥牵头职能部用,统一协调各部门,冲锋在前,连续作战,敢于攻坚,敢啃"硬骨头",敢趟"深水区"。并且讲究工作方法,坚持循序渐进,狠抓源头控制,对重点问题进行各个击破,稳妥地解决了一批老大难"顽疾"。像"酸菜鱼"一条街主动配合整改,违章建筑主动拆除,违规网吧被关停、被断网并签下整改承诺书等等,都产生强大的示范和震慑效应。同时,各帮建单位的学雷锋志愿者坚守各交通路口和共建路段,持续开展文明劝导活动,风雨无阻,成为创建过程中一道亮丽的风景线。

(市文明城市创建办公室)

# “十二五”期间抚州经济建设和社会发展回眸

“十二五”时期，是抚州市发展历程中极不平凡的五年。面对国际金融危机持续冲击和国内经济下行压力，在江西省委、省政府的坚强领导下，抚州市委、市政府团结并带领全市人民，全面贯彻落实科学发展观，改革创新、攻坚克难，紧紧围绕省委“十六字”方针和三届市委以来提出的各项战略部署以及建设殷实、文明、和谐的幸福抚州目标，坚定不移地实施赶超发展战略，全力推进“三大战役”，经济社会发展取得新的重大成就，主要表现为“六新”：

## 一、全市综合实力跃上新台阶，发展质量日益提升

五年间，抚州市生产总值、规模以上工业增加值、固定资产投资、财政总收入和出口总额在江西省排名分别前移了1、2、2、1、2位。全市地区生产总值突破千亿大关，年均增长10.5%，2015年达到1105.14亿元，同比增长9.2%，较2010年(630亿元)实际(扣除价格因素)增长65%；固定资产投资达1099.67亿元，年均增长18%；财政总收入达165.2亿元，是2010年的2.2倍，年均增长17.4%；规模以上工业增加值达364.23亿元，是2010年的2.3倍，年均增长17.9%；出口总额达16.5亿美元，是2010年的3倍，年均增长27%。

发展质量稳步提升。税收占财政总收入的比重逐年提升，由2011的76%提高到2015年的84.6%，在全省排名从2011年倒数第一进位到2015年的第2位，高于全省平均税收占比6.1个百分点。2015年，工业对经济增长贡献率达到40%，比2011年提高4.32个百分点；工业增加值占GDP的比重由2010年的25.4%提升到2015年的33.0%，五年提高7.6个百分点；工业税收成为第一大税源，2015年，工业税收突破40亿元大关，达到41.6亿元。

县域经济综合实力显著增强。11个县(区)生产总值平均规模超百亿元，比2010年提高40亿元，其中临川区生产总值达341.62亿元，排名全省第十，东乡、南城、南丰3县生产总值过百亿元；财政总收入平均规模达11.8亿元，是2010年(5.46亿元)的2.16倍，11个县(区)财政总收入均突破6亿元，其中财政收入超10亿元县(区)由1个增至8个，东乡县、临川区突破20亿元。

## 二、产业转型升级取得新成效，发展基础日益牢固

市委第三次党代会以来，围绕建设幸福抚州的奋斗目标，市委、市政府高瞻远瞩、审时度势，提出举全市之力、聚全民之智，打好工业强攻战等战略部署，产业结构调整和转型升级取得了较大成效。

产业结构不断优化。三次产业比例由2010年的19:49.9:31.1调优为2015年的16.5:49.7:33.8，非农产业比例提高2.5个百分点，第三产业占GDP的比重提高2.7个百分点，其中2011—2015年提高了5.5个百分点，年均提高近1.4个百分点。“十二五”期间，全市农林牧渔业产业结构不断优化，农林牧渔业总产值增加50%，除农业增加值之外的林牧渔业增加值占总产值的比重增加了4.4个百分点。全市六大工业主导产业由食品加工、纺织、医药、化工、机电、有色金属加工调整为生物医药、电子信息、机电汽车、化工建材、食品加工、有色金属加工；有色金属加工产业产值占全市工业总产值的比重由2010年的24.9%下降到2015年的18.5%；2015年，高新技术产业实现增加值77.5亿元，增长21.6%，高于全省平均增速近十个百分点，占全市规模以上工业增加值的比重达21.3%；新兴产业加速崛起，电子信息产业增加值较2010年增长了8.36倍。现代服务业增加值占服务业增加值比重明显提升，如金融业占服务业增加值的比重由2011年的2.7%上升到2015年的5.0%，提高2.3个百分点。

产业集群集聚集约发展初现成效。工业集群发展不断加快。2015年，全市规模以上工业企业达到903家，较2010年增加了325家；规模以上工业总产值从2010年的736.45亿元上升至2015年的1564.57亿元，翻了一番多，年均增速16.3%；从业人员达12.8万人，五年增加1倍多，比2010年增长108.47%；机电汽车、生物医药、电子信息、食品加工、化工建材、有色金属加工六大主导产业规模化、集群化发展加快，抚州高新区汽车及零部件、崇仁变电设备和金溪香料3个产业集群获批省重点产业集群，其中崇仁变电设备、金溪香料2个产业集群还获批省工业示范产业集群。现代农业集群发展不断推进。临川区获批国家级现代农业示范园区，东乡、南城、崇仁、南丰、黎川、广昌、金溪7县被评为省级现代农业示范园区；在75个省级农业产业集群中，全市拥有优质稻、蜜桔、生猪、麻鸡、白莲、食用菌、特种水产、药材、香料、白茶10个农业产业集群。现代服务业集群发展不断提升。临川文化旅游产业集群、资溪生态旅游产业集群被评为省级旅游重点产业集群，抚州综合物流产业集群、南丰蜜桔出口物流产业集群、广昌汽运物流产业集群、黎川陶瓷物流产业集群被评为省级现代物流产业集群。

产业发展平台不断拓展。园区发展平台不断拓展。抚州高新区升级为国家级高新技术产业园区；抚州高新区、崇仁工业园区、南城工业园区扩区调区获省政府批复，共新增工业用地面积1456公顷。抚州高新区被评为国家精细化工高新技术产业化基地；崇仁县被评为国家级新型工业化产业示范基地，金溪县被评为国家林木香料生物产业基地。另外，抚州高新区生物医药和汽车及零配件、金溪香料、崇仁变电设备、宜黄塑料、黎川日用耐热陶瓷和合成革、东乡变性淀粉、南城南丰农副食品加工、南城空压机和株

良校具、广昌电子信息、乐安机械电子、临川有色金属加工14个产业被评为省级产业基地。融资渠道不断拓宽。市政府批复设立市工业与科技创新投资发展有限责任公司(市工创投)、市文化旅游投资发展有限责任公司(市文旅投);由市投资发展有限公司、市工创投、市文旅投共同发起设立市金融控股有限公司(市金控公司);市金控公司又与省金控投资管理中心共同出资成立江西金控抚州基金管理有限公司。这些公司的设立,有利于引导产业资本和金融资本深度融合,为企业融资提供良好平台。同时,一批成长性好、发展潜力大的企业通过上市、挂牌增强融资能力,如高新区博雅生物在创业板上市,高新区苍源种植、广昌县广德环保、黎川县川盛科技、东乡县施美制药4家企业在新三板挂牌,临川区盈川实业和宇骏生物、高新区明恒纺织、金溪县千佳生物、金顿香料、黎川县南田彩印、东乡县华城建设、崇仁县天地缘麻鸡8家企业在上海Q板或E板挂牌。

产业科技创新能力不断加强。科技创新平台不断提升。全市企业共创建省级以上工程研究中心5个、省级以上工程技术研究中心(重点实验室)12个、省级企业技术中心23个。全市共建研究院(室、所)等研究机构28个、院士工作站3个、博士(后)工作站3个。2015年,科技进步对经济增长贡献率达到50.3%,比2010年提高5.2个百分点。全市专利申请2450件,授权量1746件,同比分别增长60.6%、94.2%,临川区、南丰县获全省专利十强县称号。科技创新项目不断增多。近三年来,全市共列入国家级科技计划项目42项,获得补助资金3929万元;共列入省级科技计划项目198项,获得补助资金2552万元。

## 三、城乡面貌呈现新变化,发展环境日益优化

五年来,围绕构建“城乡融合、工农互补、人口与资源有序流动的城乡一体化格局”目标,全市统筹城乡发展,以新型城镇化为突破口,不断加快基础设施建设,完善基本公共服务,城乡面貌发生了较大变化。

新型城镇化稳步推进。成立抚州市新型城镇化工作领导小组,出台《关于进一步推进户籍制度改革的实施意见》和13个配套文件;委托中国城市规划设计研究院上海分院启动《抚州市城市总体规划(2013-2030)》修编工作,目前,已基本完成《总体规划》修编的论证工作。中心镇建设加快推进。云山、唱凯等12个镇被评为省百强中心镇,所有中心镇已全面完成总体规划编制工作,并启动污水处理设施等建设。“四城同创”目标圆满完成。先后成功创建“国家园林城市”“国家森林城市”“省级卫生城市”和“省级文明城市”。2015年全市常住人口城镇化率达到45%,比2010年提高7.8个百分点,年均提高1.39个百分点;市中心城区建成区面积从50.3平方千米扩大到63平方千米。

新农村建设扎实开展。村庄面貌明显改善。大力开展以“三清六改四普及”和“三绿化一处理”为主要内容的村庄整治,积极推进农村新社区创建,加强农村社会服务体系建设。全市共投入资金19亿多元,改水、改厕到位率均达95%以上,改路率达100%,部分建设村点达到和谐秀美乡村建设标准。同时,扎实抓好福银高速、鹰瑞高速、抚吉高速、沪昆高速、向莆铁路、东临公路、206国道、抚八线等交通主干道沿线村庄集中整治和改造提升工程,农村面貌发生了深刻变化。农村环境明显改观。大力实施农村清洁工程,下大力气解决农村“脏乱差”的问题,全面启动农村生活垃圾专项治理,全市农村环境卫生状况明显改善。统筹城乡明显加快。扎实推进镇村联动建设,全市累计投入建设资金约5亿元,在37个乡镇实施镇村联动建设,辐射带动周边村庄465个,打造了一批镇村融合、城乡统筹的示范镇,初步形成以镇带村、以村促镇的发展新格局。

城乡基础设施日趋完善。抚州人民的“高铁梦”“高速梦”“电厂梦”相继实现:向莆铁路建成通车,结束全市没有干线铁路穿越城市腹地的历史;沪昆铁路杭南长客专建成并设抚州东站,是穿越抚州境内唯一的高铁。抚州—吉安高速、抚州—金溪高速、南昌—宁都高速(乐安段)建成通车,全市高速公路通车里程达到632千米,实现了县县通高速。抚州电厂一期工程1号机组投产发电;天然气入抚推进迅速,西气东输二线工程、省天然气管网一期工程抚州段、省天然气管网抚州—南城—黎川支线工程均已建成,市区(临川区)、东乡、南城、金溪、黎川等县城区已通长输管道天然气。同时,实施一批完善城市功能、增强城市承载能力的基础设施项目,如市中心城区实施了火车站站前广场、长途客运中心、抚北大桥建设等交通设施项目,王安石文化公园、拟岘台工程、汤显祖公园提升改造等文化生态项目,文昌里老城区改造、保障性住房、市第一医院新院区住院二部等民生工程项目,总部经济中心、仙峰商业中心、华美立家建材市场等商贸服务业项目。

## 四、改革开放取得新进展,发展活力日益进发

“十二五”期间,抚州市全面贯彻落实中央和省委关于全面改革开放工作的重大决策部署,科学谋划、周密部署、扎实推进、狠抓落实,改革开放成效进一步显现,为实现“绿色崛起、跨越发展”提供了强劲动力和坚强保障。

深化改革全面推进。成立中共抚州市委全面深化改革领导小组和七个改革专项小组,各县(区)也相应组建改革工作机构,实施定期调度机制,把重大改革调研、改革文件、改革试点、改革举措进展情况设计成量化表格,对各专项小组和县(区)每月一调度,全市改革工作形成上下联动、齐抓共管的良好局面。五年来,启动各类改革试点、改革示范及试验区建设56个,一批改革试点走在全省前列,如在全省率先推行的公务消费监管一体化模式,获得省委主要领导的充分肯定,《人民日报》《中国纪检监察报》《江西日报》等多家媒体进行报道,中央党的建设领导小组秘书组还专门就此编发《党建要报》,专报习近平总书记等中央领导参阅。同时,在全省率先推进的农村集体“三资”监管,也得到省委主要领导的充分肯定和重要批示。2015年,对国务院、省政府取消和下放的219项行政审批事项全面衔接落实到位,其中,市本级承接71项、取消

及停止实施26项、转办1项、下放121项，精简率达67.6%；市本级不再保留非行政许可审批，对原有的41项非行政许可审批事项进行全面清理。

对外开放步伐加快。大通关服务体系不断健全。设立江西出入境检验检疫局抚州办事处，建设南丰蜜桔出口物流园暨南丰蜜桔集装箱检验检疫监管区和出口现场集中验放区，相继开通南丰蜜桔在福建、广东等省的高速公路“绿色通道”；积极推进设立综合保税区和与湄洲湾港、福州港等共建专属港区等工作，争取赣闽合作“陆地港”落户抚州工作有序开展。招商引资和对外贸易成效显著。“十二五”期间，共引进5000万元以上市外境内项目1877个、资金1608亿元，直接利用外资、出口总额年均分别增长13.7%、26.95%。企业“走出去”局面不断拓展。赣东路桥赴埃塞俄比亚建设奇达公路，广昌志特现代建筑科技赴马来西亚、高新区嘉盛精密纺织赴美投资兴办营销网点，临川银圣王洁具赴澳大利亚投资办企业。

区域合作取得突破。争取省委、省政府出台了《关于支持抚州深化区域合作加快发展的若干意见》，“融入南昌、对接海西、建设向莆经济带”上升为省级区域发展战略。昌抚一体化取得实质性进展。抚州、南昌两市政府共同签订了“1+8”合作协议，即昌抚联动发展总体合作协议，以及昌抚文化、教育、卫生、旅游、宣传、农业、昌抚合作示范区和城际公交等8个子协议；目前，已实现昌抚通信、社保、公积金同城化，其他同城化正在有序推进；《昌抚合作示范区总体规划(2015—2025年)》正式获批；昌抚城际铁路正在开展前期研究；昌抚大道建设路线规划方案已编制完成，并上报省交通厅。闽台合作不断深化。积极承接闽台产业转移，争取省政府出台了《赣闽产业合作示范区发展规划》；出台了《关于进一步推进开放升级的意见》，积极开展对闽台地区招商，在泉州、厦门、福州等地举办招商引资推介会；成立抚州市台商协会，并召开2次抚台经贸合作恳谈会，共签约项目22个、资金总额约80亿元；开通福州至抚州向莆旅游专列，带动南丰“桔园游”等特色旅游产业发展。原中央苏区振兴发展工作扎实推进。争取到全市纳入原中央苏区振兴发展国家战略，9个原中央苏区县全部执行西部地区中央预算内投资政策，向莆经济带、抚州高新区、赣闽产业合作示范区、国家中小学教育质量综合评价改革实验区和省级基础教育综合改革试验区列入省重点发展平台；积极对接对口支援的国家部委，获得中央统战部、国家民委、文化部、国家文物局等项目资金17亿多元；与中国光彩事业促进会共同主办“中国光彩事业抚州(广昌)行”活动，仅活动开幕式上就举行了14个代表项目集中签约仪式，签约总额194.3亿元。

## 五、生态文明建设展现新优势，发展理念日益成熟

五年来，在省委、省政府坚强领导下，抚州市立足生态资源优势，加快推进生态文明建设步伐，积极创建全省生态文明先行示范市，把生态优势转化为发展优势、把资源优势转化为经济优势，走“绿色崛起、跨越发展”之路，基本形成以生态文明建设统领经济社会发展的发展理念，全市生态文明建设取得实质性进展。

生态环境质量不断优化。大力实施“净空”“净水”“净土”行动。开展工业废气治理和建筑施工扬尘专项整治，全面完成黄标车淘汰任务；启动PM2.5监测并与国家联网，空气质量在“全国50强氧吧城市”中名列第一；乐安7746公顷森林林业碳汇项目在广州碳排放交易所挂牌交易，经第三方认证机构核查，30年可实现337万吨二氧化碳减排量。

全面建立“河长制”，出台《抚州市“河长制”工作实施方案》，明确抚河流域10大水系“河长”责任分工。加强饮用水水源地监管，开展水库水质污染和非法采砂专项整治行动以及抚河环保零点行动，全市12个地表水监测断面和集中式饮用水源地水质达标率继续保持100%，其中，地表水质达到Ⅱ类标准的比率为95%；加快推进工业园区以及中心镇污水处理设施和配套管网建设，市中心城区生活污水处理率达93%。开展农业面源污染整治，全市化学农药用量减少15%；开展畜禽养殖污染专项整治，严格执行养殖场排放不达标“黑名单”制度；加强耕地重金属污染防控和检测，建立土壤污染检测标准体系，完善土壤污染防控责任制度体系。

生态示范创建不断推进。全市共创建国家级生态示范区4个，省级生态县和生态重点建设县各2个；国家级、省级、市级生态乡镇和生态村435个；全国生态文化村4个。全市建成国家、省级自然保护区7个，总面积列全省第4，占全市国土面积的8%；国家、省级森林公园11个；国家、省级湿地公园13个，湿地公园总数位列全省第2，目前正在创建的抚州梦湖和广昌抚河源国家湿地公园已完成总体规划。资溪县被批复为第一批省级生态文明先行示范县，广昌县被选为全省生态保护红线划定工作试点县。目前，广昌县已完成1206平方千米生态红线划定，划定区占全县国土面积的74.8%，比率居全省第一。以抚河流域生态保护与综合治理工程为抓手，着力打造“抚河生态文明示范带”，重点实施生态村镇示范工程，以“水生态文明+新农村建设+绿色生活方式”为主要内容，在抚河干流沿岸36个乡镇打造规模适度、设施完善、功能配套、乡风文明、“三生”(生产、生活、生态)融合的生态建设示范点。推进全市域封山育林工程，在完成每年1.33万公顷山上造林任务的基础上，扎实开展全市域封山育林工作，确保森林覆盖率稳定在65.6%以上；目前，封山育林面积已达105.25万公顷，占全市林地总面积的81.2%。

生态文明体制机制不断创新。依托中科院、东华理工大学，在全省首创成立生态文明先行示范市建设研究中心，专门研究生态文明建设方面的制度，着力形成在全省乃至全国可复制、可推广的抚州经验。探索对临川、黎川、金溪、乐安、崇仁等5个县(区)主要负责同志任职期间自然资源资产经济责任履行情况的审计，在资溪县开展生态资源损害问责试点，探索开展绿色GDP的核算方式和自然资源资产负债表编制试点，着力构建“源头严防、过程严管、后果严惩”生态文明制度体系。着手启动《抚州市生态文明先行示范市建设条例》编制工作，期望通过制定生态文明建设相关法规，实现生态文明建设的法治化。

生态文明宣传不断加强。积极向

全国、全省推介“抚州生态名片”,国家主要新闻媒体和省内新闻媒体都为抚州市生态文明建设“点赞”,如人民网:“颜值当道”抚州市生态文明建设侧记;新华网:抚州生态祥云蔚然升腾;光明网:建设生态文明,绘就美丽抚州,等等。大力开展生态文明教育进机关、进企业、进社区、进农村、进学校“五进”活动,努力营造崇尚节约节能、绿色消费、低碳环保的社会风尚。积极推行绿色出行,倡导公众1千米步行、3千米骑自行车、5千米乘坐公交车。抚州市成功入选国家首批新能源汽车推广应用城市,目前,全市推广新能源汽车619辆,其中公交车90辆,建设充电桩200个。

### 六、社会事业取得新进步,发展成果日益共享

“十二五”期间,抚州市坚持民生为本,改善民生力度不断加大,城乡就业持续扩大,居民收入较快增长,衣食住行用条件明显改善,社会保障标准大幅提升,基本公共服务水平和均等化程度显著提高,社会保持和谐稳定。

民生保障不断加强。财力对民生支出不断增长。2015年,全市财政用于民生领域支出达201.77亿元,是2010年的2.6倍;民生支出占公共财政预算支出比重达68.6%,比2010年提高12.6个百分点。社会保障体系不断健全。五年累计新增城镇就业24.9万人,城镇登记失业率控制在3.3%以内;贫困人口由31.6万人下降到13.9万人;建设城镇保障性住房4.51万套、250.23万平方米,改造农村危房5.72万户;城乡医疗卫生条件逐步改善,新型农村合作医疗全面覆盖,社会保障覆盖面逐步扩大,城镇职工基本养老保险参保人数达58万人,比2010年增加18.49万人,城乡居民基本养老保险参保人数达到145万人,比2010年增加119万人。城乡居民收入不断增加,2015年,城镇居民和农村居民人均可支配收入分别达25065元、11441元,分别为2010年的1.73倍和1.9倍,其中南丰县农村居民收入连续四年列全省第一。

社会事业全面进步。教育事业蓬勃发展,品牌影响力不断扩大,办学条件明显改善,教师队伍得到加强,教育质量稳步提升,高中教育继续领跑全省,5年录取清华北大人数约占全省录取总数的1/3。文化软实力显著提高,名人雕塑园、拟岘台等一批文化休闲项目相继建成,中国(抚州)汤显祖艺术节、南丰国际蜜桔文化节、广昌国际莲花节等影响力日趋扩大。城乡基本医疗卫生制度不断完善,全面启动县级公立医院改革,实施了市第三医院搬迁、市第一人民医院老院区门急诊大楼、市妇幼保健院扩建等卫生重点项目。另外,体育、食品药品监督、国资监管、市场与质量监管、行政司法、民族宗教、外事侨务、涉台事务、审计、粮食、统计调查、防震减灾、气象、水文、档案、地方志、妇女儿童、老龄、残联、红十字会、驻外办事处等工作均取得较大进步。

回顾过去五年的发展历程,最根本的保证是深入贯彻习近平总书记系列重要讲话精神,认真落实党中央、国务院和省委、省政府各项决策部署,始终保持了政治定力、战略定力和实干定力。最难得的成就是面对错综复杂的发展环境,沉着应对经济下行压力加大的严峻挑战,把稳增长与调结构、促改革、惠民生结合起来,全市经济综合实力和区域发展地位得到显著提升,基础设施条件得到极大改善,人民群众得到更多实惠。最宝贵的经验是坚持为民、务实、清廉的工作作风,从抚州实际出发,积极探索出一条“绿色崛起、跨越发展”的发展新路。展望未来,抚州市经济社会发展站在一个新的更高的历史起点上!

(市发改委 李建光)

本栏编辑 汪志强

# 概　览

## 经济社会发展综述

抚州市位于江西东部，介于北纬26°29′~28°30′、东经115°35′~117°18′之间。辖1区10县和1个国家高新技术产业开发区，总面积1.88万平方千米。2015年，市中心城区建成区面积从50.3平方千米扩大到63平方千米，城镇化率由2014年的43.50%提高到44.97%。2015年年末实有耕地面积24.53万公顷，有林面积109.94万公顷，森林覆盖率和城市绿地率、绿化覆盖率分别为63.90%、37.45%和41.34%。

根据2015年全市1%人口抽样调查结果显示，全市2015年人口总量达399.28万人，比2014年增加1.62万人。其中，城镇人口1795565人，占全市常住人口的44.97%。全市人口出生率为13.31‰，比2014年净增16238人；死亡率6.23‰；全年人口自然增长率7.08‰。

2015年全市实现生产总值1105.14亿元，比2014年增长9.2%。其中，第一产业增加值181.82亿元，增长4.1%；第二产业增加值549.30亿元，增长9.2%；第三产业增加值374.02亿元，增长11.4%。三次产业比由2014年的16.7∶51.6∶31.7调整为16.5∶49.7∶33.8。全市全部工业增加值449.90亿元，比2014年增长8.3%，占GDP比重为40.7%。规模以上工业增加值完成364.20亿元，比2014年增长8.6%。主要工业产品布19567万米，饮料酒218179千升，服装7716万件，变压器13069547千伏安，中成药676.4万千克。全市农林牧渔业总产值328.32亿元，比2014年增长4.2%。主要农业产品中粮食总产量293.07万吨，甘蔗20.95万吨，油料5.90万吨，蔬菜144.8万吨，水果182.21万吨，茶叶0.26万吨，棉花0.31万吨；肉类总产量34.48万吨，其中猪肉23.3万吨，禽肉10.5万吨；水产品产量19.38万吨。该年出栏肉猪283.08万头，生猪年末存栏174.45万头；家禽年末数2551.35万只。

经国家环保部核定，化学需氧量，氨氮、氮氧化物和二氧化硫分别比2011年下降10.07%、10.08%、2.0%和2.8%。全市12个监测断面水质良好，集中式饮用水水源地水质达标率100%。新创建2个国家级生态文化村、1个省级生态乡镇和5个省级生态村，被中国标准化研究院评为“2015年中国大陆城市‘氧吧’50强”第一名。

全年完成全社会固定资产投资1099.67亿元，增长17.1%。全市进出口总值103.62亿元，增长8.5%；其中，出口总值102.28亿元，增长8.1%。实际利用外商直接投资2.93亿美元，增长16.8%。

全年完成财政总收入165.18亿元，增长10.1%。其中，税收收入139.80亿元，增长12.0%；公共财政预算收入126.82亿元，增长9.0%。全年公共财政预算支出294.30亿元，增长15.1%。全市城镇居民人均可支配收入25065元，增长8.5%；城镇居民人均消费性支出15032元，增长11.7%。农村居民人均可支配收入11441元，增长9.9%；人均生活消费支出7488元，增长12.1%。年末全市金融机构各项贷款余额939.58亿元，比年初增加183.66亿元，增长24.3%。各项存款余额1432.01亿元，比年初增加167.64亿元，增长13.3%。

全面完成253个贫困村的扶贫对象建档立卡工作，实现5万人精准脱贫。城镇新增就业4.39万人。完成城镇保障性安居工程12153套，新建、改造农村危房20144户。

（饶国旺）

## 自然环境

【地理】　区域位置　抚州市地处东经115°35′~117°18′、北纬26°29′~28°30′之间。东邻福建省建宁县、泰宁县、光泽县、邵武市，南接江西省赣州市石城县、宁都县，西连吉安市永丰县、新干县和宜春市的丰城市，北毗鹰潭市的贵溪市、余干县和南昌市进贤县。南北长约222千米，东西宽约169千米，总面积18798平方千米，占全省总面积的11.3%。

地势地貌　市境内东、南、西三面环山，中部丘陵与河谷盆地相间。地势南高北低，渐次向鄱阳湖平原地区倾斜。地貌以丘陵为主，山地、岗地和河谷平原次之。海拔500米以上的山地占总面积的30%，海拔100~500米之间的丘陵占50%，海拔低于100米的岗地和河谷平原占20%。市内最高峰——军峰山海拔1761米。

山脉　市境内山脉集中分布于东部和南部，山体走向为北东—南西向，主要有东部武夷山和南西部雩山，二者在平面上构成北东向斜“川”字型地貌框架。武夷山脉位于抚州市东部，沿赣闽省界向南延伸，为盱江和闽江的分水岭。主要有笔架山、出云峰、昌坪山、杨家岭、会仙峰、九头峰等海拔千米以上的山峰10余座。雩山山脉分布在市南西部，主要有大王山、芙蓉山、相山血木岭等，其中市内最高峰军峰山位于该山脉中。

河流　全市有抚河、信江、赣江三大水系,大小河流470条。水流方向除赣江水系乌江外,均由南向北汇入鄱阳湖。1. 抚河水系。抚河古称盱江,又名汝水,贯穿抚州市中南部,是流入鄱阳湖区主要支流之一,为全省仅次于赣江的第二大河流。抚河干流总长348千米,流径境内长271千米,多年平均径流量为78.9亿立方米,流域面积为16439平方千米。抚河主要支流有盱江、临水、黎滩河、东乡水等10余条。2. 赣江水系。市内赣江水系主要河流在乐安、广昌两县境内,流域面积为1422平方千米,有青田水、南村水、敖溪水、潭港水、招携水、牛田水、湖坪水、柯树水。3. 信江水系。市内信江水系河流分布在东乡、金溪、资溪三县,流域面积为1560平方千米,有泸溪水、黄通水、旸田水。此外,还有直接流入鄱阳湖的润溪河,其发源于东乡县北部愉怡乡眉毛尖,全长21千米,市内流域面积为116.2平方千米。

气候　市境内属南方湿润多雨季风气候区,气候湿润,雨量充沛,光热充足,四季分明,生长期长。全市年平均气温在17.06～18.44℃之间,最热月7月平均气温为27.64～29.85℃之间,最冷月1月平均气温为5.20～6.80℃。历年极端最高气温42.2℃,极端最低气温-13.2℃。年平均降水量1740.7～2003.3毫米,集中雨季在4～6月,年平均降水日为162.6天。年平均日照时数为1585.5小时。风向全年平均以静风为主。由于地形复杂,气候多变,旱涝、风雹、雷电和低温天气常有发生。

【土地资源】　2011年年底,全市土地面积18798平方千米,占全省总面积的11.3%。其中,耕地34.21万公顷,全市人均占有耕地0.088公顷;牧草地0.38万公顷;林地120.39万公顷;居民点及工矿用地7.23万公顷;交通用地2.40万公顷;水域面积9.19万公顷;园地8.53万公顷;未利用土地13.73万公顷。

全市土壤总面积为173.65万公顷,土壤类型分为红壤、黄壤、山地草甸土、紫色土、红黏土、新积土、粗骨土、潮土和水稻土9个土类及15个亚类、65个土属、200个土种。1. 红壤。全市红壤面积为132.22万公顷,是全市面积最大的一类土壤。红壤大多数土层深厚,是发展果、茶、桑、油茶以及用材林和经济林的主要土壤资源。2. 黄壤。全市除南城、东乡县外,其他县(区)均有分布,总面积为3.5万公顷。有机质丰富,肥力高,是发展主要用材林的重要土壤资源。3. 山地草甸土。位于南丰、宜黄县军峰山和崇仁县相山等海拔1200米以上的高山平坦缓坡地段,面积0.019万公顷。4. 紫色土。主要分布于南城、广昌、南丰县海拔150米左右的丘陵地区,面积为5万公顷。紫色土适宜喜钾、钙植物的生长。5. 红黏土,面积为0.053万公顷。6. 新积土。零星分布于全市大小河流主航道两则的河漫滩,面积为0.02万公顷。7. 粗骨土。分布于崇仁县三山乡丘陵地区,面积为3.53万公顷。部分植被较好的地段,表层土较厚,土壤有机质较丰富,是发展油茶生产的良好土壤资源。8. 潮土。是近代河流冲积物经人工开垦耕作而形成的一种旱作土壤,分布于抚河及其支流沿岸的河阶地及冲积平原,面积为0.85万公顷。潮土土壤深厚,土质疏松,养分丰富,是各种经济作物、蔬菜、果树,尤其是柑桔种植的良好土壤资源。9. 水稻土。广泛分布于全市各县(区),尤以抚河平原和丘陵沟谷分布集中,是市内最主要的耕作土壤,面积为31.6万公顷。水稻土复种指数高,生产利用强,是种植水稻、棉花、红薯、西瓜、花生、甘蔗、油菜等多种经济作物的优良土壤。

【矿产资源】　市内矿产资源丰富,有金属矿产20多种,非金属矿产30多种。主要有:有色金属(含贵金属)、稀有金属、黑色金属、稀土矿产、瓷土矿产、建筑材料及冶金辅助矿产等,以稀有金属铀、有色金属铜、瓷土矿和建筑材料矿产为优势。已探明储量的矿床有265处,内有大型矿床3处,中型9处,小型253处。已开采利用的有铜、铀、瓷土、金、钨、煤、稀土、萤石、石墨、建筑材料等。

【能源资源】　市内能源资源主要有水能、光能、风能等。

水能　市内水能理论蕴藏量为70.246万千瓦(其中抚河57.90万千瓦,信江流域5.496万千瓦,赣江流域6.73万千瓦,润溪河0.12万千瓦),占全省水能蕴藏量的10.29%。水能可开发量为49.14万千瓦,折合年可开发电量19.66亿千瓦小时。

光能　市内全年平均日照总时数为1585.5小时,太阳辐射总量为102.4～112.2千卡/平方厘米,以南丰县为最大,东乡次之,资溪最少。全市属短日照地区,昼夜变化较小,年内太阳辐射总量不低,有利于长短日照作物生长和太阳能的开发利用。

风能　市内一年内以静风天数最多,年平均风速仅1.1～3.0米/秒,东乡、南城、金溪偏大,为2.2米/秒。南城年均风速达3.2米/秒,为全市最大,可供开发利用。

能源矿　全市有煤炭产地32处,分布在市内8个县(区)。主要分布在崇仁相山—礼陂—谙源、东乡刘家岭—小璜—詹墟、乐安濂坑—仲溪—洞口、南城鲲塘—上唐—庄上、南丰池渡和沙岗等地,均为小型规模矿床。累计探明储量为827万吨,仅占全省的0.7%左右。

【水资源】　市内水资源十分丰富,总量达249.23亿立方米。

地表水资源　地表水资源来自降水,全市年平均降水量322亿立方米,多年年平均降水量在1700毫米左右,资溪县年平均降水量最大,为1900毫米;临川区年平均降水量最小,为1600毫米。4～6月降水量约占全年降水量的50%。降水部分为植物、土壤和地表水蒸发所消耗,部分形成径流。全市地表水资源为181.11亿立方米,人均占有水量6300立方米左右。

地下水资源　全市地下水(浅层)资源可动量初步估算为51.86亿立方米,平均地下流量模数为22.6万立方米/年平方千米。市内地下水类型包括松散岩类孔隙水、碎屑岩裂隙孔隙水、基岩裂隙水。前两类富水性强,水质污染程度低,是生产、生活主要供水源。后类富水性差,水质亦不理想,不宜作供水源。

【植物资源】　市内植物起源古老,植物资源丰富,种类繁多,可提供物质原料的资源植物生产潜力大。全市有高等植物3000余种，其中木本植物109科322属1018种（含亚种、变种及少数栽培种）。在木本植物中，有优良速生树种26科55种。有伯乐树、香果树、水杉、南方红豆杉等20种树种被列为国家级保护树种，香榧、江南油杉、罗汉松、赤皮稠、美毛含笑、沉水樟等45种树种被列为省级保护树种。

用材植物　主要有人工栽培和野生两种。人工栽培的有毛竹、杉木、马尾松、火炬松、湿地松、柳杉、池杉、水杉、樟树、橡树、拟赤杨、木荷、苦槠、枫树、杨树、泡桐等。野生的有台湾松、樟树、伯乐树、杜英、重阳木、黄檀、花榈木、红豆树、甜槠、南岭栲、大叶青岗、东南石栎、麻栎、蕈树、枫香、枫杨、黄樟、红楠、楝树、紫树、银鹊树、湘椴、青檀、榆树、香椿、南方红豆杉、香槐、朴树、铁冬青等。

经济植物　木本油料类植物有油茶、油桐、乌桕、梾木、油橄榄、樟树、香桂、山苍子、木姜子、吴茱萸、花椒、柏树、桉树、松树；木本淀粉类植物有板栗、槠类、栎类、茅栗、锥栗；木本纤维类植物有桑、榆、朴、山油麻、椴树、糙叶树、竹类、梧桐、棕榈；食用果类植物有柑桔、橙、柚、桃、李、柿、板栗、枣、梨、杨梅、猕猴桃、山楂、无花果、葡萄等。

观赏植物　主要有柏树、苏铁、银杏、雪松、罗汉松、夹竹桃、黄杨类、腊梅、杜鹃花类、香榧、绣球、玉兰、含笑、芙蓉、白兰花、合欢、茶花、桂花、石榴、蔷薇花、绣线菊等。

药用植物　市内木本药用植物有160余种，主要有银杏、木通、厚朴、红茴香、肉桂、阴香、杜仲、皂荚、黄柏、木槿、辛夷、元花、五加、常春藤、山茱萸、朱砂根、女贞、络石、紫珠、枸杞、钩藤、忍冬、羊蹄甲等。

【动物资源】　市内生态条件较好，为野生动物提供了良好的栖息场所。动物资源中有哺乳类、鸟类、两栖类、爬行类、鱼类、软体动物、浮游动物等。全市属国家一类保护动物有7种，分别为华南虎、金钱豹、云豹、梅花鹿、金猫、黄腹角雉、白颈长尾雉。属国家二类保护动物37种，有猕猴、黑熊、豺、大灵猫、小灵猫、水獭、穿山甲、水鹿、鬣羚、大鲵、虎纹蛙、鸳鸯、白尾鹞、白鹇、红腹锦鸡、斑头鸺鹠鸟、雕、普通夜鹰、蓝翅八色束鸟 等。属省级保护动物62种，有狐、貉、果子狸、食蟹獴、黄鼬、豹猫、平胸龟、赤鹿、绿头鸭、灰胸竹鸡、白鹭、火斑鸠、大杜鹃、蓝翡翠、灰喜鹊、红嘴相思鸟、大拟啄木鸟、家燕等。属《濒危野生动植物国际贸易公约》保护的有银环蛇。全省仅抚州市特有的动物有黑熊、红腹锦鸡。

哺乳类　全市有华南虎、黑熊、豹、麂、猕猴、大灵猫、小灵猫、金猫、狐、貉、穿山甲、刺猬、豺、水獭、鬣羚、狼、梅花鹿、水鹿、野猪、果子狸、花面狸、食蟹獴、黄喉貂、黄鼬、野兔、花鼠等。

鸟类　全市有鸟类206种，主要有黄腹角雉、白颈长尾雉、白鹇、红隼、苍鹰、凤头鹃隼、松雀鹰、大拟啄木鸟、金腰燕、家燕、黑枕黄鹂、喜鹊、红嘴相思鸟、鹧鸪、凤头麦鸡、八哥、云雀、麻雀、金雕、白鹭等。

两栖类动物　全市两栖类动物有28种，主要有大鲵、蝾螈、崇安髭蟾、中华蟾蜍、中国雨蛙、虎纹蛙、棘胸蛙、日本林蛙、大树蛙、饰纹姬蛙等。

爬行类动物　全市爬行类动物有42种，主要有银环蛇、眼镜蛇、尖吻蝮、黑肩锦蛇、王锦蛇、灰鼠蛇、乌梢蛇、竹叶青、水蛇、平胸龟、乌龟、中华鳖、壁虎、石龙子、蜥蜴等。

鱼类　全市有鱼类125种，其中鲤科种类最多，计74种。主要经济鱼类有鲤鱼、鲫鱼、草鱼、鳙鱼、鳊鱼、乌鱼、鲶鱼、黄颡（又名黄芽头）、鱼白、鲴鱼、鳜鱼、黄鳝、泥鳅以及引进的罗非鱼、河鳗、河蟹等。

软体及底栖动物　有经济价值的软体及底栖动物市内主要有三角帆蚌、褶纹冠蚌、椭园背角无齿蚌，背角无齿蚌，园田螺、环棱螺等。

## 历史简况

【政区沿革】　夏禹治水后，全国以自然分区法分为九州，抚州市境内属扬州。周武王十三年（前1044）属吴。周文王四年（前472）属越。战国周显王三十五年（前334）属楚。秦王政二十四年（前223），境区属九江郡。

西汉高祖四年（前203），境区属淮南王领地。五年，定豫章郡，辖18县，以豫章南境地为第11县，定名南城县，此为抚州市境区建县之始。东汉永元八年（96），置临汝县。南城、临汝两县均属扬州豫章郡。

三国吴太平二年（257），分豫章郡之临汝、南城两县地置临川郡，此为抚州境区建郡之始。临川郡隶扬州，以临汝为上县，南城次之。同年，又析南城县东南部分置东兴、永城、南丰3县，析临汝西南部分置西平、新建、西城、宜黄、安浦5县。至此，临川郡辖临汝、南城、西平、新建、西城、宜黄、安浦、南丰、永城、东兴10县。郡治临汝。

西晋元康元年（291），临川郡属江州，辖区不变。齐建元元年（479），临川郡治由临汝迁南城。普通三年（522），分临川郡之地建巴山郡，另置巴山县。临川、巴山郡同属江州。临川郡辖临汝、南城、西丰、宜黄、安浦、南丰、永城、东兴、定川9县，治南城。巴山郡辖新建、西宁、巴山、大丰、新安、兴平、丰城7县，治公溪古城。梁太平二年（557），临川、巴山郡属高州。

隋开皇九年（589），平陈，总管杨武通奉使安抚，废临川、巴山两郡置抚州（取安抚之意），抚州之名始于此，州治驻临川。将西丰、定川两县并入临汝县，改称临川县；将南丰、东兴、永城3县并入南城县；废大丰、新安、巴山、新建、兴平、丰城、西宁7县，置崇仁县，宜黄、安浦两县亦并入崇仁县。十二年，以建安郡之邵武县（含今铅山、光泽、将乐等县）并入抚州。抚州辖临川、南城、崇仁、邵武4县，治临川。大业三年（607），改抚州为临川郡。

唐武德五年（622），改临川郡为抚州，隶洪州总管府。又以南城县之一部分另置永城、东兴两县；以崇仁县之一部分另置宜黄县；以邵武县之一部分另置将乐县。抚州辖临川、南城、崇仁、邵武、永城、东兴、宜黄、将乐8县。七年，改洪州总管府为都督府，抚州属之。将永城、东兴两县重新并入南城县，又以将乐县重新并入邵武县划归建州。八年，将宜黄县并入崇仁县，抚州仅辖临川、南城、崇仁3县。贞观元年（627），抚州属江南道。景云二年(711),析南城县之一部分另置南丰县。先天二年(718),南丰县重新并入南城县。开元八年(720),重置南丰县。抚州辖临川、崇仁、南城、南丰4县,治临川。二十一年,抚州属江南西道。天宝元年(742),改抚州为临川郡。乾元元年(758),临川郡复为抚州。元和六年(811),升抚州为上州。咸通六年(865),升江南西道为镇南军,抚州属之。后周显德五年(958),以临川县上幕镇、归政乡设金溪场。

北宋初年,抚州为南唐辖地。开宝元年(968),置宜黄场。二年,以南城置建武军,隶江南西道,治南城。三年,改宜黄场为宜黄县,属抚州。八年,南唐亡,改抚州为军州,抚州、建武军归宋,属江南西路。太平兴国元年(976),抚州、建武军改属江南路。四年,改建武军为建昌军。淳化二年(991),南丰县改属建昌军。五年,金溪场改金溪县。抚州军辖临川、崇仁、宜黄、金溪4县,治临川。建昌军辖南城、南丰2县,治南城。南宋绍兴元年(1131),抚州、建昌军改属江南东路。四年,复属江南西路。八年,置新城、广昌县。十九年,置乐安县。抚州军辖临川、崇仁、宜黄、金溪、乐安5县,治临川。建昌军辖南城、南丰、新城、广昌4县,治南城。

元朝至元十三年(1276),改抚州军为抚州路,次年又改建昌军为建昌路。抚州、建昌路同属江西行中书省。十九年,南丰县升为南丰州,又名嘉禾州,直属江西行中书省。抚州路辖县、治所不变。建昌路仅辖南城、新城、广昌3县,治所不变。

明太祖壬寅年(1362)正月,改抚州路为临川府,改建昌路为肇昌府。九月,改临川府为抚州府,改肇昌府为建昌府。三年,南丰州复改南丰县。九年,废行中书省,抚州、建昌两府同属江西布政使司湖东道。抚州府辖临川、崇仁、宜黄、金溪、乐安5县,治临川。建昌府辖南城、南丰、新城、广昌4县,治南城。正德七年(1512),置东乡县,隶属抚州府。万历六年(1578),分南城县东北境置泸溪县,隶属建昌府。

清顺治二年(1645),抚州、建昌两府均属江西省湖东道。雍正九年(1731),抚州、建昌两府改隶江西省南抚建道,辖县、治所不变。

民国元年(1912),废府及直隶州,原抚州、建昌两府所辖11县均直属江西省。3年,全国统一改变同名县名,新城县易名为黎川县,泸溪县易名为资溪县。20年夏,南城、黎川、南丰、宜黄、乐安5县属第七区,广昌等4县属第六区,金溪、资溪等4县属第八区,临川、崇仁、东乡县仍直隶于省。同年12月,各县仍直隶省。21年夏,江西省以下划为13个行政区,临川、金溪、资溪、东乡与贵溪、余江等6县属第七行政区,南城、黎川、南丰、崇仁、乐安、宜黄6县属第八行政区,广昌县属第十二行政区。24年,江西省缩为8个行政区。临川、南城、黎川、南丰、崇仁、乐安、宜黄、金溪、资溪、东乡、光泽11县属第七行政区,治南城。广昌属第八行政区。

1929—1934年,域内土地革命逐步深入,苏区地域日益扩大。从1929年4月开始,宜黄、乐安、南丰、南城、广昌、黎川、资溪、崇仁、东乡等县及苏区新置的南广、贵南、东方、赤水、金南、建东、黎南、广赤等县都先后建立了县革命委员会筹委会、县革命委员会、县苏维埃临时政府或县苏维埃政府、三县苏维埃联合政府。1933年5月,闽赣省革命委员会在黎川县湖坊成立,随后建立的闽赣省苏维埃政府管辖黎川、资溪、南丰、南城、金溪、贵南、金南、东方、建东、黎南等县苏区。由于国民党军"围剿",苏区政权存在的时间或长或短。1934年10月,第五次反"围剿"失利,红军作战略转移,除资溪县部分地域的苏区武装仍坚持游击斗争外,全市境域各级苏维埃政府都先后停止活动。

1949年5月,东乡、金溪、资溪、临川、崇仁、宜黄、南城、黎川等县先后解放。临川、东乡、金溪、资溪县属赣东北行政区贵溪分区。接着划出临川县的羊城、东外两镇另置临川市,亦属贵溪分区。7月1日,以临川市和临川、崇仁、宜黄、南城、黎川县正式组建抚州分区,分区行政督察专员公署设于临川市羊城镇。8月,南丰县解放,属抚州分区。金溪、资溪改属抚州分区。9月,广昌、乐安县相继解放,乐安县属抚州分区,广昌县属宁都分区。1950年4月,临川市并入临川县,改置城关区。9月,改抚州分区为抚州区。1951年6月,临川县城关区改为抚州市,属临川县辖市。7月抚州区改称抚州专区。1952年12月,广昌划为抚州专区。1953年,抚州市改为抚州镇,仍隶属临川县。次年,抚州镇升为县级镇,隶属抚州专区。同年,广昌县划归赣南行政区管辖。"文化大革命"期间,造反派夺取了抚州专员公署一切权力。1968年2月,正式成立抚州专区革命委员会,驻临川县抚州镇。进贤县划入抚州专区。6月,东乡县划归抚州专区。1969年10月,抚州镇改为抚州市。1973年2月,抚州专区改为抚州地区。1979年5月,撤销抚州地区革命委员会,成立抚州地区行政公署。1983年8月,广昌县划归抚州地区。9月,进贤县划入南昌市。1987年8月,根据国务院的批复,撤销临川县与抚州市,设立临川市(县级),由于种种原因,这一建制直至1995年1月才正式实施。2000年6月23日,国务院批复同意撤销抚州地区和县级临川市,设立地级抚州市和临川区,市人民政府驻临川区。抚州市辖原抚州地区的南城、黎川、南丰、崇仁、乐安、宜黄、金溪、资溪、东乡、广昌和新设立的临川区。10月20日,抚州市人民政府正式挂牌开始对外办公,地址仍在原抚州地区行政公署内。2007年年初,位于赣东大道延伸段市行政中心峻工,2月1日,抚州市举行市行政中心落成典礼,市人民政府搬迁至此办公。

(编辑部)

**【历史述要】** 抚州又称赣东,是中国南方开发较早的地区,拥有悠久而灿烂的文化,在历史发展的长河中高潮迭起,屡领风骚。

*自古发达的农耕纺织* 抚州的农业史与先民开发此地的历史同样悠久。夏商时,这里居住着三苗部落。汉代境内已设县治(南城),居民"饭稻羹鱼"。建县于三国时期的南丰,因当地多次出现一杆数穗的"嘉禾"而被称为丰县或嘉禾县。南朝时,区境内已呈现一派"桃李罗堂前,鸡鸣桑树巅"的田园景象。隋唐期间,抚州农业快速发展,人口大量增加。到宋代,人们垦山为田,"盱江南北,地方千里,田如锦绣,树如烟云",很多农村有了靠水力推动而自动提水灌溉

的水车。直到20世纪70年代,这种水车仍是农民提水灌田的常用工具。秦汉时期,整个豫章郡已成为全国的主要产粮区和储粮基地。赣抚平原的粮食和其他农副产品成为历朝贡赋的重要来源,并源源不断地运销到江苏、浙江、福建、广东的众多地区。

气候温和、土地湿润的赣东盛产葛、麻、桑、棉等纺织原料。数千年前,抚州人就利用野葛纤维纺织葛布。直到明代,这种清凉爽汗的布料仍被列为贡品。南宋绍兴年间,仅建昌军每年进贡的绢帛就达34000匹,是洪州府的1.5倍。抚州是国内著名的夏布产区,全市半数以上的县盛产苎麻。近千年来,宜黄县的夏布素负盛名。该县的棠阴镇是夏布漂染和集散之地,民谚"小小宜黄县,大大棠阴镇"道出其当年的繁荣。抚州还是江西最早生产棉布的区域。南宋晚期,域内一些地方就已种植木棉纺纱织布。明朝时,东乡县的万石塘已成为非常繁荣的棉布集散地。当时朝廷每年向江西征收10万匹棉布,其中将近半数出自抚州。抚州的棉纺织技术也在全国领先,这期间,苏州、杭州等地的纺车还只是三维(锭),而乐安县竟有五维纺车。连编著《农政全书》的徐光启也大为惊奇,赞叹说:"更不知五维向一手间,何所安置也!"

*迹遍中华的工匠商贾* 宋朝时,抚州不仅农业、手工业跨入了全国的先进行列,商业贸易也出现惊人的奇迹:淳熙年间,抚州布商陈泰将巨资散贷给崇仁、乐安、金溪乃至吉安等广大地区的农民,作为生产苎麻和夏布的本钱,以定购他们的产品。这种经营方式,在国内尚无先例。到明朝,抚州商人的足迹已遍及全国。万历年间,云南居民"十有五六"原籍在江西抚州,就连缅甸一带村落中的首领、头人也绝大多数是抚州人。湖南、湖北、贵州、广东、福建等省,也是抚州商人活动的重要区域。湖南一带至今还有"无江西人不成市场"的说法。

*驰名海内的中医药业* 抚州历代名医灿若群星,名列中国医学家词典的就有100余人。江西历史上的10大名医中,抚州达7人之多。临川籍的南宋名医陈自明,是中国最早的妇产科专家;南丰籍的元代骨科专家危亦林使用麻醉药比日本的华岗青洲早450年,他创立的悬吊法使脊柱骨折复位比英国的达维斯早600多年。

抚州的中药业有着和中医同样辉煌的历史。明清数百年间,南城的"建昌药业"和清江的"樟树药业"并肩共扛中华药业的大鼎。建昌药业源于东晋,至今已有1700多年的历史。宋朝时,建昌镇已成为江西药材的重要集散地,官府在当地设立"建昌军药局",规范成药配方、管理药材市场。明清两代,建昌镇和樟树镇同为江南药业都会,镇内加工药材的作坊鳞次栉比,药摊、药铺、药行、药栈遍布街市。长期兴盛的建昌药业造就了数以千计的药业人才。他们闯湖广,走福建,去南洋,把"建昌帮"的炮制方法与调剂理论传到国内外。"樟树的路道,建昌的制炒""药不过樟树不灵,药不经建昌不行",建昌药业对祖国医药业的发展产生了巨大而深远的影响。

*层出不穷的俊杰英才* 早在唐朝时,大诗人王勃就写下"邺水朱华,光照临川之笔"的千古名句。宋朝以来,抚州更是群贤荟萃,英才辈出,如锐意改革的北宋政治家、思想家王安石,大散文家曾巩;词坛巨擘晏殊、晏几道;被誉为"东方莎士比亚"的伟大剧作家汤显祖;人称"百世大儒"的哲学家、思想家陆九渊等。此外,还有南朝时卓越的军事将领黄法氍;宋代著名学者李觏,地理学家乐史,医林高手陈自明;元代历史学家危素,教育家吴澄;明代功勋卓著的外交家黄孙茂,抗倭名将谭纶,颇有造诣的天文学家吴伯宗;清代的数学家、军事著述家揭暄,方志学家李绂,书画大师李瑞清,和林则徐齐名的禁烟名臣黄爵滋等。

到了近代和当代,抚州孕育了更多的著名人物。如叱咤风云的革命家李井泉、赵醒侬、傅烈、周建屏;卓有建树的文史学家游国恩、萧涤非;著名物理学家、中国科学院学部委员饶毓泰、余瑞璜、吴式枢;波谱学家丁渝;土木建筑学家黄强;铁道机械工程专家程孝刚……。据不完全统计,当代在全国知名的抚州籍专家、学者就有200余人。

*灿若星河的"临川文化"* 人才与文化向来互为因果。赣东自古人杰地灵、文化昌盛。抚州素称文献之邦。历代乡贤的著述汗牛充栋,被选入《四库全书》目录的就有206种。晏殊、晏几道、陆九渊、王安石、曾巩、汤显祖、李觏、吴澄等大家的著作均为文学、哲学史库中的瑰宝。乐史、李绂、危素、朱思本等在地理、历史领域留下了彪炳千秋的篇章。此外,在医学、军事学、文学理论和自然科学方面,古往今来都不乏抚州英才的辉煌篇章。

抚州的教育事业长盛不衰。宋代全国书院仅400余所,抚州就有40多所,占1/10强。自宋至清,江西共有进士10553名,其中,抚州就有2470名,约占全省总数的23%。千余年间,"地无城乡,家无贫富,诗书之声,尽室皆然"。民国时期虽然战乱频仍,许多学校辗转迁徙而师生不散,学风不衰。历代相袭的尊师重教风气,使得抚州教育至今仍在全国居领先地位。

抚州民间文化艺术多姿多彩,并有着深厚的历史积淀。南丰、乐安、广昌一带的傩舞被誉为"中国舞蹈艺术活化石";多种多样的灯采、道情、采茶戏源远流长。境内古代民居星罗棋布,古寺、古塔、古桥、古戏台、古牌坊等各具特色。被称为"千古一村"的乐安流坑展现出抚州明清两代的建筑大观。

抚州的革命传统文化尤为珍贵。随着井冈山革命根据地的建立,毛泽东、周恩来、朱德、邓小平等在这一带领导人民群众开展革命斗争。这段光辉历史和优良的革命传统一起成为中华儿女奋发进取的精神源泉。

(编辑部)

## 2015年气候状况

【概况】 2015年,抚州市年平均气温较常年相比偏高1.1℃;4到6月主汛期降水量较常年偏多16%,年降水总量较常年偏多42%,秋冬季降水异常偏多,部分地区出现罕见的冬汛;年日照时数较常年相比偏少约2成;7月下旬有台风"麦德姆"影响该市,未造成明显灾害,总体而言,全年气象条件影响利弊相当。

全市年平均气温为18.6℃,较常年同期偏高1.1℃,居历史第七高位,其中资溪年平均气温为18.2℃,居历史第一位;年极端最低气温为零下

3.8℃,12月18日出现在资溪。年极端最高气温38.9℃,7月14日出现在南丰。

3月12日入春,较常年相当。最早稳定通过15度初日出现在3月28日,较常年早11天;稳定通过20度初日出现在3月31日前后,较常年早近40天;4月28日后入夏,较常年早近一个月。10月8日之后入秋,较常年晚6天左右;稳定通过20度终日在10月27日,较常年晚14天。11月25日入冬,较常年早10天左右。

2015年度全市平均年降水总量为2426毫米,较常年同期偏多超4成。4月1日入汛,7月4日汛期结束,较常年基本相当。上下半年降水均偏多,其中秋冬季降水明显偏多,部分县(区)出现罕见冬汛。

全市年日照时数平均为1259小时,较常年偏少284小时,四季光照分布,春、夏季基本正常,秋、冬季明显偏少。

**【重大气候事件】** 史上最长厄尔尼诺事件致气候反常。自2014年5月开始的厄尔尼诺事件已持续20个月,预计将持续至2016年春季,成为史上持续时间最长的超强厄尔尼诺事件。受其影响,抚州市夏季暴雨天气频繁,冬季也出现历史罕见汛情。

2015年11~12月降雨量创历史新高引发罕见冬汛。11~12月全市降水量484.8毫米、创1961年以来同期新高,抚河干支流短时超警戒水位,出现罕见冬汛,部分县(区)遭受严重的洪涝灾害。持续阴雨寡照天气严重影响二晚收获与晾晒、柑橘的采摘储运、在田作物生长以及冬修水利、重点工程建设等。

2015年6月暴雨过程频繁。当月2~19日,江西省共出现5次强降雨天气过程,抚州市平均降雨344毫米,其中东乡583.2毫米雨量创多年同期历史记录。持续强降水过程造多数水库河流超警戒水位,多地遭受严重的洪涝灾害。

出现2000年以来最凉盛夏。2015年7~8月全省平均气温27.1℃,较常年偏低1.1℃,为历年同期第2低位,仅次于1997年,全市有4个县(区)创同期新低。平均高温日数较常年同期偏少10天左右。7月平均气温26.9度,创历史新低,仲夏不热,出现明显的凉夏。

2015年1~2月出现1961年以来第二暖冬。1~2月全市平均气温9℃,较常年偏高2.3℃,为历年同期第2高位,仅次于2002年的9.6℃,其中乐安站创同期新高。日最低气温小于0℃的日数全省平均为5天,较同期偏少4天,其中市区没有出现过小于0℃的气温,隆冬不冷,没有出现明显的雨雪天气。

27年来最强"清明寒"侵扰抚州市。2015年4月6~10日,受强冷空气影响,全市出现剧烈降温,降温幅度大多在10~15℃,各县(区)平均气温都降到10℃以下,并伴有降水,导致该市出现1988年以来"清明"后强度最大、范围最广"清明寒"天气,这次"清明寒"过程对育秧早稻、直播早稻均造成一定影响。

(市气象局 刘 杰)

## 2015年环境质量状况

**【地表水环境质量状况】** 2015年度,抚河水系地表水监测断面为12个,分别是:广昌水厂、罗家、超坊、万年桥、廖坊电站、钟岭水厂、文昌桥、黄江口、焦石坝、黎滩河河口、临水河口(西津渡)、东乡水河口,其中广昌水厂断面为抚河背景值断面,钟岭水厂为城市对照断面,黄江口为消解断面,其余断面为控制断面。钟岭水厂、文昌桥2个断面兼有城市饮用水源地监控断面功能。

地表水环境质量状况监测频率为,一年监测6次,丰、平、枯水期各监测2次,逢单月进行。

监测项目包括:水温、pH值、溶解氧、高锰酸盐指数、生化需氧量、化学需氧量、氨氮、挥发酚、砷、氰化物、汞、镉、铅、铜、锌、六价铬、石油类、高锰酸盐指数、总氮、总磷、氟化物、硫酸盐、氯化物、铁、锰、硝酸盐、硒、阴离子表面活性剂、硫化物、粪大肠菌群等29项。

市辖区地表水12个监测断面所有监测项目均达到或优于国家《地表水环境质量标准》(GB3838-2002)Ⅲ类水质标准,达到Ⅱ类水质标准的比率为95.0%,水质达标率为100%。根据国家总站制定的河流水质评价有关技术规定,抚河水质Ⅰ~Ⅲ类水质比例≥90%,故全年抚河水质状况为优。

全年开展饮用水源水质监测,在抚州市城区南区水厂水源地、荆公路水厂水源地、抚北水厂水源地、钟岭水厂水源地设置饮用水源地监测点,每月取样监测1次。

市城区南区、荆公路、抚北和钟岭四水厂水源地水质21项基本项目、5项补充项目和33项优选特定项目的检测指标均达到国家《地表水环境质量标准》(GB3838-2002)Ⅱ类水质标准,水质达标率为100%,符合城镇集中式饮用水源地水质的要求。四水厂水源地8月完成1次109项全分析监测,所有监测项目均达到国家《地表水环境质量标准》Ⅱ类水质标准。故全年市区四水厂水源地水质为优。

**【降尘质量状况】** 抚州市区设立降尘监测点位3个,分别是东华理工、市站、血防站点位,在防疫站设立降尘清洁对照点1个。降尘的监测频率为连续采样,每月监测1次。

市区四个降尘监测点降尘值均达到国家环保总局推荐的评价标准;市区降尘均值为4.15吨/平方千米·月(等同于0.136克/平方米·日),低于国家评价标准36个百分点。故全年市区降尘状况良好。

**【环境空气质量状况】** 2015年抚州市环境监测站在抚州市政府所在地临川区开展环境空气监测和降尘监测,按照城市的建城区面积、城区人口、城市功能区划分等情况优化布点,根据实际情况,分别在市站、血防站、采茶剧院和医学分院各设立1个城市环境空气自动监测点进行环境空气自动监测,在桐源党溪设立城市环境空气手工监测对照点1个。

环境空气自动监测点开展的监测项目分别为$SO_2$、$NO_2$、$PM_{10}$、CO、$O_3$、$PM_{2.5}$,监测频率为每日24小时,每月不间断,全年12个月监测。

城市环境空气质量评价因子为$PM_{10}$、二氧化硫、二氧化氮、$PM_{2.5}$、一氧化碳和臭氧六项,采用国家《环境空气质量标准》(GB3095-2012)中二级标准。环境空气质量级别制定原则：取环境空气质量监测项目 $SO_2$、$NO_2$、$PM_{10}$、CO、$O_3$、$PM_{2.5}$ 的年均值分别与国家《环境空气质量标准》（GB3095－2012）的相应指标进行比较，分别获得各指标的空气质量级别，环境空气质量级别取其中污染最严重项的级别，对应的污染因子为主要污染物。

市城区空气质量优良天数为 335 天，占全年总天数的 91.8%。其中空气质量优天数为 145 天，占总天数的 39.7%；良天数为 190 天，占总天数的 52.1%；轻度污染及以上天数为 30 天，占总天数的 8.2%。四个空气自动监测站评价点 PM10（可吸入颗粒物）浓度年均值为 61 微克/立方米，均达到国家《环境空气质量标准》（GB3095－2012）二级标准（150 微克/立方米）；PM2.5（细颗粒物）浓度均值为 41 微克/立方米，均达到国家《环境空气质量标准》（GB3095—2012）二级标准（75 微克/立方米）。和 2014 年 PM10 年均值为 65 微克/立方米相比，下降 6.2%，达到省环保厅布置的年度空气质量改善目标。故全年市区空气质量为优良。

【声环境质量状况】　2015 年度，根据网络布点的原则，在抚州市城区和抚北镇区域范围内，按照 500m × 500m 的网络距离设置区域噪声监测点位 102 个，覆盖城市人口 52 万。全年监测一次。

2015 年度，在抚州市主要交通路段设置交通噪声监测点位 50 个，覆盖道路总长度 69.5 千米。全年监测 1 次。

2015 年度，将抚州市城区划分为 1 类、2 类、3 类、4 类四个功能区，每个功能区设置的代表性测点个数分别为 2 个、5 个、2 个、1 个。每季度昼夜各监测 1 次。

市区各功能区昼间和夜间噪声均达到所执行的声环境质量标准，与 2014 年相比无变化。市区城市区域环境噪声平均等效声级为 57.8 分贝，达到所执行的 60 分贝的噪声标准值。市区城市道路交通噪声平均等效声级 64.2 分贝，平均车流量 551 辆/小时，均达到所执行的 70 分贝的噪声标准值。故全年市区声环境状况良好。

（市环保局）

## 2015 年人口发展状况

【人口增长有效控制】　根据 2015 年全市 1% 人口抽样调查结果显示，全市 2015 年人口总量达 399.28 万人，比 2014 年增加 1.62 万人，与 2010 年相比，年平均增加 1.52 万人。全市人口继续向“低出生、低死亡、低增长”的现代型人口生产方式转变；人口出生率为 13.31‰，与 2014 年相比上升 0.02 个千分点，与 2010 年相比，下降 0.44 个千分点；死亡率为 6.23‰，比 2014 年下降 0.02 个千分点，与 2010 年相比上升 0.16 个千分点；人口自然增长率为 7.08‰，与 2014 年相比上升 0.04 个千分点，与 2010 年相比下降 0.6 个千分点，人口过快增长势头进一步得到有效控制，为全市人口、资源环境和经济社会全面协调可持续发展奠定良好基础。

【人口加速向城镇集聚】　2015 年，抚州市城镇人口达到 179.56 万人，占总人口的 44.97%，比 2014 年上升 1.5 个百分点；比 2010 年上升 7.75 个百分点，平均每年提高 1.55 个百分点。这是一个相当快的速度，这个速度快于前两次人口普查间的增长速度。2000 年第五次人口普查与 1990 年第四次人口普查相比，十年零四个月，抚州城镇人口比重上升了 8.68 个百分点，平均每年提高个百 0.84 分点；2010 年第六次人口普查与 2000 年第五次人口普查相比，抚州城镇人口比重上升了 11.59 个百分点，平均每年提高 1.16 个百分点。城镇人口比重的快速上升，表明抚州人口城镇化进程不断加快，也标志着抚州工业化和现代化水平在不断提高，是全市经济社会快速发展的充分体现，是统筹城乡发展取得的重大成就，也为今后抚州经济社会科学发展提供着巨大动力。

（市统计局　夏文平）

## 2015 年国民经济和社会发展状况

【概况】　2015 年，面对世界经济低迷和国内深层次矛盾凸显的严峻挑战，在抚州市委、市政府的坚强领导下，全市上下按照“高位谋势、精准发力、敢于担当、跨越发展”的工作总要求，统筹做好稳增长、促改革、调结构、优生态、惠民生等各项工作，加大定向调控力度，有针对性地出台实施一系列政策措施，为发展注入新动力，全市经济保持总体平稳、稳中有进、稳中向好的发展态势，各项社会事业全面进步，较好地完成年初确定的主要目标任务，为全市“十三五”良好开局、“五年决战同步全面小康”、实现“绿色崛起、跨越发展”打下坚实基础。

初步核算，全市实现生产总值 1105.14 亿元，比 2014 年增长 9.2%。其中，第一产业增加值 181.82 亿元，增长 4.1%；第二产业增加值 549.30 亿元，增长 9.2%；第三产业增加值 374.02 亿元，增长 11.4%。三次产业比由 2014 年的 16.7∶51.6∶31.7 调整为 16.5∶49.7∶33.8。人均生产总值 27735 元，比 2014 年增长 8.9%。规模以上工业增加值完成 364.20 亿元，增长 8.6%；外贸出口总额 102.28 亿元，增长 8.1%；城镇化率 44.97%，提高 1.47 个百分点。

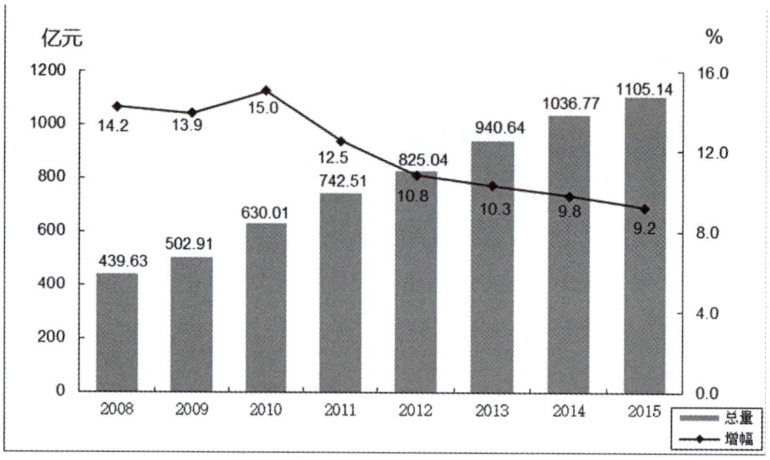


图1 2008—2015年GDP总量及其增长速度

全年居民消费价格总指数(CPI)比2014年增长0.9%。八大类消费品价格与2014年相比呈现五升二降一平的趋势。其中医疗保健及个人用品上涨3.4%,涨幅居首,烟酒类居次,上涨3.3%,食品类上涨2.6%,衣着类上涨2.0%,娱乐教育文化用品及服务类上涨1.8%,家庭设备用品及维修服务类上涨0.5%,交通和通信类下降0.8%,居住类下降3.9%。

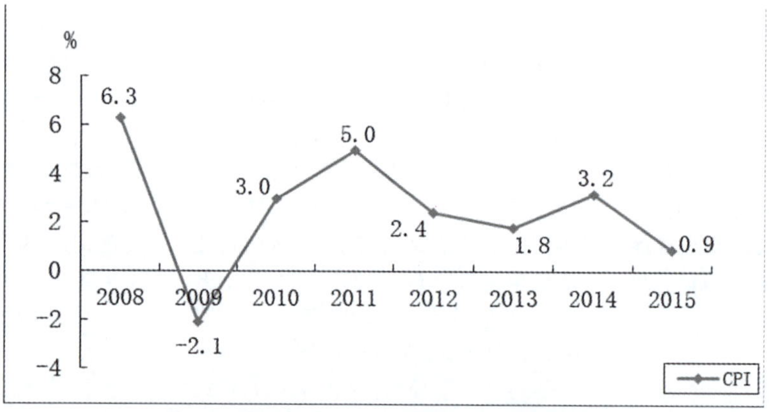


图2 2008—2015年居民消费价格涨跌幅度

全年完成财政总收入165.18亿元,增长10.1%。其中,税收收入139.80亿元,增长12.0%;公共财政预算收入126.82亿元,增长9.0%。全年公共财政预算支出294.30亿元,增长15.1%。坚持公共财政向困难群众倾斜,向基层倾斜,向公共事业倾斜。其中:科学技术支出4.95亿元,增长58.1%;住房保障支出18.99亿元,增长31.4%;社会保障和就业支出37.63亿元,增长19.9%;教育支出56.00亿元,增长9.2%;城乡社区事务支出16.19亿元,增长17.0%;医疗卫生支出31.87亿元,增长18.6%;农林水事务支出44.03亿元,增长6.2%。

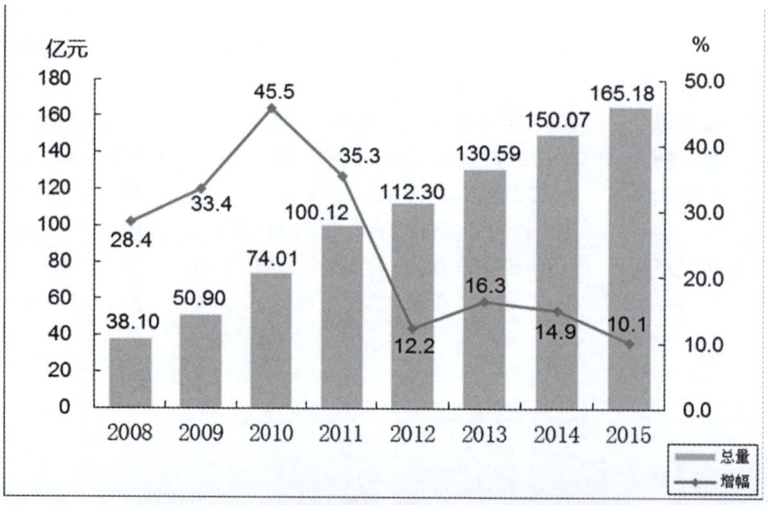


图3 2008—2015年财政总收入及其增长速度

**【农业发展稳定】** 2015年,全市粮食生产实现"十二连丰",粮食总产量达293.07万吨,比2014年增长0.5%。其中,早稻总产量110.02万吨,下降0.1%。甘蔗产量20.95万吨,增长4.6%;油料产量5.90万吨,增长4.8%;蔬菜产量144.8万吨,增长2.1%;水果产量182.21万吨,增长15.9%;茶叶产量0.26万吨,增长1.5%;棉花产量0.31万吨,下降12.8%。肉类总产量34.48万吨,增长2.3%,其中猪肉产量23.3万吨,增长0.9%;禽肉产量10.5万吨,增长5.8%。全年水产品产量19.38万吨,增长4.9%。全年粮食作物播种面积40.70万公顷,比2014年下降0.2%。甘蔗种植面积0.39万公顷,增长2.9%;油料种植面积2.69万公顷,增长4.1%;蔬菜种植面积6.55万公顷,增长1.2%;棉花种植面积0.19万公顷,下降5.3%。

2015年抚州市共安排新农村建设村点698个,共投入建设资金3.5亿元,拆除破旧空心房、危房、猪牛栏等35万平方米,改水、改厕到位率分别达97%和95%,硬化村内道路760.3千米,修建排水沟15.36万米。

农村环境进一步改善。全市安排1.02亿元资金,全面加大农村生活垃圾专项治理力度,推进由点线整治向面上整治扩展,积极探索城乡环卫一体化工作体系,着力构建长效管理机制,农村环境卫生有较大改观。全市共建立垃圾中转站112座、垃圾焚烧处理中心30座,配备垃圾清运机动车163辆、环卫板车5941辆,配发公用垃圾收集大桶3.77万个、户用分类小桶39万个;成立乡镇环卫机构152个,配备农村保洁员8650名,基本实现农村保洁员全覆盖。

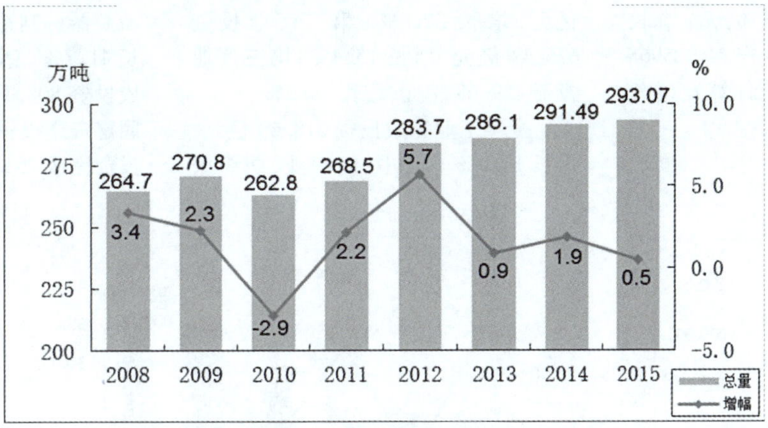


**图4　2008—2015年粮食总产量及其增长速度**

**【工业和建筑业保持稳步发展态势】** 2015年,全市工业经济保持稳步发展态势。全市全部工业增加值449.90亿元,增长8.3%,占GDP的比重为40.71%。其中规模以上工业增加值364.23亿元,增长8.6%。国有企业1.01亿元,增长7.9%;股份制企业185.61亿元,增长8.7%;外商及港澳台投资企业22.93亿元,增长2.3%;国有控股企业16.05亿元,增长6.3%。

全市工业园区开发面积50平方千米,同比增长0.91%。工业园区完成主营业务收入1528.6亿元,增长4.2%,其中抚州高新区工业企业主营业务收入367.3亿元,增长7.6%。全市六大产业中食品工业超过100亿元,有色金属加工突破250亿元。全市工业园区内投产工业企业1090家,增长7.9%。全市新增规模以上工业企业80户,达到903户。

2015年,经国务院批复,抚州高新技术产业园区升级为国家高新技术产业开发区,成为江西省继南昌、新余、景德镇、鹰潭后第五个国家级高新技术产业开发区。

## 2015年主要工业产品产量及其增长速度表

表5－1

| 指　　标 | 单位 | 2015年 | 增长% |
|---|---|---|---|
| 饮料酒 | 千升 | 218179 | －21.4 |
| #白酒(折65度,商品量) | 千升 | 393 | 702.0 |
| 啤酒 | 千升 | 210311 | －21.8 |
| 软饮料 | 吨 | 181176 | 0.9 |
| 纱 | 吨 | 91648 | 19.7 |
| 布 | 万米 | 19567 | －22.5 |
| 服装 | 万件 | 7716 | －15.4 |
| 机制纸及纸板 | 吨 | 180677 | 18.6 |

续表

| 指　　标 | 单位 | 2015 年 | 增长% |
|---|---|---|---|
| 家具 | 件 | 2354869 | -13.4 |
| 农用氮、磷、钾化学肥料 | 吨 | 27350 | -31.5 |
| 化学农药 | 吨 | 6699 | -15.8 |
| 水泥 | 吨 | 2582010 | 0.1 |
| 变压器 | 千伏安 | 13069547 | -12.6 |
| 中成药 | 吨 | 6764 | -10.3 |
| 铅酸蓄电池 | 千伏安时 | 637928 | -11.9 |

全年全市建筑业企业实现增加值99.4亿元,增长8.6%。全市具有资质等级的总承包和专业承包建筑业企业完成总产值293.65亿元,增长16.8%;建筑业劳动生产率225965元/人(按建筑业总产值计算),增长36.3%。

【固定资产投资增长较快】 全年完成固定资产投资1099.67亿元,增长17.1%。其中,第一产业投资43.56亿元,增长32.3%;第二产业投资626.43亿元,增长15.4%;第三产业投资429.68亿元,增长18.2%。

全年工业完成投资618.63亿元,增长14.2%。其中:纺织业、纺织服装及服饰业投资94.18亿元,增长110.0%;化学原料及化学制品制造业投资34.10亿元,下降4.9%;电气机械及器材制造业投资35.74亿元,增长41.7%。全市全年非国有经济完成投资808.11亿元,增长13.9%,占固定资产投资的73.5%。其中,民间投资完成791.91亿元,增长15.0%。

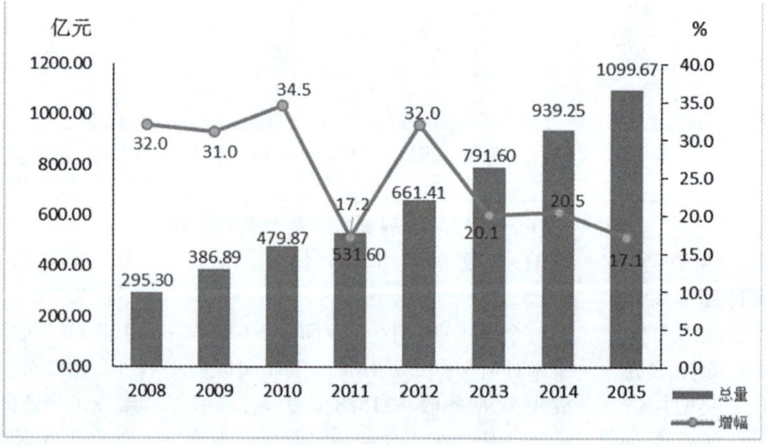


图5　2008—2015年固定资产投资总额

全市基础设施建设投资191.69亿元,增长9.9%,占固定资产投资总额的比重为17.4%。全年完成房地产开发投资110.00亿元,增长11.2%。商品房竣工面积134.81万平方米,下降11.3%;商品房销售建筑面积356.49万平方米,增长21.1%。

【国内贸易平稳发展】 市场销售平稳较快增长。2015年全市社会消费品零售总额428.20亿元,增长9.4%。分城乡看:城镇消费品市场实现零售额348.38亿元,增长9.2%;乡村消费品市场实现零售额79.82亿元,增长9.9%。分行业看,批发和零售业是社会消费品零售市场的主导力量,实现零售额378.47亿元,增长9.0%,占全市社会消费品零售总额的88.4%;住宿和餐饮业零售额49.73亿元,增长12.1%。

在限额以上批发和零售业零售额中,粮油、食品、饮料、烟酒类同比增长21.8%;石油及制品类同比下降7.9%。

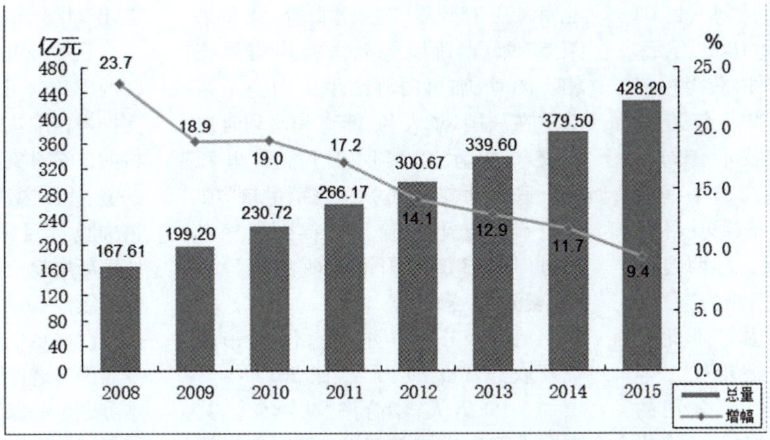


图6　2008—2015 年社会消费品零售总额及其增长速度

【对外经济发展势头好】 2015 年全市进出口总值 103.62 亿元，增长 8.5%。其中，出口总值 102.28 亿元，增长 8.1%。实际利用外商直接投资 2.93 亿美元，增长 16.8%。全市新引进并已开工 5000 万元以上工业项目 312 个，增长 10.6%；亿元以上工业项目 189 个，增长 30.3%。5000 万元以上工业项目实际进资 407.36 亿元，增长 16.3%；亿元以上工业项目实际进资 259.50 亿元，增长 6.5%。

【交通、邮政和旅游平稳发展】 交通邮电业平稳发展。全年交通运输、仓储和邮政业实现增加值 67.25 亿元，比 2014 年增长 5.7%。全市高速公路建设呈现遍地开花、多头并进的局面，8 条高速先后启动或推进。其中，2 条已竣工、3 条 2016 年竣工、3 条正开展前期工作，累计完成投资 100 多亿元。其中，金抚高速公路已全面建成并于 2015 年 11 月 6 日竣工通车；广吉高速公路正在做前期工作，并已完成初步设计；抚州东外环高速已确定线位方案，项目攻克研究文本编制工作也已基本完成；鹰潭贵溪至资溪高速公路正启动规划研究。

2015 年，全市邮政企业和规模以上快递服务企业业务收入(不包括邮政储蓄银行直接营业收入)累计 3.82 亿元，同比增长 25.33%；业务总量 4.26 亿元，同比增长 36.59%。其中，全市快递服务企业业务量累计完成 1007.01 万件，同比增长 76.80%；业务收入累计完成 1.09 亿元，同比增长 52.27%。

全市共接待游客 2112 万人次，实现旅游收入 184 亿元，分别同比增长 28% 和 38%。大觉山景区创建国家 AAAAA 级旅游景区工作顺利推进，已被国家旅游局列入创建国家 AAAAA 级旅游景区预备名单。九龙湖景区隧道已建成通车，五星级酒店已完成主体工程，游艇码头、环湖游步道等已对外营业。临川大金山寺景区完成旅游规划设计，正在按照创建国家 AAAA 级旅游景区的要求抓紧进行提升。南丰县琴城镇入选 2015“江西十大休闲旅游小镇”。南丰县市山镇包坊村、黎川县华山垦殖场洲湖村、乐安县牛田镇流坑村和乐安县金竹畲族乡流舍村获评首批“中国乡村旅游模范村”。乐安县鳌溪镇东坑村、黎川县潭溪乡新庄村、黎川县华山垦殖场洲湖村、资溪县马头山镇王家村、崇仁县巴山镇塅上村、资溪县鹤城镇上付村、广昌县驿前村、南丰县太和镇康都村荣获全省百个“最具乡愁”村庄。

【城市建设水平不断提高】 强力推进城市建设，不断提高城市化水平。2015 年，全市城镇化率由 2014 年的 43.50% 提高到 44.97%，上升 1.47 个百分点。成功创建“国家园林城市”“国家森林城市”“省级卫生城市”和“省级文明城市”。市中心城区建成区面积从 50.3 平方千米扩大到 63 平方千米，实施赣东大道路面改造、金巢大道南延伸段、文昌大道拓宽改造、汝水南大道、科技大道等一批城市道路基础设施项目，推进抚州一中改扩建、市第三医院、市第一人民医院老院区门急诊楼建设等一批社会事业项目，保障性住房、棚户区改造、老城区市政基础设施改造等一批民生项目加快推进，特别是在 4 个月内，基本完成全省规模最大、保存最为完整的历史文化街区——文昌里棚户区改造项目国有土地上房屋征迁工作。总部经济中心、赣东国际汽车城等一批城市产业项目进展顺利。以创建省级文明城市活动为载体，铁心硬手整治城市环境，在市中心城区集中开展“五车”整治、交通秩序整治、环境卫生综合整治，城市秩序明显好转，市容环境明显改善。

【金融和保险稳步增长】 信贷规模实现新突破。年末全市金融机构各项贷款余额 939.58 亿元，比年初增加 183.66 亿元，同比多增 26.82 亿元，增长 24.3%。各项存款余额 1432.01 亿元，比年初增加 167.64 亿元，同比多增 14.52 亿元，增长 13.3%。

保险事业稳步增长。保费收入 35.66 亿元，比 2014 年增长 29.4%。其中，财产险保费收入 10.04 亿元，增长 10.8%；寿险保费收入 25.62 亿元，增长 36.3%。

【教育和科学技术持续发展】 教育事业持续发展。临川教育集团学校转型升级闯出新路，义务教育免试就近入学顺利实施，校长教师交流轮岗成全省样板，农村义务教育标准化建设取得突破，高考成绩连续十三年保持全省领先，全省中学生田径运动会在抚州市召开。2015 年全市教育经费总投入达 65 亿元，市中心城区 100 个重点推进项目中教育项目达 14 个，总投资约 18 亿元，市保育院新园区建设基本完工，崇仁师范新校区、抚州一中改造提升、临川二中三期工程等项目有序推进；各县(区)共安排 28 个教育重点项目，总投资达 17.94 亿元。

科技事业加速发展。2015 年地方财政科技支出 4.95 亿元，比 2014 年增长 58.2%。争取国家科技计划项目7项,省级各类科技计划项目63项,共获得项目资助资金1065万元。全年全市申请专利2450件,获得授权专利1746件,分别比2014年增长60.6%和94.2%。完成技术合同登记额3.98亿元,取得科技成果登记38项,20项优秀科技成果项目获2015年度市科学技术奖。江西自立环保科技有限公司参与完成的“复杂锡合金真空蒸馏新技术及产业化应用”项目获得国家科技进步奖二等奖,江西博雅生物制药有限公司的“静注人免疫球蛋白(pH4)工艺优化”获得省技术发明三等奖。新组建江西省血液制品重点实验室及江西省香精香料工程技术研究中心等4个工程技术研究中心,使该市省级以上重点实验室和省级工程技术研究中心分别达到4个和14个。创建江西明正变电科技协同创新体及赣电电气变电设备产业、东乡恒佳特种水产养殖产业等2个省级产业技术创新战略联盟。全市高新技术产业总产值306.90亿元,比2014年增长23.1%,高新技术产业增加值77.54亿元,比2014年增长23.5%,占GDP的比重7.02%,比2014年提高近1个百分点。2015年,江西金品铜业科技有限公司等21家企业被认定为高新技术企业,全市高新技术企业总数发展到62家。

【文化卫生和体育事业不断发展】文化惠民工程不断开展。全市全年送戏下乡1039场,送电影下乡近29589场,指导乡村开展文体活动近632场。全市博物馆、纪念馆举办各类展览活动87个,接待参观人员160万人次;全市图书馆接待读者70万余人次,新办图书借阅卡5万余个;全市各级文化馆积极开展文化“六进”工程,共举办文艺演出、展览近1286场,参与市民120万人次,举办各类培训班179期,培训人员过万人。组织开展抚州市非物质文化遗产展演展示周、欢乐春节家乡行、“中国梦·百姓梦”下乡演出、梦想广场、抚州采茶戏大展演、全市文艺创作大赛等群众文化活动100多场。11月6日,由文化部非遗司指导,文化部恭王府管理中心、抚州市人民政府主办的“华夏梦都 才子之乡”——江西省抚州市文化展示月在北京恭王府开展,“抚州非遗”抚州采茶戏和南丰跳傩等七大板块集体亮相。同时,临川白浒窑手工陶瓷工艺受邀在法国、意大利、捷克和比利时进行交流展示,“黎明山川,梦里江南——江西黎川旅游文化精品展”在北京恭王府开展,金溪手摇狮亮相米兰世博会参加中国馆江西主题日展演,表演“三狮一球”。

卫生服务能力明显提高。全市参加新农合300.89万人,比2014年度增加5.92万人,参合率99.44%。共有医疗卫生机构2323个,编制床位数10528张,机构编制人数18504人。全市累计建立居民纸质健康档案325.7万份,建档率82.5%;管理65岁老年人等重点服务对象94.9万人,管理率超过医改任务要求。

体育社团组织发展迅速,成绩斐然。2015年全市共发展各单项体育社团组织179个,并积极组队参加各项比赛,取得优异成绩。9月中旬,抚州市围棋协会选手年仅14岁的女棋手王梓莘代表江西省参加在山东举办的第三届智运会的女子围棋团体赛,战胜三名职业选手,获得6胜2负的好成绩,5月下旬参加在浙江举办的“黄河杯”全国业余围棋公开赛,夺得女子个人第四名。2015年10月23日至25日,抚州市乒乓球协会组队在第五届浙闽赣皖四省九市领导干部乒乓球友好交流邀请赛比赛,一举夺得混合团体第二、厅级干部组单打第一、协会组单打第一,科级干部组单打第二的好成绩。5月31日抚州市自行车协会组队参加江西吉安马拉松骑行大会暨第九届“马自骑”积分赛吉安站活动,抚州选手韩晨以获得男子个人第一名。

【人口、人民生活和社会保障】根据2015年全市1%人口抽样调查结果显示,全市2015年人口总量达399.28万人,比2014年增加1.62万人。其中,城镇人口达到179.56万人,占总人口的44.97%。

人民生活水平稳步提升。2015年全市城镇居民人均可支配收入25065元,增长8.5%;城镇居民人均消费性支出为15032元,增长11.7%。农村居民人均可支配收入11441元,增长9.9%;农村居民人均生活消费支出7488元,增长12.1%。

民生支出增长14.7%。全面完成江西省政府下达的50件民生实事。扎实推进精准扶贫。全面完成253个贫困村的扶贫对象建档立卡工作,通过产业扶贫、移民搬迁、保障兜底,实现5万人精准脱贫目标。就业形势保持稳定。城镇新增就业4.39万人,零就业家庭就业继续保持动态清零。切实加强民生保障。城乡低保、农村五保、残疾人、城乡居民养老保险待遇、企业退休人员基本养老金等保障水平稳步提高;完成城镇保障性安居工程12153套,新建、改造农村危房20144户。

2015年,抚州市开展“进农村、进社区、进基层单位、进网络,联系基层群众、联系基层干部、联系服务对象、联系广大网民,帮助化解矛盾、帮助脱贫致富、帮助产业发展、帮助村社区建设”活动(简称“四进四联四帮”),组建“连心”小分队,进村开展帮联工作。主要任务是:重点协助做好信访维稳和扶贫攻坚工作;帮助指导整顿软弱涣散后进村党组织;扎实抓好农村社区建设试点工作;帮助生活困难群众、留守儿童、贫困学生、空巢老人、低保对象、残障人士实现“微心愿”;做好民情家访。

【生态文明建设步伐加快】抚州市致力提升生态优势,加快生态文明建设步伐。守住生态环境安全底线,划定生态保护红线总面积5755.8平方千米,占全市区划面积的30.6%。强化以工业废气、机动车尾气和城市扬尘污染为重点的“净空”治理行动。启动PM2.5监测并与国家联网,空气质量保持全省前列。强化以抚河、宜黄河、崇仁河水系区域工业、生活污水排放治理为重点的“净水”行动。建立“河长制”,基本完成临川、南丰、南城、金溪、宜黄5个县(区)工业园区污水处理厂及配套管网建设,12个全省百强中心镇污水处理设施和配套管网工程建设全面开工;12个地表水监测断面和集中式饮用水源地水质达标率均为100%。在全省率先实施全市域封山育林;洪门水库列入全国生态湖泊治理项目;新创建2个国家级生态文化村、1个省级生态乡镇和5个省级生态村;被中国标准化研究院评为“2015年中国大陆城市‘氧吧’50

强”第一名。

（市统计局 张家佳）

## 2015 年精神文明建设工作

【概况】 2015 年，抚州市精神文明建设以培育和践行社会主义核心价值为主线，突出重点，丰富形式，创新载体，各项工作取得明显成效。2015 年的公共文明指数测评抚州市名列第三，首次进入第一方阵。抚州市和东乡县被评为江西省第五届文明城市，抚州市行政中心等 145 个单位被评为江西省第十四届文明单位，临川区嵩湖乡等 16 个村镇被评为江西省第五届文明村镇。同时，评选表彰抚州市第八届文明单位 598 个、抚州市第五届文明村镇 43 个、抚州市第一届文明社区 18 个。

【持续推进培育和践行社会主义核心价值观】 2015 年，市文明办始终将培育和践行社会主义核心价值观教育作为全市精神文明建设的核心工作，不断创新教育形式，丰富教育内容，着力提升公民思想道德水准。一是营造浓厚氛围。积极组织各地各部门和沿街单位、店铺，充分利用报纸、户外广告牌、建筑围挡、LED 屏等各类载体，对社会主义核心价值观 24 字内容进行广泛宣传。同时，在全市的主次干道、公园广场、社区小区、建筑工地、公交站台等设置宣传牌 5 万多块（次）。在各类新闻媒体上刊播 24 字内容公益广告 900 余条幅，并开设《践行社会主义核心价值观》《文明之窗》等专题专栏，刊发相关稿件 2000 多篇；二是强化主题教育活动。广泛开展“图说我们的价值观”和“梦娃”视频公益播放主题教育活动，共展播“图书我们的价值观”3 万多幅（次）、“梦娃”视频 1000 余小时。同时，各级党委（党组）中心学习组广泛开展社会主义核心价值观专题学习，党校列入领导干部培训学习内容，各单位普遍开展社会主义核心价值观专题学习活动；三是发挥基层基地作用。依托图书馆、文化馆、博物馆等基层文化设施和各级道德讲堂、爱国主义教育基地，开展丰富多彩的社会主义核心价值观教育活动；四是诚信“红黑榜”发布。3 月份正式启动诚信“红黑榜”发布工作，建立联席会议制度，推进发布工作的常态化、规范化，不断完善“红黑榜”退出机制，营造“守信光荣、失信可耻”的社会氛围。2015 年，通过各大新闻媒体发布 3 期诚信“红黑榜”。其中，发布“红榜”守信企业 79 家，发布黑榜失信企业 6 家，失信个人 16 人。

【建好用好道德讲堂】 2015 年，抚州市深入推进群众性精神文明创建，结合成人礼、婚庆等传统习俗和国庆、六一等重大节假日，以核心价值观、好人事迹、道德礼仪等为主要内容，在全市范围内广泛开展“机关、企业、学校、村镇（社区）、行业”等五类“道德讲堂”活动，基本形成道德讲堂全覆盖、标准化、规范化、专业化发展模式。2015 年，全市共开展各类道德讲堂近千场次，覆盖人群达 80 余万人。在此基础上，不断创新讲堂模式，在临川区利用学校召开家长会契机，举办“家长学校道德讲堂”，组织各中小学校 800 余个班级的 4 万余名学生家长走进“家长学校道德讲堂”，受到广大家长和学生的普遍欢迎。

【深化“我们的节日”主题活动】 围绕春节、清明、端午、中秋、重阳等传统节日，以“我们的节日 我们的价值观”为主题，开展各类群众性文体活动 1000 余场次。如，2015 年春节，开展社会主义核心价值观春联赠送活动，通过“抚州发布”微信平台，采取“线上答题、线下送联”形式，吸引大量网民和市民参与，送出春联 2 万幅。同时，围绕新中国成立 65 周年、烈士纪念日、抗日战争胜利 70 周年等重大纪念活动，突出加强爱国主义教育；围绕“五一”“六一”“七一”“十一”等重要时间节点，在干部职工、少年儿童、党员团员、市民群众当中，开展形式多样的活动，弘扬社会主义核心价值观。

【积极打造“好人文化”】 一是持续加大模范好人选树工作力度。开展抚州市第三届道德模范评选活动，评选出 10 位群众认可、事迹感人的道德模范，并进行广泛宣传。基本形成层层有评选，级级有推荐，处处有宣传的工作格局。新增 213 位身边好人事迹充实到好人好事库。同时，充分利用江西好人网平台和自身宣传展板、LED 屏、宣传栏等，将身边好人发布制度延伸至社区、学校、企业。2015 年，全市上下共发布身边好人近 2 万余人次，其中成功在江西好人网发布 8232 人次。各县（区）也组织开展各类典型评选活动。二是好人效应不断扩大。2015 年，抚州市宁宏昌当选第五届全国孝老爱亲道德模范，李进明荣获全国道德模范提名奖、全国首批岗位学雷锋标兵，实现先进人物典型的重大突破。并有 2 人当选江西省道德模范，5 人入选“中国好人榜”，9 人被评为“江西好人”。三是好人氛围越趋浓厚。积极打造好人公园、好人广场，在人民公园、行政中心广场等公共场所设置 150 余块好人事迹宣传牌。12 月底，在人民公园门口举办为期 3 天的全省道德模范和身边好人事迹展，吸引近 2 万余人观看，受到广大百姓普遍欢迎。积极开展月月主题典型宣传活动，宣传 180 位可敬可学的身边好人。

【不断推进志愿服务制度化】 2015 年，根据省级文明城市创建工作需要和省里相关部署，不断完善运行机制，壮大志愿队伍，丰富活动开展。一是抓队伍建设。紧紧依托江西志愿服务网，不断深化市、县、乡（街办）、村（社区）四级志愿者服务网络建设，壮大志愿服务队伍。至年底，全市注册组织志愿服务组织数 2307 支，注册志愿者人数 22.7 万余人，开展活动 7949 次，累计志愿服务时长 635 万余小时，新增时长 540 万余小时，总时长和新增时长均居全省第一。同时，成立抚州市志愿服务联合会，吸纳全市 50 余支社会志愿服务组织为成员，将志愿服务工作的触角从机关向社会各界延伸。二是抓活动开展。紧紧抓住“3·5”学雷锋志愿服务日、“12·5”国际志愿者日等重要时间节点，结合文明城市创建的突出问题和群众的迫切需求，发挥志愿服务队伍在精神文明建设工作中的润物细无声的作用，组织各级各类志愿服务组织，围绕“三关爱”、文明劝导、环境保护、公益服务等多方面，有针对性地开展 1000 余次形式多样的志愿服务活动。三是抓服务水平。先后围绕如何做好一名志愿者，如何开展志愿服务活动及服务用语、方式等方面,举办6次志愿服务培训班,对市直单位志愿服务组织负责人、县(区)文明办主任和社会志愿服务组织负责人进行专题培训,培训人次达3000余人次。四是抓典型宣传。对2014年涌现出来的十佳志愿者、40名优秀志愿者、25个优秀志愿服务组织进行评选表彰,并多形式进行集中宣传。同时,在首届江西省优秀志愿服务评选表彰活动中,抚州市有3名志愿者、2个社区、1个项目被评为省级先进;临川区才都社区被中央文明办授予最美志愿服务社区。五是抓工作创新。联合民政、卫计等部门率先在全省启动志愿服务公益创投活动,评选10个优质公益项目予以扶持,充分调动社会组织参与社会服务的积极性,切实增强志愿服务工作的针对性、公益性、可操作性。

【稳步提升未成年人思想道德建设水平】 一是着力抓好未成年人活动开展。在2015年"唱响中国梦"全省少儿文艺节目电视大赛中,抚州市保育院创作表演的《外婆桥》获原创童谣二等奖,东乡县一小创作表演的《劳动最光荣》、金溪县仰山学校创作表演的《我们的花朵》获原创少儿舞蹈三等奖。同时,组织全市中小学广泛开展"小手拉大手、大手牵小手"志愿服务活动,并以"我的中国梦"为主题,在清明、七一等重要时间节点,广泛开展"网上祭英烈"、向党旗敬礼等系列活动约1000余次,近100万人参与。二是建好用好乡村学校少年宫平台。不断强化现有43所少年宫各项软硬件建设,配齐配全师资力量。并结合"六一"等重要时间节点,广泛组织开展画画、唱歌等各种兴趣活动。如,金溪县琅琚镇中心小学、陆坊乡中心小学利用少年宫平台,积极组织开展各类兴趣活动均超过100余场次,并在"六一儿童节"文艺汇演中对学习成果进行集中展示。同时,积极抓好新申报的11个中央和11个省级彩票公益金支持乡村学校少年宫建设项目建设,发挥其积极作用。三是强化校园周边环境整治。为向未成年人营造良好的学习生活环境,2015年共出动执法人员5100余人次,在校园周边开展专项整治行动200余次,查处各类违法经营案件670余件,取缔非法游商、摊点70余家,收缴各类非法出版物10000多册和盗版音像制品12000多盘,取缔"黑网吧"和非法游戏动漫经营场所30余家。

(市文明办　胡　超)

【市文明办领导名录】
主　任:黄智迅
副主任:乔保安

本栏编辑　鄢春琴

# 中国共产党抚州市委员会

## 综　述

2015年，在江西省委、省政府的坚强领导下，抚州市委坚持以省委“十六字”方针为指导，紧紧围绕“绿色崛起、跨越发展，建设幸福抚州”目标，按照“高位谋势、精准发力、敢于担当、跨越发展”的工作总要求，坚持稳中求进的工作总基调，主动适应新常态，积极展示新作为，稳增长、调结构、促改革、优生态、惠民生、保稳定、抓党建，各项事业取得新成绩，开创新局面。尤其是面对经济下行压力持续加大的态势，全市经济社会继续保持良好发展局面，实现生产总值1105亿元，增长9.2%；财政总收入165.2亿元，增长10.1%；一般公共预算收入126.82亿元，增长9%；固定资产投入1099.67亿元，增长17.1%；规模以上工业增加值364.23亿元，增长8.6%；城镇居民和农村居民人均可支配收入分别达到25065元和11441元，分别增长8.5%和9.9%。在具体工作中，主要做了以下六点：

深入贯彻落实中央和省委决策部署，牢牢把握全市工作的正确方向。不断深化中央路线、方针、政策和省委决策部署在抚州得到全面贯彻落实，全年先后召开17次常委会、20次市委中心组、9场专题报告会研究贯彻落实中央和省委决策部署。对省委重大决策部署贯彻迅速、执行坚决，研究制定稳增长促升级50条、加快抚州高新区发展升级22条、促进房地产市场健康发展实施意见、推进开放升级意见以及推进扶贫攻坚、加快旅游发展、推进生态文明先行示范区建设等一系列政策措施，取得显著成效。在全市上下深入开展以“抚州的差距在哪里、我们的历史担当是什么、应该怎么干”为主要内容的“三问”解放思想大讨论活动，切实做到“学在深处、谋在新处、抓在真处、干在实处”。

主动适应经济发展新常态，全力推动抚州绿色崛起、跨越发展。加快产业升级。产业发展布局初步形成，电子信息、生物医药、食品加工、机电汽车四大产业分别完成主营业务收入36.6亿元、66亿元、113.7亿元、273.7亿元。现代农业示范园区建设快速推进，核心区面积达1.32万公顷，入园项目实现产值130亿元。牢固树立“互联网”思维和现代金融理念，大力发展现代物流业，全力实施旅游跨越发展计划，旅游收入突破179亿元。加强区域合作。加快推进昌抚合作示范区建设，与南昌市签订“1+8”合作协议，社保、公积金等已实现昌抚同城化。与向莆铁路沿线城市分别签署旅游营销联盟合作宣言和旅游合作协议，与莆田市签订莆抚口岸大通关和现代物流业的框架协议。狠抓项目带动。围绕主导产业及战略性新兴产业实行产业招商、园区招商和专业团队招商，举办18场招商活动，签约项目178个，签约总额1121.44亿元。全面深化改革。启动改革试点42个，完成32个，启动改革举措95项，完成81项，公务消费一体化监管、农村集体“三资”监管等一批改革事项走在全省前列。

着力保障和改善民生，全面加快小康提速步伐。扎实推进精准扶贫。变“漫灌”式扶贫为“滴灌”式扶贫，构建专项扶贫、行业扶贫、社会扶贫三位一体的大扶贫工作格局。在精准识别和分类到位的基础上，积极探索“一村一策、一户一法，村有发展目标，户有致富项目”的帮扶措施，产业扶贫、安居扶贫、保障扶贫等成效明显，全年完成5万人精准脱贫目标任务。着力办好民生实事。坚持公共财力和政策向民生倾斜，全面完成省政府下达的50件民生实事，民生支出首次突破200亿元，达到201.7亿元，同比增长14.7%，占公共财政预算支出比重的68.6%。全面推进法治抚州建设。下发《关于全面推进法治抚州建设的实施意见》，建立健全领导机构和工作机制，按照“项目化、时间表、路线图”的要求，共梳理出7个方面193条重要改革举措及工作项目，进行任务分解，确保各项任务落地生根。全力维护社会稳定。信访维稳趋势向好，全年进京访下降68.95%，其中非访下降67.98%；赴省访下降14.81%，其中非访下降40.3%。全市社会大局总体保持稳定，实现“五个没有发生”的工作目标。

加快推进生态文明先行示范市建设，努力打造生态文明抚州样板。划定生态保护红线总面积5755.8平方千米，占全市区划面积的30.6%。启动PM2.5监测并与国家联网，空气质量保持全省前列；强化抚河、宜黄河、崇仁河水系区域工业、生活污水排放治理，建立“河长制”；基本完成临川、南丰、南城、金溪、宜黄5个县(区)工业园区污水处理厂及配套管网建设，12个全省百强中心镇污水处理设施和配套管网工程建设已经全面开工；全市12个地表水监测断面和集中式饮用水源地水质达标率均为100%。在全省率先实施全市域的封山育林；洪门水库列入全国生态湖泊治理项目；新创建2个国家级生态文化村、5个省级生态乡镇和10个省级生态村。标准排名(中国)研究院从一个城市的建成区绿化覆盖率、人均公园绿地面积以及空气质量优良天数三个维度,确定全国291个地级以上城市“50强氧吧城市”的排名,抚州排名第一。

不断加强和改进作风,着力提高党的建设科学化水平。“三严三实”专题教育扎实推进。从严从实按照专题党课、学习研讨、边学边改、建章立制等要求,精心安排,周密部署,先后围绕3个专题组织10次专题集中学习研讨,查摆25个不严不实具体表现,开展6个专项整治行动,推动一批问题整改。基层党组织建设进一步加强。把基层党建融入经济社会发展各方面、全过程,构建以党建为引领、统筹推进各项工作新机制。统筹抓好机关、事业、行业、社会组织等基层党组织建设,促进基层党建整体推进、健康发展。干部作风进一步改进。深入开展“连心、强基、模范”三大工程,扎实推进“四进四联四帮”活动,从市、县、乡三级选派近万名干部、组建1808支“连心”小分队下到各行政村,为群众办实事、解难事、做好事,干部作风正逐步好转。党风廉政建设全面落实。严格落实党委主体责任和纪委监督责任,坚持把纪律和规矩挺在前面,查处98起违反中央“八项规定”精神案件,对140名党员干部进行党纪政纪处分和组织处理;全市纪检监察机关共立案1092件,其中县级干部14件,科级干部170件,给予党纪政纪处分1133人。统揽全面发展取得新进步。全力支持市人大、市政府、市政协的工作,确保市四套班子协调高效运转。奋力推进省级文明城市创建工作,顺利通过省考核验收。注重发挥好工会、共青团、妇联、各民主党派、工商联等的重要作用,大力推进教科文卫等事业发展,全市形成了团结奋进、携手发展的良好氛围。

【市委领导名录】

书　　记:龚建华(任至4月)
　　　　　肖　毅(4月任)
副 书 记:张和平(任至3月)
　　　　　张鸿星(3月任)
　　　　　魏建锋
常　　委:黄牡香(任至2月)
　　　　　朱章明(任至2月)
　　　　　熊云鹏(任至11月)
　　　　　于秀明
　　　　　李智富(任至10月)
　　　　　吴伟柱
　　　　　吴立成(任至8月)
　　　　　周小平　王新有
　　　　　袁　川(任至9月)
　　　　　黄玉剑(9月任)
　　　　　周学胜　赵世斌
　　　　　李建林(7月任)
　　　　　李兰贵(8月任)
　　　　　谭小平(9月任)
市委巡视员:罗建华(任至5月)
市委副巡视员:叶建青(任至11月)
市委秘书长:李建林
市委副秘书长:赵　立
　　　　　黄　华(任至11月)
　　　　　李光荣　胡会华
　　　　　谭海波　黄荣泉

## 市委重要会议

【市委常委会】 2015年1月9日晚,市委召开三届第73次常委会议。会议审议龚建华在市委三届九次全体会议上的工作报告(送审稿)、张和平在市委三届九次全体会议上的讲话(送审稿)、《中共抚州市委关于全面推进法治抚州建设的实施意见(送审稿)》及起草说明、《关于召开抚州市第三届人民代表大会第五次会议有关问题的请示》《抚州市人民代表大会常务委员会工作报告(送审稿)》《抚州市人民政府工作报告(送审稿)》《抚州市2015年国民经济和社会发展计划草案(送审稿)》和《抚州市中心城区2015年重大项目推进计划(送审稿)》《关于抚州市2014年市级总预算执行情况和2015年市级总预算草案的报告(送审稿)》《关于召开政协抚州市第三届委员会第五次会议有关问题的请示》《抚州市政协常务委员会工作报告及2015年调研视察课题(送审稿)》《关于市政府机构改革涉改部门领导职数配备和市直部分单位更名等事项的请示》;研究人事问题。

2月2日,市委召开三届第74次常委会议。会议传达学习省十二届人大四次会议、省政协十一届三次会议、省纪委十三届五次全会、全省组织部长会议和全省农村工作会议精神,研究贯彻意见;审议关于召开市纪委三届五次全会的有关事项、《抚州市安全生产“党政同责,一岗双责”暂行规定(送审稿)》《关于深化教育领域综合改革的实施意见(送审稿)》和《2014年度全市年度考核评价工作情况汇报(送审稿)》。

3月13日,市委召开三届第75次常委会议。会议学习中共中央总书记、国家主席、中央军委主席习近平在参加十二届全国人大三次会议江西代表团审议时的重要讲话精神;传达学习全省宣传部长会议、全省统战部长会议、全省对台工作会议和省委第一轮巡视工作动员部署会议精神,研究贯彻意见;研究有关案件和干部人事问题。

3月26日,市委召开三届第76次常委会议宣布省委有关人事决定。

4月30日,市委召开三届第77次常委会议。会议研究2015年一季度全市经济运行情况;传达随同省党政代表团赴福建学习考察情况;传达学习江西省生态文明先行示范区建设领导小组第一次会议、全省鄱阳湖生态经济区建设(昌九一体化发展)领导小组第四次会议、赣南等原中央苏区振兴发展工作领导小组第四次会议、全省工业产业集群发展升级现场推进会和全省村(社区)“两委”换届选举工作总结会议精神,研究贯彻意见;审议关于确定市中心城区2015年重点项目挂点市领导的请示、《关于加快推进军民融合深度发展的实施意见(送审稿)》,研究人事问题。

5月12日,市委召开三届第78次常委会议。会议传达学习全省“三严三实”专题教育党课暨动员部署会议精神,研究贯彻意见;审议《临川教育集团学校转型升级实施方案(送审稿)》《关于召开抚州市第三届人民代表大会第六次会议有关事项的请示》《关于促进中心城区房地产市场平稳健康发展的实施意见(送审稿)》《2015年抚州市民生工程实施意见(送审稿)》和《抚州市本级产业发展引导资金管理暂行办法(送审稿)》,研究人事问题。

6月4日,市委召开三届第79次常委会议。会议传达省委书记强卫在抚州市调研考察情况;审议《2015年抚州市劳动模范和先进工作者评选表彰工作的实施方案(送审稿)》《抚州市正团职军队转业干部安置办法(试行,修订)(送审稿)》和《关于开展

“四进四联四帮”活动加强干部作风建设工作方案（送审稿）》，研究人事问题。

6月25日，市委召开三届第80次常委会议。会议审议《关于贯彻落实省委强卫书记在抚调研考察时重要讲话精神市领导责任分工（送审稿）》《关于进一步推进开放升级的意见（送审稿）》《关于稳增长促发展的若干政策措施（送审稿）》《关于2014年几项奖励政策的情况汇报》《关于市各民主党派、工商联、党外知识分子联谊会换届有关事项的请示》和《关于调整部分市直单位县级领导职数有关事项的请示》，研究有关案件。

7月3日，市委召开三届第81次常委会议，研究人事问题。

7月17日，市委召开三届第82次常委会议。会议传达省委副书记、省长鹿心社在抚调研考察情况，省委常委、省纪委书记周泽民在抚调研考察时讲话精神和全省“把纪律挺在前面”先行先试工作部署会精神，研究贯彻意见；审议《市属公办学校义务教育免试就近入学相关工作的请示》《关于扩大市各民主党派市委会规模的请示》和《县区纪委书记、副书记提名考察办法（试行）》《市纪委派驻纪检组长、副组长提名考察办法（试行）》，研究有关案件和人事问题。

7月28日，市委召开三届第83次常委会议。会议传达学习省委十三届十一次全体会议精神、全省推进党建“三大工程”暨农村基层党建工作会议精神，研究贯彻意见；审议《关于召开市委三届十一次全体（扩大）会议工作预案（送审稿）》和肖毅同志代表市委常委会在市委三届十一次全体（扩大）会议上的工作报告（送审稿）、《中共抚州市委关于与时俱进推进人大工作发展的意见（送审稿）》、创建省级文明城市若干方案、《关于加快推进抚州高新技术产业开发区发展升级的意见（送审稿）》《抚州市工业与科技创新投资发展有限责任公司的组建方案（送审稿）》《关于进一步推进抚州市投资发展（集团）有限公司转型改革实施方案（送审稿）》《关于加强禁毒工作的意见（送审稿）》和《2015年县域经济发展大会战考评实施细则（送审稿）》；学习省纪委、省委组织部《关于十八大后顶风收受“红包”等违纪违法案件情况的党内通报（赣纪办〔2015〕17号）》；研究有关案件和人事问题。

8月24日，市委召开三届第84次常委会议。会议传达学习全省非公有制经济发展重点工作协调调度及工作交流会议、全省统一战线“千户示范、万人脱贫”交流会议精神，研究贯彻意见；审议《中共抚州市委关于落实“把纪律挺在前面”要求的工作意见（送审稿）》及《中共抚州市纪委、抚州市监察局关于“把纪律挺在前面”先行先试工作方案（送审稿）》《关于进一步加强和改进全市机关作风建设的实施意见（送审稿）》《2015年省、市劳动模范和先进工作者拟推荐名单（送审稿）》《2015年度推进市直和中央、省驻抚单位绩效管理工作方案（送审稿）、《关于推进扩权强镇试点工作的实施意见（送审稿）》和《关于调整市直有关单位党组织设置的请示》；通报抚州市赴浙江招商引资情况和2015年以来全市信访工作情况，研究人事问题。

9月10日，市委召开三届第85次常委会议，研究人事问题。

9月28日，市委召开三届第86次常委会议。会议传达学习省委巡视“回头看”工作动员会议、省委群团工作会议、省委政协工作会议、省委统战工作会议和全省加快转变农业发展方式现场会会议精神，研究了贯彻意见；审议《关于省委督导组来抚州市督导贯彻全省重大决策部署落实情况的报告及贯彻意见（送审稿）》《关于贯彻落实中发〔2015〕21号、赣发〔2015〕19号文件精神，进一步做好下半年经济工作的实施意见（送审稿）》《抚州市环境保护工作情况报告（送审稿）》《关于深化区域合作加快发展工作情况的汇报（送审稿）》《抚州市城市市容环境和重点镇（中心村）镇容村貌专项整治工作方案（送审稿）》《抚州市行政机关负责人行政诉讼出庭应诉规定（送审稿）》《市委人才工作领导小组组成人员调整建议名单（送审稿）》《抚州市“三严三实”专题教育前期进展情况及下步工作安排（送审稿）》《关于深入推进党建“三大工程”进一步加强农村基层党建工作的实施意见（送审稿）》《关于抚州高新区管委会更名和整合不动产登记职责等事项的请示》；通报抚州市政府机构改革工作进展情况；学习《中共中央关于四川南充拉票贿选案查处情况及其教训警示的通报》等文件；研究有关案件和人事问题。

10月21日，市委召开三届第87次常委会议。会议传达学习坚持和发展中国特色社会主义学习实践活动经验交流暨中期推动电视电话会议和全省设区市干部档案专项审核工作推进会议精神，研究了贯彻意见；审议《关于启动东乡县撤县设区行政区划调整工作的请示》《关于进一步规范公务接待、反对铺张浪费的通知（送审稿）》《关于学习宣传宁宏昌同志先进事迹若干措施（送审稿）》《关于贯彻落实省委常委议军会议精神，加强党管武装工作的报告》《全省、全市优秀乡镇党委书记、优秀村党组织书记拟推荐（表彰）人选名单（送审稿）》《关于调整市委领导与市各民主党派、工商联、党外知识分子联谊会、新阶层代表人士联谊会交友联谊的请示》和《关于市各民主党派换届大会有关事宜的请示》；研究人事问题。

11月20日，市委召开三届第88次常委会议。会议审议《抚州市国民经济和社会发展“十三五”规划基本思路（送审稿）》《关于推进生态文明建设实施全市封山育林的意见（送审稿）》《关于加强和改进党的群团工作的实施意见（送审稿）》《关于推荐全国双拥模范县的请示》和《关于调整抚州市慈善总会名誉会长、会长的请示》；传达学习《中组部推进领导干部能上能下若干规定（试行）》专题培训班主要精神；通报《抚州市各民主党派换届大会选举结果的报告》；研究有关案件和人事问题。

11月26日，市委召开三届第89次常委会议，审议《中共抚州市委关于制定全市国民经济和社会发展第十三个五年规划的建议（送审稿）》和《关于召开市委三届十二次全体会议的工作预案》。

12月4日，市委召开三届第90次常委会议。会议传达学习全国维稳工作规范化建设经验交流和全省社会治安防控体系建设工作会议精神，研究贯彻意见；审议《关于寻梦牡丹亭项目的情况汇报》《中共抚州市委关于加强人民政协协商民主建设，促进政协事业发展的意见(送审稿)》《关于召开市委政协工作会议有关事项的请示》《关于召开市委统战工作会议有关事项的请示》和《关于加强县级侨联组织建设有关问题的请示》;研究人事问题。

12月23日,市委召开三届第91次常委会议。会议传达学习全省领导干部会议精神,研究贯彻意见;审议《2016年元旦春节前后市四套班子重大集体活动安排(送审稿)》《2015年度县(区)和市直单位落实党风廉政建设责任制年终检查工作方案(送审稿)》《市党外知识分子联谊会、市工商联(总商会)换届大会有关事项的请示》《市工商联(总商会)第四届执委会领导班子主席、副主席、秘书长候选人建议名单(送审稿)》和《关于调整补选我市部分省人大代表、省政协委员、市人大代表的请示》。

12月31日,市委召开三届第92次常委会议。会议传达学习全省经济工作会议和全省扶贫开发工作会议精神,研究贯彻意见;审议《抚州市公务用车制度改革实施方案(送审稿)》《2015年度推进市直和中央、省驻抚单位绩效管理工作方案(修改稿)》《2015年市本级年终财政预算平衡情况、2016年市本级财政预算(送审稿)》《关于召开抚州市第三届人民代表大会第七次会议有关事项的请示》《抚州市人民代表大会常务委员会工作报告(送审稿)》《关于召开政协抚州市第三届委员会第六次会议有关问题的请示》和《抚州市政协常务委员会工作报告及2016年调研视察课题(送审稿)》;研究人事问题。

**【市委全委会】** 2015年1月14日,市委在市会议中心召开三届九次全体会议。会议传达学习省委十三届十次全会、全省经济工作会议等会议精神,审议《中共抚州市委关于全面推进法治抚州建设的实施意见》和《2014年市委常委会工作报告》,研究部署2015年全市经济社会发展和党的建设等各项工作。市委委员、候补委员;不是市委委员、候补委员的市四套班子领导(含军分区政委、法检两长、市长助理)及秘书长;各县(区)委书记、县(区)长,高新区管委会主任;市委各部门、市直各单位党政主要负责同志,中央、省驻抚单位1名主要负责同志;市纪委常委参加会议。

6月25日,市委在市会议中心召开三届十次全体会议,对有关干部进行推荐。市委委员、候补委员,不是市委委员的厅级领导干部参加会议。

8月2日,市委在市会议中心召开三届十一次全体(扩大)会议。会议传达学习省委十三届十一次全会精神,总结2015年上半年工作,研究部署2015年下半年和今后一个时期经济社会发展以及推进生态文明建设工作。市委委员、候补委员;不是市委委员、候补委员的市四套班子领导(含军分区政委、法检两长)及秘书长;各县(区)委书记、县(区)长,高新区管委会主任;市委各部门、市直各单位副县级以上领导干部(不含非领导职务),中央、省属驻抚单位1名主要负责同志;市纪委常委;全市各乡镇(场、街道)党(工)委书记参加会议。

12月3日至4日,市委在市会议中心召开三届十二次全体会议。会议贯彻落实省委十三届十二次全会精神,听取和讨论市委常委会工作报告;审议《中共抚州市委关于制定全市国民经济和社会发展第十三个五年规划的建议(讨论稿)》。市委委员、候补委员;不是市委委员、候补委员的市四套班子领导(含军分区司令员、法检两长)及秘书长;各县(区)委书记、县(区)长,高新区党工委书记、管委会主任;市委各部门、市直各单位党政主要负责同志,中央、省驻抚单位1名主要负责同志;市纪委常委参加会议。

(市委办 覃莉芸)

## 市委重要决策

**【全面推进法治抚州建设】** 为深入贯彻党的十八届四中全会和省委十三届十次全会精神,认真落实《中共中央关于全面推进依法治国若干重大问题的决定》《中共江西省委关于全面推进法治江西建设的意见》,进一步全面推进依法治市,加快建设法治抚州,中共抚州市委制定《关于全面推进法治抚州建设的实施意见》(抚发〔2015〕1号)。该意见要求充分认识全面推进法治抚州建设的重大意义,牢牢把握全面推进法治抚州建设的总体要求,始终坚持全面推进法治抚州建设的基本原则,扎实有效推进法治抚州建设。

**【改善农村人居环境行动计划(2015-2020年)】** 为切实贯彻落实省委办公厅、省政府办公厅《关于印发〈江西省改善农村人居环境行动计划(2014—2020年)〉的通知》(赣办发〔2014〕21号)精神,扎实推进新农村建设,不断改善农村生产生活条件,建设农民幸福生活的美好家园,中共抚州市委办公室、抚州市人民政府办公室印发《关于抚州市改善农村人居环境行动计划(2015—2020年)的通知》(抚办发〔2015〕1号)。该通知要求到2020年,全市农村居民住房、饮水和出行等基本生活条件明显改善,农村人居环境基本实现干净、整洁、便捷。

**【推进改革创新和农业现代化建设】** 为贯彻落实中共中央、国务院《关于加大改革创新力度加快农业现代化建设的若干意见》(中发〔2015〕1号)和省委、省政府《关于加大改革创新力度加快农业现代化建设的实施意见》(赣发〔2015〕1号),加快具有抚州特色农业现代化建设进程,进一步推进农业农村发展升级,抚州市委、市政府制定《关于大力推进改革创新和农业现代化建设的实施意见》(抚发〔2015〕2号)。该意见要求2015年全市农业生产总值增长4.8%;农村居民人均可支配收入达到11660元,增长11.5%;粮食播种面积稳定在40.67万公顷以上,总产稳定在275万吨以上;肉类总产达到35万吨,增长4.6%;水产品总产达到18.2万吨,增长3.6%;农产品加工转化率达43%;农村生态环境和人居环境进一步优化,主要特色农产品产量、品质和效益进一步提升,深化农村改革取得新突破,农业现代化水平跃上新台阶。

**【深化教育改革推进发展升级】** 为全面贯彻落实《中共江西省委、江西省人民政府关于深化教育领域综合改革若干问题的意见》(赣发〔2014〕15号)精神,深入推进抚州市国家中小学教育质量综合评价实验区和抚州基础教育综合改革试验区建设,努力办好人民满意的教育，中共抚州市委、抚州市人民政府制定《关于深化教育改革推进发展升级的实施意见》（抚发〔2015〕5 号）。该意见要求到 2020 年，全市教育重点领域和关键环节改革取得突破，学前教育基本普及，义务教育基本均衡，高中教育特色鲜明，教育现代化基本实现，教育发展成果更多更好地惠及全市人民，群众对教育的满意度明显提升。

【加快推进军民融合深度发展】 为进一步加快推进全市军民融合深度发展，实现富民强市与兴武强军的有机统一，根据省委、省政府、省军区《关于推进军民融合深度发展的意见》（赣发〔2014〕21 号），中共抚州市委、抚州市人民政府、抚州军分区制定出台《关于加快推进军民融合深度发展的实施意见》（抚发〔2015〕6 号）。该意见要求，要实现军民融合发展模式进一步完善，军民产业融合规模不断壮大，军地人才培养优势互补，军地资源共享程度明显提高，军政军民关系更加和谐，军地联合应急能力显著提升，后备力量建设水平进一步提高，军民融合机制健全完善，全市军民融合向更宽领域、更高层次、更深程度拓展。

【开展“三严三实”专题教育】 根据《中共中央办公厅印发〈关于在县处级以上领导干部中开展“三严三实”专题教育方案〉的通知》（中办发〔2015〕29 号）和《中共江西省委办公厅印发〈关于在全省县处级以上领导干部中开展“三严三实”专题教育实施方案〉的通知》（赣办发〔2015〕13 号）精神，市委决定，在全市县处级以上领导干部中开展“三严三实”专题教育。中共抚州市委办公室印发《关于在全市县处级以上领导干部中开展“三严三实”专题教育实施方案的通知》（抚办发〔2015〕4 号）。“三严三实”专题教育是党的群众路线教育实践活动的延展深化，是持续深入推进党的思想政治建设和作风建设的重要举措，是严肃党内政治生活、严明党的政治纪律和政治规矩的重要抓手，对于进一步增强党的创造力凝聚力战斗力，推进全面建成小康社会、全面深化改革、全面依法治国、全面从严治党，具有十分重要的意义。该通知要求各级领导干部要严以修身、严以用权、严以律己，谋事要实、创业要实、做人要实。

【开展“四进四联四帮”活动】 为全面贯彻省委深入推进“三大工程”建设的部署要求，市委研究决定，在全市党员干部中开展“进农村、进社区、进基层单位、进网络，联系基层群众、联系基层干部、联系服务对象、联系广大网民，帮助化解矛盾、帮助脱贫致富、帮助产业发展、帮助村（镇）社区建设”活动（简称“四进四联四帮”），中共抚州市委办公室印发《关于开展“四进四联四帮”活动加强干部作风建设工作方案的通知》（抚办发〔2015〕9 号）。该通知要求组建“连心”小分队，进农村开展帮联工作；组建服务队伍，进社区开展帮联工作；组织干部下基层，进服务单位开展帮联工作；组建网络队伍，进网络开展帮联工作，进一步加强干部作风建设，深化“五民一建”活动，加快建设幸福抚州。

【推进精准扶贫工作】 为深入贯彻落实习近平总书记关于扶贫开发系列重要讲话精神和中央、省扶贫工作会议精神，切实瞄准扶贫对象，确保真扶贫、扶真贫，不断提高扶贫开发工作实效，加快贫困群众脱贫致富步伐，中共抚州市委、抚州市人民政府制定出台《关于扎实推进精准扶贫工作的实施意见》（抚发〔2015〕7 号）。该意见要求，按照省确定的贫困村，2015 年要全面完成“十二五”期间 253 个贫困村扶贫任务；同时，从 2015 起，通过实施精准扶贫，确保每年稳定脱贫 5 万人，贫困户人均纯收入增长高于全市平均水平。到 2018 年，贫困户稳定实现《中国农村扶贫开发纲要（2011—2020 年）》提出的“两不愁、三保障”（扶贫对象不愁吃、不愁穿，保障其义务教育、基本医疗和住房）目标。

【进一步推进开放升级】 为深入贯彻落实党的十八大、十八届三中、四中全会和省委全会精神，紧紧围绕“融入南昌、对接海西，建设向莆经济带”的战略布局，实施更加全面主动的开放战略，不断创新开放思路、拓展开放空间、提升开放平台、优化开放环境，全力打造抚州开放型经济升级版，中共抚州市委、抚州市人民政府制定出台《关于进一步推进开放升级的意见》（抚发〔2015〕8 号）。该意见要求，全市新引进投资 5000 万元以上项目 264 个，其中投资亿元以上项目 150 个，投资 10 亿元以上项目 30 个，投资 30 亿元以上项目 8 个；5000 万元以上项目实际进资 385 亿元，其中亿元以上项目实际进资 230 亿元；实际利用境外资金 3.8 亿美元；外贸出口 16.6 亿美元。

【推动人大工作发展】 为深入贯彻党的十八大、十八届三中、四中全会精神和习近平总书记系列重要讲话精神，根据《中共中央转发 < 中共全国人大常委会党组关于加强县乡人大工作和建设的若干意见 > 的通知》（中发〔2015〕18 号）和《中共江西省委关于与时俱进创新发展人大工作的意见》（赣发〔2014〕25 号）的要求，中共抚州市委制定《关于与时俱进推动人大工作发展的意见》（抚发〔2015〕11 号）。该意见要求，进一步加强和改善党对人大工作的领导，进一步支持人大及其常委会依法行使职权，进一步改进和创新代表工作，进一步推进人大及其常委会建设。

【集中开展市中心城区“五车”整治】

为改善市中心城区交通秩序和规范道路客运市场秩序，确保道路交通安全、畅通、有序，严厉打击“五车”交通乱象，保障广大人民群众生命安全和城市道路客运经营者的合法权益，根据《关于印发江西省集中联合开展打击“黑车”等非法营运专项整治工作方案的通知》（赣府厅明〔2014〕159 号）的要求，中共抚州市委办公室、抚州市人民政府办公室印发《关于集中开展市中心城区“五车”整治工作方案的通知》（抚办发〔2015〕20 号）。该通知要求重点整治交通违法行为、整治非法营运行为、整治乱停乱放和占道行为，通过开展市中心城区“五车”交通乱象整治工作，努力实现道路交通秩序明显规范，道路客运市场秩序明显好转，道路交通安全形势明显提升，道路运输发展环境明显优化，人民群众满意度明显提高。

【加强禁毒工作】 为全面贯彻落实中央领导对禁毒工作的重要指示批示精

神和《中共江西省委江西省人民政府关于加强禁毒工作的意见》(赣发〔2015〕4号),切实增强做好禁毒工作的责任感、紧迫感,进一步加强禁毒工作,中共抚州市委、抚州市人民政府制定出台《关于加强禁毒工作的意见》(抚发〔2015〕12号)。意见要求,到2020年,实现全民禁毒意识普遍增强,新吸毒人员滋生速度明显减缓;戒毒康复体系更加科学完善,戒治挽救吸毒人员能力明显增强;全市制贩毒和非法制造易制毒化学品等活动受到严厉打击,毒品问题严重地区和突出毒品问题得到有效整治;禁毒工作责任全面落实,党委和政府统一领导、禁毒委员会组织协调、有关部门齐抓共管、全社会共同参与的禁毒工作社会化格局真正形成,毒品治理能力明显提升;禁毒专业力量不断加强,各项保障更加有力,切实掌握禁毒斗争主动权。

【加快推进抚州高新区发展升级】为加快高新区发展升级步伐,充分发挥其示范、引领和带动作用,促进全市经济持续、快速、健康发展,中共抚州市委、抚州市人民政府制定出台《关于加快推进抚州高新技术产业开发区发展升级的意见》(抚发〔2015〕13号)。意见要求,力争到2017年,建成省级以上各类研发机构20家以上,国家级各类研发机构2家以上,高新技术企业50家以上;规模以上企业150家以上,产值过50亿元企业1家以上,3-5家企业上市或挂牌;主营业务收入比2015年翻一番,达到700亿元,外贸出口5亿美元以上,财政收入20亿元以上。到2019年,建成省级以上各类研发机构30家以上,国家级各类研发机构5家以上,高新技术企业80家以上;规模以上企业达180家以上,产值过50亿元企业3家以上,产值过100亿元企业2家以上,5-10家企业上市或挂牌;主营业务收入突破1000亿元,其中生物医药、电子信息和汽车及零部件三大主导产业主营业务收入分别突破150亿元、300亿元、300亿元,战略性新兴产业实现主营业务收入600亿元以上,高新技术产业产值占全区的比重达60%以上,外贸出口10亿美元以上,财政收入30亿元以上。到2020年,实现全面赶超进位,主要发展指标进入全省园区十强。

【进一步加强全市机关作风建设】为贯彻落实习近平总书记关于加强作风建设的系列重要讲话、省委《关于加强作风建设营造良好从政环境的意见》以及市委三届十一次全会精神,激发全市机关工作人员的工作热情,营造加快绿色崛起、实现跨越发展的良好环境,中共抚州市委、抚州市人民政府制定出台《关于进一步加强全市机关作风建设的实施意见》(抚发〔2015〕15号)。意见要求深刻认识加强全市机关作风建设的重要性和紧迫性;找准当前全市机关作风方面存在的突出问题;开展"作风不实""守纪不严""效率不高""为政不廉"四大专项行动;不断强化机关作风建设保障。

【推进扩权强镇试点工作】为深入贯彻落实科学发展观,强化试点镇公共服务和管理职能,增强试点镇经济社会发展活力,努力把试点镇建设成为产业集聚区、人口集中区、和谐社会示范区,中共抚州市委、抚州市人民政府制定出台《关于推进扩权强镇试点工作的意见》(抚发〔2015〕16号)。意见明确在原有12个省级百强中心镇和23个市级中心镇中,选择云山镇、唱凯镇等23个镇作为市级扩权强镇试点镇,要求到2020年,12个省级中心镇的试点镇建成区面积2平方千米以上、镇区常住人口2万人以上;11个市级重点镇的试点镇建成区面积1平方千米、镇区常住人口1万人以上;试点镇财政收入年增长要高于所在县(区)两个百分点以上,形成一批设施完善、产业繁荣、富有特色、实力强劲、环境优美、和谐稳定的农村区域经济文化中心。

【进一步加强法治政府建设】为贯彻落实党的十八大和十八届三中、四中全会精神,深入推进依法行政,加快建设法治政府,根据《中共中央关于全面深化改革若干重大问题的决定》《中共中央关于全面推进依法治国若干重大问题的决定》、国务院《全面推进依法行政实施纲要》和《关于加强法治政府建设的意见》《法治江西建设规划纲要(2014—2020)》和《中共抚州市委关于全面推进法治抚州建设的实施意见》提出的要求和任务,中共抚州市委办公室、抚州市人民政府办公室印发《抚州市关于进一步推进依法行政加强法治政府建设的实施意见的通知》(抚办发〔2015〕25号)。通知要求提高制度建设质量,加快政府职能转变,健全依法决策机制,深化行政执法体制改革,坚持严格规范公正文明执法,进一步强化对行政权力的制约和监督,及时防范和有效化解社会矛盾纠纷,提高运用法治思维和法治方式解决实际问题的能力,加快建设职能科学、权责法定、执法严明、公开公正、廉洁高效、守法诚信的法治政府。

【加强和改进党的群团工作】为认真贯彻落实中央、省委《关于加强和改进党的群团工作的实施意见》精神,充分发挥群团组织在服务大局、建设幸福抚州中的重要作用,进一步加强和改进党的群团工作,中共抚州市委制定出台《关于加强和改进党的群团工作的实施意见》(抚发〔2015〕20号)。意见要求把握做好新形势下群团工作的总体要求,加强党委对群团工作的组织领导,充分发挥群团组织的职能作用,大力推进群团组织建设,推动群团工作改革创新发展,加强群团组织领导班子和干部队伍建设,加大对群团工作的支持保障力度。

【推进全市生态文明建设】为认真贯彻落实党中央、国务院关于生态文明建设的重大决策,全面推进生态文明先行示范区建设,根据《中华人民共和国森林法》等法律法规,中共抚州市委、抚州市人民政府制定出台《关于推进生态文明建设实施全市封山育林的意见》(抚发〔2015〕21号)。意见要求封育区植被明显增加,林分质量显著提高,逐步建立起结构稳定、功能强大、效益明显的森林生态体系。通过五年一轮的封山禁伐期,到2020年,全市森林蓄积量每年净增长率达3.8%以上,总量达6000万立方米以上,森林覆盖率稳定在66%左右。

【促进政协事业发展】为深入贯彻党的十八大、十八届三中、四中、五中全会精神和习近平总书记系列重要讲话精神,切实加强人民政协协商民主建设，促进政协事业不断向前发展，根据中共中央《关于加强社会主义协商民主建设的意见》、中共中央办公厅《关于加强人民政协协商民主建设的实施意见》和中共江西省委《关于进一步加强政协工作充分发挥人民政协在发展协商民主中重要作用的意见》等文件要求，中共抚州市委制定《关于加强人民政协协商民主建设促进政协事业发展的意见》（抚发〔2015〕22号）。意见要求充分认识加强人民政协协商民主建设的重要意义、指导思想和基本原则，提高人民政协协商民主的科学性和实效性，把协商民主贯穿人民政协履行职能各方面，强化人民政协协商民主建设的组织保障，加强和改善党对人民政协协商民主工作的领导。

## 市委办公室工作

【概况】 2015年，在各级党委的正确领导下，抚州市党委办公系统始终围绕中心、服务大局，认真履职、扎实苦干，思路更加清晰，举措更加有力，成效更加显著，“三服务”工作的上下满意度、左右协调度、内部和谐度均得到较快提升。市委办公室获得省级文明单位、全市招商引资工作先进单位、绩效管理工作先进单位等荣誉。秘书科长戴光元被评为全省党委办公系统五名“践行‘三严三实’好干部”之一。

【当参谋跟得上】 各级党委办公系统围绕党委中心工作，充分发挥参谋辅政的作用。2015年，市委办共起草各类文稿材料300多篇，累计150多万字。在以文辅政方面，坚持做到主动服务、提高质量，注重文稿的针对性、指导性和可操作性。围绕市委三届十一次、十二次全会和市委关于“十三五”规划的建议等重要文稿起草，市委办公室提前做好做足功课，召开多场由市直相关单位主要负责人、有关县（区）负责人、老同志代表等参加的座谈会，对文稿进行讨论研究，讲话稿得到全市干部的好评。在调查研究方面，开展全市“三大战役”实施三年来总结调研等调研，其中《江浙两省六地经济社会发展考察报告》获得全市优秀调研特别成果奖，特别是春节期间的“微调研”活动，得到市委书记肖毅的充分肯定。各级党委办公室的调研成果也直接转化为党委决策重要参考。

【抓落实贴得紧】 紧贴中央精神和省委、市委重大决策部署，各级党委办公室开展一系列督查督办，有效推动各项决策部署落地生根。2015年，市委督查室开展专项督查18次，督办核办市委书记各类批示件约830余件，做到事事有着落，件件有回音，得到市委主要领导充分肯定。市委办牵头会同市纪委、市政府办等相关职能部门就省委、市委一系列重大决策落实情况，包括省委书记重要讲话精神贯彻落实情况、全省推进深化区域合作加快发展落实情况、全省加强作风建设营造良好从政环境的落实情况、省委省政府发展升级重大决策部署落实情况，以及市委三届十一次、十二次全会精神贯彻落实情况、党风廉政建设主体责任落实情况、“三问”大讨论活动进展情况等开展专项督查，做到决策部署到哪，督查工作就跟进到哪。市委办各类督办事项办理周期从10天缩短到7天。各级党委督查部门也不断创新督查方式方法，抓落实的成效不断显现。

【做耳目更灵敏】 在值班信息方面，全市党委办公系统不断改进值班管理和紧急信息报送工作，紧急信息和重大突发事件采用即时通讯的方式迅速报党委领导，提高应急反应的针对性、时效性。2015年，市委办创新编发《每日动态》刊物，将市四套班子和各县区、市直单位主要负责同志每天的工作摘录，促进沟通交流。市委办全年共收集处理各类信息1.2万条，向省委办公厅、中央办公厅上报信息620多条，得到市级领导批示40多条。在安排领导活动方面，市委办及时做好年度、季度、月度重要会议、重大活动时间安排，并向有关单位提前预告，增强工作的前瞻性、计划性。市委办还创新建立市委、市政府主要领导双休日值班制度，确保双休日工作不断档、不松劲。

【保运转更畅通】 围绕党委中心工作和重要会议、重大活动安排，各级党委办公室妥善协调处理各方面关系，把情况综合在一起，把力量汇聚在一起，把工作融合在一起，切实发挥承上启下、联系左右、协调各方、服务全局的作用。2015年，围绕市委开展“三问”大讨论的专题，市委先后召开全市旅游产业发展座谈会、物流产业发展座谈会、财税工作座谈会等多个座谈会，市委办公室坚持提前介入、统筹协调、高效服务，取得良好效果。针对市行政中心的信访维稳工作任务重、难度大，市委办牵头制定《关于依法稳妥快速处置来市非正常上访切实维护市行政中心正常工作秩序的意见》，明确各职能部门职责，来市信访量明显下降。

【完善各项制度】 各级党委办公室从制度建设入手，不断织密、织牢、织实党委办公室“三服务”的制度网，着力提升标准化、规范化、长效化管理水平。2015年，经过认真梳理和不断完善，市委办内部层面形成23项管理制度，并汇编成册印发给全办执行。市委办完善跟班学习和借用人员管理制度，文秘、督查、信息等科室都通过吸收县（区）、乡镇党政办干部跟班学习，加大为基层党委办公室培养业务骨干的力度。市委办还联合市政府办举办全市文秘工作培训班，提高文秘从业人员的专业素养。

【创新管理机制】 2015年，市委办突出抓落实机制建立。对重大督查事项，集全办之力开展督查，几位班子成员分别带队，有关科室抽调骨干参与，使重大事项督查出实效、见真功。加强干部日常管理。各级党委办公室普遍完善请假报备、值班值守、个人事项报告、保密承诺、公务消费一体化监督等制度，确保抓早、抓小，发挥纪律的正面引导和惩戒警示两方面作用。同时，实行工作人员去向牌制度，方便基层及群众办事。科学设置岗位分工。各级党委办公室不仅从体制机制上理顺工作关系和管理关系，实现资源整合、人尽其才，缓解人手紧张的压力，而且多岗位锻炼干部，提高党委办公系统干部的综合素质。

【优化干部队伍】 本着既着眼于事

业发展,又着眼于人的发展,全市党委办公系统想了很多办法,做了许多工作。2015年,市委办有1名科级干部提拔任市委办副主任,6名干部在市委办内部得到提拔重用,2人正式调入市委办公室工作。同时,市委办还对部分重点科级岗位进行交流,调动干部积极性。为进一步增强党委办公系统凝聚力和向心力,市委办牵头组织市第三届国庆大合唱比赛、市行政中心第四届篮球赛,分别获得二等奖和优胜奖;组织参加全省党委办公系统体育比赛,获得乒乓球团体第二名、篮球团体第五名的佳绩;组织集中观看《百团大战》等优秀影片,丰富干职工业余文体生活。

【开展“三问”大讨论】 2015年,全市党委办公系统积极响应市委号召,带头开展“三问”大讨论活动,每位干职工围绕“我们的差距在哪里;我们的历史担当是什么;我们应该怎么干”,结合自身工作,进一步解放思想,开展大讨论活动,为市委出谋献策,特别是为市、县(区)新的发展思路形成,做出较大贡献。各级党委办公室还牵头开展全市“三问”大讨论专项督查,有效推动“三问”大讨论工作的深入开展。

【开展“三严三实”专题教育】 2015年,市委办印发《关于在市委办县处级以上领导干部中开展“三严三实“专题教育实施方案》,主要负责同志带头讲专题党课,抓好动员部署。全市党委办公系统以践行“三严三实”为主题召开专题民主生活会、组织生活会,广泛征求意见建议,普遍开展谈心谈话活动,深入查找不严不实问题,认真撰写发言提纲,制订整改方案,进一步促进领导班子建设,提高“三服务”工作水平。

【稳步开展“把纪律挺在前面”试点工作】 2015年,市委办以开展“把纪律挺在前面”试点工作为契机、突破口,坚决落实党风廉政建设责任制。对中央、省、市出台的规范党员干部行为规范、约束党员干部纪律的文件,全市党委办公系统先学一步、率先垂范,从强化落实主体责任专题调研、举办纪律讲堂、开展纪律建设约谈等方面,切实加强党风廉政建设。市委办还专门编辑印发《党风廉政建设政策法规文件选编》。

【深入开展“四进四联四帮”活动】 2015年,全市党委办公系统坚持把“四进四联四帮”活动作为转变干部作风、提高干部素质的重要载体,紧紧围绕“驻村入户、摸底调查、狠抓落实”工作,有效推进活动深入开展。市委办公室驻南城县株良镇城上村连心小分队紧紧围绕精准扶贫的要求,从保障扶贫、安居扶贫、产业扶贫三个方面下功夫,取得明显成效,截至年底,完成村文化广场、道路硬化、环境整治、小学改造等多个项目建设。全市党委办公系统共派出机关干部200多人,单独或参与组建60多支“连心”小分队,积极投身“四进四联四帮”活动。

(戴光元)

【市委办领导名录】
主　任:赵　立
副主任:李文庆　付红星　饶源中
　　　　戴新平　张雪明(3月任)
市委督查室主任:高晓英(正县级)
市委督查专员:黄亚斌(正县级)
市委法规室主任:王波华(副县级)

## 保密机要工作

【概况】 2015年,抚州市委保密机要局,深入开展“三严三实”专题教育,努力克服人员少、任务重的困难,围绕中心、服务大局,开拓创新、求实奋进,认真履行好保密行政管理和密码通信服务保障两大职能,圆满完成各项工作任务。年内,市保密工作被评为全省先进,各项业务工作也走在全省前列。同时,市局切实加强自身建设,积极参与中心工作,提升服务大局能力,先后获得全市绩效管理优秀单位、全市综治、节能、文明、计划生育先进单位等荣誉称号。

【提升服务保障水平】 2015年,市委保密机要局围绕工作职能,服务大局,充分发挥好保密机要工作“生命线、指挥线、保障线”和“保安全、保发展”的重要作用,为建设幸福抚州提供优质的服务保障。精心做好电报的传发办理工作。严格规范电报格式和办理程序,强化精品意识,提高工作效率。切实加强密码通信值班工作,实行24小时值班制和领导带班制,严格按程序交接班,坚持“两查一审一督促”制,并不定期对各县(区)密码通信值班情况进行抽查,确保“室不离人”“密不离人”。全年全市保密机要系统共收发电报31754份,办理电报80027份,电报收发办理工作做到“零差错、零停留”,保障各级党委、政府指示政令的安全畅通。深入开展保密宣传教育。认真抓好领导干部、涉密人员、公务员的保密教育,在将保密教育专题纳入市委党校主体班次教学计划的基础上,组织干部到市委办、市政府办、市委政法委、市国土局等多家重点涉密单位开展保密授课培训。同时,充分利用《抚州日报》(手机版)等现代媒体和平台,向全市广大干部群众定期发送保密基础知识和防范知识,并组织开展全省“百万网民学保密法专场竞赛”活动和全省保密工作调研活动。进一步加强宣传报道工作。认真做好《保密工作》《江西机要》等业务刊物征订发行和学刊用刊工作,并采取激励措施鼓励广大干部积极写稿投稿。全市上报各类信息稿件120多篇,其中发表文章信息40余篇。扎实推进电子政务内网建设。从5月份开始,根据省委办、省政府办下发的《关于进一步加强全省电子政务内网建设的通知》要求,市局精心组织安排,把握时间节点,扎实推进市电子政务内网建设,在各级领导和相关部门的关心支持下,协调落实内网机房和保密视频会议室,增设市电子政务内网管理中心,增加事业编制3名,解决内网建设经费1216万元。切实做好县乡商用密码公文传输系统建设的指导工作,临川、崇仁、金溪、广昌等县(区)已正式开通。

【促进规范化管理】 2015年,市委保密机要局始终坚持高标准、严要求,不断完善工作机制,强化内部管理,加强监督检查,促进保密机要工作的规范化建设。全面推进保密“三大管理”。即加强定密管理、涉密计算机及网络管理、涉密人员管理。积极开展定密工作培训和指导,确保依法定密、精准定密、及时解密。认真做好全市涉密网络的排查摸底工作,加大对全市涉密计算机的技术检查和监管力度,消除隐患,堵塞漏洞。对全市涉密岗位和涉密人员进行分级分类,建立涉密人员管理动态数据库。切实加强保密安全监督检查。开展全市2014年度保密工作数据普查工作。先后组织开展全市涉密网络保密检查和测评工作,开展涉密文件资料保密管理、计算机及网络保密管理、涉密测绘成果保密管理、政府信息公开保密审查等专项检查,组织开展中、高考等各类国家统一考试的保密监督检查。积极参与全市国动演练活动的保密管理工作,为国动演练的顺利开展提供了安全的服务保障。加大对严重违规行为查处力度和重大典型泄密案件的通报力度,起到明显的警示和震慑作用。完善和落实各项安全保密管理措施。进一步建立健全重大事项报告制度、密码及密码设备安全管理制度、密码电报管理制度等一系列管理科学、行之有效的规章制度。认真落实安全保密承诺长效管理机制,组织全市各级保密机要干部层层签订《保密承诺书》和《密码安全保密责任书》。加强密码通信设备的运行维护管理,对密码和密码设备坚持局领导亲管和双人监管。加大经费投入,积极购置保密技术检查设备,加快推动保密涉密网络“两个平台”建设。将保密工作纳入全市综治考评内容,有效提升保密行政管理部门的权威,为进一步做好保密工作创造有利条件。

**【提升干部综合素质】** 2015年,市委保密机要局按照“政治上靠得住、业务上有本事、作风上过得硬”的要求,切实加强干部队伍建设。打牢干部政治思想基础。按照“绝对忠诚、绝对纯洁、绝对可靠”的干部要求,组织党员干部观看《百团大战》等爱国主义教育影片和《反腐警示录》《苏联亡党亡国20年祭》等警示教育片,对党员干部进行理想信念、党性党纪教育,使党员干部以案明纪,引以为戒,牢固树立正确的权力观、地位观和利益观,确保对组织忠诚,让组织放心。组织开展“把纪律挺在前面”教育监督活动,集中学习党章和党纪知识,并参加统一考试,引导党员干部牢固树立党章意识。提高干部业务综合能力。采取“走出去”的方式,积极组织参加在海口、成都等地举办的全省保密和机要干部培训班,并组织干部赴北京、辽宁、南昌、新建等地参观学习考察,从而开阔干部眼界。通过压担子、交任务和传帮带的形式,狠抓干部业务知识技能的学习以及材料、信息的撰写工作,提升干部的动手和动脑能力。同时,深入贯彻落实《中华人民共和国保密法》和《中华人民共和国保守国家秘密法实施条例》,加强执法队伍建设,加大干部的学法用法工作力度,引导干部遵法学法知法用法,严格依法办事。加强干部使用管理。认真落实保密机要干部双重管理和任前审批制度,严格执行重大事项报告制度、监管制度和岗位责任制度,对全市保密机要干部进行分类管理,严把干部进出关。在干部使用上,积极搭建平台,要求全局干职工主动融入“四进四联四帮”、文明创建、志愿者服务、社区共建等中心工作,使干部得到多方位的锻炼提高。在严格要求干部的同时,市局坚持以人为本,做到“用事业留人、感情留人、适当的待遇留人”,在生活上对干部多关心,积极开展干部生日、生病住院等慰问活动,同时积极选派干部参加省局组织的羽毛球、演讲等竞赛活动,极大地凝聚人心,激发活力。

(熊志斌)

**【市委保密机要局领导名录】**

局　长:黄文彪

副局长:万志群　翁凤兰

专职密码督查员:陈小勇

## 接待工作

**【概况】** 2015年,抚州市接待办按照“围绕发展抓接待,抓好接待促发展”的总体工作要求,深入学习习近平总书记系列重要讲话精神,严格按照“八项规定”要求,厉行节约、反对铺张浪费,以高度的政治责任感、良好的精神风貌、热情的服务态度、细致的工作作风圆满完成全年各项工作任务。全年,市接待办共完成各类接待任务582批19467人次,其中省部级以上领导86批2475人次,厅局级297批10704人次;其他公务接待(主要是客商)199批6288人次,接待批次同比上升7.98%,接待人次同比上升20.16%,接待经费支出同比下降10.35%,为抚州经济社会发展提供有力的接待服务保障。

**【做好政务接待和商务接待】** 2015年,市接待办先后接待省委书记强卫、省政府省长鹿心社等省领导和国家有关部委领导。这些领导到抚州市考察调研,一方面有利于指导全市更好地开展工作,另一方面有利于总结推广全市的成功经验和做法,扩大抚州市对外的影响力。所有重大接待任务,办主要领导亲自挂帅,分管领导各司其职,接待干部按照责任分工,统筹协调食宿、会议、维稳、医疗、供水、供电、检疫、安保等各项工作,确保各项重大政务接待顺利进行。与此同时,市接待办还热情做好各项商务接待,先后圆满完成大唐发电、广银铝业、奥克斯集团等一系列重大商务活动的接待。接待过程中,市接待办的接待干部主动宣传抚州亮点,推介抚州优势资源,大力展示抚州发展成就,努力提高抚州的知名度和美誉度,让来宾了解抚州、亲近抚州、投资抚州,取得良好效果。其次,每批接待任务结束后,都及时总结并把接待过程中形成的资料归档,为今后更好地开展接待工作奠定基础。

**【配合完成重大活动和团组接待】** 2015年,随着抚州市经济社会的快速发展,各方逐渐把目光聚焦到抚州,一些重大活动或全国、全省的大型会议先后在抚州召开。如全国维稳工作会、全省法院院长会议、中国光彩事业抚州(广昌)行、闽粤赣十三地市党政领导联席会和京抚商会、广东商会、福建商会、赣抚商会、南昌市党政代表团到抚考察等。这些重大活动和重要团组的接待一方面展现全市优越舒适的投资环境;另一方面展示全市作为2015年中国大陆城市氧吧50强之首的良好自然生态环境,让来宾充分感受到抚州人民的热情和诚意,得到各界来宾的广泛好评。

【实现国有资产管理增值提效】 2015年,市接待办加强汝水森林宾馆的管理,重新对宾馆所属的财务状况及固定资产情况等进行清查盘点,避免国有资产流失,为下一步全市行政事业单位国有资产监督管理工作奠定基础。根据国有企业改制有关要求,在市纪委、市财政、市国资办等部门监督下,市接待办委托专业拍卖公司依照法定程序,对原抚州宾馆店面进行公开拍卖,原评估价值800余万元的标的最终成交价达1600余万元,溢价率100%,确保国有资产增值,在全市尚属首例。

(胡　涛)

【市接待办领导名录】

主　任:胡会华

副主任:游勇智　邓小华

## 机关事务管理

【概况】 2015年,在市委、市政府正确领导下,市机关事务管理局扎实开展"三严三实"专题教育,主动服务全市中心工作,以建设节约型机关为主线,认真履行管理、保障、服务职责,求真务实、真抓实干,进一步推动全市机关事务管理工作科学发展。年内,抚州市被评为"全省公共机构节能工作先进市",市机关事务管理局被评为"江西省第十三届文明单位""抚州市第七届文明单位""全市公共机构节能优秀单位""全市社会管理综合治理目标管理先进单位""全市人口和计划生育工作先进单位""全市特别优秀基层党组织"等称号,"国家、省绿化模范单位"复评通过,各项业务工作均居省、市前列,为市行政中心正常、高效、有序运转提供有力保障和优质服务。

【抓好公共机构节能】 围绕意识节能、管理节能、技术节能三条主线,深入推进节约型机关建设。6月份在南城县开展全市公共机构能源资源消费统计数据集中会审工作。通过培训学习,提升全市节能统计员业务水平和全市能耗统计数据质量。在抓好日常性的节能宣传教育同时,精心筹备开展6月13—19日全国公共机构节能宣传周和6月15日"全国低碳日"等大型集中的宣传教育活动。积极抓好全市两家全国节约型示范单位和5家省级节约型示范单位创建工作。10月份市公安局和崇仁县行政中心两家全国性示范单位通过国家验收,5家省示范单位正在按省里要求积极创建。

【推进公务用车制度改革】 积极开展公车改革教育培训和专项调研,全面摸清车辆、司勤人员、参改人员和各类支出成本等。根据省里公车改革总体方案的要求,起草《抚州市公务用车制度改革实施方案》及其配套的车辆处置、司勤人员安置、执法执勤车辆改革、审计监督等办法,已经市政府常务会和市委常委会研究通过,报送省公务用车制度改革领导小组审批。同时,在公车改革推进期间,严格公务用车使用管理,严控公务用车购置审批,严防公车私用,扎实开展领导干部超标购置、配备公务用车整改工作。

【巩固办公用房清理成果】 根据《党政机关办公用房建设标准》(发改投资〔2014〕2674号)新要求和新标准,全市党政机关逐条对照检查,进一步清理整顿领导干部超标占用办公用房、离退休领导干部占用办公用房、党政机关租(借)用和出租(借)办公用房等问题。围绕清理办公用房成果,建立办公用房管理的长效机制,健全办公用房集中统一管理制度,完善办公用房情况总台账。

【清理规范驻省会城市办事机构】 2015年,通过深入细致的调查摸底,掌握市、县(区)政府驻省会城市办事机构的人员编制数、财务状况、干部职工思想动态等基本情况,收集相关部门对清理规范的意见建议,结合抚州市实际情况,按时上报《关于清理规范全市驻省会城市办事机构的实施方案》。经省政府批复同意,抚州市保留市政府驻上海联络处,驻南昌、广东、福建办事处;市政府驻浙江办事处整合至市政府驻福建办事处;撤销资溪、广昌县政府驻南昌办事处。

【精神文明创建】 2015年,牵头完成市行政中心创建省级文明单位和省级文明城市工作任务,制定《市行政中心精神文明创建协调机制工作方案》,在大院内开展文明宣传、交通安全、环境卫生、绿化美化等专项整治,有效净化美化大院环境。在省文明委组织的全省文明城市创建实地测评和省级文明单位创建抽查中,市行政中心精神文明创建工作均得到检查组的高度评价。

【提升保障和服务水平】 2015年,市机关事务管理局牢固树立以人为本服务理念,主动融入建设"幸福抚州"发展大局,在服务发展中找准定位、当好助手、管好事务,努力打造和谐、平安和稳定的"后院"。抓好安全保卫工作。全面升级市行政中心的监控系统并纳入市天网工程,扎实推进市行政中心门禁"一卡通"和指纹系统安装建设工作,认真执行保安员管理的各项规章制度,坚持每周对监控系统进行巡查,定期召开控访工作会议。至年底,共劝阻、处置赴市行政中心上访232批2960余人次,维护"和谐、安全、稳定、有序"的办公生活环境。推进动力保障工作。加大办公大楼水电暖、电梯、空调等设备设施的巡查、修缮力度,对配电房加装了备自投设备,并对低压配电柜进行升级改造。全年水电设施大小维修4800余次,更换大小灯炮2000多只,确保水电正常运转。搞好房管维修工作。对行政中心公共区域房屋实行每日巡查,发现问题及时处理,定期对报修单位进行回访。加强市直楼管理。加强对物业公司的监督管理,对市直大楼的安保、巡逻、卫生、消防、水电维护等进行监督和检查,加强各项设备设施维护管理,有效预防和排除各类安全隐患。完善机关食堂管理。不断加大内部管理,完善服务功能,对食堂抽油烟系统进行改造,保持机关食堂环境整洁、干净,开展节俭养德活动,营造文明用餐的良好氛围。做好会议服务工作。坚持高标准做好会议服务工作,进一步更新会场设备,在三楼主会场安装2个大型LED电子显示屏和6台高清电视机。保障会议中心100多场次会议,实现会务工作零差错。坚持厉行节约。不断完善财务制度,注重加强内部管理,坚持按报账流程报销支出,从制度上堵塞可能出现的漏洞,降低机关运行成本。公务接待费同比下降41.28%，公车运行维护费同比下降25.37%。同时，积极盘活存量资金，严格按照市财政局文件要求，合理安排资金使用，存量资金全部使用完毕。同时，按照“年初有计划、过程有考评、日常有监督、结果有奖惩”的思路，全面做好“四城同创”、公共机构节能、定点扶贫、新农村建设、社会管理综合治理、计划生育、信访工作、共建文明社区、安全生产、法制抚州建设等工作，准确把握工作定位和时间节点，强化责任落实和动态管理，积极稳妥地推进绩效管理工作。

【开展“三严三实”专题教育】 2015年，按照中央、省委、市委安排部署，局领导班子积极开展“三严三实”专题教育。认真学习党的十八届四中、五中全会和习近平总书记系列讲话精神，积极开展党课教育，在全局全体党员中开展党章专题学习活动和“把纪律挺在前面”专题学习活动。严格按照规定程序召开领导班子“三严三实”专题民主生活会和全体党员“三严三实”专题组织生活会。坚持把查找问题、解决问题作为专题教育的中心环节，通过多种方式查找局班子存在的“不严不实”问题，并制订整改措施，明确任务书、时间表和责任人。积极开展突出问题的专项整治，做到“不严”的问题不放过，“不实”的问题不罢休，确保问题有一件改一件，改一件成一件。

【开展“四进四联四帮”活动】 局党组高度重视“四进四联四帮”活动，坚决贯彻落实市委肖毅书记在延桥村检查指导时的指示精神，积极做好“连心”扶贫村的精准扶贫、信访维稳、加强基层组织建设、开展安全隐患排查等工作，局“连心”小分队的工作几次得到《抚州日报》等媒体的报道。全局为临川区太阳镇延桥村11名贫困学生资助10600元助学金，困难学生无一缀学，并经多方协调争取4万元左右的水利建设资金，还拿出局自有资金2万元帮助挂点村维修道路，在第二个全国“扶贫日”，全局干部职工积极捐款4300元，局主要领导带领局班子成员和干部职工深入到困难村民家中进行走访慰问，为他们送去必要的生活物资。同时，还为宜黄县棠阴镇民主村争取3万元的水利建设资金和4万元的农村道路整修资金，并为贫困户送去7000余元的大米、食油等物资。为帮扶共建文明社区，局里还拿出2万元自有资金帮扶临川区荆公路街办穆堂路社区困难群众。共帮扶困难群众17万多元，让贫困群众感受到党和政府的关心。

【提升队伍凝聚力战斗力】 局领导班子倡导“团结务实、廉洁高效、勤俭奉献、创新进取”的抚州机管精神，通过开展“三严三实”专题教育，认真查摆“不严不实”问题，并切实抓好整改落实。局党组认真贯彻民主集中制原则，坚持“三重一大”事项集体研究制度。班子成员自觉遵守党的组织原则，从“班长”到成员，都自觉把自己置于党组织管理之中，做到大事讲原则，小事讲风格，在政治上、思想上和行动上与党中央、省委和市委始终保持高度一致，驾驭全局和处理复杂问题的能力不断提升，领导核心作用得到充分发挥。在坚持落实“三会一课”制度的同时，进一步完善党务公开、民主评议党员、基层党组织的组织制度、工作制度和生活制度等各项管理制度，党建工作更加规范、更加透明。

【加强党风廉政建设】 2015年，市局认真贯彻落实中央、省市关于党风廉政建设和反腐败工作的总体部署，坚持“把纪律挺在前面”，深入落实党风廉政建设责任制。积极开展《准则》《条例》、“省委作风建设20条”“三问”“市委进一步加强干部作风意见”“党员干部行为规范”等专题学习讨论活动。认真履行党风廉政建设党组主体责任和纪检组监督责任的“两个责任”，各班子成员切实履行“一岗双责”，严格执行“三重一大”制度，加强工程维修监管，认真执行政府采购制度，加强固定资产管理，规范财务制度，规范合同签订。通过健全监督制约机制，强化内部管理，从源头上预防和治理腐败。同时，积极开展“纪律讲堂”活动、廉政五约谈、党风廉政建设社会评价、廉政建设调研活动和廉政文化进机关等各项“把纪律挺在前面”活动，大力开展领导干部违规插手干预工程项目问题专项治理。通过持之以恒地抓党风廉政建设，进一步强化干部职工的廉洁自律意识，筑牢干部职工拒腐防变的思想防线。

（江小波）

【市机关事务管理局领导名录】

局　　长：肖越辉

副 局 长：何中钢　程冬梅

　　　　　黄凡元

纪检组长：李晓君

## 组织工作

【概况】 2015年，抚州市共有党组313个、部门党委121个，基层党组织7765个，其中268个基层党委、310个党总支、7187个党支部。截至年底，全市共有党员17.54万名，其中，乡镇、建制村党员11.07万名，占63.1%；女党员2.79万名，占15.9%；35岁以下党员3.66万名，占20.8%；大专以上学历的党员5.32万名，占30.2%；非公有制企业党员3074名，占1.8%；学生党员0.033万名，占0.18%；离退休及其他党员3.62万名，占20.6%。2015年全市共发展党员2753名。

【“三严三实”专题教育】 按照中央和省委的部署要求，在市委领导下，市委组织部牵头组织实施“三严三实”专题教育，全市109个参学单位党委（党组）书记全部讲了专题党课，参加党课报告会的人数累计6万余人次，组织各种学习研讨720余次，开展专项整治6个，推动了一批问题的整改和干部作风的好转。以“四进四联四帮”活动为载体，组织选派干部4700余名，组建1810支“连心”小分队，共为民办实事4122件，完成民生工程615个，解决各类矛盾纠纷1381件。制定《抚州市党员干部行为规范（试行）》，纳入“三严三实”专题教育的重要内容，引导各级党员干部牢固树立纪律和规矩意识，自觉按原则、按规矩办事。

【领导班子和干部队伍建设】 2015年，紧围绕20字“好干部”标准，始终把严的措施、严的纪律贯彻到干部队伍建设全过程，推动领导班子和干部队伍建设。创新培训方式。在主体培训班加入廉政教育、禁毒知识、电子商务、“双学”等知识内容,完成主体班次7期,共培训315人。充分利用高虎脑战役革命旧址、毛泽东沙子岭旧居、革命烈士纪念馆等红色资源优势,深入开展党史、国史和社会主义核心价值观教育,加强领导班子和干部的党性教育。先后与上海交通大学联合举办“电子商务与物流管理”培训班,与新加坡教育培训中心联合举办“产业转型升级与现代服务业”专题培训班,共培训100人。与江西省网络干部学院合作办学,积极推进全市县级以上领导干部在线网络学习,确保县处级干部不少于15学时,科级及以下干部的在线学习已完成前期准备。开展两项整治。与编制部门紧密配合,科学规范有关单位的兼职职数、常务职数、党内职数和技术岗位领导职数,并扩大“三定”覆盖范围。对接近退休年龄的市管干部,通过一对一谈心,在充分尊重个人意愿的基础上,分批次免去现任职务保留原职级待遇。由以前部务会每半年研究一次干部退休改为每月研究一次,并落实《公务员法》提前退休政策。共消化超配县级领导职数33人,县级非领导职数154人,科级领导职数307人,科级非领导职数535人。明确10项跑官要官、说情打招呼违纪违规行为,对经查实跑官要官行为的进行严肃处理,并配合省委组织部开展省管领导干部跑官要官、说情打招呼自查自纠工作。严把三道关口。对县(区)和市直单位科级干部调整方案,严格把关,认真进行任前职数审核,做到“两个不能通过”。共对县(区)620名科级干部、市直单位181名科级干部进行任前审批(备案)。对市直党群口及部分政府口单位的1126名市管领导干部的档案进行审核、认定,对发现的档案涂改、前后记录不一致、资料不全等问题进行记录,认真填写档案审核登记表。对拟提拔重用的干部,重点核查“三龄二历一身份”,做到“不打招呼、不递条子、不开口子、不搞特例”。印发《关于做好2015年领导干部报告个人有关事项工作的通知》,在落实县处级以上干部个人事项报告的基础上,将填报对象扩大到全市2743名正科级领导干部,加强科级干部的监督管理。重点抽查拟提拔的部分考察对象、拟列入后备干部人选对象、巡视工作中需要核实的对象,以及群众举报反映的对象等,重点抽查61名领导干部的个人有关事项报告表,共有6人因个人事项漏报瞒报而取消或暂缓提拔资格。推进四项探索。积极推进领导干部能上能下试点探索,初步建立“四下两不上”制度,立好干部“下”的硬规矩。共批准4名县级干部提前退休,对3名不符合领导干部近亲属提拔任用资格条件的报批对象予以退回。按照“追得上、打得赢、说得清、审得明”的标准,面向全市公安系统公开选配6名正科级县公安局政委,做到民主、公开、竞争、择优选干部,得到公安系统和社会各界广泛赞同。同时,对《抚州市正团职军队转业干部安置办法》进行修订完善。按照“公开职位、量化计分、积分择岗”的办法,安置6名军转干部,达到“干部满意、安置单位满意和部队满意”的“三满意”要求。会同市纪委制定《关于推行市直单位重点管理岗位科级干部轮岗交流工作的意见》,按照“涉及人财物等重要岗位,任满5年必须交流”的原则,对48名市直单位重点管理岗位科级干部轮岗交流,并将这一做法在县(区)试点推广。迅速启动和推动县以下公务员职务职级并行工作,完成前期动员、人员摸底统计、档案资料审核等工作,共有4400名干部集中享受此次县以下机关职务与职级并行带来的政策“红利”。

## 【基层党组织和党员队伍建设】

2015年,以推进“连心、强基、模范”三大工程为统领,层层传导压力,落实党建主体责任,固本强基,真心实意地重基层,真金白银地抓投入,分类创评,统筹推进各领域党建。主体责任全面落实。通过组织学习习近平总书记关于加强基层党建的重要讲话和指示、批示精神,进一步建立和完善各级党委抓基层党建的责任体系,细化为敢于碰硬叫真的实际行动。坚持久久为功,持续用劲,传导压力,制定下发《关于深入推进“三大工程”进一步加强农村基层党建工作的实施意见》《2015年度县(区)委书记抓农村基层党建工作责任清单》和《市直有关单位抓农村基层党建工作责任清单》,各级党委特别是党委书记对抓好基层党建工作的思想自觉和行动自觉明显增强。

部署开展6次有关基层党建督促检查工作,采取明查暗访、一竿子插到底的办法,通过点具体事、点具体人的方式,下发督查通报,有力促进基层党建工作。基层保障不断加强。重点围绕基层党建基础保障“现状是什么、差距在哪里、下一步怎么办”3个问题,开展专题调研,摸清底数,找准差距,建立半月调度和逐项销号制度,逐项对照检查和整改落实。市县两级共投入农村基层党建基础保障经费2.94亿元,比2014年增加6300万元,增长21%。基层党建保障经费中,用于村干部报酬1.18亿元、党员教育培训经费补助343万元、村民小组长报酬补助1081万元、农村离任“两老”生活补助470万元、村级活动场所维修改造项目经费补助2670万元、村干部养老保险经费补助1387万元。

各领域党建协调推进。以开展“五星创评”为载体,以扩大组织有效覆盖为目标,分类指导,纵深推进行政村、街道社区、机关、事业单位、非公企业、社会组织等6个领域基层组织建设。

全面建立和完善村务监督委员会制度、村民理事会制度、村级后备干部队伍建设制度、民事帮办制度、村干部轮班坐班制度、从严管理党员制度、机关干部社区报到制度等,激发基层党建新活力,为加强基层党建工作提供更加完备的制度基础。“两星”及以下软弱涣散基层党组织有201个已转化升级,占软弱涣散基层党组织数的50.2%;有68个“三星”“四星”基层党组织晋位升级,占9.3%;“五星”基层党组织巩固率达100%。同时,重点围绕“党建+”怎么加、加什么,推动基层党建与各项工作紧密结合,以党建项目形式提出一批重点项目,整合资源,进行重点打造。服务能力明显提升。

大力推进“四级平台、两个闭环”为主要内容的农村服务型党组织建设,以“群众点菜、政府买单”制度为重点,面向群众提供涉及家家户户共同利益的公益服务。全年新增乡镇便民服务大厅68个,村便民服务站862个,村民小组民事代办点2361个。

"四级平台、两个闭环"服务模式的推行,方便农村群众,使农村群众能够在家门口享受到"一站式""保姆式"服务。

党员教育切实改进。贯彻实施《2014—2018年全国党员教育培训工作规划》,大力实施农村党组织书记、新党员、大学生村官党员培训和党员创业就业技能培训四项重点工程,大规模开展党员轮训工作。在全市范围内开展评选最美女共产党员活动,在不同地域、行业、界别评选出10名最美女共产党员,形成学习先进、崇尚先进、争当先进的热潮。在抚州电视台推出《我们身边的好党员》电视栏目,集中宣传报道一批基层优秀共产党员,全年共播出42期。经过组织推荐和严格考察,5名优秀乡镇党委书记和11名优秀村党组织书记受到省委表彰;6名优秀乡镇党委书记和11名优秀村党组织书记受到市委表彰。拍摄《作风建设永远在路上——抚州市推行基层服务型党组织规范化建设纪实片》,着眼"发出抚州党建好声音,传递抚州红色正能量"要求,扎实深入推进远程教育"四上"工作。

【人才工作】 2015年,抚州市人才工作紧扣加快幸福抚州建设这个大局,以服务"融入南昌、对接海西、建设向莆经济带"发展战略为重点,积极推进农村实用人才体制机制的改革创新,初步呈现出"上下贯通有形、衔接左右有度、合力共为有为、汇聚人才有路、深化改革有果"的良好发展态势。人才保障增强。年初,市财政从市长预备经费中拿出100万元追加作为人才工作专项资金,总额达300万元,各县(区)的人才发展专项资金最低达20万元,全市累计对人才发展专项资金投入高达2000万元。人才引进增多。采取刚柔并进、招智与招才相融的办法,以经济社会发展需求为先导,吸引一大批优秀人才投身建设幸福抚州的洪流中。致力产业引才,全市引进各类科技研发团队6个、研发人员28人,其中院士2人、博士研究生12人、技术人才300余人。致力项目引才,引进560名企业中高级经营管理人才,如博雅生物有限公司参加了省第二届华侨华人赣鄱投资创业洽谈会,引进研发人员3人、技术人才5人。致力合作引智,引进中科院、农科所、国内知名学院等单位的15名专家,深入抚州市企业、蜜桔和种子基地开展技术指导和项目合作。人才平台增宽。先后开发组建2家院士工作站,10个工程技术研究中心,6个企业科技研发团队,集聚各类科技人才86人,柔性引进高层次人才54人;在市本级打造20个市级人才工作示范点和2个省级人才工作示范点,东乡东华种畜禽有限公司、金龙蛋糕艺术培训基地被列入省级第一批人才工作示范点。人才培养增效。坚持"育"字当头,组织58名企业高管赴上海复旦大学参加研修,市工信委依托抚州创业大学开办"成长型企业总裁研修班",培养企业高管近100人。举办专业技术人员继续教育公共科目培训班,全市培训专业技术人员2万余人。依托抚州职业技术学院和县(区)各类职业技能培训学校,共培训技能人才3.8万人。采取"异地参观、基地实践、现场指导"的方式,市、县两级举办各类农村实用人才技术培训班722期,累计培训4.2万人。人才改革增色。按照省委"1+10"一系列有关人才工作体制机制改革的要求,积极探索"一市一点"即农村实用人才创新创业机制改革,初步呈现出"改革一个项目、培育一批能人、带动一批创业、搞活一片经济"的连锁效应。在全市打造出以南丰蜜桔、资溪面包、崇仁麻鸡等为特色的人才创新创业"旗舰号";孵化出一批以东乡"花卉能手"、金溪"香料之王"等为重点的实用人才"创投客"。据统计,有2200多名土专家在改革中受益,引导490人创办自己的企业或公司。

【自身建设】 2015年,以"三严三实"专题教育开展为契机,按照"讲政治、重公道、业务精、作风好"的要求,加强组织部门自身建设,提高组织工作科学化水平。五大课堂重实效。按照创建学习型组织部门、培养学习型组工干部的要求,采取内请部领导、业务科室骨干和外请专家、教授等方式,开展新修订的《干部任用条例》、档案审核、干部考察、公共礼仪、摄影、PPT制作等专题讲座,努力培养组工干部勤学习、善思考、重实践、求创新的工作理念,切实提高组工干部的业务工作能力和实践能力。制度建设重操作。规范部机关财务审批手续、办公用品购置流程、车辆检修保养以及固定资产使用与管理等,完善《借调干部工作流程》和《用印审批单》等制度,使部机关运行更加有序、服务更加高效;全面推行任务交办制、工作报结制、办理督查制以及岗位责任制、服务承诺制、首问负责制等制度,在强化工作责任中打造组织部门公开透明、务实高效的工作品牌。机关党建重内涵。以问题为导向,部机关党建"灯下黑"现象有明显改变,支部活动有声有色,内容丰富多彩。坚持每季度读一本好书,每月一次支委会、一次专题讲座,每年开展一、两次廉政教育;组织机关干部健步走、篮球赛、足球联赛,深入南丰县白舍镇中和村帮贫困户、缺劳力户采桔等一系列活动;扎实开展"四进四联四帮"活动,派出由1名副县级干部带队,3名年轻骨干干部组成的连心小分队,吃住在村、工作在村,化解社会矛盾,实施扶贫攻坚,兴办民生实事,争取项目资金300余万元,深受群众欢迎;每月开展一次谈心谈话活动,采取主动约谈、集体座谈等多种方式,机关干部互相交流探讨思想、学习、生活和工作等方面的所感所感所悟,查找工作、作风、为人等方面的不足,深入掌握情况、主动倾听意见、疏导思想情绪、加强提醒帮助。从严律已重形象。坚持从严治部、从严律己、从严带队伍,认真组织学习中国共产党廉洁自律准则、纪律处分条例和巡视工作条例,落实"两个责任",以科室为单位深入排查不同岗位风险点和薄弱环节,建立健全风险报告和谈话提醒制度,筑牢反腐倡廉思想防线。实行治庸问责,推行"马上就办",形成奉献、勤奋、务实、高效、廉洁的良好氛围,树立了组工干部良好形象。

(调研科)

【市委组织部领导名录】

部　长:王新有

副部长:宋东方(常务)　温　勤　黄晓慧　宋有志　董东明

## 宣传工作

【概况】 2015年,抚州市宣传思想文化工作围绕理论武装、新闻舆论、文明创建、文化事业、队伍建设等方面着力,积极发挥宣传思想文化工作的先导和服务作用,各项工作取得显著成效。市委中心组先后开展23次集中学习,在省级以上主要报刊台用稿3526篇,其中在中央级报刊用稿171篇,全市开展"道德讲堂"活动近千场次,覆盖人群达80余万人。全市注册志愿服务组织2300多支,注册志愿者22万多人,开展活动8000余人次,全市全年送戏下乡1039场,送电影下乡近29589场,指导乡村开展文体活动近632场,顺利通过省文明城市测评组的检查测评,成功创建省级文明城市。

【理论武装工作更加深入】 2015年,理论学习得到加强。市委中心组先后开展23次集中学习,先后4次组织中心组成员到鹰潭、赣州、上饶、吉安和南昌参观学习和交流。开办"抚州大讲堂",邀请国务院发展中心研究员潘向龙、国防大学教授王宝付、中科曙光执行总裁关宏明、盈盈理财联合创始人熊伟等国内知名专家学者和企业家作辅导报告11场,推动了干部学习。理论宣讲取得实效。及时组织市委宣讲团宣讲习近平总书记在十二届全国人大三次会议江西代表团发表的重要讲话精神,宣讲中央、省委、市委全会精神,充分发挥全市1100多名基层宣讲员和全市1810个"连心"小分队的作用,推进政策理论进社区、进乡村、进企业、进学校。在《抚州日报》创办"时政解读"栏目,刊发理论学习辅导文章80多篇。理论研究更加深入。市、县两级党委中心组成员围绕中心工作开展理论调研,撰写理论调研文章120多篇,资溪、黎川县委主要负责人撰写的理论文章在《人民日报》刊发。设立市社科研究基金,积极开展社科理论研究和普及工作。市委讲师团围绕热点理论问题,积极开展理论研究工作,一批成果在全省讲师团系统理论研讨中获奖。

【新闻舆论宣传富有成效】 2015年,对外宣传取得新突破。在省级以上主要报刊台用稿3526篇,其中在中央级报刊用稿171篇,县(区)在中央主要报刊台用稿全部实现零的突破。在人民网、新华网等13个中央网站和门户网站用稿4690条。全市100多个党委、政府部门和涉及民生企事业单位设立新闻发言人,全市新闻发布300多场次。新兴媒体得到新发展。全市开通政务微博568个,开通政务微信243个。抚州发布、抚州微先锋、抚州清风苑、抚州日报、临川发布等粉丝均达3万以上。"抚州发布"多次在全省政务发布排名中杀入四强,临川发布被人民网江西频道评为2015年度"江西最值得关注的十大县区政务微信。开展"手机党报进机关"公益文化活动,"手机党报进机关"客户端下载注册数量列全省第一位。舆情管控取得新成效。市、县(区)都成立网信办,南城成立正科级网信办。组建2000余人的全市网络信息员、网络评论员、网络宣传员队伍,积极开展舆情处置。开展网络敲诈和有偿删帖、清理网上歪曲党史国史、婚恋网站严重违规失信等专项整治行动,举办第二届国家网络安全宣传周活动,净化网络空间。

【公民思想道德不断提升】 2015年,抚州市注重道德典型选树,树立践行核心价值观的标杆。开展培育和践行社会主义核心价值观"月月主题"典型宣传活动,加大身边好人发布力度,开展第三届全市道德模范评选活动,宁宏昌入选全国道德模范,李进明入选全国道德模范提名奖,被评为全国岗位学雷锋标兵,两人入选全省道德模范,5人入选"中国好人榜",11人被评为"江西好人",树立践行核心价值观的标杆。二是开展道德实践活动,打造践行核心价值观的载体。全市开展"道德讲堂"活动近千场次,覆盖人群达80余万人。全市注册志愿服务组织2300多支,注册志愿者22万多人,开展活动8000余人次。大力推进诚信体系制度化建设,发布了3期诚信"红黑榜",营造"守信光荣、失信可耻"的社会氛围。推进文明城市创建,营造践行核心价值观的氛围。投入大量人力、物力、财力改进各项城市公共硬件设施,协调有关责任单位开展专项整治活动,清除"酸菜鱼一条街"等市容顽疾,农贸市场、校园周边环境、交通秩序、社区环境等明显好转。市、区、街道、社区四级联创文明社区和示范路的工作格局基本形成,各共建单位投入34个社区帮建资金500余万元,提供物资40余万元,服务用房面积达标的社区达到31个。"一县一品"工程不断升华,巩固特色工作成效和影响力,带动基层精神文明建设工作的深入开展。

【文化文艺事业喜讯连连】 2015年,全市文化服务更加深入。争取各类资金800多万元,用于市县(区)图书馆、群艺馆提升改造工程,启动全市248个基层公共文化服务点数字化建设工作。全市全年送戏下乡1039场,送电影下乡近29589场,指导乡村开展文体活动近632场。全市博物馆、纪念馆举办各类展览活动87次,接待参观人员160万人次;全市图书馆接待读者70万余人次,新办图书借阅卡5万余张;全市各级文化馆积极开展文化"六进"工程,共举办文艺演出、展览近1286场,参与市民120万人次。文化品牌不断唱响。大力推动市文艺表演团体、非遗项目赴市外演出、展览,外出开展有影响的演出、展览20多场。精心筹备汤显祖逝世400周年纪念活动,与西班牙和英国就汤显祖、塞万提斯、莎士比亚逝世400周年纪念活动达成合作意向。积极开展振兴抚州原中央苏区项目编制申报工作,申报资金项目96个,申报资金6.43亿元。抓好古村落保护利用,与武汉大学合作共同开展抚州古村落保护和利用研究工作,完成金溪县古村落调查摸底和整体规划工作。文艺创作收获成果。全年出版文艺专著20余部,全市作家在国内各报刊杂志发表小说、散文、诗歌600多篇。《中国民间故事全书·江西抚州县卷本》系列丛书和《南丰傩舞》民俗礼仪表演获第十二届中国民间文艺"山花奖",小小说《玉米》获首届武陵小小说年度优秀奖,市书法家作品获中国书法"兰亭奖"。文化产业取得发展。深化文化事业行政审批制度改革,下放行政审批22项,取消行政审批2项。积极开展文化产业招商工作,新增文化企业200多家,新增文化产业招商项目20个,引进千万元以上文化项目40多个,其中过亿元项目2个。

【宣传工作基础得到夯实】 2015年,在全市开展加强基层宣传思想文化工作大调研活动,完成县、乡、村三级宣传工作情况摸底调查,形成调研报告130余篇,形成学习调研之风。抓培训。6月下旬,分两批对300余名县(区)宣传干部和乡镇(街道、场)党委宣传委员进行培训。实施"三区"人才支持计划,举办各类艺术培训班10多课次,各类文化干部培训班179期,培训人员过万人。抓作风。在全市宣传文化系统认真开展"三严三实"专题教育和"把纪律挺在前面"教育,认真组织宣传干部学习《准则》《条例》,干部作风进一步转变。选派3名科级干部到黎川县龙安镇王沙坑村开展帮扶活动,为帮扶村解决资金130余万元,帮办实事20余件,促进村经济发展和群众生活改善。

【抚州市成功创建省级文明城市】 2015年,市委、市政府把创建省级文明城市作为重要的中心工作来抓,各级领导亲力亲为,靠前指挥,推动创建工作迅速深入开展。市、区、街道、社区四级联创文明社区和示范路的工作格局基本形成,充分夯实创建基础。突出创建为民、利民、惠民,完善市政设施,整治"五车"乱象,解决民生问题,城市更加美丽、整洁、有序。身边好人、志愿服务、诚信建设、公益广告等工作常态化、制度化、规范化,道德讲堂、文明餐桌、文明交通、文明旅游等各项道德实践活动覆盖面不断扩大,文明风尚得到有力传播,市民文明素质不断提高。12月,抚州市顺利通过省文明城市测评组的检查测评,成功创建省级文明城市。

【抚州在全省新媒体系列评选活动中荣获两项大奖】 由省委宣传部、省网信办主办的"2015年度江西省十佳政务新媒体系列评选"结果公布,"抚州发布"微信公众号被评选为"十佳政务微信(综合类)","抚州日报"微信公众号《生态抚州欢迎您》被评选为"十佳新媒体策划案例"。"抚州发布"是市委宣传部主办的集信息发布、互动交流和公共服务为一体的微平台,2014年9月2日正式开通,目前订阅量突破5万人。"抚州发布"通过宣传抚州时事热点、解读抚州政策方针,传递抚州温情,扩大抚州影响,全面展示抚州的良好形象。"抚州日报"微信订阅号自7月上线以来,以独特的视角、新鲜的资讯,积极发挥好党和人民的"喉舌"作用,搭建起公众第一时间了解抚州的首选平台,单篇原创微信文章点击量曾突破10万。

【抚州市首次在省外市场竞争中获得"走出去"文化项目】 6月,在2015东莞市文化惠民演出项目投标活动中,抚州市汤显祖文化演艺公司在全国12家投标单位中脱颖而出,成为中标单位。文化惠民演出项目是东莞市面向基层千场演出的一部分,2014年开始面向全国专业艺术院团和文化企业公开招标采购。2015年4月15日公布招标信息,综艺类演出150场,分3个标,每个标50场,每场演出经费2万元,每个标的100万。抚州市汤显祖文化演艺公司获取招标信息后,迅速组织人员赴东莞招标代理公司报名,并在短期内编排一台主题鲜明又具两地特色的2015东莞市"赣莞情·文化惠民"专题综艺节目,赢得招标主动权,在全国12家投标单位中脱颖而出,成为中标单位。这是全市文化单位首次在省外市场竞争中获得的"走出去"文化项目。

【抚州民间文艺喜摘两朵"山花"】 2015年12月2日,在浙江省海宁市举办的第十二届中国民间文艺"山花奖"颁奖典礼上,抚州喜摘两朵"山花"——《中国民间故事全书·江西抚州县卷本》系列丛书和《南丰傩舞》民俗礼仪表演同时喜获这一殊荣。中国民间文艺"山花奖"是由中国文联、中国民间文艺家协会共同颁发的国家级民间文艺大奖,与电影"百花奖"、电视"金鹰奖"、戏曲"梅花奖"等同属我国文艺界的最高奖项。"山花奖"每两年一届。据悉,本届"山花奖"获得全国民间文学作品奖的有5件作品、获得民间艺术表演奖的有6件作品,抚州选送的《中国民间故事全书·江西抚州县卷本》系列丛书获得全国民间文学作品奖,《南丰傩舞》民俗礼仪表演获得民间艺术表演奖。另外,抚州作家曾志巩的作品《江西南丰傩文化》获得参与本届"山花奖"民间文艺学术著作奖的评选资格。《中国民间故事全书·江西抚州县卷本》,收集编纂工作始于1986年,经过几代民间文艺工作者的努力,最终由抚州文艺家协会整理,2013年通过知识产权出版社出版发行。这套丛书共10卷,约200多万字,分神话、传说(人物、地名、风物)、故事与笑话四大类,收录全市口头民间故事2000篇,为研究抚州的历史文化、社会发展、民情风俗提供了最为完整、系统、丰富、可靠的资料,是一部珍贵的民间非物质文化遗产荟萃。《南丰傩舞》民俗礼仪表演展示的是南丰县春节期间乡村百姓举行傩祭仪式。表演者戴上古老的傩神面具,用跳傩的形式祈求平安和风调雨顺。南丰傩舞起源于汉代,有两千余年的历史,代代相传,年年不息,是南丰一项具有特色的传统文化,有"中国古代舞蹈活化石"之美誉。

【宁宏昌被评为"第五届全国道德模范"】 第五届全国道德模范座谈会2015年10月13日下午在北京召开。崇仁县政协退休干部宁宏昌被评为"第五届全国道德模范",这是这位八旬老人半年内第二次走进人民大会堂接受表彰。5月,宁宏昌一家被全国妇联授予"全国最美家庭"光荣称号,宁宏昌本人还入选"中国好人榜"。此外,武警抚州支队通信修理高级技师李进明获第五届全国道德模范提名奖。当年,全国共有62人被评为第五届全国道德模范,265人获第五届全国道德模范提名奖。

【李进明当选首批全国岗位学雷锋标兵】 2015年3月5日,中宣部向全社会公布首批50个全国学雷锋活动示范点和50名全国岗位学雷锋标兵。其中,武警江西省总队抚州市支队通信修理技师李进明荣获全国岗位学雷锋标兵。入伍28年来,李进明自觉以雷锋为榜样,以实际行动践行着当代军人的核心价值观,先后研制出10余种执勤信息化装备,攻克100余项技术难题,出色完成40余次重大任务,培养120余名通信业务骨干,被授予第八届“全军学习成才先进个人”和第十六届“中国武警十大忠诚卫士”。

【抚州市两家基层文化集体获全国先进】 2015年12月14日，第六届全国服务农民、服务基层文化建设先进集体表彰座谈会在京召开，抚州市有两家基层文化集体获得全国先进，其中抚州市群艺旭东剧团获全国先进基层文艺院团、金溪县文化广电新闻出版局获全国先进基层广播电视机构“村村通”先进集体。

(付义刚)

【市委宣传部领导名录】

部　长：袁　川(任至9月)
　　　　黄玉剑(10月任)
副部长：夏　俊　谭玉英(任至8月)
　　　　黄智迅(兼文明办主任)
　　　　陈菊莲
文明办副主任：乔保安
讲师团团长：余晟华

## 统战工作

【概况】 2015年，抚州市统一战线，贯彻落实中央、省委、市委统战工作会议和《中国共产党统一战线工作条例(试行)》《中共江西省委贯彻〈中国共产党统一战线工作条例(试行)〉实施细则》精神，按照市委三届十二次会议的部署要求，围绕中心、服务大局，开展一系列有特色、有影响的活动，各个领域的统战工作均取得较好成绩，为“绿色崛起、跨越发展，建设幸福抚州”做出应有贡献。

【中国共产党领导的多党合作和政治协商工作】 2015年，协助市委召开党外人士座谈会，市委书记肖毅出席会议并讲话。协助市政府召开《政府工作报告》征求党外人士意见座谈会，就市政府工作报告，广泛听取民主党派和无党派人士的意见和建议，共提出合理化意见建议20余条，绝大多数被相关部门采纳。紧紧围绕市委“高位谋势、精准发力、敢于担当、跨越发展”十六字工作总要求，组织各民主党派、工商联、无党派人士紧紧围绕绿色崛起、跨越发展等重大任务，开展“我为幸福抚州建设献一策”调研活动，提出有针对性的意见和建议，报送4期建言献策汇编供市委领导参阅。协助各民主党派、无党派人士继续深入开展“坚持和发展中国特色社会主义”学习实践活动，进一步增强统战成员对中国特色社会主义的道路自信、理论自信、制度自信。支持民主党派加强领导班子后备干部队伍建设，协助民主党派在发展成员方面把握质量、保持特色，规范民主党派市委会机关干部选拔任用程序。协调6个民主党派纳入全市精神文明建设考核体系。深入学习贯彻中央、省委统战工作会议和《中国共产党统一战线工作条例(试行)》及《中共江西省委贯彻<中国共产党统一战线工作条例(试行)>实施细则》精神，市委统战工作会议前，邀请省委统战部副巡视员万坚为市委中心学习组成员作中央统战工作会议精神和《条例》《实施细则》专题辅导报告。市委统战部领导还深入金溪、南丰等县(区)和广大统一战线成员中间，宣讲《条例》和《实施细则》精神。组织各民主党派、工商联、无党派人士专题学习《条例》和《实施细则》精神，撰写心得体会文章。通过系列举措，进一步增强广大统一战线成员对新时期统一战线理论、方针、政策的理解和把握，增强他们走中国特色社会主义道路的政治共识，坚定他们与市委同心、同向、同行的信念和决心。

【非公有制经济人士工作】 2015年，以守法诚信为重点开展理想信念教育实践活动，召开抚州市非公经济人士理想信念教育实践活动动员会，对教育实践活动进行认真地部署，非公有制经济人士的理想信念得到明显增强。切实抓好非公有制企业党建工作，举办非公有制经济人士培训班，加强对非公有制经济人士的创业培训，提升广大非公经济人士投身发展升级的能力。加强和改进工商联工作，顺利完成市工商联(总商会)和县(区)工商联换届工作，工商联的自身建设明显加强。支持市工商联加强商会、基层组织建设，指导成立吉安市抚州商会、景德镇市抚州商会、鹰潭市抚州商会。开展非公有制经济考评活动。启动“万名干部进企业活动月”活动。开展“关于国有企事业单位职工停职领办创办企业”情况专项调研活动，为省促进非公有制经济发展领导小组办公室制定相关政策提供有效的参考。

【民族宗教工作】 2015年，召开全市少数民族地区建设工作领导小组会议，专题学习全省民族工作会议和赣发〔2015〕8号文件精神，研究贯彻落实措施。深入开展民族团结进步创建活动，加强“同心·民族地区发展示范区”建设，促进民族乡村经济发展。开展宗教政策法规宣传竞赛活动，组织江西尼众佛教院尼众参加宗教政策法规考试，组织市级各宗教团体参加宗教政策法规知识竞赛。邀请北京大学中文系教授龚鹏程到抚州市的正觉古寺开讲《佛法与临川文化》。举办“五教同光、共建和谐”文艺汇演。圆满完成市道教协会成立工作。开展宗教活动场所违规设立私人会所问题治理活动。妥善处置基督教乱传教、乱设活动场所和天主教地下活动问题，切实维护全市民族宗教领域和谐稳定。

【党外代表人士队伍建设工作】 2015年，开展覆盖各县(区)和市直各单位的党外干部登记工作，建立较为完备的党外干部资料库，摸清底数，掌握近年来全市党外科级干部发展变化情况。认真完成上级统战部门的调学任务，选派1名党外厅级干部赴中国延安干部学院，选配6名民主党派干部赴省社会主义学院学习。开展全市党外代表人士走访活动，对市直单位党外县处级干部、部分优秀正科级党外干部以及各县(区)党外县级领导干部、工商联主席、党外知识分子联谊会会长，以及担任正科级实职的党外领导干部进行走访，了解思想动态和工作情况，为下一步加强党外干部培养选拔奠定基础。完善联系党外代表人士制度，对市委领导与各民主党派市委会(工作委员会)、市工商联、市党外知识分子联谊会、市新的社会阶层代表人士联谊会的联系分工和交友联谊作了调整。加大党外干部提拔使用力度，协助市委提拔1名党外干部担任市规划局局长，首次实现党外行政正职在市直政府部门、事业单位、学校、群团组织的全覆盖，党外干部的实职安排工作取得实质性进展。

【党外知识分子和新的社会阶层代表人士工作】 2015年，召开市党外知识分子联谊会换届大会、市新的社会阶层代表人士联谊会一届三次理事会。组织市党外知识分子联谊会、市新联会部分理事和部分党外人士学习中央统战工作及省委统战工作会议精神。组织党外知识分子、新阶层代表人士参与“四进四联四帮”活动，先后为南城县天井源中小学学生、广昌县驿前镇横路小学学生赠送学习用品，与市光彩事业促进会联合为崇仁县孙坊镇捐赠一辆价值10万元的垃圾车。

【海外统战工作】 2015年，加强与港澳台和海外华侨华人社团的联系和沟通，争取香港龙山基金会资助12万元援建临川区展坪乡祝岗村小学新教学楼。邀请中华海外联谊会企业家50名到抚州市区及广昌县参观考察。组织全市300多名中小学生参加第16届华人中小学生作文大赛，增强抚州中小学生与世界华人中小学生的友好往来。

【工商联组织建设工作】 2015年，进一步加强和改进工商联工作，顺利完成市工商联（总商会）和县（区）工商联换届工作，选举产生新的领导班子。完善工商联各项工作制度，举行赣抚商会理事工作会议，推进市工商联加强商会、基层组织建设，全市的异地商会和外埠商会得到进一步发展，为抚州吸引人才回乡、资金回流搭建更多平台。

【服务经济建设工作】 2015年，协助中央统战部、省委统战部成功举办百名侨领苏区体验行、百名非公有制经济人士苏区感恩行、中华海外联谊会理事抚州（广昌）行、中国光彩事业抚州（广昌）行等活动。仅光彩事业抚州行活动，就引进投资项目230多个，签约资金1600多亿元，捐赠资金2700多万元。开展“四进四联四帮”活动，组建“连心小分队”，帮扶广昌县驿前镇横路村。广泛开展调查研究，摸清贫困底数，建立贫困档案卡，走访慰问100余户困难户，争取电信部门投资30余万元实施宽带和数字电视进村项目，争取到有关单位资金100余万元，改善村里的基础设施，改造村级活动场所，加快新农村建设点建设，村容村貌得到很大改观。产业扶贫、教育扶贫、卫生扶贫均取得较大成效，得到当地群众的广泛赞誉。

【全市统战工作会议】 2015年4月1日，全市统战工作会议在市行政会议中心一楼召开。各县（区）委副书记、统战部长，市委各部门、市直各单位党委（党组）分管统战工作的负责人共140多人参加会议。会议传达全省统战工作会议精神，总结2014年全市统战工作，部署2015年统战工作任务。会议由市委统战部副部长、市侨联主席张全明主持，市委副书记魏建锋到会指导并作讲话，市委统战部副部长、民宗局长朱萍作工作报告。

【市委统战工作会议】 2015年12月22日，市委政协、统战工作会议在市行政会议中心一楼会议室召开。市委常委，市人大常委会主要领导、党外副主任，市政府副市长，市政协领导，市中级人民法院院长，市人民检察院检察长，市委各部门、市直各单位、各人民团体一名主要负责人，各县（区）委书记，抚州高新区党工委书记，各县（区）政协主席、统战部长，市政协三届常委会委员，市各民主党派主委、专职副主委，市工商联、知联会、新联会负责人，市政协各专门委员会、市委统战部有关负责人共260余人参加会议。会议全面落实省委政协工作会议、省委统战工作会议精神和省委有关文件精神，研究部署新形势下加强党对政协、统战工作的领导。会议由市委副书记、市长张鸿星主持。市委书记肖毅，市政协党组书记、主席谢发明，市委常委、统战部长、市委秘书长李建林出席并分别讲话。

【市各民主党派换届】 2015年10月下旬，抚州市民革、民建、民进、民盟、九三学社、农工党等6个民主党派先后召开代表大会，对前5年所做的工作进行总结，对下一步的工作进行部署，选举产生新一届领导班子，圆满完成各项换届（成立）工作，顺利实现市党外人士的新老交替和政治交接。市委对民主党派换届工作非常重视，市委书记肖毅连续6天出席会议并分别讲话，市四套班子主要领导及相关市领导全程出席开幕大会，充分体现市委对同盟者的关心和厚爱。

（张全明　曾国华）

【市委统战部领导名录】

部　长：朱章明（任至3月）

　　　　李建林（7月任）

副部长：朱　萍　张全明　吴茶香

## 政策研究

【概况】 2015年，抚州市委政研室（改革办）紧紧围绕“高位谋势，精准发力、敢于担当、跨越发展”的总要求，大力强攻调查研究主阵地，不断奏响深化改革主旋律，倾心服务跨越发展主战场，牢牢抓住作风建设主抓手，凝心聚力，开拓进取，各项工作再创佳绩，取得显著成效。全年完成重大调研课题12个，在市以上报刊杂志发表调研报告、理论研讨文章24篇；再次获得全市社会治安综合治理目标管理先进单位、省级文明单位、绩效考评优秀单位等荣誉称号；《现代抚州》再次被评为全国城市“十佳党刊”。

【调查研究结硕果】 2015年，市委政研室坚持紧扣改革发展主题、紧贴领导指示批示精神、紧抓热点难点问题，强攻调研主阵地，发挥以研辅政作用。在调研课题选择上精心谋划，精准发力，务求切合抚州实际，解决当前问题，科学谋划长远。在落实调查研究上精密组织，精细安排，做到立说立行，求真务实，以增强调查研究的针对性和实效性。在形成调研报告上精雕细琢，精益求精，力求内容真实、数据准确、分析透彻、建议可行，用精品成果为领导决策提供参谋。全年调研内容涵盖“十三五”发展思路举措、市中心城区行政区划调整、农村土地经营权改革、教育改革与发展、卫生改革与发展、旅游业发展、干部作风等方方面面。市委书记肖毅对每个调研报告都作了批示，或指示召开专题会议研讨，或责成有关部门研究落实，或以《抚办通报》形式印发供全市各级各部门各单位参阅。市长张鸿星也在一些调研报告上批示，要求有关部门认真吸纳意见建议。书记、市长还亲自主持召开有关专题研讨会,就相关调研成果进行研究,不少调研成果已付诸决策,进入操作落实层面。

【深化改革创佳债】 2015年,市委政研室紧紧围绕中央和省、市委关于全面深化改革工作的重大决策部署,突出问题导向、发展导向、民生导向,积极谋划,主动作为,奏响深化改革主旋律。重点抓好统筹协调、定向施策、先行先试三个关键环节,精心谋划,强化督导,深入推进抚州改革进程,全面深化改革工作迈出了坚实步伐,抚州市不少改革措施和做法,在全省有影响、有位置,取得了初步成效。出台《抚州市重要改革举措实施规划(2015—2020年)》《市委全面深化改革领导小组2015年工作要点》和《七个改革专项小组2015年工作计划》,定下全市改革工作的"总盘子",画出分年度、分专项的改革"施工图"。出台市委改革领导小组工作规则等文件,规范职责任务,建立市委统一领导、专项小组牵头组织、有关部门各司其职的工作机制。同时还对改革举措进行任务分解,明确牵头市领导和责任单位,确保每项改革措施有人管事,专人落实。加强对各项改革任务的督导落实和对县(区)改革工作的督查指导,有力促进市县同步、连体发力,各领域改革进入规范、健康、高效的快车道。抚州市实行公务消费一体化监管的做法,被中央党建领导小组在《党建要报》编发,送中央领导参阅。农村集体"三资"监管试点在全省率先推出,强卫书记等省领导给予充分肯定并作出重要批示。东乡县大力推进精准扶贫、金溪县推动校长教师交流轮岗等改革试点经验,也被省委改革办以《改革情况交流》等形式刊载参阅。

【建言献策开新路】 2015年,市委政研室把认真履行部门职责与主动配合做好全局工作紧密结合、高度融合起来,围绕中心,服务大局,积极投入主战场,发挥参谋助手作用。重点围绕全市"十三五"发展规划、行政区划调整、县域经济、昌抚一体化、向莆经济带建设、农村土地经营权改革、教育改革与发展等10多个方面的中心工作,创新思路,拓宽渠道,多形式、宽领域为市委、市政府建言献策,竭尽全力为实现抚州跨越发展添砖加瓦。全年通过呈送调研报告、工作总结、情况汇报、信息等多种途径,向市委、市政府提出102条具体的意见建议。特别是4月,根据市委主要领导要求,向市委提交包括生态文明示范市建设、推进昌抚一体化、向莆经济带建设、县域经济发展、服务业与工业融合发展等5条宏观决策方面的专项建言,被全部吸收到抚州市"十三五"规划之中。同时,充分利用《现代抚州》等现有平台和资源,坚持紧扣全市工作大局策划主题,大力宣传抚州的历史文化、自然景观和发展成果,使之成为展示单位形象、促进内外信息互动交流的重要窗口,也为市领导从不同角度掌握上情、了解外情、知晓内情,实施科学决策,发挥重要作用。

【作风建设迈大步】 以开展"三严三实"专题教育活动为载体,牢牢把握作风建设主抓手,坚持挺纪在前,将正风肃纪贯穿于学习、工作、生活等各个方面,在正学风、改文风、转作风、树清风上取得新成效。在正学风上,坚持把学习与工作实际相结合,认真思考分析改革发展稳定中的重大问题,做到学有所思、学有所成、学以致用。在改文风上,坚决克服文稿起草的不良惯性,杜绝"假、大、空"的官样文章,推动政研文风向"精、实、新"转变。在转作风上,建立完善工作责任制,强化干部的责任担当意识,严把工作质量关,关键时刻不松口子、不掉链子、不卸担子,推动工作落实。在树清风上,深入推进党风廉政建设,落实主体责任,强化监督责任,建立健全专题调研制度、纪律讲堂制度,实行"廉情三预警"机制,真正把纪律和规矩立起来、严起来,营造风清气正的政治生态。

(王辉明)

【市委政研室(改革办)领导名录】

主　任:李光荣

副主任:左　锋　王云生

## 农村工作

【概况】 2015年,抚州市认真贯彻落实"发展升级、绿色崛起、跨越发展"战略部署,围绕"农业增效、农民增收、乡村秀美、农村和谐"总目标,按照"稳粮增收、调整转型、提质增效、改革创新"总要求,大力推进农村改革,积极转变农业发展方式,有力促进农业农村发展升级,为"十二五"圆满收官和"十三五"良好开局奠定扎实基础。

【农业经济持续向好】 全市农业生产总值达182.4亿元,增长4.98%;全市农民人均可支配收入达11503元,增长10%,实现"十二连增"。主要农产品稳定增长。全市粮食总产293.1万吨,增长0.55%,实现"十二连丰";水稻总产量276.08万吨,增加0.39%;全市蔬菜种植面积达6.43万公顷,同比增1.33%,总产达144.8万吨,增长2.04%,菜篮子供应平稳;生猪出栏276.40万头,家禽出笼8825万羽,分别增长1.1%和3.49%,肉类总产34.48万吨,增长2.59%;南丰蜜桔总产172.4万吨,增长14.9%;水产品产量19.38万吨,增长4.93%;其中,特种水产7.04万吨,增长6.99%。

【农业升级稳步推进】 2015年,农业产业集群初具规模。全市10大农业产业集群完成销售收入177.5亿元,增长10%,实现利税6.32亿元。农产品加工水平稳步提升。以建设食品产业强市为龙头,大力发展农产品精深加工业。全市农产品综合加工转化率达46%,市级以上农产品加工型企业达162家,销售收入达达127.5亿元、同比增长11.45%。抚州苍源药业2015年5月成为全省第一家在"新三版"上市的农业企业。林下经济快速发展。全市经营面积新增1.11万公顷、达14.56万公顷,产值28.45亿元。完成0.13万公顷现代农业油茶示范项目建设、2.67万公顷毛竹低改。黎川、宜黄、资溪和崇仁等4县列入省竹类特色项目县。休闲农业发展迅猛。把特色文化与优良生态相结合、乡村旅游与农业观光相结合、现代农业与休闲产业相结合,大力发展以特色种养、乡土风情、林业生态、水生态为重点的观光休闲农业。全市休闲农业企业达390个,从业人员2.36万人,年接待游客45万人次,营业收入18亿。拥有18家省级休闲农业示范点、13个省AAAA级乡村游示范点。南丰县被评为全省休闲农业示范县，崇仁源野生态农庄被评为全国休闲农业与乡村旅游四星级企业，黎川县华山镇洲湖村被评为中国最美休闲乡村，资溪稻田、广昌荷花景观入选农业部“中国美丽田园”。“互联网+农业”蓬勃兴起。阿里巴巴“千城万企”江西首个试点城市落户南丰县。临川乐美电商成为具有独立网店的农产品流通型电子商务企业，资溪一亩农庄、黎川聚龙湾建成产品质量安全平台，江西联惠建成智能化蔬菜大棚，江西龙鑫、抚州民生建立“基地监控+网上交易+配送平台+实体店”的线上线下交易。品牌建设成效显著。全市无公害农产品达273个、绿色食品达24个、有机产品达58个，农产品地理标志保护认证位居全省第一，达到21个；拥有省著名商标62个、国家驰名商标5个。南丰蜜橘品牌价值达191.51亿元。资溪白茶品牌价值达2.06亿元，进入全国名茶品牌100强。

【农业发展基础支撑明显增强】 “一县一园”建设加快推进。以创建国家现代农业示范区为抓手，以11个县级现代农业示范园区建设为主战场，加快现代农业示范园建设。全市域国家现代农业示范区规划已报送国家农业部。11个县(区)示范园共投入47.06亿元，核心区面积达1.32万公顷，引进培育新品种710个，示范推广新技术153项，入园项目实现产值131亿元。临川获批国家级现代农业示范区，广昌、南丰、黎川、崇仁、南城、东乡、金溪7个县获批省级现代农业示范区，东乡县润邦被评为国家级循环农业示范区。农业基础设施进一步改善。2015年实施的11大类共308个水利项目，总投资12.966亿元。其中，一般小(2)型病险水库除险加固项目207座，中小河流治理项目18条，农村饮水安全项目44处，小农水重点县10个，水土保持工程项目8个，其它工程项目21处。农业综合开发土地治理项目安排财政投资14893.6万元，其中上级财政资金14358.9万元，建设高标准农田0.66万公顷，治理生态小流域0.08万公顷，新增和改善灌溉面积0.64万公顷，新增和改善除涝面积0.50万公顷，新增节水灌溉面积0.32万公顷。廖坊灌区二期工程可研报告获得省发改委正式批复。农业科技支撑作用明显。全市农业科技进步贡献率达54%。农作物良种覆盖率稳定在98%以上。农机总动力达245.5万千瓦，水稻耕种收综合机械化水平达到71%。新型农业经营主体加快发展。全市市级以上农业龙头企业达349家，其中206家农业龙头企业实施了技术改造，投入资金3.68亿元。全市新增农民合作社600家，达3711家，带动农户30.4万户，占总农户数的41.3%；培全市农民专业合作社中国家级示范社称号或农业部表彰25家、省级示范社84家、市级示范社200家，合作社注册商标数100个。经工商部门登记注册的家庭农场超1100家。

【农产品质量安全保障有力】 2015年，全市初步建成市监督、县定量、乡定性的农产品检测体系，农产品质量安全整体向好，共抽检农业投入品3660批次、农产品21800批次，立案查处农业违法案件68起，全年农产品质量总体合格率达到99.3%以上，高于2014年同期0.12%，没有发生一起农产品质量安全事故，其中农业部例行监测合格率100%。重大动物疫病免疫率和动物产地检疫率均达到100%。

【农村生态环境巩固提升】 林业生态建设力度加大。全市完成山上造林任务1.48万公顷、长防林工程0.54万公顷、现代农业油茶项目0.14万公顷、省级低产林油茶改造0.05万公顷、农业综合开发林业项目40公顷、森林抚育补贴项目0.16万公顷。完成巩固退耕还林成果后续产业发展毛竹低改0.53万公顷，工业原料林0.41万公顷，油茶0.01万公顷，补植补造建设0.06万公顷。大力推进风景林建设和“一人一桂”绿化工程，“向莆线”绿化工程完成纯林补阔496.87公顷、疏林补植115.47公顷、新造林111.67公顷，通过栽植桂花、红枫、杜英、枫香等观赏彩色树种，向莆铁路沿线景观面貌得到明显改善。黎川、南丰、宜黄、资溪等4个县被省绿化委员会授予“江西省森林城市”称号。农村生活垃圾专项治理力度加大。全市安排1.02亿元资金，全面加大农村生活垃圾专项治理力度，推进由点线整治向面上整治扩展，积极探索城乡环卫一体化工作体系，着力构建长效管理机制，农村环境卫生有较大改观，特别是国、省道路域环境变化大、效果明显。目前，全市共建立垃圾中转站112座、垃圾焚烧处理中心30座，配备垃圾清运机动车163辆、环卫板车5941辆，配发公用垃圾收集大桶3.77万个、户用分类小桶39万个；成立乡镇环卫机构152个，配备农村保洁员8650名，基本实现农村保洁员全覆盖。农业面源污染防治力度加大。全市共关停、搬迁、改造畜禽养殖场514家，基本完成关停或搬迁禁养区畜禽养殖场，限养区、可养区的规模养殖场和繁殖场经治理改造后，全部达到国家畜禽养殖业污染物排放标准。水库水质污染专项整治积极开展，小(二)型以上水库承包养殖逐步退出，实行人放天养。水生态保护力度加大。全面启动“河长制”，金溪县秀谷镇徐坊村、广昌县驿前镇贯桥村被授予“江西省水生态文明村”。

【新农村建设升级发展】 按照“培育中心村、整治自然村、提升特色村”的具体要求，加快推进以“三清六改四普及”和“三绿化一处理”为主要内容的村庄整治。全市698个村点共投入建设资金3.5亿元，拆除破旧空心房、危房、猪牛栏等35万平方米，改水、改厕到位率分别达97%和95%，硬化村内道路760.3千米，修建排水沟15.36万米。一般自然村整治建设任务全面完成，农民生产生活条件得到较大改善，村庄面貌焕然一新。按照“一次定点，一次性规划、两年资金安排、两年内建成”要求，全市启动65个中心村建设，集中60%的村点进行重点打造。中心村整治建设加快推进，其中黎川、金溪、临川、东乡等县(区)进展较快，尤其是黎川县潭溪乡芦陂中心村、日峰镇十里中心村，临川区温泉镇塔石中心村，金溪县陆坊乡下李中心村等基础设施建设基本完成，建设成效比较明显。

【扶贫攻坚精准有力】 全力推进精准扶贫。市委、市政府印发《关于扎实推进精准扶贫工作的实施意见》，进一步明确扶贫攻坚具体目标、工作举措,加大资金投入,落实相关部门和行业扶贫责任,全面吹响新一轮扶贫攻坚号角。结合“三严三实”主题教育,在全市开展“四进四联四帮”活动,向每个贫困重点村派出连心小分队,驻村进行帮扶工作。全市专项扶贫、行业扶贫、社会扶贫“三位一体”的大扶贫格局已初步形成。精准识别贫困对象。完成全市253个贫困村和扶贫对象建档立卡工作,并对建档立卡工作开展回头看,进一步完善2013年度建档立卡扶贫对象数据、2014年度帮扶措施及受益贫困户信息、2015年度帮扶计划信息等采集和网上录入工作。积极落实帮扶措施。完成搬迁移民6299人,其中,深山搬迁移民4567、以工代赈易地搬迁移民1000人、生态移民732人。大力推进产业扶贫,实现产业扶贫项目覆盖90%以上贫困村,参与产业开发的贫困群众,人均增收800元以上。

**【农村改革深入推进】** 农村土地承包经营权确权登记颁证基本完成。全市坚持把该项工作作为农村改革的重头戏来抓,2015年基本完成任务这一目标,在总结运用2014年经验做法的基础上,进一步加大力度、强化举措,倒排工期、倒逼进度,通过召开现场推进会、强化督导调度、约谈进展滞后县(区)及乡镇等有力措施,确保该项工作快速推进。

全市调绘勘测完成村民小组数17201个,完成率99.7%;调绘勘测完成农户数716980户,完成率99.7%;调绘勘测完成面积28.67万公顷,占二轮承包耕地总面积的比例为126.0%。新版承包合同订立完成农户数704325户,完成率98%;登记簿建立完成农户数692442户,完成率96.3%;经营权证书颁发完成村小组数15977个,完成率92.6%;证书到户农户数663395户,完成率92.3%;已颁证地块数3333687块,完成率92.1%;已颁证面积24.25万公顷,占二轮承包耕地总面积的比例为108.3%。各县(区)建立确权数据库,完成数据录入农户数689282户,完成率95.9%;档案建立完成农户数667758户,完成率92.9%。

社会化服务体系更加健全。全市共发展较大型农资供应服务组织138家,发展统防统治、代防代治、集中育秧、疫病防控等农业技术经营性服务组织513家,社会化农机作业服务组织94家,培育专业经纪人和专业销售服务组织320多个,带动农民成员约2.3万余人。在南城、崇仁县开展“政府购买服务”试点工作,大力发展“代耕、代种、代管”服务组织,两县托管服务作业面积3.73万公顷,有效解决土地季节性抛荒现象。

农村综合产权交易市场建设启动良好。市本级农村综合产权交易市场建设正在开展前期工作。金溪县先行一步,农村综合产权交易中心已经建成,通过整合农村土地承包经营权、林权、水权、宅基地使用权等权能,实现“三平台、全业务”“实地块、图表同”“宽接口、云服务”的农村产权交易功效。其他县(区)均建立县级农村土地流转服务中心,134个乡(镇)建立乡镇农村土地流转服务中心,其中,35个乡镇建立土地确权数据库和管理系统,设有数据连接端口,为建设农村综合产权交易试产搭建了平台。土地流转服务中心的建立,有力促进了农业适度规模经营,全市土地流转总面积达8.19万公顷,比2014年增加0.24万公顷,土地流转率达35.02%,比2014年增加1.02个百分点。

林权制度改革更加深入。积极稳妥推进林地流转。以推进林地流转为抓手,进一步深化集体林权制度改革。市政府出台《关于积极稳妥推进林地流转进一步深化集体林权制度改革的实施意见》,省、市分别把金溪县、南丰县作为试点,要求其他县(区)选择一至二个有基础的乡镇进行试点。在发展林业经营组织上,推广四种模式,即:金溪香料基地发展模式。由企业出苗、农户种植合作模式,企业负责按市价回购香料半成品。黎川香榧发展模式。公司采取租凭或合作的方式,由农户出山,公司赠送部分香榧苗木给农户,企业统一管理,产品由公司回购,达到企业发展壮大,农户致富的目的。乐安油茶“四统一分”发展模式。由公司统一规划、统一整地、统一购苗、统一栽植,最后分户管理和受益。南丰蜜桔返租倒包模式。由社会资本租凭山场后,统一种植后倒包给农户,由农户管理,最后采取分钱或分桔方式付管理费用,使得农户既得到租山费,又能有管理及劳务收益。全市林地流转面积24.11万公顷;各类林业经营合作组织3054个,其中,专业大户312个、家庭林场2241个、专业或股份合作社231个、民营林场45个、林业企业或组织225个。

做大做强国有林场。在全面完成国有林场改革的基础上,市政府在全省率先出台《关于创新经营机制做大做强国有林场的意见》,提出“三大目标”,即森林资源增长、森林效益提高、基础设施改善;建设好“五大区”,即生态保护示范区、优质林木种质资源保护区、林业科技成果推广示范区、建设大径材培育和碳汇林业试验区、林业产业聚集区,完成好“六大任务”,即加强森林资源保护、加快森林资源培育、抓好林业科技推广、发展森林相关产业、完善林区基础设施、培植示范林场。扩权强镇试点有序推进。全市选择12个省级中心镇和11个市级重点镇启动扩权强镇试点工作,通过政府推动、体制创新、政策扶持、市场运作,大幅提高试点镇综合实力。市委、市政府下发《关于推进扩权强镇试点工作的意见》,对下放事权、扩大财权、改革人事权、赋予经济社会发展权等方面出台含金量高、推动力大的政策措施,尤其在建设用地上,市里每年安排33.33公顷用地指标支持试点镇建设,为扩权强镇试点工作顺利推进提供有力保障。

涉农资金整合提速扩面。抚州市被列为全省涉农资金整合试点工作三个试点市之一。为有力推动该项工作,市委、市政府专门召开动员大会进行部署,市、县两级均组建领导小组及其办公室,制定整合方案和整合资金管理办法,较好地落实组织保障。为帮助县(区)提高操作实施水平,市涉农资金整合领导小制定下发《关于深入推进涉农资金整合试点工作指导意见的通知》和《关于涉农资金整合试点工作几个具体问题的操作意见》,对县(区)“项目申报、资金分配、资金拨付、项目验收”等方面进行规范,涉农资金整合试点工作已取得阶段性的成果。财政惠农信贷通成效良好。不断完善财政惠农信贷通模式,切实为家庭农场、种养大户、农民合作社、农业社会化服务组织解决融资难题。全市累计放贷11亿元,占信贷计划的

108%，惠及新型农业经营主体3000余户。农村金融改革有力迈进。积极推进农信社改制组建农商行工作。金溪县联社成功改制组建金溪农商银行，南城、崇仁两家高风险社的风险已有效化解。黎川、宜黄、东乡联社已获银监会批准筹建农商行，乐安联社、南丰农合行已向江西银监局上报筹建农商银行材料。创新农村金融产品和服务方式。南城、金溪等县积极探索开展农村土地承包经营权和农民住房财产权抵押担保贷款试点，切实解决新型经营主体的融资需求。两县累计发放“两权”抵押贷款5537万元。

（黄　岑）

【市委农村工作部（农办）领导名录】

部　长：熊云鹏（任至12月）

副部长：徐文勤（农办主任）

花崇高　陈小华

## 机关党建

【概况】　2015年，在市委的坚强领导下，市直机关工委，围绕市委中心工作，坚持稳中求进工作总基调，主动适应新常态，积极展示新作为，不断提高市直机关党建工作水平，为“十三五”良好开局、“五年决战同步全面小康”提供坚强的思想和组织保障。

【抓好机关党员经常性教育】　市直机关工委始终把学习贯彻党的十八届四中、五中全会精神和习近平总书记系列讲话将神作为机关党员教育的重要内容。引导市直机关各级党组织把学习教育不断引向深入，通过制定专题学习计划、中心组领学、集中宣讲、专题辅导等多种形式，组织广大党员干部学习习近平总书记讲话精神，以系列讲话精神统一思想、凝聚共识、指导工作。市直机关工委印发《关于2015年市直机关党组织理论学习的意见》，在市直机关迅速掀起学习系列讲话精神新高潮。

【开展党员教育培训工作】　根据新常态下党员教育培训的新要求，市直机关工委制定《2015—2019年市直机关党员教育培训工作规划》，做好党员教育培训工作。举办市直机关科级干部理论培训班，推动市直机关党员干部深入理解“四个全面”的丰富内涵、内在联系和实践要求，准确理解新一届中央领导集体治国理政的精神实质；举办两期基层党组织书记集中轮训班，500余名基层党组织书记参加轮训，切实加强基层党组织骨干队伍建设，增强机关基层党组织书记的政治意识和组织观念，提高服务群众能力和履职本领；举办四期入党积极分子培训班，300余名没有接受过培训的入党积极分子进行培训，帮助他们进一步端正入党动机，系统学习党的基本知识。

【深化党员干部理想信念教育】　以纪律教育作为机关思想建设的主要内容，下发《关于在市直机关基层党组织中开展党的纪律集中教育活动的通知》《关于在市直机关基层党组织中开展学习宣传＜中国共产党廉洁自律准则＞＜中国共产党纪律处分条例＞活动的通知》，全面领会精神，准确把握内涵要义，让广大党员受警醒，明底线，教育活动做到全员覆盖、不留死角。机关党建研究会通过“先锋讲坛”平台，举办“践行‘三严三实’，持之以恒抓好作风建设”“铭记历史，勿忘国耻”等专题报告会，在机关党员中引起强烈反响。

【开展“四进四联四帮”活动】　组建“连心”小分队，深入南城县万坊镇东港村开展帮扶工作，筹集资金73万元，解决实际问题9项，走访慰问困难党员、群众24人，改善基层设施、村支部和便民服务点建设等；深入开展机关干部进社区工作，社区报到工作组扩大到39个，参与干部达1000余人，结对帮扶群众607人，办实事555件，调解纠纷189件，帮助解决问题146个，实现群众微心愿197个；联系基层单位，市直每个单位重点联系1到2个基层单位或实体企业、重点企业，切实解决实际问题，调解纠纷，宣传党的方针政策。

【抓好机关基层党组织建设】　做好基层党组织调整和换届工作。按照《基层组织工作条例》要求，撤并和新成立市卫计委、市市场监管局、市文广新局等基层党组织，指导市烟草专卖局、市民政局等24个单位进行换届选举；开展基层党组织“五星创评”活动。按照“巩固先进、推动一般、整顿后进”的要求，用好星级评定结果，深入开展争创“五星”基层党组织活动，根据基层党组织自评、上级党组织审核、市直机关工委评定的程序，501个基层组织中，“五星级”占25个、“四星级”154个、“三星级”302个、“二星级”20个；进行机关党建目标管理考核。2015年3月，对直属基层党组织开展党的工作目标考核，召开全市机关党的工作会议，听取部分基层党组织书记述职，对涌现出的8个特别优秀基层党组织，44个优秀基层党组织进行通报表彰。

【严格党员管理和发展党员工作】　做好发展党员工作。按照“控制总量、优化结构、提高质量、发挥作用”的总体要求，加大对入党积极分子和预备党员的教育和培养力度，全年按程序发展党员180名，批准转正19名；严格党员管理。规范和重申入党宣誓仪式，转发《关于进一步从严管理党员的试行意见》，对党员组织关系接转、党员档案材料管理、党的组织生活、党员日常教育和权利保障、不合格党员处理等方面进行规范；深入学习《抚州市党员干部行为规范（试行）》，对党员干部日常行为进行规范，让广大群众真正感受到机关党员干部的新变化、新面貌；加强党费收缴管理。印发《关于进一步做好市直机关党费收缴使用和管理工作的实施办法（试行）》，严格执行标准、严格审批程序、严格执行制度，进一步提升党费收缴、使用和管理水平。

【深化党内激励、关怀、帮扶机制】　加强人文关怀。领导班子之间、领导和干部之间经常开展谈心谈话，增强机关的亲和力和感召力；健全激励机制。建立市直机关困难党员台账，对特困党员、困难职工建立定期和专项走访慰问、帮扶机制，每年春节前后，对市直机关建国前入党的老党员、困难党员进行走访慰问；开展“金秋助学”活动，资助困难职工子女上学等。全年慰问老党员、困难党员和党务工作者100余名，解决慰问资助资金6

万多元,增强了党员的归属感和党组织的向心力。

【开展主题活动】 开展“把纪律挺在前面”活动。认真学习《中国共产党章程》《中国共产党纪律处分条例》《中共江西省委关于加强作风建设营造良好从政环境的意见》等各项规章制度、正反面典型案例和中央、省、市有关文件精神等内容,通过领导干部带头讲党课、开展廉情监督、开设市直机关“纪律讲堂”、参加主题教育展和党章党规理论知识考试、开展领导干部落实党风廉政建设主体责任调研约谈、发放《征求意见表》等方式,使机关干部切实了解党章党规要求,增加党章党规知识,增强纪律观念,牢固树立纪律和规矩意识;深入开展“发展升级当先锋、为民服务作表率”主题实践活动。市直机关围绕“推动发展升级”“落实从严治党”“服务基层群众”等内容,组织中央、省市委精神学习宣讲442场、参加教育培训的机关党员干部达19万余人次,人均10余次,解决门难进、脸难看、事难办问题146个,约谈党员干部1384人次,收集群众意见处理信访件700余个。

【扎实做好调查研究】 组织开展春节回乡调研。根据省直机关工委要求,及时转发《关于在全省机关组织党员干部开展春节回乡调研活动的通知》,市直机关广大党员干部积极响应、踊跃参与,深入了解家乡的发展变化和当地群众的生产生活情况,围绕各自关心的问题开展调研,35篇调研文章被评选为“优秀调研报告”。还开展2015年度机关党建重点课题调研、机关作风建设调研等多项调研工作,调研文章在省、市有关刊物上发表。

【机关精神文明建设水平得到提升】 以创建全国文明城市为契机,市直机关工委在机关党员干部中深入开展“创建我先行,党员作表率”主题活动,印发《关于在市直机关加强新形势下党建带团建工作的实施意见》,在市中心城区开展交通路口和示范路志愿劝导等党员志愿服务活动;印发《关于进一步做好入党宣誓工作的通知》,对党员举行入党宣誓工作进行规范,建立和规范礼仪制度;进一步理顺工会组织关系,全年新成立工会组织22个,积极有效地维护职工合法权益。

【党建工作】 全年共批复24个基层党组织进行换届选举。积极慎重按照“控制总量、优化结构、提高质量、发挥作用”的总体要求,做好发展党员工作,加大对入党积极分子和预备党员的教育和培养力度,全年按程序发展党员180名,批准转正19名。

【“五星创评”活动】 按照“巩固先进、推动一般、整顿后进”的要求,认真开展基层党组织“五星创评”活动,用好星级评定结果。根据基层党组织自评、上级党组织审核、市直机关工委评定的程序,501个基层组织中,“五星级”占25个、“四星级”154个、“三星级”302个、“二星级”20个。

【争先创优】 2015年3月,对直属基层党组织开展党的工作目标考核,召开全市机关党的工作会议,听取部分基层党组织书记述职,对涌现出的8个特别优秀基层党组织,44个优秀基层党组织进行通报表彰。

(吴水洪)

【市直机关工委领导名录】
书　记:李　晶
副书记:熊仲刚　郭一如
委员、调研员:唐平华
华国泉(任至11月)

## 信访工作

【概况】 2015年,抚州市信访局紧紧围绕市委、市政府的决策部署,以维护群众合法权益为宗旨,以打造“阳光信访”“责任信访”“法治信访”为突破口,深入推进“信访怪圈破解年”“网上信访推进年”“基础工作建设年”活动,扎实开展进京赴省非访治理“春季行动”和“秋季行动”,深入开展“三严三实”专题教育,化解一大批疑难信访问题,圆满完成全年信访工作任务。具体表现为“一退一进”“两降两升”和“三个没有发生”即“一退一进”:“一退”是指进京非访量排名实现三年连续退位,2013年退至全省第三,2014年退至全省第四,2015年又退至全省并列第五。“一进”是指全市“三无”县(区)数量跨跃进位,由2014年的1个增至2015年的7个,占总县(区)数的60%。

“两降两升”:“两降”即进京访、赴省访双双大幅下降,全年共发生进京访78人次,同比下降67.98%,其中进京非访66人次,同比下降68.95%。同时实现全国“两会”和“9.3”阅兵期间两次进京非访“零登记”,而且首次实现全国“两会”期间北京非访“零登记、零滞留、零倒流”(全省仅抚州、鹰潭和景德镇3个市);共发生赴省访1776人次,同比下降14.81%,其中赴省非访43人次,同比下降40.3%。“两升”即“12345”市长便民专线全年共受理各类网电访45479件次,同比上升20.3倍;群众满意度由以前的45.4%上升为87.9%。

“三个没有发生”即全市信访秩序明显好转,缠访闹访现象明显减少,没有发生大规模赴省进京集体上访,没有发生因信访问题引发的群体性事件和极端恶性事件,没有发生因信访问题处理不当引发的负面炒作。

【领导重视有新高】 市委、市政府主要领导高位推动。市委肖毅书记在4月到任后的第一次全市领导干部大会上,就以三分之一的时间专门强调信访维稳工作。此后每逢大会、每到一地,肖书记都必讲信访维稳工作。对市信访局报送的重要访情专报、重要信访案件汇报、每月信访通报,先后作出重要指示多达37次。特别是肖书记先后两次特意委托市委副秘书长、市信访局局长谭海波以其名义给各县(区)一把手发送短信,要求坚持每周调度一次信访维稳工作,并在每周末下午向肖书记通过短信进行专题汇报。市政府张鸿星市长到任后听取的第一个市直单位的工作汇报就是市信访局,并就做好信访稳定工作尤其是“12345”市长专线平台多次做出重要批示和指示。市分管领导亲力亲为。市委副书记、市政府常务副市长于秀明多次参加“若士嘉苑”等重大信访专案调度会,研究解决涉及需要政府解决的具体问题,另外还亲自包案化解了江源辉反映瑶坪路水立方对面马路分岔口公共场所被人占用卖花等信访问题。原市人大主任、市委政法委书记黄牡香坚持亲自接待、亲自协调、亲自化解了农民工李中明工伤救治赔偿等一大批特殊疑难问题;并在全国“两会”、APEC会议等敏感时期,多次亲赴北京实地指导劝返工作。原市委常委、副市长周学胜多次陪同中央、省联席办督导组深入县(区),切实推进全市信访工作;在“9.3”阅兵、十八届五中全会等重要敏感时期亲自带队赴京开展劝返工作。市人大副主任杨小梅不仅坚持亲自到市信访局接访,还经常为提升全市信访工作给予精心指导和帮助。市政府副市长、市公安局长吴建春在充分发挥公安机关职能作用,严打击、保稳定,促进信访秩序明显好转的同时,还亲自包案化解了梅平南交通事故意外死亡等案件。市委、市政府秘书长多次亲自一线指挥、一线调度市行政中心重大访情处置工作。市四套班子领导大力支持。市四套班子领导坚持轮流参加每周三以及敏感时期的领导接访活动,并主动落实接访包案制度,亲自推动解决、跟踪督办解决,确保接访一起化解一起。2015年,市四套班子领导共开展接访53次,接待群众425批1271人次,到期应办结396件,已办结396件,办结率100%。县(区)领导干部认真履职。各县(区)党政主要领导认真履行第一责任人责任,坚持每周调度一次信访维稳工作;分管领导认真履行职责,坚持一线指挥,带头包案化解矛盾,有力促进了源头化解稳控工作的落实。

**【部门配合更紧密】** 2015年,市、县两级职能部门按照“谁主管、谁负责”的原则,对到本地本部门来访的案件做到认真受理、及时办理,努力把问题解决在单位内部,把人员稳控在当地。同时积极派员进驻本地群众来访接待中心参加领导接访和联合接访活动,并及时办理、按时回复上级机关、信访部门转交的信访件。市信访局(含“12345”市长便民专线)共转交给市直各单位各类重点信访件4023件次,办结4011件,办结率达99.7%。另外,在依法治国的大背景下,各地各部门狠抓中办、国办《关于创新群众工作方法解决信访突出问题的意见》《关于依法处理涉法涉诉信访问题的意见》、国家信访局《关于进一步规范信访事项受理办理程序引导来访人依法逐级走访的办法》和省公、检、法《关于依法处理信访过程中的违法犯罪行为的指导意见》(赣高法〔2014〕103号)等一系列文件精神的贯彻落实,特别是市、县两级公、检、法机关,勇于担当,主动作为,依法对那些借信访之名、行违法犯罪之实的有关人员进行严厉打击,各地共治安拘留310人次,刑事拘留4人次,判刑6人次。

**【机制创新亮点多】** 2015年,市监察局与市信访局联合下发《关于对违反信访工作纪律造成严重后果进行责任追究的通知》(抚监发〔2015〕1号),进一步明确各级部门、领导和工作人员所应承担的信访工作责任。文件出台后成效明显,第四季度全市初信初访问题同比下降11.2%,环比下降6.7%。根据文件精神,市联席办还会同市纪委、组织部、综治办、维稳办和信访局先后两次对进京非访排名靠前的8个县(区)总召集人和6个乡镇主要领导进行集中诫勉约谈。成立新的“12345”市长便民专线服务中心。在市委、市政府主要领导和分管领导的大力支持下,2月正式启动运行“12345”市长便民专线服务中心。中心集信访投诉、公共便民、意见建议咨询三项功能为一体,24小时全天候接听群众来电、受理网上信访,实现一线畅通、一线办处、一线答复。全年共受理各类网电45479件次,到期办结率始终保持在96%以上,群众满意率达到87.9%,先后收到群众表扬信31封、锦旗3面,得到市领导表扬批示5次。建立市、县两级信访评议机制。市、县两级共建立由党代表、人大代表、政协委员、律师和各界代表参加的“第三方”信访评议人才库404人,并做到根据案情需要,随要随抽。崇仁、黎川、临川已先行启动。崇仁县通过“两代表一委员”调解工作室有效化解重复进京非访人员黄美云等疑难信访案件,临川区通过召开第三方听证会彻底化解了青泥镇曾长良等4人进京非访案,得到肖毅书记的多次表扬。建立机构分类调处机制。在成立市医调中心、交调中心的基础上,市里启动市土地征收和房屋拆迁纠纷调处中心。全年,这些中心共受理群众诉求643件次,调处成功587件次,成功率达91.3%。深化落实诉访分离工作机制。市公、检、法等机关分别建立专门的涉法涉诉信访问题受理中心,为当事人提供法律咨询和服务。同时在每周三市领导接访日,都会指派相关业务部门的骨干到市人民来访接待中心“涉法涉诉类问题接待室”接待、引导涉法涉诉信访人员依法维权。

**【队伍建设举措实】** 全市各级信访部门普遍面临信访量多、信访干部少的困境。以市本级为例,市信访局加上下属“12345”市长便民专线服务中心仅2015年就接待群众走访12043人次、受理网电访45479件,件件都要及时登记、受理、转办、交办和督办,有的还要反复协调,尤其是现在更要做到网上录入、答复,任务极其繁重。为积极适应新形势,市信访局坚持在“人”上做文章,通过系列活动的开展,进一步激发全局干部队伍的创业干事活力和服务群众激情。全面增强践行“三严三实”要求的自觉性。通过引导局全体党员干部积极践行“严以修身、严以用权、严以律己,谋事要实、创业要实、做人要实”的要求,自觉以“三严三实”为标尺,全面加强思想作风建设,增强党员干部队伍的创造力、凝聚力和战斗力,同时也进一步强化群众观念,增进群众感情。切实强化“信访干部之家、信访群众之家”建设。紧紧围绕服务干部职工和信访群众,突出抓好“家风正”“家规好”“家味浓”三个重点,通过深入开展机关联系基层、党员干部联系群众“双联”活动,进一步完善人民来访接待大厅“窗口”建设等措施,改进提升服务信访群众的态度和质量,同时进一步完善干部学习培训制度,并更加积极地关心干部职工身心健康,让广大群众、干部充分感到“家”的可信、可靠、可亲,切实增强信访群众的认可度和满意度,增强信访干部的归属感和荣誉感。认真营造信访部门风清气正的从政环境。深入贯彻中央和省委、市委关于全面从严治党的部署要求,严格落实信访部门领导班子党风廉政建设主体责任,进一步健全局班子学习制度和党内民主制度,建立与信访部门相适应的干部管理、考核、监督机制。同时通过充分发挥领导班子和领导干部的带头作用,全局干部切实做到慎始、慎微、慎欲、慎权、慎独、慎终,坚决防止自由主义、分散主义、好人主义、个人主义,进一步深入推进信访部门风清气正的政治生态建设。

(李　坚)

【市信访局领导名录】
局　长:谭海波
正县级信访局督查专员:吴淑琴
副局长:刘　星　王　萍　尧晓孙

## 老干部工作

【概况】 2015 年,抚州市委老干部局局突出重点,开拓进取,务实创新,推动老干部工作取得新的成效,被评为 2015 年度市直机关绩效管理工作先进单位。

【激励离退休干部传播正能量】 2015 年,通过组织开展为正能量理论研讨活动、学习宣传学习贯彻全国、全省离退休干部"双先"表彰大会精神、召开"看十八大以来变化"专题座谈会、组织就近就地参观考察、举办各类文艺演出以及老同志摄影、书画和集邮展览、组建老同志网宣队伍,引导广大离退休干部积极为党和人民的事业传递正能量。

【为老同志解决实际问题取得新进展】 加强老干部待遇政策落实督导,确保政策落实到位。扎实开展帮扶救助工作,适时开展走访慰问抗战离休干部、全市易地安置(含易地居住)离休干部以及为离退休干部"送清凉、促健康"走访慰问活动,为老同志送去党组织的关怀。扎实做好离退休干部信访工作,妥善处理涉及退改离、解决移居抚州的廉租房、新建小区影响采光补偿、提高待遇标准等信访问题。

【推进文化养老展现新气象】 报请市委、市政府决策将建设抚州老年大学新校区作为 2016 年度重点工程建设项目来抓,研究解决 2 公顷建设用地问题,批准成立抚州老年大学建设工作领导小组,并计划投资 1 亿元动工兴建。组建抚州老年大学第一人民医院分校,开创老年大学向基层和社区延伸的新格局。积极动员老同志参与志愿服务活动,为强化老干部学习活动阵地的安全管理,营造和谐友爱的良好氛围做贡献。指导黎川县老年大学获得全省创建工作同类排名第二的好成绩。

【全市离退休干部"双先"表彰大会】 10 月,经市委同意,全市离退休干部先进集体和先进个人表彰大会在汝水森林宾馆三号楼多功能厅隆重召开。会上,表彰 92 个全市离退休干部先进集体和 89 名全市离退休干部先进个人。会前,市委书记肖毅亲切接见离退休干部"双先"代表和市县老干部工作人员,并发表重要讲话。

【离退休干部党建工作培训班】 3 月,举办全市老干部工作人员暨离退休干部党支部书记培训班,邀请中国管理科学研究院研究员蒋洪发作《"高歌青松赞,共圆中国梦"梦想成真系列》讲座,引导激励老同志保持阳光心态,为实现中国梦积极做贡献。5 月 12 日,举办全市老干部工作人员暨离退休干部党支部书记培训班,邀请省委老干部局一处处长康京华为老同志作《适应新形势,破解新难题,努力实现老干部工作改进创新转型发展》专题讲座;邀请二处调研员周铁围绕讲解老干部政策待遇规定。

【编修《老干部工作志》】 根据省委老干部局和市委组织部要求,市老干部局自 2013 年至 2015 年,组织人员对老干部工作的历史文献和资料进行整理,编撰《老干部工作志》。志书分离退休干部待遇、发挥作用、机构队伍与服务管理、离退休干部文化与教育等五个章节。

【开展三项走访慰问活动】 在纪念抗日战争胜利 70 周年之际,走访慰问抗战离休干部;在酷暑时节,走访慰问市直所有离休干部和地厅退休干部;上半年,局领导班子成员带队分组走访慰问全市 14 位易地安置离休干部和 25 位易地居住离休干部,了解身体和生活状况,帮助协调解决有关问题。

【"情暖朝阳,十佳五老"评选颁奖活动】 7 月,抚州市委宣传部、市文明办、市委老干部局、市关工委联合举办全市"情暖朝阳 十佳'五老'"评选活动,采取投票和评审相结合的方式进行评选。11 月,召开纪念关工委成立 25 周年暨全市"情暖朝阳 十佳'五老'"颁奖大会,表彰伍于光等 10 名"十佳'五老'"和元大寿等 9 名"十佳'五老'"入闱奖获得者。

【纪念抗战胜利 70 周年省市县离退休干部文艺汇演】 9 月 22 日,市委老干部局在东乡县行政中心千人会场举办"纪念中国人民抗战胜利 70 周年省市县离退休干部文艺汇演",来自省直、市直和东乡县的老同志表演了快板、配乐合奏、歌伴舞、太极舞等 15 个精品节目。

【离退休干部纪念抗战胜利七十周年邮展】 9 月 29 日,市委老干部局在市行政中心一楼大厅举办离退休干部纪念中国人民抗日战争暨世界反法西斯战争胜利七十周年集邮展览。展览共分《气壮山河的史诗》《抗击日寇大事记》《抗日烽火》等 11 个部分,由市老干部集邮协会的刘振兴、邢荫芳等 7 位离退休干部将数十年收藏的 3000 多枚(件)邮票、纪念封精心编排而成。

【赴乡村文艺演出】 10 月 30 日上午,市委老干部局组织市老干部艺术团和宜黄县的老同志在宜黄县桃陂镇荣前村举办一场以"美丽荣前、阳光路上"为主题的文艺汇演,受到群众交口称赞。

(张　敏)

【市委老干部局领导名录】
局　长:高连珠
副局长:阙晋林 许劲松

## 对台工作

【概况】 2015 年,抚州市委台湾工作办公室(以下简称市台办)在市委、市政府的正确领导下,在省台办的关怀指导下,认真贯彻落实十八届五中全会和市委三届十二次全会会议精神,深入开展“三严三实”主题教育实践活动，积极服务于“对接海西，融入南昌，建设向莆经济带”战略，各项工作取得较好成绩。一、以对台招商引资为关键点，多举措开展工作。全市新引进台资项目11个，同比增长57.1%，位居全省第4位；总投资额6.56亿美元，同比增长408%，位居全省第3位。二、以广交台湾朋友为切入点，多领域加强联络。先后邀请30多批、280余人次台商到抚州考察洽谈。开展各类台胞联谊、捐赠、文化交流活动6次。三、以促进抚台融合为结合点，多角度宣传抚州。全年在大陆媒体新闻报道稿件115篇章，在《赣台心桥》上稿位居全省第三，受到省台办的通报表扬，在《江西对台工作》采用稿件全省第二。编印《抚州对台工作简报》7期，上报联络专报13篇，数量质量有很大的提升。四、以服务对象满意为着力点，多途径谋求实效。共接待台胞台属来信来访、政策咨询100余人次，妥善处理省台办转办涉台信访案件3件。

**【市委常委、纪委书记吴伟柱会见赣台交流服务中心理事长蔡孟勋】** 1月20日，市委常委、纪委书记吴伟柱会见赣台交流服务中心理事长蔡孟勋一行。蔡孟勋此次赴抚，主要是给资溪县福利院的老人和县慈善会送去爱心物资和加菜金。吴伟柱对蔡孟勋多年来热心公益事业十分赞赏，称他既是成功的企业家，更是积极的慈善家。

**【省台办副巡视员陈幸福莅抚参加金溪台湾工业小区揭牌仪式】** 1月28日，省台办副巡视员陈幸福率经济处干部到金溪县参加金溪台湾工业小区庆典活动。有30余位台商、金溪县四套班子及市县台办及相关人员120余人参加江西宽盛塑胶纺织印花制品有限公司、江西和大金实业有限公司两家台资企业揭牌仪式和台商林志和先生向金溪县中医院捐赠两部120救护车的仪式。在庆典活动上，陈幸福讲话，县委书记王成兵致辞。庆典结束后，陈幸福在市台办主任陈克胜的陪同下前往江西乔治山庄、嘉盛精密纺织有限公司等台资企业走访调研。

**【副市长韦萍走访慰问在抚台胞】** 1月29日，副市长韦萍走访慰问重点台胞，韦萍先是看望了99岁的定居台胞黄彪，仔细询问老人的生活和身体情况，为他送上慰问金和慰问品。随后，韦萍又到桃园籍台胞邹先阳家中，向他表达关怀之情。市政府副秘书长刘俊福、市台办主任陈克胜陪同走访慰问。

**【金溪县召开金台经贸产业合作推介会】** 1月30日，金台经贸产业合作推介会在金溪县行政中心会议室召开，来自台湾及江浙地区的台商40余人出席会议。推介会由县委副书记周战超主持，县委书记王成兵致辞，台商江西宽盛塑胶纺织印花制品有限公司董事长林志和、江西和大金实业有限公司董事长魏大钧先后发言，会上观看了金溪招商引资宣传推介片，签定了转移印花技术培训基地、生态农业开发和隐形涂料生产三个意向性项目。

**【市台商协会筹备会议召开】** 3月10日上午，市台商协会筹备座谈会在汝水森林宾馆召开，会议由市台办主任陈克胜主持。参加会议的有江西嘉盛精密纺织有限公司董事长李嘉芳、华生控股有限公司总裁王昭扬、台湾大昇化工集团董事长张恒台、台湾罗玛集团董事长李彩秋、资溪康元旅游开发有限公司董事长李复班、江西宽年特种油墨有限公司董事长林志和等十多位台商。会议初步研究了市台商协会组织机构，拟选王昭扬、张恒台、李彩秋、李复班为荣誉会长，李嘉芳任会长，林志和任常务副会长；会议对《抚州市台湾同胞投资企业协会章程（讨论稿）》进行了讨论修改，确定台商协会成立大会召开时间。

**【省农业厅、省台办联合调研组赴乐安县赣台农业合作试验区调研】** 3月18日，省农业厅农村社会事业发展局局长陈龙祥、省台办经济处处长喻志东率省农业厅、省台办联合调研组一行到乐安调研赣台农业合作试验区江西台大农业科技园发展情况。陈龙祥一行实地察看台大农业科技园，详细了解企业管理模式、现状、发展规划及建议。希望当地政府要在服务台商上下功夫，促进企业发展壮大。市农业局、市台办、乐安县统战部负责人陪同调研。

**【全市对台工作会议召开】** 3月20日上午，全市对台工作会议在市行政中心召开，市委副书记魏建锋出席会议并讲话。魏建锋肯定了台办一年来的工作，强调要认清形势，统一思想，全力以赴做好对台工作。要抢抓契机，实现抚台经贸合作的升级，努力开创对台工作新局面。副市长韦萍主持会议，抚州军分区政治部主任陈辉传达了中央对台工作会议精神。

**【市委书记肖毅会见台湾农业交流考察团一行】** 4月27日，市委书记肖毅会见台湾农业交流考察团张启盟先生一行。肖毅向考察团成员热情推介抚州，展示了抚州五张靓丽的“名片”。希望台商多来抚州访考察、观光，把抚州的文化、环境、商机带给台湾朋友。张启盟介绍了台湾农业合作社联合社运作模式，以及台湾农业产业发展体系。认为抚州农业优势明显，人文、生态环境优越，双方一定能够找到合作空间。市委常委、农工部部长熊云鹏，副市长魏建新、韦萍，市委秘书长李建林参加会见。

**【抚台农业合作交流座谈会举行】** 4月27日下午，台湾农业交流考察团在合作社理事主席张启盟率领下，到抚州市参观考察，并与市直有关单位和临川区政府负责人进行交流座谈。市委常委、农工部部长熊云鹏主持座谈会。副市长魏建新、韦萍出席座谈会。会后考察团还深入临川区实地考察。

**【市台湾同胞投资企业协会第一次全体会员大会召开】** 5月15日，市台湾同胞投资企业协会第一次全体会员大会召开。会上宣读了市民政局关于准予成立抚州市台湾同胞投资企业协会的批文，大会筹备工作组作了筹备工作报告，全体会员审议并通过《抚州市台湾同胞投资企业协会章程（草案）》，选举了协会第一届理事会理事、第一届理事会会长、副会长、监事长、秘书长。李嘉芳董事长当选为抚州市台湾同胞投资企业协会第一届理事会会长；林志和董事长当选为抚州市台湾同胞投资企业协会第一届理事会常务副会长;大会聘请华生控股有限公司总裁、江西联创电子董事长王昭扬、台湾大昇化工集团董事长、江西台大农业科技园有限公司董事长张恒台、资溪康元旅游开发有限公司董事长李复班、台湾罗玛集团董事长李彩秋4人为荣誉会长。

**【省台办主任欧阳泉华出席市台湾同胞投资企业协会成立大会】** 5月16日上午,省台办主任欧阳泉华出席市台湾同胞投资企业协会成立大会暨抚台经贸合作恳谈会,并在会上作重要讲话。欧阳泉华代表省台办对市台湾同胞投资企业协会的成立表示祝贺,向出席此次盛会的代表和嘉宾表示问候,向所有关心支持江西发展的台商朋友们表示衷心的感谢。他认为随着向莆铁路的通车运营,抚州已成为江西离出海口最近的设区市,是中部地区离台湾海峡最近的设区市,发展潜力巨大,是富有远见的台湾企业家理想的投资地。随着抚州市台资企业协会的成立,全省台资企业协会达到8家,在中部地区列第一位,这是抚州与台湾经贸交流合作的又一成果。欧阳泉华宣布,省台办将采取十条具体措施来支持抚州加快对接海西经济区。

**【市台资企业协会成立大会暨抚台经贸合作恳谈会举行】** 5月16日,市台湾同胞投资企业协会成立大会暨抚台经贸合作恳谈会在汝水森林宾馆召开。国台办发来贺电并派员参加;市委书记肖毅致辞;省台办主任欧阳泉华讲话;市长张鸿星作招商推介;市委副书记魏建锋主持;市人大常委会主任、市委政法委书记黄牡香,市政协主席谢发明,市委常委、副市长赵世斌,副市长韦萍,市委秘书长李建林,市政府秘书长喻大荣等出席。全国台湾同胞投资企业联谊会相关负责人,部分省外城市和省内其他设区市台资企业协会会长,各县区党政主要领导、市直有关单位负责人,市特邀台商及市台商协会全体会员共200余人参加。肖毅致辞代表市委、市政府,对协会的成立和新当选的协会班子成员表示祝贺,向参加此次盛会的台商和嘉宾表示欢迎和感谢,希望通过新成立的台资企业协会平台,以商引商、以以商联商,吸引更多的台商到抚州来投资办企业。会上张鸿星市长热情推介抚州,将抚州的区位优势、生态优势、文化优势如数家珍介绍给台湾朋友。新当选的市台资企业协会会长、江西嘉盛精密纺织有限公司董事长李嘉芳,华生控股有限公司总裁王昭扬,江西宽年特种油墨有限公司董事长林志和作为台商代表先后发言,他们以在抚州投资创业的亲身经历,深情介绍“抚州是个好地方”,并诚邀广大台商朋友到抚考察、投资、兴业。会上,还举行了项目集中签约仪式,共签约项目13个,资金总额28.72亿元。

**【省台办副巡视员陈幸福督查抚州市“赣台会”签约项目】** 7月21—22日,省台办副巡视员陈幸福一行3人到抚州市的金溪、南城等县,对第11届和第12届“赣台会”签约项目进行督查,副市长韦萍陪同。陈幸福一行实地考察了江西和大金实业有限公司、江西宽年特种油墨有限公司、台湾商禔兴有限公司等多家台资企业,并与台企负责人、当地分管领导和台办干部进行座谈,听取情况汇报,了解项目进展情况。陈幸福认为,抚州对“赣台会”签约项目抓得紧、抓得实,项目履约率、开工率和投产率都较高,值得肯定。要求当地政府进一步做好签约项目推进工作,切实解决企业在建设、经营中遇到的实际困难,保证企业早日投产。

**【市长张鸿星走访台湾商业总会】** 8月3日,市长张鸿星率抚州经贸代表团赴台湾开展系列招商引资活动,走访了台湾商业总会,并与台湾工商界人士进行友好座谈,向台湾同胞充分展示抚州“海西腹地”的新魅力。台湾商业总会常务理事、乔盟国际顾问股份有限公司董事长王权宏,市委常委、农工部部长熊云鹏,副市长韦萍,市政府秘书长喻大荣等参加活动。张鸿星等市领导还看望了抚州籍在台乡友和在抚投资台商。

**【2015江西抚州(台北)经贸合作恳谈会在台湾举行】** 8月4日上午,2015江西抚州(台北)经贸合作恳谈会在台湾举行。市长张鸿星致辞;市委常委、农工部长熊云鹏出席;副市长韦萍主持;市政府秘书长喻大荣以及80余名台商企业家出席。会上,高新区、临川区、乐安县、东乡县主要负责人先后作推介发言。经过一段时间的对接和洽谈,抚州与台湾的一些企业就一些合作项目达成了共识。双方共达成9个合作项目,涉及工业、农业、生物医药、教育文化等行业,投资总额约8.4亿美元,其中大部分是能落地开工的成熟项目。会上,台湾旺旺中时媒体集团《旺报》总编王绰中代表台商发言。

**【第十三届赣台(宜春)经贸文化合作交流大会开幕】** 8月19日上午,第十三届赣台(宜春)经贸文化合作交流大会在宜春开幕。市委书记肖毅率抚州市代表团参加,市委常委、统战部长、市委秘书长李建林,副市长韦萍随同。此届“赣台会”以“发展升级、深化合作、突出青年、融洽亲情”为主题,呈现出四个特点:一是经贸合作与文化交流并举;二是突出青年与关注基层并重;三是创新思路与提升实效并进;四是热情文明与节俭高效并行。会议期间举办了赣台战略性新兴产业合作洽谈会等五场产业合作专题活动,以及第三届两岸茶文化论坛等多场文化交流活动。在大会开幕式上举行了重点项目签约仪式,其中抚州市共签约9个项目,投资总额3.13亿美元,主要涉及旅游开发、农产品深加工、生物医药、电子设备等领域。

**【台湾华生集团王昭扬董事长一行莅抚洽谈项目】** 8月19—21日,台湾华生集团王昭扬董事长一行8人到抚州市就智胜产业园项目进行进一步洽谈。市长张鸿星,市委常委、副市长周小平会见考察团一行。张鸿星认为,当前抚州承接产业转移的竞争力进一步提升,具备十分优越的发展条件。市委、市政府会为在抚投资的台资企业提供最优质、高效的服务,希望智胜产业园项目能够早日落地。王昭扬表示此次赴抚,带来华生集团智能终端、半导体等多个团队项目的负责人,目的就是尽快落实智胜产业园项目。

**【市政协主席谢发明率团赴台开展经贸交流之旅】** 10月10—16日,市政协主席谢发明率经贸考察团一行8人赴台考察。考察团先后考察了台北罗玛实业、新竹绿世界生态农场、坊盛实业等台湾企业；看望了江西台大农业科技园有限公司董事长张恒台、江西宽年特种油墨有限公司董事长林志和、抚州宜峰制衣有限公司董事长黄信文等在台湾的市政协特聘港澳台侨委，围绕高新区台湾美食城、乐安县生态农业开发、东乡县食品产业园等一批项目进行了洽谈。

【副市长魏建新率团赴台进行经贸考察】　10月10—15日，副市长魏建新率抚州市农业招商考察团一行9人参加省政府10月13日在台湾举办赣台农业产业发展合作推介会，并在岛内进行了系列招商推介活动，洽谈了一批农业项目。此次推介会上，抚州市签订了2个农业项目，分别是乐安县总投资1.2亿元的肉羊养殖及屠宰加工项目和崇仁县总投资2亿元和生产333.33公顷蔬果及年产1500吨酵素原液项目。考察团一行还拜会国民党中央评委会主席、台湾微阁基金会董事长李传洪、江西旅台同乡会副总会长龚兴生等台湾工商界人士，带去生态观光、生态种养、农产品加工等各类农业招商项目20个，发放《抚州市农业重点招商项目册》100余份。

【市长张鸿星会见台湾旺旺中时传媒集团采访团】　10月23日上午，市长张鸿星在汝水森林宾馆会见由台湾旺旺中时传媒集团时报国际总经理吕庭华为团长的“大陆魅力城市”采访团，并接受记者采访。市委常委、副市长赵世斌及市政府秘书长喻大荣等参加会见。采访中，张鸿星向采访团一行介绍抚州市的基本情况和未来发展蓝，希望各位记者朋友们多宣传推介抚州，使更多的台湾朋友了解抚州，到抚州观光旅游、投资兴业。吕庭华介绍了旺旺中时传媒集团的基本情况，表示通过了解和听取介绍，感到抚州文化底蕴深厚、生态资源丰富、产业优势突出、发展前景广阔。在抚期间，将进行深入详细的采访，让更多的台湾同胞加深对抚州的认识。

【省台办欧阳泉华主任一行到抚调研“精准服务台企月”活动】　11月30日至12月1日，省台办主任欧阳泉华率省台办调研组一行到抚州市，调研对台工作，参加抚州市“精准服务台企月”台资企业负责人座谈会。市委副书记魏建锋陪同调研，市委常委、常务副市长于秀明出席座谈会并讲话，副市长韦萍陪同调研并主持座谈会。省台办副主任黄朋青随同调研并出席座谈会。临川区、高新区、市直有关单位主要负责人及部分在抚投资的台商60余人参加了会议。座谈会上，调研组一行听取抚州市台资企业情况及请求支持事项汇报。欧阳泉华对抚州一年来的对台工作给予充分肯定，对今后对台工作面临的形势作深入全面的分析，并就如何谋划好今后对台招商引资工作和开展好“精准服务台企月”活动提出指导性意见，宣读了省台办为抚州专门出台的《关于支持抚州市与台湾地区交流合作的十条措施及四点建议》。于秀明在讲话中强调台商台企是抚州经济社会发展的重要力量，要求各地各部门要切实采取有效措施，开展好“精准服务台企月”活动。要落实好惠台政策，优化发展环境，帮助台商企业解决实际困难和问题。会上，部分台商代表就如何开展好“精准服务台企月”活动和对台招商引资工作提出了意见和建议。调研中，欧阳泉华一行先后深入台资企业珍展鞋业、德义半导体、嘉盛精密纺织、乔治山庄、市台商协会实地考察。

【市长张鸿星深入台资企业“大润发”开展“精准服务台企月”活动】　12月2日下午，市长张鸿星率队赴台资企业抚州青云大润发走访调研。副市长韦萍、市食品药品监督管理局、市市场和质量监督管理局、市安监局、市商务局、市消队支队、市台办主要负责人陪同调研。张鸿星一行深入到各大卖场，与企业负责人及其员工亲切交谈，询问企业客流量、营业额、营业收入及存在的困难，察看消防设施和消防通道。张鸿星指出，抚州市正在开展“精准服务台企月”活动，到大润发主要是想听听台商的建议和意见。当得知大润发在抚发展良好，有增资500万元扩大投资的意向，张鸿星十分高兴，他对随行的相关负责人强调，我们要切实把服务工作做得更具体、更贴心，积极采取有力措施，真心实意地帮助台资企业解决困难和问题。最后，张鸿星希望大润发抚州青云旗舰店，要多宣传抚州地方特色产品，在卖场内设抚州专柜，加大抚州特产向全国其他大润发卖场配送力度，并要求在大润发门口每天交通拥挤阶段增派警力，维持秩序。

【市长张鸿星莅临市台商协会指导工作】　12月12日上午，市长张鸿星在市政府秘书长喻大荣、高新技术产业开发区主任邱建国、市台办主任陈克胜的陪同下，到市台商协会指导工作。看到一座欧美风格，台湾设计，线条流畅，特色明显、全省一流的台商协会会馆已基本装修完成，张鸿星十分高兴，要求市台办、市台协负责人抓紧时间，将二楼会馆全面完工到位，让台协会馆尽早开张，同时，一楼的台湾风情街要尽量原汁原味，保留台湾特色。张鸿星强调台商协会是政府与广大台商之间的桥梁和纽带，作为海峡西岸重要城市的抚州要充分有效地发挥这个“平台”作用，在促进抚台招商引资，以台引台方面发挥作用。

【市委书记肖毅出席嘉盛精密纺织收购意大利蝴蝶品牌签约仪式】　12月23日上午，江西嘉盛精密纺织有限公司收购意大利 Filatura di Crosa（蝴蝶）品牌签约仪式在汝水森林宾馆举行。市委书记肖毅出席签约仪式。市委常委、副市长周小平致辞。市委常委、统战部长、市委秘书长李建林，市政府秘书长喻大荣及意大利 VIMAR（威玛）公司董事长 Viana Gabriele、嘉盛精密纺织有限公司董事长李嘉芳出席。嘉盛收购意大利蝴蝶品牌是“抚州制造”向“抚州创造”的改变。

（邱晓林）

【市委台办领导名录】
主　任：陈克胜
副主任：毛奇锋（7月任）
　　　　付高云（11月任）

## 史志工作

【概况】　2015年，抚州市史志工作者，以开展“三严三实”专题教育为契机，打造精品，加快史志书籍的编纂进度，主动开展纪念抗战胜利70周年系列活动,优质高效完成上级业务部门布置的各项任务,积极参与市委、市政府各项中心工作。

【全面推进《中国共产党地方历史》编纂】 根据中央和省里要求,各地均须编纂中国共产党地方历史,全面总结、反映中国共产党90多年来走过的光辉而又曲折的历程。按照上级要求,《中国共产党抚州历史》及各县(区)中共历史分三卷编纂出版。《中国共产党抚州历史》(第一卷)主要记述1926年抚州党组织创立至中华人民共和国成立23年历史。该书于2014年正式启动编纂工作,在全面梳理以往征集收藏大量资料的基础上,根据篇目要求,派员外出查阅资料、走访当事人、知情人,进一步补充资料,考证史实,抽调3名业务骨干,分工合作开展编写,至2015年7月完成20万字修订稿。通过内审修改后,报省委党史研究室审定,并根据省里的意见进行修改,于10月初送中共党史出版社审稿,11月底审读完毕。根据出版社审稿意见再次修改后进厂印刷。

县(区)中国共产党地方历史第一卷编纂工作,已有宜黄、南丰、南城、金溪、崇仁、广昌、资溪7县完成出版任务,东乡、乐安已经定稿,临川、黎川正在编纂中。完成第一卷编纂出版任务的县正在着手第二卷(1949年10月—1978年)的编写,部分县已完成初稿编写。

【年鉴编辑工作居全省前列】 根据国务院《地方志工作条例》,编辑出版综合年鉴是地方志部门的基本职能,《抚州年鉴》从2003年开始编纂,一年出版一本,已经出版12本。《抚州年鉴》(2015版)于12月底完成编辑出版,做到当年年鉴当年出版的要求。该年鉴共100万字,公益彩页20多版,照片近40幅,反映了2015年抚州政治、经济、社会发展的新变化、新成就。

县(区)综合年鉴有序推进,有的县已经编辑出版了两本,2015年又有南丰、资溪、东乡、广昌等完成编辑工作,有的已经进厂印刷。此项工作居全省前列。

【地情书籍编写形式多样】 一是深挖史料,编纂《抚河古韵》。抚州历史文化底蕴深厚,为打造抚州文化软实力,2015年,该办着手编纂《抚河古韵》一书。全书共分10章,分别介绍古代抚州的书院、祠堂、寺观、瓷窑、名人、进士、墓葬、桥渡、楼塔、地方戏等。着力从古代典籍中挖掘遗存物上附着的人文信息,增强可读性。在完成初稿的基础上,进一步修改打磨,朝着精品佳作方向发展;二是发挥职能,指导部门志编纂。市、县(区)委组织部开展组织志编纂工作,该办派出精干力量,全程协助、指导编纂,帮助编写、修改志稿。完成了《抚州组织志》110万字的送审稿,县(区)组织志篇幅也在40万~60万字之间。此外,还指导编纂烟草志、科技志、房地产志、东乡移民志等志书。

县(区)史志部门在这方面也做了大量工作,并取得不俗的成绩。志书出版方面,全市已出版10部志书,占任务数的83%,居全省设区市前列。《南城县志》稿经过市地方志办复审修改后,已报县志编纂委员会审查验收。《乐安县志》稿正在进行总纂;东乡县创造性地开展工作,点校、注释了嘉靖版《东乡县志》,已经交印刷厂出版,年底可发行;南丰县开展苏区史的编纂,已经完成初稿。南城县编纂了《南城抗日战争史》,全书21万字,已完成初稿。

【开展纪念抗战胜利70周年系列活动】 2015年是抗日战争胜利70周年,以此为契机,市委党史办开展一系列活动。一是开展抚州抗战史宣讲。以全市开展“三严三实”专题教育为契机,派员到宜黄、乐安、黎川中心组学习及城管局、园林局、财政局等5个市直单位及街道、社区4个基层单位宣讲抚州抗战史;二是举办抗战图片巡展。与市政协文史委、市档案局联合举办纪念中国抗日战争胜利暨世界反法西斯战争胜利70周年巡展。巡展分为重大事件、日军暴行、抗战损失、抗战英烈、救亡图存和抗战实物6个板块,共30个展板。以图文并茂的形式,翔实的史料和数据表格统计,展示赣东会战、南城惨案、临川惨案、东乡惨案等抗战重大事件,揭露日军在抚州犯下的滔天罪行,讴歌抚州籍抗战英烈事迹,再现抚州民众抗击日军的史实。巡展在全市机关、部队、学校、工厂、社区、公园等单位和公共场所举行;三是出版纪念抚州抗战专辑。与市政协文史委、市档案局联合出版《抚州文史·抚州抗战专辑》,全书分日寇暴行、军队抗战、民众自卫、抗日活动、抗日英烈5大块,收录文章28篇,16万字;四是开展抗战知识竞赛。派员到市内各中学宣讲抚州抗战事迹,拟制抗战知识题目与市教育局联合在市内小学高年级以上学生中开展知识竞赛。县(区)结合当地实际也组织开展形式多样的纪念活动。

【优质高效完成省地方志办布置的各项任务】 按照省地方志办的部署,2015年,市、县(区)两级地方志部门着力配合做好以下3项工作:一是完成江西省志《市县区概况》《大事记》抚州部分的修改上报工作。在2014年上报资料的基础上,市地方志办按照省志办新的要求,组织市本级及各县(区)对概况稿进行修改完善,进一步规范体例和行文;二是做好《江西方志文化丛书》抚州部分的资料补充、修改完善工作。在2014年上报资料的基础上,该办将丛书中的10本书重新分解到5个人进行资料补充,对书稿的内容进行梳理,增补内容;三是做好《江西年鉴》(2015版)抚州部分的组稿上报工作。按照《江西年鉴》编辑部的要求,全市地方志系统组写了百余个条目,5万多字,其中抚州市直部分条目6000多字,概括反映了抚州政治、经济、文化等方面的发展情况。

【开展“四进四联四帮”活动】 2015年,市委党史办派出3人组成小分队驻南城县龙湖镇五角口村,开展“四进四联四帮”活动。小分队走村入户开展调查;大力整治村庄环境;走访慰问参战生活困难老兵,送去慰问金1000元;一对一帮扶的贫困学生,资助现金1.18万元。为该村14名贫困学生送书包文具等捐助物;争取省爱心总会援助,为该村留守妇女送去60套保暖内衣。发掘出第二次国内革命战争中遗存下来的碉堡群遗址,为打造洪门库区旅游景观献计出力。

(鄢春琴)

【市委党史办、市地方志办领导名录】
主　任:汪志强(12月任)

调研员：段绍镒（主持工作至12月）
副主任：傅长岭　黄志刚

## 党校工作

【概况】　2015年，是抚州市委党校各项工作取得突破之年，全体教职工，拼搏奉献，全面推进党校事业的协调发展，较好完成年度目标任务，取得新的成绩，为全市领导干部素质提高做出积极贡献，为“文明城市创建”和“四进四联四帮”工作，建设幸福抚州添砖加瓦。

【完成培训任务】　2015年，市委党校充分发挥党校职能作用，认真办好主体班7期，共培训293人。进一步挖掘党校培训资源，举办两期公务员面试培训班，培训学员总数为35人。协助江西省委党校研究生院2015年招生工作，积极开拓宣传渠道，抚州市报名117人在全省报名人数居前列，受到有关部门的肯定。

【推进教学改革】　2015年，市委党校在充分发挥党校职能，完成培训任务的基础上，稳步推进教学改革。统筹安排教务任务。及时充实和创新教学内容。在原有基础上，增加“学习十八届四中全会精神”板块。加强教学常规管理。通过不断完善《中共抚州市委党校关于进一步加强主体班次教学及教研人员管理的若干规定》，建立科学、高效的教学管理体系。规范、认真地抓好学校的各项教学常规，如需求调研、竞聘上岗、集体备课、新课试讲、讲稿检查、教学质量考评、课后总结、训后跟踪评教、座谈等等。提高培训教学质量。为年轻教师确定了“传、帮、带”指导教师。为提高教学质量，出名师、树品牌，于上半年举办抚州党校主体班第一届精品课评选活动及，抚州市党校行政院校系统第三届精品课评选活动。积极参加江西省全省党校行政院校系统第一届精品课评选活动。多方位搭建学员活动平台。在主体班中专门安排课时进行研讨，设置情景模拟面试专题。在中青班设置情景模拟面试专题，特意安排中青班到中共嘉兴市委党校进行为期五天的异地培训，认真学习“红船”精神。组织学员在本市现场调研，要求撰写对策研究报告，并从中评选优秀文章编辑成《学员论坛》，供市、县主要领导参阅，积极发挥教师和学员两种资源、双重优势的作用。招录高素质人才。招录5名专业技术人员，均为硕士研究生学历。

【推动科研转型】　2015年，校委把科研放在基础地位，注重科研质量推动科研转型。鼓励科研与教学相结合，鼓励科研与咨政结合，鼓励科研与学术交流结合。抚州党校公开发表论文10篇，其中国家级刊物《学习时报》发表2篇，一般省级8篇。课题共完成6项：全省社科系统课题1项，已结项；全省党校系统课题4项，其中招标课题1项，一般课题1项，青年课题2项；市社科重点课题1项。全校论文获各类奖项10项，在全省党校系统“学习贯彻习近平总书记系列重要讲话精神”理论研讨会上有3篇论文获奖，其中，二等奖1篇，三等奖2篇；江西省党建研究会优秀论文三等奖1篇；市党校系统“学习贯彻习近平总书记系列重要讲话精神”理论研讨会有6篇文章获奖，其中二等奖3篇，三等奖3篇。

【做好校园的日常管理】　2015年，市委党校行政后勤人员兢兢业业，成绩喜人，屡获殊荣。积极开展节约型机关建设，被评为“2014年度全市公共机构节能先进单位”，连续5年获得此项荣誉。高度重视综治和计生工作，获得“2014年度全市社会管理综合治理目标管理先进单位”和“2014年度人口与计划生育先进单位”的荣誉称号。积极参与道德讲堂、开展学习道德模范和身边好人活动，组织开展“文明交通疏导”“文明街道整治”主题志愿服务、扶贫助捐和“爱心一日捐”等献爱心活动。图书馆根据教职工、学员的阅读需求，完成新进图书采购77册，总计金额2330.8元，接受赠送图书31册，并进行登记、入库、编目、上架等工作。

【新校建设稳步推进】　新校建设是市委党校重点工作，自开工以来，工程进展顺利。项目的土建工程进入全面收尾阶段。2015年，土建工程主要针对以下分项工程进行施工：报告厅高支模浇筑、连廊施工、墙体砌筑、水电消防等管线预埋、屋面钢结构安装、屋面防水、屋面贴瓦、1号楼至3楼外墙干挂、西侧土方回填等。二次精装修、室外景观、智能化工程方案及施工图设计全面完成。二次精装修、室外景观、智能化工程招投标正式启动，招标成功。

【强化业务指导】　2015年，为进一步提高抚州市党校系统推进、整体联动水平，市委党校制定校委成员联系基层党校（行政学校）实施办法，各校委成员分别对所属联系单位进行走访调研，帮助协调解决各县（区）党校办学中的一些实际问题。全年编辑发行3期《抚州党校通讯》，刊登基层党校的工作动态和典型经验做法，提高抚州党校的整体声誉。

（张雯劼）

【市委党校领导名录】
校　　长：魏建锋
常务副校长：魏福旗
副　校　长：龚晓辉　周泽南
　　　　　　邹志坚

## 档案工作

【概况】　2015年，抚州市各级档案部门，以“三个体系”建设和“三个翻番”为重点，深入实施“三大工程”，适应新常态，谋求新发展，年底被人力资源和社会保障部及国家档案局表彰为“全国档案系统先进集体”，抚州市档案局是全省唯一获此殊荣的单位。

【加强重点建设项目档案管理工作】
2015年，市档案局通过建立项目名册、掌握项目信息、多方配合协调、抓好监督检查、加强档案验收等措施，确保了全市重点项目档案收集齐全、整理规范、及时移交。市档案局对省在抚重点建设项目和市本级续建和新开工的116个重点建设项目实施全面的档案管理登记工作。市局共接收“三重档案”311卷，其中包括抚州市大公路2011—2015年文书及图纸类档案

28卷其中永久16卷、长期12卷,抚州市林业局汝水森林公园2006—2012项目档案283卷其中永久283卷。广昌县交通运输局组织实施的汪家段大桥项目通过验收,90卷项目科技档案移交进馆;乐安县举办重点建设项目业务培训工作学习交流会。黎川县档案局完成3个重点工程项目档案归档工作。

【提高农村档案工作水平】 自2014年开展农村土地承包经营权登记工作以来,市档案局积极跟进,强化指导,着力推动全市农村土地确权登记档案管理工作。及时印发《关于加强农村土地承包经营权确权登记档案管理工作的通知》,明确各级档案部门在土地登记档案管理工作中的职责和任务。多次深入试点村镇,对确权登记档案的收集、整理、移交、保管等方面进行现场培训指导。在黎川、金溪等地召开全市农村土地承包经营权确权登记颁证档案管理工作调度会和现场会,进一步推进土地确权登记档案工作;金溪县档案局多次会同县农业局、县确权办等人员,深入试点村,严格按照《农村土地承包经营权确权登记颁证档案管理办法》,对档案的收集、整理、鉴定、保管、编研、利用等工作进行面对面、手把手的业务指导。黎川、广昌档案局与当地农业局联合举办农村土地承包确权登记档案业务培训班。资溪县档案局开展为期6个月的"三农"档案业务指导,走遍全县12个乡镇场。宜黄县档案局与县农业局协作,深入到乡镇调研、指导。

【推进企业档案工作规范化管理】 全市档案部门深入贯彻实施《企业档案工作规范》和国家档案局第10号令,加强对开发区、工业园区和非公企业档案工作的监督指导。抚州高新技术产业园区升级为国家高新技术产业开发区后,市档案局召开专题会议,认真学习省委书记强卫的重要批示精神并进行讨论,努力为园区企业升级发展服务。市档案局确定高新区一企业进行档案服务试点。崇仁县档案局指导6个以上工业园区企业档案室的建立,初步完善管理制度。

【做好民生领域档案工作】 市档案局深入各单位了解民生档案情况,指导和帮助相关部门做好民生档案的归档与收集管理工作。深入国土资源局、市司法局、第一人民医院,团市委等涉民单位开展"服务百姓,共建共享"民生档案资源整合工作情况调研活动,重点对利用频繁的几大民生类专业档案进行摸底调查,提出了共享工作设想。广昌县档案局针对公证档案的特殊性,深入县司法局,参照《公证档案管理办法》,就公证档案的整理、归档进行业务指导,拟接收县司法局公证处1983至2014年形成的公证档案。临川区档案馆从区民政局婚姻登记处接收了2014年婚姻档案9051件,该馆馆藏的历年婚姻档案已突破十万件,并且建立了婚姻档案目录数据库。宜黄县就公证档案规范化整理、移交等问题与县公证处达成初步意见。

【发挥档案服务社会作用】 2015年,共接待社会各界查阅利用者13271人次,提供档案资料31221卷(册),为群众解决诸如工龄、职称、山林权属、土地承包、低保社保、返城未安置知青及城镇小集体企业职工养老保险等问题9465件;市馆提供有价值的档案资料8326卷,查阅利用4122件,复印档案资料3126份。市馆为东华理工大学的师生围绕抚河的地质结构和抚州水资源状况调研课题,提供近70份相关参考资料;东乡县档案局查阅档案100余卷册,为县人武部部史馆建设提供部分军事方面的真实档案史料,还通过档案化解因修建高速公路征地等产生的土地权属纠纷5起;广昌县档案局通过提高调卷速度、完善检索工具、简化利用手续、改善服务条件、开展咨询服务等措施,积极开展档案便民利民惠民服务。南丰全力做好代课教师档案服务工作,将馆藏文教局档案中教师名册等内容数字化,为查档人员提供优质服务。资溪县档案馆为化解马头山公益林林场与周边两村的山权纠纷提供确实依据;崇仁县档案局接待数十批次本县返乡农民工查阅土地档案,为他们化解土地纠纷、建房立业出力。同时,全市各级档案部门深入开发档案资源,着力打造独具特色的档案文化精品。2015年全市共出版档案类编研作品14种,总字数达86.52万。市局编研档案产品1种,即抚州市档案利用实例选编——《兰台正能量》;资溪县全面启动《资溪年鉴2006—2015》(创刊号)编纂工作,县档案局负责全县档案工作年鉴的编写。

【共同举办抚州市纪念抗日战争胜利70周年巡回展】 8月25日,由市委党史办、市档案局、市政协文史委共同举办抚州市纪念中国抗日战争暨世界反法西斯战争胜利70周年巡回展览,并现场赠阅由市委党史办、市档案局、市政协文史委共同编纂的《抚州抗战》专辑。市委书记肖毅、市委副书记魏建锋等领导与市直机关党员干部一道参观展览。此次展览分重大事件、日军暴行、抗战损失、抗战英烈、救亡图存、抗战实物6个板块共30块展板,以图文并茂的形式,以翔实的史料和数据表格统计,全面展示抚州抗战重大事件,揭露日军在抚期间犯下的滔天暴行,讴歌周建屏、符竹庭等抗战英烈事迹,再现抗日游击队、农民群众抗击日军的史实,旨在铭记历史,警示后人。临川区档案局推出"纪念抗战胜利七十周年档案图片展",图片展共分前言、日寇罪行、全民抗日、抗日英雄谱、结束语五个部分共九块展板,从不同角度重现了那段血与火的历史,一些珍贵图片系首次展出。

【档案法制宣传教育更加活跃】 2015年,全市各级档案部门围绕"6·9"国际档案日"档案——与你相伴"主题以及《档案法》《档案管理违法违纪行为处分规定》,集中开展一批主题鲜明、形式多样的档案法制宣传教育活动。市档案局在江西省中医药高等专科学校学生活动中心广场开展档案宣传活动,设置彩色展板40多块,免费发放《兰台正能量》《抚州往事》书籍和1000余份档案知识宣传手册,并对师生进行现场服务和解答;据统计,活动期间,全市各级档案部门共向市民发放宣传单2000余份,设置公共宣传板、宣传标语、横幅等160余条,现场接受群众咨询2000余人次,通过移动短信平台向80余万市民发送短信宣传国际档案日。

【档案新闻宣传力度不断加大】 2015年,市、县两级档案部门继续加强档案网站建设,特别注重利用档案部门的资源优势,增加纪念抗战胜利70周年的专题内容;切实加强信息报送工作,严把信息报送审核关,进一步提高信息和宣传报道工作的质量和水平。3月底,《中国档案报》编辑三部段立林副主任一行深入抚州开展全国"最美档案馆"评选活动专题采访宣传工作。全市档案部门在各类媒体刊稿共计500余篇,其中,市档案局在各类媒体刊稿266篇,对外宣传抚州的档案工作。

【档案学术研究与交流出硕果】 积极配合完成"江西省第三届档案工作者理事会"在抚州召开的各项工作任务。在江西省第三届档案工作者年会上,抚州市共3篇论文获优秀奖,分别是临川区档案局吴小俊的《浅谈依法治档》,广昌县档案局葛江涛的《浅谈对数字档案馆建设的思考》和乐安县档案局黄剑的《加强档案法制建设 推动依法治档进程》。另有广昌县档案局2篇和南丰县档案局1篇论文入选。

【加大档案执法检查力度】 市档案馆根据2015年档案移交工作计划,对移交档案的准备情况进行检查验收,对拒不移交或不按规定移交的单位,将依照《档案管理违法违纪行为处分规定》进行相应处理;广昌县开展对全县各单位档案整理及移交工作专项督查,县委、县政府督查办对督查情况进行全县通报;资溪县人大常委会将档案执法检查列入2015年工作要点安排,制定《关于开展〈中华人民共和国档案法〉执法检查工作方案》,从6月上旬至12月下旬,对全县各部门、单位贯彻落实《档案法》《江西省档案管理条例》等情况进行执法检查。这是自《档案法》颁布以来,该县规模最大、涉及面最广、持续时间最长的一次档案执法检查。

【推进档案馆库建设】 1月16日,总投资800余万元的南丰县档案馆举行开工奠基仪式,年内已完成打桩、承重平台浇铸。宜黄县档案新馆作为2015年全县重点城建项目之一,涉及档案馆的建筑设计方案先后两次报省档案局审批,举行了集中开工仪式。崇仁县新馆建设已进入装修扫尾阶段,年前搬迁完成。

【丰富优化馆藏档案资源】 全市各级档案部门加强档案资源体系建设,继续大力实施"馆藏翻番"工程。全市各级档案馆馆藏档案达895668卷/516057件,新增馆藏档案9494卷/46948件。坚持依法行政,认真开展档案移交接收工作。市档案局印发《关于做好2015年到期档案移交工作的通知》,对2015年到期档案移交工作进行统一部署。市档案馆将市人大三届五次会议九大类材料接收进馆;金溪县档案馆接收县纪检监察2000—2011年度725卷案件档案和县供销社1962—2008年71盒1407件档案进馆;广昌县档案馆接收2013年度76盒1973件县政府办档案进馆;东乡县档案馆接收县纪检监察机关2006年至2012年的形成的700余卷案件审理专门档案进馆。黎川县馆接收直属工委、农工部、纪委、日峰镇等部门到期应移交的档案共计901卷。市档案馆已接收9个单位档案资料共计1137卷册、2411件;拓宽工作思路,广泛开展档案征集工作。为纪念抗日战争胜利70周年,市档案局组成工作组深入宜黄、崇仁、临川、南城、金溪五县(区)征集有关抗战历史资料,已征集到一批珍贵的口述档案和实体档案资料。省档案局原副局长史火金一行也到市档案馆和宜黄县馆,开展抗战档案资料收集工作,重点对该县馆藏的《宜黄简报》中的相关珍贵档案资料进行认真查阅、记录和拍照。市档案馆从市规划局征集到一批珍贵字画,包括60位书法家的墨宝收藏入馆。市档案馆馆藏的《民国江西区食盐公卖店购盐证》被评为江西省首批珍贵档案文献,并收入《江西省珍贵文献名录》。

【加快数字档案馆建设步伐】 为进一步提高档案管理现代化水平,市档案局积极开展数字化档案馆建设工作。在2015年抚州市《政府工作报告》中,要求全市档案部门加快档案馆数字化建设。市档案局率先开展民生档案远程共享便民服务工作,平台启动后,实现民生档案利用便民服务"就地查询,跨管出证,全市通办"的目标。对市档案信息网进行全新改造升级,加强现行文件、档案信息在线查阅功能,开通网上文档信息咨询室,安排专人在线回复问题,使档案工作真正实现"群众有所呼、档案有所应";加强对基层数字档案馆建设的业务指导工作。省档案局副局长谭向文一行到广昌县考察数字档案馆建设工作,参观广昌县档案馆库房,查看"三网"网络设施、馆藏档案目录数据库建设情况;宜黄县档案局目前已全部完成473卷民国档案的裱糊、数据化,扫描69126页,裱糊357页,编写目录13827条。黎川县已扫描婚姻档案24975画幅。全市共著录案卷级目录468718条,新增76484条。著录文件级目录4377777条,新增198422条。全文扫描1025624画幅,新增150927画幅。

(刘筱川)

【市档案局领导名录】

局　长:王惠霞

副局长:洪德良　吴建新　吴　华

本栏编辑　傅长岭

# 抚州市人民代表大会

## 综　述

2015年抚州市第三届人民代表大会期间，全市共有各级人民代表大会163个，其中，市级人民代表大会1个，县级人民代表大会11个，乡（镇）人民代表大会151个。截至12月底，全市共有国、省、市三级人大代表424人，其中，十二届全国人大代表1人，省十二届人大代表50人，市三届人大代表373人。市三届人大常委会实有组成人员40人，其中主任1人，副主任7人，秘书长1人，委员31人。市三届人民代表大会设有内务司法、财政经济两个专门委员会，市三届人大常委会下设7个处级工作机构，分别是办公室、选举任免联络工作委员会、城乡建设环境与资源保护工作委员会、教育科学文化卫生工作委员会、外事华侨民族宗教工作委员会、农业和农村工作委员会、法制工作委员会。

2015年，市人大常委会深入贯彻党的十八届四中、五中全会和习近平总书记系列重要讲话精神，按照市委提出的“高位谋势、精准发力、敢于担当、跨越发展”工作总要求，围绕中心强监督，服务大局聚合力，关注民生接地气，推进法治促和谐，为实现绿色崛起、跨越发展，建设幸福抚州发挥积极作用。

一是坚持与党委同心，推动决策落地。《中共中央关于转发〈中共全国人大常委会党组关于加强县乡人大工作和建设的若干意见〉的通知》和《中共江西省委关于与时俱进创新发展人大工作的意见》下发后，常委会迅速召开会议传达学习，并就贯彻落实事宜向市委提出建议。根据市委的要求，用心代拟《中共抚州市委关于与时俱进推动人大工作发展的意见》；建议和协助市委召开全市人大工作会议，把省委督查组至抚州市开展全国人大《若干意见》和省委《意见》落实情况督查作为对人大工作的全面检阅，精心谋划、高位推动，深入自查、逐项整改。认真贯彻市委关于全面深化改革、全面推进法治抚州建设的实施意见，按照职责分工，不折不扣完成民主法治领域工作目标。深入开展解放思想“三问”大讨论等活动，提出建议40余条，征集人大监督议题20余项。坚持党管干部原则与人大依法任免相统一，选举和任免国家机关工作人员64人次。全力以赴参与和服务重点项目建设、省级文明城市创建、扶贫开发、和谐秀美乡村建设等中心工作，常委会机关被评为全市社会治安综合治理目标管理先进单位、全市精神文明创建先进单位、全市公共机构节能先进单位、全市招商引资优秀单位和全市绩效管理优秀单位。

二是坚持与政府同力，促进发展升级。紧扣农业产业升级，组织代表对现代农业发展、农村产权流转交易市场建设、防汛抗旱综合平台建设等情况进行视察和调研，建议并督促市政府加快现代农业示范园建设。紧盯现代服务业发展升级，开展助推旅游强市建设系列活动，对重大旅游项目建设和旅游品牌创建、规范旅游市场秩序和提高旅游服务质量等情况进行调研，召开以“助推旅游产业发展”为主题的县（区）人大常委会主任座谈会，并对商贸服务业发展情况进行视察。密切关注经济运行态势，听取审议计划和预算执行情况报告，审查批准2014年市本级决算；加强对全口径预算决算的审查，把一般公共预算、政府性基金预算、国有资本经营预算和社保基金预算纳入人大监督范围，督促政府管好用好人民的“钱袋子”；听取审议地方政府性债务情况报告，把对市政府关于审计查出问题整改情况的报告，由以往书面印发会议审议改为专题听取审议，督促审计报告提出的问题整改到位。顺应经济全球化和区域经济一体化趋势，听取审议对外交往和国际友好城市工作情况报告；组织代表对2016年汤显祖逝世400周年纪念活动筹备情况进行视察，审议通过市政府关于征求东乡县撤县设区意见的报告。

三是坚持与代表同为，回应社会关切。聚力生态文明建设，在全省率先听取和审议2014年生态环境状况和环境保护目标完成情况报告，组织代表对市城区建筑工地扬尘治理和《江西省气象灾害防御条例》执行情况进行视察；以“加强水污染防治，促进生态文明先行示范区建设”为主题，深入开展环保抚河行活动，重点对水污染防治、农业面源污染、污水处理厂设施运行等情况进行检查。注重民生事业发展，听取审议体育法实施、交通秩序管理情况报告，并对市主城区畅通工程情况进行专题询问，开展献血法、农产品质量安全法实施情况执法检查，对民间融资、金溪秀谷华侨农场改革发展情况进行调研。

四是坚持与法治同行，维护社会公正。常委会把获准行使地方立法权作为全面建设法治抚州的重心，下好先手棋、打好主动仗，积极争取省人大常委会和市委的重视、关心，以及市政府的支持和配合。省人大常委会充分肯定抚州市立法筹备工作，同意自2015年11月20日起可开始制定地方性法规。听取审议社区矫正工作情况报告，听取维护和保障在押人员合法权益情况报告，开展《工伤保险条例》

贯彻实施情况调研，组织部分常委会组成人员和代表走进法庭，旁听案件审理。全年共受理群众来信来访209件次，劝返、疏导上访人员62批162人次，有效地维护群众权益，化解社会矛盾。认真贯彻《江西省各级人民代表大会常务委员会规范性文件备案审查条例》，对"一府两院"和县（区）人大常委会报送的103件规范性文件进行备案审查。

五是坚持与时代同步，提升履职水平。夯实代表工作基础，先后组织60余名省、市人大代表赴北京、深圳、福建和北戴河参加学习培训，邀请40余名基层代表列席常委会会议，120余名代表参加执法检查、视察、调研和专题询问等活动；推动"双联"（常委会组成人员联系代表、代表联系群众）活动全覆盖、制度化、常态化，指导临川、东乡开展"代表联络工作站"；较大幅度提高无固定收入代表的履职误工补贴标准，调动代表参政履职的积极性和主动性；认真抓好代表建议的集中交办、专项催办和重点督办，提高建议的解决率；开展优秀代表建议评选活动，对办理代表建议先进单位和个人进行评比表彰。注重加强自身建设，采取参加"抚州大讲堂"专题报告会、组织集体学习、举办专题讨论等形式，深入学习领会习近平总书记系列重要讲话精神，在思想上政治上行动上与党中央保持高度一致；把开展"三严三实"专题教育作为加强作风建设的有力抓手，贯彻从严要求，推动一批不严不实问题得到整改；深入开展"四进四联四帮"活动，竭心尽力为群众办实事、解难事、做好事；坚持用制度管权管事管人，制定常委会专题询问暂行办法、机关干部践行"三严三实"行为规范，对信访接待、财务管理等制度进行修订；依托抚州人大工作理论研究会、市人大书画院、抚州人大信息网等平台，加强对人大制度的理论研究和人大工作的宣传交流；自觉接受省人大常委会的工作指导，密切与基层人大的联系，围绕推进精准扶贫等议题，召开两次县（区）人大常委会主任座谈会；组织部分常委会委员和代表，对县乡人大换届选举工作进行调研。

（吴小华　周　卿）

**【市三届人大常委会领导名录】**

主　　任：黄牡香（1月当选）
副 主 任：杨小梅　曾龙昌
　　　　　陈　克　江玉兰
　　　　　余建平　谢祖鹏
　　　　　段院龙（1月当选）
秘 书 长：左树青
副秘书长：彭敏群
　　　　　赵　臻（任至11月）
　　　　　黄伟燕（11月任）

**【市三届人大专门委员会领导名录】**

内务司法委员会
　主任委员：封文元（任至11月）
　副主任委员：陈接平
财政经济委员会
　主任委员：李向东
　副主任委员：陈泉顺

**【市人大常委会工作部门领导名录】**

办公室
　主　任：彭敏群（兼）
　副主任：章卫华
选举任免联络工作委员会
　主　任：林琪文
　副主任：曾喜龙
教育科学文化卫生工作委员会
　主　任：吴　辉
　副主任：余小琍（任至11月）
　　　　　徐三毛（任至3月）
城乡建设环境与资源保护工作委员会
　主　任：华新运（任至3月）
　副主任：方　征（任至7月）
外事华侨民族宗教工作委员会
　主　任：许甘泉
农业和农村工作委员会
　主　任：徐志华

## 人大会议及常务委员会会议

**【市三届人大五次会议】** 2015年1月20日至22日在市行政中心会议中心举行。会议听取审议市人民政府市长张和平作的《政府工作报告》、市人大常委会主任王晓媛作的《抚州市人大常委会工作报告》、市中级人民法院院长柯军作的《抚州市中级人民法院工作报告》、市人民检察院代检察长宋智勇作的《抚州市人民检察院工作报告》；审查《抚州市2014年国民经济和社会发展计划执行情况与2015年国民经济和社会发展计划草案的报告》《抚州市2014年市级总预算执行情况与2015年市级总预算草案的报告》；表决接受王晓媛、黄日强辞去市三届人大常委会主任、副主任职务的请求；补选黄牡香、段院龙为市三届人大常委会主任、副主任，许甘泉为市三届人大常委会委员，宋智勇为市人民检察院检察长；表决通过关于政府工作报告、计划报告、预算报告、市人大常委会工作报告、市中级人民法院工作报告、市人民检察院工作报告的决议。中共江西省委常委、省委秘书长、抚州市委书记龚建华，以及新当选的市人大常委会主任黄牡香在大会闭幕时作讲话。

**【市三届人大六次会议】** 5月25日至26日在市行政中心会议中心举行。会议选举张鸿星为抚州市人民政府市长。市委书记肖毅、新当选的市人民政府市长张鸿星在大会闭幕时作讲话。

**【市三届人大常委会第二十三次会议】** 1月16日在市人大常委会会议室举行。市人大常委会主任王晓媛主持会议并讲话，副主任杨小梅、黄日强、曾龙昌、陈克、余建平、谢祖鹏及秘书长左树青出席。市委常委、常务副市长于秀明，市中级人民法院院长柯军，市人民检察院代检察长宋智勇列席会议。会议审议市人大常委会选任联工委、市人民政府办公室、市中级人民法院、市人民检察院关于抚州市第三届人民代表大会第四次会议及闭会期间代表建议办理情况的报告（书面）；审议并通过《抚州市人大常委会关于召开抚州市第三届人民代表大会第五次会议的决定》《抚州市第三届人大常委会代表资格审查委员会关于有关代表的代表资格审查报告》《抚州市第三届人民代表大会第五次会议列席人员范围》《抚州市人大常委会关于接受左树青辞去抚州市第三届人大常委会委员职务的请求的决定》；审议并通过《抚州市第三届人民代表大会第五次会议议程（草案）》，决定提请抚州市第三届人民代表大会第五次会议预备会议通过；审议并通过《抚州市第三届人民代表大会第五次会议主席团和秘书长名单(草案)》,决定提请抚州市第三届人民代表大会第五次会议预备会议选举;审议并通过《抚州市人民代表大会常务委员会工作报告(讨论稿)》,决定提请抚州市第三届人民代表大会第五次会议审议;表决接受王晓媛、黄日强、彭映梅辞去江西省第十二届人民代表大会代表职务的请求;补选黄牡香、段景来为江西省第十二届人民代表大会代表;表决通过市人民政府有关人事任免议案。

【市三届人大常委会第二十四次会议】 3月23日在市人大常委会会议室举行。市人大常委会主任、市委政法委书记黄牡香主持会议并讲话,市人大常委会副主任杨小梅、曾龙昌、陈克、江玉兰、谢祖鹏及秘书长左树青出席会议,市委常委、常务副市长于秀明,市中级人民法院院长柯军、市人民检察院检察长宋智勇列席会议。会议听取审议市人民政府关于抚州市2014年生态环境状况和环境保护目标完成情况的报告;审议并通过《抚州市第三届人大常委会代表资格审查委员会关于有关代表的代表资格审查报告》《抚州市人大常委会关于召开抚州市第三届人民代表大会第六次会议的决定》《抚州市人大常委会专题询问暂行办法》、市人民政府关于落实市人大常委会对关于贯彻实施《江西省湿地保护条例》情况报告审议意见情况的报告(书面)、市人民政府关于落实市人大常委会对关于粮食安全工作情况报告审议意见情况的报告(书面)、市人民政府关于落实市人大常委会对关于城市棚户区改造情况报告审议意见情况的报告(书面);表决接受张和平辞去抚州市人民政府市长职务的请求;表决通过张鸿星任抚州市人民政府副市长,并决定代理市长,以及市人大常委会有关免职议案和市人民检察院有关法律职务任免议案。

【市三届人大常委会第二十五次会议】 4月24日在市人大常委会会议室举行。市人大常委会主任、市委政法委书记黄牡香主持会议并讲话,市人大常委会副主任杨小梅、曾龙昌、陈克、江玉兰、谢祖鹏、段院龙及秘书长左树青出席会议。会议审议并通过《抚州市人大常委会关于调整抚州市第三届人民代表大会第六次会议召开时间的决定》《抚州市第三届人大常委会代表资格审查委员会关于有关代表的代表资格审查报告》。

【市三届人大常委会第二十六次会议】 5月22日在市人大常委会会议室举行。市人大常委会主任、市委政法委书记黄牡香主持会议并讲话,市人大常委会副主任杨小梅、曾龙昌、陈克、江玉兰、谢祖鹏、段院龙及秘书长左树青出席会议。市委常委、副市长周学胜,市中级人民法院院长柯军、市人民检察院检察长宋智勇列席会议。会议听取审议市人民政府关于社区矫正工作情况的报告;审议并通过《抚州市第三届人民代表大会第六次会议议程(草案)》,决定提请抚州市第三届人民代表大会第六次会议预备会议通过;审议并通过《抚州市第三届人民代表大会第六次会议主席团和秘书长名单(草案)》,决定提请抚州市第三届人民代表大会第六次会议预备会议选举;审议并通过《抚州市第三届人大常委会代表资格审查委员会关于有关代表的代表资格审查报告(书面)》、市中级人民法院关于落实市人大常委会对关于行政审判工作情况报告审议意见情况的报告(书面),以及市人民政府有关免职议案和市中级人民法院有关法律职务任免议案。

【市三届人大常委会第二十七次会议】 6月15日在市人大常委会会议室举行。市人大常委会主任、市委政法委书记黄牡香主持会议并讲话,市人大常委会副主任杨小梅、曾龙昌、江玉兰、段院龙及秘书长左树青出席会议。会议听取审议并表决通过《抚州市第三届人大常委会代表资格审查委员会关于个别代表的代表资格审查报告》。

【市三届人大常委会第二十八次会议】 7月31日在市人大常委会会议室举行。市人大常委会主任、市委政法委书记黄牡香主持会议并讲话,市人大常委会副主任杨小梅、曾龙昌、陈克、江玉兰、谢祖鹏、段院龙及秘书长左树青出席会议。市委常委、常务副市长于秀明,市人民检察院检察长宋智勇列席会议。会议听取审议市人民政府关于2015年上半年国民经济和社会发展计划执行情况的报告、2014年市本级决算和2015年上半年预算执行情况的报告、2014年市本级预算执行和其他财政收支的审计工作报告、水污染防治情况的报告、《中华人民共和国体育法》实施情况的报告,审议并通过《抚州市人大常委会关于批准2014年市本级决算的决议》《抚州市人大常委会关于批准2015年市本级预算调整方案的决议》、市人民政府关于落实市人大常委会对2014年环保抚河行活动情况报告审议意见情况的报告(书面)、市人民政府关于落实市人大常委会对关于抚州市2014年生态环境状况和环境保护目标完成情况报告审议意见情况的报告(书面),以及市人民政府有关人事任免议案和市人大常委会有关人事任免议案。

【市三届人大常委会第二十九次会议】 9月29日在市人大常委会会议室举行。市人大常委会主任、市委政法委书记黄牡香主持会议并讲话,市人大常委会副主任杨小梅、曾龙昌、陈克、江玉兰、谢祖鹏、段院龙及秘书长左树青出席会议。市委常委、常务副市长于秀明,市中级人民法院院长柯军列席会议。会议听取审议市人民政府关于办理市三届人大五次会议期间重点督办代表建议情况的报告、地方政府性债务情况的报告、对外交往和国际友好城市工作情况的报告、交通秩序管理情况的报告,并就市主城区畅通工程情况开展专题询问;表决通过市人民政府有关人事任免议案和市中级人民法院有关法律职务任命议案。

【市三届人大常委会第三十次会议】 11月30日在市人大常委会会议室举行。市人大常委会主任、市委政法委书记黄牡香主持会议并讲话,市人大常委会副主任杨小梅、曾龙昌、陈克、江玉兰、谢祖鹏、段院龙及秘书长左树青出席会议。市委常委、常务副市长于秀明,市中级人民法院院长柯军,市人民检察院检察长宋智勇列席会议。会议听取审议市人大常委会关于开展2015年环保抚河行活动情况的报告、《中华人民共和国农产品质量安全法》执法检查情况的报告;听取审议并表决通过市人民政府关于2014年度市本级预算执行和其他财政收支审计查出问题整改情况的报告；审议并通过《抚州市人大常委会关于同意东乡县撤县设区的意见》《抚州市人大常委会关于批准2015年市本级一般公共预算第二次调整方案的决议》、市人民政府关于落实市人大常委会对关于社区矫正工作情况报告审议意见情况的报告（书面）、市人民政府关于落实市人大常委会对关于水污染防治情况报告审议意见情况的报告（书面）、市人民政府关于落实市人大常委会对关于《中华人民共和国体育法》实施情况报告审议意见情况的报告（书面）、市人民政府有关人事任免议案、市人大常委会有关人事任免议案、市人民检察院有关法律职务任免议案、《抚州市人大常委会关于接受封文元辞去抚州市人民代表大会内务司法委员会主任委员职务的请求的决定》。

【市三届人大常委会第三十一次会议】 12月29日在市人大常委会会议室举行。市人大常委会主任、市委政法委书记黄牡香主持会议并讲话，市人大常委会副主任杨小梅、曾龙昌、陈克、江玉兰、谢祖鹏、段院龙及秘书长左树青出席会议。市委常委、常务副市长于秀明列席会议。会议听取审议市人大常委会关于开展《中华人民共和国献血法》执法检查情况的报告；审议并通过《抚州市第三届人大常委会代表资格审查委员会关于部分代表的代表资格审查报告》《抚州市人大常委会关于召开抚州市第三届人民代表大会第七次会议的决定》《抚州市人大常委会主任会议关于提请确认许可对市三届人大代表曾会平（女）采取强制措施的报告》；表决接受黄牡香、毛宗保辞去江西省第十二届人民代表大会代表职务的请求；补选张鸿星、魏建锋、吴建华为江西省第十二届人民代表大会代表。

（吴小华　周　卿）

## 监督工作

【听取和审议专项工作报告】 2015年，市人大常委会会议听取审议市人民政府关于2014年生态环境状况和环境保护目标完成、社区矫正工作、水污染防治、《中华人民共和国体育法》实施、办理市三届人大五次会议期间重点督办代表建议、地方政府性债务、对外交往和国际友好城市工作、交通秩序管理、2015年上半年国民经济和社会发展计划执行、2014年市本级决算和2015年上半年预算执行、2014年度市本级预算执行和其他财政收支的审计工作、2014年度市本级预算执行和其他财政收支审计查出问题整改、征求东乡县撤县设区意见等情况的报告，以及市人大常委会关于开展《中华人民共和国献血法》执法检查、《中华人民共和国农产品质量安全法》执法检查情况的报告和2015年环保抚河行活动情况的报告；听取市人民检察院关于维护和保障在押人员合法权益工作情况的报告。为进一步深化决算审查监督，市人大财经委对市林业局2014年部门决算进行重点审查。根据市人大常委会组成人员的审议发言，市人大有关专门委员会和常委会有关工作机构及时形成《审议意见交办函》交"一府两院"限期办理，并采取电话询问、实地调研、听取汇报等形式进行督促检查。"一府两院"及其部门采取切实有效措施，认真将审议意见落到实处，促进工作的加强和改进。

【推进地方立法筹备】 党的十八届四中全会赋予设区市地方立法权。常委会把获准行使地方立法权作为全面建设法治抚州的重心。一方面，争取省人大常委会和市委的重视。在市委书记肖毅率领下，市人大常委会赴省人大常委会汇报，申请把抚州列为全省首批行使地方立法权的设区市；建议市委成立立法工作领导小组，同意设立市人大法制委和市人大常委会法工委。另一方面，取得市政府的配合。在市人民政府市长张鸿星的协调下，市编办、市财政局等部门对立法工作机构设置、人员编制、经费保障等予以重点倾斜。省人大常委会充分肯定抚州市立法筹备工作，认为启动早、力度大、措施实、效果好，同意自2015年11月20日起可开始制定地方性法规，从而为抚州市民主法治建设奠定坚实的基础。

【开展对献血法、农产品质量安全法执法检查】 根据省人大常委会的部署，按照上下联动的原则，市人大常委会重点对《中华人民共和国献血法》和《中华人民共和国农产品质量安全法》在抚州市贯彻实施情况进行检查。在献血法执法检查中，敦促有关部门加大无偿献血宣传力度，建立公开透明的献血用血机制，提高抚州市采供血和临床用血水平。在对农产品质量安全法实施情况检查中，直击农产品质量安全存在的问题，督促政府提升农产品生产标准化水平，加快农产品质量检测体系建设，努力实现从"农田到餐桌"各环节监管的无缝对接。以"钉钉子"精神督办5家不合格生猪定点屠宰厂整体搬迁，促使临川、黎川、东乡3家于2015年12月搬迁重建并投入营业，临川、资溪2家加快施工进度，以确保2016年4月完成任务。

【代表视察、调研，助力问题解决】 根据抚州市经济社会发展中的热点、难点和人民群众关注的焦点问题，市人大常委会组织人大代表对商贸服务业发展、防汛抗旱综合平台建设、建筑施工扬尘治理、《江西省气象灾害防御条例》贯彻实施、2016年汤显祖纪念活动筹备工作等情况进行视察。围绕民间投融资、华侨农场改革发展、农村产权流转交易市场建设、现代农业发展、《工伤保险条例》贯彻实施等情况开展调研，形成高质量的视察和调研报告。同时，注重视察和调研成果的转化及运用，督促"一府两院"及其部门认真研究处理有关意见和建议，取得良好成效。

【开展环保抚河行活动】 市人大常委会以"加强水污染防治，促进生态文明先行示范区建设"为主题，采取明察暗访、突击检查、媒体曝光等手段，深入开展环保抚河行活动，重点对水污染防治、农业面源污染、污水处理厂设施运行等情况进行检查。对监督中发现的问题扭住不放、一抓到底，形成整改工作倒逼机制，督促市政府全面实施新环保法，建立饮用水源保护和农业面源污染治理长效管理机制，出台市中心城区房屋建筑与市政工程施工现场扬尘污染防治管理办法等文件，将广昌抚河源头保护区列入生态保护严控区，对县（区）跨境交界断面的水质情况进行公布，守护好抚州的一片蓝天、一河清水；支持环保部门“亮剑斩污”，深入抚州高新区和部分县（区）工业园区开展“零点行动”和“环保突击大检查”，对存在问题的企业下达责令整改书，对涉嫌环境违法的企业进行立案查处，对整治不力、屡查屡犯的严重污染企业依法关闭，并将有关负责人移送公安机关行政拘留，在社会上形成强大震慑，一批影响百姓健康、影响生态建设的问题得到及时解决，全面建设生态文明先行示范市迈出铿锵步伐。

【专题询问回应社会关切】 市人大常委会结合听取审议市人民政府关于交通秩序管理情况的报告，对市主城区畅通工程开展专题询问。询问会上，部分常委会委员和代表围绕完善主城区交通整体规划、形成交通畅通工作合力、建立“五车”整治长效机制、建设立体过街设施、破解老城区“停车难”、加强主城区交通畅通经费保障、规范出租车运行管理、加强电动车管理等问题开门见山、犀利发问。市政府分管领导和部门负责人从容应对、坦诚直言。近两小时的询问，问到深度和要害，答出责任和承诺。抚州广播电视台深度报道这次“辣”味十足的现场问政，《抚州日报》详细刊登询问问题和答问内容。

【信访督办和规范性文件备案审查】 市人大常委会把受理群众来信来访作为听民声、解民怨、帮民困的重要渠道，认真抓好重点信访件的督办和落实。全年共受理群众来信来访209件次，劝返、疏导上访人员62批162人次，较好地维护了群众权益，化解了社会矛盾。按照《抚州市人大常委会规范性文件备案审查工作办法》，对“一府两院”和县（区）人大常委会报送的103件规范性文件进行备案审查。

（吴小华 周 卿）

## 选举任免和决定重大事项

【讨论决定重大事项】 2015年，市人大及其常委会认真贯彻《江西省各级人民代表大会常务委员会讨论决定重大事项的规定》，围绕全市经济社会发展和民主法制建设中的重大事项，作出《抚州市人大常委会关于召开抚州市第三届人民代表大会第五次会议的决定》《抚州市人大常委会关于接受左树青辞去抚州市人民代表大会常务委员会委员职务的请求的决定》《抚州市人大常委会关于接受王晓媛、黄日强、彭映梅辞去江西省第十二届人民代表大会代表职务的请求的决定》《抚州市第三届人民代表大会第五次会议关于接受王晓媛、黄日强辞去有关职务的决定》《抚州市第三届人民代表大会第五次会议关于政府工作报告的决议》《抚州市第三届人民代表大会第五次会议关于抚州市2014年国民经济和社会发展计划执行情况与2015年国民经济和社会发展计划的决议》《抚州市第三届人民代表大会第五次会议关于抚州市2014年市级总预算执行情况和2015年市本级预算的决议》《抚州市第三届人民代表大会第五次会议关于抚州市人民代表大会常务委员会工作报告的决议》《抚州市第三届人民代表大会第五次会议关于抚州市中级人民法院工作报告的决议》《抚州市第三届人民代表大会第五次会议关于抚州市人民检察院工作报告的决议》《抚州市人大常委会关于接受张和平辞去抚州市人民政府市长职务的请求的决定》《抚州市人大常委会关于张鸿星代理抚州市人民政府市长职务的决定》《抚州市人大常委会关于召开抚州市第三届人民代表大会第六次会议的决定》《抚州市人大常委会关于调整抚州市第三届人民代表大会第六次会议召开时间的决定》《抚州市人大常委会关于批准2014年市本级决算的决议》《抚州市人大常委会关于批准2015年市本级预算调整方案的决议》《抚州市人大常委会关于接受封文元辞去抚州市第三届人民代表大会内务司法委员会主任委员职务的请求的决定》《抚州市人大常委会关于同意东乡县撤县设区的意见》《抚州市人大常委会关于批准2015年市本级一般公共预算第二次调整方案的决议》《抚州市人大常委会关于接受黄牡香、毛宗保辞去江西省第十二届人民代表大会代表职务的请求的决定》《抚州市人大常委会关于召开抚州市第三届人民代表大会第七次会议的决定》等决议、决定。同时，通过加强跟踪督促检查，确保市人大及其常委会作出的决议、决定得到有效贯彻执行。

【依法行使人事任免权】 抚州市第三届人大常委会第二十三次会议于2015年1月16日决定任命吴建春为抚州市人民政府副市长、抚州市公安局局长，免去勒世标的抚州市人民政府副市长、抚州市公安局局长职务；表决接受王晓媛、黄日强、彭映梅辞去江西省第十二届人民代表大会代表职务的请求，补选黄牡香、段景来为江西省第十二届人民代表大会代表；决定接受左树青辞去抚州市人大常委会委员职务的请求。抚州市第三届人民代表大会第五次会议于1月21日决定接受王晓媛辞去抚州市第三届人大常委会主任职务、黄日强辞去抚州市第三届人大常委会副主任职务的请求；于1月22日补选黄牡香（女）为抚州市第三届人大常委会主任，段院龙为抚州市第三届人大常委会副主任，许甘泉为抚州市第三届人大常委会委员，宋智勇为抚州市人民检察院检察长（须报经江西省人民检察院检察长提请江西省人民代表大会常务委员会批准任命）。抚州市第三届人大常委会第二十四次会议于3月23日决定任命张鸿星为抚州市人民政府副市长、代理市长职务，接受张和平辞去抚州市人民政府市长职务的请求；决定免去华新运的抚州市人大常委会城乡建设环境与资源保护工作委员会主任职务、徐三毛的抚州市人大常委会教育科学文化卫生工作委员会副主任职务；任命黄国权为抚州市人民检察院检察委员会委员、检察员，甘源、邱铮铮、杨文玉、刘琦、于照林、魏红伟为抚州市人民检察院检察员，免去项良东的抚州市人民检察院检察员的职务。抚州市第三届人大常委会第二十六次会议于5月22日决定免去熊世平的抚州市发展和改革委员会主任职务；任命郭增华为抚州市中级人民法院审判委员会委员、审判员，吴英龙为抚州市中级人民法院审判委员会委员、审判员，张志平为抚州市中级人民法院刑事审判第二庭副庭长，万燕飞为抚州市中级人民法院民事审判第三庭副庭长，雷智为抚州市中级人民法院立案一庭副庭长，黄涛为抚州市中级人民法院审判员，余惠娇为抚州市中级人民法院审判员；免去王一敏的抚州市中级人民法院立案一庭副庭长职务、黄娟的抚州市中级人民法院审判员职务。抚州市第三届人民代表大会第六次会议于5月26日补选张鸿星为抚州市人民政府市长。抚州市第三届人大常委会第二十八次会议于7月31日决定任命肖承贵为抚州市人民政府副市长，尚江黎为抚州市城市管理行政执法局局长；免去吴建华的抚州市城市管理行政执法局局长职务；决定任命杨样才、陈济庭为抚州市人民代表大会财政经济委员会委员，免去方征的抚州市人大常委会城乡建设环境与资源保护工作委员会副主任职务。抚州市第三届人大常委会第二十九次会议于9月29日决定任命帅歌柳为抚州市发展和改革委员会主任、丁国华为抚州市交通运输局局长，杨大进为抚州市林业局局长，黄有盛为抚州市国有资产监督管理委员会主任，谭玉英为抚州市文化广电新闻出版局局长，祝文渊为抚州市卫生和计划生育委员会主任；免去帅歌柳的抚州市林业局局长职务，徐华德的抚州市交通运输局局长职务。任命黎璎、刘志军、元春华、谢志国、赵亮、廖川、王琳为抚州市中级人民法院审判员。抚州市第三届人大常委会第三十次会议于11月30日决定任命谢克侵为抚州市市场和质量监督管理局局长，免去谢克侵的抚州市粮食局局长职务；决定任命黄伟燕为抚州市人大常委会副秘书长；免去赵臻的抚州市人大常委会副秘书长职务，余小琍的抚州市人大常委会教育科学文化卫生工作委员会副主任职务；决定接受封文元辞去抚州市第三届人民代表大会内务司法委员会主任委员职务的请求；任命游国顺、廖清鹏、李晓君、张伟群为抚州市人民检察院检察员，免去刘愉章、胥建华、陈火荣、邹辉平、于照林的抚州市人民检察院检察员职务。抚州市第三届人大常委会第三十一次会议于12月29日表决接受黄牡香、毛宗保辞去江西省第十二届人民代表大会代表职务的请求，补选张鸿星、魏建锋、吴建华为江西省第十二届人民代表大会代表。

一年来，市三届人大常委会共决定任免人大、政府机关工作人员30人次，任免市中级人民法院、市人民检察院法律职务34人次。

（吴小华　周　卿）

## 办理人大代表建议和意见

【办理建议和意见】　市三届人大五次会议期间，市人大代表共提交建议134件（含代表10人以上联名提出的议案改作建议），闭会期间代表提出建议1件。交办过程中，宜黄和东乡代表团代表各撤回1件，转交给市委组织部2件，市中级人民法院2件，市人民检察院1件，市政府办公室承办128件建议（含闭会期间1件）。从代表反馈的意见看，代表表示满意和基本满意的132件，不满意的2件，没有反馈意见的1件。

【加大建议督办工作力度】　一是依法及时交办。会议闭幕后，市人大常委会有关工作机构及时将135件建议进行打印整理，认真校稿，并附上详细准确的代表姓名、单位、职务、联系电话等信息，便于承办单位与提建议代表取得联系。3月3日，市人大常委会有关工作机构会同市政府办公室及时召开市人大代表建议交办会，向承办单位统一交办135件建议。交办会上，常委会分管领导代表市人大常委会，对承办市三届人大五次会议期间代表建议的情况进行全面总结，同时也针对代表建议办理工作进一步明确办理责任，提出办理要求，落实办理任务。市政府领导出席交办会并讲话；二是夯实办理基础。常委会领导分别带队督办建议办理情况，承办建议的各部门采取相应措施落实建议，提出建议的代表分别参与督办活动。市人大常委会有关工作机构认真开展逐件收集代表反馈意见表、强力督促办理“大户”、听取审议市政府的报告等一系列工作，及时掌握各种办理动态和第一手真实信息；三是提高办理实效。2015年，市人大常委会继续采取“主任领衔、市长领办、部门承办、各专工委督办、代表跟踪问效”的督办新机制，除“主任领衔”的7件重点督办建议外，又扩大到各专工委分别重点督办1件建议。在9月份召开的市三届人大常委会第二十九次会议上，听取审议市人民政府关于市三届人大五次会议期间代表提出的重点督办建议办理情况的报告。根据《抚州市人民代表大会代表建议、批评和意见评选及表彰办法》的有关规定，并经主任会议研究，评选出10件优秀代表建议，并拟在市三届人大七次会议期间进行表彰。

（吴小华　周　卿）

本栏编辑　陈志平

# 抚州市人民政府

## 综　述

【概况】　2015年是“十二五”规划的收官之年。抚州市政府按照“高位谋势、精准发力、敢于担当、跨越发展”工作总要求，适应新常态，坚持稳中求进，开拓创新，较好地完成年初确定的主要目标任务。全市实现生产总值1105.14亿元，增长9.2%；财政总收入165.2亿元，增长10.1%；公共财政预算收入126.82亿元，增长9%；固定资产投资1099.67亿元，增长17.1%；规模以上工业增加值364.23亿元，增长8.6%；社会消费品零售总额428.2亿元，增长9.4%；出口总额102.28亿元，增长8.1%；实际利用外资2.93亿美元，增长16.8%；城镇居民和农村居民人均可支配收入分别达到25065元和11441元，增长8.5%和9.9%；居民消费价格总体水平上升0.9%；城镇登记失业率控制在3.3%以内。

2015年，全市经济社会继续保持平稳运行态势，增长稳、就业稳、物价稳。在新常态下，经济社会发展呈现出积极向好的新亮点、新趋势、新变化。

【经济平稳较快增长】　积极落实中央、省稳增长系列政策，加大对实体经济的帮扶力度。研究制定稳增长促升级50条、加快抚州国家高新区发展升级22条、促进房地产市场平稳健康发展12条等政策措施，建立覆盖全市规模以上工业企业的市、县(区)领导挂点帮扶机制，派遣“企业特派员”。建立全市经济运行分析监测制度，设立2.61亿元企业融资转贷基金，扩大“财园信贷通”“财政惠农信贷通”“税贷通”等政策扶持范围，稳增长效应逐步显现。在全省率先建立工业运行监测分析二级平台。在经济增速保持稳定的同时，就业形势稳。城镇新增就业4.39万人，完成年度计划的119.7%，城镇失业登记率控制在3.3%以内。物价指数稳。居民消费价格总体水平上升0.9%。城乡居民人均可支配收入增长平稳，粮食生产实现“十二连丰”。

【产业升级有新成效】　电子信息、生物医药、食品加工、机电汽车四大产业分别完成主营业务收入36.6亿元、66亿元、113.7亿元、273.7亿元，增长35.7%、8.7%、9.9%和15.1%。崇仁工业园区成功创建“国家新型工业化产业示范基地”，金溪香精香料产业被确定为“全国林木香料生物产业基地”。一批重大工业项目加快推进，新引进并开工5000万元以上项目315个、实际进资423亿元。现代农业示范园区建设快速推进，核心区面积13200万平方米，入园项目实现产值130亿元；东乡、金溪被认定为省级现代农业示范区，东乡润邦获批全省唯一的国家首批区域生态循环农业示范点；苍源药业成为全省第一家在“新三板”挂牌的农业企业。江西银行、赣州银行、兴业银行在抚分支机构开业；金融机构贷款余额比年初增加169.09亿元，增长24.3%，增速全省第一；成功发行8亿元中期票据，债务融资工具实现零的突破；新增3户企业在“新三板”挂牌，7户企业在上海股权托管交易中心Q板或E板挂牌。建筑业实现税收25.7亿元、增长22%，实现税收25.7亿元、增长22%，新增1家特级企业和9家一级企业。资溪大觉山景区入选国家AAAAA级景区预备名单，南丰桔文化旅游产业集聚区成功创建国家4A级景区；全市旅游接待总人数和旅游总收入增长28%和38%。抚州综合物流产业集群、南丰蜜桔物流产业集群纳入全省16个重点物流产业集群。电子商务交易额达200亿元，比2014年翻番。

【重大项目建设有新进展】　大唐抚州电厂一期工程1×100万千瓦机组投产发电，500千伏抚州电厂送出线路工程、500千伏抚州2号主变扩建工程竣工投产，电网建设投资创历史新高；抚金高速、昌宁高速(乐安段)建成通车；省天然气管网一期工程抚州—南城—黎川支线工程建成投运；资光、船广、东昌、广吉高速和500千伏抚州至红都输电线路工程等项目有序推进；东外环纳入省“十二五”高速路网规划并完成设计；鹰梅铁路和吉抚武铁路项目初步纳入国家中长期铁路网调整规划；廖坊水利枢纽灌区二期工程可研报告获省发改委批复；昌抚城际铁路列入省“十三五”重大项目。向莆经济带、赣闽合作示范区、抚州市国家中小学教育质量综合评价改革实验区(省级基础教育综合改革试验区)和抚州国家高新区等列入省原中央苏区振兴重点平台建设。

【改革创新动力增强】　对国务院、省政府取消下放的219项行政审批事项全部承接到位，市本级行政权力精简67.6%，取消非行政许可审批事项；“三单一网”快速推进，公布市级权力清单和责任清单。全面实施“三证合一”“一照一码”，审批时限大幅缩减。市、县机构改革任务全面完成。基本完成农村土地承包经营权确权登记颁证，启动市级农村综合产权交易市场建设、扩权强镇试点和农村集体产权制度改革试点。推进市投资发展公司实体化转型改革,组建市工创投和市旅投公司。推动临川教育集团学校转型升级,引进社会资本兴教办学。新增4个省级工程技术中心、1个省重点实验室和2个省级产业技术创新战略联盟;新增认定23户高新技术企业,增长55.2%;高新技术产业产值和增加值分别增长21.83%和22.37%。

【区域合作有新突破】 实现昌抚通讯、金融、医疗、社保、公交、公积金等同城化;《昌抚合作示范区规划》获省发改委批准,昌抚产业合作开始起步。主动对接海西,与莆田市签订跨区域口岸合作框架协议;编制完成《赣闽台产业合作示范区规划》送省政府审批;扎实推进抚州海西综合物流园建设,一批物流集聚区加快建设。加强与南昌和海西地区的经贸合作交流。成立市台商协会;与向莆铁路沿线城市签署旅游合作协议,并在多个领域进行深入广泛合作。在全国先后举办18场专题招商活动,签约项目178个、总额1121.44亿元;实际利用外资3.8亿美元、增长15%,其中现汇进资1亿美元,两项增幅均为全省第一。

【生态环境治理有新变化】 着眼完善功能、补齐短板,在市中心城区实施一批城市道路基础设施、社会事业、民生工程和城市产业项目,基本完成文昌里棚户区改造国有土地上房屋征迁工作。在市中心城区集中开展"五车"整治、交通秩序整治、环境卫生综合整治,城市秩序明显好转,市容环境明显改善。开展国道、省道干线沿线乡镇环境综合整治,取得良好成效。中心村整治建设和农村生活垃圾专项治理工作纵深推进。

划定生态保护红线总面积5755.8平方千米,占全市区划面积的30.6%。启动PM2.5监测并与国家联网,空气质量保持全省前列;强化抚河、宜黄河、崇仁河水系区域工业、生活污水排放治理,建立"河长制";基本完成临川、南丰、南城、金溪、宜黄5个县(区)工业园区污水处理厂及配套管网建设,12个全省百强中心镇污水处理设施和配套管网工程建设全面开工;全市12个地表水监测断面和集中式饮用水源地水质达标率均为100%。在全省率先实施全市域的封山育林;洪门水库列入全国生态湖泊治理项目;新创建2个国家级生态文化村、1个省级生态乡镇和5个省级生态村。

【民生和社会事业有新进展】 财政用于民生支出增长14.7%。完成省政府下达的50件民生实事。完成253个贫困村的扶贫对象建档立卡工作,通过产业扶贫、移民搬迁、保障兜底,实现5万人精准脱贫目标。全市城镇新增就业完成年度目标,零就业家庭就业继续保持动态清零。城乡低保、农村五保、残疾人、城乡居民养老保险待遇、企业退休人员基本养老金等保障水平稳步提高;完成城镇保障性安居工程12153套,新建改造农村危房20144户。市直学校实现"零择校",教育质量公平明显提升;医药卫生体制改革纵深推进,公共卫生服务水平持续提高;全面启动汤显祖逝世400周年纪念活动筹备工作,临川文化品牌影响力进一步扩大。

(董　晨)

【市政府领导名录】

市　　长:张和平(任至3月)
　　张鸿星(5月任)
副市长、代市长:张鸿星(3—5月)
常务副市长:于秀明
副　市　长:周小平　周学胜
　　赵世斌　刘菊娇
　　勒世标(兼市公安局局长,任至1月)
　　吴建春(兼市公安局局长,1月任)
　　魏建新　韦　萍
市长助理:柏　林(任至1月)
　　赵大全(12月任)
秘　书　长:喻大荣
副秘书长:吴猛强(兼市政府办公室主任)
　　胡香兰(兼市人防办主任)
　　魏建明(兼市政府驻上海联络处主任)
　　陈　瑛(兼市政府驻浙江办事处主任)
　　万明发
　　邱国亮(兼市政府驻北京联络处主任)
　　章　勤(兼市外侨办主任)
　　周国旺　张沪玉
　　黄武平　刘俊福
　　李　慷　杨　青
　　李建华

## 市政府常务会议和市长办公会

2015年,市政府共召开12次市政府常务会议。

2月16日上午,市长张和平主持召开市政府第44次常务会议。常务副市长于秀明,副市长周小平、刘菊娇、吴建春、魏建新、韦萍,市政府副巡视员熊世平,秘书长喻大荣出席会议。会议学习《江西省科技创新促进条例》;安排部署春节期间安全生产和社会稳定工作;审议《抚州市中心城区2015年重点推进项目计划》《抚州市柑桔黄龙病防控工作实施方案》《抚州市疾病应急救助基金管理办法》。会议还研究其他事项。

4月8日下午,代市长张鸿星主持召开市政府第45次常务会议。常务副市长于秀明,副市长周小平、周学胜、赵世斌、吴建春、魏建新、韦萍,秘书长喻大荣出席会议。会议学习《江西省国有土地上房屋征收与补偿实施办法》;传达学习强卫书记在《国务院关于同意抚州高新技术产业园区升级为国家高新技术产业开发区的批复》上的重要批示精神。会议还研究其他事项。

5月6日下午,代市长张鸿星主持召开市政府第46次常务会议。常务副市长于秀明,副市长周小平、周学胜、刘菊娇、吴建春、魏建新、韦萍,秘书长喻大荣出席会议。会议审议《关于创新经营机制做大做强国有林场的意见(送审稿)》《临川教育集团学校转型升级实施方案(送审稿)》《关于促进市中心城区房地产市场平稳健康发展的实施意见(送审稿)》《2015年抚州市民生工程安排意见(送审稿)》《关于加快实施土地开发复垦补充耕地工作的通知(送审稿)》《抚州市本级产业发展引导资金管理暂行办法(送审稿)》《市中心城区房屋征收与土地征收调解中心筹建方案（送审稿）》。会议还研究其他事项。

6月15日下午，市长张鸿星主持召开市政府第47次常务会议。常务副市长于秀明，副市长周小平、周学胜、赵世斌、魏建新、韦萍，秘书长喻大荣出席会议。会议审议《关于进一步推进开放升级的意见（送审稿）》《抚州市人民政府关于稳增长促发展的若干政策措施（送审稿）》《关于支持抚州高新技术产业开发区发展升级的意见（送审稿）》《关于扎实推进精准扶贫工作的实施意见（送审稿）》《抚州市贯彻落实〈江西省2015年节能减排低碳发展行动方案〉的实施意见（送审稿）》《关于建立抚州市经济形势分析联席会议制度的通知（送审稿）》《抚州市基本建设工程项目中介机构涉审行为监督管理办法（试行）（送审稿）》《关于促进烟叶产业发展的意见（送审稿）》《关于鼓励购买地产汽车补贴政策的实施方案（送审稿）》《抚州市本级政府和社会资本合作（PPP模式）实施办法（试行）（送审稿）》《关于调整市中心城区天然气销售价格的请示》；通报《关于贯彻落实市政府常务会议精神有关事项的通知》；听取全省不动产统一登记工作推进会议精神情况汇报，研究贯彻落实意见。会议还研究其他事项。

7月3日上午，市长张鸿星主持召开市政府第48次常务会议。常务副市长于秀明，副市长周小平、周学胜、赵世斌、刘菊娇、吴建春、魏建新、韦萍，秘书长喻大荣出席会议。会议审议《关于市属公办学校义务教育免试就近入学相关工作的请示》《抚州市人民政府关于进一步推进户籍制度改革的实施意见（送审稿）》《中共抚州市委抚州市人民政府关于加强禁毒工作的意见（送审稿）》《关于进一步推进抚州市投资发展（集团）有限公司市场化转型改革方案（送审稿）》《抚州市工业与科技创新投资发展有限责任公司组建方案（送审稿）》《贯彻落实省政府办公厅关于进一步推进工业园区节约集约用地若干措施的意见（送审稿）》。会议还研究其他事项。

7月24日下午，市长张鸿星主持召开市政府第49次常务会议。常务副市长于秀明，副市长周小平、周学胜、刘菊娇、吴建春、魏建新、韦萍，秘书长喻大荣出席会议。会议学习《行政诉讼法（2014年修正）》；审议《抚州市军队转业干部随调家属、驻抚部队随军家属计划安置实施细则（送审稿）》《抚州市“全民参保登记计划”实施方案（送审稿）》《抚州市12345市长便民专线服务中心工作规程（试行）》《关于加快我市气象现代化建设的请示》《关于进一步完善市城市规划区建设用地范围内土地和房屋征收工作机制的意见（送审稿）》和《市城市规划区建设用地范围内集体土地上房屋征收补偿与农民公寓房安置管理办法（试行）》《抚州市农村生活垃圾专项治理工作实施意见（送审稿）》《关于推进扩权强镇试点工作的实施意见（送审稿）》《关于贯彻落实江西省实施招标投标法办法的通知》《2015年县域经济发展大会战考评实施细则（送审稿）》。会议还研究其他事项。

8月17日下午，市长张鸿星主持召开市政府第50次常务会议。常务副市长于秀明，副市长周小平、周学胜、赵世斌、刘菊娇、吴建春、魏建新、韦萍、肖承贵，秘书长喻大荣出席会议。会议审议《关于临川教育集团实验学校招商考察情况报告》《抚州市法治政府建设指标体系（送审稿）》《抚州市服务业发展三年工作计划（2015－2017年）（送审稿）》《2015年度推进市直和中央、省驻抚单位绩效管理工作方案（送审稿）》《关于建立病死畜禽无害化处理机制的实施意见（送审稿）》《关于积极稳妥推进我市林地流转进一步深化集体林权制度改革的实施意见（送审稿）》；传达学习全国、全省安全生产电视电话会议精神，研究贯彻落实意见。

9月17日下午，市长张鸿星主持召开市政府第51次常务会议。常务副市长于秀明，副市长周学胜、吴建春、魏建新、韦萍、肖承贵，秘书长喻大荣出席会议。会议审议《抚州市市容环境专项治理工作方案（送审稿）》《抚州市行政机关负责人行政诉讼出庭应诉规定（送审稿）》《抚州市新能源汽车推广应用财政补贴实施细则（送审稿）》；传达学习全省加快转变农业发展方式现场会议精神，研究贯彻落实意见。

10月22日上午，市长张鸿星主持召开市政府第52次常务会议。常务副市长于秀明，副市长周学胜、赵世斌、吴建春、魏建新、韦萍、肖承贵，秘书长喻大荣出席会议。研究分析全市前三季度经济社会发展形势，部署下步工作；审议《抚州市国民经济和社会发展“十三五”规划基本思路（送审稿）》《“智慧抚州”总体规划（送审稿）》《抚州市银行及保险业金融机构支持地方经济发展考核奖励办法（送审稿）》《关于推进生态文明建设实施全市封山育林的意见（送审稿）》《关于成立抚州市产业发展协调推进领导小组等事项的请示》；听取全市主要污染物减排工作进展情况的汇报、2015年抚州市事业单位公开招聘工作情况的汇报；传达学习全省电子商务推进大会会议精神，研究贯彻落实意见

11月13日下午，市长张鸿星主持召开市政府第53次常务会议。常务副市长于秀明，副市长周小平、周学胜、赵世斌、刘菊娇、吴建春、魏建新、韦萍、肖承贵，秘书长喻大荣出席会议。审议《关于贯彻落实〈社会救助暂行办法〉实施意见（送审稿）》《关于进一步健全完善临时救助制度的通知（送审稿）》《抚州市居民家庭经济状况核对办法（送审稿）》《关于进一步加强欠薪群体性事件快速联动处置的意见（试行）（送审稿）》《抚州市下肢残疾人专用代步车管理办法（送审稿）》；听取9月25日市长办公会布置的相关工作进展情况汇报，进一步明确有关事项。会议还研究其他事项。

12月3日晚上，市长张鸿星主持召开市政府第54次常务会议。常务副市长于秀明，副市长周小平、周学胜、赵世斌、刘菊娇、吴建春、魏建新、韦萍、肖承贵，秘书长喻大荣出席会议。会议审议《关于提请研究寻梦牡丹亭项目的请示》《抚州市人民政府关于东乡县撤县设区的请示（送审稿）》《抚州市农村综合产权交易市场建设工作方案（送审稿）》。会议还研究其他事项。

12月25日晚上，市长张鸿星主持召开市政府第55次常务会议。常务副市长于秀明，副市长周小平、刘菊娇、吴建春、魏建新、韦萍、肖承贵，市长助理赵大全，秘书长喻大荣出席会议。学习《不动产登记暂行条例》；审

议《抚州市“河长制”工作实施方案（送审稿）》《抚州市公务用车制度改革实施方案（送审稿）》《关于加快现代农业发展推进农业转型升级的意见（送审稿）》《关于修改 <2015 年度推进市直和中央、省驻抚单位绩效管理工作方案 > 的请示》《2015 年市本级年终预算平衡情况说明（送审稿）》和《2016 年市本级财政预算编制说明（送审稿）》。

2015 年，市政府共召开 6 次市长办公会议：

8 月 17 日下午，市政府第 50 次常务会议结束后，市长张鸿星主持召开市长办公会议。审议《抚州市东外环高速公路路线工程可行性方案（送审稿）》《汤显祖大剧院修复工程建设实施方案（送审稿）》。

9 月 17 日下午，市政府第 51 次常务会议结束后，市长张鸿星主持召开市长办公会议。审议《关于市监管中心总体情况的汇报（送审稿）》。

9 月 25 日下午，市长张鸿星主持召开市长办公会议。会议围绕认真贯彻落实市委肖毅书记近期在重要会议、重要活动上的系列工作部署，特别是加快全市重大重点项目推进工作、“十三五”规划涉及的当前跑项争资需要抓紧推进前期工作的重大项目、加快创建省级文明城市完善城市功能项目推进工作以及省委、省政府支持抚州深化区域合作加快发展推进会议筹备工作作了认真研究。

11 月 13 日下午，市长张鸿星主持召开市长办公会议。审议《抚州市保安服务总公司脱钩改制的请示》。

12 月 1 日下午，为贯彻落实市委肖毅书记 10 月 31 日关于加快建设赣闽产业合作示范区、温泉景区以及创建养老服务业综合改革试点市的重要批示精神，市长张鸿星主持召开市长办公会议。会议听取赣闽产业合作示范区情况汇报、临川温泉旅游开发、昌抚合作示范区建设情况汇报、全国首批养老服务业综合改革试点市情况汇报，研究明确有关事项。

12 月 25 日晚上，市长张鸿星主持召开市长办公会议。研究 2016 年全市重点建设项目计划。

（甘露露）

## 施政纪略

**【衔接上级政府取消和下放一批行政审批项目】** 为进一步深化行政审批制度改革，加快政府职能转变，优化发展环境，4 月 30 日，市政府印发《关于衔接上级政府取消和下放一批行政审批项目等事项的通知》（抚府发〔2015〕1 号）。通知要求对省政府决定取消的行政审批项目，全市各级各部门相对应的审核、初审工作一律停止实施；对应省政府精简的事项，抚州市予以取消 3 项，对应省政府决定下放至市的行政审批项目，抚州市市本级承接 1 项。各地各部门要认真做好落实衔接工作，加快配套改革和相关制度建设，切实加强后续监管。要继续坚定不移地推行行政审批制度改革，加大简政放权力度，优化审批流程，改进审批方式，缩短审批时间，提高审批效率，创优发展环境。要健全监督制约机制，加强对审批权运行的监督，不断提高政府管理科学化、规范化、法制化水平。

**【试行国有资本经营预算的意见出台】** 为建立国有资本经营预算制度，完善国有企业收入分配制度，增强政府宏观调控能力，推进国有经济布局和结构的战略性调整，市政府于 1 月 5 日印发《关于试行国有资本经营预算的意见》（抚府发〔2015〕2 号）。意见对试行国有资本经营预算的指导思想和原则、实施范围、收支范围和征收标准、编制和审批、执行、职责分工、组织实施等方面作了具体要求。

**【加快发展养老服务业实施办法出台】** 为应对人口老龄化，根据《国务院关于加快发展养老服务业的若干意见》（国发〔2013〕35 号）和《江西省政府关于加快发展养老服务业的实施意见》（赣府发〔2014〕15 号）精神，市政府于 2015 年 1 月 6 日印发《关于印发加快发展养老服务业实施办法的通知》（抚府发〔2015〕3 号）。实施办法提出要发展居家养老服务，到 2020 年全市 100% 的城市社区、90% 以上的乡镇、60% 以上的行政村建立居家养老服务设施。要推进养老机构建设，到 2020 年全市每千名老人养老床位数 45 张以上。市本级至少建成 1 所 500 张以上床位，兼具生活照料、医疗康复、文体娱乐、临终关怀、培训鉴定等功能的护理型养老机构；县（区）至少建成 1 所不少于 300 张床位的综合性养老机构；每个乡镇至少完善 1 所三星级敬老院。要推进“医养融合”发展。有条件的二级以上综合医院应当开设老年病科，增加老年病床数量。鼓励民间资本兴办“医养一体化”医院。

**【加快电网发展强化电力保障的意见出台】** 为全面推进抚州电力事业发展，保障电网安全稳定运行，满足经济社会发展和人民群众生产生活用电需求，市政府于 2015 年 4 月 30 日印发《关于加快电网发展强化电力保障的意见》（抚府发〔2015〕4 号）。意见提出到“十三五”末，基本建成以 1000 千伏特高压电网为支撑，500 千伏和 220 千伏电网为骨干，各级电网协调发展的网架结构。将实现 220 千伏电网县域全覆盖，110 千伏电网互供互倒能力有效提升，县域电网与主网联系薄弱问题有效解决，农村电网“低电压”等问题基本消除，为全市经济社会快速发展提供更加坚强的电力保障。意见还对加强电网项目规划管理、加快电网项目立项审批、规范电网建设管理、做好电网建设项目征地拆迁工作、实施农村低电压治理、加强供用电需求侧管理、加强电力设施保护等方面提出明确要求。

**【主要污染物总量减排计划下达】** 为确保顺利完成 2015 年度和“十二五”全市主要污染物总量减排任务，进一步改善环境质量，根据省政府与市政府签订的《“十二五”主要污染物总量控制目标责任书》要求，市政府于 6 月 5 日制定下发《抚州市人民政府批转市环保局关于抚州市 2015 年主要污染物总量减排计划的通知》（抚府发〔2015〕5 号）。通知对 2015 年县（区）减排控制目标、造纸印染行业结构调整水污染减排项目、其他工业结构调整水污染物减排项目、城镇生活污水处理厂减排项目、城镇污水处理厂中水回用工程项目、规模化畜禽养殖治理工程减排项目、水泥行业脱硝工程(管理)减排项目、非电行业二化硫和氮氧化物治理减排项目、淘汰落后产能大气污染物减排项目等方面提出具体要求。

【规范行政审批行为】 为进一步深化行政审批制度改革,根据《江西省政府关于规范省政府部门行政审批行为改进行政审批有关工作的通知》(赣府发〔2015〕18号)要求,市政府于6月5日制定下发《关于规范市政府部门行政审批行为改进行政审批有关工作的通知》(抚府发〔2015〕6号)。通知要求坚持目录管理制度,坚持"一个窗口"受理,严格落实办理时限承诺制,编制服务指南,制定完善审查工作细则。要改进行政审批工作,切实提高窗口办结率,积极推进网上审批,清理前置审批条件,加快中介脱钩步伐,加强社会组织管理,做好上下衔接。要强化监督问责,主动公开行政审批信息,依法保障申请人知情权,强化监督检查,严格责任追究。

【国有林场改革】 为贯彻落实《中共中央、国务院关于印发〈国有林场改革方案〉和〈国有林区改革指导意见〉的通知》(中发〔2015〕6号)文件精神,做大做强国有林场,促进国有林场持续、健康发展,市政府于6月5日制定印发《抚州市政府关于国有林场改革若干问题的意见》(抚府发〔2015〕7号)。意见提出到2020年,森林资源质量进一步提高,森林生态系统整体功能显著增强,国有林场森林覆盖率稳定在90%以上,实现国有林场林业产值每年增长10%~15%,国有林场职工收入水平显著提高。意见对加强森林资源保护,加快森林资源培育,抓好林业科技推广,完善林区基础设施,加大对国有林场的财政扶持,创新国有林场经营管理机制等方面提出具体要求。

【2015年国民经济和社会发展计划】 6月19日,市政府制定印发《抚州市2015年国民经济和社会发展计划》(抚府发〔2015〕8号)。计划提出2015年全市经济社会发展的主要预期目标是:生产总值增长9.5%,达到1140亿元;财政总收入增长11%,达到166.6亿元;规模以上工业增加值增长12%,达到353亿元;固定资产投资增长18%,达到1130亿元;社会消费品零售总额增长12%,达到426亿元;出口总额增长8%,达到16.6亿美元;实际利用外商直接投资增长15%,达到3.8亿美元;城镇居民人均可支配收入增长10.5%,达到25520元;农村居民人均可支配收入增长11.5%,达到11600元。计划对国民经济和社会发展计划主要指标,各县(区)生产总值预期、财政收入预期、固定资产投资预期、吸收"三外"资金预期、对外贸易出口总值预期、工业化预期、资源节约与环境保护指标数据、主要农产品产量和播种面积预期、新增城镇就业人数预期、人口预期、农村扶贫开发预期等十二项内容作出具体要求。

【稳增长促升级的若干政策措施出台】 为贯彻落实中共中央、国务院和省委、省政府关于做好当前经济工作的各项决策部署,细化实化省政府《促进经济平稳健康发展的若干措施》(赣府发〔2015〕24号)文件精神,确保政策落地,促进全市经济持续平稳健康发展,市政府于2015年7月1日制定印发《关于稳增长促升级的若干政策措施》(抚府发〔2015〕9号)。措施围绕优化投资营商环境、扩大对外开放合作、促进产业发展升级、促进房地产市场健康发展、鼓励大众创业万众创新、抓项目促投资强后劲、狠抓落实确保成效等七个方面制定50条具体措施。

【衔接上级政府取消和调整一批行政审批项目】 为进一步深化行政审批制度改革,加快政府职能转变,优化发展环境,根据《国务院关于取消和调整一批行政审批项目等事项的决定》(国发〔2015〕11号)、《江西省政府关于衔接国务院取消和调整一批行政审批项目的通知》(赣府发〔2015〕23号)要求,市政府于2015年7月1日制定印发《关于衔接上级政府取消和调整一批行政审批项目的通知》(抚府发〔2015〕10号)。通知决定对此次国务院、省政府决定取消的行政审批项目,抚州市各级各部门相对应的审核、初审项目一律取消,市本级相对应取消3项行政审批项目;对应此次国务院、省政府决定下放的行政审批项目,抚州市市本级承接3项。

【市本级政府和社会资本合作(PPP模式)实施办法(试行)出台】 为了科学规范的运用和推动市本级政府和社会资本合作模式(以下简称PPP),根据党的十八届三中全会、国务院《关于创新重点领域投融资机制鼓励社会投资的指导意见》(国发〔2014〕60号),以及国家发改委《关于开展政府和社会资本合作的指导意见》(发改投资〔2014〕2724号)、财政部《关于推广运用政府和社会资本合作模式有关问题的通知》(财金〔2014〕76号)、《关于政府和社会资本合作操作指南(试行)通知》(财金〔2014〕113号)、省政府《关于创新重点领域投融资机制鼓励社会投资的实施意见》(赣府发〔2015〕20号)等文件精神,市政府于2015年7月9日制定印发《关于印发抚州市本级政府和社会资本合作(PPP模式)实施办法(试行)的通知》(抚府发〔2015〕11号)。办法分为总则、项目发起、项目准备、项目采购、合同管理、项目实施、项目移交、相关要求等八章,制定48条具体规定。

【支持农村信用社改革和发展的意见出台】 为贯彻落实国务院、省政府关于农村信用社改革的有关要求,加大对全市农村信用社改革发展的支持力度,增强全市农村信用社发展活力,更好地服务地方经济发展,市政府于7月13日制定印发《关于进一步支持农村信用社改革和发展的意见》(抚府发〔2015〕12号)。意见从增强支农资金实力、减轻农信社负担,落实相关政策、配合农信社改革发展,帮助清收不良贷款、加快抵债资产处置速度,打击逃废债行为、加快信用体系建设,依法稳健经营、服务地方经济建设,形成长效机制、大力支持农信社发展等六个方面明确了具体要求。

【推进户籍制度改革的实施意见出台】 为贯彻落实《江西省政府关于进一步推进户籍制度改革的实施意见》(赣府发〔2015〕45号)精神,市政府于7月15日制定印发《关于进一步推进户籍制度改革的实施意见》(抚府发〔2015〕13号)。意见提出力争到

2018 年实现市中心城区 75 万常住人口、2020 年实现市中心城区 100 万常住人口的发展目标，城镇化率提升至 60%，并在此基础上实现基本公共服务对常住人口的全覆盖。意见要求在全市范围内逐步取消农业户口和非农业户口的区分，建立城乡统一的居民户口登记制度，统一登记为居民户口。合理确定落户条件，实行差别化落户政策。全面落实人口居住证服务管理制度。

**【房地产顺位抵押贷款登记管理工作的意见(试行)出台】** 为进一步解决好中小企业融资担保问题，有效防范和化解企业融资风险，根据《中华人民共和国物权法》《中华人民共和国担保法》《中华人民共和国城市房地产管理法》《房屋登记办法》《城市房地产抵押管理办法》《土地登记办法》等有关法律法规，市政府于 7 月 23 日制定印发《关于实施房地产顺位抵押贷款登记管理工作的意见(试行)》(抚府发〔2015〕14 号)。意见对适用范围、抵押、评估与作价原则、破除顺位抵押权登记障碍、明确顺位抵押贷款登记要件等作出明确规定。

**【房屋征收与补偿安置管理办法(试行)出台】** 为规范市城市规划区建设用地范围内集体土地上房屋征收与补偿安置工作，妥善解决农民住房问题，保障城市建设顺利进行，根据相关法律、法规规定，市政府于 8 月 16 日制定印发《关于印发抚州市城市规划区建设用地范围内集体土地上房屋征收补偿与农民公寓房安置管理办法(试行)的通知》(抚府发〔2015〕15 号)。办法分为总则、房屋征收程序、征收补偿安置、搬迁补助及奖励、农民住房建设管理、法律责任、附则等七章，制定 28 条具体规定。

**【市城市规划区建设用地范围内土地和房屋征收工作机制出台】** 为规范土地、房屋征收工作，破解征迁难题，加快城市建设发展，市政府于 8 月 16 日制定印发《关于进一步完善市城市规划区建设用地范围内土地和房屋征收工作机制的通知》(抚府发〔2015〕16 号)。通知要求建立责任落实机制、高位推进机制、资金保障机制和督查考核机制，作出八条具体规定。

**【加快推进气象现代化建设的意见出台】** 为建立适应需求、结构完善、功能先进、保障有力的气象现代化体系，进一步提高气象对经济社会发展的保障能力，根据《江西省政府关于加快推进气象现代化的意见》(赣府发〔2014〕1 号)精神，市政府于 8 月 17 日制定印发《关于加快推进气象现代化建设的意见》(抚府发〔2015〕17 号)。意见提出到 2020 年，全市基本建成具有地方特色、结构完善、布局科学、功能先进、保障有力的气象现代化体系，建立完善新型气象事业结构，增强气象保障经济社会发展的能力，与全省同步实现气象现代化。意见围绕加快建设综合气象观测体系、大力提升气象预报预测水平、健全完善公共气象服务体系、强化气象为农服务能力、加强人工影响天气作业、增强应对气候变化能力、积极推进气象科技创新、增强基层台站保障能力、着力培养各类气象人才等九个方面提出具体要求。

**【开展农村生活垃圾专项治理的实施意见出台】** 市政府于 8 月 16 日制定印发《关于开展农村生活垃圾专项治理的实施意见》(抚府发〔2015〕18 号)。意见提出到 2015 年年底，全市农村区域内的交通主干道沿线，主要河流、渠系沿岸，旅游景区、工业园区、现代农业示范园区周边，城乡结合部等重点区域以及乡(镇)集镇和行政村“两委”所在地实现“零垃圾”全覆盖。农村其他区域无卫生死角，无陈年垃圾、成堆垃圾以及散落漂移垃圾。到 2017 年，全市 90% 以上村庄的生活垃圾得到有效处理，通过省级检查验收。到 2019 年，全市所有农村区域形成科学治理农村生活垃圾的长效机制，垃圾治理成为人们的自觉行动和良好习惯。意见围绕深入开展农村爱国卫生运动、科学选择垃圾处理运作模式、配套完善农村环卫基础设施、配齐配全垃圾治理专业队伍、建立落实运行管理长效机制等五个方面作了具体要求。

**【抚州市法治政府建设指标体系出台】** 为深入推进依法行政，加快建设法治政府，市政府于 8 月 28 日制定印发《关于印发抚州市法治政府建设指标体系的通知》(抚府发〔2015〕20 号)。体系分为提高制度建设质量、坚持依法科学民主决策、建设高效透明政务环境、规范行政执法行为、及时防范和有效化解社会矛盾、完善监督体制机制、加强法治能力建设等八个大项，共 30 个子项、116 个细项。

**【推进林地流转进一步深化集体林权制度改革的实施意见出台】** 为贯彻落实《中共江西省委办公厅、江西省政府办公厅关于积极稳妥推进林地流转进一步深化集体林权制度改革的意见》精神，进一步解放和发展林业生产力，加快现代林业发展，促进农民增收致富，市政府于 9 月 1 日制定印发《关于积极稳妥推进林地流转进一步深化集体林权制度改革的实施意见》(抚府发〔2015〕21 号)。意见提出力争到 2015 年全市林地流转面积达到 20 万公顷，到 2017 年达到 30 万公顷，到 2020 年达到 40 万公顷，全市商品林规模经营面积超过 80%，林业合作社、家庭林场等新型林业经营主体总数达到 2500 家，林分亩平蓄积量达到 4 立方米以上，林业总产值突破 400 亿元，农民林业纯收入年均增长 12% 以上。意见围绕创新林地流转形式，发展林地适度规模经营；创新林权管理方法，规范林地流转操作程序；创新产业发展方式，带动农民增收致富；创新资源管理机制，加强森林经营利用监管等方面提出了具体要求。

**【抚州市服务业发展提速三年行动计划下达】** 为贯彻落实《江西省政府关于印发服务业发展提速三年行动计划(2015—2017 年)的通知》，切实推进《抚州市政府关于加快推进全市服务业发展的实施意见》(抚府发〔2012〕26 号)的深入实施，努力把服务业打造成拉动全市经济发展的重要引擎，市政府于 9 月 1 日制定印发《关于印发抚州市服务业发展提速三年行动计划(2015—2017 年)的通知》(抚府发〔2015〕22 号)。计划提出到 2017 年，服务业投资年均增长 20% 以上，服务业增加值增速快于地区生产总值增速；实现全市服务业增加值比 2014 年翻一番，达到 660 亿元，服务业占 GDP 的比重达到 36% ；服务业税收占全部税收比重保持在50%以上,服务业就业人数占全社会就业人数的比重达到40%;省级现代服务业集聚区力争达到6个,其中主营业务收入超10亿的达到2家,超5亿的达到4家;新增省著名商标1~2个,在全国具有一定影响的服务业龙头企业达到2~5家。计划要求未来三年,以现代服务业为核心,重点发展旅游、文化创意、金融保险、商贸、物流、电子商务、健康养老、公共服务、信息技术等产业。通过全市上下共同努力,促进服务业朝着规划布局科学、产业定位明确、地方特色突出的方向发展,打造产城融合、人气旺盛的现代都市。

【全面推进大众创业万众创新】 为适应经济发展新常态,打造经济发展新引擎,激发社会创业创新活力,增强经济发展动力,根据国务院和省政府关于大众创业、万众创新决策部署,市政府于9月6日制定印发《关于全面推进大众创业万众创新的实施意见》(抚府发〔2015〕23号)。意见提出到2020年,全市创业创新载体不断完善,创业孵化基地建设初具规模,全市孵化基地建筑总面积达到50万平方米,新增国家级孵化基地2个,省级孵化基地10个,发展众创空间15个;创业创新主体不断增加。培养和引进一批创业创新人才,培育和发展一批科技创新型企业。小微企业数量增长50%,创业人数增长30%,特色产业集群增加10个,高新技术企业增加200户;创业创新环境不断优化,政府职能进一步转变,创业门槛进一步降低,市场公平进一步显现,创业融资更加便捷,创业创新服务平台更加完善。《意见》围绕降低创业创新门槛、激发创业创新主体活力、加大创业创新支持、加强创业创新载体建设、强化创新创业服务等五个方面,制订27条具体措施。

【取消非行政许可审批类别】 根据《国务院关于清理国务院部门非行政许可审批事项的通知》和《关于加快取消非行政许可审批类别的通知》要求,市政府于10月11日制定印发《关于取消非行政许可审批类别的通知》(抚府发〔2015〕24号)。通知决定在前期大幅减少部门非行政许可审批事项的基础上,再将9项非行政许可审批事项调整为政府内部管理事项,将22项非行政许可审批事项调整为行政确认、备案等其他权种事项。今后不再保留"非行政许可审批"这一审批类别。

【加快推进昌抚通信同城化工作的实施意见出台】 为全面贯彻落实《江西省人民政府关于支持抚州深化区域合作加快发展的若干意见》(文件精神,进一步加快推进南昌和抚州两市(以下简称"昌抚")通信同城化工作,市政府于10月22日制定印发《关于进一步加快推进昌抚通信同城化工作的实施意见》(抚府发〔2015〕25号)。意见要求认真落实市委、市政府主要领导指示精神,努力推动和完成通信同城化任务。2015年12月31日前,取消昌抚两市间移动电话通话的漫游通话费和长途通话费,将漫游通话费、长途通话费调整为本地通话费标准执行;取消昌抚两市间本地网电话(固定电话)通话的长途通话费,将长途通话费调整为本地通话费标准执行。

【衔接省政府下放行政权力事项】 为进一步深化行政审批制度改革,加快政府职能转变,优化发展环境,根据《江西省政府关于下放一批行政权力事项的通知》要求,市政府于10月22日制定印发《关于衔接省政府下放行政权力事项的通知》(抚府发〔2015〕26号)。通知决定,承接省政府决定下放的行政权力事项5项,分别为外商投资(含分支机构)企业设立、变更、注销登记;涉外养老企业和涉外养老合伙企业的设立、变更、注销登记;城镇生活垃圾焚烧发电项目的环评审批;工业园污水处理厂项目的环评审批;在省内非主要河流上建设的1MW以上的水电站项目的环评审批。

【提升市中心城区环境空气质量的意见出台】 为进一步加强大气污染防治,提高市中心城区环境空气质量,保障人民群众身体健康,推进生态文明先行示范区建设,市政府于11月9日制定印发《关于进一步提升市中心城区环境空气质量的意见》(抚府发〔2015〕28号)。通知要求优化空气质量监测点位,严格高污染燃料禁燃管理,加大燃煤锅炉淘汰力度,加强机动车排放污染防治,切实做好车用油品质量升级,加大施工扬尘控制力度,加强城区道路卫生保洁,加强城区餐饮行业油烟集中整治,扎实做好秸秆禁烧工作,加快推行烟花爆竹禁限放。

【进一步健全完善临时救助制度出台】 为进一步健全社会救助体系,充分发挥社会救助托底线、救急难作用,解决城乡困难群众突发性、紧迫性、临时性生活困难,根据《社会救助暂行办法》《国务院关于全面建立临时救助制度的通知》《江西省政府关于健全临时救助制度的通知》有关规定,市政府于12月2日制定印发《关于进一步健全完善临时救助制度的通知》(抚府发〔2015〕30号)。制度明确目标任务、总体要求和基本原则,对救助对象范围、申请受理程序、审核审批程序、救助类型和救助标准、救助方式、救助工作机制、救助资金筹集管理等进行了详细规定。

【市中心城区规划委员会工作规则出台】 为进一步加强市中心城区城市规划管理,全面提高城乡规划管理水平,增强城市规划决策的科学性,根据有关法律、法规,市政府于12月11日制定印发《关于印发市中心城区规划委员会工作规则的通知》(抚府发〔2015〕32号)。制度对抚州市中心城区规划委员会的工作职责、机构及人员组成、会议制度及项目审议、审查范围、建设项目规划建筑设计方案的审批等方面作了详细规定。

【农村综合产权交易市场建设】 为深入贯彻落实《国务院办公厅关于引导农村产权流转交易市场健康发展的意见》和《江西省政府办公厅关于引导农村综合产权交易市场健康发展的实施意见》精神,加快推进农村综合产权制度改革,市政府于12月21日制定印发《关于印发农村综合产权交易市场建设工作方案的通知》(抚府发〔2015〕33号)。方案提出建立健全农村综合产权交易市场体系,培育和发展农村综合产权交易市场,规范农村综合产权交易管理,探索建立"组织合法化、交易规范化、操作流程化、管理制度化、资源利用最大化"的农村综合产权交易工作体制，逐步发展成集信息发布、产权交易、法律咨询、资产评估、抵押融资等为一体的为农服务平台，加快建立政府引导、市场运行、管理规范、阳光透明的农村综合产权交易管理机制，促进城乡要素平等交换和公共资源市场化配置。《方案》要求成立农村综合产权交易服务机构，搭建农村综合产权交易服务平台，明确农村综合产权交易品种，推进农村综合产权交易市场体系制度建设。要按照上下联动、整合推进、讲求实效、统一规范的思路，分两个阶段实施。第一阶段主要完成服务平台搭建和市场体系制度建设，争取在2016年2月底完成。第二阶段主要完成宣传发动、确权颁证、数据库建设等基础性工作，鼓励和引导各类产权主体进场交易，逐步培育和完善农村综合产权交易市场。

（李　晔）

## 办理人大议案、建议和政协提案

2015年市政府承办市三届人大五次会议及闭会期间人大代表议案、建议128件、市政协三届五次会议提案257件，都在规定时间内办理完毕。代表委员满意率和基本满意率分别为97.7%和98.8%。市政府承办省人大十二届四次会议建议16件、省政协十一届三次会议提案共7件，均在规定时间内办理完毕，代表委员满意率100%。

（熊晓慧）

## 市政府办公室工作

【概况】 2015年，抚州市政府办公室围绕中心工作和重大决策部署，以“创一流工作业绩，创一流政务环境，创一流管理水平”为目标，开拓创新，完成各项工作任务，为市政府高效运转提供有力保障。

【办文办会工作效能提升】 政府公文准确规范，高效运转。进一步健全完善公文传阅制度，传阅性公文分市政府领导和办公室领导两个层级同时进行传阅，急要公文分三个层级进行传阅。规范会前准备、会中服务、会后整理等会议服务工作标准和要求，提升会议服务质量和水平，保障各类会议正常召开。

【以文辅政】 深入开展调查研究。着眼新常态下经济社会发展的新形势、新任务、新要求，深入县（区）和工业园区进行实地调研，形成一批有价值的调研成果，为领导科学决策提供参考依据。精益求精确保文稿质量。全年共起草完成市政府工作报告、市政府领导讲话稿、综合汇报材料、典型发言材料等各类文字材料200余篇，约60余万字。加强信息服务。围绕全市中心工作和领导关心的热点、难点问题，及时收集、上报、反馈政务信息，努力为领导科学决策提供优质高效的信息服务。全年共收集、加工整理各类信息6700余条，编辑《每日要情》248期，共采用信息1200余条，向省政府办公厅、国务院办公厅报送信息200余条，多篇信息被省政府办公厅采用，其中1篇重要信息被国务院办公厅专报采用。

【督查督办推动决策落实】 将两会提出的目标任务进行细化分解，明确具体责任人和完成时限，对《政府工作报告》确定的主要任务目标落实情况实行半年催报督查制度，全程进行跟踪督办。抓重要会议议定事项的落实。每次市政府常务会议后，均对会议议定内容进行分解，落实责任部门、责任人，进行跟踪督促检查，全年共督办市政府常务会议等重要会议研究确定事项120项。抓市政府重点工作的落实。将民生工程等重大事项列入政务督查的重点内容，逐项制定督查方案，如对中小学代课教师问题政策落实情况、地震减灾监管等专项工作进行跟踪督查，促进问题的解决落实。抓领导批示的落实。采取逐件登记、迅速转办、限期办理、定期催办、现场督办、回访当事人等措施，做到批则必查、查则必果、果则必报、报则必准。先后对中石油中石化相关县（区）建站遗留问题、干部下基层进企业、全市污染物减排及改善市中心城区环境空气质量等15项市领导批示事项进行专项督查。

【应急管理处置能力提升】 做好应急值守、信息报送和综合协调等日常工作。全年共向省政府应急办报送《值班信息》11期，向市政府领导报送《信息快报》70期，未出现迟报、漏报、瞒报等情况。积极协助市政府领导有效处置汤显祖大剧院火灾等突发事件。修订应急预案。完成市本级应急指挥中心建设，实现省应急指挥中心及公安等几个主要应急委成员单位的互联互通。县级应急指挥中心建设工作开始。采取政府向社会购买服务的方式，依托社会力量建立抚州市工程机械应急调度中心，登记各类应急工程车辆300多辆，提升应急处置的反应能力。

【优化金融服务】 引导金融企业加大信贷投放力度。存贷款保持稳定增长，新增贷款增幅排名全省第一。全力做好“财园信贷通”和“财政惠农信贷通”工作，“财园信贷通”累计发放贷款29.43亿元，“财政惠农信贷通”累计发放贷款9.41亿元，有效缓解中小微企业、涉农产业的融资难、融资贵问题。进一步完善金融服务体系。商业银行引进工作取得实质性进展，南昌银行抚州分行和赣州银行抚州分行均顺利开业，兴业银行抚州支行试营业。互联网金融有序发展，引进杭州龙盈互联网金融信息技术有限公司在抚州市注册设立江西盈盈易贷小微金融服务有限公司。资本市场融资取得新突破。该市唯一的要素交易市场抚州市海峡钢铁交易所正式开业；市城投公司成功发行8亿元中期票据；高新区苍源制药、广昌广德环保科技和黎川川盛科技等3家企业进入全国中小企业股份转让系统（新三板）挂牌融资，有10家企业在上海股权交易中心和江西联合股权交易中心挂牌。昌抚金融同城化取得积极进展。9月份顺利签署《昌抚金融同城化专题协调会备忘录》，备忘录上涉及的6项金融同城化具体工作落实到位。营造良好的金融生态，多次开展打击非法集资宣传活动，实现非法集资零发案率的目标。

【推进信息化服务平台建设】 做好“中国抚州”门户网的日常运行维护。保障网站信息及时更新、准确发布,2015年网站累计发布信息138077条。做好政务网络的日常运行维护,保障全市各级政务部门网络畅通、业务系统安全稳定运行。启动市、县第二政务网视频会议室建设,保障了频会议系统安全稳定运行,全年共收听收看或召开各类视频会议87次。推进云计算中心、“三单一网”等项目建设,其中“三单一网”建设采取云集中模式,比市县分散独立建设节省2386万元。完成“智慧抚州”总体规划和抚州市“十三五”信息化发展规划的编制工作,对市林业局等8个市政府部门的信息化建设项目进行审核,节约资金576万元。完成市县两级政务服务网、县级电子政务统一监察平台及“阳光医药”监察子系统硬件支撑平台和抚州市综合治税系统等平台建设;完成信访、司法、政法委和价检等部门纵向业务系统的联网及政务外网统一安全接入平台的建设,进一步推进全市电子政务外网统一网络平台的建设和发展。

(李 晔)

【市政府办公室领导名录】

办公室主任:吴猛强

办公室副主任:黄木茂 吴守刚

饶举元(兼市政府法制办主任)

王 武

黄火生(任至12月)

应急办副主任:余克振

金融办主任:刘龙飞

## 行政服务

【概况】 2015年,抚州市行政服务中心围绕将全市打造成“全省审批事项最少的设区市”的目标,不断深化行政审批制度改革,办事效率不断提速。为全市重点项目所需手续开设绿色通道。市行政服务中心指导县(区)行政服务中心和乡(镇、街道)便民服务中心的标准化、规范化建设,形成三级便民服务体系。

至年底,市本级进驻行政服务中心的窗口部门共37个,其中常设办事窗口29个。窗口有工作人员150多人,进驻行政服务事项345项(其中行政许可事项203项、审核转报14项、内部管理9项、行政认可3项、公共服务事项63项、其他53项)。至年底,市本级行政服务中心共接行服务对象238519人次,办理各类行政服务事项133984件,收费10.99亿元。

【简政放权有新举措】 2015年,市行政服务中心以“三单一网”(权力清单、责任清单、负面清单和政务服务网)建设为突破口,全力规范窗口审批行为。协助市审改办和相关部门取消行政审批事项29项。督促全市下放县(区)行政审批项目196项。突出公共服务职能,变审批事项为行政服务或公共服务事项25项。将关联性比较强的行政审批项目合并为大项,其他部门关联的项目作为子项,改串联审批、分散审批为并联审批,共固化2个大项14个小项联审联批项目。

【办事效率有新提高】 按照省政府《江西省“三证合一”登记制度改革暂行办法》要求,抚州市行政服务中心多次组织市市场监督管理局、国税、地税等相关部门,召开工作协调会和业务培训会议,将“三证合一”“一照一码”登记改革工作稳步推进。申请人只需填写一份表格、提交一套资料、向一个部门提出申请,就可以使企业获得像自然人身份证一样的唯一身份代码,办证时限由原来的7个工作日压缩至3个工作日以下。简化审批手续,压缩事项内部流转时间,承诺审批时间在法定审批时间基础上减少71%,55%的项目实现即来即办。

(吴承敏)

【市行政服务中心管委会领导名录】

主 任:张一平

党组书记:许敬龙

党组成员、副主任:严水泉 刘早发

## 民族和宗教工作

【概况】 2015年9月,市委下发文件,将原抚州市民族地区建设工作领导小组调整为抚州市民族工作领导小组,由一名市委常委任组长,市政府分管领导为副组长,成员单位由24个增加到33个。确定24个市直单位挂点帮扶少数民族村组,对挂点联系的民族村在项目、资金、信息、技术等方面给予全力扶持,并有专人负责。

年内共审核51名高考民族优惠加分考生资格;审核变更23人民族成份。全市民族团结进步,宗教和谐稳定。全市民族宗教领域未发生一起影响稳定事件;民族地区经济社会得到较快发展。

【为少数民族地区发展争取资金项目】 2015年,申报农田水利发展等基础设施项目30个、文教卫社会事业类项目12个、生产发展类项目2个,申报资金1106万元。争取到项目38个,各项资金584万元。其中中央资金50万元、省级少数民族发展资金495万元、少数民族群众困难补助资金6万元、少数民族文化发展专项资金15万元、少数民族教育资金18万元。

【宗教办和谐稳定】 2015年5月21日,抚州市道教协会成立暨第一届一次代表会议召开,选举产生抚州市道教协会第一届班子成员,并制订内部管理制度。9月15—21日,围绕敬老、助学、助残、帮困等慈善主题,开展“宗教慈善周”活动,全市宗教界共募捐款、物21.2万元。

【国家宗教事务局局长到宜黄宝积寺调研】 2015年9月20日,国家宗教事务局局长王作安率队深入宜黄县曹山宝积寺调研,并召开座谈会。江西省委统战部副部长、省民宗局局长张勇,抚州市委书记肖毅,市委副书记、市长张鸿星,江西省民宗局党组成员、副局长梅仕灿,抚州市委常委、统战部部长、市委秘书长李建林,副市长、市公安局局长吴建春,市政府秘书长喻大荣等陪同调研。

(雷华锋)

【市民宗局领导名录】

局 长:朱 萍(兼市委统战部副部长)

副局长:刘凤林

## 体制改革

【概况】 2015年，抚州市出台《抚州市重要改革举措实施规划（2015—2020年）》《市委全面深化改革领导小组2015年工作要点》和《七个改革专项小组2015年工作计划》。积极推广先行先试改革试点，中央有关部委在抚州市有3项改革试点，省级在抚州市实施19项改革试点，抚州市自选有34项改革试点。其中，抚州市公务消费监管一体化改革试点、农村集体“三资”监管试点在全省属率先推出。东乡县大力推进精准扶贫、金溪县推动校长教师交流轮岗等试点经验受到各级领导和社会各界广泛关注。

【继续推进简政放权和市场化改革】 2015年，国务院、省政府取消和下放的235项行政审批和其他行政权力事项全部承接到位，出台《抚州市全面清理市政府部门行政权力推行权责清单制度实施方案》《市政府部门行政权力清单》，市级行政权力精简率达65%，不再保留非行政许可审批。“三证合一”“一照一码”商事登记制度改革全面推开，全市新增注册企业和注册资本额较2014年度分别增长14%和21%。市、县机构改革全面完成，进一步加快政府职能转变。建立完善昌抚一体化合作机制，与南昌市签订“1+8”合作协议，通迅、金融、医疗、社保、公交、公积金等已实现同城化；实施财政结转结余资金管理改革，全年共盘活资金总量7.7亿元。全面推进税收征管改革，全年共办理出口退（免）税额6.06亿元，减免小微企业税费1566万元，增强企业发展活力。创新重点领域投融资机制，推广政府和社会资本合作模式，市级PPP项目储备库入库项目19个，总投资50亿元；健全金融服务实体经济体制机制，引进江西银行、兴业银行等4家大中型商业银行。

【推行生态文明体制改革】 2015年，围绕生态文明先行示范市建设，完善生态文明体制机制，构建环境综合治理体系。率先在全省实施全域封山育林战略，目前全市森林覆盖率65.6%，比全省平均水平高2个百分点。建立健全河湖保护管理体制机制，全市境内河流均实施“河长制”，由市、县（区）党委和政府主要领导分别担任行政区域“总河长”“副总河长”，市、县（区）党政四套班子相关领导担任河流“河长”，推动各级党委、政府以及村级组织全面履行河湖保护管理责任，建立水陆共治、部门联治、全民群治的河湖保护管理长效机制。将生态文明建设工作纳入领导干部年度述职、地方和部门绩效考核内容。实施自然资源审计和问责试点，在资溪开展生态资源损害问责试点。

【农业农村体制改革】 2015年，土地确权登记成效显著。全市调绘勘测完成村民小组数17150个，完成率99.36%；颁证面积24.65万公顷，占二轮承包总面积的108.3%，列全省前三名。产权制度改革深入推进，农村综合产权交易市场建设试点全面启动，2015年全市土地流转面积为8.52万公顷，流转率36.4%；涉农资金整合试点及农村实用人才创新创业试点等运行平稳。国有林场改革全面完成，全市林地流转面积达24.11万公顷。水权制度改革顺利推进，金溪县小型水利产权制度改革省级试点全面完成，东乡县水资源确权登记试点稳步开展。扩权强镇试点有序推开，选择12个省级中心镇和11个市级重点镇进行扩权强镇试点工作。新型经营模式蓬勃兴起。阿里巴巴“千城万企”江西首个试点城市落户南丰县。江西联惠建成智能化蔬菜大棚，江西龙鑫、抚州民生等建立“基地监控+网上交易+配送平台+实体店”的线上线下交易，在发展现代农业方面起到示范引领作用。

【民主法制建设】 2015年，首次将地方政府性债务纳入人大监督范围。出台《抚州市人民代表大会常务委员会专题询问暂行办法》。深入推进司法改革，全面推进人民法院审判流程公开、裁判文书公开和执行信息公开三大平台建设，实现审判、执行信息共享共用。在临川区、南城县法院实行案件集中管辖。逐步完善法治抚州建设机制。初步探索把法治抚州建设纳入领导班子和领导干部分类差异化考核、县（区）科学发展综合评价和政府绩效考核机制，临川、东乡开展乡镇综合行政执法试点取得初步成效。

【推进社会体制改革】 2015年，文化新闻出版和广电局机构改革，组建新的文化广电新闻出版局。市群艺馆提升改造。教育领域综合改革，推进义务教育免试就近入学制度；采取“名校带民校”的形式，创办3所“五独立”的混合所有制民办学校，推进临川教育集团转型升级；有序引导优秀校长教师向农村和薄弱学校流动，全市共有675名校长教师奔赴农村教学管理一线，开辟城乡教育均衡发展新路径。推进医药卫生体制改革，全市县级公立医院综合改革进展顺利，10个县级公立医院全部取消药品加成，实施药品零差价。创新办医模式，引进社会资本投入医疗服务行业，一批重点医疗项目建设稳步推进。推进社会保障体制改革，全市城镇基本医疗保险、新型农村合作医疗、大病保险、重特大疾病医疗保障四条保障线全面建立，城乡统筹就业有效开展。推行机关事业养老保险制度、县以下机关建立公务员职务与职级并行制度改革。住房公积金管理制度逐步规范化、标准化。

【创新党的建设制度改革】 2015年，以“四进四联四帮”活动为载体，全面推广基层党组织“134”服务模式，完善推广“群众点菜、政府买单”兴办民生实事新机制。深化干部人事制度改革，开展领导干部能上能下试点，建立“四下两不上”工作机制。开展“把纪律挺在前面”先行先试，探索建立健全早发现、早提醒、早查纠、早防范“四位一体”长效工作机制，在同级监督、纪律巡查、执纪方式和教育提醒上取得突破。推进“两个责任”监管平台建设。在全省率先研发“两个责任”网络监管平台，实现在线管理、网上监控、实时预警、动态评价。健全源头预防体制机制。推行廉情三预警和纪律建设“五约谈”，开展纪委委员评议同级党委委员、纪委常委听取同级党委成员履责情况报告、纪委书记提醒约谈同级党委成员；实施党政机关廉政风险科技防控平台建设试点。

实施纪检监察机构改革。在全省率先完成县(区)纪委机关内设机构调整。积极探索派驻机构履行监督职能方式,实行“归口派驻+单独派驻”模式,促进派驻机构更好聚集主业,有力推动党风廉政建设和反腐败工作。

(陈少华)

## 外事侨务

【概况】 进一步规范因公出国(境)管理。全年共办理因公出国(境)32批、128人次。推进国际友城工作。先后与英国莎士比亚故乡城市斯特拉福德市、西班牙塞万提斯故乡城市阿尔卡拉埃纳雷斯市、美国伊斯顿市签署缔结友好城市备忘录。

【做好侨务工作】 参加第二届华侨华人赣鄱投资创业洽谈会,促成倍护(福建)日用品公司、江西华琪橡塑有限公司、马来西亚联熹水务有限公司在抚投资,投资总额达17亿元。积极鼓励、引导海内外侨胞关心、支持、参与抚州市慈善事业,争取到美籍华人程罗白在抚州一中、临川一中、临川二中等学校捐助70名贫困学生,捐助金额达12万元,魏基成先生捐赠棉衣400件。

(李　晔)

## 政府财政预决算

【概况】 2015年,抚州市公共财政预算收入,加上税收收入返还、各项补助等,减去当年支出及结转下年数,实现收支平衡,略有结余。2015年,市本级地方一般预算收入,加上税收收入返还、各项补助等,减去当年支出及结转下年数,实现收支平衡,略有结余。全市本级财力的教育、科技、支农三项支出均达到法定增长要求。

【全市总预算执行情况】 2015年,全市公共财政预算收入执行数为126.82亿元,同比增长9.0%。地方一般预算收入加上上划中央级收入和上划省级收入,全市财政总收入执行数为165.18亿元,同比增长10.1%。全市公共财政预算收入主要项目执行情况是:税收收入103.23亿元,同比增长13.3%,完成预算的102.3%。其中增值税25%部分(含改征增值税)完成22.72亿元,营业税完成32.46亿元,企业所得税40%部分完成7.55亿元,个人所得税40%部分完成1.52亿元,省市共享的房产税、印花税、城镇土地使用税、土地增值税和资源税60%部分完成16.76亿元,城市维护建设税4.40亿元,耕地占用税9.86亿元,契税6.31亿元,车船税0.784亿元,烟叶税0.87亿元;非税收入23.59亿元,同比下降6.5%,完成预算的85.7%。其中专项收入4.16亿元,行政事业性收费收入11.94亿元,罚没收入4.03亿元,国有资本及资源(资产)收入2.41亿元,其他收入1.05亿元。

2015年,全市本级财力安排的地方财政支出执行数为204.76亿元,完成预算的132.7%。加上上级专款支出和列收列支等,全市公共财政预算支出完成294.30亿元,同比增长15.1%。全市本级财力安排的财政支出主要项目完成情况是:一般公共服务支出21.57亿元,完成预算106%;国防0.36亿元,完成预算144.6%;公共安全支出10.76亿元,完成预算121.4%;教育支出42.31亿元,完成预算136.3%;科学技术支出2.70亿元,完成预算185.5%;文化体育与传媒支出3.83亿元,完成预算123.6%;社会保障和就业支出23.76亿元,完成预算164.7%;医疗卫生支出21.62亿元,完成预算151.8%;节能环保支出5.31亿元,完成预算159.5%;城乡社区支出10.52亿元,完成预算的155.4%;农林水事务支出25.72亿元,完成预算172.9%;交通运输支出4.40亿元,完成预算113.8%;资源勘探电力信息等事务支出19.04亿元,完成预算107.5%;商业服务业等事务支出2.25亿元,完成预算158.5%;金融监管等事物支出0.24亿元,完成预算133.7%;国土资源气象等事务支出1.67亿元,完成预算96.3%;住房保障支出5.24亿元,完成预算378.4%;粮油物资储备管理事务支出0.71亿元,完成预算134%;其他支出2.77亿元,完成预算13.6%。

【市本级预算执行情况(不含高新区)】 2015年市本级公共财政预算收入执行数完成15.63亿元,完成预算的98.7%,同比增长5.8%。公共财政预算收入加上上划中央级收入和上划省级收入,市本级财政总收入完成22.52亿元,同比增长15.9%。市本级公共财政预算收入主要执行情况是:税收收入完成12.26亿元,同比增长25.4%,完成预算的115.3%。其中增值税25%部分(含改征增值税)0.73亿元,同比增长15%;营业税5.85亿元,同比增长27.4%;企业所得税(40%部分)1.36亿元,同比增长16.2%;个人所得税(40%部分)0.45亿元,同比增长45.4%;省市共享的房产税、印花税、城镇土地使用税、土地增值税和资源税(60%部分)共计1.70亿元,同比增长39%;城市维护建设税0.72亿元,同比增长31.9%;耕地占用税0.21亿元;契税1.12亿元,同比下降6.4%;车船税698万元,同比增长43.6%。非税收入完成3.37亿元,同比下降32.5%,完成预算的64.8%。其中专项收入0.61亿元,同比增长84.2%;行政事业性收费收入1.50亿元,同比下降52.4%;罚没收入0.66亿元,同比下降33.6%;国有资本及资源(资产)收入0.60亿元,同比增长13.4%。

2015年,市本级财力安排的地方财政支出执行数为18.72亿元,完成预算的98.2%,加上上级专款支出和列收列支等,市本级一般预算支出完成39.38亿元,同比增长31.2%。市本级财力安排的财政支出主要项目完成情况是:一般公共服务支出2.47亿元,完成预算92%;国防0.30亿元,完成预算138.7%;公共安全支出2.40亿元,完成预算98%;教育支出2.25亿元,完成预算129.8%;科学技术支出0.70亿元,完成预算112.5%;文化体育与传媒支出0.76亿元,完成预算101.3%;社会保障和就业支出3.15亿元,完成预算112.2%;医疗卫生支出1.60亿元,完成预算121.1%;节能环保支出0.33亿元,完成预算103.7%;城乡社区事务支出1.75亿元,完成预算的104.2%;农林水事务支出1.36亿元,完成预算80%;交通运输支出0.31亿元,完成预算95%;资源勘探电力信息等事务支出0.47

亿元,完成预算101.4%;商业服务业等事务支出0.12亿元,完成预算100.8%;国土资源气象等事务支出0.21亿元,完成预算58%;粮油物资储备管理事务支出791万元,完成预算101.3%;其他支出0.48亿元,完成预算39.9%。

(邱　磊)

## 人力资源和社会保障

【概况】　2015年,抚州市人力资源和社会保障部门围绕"绿色崛起、跨越发展、建设幸福抚州"目标,以"民生为本、人才优先"为工作主线。荣获全国五一巾帼标兵岗、全国巾帼建功先进集体、全省社会保险民生工程目标绩效考核先进单位、全省劳动保障监察工作先进单位等称号。

【人事管理绩效显】　开展大型人事考试8次,组织考生参加考试30028人次。招录事业单位工作人员329名,录用公务员277名,招募"三支一扶"高校毕业生233。开展机关事业单位工勤人员晋升岗位等级考核鉴定工作,全市共有2392人通过资格审查,全年职业技能鉴定18796人。推动义务教育学校校长教师交流轮岗。确立市直卫生部门岗位等级。开展全市机关事业单位"吃空饷"问题集中治理活动,共清理出吃空饷人员125人,涉及单位20个。出台抚州市军队转业干部随调家属、驻抚部队随军家属计划安置实施细则,坚持公开、公平、公正和对口安置、人岗相适的安置原则,实行公开职位、量化考核、积分择岗的安置办法。年内接收计划分配军转干部19名,18名安置在机关和参公单位,1名安置在事业单位(市国税局)。2家企业获批建立博士后工作创新基地,1家企业申报设立博士后工作站成功。

建立市直单位绩效管理考核体系,研究制订《2015年度推进市直和中央、省驻抚单位绩效管理工作方案》。人社局会同复旦大学公共绩效与信息化研究中心,对指标进行修改、整理,并导入绩效管理系统,根据绩效管理工作方案修改抚州市绩效管理系统,于年底完成对市直和中央、省驻抚共125个单位的年度绩效管理考核工作。

【人事工资管理务实】　至7月26日,全市完成机关事业单位工作人员调整基本工资标准和增加机关事业单位离退休人员离退休费工作。此次调标工作涉及全市345个市直单位和各县(区)的机关事业单位,包括在职人员9.5万余人、离退休人员3.56万人,调整工资增资兑现工作全部到位。县以下机关建立公务员职务与职级并行制度启动实施,对各县(区)机关(含参照公务员管理的机关)的组织机构、公务员的任职年限、职务层级、年度考核、工资级别等情况进行调查摸底,联合市各相关部门对各县区拟报的实施方案进行审查批复,缓解全市各县(区)基层公务员晋升难、待遇得不到提高的矛盾,调动了基层公务员工作积极性。稳步推进国企薪酬制度改革。开展国企薪酬调查统计,对数据进行汇总分析、测算论证。起草深化市属国有企业负责人薪酬制度改革的意见,将企业分为三类,其负责人分别适用不同的薪酬确定办法,总体控制在市直机关事业单位同级别人员年均工资的2倍以内。

【就业形势稳定】　以落实大众创业、万众创新工作为重点,确保全市就业局势稳定。全市城镇新增就业人数4.39万人,完成全年目标任务119.6%;就业困难人员实现就业0.46万人,完成目标任务135.2%,零就业家庭就业继续保持动态清零。全市新增转移农村劳动力6.52万人,完成全年目标任务118.1%。发放小额贷款9.83亿元,完成年度目标任务的106.8%。其中,扶持个人创业贷款7.32亿元,占当年新发放贷款总额的74.46%,扶持劳动密集型小企业贷款2.51亿元,占当年新发放贷款总额的25.54%,通过小额贷款直接扶持个人创业人数0.95万人,带动就业人数4.39万人。

落实就业补贴,帮助企业稳定岗位。对符合条件的企业,按该企业及其职工上年度实际缴纳的失业保险费总额的50%给予稳岗补贴,第一批申报的5家企业进入审核拨付阶段。3月份,全市失业保险费率由3%降为2%,减轻企业负担,增强企业主动参保积极性。

【社会保障加强】　城镇职工参加五项社会保险人数达172万人次,比"十一五"期末增加37万人次。城乡居民养老保参保人数达152万人,较"十一五"底增长119万人。城镇居民医保参保人数达68万人,基本实现全覆盖。社保待遇有提高。从2005年开始,连续11年提高企业退休人员基本养老金,2015年又对14.8万名企业退休人员进行基本养老金调整,于6月中旬全部发放到位。城乡居民的基础养老金由55元增加至80元,3月份全部发放到位。为全市1798名企业参战退休退役士兵(含参试和铀矿开采退休退役士兵)提高生活补贴,为全市7181名未参保人员提高养老生活补助,为全市企业职教幼教退休人员动态调整生活补贴。失业保险费比例从2%降至1.5%,职工个人缴纳的失业保险费比例从1%降至0.5%,政策调整后惠及全市2740余户缴费单位和11.5万参保职工。失业保险发放标准根据区域划分分别提高至每月900元或850元。完善医疗保险政策,确定2015年城镇居民基本医疗保险筹资标准为500元/人·年,个人缴费标准由原50元/人·年调整为120元/人·年,城镇居民大病补充保险筹资标准由原20元/人·年调整为40元/人·年。做好城镇基本医疗大病保险工作,将城镇医疗保险二档人员统一参加大病保险,保障参保人员的切身利益。调整生育保险待遇标准,分别对产前检查、人工流产、妊娠中期引产等报销标准进行提高,同时将生育津贴由原90天调整为98天。出台《抚州市建筑业参加工伤保险实施方案》,扩大工伤保险参保覆盖面,维护建筑工人权益。加大社保基金和就业资金的监督力度,创新社会保险基金监督机制,以购买会计事务所服务的方式,引入第三方机构对全市城镇职工养老保险基金和小额担保贷款贴息资金进行内部审计,确保基金资金安全完整。

【为劳动者维权】　10月起,全市最低工资标准及适用区域进行调整,工资标准调整后平均增幅10.5%,其中,临川区(含市本级、高新区)月最低工资标准由1210元/月调整为1340元/月,非全日制用工调整为13.4元/小时;南城县、崇仁县、东乡县、宜黄县、南丰县、广昌县、乐安县、资溪县、黎川县、金溪县等地月最低工资标准由1060元/月调整到1180元/月,非全日制用工调整为11.8元/小时。全市企业签订集体合同49748份,覆盖企业49685家,职工153244人,签订率为93%。市文明办诚信企业红黑榜对9家获评2014年全省劳动关系和谐企业进行红榜通报,为构建和谐劳动关系营造良好的社会氛围。。对1500多户用人单位进行劳动保障书面审查,涉及劳动者4万余人,责令用人单位补签劳动合同2000余份,认定符合示范企业的共有6家,AAA级企业24家,AA级企业45家,A级16家。全市劳动监察机构共检查900余户用人单位,其中工程项目322个,涉及农民工3.4万人。共查处拖欠农民工工资案件330余起,为农民工追讨工资2100多万元。开展人力资源市场秩序整治工作,取缔"黑中介"1家,吊销营业执照2家。积极处理劳动者信访举报投诉,共受理劳动者举报投诉案件550多起,举报投诉案件结案率达到100%。稳妥处置重大劳动保障违法案件70余件。扎实推进调解仲裁工作,共受理劳动争议案件246件,办结案件237件,仲裁结案率96%。妥善做好群众来信来访工作,全年共受理群众来信(含网上投诉)181件,接待群众来访200余人次,全部在规定时间内办结完毕。

(赵 辉)

**【市人社局领导名录】**

市委组织部副部长、市人社局局长:
宋有志
党组书记:邓久泉(任至7月)
党组成员、副局长:魏 绮 吴向红
徐能华 傅 强
党组成员、副局长、市社保局局长:
蔡礼明
党组成员、市就业局局长:汪长琚
党组成员、市医保局局长:孔咏春
党组成员、市人才服务中心主任:
吕 舸

## 机构编制管理

**【概况】** 2015年,抚州市机构编制深化改革,积极适应经济发展新常态,深入推进行政审批制度改革,推进事业单位网上名称管理,强化控编减编力度,促进政府职能转变,发挥编制资源效益。

**【推行权责清单制度】** 对市政府45个部门的权责事项进行全面清理,形成市政府部门权力清单。市政府各部门共有行政许可223项和其他行政权力4630项(其中行政处罚2927项,行政强制209项,行政征收71项,行政给付52项,行政裁决11项,行政确认184项,行政奖励110项,其他行政权力1066项)。同时,按照"权责要匹配、有权必有责、用权受监督"原则,编制市政府各部门责任清单,明确责任事项37577项、追责情形44389项。

**【清理非行政许可审批事项】** 对市本级现有非行政许可审批事项进行逐项审核,市本级不再保留非行政许可审批这一审批类别。对原有的41项非行政许可审批事项予以清理,其中2项取消,9项调整为内部管理,7项调整为备案,3项调整为行政确认,12项调整为其他行政权力,8项符合行政许可法规定条件、有法律法规依据的调整为行政许可。

**【乡镇综合执法试点】** 东乡县所辖全部乡镇、临川区部分乡镇的社会事务管理办公室增挂"乡(镇)综合行政执法队"牌子,由乡(镇)一名副职兼任执法队队长,组建综合行政执法队伍。综合行使现行法律赋予乡(镇)人民政府的行政执法权以及县(区)行政执法机关依法委托给乡(镇)政府行使的行政执法权。同时,完善乡镇执法监督机制,推进依法行政,促进乡(镇)管理向服务型、法治型转变。

**【整合不动产登记职责】** 将市、县房产管理局承担的房屋登记、林业局承担的林地登记职责整合并入国土资源局,同时在国土资源局增挂不动产登记局牌子,负责管理、指导、监督行政区域内的不动产登记工作;成立副处级的市不动产登记中心,各县成立副科级不动产登记中心,负责行政区域内不动产登记的申请、受理、审核、发证等事务性、技术性工作。

**【事业单位法人登记管理】** 严格落实事业单位登记管理新要求,制定下发《关于做好2014年度市直事业单位法人年度报告有关事项的通知》。全市实际参检单位2577个,共办理事业单位设立登记64个、变更登记564个、注销登记61个。对未及时报送事业单位法人年度报告的2个单位下发事业单位法人证书废止通知书。

**【推进网上名称管理工作】** 通过采取市、县(区)两级集中办班、单个指导、上机实训等培训方式,先后组织近500人次网上名称管理工作培训,并在全省率先实现全市11个县(区)网上名称管理经费由财政统一支付。至年底,全市注册域名数3449个,党政机关网站标识申请通过数量51个,事业单位网站标识申请通过数量43个,实现省编办提出的中文域名和网上挂标"两个"全覆盖目标。

**【出台《抚州市控编简编工作实施方案》】** 制订《抚州市控编减编工作实施方案》,提出行政编制精简2%、事业编制精简4%的硬性指标。按照有增有减、保持总量平衡和有利于整合编制的要求,坚持"撤一建一",对机关事业单位的机构编制进行调整,科学合理地做好机构编制加减法,核减、撤并职能减少、工作任务不饱和单位的人员编制,为市改革办等部门调整行政编制19名、市不动产登记中心等单位调整事业编制54名。2015年,全市共消化超编人员438名,临川区率先完成超编人员消化任务。

(熊诗懿)

**【市编办领导名录】**

主 任:魏 绮(任至7月)
邓久泉(7月任)
副主任:李建平 邹常鸣

## 招投标管理

【概况】 抚州市公共资源交易中心充分利用“互联网+”，打造公共资源阳光交易服务平台，为优化该市经济发展环境、推进源头治腐发挥积极作用。2015年，市本级进场交易项目共517个，总成交额18.37亿元，增效节支额1.30亿元。各县(区)1—12月进场交易项目共3607个，总成交额130.36亿，增效节支金额2.53亿元。

【电子化与纸质会签相结合】 网上交易系统和音视频监控系统全过程电子化见证进场项目。工程建设项目和政府采购项目从审批、发布公告、下载标书、开标、评标、公示结果等整个交易流程，全部通过“江西省公共资源交易网”操作留痕，全程接受“江西省电子监察系统”统一电子监管。另一方面实行项目交易现场见证表会签制度。中心设计、制作“交易项目开标现场情况见证表”，实行一个项目一张表，以表格形式记载项目交易现场，包括业主到场、监管部门执法监督、招标代理公司执业、交易中心服务等情况，由交易现场参与主体代表共同签字后由中心存档。做到过程留痕，结果可溯，责任明细、相互监督，赢得了各界肯定。

【规范业务办事流程提高服务质量】 制定《公共资源交易项目场内运行细则》，针对项目入场登记、评标专家语音抽取、开标场地网上预约、保证金退回网络办理等关键环节，制定相应的办事规则和程序，明确操作流程和服务标准，做到服务有承诺 、操作按程序、办事设时限、结果全公开。项目入场登记当天办结、网上预约场地当天提交当天确认，投标保证金退回时间从原来5个工作日缩短至3个工作日。

在全省率先研发保证金管理系统，实现交易中心、银行、公共资源网上交易系统三方对保证金信息的无缝对接，投标人保证金缴纳情况只在开标现场实时公布，有效解决因保证金信息泄露导致的串通投标问题。同时，通过系统的实时缴款、实时退款及自动校对基本账户等功能，直接省略保证金基本账户核对环节，保证金退回的完成时间从原先的5个工作日缩减至2个工作日。全年共有3356家投标企业和供应商使用了投标保证金电子化管理系统。

【县区交易中心规范运行】 各县(区)交易中心相继完善电子平台建设和业务管理运行。其中，广昌县2015年落实人员编制，结束过去全靠借用干部运转的历史；崇仁县搬迁新办公场所，面积达1500平方米，改变过去因场地不足导致开评标区规划不科学、不合理的状况；80%县级交易中心实现多银行多账户保证金管理，并同时上线保证金电子化管理系统，进一步规范保证金管理。

【在全省率先启动远程异地评标系统建设】 为解决市、县评标专家不足，探索“制度+科技”预防串通投标新举措，8月，制订《关于推进全市远程异地评标系统建设工作的实施方案》，经市法制办审核通过，年底市政府下发该方案，正式启动建设远程异地评标系统。实现投标人、招标人和评标专家三方地域隔离，使投标人、招标人的人脉“资源”失效，有效阻断通过腐败专家实现串标、围标的渠道，切实维护评委专家公平公正的评标环境；实现全市专家库和市、县两级的评标设施、场所、监管环境等资源共享，解决县区存在的优质评标专家资源不足的问题，有效提高评标质量。

【建设全市农村综合产权交易市场】 出台《抚州市农村综合产权交易市场建设工作方案》(抚府发〔2015〕33号)，在全省率先启动依托公共资源交易中心建设农村综合产权交易平台的模式。市委、市政府在市公共资源交易中心增挂“抚州市农村综合产权交易中心”牌子，实行“一个机构，两块牌子”，履行建设、管理全市农村综合产权交易市场职能，规定农村综合产权交易品种属于公共资源交易中心进场业务范围，进一步丰富了公共资源交易平台服务内容。该中心依托公共资源网上交易系统，在全省率先研发农村综合产权交易系统，同步完成市、县、乡三级交易体系建设，牵头制定《抚州市农村综合产权交易系统开发方案》，为全市建立健全农村综合产权交易市场体系、培育和发展农村综合产权交易市场、规范农村综合产权交易管理提供了重要平台。

(吴俊伟)

【市公共资源交易中心领导名录】
主　任:余　娜

## 旅游管理

【概况】 根据《中共抚州市委、抚州市人民政府关于印发<抚州市人民政府职能转变和机构改革实施方案>的通知》(抚发〔2014〕28号)，抚州市旅游局更名为抚州市旅游发展委员会，为市人民政府工作部门。2015年1月23日，市政府办公室印发《抚州市旅游发展委员会主要职责、内设机构和人员编制规定》，市旅游发展委员会内设办公室、监督管理科(挂市旅游质量监督所牌子)和产业发展科3个职能科室，行政编制7名。

2015年，全市旅游经济继续保持健康快速发展的势头。全市接待游客2070万人次，实现旅游收入179亿元，分别同比增长26%和36%。

【旅游资源】 抚州历史悠久，文化源远流长，人文底蕴深厚，自然风光宜人，名胜古迹众多，革命胜迹遍布，艺术遗产独特，地方物产丰富，形成独特的旅游资源。

自然景观　市内有省级风景名胜区南城麻姑山，麻姑山自古为天下名山，素有“洞天福地”盛名；有比泰山还高200多米的南丰军峰山，山上古木参天，怪石奇峰，龙潭飞瀑，并有9千米的原始石阶曲折而上；有号称“百岛洞”的洪门湖，碧波荡漾，山重水复；有湖光山色、风景优美的南丰潭湖水库；有风景壮观的抚河源头风光；有省级自然保护区3处，其中资溪马头山自然保护区内有原始森林和奇珍动物，宜黄华南虎自然保护区内已有多批外籍专家来此考察。还有临川温泉、资溪法水温泉。近几年，广昌和南丰还推出莲乡、桔乡观光项目。这些自然景观正在吸引越来越多的游客。

人文景观　抚州素有“才子之乡”美誉,自古名人辈出,形成独特的人文景观。市内有王安石纪念馆、汤显祖文化艺术中心、汤显祖纪念馆、汤显祖大剧院、汤显祖墓、曾巩读书岩、曾巩纪念馆、谭纶墓、陆象山墓、乐史墓、吴澄墓、舒同书画博物馆、名人雕塑园、拟岘台、梦园等。历代到抚州为官或周游的文人墨客如谢灵运、王羲之、颜真卿、白居易、陆游等,为市内留下了大量诗词、文赋、字画、雕塑、摩岩石刻及许多美好的历史传说。第二次国内革命战争时期,抚州有9个县中央苏区县,其中6个县为全红区,许多老一辈革命家都在抚州活动过,现遗存的革命遗址有:第四次反“围剿”东陂、黄陂战役旧址,第五次反“围剿”高虎脑战斗旧址,康都会议及红一方面军总部旧址,闽赣省苏维埃政府旧址,毛泽东、周恩来、朱德、邓小平等人的旧居。人文景观是具有抚州特色的旅游资源。

宗教寺庙　市内宗教有佛教、道教、天主教、基督教等,宗教活动场所遍布全市各地。佛教主要有临川的金山寺、正觉寺、崇寿寺,金溪的疏山寺,宜黄的曹山寺、石巩寺,广昌的龙凤岩寺,南丰的地藏寺、寿昌寺,南城的宝方寺、碧涛庵,黎川的妙法寺、寿昌寺,资溪的大觉岩寺等;天主教有临川的圣若瑟大教堂、南城的天主堂;道教名山名观主要有南城的麻姑山仙都观,乐安的大华山崇仙观,黎川的会仙峰、仙桂峰,广昌的仙游观,南丰三仙行宫,金溪、临川交界处的灵谷峰等。其中临川圣若瑟大教堂规模名列全国第三,是全国重点教堂之一。宜黄曹山寺为中国佛教曹洞宗之祖庭,在海内外佛教界享有盛名,在日本今仍有信徒上千万人。疏山寺为千年古刹,至今保存完好。金山寺香火较旺,游客众多。

文物古迹　市内文物古迹星罗棋布,全市属省、县级重点文物保护单位达200余处。古建筑群有乐安流坑村,黎川、南城的船形屋,广昌驿前古建筑群,宜黄棠阴古建筑群,金溪浒湾书铺街等,其中乐安流坑村被誉为“千古一村”,参观考察人员络绎不绝。古桥有临川的文昌桥,南城的万年桥、太平桥,宜黄的占公桥、永兴桥、附东桥,崇仁的黄洲桥,其中文昌桥建于南宋嘉泰年间(1202—1203),万年桥建于明崇祯七年(1634),是我国古代建筑艺术的珍贵遗产。古塔:临川有万魁塔,宜黄有三元塔、迎恩塔,南城有聚星塔,南丰有宝岩塔,崇仁有相山石塔、汤溪石塔、资溪有高云塔、实心石塔,东乡有永镇塔。此外,还有磨盘山新石器时代遗址、商代文化遗址、白浒古瓷窑遗址、白舍古瓷窑遗址、岳口益王墓葬区、洪门益王墓葬区、祝徽旧居、抚州会馆等。

【景区创建有条不紊】　年底,大金山寺景区成功创建国家AAA级景区,向国家AAAA级景区迈进。大觉山景区创建国家AAAAA级旅游景区工作继续推进。九龙湖景区隧道建成通车,五星级酒店主体工程完成,游艇码头、环湖游步道等基础设施投入使用。临川大金山寺景区完成旅游规划设计,按照创建国家AAAA级旅游景区的要求进行提升。乐安流坑景区创建国家AAAA级旅游景区步伐加快,景区公路全面完工,游客服务中心、停车场、旅游厕所建成并投入使用,村内指示牌、介绍牌、导览图进行标准化改造设置。南丰桔文化旅游产业聚集区完成规划设计。宜黄曹山寺景区新建讲经堂、寮房、禅房等设施。把乡村旅游作为一项重要的工作来抓,围绕打造“一县一品牌”“一乡一优势”“一村一特色”的思路,结合精准扶贫工作,整合各类扶贫资金,实施旅游精准扶贫,打造特色乡村旅游示范点。总结推广南丰县加快“桔园游”建设的做法,促进全市乡村旅游加速发展。一批以传统文化、乡愁记忆、绿色休闲等为特色的乡村旅游示范点涌现。

【做好重点旅游项目储备规划】　对发展条件成熟、前期工作完善的项目进行筛选、整合和储备,“十三五”期间,抚州市共储备108个重点旅游项目,投资总额超过1000亿元。根据旅游产业发展的新形势、新要求,对市、县(区)旅游发展总体规划进行重新创新修编,要求凡是列入市委、市政府《关于推进旅游强市建设的实施意见》和市委、市政府调度的重点旅游项目,必须完成旅游规划的编制工作。列入“十三五”建设范畴的108个重点旅游项目要抓紧完成旅游规划。凡是申报国家AAA级及其以上旅游景区和全省AAAA级及其以上乡村旅游示范点的项目单位,都必须提供旅游规划。对跨县(区)旅游景区如军峰山、洪门湖(玉湖)进行统一规划编制。

抚州市以原中央苏区振兴、生态文明建设先行示范区、中国光彩事业抚州行等为契机,争取上级旅游项目资金支持。大觉山大型生态停车场成功申报国家旅游发展基金补助。纳入全省先锋行动厕所单位的名人雕塑园景区、大觉山景区申报第一批旅游厕所建补资金。崇仁神龙湖海景区、宜黄曹山寺景区、黎川东华山水景区、南城麻姑山景区4条旅游公路纳入全省旅游公路建设规划(2015—2020年),可争取省级奖励和补助资金3728万元。市政府进一步加大财政导向性投入,运用税费减免、整合涉旅资金等方式,进一步形成投资合力。2015年,全市旅游实际投资和合同引进资金均超过100亿元。

【加强旅游管理】　成立市旅游市场综合治理领导小组,制定《抚州市2015年依法治理旅游市场秩序活动方案》和《抚州市2015年旅游服务监管与文明旅游工作实施意见》。建立健全《旅游投诉统一受理机制》和《旅游投诉应对处理应急工作机制》,投诉电话24小时值守。年内,全市组织开展“秩序”“治黑”“清网”“督查”“规范”5个专项行动,按照“整体联动、属地管理、标本兼治,着力治本”原则,加大旅游市场综合治理执法力度。严厉打击“黑社”“黑导”,重点检查旅游团队运行情况,导游带团情况,旅行社是否按规定投保旅行社责任险,是否存在瞒报、谎报、迟报和对存在问题不按规定予以整治等情况。对无照经营进行查处和规范,加强对流通环节食品、旅游商品质量安全监管。打击旅游景区及周边占道经营、强买强卖、出售假冒伪劣商品等行为,加强对景区及周边零售摊点明码标价的管理。打击景区及周边拦截游客推销住宿、用餐、参加自费项目、租车等揽客行为。查处旅游景区及周边各类车辆违章停放和停车场车辆停放混乱现象。通过综合整治,旅游景区及周边环境卫生进一步改善。加强对旅游饭店的综合治理,检查旅游饭店治安、防火措施、食品卫生是否符合公安、消防、卫生防疫等部门的要求,游客集散场所的疏导方案和应急预案落实情况等。在旅游品牌创建过程中,严控标准,完善准入和退出机制,年内摘掉1家三星级酒店的牌照,1家旅行社分别被摘牌和吊销经营许可证。市旅游发展委员会聘请100名旅游行风与服务质量义务监督员,各县(区)旅游部门也聘请义务监督员,对旅游企业经营行为进行明查暗访。

**【大金山寺向游客免费开放】** 4月5日起,临川区云山镇景区大金山寺正式废除门票制度,对所有游客免费开放。这标志着大金山寺实行了20多年的门票制度成为历史。20世纪90年代初期,门票价格为两元。2003年门票价格涨至5元。近年,前往大金山寺参观的游客年均逾20万人次,每年的门票收益约为60余万元。取消门票后,将吸引更多的游客观光旅游。

(张芹琴)

**【市旅游发展委员会领导名录】**

局　长:杨更生

副局长:邱义林　黄小刚

## 无线电管理

**【概述】** 抚州市无线电管理局认真贯彻执行无线电管理为经济建设服务,开展无线电监听监测,维护好电波秩序。2015年《抚州市蜂窝移动基站规范化建设管理办法》出台。市无线电管理局共受理行政许可6次,指配频率4个,核发电台执照1432份,收回频率4个,撤销台站21个。全年共开展无线电执法26次,查处伪基站4起、"一声响"4起共8个窝点、卫星信号干扰器1起、考试作弊5起,进行无线电行政处罚12次,创建和谐有序的电磁环境。

**【无线电服务经济社会发展】** 做好抚州大唐电厂台站审批和用频协调,为电厂生产调度和运煤列车及时解决用频需求。认真履行市信息化领导小组成员职责,为创建"宽带抚州""智慧抚州"和实现昌抚通信一体化提供频率支持。做好市新一代天气雷达气象探测环境保护,加强监测和电磁环境调查,确保市重点项目按计划投入使用。

**【开展频率使用及无线电发射设备专项检查】** 共查阅各类文档200余份,梳理频率批文42份,填报频率分配信息156条、指配信息133条,发现不明信号21个,收回频率20对。会同市工商部门对全市无线电发射设备生产、销售市场进行集中检查,查验各类无线电设备200余部,封存87部,对6家销售单位下发责令整改通知书。

**【做好无线电安全保障】** 做好高考、全国卫生资格、研究生入学和全国司法考试等15次重大考试无线电保障,保障考点48个、考场3500余个,查获考试作弊案件5起。加强民航、铁路、森林防火、防汛等重点频率保护,全年开展民航保护性监测400余小时、铁路路测1000余千米,排除干扰5起。保障第六届环鄱阳湖国际自行车比赛(抚州)无线电工作,提前为主办单位指配使用频率,进行赛场电磁环境测试,保障比赛顺利进行。

(吴文超)

**【市无线电管理局领导名录】**

局　长:李　明

副局长:李国根(任至7月)

本栏编辑　吴根茂

# 政协抚州市委员会

## 综　述

2015年，抚州市有各级政协组织12个，其中市政协1个、县政协10个、区政协1个。各级政协委员2405人，其中省政协委员26人、市政协委员345人、县（区）政协委员2034人。政协抚州市委员会（以下简称市政协）设常务委员会主持会务，下设办公室、提案委员会、文史委员会、经济委员会、人口资源环境委员会、教科文卫体委员会、社会和法制委员会、港澳台侨外事和民族宗教委员会。一年来，在市委的领导和市政府的支持下，市政协深入贯彻落实中共十八届四中、五中全会和习近平总书记系列重要讲话精神，按照市委提出的"高位谋势、精准发力、敢于担当、跨越发展"工作总要求，充分发挥协商民主重要渠道和专门协商机构作用，围绕中心谋发展、服务群众惠民生、增进共识聚合力，为助推抚州绿色崛起、跨越发展作出积极贡献。

争取党政重视，协商民主更加规范有序。市政协以贯彻落实中央、省委关于加强人民政协协商民主建设文件精神和省委政协工作会议精神为契机，主动争取市委的重视和支持，促进协商民主广泛多层制度化发展。年初，以市委办、市政府办、市政协办"三办"联合发文的形式，印发年度协商工作计划，明确全年在市政协协商的主要议题，增强政协协商工作的计划性、权威性和操作性。12月下旬，协助市委召开政协工作会议，并印发《中共抚州市委关于加强人民政协协商民主建设促进政协事业发展的意见》，在政协协商民主制度建设方面出台硬性举措，对政协协商内容、协商形式、协商程序、协商保障等作出具体规定，为进一步推进抚州市政协协商民主制度化、规范化、程序化建设提供重要遵循。市政协根据协商内容、协商对象的不同，坚持和完善现有的会议协商、提案办理协商、对口协商、界别协商等形式，增加协商密度，提高协商成效。全年共开展2次常委会专题协商、1次重点提案办理协商、3次对口协商、1次界别协商，7次协商活动，次次有成果，件件有回应

紧贴发展大局，建言献策更加务实高效。市政协注重发挥常委会专题协商功能，将"加快现代服务业发展"和"全面推进我市生态文明建设"列为常委会协商议题。市政协采取常委会专题协商暨资政会的形式，组织6名委员从不同角度就加快发展抚州现代服务业建诤言、献良策。市委主要领导对政协报送的《关于加快抚州现代服务业发展的调研报告》予以充分肯定，要求市政府有关部门认真研究采纳，《抚州日报》全文登载资政会委员发言，省政协《光华时报》进行深度报道，协商成果在更大范围内得到重视和运用。市政协报送的《关于我市全面推进生态文明建设的调查与建议》协商成果，市委主要领导对报告作出批示，要求在制定"十三五"规划时予以采纳。政协相关建议被吸纳到《抚州市生态文明先行示范市建设实施方案》当中。市政协还积极为发展转型升级建真言，围绕助推"高新区发展，实现龙头昂起"进行主席会议协商，围绕省政府出台的《关于支持抚州深化区域合作加快发展的若干意见》贯彻落实情况进行专题视察，就"做大乡村旅游产业，加快建设旅游强市"开展专题调研，所形成的议政成果均得到市政府主要领导和分管领导的充分肯定，推动有关部门研究制定深化区域合作和发展乡村旅游实施意见。

关注民生民情，参政议政更加富有成效。市政协坚持把调研视察作为参政为民的重要突破口，围绕群众普遍关注的教育、医疗、养老、社会治安、农业气象服务、智慧城市、发展环境等热点难点问题，广泛调研、精准建言、踊跃献策，积极推动民生改善，维护群众合法权益。其中，教科文卫体委形成的《市中心城区小升初就近入学情况的调查报告》，市政府常务会议进行专题研究，出台具体实施方案。社会和法制委形成的《优化法治环境，助推民营企业健康发展》调研报告，市委、市政府主要领导作出批示，要求有关部门认真研究政协报告提出的问题和建议，努力为民营企业营造良好法制环境。市政协坚持把提案工作作为促进民生改善的重要途径，不断创新和完善提案工作机制，切实改进提案督办方式，推动提案办理由重答复向重落实转变。全年共收到提案278件，经审查立案262件，内容主要涉及行政审批、农业农村、教育改革、医疗卫生、群众体育等一批事关经济发展和民生改善的问题。精选26件重要提案进行重点协商办理，采取市长领衔督办、主席会议成员和各专委会、民主党派联合督办的方式，高位推动民生类提案的办理落实。《切实加强湿地保护工作》《打造智慧医联体模式，提升我市医疗技术水平》《加强橡胶坝管理，保证抚河干净水质》等提案，经相关部门的积极办理，促进问题的落实解决，得到群众点赞。市政协坚持把反映社情民意作为听民声、传民意、聚民智的重要载体，充分发挥19个社情民意联系点的作用，不断完善重点社情民意信息编审报送和跟踪问

效机制。全年共收集重要社情民意103条，编报《社情民意》33期，向省政协报送社情民意信息15条。其中，《推进农业机械化过程中存在的问题》等3条信息得到省政府领导的签批；《尽快整顿抚州火车站交通秩序》《关于为即将开园的市保育院新园区提供交通安全保障的建议》等重要社情民意，经市政府领导批示后，市政协及时抓好跟踪问效，促进有关问题得到较好解决。

坚持团结民主，凝心聚力更加富有特色。市政协坚持以课题为纽带，积极为各民主党派参加政协活动搭建平台。举办各界人士参加的中秋座谈会，扩大社会团结面；加强与特聘港澳台侨委员、社会新阶层人士、少数民族和宗教界人士的沟通联络，向有关部门及时反映他们的困难和诉求，为抚州社会和谐稳定广泛凝聚力量。发挥政协整体作用，配合省政协就水环境保护、社会诚信体系建设、文物古建筑消防安全等开展调研视察；加强与县（区）政协的工作联动，围绕“基层政协如何推进协商民主建设”主题召开全市县（区）政协主席座谈会，就一些重大课题与县（区）政协进行联合调研；加强与兄弟市政协的联系沟通，以“完善体制机制，推进协商民主建设”为主题，成功承办闽浙赣皖四省九市政协第25次联谊会。市政协注重突出界别特色、发挥界别作用，继续开展以“服务社会、服务基层、服务群众”为主要内容的“界别活动月”活动。市政协根据市委的统一部署，充分发挥自身优势，积极参与全市中心工作，在重点项目建设、新农村建设挂点帮扶、“四进四联四帮”、省级文明城市创建、招商引资等中心工作中积极作为、尽心尽力。市政协领导牵头负责的金巢大道南延伸段建设工程、保障性住房建设工程、南区水厂搬迁工程、文昌里排水工程、老城区市政基础设施改造工程、赣东大道南段综合地下管网工程等重点项目扎实推进、成效明显。市政协在共建文明社区中，还充分发挥政协的职能优势，积极为抚州市省级文明城市创建献计献策。市政协挂点领导和相关专委会深入市中心城区和轻纺城市场进行专题视察，形成《加速文明城市创建，助力转型升级发展》和《轻纺城市场综合整治情况的视察报告》，市委、市政府主要领导对此高度重视，要求有关部门认真采纳政协意见建议，及时抓好整改落实。相关职能部门加大对市场消防安全隐患整改和环境整治力度，政协建言成果有力助推抚州市文明城市创建工作。

提升能力素质，履职基础更加坚实稳固。市政协通过学习培训、调研视察、情况通报等形式，密切与委员的经常性联系，积极为委员知情明政提供条件。建立市政协领导和专委会对口联系委员制度，定期走访委员，听取委员意见建议，帮助委员解决履职中遇到的困难。加强委员履职管理，建立委员履职档案，规范委员履职行为，继续开展优秀市政协委员、优秀履职成果评选活动，激发委员参政议政热情。围绕建设学习型政协组织目标，坚持每周一机关例会学习制度，认真学习中央、省、市重要会议精神和政协统战理论，切实增强机关干部职工的理论素养。着力巩固和运用党的群众路线教育实践活动成果，扎实开展“三严三实”专题教育，引导机关干部强化党性修养，改进工作作风，增强践行“三严三实”的思想自觉和行动自觉。持续深入抓好党风廉政建设和机关效能建设，营造风清气正、干事创业的良好氛围。市政协机关较好地完成招商引资、绩效管理、文明创建等各项中心任务。发挥文史工作存史、资政、育人的独特作用，加大文史征编力度。分别以汤翁拾遗、抚州抗战、农耕文化、名人园里话名人为主题，出版四期40万字的《抚州文史》；编印出版《中国传统村落——湖坪》《回忆人民公社》《南城——洪门起源地》文史专著，征编储备《饶岱章诗文选注》《吴澄》《周文楠》等5部名人专著。会同档案、党史部门，征编出版抗战专辑，举办抗战图片展，扩大政协的社会影响。加大政协宣传工作力度，共在《人民政协报》《光华时报》等报刊杂志发表政协宣传和理论文章126篇，在2015年度江西省政协好新闻评选中，抚州市政协机关荣获一等奖1个、二等奖2个、三等奖3个，浓墨重彩地宣传抚州和市政协履行职能的各项工作。

（吴志贤）

【市政协领导名录】

主　席：谢发明

副主席：陈云斐　郑友清　贾益纲
　　　　黄耀波　周付德　蔡　青
　　　　徐建辉　柏　林

秘书长：徐容宁

副秘书长：刘海滨
　　　　　陈水明（任至6月）
　　　　　郑荣钦（10月任）

【市政协办公室和专委会领导名录】

办公室

主　　任：刘海滨

副 主 任：魏志中

副调研员：谢文斌

省政协在宜黄县召开“构建社会诚信体系，推进法治江西建设”座谈会

提案委员会

主　任：张　帆（任至10月）

副主任：杨利文

文史委员会

主　任：吴　昊

调研员：黄亚玲（任至7月）

副主任：王裕良

经济技术委员会

主　任：龚雪华

人口资源环境委员会

主　任：陈水明（任至6月）

副调研员：吴萍香（9月任）

教文卫体委员会

主　任：张志坚（任至6月）

副调研员：王新平

社会和法制委员会

主　任：杨春高

副主任：郑海云

港澳台侨和外事委员会

主　任：涂香莲（任至6月）

袁晓明（10月任）

副主任：袁晓明（任至9月）

## 重要会议和活动

【市政协三届五次会议】　1月19—21日召开，政协抚州市第三届委员会现有委员345名，出席大会的委员有318名。会议听取并赞同市长张和平所作的《政府工作报告》及其他报告。会议审议并同意主席谢发明、副主席黄耀波代表政协抚州市第三届委员会常务委员会所作的工作报告和提案工作情况报告。会议补选徐建辉、柏林为副主席，陈辉为常委。大会共收到提案278件，经审查立案262件。出席会议的委员列席市三届人大五次会议。

【市政协三届十七次常委会议】　1月16日召开，会议听取于秀明代表市人民政府所作的《政府工作报告征求意见稿》起草情况的说明和关于市政协三届四次会议以来提案办理情况的通报，并进行协商讨论。审议通过《关于召开政协抚州市第三届委员会第五次会议的决定》；审议通过政协抚州市第三届委员会第五次会议议程（草案）和日程；会议还审议其他事项。

【市政协三届十八次常委会议】　1月20日召开，会议协商审议《关于同意黄德宪、廖建辉同志辞去政协抚州市委员会副主席职务的决定（草案）》；审议市政协三届五次会议选举办法（草案）；审议市政协三届五次会议总监票人、监票人名单（草案）；协商审议政协抚州市第三届委员会补选副主席名单（草案）；审议通过市政协三届五次会议提案审查报告（草案）；审议通过市政协三届五次会议决议（草案），并决定将以上草案提请委员分组审议，提交大会表决通过。

会议审议通过市政协三届五次会议提案审查报告和大会决议。

会议接受黄德宪、廖建辉辞去政协抚州市第三届委员会副主席职务；选举徐建辉、柏林为政协抚州市第三届委员会副主席，选举陈辉为政协抚州市第三届委员会常务委员。

会议要求，全市各级政协组织和广大政协委员，要适应经济发展新常态，在促进发展升级上主动作为；要适应法治建设新常态，在推进依法履职上主动作为；要适应社会生活新常态，在增进民生福祉上主动作为；要适应政协工作新常态，在提升履职能力上主动作为。会议号召，要以改革的思维、创新的理念、务实的举措，矢志不渝地推进政协履职能力现代化建设，高扬民主之风，广筑团结之路，大力营造和谐共事、快乐工作的浓厚氛围，形成共谋发展、共促升级的强大合力。

【市政协三届十九次常委会议】　1月21日召开，会议协商确定《关于同意黄德宪、廖建辉同志辞去政协抚州市第三届委员会副主席职务的决定（草案）》，通过市政协三届五次会议选举办法（草案），通过市政协三届五次会议总监票人、监票人名单（草案），协商确定政协抚州市第三届委员会副主席、常务委员候选人名单（草案），并决定将以上草案提请大会表决通过。

【市政协三届二十次常委会议】　6月3日召开，会议听取市统计局、市电信公司、市工信委、市建设局、市民政局、民进市工委等相关负责人围绕加快发展现代服务业的资政发言，听取并审议通过《适应经济新常态，培育增长新动力——关于加快抚州现代服务业发展的调研报告》，通过有关人事事项。市委常委、常务副市长于秀明应邀出席。

【市政协三届二十一次常委会议】　10月19日召开，会议传达学习省委政协工作会议精神；听取并审议通过《适应生态文明新常态，展现绿色崛起新作为——关于我市全面推进生态文明建设的调查与建议》；通过有关人事事项。

【市政协三届二十二次常委会议】　12月30日召开，会议审议通过《政协抚州市第三届委员会常务委员会工作报告》《市政协三届五次会议以来提案工作情况的报告》和《2015年度优秀市政协委员、优秀调研报告、优秀提案、优秀社情民意和宣传信息工作先进单位评选名单》。

【“三严三实”专题教育动员部署会】　5月25日，市政协党组召开“三严三实”专题教育动员部署会暨专题党课。市政协主席谢发明作动员讲话并

市政协召开提案督办协商座谈会

上首堂党课。谢发明对市政协党组开展“三严三实”专题教育进行部署，并以“以‘三严三实’为标尺，做新时期政协好干部”为题讲授党课。

【全市县（区）政协主席座谈会】 2015年11月5日，市政协在金溪县召开全市县（区）政协主席座谈会。会议总结交流全市各级政协推进基层协商民主建设的经验和做法，深入探讨创新政协履职工作的方式和途径，并征求对市政协2016年工作的意见和建议。

【闽浙赣皖四省九市政协联谊会第25次会议】 2015年11月17日，闽浙赣皖四省九市政协联谊会第25次会议在南丰县召开。市政协主席谢发明出席会议并致辞，市政协副主席陈云斐主持会议，市政协秘书长徐容宁，以及福建省南平市，浙江省衢州市、金华市、丽水市，安徽省黄山市，江西省上饶市、鹰潭市、景德镇市政协领导参加会议。会议就推进人民政协协商民主的理论和实践进行研讨交流，并协商通过闽浙赣皖四省九市政协联谊会第25次会议纪要。会议期间，与会代表考察南丰县生态农业发展情况。

【共建文明社区动员会】 8月27日，市中心城区荆公路片区共建文明社区动员会在市政协常委会议室召开。市政协主席谢发明对市政协挂点的荆公路片区文明社区共建工作进行动员部署。会后，市政协领导和市直有关单位负责人到挂点结对共建的社区进行实地调研。

【全市政协宣传信息工作座谈会】 4月30日，全市政协宣传信息工作座谈会在抚州召开。省政协宣传信息处处长崔健围绕“做好政协社情民意信息工作”作专题辅导报告。市各民主党派市委会（工委）、市工商联的负责同志，各县（区）政协秘书长，市政协19个社情民意联系点联络员和部分市政协机关干部共40余人参加会议。

【各界人士中秋座谈会】 9月25日，全市各界人士中秋座谈会在市政协常委会议室举行。市政协各界别委员代表、特聘港澳台侨委员及各民主党派、工商联、侨联及无党派人士代表共计70余人参加。大家共叙乡情友情、共话经济社会发展，表达对抚州明天的美好祝愿。

【开展“界别活动月”活动】 11月15日至12月15日，市政协开展以“服务社会、服务基层、服务群众”为主要内容的“界别活动月”活动。各界别以市政协专委会为依托，深入基层调研，广泛收集民意，共形成调研和大会发言材料25篇，开展形式多样、各具特色的捐资助学、送医送药、法律援助等服务群众活动15场次，捐款捐物56万元，惠及城乡群众3200多人。

（吴志贤）

## 专门委员会工作

【提案工作紧扣中心】 三届五次会议以来，共立案提案262件，大多数围绕党政中心工作和人民群众关注的热点难点问题提出。将有关“营改增”、湿地保护等提案列为重点提案，予以重点督办，召开提案办协商会，组织委员视察调研，为抚州市的全面“营改增”、建设生态抚州等党政中心工作积极建言献策。配合省政协提案委开展优化企业发展环境调研，形成的调查报告得到省政协的高度赞扬，为省委“降成本、优环境”决策提供参考。加强住宅小区人防工程管理、化解医疗纠纷、保护抚河水质等一大批事关民生问题提案也通过重点督办，推动相关问题的更好解决。一年中，提案得到落实或列入计划予以解决的达98%以上。

【提案办理协商规范有力】 首次把《“营改增”应成为物流企业新的起点》这一提案办理纳入《2015年度市政协协商工作计划》。市政府“市长领办”“关于加快推进涉企事项实施并联审批的建议”等8件提案，市政协主席、副主席领衔督办“切实加强湿地保护工作”等9件重点提案，办理成效良好。此外，还开展专门委员会与党派联合督办提案8件次，通过发挥专门委员会的专业性和党派的代表性优势，直接听取一线的声音，集思广益，推动提案办理，达到解决问题、增进共识的目的。

【对“智慧城市”建设情况视察】 3月6日，市政协经济委员会到中国电信抚州分公司就智慧城市建设工作进行视察。委员们实地察看市电信局“光纤入户”“翼支付”“云端设备管理”等工作，并就加快智慧城市建设，增强服务民生能力积极建言献策。

【视察轻纺城市场环境综合整治情况】 9月9日，市政协经济委员会对市城区轻纺城市场环境进行视察，召集规划、消防、城管、安监等职能部门对轻纺城市场安全隐患问题进行“会诊”，形成专题视察报告，市长张鸿星批示要求有关部门加大对轻纺城市场消防安全隐患整改和环境整治力度。

【开展深化区域合作情况视察】 10月20日，市政协经济委员会对抚州市贯彻落实省政府《关于支持抚州深化区域合作加快发展的若干意见》情况进行视察，形成专题视察报告，得到市政府主要领导的充分肯定，批示要求市政府分管领导商有关部门提出《2016年加强区域合作的意见》。

【调研市中心城区小升初就近入学情况】 3至5月，市政协教科文卫体委员会就市中心城区小升初就近入学情况开展专题调研，形成的调研报告得到市长张鸿星的重要批示。市教育局在起草就近入学方案、召开论证会、电脑派位流程中邀请市政协教科文卫体委参加，推进调研成果的转化落实。

【开展“建立长效机制、创建文明城市”视察】 6月，市政协教科文卫体委员会围绕“构建长效机制，创建文明城市”课题，深入社区、学校、农贸市场等地，详细了解文明城市创建情况，并召开协商座谈会，形成《加速文明城市创建，助力转型升级发展》调研报告，得到市委主要领导的批示，要求相关部门积极整改，助推了抚州市省级文明城市创建。

【开展发挥体育社团组织作用视察】 9月，市政协教科文卫体委员会就如何发挥体育社团组织作用开展专题视

市政协委员深入市中级人民法院进行专题调研

察,形成《推进体育社团建设,培育体育消费群众》的大会发言,得到市政府领导重视和相关部门的采纳落实。

【专题调研医疗县乡一体化】 9月,市政协教科文卫体委员会就“推进医疗县乡一体化,提升基层医疗服务能力”开展专题调研,召开协商座谈会,提出“利用‘互联网+’,创新交流渠道,提升基层医疗技术水平;完善制度建设,实现县乡医疗机制集团化发展,提高医护人员地位和待遇”等10条建议。

【开展加强气象为农服务视察】 7月,市政协人口资源环境委员会就加强气象为农服务开展专题视察,形成《关于切实加强气象为农服务专题视察报告》,得到市气象局的采纳,推动出台《抚州市人民政府关于加快推进气象现代化建设的意见》。

【视察林业科技推广】 11月,市政协人口资源环境委员会就林业科技推广开展专题视察,针对林业科技推广的人才匮乏、经费保障不力等问题建真言、出实招。

【专题视察构建立体化社会治安防控体系】 5月,市政协社会和法制委员会就全市构建立体化社会治安防控体系,促进平安抚州建设情况进行专题视察,形成《关于我市社会治安视频监控“天网”工程建设运行情况》视察报告,报告中的相关建议被市委政法委充分吸收,纳入其起草的抚州“天网”工程三年规划当中。

【“六五”普法检查验收】 8月,根据市普法办安排,由市政协社会和法制委员会带队,对宜黄、广昌县的普法工作进行督查,针对检查中发现的情况及时向被检查单位反馈意见。

【召开全市司法公开工作情况通报会】 9月,市政协社会和法制委员会在市中级人民法院召开全市司法公开工作情况通报会,对市中级人民法院司法公开工作进行视察。视察组一行参观新建的诉讼服务中心、远程视频庭审(提讯)法庭、指挥中心,听取相关工作情况汇报,并就深入推进司法公开工作积极建言献策。

【召开全市政协社会和法制委员会工作座谈会】 9月14日,全市县(区)政协社会和法制委员会工作座谈会在东乡县召开。会议总结交流各县(区)政协开展社法委工作的好经验、好做法,深入探讨创新社法委履职工作的方式和途径,并征求对市政协社会和法制委今后工作的意见和建议。

【开展民营企业法治环境调研】 11月,市政协社会和法制委员会就抚州民营企业法治环境进行专题调研,形成《优化法治环境,助推民营企业健康发展——关于我市民营企业法治环境调研与思考》专题调研报告,得到市委、市政府主要领导的充分肯定,要求有关部门认真研究解决,在推进法治政府中予以吸纳和采用。报告中的意见建议还被《现代抚州》等媒体转载。

【调研乡村旅游产业】 6月,市政协港澳台侨外事和民族宗教委员会就“做大乡村旅游产业,加快建设旅游强市”开展专题调研。《现代抚州》杂志全文刊发该调研报告。

【开展“挖掘宗教文化特色,恢复法眼宗祖庭”视察】 7月,市政协港澳台侨外事和民族宗教委员会就“挖掘宗教文化特色,恢复法眼宗祖庭”开展专题视察,建议重建法眼宗祖庭,打造成抚州宗教旅游品牌。

【开展促进少数民族地区发展调研】 9月,市政协港澳台侨外事和民族宗教委员会就“我市少数民族地区同步建成小康社会”课题开展专题调研,并向省政协民族和宗教委员会报送专题调研报告。

【打造文史征编品牌】 市政协文史委员会本着宣传、弘扬临川文化,挖掘利用文史资源,征编、出版精品史料的宗旨,分别以“汤翁拾遗”“抚州抗战”“农耕文化”“名人园里话名人”为主题编印四期《抚州文史》。编印出版《回忆人民公社》《中国传统村落——湖坪》两本文史专著,共计征编110万字的图文史料。

【召开全市政协文史工作座谈会】 3月11日,全市政协文史工作座谈会召开。会议通报市政协文史委2014年工作总结及2015年工作要点;通报各县(区)2014年史料征编和《回忆人民公社》《抚州的三年困难时期》专辑史料来稿情况;通报市政协文史馆馆员来稿采用情况。各县(区)政协分管领导就本县区政协文史工作开展情况、经验及征编计划进行发言,与会人员还围绕如何创新市政协文史资料征编工作和市、县区协作课题、协作方式提出许多意见和建议。

(吴志贤)

本栏编辑 陈志平

# 中共抚州市纪律检查委员会

## 综　述

2015年，在江西省纪委、省监察厅和抚州市委、市政府的正确领导下，抚州市各级纪检监察机关和纪检监察干部认真贯彻落实中央纪委、省纪委和市纪委全会精神，主动适应全面从严治党新常态，强力推动主体责任落地生根，坚决落实“把纪律挺在前面”的工作要求，不断创新监督执纪审查方式，切实加强党纪党规警示教育，积极推进清廉抚州建设，全市党风廉政建设和反腐败工作呈现出“责任清晰、主业突出、特色鲜明、整体推进”的良好态势。全市党风廉政建设社会评价连续3年在全省名列前茅。《中国纪检监察报》《江西日报》多次在显著位置报道抚州市“把纪律挺在前面”、纪律巡查、查处群众身边腐败问题、4个重点领域“红包”问题专项治理等工作。

【市纪委(监察局)领导名录】

市委常委、市纪委书记：吴伟柱
市纪委副书记、监察局局长：李茂荣
市纪委副书记：黄发高　赵荣贵
市纪委常委、监察局副局长：罗少韬
市纪委常委、一室主任：华　民(任至9月)
市纪委常委、秘书长：尧宇斌(任至12月)
市监察局副局长：李　凌
市纪委常委、监察局副局长：艾　华
办公室主任：李　旭(任至12月)
艾恒知(12月任)
组织部部长：王柏荣(任至12月)
黎桃英(12月任)
宣传部部长：汪月清
党风政风监督室主任：郑　军
信访室主任：邹　华
案件监督管理室主任：韩长贤
第二纪检监察室主任：游　渊(12月任)
第三纪检监察室主任：黎桃英(任至12月)
李　旭(12月任)
第四纪检监察室主任：钱　平
审理室主任：程胜文
纪检监察干部监督室主任：饶建平

## 重要会议和活动

【市纪委三届五次全会】　2月3日，中共抚州市第三届纪律检查委员会第五次全体会议在市行政会议中心举行。会议学习贯彻十八届中央纪委五次全会、省纪委十三届五次全会精神，总结2014年全市党风廉政建设和反腐败工作，研究部署2015年的工作任务。江西省委常委、省委秘书长、抚州市委书记龚建华在会上强调，要坚持党要管党、从严治党，以更加坚定的信心、更加有力的举措、更加务实的作风，着力构建风清气正的政治生态，为打造“三大战役”升级版、建设幸福抚州做出新的更大贡献。张和平、魏建锋、黄牡香、谢发明、熊云鹏、于秀明、李智富、吴立成、周小平、王新有、周学胜、赵世斌等市四套班子在家领导出席会议。市委常委、市纪委书记吴伟柱代表市纪律检查委员会常务委员会作题为《从严管党治党，聚焦主责主业，努力开创清廉抚州建设新局面》的工作报告。

【全市落实党风廉政建设主体责任专修班】　2月3日至4日，全市党委(党组)书记落实党风廉政建设主体责任专修班在市行政中心会议中心一楼会议室举办，集中学习习近平总书记系列重要讲话和中央、省、市纪委全会精神，引导大家自觉当好落实党风廉政建设主体责任的践行者、推动者和示范者，切实做到守土有责、守土负责、守土尽责。市委常委、市纪委书记吴伟柱就落实党风廉政建设主体责任作辅导讲话，各县(区)委书记、市委各部门主要负责人、市直单位党委(党组)书记共计150余人参加培训。

【全市落实党风廉政建设监督责任专修班】　2月26日，全市落实党风廉政建设监督责任专修班在市廉政党校举办。市委常委、市纪委书记吴伟柱出席专修班开班报告会。在专修班上，吴伟柱以“新春伊始话清廉，监督有为治党严；任在双肩当自律，品行风范效前贤”的诗句，要求全市纪检监察干部在建设清廉抚州的实践中，忠诚担当监督责任、展现干净干事形象。

【全市“把纪律挺在前面”重要精神学习交流会】　5月5日，全市纪检监察机关贯彻“把纪律挺在前面”重要精神学习交流会召开，市委常委、市纪委书记吴伟柱出席会议并讲话。会议学习传达中央政治局常委、中央纪委书记王岐山关于“把纪律挺在前面”的重要论述和省委常委、省纪委书记周泽民在省纪委常委理论中心组(扩大)学习会上的讲话精神，交流了学习体会。市纪委监察局领导班子成员，县(区)纪委书记、市纪工委书记、副书记和市直单位纪检组长、纪委书记等参加会议。

市纪委开展"四访送清风"活动

【全市纪检监察系统"警示教育月"活动动员部署会】 3月20日,全市纪检监察系统"警示教育月"活动动员部署会召开,市委常委、市纪委书记吴伟柱出席会议并讲话。市纪委监察局领导以及市纪委机关、市纪工委监察分局、各县(区)纪委书记、市直各单位纪委(纪检组)共100余名纪检监察干部参加会议。会议部署"警示教育月"活动,签定《党风廉政建设主体责任书》,进行"争做忠诚、干净、担当的纪检监察干部"主题签名承诺,并组织与会人员专程前往豫章监狱接受警示教育。

【全市农村集体"三资"监管工作会议】 5月26日,全市农村集体"三资"监管工作会议召开。市委常委、市纪委书记吴伟柱出席会议并讲话。吴伟柱指出,农村集体"三资"监管工作是县(区)政府、农业部门履行主体责任,纪检监察机关履行监督责任的重要内容。各职能部门要把责任扛在肩上,打造三资监管升级版;要把纪律挺在前面,适应从严治党新常态。

【全市公务消费一体化监管工作会议】 5月27日,全市公务消费一体化监管工作会议在市政府六楼会议室召开。市委常委、市纪委书记吴伟柱出席并讲话。吴伟柱指出,公务消费一体化监管工作是政府及财政部门履行主体责任、纪检监察机关及审计部门履行监督责任的重要内容,是执行中央"八项规定"精神的常态机制。各职能部门要看清成效,坚定必胜信心;要加力改革,提升监管水平;要狠抓当前,查找一批问题,完善一批制度,查办一批案件。

【市纪委监察局"三严三实"专题教育动员部署会暨专题党课】 5月29日,市纪委监察局召开"三严三实"专题教育动员部署会暨专题党课。市委常委、市纪委书记吴伟柱作动员讲话并作专题党课报告。吴伟柱指出,各级纪检监察干部要认清"三严三实"的重大意义,践行"三严三实"的基本要求,重点在"四有四做到"上下功夫。要心中有党,坚定理想信念,坚守政治立场,坚决贯彻执行,做到绝对忠诚;要心中有民,树立正确的权力观、政绩观和利益观,着力解决发生在群众身边的突出问题,做到执纪为民;要心中有责,敢于担当,勤于落实,善于学习,做到履职尽责;要心中有戒,自律更严,处事更严,管理更严,做到严以律己。

【市纪委"把纪律挺在前面"工作约谈会】 6月9日,市纪委召开"把纪律挺在前面"工作约谈会,就落实"两个责任"、纪律审查、抓班子带队伍等工作对各县(区)纪(工)委书记进行集体约谈。市委常委、市纪委书记吴伟柱出席会议并讲话。吴伟柱强调,要高扬改革创新大旗,大胆改革试点,全力开展"把纪律挺在前面"试点工作,建立抓早抓小新机制、社会倡廉大氛围、预防腐败新支点。要做到快查快结、快进快出,一案双查、查警双收,宽严相济、深化效果。

【全市青年干部"青春倡廉 清廉抚州"学思践悟交流会】 7月18日,全市青年干部"青春倡廉 清廉抚州"学思践悟交流会召开。市委常委、市纪委书记吴伟柱出席并讲话。吴伟柱指出,青年干部是党的事业的接班人,是幸福抚州的建设者。青春永远蓬勃向上,倡廉赋予强大能量。青年干部要不断学思践悟,严格要求自己,健康成长进步,就一定能在建设幸福抚州的历史洪流中实现人生更大作为。

【抚州市作风监督"一键通"上线运行仪式】 9月1日,抚州市作风监督"一键通"正式上线运行。市委常委、市纪委书记吴伟柱出席上线运行仪式,并启动"作风监督一键通"。吴伟柱强调,要发挥"一键通"方便、快捷、高效的优势,引导群众监督举报身边的"四风"问题;要在市主流媒体和超市、小区、公园等人口密集场所,公开"作风监督一键通"二维码,提高"一键通"的社会知晓度;要把纪律和规矩挺在前面,对反映的"四风"和腐败问题线索做到快速处置、快速查处、快速通报,对顶风违纪党员干部所在党组织和领导干部进行责任追究,坚决维护纪律的严肃性。

【全市开展领导干部违规插手干预工程项目问题专项治理工作会议】 9月24日,全市开展领导干部违规插手干预工程项目问题专项治理工作会议在市行政会议中心一楼会议室召开。市委书记肖毅出席并讲话。肖毅强调,各地各部门要按照省委和市委的部署要求,迅速行动起来,突出工作重点,强化工作举措,以专项治理的实际成效,扎实推进风清气正的政治生态建设。市委副书记、市长张鸿星主持;市委副书记魏建锋,市人大常委会主任、市委政法委书记黄牡香,市政协主席谢发明等在家的市四套班子领导出席会议。

【全市"治理插手工程项目问题"组织协调会】 9月29日,市纪委召开全市"治理插手工程项目问题"组织协调会。市委常委、市纪委书记吴伟柱出席会议并讲话。会议强调,要宣传好治理政策。要把治理政策列入"纪律讲堂"的重要宣讲内容,把插手工程项目问题列入廉情"三预警"的重大预警事项,做到招呼在前,事前提醒。要组织好自查自纠。全市纪检监察系统副科级以上党员干部都要自查自纠,同时抓好监管干部的自查自纠。要开展好纪律巡查。重点要发现领导干部违规插手工程项目方面的问题和线索,特别要发现十八大以后不收手、不收敛,省、市治理动员部署会后仍然插手工程项目的问题和线索。

【"清风苑杯"抚州市纪检监察系统第三届运动会】 11月2日,"清风苑杯"抚州市纪检监察系统第三届运动会在市体育中心拉开赛事。市委常委、市纪委书记吴伟柱为首场篮球赛开球。此届运动会比赛项目共有13个大项,17个小项,不仅设置篮球、乒乓球、羽毛球、田径等传统赛事,还有定点投篮、托乒乓球跑、踢毽子等趣味项目。来自全市纪检监察系统的14支代表队参加比赛。

【抚州市"把纪律挺在前面"先行先试工作汇报会】 11月6日,市纪委召开"把纪律挺在前面"先行先试工作汇报会。会议听取11个县(区)、高新区和试点市直单位工作情况汇报,交流试点工作做法,对下一阶段工作进行部署。市委常委、市纪委书记吴伟柱出席会议并讲话。吴伟柱要求,要牢牢把握"挺纪在前"的工作方向,紧紧抓住"挺纪在前"的不足差距,切实抓好"挺纪在前"当前工作。

【全市纪检监察干部监督工作座谈会】 11月27日,全市纪检监察干部监督工作座谈会召开。会议传达学习中央纪委、省纪委纪检监察干部监督座谈会精神,对全市加强纪检监察干部监督工作进行部署。市委常委、市纪委书记吴伟柱出席会议并讲话。吴伟柱强调,要从严抓好纪检监察干部队伍建设。坚持"严"字当头,把从严要求、从严教育、从严管理、从严监督贯穿于队伍建设始终。围绕"政治过硬、经济过硬、作风过硬"要求,注重"学思践悟",树立典型标杆。用铁的纪律打造一支对党忠诚、干事干净、敢于担当的纪检监察干部队伍。

【抚州市2015年度市直单位党风廉政建设满意度测评大会】 12月18日下午,抚州市召开2015年度市直单位党风廉政建设满意度测评大会,市"两代表一委员"、市直单位机关干部、市本级及抚北工业园区企业人员和临川区、高新区的基层群众等共计400余人参加测评会,对97个市直单位落实党风廉政建设责任制和反腐倡廉的情况进行评价打分。

【全市第三届廉文化节"清风苑杯"廉政诗歌散文电视朗诵大赛】 12月17日,由市廉文化促进会主办的全市第三届廉文化节"清风苑杯"廉政诗歌散文电视朗诵大赛决赛在市廉政党校举行。来自全市各县(区)、市直单位的12名选手参加比赛。市委常委、市纪委书记吴伟柱观摩比赛并为获奖选手颁奖。

【全市第三届廉文化节"把纪律挺在前面"书画展】 12月17日,由抚州市廉文化促进会主办的全市第三届廉文化节"把纪律挺在前面"书画展在市博物馆正式开展。市委常委、市纪委书记吴伟柱参观展览。此次书画展共征集书画作品100余件,其中,书法作品60余件,绘画作品40余件。

【全市第三届廉文化节临川文化廉洁思想研究交流会】 12月18日,抚州市第三届廉文化节临川文化廉洁思想研究交流会在市廉政党校召开。来自浙江省遂昌县和抚州市近百名专家学者、廉文化促进会会员齐聚一堂,共同探讨临川文化的廉洁精神,交流廉洁思想的研究心得。市委常委、市纪委书记吴伟柱出席会议并讲话。吴伟柱强调,要大力弘扬廉洁思想正能量,努力搭建文化反腐大舞台,突出地方特色,展示廉洁元素,彰显时代内涵,用临川文化中"廉"的精神、"廉"的修养、"廉"的人格和"廉"的力量,教育人、感染人、培养人,建设抚州风清气正的政治生态和社会风尚。

【全市纪检监察系统第三届纪律审查技能大比武及主业培训活动】 12月21—23日,全市纪检监察系统第三届纪律审查技能大比武及主业培训活动在市廉政党校开展。全市260余名纪检监察干部参加大比武活动,其中,177人参加个人项目的比赛,13支代表队近90人参加团体项目的角逐。市委常委、市纪委书记吴伟柱现场观摩比武活动,并在总结表彰大会上讲话。吴伟柱要求,要提炼比武精神,创造抚州纪检特色;要弘扬比武精神,营造纪律审查氛围;要深化比武精神,打造纪检监察"铁军",为开创"清廉抚州"建设新局面提供坚强保障。

## 党风廉政建设

【强力落实主体责任】 2015年,抚州市委以上率下,切实担当主体责任。坚持把纪律建设摆在更加突出位置,出台《关于进一步加强全市机关作风建设的实施意见》和《抚州市党员干部行为规范》;市委常委会专题研究党风廉政建设工作6次,市委书记肖毅批示党风廉政建设工作72次,亲自约谈县(区)委书记18人次;市四套班子领导深入各挂点县(区)和分管市直单位,对主体责任落实情况进行调研约谈,市委组织召开落实主体责任专题汇报会,听取市级领导干部履责情况汇报,推动责任落实。各级党委(党组)紧跟市委步伐,步步压实主体责任。全市县级以上领导干部开展主体责任调研活动1304人次,约谈6377人次。

【坚决履行监督责任】 2015年,抚州市纪委对市级领导干部落实主体责任情况开展调研评议,提醒约谈市级领导干部15人,提出意见建议67条;就"红包""违插"专项治理约谈市直单位主要领导13人;组织12名市直单位主要领导向市纪委全会述职述廉。严格考核问责,推动"两个责任"落实。全面推行"两个责任"纪实制度,建立党员干部问责档案,打造"两个责任"网络监管平台,强化责任追究;全市纪检监察机关共查处落实"两个责任"不力案件63起,给予党纪政纪处分68人,其中党委(党组)书记9人、纪委书记(纪检组长)3人。

【建立健全“四早机制”】　2015年,抚州市委下发《关于落实“把纪律挺在前面”要求的工作意见》,着力探索建立健全早发现、早提醒、早查纠、早防范“四位一体”的长效工作机制。一是建立健全早发现工作机制。通过专题调研、纪律巡查、打造作风监督网络平台、实行“遵规守纪双月报”制度等,及时发现和揭露党员干部身上的苗头性和倾向性问题、轻微违纪问题和严重违纪问题;二是建立健全早提醒工作机制。通过推行廉情“三预警”和纪律建设“五约谈”,开设纪律讲堂,落实批评和自我批评制度等,加强对党员干部的人文关怀、亲情教育、谈心谈话,对在遵规守纪方面出现的问题早提醒、早告诫,促进党员干部健康成长和党风廉政建设;三是建立健全早查纠工作机制。通过转变纪律审查方式,开展作风建设专项纠治,推行“一案三查找”等,确保有违必查、动辄则咎,防止小问题演变成大问题,苗头性、倾向性问题演变成违纪违法行为,让全体党员心有所畏、言有所戒、行有所止;四是建立健全早防范工作机制。通过加强廉文化建设,深化公务消费一体化监管和农村集体“三资”监管改革,建立廉政风险防控平台,运用“制度+科技”模式,防范廉政风险,让守纪律、讲规矩“固化于制”。

【坚决惩治腐败】　2015年,全市纪检监察机关力度不减、节奏不变,持续保持惩治腐败高压态势,共受理信访举报3599件,立案1092件,其中县级干部14件,科级干部170件;结案1077件,给予党纪政纪处分1133人。特别是严肃查处市老龄办副调研员、市殡葬管理处处长孙剑平,利用职务便利为他人谋取利益,从中收受贿赂案件;宜黄县副县级干部、工业园区党工委书记聂发来,不收敛、不收手,在省委巡视组动员会后依然顶风违纪收受贿赂案件;南丰县政府副县长、公安局长孙木林,违规插手工程项目为亲属谋利的违纪案件;临川区委常委、统战部长聂小乐,欺瞒组织,未如实申报个人事项,顶风违纪,违反中央“八项规定”精神案件。积极运用监督执纪“四种形态”,全市各级纪检监察机关共谈话函询227件(次),作出党纪轻处分和组织处理872人,重处分和重

市纪检监察员人在倡廉教育馆接受廉政警示教育

大职务调整267人,移送司法机关处理35人。

【“红包”“违插”专项治理】　2015年,抚州市深化4个重点领域“红包”问题专项治理,开展领导干部违规插手工程项目问题专项治理,全市各级廉政账户收到上缴“红包”款620.33万元,违规插手工程不当得利款547.06万元;立案查处“违插”“红包”案件20起,涉及县级干部5人,通报典型案件8起。

【纪委监督同级党委】　2015年,抚州市坚持纪委监督同级党委。一是纪委委员评议同级党委成员。市纪委组成7个调研组,到市委、市政府领导班子成员分管领域和联系单位开展调研,分析评议市四套班子领导履行主体责任报告,了解市委、市政府领导班子成员落实主体责任工作情况、省委巡视和市纪委巡查反馈意见整改情况以及廉洁自律等情况,形成书面调研评议意见报市委审定后,由市纪委书记、副书记对市四套班子领导进行反馈、提出整改意见;二是纪委常委听取同级党委成员履责情况报告。市、县(区)召开落实党风廉政建设主体责任情况汇报会,由市、县(区)委常委、纪委常委听取市、县(区)四套班子领导落实党风廉政建设主体责任情况汇报,并对每位常委履责报告进行点评,指出不足,提出要求。通过述责和点评,加强对同级党委成员落实主体责任情况的监督;三是纪委书记提醒约谈同级党委成员。对发现的同级领导班子成员分管领域和挂点单位存在的一般性、苗头性、倾向性问题;履行主体责任存在的问题;廉洁自律方面的反映,由纪委及时进行提醒约谈,提醒同级领导班子成员落实主体责任,加强对自己分管范围内党员干部的教育、管理和监督,及时纠正苗头性、倾向性问题;提醒同级领导班子成员注重廉洁自律,做廉洁从政表率。

【打造纪律审查监控平台】　2015年,抚州市将问题线索处置和纪律审查的每个步骤和环节,以及所涉及的制度和要求进行固态化设计,并以网络软件模块方式纳入监控系统,实现问题线索网上录入、线索处置全程留痕、工作动态实时监控、时效流程即时预警,对纪律审查过程实行全流程监管、全覆盖运行、全口径规范。同时,按照内控效率的要求,对线索处置、案件查办、案件审理的步骤和环节设置办理时限和红黄灯警示,保障纪律审查快进快出、快查快结,确保抹不掉案子、拖不起时间、做不到手脚、错不了数据。9月1日,一体化监控系统正式上线运行。

【打造“两个责任”管理平台】　2015年,抚州市将全市所有行政单位纳入监管平台,运用“主体责任、监督责任、职能部门、预警管理、查询统计、系统管理”等6个监督模块,实现对“两个责任”在线管理、网上监控、实时预警、动态评价,为督促“两个责任”的落实提供依据支撑,为实施“两个责任”问责提供数据支撑,为强化责任制考核提供日常资料。

【打造干部作风监督平台】　2015年，抚州市开发“作风监督一键通”APP移动终端，并将“一键通”的二维码，在市县主流媒体和超市、公园、小区等人口密集场所公开，引导党员、群众监督举报身边的“四风”问题。对群众举报的问题线索快速处置、快速查处、快速通报，自9月1日上线运行以后，年内共接受举报36件次，市纪委直接调查12件，已处理4人。

【深化公务消费“一体化”监管和农村集体“三资”监管改革】　2015年，抚州市将全市所有公务消费单位的公务消费支出全部纳入一体化监管；对原有的监控管理系统进行改造升级。年内通过“一体化”监管平台，发现问题线索378个，下发预警单394次，约谈206人，党纪政纪处分29人。1—10月，全市三公消费支出2.53亿元，同比下降22.7%；其中公务接待支出下降40.5%，公务用车支出下降5.17%。将“三资”监管工作延伸至村小组一级，新增村小组“三资”监管系统，与村级“三资”监管系统同步运行。

【全面开设纪律讲堂】　2015年，抚州市在市、县、乡、村4级党组织设立纪律讲堂，在市、县两级设立中心讲堂，在市直单位、县直单位和乡镇设立基层讲堂，在村组设立流动讲堂，同时设立纪律在线“微讲堂”。全市已有3000多个单位开设“纪律讲堂”，开展纪律宣讲7416场次，33.5万多人次接受纪律教育。

【组织“把纪律和规矩挺在前面”主题教育展】　2015年，抚州市通过图文并茂、声光电展示、现场解说等手段开展党纪党规教育，共有90多个市直单位、11个县（区）的5000余名领导干部参观展览、接受教育；编印《“把纪律挺在前面”学习资料》，对包括市委书记、市长在内的4.8万余名党员干部进行党纪党规知识测试。

【全面推行纪律处分执行公示】　2015年，抚州市针对处分干部事项遮遮掩掩不公开，执行中存在的降级不“减薪”、双开不“停薪”，直接影响执纪的权威性、严肃性、警示性等问题，在及时、严格督促办理受处分人员职务、工资、解除人事关系等事项的基础上，一个月内在受处分人员所在单位和党的基层组织中，对受处分人受处分种类、职务级别调整、工资待遇调整、年度考核等事项进行为期5个工作日的公示，并将处分决定材料归入受处分人员档案。年内全市纪检监察机关共公示466起违纪案件执行情况，其中县级干部13名，科级干部198名。

【全面实行“一案三查找”】　2015年，抚州市针对发挥纪律审查“后半篇”文章效应不够、警示教育和推动建章立制效果不好等问题，注重将查办结果转化为教育成果、制度成果，选择有警示教育意义的违纪违法案件，在发案单位组织召开警示分析会，由纪检机关通报处理决定，案件主办人剖析案件发生的诱因、动机、过程，找出主观、客观因素以及在案件调查过程中发现的问题、存在的漏洞和薄弱环节，提出有针对性的建议；单位党委（党组）主要负责人和班子分管领导，纪委（纪工委、纪检组）主要负责人，受处分对象等三方共同查找存在的问题、查明个人应负的责任、查出下步改进的措施。年内共开展“一案三查找”专场警示会12次。

【全面开展纪律建设“五约谈”】　2015年，抚州市对工作岗位存在较大廉政风险、干部群众意见多、民主测评群众满意率低，以及在操办婚丧喜庆事宜方面有违反廉洁自律规定苗头等9种情形的党员干部，进行“清风约谈”；对新提拔和重用的领导干部，围绕正确对待和使用权力、遵守政治纪律、组织纪律和工作纪律等，进行“任前廉政约谈”；对群众有反映、有举报，问题又不够立案查处的党员干部，进行“谈话函询”，并“签字背书”；对出现违纪问题的单位一把手进行“履责约谈”；对同级党委、政府、人大、政协班子成员在落实主体责任方面进行“提醒约谈”。年内共对1153人次开展“五约谈”，其中，县处级干部51人，科级干部672人；“五约谈”后收到主动上交的“红包”150余万元，99名党员干部主动向纪委交代问题。

【严格干部监督教育管理】　2015年，抚州市在全市纪检监察系统组织开展“警示教育月”活动，制定实施纪检监察干部问题线索处置办法和纪检监察干部监督工作意见；举办全市纪检监察系统第三届体育运动会、第三届纪律审查技能大比武等活动；自主办班和参加中央纪委、省纪委调训46次，共培训纪检监察干部396名，强化主业培训，提升业务水平。

## 典型案例

【孙剑平违纪案】　孙剑平，男，1960年7月出生，江西省南城县人，大专学历，1977年7月参加工作，1986年5月加入中国共产党，2001年9月任抚州市殡葬管理处处长，2012年5月任市老龄办副调研员、市殡葬管理处处长。经查核，孙剑平在担任抚州市殡葬管理处处长期间，违反廉洁纪律，收受礼金2.34万元；利用职务上的便利，为他人谋取利益，收受财物72.5万元；对市殡葬管理处违规发放福利59.8455万元负有主要责任；挥霍浪费公共财产，对市殡葬管理处违规用公款支付旅游费用40.72515万元负有主要责任；违反群众纪律，对市殡葬管理处违规超标准收费588.744万元负有主要责任。根据《中国共产党纪律处分条例》第七十四条、第七十八条、第八十五条、第一百二十六条、第一百三十五条、第四十一条之规定，经市纪委常委会议研究，并报经2015年11月20日市委常委会议批准，决定给予孙剑平开除党籍处分，收缴其违纪所得上交市财政。根据《行政机关公务员处分条例》第二十一条、第二十三条、第二十四条之规定，市监察局局长办公会议研究，并报经2015年12月3日市政府第54次常务会议批准，决定给予孙剑平开除公职处分。将孙剑平涉嫌犯罪问题移送司法机关进一步侦查处理。

【孙木林违纪案】　孙木林，男，1963年9月出生，汉族，江西省临川区人，大学学历，1982年8月参加工作，1985年4月加入中国共产党，2010年11月任南丰县公安局局长，2011年9月任南丰县政府副县长、公安局局长。经查核,孙木林在南丰县任职期间,违反廉洁自律规定,收受礼金15.1万元;默许亲属利用其职务影响在南丰县进行经营活动,在社会上造成不良影响;利用职务上的便利,为他人谋取利益,收受贿赂6.02万元;贪污公款2.85799万元;违反财经纪律,对南丰县公安局违规发放津补贴负有主要责任;工作失职,对琴城派出所办案区发生1名群众死亡事故负有重要领导责任。根据《中国共产党纪律处分条例》第七十四条、第八十二条、第八十三条、第八十五条、第一百二十六条、第一百二十九条、第二十一条、第四十一条之规定,市纪委常委会议研究,并报经2015年9月28日市委常委会议批准,决定给予孙木林开除党籍处分,收缴其违纪所得上交市财政。根据《行政机关公务员处分条例》第二十条、第二十三条、第二十四条、第十四条之规定,市监察局局长办公会议研究,并于2015年9月29日报经市政府批准,决定给予孙木林行政撤职处分。

**【聂发来违纪案】** 聂发来,男,1971年11月出生,汉族,江西省崇仁县人,大学文化,1989年7月参加工作,1994年7月加入中国共产党,2009年11月任宜黄县工业园区党工委副书记、管委会主任,2010年8月任宜黄县桃陂乡党委书记、人大主席,2011年4月待安排,2011年7月任宜黄县政府副县级干部、县工业园区党工委书记。经查核,聂发来在宜黄县桃陂乡、工业园区任职期间,违反廉洁自律规定,收受礼金0.52万元;利用职务上的便利,为他人谋取利益,收受贿赂45.2万元;违反财经纪律,对宜黄县工业园区套取劳动保障培训经费5.093万元用于发放福利等负有主要责任。根据《中国共产党纪律处分条例》第七十四条、第八十五条、第一百二十六条、第三十二条、第四十一条和《中华人民共和国公务员法》第五十三条之规定,市纪委常委会议研究,并报经2015年7月17日市委常委会议批准,决定给予聂发来开除党籍、开除公职处分,收缴其违纪所得上交市财政。

**【胡珊珊违纪案】** 胡珊珊,男,汉族,1962年4月出生,江西南昌人,大学学历,1983年7月参加工作,1993年6月加入中国共产党,2001年8月任南城县人民医院院长,2011年9月任南城县人大常委会副主任、南城县人民医院院长,2013年11月任南城县人大常委会副主任、南城县人民医院党委副书记。经查核,胡珊珊利用担任南城县人民医院院长职务上的便利,为他人谋取利益,收受贿赂6.1万元;贪污公款2.3517万元;收受礼金7.114万元;对南城县人民医院违反财经纪律,超标准发放奖励性绩效工资60.3246万元负有主要责任。根据《中国共产党纪律处分条例》第八十五条、第八十三条、第七十四条、第一百二十六条、第二十一条、第四十一条,经市纪委常委会议研究,并报经2015年3月13日市委常委会议批准,决定给予胡珊珊开除党籍处分,收缴其违纪款上交市财政。

**【聂小乐违纪案】** 聂小乐,男,1962年9月出生,汉族,江西省高安市人,大学文化,1979年12月参加工作,1987年9月加入中国共产党,2003年1月任乐安县人大常委会副主任,2006年6月任乐安县委常委、政法委书记,2011年7月任临川区委常委、统战部部长、政协党组副书记。经查核,聂小乐在担任乐安县委常委、政法委书记和临川区委常委、统战部部长期间,违反组织纪律未按规定如实申报领导干部报告事项;违反廉洁自律规定,收受礼金22800元;与其兄妹合建私房,聂小乐个人少交建设规费和土地出让金76075.09元;通过虚开发票报销私家车费用、套取单位加油卡油费等方式贪污公款48301.01元;对临川区委统战部违反财经纪律套取现金发放福利30470.19元负有主要责任。根据《关于领导干部报告个人有关事项的规定》第十七条和《中国共产党纪律处分条例》第七十四条、第八十二条、第八十三条、第一百一十四条、第二十一条、第四十一条及《中华人民共和国公务员法》第五十三条之规定,市纪委常委会研究,并报经2015年6月25日市委常委会议批准,决定给予聂小乐党内严重警告、行政降级处分,收缴其违纪款上交市财政。

**【傅新明违纪案】** 傅新明,男,1962年4月出生,汉族,江西省临川区人,大学学历,1983年7月参加工作,1991年11月加入中国共产党,2001年9月任抚州市质量技术监督局稽查大队长,2005年1月任抚州市质量技术监督局稽查支队长,2007年11月任抚州市质量技术监督局副调研员,2012年1月任抚州市质量技术监督局党组成员、纪检组长。2001年至2012年,傅新明在抚州市质量技术监督局任职期间,利用职务上的便利,为生产企业和销售商在质量检查、处罚及支付工程款等方面给予关照,收受贿赂6.46万元。2014年9月4日,东乡县人民法院以受贿罪判处傅新明有期徒刑三年,缓刑五年。根据《中国共产党纪律处分条例》第三十条之规定,市纪委常委会议研究,并报经2015年7月17日市委常委会议批准,决定给予傅新明开除党籍处分。

**【陈国忠违纪案】** 陈国忠,男,1962年2月出生,汉族,江西省乐安县人,大学学历,1985年8月参加工作,1986年7月加入中国共产党。1995年11月历任乐安县湖坪乡乡长、党委书记、增田镇党委书记;2003年1月任乐安县政协副主席,增田镇党委书记;2006年8月任乐安县政协副主席,县环保局局长;2015年11月任乐安县政协副主席。经查核,陈国忠在担任乐安县政协副主席、县环保局局长期间,违反廉洁纪律,收受礼金30680元;截留请假人员工资和福利费152136元,设立"小金库";规避财政监管,弄虚作假报销烟酒、食品等费用26293元;对县环保局违规收费1040991元负有主要领导责任。根据《中国共产党纪律处分条例》第七十四条、第一百二十六条、第一百三十五条、第二十一条、第四十一条之规定,经2015年12月16日市纪委常委会议研究,决定给予陈国忠党内严重警告处分,收缴其违纪所得上交市财政。

(张彦杰)

本栏编辑　段绍镒

# 民主党派·工商联

## 民革抚州市委会

【概况】 2015年，民革抚州市委会坚持以中共十八大、十八届五中全会和习近平总书记系列重要讲话精神为统领，全面贯彻市委十六字工作总要求，主动适应新常态，统筹做好各项工作，为推进幸福抚州建设做出积极贡献，受到民革江西省委会的表彰，被评为2015年度民革全省综合工作先进单位。

【思想建设实现新提升】 继续抓好“坚持和发展中国特色社会主义”学习实践活动。在2014年的基础之上，民革市委会继续开展“坚持和发展中国特色社会主义”学习实践活动，督导基层组织和民革党员坚持学习。中共十八届五中全会召开后，迅速组织召开民革市委扩大会进行学习贯彻，制订学习贯彻文件下发到各支部。为纪念中国人民抗日战争暨世界反法西斯战争胜利70周年，市委会举办“弘扬老一辈优良传统，从我做起”主题演讲活动，并在省委会组织的演讲比赛获得三等奖。另外，还组织党员积极参与抗日书画作品创作并送交省委会参展，取得良好效果。

坚持不懈抓好政治理论学习和党员培训教育工作。民革市委会始终把思想建设放在首要位置，重点深化共识教育，加强对习近平总书记系列重要讲话精神和重要会议精神的学习，增强市委会围绕中心、服务大局的责任感和使命感，使民革工作始终与中共抚州市委方向一致、目标一致、行动一致。同时，注重党员的培训工作，选送3名党员参加省社会主义学院培训学习，增进党员政治理论素养。

【组织建设焕发新面貌】 圆满完成市委会换届工作。2015年是民革市委会换届之年，10月，举行民革抚州市第四次党员大会，全体党员团结一心，认真做好大会准备和服务工作，圆满完成换届工作，顺利实现市委会班子的政治交接。

强化基层建设，增强民革组织向心力。8月，根据工作需要，市委会完成对市直各支部的换届工作，一大批政治素质好、代表性强、年轻有为的优秀党员，进入支部领导班子。市委会和各基层组织认真做好凝心聚力和交流联谊的工作。1月份走访慰问老党员。11月份，与民革南昌市委会和南昌西湖区总支进行交友联谊活动，丰富组织活动形式。

推动党员发展，不断壮大民革队伍。民革市委会始终把发展壮大有民革特色的高素质人才队伍工作放在重要位置，做好优秀人才的吸收、培养、推荐、使用工作，推进民革组织继续健康平稳发展。一年来，通过推荐、谈心、考察、谈报、备案等程序共发展7名政治素质高、学有专长、业有专攻，参政议政能力强的优秀人士为民革党员。

加强制度建设，健全民革工作机制。市委会完善学习、会议、考核评先、参政议政、社会服务和机关管理等制度，使机关工作更加高效有序。同时，努力激活党内民主监督工作，探索内部监督机制，3月，经三届八次全委会审议通过《民革抚州市委会内部监督暂行条例》，成立民革抚州市委会第一届监督委员会并组建办事机构。

【参政议政取得新成效】 专题调研成果丰硕。通过建立“调研月”等多层次的调研工作机制，使调研工作既有广大党员积极参与的群众基础，又有专家、专业人士把关的提高过程，保证调研成果的质量。在课题选择上，坚持围绕省、市党委政府中心工作和人民群众普遍关心的热点难点问题，深入调查研究、充分分析论证。杨正荣等人组织并撰写的《建立院士工作站，助推经济新发展》调研报告不仅在年内市政协大会上作大会发言，而且以市政府文件下发，对在抚州市设立的院士工作站给予50万元建站资助。

提案工作成绩斐然。市委会高度重视提案工作，2015年，共向省、市政协提交集体提案20篇，省政协委员、市委会主委刘忠华《以三医联动破解看病难看病贵》提案在2015年省政协十一届三次全会上作大会发言，《民营医院为健康，民营医院更要健康发展的建议》作大会书面发言，《加大对粮食产销区政策扶持力度》被省政协办公厅以建言献策上报全国政协；在提交给市政协的提案中，《关于巩固提升卫生城市创建工作的建议》等3篇被列为市政府市长领办提案，《捆绑使用涉农资金，综合提高农业开发效益的建议》等2篇被评为市政协优秀提案，刘忠华等4位党员被评为2015年度市优秀政协委员。

【服务社会展示新作为】 尽心尽责开展“四进四联四帮”活动。民革市委会牵头组建市各民主党派“四进四联四帮”连心小分队，在同时作为分管领导和队长的专职副主委黄港清带领下，长驻挂点村崇仁县孙坊镇邹家村，以高度的政治责任感和良好的精神状态将各项工作做到实处。小分队坚持吃住在村，认真摸清情况，完成上户调查精准识别及建档立卡工作，协助村委会完成“十三五”扶贫攻坚规划,制定2016年帮扶计划,积极排查纠纷隐患,妥善化解多起矛盾,联系各党派走访慰问困难群众,送医送药送农资送课桌到村,积极跑项争资,先后争取到市财政局、市开发办、市扶贫办等部门落实扶贫项目3个,扶贫资金14万元。

2015年,市委会把社会服务工作有机融合到"四进四联四帮"工作当中。9月,组织党员捐赠价值1万元的100套新课桌,送到帮扶村邹家村的邹家小学。10月,组织开展"送温暖"活动,慰问10户五保户、因残致贫低保户和因病返贫低保户。11月初,组织医疗专家和法律工作者近20人开展"送医送药送法律送科技"活动,共为200多名村民进行义诊,近100人接受B超、心电图和血糖检测,免费发放药品万余元,提供法律咨询二十余人次,发放法律宣传资料及科普资料200余份。自开展"四进四联四帮"活动后,市委会领导多次在邹家村组织捐赠走访活动,捐助资金达6万余元。

广泛开展"同心·博爱"社会服务工作。民革市委会以多种形式积极组织开展"同心·博爱"下基层社会服务活动。6月,组织科普志愿者走进抚州市实验学校,开展科普进校园活动;临川区总支走访区特殊教育学校并向学校捐赠特教用品。11月底,组织部分民革界别医务工作者16人,工作人员在荆公路街办五皇殿社区居委会开展"送医送药送科技进社区"服务活动,共为400余名居民进行免费检查和诊治,近300人进行B超、心电图、快速血糖检测,免费开具处方250余张,赠送药品价值11000余元,发放防病治病相关宣传资料3000余份。

为引导民革党员中的企业家把自身企业发展与抚州市经济社会发展结合起来,民革市委会成立抚州市光彩事业促进会民革分会,12月7日,分会授牌仪式暨捐献仪式举行,市委常委、市委统战部部长、市委秘书长李建林等领导出席,仪式上共收到捐款7万元。

为加强在法治领域参政议政能力建设,提升法律援助咨询服务水平,3月,民革市委会成立法律服务工作部,并多次举行座谈会和法律宣传咨询服务活动,充分发挥全市法律界民革党员在助推依法治市工作中的作用。

(艾润恒)

【民革市委会领导名录】

主　　委:刘忠华

专职副主委:黄港清

## 民盟抚州市委会

【概况】 2015年是全面深化改革、全面推进依法治国的关键之年,也是实施"十二五"规划的收官之年。一年中,民盟抚州市委在民盟江西省委和中共抚州市委的正确领导下,在市委统战部的关心和指导下,深入学习贯彻中共十八届三中、四中、五中全会、统战工作会议和习近平总书记系列重要讲话精神,深入开展坚持和发展中国特色社会主义学习实践活动,主动适应新常态,全面推进自身建设,围绕全市工作中心,认真履职尽责,为推动全市跨越发展,建设幸福抚州做出积极贡献。

【思想建设主体鲜明】 一是开展主题教育,增进政治共识。盟市委领导班子准确把握不同时期的任务和要求,有步骤、分阶段、多层次地开展"坚持和发展中国特色社会主义学习实践活动""树立和践行社会主义核心价值体系""三严三实"专题教育、"把纪律挺在前面"等主题教育活动。组织一系列形式多样、内容丰富的学习活动,举办学习中共十八大、十八届三中、四中、五中全会,学习习近平总书记系列重要讲话精神报告会、座谈会。订阅党报党刊、《群言》《盟讯》等杂志,荣获民盟中央《群言》杂志社发行工作优秀单位;二是开展特色活动,继承优良传统。始终将继承和发扬盟的优良传统作为思想建设的重要内容,开展特色鲜明的主题实践活动,带领盟员参观"小平小道"、方志敏烈士纪念馆,赴高虎脑、兴国、瑞金、古田、台儿庄等地接受爱国主义教育和革命传统教育。通过这些活动,深情缅怀革命先烈,学习和宣传前辈风范,继承和发扬优良传统,进一步夯实与中国共产党团结奋斗的思想基础;三是拓展宣传渠道,增强宣传实效。盟市委领导班子牢固树立全心全意为盟员服务的意识,坚持参加基层组织活动,与盟员所在单位沟通,和新盟员谈心,把思想宣传工作做到基层,帮助基层组织和盟员解决在实际工作中遇到的困难和问题,促进社会和谐。紧扣参政党工作职能,加强对盟的主要工作的宣传报道,积极撰稿投稿,在各类新闻媒体上用稿31篇。江西新闻、江西五套、抚州电视台、抚州日报等媒体多次报道盟市委的相关活动,有效地扩大民盟影响,展示民盟形象,助推民盟发展。

【参政议政亮点纷呈】 一是参与政治协商,共谋发展大计。盟市委主要领导和班子成员积极参加省人大、省政协、盟省委、中共抚州市委、市人大、市政府、市政协、市委统战部和有关单位召开的协商会、座谈会、情况通报会、提案督办、专题调研与视察活动,紧紧围绕省市政治、经济和社会发展中的重大问题认真调查研究,共谋发展大计,提出许多有价值的意见和建议。担任各级政府、司法部门特邀职务的盟员,积极参加各种专项检查工作,认真履行民主监督职能,在加强行风评议、推进廉政建设中发挥积极作用;二是立足两会平台,建诤言献良策。两会期间盟内人大代表、政协委员共提交议案、提案32篇,其中盟市委集体提案10篇,提案数量和质量有新突破。多篇议案、提案被列为重点督办议案、市长领办提案、主席督办提案。提交的提案《健全有效治理机制,妥善化解医患纠纷》《打造智慧医联体模式,提升我市医疗技术水平》《加强抚州采茶戏传承与发展的若干建议》被评为市政协优秀提案。盟员蔡乔乔、侯龙清被评为优秀市政协委员;三是加强组织领导,反映社情民意。盟市委班子从健全信息遴选和奖励机制、加强信息员队伍建设、注重对基层支部盟员的培训"三个环节"入手,调动广大盟员的积极性,上报信息的数量和质量有显著提高。向盟省委上报信息19篇,其中多篇被各级部门采用;四是切合社会热点,精选调研课题。关注社会热点、结合自身实际积极申报盟省委调研课题,《惠农政策实施效果的跟踪研究》等成果得到评审专家好评。充分展现抚州民盟参政议政的水平和特色,进一步拓宽参政议政空间;五是参加政协工作,开展视察调研。盟市委主要领导带领班子成员,参加市中心城区小升初就近入学情况调研、"构建长效机制,创建文明城市"专题视察、"如何发挥体育社团组织"专题视察活动,召开《关于加强抚州采茶戏传承与发展的若干建议》的提案督办会。

【组织建设富有成效】 盟市委领导班子认真贯彻落实民盟中央"人才兴盟,人才强盟"战略,把提高履行参政党职能的能力和水平作为组织工作的出发点和落脚点,不断夯实基层组织基础,努力推进干部队伍建设,盟的组织建设稳步发展。一是巩固提高,保持组织发展优势。坚持做好组织发展工作,2015年,成立企业支部,共发展新盟员27人,其中硕士研究生4人,大专以上文化程度的25人,占比93%,具有中高级职称的10人,占比37%,平均年龄38.1岁,盟员整体素质有新提高。截至2015年年底,全市共有盟员293人。注重加强对骨干盟员的学习培训,先后组织基层组织负责人和骨干盟员共7人参加省、市社会主义学院,市政协,市委统战部举办的学习培训。有34位盟员分别担任省、市、区人大代表和政协委员;二是政治交接,内设机构进一步完善。在民盟江西省委和中共抚州市委的正确领导和高度重视下,在市人大、市政府、市政协的关心和支持下,在市委统战部的帮助和指导下,2015年10月23日,民盟抚州市第四次代表大会胜利召开,产生新一届领导班子,完成新老交替,深化政治交接。章克敏当选为民盟抚州市委员会主委,唐化当选为民盟抚州市委员会专职副主委,蔡晓东、杨小平、李淑雯三人当选为民盟抚州市委员会兼职副主委。以上同志的提拔、重用、连任,充分体现中共抚州市委对民盟抚州市委工作的肯定和鼓励,也体现中共抚州市委对党外干部的关心和厚爱。盟市委领导班子以换届为契机,对内设机构四部四委成员进行调整;三是提升能力,服务盟员,机关工作稳步推进。民盟市委机关注重提高效能建设和服务水平,通过不断完善管理机制加强机关自身建设提升执行力和操作力,机关干部敬业精神、服务意识、履职能力有新提高,确保机关工作有序、科学、高效运行。机关工作人员得到充实,添置和更新电脑、打印机、办公桌椅等,改善办公条件。建立盟员之家,成立书画院,为基层支部和广大盟员提供一个学习、交流、活动、提升的平台。2015年,盟市委机关被评为社会管理综合治理目标管理先进单位,公共机构节能工作优秀单位,在效能减排、文明创建、计划生育等工作评比中努力争先创优,展现出良好的精神风貌。民盟中央办公厅到抚进行市级组织盟机关工作调研,对抚州民盟工作给予充分肯定。

【社会服务丰富多彩】 一是情系农村教育,开展烛光行动。响应民盟省委号召、筹集资金10万元援建广昌赤水镇大禾村小"民盟烛光学校",教学楼于2015年交付使用,并向大禾村小学提供7万多元的图书和电教设备,深受师生欢迎和好评;二是"四进四联四帮",服务农村建设。按照中共抚州市委的统一部署,盟市委克服机关人员少的现状,积极派员参加民主党派"连心"小分队。酷暑季节,盟市委心系"四进四联四帮"挂点的崇仁县孙坊镇邹家村的村民们,赠送100箱价值5千多元的防暑清凉营养饮品,为村民送去夏日清凉;三是帮扶贫孤儿童,关爱祖国花朵。盟市委领导班子连续四年组织盟员参加在临川区特殊教育学校举办的关爱贫孤儿童公益活动,向夏令营的贫孤儿童捐赠价值近千元的学习用品,多位盟员获得慈善爱心荣誉证书。"六一"儿童节,盟市委向抚州市残疾儿童阳光康复训练中心的智障儿童捐赠价值5000元的益智读物和学习用品。盟员爱心企业家汪文娟心系留守儿童,设立"抚州萤火虫爱心协会",并担任会长,2015年,为这些孩子们捐款3万多元,并赠送100箱儿童奶,得到社会各界的广泛赞扬;四是助爱孤独老人,温暖夕阳之美。2015年,盟市委领导班子开展一系列"尊老、敬老、爱老、助老"活动,先后组织盟员到多家敬老院开展爱心活动,送去老人日常所需的各类药品和日用品,老人们深深体会到百善德为本、敬老孝当先的浓浓情意。盟市委主要领导坚持春节期间带领班子成员走访看望老盟员,了解老盟员的生活情况和身体状况,力所能及地为老盟员提供帮助;五是筹建光彩事业民盟分会,积极参与精准扶贫。盟市委积极响应盟中央"做实事,做好事"的号召,紧跟市委统战部的部署,为建立健全服务社会的长效机制,充分发挥盟内企业家和盟组织联系的群众的作用,筹建抚州市光彩事业促进会民盟分会,共筹集到资金5.8万元。此外,盟市委还组织基层盟员开展科技下乡和送法进校园等社会服务工作;六是加强校园法制文化建设,积极开展"送法进校园活动"。2015年底,盟市委组织盟员在临川八小开展"送法进校园活动"。临川区荆公路司法所所长、盟员王素文为师生们上了一堂生动的法制讲课。

一年中,民盟抚州市委认真履职、开拓进取,盟务工作有声有色。2015年盟市委荣获民盟中央《群言》杂志社发行工作优秀单位和全省"盟务工作综合先进单位",盟市委机关被评为市级文明单位、绩效考核良好单位和计划生育先进单位。

(蔡乔乔)

【民盟市委会领导名录】

主任委员:陈云斐(任至10月)
　　　　　章克敏(10月任)
副主任委员:刘光萍(任至10月)
　　　　　章克敏(任至10月)
　　　　　蔡晓东　唐　化(专职)
　　　　　杨小平(10月任)
　　　　　李淑雯(10月任)
秘书长:蔡乔乔

## 民建抚州市委会

【概况】 2015年年底,民建抚州市委会下属1个总支和9个支部,共有会员268名,其中,在职221人,退休47人;大专以上学历114人,占42.5%;本科以上学历97人,占36.2%;研究生以上学历6人,占2.3%;具有中高级职称的131人,占48.8%;会员平均年龄50岁。界别分布情况:经济界148人,占55.2%;人大政协任职情况:省政协委员1人,市人副主任1人,市人大常委1人,代表2人;市政协常委2人,市政协委员11人;区政协常委4人,委员11人。

【加强思想建设】 一是邀请省委会领导作专题辅导。为迎接民建成立70周年,进一步深入推进坚持和发展中国特色社会主义学习实践活动,市委会举办"读会史颂伟业、学会章树新风"专题讲座,特邀省委会副巡视员、秘书长沈翔作专题报告。沈翔采用图文并茂的形式讲述民建成立过程及民建三个重要历史转折时期,介绍民建江西省委会的成长历程及现有组织概况,增强与会会员的道路自信、理论自信和制度自信。二是发挥领导带头学习的表率作用。主委、副主委参加省委统战部组织的"深入学习习近平总书记系列重要讲话精神培训班"、全国市级组织专职副主委培训班、民建中央和民建省委会联合在浙江大学举办的领导干部能力提升培训班,到重庆统一战线革命传统教育基地和民建爱国爱会教育基地接受传统教育。以学促思,围绕"履行参政党职能的经验和规律"和"民建如何在全面深化改革和全面推进依法治国中发挥作用"做好民建中央重点理论研究课题工作,撰写心得体会和理论文章。主委段院龙,副主委黄伟燕、徐印庚所撰写的理论文章,在民建江西网和《诤友之声》上刊登。市委会报送的理论课题,获得省委会重点理论课题优秀成果奖。三是抓好基层组织的主题教育活动。市委会把学习中共十八大、十八届三中、四中、五中全会精神及习近平总书记系列重要讲话精神作为参政党思想建设的重要内容,开展系列活动。组织开展"读会史颂伟业,学会章树新风"主题征文活动。选派基层支部主任到省社会主义学院及北京、重庆等地学习。一年中,市委会派出会员参加各类学习培训人员10人次。通过形式多样、内容丰富的学习活动,促进会员理论素养的提高,为多党合作奠定思想政治基础。

【激活基层组织活力】 做好组织建设工作,对全面推进市委会自身建设,优化人才结构,更好地发挥党派职能,具有举足轻重的作用。一是顺利完成政治交接。前期谈话,打下基础。2015年年初,市委会领导找会员个别谈话,征求对市委会工作和新一届市委会委员人选的意见和建议,为换届工作打下良好基础。统一思想,形成共识。市委会根据民建江西省委会和市委统战部的换届工作意见,主动与有关部门协商沟通,统一思想,达成共识。广大会员在换届工作中与市委会共同努力、紧密配合,表现出良好的团结协作和奉献精神,展示民建会员的风采。严密组织,顺利换届。此次换届从工作报告的起草、代表的选举到新一届领导班子成员的推荐过程,自始至终均严格按照民主集中制的原则进行。二是抓好高层人才入会工作。依照市委会《组织发展工作的若干意见》,组织发展注重质量注意数量,认真做好新会员入会的考察和把关工作。三是基层组织活动有声有色。一方面各支部结合实际开展形式多样的支部活动。如财税金融支部组织会员到乐安华盖山就茶叶发展进行专题调研。另一方面,为贯彻落实好全国基层组织和市级组织建设研讨会精神,市委会注重引导基层组织积极走出去、请进来,开展对外交流活动的尝试,交流活动内容和形式更加丰富。年内,临川总支和南昌新建支部缔结友好支部,并相互交流基层支部经验。

【提高建言献策的能力】 高层建言立论有良策。为在高层协商中提出建设性意见和建议,会领导每次参加市委、市政府及有关部门召开的座谈会、协商会前,都认真准备,根据相关要求,组织调研,发挥集体智慧做好政治协商工作。

协商平台上民建有声音。在"两会"上,民建市委会充分发挥优势,用好话语权,发出好声音。市委会提交的《以农业机械化为支撑,助力农业现代化》大会发言,彰显民建围绕中心、参政为民的情怀。

建议提案在全市有位子。市委会向市政协提交集体提案4件、个人提案20余件。其中,《关于建立建筑扬尘长效管理机制建议》被列为市人大主任重点督办建议,市委常委、市政府常务副市长于秀明亲自领办,召开由全市各县(区)分管副县长参加的建筑扬尘管理推进会,并在2015年出台《抚州市房屋建筑与市政工程施工现场扬尘污染防治管理办法》。该管理办法使抚州市成为继南昌市后第二个出台管理办法的城市。

反映社情民意有成果。由抚州市会员现任专职副主委姜东兴与甘军根共同向省政协反映的社情民意《关于切实解决推进农业机械化过程中存在问题的几点建议》,得到副省长李炳军的重要批示。省农业厅针对该社情民意所反映的问题及提出的建议,进行认真部署,努力使建议得到落实。

【扩大民建社会影响力】 心系三农重实效。"三下乡"活动是民建社会服务常态工作。2015年3月,为充分发挥民建会员服务社会的作用,市委会以政协"界别活动月"为契机,联合市政协文史委,组织农业、医药、法律、计生方面的民建会员到临川区湖南乡鹏溪村开展"科技三下乡"活动。据统计,发送农药兽药价值2万多元,活动散发各类宣传资料万余份,接受群众咨询近300人次,义诊200多人次。活动的开展,让会员们深切体会到农村对农业生产技术的渴望,农民对发展的期盼。"六一"儿童节之际,抚州市委会开展科普进校园活动,联合抚州市科协、市气象局的专家到抚州市新区实验学校,把气象科普知识送进校园,唤起学生们保护环境爱护环境意识。

帮困扶贫送温暖。2015年,为贯彻落实抚州市委、市政府"四进四联四帮"工作部署,市委会对帮扶的崇仁县孙坊乡县级贫困村邹家村进行摸底调研,为下一步精准扶贫工作奠定基础。会员陈晖为该贫困村捐送价值1.5万元农药,受到当地群众欢迎。

服务会员增助力。支部是根、会员是本。2015年春节前,主委带领班子成员到70岁以上的老会员家拜访慰问,向他们通报会务工作情况,征求老同志对市委会工作的意见。2015年重阳节,市委会带领退休老会员到崇仁源野山庄参观游览。

关注会员企业同样是市委会义不容辞的责任。10月31日,市委会先后走访会员企业江西恒祥纺织有限公司、江西宇骏生物工程有限公司。两企业的负责人介绍企业的发展历程,企业生产经营情况,以及存在的问题与困难。

【强化机关工作执行力】 机关是党

派工作运转的枢纽,也是联系会员的桥梁与纽带。一是会务动态报道有亮点。一年中,市委会及支部按照工作计划,开展卓有成效的工作,会机关对这些工作都能做到及时宣传报道,向省委会发送稿件20多篇。3月6日,会员陈佩兰一家在全市200多个候选家庭中脱颖而出,成为全市十佳"最美家庭"之一。这也是陈佩兰继"第二届中华慈善突出贡献奖""第一届抚州市突出贡献人才奖"之后的又一殊荣。会机关及时予以报道,让更多的人了解民建;二是机关工作能力有提高。认真当好领导决策参谋助手,凡是主委会会议题的提出、市委会重大活动的筹划和安排等工作,均按照时间、要求完成任务。

(汤海棠)

【民建市委会领导名录】
主　　委:段院龙
专职副主委:姜东兴

## 民进抚州市工作委员会

【概况】 2015年,在民进省委会和中共抚州市委的正确领导下,在市人大、市政府、市政协的关心支持下,在市委统战部的具体指导下,民进抚州市工委深入贯彻中共十八届五中全会和习近平总书记系列讲话精神,按照民进省委会"一三五"工作思路,和市委"高位谋事、精准发力、敢于担当、跨越发展"工作总要求,切实加强组织建设和思想建设,不断增进全会的凝聚力和活力;认真履行参政党职能,围绕中心、服务大局,集智聚力,建言献策,取得优异成绩。市工委被民进中央授予"民进全国先进集体""民进全国社会服务工作先进集体"称号,被民进省委会评为"民进全省综合工作先进单位";市直属第一支部被评为"民进全省先进基层组织";黄卓、艾胜华被评为"民进全省先进个人"。

【打造高素质参政党地方组织】 开展活动提升素质。坚持把深入开展坚持和发展中国特色社会主义学习实践活动作为主线,全员参与,开展多种形式的学习活动。民进中央副主席王佐书亲自到抚州作学习实践活动专题辅导,国家、省、市级15家媒体作了宣传报道。同时,市委会十分注重会员培训,2015年,组织10人次参加国家、省、市、区级培训班。为庆祝民进中央成立70周年,还组织全体会员参加"民进会史会章网上学习问答"活动,举办"讲会史、话传统、学先进、迎会庆"主题活动会史会章知识竞赛。并组织开展"民进优良传统的时代价值与继承"理论征文和"我与民进"征文活动,会员撰写的12篇文章发表在江西民进网站,篇数列民进全省市级组织第一。通过形式多样的学习实践活动,进一步坚定信念,提升会员的思想政治素养和参政议政能力。

对外宣传扩大影响。坚持正面宣传和积极引导,自办内刊《抚州民进简报》,建立民进抚州市工委博客,健全通讯员队伍,新闻宣传工作在全省民进市级组织中名列前茅。一年中,被各级报刊、网络等媒体采用或转载的消息和报道共计149篇次,其中被人民政协网、中国民主促进会网、《团结报》等国家级媒体采用20篇次,被《江西民进》等省级媒体采用48篇次,有效地提升抚州民进形象,扩大民进影响。

完善工作机制。围绕建设高素质地方参政党的目标,着力健全规章制度,强化基层组织建设。完善《会员参政议政和信息宣传工作考核办法》《基层组织年度工作考评办法(试行)》。成立"1%工程"志愿者抚州民进服务队和抚州民进书画摄影、文化艺术和健步行协会等,为增强基层组织的责任感和使命感、充分调动广大会员积极性、增强组织凝聚力发挥重要作用。

强化组织建设。举行民进抚州市第二次会员大会,选举产生第二届工作委员会和新一届领导班子。市工委组织工作正常、规范、有序,按照坚持标准、注重质量、保持特色的要求,发展会员7人,平均年龄39.5岁。2015年,有会员74名,有副处级以上干部7名、科级干部13名,有高级职称的会员25名,中上层人数占87%。

丰富组织活动。组织活动经常化,内容丰富,市工委每季度开展集中活动1至2次,各支部每1至2个月开展一次活动。市工委组织会员参加省委会举办的"1%工程"新春爱心联欢会、中国民主促进会成立70周年暨民进江西省委会成立30周年纪念大会。举办"我身边的优秀教师"演讲比赛和健步行比赛。年初还举办新春运动会,为会员开办书画培训班、国画培训班、艺术培训班。同时鼓励支持各支部开展活动,有三个支部分别组织会员参观广昌高虎脑等红色革命教育基地,学习革命前辈的光荣传统。积极组织参与各级举办的各类竞赛活动,在2015年"江西省教育改革创新研讨会"上,选送文章7篇,有4篇获奖。其中徐鸿执笔的《浅谈"五问自读法"在小学语文阅读教学中的运用》获二等奖;邹海峰执笔的《转变观念大胆创新数学课堂教学》、邝胜孙执笔的《由粗放到精炼——对两堂语文课的思考》和熊建红执笔的《教,是为了不教》获三等奖。

【履行参政议政民主监督职能】 市工委将参政议政工作作为重中之重。通过开展考察调研、履行民主监督职能和以"两会"为平台建言献策等多种形式参政议政,取得显著成绩。

深入开展调研。充分调动全体会员参政议政的积极性和主动性,围绕发展中的重大问题,广泛调研、深入思考,积极为抚州经济社会发展献计献策。市工委拨出专项经费,支持各支部带着课题考察调研。有的到南丰、资溪等地就生态农业发展、农产品深加工考察调研;有的到萍乡、崇仁、广昌、进贤等地就旅游景区开发建设情况考察调研,拓宽参政议政领域,掌握实情,为参政议政打下坚实基础。邵沉执笔的《促进民间融资规范发展的调查报告》被省委会采用报省政协,得到省委书记强卫等省委、省政府领导的批示。省领导要求省金融办"认真听取和研究民进江西省委会的意见和建议,提出我省民间融资规范发展的意见"。

大力建言献策。积极参加市相关方面组织召开的各类征求意见会议,就全市重大决策、发展规划及重大社会问题等充分发表意见,提出建议。在市政协举办的"加快现代服务业发展资政会"上,邵沉就《做大做强电商产业,推动实体经济与电子商务深度融合》发言,获得好评。市工委负责人和提案提交人还多次参加协商议题和重点提案的督办,就提案建议内容与办理单位进行深入交流和沟通,许多建议得到采纳和实施。

积极参政议政。在省政协大会上,市工委有5件提案被立案。其中,刘菊娇执笔的《关于做好2016年汤显祖逝世400周年纪念活动的建议》被列为重点提案,邵沉执笔的《加强行政审判工作依法化解社会矛盾》被列为书面发言,邵沉执笔的《土地流转应严禁"非农化""非粮化"》《关于加强中小学校餐饮安全管理的建议》,胡海玉执笔的《关于提高公民旅游素养的建议》被立案。在市"两会"期间,民进市工委提交的提案总件数、重点和优秀提案件数,以及所占比例均再次名列市政协25个界别第一。被市政协大会立案的提案65件,占总件数的25%,连续3年名列各界别第一;罗亦文在市政协大会就《抢抓机遇助推我市企业加快上市步伐》发言,得到有关方面和领导的充分肯定。邵沉执笔的《加快工业园区污水处理设施建设保护抚河生态环境》和《中小学校餐饮安全堪忧,加强管理迫在眉睫》、吴胜茂和邱唯民执笔的《整治抚州火车站交通乱象》、谭志薇执笔的《加强对垃圾分类回收的建议》等4件被市政协列为重点提案。邵沉执笔的《构建新型农业经营体系,建设现代农业强市》、徐鸿执笔的《关于加强中小学校周边食品安全的建议》、饶芳执笔的《加强对住宅小区内人防工程管理的建议》、艾胜华执笔的《加强住宅小区物业管理的建议》等4件被市政协列为优秀提案。何文英、张芬执笔的《关于改善公交车卫生状况的建议》被市人大评为优秀建议。在临川区政协大会上,熊建红执笔的《关于加强校服管理的建议》、徐玲执笔的《关于加强二手车行管理的建议》、黄卓执笔的《关于加强农村老年活动中心建设的建议》、徐鸿执笔的《关于规范我区门号码管理的建议》被评为优秀提案。李凌、饶芳被评为优秀市政协委员,黄卓被评为优秀区政协委员。

及时反映社情民意。市工委把反映社情民意作为履行参政党职能的重要工作,及时报送群众的意见和建议。一年中,共报送信息17件,6件被省政协采用,8件次被民进省委会采用,在民进全省市级组织中名列第二。其中邵沉执笔的《"规划热"凸显四大问题,亟待加强行业监管》和《关于建立健全工资支付监控制度,依法解决农民工讨薪难问题的建议》被省政协采用并专报全国政协。蔡盛执笔的《关于为即将开园的市保育院新园区提供交通安全保障的建议》和胡海玉执笔的《尽快在迎宾大道与临川大道路口设置红绿灯的建议》2件社情被市政协采用,其中,《关于为即将开园的市保育院新园区提供交通安全保障的建议》并被评为优秀。

【打造抚州民进社会服务品牌】 开展帮扶帮困。密切协助民进省委会开展"同心·振兴原中央苏区广昌示范区"活动,向广昌县100名家庭贫困学生每人发放捐款500元,合计5万元;向东华理工大学10名学生每人发放捐款1000元,合计1万元。市工委面向困难群众开展捐款捐助慰问活动,一年中捐赠慰问品价值4万多元。在新春、端午、中秋等节日期间慰问市第三医院精神病患者,向病友赠送棉被、衣服、粽子、月饼、水果等,价值2万多元。支持各支部和会员大力开展慰问家庭贫困学生、福利院老人、儿童等活动。一支部会员周新华捐资10名临川二中学生,每人1000元,合计1万元;三支部捐资6000元慰问2名临川二中家庭贫困学生,二支部和临川区支部慰问市儿童福利院,赠送价值1万余元的婴幼儿奶粉等物资。

积极参加市中心工作。根据中共抚州市委安排,认真开展"四进四联四帮"活动暨精准扶贫工作,与市兄弟民主党派联合组成"连心"小分队,进驻"十三五"贫困村崇仁县孙坊镇邹家村开展帮联工作。走访慰问5户困难群众,赠送价值4000元生活用品,为村镇道路工程捐资1万元。

推动社区文化发展。坚持民进的党派特色,大力推动全市群众文化活动。举办第三届"广场舞大赛",受到市民热烈欢迎,十多家国家、省、市级等媒体对活动进行报道,打造民进品牌,树立良好形象。林保生、雷佳两位会员为大赛的举办发挥重要作用。

参与环保创卫。为增强全社会保护渔业资源和生态环境的意识,市工委与市农业局联合举办"感恩抚河保护生态"渔业资源人工增殖放流活动,投放鱼苗40万尾。为推进临川区做好创卫工作,临川区支部组织开展文明劝导活动。

【为建设幸福抚州贡献力量】 广大会员在本职岗位和会务工作中创一流,争上游,比学赶超,争创佳绩,许多会员取得优异的成绩,为民进争光添彩。在获得荣誉方面,范书祥荣获全国绿化劳动模范,胡贵玲荣获全国体育教学课时计划优秀成果评比三等奖,曾国华被中国少儿造型艺术学会评为优秀教师、并获得中国书法协会考级中心评定为书法高级注册教师,李小红指导3名教师参加全国和省级高中化学现场说课比赛,荣获一等奖2次,二等奖1次,黄卓、艾胜华被评为"民进全省先进个人",陈旭东、徐鸿指导学生参赛获省级奖励,邱唯民荣获"全市劳动模范"称号,蔡淑霞荣获全市初中数学优质课比赛一等奖,封红英荣获全市班主任育人风采大赛三等奖,胡奕芳荣获市卫计委"廉政文化艺术展"美术类三等奖,黄波荣获全区优秀教师。在社会任职方面,林保生当选抚州市工商业联合会副会长和江西省蛋糕协会常务副会长。在论文发表课题结题方面,李小红的《促进、引导与价值建立——2015年高考理科综合能力测试化学卷(全国课标卷)分析报告》发表在《中学化学教学参考》(2015年第10期),其负责的全国课题《情境化学实验过程教学展示再研究》已结题;胡奕芳的论文《低分子肝素联合丹参治疗早发型重度子痫前期的临床研究》和《化瘀补肾治疗无排卵性功血临床分析》发表在《当代医学》(2015年第16期和第27期),《安坤汤治疗更年期功能失调性子宫出血53例》发表在《中国中医药现代远程教育》(2015年第15期);蔡淑霞的《投影与视图》被东华理工大学列为"国培计划送教下乡"培训项目示范课,其论文《如何在数学教学中渗透建模思想》发表在《博览群书》(2015年8月)、《前置作业在初中数学教学中的作用》发表在《教学博览》(2015年11月),等等。

【机关建设取得新成绩】 市工委领导班子切实加强制度建设和思想作风

建设,执行民主集中制,认真贯彻中共中央八项规定,加强廉洁自律、改进工作作风。以制度建设促规范,以作风建设促严谨,提升机关工作的科学化、规范化、程序化水平。进一步增强干部责任意识、服务意识,提升服务水平。加强能力建设,以能力建设促高效,各项工作取得好成绩。年内,市工委机关荣获全市精神文明单位、综治先进单位、计生先进单位,以及绩效、节能合格单位。

(邵　沉)

【民进市工委领导名录】

主　　委:刘菊娇

专职副主委:邵　沉

副 主 委:李　凌　罗亦文

　　　　马　颖

## 中国农工民主党抚州市委员会

【概况】　中国农工民主党是由医药卫生、人口资源和生态环境领域高中级知识分子为主,由一部分社会主义劳动者、社会主义事业建设者和拥护社会主义的爱国者组成的政治联盟,是接受中国共产党领导、同中国共产党通力合作的亲密友党,是致力于中国特色社会主义事业的参政党。至2015年底,农工民主党抚州市委会成员总数为325人,其中,男183人,女142人,在职227人,离退休98人;基层组织:总支2个(金溪县总支、临川区总支),工作部2个(市直医药卫生工作部、市直综合工作部),支部23个。界别分布:医卫界180人,文教89人,科技9人,其他47人。职称情况:高级职称126人,中级职称153人。担任各级人大代表、政协委员情况:省政协委员2人。市人大常委1人,市人大代表3人。市政协副主席1人、市政协常委3人、市政协委员13人。金溪县人大常委2人;金溪县政协副主席1人、县政协常委2人、县政协委员10人。临川区人大代表1人,临川区人大常委1人;临川区政协委员14人。

【学习教育有新成效】　2015年,市委会深入学习宣传中国特色社会主义理论和习近平总书记系列重要讲话精神,坚定理想信念,加强"中国梦"的宣传教育。以培育和践行社会主义核心价值观为主线,探索创新宣传思想工作的新途径、新办法、新形式。一是召开农工党抚州市三届四次全委(扩大)会议,组织专题学习;二是组织党员参加省、市学习培训。市委会积极安排农工党骨干参加省、市社会主义学院培训班、全省中青年优秀人才骨干培训班、全省法院人民陪审员培训班、全市党外科级干部培训班、全市干部选学教育培训班,以及省委、市委统战部举办的各类培训班,以此提高成员综合素质,增强农工党的参政能力;三是参与知识竞赛活动。市委会副主委吴文宇领队,徐国莲、邓玲、周晶三人参加全省"学精神、学党章、学党史"知识竞赛活动。市委会副主委赵卫平领队,祝毅思、何宇彬参加市委统战部组织的"学习焦裕禄精神、争做龚全珍似的好干部"演讲比赛;四是各支部组织广大党员学习。通过学习切实把思想和行动统一到中共中央关于全面深化改革、全面推进依法治国的重大决策部署上,不断夯实团结奋斗的共同思想政治基础。在行动上切实强化"同心"意识,自觉接受中共抚州市委的统一领导,坚持做到"三个主动",即:在年初目标制定上,主动将农工党市委会工作要点报送市委统战部,并根据市委统战部的意见进行充实完善,确保党派工作立场不移、方向不偏;在参政课题确定上,既紧扣农工党省委会的课题安排,又主动对接市委、市政府的决策部署,确保参政课题符合全市工作大局,真正做到与党委政府"同唱一台戏""共谋一盘棋";在履职动态反馈上,定期编报《抚州农工简讯》,将全市各级组织的工作动态,及时报送给农工党省委会、市委统战部及有关党政部门,使党派工作进入党政视野,达到"同频共振"的效果。强调各位党员要与中共党组织保持高度一致,努力"提高政治把握能力、参政议政能力、组织领导能力、合作共事能力、解决自身问题能力"。

【参政议政有新亮点】　2015年市"两会"期间,全市农工党员提交人大代表建议5件、政协提案32件。在市政协三届六次会议上,市政协对2015年28名优秀政协委员,23件优秀提案,16篇优秀调研报告,7篇优秀社情民意,8个宣传信息工作单位予以表彰奖励,农工党市委会也获得两项奖励,其中,罗伍菊被评为优秀政协委员。市委会的"加强社区宣传阵地建设""关于推进抚州生态文化建设的几点建议"被评为优秀提案。

2015年金溪县"两会"期间,该县17名担任人大代表、政协委员的农工党党员单独或联名提出13件建议案、提案,转化成效显著,办理落实率在95%以上。在该县政协9件优秀提案推荐名单中,农工党党员提出的提案有4件,占总数的近一半。临川区综合支部主委汤高辉2015年在《光华时报》上发表两篇文章:一是10月22日《控制流生人数 降低义务教育辍学率》;二是12月22日《进一步丰富农民工文化生活》。

【社会服务有新影响】　一是充分发挥农工党以医药卫生界为主的特点,组织开展送医送药下乡、进社区服务。组织医药卫生界成员联合开展"中国环境与健康宣传周"活动,宣讲艾滋病预防、夏季健康保健、环境卫生、健身养生等知识,授课群众达200余人。积极参与中国"国际科学与和平周"活动,向社会发放健康、环保等宣传资料300余份,诊治病人100多人。持续开展送医送教送科技下乡活动,免费为群众提供咨询、问诊、体检等服务,受惠群众达5000多人,送药价值超过5万元。2015年4月23日,农工党临川区疾控中心党员管淑辉、施玉华、张院昌和中心其他同事一道开展声势浩大的"全国预防接种日"和"全国疟疾防治日"宣传活动。采取散发宣传册、宣传单、现场咨询、现场答卷以及电视媒体采访等方式开展宣传;二是开展生态保护宣传活动。11月26日上午,由农工民主党抚州市委会与抚州市林业局、抚州市野生动植物保护协会等单位共同举办的"抚州市2015年野生动物保护宣传月活动仪式"在崇仁一中举行。原市人大主任、市野保协会会长罗建华和崇仁县政府县长程新飞出席仪式并讲话,农工民主党抚州市委会专职副主委赵卫平主持活动仪式。崇仁县各乡镇、县林业局、崇仁一中等千余名机关干部、学生、市民参加宣传活动。向崇仁一中捐赠野生动物保护科普图书30多本;三是开展扶贫帮困工作。认真贯彻落实全市开展“四进四联四帮”活动暨精准扶贫攻坚动员大会精神,民主党派机关“连心”小分队第一时间来到“连心”点,扎实开展驻村联帮工作。市委会机关罗伍菊为第一批“连心”小分队成员。“连心”小分队召集驻点村崇仁县孙坊镇邹家村的村级班子进行座谈,详细了解该村的基本情况,走访党员、困难群众,听民声、察民情、解民忧,摸清群众的迫切需求,切实为群众办实事、办好事、解难事。市委会在自身经费非常紧张的情况下筹集资金1万元用于该村修桥修路。市委会积极配合农工党省委会开展广昌县驿前镇、金溪县陈坊积乡的扶贫工作。

【自身建设有新发展】 市委会始终把加强组织建设作为党派工作的基础工程来抓,通过完善机制,强化管理,不断推进农工党自身建设规范化、制度化、程序化。一是着力抓好组织发展。市委会认真贯彻落实农工党中央和省委会有关组织发展的规定,严把入口关和质量关,遵循党员发展程序,2015年,共发展新成员7人,其中高级职称1人,中级职称4人。截至年底,全市农工党成员总数达325人,其中离退休人员98人,医药卫生界180人,副高职称108人,正高职称18人,在职县级以上干部6人,正科级干部16人。二是完成市委会换届工作,实现新老班子交接。10月27日在抚州市召开农工党抚州市第四次代表大会和四届一次全委会,选举产生新一届市委会的领导班子。抚州市四套班子主要领导出席大会开幕式,中共抚州市委书记肖毅作重要讲话。主委郑友清作工作报告,总结前四年工作,谋划之后几年的工作思路。三是着力抓好走访慰问。市委会坚持开展庆祝“三八妇女节”、重阳节、迎新春茶话会等活动,坚持走访慰问困难党员和80岁以上老党员,平时探望患病住院党员,慰问过世党员家属等,以此加强党员之间的联系与沟通,增强农工党组织的凝聚力和战斗力;四是积极响应上级组织号召。2015年,根据农工党省委会“关于动员全省广大党员支持农工党第一次全国干部会议会址维修和布展工作的通知”精神,农工党市委会及时向全市农工党各基层组织下发文件,动员党员本着自愿原则,缴纳一次特别党费。共收到特别党费11050元。

(罗伍菊)

【农工党市委会领导名录】

主　委:郑友清

副主委:赵卫平(专职)　黄金玉

　　　　邓莘芸　罗伍菊

秘书长:罗伍菊

## 九三学社抚州市委会

【概况】 九三学社抚州市委会下设市直一支社、市直二支社、卫生支社、临川区支社和老同志小组。2015年新增成员7名,至2015年底有成员91名。社员平均年龄46岁,女社员28人,占31%。社员均有中级以上职称,具有高级职称的有48人,占53%。现有成员中担任市政协常委的有2名,市政协委员有10名,区政协常委有2名,区政协委员有4名。

【把握正确政治方向】 一是抓好时政和理论学习。社市委会非常重视政治学习和思想教育工作,切实加强社员的思想教育引导。组织广大社员深入学习贯彻中共十八大、十八届三中、四中、五中全会精神,以及中共江西省委、中共抚州市委全会精神,学习贯彻落实九三学社第十次全国代表大会精神及社中央、社省委全会精神,学习习近平总书记一系列重要讲话精神;二是突出实践共促活动。社市委会围绕“树立和践行社会主义核心价值体系”,制订《开展坚持和发展中国特色社会主义学习实践活动方案》,并以各种形式在广大社员中开展坚持和发展中国特色社会主义学习实践活动。市直一支社和二支社组织社员赴兴国、瑞金和古田会议会址等地,开展“红色之旅”,接受革命传统和理想信念教育,临川区支社组织社员到瑞金、广昌接受革命传统教育。社市委会响应社省委“庆祝九三学社江西省委会成立三十周年”征文活动的号召,积极组织社员撰写征文,有多篇征文获奖;三是重视学习教育培训。社市委会积极支持和选派社员参加省市党校和社会主义学院的学习培训。2015年共有12人次参加中央、省、市、区各级各类学习培训,其中,2人次参加社中央学习培训,4人次参加省委学校及省社会主义培训,6人次参加市社会主义学院学习培训。通过时政理论学习和实践共促活动,使大家开阔视野,提高认识,进一步增强社员对中国特色社会主义的道路自信、理论自信、制度自信,坚定走中国特色社会主义政治发展道路的信心和决心。

【参政履职有新成绩】 一是履行政治协商、民主监督职能。社市委领导积极参加市委、市政府、市政协、市委统战部召开的协商会、座谈会等活动,并通过这些活动积极建言献策,不少建设性意见、建议得到市委、市政府及相关部门的肯定。社市委会高度重视特邀人员推荐工作,支持、鼓励该社特邀人员参加相关特邀监督工作,积极履行民主监督职能。2015年,该社有6人分别被市纪委监察局、市检察院、市法院等单位聘为特邀监督员;二是通过议案、提案参政履职。该社现有18人次担任省、市、区人大代表、政协委员。2015年,在社市委会的领导和组织下,社各级人大代表、政协委员提交省、市、区人大、政协议案、提案20多件,内容涉及政治、经济和社会生活的各个方面。在市政协三届五次大会上,郑振荣同志代表社市委作《预防和减少未成年人违法犯罪刻不容缓》的大会发言。社市委会有2件提案被评为市政协优秀提案,有3件提案成为市政协重点督办提案。这些提案受到有关方面的高度重视,所提意见和建议大多被市委、市政府及有关部门采纳。社市委会积极与市政协人口资源环境委员会合作,联合开展《关于规范小区物业管理方面的几点建议》等提案的督办工作。2015年的市政协资政会上,唐永文作为6个大会发言者之一,代表社市委会作了题为《抚州市服务统计分析报告》的大会发言,得到市政府和市政协主要领导的充分肯定;三是关注民情,调研工作有新成绩。2015年,九三学社抚州市委会有两个调研课题入选社省委招标课题,分别是《制约我省工业企业自主创新的问题分析与对策建》和《加快推进我省养老服务业发展的政策分析和研究》。两个调研课题均如期完成，调研报告提交给九三学社江西省委会。

【社会服务工作有新进展】 一是整合资源，服务百姓。社市委会以强化资源整合为手段，充分发挥社内人才和智力优势，积极组织基层支社与南昌大学抚州分院、抚州市气象台、市政协人资环委等单位合作开展社会服务工作。卫生支社组织内科、外科、儿科、妇科、骨科等方面医疗专家与南昌大学抚州医学院合作，到临川区龙溪镇花家村开展李嘉诚基金会医疗扶贫活动，为村民免费提供健康咨询、健康体检及送医送药等服务，发放药品价值5000余元，取得良好社会效应。市直一支社与市科协、市气象局联合在临川第十一小学开展以“气象灾害及其防御措施”为主题的气象科普进校园活动，并向小学生们捐赠气象科普图书，真正让防灾减灾意识从小扎根于孩子们的心里；二是四进四联四帮，精准扶贫。按照中共抚州市委的统一部署，六个民主党派“四进四联四帮”挂点村是崇仁县孙坊镇邹家村。社市委会克服机关人手少的现状，积极派人参加民主党派“连心”小分队。社市委会心系邹家村的村民们，在收到邹家村委会关于解决邹家大桥河东引道土方填筑所需资金的报告后，社市委会根据村委会的要求，结合单位实际，经社市委会研究，拨付2万元给孙坊镇邹家村修桥，帮助邹家村的建设。社市委会还联合市政协“四进四联四帮”小分队，到黎川县日峰镇店前小学社开展关爱贫困学生捐赠“爱心校服”活动，在此次活动中，社员王钊赞助五千元人民币购买47套冬装校服捐赠给店前小学的学生们，为孩子们送去温暖。临川区支社组织社员到茅排乡走访慰问，送到慰问金1万元，表达深切关怀；三是爱岗敬业，服务社会。广大社员立足本职工作，积极进取，创优争先，成绩斐然。社员唐永文撰写的《抚州市消费品市场运行情况调研与分析》《2014年一季度全市经济运行情况分析》分别荣获全市2014年度优秀调研成果论文一等奖、优秀奖。社员余庆华积极参政议政，建言献策，被授予九三学社创建70周年全国优秀社员光荣称号，她还积极参加市政协组织的各项调研，被评为优秀市政协委员。社员邱志萍作为专职干部，积极参政议政，工作勤勤恳恳，任劳任怨，被授予九三学社创建70周年全国优秀社务工作者光荣称号。社员郑振荣被评为第九届江西省气象科普工作先进工作者、九三学社江西省优秀社员、优秀市政协委员，论文《两次春季强风暴天气环境场对比分析》获第八届安徽省自然科学优秀学术论文三等奖。社员章建岚立足本职，救死扶伤，工作成绩突出，荣获市医德医风优秀个人。社员黄胜和主持的课题《利用d(GC)10序列提高酵母工程菌常用启动子的活性》是江西省教育厅科技项目。社员周友华在江西医药杂志发表论文《球囊扩展椎体后突成形术治疗老年骨质疏松性脊柱压缩骨折的临床疗效》。社员刘华响应市委号召，积极参加单位组织的“四进四联四帮”活动，并利用自身资源优势，邀请设计专家无偿为南丰县太和镇太和村桔园生态游项目的景观门楼进行设计。社员许水明被评为全省重大动物疫情防控工作先进个人。社员曾群浪的作品《祥云》荣获江西省第十六届版画展一等奖。社员张蔓的作品《古韵》荣获江西省素描作品大赛二等奖。

【组织建设有新举措】 2015年是社市委会换届之年。为确保换届工作的顺利进行，社市委多次召开主委办公会和全委会，认真研究部署，及时传达贯彻中共抚州市委、九三省委和市委统战部有关换届工作的精神。社市委会根据各民主党派省委《关于做好各民主党派市级组织2015年换届工作的协商纪要》精神和市委统战部的有关要求，制订《九三学社抚州市委员会2015年换届工作实施方案》，成立换届工作领导小组。在新一届的班子成员和委员候选人上，广泛征求各方面意见。同时，认真做好换届大会文件材料的起草和各项会务准备工作，整个换届工作进行得周密有序、有条不紊。在10月26日召开的九三学社抚州市第四次社员代表大会上，选举产生九三学社抚州市第四届委员会委员和新一届领导班子，换届大会取得圆满成功。

队伍不断壮大，素质不断提高。社市委会严格执行各民主党派中央《关于进一步做好民主党派组织发展工作座谈会纪要》精神，坚持发展与巩固相结合的方针，严把组织发展关。2015年，社市委对申请加入组织的同志进行考察、培养，吸收7名有一定代表性的中青年人社。

机关建设和制度建设有明显进步。社市委会认真贯彻《九三学社中央关于加强机关建设的意见》的精神，努力把社市委会机关建设成为学习型、服务型、创新型、节约型的机关。强化机关干部的学习，狠抓机关建设和机关管理，制定机关节能、绩效、综治等一系列工作方案和制度，保证该社各项工作有章可循。机关专职干部克服人员少，事务杂而多等不利因素，把服务作为机关工作的出发点和落脚点，努力做到围绕中心工作为领导班子当好参谋、想办法、提建议；贯彻社省委会、社市委会的决策，抓好落实；承上启下、沟通左右、联络内外搞好协调，切实履行机关岗位责任制，认真完成社省委会、市委统战部、社市委会交办的各项事务。2015年，社市委会机关荣获全市社会管理综合治理目标管理先进单位、市级文明单位、全市公共机构节能达标单位、全市绩效考核良好单位、全市计划生育先进单位。

（邱志萍）

【九三学社抚州市委会领导名录】

主　委：唐永文

副主委：余庆华　邱志萍（专职）

## 工　商　联

【概况】 2015年，在市委、市政府的正确领导下，在省工商联和市委统战部的具体指导下，抚州市工商联深入贯彻落实党的十八大、十八届三中、四中、五中全会和习近平总书记系列重要讲话精神，围绕中心，服务大局，认真履职，积极发挥桥梁纽带和参谋助手作用，实现常规工作有发展、难点工作有突破、亮点工作有创新，整体工作有提升。年内，市工商联（总商会）领导班子包括主席（会长）1名，党组书记1名，副主席（会长）34名（含兼职3名），常委80名，执委114名。机关内设办公室、会员科、经济联络科3个科室,共有干职工9人。

【助推非公经济健康持续发展见成效】 2015年,市工商联优化服务理念,提升服务水平,为助推非公经济健康持续发展从三个方面做好工作:(一)推动政策文件落实,拓展发展空间。一是助推政府加大扶持非公经济发展力度,营造企业家“最受尊重、不受委屈”的发展环境。对抚发〔2014〕16号文件落实情况进行督察,以使文件精神落到实处。9月,市委督查室会同市工商联等3家对11个县(区)、高新区和市直有关部门落实抚发〔2014〕16号文件精神的情况进行督查,并形成督察报告上报市委市政府。二是推进领导挂点帮扶企业。为促进实体经济企业爬坡过坎,更好发展,根据市政府主要领导的指示,市工商联与市工信委在对全市规模以上工业企业实行领导挂点帮扶制度的基础上,将全市非工业实体经济企业也纳入该制度,实现领导挂点帮扶全覆盖;(二)强化服务功能建设,增强发展动力。为优化民营经济发展环境,市工商联积极配合市政协开展优化民营企业法制环境专题调研,与市委统战部、市工信委承办召开2015年企业家新春座谈会,聘请律师到法律维权服务中心任职,积极为会员企业提供法律咨询服务,不断拓宽非公企业维权途径。推介市直行业商会(协会)与民生银行、赣州银行开展银企对接,积极引导会员企业通过上海Q板或E版挂牌等方式拓宽融资渠道。同时加强与深圳、重庆等地工商联的联系,与南昌市工商联签订“昌抚一体化”战略合作协议书,两市20个县(区)工商联结成友好商会,积极参与区域合作,推动抚州民企“走出去”,进一步提高抚州市非公经济开放水平;(三)推进四大体系建设,助推环境优化。按照省工商联的要求,成立抚州市民营经济研究会,积极推进民营企业评价体系、政策贯彻落实第三方评估体系、发展环境监测体系、非公有制经济发展环境监测评估机制建设,开展上规模企业的摸底调研工作,开展民营企业“走出去”和拟挂牌上市民营企业、上规模民营企业调研和非公有制企业法制环境网络调查,及时收集反馈影响和制约非公经济健康发展的突出问题,形成有价值的调研报告。

【促进非公经济人士健康成长见成效】 2015年,市工商联加强教育引导,把准政治方向,为促进非公经济人士健康成长从3个方面做好工作:一、抓理想信念教育,坚定理想信念。召开以守法诚信为重点的理想信念教育实践活动动员大会,发放200多份守法诚信争做优秀中国特色社会主义事业建设者倡议书,组织50多名企业家聆听省委常委、省纪委书记周泽民所作的党风廉政建设和反腐败工作形势报告,组织非公经济人士到广昌高虎脑、重庆渣滓洞集中营等地接受革命传统教育,坚定他们对中国特色社会主义的信念、对党和政府的信任、对企业发展的信心、对社会的信誉;二、抓典型事迹宣传,塑造良好形象。主动对接微时代,开通微信公众号,关注用户350户,发布文章210篇,文字8万多字,图片300余张。加强自办宣传载体建设,商会网站更新文章120余篇,编发《商会通讯》,宣传企业形象,服务基层工作;与市委宣传部联合开展“媒体进民企”活动,组织抚州日报、抚州电视台、临川晚报等市内外10余家媒体深入民营企业采访,开设“记者走基层进民企”专栏,大力宣传非公经济人士创新创业、转型升级、扶贫济困等典型事迹,营造看企业发展、助企业成长的良好氛围;三、抓教育培训服务,促进素质提升。按照“千人培训”计划的要求举办“企业法律专题知识讲座”“守法诚信谋发展”“互联网金融知识和运用互联网思维谋发展”专题讲座。依托省工商联财智论坛培训平台,邀请国务院发展研究中心研究员潘向龙、中央财经大学教授邢会强在抚州市委中心组集中(扩大)学习报告会上为抚州市、县两级党员干部、重点企业负责人作《金融形势分析与投资策略》《企业私募融资与发行上市解析》专题讲座,引导民营企业家适应经济发展新常态,加快民营经济创新发展步伐。

【主动参与经济社会发展见成效】 2015年,市工商联围绕中心工作,服务发展大局,主动参与经济社会发展。一、积极建言献策,主动参政议政。按照全国工商联和省工商联的部署,进一步完善全市中小微企业监测点,认真开展商会建设专题监测等工作。市工商联主席在省政协十一届十二次常委会上作《加快诚信建设 促进发展升级》的发言。市工商联《“营改增”应成为物流企业新的起点》的提案列为市政协三届五次会议大会发言材料,并被列为市长领办提案和列入市政协2015年度协商计划,召开提案协商办理会,督促承办单位抓好落实。市“两会”期间,市工商联界别人大代表、政协委员围绕促进非公经济发展建言献策,提交提案、议案达23件;二、积极牵线搭桥,服务中心工作。积极做好招商引资工作。成功承办省工商联十届五次执委会暨江西民营企业家(抚州)经贸合作洽谈会,会上抚州市签约金额41.9亿元。积极参与中国光彩事业抚州(广昌)行活动、全国知名民营企业助推江西发展升级大会邀商活动,先后赴北京、上海、广东、浙江、江苏、福建等地开展对接活动,走访全联医药业商会、全联五金机电商会、全联旅游业商会等15家商会。光彩事业抚州(广昌)行活动项目签约金额累计1616.22亿元,接受公益捐赠2700多万元。在抚州市各外埠商会开设抚州市名优特产品展销窗口,宣传和推介抚州特色产品,提高抚州名优产品知名度和市场占有率。三是做好总部经济中心项目建设。该项目是抚州市吸引在外成功人士返乡创业的重点建设项目。年内引导各商会参与项目建设,协调解决有关问题,项目进展顺利;三、积极教育引导,承担社会责任。年初,市委统战部、市工商联争取企业家支持,筹集10万元走访220户困难群众。赣抚商会成立光彩事业促进会赣抚商会分会,筹集200万元扶贫基金。广东省江西抚州商会在2014年12月向抚州市捐赠21辆救护车,并设立200万元基金,该商会会长熊文辉捐赠1200万元支持“金溪县浒湾镇一水两岸”项目建设,崇仁籍企业家(深圳思拓微电子科技有限公司陈泽孙)向家乡捐资200万元用于新农村建设。据不完全统计,年内全市非公经济人士和在外抚商及部分友好商会为光彩事业捐资捐物近4000万元。

【基层商会组织建设见成效】 2015年,市工商联健全组织网络,增强发展活力,坚持面向基层、面向企业,着力抓好会员发展工作,基层组织逐步优化,工作基础更加牢固。一、规范商会建设。积极开展全国“五好”县级工商联创建活动,在黎川县召开“五好”县级工商联建设现场推进会,组织资溪、东乡、临川工商联负责人赴九江、永修工商联考察学习。先后召开全市工商联工作联系会议、基层组织建设座谈会、外埠商会工作座谈会等会议,积极探讨和交流商会建设经验,彼此取长补短,提升商会工作水平,增强商会的凝聚力和吸引力;二、优化会员细胞。按照“积极发展、优化机构、加强服务、动态管理”的原则,既注重吸纳规模大、实力强、有代表性的企业入会,也注重发展中小微型企业和个体工商户入会,不断优化会员结构、扩大会员覆盖面。全市工商联共有会员6581名,其中企业会员2960名,团体会员172名,个人会员3449名;三、夯实党建基础。市非公党工委为非公经济发展发挥重要作用,在抓好自身建设的同时,召开3次非公党建工作座谈会,开展“七一”表彰活动,制定下发开展建设服务型党组织的实施方案,不断夯实非公党建工作基础,引领非公有制经济持续健康发展;四、加快商会建设。围绕“方向正确、管理民主、行为规范、服务高效、充满活力”的目标,大力推进民间商会组织建设,推动赣州南康、吉安、景德镇3地成立抚州商会,全市共组建各级各类商会172个,其中市本级外埠商会有北京、上海、广东、深圳、福建、厦门、宁波、昆明、海南、南昌、九江、赣州、吉安、景德镇、赣州南康区等省市抚州商会14家,会员总数近3000人(家),异地商会有市福建商会、市江苏商会、市浙江商会3家。行业商会有副食品百货、古玩、酒店行业用品、建材家俱、民营文化产业、拍卖行业、餐饮行业、装饰建材、海西商会等9家。年内还在抓紧筹建苏州、中山、东莞市抚州商会、面包行业商会、婚纱摄影行业商会;五、发挥商会作用。在外抚商充分利用自身优势,通过各种形式和途径积极宣传家乡、推介家乡,发挥重要窗口作用。年内,京抚商会、厦门抚州商会、上海抚州商会、广东省江西抚州商会、东莞抚州商会筹委会均分别组织会员或邀请客商参加抚州在北京、泉州、上海、东莞等地召开的招商引资项目推介会,为两地的经济交流合作牵线搭桥不遗余力。赣抚商会、京抚商会、宁波市抚州商会、广东省江西抚州商会分别在下半年组织返乡投资考察团赴抚州高新区、抚北工业园区及相关县区进行投资考察。据不完全统计,全年各外埠商会会员20余人返乡投资创业,投资总额近60亿元。

2015年12月26日,抚州市工商业联合会(总商会)第四次会员代表大会在市行政会议中心一楼会议室召开

【自身建设见成效】 2015年,市工商联加强内部管理,提高队伍素质,自身建设取得显著成效。一、加强领导班子建设。召开市工商联第四次会员代表大会,及时将一批经济实力强、社会影响大、热爱工商联工作的非公经济人士充实到工商联领导班子中,共安排41名兼职副主席(副会长),80名常委和114名执委,增强工商联的凝聚力和感召力;二、加强干部教育培训。采取以会代训、集中学习和干部自学等方式,组织机关干部认真学习党的十八届五中全会精神、中央统战工作会议精神和习近平总书记系列重要讲话精神,引导机关干部学习政治、经济、法律、科技和业务知识,注重培养机关干部的学习能力、沟通能力和干事创业的能力;三、践行“三严三实”。在党的群众路线教育实践活动基础上延展深化,领导干部自觉带头,机关全体干部积极参与,全面开展“三严三实”专题教育,持续深入推进党的思想政治建设和作风建设,严格落实党风廉政建设责任制,切实做到把纪律挺在前面;四、开展“四进四联四帮”活动。根据市委统一安排,扎实开展“四进四联四帮”活动,主要领导和分管领导多次深入挂点帮扶村和挂点社区调研指导,先后向挂点村特困群众、困难学生、参战退役老兵发放慰问金和慰问品总计4万余元,向挂点社区困难大学生提供2万元助学金。

(曾进辉)

【市工商联领导名录】
主　席:蔡　青
党组书记、副主席:吴荼香
副主席:熊瑞环　姚光辉

本栏编辑　范蔚萍

# 群众团体

## 抚州市总工会

【概况】 2015年，抚州市各级工会组织深入学习贯彻党的十八届三中、四中、五中全会精神和习近平总书记系列重要讲话精神，全面落实中央、省、市决策部署，坚持走中国特色社会主义工会发展道路，牢牢把握“为实现中国梦而奋斗”的工人运动时代主题，紧紧围绕加快发展升级的目标任务，大力弘扬劳模精神，突出抓重点，攻难点，创亮点，坚持“每季一主题、每月一活动”，积极适应新常态、不断展现新作为，努力创造新业绩，团结动员广大职工为推动抚州跨越发展发挥积极作用。

【强化理论武装】 2015年，市总工会在强化理论武装中引导职工听党话，坚持走中国特色社会主义工会发展道路更加自信。一是深入贯彻党的十八届三中、四中、五中全会和习总书记重要讲话精神及党的群团工作会议精神。全市各级工会把学习宣传贯彻习近平总书记重要讲话精神和党的群团工作会议精神作为首要政治任务，通过会议传达、专题学习、宣讲座谈等形式，把会议精神传达到广大工会干部和职工群众中，同时高举旗帜，巩固阵地，争取人心，坚持正确导向，组织引导职工群众听党话、跟党走，坚定不移地走中国特色社会主义工会发展道路；二是争取党政的重视和支持。市委、市政府对工会工作高度重视，市委常委会先后4次听取工会工作汇报，对相关工作进行研究部署并出台《关于加强和改进党的群团工作的实施意见》；与市政府召开第十一次联席会议，及时解决市劳模疗休养经费、困难职工帮扶资金等一系列实际问题，增加职工服务中心的领导职数和工作人员编制。市委书记、市长，人大、政协主要领导亲自参加工会活动，市委副书记、联系工会的市政府领导多次代表市委、市政府出席工会会议并讲话，为工会开展工作营造良好的政治氛围；三是组织引导职工群众自觉培育和践行社会主义核心价值观。积极融入抚州市省级文明城市创建活动，通过举办职工读书会、演讲、朗诵、文艺创作、书画摄影等方式，组织引导职工群众自觉培育和践行社会主义核心价值观。深入开展“弘扬法治精神·争当守法职工”系列活动，引导广大职工做社会主义法治的忠实崇尚者、自觉遵守者、坚定捍卫者，市总工会荣获第二届江西省百万职工学法、用法知识答题竞赛优秀组织奖。与市委宣传部联合开展全市“最美劳动者”评选表彰活动，评选出的“十大最美劳动者”得到社会高度认可，抚州的主流媒体、市行政中心的LED荧幕进行了广泛宣传。组队参加省总工会“社会主义核心价值观工间操比赛”“职工网球比赛”等系列活动，并取得全省职工工间操比赛二等奖，全省网球比赛领导干部双打冠军、男子单打亚军、团体第五名的佳绩。深入开展“工会法律知识讲堂”活动，利用机关周一集中学习活动，倡导“人人当老师，个个讲一课”，不断增强工会干部法治意识。

【凝聚职工力量】 2015年，市总工会在服务大局中凝聚职工力量，服务幸福抚州建设更加主动。一是深入开展劳动竞赛。在全市工业企业中广泛开展“苦练基本功·当好主力军·服务升级版”系列劳动竞赛活动，全年参赛企业达600多家，参赛职工3万余人。积极开展“技能培训促就业”活动，共培训职工1732人。市总工会联合市卫计委和市教育局开展全市卫生计生监督和中小学班主任技能竞赛，进一步提升广大医务人员和中小学班主任技术技能水平。组队参加省总工会女职工茶艺技能大赛，获得优秀组织奖；二是大力弘扬劳模精神。在时间紧、任务重的情况下，高标准、高质量完成国家、省级、市级劳模推荐评选工作，分别评选推荐全国劳模5名、省劳模66名、市级劳模99名，市委书记、市长和有关领导亲自为全国劳模进京受奖送行。其中全国劳模兰念瑛还作为江西省两个全国劳模代表之一，赴京参加全国抗日战争胜利70周年纪念活动。抚州市于国庆前夕，隆重召开表彰大会，为99名市劳动模范和先进工作者颁奖，进一步激发全市职工和劳动群众立足本职、创新创业。积极推进劳模创新工作室创建活动，充分发挥劳模专业特长和技术优势，鼓励支持他们结合各自岗位和业务特点成立创新团队，先后创建省级“劳模创新工作室”示范点4个，市级“劳模创新工作室”示范点12个，其中全国劳模广昌县检察院魏云秀创建的工作室是全省唯一一家行政机关事业单位劳模创新工作室。当年，全市劳模创新工作室帮助企业解决技术难题92项，技术扶贫14项，申报发明专利27项。全国劳模卜臣民代表江西省参加“全国优秀班组长经验交流大会”并作典型发言。加强劳模服务管理，发放省、市劳模春节慰问金、生活困难补助金、特困救助金等“三金”208.22万元，组织396名国、省级劳模参加休养，173名市级劳模体检，在全社会进一步形成关心劳模、尊重劳模、学习劳模的良好氛围；三是倾力做好“四进四联四帮”工作。认真落实市委、市政府决策部署，积极做好“四进四联四帮”工作，选派3名干部组成的小分队，进驻宜黄县圳口乡固源村开展帮建工作，全年共筹集12万元资金，用于安装路灯、添置电教设备、改善村委会办公条件。同时，小分队进村入户，与村民零距离沟通，帮助化解矛盾30余起，精准帮扶32家，实现微心愿11个，资助困难大学生4名，高中生11名；四是积极参与省级文明城市创建活动。牵头抓好挂点的营上巷文明社区建设，先后筹集5万元帮扶社区开展文明共建活动。组织相关单位和机关干部开展文明交通劝导和学雷锋志愿者服务活动，推进文明单位创建。同时，参与全市重大安全事故调查和善后处理工作，先后9次全程参与重大交通安全、爆竹生产安全等事故调查及善后处理工作，为建设平安抚州贡献力量。

【维权维稳】 2015年，市总工会在服务职工中突出维权维稳，依法构建和谐劳动关系意识更加增强。一是依法维护职工权益。市、县两级工会分别成立职工法律援助中心，建立劳动争议调解工作室，免费帮助因裁员、欠薪、断保等引发的劳动纠纷69起，为权益受损的职工（农民工）开展维权工作达295人（次）。与劳动、建设和信访部门联合开展农民工工资支付专项检查活动，共帮助追讨欠薪354万元。积极推进“三师”（法律援助律师、集体协商指导师、健康工程师）进园区，引导企业依法经营、关爱员工身心健康，引导职工理性维权，构建和谐劳动关系。二是稳妥推进工资集体协商。督促基层工会主动开展工资集体协商要约行动，积极推进重点行业、重点企业开展工资集体协商，选树博雅生物、金溪香料行业、东乡经济开发区作为企业、行业、区域工资集体协商示范点。通过以点带线，以线促面，形成“推进有特色、实施有创新、协商有突破”的发展态势，切实有效地维护职工经济权益。三是强化民主管理工作。以职代会、厂务公开为重点，深入企业调研，在掌握各类企业民主管理建制情况的基础上，加强分类指导，积极推进企业民主管理建制行动，扩大建制覆盖面。大唐发电、博雅生物、乐美电商、江铃底盘、市实验学校等一批企事业单位认真坚持职（教）代会制度，职工主人翁地位得到充分展现。在厂务公开工作中，坚持把企业改革发展的难点、职工群众关心的热点、企业反腐倡廉的关键点作为公开的重要内容来抓，增强企业与职工之间的沟通与互信。

【注重民生福祉】 2015年，市总工会在服务社会中注重民生福祉，推动工会帮扶工作更加扎实。一是深入开展困难职工帮扶救助。不断加强工会就业援助工作，通过举办招聘会、培训班，做好“欢乐春节家乡行”“春风行动”“工会就业援助月”“阳光就业行动”等招聘活动，帮助介绍安置就业2670人。筹集资金65万元，用于开展“夏送清凉”活动，走访慰问职工4.5万多人。筹集资金497余万元，用于开展“秋送助学”活动，资助困难学生达3210余人。深入开展困难帮扶，筹集困难帮扶资金899.1万元，慰问困难职工8200余人，把党和政府的关怀和工会组织的温暖送到职工心坎上。积极做好职工互助保障服务工作，全市参加互助保险12.4万人，共受理理赔案件140多起，赔付金额达186万余元。二是扎实做好困难职工大摸底、大调研、大建档活动。对已建档在册的困难职工进行认真的复核审查，实行动态管理。对已经脱困或去世的困难职工的档案及时注销，做到增减有序。对新增的困难职工，认真调查核实。准确了解职工家庭当前生活状况及困难原因，从源头把好关，进一步提升工会精准帮扶水平。至年底，全市共建困难职工档案2.1万个。三是积极推进“大接访”活动。在继续做好“12351”职工维权热线接听工作的基础上，坚持职工服务中心信访轮值接访制度，市总工会班子成员率先垂范，带头接访，化解职工群众的来信来访问题。2015年，市总工会职工服务中心共接待来信、来访、来电1090余人（次），及时妥善处理职工（农民工）大病救助、生活救助，职业介绍、法律援助等民生热点问题。

【加强自身建设】 2015年，市总工会在服务基层中着眼强基固本，工会组织自身建设在服务社会中更加牢固。一是扎实开展专题教育。市总工会党组严格按照市委统一部署，扎实推进“三严三实”专题教育。制定总体工作方案和学习研讨计划，召开动员部署大会，主要领导带头上党课。认真开展各个专题的学习研讨活动，查找不严不实情况，有针对性地进行整改。引导党员领导干部自觉践行“三严三实”，树立工会干部良好形象，进一步密切工会与职工群众的联系。二是不断夯实基层基础。认真贯彻中央、省委党的群团工作会议精神，以基层工会建设“落实年”为契机，最大限度地把农民工组织到工会中，引导广大农民工坚定跟党走。举办“全市农民工集中入会”仪式，全市11个县（区）同一天在各重点行业或骨干企业同步举办农民工集中入会仪式，并开展“六个一”活动，即开展一次入会总动员，进行一次会员登记，发放一本《会员证》，发放一份宣传册，送上一份劳动服务用品，组织一次法律咨询。集中入会仪式当天，全市共有3900余名农民工加入工会组织。2015年，全市新组建工会组织124家，发展会员10420人，其中农民工会员6850人。三是坚持把纪律挺在前面。从严执行中央八项规定，认真落实党风廉政建设主体责任和“一岗双责”，做到“逢会必讲、失职必纠”，筑牢拒腐防变的思想道德防线。严守党的政治纪律和政治规矩，主要领导带头开展“纪律讲堂”活动，严格落实市纪委各项工作要求。开展全市工会财务大检查、工会经费审计活动，对各县（区）工会进行财务检查、资产管理专项检查以及专项资金审查审计活动，进一步完善工会系统人、财、物等相关管理制度。同时，加强工会资产的运营及管理，采用市场化的运作方式，引进抚州市标航培训服务有限公司，对工会干部和职工群众进行教育培训，在一定程度上解决职工服务中心人手不够的问题；四是激发创新意识。围绕市委、市政府工作大局和新时期工会面临的新形势新任务，不断创设新载体，坚持开展好“每季一主题、每月一活动”，市总工会各个部室结合自身职能，采取独办、联办等方式，至少策划举办一次有特色、有意义、有影响的活动，进一步激发工会干部的创新精神和担当意识。其中开展的全市“最美劳动者”评选表彰活动、“中国梦·工会情·助学美”活动、“选好一个劳模、树立一面旗帜、引领一片职工”创先争优评选表彰活动，在社会上产生良好反响。2015年，市总工会在全市绩效考评中获优秀单位称号。

(戴加龙)

【市总工会领导名录】
党组书记、主席：江玉兰
党组副书记、常务副主席：傅晓林
党组成员、副主席：谢晓荣
党组成员、调研员：傅雅君(任至8月)
经审会主任：董立伟

## 共青团抚州市委员会

【概况】 2015年，共青团抚州市委员会以习近平总书记系列重要讲话精神为指导，深入学习贯彻党的十八届四中、五中全会和共青团十七届三中全会、团省委十五届三次全会及市委三届十一次全会精神，紧紧围绕市委、团省委工作部署，牢牢把握时代主题，紧贴党政工作重心，以改革创新精神、依法治国理念、从严治团作风，深化“四大工程”，适应新常态，展现新作为，团结带领广大团员青年在建设幸福抚州的生动实践中发挥生力军作用。团市委被市委、市政府评为2015年度市直机关绩效管理优秀单位，获省、市级文明单位、全市社会管理综合治理先进单位、市直节能工作优秀单位、市直计划生育工作先进单位等荣誉称号。

【青少年思想引领工作扎实有力】 一是大力实施“红色基因代代传”工程。在全市重点县(区)建立5支“红领巾”小小讲解员队伍。命名市级英雄(雷锋)中队33个，创建省级英雄(雷锋)中队6个。广泛开展“红色基因代代传——点赞英雄歌颂祖国”“优秀传统文化在我身边”等主题活动，全市20多万少先队员积极参加活动。举办“源野杯”红色书画作品创作大赛。通过开展系列活动，引导广大青少年传承红色基因，积极培育和践行社会主义核心价值观；二是推动“中国梦”主题教育活动深入持续开展。在全市集中开展“与人生对话——我的中国梦”“彩虹人生——奋斗的青春最美丽”“红领巾相约中国梦——关注少代会，当好小主人”“迈入青春门 走好人生路”“红领巾我为你自豪”新队员入队仪式、“扬五四精神 做有为青年”重温入团誓词、十八岁成人礼、暑期社会实践和梦想寻访活动等系列主题活动，教育广大青少年为实现中华民族伟大复兴的中国梦而努力奋斗。举办“农行杯”首届《少年演说家》大赛抚州分赛，推报的“小荷尖尖”国学社团和文艺作品《棋艺》荣获全国优秀红领巾国学小社团、全国优秀国学文艺作品称号；三是以新媒体平台推动“网络总动员”。安排专人负责《才乡青年网》、微信公众号、微博管理和推广，确保及时更新和覆盖面扩大；加强网宣队伍建设，举办共青团网络宣传与舆论引导工作专题培训班，抓住节假日或关键历史节点等时机在团属阵地经常开展话题讨论，积极发挥青年网宣队伍作用，在互联网上弘扬“正能量”。

【服务党政大局有成效】 一是助攻“三大战役”。持续跟踪服务江西悦诚科技有限公司，推进厂房建设完工并顺利投产。积极发挥青企协、青联等组织优势，成功签约文化产业园项目落户抚州。联合市委组织部召开全市各界青年“适应新常态，展示新作为，建功‘三大战役’升级版”座谈会，与各界优秀青年代表120余人共话青年干部成长成才，激励当代青年主动适应新常态，展现新作为，共谋新发展。实施“绿动赣鄱”行动。在全市开展“保护母亲河·美丽中国梦”“我和小树共成长”主题植树行动。大力推进千亩共青团青年林果示范基地、共青团生态文明示范村建设。组织开展“绿色长征”公益健走、“体验城市徒步 品味低碳休闲——‘书虫暴走’梦湖徒步健身”、互动青春乡村青年交流联谊、青春建功美丽中国行动等主题活动。积极在市教育集团4所学校及两所大专推动成立环保社团。二是助力法治抚州建设。在全市广泛开展青少年普法教育，依托各地青少年法治教育基地，开展旁听庭审、“模拟法庭”“检察院开放日”等多种法治实践体验活动60余次。深化重点青少年群体服务管理和预防犯罪工作，完善11个“阳光班级”，实现标准化建设目标，逐渐形成长效机制。组织法制副校长每学期开展两次以上青少年法制专题讲座。开展“禁毒知识进校园”活动，教育引导青少年远离毒品。三是聚力文明城市建设。围绕省级文明城市创建，深化千名机关干部进社区报到志愿服务工作，长期开展青年志愿者文明交通劝导活动，营造“讲文明、树新风”社会氛围。春运期间，组织志愿者驻点火车站、汽车站等地，为旅客提供搬运行李、照顾小孩、指路引路、列车咨询等志愿服务，服务上万人次，深受广大市民一致好评。以学“雷锋日”为契机，在全市广泛开展助残扶弱、敬老爱幼、文化宣传、环保卫生等各类主题活动，让文明之风吹遍整个“才乡大地”。同时，积极发挥牵头单位作用，从办公经费中挤出1万元推进临川区六水桥街办州学岭社区共建文明社区，加强工作服务平台和组织建设。

【服务青少年成长发展】 一是大力促进青年创新创业创优。积极响应“大众创业、万众创新”号召，争取市政府在江西省率先出台《抚州市银行业金融机构支持大众创业万众创新的实施意见》，组建市金融团工委。继续推进全国青年创业示范园区建设，3000平米实训基地已正式启用，“示范园区”入驻企业74家，其中引进微创项目40个，成功孵化企业17家进入高新区购地建厂。全市共建有初具规模的电商孵化基地6个、创业园6个。相继成立青年创业者、农村青年致富带头人协会等22支青年创业队伍，建立240个乡镇和村级电商平台，组织开展培训共54期，帮助农村青年实现电商创业梦。同时，举办“农行杯”“邮储银行杯”青年创新创业创富大赛及“振兴杯”青工职业技能竞赛，推荐获奖选手参加省级以上比赛。联合人社局、农信社，推进青年创业小额贷款工作。举办“奋斗的青春最美丽”分享会16场、“见习助就业·牵手毕业生”见习岗位对接活动。做好与银行业金融机构优秀青年干部赴县级团委挂职对接工作。积极组织青年企业家参加“及众”杯青年互联网创业大赛；二是有效服务青少年健康成长。大力选树先进典型，在江西省率先开展“最美少年”评选活动，表彰20名“最美少年”和“青年五四奖章”，在广大青少年中掀起“崇尚先进、学习先进”的浓厚氛围。在全市广泛开展“团青心连心点亮微心愿”活动，帮助各类青少年群体实现“微心愿”1600余个，为贫困学生捐款捐物30余万元。推动关爱农村留守儿童和不良行为青少年教育矫治等公益创投试点项目取得实效。加强各级团组织与青年社会组织和新兴青年群体联系。申报省级“青亲伙伴”组织1家，认定市级8家。同时，积极开展“七彩课堂”“阳光助残行动”、关爱农民工子女支教、“探寻才乡文化 关爱留守儿童——抚州广州青年文化交流”活动，深受社会好评。完成残疾青少年结对人数4676人，结对志愿者2814人，结对志愿服务队115支。摸底学校142所，结对学校133所，全市各级团组织、青年志愿服务队与农民工子女结对数达37139对，结对志愿者组织111支，各级团组织开展关爱农民工子女志愿服务活动80余次，参与青年志愿者达10230人次；三是维护青少年合法权益。全面深化“共青团与人大代表、政协委员面对面”活动。与律师事务所、抚州市心理咨询协会合作成立青年维权联盟组织，并在青少年维权网络平台注册。在全市推广东乡县“校中建家”教育模式。广泛开展“暑期前最后一课”“开学第一课”青少年自护教育活动，覆盖青少年学生10余万人，最大限度地预防和减少各种安全事故的发生。组织动员100余人参加全国社会工作职业水平考试和全省社工培训。采取“专兼职团干+社工+志愿者(义工)”的模式，推动县(区)成立青少年社工机构，打造专业人才队伍。

【加强自身建设】 一是狠抓制度建设。全面落实团县(区)委书记列席同级常委会和党委会制度，完成率100%。学习贯彻中央、省委《关于加强和改进党的群团工作的意见》《实施意见》和党的群团工作会议精神，参与起草市委出台《实施意见》；二是加强组织建设打造“身边的共青团”。大力推进区域化团建工作，在全市建立“青年空间”12个，青少年综合服务平台12个，共服务各类人群30多万。全市1873个村(社区)完成团组织换届，共吸纳505名大学生村官担任团干，不断夯实基层“桥头堡”。扎实推进网络、非公企业、新社会组织、驻外团工委、涉农行业协会及农村专业合作社团建工作。扎实推动“百县千乡”工作，持续深化乡镇实体化“大团委”建设，全市共建有直属团支部3413个，新增乡镇团委委员103人；三是深化作风建设。联合市纪委在全市开展“青春倡廉·清廉抚州”学思践悟系列活动，以“四个一”(读好一本廉政书籍、撰写一篇廉政感悟、举办一场廉政讲座、组织一次倡廉实践教育活动)的形式，引导全市青年干部主动适应从严治党新常态。深入开展“三严三实”专题教育、“四进四联四帮”“走进青年、转变作风、改进工作”“团干部如何健康成长”等主题活动，选派机关两名年轻干部驻点贫困村崇仁县相山镇双坑村，团市委筹措资金10多万元帮扶贫困村新建活动场所、实施精准扶贫项目、资助困难残障家庭，为群众解决困难和问题30余个，帮助他们实现“微心愿”60余个。同时，团市委党组强化落实党风廉政建设“主体责任”思想认识，健全完善各项规章制度，严格落实中央“八项规定”和省、市委有关规定，形成反腐倡廉长效工作机制；四是推进阵地建设。积极争取市政府重视和支持，已落实市级青少年宫项目建设选址和预算审定。

(符　伟)

【团市委领导名录】
书　记：陈素芳
副书记：邹　俊　陈　勇(2014年6月挂职广昌县委常委、县政府副县长两年)

## 抚州市妇女联合会

【概况】 2015年，抚州市妇女联合会紧紧围绕“发展升级、小康提速、绿色崛起、实干兴赣”十六字方针，坚持“一手抓发展、一手抓维权”工作思路，开拓创新，锐意进取，团结带领全市广大妇女在全面建成小康社会的伟大实践中建新功、立新业。

【“三大平台”引领妇女主动适应经济发展新常态】 牢牢把握市委市政府对经济工作稳中求进的总基调，引领妇女在大众创业、万众创新中发挥“半边天”作用。一是搭建培训平台，促进妇女家庭服务业和手工业发展。2015年全市共开展家政服务培训、妇女手工业培训共35期，培训妇女6200多人。市“红杜鹃”家政职业培训学校举办育婴师、月嫂、家政服务员、家庭烘焙等职业培训11期，共1800多人。依托县域优势，组织引导发展妇女特色手工业，如广昌县工艺香扇制作、金溪的花饰加工、南丰的傩面具雕刻、东乡的服装来料加工等等。因地制宜地开展“巧手手工制品展览”“采摘技能培训”“香扇制作”“傩面具雕刻”等主题培训24期，培训妇女4400人，促进当地妇女增收致富。2015年，全市有近百家从事手工制品的企业和家庭作坊，直接吸纳妇女就业近2万多人，实现年加工及销售收入近亿元；二是搭建帮扶平台，多渠道扶持巾帼就业创业。努力为下岗失业妇女、转移就业妇女送政策、送信息、送岗位，帮助妇女实现就业创业。2015年，各级妇联通过召开招聘洽谈会、经验交流会等方式为企业和妇女提供对接机会，参与全市“春风送岗”下乡招聘14次、帮助妇女就业4513人。联合劳动部门针对创业女大学生、农村创业妇女等女性创业者提供有效而便利的妇女小额贴息贷款。2015年，共发放妇女小额贴息贷款2.42亿元，受惠妇女3153人。通过开展“岗村联动、共建新农村”活动，发挥“巾帼文明岗”人才、技术、信息等资源优势，对有创业意愿的妇女进行资金扶持和项目推介。2015年全市已有56个巾帼文明岗与共建村签订共建协议；三是搭建示范平台，以典型促全局带动妇女创先争优。通过基地辐射带动创业，以优势项目引导创业。积极打造“巾帼现代农业示范基地”“三八绿色示范基地”和“妇女手工创业基地”等“妇”字号品牌，向周边妇女传授创业经验、技术、渠道，并依托基地提供就业机会。2015年，市女企业家协会举办各类女性人才专题培训班及座谈会6次，组织市女企业家参加全国各地的经验交流，进一步开拓女性创业者的视野，增强女企业家做大做强事业的决心。以拍摄《映日荷花别样红》创业专题片的形式展示女性创业风采,激发更多女性投入到全民创业、万众创新的浪潮中。

【“三个结合”带领全市妇女树立文明法治新风尚】 一是结合“四进四联四帮”活动,组织妇女开展农村扶贫工作。发挥妇联优势,广泛开展帮扶结对和城乡互助活动,宣传国家方针政策和妇女儿童权益保护相关法律法规。组织农村妇女开展村容村貌卫生整治活动。2015年,市妇联在市直100支连心小分队挂点村开展“春蕾助学”活动,共资助贫困学生227人,资助金额达198400元。开展“母亲健康快车”送医下乡义诊咨询服务活动。为38名农村贫困妇女争取全国妇联“两癌”项目,救助资金38万元。为400名农村贫困孕妇争取“母亲邮包—孕产包”,价值约16万元。救助慰问29名困难村妇代会主任和贫困“三八红旗手”。组织女企业家与高一贫困女生“一对一”结对资助活动,帮助30名贫困女生完成三年高中学业,每人每年获资助3000元,切实有效解决农村贫困妇女儿童在生产生活中遇到的困难和问题;二是结合法治抚州建设,有效保障妇女儿童合法权益。开展法律知识“进乡村、进社区、进学校”活动,通过悬挂横幅,设立咨询台,摆放展板,散发反邪教宣传资料和法律知识读本,为群众提供法律咨询服务等形式广泛宣传。举办“平安知识家家晓”网上竞赛,提高妇女群众法律知识知晓率。健全妇女儿童维权“一线一站(点)”矛盾调处机制(即“12338”维权热线和基层维权投诉站),发挥“一线一站(点)”覆盖面广和面向基层的特点,妥善处理妇女群众的来信来访,及时化解各类矛盾纠纷,有效畅通妇女表达诉求和受助的渠道。2015年,累计接待来信来访来电400多件,办结率达100%,代理妇女维权案件10起;三是结合省级文明城市创建,倡导和谐温暖的家庭文化。积极发挥妇女在家庭文化建设中的特殊优势,弘扬正能量、传播真善美,为抚州创建省级文明城市增添巾帼力量。组织开展消灭白色垃圾、清理非法小广告、义务清扫等多种形式的志愿活动和“八小时文明交通劝导活动”。深入推进寻找“最美家庭”活动,挖掘出各具特色、事迹感人的“最美家庭”120余户,其中崇仁县宁宏昌家庭获全国“最美家庭”荣誉称号。在庆祝“三八”国际劳动妇女节105周年暨“最美家庭”颁奖典礼上,对其中10户最美家庭进行颁奖。举办“青春有约 幸福牵手”单身青年交友联谊活动,180名青年朋友参与交友、交流。以纪念抗日战争胜利70周年为契机,全市妇联组织开展“温暖母亲”特别行动——走访抗战将士遗孀,为19名遗孀每人送去1000元的慰问金,表达对已故抗战将士的缅怀和对他们的遗孀的关怀。开展“恒爱行动——百万家庭亲情一线牵”公益活动,通过组织抚州家庭与新疆民族家庭共同编织、相互赠送爱心毛衣的方式,促进内地家庭和新疆民族家庭之间的感情,编织毛衣成品近200件。

【“三大创新”推进妇联组织自身能力作风建设】 一是坚持服务形式创新,建立“广覆盖”的服务模式。顺应“互联网+”时代发展趋势,建立妇女组织QQ群、公众微信号、官方微博、妇女网站等“网上妇女之家”“网上妇联”“网长家长学校”,通过线上发动、线下活动的方式,加强与妇女群众的联系与沟通。将“两癌患者、贫困妇女儿童、家政服务员、信访对象”纳入妇联数据库进行动态管理,每年更新一批、解决一批,人性化地点对点服务女性需求,延伸妇联工作手臂;二是坚持管理模式创新,建设“多元化”的妇女组织。不断健全和完善社区妇女组织,通过家政服务站、健身团队、妇女之家等成为社区文化建设的重要阵地。2015年,争取江西省妇联项目资金93万元,扶持建立31个省级乡镇“妇女之家”示范点。建立市妇女儿童活动中心,面向全市妇女群众传播书画、舞蹈、器乐、语言表演等文化艺术,传授家政服务、烹饪等实用技能,吸引学员达1300余人次,举办全国儿童画展、成人瑜伽户外展示、小记者体验活动、四雅集等10多次社会公益活动;三是坚持培训方式创新,队伍建设力度加大。加强妇联干部的教育培训,引导妇联干部内强素质、外树形象,打造出一支业务素质高、服务能力强的顺应时代要求的干部队伍。加强妇联组织作风建设,以“三严三实”为主题,在党员干部中持之以恒地开展党性教育活动,扎实有效地严明工作纪律,改进工作作风。全力推进女性进村(社区)“两委”工作,积极争取党委政府的重视和支持,在换届选举中以“专职专选、定位产生”的方式,促进农村妇女参政议政比例的提高。2015年,市妇联与市委组织部联合举办优秀科级女干部培训班,全市各县(区)和部分市直单位科级女干部共64人前往井冈山江西干部学院开展为期七天的集中培训,对于提升妇女干部的政治素养、更新发展理念起到积极的促进作用。

(赵　玲)

【市妇联领导名录】

主　　席:梁　安

副 主 席:付晓红

副 主 席:张　丽

副调研员:赵　玲

## 抚州市文学艺术界联合会

【概况】 2015年,抚州市文联以十八大精神和习近平总书记在文艺座谈会上的讲话精神为指导,以“三严三实”专题教育活动为契机,紧紧围绕市委提出的“高位谋势、精准发力、敢于担当、跨越发展”的发展战略和江西省文联提出的目标要求,坚持“二为”方向,贯彻“双百”方针,全面履行“联络、服务、协调”三项职能,大力推进文学艺术活动,精心策划文学艺术创作,文学艺术工作取得历史性突破。第十二届中国民间文艺中文学和表演两个“山花奖”同时落户抚州,也是江西省唯一荣获的第十二届中国民间文艺“山花奖”,填补了抚州的空白,市委肖书记为此作出重要批示。

抚州市文学艺术界联合会2015年度有团体会员22个,其中,有市直协会10个,抚州画院1个,县、区文联11个。截至2015年底共有市级会员3000多名,省级会员830余名,国家级会员88名。

**【主要工作与活动】** 全市文联组织紧贴中心，努力从党政所需，文联所能、百姓所乐、文艺家所喜中找准切入点和给合点，充分调动全市文联的力量，开展丰富多彩的文艺活动，在推动抚州跨越发展中实现新的作为。

一是举办纪念舒同诞辰110周年书画展。展览由市委宣传部、市文联主办，市委副书记、市长张鸿星，市委副书记、人大常委会党组书记魏剑锋，市人大常委会主任黄牡香，市政协主席谢发明等领导及舒同之子舒安等亲属出席开幕式，副市长刘菊娇主持开幕式，市委常委、市委宣传部部长黄玉剑致辞。展览共展出舒同、舒安父子上百副书画作品，作品内容广泛，有舒同先生为新中国建设时期撰写的书法题词和书法作品，有在革命战争、社会主义建设等不同时期的珍贵照片，还有舒安先生的书画作品。展览重温了老一代革命者的光荣伟业和文化精神，体现两代人对书画艺术一脉相承又各具特色的追求。

二是举办“深入生活、扎根人民”抚州首届美术作品展。展览由市委宣传部、市文化新闻出版局、市文联共同举办。共展出国画、水彩、油画、陶艺、剪纸、版画、铬画等美术作品135副（件），作品有抚州抗战、抚州人文、抚州风光、抚州建设，充分展示抚州不屈不饶、昂扬向上的精神以及秀美的自然风光，弘扬了抚州优秀传统文化，讴歌抚州人民意气风发的时代精神。

三是举办纪念中国人民抗日战争胜利暨世界反法西斯战争胜利70周年美术作品展。作品展由市委宣传部、市文化新闻出版局、市文联主办，市美术家协会承办。共展出国画、油画、水彩等美术作品46幅。集中表现中华儿女同仇敌忾、众志成城、前赴后继、英勇斗争的抗战主题及和平年代美好生活，提醒人们不要忘记那段血淋淋的历史，牢记中华民族积弱受辱的惨痛教训，永葆中华民族团结统一的强大力量，传承以爱国主义为核心的民族精神。

四是举办全市“汤显祖诗词吟诵”比赛。大赛由市委宣传部、市文联主办等单位举办，各县（区）、有关市直单位组队，共20多个节目、300多人参加比赛。比赛以集体吟诵汤显祖诗词为主要内容，为充分体现集体吟诵水平，参赛队适当穿插领诵、引诵、分组诵、造型表演等多种形式，增强了艺术感染力。节目独具匠心的编排、队员们或深情或激扬的吟诵，给在场观众奉上一台精彩纷呈的视听盛宴。

五是承办“公共资源杯——华夏梦都·大美抚州”摄影大赛。本次大赛摄影家通过围绕“华夏梦都·大美抚州”这一主题，用摄影艺术宣传抚州重点工程项目以及新型的城镇化建设、秀美的自然风光、厚重的人文景观、丰富的旅游资源。

六是举办“凯里路桥”杯幸福抚州散文征文大赛颁奖大会暨散文创作研讨会。大赛历时4个半月，收到参赛作品近500件。邀请省作协知名散文家组成评委会，对所有来稿进行认真评审，本着公平、公正的原则，共评出一等奖2名，二等奖4名，三等奖8名，优秀奖17名。与此同时，还邀请李滇敏、陈蔚文、范晓波三位著名作家分别就散文创作方面进行授课，气氛热烈。

七是举办抚州市2015“临川之笔——放飞梦想”谷雨诗会。本次诗会特邀《长江文艺》《星星》等杂志著名编辑、诗人以及抚州诗人共70多人参加。诗会分两场进行，上午，诗人们在梦岛举行放飞梦想诗歌朗诵会；下午，诗人们在临川二中进行诗歌研讨。诗人、作家、翻译家欧阳昱教授，江文艺出版社编辑、诗人沉河，《星星》诗刊编辑、诗人熊焱等为抚州诗人进行授课。整个诗会内容充实，丰富多彩，博得广泛好评。

八是举办纪念颜真卿“天下第一楷书”书法作品展。作品展由市委宣传部、市文联、市文化新闻出版局、市书协、市人大书画院联合主办，共展出作品150余幅。作品中篆、楷、隶、行、草诸体均有涉及，也有不少作品书写颜体，主题鲜明，健康向上。本次活动，对弘扬临川文化，加强书法爱好者之间的交流，进一步提高抚州书法艺术的整体水平，将产生积极推动作用。

九是举办“源野杯”光照临川之笔——抚州市少儿书画大赛颁奖仪式。本次书画比赛共收到420份学生作品，经过市书协和美协组织评审，共评出60份获奖作品，其中一等奖6名、二等奖18名、三等奖36名。部分获奖作品在颁奖现场展示，一等奖和二等奖作品已经送至省文联和团省委参加全省大赛。

十是举办长篇小说《血凝》研讨会。研讨会由市文联、市作协组织召开。抚州作家、评论家20多人参加研讨会，与会作家、评论家在肯定这部长篇小说优点的同时，也提出中肯的修改建议，希望在再版或者第二次印刷时能有进一步的改进。

十一是举办“景德镇—抚州”两市书法（陶瓷）作品联展。此次两市书法联展共展出作品77件，这些作品基本代表两市书法创作的实绩和特色，充分展示两市书法家的高雅追求和艺术个性，弘扬了两地人文精神，扩大了书法合作发展空间。

十二是组织书法家艺术团赴台湾进行书法交流。抚州市书法家代表团一行36人在台北、高雄两市举办抚州书法作品展及书法笔会，通过此次书法交流进一步扩大抚州书法在全国的影响。

同时，市文联积极贯彻学习习总书记在文艺座谈会上的讲话精神，组织各门类艺术家进行文艺创作采风；协助中国民间文艺家协会到抚考察乐安流坑古村；出版《抚河》文学专刊四期。

**【作品发表、出版与获奖】** 抚州市文联坚持“二为”方向，贯彻“双百”方针，力抓文学艺术创作，文艺作品频获全国性的大奖。2015年，全市文学艺术作品获省级以上奖上百个，其中重大奖项有：

1.《中国民间故事全书·江西抚州卷》荣获第十二届中国民间文艺“山花奖”。全国仅五部文学作品获此奖。中国民间文艺“山花奖”是由中国文联、中国民间文艺家协会共同颁发的国家级民间文艺大奖，与电影“百花奖”、电视“金鹰奖”、戏曲“梅花奖”等同属我国文艺界的最高奖项。中国民间文艺“山花奖”两年一届。2010年，市文联、市民协组织全市100多位民间文艺、史志、新闻、摄影等工作者，全力开展《中国民间故事全书·江西抚州卷》收集整理编纂工作，历时两年，2012年完稿，全书10卷200万字，十一个单行本。2013年由知识产权出版社出版。2014年由江西省文联和江西省民协推荐上报，经中国文联、中国民协评委会初评、复评、终评,2015年10月下旬评选结果揭晓,《中国民间故事全书·江西抚州卷》从入围到优秀作品,到特别优秀作品,最终获中国民间文艺"山花奖"。

2. 南丰傩舞获中国民协文艺"山花奖"。2015年3月,在河南鹤壁市举办的中国社火艺术节暨第十二届中国民间文艺"山花奖"民俗礼仪表演评奖活动上,由江西省民协指导推荐的南丰傩舞《傩舞闹春》夺得大赛金奖。

3. 小小说《玉米》获首届武陵小小说年度优秀奖。武陵小小说奖由《小说选刊》《小小说选刊》《微型小说选刊》、作家出版社、作家网、中国小小说创作基地等联合设立,2015年是首届评选,共评出年度作家奖1名、年度图书奖三本,年度优秀作品奖10篇,抚州作家刘国芳的作品《玉米》名列年度优秀作品。

4. 抚州书法家作品获中国书法"兰亭奖"。2015年4月,抚州市书协副主席杜思吾获得由中国文联、中国书法家协会主办的第五届中国书法兰亭奖。同时,抚州2名书法家作品入展全国第十一届书法篆刻作品展。

5. 抚州摄影作品频获大奖。主要有周抚阳摄影作品《躲避》获2015年第三届英国切尔滕纳姆国际摄影大赛金奖,大赛入选摄影作品有廖建辉的《彝族老人》《圈养》;周抚阳的《留守老人》获2015年波黑"对比"国际摄影大赛金奖,周木杨的《生命赞歌》获绶带奖。

同时,作曲《爸爸妈妈放心吧》获优秀童谣全国征集评比二等奖;少儿舞蹈《11点半》获第七届全国校园文化艺术节金奖;《和爱在一起》获江西省第六届中小幼艺术节初中组声乐二等奖;《祖国在哪里》获江西省第五届中小幼艺术节小学声乐组三等奖;少儿舞蹈《康定溜溜康定情》《草原小俊马》均获2015年江西省"小白鹭"少儿舞蹈大赛优秀奖;《这回是真的》入选中国微型小说排行榜之首;中篇小说《游戏》入选《小说月刊》增刊;诗歌《春天校园的发过梧桐》入选《中国实力诗人作品选读》;《收藏乡愁》入围"感动中国——第三届全国群众文化艺术周"。

2015年,抚州市文艺创作成果丰硕。共出版和协助出版文艺专著20余部。主要有:10卷本《江西名家·书法·抚州卷》《抚州美不胜收》《星火》增刊;小说《徐神仙的传说》;小小说集《小小说》;诗集《见蝴蝶》《夕阳情怀诗集》《杨植生诗词集》《留住纯真》《联珠吟草》《兰梅疏影》《王建兰诗选》;散文集《临川之笔》《散文百家》《看见美的世界》;小戏小品、说唱等戏曲剧目《林海深深》《追铜壶》《真假局长》《挥不去的乡情》《应聘》《再相会》等;以及个人文集《油画肖像作品》《30年文艺作品集》《遍地青花》《你要相信世界没有腐朽》等等。全市作家在国内各报刊杂志发表小说、散文、诗歌600多篇。

（杨如俊）

【市文联领导名录】

主　　席:甘少华
党组书记:李　伟
副 主 席:高志坚

## 抚州市社会科学界联合会

【概况】　2015年,抚州市社会科学界联合会团结全市广大社科组织和社科工作者,围绕服务领导决策、服务发展升级的工作大局,大力开展社科队伍建设,着力做好应用对策调研,全力抓好社科普及与课题研究,努力成为服务党委政府决策的新型"智库",全年各项工作展现新亮点,取得新成效。

【社科研究成果丰硕】　一是由市社科联主办的《决策参考》专报4期,刊登的《教育公平迈大步——探访校长教师交流轮岗的"金溪模式"》《关于金融支持"向莆经济带"建设的策略思考》等均围绕抚州发展热点问题展开专题调研,为市委、市政府的科学决策提供有益参考。《抚州社会科学》杂志以展示临川文化、服务经济建设为办刊方针,及时有效地促进最新调研成果的转化;二是罗崇辉等主编的诗文集《玉茗风雅》(12册)由中国电影出版社正式出版。市社科联组织编撰的《临川文化代表作选集》(7册)、罗伽禄主编的《临川文化》(教育读本)(3册)、方亚伟编著的《抚州历代书画人文大观》等著作基本完稿;三是南城县社联主办的《福地南城》、金溪社联主办的《魅力金溪》、黎川社联编撰的《黎川古代名人诗文选编》、市诗词楹联学习主办的《抚州韵坛》和由市社科联人员参与编著的《刘未林书画作品集》等期刊书籍相继出版。

【规划课题再取新突破】　一是在2015年的江西省社科规划项目中抚州市申报的《金溪县古村落群保护与利用研究》《崇仁老城故事、历史、研究、考证》《崇仁县图书馆藏文物清代玉册来历及内容考证研究》等三个课题通过立项;二是由罗伽禄主编的《临川文化大观》获得江西省第十六次优秀社科成果三等奖;三是组织各县(区)社联积极申报省社联项目资助和社科普及活动的资助,在两个活动中抚州市共有7个县(区)社联的12个项目获得6万余元的项目资助;四是组织开展2015年度抚州市社会科学规划课题立项工作,共批准立项72项,其中,重点项目10项,一般项目62项,并对重点和一般项目共给予约5万的经费资助,为促进社科项目的研究和成果转化提供必要基础保障。

【社科学会活动繁荣有序】　一是联合承办。先后联合市纪委、市廉文化促进会举办"临川文化廉洁思想研究交流会",联合市委宣传部开展"纪念抗战胜利70周年楹联创作大赛",联合市古代书画研究会举办"翰墨乡贤——刘未林书画展"活动;二是独立举办。市地税学会举办"地税系统论文征集评选活动",市诗词楹联学会组织召开"谷雨诗会",市文艺学会召开学术座谈会,市吴澄、吴与弼思想研究会,市人大理论研究会,政协理论研究会等先后召开年会或专题学术会议。

【社科普及宣传周活动丰富多彩】按照江西省委宣传部、省社联的统一部署,抚州市委宣传部和市社联联合举办全市第六届社科普及宣传周活动,围绕"繁荣社会科学,服务绿色崛起,推进全面小康"主题,11月2日,邀请抚州市中级人民法院原院长、抚州市文史委顾问、临川文化名家张山东主讲《临川文化与抚州跨越发展》

主题报告会，活动周期间先后开展媒体专访、学术座谈和社科普及读物赠阅等4项活动。各县（区）社联也同时举行相关活动，如南城县社联承办“纪念罗汝芳诞辰500周年学术研讨会”等。全市在此次活动周期间共举办20余场内容丰富、形式多样的社科普及活动。

【开展“四进四联四帮”活动】 6月底，按照市委“四进四联四帮”活动的部署要求，市社科联与市接待办组成连心小分队，进驻临川区大岗镇株山村开展帮联工作。小分队驻村后及时摸清全村村情、贫困户致贫情况，并建档立卡。对全村存在问题及致贫缘由进行全面梳理，并形成书面材料，带着乡亲们的殷殷期望，到省市有关部门跑项争资，争取资金约46万元，已到位资金22万元。这批资金主要用于村民扶贫、村级党建、新农村建设和村级基础设施建设等，将有效改善株山村容村貌，为该村早日脱贫致富打下坚实基础。

【开展“三严三实”教育活动】 在市委活动办指导下，市社科联结合工作实际，精心组织安排，着力做好“三个主题”教育的学习，把学习教育贯穿始终，把整改落实贯穿始终，严格按时间节点完成目标任务，对梳理出的专项整治问题进行全面落实整改，认真抓好落实主题教育活动的各项工作，并取得了较好成效。

【参与“省级文明城市创建”工作】 一是派员参加文明社区创建工作；二是派员参加交通劝导活动。积极响应市委文明创建的有关精神和工作要求，派员参加文明志愿者工作队，按照市人大牵头单位统一安排，自活动开展以来，在相关月份的周六上午九点到十一点前往指定路口开展“文明交通劝阻”活动，期间每天按时到点开展文明交通劝阻，以认真负责的工作热情受到挂点领导的好评。

【做好建立“抚州国际汤显祖研究中心”相关工作】 按照市委主要领导的要求，市社科联在市委宣传部的指导下，认真组织做好建立“抚州国际汤显祖研究中心”的前期工作，并拟定初步工作方案上交市委、市政府领导审阅。 （方亚伟）

【2015年度省级社科规划立项名单】

1.《金溪县古村落群保护与利用研究》 王筱雄

2.《崇仁老城故事、历史、研究、考证》 罗崇辉

【市社科联领导名录】

主 席：罗崇辉

副主席：谢 红 吴建发（兼职）

## 抚州市科学技术协会

【概况】 2015年，抚州市科学技术协会贯彻落实中央、省委关于加强和改进党的群团工作的实施意见，立足“三服务一加强”的职能，按照“三围绕三顺应”的年初工作安排，发挥科协的桥梁和纽带作用，整合科普资源，强化工作措施，与时俱进，开拓创新，奋发有为，各项工作均取得明显成效。

【开展“三严三实”专题教育活动】 “三严三实”专题教育活动开展以后，市科协党组高度重视，积极行动，统一思想，提高认识，明确责任，精心组织，扎实推进“三严三实”专题教育深入开展。一是充分利用科普网站、科普短信平台、科协微博、微信、电子显示屏等科协媒体加强舆论宣传；二是加强理论学习。5月18日，组织全体干部职工传达学习省委书记强卫在全省“三严三实”专题教育动员部署会上的讲话暨专题党课报告。会上，市科协党组书记、主席雷东水为全体干部职工讲授“扎实开展‘三严三实’专题教育 努力推进科协事业新发展”的党课。6月9日，组织全体干部职工学习刘云山、赵乐际在“三严三实”专题教育工作座谈会上的讲话精神和强卫书记到抚州调研的讲话精神；三是组织专题学习。7月31日，以党组中心组理论学习（扩大）会的形式，举办“三严三实”严以修身专题学习研讨会。9月15日，组织党员干部前往市博物馆，参观全市“把纪律挺在前面”主题教育展。11月13日，组织副县级以上领导干部参观“三严三实”专题教育展览。“三严三实”专题教育的开展，增强了班子成员坚定理想信念、加强党性锻炼的思想自觉，促进牢固树立正确的世界观、人生观、价值观的行为自觉，为持续改进作风、推动科协事业发展注入强劲的思想动力。

【开展“四进四联四帮”活动】 全市开展“四进四联四帮”活动暨精准扶贫攻坚动员大会召开后，市科协迅速行动，积极部署落实，成立“连心”小分队，深入南城县沙洲镇水口村开展工作。工作人员吃住在村，做好“摸、排、走、访”，画好“民情地图”，按照精准扶贫的思路，量体裁衣制订“六个一”精准扶贫方案。勘测水源，论证方案，解决村民吃水难问题。宣讲党的十八届五中全会精神，邀请全国科普惠农兴村带头人付鹏鸿举办淮山种植知识培训班。举办安全知识讲座，帮助困难学生实现“微心愿”等。“连心”小分队已入户走访居民291户，慰问贫困户10户，解决矛盾纠纷5起，解决群众困难问题5个，开展党员干部群众培训4次，还在水口村小学联系援建“哈哈阅览室”。

【加强科协工作宣传】 2015年，市科协不断夯实宣传基础，拓展宣传阵地，创新宣传方式，扩大宣传面。7月，抚州科协微科普正式上线，8月，社区科普大学在临川区营上巷社区挂牌成立，加上科普陈列室、抚州科协网站、移动手机科普短信平台、抚州科协微博、《抚州科技》期刊、抚州日报科教专版栏目、抚州电视台《科普大篷车》栏目等阵地，科普工作全面进入网络和媒体，实现线上线下良性互联互动，取得全方位、多层次、深角度、大覆盖的宣传效果。宣传工作受到省科协、市委市政府的肯定。11月26日，江西省科协系统宣传工作座谈会在抚州召开，抚州市政府副市长刘菊娇出席会议并致辞，省科协副主席孙卫民出席会议并讲话，抚州市科协作经验交流发言。

【提升科协机关管理水平】 抚州市科协一方面坚持“严”字当头，结合科协实际，不断完善科协机关管理制度，做到用制度管人，照规章办事，按规定用钱。另一方面坚持“活”字相托，以工

会为载体,开展讲解员比赛、"三问"大讨论活动、拓展训练等形式多样的机关活动,增进相互了解,促进团结协作,营造良好的机关工作氛围。"严""活"相济,机关管理水平不断提升。

【开展全国科普日活动】 9月25日上午,市科协联合市教育局、市科技局、市工信委、黎川县人民政府在黎川县八骏马广场举办抚州市"全国科普日"活动启动仪式。活动启动后,全市科协系统围绕"万众创新、拥抱智慧生活、建设幸福抚州"主题,组织开展免费义诊、举办科普讲座、展出科普展板、发放科普小册子、提供科技咨询服务等丰富多彩的科普活动。据统计,在全国科普日活动期间,抚州市共有900余人次科普志愿者深入基层开展服务,开展培训65期,科普报告20余场,科技下乡30余次,科教进社区50余次,科普展览26场次,展出展版500多块,发放资料2万余份,受益群众达3多万人次。

【举办流动科技馆巡展】 6月12日,"体验科学"——中国流动科技馆全国巡展广昌站启动仪式在广昌县第二小学举行。江西省政协副主席、九三学社省委会主委、省科协主席李华栋宣布仪式启动。省科协党组成员、副主席梁纯平出席仪式并讲话。抚州市委副书记魏建锋、市政协主席谢发明、九三学社江西省委会秘书长肖礼庆等领导出席仪式。广昌县委、县政府主要领导,县直有关单位和广昌第二小学的师生代表以及科普志愿者共计300余人参加启动仪式。流动科技馆在南城、乐安等7个县(区)巡展5个多月,接待社会公众20余万人次,深受巡展地青少年朋友和社会各界的欢迎和好评。

【开展科普志愿月活动】 3月28日,市科协科普大篷车驶入临川区湖南乡,与市农科所联合在乡镇集市上开展以"学雷锋科普志愿者服务"为主题的科普宣传暨义诊活动。5月,市科协、市文明办在全市集中开展以"科学普惠民生 志愿服务社会"为主题的科普志愿者进社区、科普志愿者进学校、科普志愿者进农村、科普志愿者进科普基地、科普志愿者进企业等系列科普活动,受到社会广泛关注、积极参与,产生良好的效果。全年全市共动员组织科普志愿者900余人次,开展科普活动21次,受益群众2.6万余人次,解决各类问题200多个,推广10余项实用技术,举办各种科普展览11场,发放资料8万余份。

【科普进社区、进学校、进机关】 7月31日,邀请江西中医药高等专科学校校长胡志芳在营上巷社区举办科学养生科普讲座。在市实验学校、市职业技术学院、市图书馆等重要活动场所,先后举办"如何正确佩戴隐形眼镜""如何看懂天气预报""公共场合如何保护自身安全""户外运动受伤如何应急自救"等内容的科普知识展览,展出时间达6个多月。

【提升农民科学素质】 一是积极开展科技下乡活动。为切实提高农民科学文化素质,进一步强化为民服务思想,形成全社会关心农村、支持农业、帮助农民新常态,2015年,市科协积极开展科技下乡和科普宣传活动,推广农业实用新技术,加快农业科技成果的转化。当年市科协机关和市科技馆共进行科技下乡活动7次,举办科普集市4次,下乡科技人员67人次,自编科技宣传资料5种1万多册,普及实用技术17项,举办科普展览6次,科技下乡活动受益人数16440人。二是积极开展农函大培训。2015年,举办农函大培训班38期,培训学员2935人次。4月14—16日,市委组织部、市科协在梦湖商务酒店举办"万名农村党员科技致富带头人大培训精品班(水产专业班)"培训,培训班邀请北京林业大学管理学博士、省农函大现代农业管理首席专家朱述斌,江西农业大学副教授、中国水产学会会员熊六凤等农业专家、教授授课。各县(区)科普带头人及水产养殖从业人员100多人参加培训。

【提高青少年科学素质】 2015年,抚州市科协不断拓展市科技馆、东华理工地质陈列馆、市博物馆、市图书馆等青少年科普教育基地科普功能,以科普教育为目的,科普活动为措施,积极推进青少年科普,提高青少年科学素养。5月28日上午,抚州市科技馆免费开放试运行,第一批参观者——来自临川十二小的学生参观了科普展板、聆听科学家故事、观摩机床制作、体验科普器材、观看科普动漫。活动让学生感受到科学魅力,激发对科学的兴趣。6月1日上午,市科协和市气象台科普志愿者走进市实验学校,开展一系列生动的科普宣传活动,受到师生的欢迎。

【提升居民科学素质】 市科协按照"居民自治、管理有序、服务完善、治安良好、环境优美、文明祥和"社区建设总体要求,积极推进"崇尚科学、学习科学、运用科学"的科普示范社区建设,在中心城区社区全部成立科普活动室,并增添科普图书,建立科普宣传栏,每季不定期邀请专家开展科普讲座。在临川区西大街办事处营上巷社区建立社区科普大学,聘请固定的教师,对社区学员进行科普教育培训,举办科普讲座,提升社区居民的科学素质。2015年,临川区西大街办事处营上巷社区、黎川县国安新城社区被评为江西省科普示范社区。

【加强科普阵地建设】 科普教育阵地是传播科学技术知识的重要载体和阵地,也是科技知识的实践教育基地。2015年,市科协积极整合科普资源,不断完善和拓展科普教育阵地建设,在全市建立和完善13个培训基地、2个教育基地、1个展示基地、1个科技馆和1个地质科技陈列馆。投入3万多元,对市科技馆、东华理工地质陈列馆进行无障碍设施改造,方便残疾人士参观。在崇仁源野山庄投入经费20万元建立集科普教育、科普展示和观光体验为一体的科普教育展示基地,该基地被省科协命名为"江西省科普展示基地";在市实验学校投入经费8万元,建立气象科普教育基地,有效地推动校园安全、气象科普展等科普教育活动的开展;在市图书馆建立科普教育基地,免费对广大市民开放,2015年参观人数达30万人次。同时,通过抓重点、抓亮点、抓示范,在全市培育、扶持一批科普工作成绩突出、效果显著、群众认可、有较强区域示范作用的、辐射性强的农村专业技术协会、农村科普示范基地、农村科普带头人和科普示范社区。2015年抚州市有2个农技协、1个基地、1位科普带头人人选中国科协基层科普行动计划项目名单,获得奖补资金65万元;有1个农技协、2个基地和3个科普示范社区入选省科协基层科普行动计划项目名单,获得奖补资金78万元。

【推动院士工作站建设】 市科协紧紧围绕市委、市政府中心工作,充分发挥科协系统的组织、人才和智力优势,深入推进抚州院士工作站建设。2015年出台《抚州市人民政府印发关于稳增长促升级的若干政策措施的通知》(抚府发〔2015〕9号)文件,争取把"企事业单位在我市设立院士工作站,且有科技成果转化和应用的,给予50万元的一次性建站资助"列入条文,为院士工作站的大发展奠定良好基础。为东乡东华种禽有限公司、资溪新云峰木业有限公司两个院士工作站争取建站资助经费100万元,引进院士团队2个,博士、硕士20余人,产生直接经济效益近亿元。8月19日,江西东华种畜禽有限公司院士工作站举行揭牌仪式,抚州市委副书记、市长张鸿星等市领导在汝水森林宾馆会见出席揭牌仪式的中国科学院院士吴常信院士一行。

【为科技工作者服务】 2015年,市科协在抚州市高新技术产业园区建立省级科技工作者调查站点,按照省科协的安排,认真开展科技工作者站点调查工作,及时反映科技工作者在工作、学习、生活等方面的诉求,在党和政府与科技工作者之间搭建畅通的沟通渠道,努力维护科技工作者合法权益。科协界别政协委员采取提案等形式,积极反映科技工作者的建议和意见。

【加强学会建设】 2015年,市科协不断加强学会建设,推进学术交流。一是不断强化学会建设。通过调研、广泛征求意见,并借鉴部分行业协会的有益经验,对所属学会(协会)新形势下的工作进行有益探索,探索建立适应社会主义市场经济体制,符合科技和科技团体发展规律的组织体制、运行机制和活动方式,努力把学会组织建设成充满生机与活力的创新型、学习型、服务型学会;二是不断推进学术交流。市科协着力构建高质量、高水平的学术交流平台,紧紧围绕科技创新和学科前沿的重点问题,组织开展形式多样、内容丰富的学术活动。5月29日,"加快东乡绿壳蛋鸡产业发展学术沙龙"在东乡县占圩镇举行,东乡县的养殖户结合自身生产实际,与专家们围绕资源利用、生态保护与合理开发以及产业发展规划和绿壳蛋鸡产品深加工、改进养殖环境、实现生产中存在的普遍问题进行认真研讨。9月19日,江西省科协科普直通车暨江西科协系列学术沙龙104期在临川区举办,省市中草药专家、临川区农业专家、中药材企业和种植基地技术人员、中草药种植大户和部分农技协、基地负责人70余人参加活动。

(市科协办公室)

【市科协领导名录】
主　席:雷东水
副主席:杨正荣

## 抚州市台湾同胞联谊会

【概况】 2015年,抚州市台湾同胞联谊会(以下简称市台联)在推动抚台民间交流交往、增进两岸同胞情感,促进对台招商引资、帮助台胞台属台企排忧解难方面做了大量的工作。全年共接待到抚访问、旅游、考察的台胞16批132人,深入走访慰问定居台胞61户,扶助失学儿童20名,奖励优秀学生120人,解决台胞子女升学、下岗再就业59件。

【开展"心系台企谋发展 新春走访开新篇"活动】 2015年新春,市台联积极开展"心系台企谋发展 新春走访开新篇"活动。1月8日,市台联工作人员前往乐安走访慰问江西台大农业科技园董事长张恒台夫妇,向台商致以新年的问候。随后几天市台联还分片走访黎川、金溪、宜黄、南城、临川等十多家台资企业。

【台胞蔡孟勋捐资资溪县福利院】 1月20日,赣台交流服务中心、中华海峡两岸中小企业联合促进会会长蔡孟勋,台湾海尼斯顿国际有限公司总经理余健凯驱车几百里到资溪,向福利院老人和县慈善会捐赠大米、食用油、台湾小食品和加菜金。蔡孟勋一行与老人们进行互动。县民政局向蔡孟勋、余健凯颁发"关爱同胞,情谊远至"纪念牌匾。

【台商林志和捐赠两台120急救车】 1月28日,江西宽年特种油墨有限公司董事长林志和在其企业大门前,隆重举办120急救车捐赠仪式。林志和在金溪先后独资或合资创办江西宽年特种油墨有限公司、金溪进大精细化学有限公司、江西宽盛塑胶纺织印花制品有限公司和江西和大金实业有限公司等4家企业,从事纳米油墨、印刷油墨生产和纺织染整助剂生产。2014年企业业绩攀升,效益良好,为了回馈社会,特向金溪县中医院捐赠两辆120救护车,总价值41万元。

【台湾环能海运股份有限公司董事长许明财一行到临川考察】 3月25日,应市台联邀请,台湾环能海运股份有限公司董事长许明财一行6人到临川区考察。期间,考察团一行深入抚北工业园区和温泉景区,先后参观自立环保科技、银圣王洁具、今日电气等企业,听取温泉景区负责人对景区规划及建设的详细介绍。考察结束后,参访团一行参加临川区委、区政府举办的座谈会。座谈会上,区委副书记曾月兴向许明财一行推介了临川,欢迎台商到临川投资兴业。许明财表示,临川自然资源与旅游资源丰富、文化底蕴深厚,蕴含巨大商机,回去后一定会加强研究,加强交流合作,促进共同发展。

【深圳市台商协会常务副监事长曾国来一行前往东乡考察】 4月28—30日,应东乡台联邀请,深圳市台商协会常务副监事长、深圳尊顺电子科技有限公司董事长曾国来一行10人到东乡县考察。县委书记谭小平、县长许萍乡会见考察团一行。考察团先后考察部分园区工业项目、城市建设项目、文化产业及现代农业开发项目,听取相关负责人的情况介绍。考察团对东乡园区建设、城市建设、生态环境十分赞赏,希望能早日寻找到合作项目,共同发展。

【台湾逢甲夜市首次进驻抚州马家山广场】 5月22—5月31日,为促进抚台两地民间交流,市台联与台湾相关协会邀请台湾逢甲夜市首次进驻抚州马家山广场,市民在此可以品尝到最正宗的台湾美食。逢甲夜市位于台中市西屯区,是全台湾最大最著名的观光夜市。此次逢甲夜市从上千种台湾美食中精选出最具台湾特色及最受市场欢迎的美味,40多家商户为市民带来台湾最驰名的夜市小吃。不仅让市民吃得过瘾,同时还奉上原汁原味的台湾原住民舞蹈、歌曲、电音三太子。

【抚州籍在台知名人士吴挽澜去世】 6月28日,临川区湖南乡台胞吴挽澜先生在台北去世,享年82岁。吴先生1933年出生,1949年随父吴垂昆(国民党中将)去台。他从大学讲师起步,逐步走上台湾政坛,历任台湾省党部主委、青辅会主委,1999年任台湾“考试院考选部部长”(抚州籍在台人士最高任职)。2000年民进党执政后,他逐渐淡出政坛。吴挽澜生前心系家乡,致力于推动抚台经贸文化交流合作,有口皆碑。获悉他去世的消息,家乡政府特派工作人员前往台湾吊唁,缅怀这位乡贤。

【台商潘杨己一行赴东乡考察交流】 7月12日,应东乡县台联邀请,台湾品裔贸易有限公司潘杨己一行四人到东乡考察交流。考察团一行在县委常委李群彪、副县长艾鹏华陪同下,先后实地考察荣胜艺术村、舒同博物馆、江西润邦农业开发有限公司、佛岭国际公园等地,并听取情况介绍,对东乡县蓬勃发展的生态农业、美丽的自然环境和深厚的文化底蕴表示高度赞赏。台商们表示,东乡投资环境优越,发展潜力巨大,希望与东乡县进一步加强交流与合作,不断开拓合作领域,促进双方互利共赢。

【台资企业德隆数控科技有限公司开展“爱心成就未来”捐助活动】 10月28日,由黎川县台联、县教育局主办的“爱心成就未来”捐赠仪式在县教育局举行。台资企业德隆数控科技有限公司企业董事长张锦郎委托企业负责人杨贤清出席捐赠仪式,将10万元人民币善款发给50名品学兼优或家庭困难的初高中生(每人2000元),希望学生们努力学习,成为国家有用之材。

【台湾著名学者龚鹏程在抚州正觉古寺讲学】 11月6日下午,台湾师范大学国文研究所博士,台湾南华大学、佛光大学创校校长龚鹏程在抚州正觉寺开讲《佛教与临川文化》,市宗教局、市台联、市佛学学会及寺庙僧人信徒200多人聆听讲座。龚教授从抚州佛教的起源开始,深入阐述佛教对临川文化的影响,对临川人的影响,特别是对王安石、曾巩、晏殊、汤显祖等历史名人的影响,精彩的讲座赢得一阵阵热烈的掌声。

【省台盟慰问广昌困难群众】 12月6日,江西省台盟顾问、赣台服务交流中心理事长蔡孟勋一行走访慰问抚州市广昌县驿前镇10户贫困家庭和困难群众,送上慰问品和慰问金。广昌县委、县政府授予台胞蔡孟勋先生“爱心牌匾”。

【市台联、台协代表参加全省台商台胞台属迎新年茶话会】 12月21日晚,市台联会长周琪、市台商协会会长李嘉芳代表抚州市广大台胞台属台商参加江西省2016台商台胞台属新年茶话会,全省的台商台胞台属共120多名代表出席茶话会。江西省委常委、省委秘书长朱虹出席并致辞,副省长刘昌林主持。朱虹代表省委、省政府对台商台胞台属为江西经济社会发展作出的贡献表示衷心感谢并致以新年问候。他指出,台资已成为江西省仅次于港资的第二大引资来源,广大台商现身说法宣传推介江西,倾情倾力为赣招商引资,热心公益扶危济困,江西的快速发展凝聚了全省台商台胞台属的心血和汗水。朱虹表示,江西将继续深入开展为台资企业服务活动,持之以恒地为广大台商营造良好的投资经营环境。希望各位台商在江西扩大投资、壮大事业,介绍更多的朋友到赣考察兴业。

(邱晓林)

【市台湾同胞联谊会领导名录】

会　长:周　琪

副会长:游日辉　曾怀民

　　　　杨露露　全跃龙

秘书长:徐明亮

## 抚州市残疾人联合会

【概况】 2015年,抚州市残疾人联合会领导班子坚持以科学发展观为指导,结合“三严三实”“把纪律挺在前面”“四进四联四帮”和精准扶贫,紧密围绕市委、市政府的中心工作,落实党风廉政建设责任制,认真履行“一岗双责”和廉洁自律相关规定,坚持“高效、务实、创新、发展”的工作思路,着力解决残疾人最关心、最直接、最现实的利益问题,较好地完成全年的各项工作任务。被评为全市社会管理综合治理目标管理先进单位、人口计划生育先进单位、公共机构节能先进单位和省级精神文明先进单位。

【四进四联四帮】 市残联不仅“把纪律挺在前面”的工作作风贯彻落实到会议、约谈等方面,还结合市委“四进四联四帮”中心工作,深入到“连心”小分队,把纪律和服务意识带到崇仁县双坑村驻点地和钟岭街办长岭社区。自活动开展以后,扎扎实实地为群众办了一系列实事。

一是摸清双坑村基本情况,做好民情家访,加强与村民的思想交流,协助双坑村村干部做好维稳和矛盾纠纷排查工作;二是充分发动社会力量,寻求社会爱心人士加入扶贫帮扶队伍。邀请南昌银行抚州分行参加爱心捐赠活动,送去2万元的爱心捐款和物质,用于改善饮水环境和购置书包文具,帮助完成贫困学生实现“微心愿”,争资14.4万元修复受损路面1千米,争资9.6万元新建灌溉陂坝3个,在全国扶贫日集中走访慰问18户贫困户,发放慰问金0.72万元,资助8名贫困学生0.94万元,为贫困学生捐赠价值1.2万元的衣物;三是引进网络进村,多次主动与镇政府和县电信公司沟通,多渠道协调、筹措资金19万元,帮村里接通互联网,切实为当地村民办实事;四是进村进社区,一对一帮扶残疾人。其中,在崇仁县相山镇双坑村驻点地,发动全体党员干部与村里的贫困户结对帮扶，受到帮扶小组及帮扶对象的好评与肯定。

【康复服务】 至2015年，民生工程残疾人康复项目已为12967名残疾人提供康复服务，完成任务数的100%。其中，为2761名贫困精神病患者提供医疗救治，完成任务数的126.1%。为10200名残疾人提供社区康复服务，完成任务数的100%。为6名贫困肢体残疾人安装大、小腿假肢，完成任务数的0.08%。为230名聋儿提供康复训练，全市每年培训智力残疾儿童250名，为150名脑瘫儿童提供康复训练。

2015年，市残联重点对150名0至6岁的脑瘫儿童开展有针对性的康复服务和救助。精神病患者服药补助项目共为全市2625名贫困精神病患者提供医疗救助，完成任务数的119.9%。残疾人社区康复服务已为10150名残疾人提供社区康复服务，完成任务数的105%。全年全市共发放1080件辅助器具，完成任务数的120%。积极主动协调省民政厅，为市本级4家康复机构争取四十多万元的康复设备资金，为康复儿童提供更好更优的康复训练保障。

5月，江西省残联康复处乐华昌副处长一行到抚州市风车宝贝儿童康复中心等康复机构督导，并给予好评。11月10—11日，召开抚州市残疾人康复工作会议暨“十二五”社区康复工作现场推进会，江西省残联党组书记、理事长陈卫华，抚州市副市长肖承贵出席会议并讲话，省残联康复处长邹晓辉对学员进行现场授课和培训。会议对残疾人康复工作情况进行经验交流，为抚州市残疾人康复工作更上一层楼奠定基础。

【教育扶贫】 教育就业服务残疾人素质提升要求成效明显。2015年，市残联在全市范围内开展形式多样的“就业援助月专项活动”。通过调查摸底建立台账、岗位开发和收集、岗位信息发布、组织残疾人专场招聘会等形式帮助残疾人就业。在民生工程残疾人就业方面，一年中，为700名城乡残疾人提供职业培训，完成任务数100%。为390名残疾人购买公益性岗位，完成任务数的100%，聘请1308名农家书屋残疾人管理员，完成任务数的100%，为700名城乡残疾人提供职业技能培训，完成任务数的100%，其中，农村实用技术培训人数195人。

扶贫方面，2015年，市残联积极开展省级和市级扶贫基地建设工作。将金溪县何源镇蒋家村蒋日辉水库种养基地和东乡县“江西佛岭厚德农业发展有限公司”分别申报为省级扶贫基地和扶贫大户，2015年，省残联扶持抚州市1个省级示范基地、3个扶贫基地和6个扶贫大户，扶持资金共55万元。全年全市扶持5个种养业户、8个种养业大户和4个种养业基地，扶持资金共33万元。在居家托养工作方面，全市共为1330名重度残疾人、智力和精神残疾人发放居家托养服务补助资金。

【宣传文体】 2015年5月22—23日，第二十五次全国助残日之际，在市体育中心成功举办抚州市第一届残疾人运动会。开幕式由市委副书记、市长张鸿星主持，市委书记肖毅宣布运动会开始，江西省残联党组书记陈卫华等领导出席。各县（区）代表队的132名运动员参加6个大项30个小项的角逐。此外，抚州市残疾人运动员参加在四川成都举行的第九届残运会暨第六届特殊奥林匹克运动会，取得好成绩，其中，肖翠娟参加女子举重55千克级比赛，以首次成功开举118千克打破全国纪录，随后又以126千克超过世界纪录。抚州市残疾人运动员还在2015年江西省残疾人游泳、田径、羽毛球、乒乓球四项比赛中取得较好成绩，其中，游泳获得1个第一名，田径获得1个第三名、1个第五名、两个第六名，羽毛球获得1个第一名，乒乓球获得两个第四名、1个第五名。抚州市被评为2015年度全省残疾人事业宣传工作先进市，市残联还被评为年度全国残疾人体育先进单位。

【组织建设】 2015年，抚州市圆满完成全国残疾人基本情况入户调查统计工作。抚州市残疾人基本情况专项调查入户登记工作从2015年1月1日起正式开始，市残联高度重视，严格举措，确保此次调查的真实性，不仅安排入户调查人员进行专业培训，还定期对开展工作情况实地了解。据调查全市持有残疾证人数为65416人，0～15周岁未持证残疾儿童120人。全市11个县（区）共计157个乡（镇）场，2072个村、社区，包括主城区49个，城乡结合区38个，镇中心219个，镇乡结合区358个，特殊区域28个，乡中心区118个，村庄1262个。已完成调查60577人，其中，入户调查59848人，电话调查729人，入户调查率为98.8%。各县（区）完成入户调查后，市残联专项调查办公室对各县（区）数据录入进行实时监控，对各地工作中遇到的问题及时帮助协调解决，严把质量关，坚决把错误率控制在要求范围内。通过此次专项调查，全面掌握了全市残疾人的基本服务状况和需求，为更好地开展残疾人服务工作奠定良好的基础，也为国家制定残疾人相关政策提供准确有效的数据。

【维权保障】 2015年度，中央下拨47.086万元用于抚州市残疾人机动轮椅车燃油补贴（核定补贴1811辆）。在推进贫困残疾人家庭无障碍设施建设方面。2015年度抚州市贫困残疾人家庭无障碍改造任务数为90户（其中省指标50户，分别安排在南丰县25户、黎川县25户；国家指标40户，分别安排在东乡县20户、金溪县20户）共计补助资金55.5万元。其中金溪县获得十二五期间全国无障碍环境示范县的殊荣。

（付　宁）

【市残联领导名录】
理　事　长：吴晓妮
党组书记：杜　敏
副理事长：张文卫

## 抚州市归国华侨联合会

【概况】 2015年，抚州市归国华侨联合会在市委、市政府的坚强领导下，在省侨联的具体指导下，认真贯彻落实党的十八大，十八届三中、四中、五中全会精神和中央、省委党的群团工作会议精神，全面贯彻习近平总书记系列重要讲话精神，以开展联谊工作为载体，以维护归侨侨眷合法权益为己任,较好地完成各项工作。

【为侨服务凸显特色】 一是高规格走访慰问。春节前夕市领导上门慰问苏玉成等困难归侨,市侨联主席张全明在春节等传统节日期间坚持到华侨农场等困难、归侨侨眷集中地慰问和走访,并定期走访侨资企业,给侨界群众带去党和政府的深切关怀。市侨联在春节、端午期间,走访慰问困难、重点归侨侨眷、侨资侨属企业、基层侨联干部等,平时对重点归侨侨眷也做到“家有丧事必访、有重大疾病必访、有重大困难必访”。全年走访对象近100名,发放慰问金(品)近3万元。二是认真办理信访案件。全年接待来信来访7起,涉及到房屋纠纷、困难救助、家庭矛盾、申请赔偿、就业安排、特护费、户口、治安等多个方面。对每一个信访案件,都与有关单位、当事人反复联系和沟通,开展涉侨法律政策宣传,进行劝导和解,并积极协调、督办。三是为侨代言,着力参政议政。积极参加参政议政专题会议。2015年,市侨联组织参加多次市人大、市政协召开的四侨联席会议。在会上各有关单位汇报各自的工作情况,沟通各自渠道的侨界工作信息,形成工作合力,为做好侨联工作打好坚实的基础。其中市侨联副主席吴世伟在省政协大会上作大会发言,其个人提案《重视产业集聚,完善园区配套,助推工业企业发展》获得江西省政协、抚州市优秀提案。

【联谊活动彰显活力】 2015年,市侨联多方联系,引进境内外慈善组织在抚州市开展多项目公益慈善活动,在境内外取得良好的社会反响。其中,向香港吴星可慈善基金会积极争取,向抚州市临川区残障人士捐赠100台轮椅,并表示有意向再到抚州开展捐赠活动。争取澳门江西同乡会捐建黎川新华澳门江西同乡会幼儿园,并捐赠图书和玩具。全力配合澳大利亚华侨魏基成先生在全市开展魏基成天籁列车捐助活动,为全市各特校捐赠教学机62台、助听器684台,价值100余万元。引进香港“两地一心”基金会在资溪等地给予25名品学兼优的学生助学奖金。

【助力建设幸福抚州】 一是热情接待,缔结友好。2015年,市侨联共接待六批次从美、日等国回乡探亲、访友的海外人士,其中,配合市委、市政府重点开展“港澳台海外知名人士抚州(广昌)行”接待工作,接待由中华海外联谊会组织的50余名境内外侨界人士和侨资企业家以及境内外侨界组织负责人考察经济合作项目,在参加活动的侨界人士中宣传抚州,加强与抚州的联系和互动,初步打造抚州与海内外知名企业的对接平台;二是积极邀请香港思利及人基金会在抚州职业技术学院设立100万奖学金,帮助在该校就读的贫困学生完成学业;三是积极拓展海外文化交流途径,开展省黄浦同学会在抚州市黎川县致公党朔源工作。通过结识的海内外客商大力宣传、推介抚州,共吸引到抚考察项目的客商5人次。引进新西兰恩达实业发展有限公司董事长陈卫民先生在宜黄县追加投资恩达农牧发展有限公司5百万元,邀请美国新宏基集团等海内外客商到抚考察访问,介绍抚州经济发展状况,宣传抚州优良的投资环境,扩大抚州的影响;四是积极响应市委、市政府号召,选派优秀干部参与到全市的“四进四联四帮”活动,深入到挂点帮扶的广昌县驿前镇横路村,倾听群众诉求,了解群众发展生产愿望,把村里的情况摸实摸准,帮助村民拓宽增收渠道,培育发展特色产业,使他们早日脱贫致富。

【加强组织建设】 一是切实开展“三严三实”专题教育实践活动。按照市委的统一部署,紧贴实际、以上率下,心系群众、边学边改,通过开展“连心”活动、“四级联动”扶贫帮困、“八项规定”自查自纠、“个人整改回头看”等活动巩固教育成果,建立长效机制;二是高度重视开展“把纪律挺在前面”工作。认真组织实施“把纪律挺在前面”活动的各项内容,成立工作领导小组,建立廉情预警、纪律约谈和节日廉情提醒等制度,建立早发现工作机制,建立早提醒工作制度,落实早防范工作机制。开展调研约谈,建立工作台账。同时开展领导干部违规插手干预工程项目问题专项治理;三是着力加强基层组织建设。1. 广泛开展调查研究,摸清底数,在全市范围内开展侨情调查;2. 积极协调市委召开市委常委会议专题研究成立县级侨联组织事宜,协调市编办和崇仁、南丰、金溪等县(区)积极争取县级侨联在机构、人员编制上抓落实;3. 联合市有关部门督促基层组织建设,以市委统战部、市侨联名义下发文件定时间、定目标,把组织建设任务落到实处。

(艾智全)

【市归国华侨联合会领导名录】

主　席:张全明

副主席:郑宇乐　黄德超　吴世伟

秘书长:郑宇乐(兼)

## 抚州市红十字会

【概况】 2015年,抚州市红十字会围绕三救三献工作,积极开展灾后重建项目实施、造血干细胞捐献、应急救护培训、心灵阳光关爱、红十字博爱送万家等各项活动,争取社会和项目捐赠共170.17万元。实施两个“博爱家园—社区减灾”项目,开展应急救护和心理健康知识“进学校、进社区、进机关、进农村、进企业”普及教育活动,惠及5000多人,红十字博爱送万家活动慰问发放救助款物61.5万元;2015年无偿献血志愿者2万多人;登记入中华骨髓库的捐献造血干细胞志愿者达3113人;捐献遗体器官登记志愿者25人。做大做强“心灵阳光关爱”品牌,红十字心理救援队特色鲜明,专业突出;资助成立“抚州市心理咨询师协会”,坚持不懈开办红十字博爱课堂,传播红十字基本知识;建立抚州市红十字会门户网站和博客;在江西省首创成立“社会监督和诚信建设委员会”“公益项目与筹资策划委员会”“文化传播与志愿服务委员会”“红会研究与民间交流委员会”四个专业工作委员会,规范管理机制;出台《抚州市人民政府关于进一步加快推进红十字事业发展的实施意见》,为推进抚州市红十字事业健康快速发展提供了有力保障。

【“三救三献”核心业务跨越式发展】

(一)人道救灾取得新成效。一是强化政府救灾助手作用。坚持备灾与救灾相结合，完善《抚州市红十字会自然灾害和突发事件应急预案》，并纳入政府应急救援体系建设，强化政府救灾助手作用；二是成立专业救灾志愿队伍。积极搭建平台汇聚民间爱心资源，加强红十字蓝天救援队、红十字心理救援队等专业团队建设，加强日常备灾减灾训练和心理救援活动，为人民百姓解难，为党和国家分忧；三是做好汛期备灾救灾工作。争取江西省红十字会对2015年受灾的临川、广昌、黎川等灾区救助；四是实施“博爱家园—社区减灾”项目。实施并验收临川区罗湖镇烟墩村和南丰县三溪乡“博爱家园—社区减灾”项目。（二）博爱救助实现新发展。一是深化老年介护服务。积极开展老年介护培训和服务，选送20名敬老院的护理志愿者参加省红十字会老年介护培训，提高护理能力。捐赠东乡县小璜镇幸福老年院包括专业护理床、轮椅等“中央专项彩票公益金支持失能老人养老服务项目”物资价值20余万元；二是开展2015年红十字博爱送万家活动。慰问发放救助款物61.5万元，对献血金奖、银奖、铜奖获得者、贫困红十字志愿者、干细胞捐献成功者、遗体器官捐献成功的家庭、小天使基金救助对象、扶贫挂点村、特殊困难人群等进行走访慰问活动；三是开展专项救助活动。根据捐赠者意愿实施“抚州市检察官救助基金”，救助金3.6万元。实施“小天使基金”救助白血病患儿5人，救助金12万元。（三）应急救护体现新作为。一是发挥应急救护主体作用。使红十字救护培训成为保护群众生命健康的品牌项目。开展2015年江西省彩票公益金红十字应急救护“进农村、进社区、进学校、进机关、进企业”普及培训19期，总计培训1620人；二是在社区和学校开展“红十字生命安全教育项目”。开展12期“红十字急救员”培训，培训600多人。开展2期生命安全教育主题宣传，200多人参加活动。举行4期学校安全教育与体验活动，30个班1600多参加体验活动。举行10期亲子讲座活动，800名学生和家长聆听讲座。在学校和社区各举办一场群众性应急演练逃生活动，800多群众参加逃生演练。通过生命健康教育活动，有力地推动救护培训在学校、社区等人群聚集区的普及，提高在校学生和社区居民的防灾避险意识和自救互救能力；三是三献工作取得新突破。2015年全市有无偿献血志愿者2万多人，无偿献血6.9吨。登记入中华骨髓库的捐献造血干细胞志愿者460份，捐献遗体器官登记志愿者25人，其中，成功实现遗体器官捐献6人，捐献4个肝脏、8个肾脏、8个眼角膜、1个肺脏，让21人获得新生的希望。

**【组织建设跃上新台阶】** 1. 召开抚州市红十字会一届三次理事会。2015年8月25日，召开抚州市红十字会一届三次常务理事会和理事会。审议通过《抚州市红十字会2013—2014年工作报告》和《抚州市红十字会2013—2014年度捐赠收支情况报告》；表彰抚州市2013－－2014年“人道救助特别贡献奖”和“人道救助优秀组织奖；与市文明办联合表彰红十字星级志愿者；聘请市委书记肖毅、市政府市长张鸿星担任市红十字会名誉会长、聘请市人大副主任段院龙担任市红十字会名誉副会长，聘任法律援助顾问揭蔼娟律师；更换、增补24名理事和7名常务理事。完善理事会的职能作用。在市直理事会成员中组建“社会监督与诚信建设委员会”“公益项目与筹资策划委员会”“文化传播与志愿服务委员会”“ 红会研究与民间交流委员会”四个专业工作委员会，完善管理体制，发挥了理事的职能作用，为市红十字会的规范发展注入新的动力和活力。2. 红十字会理顺管理体制顺利推进。一是争取市编委《市红十字会领导职数调整的批复》，理顺了市红十字会领导班子职数；二是县级红十字会管理体制顺利推进。各县（区）红十字会已全部理顺机构管理体制，黎川、南丰、广昌、崇仁、临川、东乡等县（区）逐步实现“机构、人员、编制、办公场所、财务”五独立，并向未能做到五独立的乐安、金溪、资溪、宜黄等县发送《致各县（区）委书记的一封信》，通过高位推动县（区）红十字事业发展；3. 开展“四联四进四邦”和社区文明创建活动。市红十字会与市人防办联合“连心”小分队深入临川区荣山镇新安村开展驻村精准扶贫帮联工作，帮助改善村委会办公条件、发展村级灯芯草产业、捐资助学、走访慰问特困户、新农村建设。深入开展社区文明创建帮扶活动，在临川区二仙桥社区开展文明创建帮扶活动，出资二万元帮助社区心理咨询室硬件建设。在营上巷社区开展志愿服务，资助成立“营上巷社区生命健康教育辅导中心”。与此同时，市红十字会还组织干部职工积极参与交通劝导志愿服务。

抚州市红十字会召开一届三次理事会（副市长刘菊娇为法律顾问颁发聘书）

【红十字志愿队伍不断壮大】 (一)扩大红十字应急救护队伍。1. 在民间爱心团队中开展红十字救护员培训。2015年,分别在市红十字蓝天救援队、市登山协会、创新学校、实验学校、市游泳协会、市自行车协会、东华理工大学青年志愿者协会等社会和民间组织中开展应急救护员培训,掌握救护知识和技能,关键时刻保己救人,有600人获得“红十字救护员”证书,扩大了红十字救护员志愿者队伍;2. 在市直单位传播生命健康和应急救护知识。在市民宗局、市中医院、市疾控中心、总工会、市人民银行、市委党校、市职业技术学院等单位开展生命健康和应急救护知识传播,受训人员近700人。(二)志愿服务活跃社会角落。1. 红十字志愿队自主开展志愿服务,形式多样,内容丰富,渗透到社会生活的方方面面。市红十字会通过搭建红十字志愿者领袖QQ群和微信群平台,形成“资源共享、优势互补、各负其责、AA管理”的志愿者设置模式,各红十字志愿队领袖凝聚队员,队员感召和吸纳社会爱心力量,提高了志愿服务活动的吸引力,也为社会各层次、各行业的爱心人士加入志愿者队伍提供平台,为开展社会志愿服务活动补充更多的资源和能量。“红十字心理救援队”“红十字志愿护理服务总队”“红十字媒体志愿服务队”“红十字蓝天救援队”“红十字水上救援队”“无偿献血志愿者服务队”“市直红十字应急救护志愿队”等专业志愿队和数支“学校红十字志愿服务队”“企业红十字志愿服务队”“QQ群网络志愿服务队”“农村红十字志愿服务队”“社区红十字志愿服务队”等社会爱心团队,一直活跃在社会的方方面面和各个角落,开展多种形式的志愿服务活动,将志愿服务理念渗透到千家万户;2. 开展特殊人群的人道关怀活动。在风车宝贝儿童康复中心挂牌成立抚州市红十字心理救援队活动基地、抚州市青少年心理辅导站。爱心企业家为风车宝贝儿童康复中心捐赠感统训练活动器材,在儿童节和春节前开展关心慰问自闭症儿童活动;3. 为群众排忧解难。市红十字蓝天救援队一直组织队员开展各种搜救技能训练和演练,随时准备为百姓应急求救和野外搜救志愿服务。3月22日,与民警一起,成功将一名因吸毒导致精神恍惚的持刀人制服,保障了来往群众的生命安全;4、与省外志愿者合作扩大红十字精神传播。4月初,市自行车协会、市方圆户外协会联合其他志愿者团队,配合广东省红十字志愿者张志雄“众筹救心万里骑”完成在抚州境内和江西境内的骑行。(三)创新志愿服务模式,品牌凸显。1、推出“红十字老年介护志愿服务”模式。由一批有爱心的专业的医务人员和护士,深入社区家庭和敬老院开展老年介护技能指导活动,用专业护理知识手把手教会家庭成员和护理人员如何科学护理病人和行动不便者;2、红十字志愿服务探索出“1+X+Y”志愿服务模式。“1”就是突出市红十字会志愿者管理中心的龙头带动,“X”是指按不同行业的专业志愿服务队,“Y”就是来自社会和行业的志愿者,依托QQ联络,开展爱心接力活动;3、红十字心理救援队龙头品牌突出。市红十字会做大做强“心灵阳光关爱”品牌,“江西省红十字心理救援队”从抚州走向全国,特色鲜明,专业突出。举办抚州市心理咨询师协会2015年行业年会,聘请心理专家开设“身心灵疗愈工作坊”和“健康中国——抚州站”工作坊,选送24名心理咨询师参加第三届江西省青少年心理健康教育工作方法与技能培训。在心理学爱好者中开展公益的读书会活动,在市直单位开展“单位员工心理健康提升项目”活动,在学校开展生命健康安全教育活动,在社会开展失独家庭心理救助活动,在社区建立“红十字生命健康教育辅导中心”,心理咨询师挂牌服务,开展团体和个体的公益心理咨询,为求助者解决心理郁结。利用“博爱课堂”,传播心理健康知识。开展团体咨询20多次,个体咨询200多人次。公开教学70多次,传播心理健康知识。

【提升红十字文化影响力】 (一)与新闻媒体形成良性互动。1. 媒体加强对红十字事业的宣传。“抚州市红十字媒体宣传志愿队”主动作为,全年新闻媒体网络宣传红十字活动报道达100多篇;2. 加强自身宣传载体建设。编发四期红十字“博爱”简报,发挥工作宣传平台作用;3. 加强抚州市红十字会门户网站的日常管理和维护,不定期更新网站内容,扩大抚州市红十字会影响。(二)开展主题日宣传活动。围绕世界红十字日、献血日、世界急救日、世界防艾日等积极开展红十字宣传活动。发放宣传资料6000余份,制作印发1万份红十字知识宣传册。(三)拓展红十字工作调研。结合“博爱家园”项目基线调查,走家串户,深入村民家中,了解村民生活状态和民生需求;结合群众路线和三严三实教育活动,召开市直会员单位、红十字志愿队领袖与骨干座谈会,听取社情民情;通过市红十字会的“市政协民情民意收集点”收集民情民意、政协议案和工作建议6篇,积极参与市政协委员活动,为和谐幸福抚州发展献计献策。

【增强友好交往和战略合作】 2015年,抚州市推进与广东省中山市“慈善万人行”等领域的公益文化交流,做好与深圳、厦门、江门、香港等红十字会之间的战略友好合作,签署《广东省江门市红十字会与江西省抚州市红十字会合作协议书》,建立广泛的区域合作,促进红十字事业发展。

(娄红玲)

【市红十字会领导名录】

名 誉 会 长:肖　毅　张鸿星
名誉副会长:段院龙　陈云斐
会　　　长:刘菊娇
常务副会长:娄红玲
兼职副会长:杨　青　黄智讯
黄奇伟　陆中和
吴广平　黄达生
周样生

本栏编辑　汪　洋

# 武　装

## 抚州军分区

【概况】 2015年，抚州军分区党委坚决贯彻习主席系列重要讲话精神，紧紧围绕强军目标，强化打仗标准，聚焦重点难点，积极创新实践，狠抓工作落实，部队全面建设呈现稳步向上、整体提升的良好势头。

思想政治建设不断加强。认真组织学习习主席系列重要讲话精神，深入开展强军目标主题教育，充分发挥红色资源优势，全面实施"三红"工程，推动"四红四队"实践活动；积极运用"四微"手段，广泛开展"单位学井冈山市人武部、个人学宋旌"和争当"方志敏、甘祖昌式好干部"活动，开展"新一代革命军人"大讨论，大力宣扬黎川县人武部等先进典型，促进新"四有"标准成为行动自觉，官兵职工思想道德纯洁、精神面貌良好。开展纪念抗日战争胜利70周年"六个一"系列活动，建好用好军营"六种文化"，不断用"正能量"提振精气神，官兵职工思想政治基础更加牢固。成功召开军分区第七次党代表大会，全面总结过去十一年的工作，确立未来五年建设发展的奋斗目标和主要任务，统一思想，形成共识，凝聚力量。

应急应战能力持续提升。着眼如期形成能力，以问题倒逼推进作战准备，周密组织"两个能力"评估，梳理问题并逐个研究解决。组织辖区三级以上重要目标战场勘察，更新作战数据，修实作战方案体系，民兵队伍编组到位，实现战战有预案、战战有力量。按"三个第一时间"要求加强战备建设，"日、周、月"战备拉动常态落实，信息化建设全面推进，逐步实现"三化一控"目标。扎实组织练将练官训练考核和民兵分队训练，超额完成省军区"八项硬指标"，圆满完成"红土地－2015"国防动员指挥演练，部队应急应战能力明显提高。

安全发展基础更加牢固。围绕"零事故"、"零容忍"目标要求，像组织打仗一样抓安全管理。扎实开展"全面学法、严格执法、自觉守法"活动，组织"稳思想、严纪律、纠隐患、保安全"隐患排查整训整治；组织保密员、驾驶员等关键岗位人员集训和安全训练，完善技防设施，增强安全防范技能，提高安全防范意识和能力。突出人车枪弹密和防暴恐袭击等重点，加强检查督导，督促制度落实和问题整改。精心组织重点工作和大项活动，完善"五位一体监督"和责任追究措施。安全管理要求在末端得到较好落实，确保部队安全稳定。

基层建设水平稳步提高。全面贯彻新《纲要》和省军区民兵预备役基层建设新三年规划，把基础设施建设纳入市县"两区"建设规划，按照绿化美化与实战化相统一的思路，稳步推动营院、库室、训练场、指挥平台和县（区）民兵训练基地、基层武装部"两室一库"建设。贯彻"永新会议"精神，与市委组织部联合印发《抚州市加强民兵基层党组织建设的通知》，推动实现"两个100%"。积极探索帮建民兵支部、帮带专武干部、帮抓民兵骨干的"三帮"做法，推开专武干部例会轮流到乡镇召开的做法，地方党委政府抓建基层的责任心、主动性明显提高，民兵基层建设水平稳步提高。

党管武装取得新的成效。注重依法管武建武，推动常委议军、任职谈话、宣布命令、书记述职等制度常态落实，注重研究解决党管武装考评、全民国防教育、民兵基层抓建、重大经费使用等问题，军民融合"五合五共"的经验做法受到上级充分肯定。认真落实征兵各项政策，抓实各个环节，兵员征集质量有新的提高。积极参加抚州市"四进四联四帮"和"文明社区帮创"活动，全面开展共建组织、助学兴教、送医巡诊、资金扶持、民兵参建、产业脱贫等十项精准扶贫活动，受到地方党委政府的充分肯定和人民群众的高度赞誉。积极抓好"一老一少一基层"暖心工程，27名军队转业干部安置、11名随军家属就业、5名退休职工移交得到妥善安排，大幅提高义务兵优待金标准，把义务兵家庭纳入走访慰问范围，军人军属荣誉感明显增强。

后勤装备管理更加规范。积极推进军事斗争准备后勤准备，组建集交通运输、医疗救护、物资油料、饮食保障、野营住宿等功能于一体的后勤应急应战保障力量，完成后勤作战能力评估。黎川县医疗救护分队在"红土地－2015"国防动员指挥演练中经受了"五实"检验。严格后勤业务管理，对2013年以来经费预算执行、工程建设、大宗物资采购等情况进行"拉网式"清查，及时整改问题，规范运行秩序。积极改善办公生活条件，完善军分区新营院各项设施，综合整治老干部住房，整修修械所职工公寓住房排水管网、门前道路及休闲场地，集中组织军分区机关官兵职工年度免费体检，做了一批暖人心的实事。民兵武器装备仓库管理更加严格规范，圆满完成轻武器封存和日常维护保养等任务。

党委班子和干部队伍建设卓有成效。扎实开展"三严三实"专题教育整顿，打好改进作风纵深攻坚仗，开好专题民主生活会，人人"说清楚""交明白账"，坚决肃清郭伯雄、徐才厚案件恶劣影响。推动民主集中制学习常态落实,强化党委班子成员按程序、按规则、按集体意志办事的意识和能力,提高民主决策、依法决策、科学决策质量水平。加强干部队伍的教育管理和监督,坚持党管干部原则和每季讲评干部,党委班子自主抓建、主动作为、创新发展的意识树得较牢,干部队伍扎根分区、安心本职、建功立业的意识明显提高。两级党委坚持以“序列居中,排位靠前”的信念统思想谋发展,黎川探索新型民兵应急力量建设模式、南丰抓建“六种文化”、金溪为驻训部队开通涉军维权直通车、东乡组织精准扶贫等做法得到上级肯定。

(杨志锋)

**【抚州军分区新营院揭牌】** 1月1日,抚州市举行新落成军分区新营院揭牌仪式。抚州市委副书记、市长张和平,高新区党工委书记柏林,高新区管委会主任邱建国,军分区领导和机关全体官兵参加落成仪式。军分区新营院工程于2013年8月启动,历时1年零4个月建成。新营院集作战指挥、战备训练、日常办公、国防动员等功能于一体,是抚州市军地双方应急应战的指挥中心,将为抚州市国防建设发挥重大作用。

(杨志锋)

**【参加省军区教学法比武考核】** 1月26日至27日,按照省军区确定的课题,在东乡县民兵训练基地,军分区领导和人武部主官参加省军区组织的考核比武,黎川县人武部政委祝雄华获省军区个人总成绩第一名。

(廖 平)

**【组织全区“四会”教练员比武考核】** 3月14日至15日,军分区按照省军区模式,在崇仁县民兵训练基地,组织全区民兵“四会”教练员比武考核,各县(区)人武部分别推荐2名现役干部、职工、专武干部和民兵干部参加。

(廖 平)

**【新营院信息化建设】** 4月20日,军分区召开信息化建设招标对接会。23日,参加南京军区物资采购站组织的招标会,确定预中标建设单位。8月份,完成新营院信息化建设,基本实现“三化一控”(指挥控制网络化、办公训练一体化、营院管理智能化,保密集中管控)目标。

(罗来望)

**【组织军地联合抗洪抢险演练】** 6月2日,军分区联合市水利局、民政局和武警、消防等单位共260余人,围绕巡堤排查、封堵管涌、水上救援等内容,在临川区大岗镇抚河庆丰堤,组织军地联合抗洪抢险演练,较好地提高民兵分队遂行抗洪抢险任务的能力。

(廖 平)

**【迎接南京军区司令员蔡英挺到抚视察】** 6月12日,南京军区司令员蔡英挺在省军区司令员张晓明、参谋长陈平的陪同下,视察抚州军分区。蔡英挺对抚州军分区建设给予“眼前为之一亮、身心为之一振”的高度评价;调研结束时,对军分区提出“立足文化之邦、干出强军业绩”的希望。抚州市委书记肖毅、市长张鸿星陪同视察。

(廖 平)

**【省军区军事斗争准备和能力检验评估】** 4月下旬至7月初,军分区先后3次集中人武部部长和分管参谋,修订完善全区“五战”方案,形成“案、图、库、表、录”五个一成果。6月30日至7月5日,一是展开自评,两级在前期开展自评的基础上,进一步完善各类软硬件资料,梳理形成“两表一图一报告”;二是成立综合工作组,对各县(区)人武部作战准备和半年工作进行综合考评;三是组织训练,围绕作战标图、战术计算和体能等课目,组织两级机关开展迎考训练。7月12—14日,省军区参谋长陈平率机关工作组对军分区机关、临川区人武部和南丰县人武部进行了综合检查考评,期间拉动2支任务目标支援保障队伍。省军区考评组认为抚州军分区基本具备作战能力。

(廖 平)

**【组织年度工作综合检查和乡(镇)武装部长考核】** 11月30日至12月5日,军分区机关成立联合工作组,采取逐单位过的方式,对各县(区)人武部年度工作落实情况进行综合检查和量化考评。结合检查,组织全市142名在岗的乡(镇)武装部长,进行基础理论、教学法和体能等3个课目考核,为加强全市专武干部队伍建设打下坚实基础。

(廖 平)

**【军分区党委议战议训会召开】** 8月14日,结合军分区党代会,召开党委专题议战议训会,总结讲评上半年军事工作开展情况,并围绕年底前如期形成作战能力,筹划部署下半年军事工作,分析总结作战准备存在的具体问题,并逐项拉单挂帐、逐个问题归零,以问题倒逼推进作战准备落地见效。

(廖 平)

**【组织民兵组织整顿】** 3月上旬,军分区利用3天时间,采取“面对面、逐个单位过”的方式,集中各县(区)人武部部长、副部长,组织方案计划会审、任务对接和业务培训。4月上旬召开推进会,结合贯彻“丰城会议”精神,军分区专题召开民兵整组工作推进会,重新优化整合作战力量结构布局。通过整组,全市编实了基干民兵队伍,基本实现作战样式战战有预案,所有重要目标个个编力量,全体基干民兵人人担职责。

(王小明)

**【组织后备力量检查验收】** 为确保民兵整组工作质量,指导各县(区)围绕形成“一支管用队伍、一套完善资料、一本工作开展图册”的工作成果,军分区通过召开会议、下发通知、调整队伍、组织拉动等多项措施,较好地完成迎接省军区民兵整组工作检查准备。7月上旬,临川区和南丰县人武部接受省军区作战能力建设评估检查。各县(区)人武部完成三支队伍的集中点验。

(王小明)

**【征兵工作】** 抚州市继续坚持由市县乡三级政府“一把手”兼任同级征兵领导小组组长,市县两级征兵领导小组成员划片包干一个县(区)、乡(镇),市征兵办分阶段检查调度县区征兵工作等制度,狠抓征兵工作。军分区将各县(区)征兵工作情况列入大交班内容,每周对各单位工作开展情况进行调度。重点突出网上报名和应征主体对象宣传发动,网上报名达到9247人。针对新兵运输全部调整到新火车站的情况,协调征接兵部队,拟制新兵运输方案,召开铁路运输工作会议,合理确定车辆、驾驶员和送兵人员,确保新兵圆满顺利送入部队。全年共完成1634人的兵员征集任务,新兵质量有较大提高。

(王少启)

【市委武委会召开】 5月19日,抚州召开市委武委会全体会议。会议传达省委武委会、全省党管武装工作会议以及省军区“丰城会议”主要精神,总结2014年人民武装工作,部署2015年工作任务,研究解决“红土地-2015”国防动员指挥演练移动通信指挥平台建设,在19个市直单位和国有企业设立基层人民武装部,征兵工作及转业干部和随军家属就业安置等问题,进一步营造“关心国防、支持国防、建设国防”的浓厚氛围。

(王小明)

【迎接南京军区军民融合检查调研】 5月,根据省委、省政府、省军区《关于推进军民融合深度发展的意见》(赣发〔2014〕21号),军分区积极协调军地双方,主动征求各单位、各部门意见建议,经过市委党委常委议军会讨论研究出台抚州市《关于加快推进军民融合深度发展的实施意见》。5月8日,南京军区副政委王平对抚州市军民融合深度发展情况进行视察调研,并给予高度评价。

(王小明)

【组织支援保障演习部队跨区机动针对性训练】 为切实做好军区部队机动过境保障相关准备,从8月12—20日,军分区每天利用3G移动视频指挥系统,组织所属11个县(区)人武部开展以支援保障军区1个旅团规模部队过境抚州的保交护路针对性训练。训练以动员支前保障为背景,重点突出“受领理解任务、分析判断情况、研究定下决心、组织保障行动”内容。演练中,拉动基指人员、任务分队人员,出动各类保障车辆,开设各类保障站点。通过训练,检验作战方案的可行性和可操作性,提高各级指挥员的组织指挥能力和应急应变能力,增强遂行支援保障任务民兵分队实战能力。

(王小明)

【组织国防动员指挥演练】 10月19—21日,抚州市集中利用2.5天时间,参加代号“红土地-2015”的江西省战时国防动员暨防卫作战指挥演练。市本级及所属11个县(区)党委常委、军分区(人武部)机关、各级国动委领导和编入战时国防动员指挥机构的人员,各县(区)相关民兵应急、支援保障分队,武警、驻军部队,按编成方案参演。演练以军事斗争准备作战为背景,区分平战转换、动员筹划、动员实施和解除动员三个步骤,采取上导下演、导评结合,军地联动、依案实施,预设课目、实兵参演的方式展开。通过演练,全面检验战时国防动员方案计划、指挥编成、指挥控制和信息系统构建的实战性、实践性和实用性,达到评估市、县两级国防动员支前保障能力,深化细化国防动员向末端延伸、在基层见底见效,确保如期形成作战能力的效果,得到上级肯定。

(王小明)

【加强安全管理】 军分区先后开展以“学条令、训队列、整军容、正秩序”为主要内容的“条令学习月”和“稳思想、严纪律、纠隐患、保安全”活动,突出抓好“三学”和“四查四看”,落实2次军容风纪检查、30小时条令法规学习和28小时队列训练,机关各办主任利用视频系统进行安全教育辅导授课,并组织队列会操和条令法规知识考试。同时编印军分区《典型事故案例解剖(5起)》,开展安全管理工作九个方面的排查整治和燃爆危险品清查清理,确保全区安全稳定和集中统一。

(王小明)

【枪支弹药管理及装管队伍建设】 4月上旬,军分区利用10天时间,组织30名民兵分队装备维修骨干在军分区民兵武器装备仓库举办二期业务技能集训。通过学理论、听辅导、练操作、看现场等方法,达到“三熟悉两会”熟悉武器装备战技术性能、熟悉武器库(兵器室)管理要求、熟悉非战争军事行动装备器材,会操作使用、会简易维修目的。7月份,完成7类轻武器封存和报废弹药的调配。11月份,迎接省军区兵器室量化检查考评。同时,坚持军分区部门以上领导每月、分管部门每周、装管干部每天的检查督导制度,并把队伍建设、日常管理、制度落实等内容纳入到检查督导范围。通过多措并举,枪支弹药管理及装管队伍建设得到加强。

(张 俊)

【开展军民共建文明社区活动】 2015年,为贯彻执行抚州市委、市政府创建省级文明城市活动的决策部署,军分区与市粮食局、市电联通公司共同帮助临川区青云街道办事处电机社区创建文明社区。创建活动确定打造“组织健全、环境优美、秩序优良、服务完善、教育深入、文化丰富和特色鲜明”文明社区的目标任务,制定工作方案,完成服务平台及办公场所建设、示范小区建设、示范道路建设和环境卫生整治,开展群众性文体活动和宣传教育活动。创建期间,军分区政委李兰贵任总指挥,先后8次召开调度会推进工作。军分区出资10万元装修社区办公场所、购置电脑和打印机等办公设备、修建以国防教育为主要内容的文化宣传长廊。由于创建工作扎实深入、成效明显,抚州军分区被评为“创建省级文明城市先进单位”,战勤办主任李成斌被评为“创建省级文明城市先进个人”。

(杨志锋)

【军分区第七次党代表大会召开】 8月13日,军分区召开第七次党代表大会,会议应到代表63名,因事请假5人,实到代表58人。大会认真总结回顾过去11年来军分区部队和国防后备力量建设以及党的建设形势,研究提出今后五年的奋斗目标和主要任务。审议并通过李兰贵代表军分区第六届党委所作的工作报告和陈辉代表军分区纪律检查委员会所作的工作报告,选举产生出军分区第七届党的委员会和新一届纪律检查委员会,抚州市委书记、军分区党委第一书记肖毅作开幕致词,吴立成作闭幕致词。在与会代表的共同努力下,大会如期完成各项议程,取得圆满成功。

(吴求生 廖 冰)

【省国教办对抚州博物馆申报省级国防教育基地考评】 12月17日，省国防教育办公室考评小组对抚州市第二批省级国防教育基地抚州博物馆展开考评。考评小组依据《国防教育基地命名管理办法》和《考评细则》，采取现地察看、听取讲解、查阅资料、汇报座谈等方式，对博物馆综合进行评定，并对场馆建设、管理和使用情况进行检查调研。检查中，考评组对场馆营院、基地设施、展出资料和物品进行实地检查。省国防教育办公室考评小组古乃全组长对抚州市博物馆的建设给予充分肯定，指出市博物馆管理规范、保障有力、活动开展生动、国防教育手段多样，并就如何发挥博物馆馆藏文化和育人教育基地功能，发挥利用红色资源，强化全民国防教育，增强全民国防意识，不断强化"四红"教育等，并提出四点希望和要求。

(徐　敬)

【房地产管理】 11月，军分区对全区空余房地产违规租赁项目逐单位了解、逐点位排查摸底，各县(区)人武部主官与地方政府主要领导联合办公，商榷违规租赁项目整改，对存在问题较多一时难以解决的违规租赁项目，聘请律师和评估机构进行违约风险评估。通过各方共同努力，严格按照上级规定时间，完成军产租赁项目整改和报审，人武部地产项目租赁完成终止协议签订，对2015年12月31日到期的租赁项目，基本完成搬迁撤离，并积极稳妥推进未到期且需评估补偿的租赁项目终止。

(李成斌　吴华明)

【转隶固定资产清查登记】 2015年，军分区党委首长坚持把资产清查普查工作作为党委工程、主官工程紧抓不放，及时成立由司令员、政委任组长的领导小组，按照转隶部队资产清查登记表，逐项内容登记，做到所有办公场所清查到，所有设施设备清点到，落实部门资产领导负总责，使用管理人员负全责。通过清查，登记军分区本级(含干休所)房地产共11处，承租项目31处。

(李成斌　吴华明)

【抚州市军分区领导名录】

司　令　员：吴立成
政 治 委 员：李兰贵
参　谋　长：封志宏(任至6月)
　　　　　　杨秀伟(6月任)
政治部主任：陈　辉
后 勤 部 长：陈志祥

## 武警部队

【概况】 中国人民武装警察部队抚州市支队(简称抚州支队)，于1983年1月1日重新组建。部队主要担负看守、守卫勤务和处置突发事件等任务。

2015年，支队以习主席系列重要讲话精神为统领，全面贯彻武警党委和总队党委决策部署，围绕走内涵式发展道路，以举旗帜保方向凝神聚气，向能打仗打胜仗聚焦发力，靠抓经常打基础厚实底蕴，以转作风正风气纯净生态，年度各项工作任务完成圆满，部队建设呈现出从严从实、向上向好、稳步加强的良好态势。

政治引领深入有效。深入抓好习主席系列重要讲话、古田政工会议和军委改革工作会议精神学习贯彻，官兵信仰信念更加坚定。主题教育和经常性思想教育开展扎实，"军人好样子"大讨论、"最美"军人评选、优秀影片展播、学唱"强军战歌""八一杯"球类比赛等活动丰富活跃，典型代表授课、"推门听课、网上查课、考核评课"、月优质课评比竞赛等举措有力，"四有"军人培育效果良好。李进明荣获第五届全国道德模范提名奖、全国第一批"岗位学雷锋标兵"、全军士官优秀人才奖一等奖。6人被抚州市委评为"最美军人"。积极抓好意识形态领域斗争和网上涉警问题防范，常态化开展心理法律服务，扎实做好一人一事思想工作，成功排除自杀险情1起，有效管控转化个别人7人，为4名家庭涉法官兵提供法律援助。

备战打仗成绩突出。认真贯彻新"十六字"执勤思路，以承办总队试点为契机，全面推进、规范完成9个中队AB门改造、11个中队"三化两拓展"建设，严密组织两警联动训练、防逃制逃研究演练、隐患排查治理活动和正规化执勤等级评定，坚决较真纠治执勤"常见病"，固定目标连续19年安全无事故。支队被总队评为"正规化执勤优秀单位"。临川区中队被公安部和武警总部评为"三共"活动先进单位。强化实战训练，邀请专家教授来队授课，抓实战训法集训、教练员培训、特勤排应急班考核竞赛和勤训轮换，严密组织"卫士－15"演习和不同时机的实兵拉动，部队实战化能力进一步提升。全年出动兵力1200余人次，圆满完成抚州市重大活动安保、敏感期武装巡逻、调犯押解等任务。参加总部军事训练监察考核和总队首长机关带机动分队实兵拉动对抗竞赛成绩优异。乐安县中队中队长李敏被总部评为"优秀教练员"。一中队副中队长刘建建被总队评为"标兵教练员"，班长凡成友被总队树为"十大军事训练标兵"。

建设基础稳步夯实。深入开展学习新《纲要》、"三项工作捆在一起抓"和"大练基本功"活动，举办党支部书记、司务长、班长轮训，严格落实党委机关挂钩帮建、季度按纲考核、双向讲评、形势分析、蹲点帮建等制度，坚持抓好经常性"双争"量化评比，有效提升基层自主抓建能力和内在动力。狠抓"八个方面基本规范"落实，深入开展百日安全竞赛、安全大检查和"三库"及重难点问题专项整治，严格车辆枪弹酒密网等重点问题管控，严肃查处违纪违规的人和事，确保部队高度集中统一和安全稳定。持续开展"暖心工程"，救济慰问33名困难官兵和伤病号，100%满足干部适龄子女入学入托要求，积极做好集体生日暖心、家属来队热心工作，较好激发活力动力。一中队被总队树为基层建设标兵中队，二中队、东乡、南城县中队被总队评为基层建设先进中队。教导队被总队评为先进教导队。17人被评为"优秀基层干部"。

后勤保障更加有力。按照"后勤变前勤"要求，扎实推进"一组五队"建设，及时完善应急保障预案，请领补充战备物资，组织开展保障要素训练和检验性拉动演练，应急保障能力得到提升。争取保障性住房60套，完成6个中队澡堂改造，13个中队医保卡办理，配发卡斯炉、饮料机、分餐盘，严格按照"1126""6211"伙食保障模式落实自助餐，官兵生活质量明显提升。

圆满完成财务、住房、车辆、接待等各项清查整治任务，组织退回个人违规款项10万余元，后勤规范化管理水平进一步提高。建成启用战备综合库，协调启动直属大队部，东乡县、黎川县中队新址建设，教导队、南城县、南丰县、金溪县中队训练场改造，基础设施不断完善。支队抓好自助餐的做法被总队转发，卫生队被总队评为“先进卫生队”，勤务中队被总队评为“红旗车分队”。

部队风气持续向好。坚持全面从严治党，狠抓组织生活制度落实，突出抓好理论灌输、党课辅导、检查剖析、警示教育和组织生活，党委（支部）班子和党员队伍纯净性、凝聚力进一步增强。扎实开展“三严三实”专题教育整顿，深入推进“四整八查”工作，坚决肃清郭、徐案件流毒影响，从严立起政治纪律和政治规矩，支队党委专题民主生活会组织严密，开出了“党味”“辣味”，得到总队领导充分肯定。持续纠治消极作为、散懒违纪、侵占利益、打骂体罚、不正当交往、乱告状等不正之风，公平公开公正地处理敏感问题，有力推动挖根除弊不断向深处走、整风整改持续向常态转。2015年底总队工作组测评支队党委班子群众满意度为100%。

【安全保卫】 1月18日至22日，抚州市三届人大五次会议和政协三届五次会议在市行政中心隆重召开，根据抚州市委、市政府的要求和市公安局的统一部署，抚州支队动用55名官兵担负市“两会”期间安全保卫和机动备勤任务。

2月22日至3月15日，抚州支队共出动兵力460人次、车辆75台次，圆满完成抚州市火车站春运勤务。全体执勤官兵认真巡逻备勤，始终做到动作正规、用语礼貌、态度和蔼，开展为旅客提包拎物、扶老携幼等服务民众活动共计200余件，安全输送旅客15万余人，帮助1名失散儿童找到亲人，拾金不昧1次，有效维护驻地火车站春运秩序。

9月1—5日，为切实做好“抗战胜利70周年纪念活动”期间抚州市社会面管控工作，根据市委、市政府统一部署，抚州支队每日出动55名兵力，动用车辆5台，采取乘车巡逻、徒步巡逻、定点警戒相结合的方式，在市区繁华街区、公共场所和重点路段进行城市武装巡逻。

10月1—8日，为切实做好国庆期间抚州市社会面管控工作，抚州支队每日出动55名兵力，携带武器装备12套，动用车辆5台，采取乘车巡逻、徒步巡逻、定点警戒、联勤巡逻相结合的方式，在市区繁华街区、公共场所和重点路段进行城市武装巡逻。

10月20日，应抚州市公安局要求，报请总队同意，抚州支队出动55名官兵，协助市公安局圆满完成金溪县看守所在押人员转监现场警戒及途中押解勤务。

【警地共建】 6月2日，根据市委、市政府统一部署，报经总队批准，抚州支队派出120名兵力、15艘冲锋舟，在崔峰支队长一线指挥下，圆满完成市防汛抢险救援演练任务。

7月30日晚上，抚州支队与抚州市群众艺术馆、临川区文化馆共同举办的迎“八一”警民联欢晚会在支队教导队隆重举行，驻市区部队80余名官兵参加晚会。通过联欢活动进一步营造警民联欢、官兵同乐的节日气氛，巩固警政警民团结、共建和谐关系的良好局面。

8月21日下午，抚州支队积极响应总部、总队号召部署，严密组织全体官兵进行“武警春蕾计划”捐款仪式。为进一步支持参与社会公益事业，充分体现人民武警爱人民、人民武警为人民的高尚情怀，以实际行动为我国儿童少年教育福利事业再作贡献。

9月24日，为响应市委、市政府号召，倡导学雷锋精神，进一步美化市区环境，抚州支队官兵积极走进社区，进行“学雷锋 迎双节”义务劳动，受到当地群众高度好评。

9月30日上午，抚州支队30名官兵代表参加市委、市政府组织的公祭活动。“青山绿水常留生前浩气，苍松翠柏堪慰逝者英灵”。

【“全国道德模范”提名奖】 10月15日上午，抚州市委书记肖毅、抚州市委副书记魏建锋在市汝水宾馆看望慰问支队“全国道德模范”提名奖获得者李进明。

李进明，男，汉族，福建福安人，1969年4月出生，1897年10月入伍，1990年7月入党，时任抚州支队通信修理技师，一级警士长。李进明入伍26年以来，自觉把理想追求融入部队现代化建设，在身患癌症情况下仍然坚持学信息化、干信息化，在三尺机台上忠实践行着当代革命军人核心价值观。先后荣立二等功1次，三等功4次，被武警部队评为自学成才标兵、学习成才先进个人、十大标兵士官。2005年荣获全军士官优秀人才一等奖，2007年被总政治部评为第八届全军学习成才先进个人，2008年被推选为北京奥运会江西井冈段火炬手，2011年和2012年分别荣获第十四、十五届中国武警十大忠诚卫士提名奖，2013年6月，当选第十六届中国武警十大忠诚卫士。2013年11月22日，武警党委决定，给李进明同志记一等功。2015年10月，获得“全国道德模范”提名奖。

（市武警支队）

【市武警支队领导名录】

支队长：崔　峰

第一政治委员：勒世标（任至5月）

吴建春（5月任）

政治委员：方坤标

副支队长：郑立平

副政治委员：汪本忠

参谋长：周录军

政治处主任：黄　炜

后勤处处长：张伟荣

## 消防部队

【概况】 2015年，抚州市消防支队在市委、市政府和市公安局党委的正确领导下，紧紧围绕“稳中求进、进中求好、好中求优”的发展战略，兴实干之风，聚发展之力，不断深化“正气消防、幸福抚州”队魂新内涵，全力以赴，攻坚克难，各项重点工作稳步推进，实现社会面火灾形势和部队管理“双稳定”，全市消防工作和部队建设呈现出作风正、战力强、防控实、发展快的良好势头。年内，支队被评为“全国文明单位”，并荣获省、市两级“五四红旗团委”，崇仁大队分别被评为“全省公安机关爱民模范集体”、临川大队青年雷锋岗被评为“全省学雷锋先进集体”、崇仁中队团支队被评为“全省五四红旗团支部”，崇仁、南城、乐安中队团支队被评为“全市五四红旗团支部”，有5名官兵被评为“抚州市最美军人”。一批先进典型的推出，有效激发广大基层官兵的工作热情，在广大人民群众心目中进一步树立抚州消防部队的良好形象。

【火灾隐患排查整治】　2015年，在火灾防控上，市消防支队深入研判形势，在消防安全重点单位全面推行“户籍化”管理，理清重点单位底数，全市共调整、确定一、二级重点单位817家，对100%重点单位严格落实备案、评估和网上督查制度。年内，由市政府主导先后在全市范围内组织开展今冬明春火灾防控、劳动密集型企业消防安全专项治理工作，并圆满完成全国“两会”、抗战胜利七十周年等消防安全保卫任务。同时，根据火灾形势需要，先后部署“全市火灾隐患排查整治月活动”“全市工业园区企业大检查”、夏季消防检查工作，积极贯彻养老机构、医院、学校三类场所消防安全管理，组织开展对养老院、福利院、学校、幼儿园、医院、卫生院等人员密集场所进行拉网式检查。全年全市共检查单位12667家，发现火灾隐患或违法行为11414处，督促整改火灾隐患和违法行为10993处，下发责令改正通知书7616份，临时查封264处，三停173家，切实消除一大批火灾隐患，保持了社会面火灾形势持续平稳。在消防监督硬件配备上，支队共配备现场执法记录仪40余套、火调技术及个人防护装备20余套，添置三套消防产品现场执法检查仪器和13套消防产品身份查验UD笔系统，配备消防监督执法车。凭借这些先进的新装备，支队所有监督人员的执法行为100%做到有声音、有图像，最大限度做到有据可查，有效地提升消防执法规范化建设。

【灭火战斗与应急救援】　2015年，市消防支队坚持实战导向，深入贯彻实战化练兵要求，不断提升部队训练实战化水平。一是大力加强指挥能力建设。支队分三期对全市基层中队执勤干部和中队长助理进行为期10天的培训，做到全员参训，人人过关；二是举办比武竞赛。支队分别举行全市消防部队2015年度体能对抗赛和全市消防部队业务大比武活动。比赛项目设置上涵盖体能、技能及操法，贴近实战，以赛促训，有力地提高部队战斗力。特别是2015年在全省军体业务竞赛中，抚州支队荣获团体总分第二名的好成绩；三是深入开展实战拉动演练。年内，支队先后在抚州市高新区环亚手套有限公司开展劳动密集型企业跨区域实战拉动演练，在抚州市火车站开展人员聚集场所跨区域实战拉动演练，在抚州市荣誉国际酒店开展高层建筑火灾灭火实战演练，在白露山油库开展易燃易爆场所灭火演练。在进入汛期后，支队调集前方指挥部人员以及基层8支抗洪抢险救援突击队，在市梦湖水域举行全市消防部队抗洪抢险救援跨区域实战拉动演练。通过高频度、随机性、实战化的演练，锤炼队伍，提高部队战斗力。全年全市共接警158起，出动163次(含增援)，出动消防车290辆次，消防人员1757人次，抢救被困人员64人，疏散人员275人，抢救财产价值10462.2万元。

【经费保障与基础建设】　2015年，支队在经费保障、装备和基础建设上实现新的突破。结合抚州消防工作实际，支队推动市政府创造性地开展装备建设“融资保理”工作，落实市本级装备建设资金并签订“融资租赁”采购合同。根据采购合同约定，已到位各类消防车16辆，余下5辆消防车及4062件(套)器材也已全部到位，抚州应急救援装备建设达到前所未有的高度。支队特勤中队暨战勤保障大队建设主体工程已经封顶，已进入室内装修阶段。培训基地《建设用地规划许可证》《建设用地选址意见书》及《建设用地批准书》办结完毕，市政府已下发抄告，培训基地建设各项建设手续正在有序办理。宜黄大队新营房征地已完成。资溪大队新营房征地选址经县常委会研究通过，规划设计图已设计完毕，正开展土地平整和相关手续办理。黎川二中队室内装修工程基本完工。南城二中队主体工程已封顶，正在进行附属工程建设。南丰二中队已进入工程招投标阶段。东乡二中队已于5月22日开工建设。这些重点工程项目的建设，为抚州消防部队的建设发展注入强劲的动力。

【消防工作社会化】　在消防宣传教育上，支队组织全市重点单位管理人员进行集中培训，印发6万份夏季消防检查宣传材料分发到基层。支队依托“安全生产月”活动在市中心马家山广场举办大型公益宣传活动，有效提升抚州消防的公众形象。6月24日，市政府举办全市各县(区)代表队参加的夏季消防安全知识及劳动密集型企业消防知识竞赛。围绕消防宣传“进社区、学校、企业、农村、家庭、机关、网站”“七进”行动，结合夏季高温、用电量大、旅游旺季、农忙时节、易燃易爆危险系数高等特点，利用广播、电视、网络等各类媒体广泛刊播消防安全提示，同时，利用信息服务平台发送消防安全常识和业务指导信息，利用微信分享和关注，进一步扩展宣传教育形式，积极营造平安和谐的消防安全氛围。特别是抚州消防、乐安消防在官方微信上关注度高、社会影响度明显，多次受到省消防总队的点名表扬。2015年，全市共组织开展相关人员培训42次，1000余人不同程度接收到消防知识的普及教育。在消防执法监督中，支队按照“解放思想、简政放权、依法办事、方便群众”的思路，认真落实便民利民承诺，规范窗口服务行为和礼仪，最大限度压缩行政许可审批时限，支队执法干部热情执法、主动服务，始终做到严守组织纪律，严格规范流程，积极服务群众，提升了在社会公众及政府各部门之间的服务形象，获得群众与政府的一致好评。

(市消防支队)

【市消防支队领导名录】

支　队　长:刘　豪
政　　　委:曾　荣
副 支 队 长:陈招国　曾名华
副　政　委:陈文欣
参　谋　长:张小荣
政治处主任:杨晓辉
后勤处处长:陈雷松
防火处处长:罗时标

# 人民防空

【概况】　2015年,抚州市人防战线干部职工,始终按照“能打仗、打胜仗”的要求,紧紧围绕市委市政府中心工作,严格落实《中共中央、国务院、中央军委关于深入推进人民防空改革发展若干问题的决定》指示精神,解放思想,创新举措,凝聚力量,真抓实干,较好地完成各项工作任务。市人防办先后被评为全省人防建设任务目标管理考核优胜单位、全省人防通讯报道先进单位,江西省第十四届文明单位及市社会治安综合治理目标管理先进单位、绩效考核良好单位、计划生育市直先进单位。

【人防工程建设】　全年共组织人防工程技术交底项目16个,新建人防工程面积XXXXXX平方米,其中市本级8个,总建筑面积XXXXX平方米;市本级完成主体结构验收项目7个,总建筑面积XXXXX平方米;县(区)主体结构验收XXXXX平方米。

【在建人防工程质量监督】　全年共组织人防质量技术监督121次,其中市本级85次(技术交底8次,过程核查58次,主体结构验收7次、设备验收6次、竣工验收6次);县(区)36次(技术交底8次,过程核查21次,主体结构验收4次、设备验收2次、竣工验收1次),无工程质量和安全事故,无投诉事件。

【召开人防专业队整组、疏散基地建设现场会暨社区人防建设推进会】　9月23日,市人防办在崇仁县召开人防专业队与民兵应急连整组点验、疏散基地建设暨社区人防建设推进会。省人防办副主任钟斌、市政府副市长肖承贵、军分区参谋长杨秀伟、市人防办主任胡香兰及崇仁县政府县长程新飞、副县长王繁凡、武装部部长罗永光、政委曾必文以及各县(区)人防办主任和人武部副部长参加会议。上午,与会人员在崇仁县国家粮食储备库观看由120余名人防专业队员与民兵分队进行的整组点验、火场抢险、医疗救护等训(演)练,在永胜社区、胜利社区人防工作站观看广场舞、小品、人防知识谜语竞猜和应急避险常识有奖问答等节目,最后参观汤溪温泉人防疏散基地。下午,与会人员参观崇仁县人防应急救援指挥中心,并在其七楼会议室参加全市人防工作现场会,省人防办副主任钟斌、市政府副市长肖承贵作书面讲话,军分区参谋长杨秀伟到会作指示、提要求,市政府副秘书长、市人防办主任胡香兰就贯彻落实现场会精神及下一步工作做出部署。

【红土地－2015演习】　2015年10月19—21日,江西省国防动员委员会举行江西省“红土地—2015”战时国防动员暨防卫作战指挥演练,演练分平战转换、动员筹划、动员实施、解除国防动员四个阶段,市分会场设在市行政会议中心一楼会议室,人防指挥部部分成员单位参加演练。市人防办机关10人全要素、全过程参加人防战备转进组织指挥演练。

【行政审批】　2015年,市人防办梳理行政权力48项,其中行政许可6项,行政处罚18项、行政征收1项、行政奖励1项、其它行政权力22项,并按要求进行网上公布。2015年,市本级共受理审批项目35个,其中易建项目13个,应征收人防易地建设费XXXX万元;结建项目13个,批准结建面积X万平方米;减免项目7个,减免金额XXX万元;人防工程平时使用或开发利用项目2个,批准使用人防工程面积X万平方米。

【人防宣传教育】　“3·1”国际民防日、“5·12”防灾减灾日和“9·18防”空警报试鸣日,先后出动应急救援指挥车5(台)次,悬挂横幅10余条,发送手机短信3万多条,接受市民咨询2000多人次,发放《应急手册》和《人防知识》等宣传资料3000余份,利用多媒体警报器播放人防宣传片2次,并与临川区人防办联合组织临川区第十六中学师生开展消防和疏散演练。全市采购人防教材11500本,在城区初级中学落实人防课时安排,初中二年级人防知识开课率达到100%。主动加强与市委组织部和市委党校的沟通协调,将人防政策、法规和人防知识纳入到干部培训班课程,并安排专人授课。10月9日,市人防办副主任黄文如到市委党校为两个主题班全体学员宣讲人防知识。

【服务经济社会发展】　深入开展“四进四联四帮”活动,与市红十字会共同组建1支4人的“连心”联合小分队协助临川区荣山镇和新安村围绕五项任务开展驻村帮联,协调落实20万余元用于新安村水利设施维修、亮化工程等公益事业建设,与爱心企业一道为新安村家境贫困学生协调助学资金1.96万元,捐助2名大学生和7名小学生上学,并拨款4万元用于新安村村级服务平台改造;开展文明共建社区活动,先后为临川区荆公路街道办事处清风社区解决3.2万元社区办公场地建设费;加强与挂点帮扶的黎川县樟溪乡上源村村委会的联系,为上源村脚坑坡水坝申请3万~5万元的建设项目资金,并努力为上源村坪前村小组至龙骨头1.5千米农村公路建设项目争取资金。

【市人民防空办公室(民防局)领导名录】

市政府副秘书长、市人防办(民防局)主任(局长):胡香兰

副主任(副局长):余旗勇　黄文如

本栏编辑　黄泽书

# 法　治

## 综　述

抚州市政法部门深化平安建设，推进法治建设，营造安全稳定的社会环境和公平正义的法治环境。2015年，全市共排查各类矛盾纠纷9477件，调处成功9050件，成功率为95.5%。化解涉稳突出问题127起，化解成功率87.9%。开展“飓风”“打黑除恶”“治爆缉枪”“利剑”“反扒”“打击破坏发展环境”等专项行动。加大道路交通安全整治、消防安全检查力度，有效遏制重大道路交通事故、消防安全事故的发生。

下发《关于全面推进法治抚州建设的实施意见》《关于完善行政执法与刑事司法衔接工作机制的实施办法》和《抚州市依法快速办理轻微刑事案件暂行规定》，进一步节约司法资源，提升司法效率。全面推进审判流程公开、裁判文书公开、执行信息公开三大平台建设，依法及时公开司法证据、程序、流程、结果和裁判文书。成功处置“5·26”聚众阻挠抚州综合物流产业园开工事件、“6·1”阻挠市政设施建设施工事件等案件，为经济发展营造良好环境。深入推进“天网”工程建设，实现对社会治安动态全方位、全天候、无缝隙覆盖。推进社区矫正监管中心建设，加强对流动人口、刑释解教人员、肇事肇祸精神病人、重点青少年等重点人群的动态管控、教育帮扶工作。完善医患纠纷调处中心、交通事故纠纷调处中心、房屋与土地征收纠纷调处中心建设，依托第三方调处纠纷、化解矛盾，取得明显成效。

## 政法委及综治办

【概况】 2015年，抚州市政法综治维稳战线在市委、市政府的坚强领导和省委政法委的关心支持下，紧紧围绕市委、市政府和省委政法委的决策部署，求真务实，开拓创新，取得可喜成绩。

【严厉打击经济领域犯罪】 全市政法部门严厉打击经济犯罪，努力为经济健康发展创造良好的外部环境。公安机关组织开展“打假币”“打税”“打赌”“打传”“打假”“打击非法集资”“打击信用卡诈骗”“打击保险诈骗”等8项专项行动，破获“1·15”董国庆特大非法集资案，涉案金额高达5.4亿元，得到市委、市政府的高度肯定。检察机关开展打击破坏社会主义市场经济秩序犯罪专项行动，共批捕破坏经济秩序犯罪113人，同比上升28.4%；起诉151人，同比上升29.1%。市法院成立依法加快处置抚州农商银行不良贷款工作领导小组，妥善处理金融债权73518.87万元，切实维护抚州地方经济社会平稳健康发展。

【化解经济风险隐患】 全市政法部门建立完善涉企经济犯罪监控、预警、防范、信息发布等制度，对企业存在的风险和同一类案件的共性问题，及时发布预警信息，提出司法建议、检察建议，帮助企业堵塞漏洞、规避风险，引导企业理性、合法竞争。针对经济下行压力加大，群众对非法集资危害认识不清等问题，开展防范和打击非法集资集中宣传月活动，引导广大群众进一步增强风险防范意识，做到理性投资。持续推进重大项目风险评估工作，全市共对281件重大事项进行社会稳定风险评估，其中39件正在进行评估，242件已完成评估，凡经评估的重大事项，均未发生因决策失误而酿成的重大涉稳问题。指导企业建立健全内部安全防范管理机制、风险监测预警机制。市司法局深入开展“法企联姻”“法律体检”等活动，帮助企业从法律角度排查梳理有关问题，发挥律师专业优势，防范生产经营风险。全市300多家企业与律师事务所签订法律服务协议，律师提供法律咨询1100余人次，提供法律援助121件。

【服务经济发展升级】 全市政法各部门围绕贯彻落实省委书记对抚州高新区升级国家级高新技术产业园区的批示精神展开大学习、大讨论，在主动服务企业发展、保障企业合法权益、着力提升工作效率，全面规范执法办案等方面出思路、想实招、下真功。市公安局专门研究制定《抚州市公安局扶持高新区发展升级的实施意见》，讨论确定4类20项扶持措施，下放治安、消防、网安、出入境、户政等警种13项审批权限，建立“抚州公安网上办事大厅”，大力推行网上受理、网上审批、网上办公，将窗口服务向网络服务延伸，为抚州经济发展引擎注入新能量；市中级法院推出16项工作硬举措，服务高新区发展升级；依法、稳妥审理办结涉及园区企业、重点企业、重点工程案件58件，受到企业欢迎。

【严厉打击违法犯罪活动】 坚持以打开路、打防结合，以控制发案、遏制事故和打击现行犯罪为重点，突出抓防范与控制两个关键点，严厉打击违法犯罪活动，不断提升群众安全感和满意度。扎实推进命案侦破工作。以推进侦破命案为龙头，集中精力攻坚克难，至年底，全市共发现行命案28起，全部告破。及时侦破高新“1·15”徐南林杀人案、南丰“1·25”聚众斗殴案致死案以及资溪“4·18”故意伤害致人死亡案等一批有影响的大要案件，有力震慑犯罪、安定民心。深入开展专项整治行动。扎实开展“飓风”“打黑除恶”“打击破坏发展环境”“严防控、破现案、打团伙”等一系列专项行动，1—10月，全市共查处各类治安案件14475起，查破“黄赌毒”案件1734起，同比上升12.8%；治安拘留各类违法人员2785人，同比上升21.8%。社会治安呈现“三升三降”的良好态势。“三升”为1—10月全市共破获各类刑事案件9867起，同比上升7.7%；破“两抢一盗”案件5522起，同比上升23.01%；抓获犯罪嫌疑人2126名，同比上升40.8%。“三降”为发各类刑事案件9542起，同比下降9.7%；发“两抢一盗”案件4895，同比下降41.02%；发“八大类”案件333起，同比下降1.8%，全市社会治安秩序持续好转，公众安全感和群众满意度指数明显上升。积极抓好重点问题专项整治。坚持问题导向，什么犯罪突出就重点打击什么，哪里治安混乱就重点整治哪里，深入开展扫黄扫赌专项治理，全年全市共侦办涉黄涉赌类刑事案件39起，治安案件265起，刑事拘留63人，逮捕15人，收缴赌博游戏机400余台，有力打击“黄赌”丑陋现象。开展“护校安园”专项行动，在全市组织开展“护校安园”专项行动，排查各类学校3000余次、排查化解各类安全隐患190余处，排查校园周边出租房、中小旅店、网吧、娱乐服务场所等2千余处，处罚校园周边违规经营网吧12个，取缔无证摊点80余个，收缴各类“口袋书”3000余册，成功处置“3·30”临川一中学生家长杨某因打架纠纷到学校闹事事件，有力维护校园平安稳定。开展“五车”集中整治、“交通秩序集中整治”等专项活动，共查处各类交通违法行为502145起，其中现场查处酒后驾驶434起，各类车辆超员276起，无牌无证、假牌套牌等严重涉牌涉证463起，抓获网上逃犯1名，涉毒嫌疑人1名。1—10月，全市共发生交通事故122起，同比上升41.86%；死亡19人，同比下降75.79%，受伤165人，同比上升61.76%；财产损失47.56万元，同比上升29.05%；未发生一起死亡3人以上重大交通事故。

**【预防化解社会矛盾】** 强化信息预警。成立由公安、国安、信访、宣传、维稳等部门共同组成的舆情处置领导小组，建立健全舆情日报送制度、重大舆情会商研判机制，做到预知、预警、预防；成立市、县两级“舆情控制工作专班”，依靠“四色预警”研判平台，将地下天主教、金融系统协解人员等重点人员纳入视线，密切关注，超前应对，及时稳控国保重点人、治安重点人、信访重点人，收集预警性情报信息29条。在全市范围内组织开展社会矛盾隐患大排查、纠纷大化解活动。全市共排查各类矛盾纠纷3477件，调处成功3319件，同比减少1414件，下降28.9%，成功率为95.5%。

夯实基层基础。推进乡镇（街道）社会管理服务中心规范化建设，变“上面千条线、下面一根针”为“上面千条线、下面一张网”，把乡镇（街道）社会管理服务中心建成“综合性管理、一站式办理”的工作载体，使乡镇（街道）社会管理服务中心成为综治工作的大平台，形成维护基层和谐稳定的合力。构建市、县（区）、乡镇（街道）、村（社区）、村（居）民小组五级矛盾纠纷排查调处网络。全市各县（区）158个乡镇（街道）全部建立矛盾纠纷调处中心，95%的村（社区）建立矛盾纠纷调处室，卫生、交警、林业、人保、工商等44个负有化解行业矛盾的相关单位建立矛盾纠纷调解室，做到哪里有矛盾，那里就有调解组织，哪里有矛盾，那里就有调解人员。市医患纠纷调处中心两年中共受理纠纷240件，调处228件，成功率达95%，正在调解的12件；市交通事故纠纷调处中心成立仅一年就调处纠纷152件，成功率达100%；全市没有一起因医患纠纷、交通事故纠纷引发集体上访和群体性事件。市房屋与土地征收纠纷调处中心于8月7日成立以来，累计接待咨询群众60余批次、130余人次。

开展平安创建。按照“一家为主、多家参与、条抓块管、齐创共建”的原则，广泛深入开展“平安家庭”“平安校园”“平安医院”以及“平安单位”等系列创建活动，把平安创建活动辐射到各个领域、各个层面，覆盖到社会各行各业。资溪平安县创建、南城上唐镇平安乡镇创建、东乡三中平安校园创建、黎川平安边界创建、南丰平安医院创建，广昌平安村（社区）创建，乐安平安景区创建均取得明显成效，得到上级的充分肯定。10月，市第一人民医院、临川区人民医院、南丰县人民医院被省综治委评为全省首届“平安医院”荣誉称号。

**【扎实推进反邪教工作】** 强化宣传。加大反邪知识宣传力度，以“十个一”为内容，扎实开展反邪教警示教育和走访慰问活动。全市共组织反邪宣传演出106场、举办巡回展览200余场次、群发短信50余万条，使反邪知识进村入户、入脑入心。针对学生、妇女等易感群体，分别联合市教育局、市妇联下发《关于进一步加强全市校园反邪教工作的通知》和《关于在全市妇女群众中进一步加强反邪教工作的通知》，充分发挥各大中小学校及市直各单位妇女组织点多线长面广的优势，层层压实责任，明确目标任务，筑牢防范邪教组织对我渗透的工作防线。强化处置。推动各地出台举报邪教活动奖励办法，明确奖励标准和奖励方式，发动群众积极主动参与防范和处理邪教有关工作。对邪教组织非法活动，不断强化防控打击工作抓手，做到“发现一起，查处一起”。捣毁1处疑似全能神邪教组织聚会窝点和1处法轮功反宣品地下制作窝点，刑事拘留主要犯罪嫌疑人2名，查扣一批反宣品制作工具及4000余份反宣资料，有力地打击了邪教组织的嚣张气焰。

**【推进依法治市工作】** 坚持统筹推动。按照“项目化、时间表、路线图”的方式将《中共抚州市委关于全面推进法治抚州建设的实施意见》进行具体化、责任化，共开列出7项、193条重要改革举措及工作项目，进行任务分解，确保各项任务能落地、见实效。其中，市法院推进行政案件相对集中管辖、网上办案、诉讼档案数字化三项全省改革试点取得明显成效，其中行政案件相对集中管辖改革自2013年启动试点后，行政案件数量大量增加，全市共受理案件1050件,环比增长34.8%,行政审判呈现出有效维护行政相对人合法权益、提高行政审判权威、提升政府公信力和行政行为规范性等“三赢”的工作局面。开展普法宣传。推动“法律六进”深入开展,着力打造法治主题公园、法治文化广场,办好《法治抚州》电视栏目、《法治天地》报刊栏目,在农村、社区开展培养“法律明白人”专项培训教育活动,进一步在全市普及法律知识,开展普法宣传教育。全市共开展形式多样的普法宣传教育1200余场次,发放普法资料30万多份,受教育群众达50多万人。建设法治政府。出台《抚州市2015年法治政府建设工作计划》,推行行政权力清单、责任清单和市场准入负面清单制度;建立以政府法制机构人员为主体,吸收专家和律师参加的政府法律顾问队伍,落实重大行政决策法定程序,规范重大行政决策行为;建立行政执法机关、公安机关、检察机关、审判机关信息共享、案情通报、案件移送制度,实现案件的网上移送、网上办公、执法动态的交流和业务研讨、案件信息的流程跟踪和监控,克服有案不移、有案难移、以罚代刑等现象。公安机关全面推行“执法信息网上录入、执法流程网上管理、执法活动网上监督、执法质量网上考核”的执法办案新机制,全年网上办理案件15184起,有效提升执法办案工作质量和效率。

【全面规范执法司法行为】 推进执法司法公开。市公安局在公安外网主页开设“执法办案公开”栏目,规范设置执法依据和执法流程两大模块,定期更新,并一律向社会公众和特定对象公开。市检察院通过案件信息公开系统发布案件程序性信息、发布重要案件信息、公开法律文书等3969件,让人民群众快速便捷地了解相关案件信息,确保案件信息公开的时效性。市法院坚持高点定位、高标投入、高位推动,推进“一门户”(干警个人工作平台统一入口)、“两中心”(综合指挥中心和视频集控中心)、“三平台”(网上办案平台、网上办公平台、诉讼服务和司法公开平台)建设,依法及时公开司法证据、程序、流程、结果、执行信息和裁判文书,让暗箱操作没有空间,让司法腐败无处藏身。规范执法司法行为。公安机关完善“谁办案谁负责、谁审核谁负责、谁审批谁负责”的执法岗位责任追究制和案件质量终身责任制,组织法制民警对各办案单位对取保候审案件和行政处罚案件进行全面检查,共审核各类行政案件1719起,发现整改问题1238个;审核刑事案件939起,发现整改问题685个。市法院严格落实立案登记制,专门召开立案登记制改革新闻发布会,对属于人民法院受理的案件坚决做到“有案必立,有诉必理”。市检察院加大对案件查办的监督力度。全年受理公安机关应当立案而不立案的案件16件,监督公安机关立案14件,受理公安机关不应当立案而立案的案件16件,监督撤案16件。坚持司法便民服务。司法行政机关扎实开展公证质量事故“零容忍”活动,开展公证行业“群众满意服务窗口”创建活动,推出系列便民、利民、惠民新举措,加强公证服务窗口建设,优化公证服务流程,提升公证服务品质。公安机关开展“网上公安局”建设,大力推行“一窗式”管理、“一站式”服务,下放小型车辆各项登记,补证、换证等权限至县(区),极大方便群众。市、县两级法院以开展诉讼服务中心“示范单位”创建活动为载体,全面提升诉讼服务中心建设、管理、运行水平,让人民群众真正享受“走进一个厅,事务全办清”的服务。全市检察机关按全国检察机关文明接待室标准,对11个信访接待场所进行改扩建,办理司法救助案件7件,发放救助金14.5万元。依法特赦部分服刑罪犯。根据全国人大常委会关于特赦部分服刑罪犯的决定以及“两高三部”的实施办法,全面完成特赦工作任务。持续推进涉法涉诉信访改革。通过完善机制、案件评查、律师参与化解和代理涉法涉诉信访案件、司法救助以及涉法涉诉信访案件督办等方式,协调督促各级政法机关依法化解矛盾,维护社会公平正义,防范化解涉法涉诉信访问题。全年全市案件评查活动共评查案件137件,发现并纠正案件瑕疵55处,提出意见建议23条。据不完全统计,全市共统筹使用上级下达及本级预算的司法救助资金611.0543万元,救助群众182户,缓解他们的生活困难,预防化解一批涉法涉诉信访案件。

【依法处置信访问题】 坚持把信访工作放在化解矛盾、维护稳定工作前面,采取领导接访、专题约访、带案下访、联合办访等多种形式处理信访问题,对多次进京赴省来市上访的信访老户、可能采取极端行为或集体越级上访的重点人员和群体,专门召开协调会,重点做好稳控化解工作。对一些涉法涉诉信访案件,组织检察官、法官、律师组成联合评查小组,进行案件评查,重点查清案件事实认定是否清楚、证据是否确实充分、法律适用是否正确、办案程序是否合法、法律文书是否规范齐全,达到找准症结、解决问题、规范执法的效果,有效化解一大批涉法涉诉信访积案。出台《关于进一步解决进京非正常上访突出问题的实施意见》《关于认真贯彻落实赣高法〔2014〕103号文件切实维护正常信访秩序的紧急通知》和《依法稳妥快速处置来市非正常上访切实维护市行政中心正常工作秩序的意见》,坚持运用法治方式处置信访问题,做到群众诉求合理的解决到位,诉求不合理的解释到位,生活困难的帮扶到位,缠访闹访的打击到位,全力维护社会稳定。全市依法处置违法闹访、缠访人员,刑事处罚3人,行政拘留109人,警告510余人。

【打牢忠诚使命的思想基础】 把“政治过硬”摆上更加突出位置,通过开展“三严三实”专题教育、政法干警核心价值观,不断深化打牢政法队伍高举旗帜、听党指挥、忠诚使命的思想基础。市委政法委专门召开“三严三实”专题教育动员部署会,对全市政法部门提出新要求。市政法各部门始终坚持政治建警,切实把思想政治建设摆上首要位置,着力整治政法机关领导干部“不严不实”的问题,不断加强干警的忠诚教育、群众观念教育、法治理念教育和廉洁勤政教育,牢固树立“忠诚、为民、公正、廉洁”的价值观念。

【强化业务过硬的能力培训】 把“业务过硬”摆上更加突出位置,加强政法队伍“正规化、专业化、职业化”建设。通过积极探索主题式集中培训、菜单式差异培训、练兵式实战培训、外聘式辅导培训、自学式网络培训等培训模式，组织经常性岗位练兵、比武竞赛等活动，不断提升干警解决实际问题、推动科学发展、促进社会和谐的能力。市公安局以全省公安机关“警务实战化训练推动年”活动为契机，狠抓“领导干部警务实战技能训练考核”和“万名新警大考核”两项重点工作不放松，6批648名民警受到技能训练和实战考核，选拔5名科级干部下到基层培养锻炼，有效激发队伍活力。市检察院组织260名检察干警参加全省检察机关领导素能培训班、新进人员培训班、侦查监督检察业务培训班、控告申诉业务培训班等35期培训，切实提高检察干警履行岗位职责的能力。举办法官、人民陪审员、书记员培训班3期，参训学员268人次；抽调594人次参加最高法院和省法院专业培训班，不断提高干警法律业务素质。市司法局切实加强律师、法律援助、司法所人员、公证员等岗位素质培训。

【狠抓清正廉洁的肃纪教育】 2015年，全市政法机关进一步加大正风肃纪力度，努力建设风清气正的政治生态环境。严格按照“四进四联四帮”活动要求，组织政法干警进农村、进社区、进基层单位、进网络，帮助化解矛盾、实现精准扶贫，助推基层发展；进一步深化“政法干警包村（社区）”活动，动员全市政法干警走出机关大院，走进群众，与群众面对面交流、心与心沟通，为广大群众送政策、送法律、送服务、送温暖，破小案、排小难、解小忧，使广大干警在走访服务群众的实践中增强群众观念，提升群众工作能力和水平。全市共组织2100多名干警开展包村（社区）活动，帮助群众解决实事、难事3500余件。严格落实“两个责任”，进一步增强政法干警的廉洁意识、自律意识，筑牢反腐倡廉的思想防线。

（魏 阳）

【市委政法委及综治办、610办、维稳办领导名录】

书 记：黄牡香

副书记：万 锦（兼综治办主任）

张员娇（兼610办主任）

欧 峰（兼维稳办主任）

秘书长：张明春

610办副主任：曾克明

维稳办副主任：陈振华

综治办副主任：王武辉

## 法制政府建设

【概况】 2015年，建立法治政府建设指标体系，出台《抚州市法治政府建设指标体系》，共分8个大项、30个子项、116个细项，内容涉及制度建设、重大行政决策、政务环境、行政执法、矛盾化解、监督机制、能力建设和工作保障8个方面，为该市推进法治政府建设搭建总框架，奠定总基调。

【政府法治建设推进】 下发《关于普遍建立政府法律顾问制度的通知》，通过向社会公开选聘，从法律专家学者和优秀律师中聘请3位市政府法律顾问，建立以政府法制机构人员为主体，吸收专家和律师参加的法律顾问队伍。48个市直单位建立法律顾问制度，各县（区）400余个单位聘请法律顾问。

【精准开展法治审查】 年内政府法制办公室共审查规范性文件草案、合同及其他重大行政决策事项140余件，提出法律审查意见400余条。将重大行政决策合法性审查从实体审查延伸至程序审查，严格审查是否经过公众参与、专家论证、风险评估等程序，要求决策起草单位提供召开座谈会、收集反馈意见、网站公开征求意见、社会稳定风险评估等相关程序材料，发现程序不到位的，一律退回起草单位补充相关程序。建立健全重大行政决策议题提交政府常务会议审查机制。制定《市政府办公室重大行政决策合法性审查工作制度》，明确规定重大行政决策未经合法性审查的，不得提交政府常务会议研究，确保每一项决策程序到位。

【深化行政执法改革】 制定《抚州市人民政府办公室关于进一步推进乡镇综合行政执法试点工作的实施意见》，进一步确定乡镇综合执法主体、执法队伍和具体事项，部署联席会议等10项主要工作任务。制订《抚州市全面清理市政府部门行政权力推行权责清单制度实施方案》，对3100余项行政权力及对应的责任事项逐一审核，提出修改完善意见200余条。制订《抚州市推进行政执法与刑事司法衔接工作实施方案》，建立由市政府法制机构、行政执法机关、公安机关、检察机关、审判机关组成的“两法衔接”工作联席会议制度，明确联席会议的工作规则和要求，确定34个成员单位。起草《抚州市人民政府行政执法特邀监督员工作规则》，下发《关于聘任抚州市人民政府行政执法特邀监督员的通知》，确定33名特邀监督员。开展行政执法专项督查。组成督查组对县（区）政府和市政府部门行政执法工作进行专项督查。抽查临川区、东乡县政府及市安监局等8个主要行政执法部门的行政执法工作情况。共查看行政处罚案卷80件，行政许可案卷79件，行政权力事项2140项，行政责任事项15699项。开展市本级行政执法证件统一换发工作。38个市直单位申请办证1695份，其中行政执法证1425份、政执法监督证270份。10月22日，组织执法人员网上统一考试，向考试及格人员颁发行政执法证件。

【政府法治建设助力社会和谐发展】 2015年，全市政府法制办公室共接待当事人400余人次，办理行政复议案件61件，审结57件，结案率93.5%，其中调解和解结案18件，调解和解率30%。8月，抚州市房屋（土地）征收纠纷调处中心成立，完善调解工作职责、机构设置、人员选聘和经费保障等事项，办公场所300平方米，有8名调解人员，接待咨询群众66批次158人，受理案件14起，妥善调处4起。全年全市行政机关负责人出庭行政应诉案件18件，比2014年增加16件。

（游子明）

【市政府法制办领导名录】

主 任：饶举元

## 公 安

【概况】 2015年，抚州市公安部门认真履行职责，社会、政治、经济持续稳定。创新公安行政管理方式,下放治安、消防、网安、出入境、户政等警种13项审批权限。中央政法转移支付资金增加,全市干警人均公用经费由2011年1.9万元提高到现在的3.5万元;单警装备配备率达50%以上。

【打击刑事犯罪】 全市公安部门先后开展"飓风""打黑除恶""严防控、破现案、打团伙"、缉毒执法"百日会战""严打涉黄涉赌违法犯罪百日行动"等一系列专项行动,社会治安呈现"三升三降"的良好态势("三升"为全市共破获各类刑事案件11151起,同比上升5.1%;破"两抢一盗"案件9270起,同比上升8.6%;抓获犯罪嫌疑人2452名,同比上升23.3%。"三降"为发生各类刑事案件11499起,同比下降7.7%;发生"两抢一盗"案件9025,同比下降11.9%;发生"八大类"案件384起,同比下降6.1%),全市社会治安秩序持续好转。特别是声势浩大的"飓风"行动取得"七升一降"(破"两抢一盗"案同比上升23.01%,抓获犯罪嫌疑人同比上升384.36%;执行行政拘留同比上升151.83%;抓捕逃犯同比上升341.99%;打掉犯罪团伙同比上升47.56%,破获涉毒案件同比上升95.31%;收缴毒品同比上升345.14%;发生"两抢一盗"同比下降41.02%)的辉煌战果,在全省反盗窃专项行动中取得第一名。随后开展的"严防控、破现案、打团伙"专项行动,共破刑事案件862起、摧毁侵财性犯罪团伙11个,全市"两抢一盗"警情同比下降22.95%。持续不间断的凌厉攻势极大地震慑了犯罪,安定了民心。

【社会治安管理无缝覆盖】 推进"天网"工程建设,建成三级监控平台21个,标清监控点3529个、高清监控点347个,治安卡口110路309车道,整合接入各类社会监控资源900余个,对社会治安动态全方位、全天候、无缝隙覆盖。创新巡逻警务机制,推广"网格化巡逻"防控体系,强化"屯警街面、动中备勤、武装处突"工作模式,最大限度将警力部署在街面上,加大对易发案、多发案重点地区、场所、部位、路段、时段的巡逻密度,提高见警率和管事率。推行"猫鼠同步"的"错时工作制",通过科学部署、合理安排,加大夜晚时段的警力投入,确保警力跟着警情走。在"严防控、破现案、打团伙"专项行动中,创新推出"队所捆绑",实现"优势互补",整合机关专业警种与基层派出所资源优势,构架上下互动、同频共振的防控格局。

【加强交通管理】 开展"五车"集中整治、"交通秩序集中整治"等专项活动,共查处各类交通违法行为602145起,其中查处客车、货车、校车等"两违"重点车辆违法行为27795起;查处酒驾、毒驾、超员等"两违"重点交通违法行为1506起,全市交通秩序明显好转。全市全年共发生交通事故219起,死亡101人,受伤204人,财产损失130万元,发生死亡3人以上重大交通事故1起,同比下降85.7%。组建3支摩托车快速反应特勤中队。重大节日和活动期间,机关民警组成10个节假日交通安保执勤小组参与路面执勤,确保城区及各主干线道路畅通。

【注重警务实战建设】 建成新的指挥中心大厅,健全"扁平化"指挥调度,减少层级,提高接处警反应速度。坚持警务前移,警力前置,屯警街面,2015年,市城区侦破各类现行案件82起,抓获各类现行违法犯罪人员37人。6月1日,在市公安局大院举行全新的城区治安巡逻防控启动仪式,整合警力资源,科学构建新的防控体系。全市建有基层治保组织1292个,治保人员2434名,群防群治巡防队伍102支,巡防人员763名。通过警务前移、警力前置,屯警街面,加大、加密巡逻的范围和时间,有效提高街面见警率和管事率,街面现行案件发案率大幅下降。全面实施合成警务战略,建成市局合成作战指挥部(SOC)和刑事情报研判中心(CIAC),初步建立"刑侦、技侦、网侦、图侦"四侦合一机制。年内串并破获案件2152起,抓获犯罪嫌疑356人。依托4G可视化执法记录仪,建立可视化视频传输指挥系统。积极整合更新17类社会信息资源、数据876.2万条,实现信息共享、联勤联动、共管共治。

【深化公安行政管理改革】 建立抚州公安网上办事大厅,将窗口服务向网络服务延伸,提供便捷、高效的服务。深化交警窗口服务改革。将小型车辆各项登记,补证、换证,教育审验、60周岁提交身体条件证明,教练车、警车年检等业务权限下放至各县,方便群众就近办理。推广交通违法银行缴款自动对账系统应用,将办理船舶户牌和船民证的权限由分局下放至派出所,缩短办事时间。在全市安装便民申请设备,通过扫描二代身份证便可轻松完成因私护照、往来港澳通行证及签注的申请。10月22日,中共中央政治局委员、中央政法委书记孟建柱视察抚州市公安局出入境办证中心,对抚州市公安局深化公安出入境行政改革措施给予"非常好!"的评价。深化户籍制度改革。制定《抚州市政府关于进一步推进户籍制度改革的实施意见》,加快推进城镇化建设。在全市开展户口清理整顿工作,共采集36046份相片,人口信息无相片人员清理完成率达97.38%,远超省公安厅下达的85%目标。将户口迁移一站式服务扩大到全市各个县(区),市城区"一元化"户口登记工作于11月1日正式实施。

(李琳娜)

【市公安局领导名录】

副市长、市公安局局长:吴建春
党委副书记:谌常青
党委委员、副局长:曾武明
党委副书记、副局长:刘向东
党委委员、调研员:吴平
党委委员、副局长、调研员:罗会明
党委委员、副局长兼交警支队长:周连生(7月任)
党委委员、特警支队长:罗日辉
党委委员、高新区党工委委员、高新分局局长:熊晓华
党委委员、国保支队长:林旺前
党委委员副局长、临川区委常委、临川分局局长:黄国平
党委委员、调研员:王昌平
党委委员、纪委书记:杨建忠
党委委员、政治部主任:周祥兴

## 检 察

【概况】 2015年,抚州市检察机关在市委和省检察院的领导下,在市人大

及其常委会监督下，履行宪法和法律赋予的职责，强化法律监督。

【优化经济发展环境】 积极参与整顿和规范市场经济秩序，依法批准逮捕破坏市场经济秩序犯罪案件65件113人，提起公诉67件151人。积极介入重点工程、重大项目建设，跟进项目审批、招标投标、决算验收等环节的职务犯罪预防，在公共资源交易活动中深入开展行贿犯罪档案查询工作，共受理行贿犯罪档案查询8528件。认真落实服务企业发展的各项措施，依法妥善处理涉及企业的案件，加强对企业自主创新司法保护，依法批准逮捕侵犯知识产权刑事案件5件8人，提起公诉5件16人。注重把服务生态文明建设融入检察实践，全市检察机关部署开展"加强生态检察，服务绿色崛起"专项监督活动，在宜黄县设立驻林业局检察室。严打生态领域刑事犯罪，依法批准逮捕污染环境、非法采矿、滥伐林木等刑事案件25件29人，提起公诉48件76人。严惩生态领域职务犯罪，深挖破坏生态环境资源刑事案件背后"蛀虫"，查办生态环境领域渎职犯罪案件7件8人，其中重特大案件2件。加强生态领域诉讼监督，监督行政执法机关移送涉嫌破坏环境资源类案件3件3人，监督公安机关立案破坏环境资源类案件2件2人。

【依法惩治严重刑事犯罪】 2015年，全市检察机关突出打击影响社会稳定和危及人民群众安全感的严重刑事犯罪，共批准和决定逮捕各类刑事案件1216件1558人，提起公诉1696件2407人。其中批准逮捕故意杀人、强奸等严重暴力犯罪案件109人，提起公诉127人。积极参与打击毒品犯罪和"两抢一盗"犯罪的专项行动，批准逮捕此类案件648人，提起公诉766人。坚持宽严相济，适用量刑建议、刑事和解等措施，依法从宽处理轻微刑事犯罪，不批捕和决定不捕289人，不起诉147人。

【维护群众合法权益】 全市检察机关积极顺应群众期待，加强检察长接待、视频接访、下访巡访工作，接待各类群众来访865件1802人次，依法妥善处理刑事申诉17件，对24名生活确有困难的刑事被害人及其近亲属提供司法救助，发放救助金46.5万元。进一步加强信访接待场所建设，按全国检察机关文明接待室标准，对全市11个基层检察院的信访接待场所进行改扩建。保障群众食品药品安全，开展危害食品药品安全犯罪专项监督活动，监督移送涉嫌犯罪案件线索5件。维护广大农民的合法权益，加大惩治基层组织工作人员侵吞国家民生补助资金犯罪力度，共立案查办发生在群众身边、损害群众利益的贪污贿赂犯罪案件46件65人。

【推进社会治理创新】 2015年，全市检察机关积极开展未成年人保护工作，健全批捕、起诉、监督、预防一体化办案机制，建立6个未成年人观护帮教基地，编辑并向在校学生赠送《未成年人法制宣传读本》，对155名涉罪未成年人依法采取分案起诉、社会调查、犯罪记录封存、合适成年人到场等特殊保护措施，加强教育、感化和挽救。加强社区矫正法律监督，纠正脱管漏管11人，有效地促进社区矫正工作健康发展。积极参与社会治理创新，加强对治安重点地区和突出问题的治理整顿，广泛开展普法宣传教育，促进提升社会治理法治化水平。

【惩治和预防职务犯罪】 年内，全市检察机关共立案侦查各类职务犯罪案件120件190人，同比立案人数上升21%，其中贪污贿赂犯罪案件94件155人，渎职侵权犯罪案件26件35人。立案侦查职务犯罪大案85件、县处级以上职务犯罪要案6人。先后查办省农业厅原党委委员、省畜牧兽医局原局长黄峰岩（副厅级）涉嫌受贿案，省政府采购工作领导小组办公室原主任曹银发（正处级）涉嫌受贿案，省农业厅动物疫病预防控制中心原副主任、省防治重大动物疫病指挥部办公室原副主任刘继东（副处级）涉嫌受贿案，抚州市老龄工作委员会办公室原副调研员、市殡葬管理处原处长孙剑平（副处级）涉嫌受贿案，宜黄县工业园区原党委书记聂发来（副处级）涉嫌受贿案等案件。同时加强职务犯罪预防工作，结合办案，先后发布年度预防报告12份，形成案例分析20件，开展职务犯罪预防讲座109场，向发案单位、相关部门提出预防建议78份，《临川区龙溪镇移民办主任王某挪用移民项目资金案警示录》一文被最高人民检察院采用。

【加强诉讼活动法律监督】 年内，全市检察机关坚持打击犯罪与保护人权并重，对应当立案而未立案的，监督立案14件；对不应当立案而立案的，监督撤案16件。严把案件事实关、证据关和法律适用关，依法追加逮捕28人、追加起诉23人，对认为确有错误的刑事裁判提出抗诉19件。加强行政执法与刑事司法衔接工作，市检察院先后与市烟草专卖局、市国税局、市地税局等3家单位单独或联合出台意见，健全情况通报、信息共享、联席会议机制，督促移送涉嫌犯罪案件7件。探索开展对公安派出所刑事执法监督，市检察院被省检察院确定为对公安派出所刑事执法监督的试点单位。对确有错误的民事行政判决、裁定、调解，提出抗诉4件，提请省检察院抗诉4件，提出再审检察建议8件，办理执行活动监督案件23件。进一步增强刑事执行检察工作合力，深入推进保障在押人员合法权益工作，稳妥推进羁押必要性审查工作，对17名不需要继续羁押的犯罪嫌疑人建议释放或变更强制措施。建立健全同步监督机制，对刑罚执行和监管活动中的违法情形提出纠正意见11件。

（严章华）

【市检察院领导名录】

党组书记、检察长：宋智勇

党组成员、副检察长：万家理　刘重农　胡京华

党组成员、纪检组长：黄国权

党组成员、反贪局局长：高卫东

党组成员、反渎局长：童兆兵

党组成员、临川区院检察长：李仲学

检察委员会专职委员：傅壮伟　白　洋　何敬刚

## 法　院

【概况】 2015年，抚州市审判机关围

绕“努力让人民群众在每一个司法案件中感受到公平正义”目标,坚持司法为民、公正司法主线,忠实履行宪法法律赋予的职责。

【依法审判保障社会和经济秩序发展】 全市法院受理案件25867件,办结18777件,同比分别上升46.3%和18.9%;市中级法院受理案件1857件,办结1380件(含旧存),同比分别上升37.7%和16.8%。全市法院审结一、二审刑事案件1787件,一审判处罪犯2156人。全年死刑案件上诉无改判发回重审。全市法院审结一审、二审民商事案件12586件,其中商事案件4097件,标的金额17.03亿元。推动行政争议实质性解决,一审行政案件撤诉率26.4%。支持行政机关依法行政,非诉行政执行案件准予执行率88.16%。市政府出台《抚州市行政机关负责人行政诉讼出庭应诉规定》,将行政机关败诉率和行政首长出庭情况纳入依法行政考评体系。全市法院受理一、二审行政案件429件,审结376件,审结国家赔偿案件1件。

【加强便民利民举措】 提升诉讼服务水平,协调银行设立专门缴费窗口,依法为当事人缓减免交诉讼费237.4万元。邀请律师坐班答疑1447人次。发放司法救助金346.61万元。诉前调解矛盾纠纷625件。人民法庭审结案件4143件。办理群众来信来访702件。办结申诉、申请再审案件748件。通过审判监督程序审结再审案件15件。

破解执行难题。建成全市法院执行指挥系统,加强网络执行查控,加大对失信被执行人曝光和信用惩戒力度,依法打击拒不执行判决、裁定等犯罪。全市法院执结各类案件3264件,标的金额7.63亿元,同比分别上升20.58%、11.42%。强力推进信息化建设。市中级法院统一建成“一门户、两中心、三平台”,成为全市法院办公办案“神经中枢”;建成“诉讼服务与司法公开网”;建成数字法庭39个,其中,远程视频庭审(提讯)法庭12个,利用视频开庭、提讯刑事案件120件;网上公布裁判文书5507份,公开执行信息2490件,大大提高司法为民的实效。

【创新机制破解难题】 推进网上办案、档案数字化和行政案件相对集中管辖等全省改革试点。制作电子卷宗10115件,打破传统办案和审判管理模式。制作数字化诉讼档案3218件4224册,省高院党组决定在全省法院推广抚州市中级法院档案数字化做法。深入开展行政案件相对集中管辖试点。构建便利当事人诉讼、法院内部协作配合、行政机关败诉率和行政首长出庭情况纳入依法行政考核、司法公开、行政审判绩效考核激励、集中管辖法院与辖区政府良性互动等“六大机制”,切实解决行政案件立案难、审理难、执行难等突出问题,最高人民法院院长周强在江西调研时给予充分肯定。积极推进审判委员会制度改革、院庭长办案制度改革、审判监督指导方式改革,不断提高审判质效。全市法院院庭长主办案件7000件,各类案件法定审限内结案率99.8%,市中级法院召开审判委员会会议次数仅相当于改革前的37.5%,审委会委员得以把精力集中到研判大要案、总结审判经验上,法官担当精神进一步强化,群众缠访闹访现象大为减少。

【诉讼服务中心竣工交付使用】 5月4日,市中级法院诉讼服务中心竣工交付使用,至此,全市两级法院诉讼服务中心建设任务全面完成。全市法院诉讼服务中心功能区域划分基本一致。包括安全检查区、诉讼引导区、业务办理区、自助查询区、便民服务区、休息等候区、投诉监督区、商务服务区等八大功能区,同时,设置法官约见室、律师工作室、信访接待室3室。

(程欲民　陈　辉)

【市中级人民法院领导名录】

党组书记、院长:柯　军

党组副书记、副院长:鄢清员

党组成员、纪检组长:郭增华

党组成员、副院长:周建平　黄建华　鲍国华　郭　伟

党组成员、临川区法院院长:周建荣

党组成员、政治部主任:吴英龙

审判委员会专职委员:张　诚　张松涛

## 司法行政

【概况】 2015年,抚州市司法行政围绕法律保障、法律服务、法制宣传等职能作用,普遍建立法律顾问,推进法治抚州建设。加强社区矫正人员和刑释人员教育监管。南丰、东乡、临川等县(区)司法局试行开展统一着装,进一步树立形象。维护社会稳定,促进社会公平,推动经济社会发展,营造和谐稳定的发展环境和优质高效的法治氛围。

2015年,全市累计接收社区矫正人员4257人,解除矫正2577人,有在册社区矫正人员1680人;从省内外监狱接回刑释人员1291人,省内监狱接送率100%,发放生活补助费183.85万元,符合条件的全部发放生活费,发放率100%,新入监人员信息核查100%;各法律援助机构共办理法律援助案件近2500件,“12348”咨询专线共接听207人次,办理其他法律援助事项26000人次;15家司法鉴定机构208个司法鉴定人,办理各类司法鉴定业务1.2万余件总额900余万元;13个公证处38名公证员共办理案件近1.2万件,总收费近400万元;各级调解组织成功调解各类矛盾纠纷22882起,成功率达97.03%。2015年国家司法考试抚州市考区504名考生76人通过(其中A证48人、C证28人)。广昌县盱江镇下湖村和南丰县市山镇包坊村被司法部、民政部联合授予第六批“全国民主法治示范村”,广昌县司法局盱江司法所被表彰为“全国模范司法所”,临川区司法局西大街司法所所长尧能顺、崇仁县司法局巴山司法所所长黎员生、金溪县司法局秀谷司法所所长饶丽霞被表彰为“全国模范司法所长”,临川区司法局荆公路司法所长王素文被表彰为“全省司法行政系统最美司法所长”。

【法治抚州建设领导小组第一次全体会议召开】 8月31日上午,抚州市召开法治抚州建设领导小组第一次全体会议,会议听取关于法治抚州建设前期工作、贯彻落实《江西省社会信用体系建设规划(2014—2020)任务

分工方案》工作进展、推进诚信体系建设的情况汇报。市委副书记魏建锋主持，市委书记肖毅出席并讲话，市委副书记、市长张鸿星，市人大常委会副主任杨小梅，副市长、市公安局局长吴建春，市政协副主席郑友清，市中级人民法院院长柯军等领导出席会议。会议审议并原则通过《市直有关部门贯彻实施〈中共抚州市委关于全面推进法治抚州建设的实施意见〉重要举措分工方案》《关于深化法治宣传教育增强全民法治意识的意见》《关于进一步推进依法行政加强法治政府建设的实施意见》《关于依法治理信访突出问题维护规范有序信访秩序的意见》等系列文件。

**【抚州市法律顾问团成立】** 4月2日，市委办、市政府办共同印发《关于组建抚州市法律顾问团的通知》，聘请由21名法学专家、律师组成的市法律顾问团，作为市领导机关的法律咨询机构。2015年，普遍建立法律顾问工作列入省、市社会综合治理考核和经济社会发展总体考核内容。至年底，全市市、县、乡三级领导机关法律顾问建成率为100%，市级党政机关法律顾问建成率100%，县级党政机关法律顾问建成率74.7%，国有企业法律顾问建成率90%。

**【开展一户一名“法律明白人”培养工程】** 加强农村基层法制宣传员队伍建设，开展“法律明白人”培训工作。崇仁县将十户一名的“法律明白人”培养工程拓展到一户一名“法律明白人”培养工程，进一步壮大农村普法宣传队伍，及时发现并解决基层矛盾纠纷苗头，维护社会稳定。省委政法委书记周萌、市委书记肖毅等省、市领导充分肯定其做法，省普法办将崇仁县列为全省唯一的“法律明白人”培养工程试点县。

（谢荣生）

**【市司法局领导名录】**

党组书记、局长：蔡　菁

党组成员、副局长：徐来发　吴军明
　江木根

党组成员、纪检组长：罗根生

本栏编辑　郭峻峰

# 农·林·水

## 综　述

2015年,抚州市认真贯彻落实市委、市政府“发展升级、绿色崛起、跨越发展”战略部署,围绕“农业增效、农民增收、乡村秀美、农村和谐”总目标,按照“稳粮增收、调整转型、提质增效、改革创新”总要求,深入推进农村改革,积极转变农业发展方式,有力促进农业农村发展升级,为“十二五”圆满收官和“十三五”良好开局奠定扎实基础。可以用“两稳步两明显两协调”来概括。

两稳步:农业生产稳步发展。在国家惠农政策的持续激励和农村改革红利的不断释放下,农业生产在复杂气候条件下仍然保持平稳发展态势,大宗农产品产量稳定增加。全市全年蔬菜种植面积达6.43万公顷,同比增1.33%,总产达146.2万吨,增长3%;生猪出栏276.40万头,家禽出笼8458.7万羽,分别增长1.1%和4.8%;水产品产量18.22万吨,增长3.69%,其中特种水产7.04万吨,增长6.99%。全市农业生产总值达181.8亿元,同比增长8.7%。农业升级稳步推进。反映在农业产业集群初具规模,10大农业产业集群完成销售收入177.5亿元,增长10%,实现利税6.32亿元;“一县一园”建设进展良好,全市域国家现代农业示范区规划已报送国家农业部。11个县(区)示范园共投入47.06亿元,核心区面积达1.32万公顷,引进培育新品种710个,示范推广新技术153项,入园项目实现产值131亿元。临川获批国家级现代农业示范区,广昌、南丰、黎川、崇仁、南城、东乡、金溪7个县获批省级现代农业示范区,东乡县润邦被评为国家级循环农业示范区;农产品加工水平稳步提升,161家市级以上农产品加工、流通型企业销售收入达127.5亿元、同比增长11.45%,农产品综合加工转化率达到46%。抚州苍源药业成为江西省第一家在“新三版”上市的农业企业;林下经济快速发展,全市经营面积新增1.11万公顷、达14.56万公顷,产值28.45亿元。完成0.13万公顷现代农业油茶示范项目建设、2.67万公顷毛竹低改。黎川、宜黄、资溪和崇仁等4县列入江西省竹类特色项目县;休闲农业蓬勃发展,全市休闲农业企业达390个,从业人员2.36万人,年接待游客45万人次,营业收入18亿。拥有18家省级休闲农业示范点、13个省AAAA级乡村游示范点。南丰县被评为江西省休闲农业示范县,崇仁源野生态农庄被评为全国休闲农业与乡村旅游四星级企业,黎川县华山镇洲湖村被评为中国最美休闲乡村,资溪稻田、广昌荷花景观入选农业部“中国美丽田园”。

两改善:农业条件明显改善。主要是水利设施明显改善。2014年冬季至2015年春季实施的11大类共308个水利项目,总投资12.966亿元,绝大多数项目已完工并在抓紧验收。2015年冬季至2016年春季拟实施的460个项目,已开工440多个。廖坊灌区一期工程作用显著,改善灌溉面积0.72万公顷,新增控灌面积为0.43万公顷;二期工程申报取得突破,可研报告获到江西省发改委正式批复。基本农田明显改善。全市1.33万公顷高标准农田建设任务基本完成,农业综合开发改造中低产田0.66万公顷、治理生态小流域0.08万公顷。农业环境明显优化。主要体现在农业污染防控成效明显。全市基本完成关停或搬迁禁养区畜禽养殖场,限养区、可养区的规模养殖场和繁殖场经治理改造后,全部达到国家畜禽养殖业污染物排放标准,全市共关停、搬迁、改造畜禽养殖场514家。水生态保护更加重视,全面启动“和长制”,金溪县秀谷镇徐坊村、广昌县驿前镇贯桥村被授予“江西省水生态文明村”。农村环境整治力度加大。全市共投入1.02亿元,全面启动农村生活垃圾专项治理,着力探索城乡环卫一体化工作体系,农村环卫基础设施建设和保洁员配备得到加强,农村环境卫生有较大改观,特别是国、省道路域环境改观更加明显。资溪、南城、东乡等县的特色做法得到江西省的充分肯定。12个全省百强中心镇污水处理设施建设进展加快。林业生态更加优化。全市共完成山上造林1.48万公顷、长防林工程0.54万公顷,风景林建设和“一人一桂”绿化工程大力推进。黎川、南丰、宜黄、资溪等4县被授予“江西省森林城市”称号

两协调:农村改革协调推进。主要是农村土地确权登记颁证任务基本完成。到2015年年底,全市已发放证书农户数66.34万户,完成率92.3%;已颁证面积24.65万公顷,占二轮承包总面积的108.3%,列江西省前三名。在确权基础上加快和规范土地流转,促进农业适度规模经营,全市农村土地流转总面积达8.19万公顷,流转率达35.02%,比2014年增加1.02个百分点。农村综合产权交易市场建设加快推进,市级正在开展前期工作,金溪县已基本建成年底前将投入运营,其他县(区)也正在抓紧推进。林权制度改革成效突出。国有林场改革全面完成,全市已将原有的47个国有林场整合重组为28个。以金溪县为省

级试点、南丰县为市级试点的林地流转积极推进，全市林地流转面积达19.01万公顷，发展新型林业经营主体2885个。水权制度改革顺利推进。金溪县小型水利产权制度改革省级试点全面完成，切实解决了小型水利工程“谁来管、管什么、怎么管”的问题。东乡县水资源确权登记试点正在有序开展。此外，扩权强镇试点、财政支农方式创新、农村金融改革等也有力推进，成效明显。农村事业协调发展。主要体现在新农村建设升级发展。以65个中心村为重点的村庄整治建设加快推进，全市共拆除破旧空心房、危房、猪牛栏等35万平方米，改水、改厕到位率达95%以上，改路达100%，农民生产生活条件得到较大改善，村庄面貌焕然一新。精准扶贫扎实推进。在“四进四联四帮”活动推动下，全市253个贫困村和扶贫对象建档立卡工作全面完成，实现联网查询，建立动态管理机制。完成搬迁移民6299人。产业扶贫项目覆盖90%以上贫困村，参与产业开发的贫困群众人均增收800元以上，全市扶贫对象减少5万人。统筹城乡发展协调推进。气象和水文预警预报能力建设进一步加强，在农业防灾减灾中发挥积极作用。农村水、电、路、通讯等基础设施建设力度进一步加大，教育、文化、卫生、社会保障等基本公共服务均等化水平进一步提升，户籍制度改革有序启动，城乡发展一体化步伐明显加快。

（黄　岑）

【市农业局领导名录】
局　长：周跃飞
党委书记：徐建云
副局长：蔡晓东　熊瑞进　何武飚
　　　　吴　辛　韩国辉
纪委书记：邹永丰（9月任）
市农机局局长：黄志辉
市农科所所长：吴　强
市果业局局长：袁跃跃（任至11月）
市畜牧兽医局局长：鄢华员

## 种　植　业

【概况】　2015年，抚州市农业系统面对农产品价格低迷和不良气候条件的严重影响，以及农产品质量安全、农村确权赋权改革等严峻挑战，紧紧围绕加快发展现代农业的主线，扎实推进农业农村改革，全力以赴稳增长、保安全、促转型，全市农业农村经济运行呈现稳中有进、稳中体质、稳中增效的态势。全市粮食种植面积40.70万公顷，同比减少0.2%；粮食总产293.1万吨，同比增加0.55%。油料作物播面2.69万公顷，同比增加4.13%；总产5.9万吨，同比增长5.36%；单产147千克/亩，增幅1.0%。棉花播面0.19万公顷，同比减少5.3%；总产3065吨，同比减少12.7%。蔬菜（含菜用瓜）播面6.55万公顷，同比增加1.24%；总产144.8万吨，同比增加2.0%；果用瓜播面2.03万公顷，同比增加1.67%；总产67万吨，同比增加3.1%。烟叶播面0.82万公顷，同比减少1.76%；总产16809吨，同比减少6.69%。烤烟总产16488吨，同比减少6.54%。甘蔗播面3950.40公顷，总产209483吨，同比增加2.9%及4.6%。茶叶产量2573吨，同比增加2.92%；水果产量182.2万吨，同比增加15.9%，其中：南丰蜜桔总产172万吨。

【粮食生产实现“十二连丰”】　全市粮食种植面积40.70万公顷，同比减少0.2%；粮食总产293.1万吨，同比增加0.55%。其中水稻种植面积达37.70万公顷，同比增加0.14%；总产277万吨，增长0.73%，全年粮食总产创历史新高，实现“十二连丰”。

【农村居民人均可支配收入实现“十二连快”】　抚州农村居民人均可支配收入延续近几年持续快速增长势头，自2014年突破万元大关后，再创新高，达到11441元，增长9.9%。

【农业十大产业化集群初具雏形】　一是产业化经营突破性发展。全市市级以上农业龙头企业367家（国家级3家，省级77家，市级287家），其中，206家农业龙头企业实施了技术改造，投入资金3.68亿元；农产品加工、流通型企业达到161家，预计产值127.5亿元，增长11.45%；农产品综合加工转化率增加2%，达到44%；二是农业产业步入集群发展。为进一步促进全市现代农业发展，2015年着力培植宜黄水稻制种产业集群、广昌白莲产业集群、黎川茶树菇产业集群、南丰蜜桔产业集群、资溪白茶产业集群、金溪香料香精产业集群、崇仁麻鸡产业集群、东乡生猪产业集群、南城禽蛋产业集群、南丰甲鱼产业集群10个农业产业集群，占江西省13.4%。截至2015年年底，全市十大农业产业集群完成销售收入177.5亿元，增长10%；完成利税6.32亿元，增长1.9%；带动农户28.64万户，增长4.4%；户均增收5200多元，增长6.1%；三是休闲农业建设精品纷呈。全市休闲农业点已发展到390个，年接待游客45万人次，营业收入18亿。其中，崇仁源野生态农庄被评为全国休闲农业与乡村旅游四星级企业，黎川县华山镇洲湖村被评为中国最美休闲乡村，资溪稻田景观和广昌荷花景观被评为中国美丽田园。

【农村集体“三资”监管工作进入新常态】　抚州市创新并全面运用“三议三审三公开”工作法强化农村集体“三资”监管，江西省委书记强卫评价“在新经验方面，抚州积极推行农村集体三资监管，有推广的价值”。

【南丰蜜橘品牌价值191.5亿元列全国第八】　2015年12月16日，中央电视台、中国品牌建设促进会、中国国际贸易促进委员会、中国资产评估协会、中国标准化研究院、中国优质农产品开发服务协会在北京联合发布2015年中国品牌价值评价信息，南丰蜜橘以191.51亿元的品牌价值位居初级农产品类地理标志产品价值榜第八位，这也是南丰蜜橘品牌价值首次跻身全国前列，将推动南丰蜜橘产业发展步入快车道。

【苍源药业成为江西省第一家在“新三板”挂牌的农业企业】　江西抚州苍源中药材种植有限公司，按照“公司+基地+农户”发展的模式，建成国家标准金银花有机种植基地0.16万公顷，达到年产金银花200万千克。12月30日，公司在全国股份转让系统成功挂牌，证券简称：苍源种植，成为江西省第一家在“新三板”挂牌的农业企业。

【"广雅"商标荣获"中国驰名商标"】 近年来,抚州市大力实施农产品品牌战略,出台一系列促进品牌战略发展的优惠政策,积极鼓励和扶持符合条件的企业争创省级著名商标和中国驰名商标。8月,在国家工商总局新近认定的一批中国驰名商标中,江西广雅食品有限公司注册的"广雅"商标荣获"中国驰名商标",这是抚州市获得的第5件农产品"中国驰名商标"。

【黎川船屋白茶率先在江西省茶叶企业创作MTV"船屋茶歌"】 黎川县船屋茶叶茶油专业合作社为国家农业部认定的全国农民专业合作社优秀示范社,产品在市场上深受消费者的欢迎,先后荣获江西省绿色博览会金奖、连续四届江西鄱阳湖绿色农产品(上海)展销会金奖、第三届浙江农博会粮交会金奖、江西省首届深圳农业博览会金奖、江西名茶等荣誉。为进一步提升产品的品牌效益,该公司率先在江西省茶叶企业创作MTV"船屋茶歌"。

【农产品质量安全水平稳步提高】 资溪县被评为江西省首批绿色有机农产品示范县(综合评分全省第一)。在全省率先举办市级农产品质量安全应急事故处置现场演练。全面更新农产品质量安全监管对象数据库,消除监管死角;加强市、县、乡三级农产品质量安全检测人员队伍建设,初步具备"市监督、县定量、乡定性"检测能力;加强部门联动,首次开展农产品诚信"红黑榜"评选,农产品质量安全整体向好。

【互联型农业全面推开】 阿里巴巴"千城万企"江西首个试点城市落户抚州市南丰县,资溪一亩农庄建成产品质量安全可追溯平台,黎川聚龙湾建成首家水产品智能管理中心,江西联惠建成智能化蔬菜大棚,江西龙鑫、抚州民生建立"基地监控+网上交易+配送平台+实体店"的线上线下交易。

【推进现代农业】 抚州市坚持把现代农业示范园区建设作为现代农业建设的主战场,集聚资源要素,完善基础设施,提高装备水平,不断改善农业生产条件。完成抚州国家现代农业示范区(2014—2018)规划,江西省政府正式向农业部提出将抚州市现代农业示范区列为国家现代农业示范区。全市11个县(区)完成核心区0.13万公顷、规划区0.27万公顷的现代农业示范园区的规划,正在按照综合服务区、科研试验区、加工生产区、产品展示区、仓储物流区、农耕文化体验区"一园六区"的要求进行项目实施。至年底,已累计为示范园区流转土地面积0.71万公顷,融资担保涉贷3.89亿元,财政扶持资金4.79亿元,入园项目实现产值130.99亿元,吸纳农民就业14.7万人次。有87家市级以上农业产业化龙头企业,649家农民专业合作社入驻园区。

【构建新型经营体系】 2015年,抚州市以培育市场主体为导向,不断强化政策引导、技术支持、产销服务和规范管理,做大做强农业龙头企业、农民合作社和家庭农场,提高农业经营组织化水平。全市市级以上农业龙头企业367家(国家级3家,省级77家,市级287家),其中,206家农业龙头企业实施了技术改造,投入资金3.68亿元;农产品加工、流通型企业达到161家,预计产值127.5亿元,增长11.45%;农产品综合加工转化率增加2%,达到44%;新实施农民专业合作社提质工程项目15个,总投资230万元。全市农民专业合作社获中国家级示范社称号或被农业部表彰25家、有省级示范社84家、市级示范社200家,合作社注册商标数103个,形成"世纪缘凤"牌麻鸡、"洪洲湖"牌白茶、"喜根园"牌南丰蜜桔、"联惠"牌鸡蛋、"方金山"牌虎奶菇、"十里香樟"牌蘑菇、"华盖山"牌绿茶、"山峰"牌蜂蜜等知名品牌,合作社成员年人均收入高于同类产业农民人均纯收入20%左右。全市通过合作社发展"订单农业"面积达到14万公顷,订单面积和产值分别以12%和15%的速度递增。家庭农场511家,首次覆盖农林牧渔各业。组织抚州苍源中药材种植股份有限公司(江西省唯一一家)参加6月7—11日意大利米兰国际食品博览会农业部中意农业食品经贸合作论坛。组织各类主体参加江西(上海)农展会、中国(福州)农交会等国内外重要展会10余个,参展企业150余家(次),合同订单总额超过3亿元。

【强化科技支撑能力】 抚州市按照"专家定点联系到园区、农技人员包村联户"的工作机制和"专家+农业技术人员+园区+科技示范户+辐射带动户"的新技术服务模式,建立健全园区农技推广服务网络,推进农业科技入园,不断提高农业科技贡献率。2015年,全市共举办各类实用技术培训班300余期,培训农民6.53万余人次,培育科技示范户1.36万余户、基层农技指导员1300余名,有500名大学生享受农业领域创业就业补助。全面完成151个基层农业公共服务中心建设,基本实现涉农乡镇全覆盖。全市有较大型农资供应服务组织138家,有统防统治、代防代治、集中育秧、疫病防控等农业技术经营性服务组织513家,有社会化农机作业服务组织94家。培育专业经纪人和专业销售服务组织320多个,带动农民成员约2.3万余人,服务收入达2.2亿元。南城、崇仁县被江西省农业厅列为全省水稻产业开展农业生产全程社会化服务试点县。

【提高农产品安全水平】 突出抓好监测、预防、整治、执法等关键环节,开展农产品质量安全专项整治,全面实施农产品质量安全大整治,加强农产品质量安全宣传,营造全社会齐抓共管的良好氛围。全市80%的出栏生猪通过准出自检。6月22日,全市有11个县级农产品检测站和151个农产品速测室免费向社会公众开放。全市初步建成市监督、县定量、乡定性的农产品检测体系,共抽检农业投入品3660批次、农产品21800批次,立案查处农业违法案件68起,全年农产品质量总体合格率达到99.3%以上,其中农业部例行监测合格率100%。重大动物疫病免疫率和动物产地检疫率均达到100%。全市新增无公害农产品24个、达到273个;新增绿色食品2个,达到24个;新增东乡王桥花果芋农产品地理标志登记保护产品认证(全省3个)。

【激发农村发展活力】 农村土地承包经营权确权登记颁证工作是抚州市全面推进农业农村改革的"一号工程"。2015年4月正式启动以后,各地各有关部门认真贯彻落实市委、市政府的决策部署,充分发挥政策导向作用、党政推动作用、农民自主作用和技术支撑作用,稳步推进确权工作。全市160个乡镇、1795个村委会、17260个村小组、721246户农户有确权任务,二轮承包耕地总面积23万公顷。截止年底,全市调绘勘测完成村民小组数17150个,完成率99.36%;调绘勘测完成农户数714502户,完成率99.06%;调绘勘测完成面积29万公顷,占二轮承包耕地总面积的比例为125.87%。新版承包合同订立完成农户数685826户,完成率95.09%;登记簿建立完成农户数673299户,完成率93.35%;经营权证书颁发完成村小组数14491个,完成率83.96%;证书到户农户数616326户,完成率85.45%;已颁证地块数3082978块,完成率84.52%;已颁证面积22.05万公顷,完成率95.86%。全市各县(区)均已建立确权数据库,完成数据录入农户数667248户,完成率92.51%;档案建立完成农户数627615户,完成率87.02%。各县(区)均重点选择一个"城中村"或"园中村"、"城郊村"和集体净资产较多、有长期稳定收益的村小组开展农村集体资产产权制度改革试点。全市134个乡镇成立了农村土地流转服务中心,农村土地流转总面积8.19万公顷,土地流转率为35%。其中,种植水稻面积3.33公顷以上的规模种粮农户有5500户,承租耕地面积合计4.33万公顷,占耕地面积18%。农村集体"三资"管理更加规范,创建国家级"三资"管理示范县1个、省级示范县2个,各县(区)"三资"监管服务器集中托管在移动公司专业机房,乡(镇)开通了移动传送专线,确保"三资"监管数据的安全、快捷,实现对农村集体"三资"的实时查询、实时分析和实时监管。

【强化柑桔黄龙病防控手段】 2014年8月22日,在南丰县发现柑桔木虱后,通过排查,南丰、广昌、南城、乐安等4县15个乡镇共56个行政村发现柑桔木虱,南丰县发现疑似柑桔黄龙病病树304株;2015年,南丰、广昌、南城、乐安、宜黄、金溪、黎川7县43个乡镇共194个行政村发现柑桔木虱,南丰、广昌、南城、黎川4县发现疑似柑桔黄龙病病树639株。发生柑桔黄龙病的主要原因:一是苗木带病。1991年柑桔大冻后苗木奇缺,南丰蜜桔"双百工程"大发展时期苗木供不应求,导致民间非主流渠道从外地调苗栽种,其中有部分苗木来自疫区;二是疫区大量带叶果在抚州市分拣包装,有可能柑桔木虱随叶片进入引发传播;三是冬季气温变暖柑桔木虱不断北移。

疫情发生后,市、县(区)柑桔黄龙病防控指挥部采取措施,确保全市柑桔普查率达100%,对普查出的病树砍除率达100%,柑桔木虱基数得到全面控制。一是开展全方位、高密度普查。全市按照"乡不漏村、村不漏组、组不漏片、片不漏园、园不漏株"的要求,广泛发动群众、组织广大桔农对属地柑桔园进行逐株普查,查清病树分布范围,并对发现的柑桔木虱与疑似病树及时进行杀灭与清理,防止疫情扩散和蔓延;二是加大宣传培训力度。举办市、县、乡、村四级技术培训班289期,培训人员2.5万人次;组织各级农技人员进村入户,市指挥部彩印30万份柑桔黄龙病防控技术资料,对柑桔黄龙病防控进行再宣传,再培训,提高全民防范意识;三是科学处置疫情。严格按"一锯二划三涂四包五覆"五步工作法清除病树,一锯:留蔸1—2寸。二划:切面划十字。三涂:切面涂草甘膦。四包:切面包扎黑膜。五覆:包扎后覆土盖面;四是构建县、乡、村三级防控监测网络。在全市八个柑桔黄龙病防控重点县(区)共建立365个防控监测点;五是加大植物检疫和柑桔苗木市场管理力度。严厉打击从疫区调运带叶柑桔果品到抚州市分拣包装的违法行为,南丰、广昌两县查处并销毁非法销售"三无"柑桔苗木1.3万余株;六是认真做好冬季清园。

【健全外来生物的防控体系】 2015年,抚州市对加拿大一枝黄花、福寿螺等外来入侵生物的扩散方式、分布地点和面积、危害、防治等情况进行调查摸底,在宜黄县召开"1+10"外来入侵生物防控现场会,宣传外来入侵生物防控知识,加深基层群众和中小学生的危机防患意识。10月,根据市委肖毅书记、市政府张鸿星市长等领导对加拿大一枝黄花铲除的批示,市农业局组织召开全市农业外来入侵物种防控工作会议,成立市铲除加拿大一枝黄花协调小组,下发加拿大一枝黄花防控实施方案,临川、南丰、金溪、广昌、宜黄、崇仁等地共报告发现并铲除加拿大一枝黄花分布点30多处。

【推进干部作风建设】 2015年,抚州市农业系统深入开展十八届五中全会和市委三届十一次全体(扩大)会议精神专题学习活动,全面落实"把纪律挺在前面",推行廉情三预警、提醒约谈、任前廉政约谈、履职约谈,开设"纪律讲堂";围绕农业中心工作,组织党员干部积极投身"农产品质量安全保障""现代农业示范园区推进"和"农业科技下乡"等活动,积极主动配合市委"三严三实"和党的群众路线教育实践活动回头看活动,做好整改落实。重视党风党纪教育,加强廉政建设,落实"一岗双责",党员干部的主体意识和责任意识得到进一步加强,思想进一步解放,精神状态更加振奋,以更好的精神面貌投身现代农业建设。

## 养 殖 业

【概况】 2015年,抚州市围绕"结构调整、污染防治、疫病防控、产品质量、三产联动"五个重点,加快畜牧业发展转型升级,提升动物疫病防控和畜产品质量安全水平,加强畜禽养殖污染防治和病死动物无害化处理,克服畜产品价格下滑等诸多不利因素的影响,确保畜牧业持续健康发展。全市肉类总产量34.48万吨,增长2.3%,其中猪肉产量23.3万吨,增长0.95%;禽肉产量10.5万吨,增长5.85%;出栏生猪283.1万头,同比减少2.5%;年末生猪存栏174.5万头,同比减少2.82%;能繁母猪存栏15.74万头,同比减少6.81%;牛出栏5.1万头,同比增长1.39%,牛存栏24.11万头,同比减少5.86%;家禽出笼8825.14万羽,同比增加3.49%;存笼2251.35万羽,同比减少13.64%;禽蛋产量4.19万吨,同比持平;牛奶产量1.54万吨,同比减少22.22%;养蜂箱数达3.3万箱，蜂蜜产量1303吨，同比增9.68%。

与此同时，抚州市大力推进渔业“良种化、规模化、标准化、产业化”建设，紧密围绕环境友好、渔业发展、渔民增收、渔区稳定目标，推进传统渔业向现代渔业转型升级，健全现代渔产业体系，做大做强水产龙头企业，主攻水产品加工，强化资源保护，水产生产呈现稳定发展态势。全市养殖面积3.98万公顷，同比持平；水产总产19.4万吨，同比增加4.8%，其中养殖产量17.8万吨，同比增长7.23%。

【发展生态循环农业】 2015年，抚州市大力实施畜牧业污染治理、农业废弃物循环利用和“肥药双控”减量增效三大行动，加快推进畜牧业转型升级，积极开展生态循环农业示范创建，促进农业生态环境改善。在全市生猪规模养殖场当中，已完成废弃物贮存处理设施建设的有605家，已完成沼气工程建设的有371家，沼气池总体积13.75万立方米；通过标准化建设的有157家；全市基本完成关停或搬迁禁养区畜禽养殖场，治理改造限养区、可养区年出栏生猪3000头以上、蛋鸡存栏1万只以上、肉鸡出栏5万只以上规模养殖场和二级以上种畜禽繁殖场及国家农业部级、江西省农业厅级畜禽标准化示范畜禽场，全部达到国家畜禽养殖业污染物排放标准。高安事件后，集中整治累计排查生猪157.44万头，发现并无害化处理病死生猪564头。全市落实沼液生态消纳地4万公顷，新增沼液利用量15万吨，无害化处理沼液80万吨；推广测土配方施肥43.20万公顷次，应用有机肥342万吨；全市有植保服务组织138家，2家被评选为江西省优秀农作物病虫害专业化统防统治组织，每个县（区）均建立一个133.33公顷以上全程承包服务示范点，实施病虫害统防统治1.47万公顷，减少农药用量约500吨、化肥用量1.5万余吨。全市病死动物收集体系基本建成，东乡县、临川区2个县级病死动物无害化集中处理中心建设全面启动。江西省润邦集团《抚州市东乡县区域生态循环农业示范项目》通过农业部区域生态循环农业专家评审，正在组织实施。

【畜禽生产基本形成“三带四基地”的区域集群养殖特色】 2015年，抚州市大力实施畜禽集约化、标准化发展，基本形成“三带四基地”的区域集群养殖特色。“三带”：一是形成以崇仁为中心的抚吉公路沿线崇仁麻鸡养殖带；二是形成以南城为中心的临南公路沿线蛋业生产带；三是形成以东乡为中心的抚临公路沿线外来品种猪养殖带。“四基地”：一是形成以东乡为中心黑羽绿壳蛋鸡生产基地；二是形成以东乡、乐安为中心的赣东花猪养殖基地；三是形成以南丰为中心的朗德鹅及鹅肝加工生产基地；四是形成以崇仁、南城、东乡、临川为中心的畜产品和兽药饲料加工基地。

【确保畜产品质量安全】 2015年，抚州市加强投入品监管。一是积极开展饲料和饲料添加剂生产企业年度备案工作。市农业局精心组织，统筹安排，及时派出现场核查小组对企业进行现场核查，并结合日常监督检查情况，提出备案意见。截至12月底，全市颁发饲料和饲料添加剂生产许可证20个；二是切实开展全市饲料质量安全专项整治行动。1. 开展源头治理，严格行业准入。要求各县（区）做好申报企业的材料初审和现场初审工作，督促饲料生产企业严格执行规范化管理制度。2. 注重监督抽查，强化日常监管。结合日常巡查工作，加强对饲料经营市场监督检查，坚决查处三无饲料产品，一经查处，依法追究法律责任。3. 开展案件查处，严查大案要案。严格按照“四最”标准确保广大人民群众“舌尖上的安全”。对涉及面广、造成重大饲料产品质量安全事故、群众反映强烈的大案、要案，要采取挂牌督办、联合办案等形式，追根溯源，彻查到底，决不姑息；三是加大抽查检测力度，打击饲料兽药生产、经营和使用中出现的违法行为，维护良好的市场秩序，保护合法企业和广大养殖场（户）的合法权益。1. 完成2015年全省动物及动物产品兽药残留监控计划，全市共抽检鸡肝10批，鸡蛋10批，鸡肉10批，猪肉8批。2. 全市开展“瘦肉精”专项整治，监测项目克伦特罗、莱克多巴胺、沙丁胺醇，监测样品猪尿和猪肉，共检查养殖场（户）415个，抽样检测2120批次，销售环节检测221批次，结果显示全部为阴性。3. 全市出动执法人员121人次，开展蛋白质饲料原料专项整治，检查企业、养殖场户数211个，抽检样品数231批；出动执法人员292人次，开展饲料生产企业专项整治，检查企业18个，其中抽检饲料样品142批；4. 出动执法人员28人次，开展生鲜乳收购站、奶牛养殖场（户）生鲜乳和奶牛饲料专项整治，检查企业、养殖场户数48个，抽检液态奶23批，饲料30批，检测生鲜乳和饲料合格率达到100%；5. 出动执法人员442人次，检查生产、经营、销售环节，猪、鸡、鸭肉样品121批，饲料287批。

【开展生猪屠宰专项整治】 2015年，抚州市认真贯彻落实国家和江西省政府关于食品安全及畜禽屠宰管理体制改革，大力推进畜禽屠宰监管职能划转，实现市商务局向市农业局畜禽监管工作平稳移交。一是及时召开会议，高位推动。市政府于9月18日召开县（区）长参加全市畜禽屠宰监管等职责调整工作会议，市长张鸿星强调要求各县（区）高度重视畜禽屠宰监管等职责调整工作，要加快进度，确保全市畜禽屠宰监管等职责调整及时到位。11月16日，市政府又专门召开畜禽屠宰监管调整推进会，副市长魏建新就进一步完善畜禽屠宰监管，明确监管目标，落实监管责任，提高监管能力等方面进行强调和布署；二是继续做好生猪定点屠宰资格审核清理工作。市农业局成立审核清理领导小组，制定详细工作方案，严格准入条件和标准，规范工作程序，全面审核清理，并明确具体审核清理步骤、时间、任务。通过审核清理，取消经整改仍不达标、不符合设置规划或有严重违法行为企业的定点屠宰资格，坚决制止将不达标定点屠宰厂（场）作为小型屠宰场点的行为，确保所有取得生猪定点屠宰资格的企业符合《中华人民共和国环境保护法》《中华人民共和国动物防疫法》《生猪屠宰管理条例》规定的条件及相关标准；三是大力开展生猪屠宰专项整治行动。结合农产品专项整治行动，在全市组织开展生猪屠宰专项整治行动及“加强生猪屠宰监管 维护猪肉市场秩序百日严打行动”，突出抓好重点时段、重点区域和管理薄弱环节，加大对生猪屠宰等环节违法行为的查处，持续保持高压态势，严厉打击私屠滥宰、添加“瘦肉精”、注水或注入其他物质、销售及屠宰病害猪等违法犯罪行为，做到群众监督、部门配合、齐抓共管的良好氛围，切实保障猪肉产品质量安全。全市全年共开展执法195次，出动执法车辆257车次，出动执法人员工1063人次，清理关闭不合格屠宰场8个，屠宰环节抽检“瘦肉精”3103个，查处违法案件数量3件，处罚违法金额0.36万元；四是推进畜禽屠宰监管长效机制建设。市农业局从保障食品安全的大局出发抓好畜禽屠宰监管工作，按照明确“一个目标”（努力确保畜禽屠宰环节不发生重大质量安全事件）、突出“两个重点”（屠宰产业发展与屠宰行业监管），落实“三个责任”（抓好政府属地化管理责任落实，抓好部门监管责任的落实，抓好屠宰企业质量安全主体责任的落实），抓好“四个环节”（屠宰场、点的设立审批，把好宰前检疫关，加强屠宰过程中的质量安全控制关和强化事后监督）的思路推进畜禽屠宰监管长效机制建设。

【特种水产养殖蓬勃发展】 2015年，抚州市渔业经济结构得到进一步优化，特种水产养殖发展迅猛，各县（区）特种水产养殖各有特色。其中南城县利用水库及池塘发展鳜鱼养殖已形成规模效益，鳜鱼年产量达4000余吨。同时该县脆肉皖、鮰鱼、加州鲈鱼等特色品种继续保持较好的发展势头，脆肉皖产量达600吨，美国鮰鱼产量达400吨；南丰县甲鱼产业集群效益明显，全县现有甲鱼养殖面积0.11万公顷，养殖户680户，参与户2000余户，种甲鱼存塘量700万千克，年产种蛋2.4亿枚，稚幼鳖4000万只，商品甲鱼产量4000吨，实现甲鱼产业渔业经济总产值6亿元；资溪、黎川县继续以鳗鱼养殖和加工为主导产业，烤鳗出口创汇9000万美元；东乡县的泥鳅养殖从无到有，现养殖面积近67公顷，已成为该县主要特色产业；宜黄县的棘胸蛙产业也在稳步发展中。

【推进渔业项目建设】 2015年，抚州市实施3个现代渔业化项目及2个渔业标准化项目，投入资金500万元，新建改建池塘133公顷。通过近几年的现代渔业化项目和渔业标准化项目的实施，全市累计完成标准化池塘改造1333.33公顷，改扩建良种繁育场5个，养殖基础条件得到极大改善，水产品产量及渔业经济效益得到大幅度提升。

【创建“智慧渔业”】 2015年，江西聚龙湾现代渔业发展有限公司投资60多万元在江西省率先创建“智慧渔业”——渔业数字化智能管理系统。系统建设于2015年11月底动工，至12月底全部完成。该系统集水质在线监测（记录水温、溶氧、pH值氧化还原电位等数值变化情况）、自动报警（溶氧、pH值、亚硝酸盐等含量低于或高于设定值时会通过声音、电话、手机等报警）智能调控（根据生产需求自动开关增氧机和投饵机）等功能于一体；并可实时记录饲料投入和鱼药使用情况，建立水产品质量安全溯源系统，确保每批次水产品质量安全。

【加强水产品质量监管】 2015年，按照“生态、优质、高效”的发展要求，市农业局通过开展渔业科技实验和示范、举办渔业技术培训班、送科技下乡、健康养殖示范场创建、全国现代渔业种业示范场创建活动等多种形式和活动，在推广先进实用的水产健康养殖技术、引进新品种，水生生物病虫害防控、水产品质量监管、发展绿色碳汇渔业等方面取得长足提升，全市渔业生产科技水平和科技进步贡献率进一步提高，渔业增效、渔民增收、水产品质量得到保障。全市全年累计开展各类送科技下乡活动18次，举办培训班10次，培训学员2000人次，发放资料2万余份；全市已建成3个县级水生生物病虫害监测站；至年底，全市获得农业部水产健康养殖示范场称号的企业达47个。

【壮大渔业龙头企业】 抚州市高度重视渔业品牌建设，品牌渔业呈现良好的发展势头，已形成以“名优鱼类”为主的特色渔业产业格局。至2015年，全市有渔业注册商标15个，其中省著名商标2个，获得省名牌农产品2个，农产品地理标志认证1个。与此同时，激励企业积极走出去，以各地举行的专业展示展销会为平台，大力宣传自己的企业文化和产品。在2015年上海市农产品展示展销及推介会上，就已经看到了抚州水产企业的身影，其中江西映虹水产集团获得最佳组织奖；引导企业认真维护自身产品权益，积极注册商标，加大宣传力度。水产龙头企业队伍逐步壮大，龙头企业生产基地稳步扩展。全市现有省级水产龙头企业5家，市级龙头企业36家，与其相关联的水产养殖基地已达2万公顷。随着“龙头企业+合作社+农户”、“公司+合作社+农户”等利益联结机制不断完善，给渔民带来了实实在在的实惠。

【强化渔业资源保护】 抚州市高度重视水生生物保护区划定工作，认真做好水生生物种质资源调查研究工作，并根据市内水域的实际情况，开展水生生物保护区划定工作，对生态红线鱼类“三场一通”进行划定，并加强珍稀濒危水生野生动物保护，规范水生野生动物特许利用秩序。市、县（区）各级渔政管理部门均加强渔业执法行动，开展渔政相关法律法规宣传教育，在抚河源头、抚州中段及宜黄水等市内主要水域多次开展联合执法行政，有力打击电鱼等非法捕鱼行为。与此同时，全市积极开展水生生物增值放流活动，2015年，南城、临川、金溪及宜黄等县（区）开展了经济鱼类及珍稀水生生物增值放流活动，累计投入放流资金122.93万元，放流经济鱼类2700万尾，珍稀水生生物棘胸蛙1.6万尾。

【加强渔政管理】 一是市农业局和县（区）渔业行政主管部门签订《2015年度全市渔业安全综治稳定目标管理责任书》，县（区）渔业行政主管部和辖区内乡（镇）签订安全生产责任状，明确安全生产的监管责任和主体责任；二是市农业局制定《抚州市渔业船舶水上安全突发事件应急预案》，临川、南城、南丰、金溪、东乡和宜黄等6个有养殖渔船的县（区）渔政管理部门也分别制定县（区）的《渔业船舶水上安全突发事件应急预案》，明确各级渔业主管部门及渔政渔港监督管理机构处置渔业船舶水上安全突发事件的职责和工作程序，及时、有效处置突发事件，最大限度地减少突发事件造成的人员伤亡和财产损失,维护渔区安全生产和社会稳定;三是通过强化渔业安全生产工作,对全市机动渔业船舶进行渔船检测,完成渔船数据采集和证书发放以及渔业柴油补贴发放工作,对渔船渔民开展安全生产知识教育。

(吴英权 李 娟)

# 林 业

【概况】 2015年,抚州市林业系统按照市委“高位谋势,精准发力,敢于担当,跨越发展”总要求,不断深化林业改革,稳步实施造林绿化工程,切实加强资源保护,大力发展林业产业,持续加强干部作风建设,全市林业工作取得较好成绩,被省委、省政府授予“江西省第十四届文明单位”称号,被市委、市政府评为全市绩效考核优秀单位、全市公共机构节能先进单位、全市社会治安综合治理目标管理先进单位等。

【深化两项林业改革】 为了充分发挥抚州市的森林资源优势,市林业局围绕生态文明先行示范市建设,努力作好国有林场和集体林权制度配套改革两篇文章,通过改革不断促进林业发展、激发林业发展活力,成效明显。一是国有林场改革任务顺利完成。全市将原有的47个国有林场整合重组为28个,其中定性生态公益性林场24个,商品性林场4个。生态公益性林场共核定611个全额拨款事业编制,用于设置管理人员和技术骨干。在改革过程中,以人为本、精心操作,达到林场、职工、社会三方满意的目标,抚州市国有林场改革的经验做法在《绿色时报》头版头条进行推广后,在全国林业系统引起广泛关注,先后接待了黑龙江、新疆、吉林、广西等多批外省的国有林场改革考察学习团。为持续推进国有林场后续发展,发挥国有林的生态优势,市政府专门研究出台《关于创新经营机制做大做强国有林场的意见》。抚州市的国有林场改革试点工作顺利通过国家七部委的验收,改革取得的成效受到验收组高度评价和充分肯定,在11月24日召开的全国国有林场改革现场会上,抚州市的广昌县作为国有林场的代表作典型发言。二是集体林权制度改革持续深化。2015年,市政府出台《关于积极稳妥推进我市林地流转进一步深化集体林权制度改革的实施意见》。通过积极稳妥推进林地流转,进一步深化集体林权制度改革,促进新型林业经营组织较快发展。全年全市林地流转面积19.01万公顷,场内流转交易金额6.07亿元。新增林权抵押贷款面积0.12万公顷,贷款金额3359.8万元。全市有家庭林场、专业或股份合作社、林业企业或组织、专业大户等各类林业经营合作组织2885个,经营面积达25.78万公顷。大力推进商品林政策性保险工作,全市2015年商品林参保面积68.97万公顷,缴纳保费1540万元。

【实施造林绿化工程】 2014年冬至2015年春,全市共完成山上造林任务1.48万公顷。完成长防林工程0.54万公顷;现代农业油茶项目0.14万公顷;省级低产林油茶改造0.05万公顷;农业综合开发林业项目0.004万公顷;森林抚育补贴项目0.16万公顷;完成巩固退耕还林成果后续产业发展毛竹低改0.53万公顷,工业原料林0.41万公顷,油茶0.01万公顷,补植补造建设0.06万公顷。为了提高营造林工作水平和造林质量,抚州市统一从福建省南平市顺昌县采购杉木良种苗,推广使用林业“良种良法”技术在临川区、黎川县、金溪县、资溪县、南丰县、市生态试验林场打造109.87公顷良种造林示范点,同时在全市开展打击制售假冒伪劣林木种苗,逐步带动群众使用良种苗木造林的积极性。在完成项目造林的基础上,市林业局还按照市委、市政府的要求,大力推进风景林建设和“一人一桂”绿化工程,每个县(区)均打造一到两个亮点工程。“向莆线”绿化工程完成纯林补阔496.87公顷、疏林补植115.47公顷、新造林111.67公顷,通过栽植桂花、红枫、杜英、枫香等观赏彩色树种,向莆铁路沿线景观面貌得到明显改善。积极开展省级森林城市创建,2015年,抚州市的黎川、南丰、宜黄、资溪等4个县通过省级考核验收,被省绿化委员会授予“江西省森林城市”。

【加强森林资源保护】 2015年,抚州市封山育林前期准备工作顺利推进。在对全市实施封山育林可行性进行充分调研和反复论证后,研究制定上报《关于推进生态文明建设实施全市封山育林的意见》,市委、市政府高度重视,先后召开市政府常务会议和市委常委会研究实施全市封山育林的意见,决定从2016年起,对全市范围内林地实行为期5年的封山育林。全市封山育林的实施,将极大地促进森林资源的恢复与生长,全面提升林分质量和森林蓄积量,使全市林相明显改观,野生动物栖息环境明显改善。林业有害生物普查和防治工作任务基本完成,全市防治面积达0.33万公顷,防治率及无公害防治率均达100%;加强野生动植物保护,圆满完成鄱阳湖区越冬候鸟和湿地保护工作任务。全面完成“三无一杜绝”的森林防火责任目标,被江西省政府评为“森林防火平安市”。全市森林防火总体态势平稳有序,全年共发生火灾5起(含违规“炼山”1起),同比2014年减少2起,过火面积55.36公顷,同比下降65.33%,受害面积13.09公顷,同比下降55.8%。

【加大资源管理力度】 市林业部门不断加强林木采伐管理。2015年,全市安排木材生产计划23.65万立方米,实际只采伐11.5万立方米,严格控制在生产计划之内;加强木材加工企业监管。开展2015年木材加工企业资源年审,通过此次年审,全市199家木材经营加工企业中125家合格、64家整改、10家关闭;加强征占用林地管理。全年全市共审核上报长期征占用林地50起,面积212.80公顷,收缴森林植被恢复费1217.58万元。开展全市非法侵占林地清理排查专项行动,对各县(区)存在的问题进行通报并督促整改;加强林业数字化管理。加快建设智慧林业信息平台二期工程,投入资金200万元,建立完善市本级和各县(区)视频监控系统并接入市本级信息中心,对现有林业相关网页进行整合,推进办公自动化,最终实现全市林业一站式管理。

【发展林业特色产业】 2015年,市林业局编制《抚州市林业“十三五”发展规划(初稿)》,争取将更多的林业项目纳入国家和省林业发展规划的盘子。当年列入全市“十三五”重大项目开发储备项目11个,总投资达34.4亿元。2015年,林业总产值271.63亿元,比2014年增长9%。毛竹低改全市完成2.67万公顷。黎川、宜黄、资溪和崇仁等4县被列入江西省竹类特色项目县,争取省级项目补助资金800万元。完成现代农业油茶示范项目建设0.13万公顷。4月28日,在乐安县召开全市油茶产业发展现场会,推广“四统一分”经营模式。全年新增花卉苗木面积280.80公顷。根据市人大三届四次会议第70号建议,市林业系统已着手花卉鸟类交易市场的规划、论证、招商等工作。全市林下经济经营面积14.56万公顷(2015年新增1.11万公顷),产值28.45亿元。金溪县被认定为2014－2015年度国家林下经济示范基地,并被列入2015－2017年省级林下经济发展重点县。

【推进林业法治建设】 2015年,根据市政府“三单一网”建设的要求,市林业局全面清理林业行政权力事项,清理出行政权力共182项,并编制成责任清单在网上公开。参与全省林业许可审批事项目录编制,共编制目录188项。非行政许可事项全部取消,衔接落实江西省林业厅取消的3项行政审批事项。继续开展每月林业法律知识讲座,共授课10期。开展全市林业生产安全大检查,排查安全隐患,整改落实到位。保持打击林业违法犯罪高压态势,先后组织开展“三打一整”“严厉查处森林火灾案”“打击破坏野生动物资源违法犯罪”“林地清理整治”等专项行动。全年全市共查处各类案件769起,查处人员771人次,收缴林木木材246立方米,收缴国家保护植物19株,挽回经济损失780余万元。山林权属争议调处工作有条不紊,成功调解处理山林权属争议46起,接待全市群众来访127起,进行法律咨询201次,并逐一登记分类,电话、书面回复已全部落实到位。

【加强干部作风建设】 2015年,市林业系统扎实开展“三严三实”专题教育,局党委书记、局属各单位负责人分别按照“三严三实”专题教育的要求讲了党课,并就三个专题分别开展学习研讨。认真贯彻落实省委加强作风建设营造良好从政环境20条意见,在全局副科级以上干部中开展20条意见的宣传教育,组织学习和考试。严格落实党风廉政建设“两个责任”,深入开展“把纪律挺在前面”先行先试工作,通过抓节日廉情监督、开展纪律课堂、播放廉政教育片《作风建设永远在路上》等形式抓好党员思想政治教育。深入开展解放思想“三问”大讨论活动,每个党员干部均认真撰写“三问”大讨论心得体会,为全市林业发展献计献策。积极开展“四进四联四帮”活动,共安排19名党员干部进社区,7名党员干部驻村帮扶,市林业局连心第一小分队的帮扶经验在全市“四进四联四帮”活动经验交流会上作典型发言。配合市里的重点工程建设,完成文昌里林业系统32户职工住户的拆迁任务。积极参加团队招商,在完成团队任务的同时,单独新引进项目一个。通过一系列的学习和开展活动,使全局干部职工的作风得到明显改善。

(钱江华)

【市林业局领导名录】
局　长:帅歌柳(任至11月)
党委书记:曾福根(任至11月)
党委书记、局长:杨大进(11月任)
党委副书记、市森林公安局局长:
　杜　坚
副局长:杨书斌 李新生
纪委书记:潘金明
总工程师:付家科
市林科所所长:陈　文
市森林工业局局长:胡林如
市森林公安局政委:张　娥

## 水利水保

【概况】 2015年,抚州市水利局认真贯彻落实上级加快水利改革发展一系列决策部署,各项工作取得新成效。当年,被评为全市绩效管理考评优秀单位、跑项争资第三名、计划生育先进单位,社会综合治理工作、公共机构节能工作、全市精神文明建设工作也均获考评组的肯定。

【做好防汛工作】 2015年,抚州市平均降雨量2367毫米,比2014年同期多473毫米,比多年平均多612毫米。为积极备战防汛,全市水利部门紧紧围绕“一个中心、三个重点、五个确保”的防汛总体要求,扎实做好防汛责任制落实、水雨情监测站点和防汛网络系统的检查维护、防汛决策支持平台的整合升级、水工程度汛方案和山洪地质灾害防御预案及防御责任体系的调整修订、水库和堤防防汛安全管理、防汛应急救援和抢险演练、防汛物资储备和抢险队伍落实、水工程隐患摸排、在建水工程度汛安全监管、以及强化督促检查等各项防汛工作,圆满完成全年的防洪保安任务。同时认真做好“苏迪罗”和“杜鹃”两次台风的防御工作。

11月,抚州遭遇历史罕见的冬汛,11月11日至17日全市平均降雨量176毫米,比多年同期多148毫米,此次过程降水和历时在冬季出现创有实测记录以来最大。受强降雨影响,11月17日,抚河廖家湾水位达38.4米,盱江南城水位站水位更是超过警戒水位0.48米达67.98米,均创抚州市有实测以来历史同期最高记录。为应对这次历史罕见的冬汛,市防汛抗旱总指挥部先后两次下发《关于做好当前强降雨防范工作的紧急通知》,及时启动防汛应急值班,加强巡查值守全面做好防范和应对工作,确保人民生命财产安全。

【抓好全市2014－2015年冬春水利项目建设的扫尾工作】 抚州市2014－2015年冬春实施的11大类共308个水利项目,总投资为12.966亿元。具体为:一般小(2)型病险水库除险加固项目207座,中小河流治理项目18条,农村饮水安全项目44处,小农水重点县10个,水土保持工程项目8个,其它工程项目21处。至2015年年底,上述项目已完工并在抓紧验收。

【抓好全市2015年度水利项目建设】 抚州市2015年度实施水利项目460个,总投资88567.23万元。具体是:113座病险水库除险加固项目、9个中小河流治理建设项目(含五河治理项目3条)、3座病险水闸除险加固项目、310处农村饮水安全工程、9个小农水重点县、8个水土保持治理重点工程、以及防汛抗旱等其他水利项目。2015年度水利项目前期工作抓得较早,广大干部克服罕见冬汛的影响积极推进建设,截至12月底,总体形象进度已达87%以上。

【严把水利工程质量关】 2015年,市水利局强化质量监督,严把水利工程质量关。一是加强质量监督管理能力建设。组织参加质量监督业务能力培训达60人次,全市水利质量监督人员的管理能力明显提高,质量监督行为进一步规范。二是加大受监工程的质量巡查力度。共签订水利工程质量监督书51份,开展质量监督巡查活动67次,参加各类验收活动10次,针对发现的质量问题,及时下达质量监督整改意见60余份,有效地履行了政府质量监督职能。三是依法把好工程质量等级评定关。严格按照国家、省颁布的有关质量检验、评定标准及实体工程质量检验检测成果进行客观评定,以数据说话。已开展质量等级评定的分部工程90个、单位工程14个,合格率均达100%。

【推进水管体制改革】 2015年,市水利局加快推进水利工程管理体制改革。一是行政审批"三单一网"(权力清单、责任清单、负面清单和上网公示)建设全面完成,行政审批制度改革进一步深化。二是小型水利工程管理体制改革全面推进。完成金溪县小型水利工程管理体制改革试点,并在全市展开。三是"河长制"改革全面启动,项目法人专业化、社会化建设改革迈出步伐。

【加强水资源管理】 为实施可持续发展,市水利部门持续强化水资源管理。一是开展水库水质污染专项整治。按照市政府2015年6月出台的《抚州市水库水质污染专项整治工作方案》要求,会同环保、农业等部门,督促各地抓好水库水质专项整治工作。二是抓好重要河流水质监测工作。市水利局2015年投入85万元,对省划重要江河湖泊47个水功能区59个监测断面、以及跨市跨县界河断面,市主城区6个集中供水水源地取水口开展水质监测,并向社会公布。三是开展水功能区确界立碑。对市辖区3个国家重要水功能区进行确界立碑,并督促抚河沿线县(区)完成确界立碑工作。四是抓好水生态文明试点建设。抚州市金溪县秀谷镇徐坊村、广昌县驿前镇贯桥村通过江西省水利厅验收并被授予"江西省水生态文明村"称号。抚州市向省水利厅申报自主创建水生态文明乡镇3个、村31个,申报建设试点乡镇2个、村11个。五是开展入河排污口核查工作。六是结合水生态文明建设,在临川区跃进水库启动"EPSB工程菌固化颗粒"科技成果推广应用试验工作,目的是进行水质处理提升,以改善水质,提高水环境质量。

【强化水行政执法】 2015年,抚州市水利部门为维护水事秩序,不断加大水行政执法力度。一是积极推进依法行政、依法治水。积极做好河道巡查和案件受理工作,开展河湖执法专项整治和采砂安全专项整治活动,共在全市范围内巡查69次,出动执法艇21艘次、执法车90余次,发现和查处违章水事行为13次,现场制止16次,拆除采砂设备5次,案件受理13件(其中,立案处罚1件,当事人自动履行12件,移交水上公安分局行政拘留2人),督办县(区)水事案件3件。二是规范行政许可工作,提高办事效率。认真开展行政权力及责任清单梳理工作,共梳理行政权力247项和编制责任清单247项,并报市审改办审核且在局门户网站公布。为便于工作,市水利局编制出行政审批事项办事指南,全年共办理许可事项80件。

【服务中心工作】 2015年,市水利局积极投身"三大战役",服从服务于全市中心工作大局,投入大量人力精力,妥善解决工程建设中的各种矛盾,着力抓好汝水大道南延伸段、孝义港整治改造两个市级重大工程建设,并确保工程建设进度和质量。至年底,这两个重点工程建设的形象进度分别达到85%和95%以上。

【编制水利"十三五"规划】 市水利局围绕防洪安全、供水安全、水生态安全及水利行业管理保障能力建设,结合抚河流域生态保护和综合治理,开展出水利"十三五"规划编制工作。

此外,还积极抓好人大建议、政协提案的办理工作,以及积极配合市相关部门抓好招商引资、"四进四联四帮"、省级文明城市创建、信访维稳、老干部等方面的工作。

【改变工作作风】 2015年,市水利局认真抓好党风廉政建设,切实改变工作作风。

一是加强组织领导。站在讲政治、讲大局、事关水利事业健康发展的高度,认真贯彻落实党风廉政建设责任制。年初,召开会议研究《抚州市水利局党风廉政建设和反腐败工作计划》,成立局党风廉政建设工作领导小组,制订《抚州市水利局2015年党风廉政建设和反腐败工作任务分工表》,落实各班子成员的党风廉政建设的任务和分工,形成一级抓一级,层层抓落实的工作格局。做到党风廉政建设和反腐倡廉工作与党务、业务工作一起研究、部署,同时把工作推进情况与党风廉政建设情况一起布置检查,定期分析党风廉政建设形势,经常听取工作汇报,确保工作落实;二是深化作风建设。深入落实中央八项规定精神和省委、市委有关规定要求,切实抓好省委20条意见和市委、市政府关于作风建设的实施意见的贯彻执行。狠抓制度落实,注重抓早抓小,抓好节前提示和节后监督,从干部的上班纪律遵守、公款接待、公务用车、节约用水用电等小事抓起,对存在苗头性、倾向性的问题做到早发现、早纠正。着力解决突出问题,对反映少数干部经常参与评审、评标的问题,要求市水利局和市水利局赋予行政管理职能的局属单位的在职干职参加全市水利系统单位主持的各类评审、项目验收和招投标工程评标等工作时,不得以任何方式收取评审、验收费用;三是强化权力制约和监督。进一步下放行政审批权限和简化办事程序,编制出权力清单和责任清单,将群众普遍关心、涉及切身利益的热点问题和"人、财、物、事"等"三重一大"事项管理的相关内容及时向社会公布,接受群众监督。加大对水利项目审批、资金使用管理监督管理,确保权力在阳光下高效运行;四是加强廉政教育。通过加强自

# 抚州市国土资源管理局

全市国土资源管理工作暨党风廉政建设工作视频会

局领导班子成员深入灾区现场指导工作

抚州市国土资源局紧紧围绕“服务发展、保护资源、维护权益”宗旨，严格规范管理，扎实开展工作。

**耕地保护更加有力** 2015年省级下达的新增费均落实到具体项目。

**清理闲置低效工业用地** 大力清理闲置和低效用地，对全市各类工业园区、工业集聚区内企业闲置低效用地进行清理处置。2015年，全市共清理闲置和低效用地129宗、面积616.80公顷，已处置58宗、面积237.42公顷。

**矿产开发和治理** 全市所有矿山企业编制完成《矿山环境恢复治理与土地复垦方案》。矿山年检率达91%，抽查率达100%。2015年度矿产资源补偿费共计征收489.59万元，矿山土地复绿面积390.84公顷。

**地质灾害防治** 全市国土资源系统坚持“八个到位”的防灾方针。共建立监测点1896个，配有监测人员1880个，建立临时地灾避让点396处。转移安置1177个地灾隐患点14909名群众，未发生人员伤亡和重大财产损失。

**国土资源执法监察** 按照“重预防，事前防范和事后查处相结合”方针，从严查处各类国土资源违法违规案件。2016年，全市共立案查处国土资源违法违规行为76件。开展“两违”集中整治，共发现“两违”违法374宗。

**不动产登记正常运行** 至2016年底，全市11个县区不动产登记窗口累计受理量80444件，办结量76467件，发放不动产登记证书47285本、登记证明36046张。

**土地市场** 2016年加强房地产用地管理和调控，强化保障性住房用地供应。全市供应保障性住房用地67.01公顷。至12月26日全市土地出让成交土地使用权219宗，面积共705.71公顷，成交金额102.21亿元。增强土地收储和融资，全年市本级共收储土地总面积为224.31公顷。

全市国土资源工作会议

不动产登记挂牌

局长罗光华走访慰问困难群众

办公大楼全景

# 临川区

区委书记　胡领高

区委副书记、区长　董东明

2016年8月9日，全区干部作风整顿动员大会在区行政中心多动能会议厅召开

城乡一体化生活垃圾收运体系PPP项目启动仪式

临川区位于江西中北部，抚河中游，是抚州市委、市政府所在地，是全市政治、经济、文化、教育、科技中心。辖9乡17镇、2垦殖场、5街办和1个工业开发区，人口111.2万人。2015年全区经济发展稳中有进、稳中向好，社会事业取得全面进步。

**工业经济提质增效**。全年新增规模以上企业10户，总数108户；完成工业生产总值132.71亿元，增长8.9%。强力推进“园区办社会”，抚北园区二期975套公租房、污水处理厂全面完工；抚北园区核心区罗源村整体搬迁取得突破性进展，征迁面积7.3万平方米；才都工业区100公顷土地平整全面推进，园区承载力、聚集力进一步提升。2015年，园区实现主营收入171.2亿元、税收6.8亿元，其中有色金属加工产业实现主营收入128亿元、税收5.6亿元，分别占园区比重的74.9%和82.3%。

**现代农业初具规模**。初步形成以龙鑫生态为龙头的生态种养区，以多木山庄为龙头的花卉苗木种植区，以秋溪灵隐山为龙头的精品果蔬种植区，以天顺公司为龙头的中药材种植区，以唱凯提子采摘园为龙头的休闲观光农业区，以联惠种养合作社为龙头的标准化农业生产区等六大特色区域。农业改革稳步推进，农村土地确权登记颁证基本完成，颁证率96%；农业产业化进程不断加快，全年新增省市级龙头企业7家，总数52家，实现销售收入31亿元；农业组织化程度进一步提高，新增农民专业合作社59家，新增家庭农场15家。

**现代服务业蓬勃发展**。现代物流业加快推进，全年实现物流税收1.15亿元。旅游强区深入推进，全年旅游接待达305.72万人次，实现旅游综合收入35.37亿元；温泉景区“核心五路”基本建成，崇寿禅院已开工建设；大金山旅游产业园列为全省首批PPP项目。电子商务发展迅速，已列入全国

12月22日，区委书记胡领高深入温泉景区、高坪镇视察产业扶贫和环境卫生整治工作

区委副书记、区长董东明出席上海临川商会成立招待会

供销合作社系统电子商务示范县区，入选“江西县域电商十大领军县区”，乐美电商年交易额突破10亿元。现代金融加速发展，区内银行业金融机构10家；浦发村镇银行、九江银行分别在唱凯镇设立乡镇营业网点；苍源药业、盈川实业、宇骏高科三家企业相继在“新三板”和上海股权托管交易中心Q板挂牌上市。

**城乡面貌焕然一新。**城区功能日益完善。2015年共开工建设29个重大基础设施及民生工程项目。建设东路、广场东路南延伸段全面贯通，芙蓉路全面完工，临川华府商业综合体已动工建设。完成文昌里棚户区改造项目核心区34万平方米的房屋征收工作。城镇管理规范有序。全方位、强力度推进市容环境综合治理，整治占道经营、乱搭乱建、乱堆乱放等600多起，拆除“两违”建筑面积6000多平方米。集中开展“五车”整治、交通秩序整治、卫生环境整治、噪音污染整治，城区环境明显改善。成功创建“国家园林城市”“国家森林城市”“省级卫生城市”和“省级文明城市”，上顿渡城区基本实现与市中心城区同质同档。村镇建设加快推进。加快推进158个新农村点建设，农村基础设施明显改善。全年新创建1个国家级生态镇、4个省级生态乡镇、5个省级生态村。

**扎实推进精准扶贫。**在全市率先研究制定精准扶贫“一个方案、两个办法”。同时，结合“四进四联四帮”活动，扎实推进“三精准、三扶贫”，精准扶贫攻坚战取得阶段性成果。全区共精准识别贫困人口9156户、16563人，落实各类帮扶资金900多万元，完成脱贫任务1714人。

**认真办好民生实事。**全年民生支出31.88亿元。城镇新增就业6000余人，就业困难人员实现就业2000余人，零就业家庭就业继续保持动态清零。完成保障性安居工程400套、城市棚户区改造192户，新建和改造农村危旧房2120户；通过了“全国义务教育发展基本均衡县”评估，成为江西省第二批、抚州市第一个“义务教育发展基本均衡县”。临川三小、临川十六中新建教学楼已投入使用，付家小学、临川五小新教学楼今年可投入使用。

烟化炉

乌鱼块食品加工

临川电商企业免费培训，圆青年创业梦

仙桂峰生态园

葡萄种植园

柑桔种植及黑猪散养

区成立全市首个无人机防治水稻病虫害合作社，大力向种田大户推广无人机防治病虫害技术

# 南城县

2016 年 12 月 9 日下午，省委书记鹿心社视察南城

南城县地处江西省东部，抚州中部，建县于汉高祖五年（公元前 202 年），迄今 2218 年，是江西省建县最早的 18 个古县之一，素有“赣地名府、抚郡望县”之称。

2015 年南城县委深入贯彻落实党的十八大和十八届五中全会以及习近平总书记系列重要讲话精神，紧紧围绕建设幸福南城的总目标，团结带领全县党员和广大干部群众，奋力拼搏，攻坚克难，勇争一流，取得重大跨越性发展成就。

**县域经济快速增长。**全县实现生产总值 105.8 亿元，财政总收入 14.4 亿元，规模以上工业增加值 31.2 亿元，固定资产投资 132.8 亿元，社会消费品零售总额 38.9 亿元，综合实力居全市第一方阵。2011 年以来，先后荣获全国食品工业强县、中国校具生产基地，全省统筹城乡发展先进县、招商引资十强县、空压机产业基地、农副食品加工产业基地等荣誉称号 29 项。2015 年在全市县域经济发展大会战目标考评中列全市第一。

**工业经济强势崛起。**该县紧紧围绕主攻工业这一核心，坚持以园区为支撑，以项目建设为抓手，以产业集聚为方向，全力推进工业强攻战。2011 年以来，园区建设累计投入资金 7 亿余元，河东工业园新开发 533.33 公顷，新建厂房 60 余万平方米。先后引进联益电子、大林纺织、广明实业等一批投资 10 亿元以上重大项目，以及稻花香酒业、百神集团等一批知名企业，落户亿元以上企业 29 家，形成机械电子、高档轻纺、五金建材、绿色食品、生物医药五大主导产业。2015 年，全县规模以上工业企业达 99 家，实现税收 5.2 亿元，工业用电量 2.8 亿千瓦时。

**绿色发展转型升级。**坚持把发展现代农业、现代服务业作为壮大县域经济的重要载体，着力推进产业转型升级、协调发展。现代农业稳步发展，现代农业示范园建设稳步推进，农村领域改革进一步推进，生态文明建设成效明显，集镇建设和新农村建设扎实推进，服务业转型升级。

王府大街（仿古街）

南城县第二小学

县委书记　王小林

县委副书记、县长　汪华辉

**旅游业强势突破。**积极策应"旅游强县""旅游兴市"战略，突出把加快发展旅游业作为县域经济新的引爆点，制定旅游产业发展升级实施计划，完善全县旅游开发总体规划和麻姑山风景名胜区三个控制性详规，制定麻姑山开发五年实施方案，全面启动麻姑山入景公路、游客服务中心、双龙湖、游步道、读书林、麻姑塑像、麻姑庙等10项重点工程建设。积极培育多元旅游业态，新建古城墙遗址公园、仿古街、双江楼、观光堤等城市文化景观。

**社会事业全面进步。**该县成功列入全省第一批省直管体制改革试点县，全面推进政府机构改革、行政审批制度改革、商事制度改革，有效激发了经济发展的内生动力。完成城镇保障性住房3486套、建筑面积19.17万平方米，新建和改造农村危旧房4137户。改造农村公路383.3公里，农村水泥公路通车总里程突破1000公里。建成第二小学、凤凰小学、盱江幼儿园、伟才幼儿园等。

百望电子城

江西酒厂有限责任公司（稻花香酒业）

万坊镇邹家边新村

江西麻姑实业集团有限公司

万坊镇邹家边新村

# 黎川县

县十五次党代会新当选的县委委员

重点工程集中开工仪式

中国国检和园区商贸中心

黎川县地处江西省中部偏东，武夷山脉中段西麓，辖7镇、8乡、1个企业集团和1个省级工业园区，总面积1728平方公里，总人口25万人，是中国日用耐热陶瓷产业基地、中国香榧之乡、中国民间文化艺术之乡（油画）、全国科技进步先进县、全国电子商务进农村示范县、江西省园林县城、江西省森林城市，还是海西经济区、原中央苏区振兴发展战略区、西部政策延伸区三大国家战略叠加区。

2015年，全县上下紧紧围绕“建设美好黎川”的总目标，大力实施“1234”发展战略，深入推进“五大战役”，实现了经济社会持续健康发展。

**综合实力迈上新台阶。**2015年，全县实现生产总值60.4亿元、增长9%，固定资产投资72.2亿元、增长16.8%，规模以上工业增加值24.5亿元、增长9%，社会消费品零售总额22.1亿元、增长10.6%，财政总收入10.14亿元、增长1%，城镇居民人均可支配收入达22059元、增长8.7%，农村居民人均可支配收入达10887元、增长9.7%。

**工业经济聚集新动能。**省天然气黎川供气站开始供气，赣闽物流园开始试运行，园区入园企业200家、投产148家，完成主营业务收入91亿元。九州—苏泊尔陶瓷炊具基地开工建设，康舒陶瓷三期点火运行，“嘉顺”商标被评为中国驰名商标。陶瓷、鞋服纺织、新型材料三大产业税收占园区企业的67%。

**农业生产打造新亮点。**种植烤烟1920公顷，收购烟叶6.82万担，烟农户均收入7.7万元，被评为全市烟叶工作先进县；香榧基地新增流转山地333.33公顷，种植面积达1133.33公顷。新增农民专业合作社66家，家庭农场37家，船屋茶叶油茶专业合作社被评为全国农民专业合作社示范社，新庄烤烟专业合作社被评为全国烟草行业示范社。

**三产发展呈现新活力。**以“黎明山川、梦里江南”为主题，先后在北京恭王府、泰国曼谷举办

县城全景图

黎川陶瓷

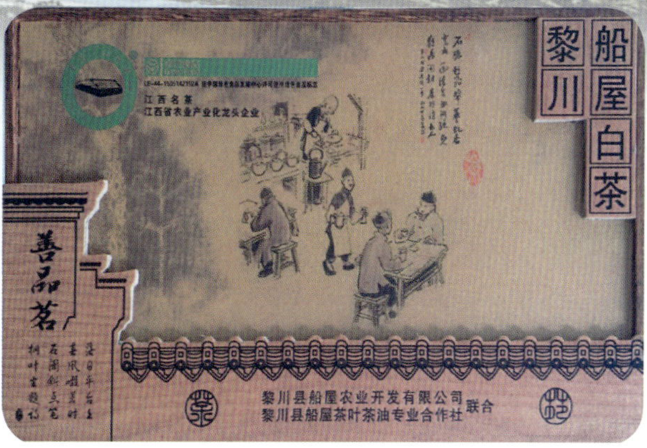


黎川船屋白茶

黎川旅游文化精品展和油画精品展，央视《新闻联播》《走遍中国》等多个栏目组到该县采访或拍摄节目并全国播放；黎川古城、尚岛庄园等 10 个乡村旅游项目提升发展活动正式启动；油画创意产业被评为江西省现代服务业集聚区；全县电商企业和团队发展到 160 多家。东鑫电子商务园被评为全国众创空间和全省中小企业孵化器。

**城乡建设展现新面貌**。古城改造一期等 7 个城建重点项目竣工，下马路棚户区改造、德胜惠民水利枢纽工程等 16 个重点项目进展顺利。44 个新农村建设点建设任务全面完成。潭溪乡芦陂中心村被列为全省 23 个示范中心村点，华山镇洲湖村荣获全国“最美休闲乡村之中国历史古村”称号。农村生活垃圾治理工作代表全市承接九江市考察团参观考察。

**社会民生取得新进步**。全年财政用于民生支出 12.96 亿元，占地方公共财政预算支出的 70%。完成各类保险扩面 1000 多人，城乡低保实现应保尽保，城镇就业率达 96%。扶贫攻坚深入推进，全县减少贫困人口 4584 人，贫困发生率下降至 5.1%；中央专项彩票公益金扶贫开发创新试点工作在国家终期绩效评价中位列全国第二。教育事业稳步发展，高考清华、北大上线 3 人，二本以上上线率 26.1%，居全市第三。公共文化服务不断提升，中央歌剧院、中国儿童艺术剧院深入该县开展公益演出；洲湖大夫第等 6 处红色遗址成功申报为全国重点文物保护单位扩展项目。城乡医疗条件持续改善，对 2 所乡镇卫生院、23 所村卫生所进行了改造，康福精神病医院投入试营业。计生工作扎实推进，被评为全省计划生育工作先进县。

**钟灵毓秀谱华章，黎明山川铸辉煌**。站在新一轮发展的起跑线上，黎川人民将继续发扬艰苦奋斗、锐意争先的精神，立大志、担大任、吃大苦、创大业，为建设“生态黎川、文化黎川、智慧黎川、幸福黎川”而努力奋斗！

整洁亮丽的陶瓷大道

潭溪乡新庄村新貌

烤烟基地

1500 多年的香榧王

# 南丰县

省委常委、副省长朱虹到南丰调研，市委副书记、市长张鸿星陪同

省委常委、组织部长赵爱明到南丰调研

中共南丰县委十三届十六次全委会

南丰县第十六届人民代表大会第六次会议

南丰县位于江西省东部、抚州市南部，辖7镇5乡1场，总面积1920平方公里，其中：县城规划区面积22平方公里，城区建成面积14.5平方公里（城区绿化覆盖率43.4%），耕地面积1.73万公顷，有林地面积9.56万公顷，森林覆盖率75.5%。总人口31.25万人，其中非农业人口6.3万人，人口自然增长率6.93‰。2015年，实现国内生产总值105.4亿元，同比增长9.1 %。其中，第一产业增加值30.2亿元，增长4.5%；第二产业增加值32.8亿元，增长8.4%；第三产业增加值42.4亿元，增长13.9 %。第一、二、三产业比例为28.6：31.1：40.3。工业总产值86.53亿元，增长12.58%。规模以上工业总产值85.1亿元，增长8.8%，规模以上工业企业增加值21.1亿元（增长8.5%），占GDP比重20 %。外贸出口占GDP9.7%（6.2换点）。固定资产投资79.1亿元，增长19.9 %。实际利用外商投资3036万美元。主要工业产品有中成药220.9吨、塑料制品15.22万吨、啤酒12.24万千升、饮料19.01万吨、布

城区新貌

省委常委、宣传部长姚亚平到南丰县调研

干群互动

1981 万米。农业总产值 55.6 亿元，增长 4.8%。粮食总产量 22.39 万吨。主要农产品有南丰蜜橘 148.8 万吨、稻谷 19.8 万吨、蔬菜 14.8 万吨、西瓜 5.3 万吨、生猪出栏 11 万头。全县财政总收入 11.7 亿元，增长 10.7%，人均 3979 元，税收占财政总收入的比重 85.6%；地方财政收入 9.8 亿元，增长 13.1%；支出 19.54 亿元，增长 9.16%。万元 GDP 能耗 0.41 吨标煤，二氧化硫排放量 1248.6 吨、削减率 2.06%，氮氧化物排放量 122.18 吨、消减率 8.6%，城市污水处理率 96.8%。农民人均纯收入 17147 元，同比增加 1459 元。城乡居民年末储蓄余额 53 亿元，增长 10.4%。

主要旅游景区(点)有："国家 4A 级景区"南丰橘文化旅游产业集聚区，"国家森林公园"军峰山，"国家湿地公园"仙人湖，"国家非物质文化遗产"南丰傩舞文化村（石邮古傩山庄），"全国农业旅游示范点"罗俚石蜜橘生态园，国家 3A 级旅游景区潭湖生态养生岛、观必上乐园、国安风情园，国家 2A 级旅游景区戈镰石、仙人洞、曾巩纪念馆、南台寺，"省 4A 级乡村旅游示范点"前湖庄园、南湖农庄，"省 3A 级乡村旅游点"梦缘山庄、洗马桥庄园、泸溪桔园、青源生态休闲农庄，爱国主义教育基地康都会议旧址、田东苏维埃旧址、醒侬公园，琴城镇明清古街（地藏寺、寿昌寺等），洽湾船形古镇，白舍宋元古窑遗址及南丰橘温泉等。主要矿产资源有瓷土、石灰石、铁、银、钨、锰、稀土、钾、黏土、矿泉水、辉绿岩、石英石等。地方特产有南丰蜜橘、南丰腌菜、甲鱼、豆腐皮、泥炉等。

百仕通公司生产车间

大棚蔬菜

水利建设

新农村新气象

# 崇仁县

2016 年 6 月 1 日，省委副书记、省长鹿心社到崇仁县工业园区调研

2015 年 5 月 10 日，市委书记肖毅深入崇仁县调研

崇仁县地处江西中部，紧邻抚州，铁路、高速路穿境而过，区位优势明显；矿藏、林木资源丰富。2015 年，全县上下认真贯彻省委“十六字”方针和市委“十六字”工作总要求，紧紧围绕“确保先进、力争上游”目标，坚持工业抓集群、农业抓现代、三产抓特色，全县经济稳中有进、稳中向好，社会事业全面进步。完成生产总值 96.8 亿元，增长 9.2%；财政总收入 10.5 亿元，增长 4.1%；固定资产投资 121 亿元，增长 20.5%；社会消费品零售总额 26.3 亿元，增长 10.9%；城镇居民、农村居民人均可支配收入分别为 22765 元、13908 元，分别增长 10%、11%；实际利用外资 3626 万美元，出口 1.9 亿美元。在全市年度巡回考察综合测评中，崇仁县取得全市第二、县（区）第一的好成绩。

全国道德模范——宁宏昌在北京人民大会堂接受表彰

2015 年 12 月 29 日，江西崇仁第二届麻鸡美食文化旅游节在崇仁举行

**变电设备产业得到进一步壮大。**崇仁是江西变电设备产业基地。历年来，县委、县政府狠抓工业园区建设，通过出台扶持政策、着力产业招商、加强技术创新等措施，做强变电设备产业，促进产业向集群发展。2013 年，变电设备企业有 188 家，其中规模以上企业 86 家，完成主营业务收入 202.71 亿元，税收 3.74 亿元；“明正”商标获批中国驰名商标，“people”牌变压器荣获中国名牌产品称号。2014 年，崇仁变电设备产业集群被认定为省工业示范产业集群；在江西变电设备有限公司内组建了全省唯一一家省级变电设备工程技术研究中心。2015 年，县工业园区被批准为第六批“国家新型工业化产业（变电设备）示范基地”。

新黄洲桥雄姿

县委书记　方百春

县委副书记、县长　程新飞

**崇仁麻鸡优质化得到进一步提高。**崇仁是中国麻鸡之乡，崇仁麻鸡是“江西四大名鸡”“全国十大名鸡”之一。崇仁县始终重视发展麻鸡产业，2015年，出台《关于加快优质崇仁麻鸡产业发展的实施意见》，成功举办第二届江西·崇仁麻鸡美食文化旅游节，开展“互联网＋崇仁麻鸡”有效探索，崇仁麻鸡饲养7396万羽，优质麻鸡占比达80%。

**城市建设得到进一步改善。**崇仁县持续加大城市建设力度，2015年，实施22个城建重点项目，县城饮水工程主体完工并正式供水，新建黄洲桥、宝水新区路网（公园环路、宝水大道、活力大道）等基本完成；“一河两岸”景观提升改造工程、一木厂和戈炉街棚户区改造、一中新校区等有序推进；巴山鑫城等住宅小区建成。居民生活幸福指数不断提升。

**公民思想道德建设取得明显成效。**崇仁是理学之乡，是崇尚仁义的地方。一直以来，重视公民思想道德建设，加强社会主义核心价值观培养，好人好事不断涌现。2015年，评选出首届“最美劳动者”等十类“最美崇仁人”20人；崇仁政协退休老干部宁宏昌入选“中国好人榜”，被评为“第五届全国道德模范”，其家庭被授予“全国最美家庭”。

全国500强企业——江西变电设备有限公司

明正集团，“明正”商标为中国驰名商标

麻鸡美食

高楼林立的巴山鑫城

2015年底，县城第二饮水工程主体完工并供水

# 乐安县

LE AN XIAN

县委书记　彭银贵

县长　吴宜文

**乐安**，位于江西省中部腹地，抚州市西南部，东邻崇仁县、宜黄县，南连赣州，西南接吉安，北毗宜春，为庐陵文化和临川文化的交汇、融合之地，是中国首批历史文化名村县、中华民族文化生态名县、中国生态旅游大县、全国绿色农业示范县、江西十大特色美景县、江西和谐平安县、赣中地区极具投资潜力县。全县总面积2412.59平方公里，设9镇7乡，辖176个村委会，总人口39万人。

**多彩乐安，具红色、绿色、古色“三色”之美**。乐安是一块红色的圣地，老一辈无产阶级革命家毛泽东、周恩来、朱德、邓小平、彭德怀、王稼祥、陈毅、方志敏、曾山等曾在这块红土地上留下光辉足迹。乐安是一块绿色的翡翠，境内气候温和，光照充足，山地占国土面积的77.8%，森林覆盖率达69.78%。乐安是一座千年的古邑，建县于南宋绍兴十九年（公元1149年），境内古村古迹众多、非物质文化遗存丰富，“千古第一村”流坑村是全国重点文物保护单位、中国首批历史文化名村、中国首批传统村落，乐安傩舞被列入国家非物质文化遗产名录，小吹会（古代宫庭音乐）、装故事（民俗活动）、罗陂庙会、蛋雕、乐安花鼓戏被列入省级非物质文化遗产名录。

**璀璨乐安，是宜业、宜居、宜游“三宜”之地**。乐安创业投资环境不断优化，是投资创业的福地。昌宁、抚吉两条高速从南北、东西两个方向穿境而过，

工业园区已落户工业企业110家，机械电子、生物医药、轻纺鞋服、食品加工等产业规模日益扩大。美丽城乡建设加速推进，县城区面积达11平方公里，人口11.5万人，城市绿化覆盖率达到40%，创建国家级生态乡镇1个、生态村1个，省级生态乡镇3个、生态村6个。乐安县旅游资源丰富，旅游产业快速发展。以“千古第一村”——流坑古村、“千年古樟林”——牛田古樟林、“千尺飞瀑群”——金竹飞瀑、“千仞道仙山”——大华山等“四个千”景点为代表，全县已拥有1个国家4A级景区、4个国家3A级景区，6个江西省乡村旅游点，2个3星级农家乐。2015年，全县共接待游客205万人次，实现旅游综合收入20.8亿元。

**奋进乐安，承国贫县、苏区县、罗霄山脉县“三县”之泽。**乐安县是国家扶贫开发工作重点县、原中央苏区县和罗霄山脉特困片区县，是全省11个“三项政策全覆盖县”之一。同时，乐安还先后列为享受西部开发政策重点县、中国生态旅游大县等。2015年以来，全县上下认真贯彻习总书记“一个希望、三个着力”重要要求，以“发展升级、小康提速、绿色崛起、实干兴赣”十六字方针为指导，以“高位谋势，精准发力，敢于担当，跨越发展”为统领，全力打好项目带动攻坚战、精准脱贫攻坚战、美丽城乡建设攻坚战，着力打造古村生态旅游知名县、绿色工业活力县、现代农业精品县、生态文明建设样板县、公共服务民间投资示范县。

# 风景宜黄　实力宜黄

# 宜黄县

2015 年 9 月 20 日，国家宗教局局长王作安一行在宜黄县曹山宝积寺调研

2016 年 6 月 2 日，省委副书记、省长鹿心社一行在瑞博特试种效果展示区参观考察

丹霞飞梁 太极岩石巩寺

红色祠堂 东陂会

宜黄县地处江西省中部偏东、抚州市南部，建县于三国吴太平二年（公元 257 年），迄今有 1759 年历史，因县治设于宜水、黄水汇合处而得名。总面积 1944.2 平方公里，辖 12 个乡镇、2 个垦殖场和 1 个省级工业园区，139 个行政村 8 个居委会，总人口 23.58 万人。森林覆盖率 76.25%。先后获得“中国百佳最具投资潜力县”“国家级杂交水稻种子生产基地”“江西省森林城市”“江西省和谐平安县”“江西省扶贫移民工作先进县”“江西省省级生态县”“江西省最佳优化民营经济发展环境县”等多项荣誉称号，是国家重点生态功能区，县城凤冈镇入选全国重点乡镇。

2015 年，宜黄县委、县政府坚持以科学发展观为统领，认真贯彻落实中央和省、市的决策部署，积极应对各种严峻挑战和考验，全力以赴抓发展，千方百计惠民生，较好地完成了年初制定的各项目标任务，经济社会发展取得新进步。全县完成生产总值 58.03 亿元，增长 9.1%；财政总收入 8.88 亿元，增长 11%；社会固定资产投资 64.36 亿元，增长

佛地异彩 曹山寺

阑珊晚钟 百鹭州

千亩杂交水稻制种基地

县委书记　姚飞翔

县委副书记、县长　叶峰

18.2%；社会消费品零售总额17.39亿元，增长10.5%；城镇居民和农村居民人均可支配收入分别为21290元、10956元，分别增长8.3%、9.9%。在全市目标管理考评中，荣获县域经济发展大会战三等奖、工业强攻升级战三等奖。

雄关漫道真如铁，而今迈步从头越。23万多宜黄人民正在新一届县委、县政府的带领下，抢抓机遇、主动作为，不断开拓绿色崛起、跨越发展新境界，为建设“风景宜黄、实力宜黄、创新宜黄、幸福宜黄”、实现五年决战同步小康而不懈奋斗。

红红火火　丰厚园

江西帝马实业

卓望山森林公园夜景

江西瑞博特生物科技有限公司

宜黄戏曲之乡

宜黄禾杠舞

桃陂镇文平新村

# 金溪县

农村土地确权登记颁证改革工作得到上级领导充分肯定

县城锦绣小学名师支教桥龚家小学

位于江西省东部，辖8镇、5乡，总面积1358平方千米。耕地面积2.82万公顷，有林面积6.61万公顷，森林覆盖率57.2%。总人口31.8万人，其中非农业人口6.11万人。

2015年是“十二五”时期的收官之年。金溪县委、县政府坚持以科学发展观为统领，紧紧围绕既定的工作目标，积极应对复杂多变的宏观经济形势，开拓创新，锐意进取，较好地完成了年初确定的各项目标任务。

中国浒湾雕版印刷博物馆

2015年11月6日，金溪至抚州高速公路建成通车。两地来往的车程时间由原来的一个小时缩短至半个小时。金抚高速是连接G35济南至广州高速公路与G70福州至银川高速公路的地方加密高速公路，全长39.58千米。

2015年，金溪县香料原料林首次纳入省林业厅造林补贴项目，调整2800公顷省级公益林发展香料原料。全年实现产值65亿元，增长15.5%，利润增长15.6%，税收增长14.8%，新增香料原料林面积616.4公顷。千佳生物、金顿香料成功进入Q版，盛伟香料正在进行股改，被评为“省级技术中心”。是年，

金溪手摇狮亮相2015年米兰世博会中国馆江西日

群众文化生活丰富多彩

香樟森林公园

建设中的城西高新产业园

该县荣获“国家林木香料生物产业基地”称号。

2015年，该县蝉联“全国文明县城”“全国双拥模范县”，被授予“全国林下经济示范县”“全国林木香料生物产业基地”“全国无障碍环境示范县”，成功创建省级卫生城市、省级园林城市、省级森林城市，在全市年终大巡查中，获得县区第4名的好成绩，实现了3年连续进位。

全县实现生产总值72.2亿元，增长9.5%，三产结构比16.06:45.8:38.14。实现规模以上工业增加值22.8亿元，增长8.4%。实现财政总收入10.12亿元，增长11%，其中地方财政收入8.12亿元，增长13.8%；税收收入9.06亿元，税收收入占财政总收入比重为89.56%。固定资产投资完成79.8亿元，增长19.2%。社会消费品零售总额达24.08亿元，增长11.8%。农民人均可支配收入11519元，增长10.5%，城镇居民人均可支配收入24091元，增长9%。

工业园区有落户企业150家，其中建成投产86家，在建64家，规模以上企业63家。实现主营业务收入近百亿元，上交工业税收5.50亿元，用电量9241.2万千瓦小时，就业人员6718人。形成香料化工、轻工纺织、机电冶金、食品加工等四大工业支柱产业。其中香料化工产业发展迅捷，香料企业达43家，形成11大类别、200余个品种，年产10万吨的产业规模，天然樟脑粉和天然芳樟醇产量分别居全球和全国第一，拥有市场定价话语权。香料香精企业实现主营业务收入46.63亿元。

新农村建设示范村陆坊乡下李村

盛伟实业

老县城西门保障性住房

# 资溪县

县四套班子巡视

资溪面包琳琅满目香四溢

仙山琼

法水温泉

建设中的资光高速

2015年，统筹做好改革、发展、稳定各项工作，资溪经济保持平稳运行，产业结构更趋优化，生态优势日益凸显，群众生活不断改善，被列为国家可持续发展实验区，荣评首批全省生态文明建设先行示范县、全省市县科学发展综合考核评价先进县、全省绿色有机农产品示范县，为“十三五”良好开局打下坚实基础。

**生态文明不断提升，绿色发展后劲增强。**旅游产业集群发展，全年接待游客340万人次，实现旅游总收入20.84亿元，大觉山景区成功列入国家5A级景区创建预备名单。法水温泉与国有上市企业省长运公司实现资产重组。华南虎野化放归和繁育基地项目落户九龙湖旅游度假区。拥有国家4A级景区1个、3A级景区3个，省级4A乡村旅游点1个、3A乡村旅游点11个，农家乐100余家。生态建设持续发力，“一亩茶园”列首批“全国生态茶园示范基地”，“御嵩源”白茶和“白眉红”红茶被农业部评为全国名优特新产品；馨田茶业、思源茶业等生产的白茶、红茶获国际、国内博览会金奖9个；迦南生态农业观光园登榜“江西省休闲农业示范点”。全年新引进5000万元以上项目14个，其中生态旅游项目10个、有机休闲农业项目2个，低碳工业项目2个。马头山国家级自然保护区管理局正式挂牌，九龙湖湿地公园建设通过国家林业局评审。7个乡镇全部建成省级生态乡镇，其中6个为国家级。生态环境质量评价指数居全省排名前列。

**社会事业全力推进，人民获得感日益增多。**社会保

大觉山镇

洞天福地大觉岩寺

障实现政策全覆盖。城镇职工基本养老保险参保、被征地农民参保、城乡居民社会养老保险参保及医疗保险缴费参保等扩面加快；城市和农村低保救助保障标准线及农村五保户集中供养、分散供养标准大幅提高，补助标准全市领先。城市棚户区和农村危旧房改造及发放廉租补贴额有新提升。贫困人口由2011年10025人下降到2015年4287人。公益设施建设聚力推进。资洵省道改造当年完成。资光高速路将于2016年底竣工通车。城区城东城南5平方公里控规和公共停车场、雨污水管网、城乡环卫设施、部分乡镇污水处理专项规划编竣。城区建成区面积扩至5平方公里，城镇化率达到51.25%。城乡医疗卫生、公共文化教育服务体系基本建成，完成18个新农村建设点和村庄环境卫生整治。全县新农合参合率达99%。4G移动电话覆盖达1.8万户，光纤宽带覆盖达1.5万户。顺利通过省级教育督导综合评估和国家三类城市语言文字工作验收，资溪荣评“2015年度江西省教育工作目标考核优秀单位”。

江西省（资溪）第三届寒兰博览展

**经济实力明显增强，产业结构不断优化。**2015年完成国内生产总值30.87亿元，较上年增长8%；财政总收入6.01亿元，税收收入占比达80.6%，提高1.3个百分点；农村居民人均可支配收入增至10725元，城镇居民人均可支配收入20478元。第三产业增加值由2010年5.84亿元增至13.54亿元，实现翻番，三次产业比重由15.79:48.8:35.41调整为11.47:44.68:43.85。全年完成出口创汇8229万美元。实施产业招商，资溪在抚州工业园落户企业12家，圣农、华谊等规模以上工业企业17家，实现利税1.16亿元；年工业用电量4271万千瓦时，增幅列全市第二。

台湾风情园

美哉，天赋资溪！如诗如画玲珑仙境小邑；宜居宜旅碧玉纯净山城。

白茶基地

# 东乡县

4月17日，省委副书记、省长鹿心社到东乡视察花果山生态园

2016年5月16日，省委副书记刘奇到东乡视察“三农”工作

东乡位于江西东部。建县于明正德七年（公元1512年），至2016年已建县504周年。辖9镇4乡3个垦殖场1个林场，总面积约1270平方公里，总人口48.35万人。县境东邻余江，西界进贤、临川，南连金溪，北接余干。县城孝岗镇处县境中部，距省会南昌公路里程96公里，靠近长三角、闽三角等沿海发达地区，区位优越，交通畅达。沪昆电气化铁路、沪昆高速公路、杭长高铁、320国道、东临一级公路横贯东西，是来往浙江、安徽、福建、广东的交通要道。毗邻鹰潭铁路枢纽、昌北机场和南昌港，居南昌、抚州、鹰潭、上饶四市的中心。同时，东乡地处海西经济区和鄱阳湖生态经济区两大国家战略经济区，并被纳入南昌都市区。

投资1.1亿元的江西科伦药业有限公司

王震公园

2015年，该县在建设品质大东乡的征程中迈出了坚实的步伐。财政总收入达22.07亿元，在全市率先突破20亿元大关，名列全市第一；规模以上工业总产值220亿元；工业增加值50.97亿元。主要工业产品有大米、化学肥料、瓷质砖、蚕丝及交织机织物、铜材。农业总产值37.35亿元，全年粮食总产量达31.97万吨，生猪出栏130万头，主要农产品有稻谷、油料、甘蔗、生猪、水果。农民人均纯收入13391元。

全年完成50项民生指标和80件民生实事。当年用于民生方面的财政投入22.12亿元，占财政总支出66.1%。社会保障和就业支出4.17亿元，增长17.1 %；科技支出0.73亿元，增长22.1%；文化体育与传媒支出0.56亿元，增长14.8%；教育支出7.35亿元，增长20%；医疗卫生支出3.43亿元，增长20.1%；住房保障支出1.44亿元；城镇就业率97%，养老保险参保率97%，城镇职工、居民基本医疗保险参保率分别为100%、96.3%，新农合参保率99.2%。

县城千子湖新区

县委书记　李茂荣

县委副书记、县长　曾 春

城市功能不断完善，成为全省唯一的全国首批APEC低碳示范城镇试点县、全省首批水权试点县市，同时荣获2015中国新能源产业百强县，是全市唯一获此荣誉的县；旅游业焕发新生机，舒同博物馆、王震公园被评为国家3A级景区，邓家花果山生态园被评为国家3A级乡村旅游示范点，黎圩镇浯溪村被评为“全国传统文化名村”；社会事业不断进步，被评为全省专利十强县、全国一体化改革先进县、全国群众体育先进县、全国知识产权试点示范县、全国科技进步先进县等。

东乡自古人文昌盛，十一世纪的改革家、文学家王安石诞生于上池村。明朝开科状元吴伯宗生于红光新田。明末“临川四才子”之一艾南英，段溪艾家人。清代文学家、书画家、素有“诗佛”之誉的吴嵩梁，新田人氏。当代著名书法家舒同，孝岗镇人，被毛泽东主席称赞为“红军书法家、党内一支笔”，舒同博物馆珍藏有舒同150多幅书法墨宝。

主要旅游景点有黎圩上池村王安石故里、省级历史文化名村黎圩浯溪、红光吴伯宗状元府和吴嵩梁故居、舒同博物馆、王震公园和王震旧居，佛岭国际书法公园，珀干弄里艾家红军烈士墓以及烈士纪念塔等。

主要野生植物资源有东乡野生稻，是迄今全世界分布最北的野生稻，被列入国家第一批重点保护植物品录。

地方特产主要有美尔丝瓜络系列产品、绿壳蛋、本地花猪、茶油、酒糟鱼、葛面、王桥花果芋、红糖等。

舒同博物馆

佛岭国际公园休闲广场

投资1.5亿元的江西荣成机械制造有限公司生产车间一角

中国南方纺织产业园——天沁丝绸企业生产车间

# 江西中医药高等专科学校

江西中医药高专第一次党员大会

《走近汤公》学术报告会

江西中医药高等专科学校是全国成立较早的中医药高等专科学校之一，也是国家中医药管理局重点建设的新型特色高等院校和江西省唯一一所中医药类专科学校。其前身为创建于1986年的江西抚州中医学校，2004年升格为高专，管理体制为省市共建、市管为主。

学校坐落于“十一世纪改革家”王安石、“东方莎士比亚”汤显祖的故乡，盱江医学、建昌帮发源地，素有“文化之邦”“才子之乡”“名中医之乡”美誉的江西省抚州市。学校共有两个校区，总占地面积500余亩。学校办学条件优良，基础设施齐备，校园环境优美，是读书治学的理想园地。

学校围绕“省内有优势、国内有影响、办学有特色、学生有作为”的目标，制定了“一二三四五”学校发展具体工作思路：即围绕“一条主线”（办人民满意大学）；搞好“两为服务”（为地方经济服务，为中医药行业服务）；抓好“三大环节”（招生、就业、教学）；建好“四支队伍”（管理队伍，教师队伍，学工队伍、社团队伍）；推进“五教工程”（教师、教学、教风、教材、教改）。学校坚持以学生为本，围着学生转，跟着学生走，引着学生学；一切为了学生，为了学生的一切，一切服务学生，让学生在校园快乐学习，健康生活，幸福成长。

新校区大门

优美的校园环境

近年来学校内涵建设取得“七个一”新成效：招生增幅在全国同类院校中排第一，教材编写进入全国同类院校第一方阵，学生技能大赛获全国团体一等奖，全国同类院校

新校区全景

专业指导课

忙碌的迎新志愿者

中唯一获得国家自然科学基金课题立项，全国同类院校以及江西唯一获得国家级医学流派建设基地立项，就业率连续九年在全省医药类高职高专院校中名列第一，学校获多项专利在同类院校中排名第一。

学校先后获得全国卫生文明建设先进集体、全国卫生系统先进集体、江西省第十四届文明单位、江西省安全文明校园、江西省园林化单位、全省教育系统“规范管理年”活动先进集体、全省教育系统“创新发展年”活动先进集体、江西省高等学校节约型校园建设先进单位、江西省高校安全稳定先进单位、2010—2013 年度全省普通高校就业工作先进单位、江西省依法治校示范校、江西省高校党建工作优秀高校、首届中国网民最尊敬的（江西）十大高校等荣誉称号、江西省大学生安全教育说课比赛获一等奖、全国中医药职业教育技能大赛（针灸推拿技能大赛）团体一等奖、全国中药传统技能大赛高职组二等奖、全国职业院校护理技能大赛二等奖、全国中医护理技能大赛荣获高职高专组团体二等奖（全国第二名）等。

当前，学校正围绕升本建院的目标，沿着建设“省内有优势、国内有影响、办学有特色、学生有作为”示范性中医药高等学校的道路阔步前行。

学校园书馆大楼

育贤湖

李时珍广场

# 黎川工业园区

环境整治工作动员会

“降成本、优环境”宣讲会

初具规模的轻纺工业

蓬勃发展的鞋服产业

企业新上新型窑炉设备

日趋成熟的新型材料产业

江西黎川工业园区创建于1996年，2006年3月经江西省人民政府批准为省级工业园区，园区位于黎川县新城区及城郊结合部，总规划面积20平方公里，现建成约9平方公里。园区先后被评为“省级工业园区”“省级循环经济试点园区”“江西省日用耐热陶瓷产业基地”“江西省民营科技园”“省级生态工业园区试点单位”“中国日用耐热陶瓷产业基地”“江西省陶瓷材料高新技术产业化基地”等称号。

**机构设置便捷高效。**黎川工业园区是县政府派出机构，下设五个内设机构。县公安、检察院、国税、地税、国土资源、工商、供电、供水等部门分别在园区设立办事机构，实行准政府管理，“一站式”服务。

**平台建设日趋完善。**园区建成区域实现“五通一平三化”。建成电力调度中心、服务中心、保障性住房、幼儿园、赣闽边际物流园、和谐公园、污水处理厂、省天然气黎川供气站、园区商贸中心等一大批配套服务设施。

**经济发展势头强劲。**至2015年，园区落户企业约200家，其中投产企业148家，规模以上企业56家，省级高新技术企业4家。全年完成主营业务收入89.6亿元，同比增长7.9%；实现工业增加值23.2亿元，同比增长16.9%；实现税收总额1.78亿元，同比增长15.88%。

**产业集聚步伐加快。**一是陶瓷产业历史悠久。现有以康舒、环球、九州为龙头的陶瓷及配套企业70多家，耐热瓷产销量位居全国之首，日用瓷年产销量居全省第二。二是鞋服伞产业底蕴厚重。现有企业40多家，年产值近20亿元。三是新型塑料产业方兴未艾。新型材料产业作为新兴产业，已引进亿元以上企业18家。三大主导产业总产值占园区总产值的近70%的份额。

工业园区一角

# 抚州农商银行

抚州农商银行送金融知识下乡

抚州农商银行举办的篮球比赛

抚州农商银行成立于2012年12月27日，由原抚州市城郊联社和临川区联社合并改制而成，是抚州市首家地方性股份制商业银行。自成立以来，抚州农商银行始终坚守“立足市域、服务社区、支农支小”的市场定位，以服务地方经济社会发展为己任，以固本强基、提质增效为工作总要求，以创新驱动、转型升级为发展动力，主要业务指标以年均25%的速度递增，纳税额连年居市域各金融机构首位。目前，全行拥有覆盖每个乡镇和社区的营业网点63个，内设14个职能部门和5个直属事业部，从业人员700多名，存款客户占市域成年人口的4/5，贷款客户占市域半数以上家庭和企业，成为市域机构网点最多、客户资源最广、业务规模最大、金融贡献度最高的地方银行机构。

办公大楼全景

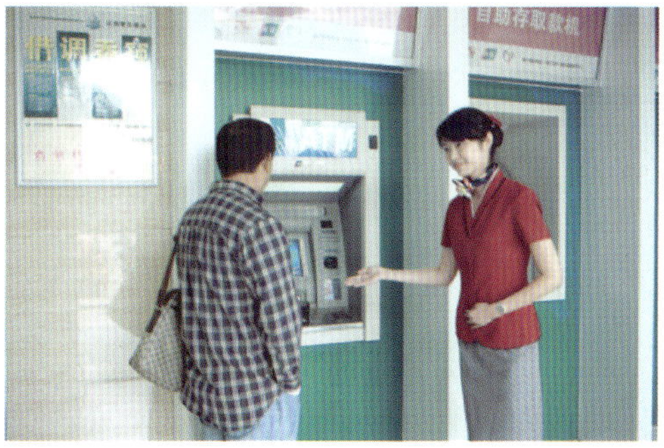

周到热情的服务

手机银行进农户

现代支付进农庄

现场传授金融知识

# 东乡县国税局

局党组书记、局长　李雄标

局党组书记、局长李雄标指导纳税人开具增值税发票

省级文明单位

纳税服务志愿者上门为纳税人解决网络发票开具难题

税务干部上户为纳税人解决操作难题

办税服务厅荣获“全国巾帼文明岗”称号

办税服务厅荣获江西省第九届“巾帼文明岗”称号

东乡县国家税务局于1994年10月机构改革由原东乡县税务局分设成立，东乡县国税局现内设10个科、股（室），即税源管理科、纳税服务科（办税服务厅）、纳税评估科、办公室、人教股、监察室、税政法规股、征管股、收入核算股、机关党委办公室；1个直属机构（稽查局）和1个事业单位（信息中心）；下设3个农村分局，即红星分局、岗上积分局、王桥分局。全局现有在职人员97人，离退休人员43人。在职人员中：男73人、女24人，公务员88人、工人9人。在职党员86人，占83.7%。取得硕士学位3人、大学本科94人，取得注册税务师资格8人。

东乡县国税局结合东乡实际，依法组织收入、坚持依法治税、夯实税收征管、优化纳税服务、加强思想教育，各项工作都取得了显著成效。县国税局从2001年至今连续获得“全省文明单位”荣誉称号，2015年被中华妇女联合会授予“全国巾帼文明岗”荣誉称号，被评为抚州市国税系统2014年度及2015年度绩效管理工作先进单位。

全县国税系统负责4391户纳税人的征收管理工作。其中，增值税一般纳税人635户，小规模纳税企业1236户，个体工商户2520户。本次营改增纳税人554户，营改增一般纳税人63户，小规模纳税企业165户，个体工商户326户。

2012—2015年，东乡县税收收入保持较快的增长，四年来共组织各项税收收入24.48亿元，其中2012年组织收入4.05亿元，2013年5.12亿元，2014年7.3亿元，2015年8.01亿元。

# 崇仁县卫生和计划生育委员会

全县卫生计生业务暨公立医院院长工作会议

县卫生和计划生育委员会办公大楼

崇仁县卫生和计划生育委员会成立于2015年9月，负责全县卫生计生工作的行政管理和服务。内设办公室（组织人事股、宣传信息股）、规划财务股、医政医管科教股（医改办）、基层卫生与妇幼保健股、疾病控制与卫生监督股（应急办）、计划生育基层指导与考核股（流动人口计划生育服务管理股）、政策法规与计划生育家庭发展股、县爱国卫生运动委员会办公室，直属县人民医院、中医院、卫生监督所、疾病预防控制中心、妇幼保健计划生育服务中心，下属15个乡镇卫生院、防保站和人口计生办。

组建一年多来，县卫生和计生委紧紧围绕“人口均衡稳定增长、居民健康水平稳步提高”的“两稳”目标，坚持卫生、计生协同推进，突出“硬件、管理、效益”三大抓手，着力实施“三提升”（提升城乡医疗卫生服务能力、提升卫生计生特色优势、提升人口健康信息化水平）、“三推动”（推动深化公立医院综合改革工作、推动公共卫生工作、推动计划生育工作）、“一加强”（加强卫生计生队伍融合建设），扎实工作，攻坚破难，全县卫生计生工作呈现出良好的发展态势。2015年被评为全市文明单位。

计划生育优质服务“四上门、四到位”活动

计划生育药具“宣传服务月”活动

# 广昌县司法局

法律知识专题讲座

法治书画展

送法进看守所

广昌县司法局是县人民政府的职能工作部门，主管全县的司法行政工作，担负着普法依法治理、人民调解、安置帮教、社区矫正、公证、律师管理、法律援助等重要职能。2016 年，该局共有核定政法专项编制 35 名，实际人数 27 人。内设 6 个职能股室，即：人秘股，法制宣传股（县普法办），法律援助、司法鉴定工作股，律师、公证工作股，基层工作股，社区矫正工作股。全县共设立 11 个基层司法所，为县司法局派出机构，规格为副科级。

广昌县司法局自成立以来，全面履行司法行政职能，坚持依法办事，为维护社会稳定，加强社会主义民主与法制建设，保障改革开放，促进经济发展，发挥了重要作用。先后获得“全国刑释解教人员安置帮教先进集体”“全省司法所建设先进单位”“公众满意政法单位”等荣誉称号，2013 年荣获集体三等功，辖区内的驿前司法所、盱江司法所先后荣获“2012 年全省百优司法所”和“全国模范司法所”荣誉称号。

普法宣传

法制宣传日文艺演出

送法下乡

# 宜黄县司法局

局班子成员研究讨论法律援助案件

省、市司法行政领导检查指导园区法制夜校培训工作

宜黄县司法局成立于1982年12月，现有在职工作人员35人。内设办公室、普法教育股（县普法依法治县领导小组办公室）、律师工作股、公证处（副科级）、基层工作股、法律援助工作股（县法律援助中心）、司法鉴定管理股、社区矫正工作股，下辖12个基层司法所和11个乡镇法律服务所。

2015年，宜黄县司法局积极履行司法行政各项工作职能，全力服务“四大战略”和“三大战役”，扎实开展法治宣传教育工作，顺利通过了“六五”普法考核验收；进一步夯实基层基础工作，认真开展矛盾纠纷排查调处，全年共排查调处各类矛盾纠纷500余件，其中重大疑难纠纷26件，防止民间纠纷激化5起60余人次；切实做好安置帮教和社区矫正工作，累计接收各类矫正对象177人，已解矫84人、现有矫正对象93人；稳步提升法律服务，加大法律援助工作力度，共提供法律援助代理162件、法律咨询1280人/次、代书185件，避免和挽回经济损失55万元；狠抓了作风建设和干部队伍建设，全面提升司法行政队伍的政治业务能力和水平，为维护社会和谐稳定、加快建设美丽幸福新宜黄作出应有的贡献。

工业园区和基层开展“除恶治乱”行动暨法制教育宣传

开展送法下乡活动

举办“12.4”国家宪法日暨全国法制宣传日活动

法治宣传展板走进社区

# 宜黄县农业局

新型职业农民技术培训

测土配方肥和耕地质量提升培训

水产技术培训

柑橘技术培训

宜黄县农业局负责贯彻执行国家、省有关种植业、畜牧业、农业机械化和农村经济发展工作的方针、政策和法律、法规规章，研究提出农业和农村经济发展规划，经批准后组织实施；参与制订全县农业产业政策，引导农业产业结构的合理调整、农业资源的合理配置和产品品质的改善；提出有关农产品及农业生产资料价格、大宗农产品流通、农村信贷、税收及农业财政补贴的建议。研究提出深化农村经济体制改革的意见；指导农业社会化服务体系建设和乡村集体经济组织、合作经济组织建设，稳定和完善基本经营制度，调节农村经济利益关系，指导、监督减轻农民负担和耕地使用权流转工作。研究制定农业产业科技、教育、技术推广、技术服务及其业化经营和农产品市场体系建设规划，促进农业产前、产中、产后一体化；组织协调菜篮子工程和农业生产资料市场体系建设；组织农业技术交流与合作。制定农技队伍建设的发展规划，实施科技兴农战略；组织农业科研课题的技术攻关和成果鉴定、推广；组织农产品标准化体系建设；指导农业中等教育、农业科普、农业职业技能开发工作。负责全县种子、种苗、农药、肥料、兽药、渔药、饲料、饲料添加剂等农业投入品的登记及质量监测、鉴定工作和执法监督管理。负责保护、管理渔业水域环境和渔业资源，组织、监督对全县动植物的防疫、检疫工作，发布疫情并组织扑灭。

体系建设

# 宜黄县社保局

领导班子开会讨论实际工作中的问题

慰问和了解贫困户

宜黄县社会保险事业管理局是1982年经宜黄县政府批准成立的具有独立法人资格全额拨款的副科级事业单位，现有正式编制9人，法人代表：丁显明。

具体职能主要包括宣传贯彻执行党和国家有关社会保险的路线、方针、政策和法律、法规。负责全县参保单位和个人养老保险基金的征收、管理、审核、拨付工作。负责全县参保单位社会保险登记、变更、注销。职工保险关系社会保险关系的建立、中断、转移、接续和终止，灵活就业人员参保、续保工作。承担养老保险费的缴费申报和基金征缴。审核参保职工待遇享受条件、计算其待遇，按时足额发放各类社会保险金。负责参保单位和个人养老保险的日常管理工作；负责社会保险数据、信息的处理和管理，参保个人账户的建立和管理。为参保单位和个人提供有关养老、工伤、生育保险的政策宣传咨询服务，受理群众来信来访。

社保局办公大楼

# 乐安县流坑管理局

2016年6月2日，省委副书记，省长鹿心社视察乐安县流坑村

有关领导到乐安县流坑村实地指导工作

“千古第一村”流坑村，位于江西省乐安县西南部的乌江之畔，四周青山环抱，三面江水绕流，山川形胜，钟灵毓秀。全村有1340多户，7000余人，村落面积3.61平方公里。

流坑特色旅游

2001年6月，流坑古建筑群被列为全国重点文物保护单位，2003年10月，流坑村被评为首批中国历史文化名村，2012年12月，流坑古村被建设部、文化部、财政部公布为首批中国传统村落，2013年4月被江西省人民政府列为省级风景名胜区，2016年2月被评为国家4A级旅游景区，在全省乃至全国享有较高的声誉。

从五代南唐建村以来，其科举之盛、仕官之众、爵位之崇、经商之富、建筑之全、艺术之美、家族之大、延续之久，在江西是独一无二的，在全国也是少见的。流坑村是中国封建宗法社会的一个缩影，流坑以规模宏大的传统建筑，风格独特的村落布局而闻名遐迩。村中现有明清古建筑及遗址计260余处，建筑装饰十分讲究，集木、砖、石雕（刻）及彩画、墨绘于一体，质朴简洁，风格明快，工艺精湛。各类古建筑具有浓厚的地方特色，代表了江西赣式民居的典型风格和特点，组群完整，基本保存完好，街巷仍为传统风貌，有很高的历史价值、人文科学价值及环境与建筑艺术价值。

外国游客在流坑

流坑古村有傩舞、游神、乡射遗乐、竹编、刺绣、雕刻等非物质文化遗产，其中傩舞2006年5月20日被列为国家级非物质文化遗产名录，乡射遗乐2008年5月27日被列为省级非物质文化遗产名录。

办公大楼

领导班子会议

# 崇仁县巴山镇

巴山镇党政班子

巴山镇办公楼

巴山镇为崇仁县政府所在地，抚州半小时经济圈，抚八公路、向乐铁路、抚吉高速穿境而过，交通便利，物产丰富，是中国麻鸡的原产地。全镇方圆170余平方公里，耕地面积2133.33公顷，山林面积7333.33公顷，下辖19个村委会，10个社区，辖区人口14.87万人，其中农村人口4.2万。2015年全镇地方生产总值39.82亿元，财政收入12428.43万元，农民人均纯收入11320元。

**农业生产抓特色。**建立以县城周边村为中心的万亩无公害蔬菜生产基地，以红壤开发村青草缓坡地的千万羽崇仁草本麻鸡养殖基地，以“猪、沼、果（菜、鱼）”等产业链形式的生态农业综合开发基地。

**工业发展求集聚。**坚持以招商引资为总抓手，着力抓好两区土地征用、拆迁安置、项目推进工作，辖区内入驻多家客商企业，逐步形成以变压器、减震器为主导的工业产业集群。

**新农村建设创优势。**通过发挥群众主体作用，正确引导，因地制宜，围绕“五新一好”目标，已建成罗溪堎上等62个新农村和秀美乡村。

**项目投入惠民生。**围绕群众生产生活之需，想群众之所想，急群众之所急，五年来巴山镇通过跑项争资、一事一议、财政自筹资金等方式投入资金5000多万元，着力办好水利设施、学校建设、公路硬化、农村环境卫生等与群众息息相关民生实事。

**党建工作上台阶。**着力加大村级活动场所建设，对每个村委会新建村级活动场所给予10万元补贴，利用3年时间将19个村委会全部搬进新建办公场所，进一步夯实了农村基层组织建设基础。

镇变压器企业生产车间

上新村一角

麻鸡散养

# 乐安县山砀镇

山砀镇政府办公大楼

综合文化站

山砀镇位于乐安县北部，全镇区域面积138平方公里，耕地面积2066.67公顷，山林面积8373.33公顷，总人口2.59万人，下辖13个村委会，122个村小组和1个居委会。镇政府所在地为茂花岗，镇集面积为2平方公里，有居民1340户，常住人口6375人。

该镇于2016年列入乐安县镇村联动建设示范点，规划投入1400万元。按照“延展昌宁高速、对接厚发园区、打造县域次中心”的思路，对镇区、商贸市场、农民新村进行重点打造，与周边的杏坊村、流坊村、山砀村连成一片，一个清洁美观、功能完善的现代集镇已初具规模。基本实现“六化”；管理优化。全面对管线进行全面整治，彻底消除了安全隐患。设置红绿灯交通控制系统，保障交通秩序及安全。道路硬化。对整个镇区道路全面硬化改造，在中心区域采用火烧板铺设4600平方米休闲区。镇区绿化。在集镇及各居民小区开展全面绿化，集镇绿化率达23%。街面亮化。在沿街人行道上安装LED节能灯，商贸市场和农民新村安装路灯。房屋美化。将临街建筑采用统一色调进行外墙粉刷进行美化，将店面招牌进行统一规划制作。环境净化。镇区铺设2700米、内径80厘米的砼管道，设置检查清污井和雨水进水井，实现雨污分流。同时开展创建文明集镇活动，对整个集镇环境卫生进行全面整治，基本建成清洁、卫生、文明集镇。

新农村

# 黎川县中田乡

团结奋进的领导班子

农民致富的蜜桔产业

乡村干部帮助烟农采收烟叶

独具特色的水产养殖业

中田乡位于黎川县西北部，洪门水库上游，与南丰、南城县交界，地域面积136.26平方公里，辖7个行政村和1个居委会，63个自然村，97个村小组，人口1.46万。其中贫困人口177户433人，党员406人。在编干部38人，其中大学生村官3人，水利实习生1人。全乡耕地面积1533.33公顷，山地1.37万公顷，水域面积800公顷。

中田自古物阜民殷，人杰地灵，山青水绿，素有“钟灵毓秀，贤人辈出”的美誉，古称“钟贤”。近年来，中田乡党委、政府在县委、县政府的坚强领导下，结合中田实际，打好五大战役，取得了较好成绩。

农业产业发展逐步扩大：种植南丰蜜桔1.2万亩，年产柑桔2500万公斤，产值达7000万元；水面养鸭200万羽，产鲜蛋3000万枚，产值700万元；年产鲜鱼2500余吨，产值达3500万元；种植烤烟133.33公顷，产值达750万元。养鱼、养鸭、种果、种烟逐步成为致富奔小康的主导产业。

民生进步一改善：新建幼儿园、卫生院、烟站，投入1000余万元兴建烟水烟路工程，投资800余万元建设乡村公路20余公里，千吨万人的集镇供水工程基本建成，投入500万元建设5个新农村示范点。通过一批批民生项目的实施，群众的生产生活条件得到了较大改善。

社会进一步和谐稳定。学法用法守法是依法治乡的前提和基础。我们坚持依法决策，按法解决矛盾纠纷，靠法维护社会和谐稳定。

# 黎川县日峰镇

县委书记聂仕雄走访困难群众，县人大常委会副主任、镇党委书记罗中原陪同

县委副书记、县长江志坚调研棚户区改造，镇党委书记罗中原，镇党委副书记、镇长曾波陪同

日峰镇产业扶贫贫困户红利发放仪式

镇、村干部入户征求群众意见

日峰镇为黎川县城所在地，全镇国土总面积197平方公里。辖16个行政村，11个社区居委会，总人口8.78万人，有耕地2821.73公顷，山地12297.33公顷，水面2680公顷。

近年来，日峰镇党委、政府坚持以党的十八大、十八届五中、六中全会和习总书记系列重要讲话精神为指导，积极实施“连心、强基、模范”工程，倾力服务“三区”发展，持续推进和谐秀美乡村建设和生态文明建议，形成以陶瓷、新型合成材料、鞋帽服饰、电子商务及烤烟、食用菌、水产、商品蔬菜、南丰蜜桔等为主的支柱产业，加速了新型工业化、城市化和农业产业化进程，全镇经济社会持续协调发展，综合实力进一步提升。连续五年，日峰镇保持全县乡镇目标管理综合考评第一名，先后被评为“第二届江西十大最具竞争力重点镇”“江西省省级生态乡（镇）”和“2014年江西省综合实力前100位乡镇”。

正在建设中的黄竹桥

焕然一新的新农村

# 黎川县德胜镇

副省长胡幼桃到德胜镇视察

中国共产党黎川县德胜镇第四次代表大会

德胜原名关上，又名德胜关。明朝末朝廷派知府王逊“关上”平乱得胜，取名德胜关。

德胜镇是省属县级农垦企业“江西德胜企业集团”成建制移交属地管理后，于2004年8月19日正式挂牌成立。位于黎川县东南部，东与福建省邵武市、泰宁县接壤；南与福建省建宁县、本县岩泉国家森林公园毗连；西与本县宏村镇、社苹乡相邻；北与本县日峰、熊村镇、潭溪乡交界。距县城13公里，境内交通便利，黎泰公路由北向南纵贯全镇，距京福高速公路黎川入口处仅15公里，中国移动、中国联通服务网络、供电联网线路覆盖全镇。下辖黎明、东山、新店、德胜、茅店5个行政村，84个村小组，2个居委会，1所中学，4所小学、1所卫生院、1所敬老院、6所幼儿园。全镇约5300户，21882人（其中非农村户口6094人）。是2013年江西省首届百强中心镇之一。

镇办公大楼

黎明村尧家港新农村点

竹笋加工

食用菌特色农业

仙草种植

# 南城黄冈春华学校

教学大楼

春华幼儿园

课堂教学环境

学校餐厅一角

学校操场

南城黄冈春华学校经上级教育部门于2014年8月审核批准成立的民办学校，是集幼儿园、小学、初中、高中十五年一贯制的学校，学校占地1.33公顷，地处南城、南丰和宜黄三县交界处，交通便利，环境幽雅、绿意盎然，是求学之胜地、成才之摇篮。

学校实行专家治校：由教育专家、原湖北省五星级民办高中校长刘道文担任董事长；充分发挥民办学校的优势，以高薪聘请多位湖北黄冈名师，打造一支学识渊博、修养深厚、教艺精湛、爱岗敬业的教师团队。学校配有先进的教学设备和完备的功能教室及温馨的服务设施。

学校教育特色鲜明：小班化教学，分层式辅导，社团式活动，营养式配餐，寄宿制服务，封闭式管理，让家长放心又省心。

学校地址：南城县里塔镇（原抚州经贸学校）

学校第一餐厅

学生宿舍

# 宜黄县凤冈学校

校领导班子

捐赠暨素绚书屋授牌仪式

宜黄县凤冈学校位于千年古镇谭坊，这里山环水绕，风光旖旎，物华天宝，人杰地灵。据史料记载，从宋至清，谭坊出进士400余人，占全县进士人数的一半以上。被戚继光、俞大猷尊称为恩公的明朝兵部尚书、著名的抗倭名将谭纶即是众多进士中的杰出代表。凤冈学校建校历史悠久，原名为谭坊学校，2002年中心小学与中学合并成为一所九年一贯制学校，后因乡镇合并而更名为凤冈学校。2004年小学部搬迁至桥下谭家洲新教学楼，与原凤冈中学融为一体。学校地处城郊，占地面积21490平方米、建筑面积5166平方米、拥有2个教学点、16个教学班、47位教师，近900名学生。她依山傍水，学校文化底蕴深厚，是“教学质量稳定，学生个性鲜明，学校特色彰显”的一所郊区优质学校。

学校在继承与创新的基础上，以爱心为动力，以和谐为目标，以责任为核心，以特色为宗旨，形成了“爱心构建和谐校园，责任促进师生发展”的办学思路。确立了“为发展而教育”的办学理念和“务实、求真、创新、成才”的办学目标体系。学校先后荣获县“文明单位”“和谐校园”“德育工作先进单位”“教育工会先进单位”“优秀党支部”“先进基层党组织”“老年协会工作先进单位”“第三届健康杯篮球赛第三名”“第四届健康杯第一名”等称号。

“六一”文艺汇演

教学大楼

校运动场

学校大门全景

# 临川区华溪中学

校领导班子会议

学校大门

教学大楼全景

临川区华溪中学是江西省抚州市临川区一所农村初级中学，坐落在316国道旁，距离抚州市区不到10公里。该校校舍整齐,绿树成荫，是一块教育的热土、读书治学的圣地。全校占地面积2.93万平方米，拥有两栋教学楼、一栋综合实验兼办公楼、一栋师生食堂兼学生公寓楼、三栋教工宿舍楼。校舍建筑面积1.1万多平方米。这里有底蕴厚重的校园文化；有宁静优美的校园环境。全校45名教职工中具有高级职称的教师9人,具有中级职称的教师19人，大学本科毕业（达岗位学历）的教师28人；现有10个教学班，500多名在校学生。

该校始终坚持“贯彻方针抓‘两基’,依法办学抓‘两风’,团结协作抓‘两教’,落实常规抓‘创新’”的办学理念；实施“以德治校，安全为重；教学为主，质量优先；团结为贵，是非分明；职责明确，做事公正；制度公开，奖罚公平；以人为本，和谐发展”的治校方略。以“不求人人成才，但求个个成人”为学校一以贯之的教学思想，面向全体学生，重在能力培养，促进个性发展，培养“四有”新人；以“文明、务实、重教、创新”的校风，形成“敬业、爱生、严谨、协作”的教风和“尊师、守纪、勤思、互助”的学风，营造“向上、向善、向美”的浓厚氛围。

多姿多彩的课外活动

# 宜黄县神岗学校

宜黄县神岗学校坐落在著名的华南虎省级自然保护区的核心地带，下辖九年一贯制学校1所，村完全小学1所，教学点7个，本学年老师46名，义务教育阶段学生730名，幼儿园孩子182名，教学网点辐射全乡10个行政村1万多人口。

学校大门

近几年，学校紧紧抓住国家实施义务教育均衡化发展的战略机遇，完善了全乡学校的硬件基础设施建设。现全乡校园占地面积1.7万平方米，校舍建筑总面积7200平方米。村完小及以上学校全部装配了“班班通”多媒体设备、微机室、图书室、各类实验室及音体美器材，实现了校校光纤联网等现代化技术手段辅助教学，其中也得益于“厦门大学江西校友会”“广东省顶固集团”“中国娃公益基金会”“国家电网宜黄分公司”“浙江尚美特科技有限公司总裁管学会”等爱心组织和个人鼎力支持。神岗学校秉承培养学生“用责任心做事，用感恩心做人”的育人宗旨，坚持“朋德厚学沉毅笃行”的校训，办人民满意的学校，做人民满意的教师，教人民满意的学生。恢复高考以来，神岗学校毕业生考取大学达1000多人，其中不乏清华大学教授应明生、留美医博士后廖文斌、工程学博士廖斌、文学博士李美芳、科技创新企业家管学伟等知名人士。学校先后获得“江西省人民群众信得过学校”“抚州市教育系统管理规范年”“先进单位”、抚州市“文明单位”、抚州市“和谐平安校园”“抚州市未成年人思想道德建设工作先进集体”等荣誉称号。

学校特色教育课

“雄关漫道真如铁，而今迈步从头越”。神岗学校人将继续循着“求实、求精、求精、求新”的工作作风，破浪扬帆，奋力拼搏，让学校素质教育之花绽放得更加绚丽多彩。

“六一”儿童节文艺演出

学生受邀参观上海美国学校

# 宜黄县圳口小学

校长　黎绵勇

教学楼

宜黄县圳口小学位于宜黄县东南方向，学校交通便利，环境优美、宁静。学校占地面积14983余平方米，建筑面积2159平方米。校园布局合理，绿化环境优美。有教学楼、综合楼、教师周转宿舍、学生公寓楼、学生食堂共5幢。有教学班21个，在校学生387人，专任教师51人。其中具有本科学历的有7人，大专学历的有26人，其余教师都具有中师以上学历。全校具有中级职称的有35人，初级职称的有16人。

学校办学条件优良。功能教室齐全，有电脑室、多媒体教室、图书室、科学实验室、体育器材室等。各种实验器材和图书数量达到国家一类配备标准，满足了教育教学需要。学校重视现代教学技术的应用，充分发挥现代教育技术的作用，教学效果不断提高。

学校办学理念与时俱进。坚持“教书育人、管理育人、服务育人、环境育人”的教学理念，全面贯彻教育方针，全面提高教育质量，取得了较好的办学效益，得到上级领导和学生家长的认可。

长风破浪会有时，直挂云帆济沧海。圳口小学将乘上理想教育的巨轮，正扬帆起航，开拓奋进，迈向学校教育理想的彼岸。

学生广播体操比赛

身理论学习和“三严三实“专题教育活动，大家更加坚定共产党人的理想信念，增强“为民、务实、清廉”执政理念的认识，树立正确的人生观、价值观、权力观；五是积极开展“把纪律挺在前面”先试先行工作。通过开展调研约谈、廉情预警、干部任前廉政谈话和履行领导干部遵规守纪双月报制度等形式，积极开展“把纪律挺在前面”先试先行工作；六是开展领导干部违规插手干预工程项目问题的专项治理工作。

【开展“三严三实”专题教育活动】2015年5月份始，市水利局严格按照市委的决策部署，认真开展“三严三实”专题教育活动。一是召开动员大会，积极部署。5月26日，局党委召开由局机关和下属单位全体党员以及副科级以上干部参加的“三严三实”专题教育动员部署大会，局长廖金平主持会议，党委书记黄武明作动员讲话并讲党课；二是局班子成员开展专题讨论。局班子成员对照“三严三实”的内容认真进行讨论，仔细查找自身存在的“不严不实”问题，对如何纠正“不严不实”的问题作表态；三是坚持边学边查边改。通过发放征求意见函、设立意见箱、班子成员自已找、相互提等方式，梳理局班子存在“三严三实”的问题共有14条，已全部整改完毕。局班子成员积极带头学习，主动把自已摆进去，做到真学、真改、彻底改，确保整改取得实效；四是召开专题民主生活会。班子成员围绕践行“三严三实”存在的问题，认真开展自我批评和相互批评，起到加油鼓劲、增进团结、形成合力的作用，为进一步加强局领导班子自身建设奠定基础。

（余黎琴）

【市水利局领导名录】
局长、党委副书记：廖金平（7月兼任党委书记）
党委书记：黄武明（任至7月）
党委副书记兼副局长：聂福仙
党委委员兼副局长：聂平太　李忠东　刘勤耕
纪委书记：邓其祥
总工程师：黄永尧

## 廖坊水利枢纽管理

【概况】　2015年，抚州市廖坊水利枢纽管理局以惠及民生作为工作的出发点和落脚点，坚持项目优先、民生优先、发展优先的理念，做到工程管理和项目申报两手抓，两促进，扎实推进全局各项工作，完成了上级布置各项任务。

【推进各项工程验收和维养工作】2015年，廖坊水利枢纽管理局围绕水库枢纽、灌区、库防三大工程，分类设计、分段安排、全力推进各项工程验收和维护保养工作。

抓紧工程竣工验收工作　一是分类推进库防工程验收。库防工程6个单位工程，8月15日已经完成库防工程1#－－3#单位工程（合同工程完工）验收；八堡堤1、2标段和万年堤1标单位工程（合同工程）竣工验收全部准备到位，待蓄水试验进一步检验工程质量。在2016年元月20日前，视实际情况，决定是否单位合同工程验收；二是移民验收问题。廖坊水库移民主要集中在南城，涉及金溪和临川部分区域。2015年，市廖坊水利枢纽管理局积极主动协助市移民办，精心制订工作计划，科学安排工期，临川区、金溪县移民安置自验报告修改完成后已于6月底提交市廖坊移民办；南城县在6月底已完成乡级档案资料整理工作，正在核对和完善。

抓紧评审及审计工作　自8月份开始，市廖坊水利枢纽管理局陆续将枢纽工程和灌区一期工程各标段的完工结算资料送审，经市与市财政、审计部门协商后，按现阶段评审要求，提供各标段电子版资料，枢纽工程中水保工程、线路、建安等工程市财政评审工作基本完成，至年底，审计部门完成灌区7个标段现场核量，并提供审计初稿。

抓紧维养项目开展　东干渠金溪、东乡段2014年维养项目在2015年汛期之前基本完成。截止9月30日，由市廖坊水利枢纽管理局负责的渠首维养项目、水库大至副坝公路建设和路基已经全面完工，完成2015年度维养项目编制及专家评审。同时，积极争取上级资金支持100万元，缓解灌区和枢纽维护的资金压力。

【按时完成|灌区二期项目申报修编工作】　2014年9月，国家水利部组织江河水利水电咨询中心14名专家对廖坊灌区二期工程可研报告开展技术咨询后，江西省水利规划设计院按照专家组意见对该报告进行修编，2015年5月，历时半年多时间顺利完成了修编工作。修编工作优化渠系走向，缩短了7.85千米，重新核查了工程占地与拆迁的范围与数量，增加劳动安全与工业卫生、节能设计、社会稳定风险分析等三个方面的设计内容，深化环境影响评价、水土保持的设计精度。修编后的项目投资估算达12.93亿元，比2012年编制的投资估算8.69亿元增加4.24亿元。2015年8月18日，省发改委、省水利厅联合组织专家评审，得到原则通过。目前，正在组织相关处室会审，近日可望得到正式批复，二期项目可在2016年开工。

【围绕汛期特殊时段，科学统筹，精准调度，确保了各类工程安全运行】

2015年，市廖坊水利枢纽管理局围绕防汛工作总要求，早安排、早布置，认真做好防范准备工作，重点抓好防汛物资储备，积极开展防汛值班，基本达到目标要求。一是编制完成2014年工作总结和2015年工作计划的报告、2015年廖坊水库控制运用计划，严格按照省厅批复的度汛方案下达调度指令，入汛以后，共开展3次泄洪，最高泄洪量达2000m3/s；二是开展水库防汛调度工作和值班运行管理工作，成立防汛工作领导小组、组建防汛抢险队，严格执行局领导带班的防汛值班制度，局分管领导均按照责任分工，下到工程一线，指导工程巡查、险情处理、山洪地质灾害防御、监测预警等工作；三是开展汛前设备巡检、闸门试运行等工作，完善水文自动测报系统升级改造及设备正常维护工作，采购储备防汛物料，确保大坝运行设备的调试安全，注重“量身安检”，切实做到防微杜渐。

（万天雨　王　颖）

【廖坊水利枢纽管理局领导名录】
局　　长：赖昌明

党 组书记:罗祖伟
副 局 长:陈 霞 修胜良
周 永
总工程师:吴国良

## 中电投江西电力有限公司廖坊水电厂

【概况】 2015年,中电投江西电力有限公司廖坊水电厂以“三严三实”专题教育引领作风建设,夯基础保安全,强管理促效益,抓党建促和谐,全面实现中电投江西电力有限公司(简称江西公司)下达的生产经营目标,全年发电量2.01亿千瓦时,盈利超千万元,安全生产累计3212天。在江西公司生产经营型单位综合业绩考核中名列第三,被评为“2015年度先进单位。”

【践行社会主义核心价值观】 2015年,廖坊水电厂以企业文化建设为切入点,按照贯穿、结合、融入的要求,强化宣传引导、注重典型示范,努力践行社会主义核心价值观。以核心价值观为主要内容,创意制作一批蕴意国家层面价值目标、社会层面价值取向、公民层面价值准则的精品宣传图画,在生活区主干道、公共广告位、工地围栏、小区物业等区位张贴,使核心价值观入眼入脑入心。开展最美一线职工、杰出青年评选活动,开展先进事迹展示、弘扬先进典型,传递正能量。围绕“文明”打造示范车间,围绕“和谐”打造示范班组,围绕“敬业”打造示范科室,围绕“友善”打造示范岗位,结合学雷锋日和公民道德宣传日,开展主题宣传教育。利用道德讲堂说诚信、讲守法、谈感恩、话发展,践行社会主义核心价值观。

【向“映山红”书屋捐赠书籍】 廖坊水电厂认真履行央企社会责任,广泛开展爱心捐款助学活动,用书籍开启学生的智慧之门。3月3日,廖坊水电厂“映山红”公益助学志愿者分赴抚州市南城县、上饶市铅山县等地,为资助的5位学子送去学杂费和学习用品。11月23日,廖坊水电厂共青团组织向南城县洪门镇中心小学“映山红”书屋捐赠励志、科普、历史、文学等书籍500余册,为孩子们送去精神食粮。2013年12月,江西公司第7所“映山红”书屋落户洪门镇中心小学。这所“映山红”书屋建立以来,廖坊水电厂累计捐赠书籍1500余册、台式电脑1台和书桌、板凳若干,折合金额2.5万元。

【彭小峥到廖坊水电厂调研】 3月24—25日,江西公司执行董事、总经理、党组副书记彭小峥,到廖坊水电厂进行工作调研。彭小峥听取了工作汇报,肯定了安全生产、经营管理和党风廉政建设等工作,对职工提出的问题进行答疑解惑。彭小峥回顾了江西公司近年从亏损大户到盈利大户的曲折历程,分析了面临的严峻形势和艰巨的发展任务,赞扬廖坊水电厂干部职工抓生产、抓管理、抓党建、抓发展的奋斗精神。彭小峥对廖坊水电厂扩大经营成果提出具体要求:抓紧抓实抓细,确保超额完成生产经营任务;全员全面全过程开展一流电力企业建设,夯实基础,提升管理;依法治企,防止风险,确保企业合规合法经营。

【反腐倡廉宣传教育月形式多样】 3月,是全国反腐倡廉宣传教育月。廖坊水电厂以“学习党规党纪,从严依法治企”为主题,深入开展反腐倡廉宣传教育月活动。组织专题学习宣传,认真学习《习近平关于党风廉政建设和反腐败斗争论述摘编》《中国共产党党章》和党纪法规,开展专题辅导讲座,提高认识,增强廉洁从业意识。开展关爱提醒谈心,党委书记与领导班子成员,领导班子成员与分管部门负责人,部门负责人与关键岗位从业人员,开展一级对一级的一对一关爱提醒谈心,促进廉洁风险防控关口前移。深入开展警示教育,组织观看反腐倡廉警示教育片,纪委书记上警示教育课,参观廉政教育基地,以案为镜,强化“红线”意识和底线思维,敬畏法纪。开展科级以上干部和关键岗位管理人员廉洁从业承诺,增强廉洁从业的自觉性。推进廉政文化建设,加强“企检共建”活动,开展“厂风厂纪”大家谈征文和格言警句、漫画征集,营造廉政文化氛围。

【党员干部到监狱接受警示教育】 4月1日,廖坊水电厂与江西水电检修安装工程有限公司抚州分公司、贵溪电厂、江西中电电力工程有限责任公司贵溪分公司一道,到江西省第三监狱开展企检共建活动,50名党员干部接受了一次特殊的警示教育。党员干部巡视监区、监舍和服刑人员的劳动现场,听取2名在押服刑人员的忏悔报告,受到一次深刻的警示教育,增强“不敢腐、不能腐、不想腐”的自觉性。

【荣获“标准化一级企业”称号】 4月7日,国家能源局授予廖坊水电厂“电力安全生产标准化一级企业”,成为江西公司第一家安全生产达一级标准的水电企业。廖坊水电厂成立安全生产领导小组,坚持“党政同责、一岗双责、综合治理”,将安全生产置于各项工作的重中之重,以危害因素辨识、安全诊断整改、风险评价与控制为主线,结合“六打六治”打非治违专项行动,深入推进安健环体系建设,编制《廖坊水电厂安全健康环境管理手册》和典型危害辨识清单。坚持设备整治和技术创新,完成设备检修和技术整改40余项,消除设备安全隐患,夯实安全生产基础。

【抚州市委书记肖毅到廖坊水电厂考察】 5月15日,抚州市委书记肖毅,在市委常委、农工部部长熊云鹏,副市长魏建新,市委秘书长李建林等陪同下,到廖坊水电厂考察指导防汛工作。肖毅认真听取廖坊水电厂防汛工作汇报,仔细询问水库容量、流域面积以和物资储备等情况,详细了解雨情、水情、汛情分析,肯定廖坊水电厂防汛工作。肖毅指出,廖坊水库是全市防汛重点,务必做好防汛巡查、值班值守和应急预案管理工作,注重防汛措施接地气。肖毅对防汛工作提出三点要求:落实防汛责任,切实加强组织领导,做到思想上高度重视,举措上坚决落实,责任上到位到人,严格责任追究。未雨绸缪,完善预警机制,密切关注天气变化,加强水情雨情监测,防范在前,应急有力。把功夫下在平时,把工作做细做实,防汛措施管用,确保万无一失。

**【廖坊水电厂职工聆听先进事迹报告会】** 6月17日，江西公司劳动模范先进事迹巡回报告团到廖坊水电厂宣讲。五位劳动模范用生动鲜活的工作事例、质朴感人的朴素语言，从不同侧面，不同角度，讲述自己立足本职、爱岗敬业、创新创效、甘于奉献的平凡工作和心路历程，博得阵阵掌声，激活了聆听者的思想和力量。江西公司用身边的先进典型教育身边的人，让职工不忘初心，继续前进，收到了可喜效果。

**【刘洪亮到廖坊水电厂"送清凉"】** 8月12日，江西公司党组成员、副总经理刘洪亮专程到廖坊水电厂慰问高温坚守生产岗位的职工，送去了"清凉"和关怀。刘洪亮与基层职工一一握手，亲切交谈。希望廖坊水电厂认真落实"全覆盖、零容忍、严执法、重实效"要求，加强迎峰度夏期间安全生产专项整治，结合安健环体系建设，进一步完善安全生产管理制度和"党政同责、一岗双责、齐抓共管"责任制，不断优化管理流程，巩固安全生产长效机制。

**【省直工委检查廖坊水电厂党支部规范化建设】** 2015年，廖坊水电厂严格按照中共江西省直属机关工作委员会《党支部规范化建设工作方案》和江西公司《党支部标准化建设实施意见》，不断加强党支部规范化建设，台帐记录详细完整规范，阵地建设富有特色，激发了党建工作活力，党支部作用得到有效发挥，成为直省机关党支部规范化建设示范点。8月27日，省直机关工委检查了廖坊水电厂党支部规范化建设示范点工作。检查组从党支部班子建设、制度建设、队伍建设、组织生活、党建阵地、工作业绩方面入手，采用查、看、听的方式，进行全面细致检查，给予肯定和好评。

**【任小六荣获2015年度《中国发电》优秀通讯员】** 9月25日，中国电力传媒集团公司表彰全国93名《中国电业·发电》杂志社2015年度优秀通讯员，廖坊水电厂的任小六榜上有名，并作为优秀通讯员代表出席在云南昆明召开的优秀通讯员表彰会和采访活动。

**【坚持以奋斗者为本】** 9月29日，国家电力投资集团公司董事长王炳华发表《以奋斗者为本——致集团公司全体职工的一封信》。国庆过后，廖坊水电厂利用中心组、"三会一课"、OA办公系统、微信平台等载体，组织职工学习领会王炳华给职工的公开信，营造奉献者无悔和奋斗者高尚的浓厚氛围。干部职工普遍认为：以奋斗者为本，是一种锐意进取、奋发有为的精神状态和工作作风，是一种勇于追梦、敢于担当的责任感和使命感，是一种集体奋斗、团队成功的合作理念，是一种不计得失、甘于奉献的思想情怀。选择奋斗也就选择了收获，选择奉献也就选择了高尚。自胜者强，自强者胜，为中国梦、企业梦而努力奋斗。

**【抓住罕见冬汛增发电量】** 11月始，抚河流域普降中到大雨，出现罕见冬汛，廖坊水库水位多次逼近汛限水位，最大洪峰流量高达每秒2070立方米，创历史同期之最。面对突如其来的冬汛，廖坊水电厂积极采取有力有效措施应对，启动24小时应急机制和预案，防范突发事件；优化水库调度，拦蓄洪尾，抬高坝前水位，减少弃水；加强设备巡视检查和隐患排查，确保机组稳定运行，保证机组稳发满发。冬汛期间，增发电量260多万千瓦时。

**【提前24天完成全年发电任务】** 12月7日3时整，廖坊水电厂发电1.81亿千瓦时，超发电量6445万千瓦时，提前24天完成2015年发电任务。廖坊水电厂抓住安全整改、设备技改和安健环体系建设，认真开展安全生产大检查专项行动，加强设备巡视，及时消除缺陷，保证机组安全稳定运行。同时，密切跟踪雨水天气，关注水库水位和机组出力变化，加强水库联调和进水口清污，提高水能利用率，实现机组在最优工况下运行，使发电负荷率始终处于最佳。

**【荣获省劳动保障诚信AAA级单位】** 2015年，廖坊水电厂被江西省人力资源和社会保障厅评为"劳动保障诚信等级AAA级单位"。一直以来，廖坊水电厂严格遵守国家劳动保障法规，完善劳动保障管理制度，坚持技术工种持证上岗，加强劳动防护，定期为职工体检，保障劳动者合法权益。同时，创新激励机制，实行工资收入与绩效挂钩，调动职工的积极性。签订劳动合同，规范临时用工，按时足额发放临时用工工资，缴纳社会保险，构建和谐劳动关系。

**【夯实安全生产根基】** 廖坊水电厂牢固树立"任何风险都可以控制，任何违章都可以预防，任何事故都可以避免"的安全理念，筑牢安全生产根基。注重安全教育，广泛开展安全思想教育和电力系统事故案例剖析，开展安全法规学习和电力安全规程考试，增强职工安全意识。注重预案建设，修订20个专项应急预案和30个现场处置方案，完善了《安全管理制度》《职工行为规范》和《岗位标准》。注重隐患排查，采用逐条逐项和"地毯式"排查，不留死角，落实整改措施，消除安全隐患。注重环境整治，加强生产区域设备定置摆放和卫生清扫，开展文明生产整治和卫生清理，创造了一个安全、文明、舒适的生产工作环境。

**【提升党支部标准化建设价值】** 廖坊水电厂着力提升标准化党支部创建水平，增强基层党支部的战斗力。坚持每年党建工作会、每季党建工作考评、每月政治工作例会和党务工作表单式对标管理，规范党支部台账记录，巩固标准化党支部建设。建立外美内实的党支部活动室，硬件定置管理，软件标识规范，植入标准化党支部创建元素，展示党员先锋创绩成果。总结发电党支部组织建设规范化、党员创绩模范化、职工培养阶梯化、服务职工贴心化的新鲜经验，以点带面，开展现场观摩和座谈交流，整体推进标准化党支部创建。结合安全生产重点区域和重要环节，开展党员安全生产示范岗创建活动，党员的先锋模范作用得到充分体现，提升党建工作价值。

**【开展"五型"班组建设】** 2015年，廖坊水电厂扎实开展"五型"班组创建活动，大力打造学习型、安全型、创新型、创效型、和谐型班组建设和管理品牌。廖坊水电厂结合班组实际，以标准化管理为基础，梳理修订班组建设管理制度,建立完善班组环境、安全、质量、文化等管理标准。工会组织加强“五型”班组建设指导,搭建信息交流和管理互动平台,设立班组创新工作室,开展岗位练兵、技能比武、小指标竞赛和修旧利废、小改小革、揭榜攻关等创先争优活动,不断丰富班组建设内涵。生产班组制作“五型”班组管理展板和宣传橱窗,总结交流“五型”班组创建经验,全面展示班组文化和建设成果,增强了企业的细胞活力。

【工会为职工撑起“保护伞”】 2015年,廖坊水电厂工会根据江西省职工保障互助会推出的保险品种,办理了“女职工幸福险”“男职工人身意外伤害险”“职工住院津贴保障险”和“特重病救助基金互助保险”,为每个职工撑起幸福的“保护伞”。廖坊水电厂工会坚持以人为本,注重关爱职工,每年为职工办理多种保险,缴纳保险金2万多元,让职工多一份保障,增强了企业的凝聚力。

(任小六)

【中电投江西电力有限公司廖坊水电厂领导名录】

厂 长:陈智云(任至10月)

厂长、党委副书记:曾小宁(10月任)

党委书记:曾小宁(任至10月)

党委书记、副厂长:胡益章(10月任)

副厂长:姚跃明

纪委书记、工会主席:骆炳友

总工程师:江明(任至10月)

## 农业机械化

【概 况】 2015年,抚州市农业机械化管理局认真贯彻落实党的十八届三中、四中精神,按照“稳粮增收、提质增效、创新驱动”的总要求,围绕全省“227”的发展目标,认真履行农机工作职责,全面加强农机监管,不断提升全市农机化发展质量和服务水平,圆满完成各项工作任务,为“十三五”规划开局之年奠定扎实基础。

【农机装备水平快速增长】 2015年,全市农业机械总动力新增20.2万千瓦,总动力达到251.9万千瓦。“十二五”以来,新增手扶拖拉机4.33万台、微耕机4.02万台、联合收割机8366台、大中型拖拉机773台、水稻插秧机814台、烘干机414台。

【大幅增加农机化投入】 2015年,抚州市获中央农机购置补贴资金9050万元。“十二五”以来,中央和省累计安排抚州市农机购置补贴资金4.069亿元,带动农民投入9.494亿元。

【提升农机化综合水平】 2015年,全市完成水稻机耕面积35.33万公顷,机收面积34万公顷,机插面积7.47万公顷。水稻耕种收综合机械化水平达到71%,“十二五”以来年均提高3.6个百分点。

【提高农机化服务水平】 2015年,全市拥有农机流动维修服务站2个,农机维修网点33个,其中二级维修网点8个,三级维修网点25个。全市拥有作业服务组织1062个,从业人员达到4464人;拥有农机户8.21万余户,从业人员达到16.97万人。拥有农机专业合作社76个,其中省级示范社2个。

【农机安全生产势态平稳】 2015年,全市农机安全生产平稳发展。“十二五”期间,未出现重大农机安全事故。2011年南城县获农业部授予“全国平安农机示范县”、2012年东乡县获农业部授予“全国平安农机示范县”、2014年南城县获“江西省平安农机示范县”荣誉。

【落实农机购置补贴政策】 2015年,抚州市已完成补贴资金8960.105万元,实施比例94.52%。已完成资金结算8942.545万元,资金结算占资金使用比例99.8%。受益农户1.87万(户),拉动民间资金投入2.09亿元。全市农机购置补贴政策实施总体呈现四最:一是补贴资金最多。全市获中央财政农机购置补贴资金9050万元,为农机购置补贴政策实施以后获资金额最多一年;二是补贴机具数量最少。历览近几年已补贴的农用机具数量,尽管2015年资金使用额最多,但补贴机具数量为历年来最少,全市补贴各类农用机具1.93万台(套),小型落后机具的补贴明显下降,大型高性能机具崭露头角,有力促进农机装备结构的调整;三是目标最明确。江西省2015年农机化“227”目标一经提出,全市农机系统上下扭成一股绳,朝着目标抓贯彻落实,机烘、机插水平得到新的突破。当年新增手扶拖机8247台、微耕机7309台、收割机2054台、大中拖330台、烘干机243台、水果打蜡机76台、插秧机29台;四是资金使用最平稳。新系统开通后,全市每月实施资金额均在1150万元以上,资金使用规范,拨付有序,确保补贴资金运行安全平稳。

1. 加强领导。11个县(区)均以政府行文下发农机购置补贴实施方案,成立以政府牵头,多部门参与的购机补贴领导小组。按要求足额落实工作经费,市、县(区)财政共安排农机购置补贴配套工作经费176万元,其中县(区)级财政安排136万元;2. 强化责任。市农机局召开全市农机化工作会议,传达学习江西省农机化工作会议及文件精神,尽早安排部署农机化工作;3. 加大宣传。各地通过便民卡、致农民一封信、电视、广播、报刊、网站等方式加强政策宣传。市农机局、财政局统一印制4000份农机购置补贴政策宣传挂图下发至各县(区),使政策宣传深入街道、农村、企业,进入千家万户;4. 明确职责。市农机局与市财政局下发贯彻落实《江西省2015—2017年农业机械购置补贴实施方案》的意见的通知,明确工作职责,规范程序操作,加强部门沟通,强化财政支持;5. 强化信息公开。补贴政策实施过程中,市、县农机局每半月在农机化信息网上向社会定期公布补贴资金实施及结算进度。同时,县(区)对每批结算用户信息均在网站及公告栏进行7天公示。市、县农机局及时公开政策咨询、投诉、质量投诉等监督电话,进一步增强全市贯彻落实补贴政策的执行度和透明度;6. 加强监管。6月初,市农机局组织多个检查组,分别对全市11个县(区)开展上半年农机购置补贴监督检查工作,通过电话抽查、座谈交流、入户调查、走访农企业等方式,对全市2015年上半年农机购置补贴工作进行全面考核。通过认真检查、发现问题、及时整改,进一步完善和规范全市农机购置补贴工作。11月中旬，省督查组莅临抚州市进行农机购置补贴专项督查，并对东乡、金溪两县农机购置补贴工作进行检查指导，同时对提升农机购置补贴工作水平提出意见。为促进11个县(区)之间的交流沟通学习，同时也为2015年全市农机购置补贴工作画上圆满句号，12月中旬，全市组织11个县(区)开展农机购置补贴交叉检查，检查组对检查县(区)进行不少于2个乡镇，每个乡镇不少于5户的上户核查，检查结束后提交检查报告；7、廉政防控。市农机局与县(区)农机局签订农机购置补贴责任状，形成一级抓一级，层层抓落实，不断推进政策实施高效规范廉洁。制定廉政风险防控制度，查找廉政风险点，明确权力运行流程和行使依据，绘制权力运行流程图。全市干职工积极做好农机系统干部经营农机补贴产品自查情况登记，签订承诺书，做到查找风险不漏项、参与排查不漏人。

【开展全市涉农资金专项整治】 根据抚州市财政局、抚州市发改委、抚州市农业局关于《开展全市涉农资金专项整治行动实施方案》的通知(抚财农〔2015〕7号)精神，从4月中旬至9月中旬，市农机局按照启动部署、自查自纠、重点检查、省级抽查、整改完善、全面总结等六个阶段，在全市范围内对2013、2014年农机购置补贴涉农资金、群众举报事项以及2010年以来财政和审计等部门检查发现问题的整改和处理情况等进行专项整治。一是及时部署。要求县(区)按照实施方案精神，成立县级专项整治领导小组，认真做好自查自纠、整改摸底、接受检查等工作，并做好各阶段性相关情况的总结上报；二是市级自查。市农机局通过对全市2013－2014年已获补贴农户进行电话抽查，详细掌握购机农户是否享受补贴、资金拨付是否足额及时、是否存在套取骗取财政资金等情况。全市共抽取农户1200多户，实际调查农户300多户，涉及机具品目50多种。对抽查中存在的问题及时向县(区)农机局反馈，并要求县(区)对问题进行认真核查整改；三是重点督查。根据电话调查及县(区)上报的材料中存在的问题，市农机局组织检查组开展实地重点督查，充分掌握县(区)专项整治活动开展落实情况。督查中，对专项活动开展不到位的县(区)，检查组及时给予指正，并要求立即整改；四是总结汇报。通过电话抽查、实地督查，对发现的问题进行全面梳理，并对问题存在的原因进行认真分析，对进一步落实整改提出具体的整改意见和建议，并将情况以文件形式及时上报市涉农资金专项整治行动领导小组。

【农机社会地位不断提升】 抚州市农机部门通过抓好“春耕春播”“双抢”“三秋”等关键时节农机化生产，充分发挥农业机械主力军作用。1、农机部门抢前抓早，做到早安排早部署，通过举办现场演式、送“科技下乡”、组织跨区作业等多种形式，指导种粮大户掌握机械化育插秧技术。积极协调农机生产企业和维修网点组织技术力量深入田间地头，开展机具维修检修，使机具以良好的状态投入到生产。加强联合收割机跨区作业管理，规范机收市场秩序，维护机收各方合法权益，确保水稻“颗粒归仓”。全年全市发放跨区作业证210余份，跨区作业面积达1.53万公顷，实现增收620余万元；2、加强农机维修服务、质量管理，帮助农民解决后顾之忧。在3.15活动期间及农忙季节前，联合工商执法人员到农机经销点进行农机整机、配件的检查，坚决杜绝假冒伪劣农机产品流向市场。全年开展专项整治活动3次，查处假冒伪劣产品50余件；3、结合农机业务工作、阳光工程培训等活动，加大对种粮大户、农机大户、农机手的培训力度，不断提升全市农机人员的综合技能水平。2015年，全市共组织120多个农机维修小分队，检修农机具9.5万余台(套)。投入使用农机具17.5万余台(套)，开展农机培训及现场演示活动近60次，共培训农机人员1.8万余人，发放各类资料5.8万余份。

【夯实机械化示范区建设】 2015年，全市各地结合自身优势，不断加大对农作物生产的全程机械化示范区建设。崇仁县依托省级农机示范合作社——建平农机专业合作社，建成133.33公顷水稻生产全程机械化示范区。该示范区还为周边乡镇106.67公顷大田提供早、晚稻育秧、机插、管理等“保姆式”服务。临川区通过举办油菜收割现场演示、烘干机现场推介等活动，不断加大对油菜、水稻烘干的机械化生产示范区建设。宜黄县农机局联合县农业局开展水稻机插与抛秧、直播、人工栽插对比示范试验，对示范户给以1000元/亩的补贴。宜黄县农机局大力推广“竹荪生产的机械化培土技术”，推广种植面积66.67公顷。广昌县积极开展早稻机插集中育秧示范，示范面积0.33公顷，中、晚稻开展机插示范，示范面积达1公顷。

【安全生产保一方平安】 2015年，市农机局按照“党政同责，一岗双责”要求，扎实抓好农机监理，农机安全生产工作。一是积极开展农机安全生产月和安全生产咨询日活动。通过深入开展农机安全隐患排查整治、广泛开展农机安全宣传教育、做好应急值班工作，全市农机安全形势保持良好；二是做好源头管理工作，通过规范农机监理牌证管理工作，努力提高农机“三率”。当年全市共订制手扶拖拉机号牌4830副，联合收割机号牌1090副，大中型拖拉机号牌260副；三是规范县区监理业务收费。结合安全生产工作检查、购置补贴工作检查等，通过查验发票、询问农户、电话调查等多种方式，及时掌握县区监理工作的收费项目和标准，有效杜绝多收费、乱收费；四是积极开展全市农机报废更新补贴试点工作，各县(区)农机局积极与商务部门沟通，出台农机报废更新补贴实施方案。各地结合实际，严格规范，认真落实报废农机回收企业申报工作。临川区、南丰县已确定农机报废更新定点回收企业。

(陆　芬)

【市农业机械化管理局领导名录】
局　长：黄志辉

## 农业综合开发

【概况】 2015年度，抚州市农业综合开发项目县(区)为临川区、东乡县、南丰县、南城县、崇仁县、乐安县、宜黄县、广昌县、金溪县、黎川县、资溪县。根据省批复,抚州市2015年度农业综合开发计划投入中央财政资金13515万元(含世界银行贷款可持续发展农业项目828万元),省级财政配套资金4729.5万元。实际到位中央财政资金13515万元(含世界银行贷款可持续发展农业项目828万元),省财政配套资金4729.5万元,按要求抚州市财政已配套资金420.5万元。这些资金全部投入该市的农业综合开发高标准农田建设示范项目、小流域治理项目、产业化经营项目和世界银行贷款可持续发展农业项目建设。

抚州市2015年度农业综合开发土地治理项目建设实际投入中央财政资金9650万元,省级财政配套资金3356万元,按要求该市财政已配套资金386万元。项目建设涉及临川、崇仁、东乡、南城、南丰、宜黄、广昌、乐安、金溪、黎川、资溪11个县(区)。全市共建设高标准农田0.54万公顷,治理生态小流域0.08万公顷。共新增和改善灌溉面积0.53万公顷,新增和改善除涝面积0.36万公顷,新增节水灌溉面积0.27万公顷;新增粮食生产能力1245.29万千克。其中高标准农田建设示范项目,投入中央财政资金8660万元,省级财政配套资金3040万元,按要求抚州市财政配套资金346万元。高标准农田建设示范项目涉及临川、崇仁、东乡、南城、宜黄、广昌、乐安、金溪、黎川、资溪10个县(区),建设高标准农田0.54万公顷;小流域治理项目共投入中央财政资金990万元,省级配套资金316万元,按要求抚州市财政配套资金40万元,治理小流域0.08万公顷,项目建设只涉及南丰县。

抚州市2015年度农业综合开发产业化经营项目建设实际投入中央财政资金3037万元,省级财政配套资金1063万元。其中一般产业化经营财政补助项目投入中央资金2237万元,省级财政配套资金775万元;龙头带动产业发展试点项目投入中央财政资金500万元,省级配套资金180万元;"一县一特"产业发展试点项目投入中央财政资金300万元,省级配套资金108万元。补助项目资金主要用于扶持该市的粮食、生猪、油料、南丰蜜桔、禽类、蔬菜、水产、水果、食用菌、茶叶等产业30个项目的建设。龙头带动产业发展试点项目资金主要用于江西洪门实业集团有限公司、南城县绿色养殖专业合作社年产1600吨禽产品精深加工扩建项目建设;"一县一特"产业发展试点项目主要用于江西麻姑实业集团有限公司年产2万吨精制米粉全自动化生产线扩建项目建设。

金溪县2015年度世界银行贷款可持续发展农业项目投入中央财政资金828万元,省财政配套资金310.5万元,按要求抚州市财政配套资金34.5万元,主要任务是建设高标准农田0.06万公顷。

**【江西省批复抚州市2015年度国家农业综合开发存量资金土地治理项目计划】** 2015年3月,江西省农业综合开发办公室、省财政厅批复,抚州市2015年度国家农业综合开发存量资金土地治理项目计划中央财政资金9650万元,省级财政配套资金3356万元。建设范围:项目涉及临川、南丰、崇仁、乐安、宜黄、广昌、金溪、东乡、南城、黎川、资溪等11个县(区);开发任务为:高标准农田建设示范工程10个,治理面积0.54万公顷;小流域治理项目1个,治理面积0.08万公顷。

**【江西省批复抚州市2015年度农业综合开发产业化经营项目计划】** 2015年8月,江西省农业综合开发办公室、省财政厅批复,抚州市2015年度农业综合开发一般产业化经营财政补助项目计划中央财政资金2237万元,省级财政配套资金775万元,补贴项目30个,其中龙头企业12个,农民专业合作社18个。具体为:抚州民生农业科技有限公司800万枚绿壳蛋分级包装及储藏保鲜扩建项目、江西闽昌生态农业有限公司年出栏65000头生猪扩繁及养殖扩建项目、临川区兴盛生态种养专业合作社4000头生猪标准化养殖基地扩建项目、江西阿颖金山药食品集团有限公司年产1万吨"阿颖牌"淮山制品生产线扩建项目、崇仁县中长果业开发有限公司年产1000吨胡柚果脯、橡子粉等绿色食品加工扩建项目、崇仁县众兴养殖专业合作社年生态散养55万羽崇仁麻鸡及孵化200万羽原种崇仁麻鸡苗基地扩建项目、崇仁县绿杉油茶种植专业合作社100公顷无公害山茶油高产茶树种植基地扩建项目、江西信达茧丝绸有限公司150吨优质茧丝加工新建项目、乐安县恒源水稻种植专业合作社1500吨米粉产品扩建项目、江西金铭丝绸有限公司年产50吨白厂丝及丝棉后续加工新建项目、金溪县长生农业专业合作社66.67公顷精品果树种植基地改建项目、金溪县左坊镇仁辉蜜桔专业合作社80公顷精品蜜桔种植基地改建项目、江西省润邦农业开发有限公司200公顷白花蛇舌草种植基地扩建项目、江西红星种猪有限公司3.8万头生态型种猪场扩建项目、东乡县天然丝瓜络专业合作社26.67公顷络用丝瓜种植基地改扩建项目、东乡县芳州综合农业专业合作社66.67公顷优质蔬菜种植基地扩建项目、江西连胜食品有限公司300吨鲜莲速冻新建项目、广昌县鼎记家兔养殖专业合作社年产20万头商品仔兔繁育基地扩建项目、广昌县青桐湖果树种植专业合作社26.67公顷杨梅种植示范基地新建项目、南丰县兄弟果业有限公司年产6000吨南丰蜜桔采后商品化处理新建项目、南丰县桔祥蜜桔种植专业合作社年产4000吨南丰蜜桔采后商品化处理新建项目、南丰县美孙甲鱼养殖专业合作社年产10万只日本品系甲鱼良种繁育新建项目、南丰县勇成蔬菜种植专业合作社6.67公顷蔬菜种植基地新建项目、宜黄县军峰山茶业有限公司年产15吨有机白茶加工扩建项目、宜黄县神峰百合种植专业合作社年产50000千克百合粉加工扩建项目、宜黄县崇发水稻种植专业合作社年产150万千克水稻加工新建项目、资溪一亩茶园有限公司66.67公顷有机白茶经济林种植基地改扩建项目、资溪县弄原蔬菜专业合作社40公顷设施蔬菜种植基地新建项目、资溪县荷叶山茶叶专业合作社30公顷白茶种植基地改扩建项目、黎川县新丰蛋鸡养殖专业合作社10万羽标准化蛋鸡养殖基地扩建项目。

同时,批复抚州市2015年度国家农业综合开发龙头企业带动产业发展试点项目,计划中央财政资金500万元,省级财政配套资金180万元。具体项目为:江西洪门实业集团有限公司、南城县绿色养殖专业合作社,年产

1600 吨禽产品精深加工扩建项目。

批复抚州市 2015 年度国家农业综合开发"一县一特"产业发展试点项目,计划中央财政资金 300 万元,省级配套资金 108 万元。具体项目为:江西麻姑实业集团有限公司,年产 2 万吨精制米粉全自动化生产线扩建项目。

【江西省批复抚州市世界银行贷款可持续发展农业项目 2015 年度计划项目】 2015 年 3 月,江西省农业综合开发办公室、省财政厅批复,抚州市世界银行贷款可持续发展农业项目 2015 年度计划中央财政资金(世行贷款)828 万元,省级财政配套资金 310.5 万元。建设范围:金溪县;开发任务为:建设高标准农田 0.06 万公顷。

(王志文)

【市农业综合开发办领导名录】

主　任:祝友清

## 扶贫和移民工作

【概况】 2015 年,在抚州市委、市政府的坚强领导下,全市扶贫移民工作以"与全省全国同步全面建成小康社会"为总目标,牢牢把握发展机遇,积极争取领导重视,努力凝聚社会资源,全力推进扶贫攻坚,各项工作成效明显:贫困农村及移民村组生产生活面貌发生较大变化,贫困群众、库区移民创业就业能力进一步增强,打造出一批产业和示范村亮点,较好地完成上级下达的各项工作任务。至年底,全市扶贫对象由 2014 年的 18.9 万人减少到 12.6 万人;在江西省的精准扶贫攻坚现场推进会上,广昌县作为典型发言的四县之一;在全省 2014 年度财政专项扶贫资金绩效考评中,抚州市被评为 A 级,列设区市第三名。

【精准扶贫】 变"漫灌"式扶贫为"滴灌"式扶贫,提高扶贫工作针对性和实效性。一是核准底数。坚持规模控制、分级负责、精准识别的原则,把真正贫困的人口纳入扶贫对象,确保贫困对象的真实性、精准度;二是科学分类。先区分出完全丧失劳动能力的五保、低保户等托底保障对象和有劳动能力及劳动意愿的扶贫对象,再区分出因智、因病、因学、因残致贫户,因缺乏生产经营技能或缺少发展资金致贫户,为制定针对性措施,精准扶贫奠定基础;三是建档立卡。完善贫困村、贫困户建档立卡资料,建立 18.9 万扶贫对象帮扶工作信息系统平台,实现各级各部门各单位与贫困户信息直通,做到资源共享;四是动态管理。以脱贫目标为依据,逐村逐户建立贫困村、贫困户帮扶档案,及时进行数据更新,实现有进有出,逐年更新,分级管理,动态监测。

【整村推进】 围绕"整村推进扶贫开发,建设和谐秀美乡村"的总体思路,对贫困村中的自然村实施村庄整治,扎实推进贫困村新农村建设,重点对贫困村自然村点实施以改善人居发展条件为重点的扶贫开发项目。全面开展村庄整治。2015 年,全市 253 个贫困村村庄整治投入财政扶贫资金从 4270 万元增加到 5060 万元,增加 790 万元,增幅 18.5%。通过整治,人居生活条件明显改善,村容村貌焕然一新,涌现出一大批新农村建设示范点;大力发展产业扶贫。在乐安、广昌、黎川、南丰、宜黄、南城、金溪、资溪、崇仁等九县分别投入 1000 万元用于支持原中央苏区和特困片区扶持产业开发,同时,大力推进"一村一品"产业扶贫,每个县均打造一批各具特色的扶贫产业专业村,全市近 90% 的贫困村均各形成一项特色产业。

【移民工作】 重点对移民群众农田水利、道路交通进行扶持,投入资金 5774 万元扶持项目 740 个,新建公路 214.6 千米。按照"村容村貌整洁、户户硬路相通、家家改水改厕、文化生活丰富、特色产业形成"的标准,投入扶持资金 4160 万元,择优建设 76 个移民示范村,实施 153 个项目,并精心打造 11 个亮点示范村,进一步巩固示范村建设成果。按照"因地制宜、产业牵引、多种形式、多数受益、扶持到户"的要求,扶持生产开发项目 147 个,总投资 1647.89 万元,其中国家扶持 1349.8 万元,重点发展特色种养业,推出生态循环经济,辐射带动群众增收,助力抚州 26.9 万大中型水库移民实现致富梦。

【搬迁扶贫】 2015 年江西省下达抚州市移民搬迁任务 6299 人。始终坚持"整体搬得出,长期稳得住,逐步能致富"的原则,做到以人为本,积极探索行之有效的移民安置方式,优化移民生存环境,提供更多发展机会。2015 年,共完成搬迁对象 6299 人,完成任务 100%。其中,深山区搬迁移民竣工 4567 人;以工代赈搬迁移民竣工 1000 人;生态移民竣工 732 人。

【劳动力转移培训】 2015 年,全市"雨露计划"培训任务为 1894 人。已培训农村劳动力 1894 人,100% 完成培训任务。作为全国改革试点,乐安县继续对 179 人"两项制度"衔接试点建档立卡扶贫对象家庭接受中职、高职和技能培训学生进行直接帮扶,全年共发放补助金 35.8 万元。

【社会扶贫】 2015 年,市扶贫开发领导小组以四进四联四帮活动为载体,陆续印发《关于进一步动员社会各方面力量参与扶贫开发的实施意见》《关于开展结对帮扶推进精准扶贫工作的实施方案》等系列文件,全市各级各部门认真贯彻上级文件精神,积极整合社会资源投向贫困地区,帮助他们改善生产生活条件。组织开展多种形式的"10·17"全国"扶贫日"活动,据统计,整个活动期间共募集社会资金 3352.8 万元,助学资金 1328.6 万元,共资助学生 7741 名。2015 年,抚州争取社会扶贫资金达 2.4 亿元。

(吴晓东)

【市扶贫和移民局领导名录】

局　长:廖　燕

本栏编辑　汪　洋

# 工　业

## 综　述

2015年，面对经济下行压力加大的严峻形势，抚州市上下共同努力，工信系统积极采取有效措施，稳步推进各项工作，全市工业保持平稳增长态势，实现生产总值1105.14亿元，其中，工业增加值449.9亿元，占全市GDP的40.71%；财政总收入165.18亿元，其中，工业税收41.6亿元，占财政总收入的27.85%；全市工业用电28.41亿千瓦小时，增长1.13%。全市规模以上工业企业为903户，完成工业增加值364.23亿元，实现主营业务收入1540亿元，利税总额170.91亿元，其中，利润总额94.82亿元。

【加强工业经济运行监测】　2015年，抚州市依托省工信委信息中心监测网，在全省率先建立工业运行监测二级平台，对重点企业、重点产业原材料价格、成品价格、订单、出口、库存、用工等方面进行监控、预警、协调。在全省工业运行监测系统推进会上，抚州市综合得分列全省设区市第二位。

【加大项目建设推进力度】　2015年，抚州市加大项目建设推进力度，重大项目建设进展顺利。为加大对重大工业项目协调调度力度，建立以各县(区)工信委、高新区经发局为调度推进主体的工作机制，对重大工业项目建设情况定期进行监测分析和通报。全市在建技改项目204个，其中，新开项目98个、续建项目106个，项目总投资788.76亿元，固定资产总投资596.98亿元，全年完成固定资产投资225.84亿元。抚州市有112个项目列入省工信委重点调度亿元以上重大工业项目，其中，15个投资10亿元以上重大工业项目均已开工建设；30个市重点调度的达产达标项目，全年实现主营业务收入172.54亿元，利润14.16亿元，税收9.9亿元。

【强化对企业精准帮扶】　2015年，抚州市建立覆盖全市规模以上工业企业的市县(区)领导挂点帮扶机制，市本级向55户重点企业派遣企业特派员，组织森科实业、恒吉铜业等15家企业申报省工业企业增产增效奖励，获奖励资金285万元，列全省设区市第6位。全市16家融资担保机构为1713家企业提供融资担保12.34亿元。依托抚州创业大学开展企业管理人才培训，在搞好课堂教学的基础上，组织学员赴深圳华为等名企考察学习，学员满意度高达94%。全市工业企业列入省级新产品开发项目达67项，新增4家省级企业技术中心，总数达23家，列全省设区市第4位。组织实施崇仁“变电设备产业集群品牌培育提升计划”，争取到省工信委项目扶持资金100万元。

【推进工业化和信息化融合】　2015年，抚州市大力推进工业化和信息化融合，“两化融合”初显成效。积极培育两化深度融合示范企业，经省工信委组织专家组现场考核评估，抚州市有4家企业荣获“省级两化融合示范企业”称号。积极开展重点工业企业的信息化试点贯标，江铃底盘被评定为全国首批信息化贯标试点企业(全省仅7家)。开展两化深度融合水平评估诊断和对标引导工作，全市有近100家企业纳入到工信部的评估平台。

【狠抓淘汰落后产能和节能减排】　2015年，抚州市狠抓淘汰落后产能和节能减排，资源综合利用水平进一步提高。认真落实淘汰落后产能政策，市辖区内所有水泥生产(熟料)企业均于年底全部关闭，全市获得国家淘汰落后产能奖励资金1115万余元；大力推进重点耗能企业节能降耗工作，全市规模以上工业企业综合能源消费量为89.96万吨标准煤，同比下降1.5%，全市11户重点耗能企业能源消费量为15.27万吨标准煤，同比下降31%；帮助江西森科实业股份有限公司、江西明正变电设备有限公司等5家企业申报省级节能专项资金项目，共获省节能专项资金补助328万元；大力推进资源综合利用工作，江西自立环保科技有限公司多金属综合利用产业示范项目、中阳德欣科技有限公司年产30万吨新型塑料复核材料项目被国家工信部评为国家“资源再生利用重大示范工程”。

【工业发展存在的问题与不足】　2015年，抚州市工业发展虽然取得不小的成绩，但仍存在不少问题与不足。一是经济下行压力加大，影响经济发展的不确定因素增加，稳增长压力依然很大；二是产业集聚发展水平低，发展内生动力不足，新开重大项目和新上规上企业少，工业经济发展后劲乏力；三是运行机制创新不够，破解要素瓶颈手段不多。

(曾繁华)

【市工信委领导名录】

主任、党委书记：蓝师龙

副 主 任：易光华　张　健　曾永亮
　　　　　吴鉴铭　罗亚军

纪委书记：游小敏

## 支柱产业及骨干企业

【概况】 至2015年，抚州市初步形成机电汽车、食品加工、电子信息、化工建材、生物医药和有色金属加工业六大支柱产业。

【机电汽车工业主营收入和利税】 2015年，抚州市规模以上机电汽车企业140户，完成主营业务收入275.68亿元，占全市规上工业的17.9%。其中，骨干企业江铃底盘股份有限公司，可年产轻型车后桥60万台，年内完成主营业务收入15.27亿元，实现利税1.7亿元；江西变电设备有限公司，可生产110KV及以下干式变压器、油浸式变压器、箱式变电站、高压互感器、计量器等高新技术产品。年内完成主营业务收入17.75亿元，实现利税3.3亿元。

【食品加工工业主营收入和利税】 2015年，抚州市规模以上食品加工企业59户，完成主营业务收入115.47亿元，占全市规上工业的7.5%。其中，骨干企业燕京惠泉啤酒，可年产啤酒20万千升，年内完成主营业务收入1.61亿元、上交税金3366万元；黎川恒兴食品，主要产品烤鳗，年内完成主营业务收入8.82亿元，上交税金4603万元。

【电子信息工业主营收入和利税】 2015年，抚州市规模以上电子信息企业18户，完成主营业务收入37.74亿元，占全市规上工业的2.45%。其中，骨干企业森科实业有限公司，专业研发和制造键盘、鼠标等电脑配套产品，采用国际最先进的生产工艺，拥有102台配有机械手的全自动注塑机、3条SMT(贴片机)生产线、14条键盘鼠标组装流水线，年内完成主营业务收入11.48亿元，上交税金7384万元；博禄德电子有限公司，年内完成主营业务收入5.59亿元，上交税金2229万元。

【化工建材工业主营收入和利税】 2015年，抚州市规模以上化工建材企业231户，完成主营业务收入294.07亿元，占全市规上工业的19.1%。其中，骨干企业添光钛业有限公司可年产金红石钛白粉5万吨，年内完成主营业务收入3.32亿元，上交税金1737万元；江西(抚州)南方水泥有限公司可年产水泥200万吨，年内完成主营业务收入4.84亿元，上交税金2522万元。

【医药工业主营收入和利税】 2015年，抚州市规模以上生物医药企业30户，完成主营业务收入66.29亿元，占全市规模以上工业的4.3 %。其中，骨干企业博雅生物制药年投血浆能力1000吨，年内完成主营业务收入3.45亿元，上交税金1158万元；珍视明药业可年产滴眼液15000万支，年内完成主营业务收入2.06亿元，上交税金2823万元。

【有色金属加工业主营收入和利税】 2015年，抚州市规模以上有色金属加工企业44户，完成主营业务收入305.07亿元，占全市规模以上企业的19.81 %。其中，骨干企业自立资源可年产电解铜5万吨，年内实现主营业务收入54.59亿元，上交税金7.05亿元；金品铜业可年加工铜材6万吨，年内完成主营业务收入15.73亿元，上交税金1.04亿元。

(孔凡歆)

## 特色产业与重点企业

【概况】 2015年，抚州市共有10个特色产业集群，分别是国家级抚州高新区汽车及零部件产业、国家级抚州高新区生物医药产业、崇仁变电设备制造产业、金溪香料产业、东乡变性淀粉产业、黎川日用耐热陶瓷产业、南城和南丰农副食品加工产业、宜黄塑料制品产业、南城株良镇校具加工产业、临川有色金属加工产业。

【产业集群效益】 2015年，抚州市特色产业集群效益：

国家级抚州高新区汽车及零部件产业：已投产企业49家，实现主营业务收入115亿元，同比增长33.7%；利税总额11.5亿元，同比增长47.9%，从业人数9808人。

国家级抚州高新区生物医药产业：已投产企业35家，实现主营业务收入57亿元，同比增长16.9%；利税总额8.1亿元，同比增长15.85%；从业人员4972人。

崇仁变电设备制造产业：已投产企业75家，实现主营业务收入101.02亿元，同比增长15.1%；利税总额9.39亿元，同比增长21.75%；从业人员7652人。

金溪香料产业：已投产企业28家，实现主营业务收入70亿元，同比增长15.5%；利税总额6亿元，同比增长15.2%；从业人员3700人。

东乡变性淀粉产业：已投产企业28家，实现主营业务收入31亿元，同比增长6.6%；利税总额7900万元，同比增长2%；从业人员2750人。

黎川日用耐热陶瓷产业：已投产企业38家，实现主营业务收入24.75亿元，同比增长7.14%；利税总额2.4亿元，同比增长5.05%。；从业人员6953人。

南城和南丰农副食品加工产业：已投产企业64家，实现主营业务收入56.86亿元，同比增长6%；利税总额5.42亿元，同比增长8.48%；从业人员5796人。

宜黄塑料制品产业：已投产企业64家，2015年实现主营业务收入60.22亿元，同比增长4.4%；利税总额4.76亿元，同比增长2.5%；从业人员7544人。

南城株良镇校具加工产业：已投产企业118家，实现主营业务收入34.5亿元，同比增长25.4%；利税总额3.16亿元，同比增长19.2%；从业人员28000人。

临川有色金属加工产业：已投产企业19家，实现主营业务收入121.3亿元，同比增长4.5%；利税总额7.55亿元，同比增长21%；从业人员5278人。

【重点企业效益】 2015年，抚州市主营业务收入过亿元企业467户，过30亿元企业2户，过10亿元企业11户。过10亿元企业为：自立资源(54.6亿元)、恒吉铜业(30.94亿元)、金弘实业(27.11亿元)、晨飞铜业(19.13亿元)、江西变电(17.75亿元)、金灶资源(16.72亿元)、金品铜业(15.73亿元)、万泰铝业(15.65亿元)、富临铜业(15.43亿元)、江铃底盘(15.27亿元)、森科实业(11.48亿元)。

(曾繁华)

## 电力工业

【概况】 2015年,国家电网抚州供电公司认真贯彻落实省供电公司各项决策部署和市委、市政府工作要求,积极应对宏观经济下行、改革发展任务繁重等严峻考验,齐心协力、攻坚克难,各项工作取得新突破。全年完成固定资产投资5.79亿元,同比增长5.46%。110千伏及以上线路开工169.8千米,投产82.3千米;变电容量开工95万千伏安,投产52万千伏安。完成售电量54.01亿千瓦小时,增长8.36%,增长率排名全省第二。综合线损率8%,同比下降1.51个百分点。主营业务收入22.72亿元,增长2.65%。全员劳动生产率45.63万元/人·年,增长4.7%。同业对标综合排名位列省供电公司系统第7名,获得综合进步标杆奖。

【安全生产基础进一步夯实】 2015年,抚州供电公司认真开展"安全管理提升"活动。严格执行反违章"十项禁令",加强作业现场安全管控,累计查处现场违章589起。健全公司安委会制度,突出安全事件分析。修订《安全生产奖励实施细则》,加大安全生产奖惩力度。强化电网运行风险管控,下发风险预警通知单98份。狠抓隐患排查治理,完成各类隐患整改1192项。加强输电线路精益化管理,110千伏输电线路跳闸率同比下降41.9%。扎实推进市县35千伏片区一体化检修运维,完成42座35千伏变电站综合检修,35千伏主变和线路跳闸次数同比下降88%和36.1%。着力构建县域电网分片区带电作业模式,配网不停电作业2358次,减少停电27.82万时·户。推进基层站所网络覆盖和带宽提升工程,网络覆盖率达100%。不断提高应急处置能力,修编应急预案21项,组织开展防冰、防汛实战应急演练。圆满完成重大节假日等保电任务12次,确保电力安全可靠供应。顺利通过电力安全生产标准化二级达标。

【电网建设步伐加快】 2015年,抚州供电公司优化电网发展环境,推动市政府出台《关于加快电网发展 强化电力保障的意见》等一系列支持性文件,市长亲自主持召开电网建设推进会,明确将电网项目纳入市、县级重点项目统一调度等一系列具体举措。完成"十三五"电网规划报告,编制2015—2020年配电网建设改造行动计划,规划储备项目投资79亿元。积极开展武汉—南昌1000千伏特高压等19项输变电工程前期工作。全力推进重点工程建设,220千伏抚州城南等9项工程顺利投运。全面完成2014年农网改造升级工程,2015年农网改造升级工程完成83.13%。编制并推广应用"三通一标",扎实推进配电网"整乡整镇"改造,消除"低电压"6.2万户。深入开展基建"安全质量年"活动,110千伏进贤衙前等3项工程获国家电网公司优质工程。

【优化服务品牌形象】 2015年,抚州供电公司大力开展"零投诉"竞赛活动,投诉同比下降34.4%。推行居民客户受电免填单,实行"一证受理"制。大力开展"客户经理进万家"活动,实施"零距离"主动服务,走访客户175万户,解决客户用电问题1.92万个。优化社会化农村综合服务点延伸服务,推广艾九大"用心服务"典型,得到省供电公司领导的充分肯定。建成供电服务指挥中心,全面上收县供电公司配抢指挥业务,故障平均修复时长同比缩减62.31%。积极服务新能源发展,新增并网260户。畅通重点项目及民生工程"绿色通道",完善重点项目涉电工作对接机制。主动服务工业园区企业,出台"电力管家"服务10项举措,开展工业园区34条频繁停电线路专项治理,线路跳闸同比减少27.6%。公司狠抓落实、真抓实干、服务地方经济社会发展的做法得到市委主要领导批示和表扬。《抚州日报》头版头条刊登抚州供电公司服务地方经济社会发展纪实文章。

【提升经营效益】 2015年,抚州供电公司深化"五位一体"机制建设,梳理解决体系运转协同不畅的问题73个。加强人力资源"三全"管理,开展劳动用工专项治理。完成岗位绩效工资制度改革,东乡、临川供电公司通过公开竞聘方式实现岗变薪变。加大增收节支力度,主动服务重点项目,新增业扩报装容量22.53万千伏安。加大电能替代工作力度,电能替代电量1.6亿千瓦小时,超额完成年度计划目标。推进降损增效工作,出台《经营数据质量考核办法》,对12家单位经营数据质量问题进行通报考核。强化台线数据归真实时管控,高线损、负线损台区数分别减少426台和1432台,数据异常率同比下降11.44%、综合线损同比下降1.51个百分点。警企联动依法处理抚州轻纺城重大窃电案件,累计查处窃电及违章用户94户,追补电费94.49万元。全面规范电费抄核收管理,电费回收完成"双结零"。扎实开展重点项目审计,审减支出76.45万元。严格实行车辆统一管理,不断规范车辆使用,单车使用费同比下降24.56%。不断规范物资仓储管理,严格非招标采购管理。深化依法治企自查自纠,下发《协同监督整改意见书》10份,提出规范管理措施36条。充分发挥集体企业管理委员会的监督职能,出台《规范和加强集体企业监督管理实施方案》,进一步规范劳动用工、财务收支等管理。顺利完成集体企业改革改制任务。不断推进供电所管理提升,供电所同业对标排名同比提升2位,5个供电所获得"五星级供电所"称号。

(朱军富)

【抚州供电公司领导名录】

总经理、党委副书记:周　宇
党委书记、副总经理:刘立灿
副总经理:李新亮
副总经理、总会计师:杨　成
党委副书记、纪委书记:李用光
副总经理:谭黎明
副总经理、工会主席:陈雪文
副总经理:胥竞华

本栏编辑　段绍镒

# 工业园区·高新技术产业园区

## 综　述

2015年,抚州市域内11县(区)及抚州高新技术产业开发区共建有工业园区12个,全市工业园区开发面积50平方千米,比2014年增长0.91%。工业园区注重经济提质增效,推动产业发展升级。产业加快集聚发展。电子信息、生物医药、食品加工、机电汽车四大产业分别完成主营业务收入36.6亿元、66亿元、113.7亿元、273.7亿元,增长35.7%、8.7%、9.9%和15.1%;崇仁工业园区成功创建"国家新型工业化产业示范基地",金溪香精香料产业被确定为"全国林木香料生物产业基地"。一批重大工业项目加速推进。投资13.5亿元的博雅欣和制药、投资30亿元的森鸿科技、投资50亿元的广东海利不锈钢管及磨砂板、投资15亿元的广药集团食品饮料等项目加快建设,广银铝业一期3.6万吨铝型材项目试生产。世界第二大钛白粉企业沙特科斯特公司成功收购添光化工。自立环保二期完成拆迁7.3万平方米,启动深加工项目建设,为企业上百亿台阶奠定基础。推动企业创新发展。新增4个省级工程技术中心、1个省重点实验室和2个省级产业技术创新战略联盟;新增认定23家高新技术企业,增长55.2%;高新技术产业产值和增加值分别增长21.83%和22.37%。博雅生物设立全市首个博士后工作站。

2015年,全市工业园区完成主营业务收入1528.6亿元,比2014年增长4.2%,其中抚州高新区工业企业主营业务收入367.3亿元,比2014年增长7.6%。全市六大产业中食品工业超过100亿元,有色金属加工突破250亿元。全市工业园区内投产工业企业1090家,增长7.9%。全市新增规模以上工业企业80户,达到903户。全市新引进并已开工5000万元以上工业项目312个,比2014年增长10.6%;亿元以上工业项目189个,比2014年增长30.3%。5000万元以上工业项目实际进资407.36亿元,比2014年增长16.3%。

**【抚州高新技术产业园区升级为国家高新技术产业开发区】** 2015年2月5日,国务院国函〔2015〕33号同意抚州高新技术产业园区升级为国家高新技术产业开发区,定名为抚州高新技术产业开发区,实行现行的国家高新技术产业开发区的政策。抚州高新技术产业开发区升级后不增加规划面积,仍为13.3333平方千米,区域范围为国务院有关部门公布的开发区审核公告确定的四至范围;开发区要深入实施创新驱动发展战略,按照布局集中、产业集聚、用地集约、特色鲜明、规模适度、配套完善的要求,立足科学发展,着力自主创新,完善体制机制,努力成为促进技术进步和增强自主创新能力的重要载体,成为带动区域经济结构调整和经济发展方式转变的强大引擎,为高新技术企业"走出去"参与国际竞争的服务平台,成为抢占世界高新技术产业制高点的前沿阵地;开发区必须严格实施土地利用总体规划和城市总体规划,按规定程序履行具体用地报批手续;必须依法供地,以产业用地为主,严禁房地产开发,合理、集约、高效利用土地资源;要加强领导和管理,促进抚州高新技术产业开发区又好又快发展。抚州高新技术产业园区升级为国家高新技术产业开发区,成为江西省继南昌、新余、景德镇、鹰潭后第五个国家级高新技术产业开发区。

**【博雅生物设立全市首个博士后工作站】** 2015年10月,经国家人力资源社会保障部、全国博士后管理委员会批准,抚州高新技术产业开发区江西博雅生物制药股份有限公司获准设立博士后科研工作站,是抚州市获准设立的首家博士后科研工作站,也是高新区继江铃地盘、德义半导体两家企业之后第三家获批准的国家级科研机构。近年来,高新区大力支持博雅生物,在资金、项目上予以倾斜,帮助企业利用社会科研资源,搭建人才培养使用和科学技术研究应用优势平台,发挥产、学、研、用合作机制,对重点科研项目和关键技术问题进行系统研究,培养企业发展需要的高级科技和管理人才,使企业与科研院所项目、资金、人才等资源有机结合,实现科技成果转化,加快企业技术创新步伐。依据规定,江西省人社厅将给予每个新设博士后站10万元建站资助资金。

**【沙特科斯特公司成功收购添光化工】** 2014年10月27日,全球钛白粉巨头沙特科斯特(Cristal)公司宣布已就收购江西添光化工有限责任公司钛白粉业务达成一致,至2015年第一季度末之前完成,涉及资产和股权交易。此次收购是科斯特拓展全球业务的策略之一,也是扩大其在全球最大的钛白粉需求市场——中国市场上的影响力的重要举措。全球钛白粉排名第二的巨头沙特科斯特公司与江西添光化工有限责任公司合资在抚州成立江西添光钛业有限公司从事钛白粉生产业务。新公司投资总额约合1.76亿美元,合资申请已获得商务部门批准。科斯特是一家沙特阿拉伯跨国公司,成立于1991年。2007年5月,科斯特收购美礼联轰动世界钛白业。2008年,它继续加快扩张步伐,完成一系列跨国收购案。2009年,科斯特跻身世界钛白粉前列,成为仅次于杜邦的全球第二大钛白粉制造商。

(饶志文)

【抚州高新技术产业开发区】　抚州高新技术产业开发区(以下简称抚州高新区)前身为抚州金巢经济开发区,创建于1992年8月,是江西省首批省级开发区和生态工业园区,2015年2月升级为国家高新技术产业开发区。高新区管辖面积158.6平方千米,下辖1镇、2街道办事处,人口15万。共落户企业270余户,是"国家精细化工高新技术产业化基地""省级生物产业基地"和"省级汽车零部件产业基地"。全年实现主营业务收入367亿元,比2014年增长12%。其中,生物医药、汽车及零部件、电子信息三大主导产业规模和聚集度持续扩大,主营业务收入占总量的62.3%。新增规模以上工业企业16户,总数达146户;实现规模以上工业增加值77.6亿元,比2014年增长12%。新增高新技术企业7家,总数达14家。完成财政收入12.61亿元,比2014年增长20%。外贸出口总额首次突破2亿美元,达2.32亿美元,比2014年增长55%;实际利用外资4742万美元,增幅居全省17个国家级开发区第一。全年新引进5000万元以上工业项目44个(全部开工建设),其中亿元以上工业项目29个,5亿元以上项目14个;新引进主导产业项目33个,占新引进项目总数的75%。新能源新材料、电子商务、文化创意、"互联网+"等新产业、新业态发展迅速,文化产业纳税突破1亿元。全年新建、续建工业项目52个,基础设施项目42个。全年民生支出3.5亿元,占财政支出的40.8%。

(龚伟明)

【江西抚北工业园区】　临川(抚北)工业园区始建于2002年9月,是省级生态工业园区和国家立项批准的省级工业园区,也是全省首批省级清洁化试点园区及省级有色金属加工产业基地。2015年,园区继续加大基础设施平台建设。第一园区,临川北高速互通建成通车;广银大道及各区间道路路灯已全面建成投入使用;园区1万吨污水处理厂全面建成运营;自立铜业110kv供电专线建成运行;园区二期公租房(民德家园)主体基本建成,配合自立环保需要,由园区牵头,展坪乡配合拆除农户房屋113户,达97%,并通过省环保厅验收;园区卫生所、超市等社会化服务项目相继建成开业。第二园区,完成一期范围内供水管网和供电线路铺设;完成西一环道路工程以及绿化、亮化等工程建设;完成73.33公顷土地平整工程建设;园区污水管网及公租房项目正在紧张建设中;工业大道已完成下水道铺设,进行招投标;创新大道已完成规划设计,启动招投标程序;占地20公顷的小微企业创业园项目完成规划设计及招投标等前期准备工作,开工建设。园区项目建设态势良好。广银铝业引进全国民营铝制品行业20强的广东银一百铝入驻,实现强强联合,形成年产3万吨铝制品加工生产能力;自立环保原有生产车间已全部建成,计划增资5亿元新上重金属提炼项目;旺盛煤业、龙信木艺等嫁接盘活项目实现当年引进当年投产;通路纺织、恒强工贸、宏大教育、今日声学、中德体育等重点项目相继建成试产。该年,园区在建项目累计完成40余万平方米厂房、5万平方米办公楼等工程建设。这年,园区有落户企业113家,规模以上企业67家,其中新增4家,另有2家规模以上企业已报待批。全年园区实现主营业务收入171亿元,税收6.8亿元,其中有色金属加工产业实现主营业务收入128亿元,税收5.6亿元,分别占园区比重为74.8%和82.3%。

(肖玲芬)

【南城县工业园区】　2015年,南城县继续按照"开放强区、工业立区、特色兴区"发展思路,着力打造产业集群,形成以机械制造、食品加工、纺织服装、医药化工为主的园区块状经济。加大工业园区投资力度,加快工业园区基础设施建设。组建8个招商团队和2个专业招商团队,参与"江西抚州(深圳)电子信息产业招商对接会"、第十二届"赣台会"和"赣港经贸合作会",成功举办"江西南城(上海)汽配产业招商对接会"。年内,园区新引进5000万元以上工业项目12个,其中亿元以上项目7个、10亿元以上1个。这年,河东工业园新增征地20公顷、征地总面积453.33公顷,新增平整土地34.67公顷、平整土地总面积413.33公顷。河东工业大道、跨高速大桥顺利竣工通车,园区供水主管网、主次干道、110千伏变电站和污水处理厂等一批基础设施项目竣工,河东工业园综合服务大楼、公租房建设完成,凤凰工业新城竣工占地面积33.33公顷,承载能力进一步增强;金山口工业园完成土地平整10.93公顷,新建道路768.7米,水、电、路及绿化、亮化等基础设施配套到位。飞达钢业、联益电子、昌诺制药、江西酒厂等一批主导产业中的重点企业相继建成投产,其中,倍护中国(倍护婴童用品产业园)实现当年签约、当年建设、当年投产、当年实现税收、当年确定战略规划(打造一个大规模产业园)"五个当年"。"财园信贷通"发放贷款2.77亿元。至2015年年底,入园企业总数达265家;规模以上工业完成增加值28.6亿元,主营业务收入116.4亿元,实现利税13.5亿元,比2014年分别增长14%、9.3%、18.25%。工业园区完成工业总产值122亿元,比2014年增长9.02%;上交税金7.7亿元;用电量19545万千瓦时,比2014年增长9.19%;新增规模以上企业22户;安排就业1.6万人。

(熊春玲　吴云华)

【黎川工业园区】　2015年,黎川工业园区加快规划与平台建设。开工建设平高一路东段、平高四路、平高五路西段、垂高一路、新平路改造等道路的建设及涵管铺设,建设完成工业大道平高二路至平高三路段,工业大道实现全线贯通;平整项目用地土方约50万立方米;省天然气黎川供气站已竣工完成,4月开始向企业供气;赣闽边际物流园商检大楼投入使用,集装箱监管区完成建设;重点建设集多功能展厅、商务洽谈和会议场所于一体的陶瓷展销中心。实施招商引资和项目建设。围绕打造陶瓷和新型塑料两个百亿产业发展目标,对接潮州、温州、泉州、德化、长乐等地,有针对性的开展宣传推介,全年园区新落户工业项目

14个,签约资金9.8亿元,其中园区自主招商项目5个,签约总资金2.6亿元。以“项目建设百日大会战”为契机,提速增效,加快项目建设力度,全年共开工建设项目42个,累计完成投资35.7亿元。年内,大力实业、杰洋科技、京尚实业、威兰斯服饰等19个项目先后建成投产。扶持企业发展。通过开展财园信贷通业务,为60户企业发放贷款2.29亿元,比2014年分别增长22.45%和30.93%,全年为44户企业提供过桥资金1.27亿元,有效缓解企业融资难问题。盘活清理低效用地企业3家,清理处置闲置低效用地22.07公顷。为企业发布招工信息80余次,推荐工人700余名。园区有落户企业200家,其中投产企业148家,新增规模以上企业6家、达到56家。全年完成主营业务收入89.6亿元,比2014年增长5.4%;实现工业增加值23.2亿元,比2014年增长10.5%;实现税收总额1.751亿元;工业天然气用气量达到1411万立方米;全年工业用电量10308万千瓦小时,比2014年增长10.98%;纳税100万元以上企业26家,其中纳税500万元以上企业2家,纳税1000万元以上企业5家;园区用工人数1.3万人。

(余天禄)

**【南丰县工业园区】** 前身为南丰县富溪工业园区,始建于1996年9月,省人民政府于2006年3月批准设立为省级开发区,更名南丰县工业园区。园区设立党工委、管委会。园区总体规划面积为733公顷,主体规划建设富溪工业园、黄金工业园和南丰工业园区“两园一区”,其中富溪工业园建成,建成面积467公顷;规划黄金工业区,规划面积340公顷。至2015年底,园区共有落户企业115户,其中投产企业101户、在建项目14个;规模以上工业企业51户。全年共投入园区基础设施建设资金3.5亿元,建设并启动220KV双回路变电站供电;新平整土地33公顷、铺设给排水管3000米(总长达18000米);有线电视、程控电话、光纤网络等通讯基础设施进一步完善;进一步美化、亮化、净化、绿化园区、厂区。修订出台系列更具吸引力、调动力的投资优惠政策、服务措施,不断优化园区投资软环境。园区产业集聚发展态势更加明显,产业集群规模日渐壮大。有食品饮料企业16户、包装类企业40户、生物医药9户、机电汽车16户、化工建材17户。年内,合同引进资金19.34亿元,实际到位资金7.58亿元,实际利用外资3036万美元,省外投资4.26亿元。园内新增落户企业6户,当年开工建设项目(含续建项目)5个。其中,总投资1亿元以上的项目2个,投资5000万元以上的项目2个。全年园内企业主营业务收入81.6亿元,比2014年增长13.6%;完成工业总产值81.63亿元,比2014年增长4.82%;实现工业增加值20.1亿元,比2014年增长5.34%;实缴税金3.51亿元;出口创汇1.56亿元(人民币);企业用电量达9725万千瓦小时;安置就业人员达8539人。

(李燕青)

**【崇仁县工业园区】** 2015年,崇仁工业园区围绕全力创建国家级变电设备产业基地,加大对变电设备产业扶持力度,推动园区经济实现又好又快发展。2月26日,工业和信息化部批准江西该园区为第六批“国家新型工业化产业示范基地”。重大项目建设进一步加快。加快推进变电设备产业集群,建设变电设备产业园,筹建相关设施。与南昌大学签订科技合作框架协议,建设国家及省级中低压变电设备检测中心。组建江西变电设备行业协会,获省工信委批复。6月10日,该县启动“变电设备产业集群品牌培育提升计划”,从产业、企业两个层面开展,产业上打造一个品牌,建设“一个联盟、四个平台(品牌、技术、管理、资本)”的“1+4”一体化产业发展平台,提升企业品牌意识和质量管理素养。基础设施建设进一步完善。园区平台建设加快,该年完成平整土地66.67公顷、道路建设2900米、自来水管网铺设5000米和高压线路架设2600米;完成污水处理厂选址规划、可研环评,并施工;天然气场站四周围墙、工艺管线基础完成,铺设中压天然气管网4000米。园区服务功能得到强化,进一步完善教育、医疗、文化休闲娱乐和商业配套;建成1200套公租房。推进清洁化生产,30家企业开展清洁生产审核,占投产运行企业20.27%。金融服务体系进一步健全,推进“财园信贷通”工作,加强信贷扶持,为园区企业提供过桥资金扶持等服务。推进信息化进程,建设信息化平台,建设智慧园区。

2015年,该工业园区完成基础设施投入75.82亿元,增长11.74%;合同引进资金11.04亿元,实际到位资金8.94亿元;园区规模以上工业企业91个,较上年新增8个;企业固定资产投入8.94亿元;完成生产总值167.30亿元,比2014年增长2.23%;实现销售收入174.80亿元,比2014年增长1.89%;完成工业增加值40.30亿元,比2014年增长5.97%;出口产品交货值5.18亿元,比2014年增长28.1%;实交税金9.15亿元,实现利润总额13.09亿元;安置就业16471人,比2014年增长16.15%。

(杨文才)

**【乐安工业园区】** 始建于1996年6月,时名乐安县乡镇工业开发区。2006年4月,成立乐安工业园区。经多年发展,逐步形成“一园三区”(前坪工业区、厚发工业区、公溪工业区)发展格局。园区总体规划面积9.657平方千米,实际开发面积3.5平方千米。2013年获省园区办批准为“机械电子产业集群”建设单位。2014年乐安工业园区正式纳入省级工业园区序列管理。园区围绕“绿色崛起、跨越发展”,按照“高位谋势、精准发力、敢于担当、跨越发展”总体要求,紧抓项目建设和生态建设,大力开展招商引资,园区经济和社会各项事业保持良好发展势头。基础配套日臻完善。该工业园区建成区内实现道路、供水、供电、排水、排污、有线电视、宽带网络及土地平整等“七通一平”,各项服务及生活设施配套齐全。初步形成以绿色食品、轻纺鞋服、机械电子、生物医药为主导,其它产业聚集发展的产业格局。有重点龙头企业广雅食品和鹏鑫食品等绿色农产品精深加工企业12家,轻纺鞋服企业22家,机械电子企业9家,重点龙头企业江西山高制药有限公司等生物医药企业4家。2015年,该园区有落户企业97家,其中规上企业19户。年内,共引进项目12个,其中,固定资产投产亿元以上工业项目1个,5000万元以上项目11个;新开工项目4个,竣工项目1个。全年完成主营业务收入16.71亿元,比2014年增长7.05%;实现工业增加值4.5亿元,比2014年增长11.81%;完成税收6076万元,比2014年增长13.49%;安置就业4680人。

(王国庆 周竹平)

【宜黄县工业园区】 2015年,该工业园区基础设施和承载能力得到进一步的完善和提高,园区启动土方、道路、水电、排污、防护、绿化、亮化等工程15个,修建道路800米,水(电)管网铺(架)设1000米,排污管网13千米,修建防护设施400米,绿化亮化2200米,建设杨树林针织。工业园区聚力机械制造产业集群,机械制造、针织纺织的板块特色日益明显。企业发展环境持续提升,通过政策引导和帮扶,采取招工服务、金融扶持等有效措施,解决企业发展部分难题。年内,“财园信贷通”累计发放贷款57家,放款金额2.35亿元,同时,有45家企业获得过桥资金,金额达1.54亿元,改善了园区企业的融资环境,企业融资难题缓解,企业资金结构改善,保障企业经营业务正常流转。全年规模以上企业实现主营业务收入95亿元,全园区主营业务收入突破百亿关口。主要经济指标平稳增长。规模以上工业增加值22.48亿元,比2014年增长3.7%;主营业务收入完成101.4亿元,增长0.3%;工业税金1.35亿元,增长3.7%。新增规模以上工业企业6户;园区纳入统计口径的企业114户,居全市前列;工业用电量2.6亿千瓦小时。产业升级成效明显,48家塑料企业全部完成技改,用电量下降10%,工业税金增收1500多万元。

(胡美凤 罗来福)

【江西金溪县工业园区】 该工业园区位于县城国道316、206两侧,2006年3月,经省政府批准、国家发改委公告为省级工业园区,总体规划面积20平方千米,分为城西高新产业区,A、B、C、D区,秀谷、陆坊、对桥、共大工业小区,2008年6月被省政府授予“江西省省级香料产业基地”称号。工业园区基础设施日臻完善。2015年,220KV变电站完成建设,日供水3万吨自来水厂,日处理能力3万吨污水处理厂运营,园区绿化、美化、亮化等同步跟进。完成城西生态高新产业园征地266.67公顷,平整66.67公顷。工业园区形成香料化工、轻工纺织、机电冶金、食品加工等四大工业支柱产业。其中香料化工产业发展迅捷,香料企业达43家,形成天然香料、合成香料、香精、日化四大系列,樟、松、衫、桉等11大类别,200余个品种,年产10万吨的产业规模,天然樟脑粉和天然芳樟醇产量分别居全球和全国第一,拥有市场定价话语权。2015年,香料香精企业实现主营业务收入46.63亿元,比2014年增长26.61%,上缴税金1.90亿元。轻工纺织、机电冶金、食品加工三大产业蓬勃发展。以泰然集团、金铭丝绸为龙头的轻工纺织是县主导产业之一,有生产企业14家,其中规模以上企业8家,主要产品有针织衫、仿真丝布料、蚕丝被、服装类和玩具类等;以晨飞铜业、富山惠田为龙头的机电冶金是该县重点产业,有生产企业17家,其中规模以上企业15家,主要产品有稳压器、变压器、铜棒、铜条、铝锭、铝粒、不锈钢管、合金材料、铁矿粉等;以千佳生物、老农民食品为龙头的食品加工是该县传统产业,有生产企业7家,其中规模以上企业5家,主要产品为果葡糖浆、糖果、食用油、食品、大米等。该年,工业园区有落户企业150家,其中建成投产86家,在建64家,规模以上企业63家。全年工业园区实现主营业务收入99.9966亿元,上交工业税收5.50亿元,用电量9241.2万千瓦小时,就业人员6718人。

(李山冕 曾 铭 郑新民)

【资溪县工业园区】 该工业园区始终围绕“生态立县、旅游强县、绿色发展”战略,按照“工业围绕旅游出产品”发展思路和“工业低碳化”发展要求,培育绿色食品产业及木竹精深加工业。园区由资溪(抚州)工业园、鹤城新区工业园和高阜毛竹产业园组成,总体规划面积为4.73平方千米,其中鹤城新区2.68平方千米,已征用土地面积0.8平方千米,重点发展绿色(有机)食品加工、旅游纪念品加工产业及电子商务产业,有圣农食品、泰伯酒业、华谊食品等近20家企业;资溪(抚州)工业园0.71平方千米,工业用地已填满,重点发展服装加工及小家电等产业,有珍展鞋业、金的电器等13家企业;高阜毛竹产业园1.34平方千米,已开发面积0.34平方千米,重点发展竹木精深加工产业集群,现有新云峰木业、资溪振远竹木制品、欣荣建材等6家企业。园区基础设施建设不断完善,抚州园区公租房竣工并投入使用,鹤城新区幼儿园主体建至2层,鹤城新区配套公租房一期365套完工。2015年,园区在建项目5个,其中江泰鸿科技有限公司投入生产;抚州新安实业二期冷链项目完成2800平米1号厂房及900平方仓库建设,完成12000平米路面硬化,厂房建设中;华谊二期及闽豪鞋业项目完成土地平整、围墙等基础设施建设,江西大永圣科技实业公司开工建设。园区共有企业39家,其中新引进江西闽豪实业有限公司、江西大永圣科技有限公司2家企业。全年园区实现主营业务收入13.44亿元,比2014年增长6.12%;完成工业增加值3.16亿元,增长0.02%;上交税金3239万元;全县工业用电13497万千瓦小时,增长14.5%。

(帅建忠 谢金凤)

【广昌县工业园区】 2015年,该工业园区围绕建设“美丽莲乡、幸福广昌”发展主题,突出“转型发展、提质升级”发展主线,推进“苏区振兴”发展,打造“三大战役”升级版,加大招商引资力度,完善项目承接平台,强化企业跟踪服务,园区各项工作取得阶段性成效。基础设施进一步完善。工业园区建成区446.67公顷,在建区53.33公顷。建成区道路、河道、给排水、燃气管网、绿化、亮化等基础设施基本完成。园区一期40米宽大道延伸段工程完成征地,二期B-2竣工,B-3、A-2土方工程等项目完成70%,电子信息产业园3万平方米厂房全面完工,园区小学、幼儿园全面完成并投入使用。体育场馆基本建成,农贸市场全面完成;园区服务中心、公租房建设推进加速。启动在建区53.33公顷土方建设,建设小微企业创业园。招商引资成效明显。进一步优化招商体制,创新招商模式,重点围绕食品加工、纺织服装、电子信息、机械制造等主导产业开展招商引资，年内，园区共引进工业项目7家，总投资14.1亿元。服务质量明显提升。2015年，工业园区为企业输送工人1720人，为企业投送招工广告60余次。及时帮助企业解决用地、环评、安评、规划、资金等问题和困难，实行项目定期调度制和责任落实制。着力抓好企业融资工作。与金融机构协调，做好“财园信贷通”，解决企业融资难问题。着力落实税收奖励工作，结合园区纳税企业特点，企业税收奖励按月及时兑现，并采取免息为企业贷款纳税，待省财政退税之后还款的方式为企业解决资金周转难的问题。全年共受理59户税收补贴申请，发放税收补贴金额达6004.7万元；放贷户数36户，贷款余额1.28亿元，当年新增19户企业，提供贷款6180万元；续贷9户企业，贷款金额3500万元。安全生产平稳推进。加大安全生产监管力度，建立健全安全岗位责任制，制定安全生产的长效机制，园区共检查各类企业24家次，整治各类隐患15处；落实火灾隐患排查整治工作，对辖区内生产、储存、经营场所开展消防安全排查整治行动。经济运行稳中有升。2015年，园区有规模以上企业52家，新增10家，全年实现主营业务收入77.01亿元；增加值18.201亿元，比2014年增长9.4%；税金3.56亿元，增长13.9%；新增新建固定资产投资企业20家，实现固定资产投资33.66亿元，同比增幅24.3%。

（邱志强）

【江西东乡经济开发区】 东乡县实施“建设品质大东乡”，该经济开发区围绕打造特色园区、生态绿区、新型社区、服务新区目标，推进项目建设，培育生产基地，加大招商力度，强化平台功能，优化发展环境，壮大产业集群，推动各项工作发展。

发展蓝图迅猛拓展。开发区转变发展模式，由粗放式发展调整为精细化耕作，向上拓宽发展空间，向下盘活现有资产，不断细化完善发展规划。该开发区“一区三园”总体规划15平方千米，远景规划23.4平方千米，其中，东升工业园9.4平方千米，东腾工业园10平方千米，东辉文化园4平方千米，已建成面积11.18平方千米。2015年，开发区向服务型政府转变，逐渐把工作重心转移到服务企业上来，把应该由社会和市场发挥作用的事情真正交给社会和市场，致力于职能转变，全力为企业打造自由的发展环境。

经济指标稳中有升。开发区加强对重点企业调度，帮助企业不断开拓市场、技改扩建、调整产品结构，全年完成主营业务收入281亿元，实现工业增加值59亿元，上缴税收6.5亿元。丰满园区基建架构。开发区采取走“基建先行、完善配套，产业主导、优质招商”精品路线，挖掘园区潜力，精细规划，严谨建设，年内，开发区确定重点基础设施建设项目26个，其中续建项目7个，新建项目19个；东升工业园渊山岗板块，浅水湾主干道路及排水工程、渊山岗三期83.73公顷土方平整工程已完成验收；三期剩余道路及排水工程、三期人行道铺设及绿化亮化工程完成75%工程量，回音必路改造工程已全面竣工；东乡县应急救援大队完成土方平整，进入建筑基础施工；渊山岗一期人行道铺设工程已进入挂网招标程序，东升大道南延伸建设工程正在审核控制价。东腾工业园进入建设中期，东腾大道、北京路、广东路三条路主干道及非机动车道均基本完工，正在人行道铺设施工，广东路向西延伸段、110kv变电站、东腾工业园自来水厂（土方平整已完工）东腾保障性住房工程、东腾工业园西海（九坊水库）南侧挡土墙及护坡工程已基本完成设计或进入造价预算。启动东辉文化园建设和东辉大道改造工程。

产业集群不断壮大。招商引资坚持产业导向，根据工业园产业布局，培植产业集群。适当抬高招商门槛，遴选资金密集型、技术密集型、管理驱动型的企业，优先引进有发展潜力的企业，培育主导产业新核心增长极，发展机电冶金、医药化工、文化创意、新能源四大产业。2015年，确定重点推进工业项目25个，其中续建项目13个，新建项目12个，合同约定投资5亿元以上项目16个，其中投资10亿元以上项目9个。

公共平台不断完善。依托平华物流园打造物流配送平台，为园区企业设立货物周转中心，以此为基础，建设面向闽台及长三角、珠三角的现代物流服务体系；打造招工平台，为园区企业输送高质量的技术人才和一线技术工人，缓解企业招工用工难题；支持骨干技术型企业打造公共技术研发检测平台，在园区内完成标配产品质量检测，节约时间和空间成本；打造基于“财园信贷通”“助保贷”等为主的项目融资平台，为园区的中小企业与银行或者社会资本联姻，缓解小微型企业融资难题。

（方莉华）

本栏编辑　饶国旺

# 交通运输

## 地方交通管理

【概况】 2015年，抚州市建成通车高速公路5条528千米，在建高速公路4条187千米。拥有国道359.42千米，省道1029.98千米，农村公路12467.64千米。公路永久性桥梁1874座76725.66延米，其中大桥153座35011.63延米，中桥469座22979.51延米，小桥1252座18734.52延米。年内，全市交通运输部门认真落实上级决策部署，全面加快交通运输事业提速升级步伐，圆满完成各项目标任务，取得较好成绩。

交通基础设施建设稳步推进。高速公路建设高歌猛进，7条高速先后启动或加快推进，其中，金抚高速公路（金溪—抚州）建设工程于2015年11月6日建成通车；昌宁高速公路（南昌—乐安—宁都）建设工程12月底全面竣工，通车在即；资光高速公路（资溪花山界—里木）建设工程、东昌高速公路（东乡—昌傅）建设工程、船广高速公路（船顶隘—广昌）建设工程进展顺利；广吉高速公路（广昌—吉安西延伸线抚州段）工程完成初步设计；抚州东外环项目工程可研究文本编制完成。

农村公路建设捷报频传。全市819.7千米农村公路建设计划全面落实，路面工程完成533千米，累计完成投资1.53亿元。完成危桥改造项目14座471.45延米，累计完成投资3824万元。渡口标准化建设稳步实施，9个标准化渡口建设项目基本完成，累计完成投资100万元。

运输站场建设日新月异。抚州市综合客运枢纽站建设基本完成，提前达到预定目标。南丰太和、黎川熊村、崇仁河上、金溪陆坊、东乡瑶圩、广昌长桥6个农村公路综合服务站先后竣工投入使用。临川龙溪、荣山，宜黄南源，资溪高田，崇仁桃源，金溪石门、琅琚等7个客运站竣工待验。南丰白舍综合服务站完成基础工程，项目进展顺利。建成罗霄山脉连片扶贫项目乐安牛田（流坑）客运站及候车亭26个。

交通运输经济持续发展。全市拥有道路客运经营业户42家，客运车辆1460辆，33005客位，新增县际及以上班线客车37辆、旅游客车14辆、新型环保公交车57辆，运力结构进一步优化。全市有客运线路709条，其中跨省80条，跨地（市）118条，跨县83条，县内428条。客运线路平均日发班次5979班次。拥有等级客运站60个，其中一级站1个，二级站13个，三级站2个，四级站1个，五级站43个。年完成客运量4738万人次，旅客周转量184288万人千米。有货运站8个，均为四级站。道路货物运输业户10048家，货运车辆39117辆，426130吨位，年完成货运量13324万吨，货物周转量4194997万吨千米。拥有机动车维修业户535户，汽车综合性能检测站7个，机动车驾驶员培训业户31户，其中：一级6户，二级19户，三级6户。拥有农村客运站1182个，151个乡镇的1713个行政村通班车。年完成农村客运量2259万人次，旅客周转量88929万人千米。通过大力发展农村客运，行政村通车率达到94.8%，超出年度目标一个百分点。全市水运企业22家（沿海8家，内河14家），拥有船舶147艘，载重212509吨，57949.25千瓦，年完成运量195万吨，周转量152800万吨千米。

行业管理规范有效。全面落实安全生产"党政同责、一岗双责、失职追责"，稳步推进"平安交通、事故隐患排查治理体系、安全生产标准化"三项建设，逐步推行安全生产风险管理和企业安全生产诚信管理模式，积极开展安全生产约谈，着力夯实安全生产基础。开展"打非治违""五车"整治等专项活动，共查处非法经营车辆109起，异地经营出租车48起，其他案件70件。全市交通运输安全生产保持平稳，特别是渡口运输连续31年安全无事故。开通12328交通服务监督电话，24小时受理市民和从业人员咨询、投诉电话，在"建设群众满意交通"道路上迈出新步伐。行政审批服务水平不断提升，全年受理审批事项78件，98.9%提前办结，办事效率得到广大服务对象好评。认真开展"爱心助考"和"文明交通行"等志愿服务活动，得到广大考生家长及市民的高度评价。行政中心交通窗口获得交通运输部"全国交通运输行业文明示范窗口"，市公交总公司司机邱小燕荣登"中国好人榜"，市交通局交通服务窗口、广昌运管所等单位获"全省交通运输行业文明示范窗口"荣誉称号，全市交通运输部门4个单位保持省级文明单位。

【金抚高速公路通车】 11月6日10时，随着抚州南收费站限行杆的抬起，金溪至抚州高速公路正式通车。

金溪至抚州高速公路是连接济南至广州高速公路和福州至银川高速公路的地方加密公路，也是江西省22条加密高速公路之一。地处抚州市境内，呈东西走向，东设金溪枢纽互通与济广高速相连，途经金溪县秀谷镇、琅琚镇、浒湾镇，临川区嵩湖乡、东馆镇，西至抚州至吉安高速公路起点，设置抚州南枢纽互通，按全封闭、全立交双向四车道高速公路标准建设，路基设计宽度为26米，沥青混凝土路面。工程于2013年8月开工建设，全长39.58千米，共设路基土石方437万立方米，路面沥青混凝土面层107万平方米，桥梁30座，总长5410米，涵洞通道175座，全线共设互通出口两处（抚州南、金溪西），服务区一对（临川东），收费站2处。

金抚高速公路的开通改变了抚州至金溪两地不通高速的现状，金溪也将因此融入抚州"半小时经济圈"辐射范围。对改善全市的交通运输状况和投资环境、促进当地资源开发和经济发展将产生重要作用。

至此，抚州市已建成高速公路5条，共计528千米。

【福银高速临川北互通建成通车】
经过近两年时间的建设，福银高速临川北互通工程顺利完成，于2015年2月18日凌晨零点正式通车。

福银高速临川北互通工程是经江西省交通运输厅批准立项，由临川区全额投资建设的重点工程。工程总投资约8000万元，于2013年3月正式开工。该互通距离临川互通及罗针互通各10千米，距离2014年新建的东昌高速与福银高速连接枢纽2千米。东昌高速建成后，大部分至抚州车辆都将从临川北互通分流。

该项目的建成，直接服务于温泉风景区和临川工业园区，也是连接抚州市中心城区和抚州市西北外环的重要枢纽。

【赣东大道（环城南路—临川大道）通车】 赣东大道是一条南北走向的城市主干道，也是一条承载着抚州历史和未来发展的"宝贝路"。20世纪80年代以前，赣东大道只是约2千米，北起大公路，南至青云峰路附近。那时抚州市的商业中心还在大公路一带，赣东大道并不繁华。赣东大道的路面结构杂乱，有老旧的柏油路，也有部分水泥路。随着社会发展，城市框架逐步拉大，赣东大道逐渐向南延伸至背山路、临川大道。2000年前后，新城区主干道迎宾大道开始建设，赣东大道也延伸到迎宾大道。与此同时，在老城区改造中，赣东大道还在向北伸展，在拆除老抚州饭店后，赣东大道开始走向抚州的母亲河——抚河。至2015年，赣东大道北起赣东大桥，南至王安石大道，长约7千米，贯穿中心城区的商业密集区，成为名副其实的"宝贝路"。是年底，该路还在进一步向南延伸到揭暄大道。

赣东大道历经多次改造。该路现行道路宽33～42米，其中车行道宽21米。由于路面破损严重，2005年，对其路面进行过改善处理，鉴于经费的原因，仅对老路面层进行加铺沥青混凝土面层的处理，局部发软路段重建水稳及面层。"十一五"以来，随着交通运输的发展，该路车流量剧增，加上受2008年冰灾、2010年水灾等恶劣气候影响，赣东大道路面损坏加速。尽管市政部门连年加大对路面养护和维修力度，但随着使用年限增加，交通压力增大，往往只能解决表面问题，无法从根本治理。同时由于路面年年修修补补，致使中间高凸、两边低洼积水，严重影响城市形象。

为提升城市品位，改善城市面貌，市委、市政府把赣东大道列为示范街，全面推进改造工程。2010年，抚州市争取到亚洲开发银行贷款BRT（快速公交系统）项目，计划在BRT项目中同步改造赣东大道，当时确定从新剪子口，经赣东大道到新城区的走向。但由于种种原因，BRT项目迟迟未能动工，而赣东大道也无法进行改造。后经科学论证，2015年抚州市改变BRT工程路线走向，环城南路以北的赣东大道列入BRT工程，再从环城南路转弯进入玉茗大道。因此，环城南路以北的赣东大道暂时不会动工，而迎宾大道以南路段路面质量较好也无须改造。赣东大道改造工程路线终于浮出水面。

2015年8月29日，投资8000万元的赣东大道环城南路至迎宾大道段正式封路施工，路线全长约3千米，赣东大道部分路段分段封闭。此次改造的内容为：路基、路面、排水、地下管线等工程。改造后的道路等级为城市主干路，设计行车时速40千米，路面结构为沥青砼路面，设计使用年限15年。行车道总宽为21米，其中机动车道宽14米，两侧各3.5米非机动车道。

此次改造是对道路彻底改造——高压线下地。由于赣东大道是配套设施成熟的区域，地下管线极为复杂，已探明横跨道路的电线电缆管有140多根，包括国防光缆，这些都要做好迁移改造或者采取保护措施方可施工，地下两边各埋入15根高压线管道、燃气管道，雨、污水管等，12月9日完工通车。

改造后的赣东大道（环城南路—临川大道段）再也看不到电杆和密如蛛网的电线，行车道焕然一新，黑色沥青路面平坦，交通标线十分清晰，各种车辆通行顺畅。与以往不同的是，在各个路口和公交站台附近，均铺设显眼的减速带。在赣东大道与临川大道交叉红绿灯路口，以及赣东大道与青云峰路红绿灯路口，交通标线与以前也有变化，原来过路口只有左转、直行、右转3条道，现在为缓解交通压力，增加一条直行道。

此外，赣东大道的临川大道至南门路段和南门路至迎宾大道段行车道，分别于10月17日、11月11日全面封闭施工，预计2016年1月28日完工通车。

【孔家桥维修加固工程半幅通车】
孔家桥长266.5米，宽18米，是316国道在抚州市重要过境桥，也是抚州市连接东乡、金溪等地的东大门，交通极为繁忙，该桥于2002年建成通车。"十二五"以来，大型货车越来越多，尤其是一些满载河沙的大货车，重达100多吨，远远超过大桥当初设计的承重标准，造成桥桩基础露筋，桥面铺装大面积破损，安全隐患严重。为此，抚州市政府决定从10月10日起对该桥进行全面维修加固施工。至12月21日北半幅已完工通行。南半幅于当日封闭施工。为确保安全施工和道路畅通，南半幅安装限高架，限高2.2米，2吨以上货车禁止通行。计划2016年春节前工程全部完工。

【抚州市区外环路建成通车】 3月8日，抚州市区外环路（王安石大道—站前广场）宽阔的双向六车道正式通车，交通信号设施完备，车辆通行十分顺畅。该路是抚州市第二条通往抚州火车站的道路，全长2580米，宽55米，下穿隧道部分496米。该路的建成对拉开城市框架，加速抚州新城区的发展具有重要意义。

**【《昌抚合作示范区总体规划(2015—2025年)》发布】** 12月21日下午,江西省发改委发布《昌抚合作示范区总体规划(2015—2025年)》。昌抚合作示范区位于临川区与南昌市交界地带,是南昌连接海西经济区的必经之道。2015年底,该区域有向莆铁路、福银高速、316国道穿境而过,到福州港和莆田湄洲湾码头只需2小时车程,交通运输网络初步形成。到2025年,昌抚合作示范区范围内将完善交通路网,尤其是铁路方面,将规划建设昌抚轻轨,贯通南昌市中心城区、向塘、云山、抚州市中心城区,策应沪昆高铁、向莆铁路、鹰梅铁路骨干网,形成通海西、连沪杭"两横两纵"铁路交通网络,把合作示范区打造成连接昌抚、通达海西的重要交通枢纽。公路网络则以316国道南段为基础,规划建设南昌至抚州的城际道路昌抚大道,连接抚州市中心城区和南昌市。

**【抚州市中心城区计划新建3处公共停车场】** 2015年,针对中心城区"停车难"问题,抚州市规划部门通过科学编制停车场专项规划、加大停车场建设力度、提高新建建筑配建停车位数量等措施加以解决。在加大停车场建设力度方面,万达商业广场项目规划新建两层地下停车场,配置停车位750个,市第一医院老院区门急诊综合大楼项目配建地下停车位209个,赣东宾馆改建配建地下停车位200个。另外还计划在以下3处主要位置新建公共停车场:赣东大道原消防支队新建临时公共停车场;泰山背路拆除危房处建设立体停车库;市区金巢大道东侧闲置土地新建地面停车场。同时,提高新建建筑停车位的配建数量。对居住用地,机动车停车位每100平方米建筑面积不少于0.8个停车泊位,并要求停车场(库)应当与主体工程同时设计、同时施工、同时交付使用,不得擅自改变其使用性质或停用。

**【东临公路进入畅通新时代】** 9月7日开始的东临公路改造工程(临川七里岗封溪村至东乡县东升工业园区段23千米),经过两个多月的紧张施行,于11月底完工通车,创造抚州市公路改建新速度,也预示这条连接东乡、临川的双向四车道高等级沥青混凝土公路进入畅通新时代。

东临公路是东乡进出抚州最便捷通道,是抚州市连接沪昆高速公路、沪昆铁路与福银高速公路的大动脉。该路于2002年11月8日开工建设,2004年底建成通车。全长40.98千米,横跨东乡、临川12个乡镇32个村。"十二五"以来,由于沿途一些大型石料车普遍加装超载,大型过境车辆不断增多,进一步加剧路面的破坏。

首个获批建设的路段是从临川区七里岗乡封溪村至东临大桥,总长8千米。工程按一级公路标准设计,改建后路基宽度为18米,行车道宽15米,沥青混凝土路面,该工程于2015年5月动工建设,于8月26日全线完工通车。9月7日第二个获批建设路段,即临川区七里岗封溪村至东乡县东升工业园的23千米改造工程正式开工,150多台(套)工程车辆设备,在该路段10个工作面同时开工。为降低施工灰尘,还调集11辆洒水车沿路洒水降尘。11月30日,该路建成通车。

市人大常委会开展抚州市主城区畅通工程情况专题询问

**【抚州市综合客运枢纽站主站房装修完毕】** 为向莆铁路提供配套服务的抚州综合客运枢纽站项目是江西省重点工程,位于抚州火车站南面,东临规划外环路,北面为规划公交枢纽站。项目建设用地6.02公顷,6万余平方米,建筑面积4.5万平方米,总投资约1.5亿元。工程包括:国家标准一级汽车站、综合大楼、汽车检测和维修中心、油气加装站。整个工程分3期。2012年4月开工,至2015年底,主站房完成内外装饰,附属工程竣工。

**【南城千年太平桥结束60年通车史】** 10月13日,因城市防洪景观改造和太平胜揽廊桥工程建设的需要,南城县千年古桥太平桥正式封闭施工。在太平桥现有基础上改建而成的太平胜揽廊桥,将成为步行观光桥梁,机动车辆不再从此桥通过,结束该桥60年的通车历史,成为该县继万年古桥后,又一座被保护的古代桥梁。

太平桥始建于唐代乾符年间(874—878),初为浮桥。南宋嘉定五年(1212),时任建昌军知军丰有俊创建石墩桥,始名"万寿桥",后毁于水患。元至元二十九年(1292),建昌路总管赵仁政创导重新修建,于至元三十一年修复竣工,命名为"太平桥"。直至清康熙元年(1662),改木架石墩桥为石拱桥。太平桥长205米,高10米,有单曲大拱12孔,每拱跨度为14米。太平桥已成为江西省保存最为完整的古代桥梁之一,被列为国家级重点文物保护单位。1955年南城县对太平桥进行大整修实现通车,使其一度成为横跨该县盱江两岸重要的交通纽带。

**【临川嵩湖农民争相捐款建新路】** 嵩电公路全长6.5千米,宽6米,是嵩湖乡通往抚州市区的主要通道。由于年久失修,道路破烂不堪。2015年,嵩湖乡将改造嵩电公路作为重要的民生工程之一,计划投资300万元修建新路。除上级项目补助资金外,尚缺150万元。为加快修好这条民生路、幸福路,2015年8月,乡政府向全乡能人志士发出倡议,很快得到众多乡贤的积极响应,纷纷慷慨解囊,3个月内共收到捐款140多万元。罗斌在广州创办一家电子厂,听说家乡要建路,毫不犹豫捐款6万元。许多爱心人士主动回到家乡捐款,一些人走不开就将钱汇到家乡。捐款红榜上,罗国林捐款5.8万元,谢友福捐款5万元,王春荣捐款2.6万元,董复兴捐款2万元,黄国文捐款2万元。乡干部高俊得知乡里要修路,一口气捐出1万元。一名70多岁的大爷步行10余里路专程到乡政府捐款100元。

(陈根玲)

【南丰大桥动工兴建】 南丰大桥位于南丰至建宁公路起点附近,横跨盱江,东接桔都东大道,西接大桥路,是南丰县城联络盱江以东多个行政村和入闽通向海峡西岸经济区的主要通道。大桥全长307米,桥面宽度32米,钢筋混凝土结构。属于世界银行贷款江西鄱阳湖生态经济区及流域城镇发展示范项目。该项目于2014年9月招标,10月动工建设,总投资3065万元,至2015年底大桥下部构造全部完成。

(王文斌)

【抚州邮政抓好“四大建设”助推行业发展】 抚州市邮政管理局着力抓好“四大建设”助推邮政健康快速发展。一是完善快递末端配送服务体系建设。积极引导鼓励快递企业之间联合,整合资源、因地制宜,建立统一的末端快递服务收派平台;二是积极推动全市快递网点的监控平台建设,最终实现对快递企业操作场所的远程监控,应用科技手段监督快递从业人员严格落实收寄验视制度;三是有序推动快递服务网点标准化建设。大力推进快递营业场所标准化建设,约谈EMS、申通等主要品牌快递企业负责人,选择在基本满足标准化建设要求快递网点的15家快递企业率先实施;四是加快农村邮政普遍服务以及邮政机要基础设施建设。对全市“十二五”邮政普遍服务网点改造情况进行梳理,对建设进度滞后、改造不符合普遍服务功能等问题,督促企业认真整改,保障其顺利发展。

至2015年年底,全市邮政企业和规模以上快递服务企业业务收入(不包括邮政储蓄银行直接营业收入)完成3.82亿元,完成业务总量4.26亿元,分别比2014年增长25.33%和36.59%。其中快递服务企业业务量完成1007.01万件,业务收入完成1.09亿元,分别比2014年增长76.80%和52.27%。

(市邮政局)

【市交通运输局领导名录】
局长、党委副书记:徐华德(任至8月)
丁国华(8月任)
党委书记:乐小红
党委副书记:华河辉
党委委员兼副局长:陈佐光 王爱民
罗 维 陈 峰
梁明昌(兼市邮政局局长)
纪委书记:胡 怡
党委委员:徐相生

## 公路建设与管理

【概况】 2015年是“十二五”收官之年,抚州市公路系统团结拼搏,主动作为,以迎国检为契机,围绕公路建养管中心工作,大力提升各项管理水平,努力打造畅通、安全、舒适、美观的公路通行环境,较好地完成各项目标任务。

突出一个重点。即突出迎“国检”这个重点。一是科学组织,措施得力。全市公路系统牢固树立“上下一盘棋”思想,科学制定迎检方案,层层落实工作职责、目标任务和完成时限,优质高效按时完成迎检各项任务;二是强化督导,注重质量。采取市公路局领导分片挂点方式,加强对迎国检工作的督促指导,通过召开现场会、调度会、推进会等形式,分阶段总结成绩、分析不足、部署任务、推进工作。紧盯进度和质量,实行每月一督查、每月一调度,加强质量检测频率,坚持以科学数据指导施工,确保项目建设质量安全。尤其在进行路面突击维修的关键时刻,广昌、南城、金溪、临川、乐安分局及赣东路桥等单位,加班加点、敢打敢拼、善做善成,确保迎国检任务的完成;三是打造亮点,塑造形象。在S214丰德线临川、南城路段和G206广昌新安至驿前路段,全面整治路肩水沟、铺草皮、栽灌木,高标准整治国省干线公路,修复路面病害、开挖清理水沟、增设安全设施、补植路树等,公路形象有新提升。通过迎国检,公路路况显著提升,路域环境明显改善,得到主检单位的充分肯定。

打好三场硬仗。即打好升级改造、养护大中修、危桥改造这三场硬仗。一是升级改造艰难推进。由于天气反常雨水偏多、征地拆迁不到位开工较晚等因素,在建9个升级改造项目中,S222宋水线乐安增田至招携、S316里崇线宜黄县城至崇仁孤岭、S318厚莲线南丰隘上至王背港、S318厚莲线黎川大山岭至浙际、S214丰德线黎川蛟山至荷源5个项目基本上按计划保质保量完成。S214丰德线南城洪门至蛟山、S214丰德线黎川德胜关至叶竹隘、S208石宁线宜黄二都至黄陂、S208石宁线宜黄黄陂至隘上这4个项目延期至2016年初完成;二是路面大中修基本完成。2015年,江西省公路局分4批次下达养护大中修计划,对S208、S214、G206、G320等几条主要线路200余千米路段实施路面改建,除个别项目因设计变更未完成外,其余项目基本在年底前完成。通过实施养护大中修工程,公路路况快速提升,在全省路况检测中,抚州市公路局年末优良等级路率达到87%,在全省较大设区市公路局中排名第二;三是危桥改造等项目加紧实施。2015年共改造危桥58座,实施安保工程7条线路约500千米,灾害防治5条线路约400千米。临川钟岭、南丰罗溪、广昌小港3个市级综合养护中心建设共计投入5100万元,配备应急养护设备,完善各项管理制度,对顺利实施养护大中修工程和市政工程建设发挥着积极作用。

实现四个提升。即项目管理、养护管理、路政管理和企业管理稳步提升。一是项目管理进一步提升。基本理顺与发改委、交通、国土、水利、环保等职能部门的关系,严格履行项目建设基本程序。扎实开展领导干部违规插手干预工程专项治理,全面推行网上电子招标。加强项目全过程管理,开展施工单位履约检查,强化工程项目月度检查,对存在的问题和隐患,要求限期整改到位。完善内业台账,规范整理各项资料,为竣工决算和项目审计做好准备。二是养护管理进一步提升。加强公路养护日常巡查考核,强化养护生产动态管理。推进普通国省干线公路创建"畅安舒美"示范路,强化以路面养护为中心的精细化、规范化和标准化养护。提高路面病害处置能力,尽力做到小坑小槽及时补,大坑大槽不过夜。推行科学养护和预防性养护,积极探索旧沥青热再生利用、稀浆封层预防养护、冷补沥青快速修补等新技术、新材料、新设备的推广应用。结合升级改造和养护大中修项目,改善一线职工生产生活条件。三是路政管理进一步提升。市委、市政府强力推进路域环境综合整治,以沿线乡镇为责任主体,对公路沿线的环境卫生、经营秩序、交通秩序、建筑秩序和村容镇貌进行全面治理,基本实现"八无"目标。金溪、南城等县组织开展联合执法行动,重点整顿和规范砂石材料运输市场。路政管理支队及4个固定治超站采取疏堵结合、集中整治的办法,加大路面治超执法力度。各分局完善路政规范化管理,逐步实现执法现场全程录像、执法过程视频传输、执法证据实时采集。四是企业管理进一步提升。各企业立足市场竞争,做大市场份额,提升核心竞争力。赣东路桥集团着眼省内市场,抢占省外市场,走向国际市场,2015年中标项目28个,自营项目12个,在建项目16个,完成产值20.1亿元,创利3261万元。博信监理公司中标项目38个,完成经营产值2650万元。赣东公路设计院完成产值2828万元,创利525万元。恒通路桥、质检中心及几个县局施工企业,都取得较好成绩。

强化五个保障。一是安全保障。建立健全"党政同责、一岗双责、齐抓共管"的安全生产责任体系,落实安全生产责任制。深入开展"平安公路"创建活动,维护安全生产秩序,全年未发生重大安全责任事故。二是资金保障。积极跑项争资,全年累计争取项目立项20余个,争取上级补助资金7.97亿元,在市直同类单位跑项争资排名第二。全面推行年度预算管理,严格经费开支,严肃财经纪律,保障公路建养事业发展和职工正常工资和福利性收入。三是人才保障。深入开展"三严三实"专题教育,加强各级班子和干部队伍建设,年内共选拔任用20名科级干部,其中副科级提任正科级4人,一般干部提任副科级11人,交流3人,因年龄原因享受原职级待遇2人,未出现违规用人情况;四是纪律保障。认真履行党风廉政建设"两个责任",坚决把纪律挺在前面,市公路局专题召开廉政建设会议3次,各单位主要领导上廉政党课14次,开设纪律讲堂26次,发送廉政提醒短信21条;五是文明保障。深入开展各类文明创建活动,不断完善软硬件设施,积极申报省市级文明单位。加大对内对外宣传力度,评选出"六项十佳",广泛宣传公路业绩和先进典型,树立公路部门良好的社会形象。

2015年全市公路总里程1562.07千米,其中国道359.42千米,省道868.23千米,县道281.28千米,乡道53.14千米。按公路等级分,一级公路174.51千米(国道113千米、省道55.29千米、县道4.84千米、乡道1.38千米),占总里程的11.17%,比2014年增长0.28个百分点;二级670.44千米(国道171.75千米、省道481.43千米、县道17.26千米),占总里程的42.92%,比2014年增长1.46个百分点;三级478.2千米(国道74.67千米、省道311.86千米、县道78.37千米、乡道13.32千米),占总里程的30.61%,比2014年下降1.87个百分点;四级238.92千米(省道19.66千米、县道180.82千米、乡道38.44千米),占总里程的15.3%,与2014年持平。全市公路中,有高级路面1329.12千米,次高级路面213.3千米,中级、低级、无路面19.66千米。

全市公路有永久性桥梁452座18661.81延米,危桥115座8984.89延米。其中国道永久性桥梁126座5053.86延米,危桥27座2323.4延米;省道永久性249座10790.8延米,危桥48座5156.3延米;县道永久性66座2060.44延米,危桥33座968.45延米;乡道永久性11座756.79延米,危桥7座536.75延米。

在1562.07千米公路总里程中,可绿化1486.48千米,已绿化927.34千米,绿化率62.38%。其中国道总里程359.42千米,已绿化270.44千米,绿化率75.24%;省道总里程868.23千米,可绿化792.64千米,已绿化509.12千米,绿化率64.23%;县道281.28千米,已绿化147.77千米,绿化率52.54%。

全市路基损失1.65万立方米/2.5千米(国省干线1.47万立方米/2.2千米),沥青混凝土路面损失4.68万平方米/15.1千米(国省干线3.93万平方米/4.43千米),水泥混凝土路面11.3万平方米/12.6千米(国道9.74万平方米/10.6千米),桥梁局部损毁的为国省干线456.7延米/8座,涵洞损毁的为国省干线5道,护坡损毁的为国省干线3650立方米/18处,坍塌方为国省干线6120立方米/33处,其他灾毁损失226万元(国省干线130万元)。

(黄　波　李水生)

**【交通运输部检查组至抚检查公路工作】** 11月14日,以内蒙古自治区交通厅副厅长雲雯婧为组长的交通运输部检查组莅临抚州市检查指导干线公路养护管理工作,并出席抚州市"十二五"干线公路养护管理汇报会。市委常委、副市长周小平致辞;江西省交通厅副厅长王昭春主持。市公路局局长苏建国、省高速集团抚州管理中心总经理曹耐尔分别汇报"十二五"养护管理工作。

检查组一行深入广昌分局新安道班、S124丰德线、南丰艾源超限超载检查站,对公路路况、规范化管理、服务水平等工作进行全面检查。

(王　欣　刘文华　李水生)

**【S206资洵线长兴岭隧道竣工】** 该工程开工于2013年10月15日,竣工于2015年12月30日,历时两年两个月。路线起于资洵线与九龙湖旅游公路交叉口K2+514.489,终于葛坪桥K7+518.992,全长5千米,中桥85.08米/1座。按二级公路水泥砼路面改建,总投资6764.61万元。

**【S208石宁线二都隘上段改建开工】**

分两段建设。二都至黄陂段路线

起于宜黄二都镇，途经三都、河口、塘圩、终于宜黄县黄陂镇，全长16.61千米，有小桥100延米/6座。按二级公路水泥砼路面改建，总投资5506.86万元，2015年1月18日开工，预计2016年9月完工。

黄陂至隘上段路线起于宜黄县黄陂镇，经秀山、淳岭、凹下、东陂镇，与省道S318共线，经河溪村，在下堡与省道S318分线，经三溪村，终于宜黄县与宁都县交界处隘上，全长24.10千米，有中桥89.5米/1座，小桥99.24延米/6座。按二级公路水泥砼路面改建，总投资8233.88万元，2015年4月10日开工，预计2016年10月完工。

【S214丰德线洪门至蛟山段改建开工】 路线起于南城县洪门镇，经长源、徐田、典洲、江家排、龙湖镇、丰洲、案科等村，终于蛟山村，全长5千米，有中桥239.16延米/4座，小桥38.16延米/4座。按二级公路水泥砼路面改建，总投资10791.55万元，3月10日开工，预计2016年10月完工。

【S214丰德线蛟山至荷源段改建竣工】 路线起于黎川县与南城县交界处蛟山，经黎川县荷源乡的资福、武家洲、炉油、茶园排等村，终于荷源乡，全长11.66千米，有中桥130延米/2座，小桥37延米/2座，按二级公路水泥砼路面改建，总投资4708.33万元。2014年12月20日开工，2015年12月20日完工。

【S214丰德线德胜关至叶竹隘段改建开工】 路线起于黎川县德胜镇，途经茅店村，终于与福建泰宁县交界的叶竹隘处。全长24.4千米，有中桥59.08米/1座。按三级公路水泥砼路面改建，总投资9557.73万元。2015年2月15日开工，预计2016年10月完工。

【S222宋水线增田至招携段改建完工】 路线起于乐安县增田镇长江村增田大桥，途经石陂、东湖、界头、望仙、高望、冷元垄、尧坊、南坪，终于招携镇新街，全长24.62千米，总投资9485.97万元。2014年4月1日开工，2015年9月20日完工。

【S316里崇线凤岗至孤岭段改建完工】 路线起于宜黄凤冈，途经宜黄县城、新斜村、新亭下、仓前、源口、官仓村等村镇，终于崇仁与宜黄交界处孤岭，全长14.36千米，按二级公路水泥砼路面改建，总投资3650.81万元。2014年4月15日开工，预计2016年3月交工。

【S318厚莲线隘上至王背港改建完工】 路线起于黎川与南丰的交界处，途经南丰礤上、浙际、走马排、胡家店、太源乡、下堡、老圩上，终于王背港，全长7.75千米，有小桥13.64米/1座。按二级公路水泥砼路面改建，总投资2979.61万元。2014年7月15日开工，2015年10月20日完工。

【S318厚莲线大山岭至浙际段改建完工】 起点位于龙安镇大山岭，途经东堡村，止于黎川县与南丰县交界的浙际处。全长11.49千米，按二级公路设计，设计时速60千米/小时；路基宽度10米，路面宽度8.5米，水泥混凝土路面改建，总投资4035.56万元。2015年1月13日开工，12月20日完工。

【S318厚莲线满源至应坊段改建完工】 路线起于南丰满源，经茶花庙、杨梅坑，终于环城北路，路线桩号为，全长4.55千米。按二级公路水泥砼路面改建，总投资1356.04万元，2014年10月13日开工，12月20日完工。

（夏春花　熊　兰　李水生）

【S318厚莲线黎川县两座危桥重建竣工】 两座桥梁均在S318厚莲线黎川县境内，2015年10月中旬开工，12月31日竣工通车。岳湾桥位于K10+955桩号处，桥梁全长27.04米，全宽10.5米，项目总投资113.6万元。设计荷载公路—I级，洪水频率1/50；上部构造为2～13米预应力钢筋混凝土空心板，下部构造桥墩采用实体墩，桥台采用策略式台，基础均采用扩大基础。

岳口二桥位于8K42+791桩号处，跨越岳口二河，项目总投资75.3万元。设计荷载公路—I级，洪水频率1/25；桥梁全长11.04米，全宽10.5米，上部构造为1～10米普通钢筋砼空心板，桥面连续，下部构造为无侧墙实体式U型台，基础采用扩大基础。重建两桥消除了安全隐患，满足现有交通量的需求。

（熊　兰　李水生）

【S316崇仁县境内反帝四桥及胥陂桥重建竣工】 反帝四桥及胥陂桥分别建于1966年及1978年，因桥梁出现大面积病害，特别是拱圈混凝土破碎严重、脱落，桥面下沉，存在严重安全隐患，经鉴定为危桥，须拆除重建。两座桥梁设计荷载公路－I级，洪水频率1/100；桥梁全长16.4米，桥梁全宽8.5米，两桥总投资100.2万元，2015年8月15竣工。

（谢全波　李水生）

【市公路局领导名录】
局　　长：苏建国
党委书记：王晓鹏；
党委委员、副局长：曾明水　何华春　刘其昌
党委副书记：刘　弘
党委委员、总工程师：曹细春
纪委书记：吴桃金

## 高速公路路政管理

【概况】 2015年，抚州高速路政支队保护路产，维护路权，保障安全畅通，维护队伍稳定，树立路政形象，圆满完成路域整治、迎“国检”等各项工作任务。截至11月底，共查处路政案件454起，查处率100%，结案439起，结案率96.7%，收回路产赔偿款400万余元，赔偿率97.07%；控制区内违章建筑发现率、查处率均达100%；受理且经总队审批行政许可10件。全年巡查里程69.86万千米，出动巡查人员2.1万人次，及时发现并制止侵占路权的违法行为7起，报修路产设施损坏和路面坑槽等安全隐患情况560余处，处理危及、影响高速公路安全畅通的违法行为38起，及时处置路面紧急情况和突发事件22起，为过往司乘人员提供紧急救援服务1046余次，确保高速公路的完好、安全和畅通。

【加大路域环境整治力度】 健全违法整治涉路设施综合整治工作机制，

全年集中开展整治活动4次,每半个月听取各大队工作汇报,支队领导经常深入一线,靠前指挥,现场办公,研究解决工作中遇到的困难和问题。利用支队网站和《涉路设施综合整治简报》,宣传好经验、好做法,努力营造全社会关心支持涉路设施综合整治的良好氛围。深入高速公路沿线村庄、乡镇部门以及中小学校,加强爱路护路宣传教育,共出动宣传车332余辆次,人员488余人次,悬挂标语24条,发放宣传资料4600多份,接待现场咨询800多人次。踊跃撰写相关新闻稿件,在各类新闻媒体上稿120余篇。形成以路政主导、相关单位联动、社会参与、协调推进的综合整治工作机制。加强与市中级人民法院工作协调,解决路政执法过程中强制执行难、执法效果不佳等问题。

【组织迎"国检"各项工作】　为做好迎"国检"工作,支队积极争取市政府的支持,于3月31日向市政府主要领导汇报迎"国检"工作遇到的问题,市委副书记、代市长张鸿星批示,要求明确整改责任,务必限期整改到位。5月23日,市政府又印发《关于加强国省道及高速公路路政管理的通告》,进一步规范高速公路安全和畅通行为。提升执法水平,选派96名干职参加总队组织的路政执法培训班,支队每周组织一次《中华人民共和国公路法》《江西省公路路政管理条例》学习,用法律法规武装路政人员头脑。迎"国检"期间,支队做到动员部署、组织领导、方案计划、学习教育、宣传报道"五到位"。为加强宣传,支队网站开通迎"国检"活动专栏,编印"国检"工作简报13期,更新沿线宣传标语,以宣传《中华人民共和国公路法》《江西省高速公路管理条例》《路政管理规定》内容为主;深入沿线政府职能部门、乡镇教育部门、中小学校以及高速公路两侧沿线1千米范围内的居民家散发宣传单,重点宣传维护路产路权、打击偷盗。利用每天上路巡查机会,在巡逻车上沿路播放宣传录音。重大整治活动主动邀请新闻媒体参与,鼓励干职工积极向各新闻媒体投稿,扩大宣传影响,增强宣传效果。全年共出动宣传车140辆次,悬挂标语16条,发放宣传资料8000多份,印制《告示》200多份,在新闻媒体上稿13余篇。

【抓好路产路权复查工作】　从6月1日起,开展为期一个半月的针对桥涵、隧道、互通及非交通标志牌等路产路权设施的复查,经查,支队管辖路段有涉路设施1688处、广告牌96块,清理桥涵非法堆积物80余处、路基路肩边坡种植物67处,立案查处违法涉路设施94起。针对到期未办理延续许可非公路标志,下发路政管理告知书20份,拆除大型非法广告牌2处。严格一日二巡,落实巡查、告知、反馈工作规程,加大对易发生安全隐患路段的巡查力度与密度,及时处置巡查中发现的情况和问题。节假日、重大事件、恶劣天气、重点区域等,加大巡查密度和夜间巡查力度,将巡查时间调至为一日三次,以消除公路上各种安全隐患,确保高速公路通行安全及和谐畅通。

【抓好联勤联动】　与抚州管理中心、梨温公司、鹰瑞高速、辖区高速交警建立协调有效、反应快速、处置高效的高速公路联勤联动机制,共同加强道路交通安全隐患排查、打击公路设施盗窃、联合巡管宣传执法等的合作。年内,支队与高速交警、抚州管理中心等相关单位召开联勤联动会议5次,集中整治6次。通过联勤联动,做到信息互通、资源共享,基本实现共同维护高速公路路产路权完整和道路交通安全畅通。

【确保零投诉零滞留】　支队进一步加强对清障施救的监管力度,严格按照《江西省高速公路清障施救服务监督卡使用规定》等制度、文件要求,加强对公示栏,收费项目、标准、金额和文件依据等项目的检查督导。要求路政人员在日常巡查中,对故障车做到逢车必问,逢车必查,并建立相关台账,做好相关监管记录,促使清障施救单位切实做到"按章收费、严格管理、快速反应、保障畅通"。对清障施救队明察暗访3次,未发现有违纪行为。全年共监管清障施救行为1046起,发放服务监督卡1046张,无一例有效投诉。

【深入开展文明创建活动】　一是全面推行"四进四联四帮"打造"连心"工程品牌活动。成立"连心"小分队,组织党员进社区志愿服务,机关24名党员干部深入到村(社区)建立连心点1个,结成联系对子2个,走访慰问群众20余户,办好事10件;二是积极开展"五星创评"打造"强基"工程品牌活动。按照创评标准,围绕树标杆、创品牌的目标,以示范点"五星创评"为突破口,着力把基层服务型党组织示范点率先建设成为"五星"基层党组织,全面提升基层服务型党组织建设水平。五大队被评为五星级基层党组织,其基层服务型党组织示范点在总队推广;三大队、七大队评为四星级基层党组织;三大队、五大队、七大队支部党建工作受到总队、支队党委的充分肯定。

(全永生)

【抚州高速公路路政管理支队领导名录】

支队长:艾志茂

副支队长:陈明芳　季柳根　卢森生

纪委书记兼工会主席:李　涛

## 公路运输与安全生产

【概况】　2015年,抚州市有道路客运经营业户42家,客运车辆1460辆,33005客位,客运线路709条,跨省80条,跨地(市)118条,跨县83条,县内428条。全市客运线路平均日发班次5979班次。拥有等级客运站60个(一级站1个,二级站13个,三级站2个,四级站1个,五级站43个)。年完成客运量4738万人次,旅客周转量184288万人千米。货运站8个,均为四级站。道路货物运输业户10048家,货运车辆39117辆,426130吨位,年完成货运量13324万吨,货物周转量4194997万吨千米。拥有机动车维修业户535户,汽车综合性能检测站7个,机动车驾驶员培训业户31户,(一级6户,二级19户,三级6户)。拥有农村客运站1182个,151个乡镇的1713个建制村通班车。年完成农村客运量2259万人次,旅客周转量88929万人千米。

**【抚州市区至抚州东站公交班线开通】** 4月18日，抚州市城区至抚州东站（东乡高铁站）公交班线正式开通运营，20辆高级豪华大巴、每天100个班次为抚州市城区架起对接沪昆高铁的桥梁。

2014年12月10日，沪昆高铁南昌至杭州段正式开通运营，位于东乡县城的抚州东站带领抚州人民跨入高铁新时代。从抚州东站出发，2小时至杭州，3小时至上海成为现实。抚州东站是沪昆高铁在抚州市境内设立的唯一一个高铁站点，位于东乡县城新区北侧亭子岗。2015年，该站每天有23趟高铁停靠。为更好满足市区和抚州东站人员往返两地的需要，抚州市政府决定开通公交班线，由抚州长运和临川运输公司合作经营。

市区至抚州东站公交班线全程58千米，耗时约80分钟，实行一票制，票价为10元/人，刷卡8元。线路全程共设置6个站点，分别是起始站市区五皇殿汽车站、贸易广场站、南昌大学抚州医学分院站、东乡县新体育馆站、东乡火车站和抚州东站（东乡），除此之外，其他地方不能上客。该线路途径市区河滨路、文昌大道，再沿东临公路，经东乡工业园区到达东乡火车站，直至终点站抚州东站。

从市区出发，最早的一班是每天早上6时30分，最晚的一班是18时30分；从东乡出发，最早的一班是凌晨4时30分从东乡火车站开出，第二班6时从抚州东站（高铁）开出，最晚的一班是21时。视客流量每10分钟至15分钟发一班车，其他时间对接火车和高铁到站时间自行调整。

**【昌抚城际公交开通事宜在昌协商座谈】** 4月29日，抚州市交通运输局局长徐华德，副局长陈峰，市公交总公司总经理万培良一行，就开通昌抚城际公交等相关事宜到南昌市公交总公司进行协商座谈。南昌市公交总公司总经理李明，党委书记刘南生，常务副总经理涂鹏参加座谈。南昌市公交总公司对开通昌抚城际公交工作表示全力支持，双方就开通昌抚城际公交达成初步意向：开通昌抚城际公交是昌抚交通一体化的重要组成部分，在双方市政府的大力支持下，争取早日实现；双方在开通前各自做好调查研究，提出初步意见，并就开通昌抚城际公交的站场建设、停靠点、线路和票价等相关问题形成共识。

（陈根玲）

**【抚州长运公司生产经营保持平稳】** 2015年，抚州长运公司拥有车辆460辆、线路212条、班次895班，客运班线通达粤、琼、闽、浙、鄂、沪、苏、湘7省1市和省内所有地级市，县乡班线已基本覆盖全市所有乡镇。跨省线路64条、跨市区线路95条、县内线路53条，里程总长8.14万千米。公司拥有员工679人，其中全日制用工514人，非全日制用工69人，派遣制用工138人。

全年完成客运量612万人次，完成客运周转量66158万人千米，分别比2014年减少5.39%和9.56%；实现营业收入19200万元，完成预算的98.43%，比2014年减少258万元，减幅为1.33%。

**【抚州至南丰开通高速班线】** 2015年9月21日抚州长运正式开通抚州至南丰高速班线，由原每日发8个班次增至10个班次。抚州至南丰高速班线在抚州长运客运总站发车，全程高速。

（梅钟林）

**【抚州市加快农村现代物流网络建设】** 为满足城乡经济发展需要，抚州市2015年在构建物流体系、降低运输成本上寻求突破，积极发展农村现代物流，加快形成以乡镇为主体、以村组为网点、以信息平台为支撑，连接货源、采购、运输、仓储、加工、配送为一体的农村现代物流网络。

农村物流对于活跃农村经济、方便农民群众的生产和生活、推进社会主义新农村建设发挥着重要作用。“十二五”以来，市交通运输局大力发展农村现代物流业，不仅有效拉动农村消费需求，还促进经济增长和农民增收。2014年，以农村班线为资源、小件快运为主要形式的农村物流在全市各县区得到蓬勃发展，实现产值500多万元。

2015年，全市继续加快运输结构调整，按照“先试点、后推广”的思路，引导货运业向现代物流业转型。根据各县农工产品的特点，广昌县以白莲、南丰县以蜜橘、南城县以家禽水产品、金溪县以香料加工业、东乡县以畜禽养殖为纽带，以农资农贸市场、货运站、客运站、综合服务站等为依托，建立货源集散中心，通过客运车辆结构调整，积极推行连锁经营、快速配送和专用运输，加快形成以乡镇为主体、以村组为网点、以信息平台为支撑，连接货源、采购、运输、仓储、加工、配送为一体的农村现代物流网络，惠农便民，助农增收。

**【抚州市城区开通29路公交车】** 为积极应对日益繁忙的城市客流，市公交总公司采取增加车辆、调整线路、加密班次等举措，以满足广大市民出行需求。从2015年2月1日起新增一条29路公交线路，至此，市中心城区运营的公交线路达到22条。

29路始发站为赣东大桥，终点站为汝水森林公园东门（拟岘台），每天首班时间为6:50，末班时间为18:30，安排8辆车辆投入运营，每隔8～10分钟一班。具体走向为：赣东大桥—临川三小—临川人民医院—中辉国际银河城—昌抚加油站—瑶坪湖花园—轻纺城—大润发超市—金巢花园—临川区人民法院—金巢学前教育中心—公园懿品—汝水森林公园东门（拟岘台），回程按原路线返回。此外，9路公交车的走向也进行了调整，不再驶进荆公路沿线站台，经停赣东大道沿线站台。

至12月底，市中心城区共有296辆公交车投入使用，当年采购的20辆新能源公交车于2月1日投入运营，分批替换1路、2路、7路、36路等线路的现有公交车，是该公司第四批新能源公交车替换运营。

**【市城区出租车起步价调整为6元/2千米】** 11月1日起，市政府正式批复市城区出租车运价调整方案。即起步价统一调整为6元/2千米，基础运价统一调整为1.8元/千米，夜间23时至次日凌晨5时，基础运价加20%；单程超过7千米的，7千米以外部分每千米运价加收50%返程费。新运价方案执行后，原定的价格方案同时废止。

市区有6家出租车公司，共有出

租车409辆,现行市区出租车起步价、运价是2010年4月1日调整执行的。当时起步价为5元/2千米,夜间11点至次日凌晨5点,起步价为6元/2千米。排气量1.6升以上(含1.6升)的出租车运价为1.5元/千米,排气量1.6升以下的出租车运价为1.3元/千米。为广泛听取社会各界意见,提高政府价格决策的民主性、科学性和透明度,根据市出租车行业协会申请报告和运输主管部门建议,依据有关规定,以成本监审为基础,9月24日市发改委召开市城区出租车运价调整听证会。综合各方建议,市发改委形成最终调价方案,报市政府批准后执行。

与2010年相比,抚州市平均居民生活价格指数上涨14.4%,而此次运价方案调整,起步价和千米运价上涨幅度均达到20%。运价调整方案既满足出租车经营者的合理利益诉求,也充分考虑抚州市经济社会发展水平和城乡居民的承受能力,统筹兼顾社会各方面的利益。

(陈根玲)

**【抚州公交生产保持安全平稳态势】**

抚州市公交总公司坚持寓安全于服务之中的理念,运输生产保持平稳发展态势。新购置40辆油电混合动力公交车,淘汰108辆高污染排放的黄标车,减少因排放不达标造成的大气污染,使抚州市公交车质量和环保节能上了一个新的台阶。开通从拟岘台经金巢大道、沿河路、赣东大道、大公路、晏殊大道、梦湖东路的29路公交新线,落实市人大代表、政协委员的意见和建议,延伸1路、7路,优化9路公交线,将高铁1路公交线改道至象山大道,方便市保育院新园区学生、家长和沿途群众。面向社会招聘37名公交车驾驶员,有效缓解驾驶员短缺问题。赣东大桥北与316国道公交首末站(20亩)、文昌大道公交首末站(17亩)选址获政府批准。

至2015年底,该公司共有公交车296辆、公交线路22条、出租车50辆、标准公交站台247座,公交场站面积168亩(4处:长岭、抚北东路、上顿渡、新火车站),线路总长342千米,全年营运里程2350万千米,营运收入4131.22万元,上缴税利155.15万元,总资产12000万元,净资产6700万元。全年未发生重大安全责任事故,城市总体规划区所有乡镇及抚北工业园均开通公交车。

(市公交总公司)

**【广昌"物流航母"引领产业升级】**

4月,广昌县利用本土籍物流人士清明回乡祭祖之机,在县行政中心召开物流企业正广通集团加盟发布会,吸引700多名广昌籍物流人士参会。该县物流企业负责人纷纷表示,将加盟正广通集团,实现抱团发展的梦想。而扶持正广通集团这样一家物流产业"航空母舰"发展壮大,正是广昌县打造物流总部经济,推动现代物流业发展升级迈出的一大步。

广昌物流产业经过近30年的发展,现代物流的产业框架已初具雏形。至2015年年底,由广昌人创办的5000余家物流企业遍布北京、上海、广州、南京等全国100多个主要城市,物流从业人员5万余人,年产值逾300亿元,年上交税金逾10亿元,形成"网络覆盖全国,物流通衢各地"的物流产业格局,在全国具有较高知名度。2006年7月,中国物流行业协会和中国物流诚信联盟授予广昌"中国物流第一县"荣誉称号。

然而,由于广昌的物流产业人员"两头在外",许多中小微物流企业存在资质低、管理粗放、运作疏散、资金不足等问题,面对国内经济增速放缓、物流业重新洗牌、竞争风险大的压力与挑战,广昌县委、县政府通过引导企业走规模化、集约化、品牌化转型升级之路,努力将其培育成县域经济发展新的增长点。

该县以构建物流总部经济为目标,对物流公司在办证、登记、注册、税收、信贷等方面制定一系列优惠措施,引导物流公司将注册地设在广昌,经营分公司设在全国各地,使税收回到广昌,变"广昌人的物流"为"广昌县的物流",重点培育较大规模和较强竞争力的龙头物流企业。正广通集团正是由该县物流企业与江西正邦集团"强强联合",投资1亿元注册成立的物流龙头企业,2015年6月已在广昌设立分公司。该公司采取统一形象、统一管理、统一信息、统一结算、统一服务标准"五统一"模式,整合广昌乃至江西籍在全国各地众多的中小微物流企业,建立和共享"正广通"全国性物流网络体系,最大限度地降低物流成本、提高效率,让加盟成员获得持续、快速、健康发展。2015年底,正广通集团加盟成员已达300多家,公司的目标是用三年时间实现"123"工程:1万家加盟商、2万辆货运车辆、300亿年产值的目标,跻身全国物流业十强行列,打造中国公路运输的"物流王国"。

**【"一体化"助推南城物流"高台起跳"】** 南城是物流大县,2015年有物流企业138家,纳税上100万元的有36家。这些企业拥有大小货运车辆5200辆,总吨位8.1万吨,从业人员2万多人,年营业额40多亿元。但除了吉成物流、大飞物流、洪门物流等为数不多的集仓储、运输、配送于一体的"大块头"外,大多数物流企业由于规模相对较小,只能提供仓储、运输和配送等单项或分段的物流服务,无法开展"一体化"的仓储、运输、搬运、包装、配送、信息处理等新兴物流服务,跟真正意义上的现代物流企业还有较大差距。对此,南城县加大支持力度,鼓励物流企业进一步做大做强。

继续实行财政扶持政策。对物流企业拥有的车辆实现的税收,实行财政奖励:年每吨运力实现税收2600元以上,按每吨30元计奖;年每吨运力实现税收2000元以上,按每吨20元计奖;年每吨运力实现税收1500元以上,按每吨15元计奖。对企业实现的车船税,按实缴税额的30%给予财政奖励。实行"营改增"过渡期的财政扶持政策,使物流企业"营改增"后税负不增加。

扶持物流企业组建企业集团。该县实行重点扶持政策,引导物流企业进行整合实行兼并重组,组建企业集团,扩展物流经营链条,使物流企业走供应链经营模式。规定:达200台车辆以上的企业,经江西省交通运输部门批准,其车辆通行路桥费可以给予优惠;企业集团车辆的上牌、年检等服务给予优先;对企业集团所发展的车辆,按每吨运力一次性给予100元的财政奖励;金融部门对企业集团给予信贷上的支持,并纳入中小企业贷款财政担保范畴。

筹建"大物流基地"。南城地处

长三角、珠三角中间位置,地理条件得天独厚,如能将长三角、珠三角的货物集中到该县中转分送,必将给该县物流基地建设带来充足的货源,从根本上解决有园无市的问题。2015 年,该县规划建设海西物流园区项目建设。这项目占地 33.33 公顷,集货运分拨中心、车辆展销、车辆维修、零配件销售、车辆集装箱制造、车辆检测、二手车交易、仓储、加油站、物流大楼、信息平台、物流调配中心、结算中心、司机住宿、餐饮、特色产品展销为一体。努力使该县大物流功能更具完善,物流产业链条配套成龙。

【南城汽配产业集群崛起】 6 月 20 日,落户南城县的江西舒马赫汽车电器有限公司正式开工建设。该项目固定资产总投资 1.2 亿元,主要产品为缸体缸盖总成、发电机、点火线圈、分电器、传感器、启动马达等汽车配件。项目全部建成投产后,预计年生产 10 万件缸体缸盖总成,实现年销售收入 3 亿元,上交税金 800 万元。与此同时,落户该县的江西冠志实业有限公司也举行开工仪式,项目固定资产总投资 2.6 亿元,主要产品为通机系列。项目全部建成投产后,预计年生产 5000 万套通机系列产品,实现年销售收入 7 亿元,上交税金 2000 万元。

这些汽配大项目、好项目之所以纷至沓来,看中的是南城县物流产业发展带来的巨大商机。2015 年,该县抢抓抚州与莆田规划建设"无水港"的机遇,整合汽运办、运输协会和物流供应链协会功能,建立铁海联运、陆海联运等多种联运模式,形成现代物流服务体系,至年底,全县拥有物流企业 238 家、货运车辆 4250 辆,实现营业收入 45 亿元、税收 1.6 亿元。物流产业的强劲发展,使发展汽配产业有得天独厚的优势。为此,该县按照产品档次全、品牌类型全、产业链条全的"三全"发展思路,规划 100 公顷土地建设汽配产业园,高标准打造集汽配生产、加工、销售为一体的汽配产业基地。同时,主动与江铃、昌河等知名厂家开展合作,吸引更多汽配项目到南城县落户。为让更多汽配企业"进得来、留得住、有发展",该县还出台一系列优惠政策,对产业带动性强、资金技术密集的汽配上下游企业进行重点扶持,提供一站式、保姆式服务。几年间,该县汽配产业集群已经初步形成,已拥有华兴车业配件、佳城汽配、上金科技等汽配企业 10 多家,年创产值 5 亿多元。

（陈根玲）

【市公路运输管理处领导名录】
处　长:徐相生
副处长:薛惟惟　肖泉明　邱裕民

## 水路运输与安全管理

【概况】 2015 年,抚州市有水上运输企业 22 家,其中沿海 8 家,内河 14 家,拥有船舶 147 艘,212509 载重吨,57949.25 千瓦,年完成运量 195 万吨,周转量 152800 万吨千米。

【开展国内水路运输业核查】 市港航管理处积极开展国内水路运输企业核查。全市 22 家水运企业,通过核查的 9 家(沿海 2 家,内河 7 家),限期整改 10 家(沿海 4 家,内河 6 家),未参加核查企业 3 家(沿海 2 家,内河 1 家)。核查船舶数 147 艘,212509 载重吨,57949.25 千瓦。

（饶国文）

【连续 31 年水上交通安全无事故】 抚州市港航管理部门切实贯彻安全生产责任制,认真分析辖区水域特点,有针对性加强重点时段、重点水域和重点船舶的动态监管,按照"事前、事中、事后"的监管思路,全力以赴保安全,取得连续 31 年水上交通安全无事故的好成绩。

重视船员安全知识培训和船舶管理。全年共组织适任考试 16 人次,船员基本安全知识考试 20 人次,客船特殊培训 26 人次,散化船船员特殊培训 54 人次,整理船员档案 100 余宗。办理各类船舶登记 226 艘次,发放各类船舶登记证书 210 本、船舶 IC 卡 46 张,规范船舶登记档案 38 宗,对辖区 97 艘办理减免 1000 总吨以下干货船船舶最低安全配员进行及时调整。对新建渡船实施全过程监管,确保渡船更新工作有效推进;建立预警信息平台,及时发布恶劣天气预警防控信息,提高相关部门和服务对象安全防控意识,全年共发送安全短信 2 万余条;积极开展打击水上非法运输专项整治活动,及时发现和消除水上交通安全隐患,打击违法违章行为,净化水上通航环境。全市出动执法人员 380 人次,海巡艇安全巡航 110 艘次,巡航 360 多小时,打击非法载人渔船、农用船 6 艘,排查安全隐患 4 项并进行跟踪整改,确保水上交通安全形势的稳定。

以《中华人民共和国航道法》实施为契机,切实强化航道维护。加强《中华人民共和国航道法》对外宣传力度,开展航道法进企业、进政府等活动。同时,把宣传《中华人民共和国航道法》与现场航道巡查结合起来,加强执法巡查,增加巡航次数,维护通航秩序。同时,积极配合市政府做好恢复和提升抚河通航能力的工作,依法保护辖区航道资源;落实通航维护和航标建设责任。加强涉航在建项目现场施工通航安全管理。

依法依规对营运船舶进行检验。全年完成营运船舶检验 139 艘次,77866 总吨,37388.5 千瓦,整理船舶技术档案 199 卷宗,清理脱检船舶技术档案 56 卷宗,检验到位率、发证合格率、发证及时率均达 100%,未发生一起船检质量安全责任事故;把好渡船更新改造质量关。2015 年全市渡船更新改造项目涵盖辖区 15 个渡口 15 艘渡船。为把这项"民生工程"做好,市港航部门积极协助船厂邀请专家到辖区实地调研,确保渡船设计符合水域特点;加强政策宣传,积极推动符合条件的船舶早日回港申请拆解,完成船舶拆解 4 艘,2 艘 600 载重吨以上单壳油船成功报废拆解,杜绝安全隐患,有效保障全市水运安全。

（抚州港航局）

【抚州港航分局(海事局、船检局)领导名录】
局　　长:刘维盈(任至 1 月)
　　　　　陈凤春(12 月任)
书　　记:高　峰
副 局 长:周少群
纪委书记:杨桂生(任至 7 月)

# 铁路交通

【概况】 2015年,抚州市境内有铁路5条计337.7千米,其中沪昆铁路过境东乡县23千米,鹰厦铁路过境资溪县30.3千米,向乐铁路伸入临川、崇仁、乐安92.8千米,向莆铁路过境抚州158千米,沪昆铁路杭南长客运专线(简称“杭长客专”)过境东乡33.6千米。

【抚州火车站有两对直达北京、兰州列车停靠】 从5月20日起,厦门首开至兰州直达特快列车、厦门到北京直达特快列车改走永莆、昌福线,上述两对列车均停靠抚州火车站。至此,每天有62趟列车途经抚州火车站,旅客从抚州站乘车将有两对直达列车往返北京和兰州。

新增开的厦门至兰州Z126/7次,返程车次为Z128/5次。列车经由杭深、永莆、昌福、京九、武九、京广、漯宝、焦柳、陇海线运行,沿途停靠莆田、三明北、抚州、南昌、武昌、信阳、平顶山西、洛阳、西安、宝鸡、天水、陇西、兰州。7:05从厦门出发,11:56到达抚州,停车3分钟开出,第二天11:30到达终点站兰州。列车从抚州至兰州耗时23.5小时,比T306次节省时间约2小时。该趟列车的开行,使抚州市旅客增加一条往返大西北的通道。另外,搭乘该列车到兰州,可通过兰新高铁中转前往青海、新疆等地将更便捷。

此次全国铁路调图后,厦门—北京西K308/5、K307/6次快速旅客列车提升等级为直达特快列车,车次改为308/7,并改经杭深、永莆、昌福、昌九城际、京九线运行,沿途停靠莆田、三明北、抚州、南昌西、九江、阜阳、菏泽、聊城、衡水、北京西。17:32从厦门出发,23:03到达抚州,停车5分钟开出,第二天12:04到达终点站北京西。列车从抚州至北京西耗时12小时56分,比Z72次节省47分钟。

市政协委员视察大唐抚州电厂项目建设现场

【大唐抚州发电公司铁路专线开通】 10月4日上午8点58分,随着“呜”的一声汽笛长鸣,一列10节车皮载有700吨燃煤的火车缓缓驶入江西大唐国际抚州发电有限责任公司,经过采样、卸煤、输煤后,当煤从斗轮机倾泻而下时,现场响起热烈的掌声。这是该公司进场的第一列运煤火车,标志着大唐抚州发电公司铁路专用线正式全线开通运行,成为2015年全国唯一在时速超过200千米电气化高速客运铁路上开站接轨的铁路专用线。该工程于2014年1月20日开工,2015年8月30日经南昌铁路局验收合格。

大唐抚州发电公司设计煤种为高热值的内蒙古满世蒙泰混煤,经秦皇岛海运至莆田港,再经过向莆铁路、电厂铁路专用线运送至厂区。这条铁路专用线是该公司新建两台百万千瓦级机组的一项重要配套工程,全长10.48千米,总投资4.1亿元,接轨于向莆铁路,在临川区腾桥镇建站中转,终点电厂站,可同时供两列火车到达、卸运,能满足设计能力为年450万吨燃煤量。该铁路专用线是大唐抚州发电公司唯一的进煤通道,承担着该公司所有燃料的运输任务。大唐抚州发电公司1号机组2015年底投产发电。

(陈根玲)

【黎川县积极争取鹰梅铁路设计经过当地】 鹰梅铁路是国家中长期铁路网规划阜鹰汕通道的重要组成部分,鹰梅铁路自江西省鹰潭出发至广东梅州南北走向,线路设计经过抚州市。因国家中长期铁路网规划调整,鹰梅铁路与福建、广东的蒲梅铁路合并,黎川县处于线路顺直方向。得此消息后,黎川县委、县政府积极向上级有关部门反映情况,强烈要求鹰梅铁路规划设计经过黎川并设站。

鹰梅铁路经过黎川是促进老区经济发展的迫切需要。黎川是革命老区、全国38个苏区全红县之一、国务院重点支持的赣南等原中央苏区振兴发展县。鹰梅铁路经过黎川,将极大地改善黎川的交通条件,优化黎川的发展环境,改善老区人民的出行,带动老区经济的快速发展。“十二五“以来,该县经济快速发展,人流、物流、客货运输激增,迫切需要铁路运输来补充。鹰梅铁路经过该县将进一步缓解运输压力,降低运输成本,优化投资环境,带动县域经济快速发展。

(黄建国 徐高宗 邹 峰)

本栏编辑 陈志平

# 信息产业

## 综　　述

2015年，抚州市加大推进信息产业工作力度，先后出台推进信息产业发展各项工作举措，全市信息产业发展迅速。

抚州市明确将电子信息产业列为全市六大主导产业，重点加以推进。积极响应《中国制造2025行动纲领》，加强"互联网+"工业的应用，推进信息化与工业化的融合发展。通过充分发挥比较优势，以优势聚资源，以资源引企业，以市场换产业，以应用促发展，围绕信息产业全生命周期，重点打造"云+网+端"新一代基础设施、系统平台、云应用平台、增值服务、配套端产品五个产业链层级，延长产业链，形成产业群，推动信息产业加快发展。2015年，全市电子信息产业完成主营业务收入达到44.13亿元，同比增长130.9%；实现利税总额4.23亿元，同比增长47.5%，其中利润总额达到2.62亿元，同比增长34.2%。规模以上企业达到20家。

## 基础建设和技术运用

2015年，通过实施"宽带中国"抚州工程，信息消费工程、光网城市和光纤入户工程，全市信息基础设施建设快速发展。

通信网络基础设施能力提升。三家通信运营商都在着手宽带网络的光纤化改造工作，已实现乡镇以上100%光网接入能力，行政村已经实现80%的光网能力，中国电信全网核心CR出口达100G，抚州移动互联网城域宽带达到200G，互联网县域出口宽带达到40G，抚州联通互联网城域宽带达到100G，县域出口宽带达到20G。全市互联网用户增至15万，光纤到户增至0.7万户，互联网用户增至3.05万，光纤用户增至0.9万户。

数据机房形成规模。年底全市政务网数据机房形成一定规模，各委办局均建有自己的机房，但建设规模和质量参差不齐。三家运营商中的数据机房规模达到全省先进行列。电信IP城域网出口全面引入100G链路，核心CR设备全面升级为400G平台，传输网汇聚层全面引入100G OTN，县乡接入层全面实现OTN化，接入层上行链路大规模实施万兆化改造。

政务网日趋完善。全市一直重视政务网络的建设，政务网已伸至乡（镇），党建信息网延伸至村小组，接入单位逐年增加，体系日趋完善。市政务网分为政务外网和专网，由信息办统一维护，是抚州市电子政务建设的基础工程。依托该网络平台建设统一的电子政务云、互联网出口、短信服务、安全接入等业务平台，为各委办局提供安全、便捷、高效的信息化服务。

（曾繁华）

## 政务信息化

【概况】　2015年，抚州市政务信息化工作办公室（以下简称市政务信息办）紧紧围绕中心工作，统筹规划，加强基础设施建设，推进政务信息系统建设与应用协同，不断提升"中国抚州"门户网站服务功能与水平，切实保障系统运维与网络信息安全，各项工作有序开展，取得新成效。

【完成"智慧抚州"总体规划建设和抚州市"十三五"信息化发展规划的编制】　2015年，按照市委、市政府的统一安排和部署，市政务信息办牵头组织"智慧抚州"总体规划编制工作，《"智慧抚州"总体规划（2015—2025）》已经专家评审和市政府第52次常务会议审议通过，并印发执行。市政务信息办以总体规划为纲领，确立全市信息化发展的方向、目标和工作思路，按照"总体规划、试点先行、稳步推进、重点应用"和"急用先行、量力而行"的原则，积极有序地推进"智慧城市"建设工作，将全市信息化工作统一纳入总体规划，不再批准单个部门建设自成体系、封闭运行的自动化、信息化系统，同时，进一步整合现有资源，加快公共信息互联共享。2015年，市政务信息办还及时完成《抚州市"十三五"信息化发展规划》的编制工作。

【推进政务信息系统重点项目建设】　2015年，加强信息化项目审核。完成对市林业局、市国土资源局、市公安局、市人社局等8个部门的新建、续建或改建的信息化项目审核，涉及资金约4927.5万元，经过审核，优化各部门信息化建设方案，节约资金约576万元。加强业务系统建设。完成县级电子政务统一监察平台及"阳光医药"监察子系统硬件支撑平台的建设；配合完成抚州市综合治税系统建设，该项目一期上线后，查出疑似漏征税款约3亿元；完成地理空间框架平台电子政务版和公众互联网版部署实施，该系统已成功对接市"天网"平台，为更多的政府部门提供可靠准确的GIS服务；完成"三单一网"项目建设的招投标工作，该项目采取市级统一建设，市县两级分摊建设费用的模式。全市“三单一网”建设采取云集中模式,比市县分散独立建设节省2386万元,极大节省经费投入,提高系统建设效率。项目建设进度正按照省里统一要求推进。加强云计算中心建设。云计算中心是“智慧抚州”总体规划中确定的一项重要基础信息设施,该项目的建设有助于将城市所有的信息化业务管理与服务系统纳入一个统一框架,真正实现“资源大集中、业务大协同、数据大共享”。该平台已挂网招标,12月11日开标。

【抓好政务网络和应用安全建设】

2015年,按照全省统一要求和部署,完成信访、司法、价检局、政法委等部门纵向业务系统的联网,有效推动各部门电子政务业务应用系统的纵向发展。依托政务外网乡乡通工程线路,完成矛盾纠纷排查调处平台的联网,进一步推进乡镇政务网业务应用系统的建设。启动市、县第二政务网视频会议室的建设,市级系统已部署完成,各县(区)也在加快推进,工程竣工后,可同时召开两个视频会议,进一步提高政务外网视频会议系统的使用效率。按照全省统一部署安排,启动政务外网统一安全接入平台项目的建设,村(社区)及偏远地区等不具备专线接入条件的用户将可以通过该平台接入政务外网,扩大政务外网的网络覆盖范围。完成城市规划艺术展示中心的政务外网接入线路铺设、网络数据规划等前期准备工作,完成大楼的政务外网接入。确保视频会议顺利召开。2015年,市政务信息办保障国家级会议20次、省级会议41次、市级会议12次及现场会议6次。

【完善网站管理建设】 做好“中国抚州”门户网站内容保障工作。网站及时发布政务信息,积极开展互动交流。2015年,“中国抚州”门户网站主动公开信息28070条,累计发布信息138077条,组织有关政府部门开展6次在线访谈活动,现场解答网友提问120多个,共设立意见征集主题6个,网上调查6项,按政府职能部门设立的咨询投诉栏目共收到网友咨询投诉5000多件,答复率在90%以上。组织完成全市政府网站普查工作。按照《江西省人民政府办公厅转发国务院办公厅关于开展第一次全国政府网站普查的通知》(赣府厅明〔2015〕39号)要求,市政务信息办精心组织,对全市政府网站普查整改工作进行安排部署,并于9月份对全市政府网站普查整改情况进行督查,确保全市政府网站普查工作顺利完成。认真完成“中国抚州”门户网站整改工作。根据全省政府网站普查整改安排,市政务信息办对网站进行全面自查自纠,并对照省政府办公厅与市政府网站普查服务外包方提供的《抚州市政府门户网站普查检测报告》,对市政府门户网站存在的错链死链、部分办事指南素缺失、个别栏目信息内容更新不及时等问题逐一整改到位。

(邓鹏峰)

【市政务信息办领导名录】

主 任:黄 斌

## 邮 政

【概况】 2015年,抚州邮政紧紧贯彻市委十六字工作总要求,一心一意谋发展,主动适应新常态,通信能力和服务水平有明显提高,有力促进地方经济建设和社会发展。全市邮政企业累计实现业务收入2.8个亿,完成省公司全年计划的105.66%;同比增长18.39%。全市邮政经济总量占全省比重的9%,同比提高0.23个百分点,高于地方GDP在全省6.75%的比重。全市收支差额完成省公司计划的112.81%,列全省第4,同比前进1位。

【以“互联网+农业”探索农村电商发展新模式】 2015年,抚州邮政发挥“线上+线下”独特优势挺进农村电商市场。“线下”以市公司市场部+县分公司e邮服务中心+农村e邮点三级联动的模式,加快农村e邮点和县级服务中心的建设,11个县分公司均建设农村e邮服务中心。全市共建成农村e邮村站42个,累计实现代销2792笔,金额达13.88万元;代购1678笔,金额8.3万元;代收代缴3.1万笔,缴费金额260万元。“线上”在淘宝网、邮乐网、微信公众号等平台开设14家土特产店铺,在邮乐网江西农商超市上线村站9家,实现南丰蜜橘、广昌白莲等抚州农副产品的线上销售,为推动农产品进城发挥巨大作用。

【配送体系更加完善】 2015年,抚州邮政以县域包裹快递改革为契机,充分整合邮速资源,强强联手,实行仓储、配送、寄递一条龙服务,打造邮政寄递品牌。通过改革,使市场开发力度不断加大,经营模式不断创新。全年共完成包裹快递收入1303万,完成省公司计划的124.37%,列全省第3;增幅69.65%,列全省第4。此外,通过落实“1+8”寄递企业为农村地区快递服务全覆盖行动,在全市农村快递服务体系建设方面迈出坚实的步伐,与多家社会快递公司签署战略合作协议。建设e邮城站点25组,智能包裹柜已免费向申通、圆通、中通、韵达、汇通、天天等6家社会快递公司及邮政EMS开放,实现智能包裹柜业务量9.3万件。

【积极服务大众】 2015年,抚州邮政以“让邮政金融成为大众生活伴侣”发展定位,在经营方式上注重“大金融”“大渠道”发展,大力推进邮政金融、中邮保险、中邮证券业务协同发展,广泛叠加银行、证券、保险、基金等业务功能,为客户提供多样化、个性化、精准化的“大金融”服务。金融业务全年实现邮储余额净增2.02亿元,代理保费完成12.75亿元,新增理财保有量5.58亿。通过拓展“大渠道”,重点结合邮政服务空白乡镇、工业园区、较大的村庄、便民服务站等,采取ATM+邮政服务点、商易通+助农取款终端等模式提高覆盖率,不断提升邮政储蓄“普惠金融”的服务品牌。全年布放ATM/CRS机31台,电子渠道替代率达到62.38%,为百姓用邮提供极大便利。

【文化品牌业务转型突显社会效益】

2015年,建成汤显祖主题邮局和乐安流坑主题邮局两大主题邮局,并以“线上+线下”开展类一系列集邮、函件等专业活动。集邮专业借“汤显祖邮局”举办《乙未年》特种邮票首发、《中国古代文学家(四)》纪念邮票首发式暨“戏曲巨匠汤显祖”集邮展览等活动,开发制作《四梦一生》《浮生四爹》《良辰美景》等邮品，实现收入近300万元。报刊专业商务期刊和图书业务转型发展成效显著，商务期刊实现流转额193.7万，完成计划的107.6%。图书销售实现流转额66.5万，完成计划665.2%。图书巡展实现流转额127.8万，完成计划的102.2%。函件专业通过季度竞赛，突出季度重点，转型取得较好时效。还成功策划两场魔幻儿童剧《蓝世界》的演出，获得较好社会效益。

【能力建设再上规模】 2015年，投递网建设增加电动三轮车98辆，智能手机310台，智能包裹柜25个；私车公助采购二轮、三轮电动车共计184辆。按照投递网三年改造规划，完成改造的投递网点72个，增加投递人员26人。网运方面，组开南昌至抚州2级邮路，开通抚州到各县的2频邮路，做到区内邮路的2进2出。强化对押钞车安全管控，全市邮政押钞车全部安装了GPS定位系统。规范11185、11183及档案管理，成立投诉查询班，及时有效处理用户投诉，提高跟踪服务能力。同时，公司大力推进"改善客户用邮和员工生活环境"的"双改善"工作，全年改造金融网点20个，改造职工小家97个，安装空调385台。

【机制体制不断创新】 在创新发展模式上，抚州邮政以市场为导向，创新经营机制为主导、以强化内部激励为举措，推行任务包、资源包和薪酬包"三包合一"的经营认购制，全市九个单位认购了高级包，全市所有单位均完成认包计划。推行"大众创业万众创新"的"双创"经营承包制，全年申报"双创"项目140个，完成收入预算项目80个，项目落地推进率达98.57%；累计共实现收入1143.2万余元，累计沉淀资金4902.7万元。推行网点扁平化管理和专业损益核算制。全市91个网点进行损益核算，损益核算覆盖面达63.19%，部分县局参与率达100%。市本5个综合网点实行扁平化管理，并两次对网点所长进行选拔竞聘。

【党风廉政建设和作风建设落到实处】 全年召开三次党风廉政建设和反腐败工作专题会议、两次召开党风廉政建设联席会，与全市各级领导干部签订党风廉政建设责任书。出台领导干部"三重一大"报告制，对于重大事项，均由集体讨论决定；完善"廉政谈话制度"，开展廉政约谈22人次、诫勉谈话2人次、任前廉政谈话3人次。在全市邮政系统开展"三严三实"专题教育活动，组织开展"守纪律、讲规矩"学习教育等专题活动，积极参加市纪委主办的"把纪律挺在前面"系列活动。扎实严格开展办公用房清理整改、公务用车专项整治、信访线索专项排查、"两个责任"专项自查、财务行为规范暨进一步开展"小金库"专项治理、领导干部违规插手干预工程项目问题专项治理、业务招待费自查自纠等一系列活动，将党风廉政建设和作风建设落到实处。

【精神文明建设硕果累累】 2015年，抚州邮政被中国通信企业协会评为2015年度通信行业"用户满意企业"；被全国总工会授予"全国模范职工之家"；被集团公司授予空白乡镇补建工作优秀集体；获得全省邮政"创新杯"劳动竞赛优胜单位；全省"平安邮政综治竞赛"第一名；全省信息网运维考核一等奖；全省邮政包裹快递决战双11先进单位等多项殊荣。广昌罗慧娟被省妇联授予"江西省巾帼建功先进工作者"；全市有7人当选为全省邮政"2015温馨赣邮、感动春节"人物；多位投递人员获得全市投递服务明星，优秀快递员，"双11"投递先进个人。（王明明）

【市邮政公司领导名录】
总 经 理：王 伟
副总经理：胥 瑶 李捷平 芮义标

## 邮政管理

【概况】 2015年，抚州市邮政管理局认真落实国家局、省局邮政管理工作会议的精神和部署，进一步深化认识，统一思想，坚持依法治邮，坚持提质增效，以建设"五个邮政"为抓手，以开展"三严三实"教育实践活动为契机，以搞好"提质增效年"活动为主线，认真履职，凝心聚力，把握机遇，巩固态势，真抓实干，攻坚克难，坚持依法治邮，加强创新驱动，加强公共服务，确保运行安全，主动适应经济发展新常态，全面开展邮政管理各项工作，为实现抚州市邮政业发展升级奠定坚实基础。当年，全市邮政企业和规模以上快递服务企业业务收入（不包括邮政储蓄银行直接营业收入）累计3.82亿元，同比增长25.33%；业务总量4.26亿元，同比增长36.59%。其中全市快递服务企业业务量累计完成1007.01万件，同比增长76.80%；业务收入累计完成1.09亿元，同比增长52.27%。

【抓好"五大建设"持续优化行业发展环境】 2015年，市局以推动全市邮政业科学发展为中心，着力优化邮政业发展环境，引导扶持邮政快递企业发展壮大，在经济增长放缓压力下，稳定增长态势，促进行业健康快速发展，为行业发展保驾护航。完善快递末端配送服务体系建设。积极引导鼓励快递企业之间联合，整合资源、因地制宜，建立统一的末端快递服务收派平台。抚州申通、圆通、中通、韵达等主要民营快递企业签署合同成立第三方服务公司，并率先在南昌大学抚州分校设立快递超市作为末端快递服务试点平台。积极推动全市快递网点的监控平台建设。确定全市快递企业监控平台建设方案，落实建设单位，年底基本建成，通过本次监控平台建设，最终将实现对快递企业操作场所的远程监控，应用科技手段监督快递从业人员严格落实收寄验视制度。有序推动快递服务网点标准化建设。结合实际，大力推进快递营业场所标准化建设，约谈EMS、申通等主要品牌快递企业负责人。抚州市基本满足标准化建设要求的快递网点有15家，主要集中在顺丰、"三通一达"等规模较大的快递企业。

加快农村邮政普遍服务以及邮政机要基础设施建设。对全市"十二五"邮政普遍服务网点改造情况进行梳理，加大监督检查和抽查力度，对建设进度滞后、改造不符合普遍服务功能等问题，督促企业查找原因，克服困难，认真整改。截至11月底，抚州市农村邮政普遍服务计划改造网点66个，已完成网点48个，未完成网点18

个;机要通信改造网点12个,均改造完成。

【依法治邮规范行业发展】 2015年,市局通过强化邮政行业基础建设监管和信息化管理工作,不断夯实监管基础,丰富监管形式,筑牢监管基石。同时,积极推进依法行政,通过常态执法、专项执法、联合执法等多种形式,确保监管出实效,力求监管有突破,保障监管无遗漏。全面核查,摸清底数。为切实了解全市邮政业发展情况,始终将核查邮政、快递企业数量及发展情况作为一项常态工作来抓。截至年底,核查登记161家快递企业(含分支机构),并建立台帐和信息库;对全市辖区邮政普遍服务189个营业网点进行核查工作,并将核查结果录入全省邮政普遍服务基础设施管理系统,逐步实现基础管理数据化,实时化。走访全市主要品牌快递企业,了解制造业企业在寄递方面的需求和快递企业服务制造业方面存在的问题和建议,完成《关于抚州市快递服务制造业的调研报告》。健全档案,规范管理。收集整理"补白"邮政局所网点建设、移交资料,特别是各网点签订的房屋长期无偿使用协议文本以及地方政府相关政策支持文件,形成网点建设基础档案资料;将"补白"网点开业运营及服务合标情况检查等执法检查图片、文字资料按所归档;开展辖区内的"补白"网点备案登记工作,按照"一点一册"的方式建立补建局所档案并长期保存,做到实时更新档案资料,实现网点信息动态管理。用好各类执法信息系统,推动执法信息化。每月及时通过"邮政普遍服务监督管理信息系统"报送邮政管理部门和监督员监督检查数据,完成全市199个邮政营业场所的信息录入与维护工作,实现邮政普遍服务信息化监管。及时将邮政营业网点信息录入邮政基础设施管理系统,实现邮政普遍营业场所信息化监管。准确录入行政处罚案件信息,用好行政执法管理系统,规范行政执法工作。用好邮政业安全监管信息系统,增强安全监管能力,提升安全监管水平。充分发挥邮政行业统计信息系统效用,掌握全市邮政业发展运行情况,为科学监管、有效监管和实时监管提供信息依据。

【执法形式多样化】 执法检查常态化,确保监管出实效。全年检查邮政网点61个,出动检查人数361人次;共计检查快递企业439次,出动检查人数1327人次。常态化的执法检查,有效增强企业依法依规经营意识,有力规范快递市场秩序和维护消费者合法权益,确保监管取得实效。专项执法,力求监管有突破。开展法定邮政普遍服务业务专项检查,定期或不定期对邮政普服营业场所和服务质量、邮政用品用具市场进行检查和督查,严守"两条红线",确保邮政普遍服务水平不降低。依法履行邮票发行监督管理职责,先后开展《乙未年》特种邮票、《北京申办2022年冬奥会成功纪念》邮票、《中国人民抗日战争暨世界反法西斯战争胜利七十周年》纪念邮票等专项监督检查,保障邮票首日发行秩序良好。推进邮政业"扫黄打非",开展"扫黄打非"专项行动,深入邮政快递企业进行实地检查,先后出动共计检查人数249人次,检查报刊发行企业1家,明查暗访16个报刊亭,抽查66家快递企业,检查过程中发现各企业能够落实收寄验视制度,不存在违规销售、寄递"扫黄打非"禁寄物品的行为。开展快递企业专项整治工作,组织本辖区内的快递企业开展自查整改,对快递企业分支机构备案、快递业务经营许可证、快递服务质量等进行一系列专项活动,督促企业严格执行收寄验视制度,进一步增强各邮政、快递企业安全生产意识,落实安全生产主体责任,强化安全生产"红线"意识和"底线"思维,巩固和维护全市邮政业安全生产良好局面。在双十二、上合组织成员国政府首脑理事会第十四次会议、第二届世界互联网大会等重大事件期间,开展专项执法检查活动,保障全市范围内寄递渠道安全。

联合执法,确保监管无遗漏。加强与市有关部门的沟通联系,注重开展联合执法,善用合力,实现对邮政行业的全方位、多层次的监督。联合市综治办、市公安局、市交通运输局、市国家安全局、市工商行政管理局、市铁路护路办等多部门开会并通过《关于加强邮件、快件寄递安全管理工作的实施意见》,明确落实禁寄物品清单制度、落实特殊物品寄递安全管理制度、逐步实行寄递实名制等共计22项目标任务以及工作要求。切实发挥抚州市寄递渠道治安管理协调小组作用,联合公安、国安开展寄递渠道治安安全检查,尤其是在春节期间、两会期间、世界田径锦标赛、抗日战争胜利70周年、双十一等重大、敏感时期,联合多部门开展联合执法,做好安全保障工作,严防禁寄物品进入寄递渠道。

【开展全市邮政行业从业人员知识培训】 2015年,组织辖区快递企业负责人进行集中培训,提高企业负责人安全责任意识、企业服务质量,累计培训快递企业负责人100余人次。将培训范围扩大至所有一线从业人员,开展全市从业人员寄递安全知识培训班,培训还特别邀请市公安局、市国安局、市安监局等部门相关领导进行授课,培训共分12批次对全市10县1区邮政快递从业人员共计1100人进行培训,为进一步做好全市邮政行业安全生产工作打下坚实基础。

【加强邮政法律法规普及宣传】 2015年,市局利用到邮政、快递企业调研或检查工作及"世界邮政日"等重大节日进行宣讲、发放《中华人民共和国邮政法》《江西省邮政条例》《快递市场管理办法》、邮政禁寄品宣传画等行业法律法规宣传手册及宣传品,开展邮政法律法规咨询,累计发放各类宣传品1000多份。此外,还通过QQ群网络平台及手机飞信平台不定期向各企业发播邮政法律法规知识,加强对企业法律法规知识宣传。

【推动行业发展升级】 2015年,市局创新快递下乡模式,推动"快递下乡"。积极推动全市"快递下乡"工作,规范乡镇网点管理。充分利用当前邮政公司乡镇网点覆盖面广,邮路丰富的优势,引导快递企业将发往乡镇的快件通过邮车派送下去,既节约成本又安全可靠,抚州市申通、圆通、中通、韵达、汇通、顺丰、天天、优速等八家快递企业和抚州市邮政公司签订了抚州市农村快递服务体系建设战略合作协议。快递企业之间联合,因地制宜、整合资源,建立统一的乡镇快递服务收派平台。黎川县的"三通一达"等主要快递企业建立统一的乡镇收派平台,由第三方服务企业统一承担各品牌快递到乡镇的派件派送。金溪县阿里兄弟商务有限公司作为第三方服务企业和金溪县天天、汇通、优速、全峰等多个品牌的快递企业签订了合作协议,并与其他品牌企业商谈,争取解决所有快递企业快递下乡难的问题。截至年底,抚州市品牌快递企业开设的乡镇网点覆盖抚州全市85%以上的乡镇。规范快递车辆管理,强化快件运输保障。为规范快递企业运输车辆管理,市局积极与抚州市公安交通管理部门和市交通运输管理部门沟通,协商解决快递服务车辆在城区的通行问题。全年共有36辆快递企业运输车辆取得《快递服务车辆通行证》。发挥行业协会作用,引导企业自律。协助抚州市快递行业协会召开第一届理事会第二次会议,通过《抚州市快递行业协会财务管理制度》,明确协会各理事分工,同时制定《抚州市快递行业协会2015年工作计划》,提出稳步推进"三进工程"和快递产业园建设,加强交流和培训,为会员单位培养实用型人才,加强行业信息交流及政策宣传工作。

(陈春华)

【市邮政管理局领导名录】

局　长:梁明昌

## 电　信

【概况】　2015年,面对通信市场错综复杂的竞争环境,抚州分公司上下一心,深入贯彻全省年初及半年工作会精神,强化执行钉钉子、深化改革换频道,在专项活动跨越发展、全光网城市建设、行业信息化应用推广、流量经营及网络建设等方面取得较好成绩。全年主营收入完成近4亿元,计费收入增幅持续改善,上缴税收1950万元,完成投资超2亿元,全市电信移动用户已达30余万户,宽带用户达近30万户,电信电视用户近10万户。

【"四进四联四帮"扎实推进】　6月,结合市委、市政府"四进四联四帮"总体要求,选派优秀大学生加入"连心"小分队,在市委统战部的带领下,进驻广昌县驿前镇横路村开展帮联工作,以精准扶贫、信访维稳、基层组织建设为主要任务,吃住在村,实施光纤到户,将贫困村改造为信息化村,畅通对外界的联系。与此同时,圆满完成定点包扶广昌贫困村、对口支援宜黄少数民族村、资溪文明生态村的任务,获得当地政府认可。

【生态文明城市创建主动参与】　作为全国文明单位,积极发挥自身优势,履行社会责任,结合文明城市创建,组建18人的党员服务队,进县学岭社区开展帮联工作,进小区、走街道、访群众,协调解决基层社区实际问题,改善基层生活环境。积极开展文明交通劝导工作,全年共计组织200余人次,于体育路、赣东大道等进行疏导,企业形象得到提升。

【服务倡优】　深入推进用户满意工程,针对全市百姓,提供个性化、自助化服务,10月起实行手机流量单月不清零,维护消费者利益,加强行风建设,客户满意度不断提升。百姓得实惠。在企业年均收入损失2000余万的情况下,积极推进昌抚通信一体化,取消同城漫游费。开展提速降费专项行动,实施信息惠民工程,对老用户免费提速,宽带用户平均上网速率从年初的4M提升到目前的20M,提升近5倍,流量和宽带资费大幅下调,全市宽带平均每M单价降低53%以上,手机流量单价降低68%以上,百姓得到更多实惠。保障更畅通。顺利完成纪念抗战胜利70周年活动通信及信息安全保障任务,出色完成军分区2015演练、南丰国际蜜橘节等应急通信保障任务。网络与信息安全能力进一步提升,严格落实用户实名制管理,保障用户权益,大大减少垃圾短信,净化了通信生活环境。

【助推"互联网+"】　10月,率先向市委、市政府提出落实"互联网+"行动,建设云分基地,发展云计算、大数据的建议,助力抚州打造信息化高地。城市信息化创建新环境。承建全市、县"天网工程",优化网点布局,使其成为打击违法犯罪的尖兵利器;实行综治网格化,尤其是南城县社会治安综治信息平台实现城区及乡镇中心城区综治全部网格化,社会治安状况得到改善。互联网+应用催生新动力。于广昌推广"精准扶贫"应用,覆盖全县所有乡镇1000余户,做实真扶贫、准扶贫;实施互联网+农业,农技宝在全市11个(区)县应用,成为农民增产增收好帮手。实施互联网+智慧园区,推广手机看店、外勤助手等应用,服务全市1000余户企业及商铺,企业管理更便捷、经营成本逐步降低、业务推广更加迅速。

【铺就抚州网络高速公路】　全光网抚州雏形初显。在市委、市政府的大力支持下,10月,抚州市人民政府与江西电信正式签署"全光网抚州"建设战略合作协议,各县纷纷打响全光网城市建设攻坚战,省内外10余家媒体争相报道。采取自投与引入民资相结合的模式,共计投入8300万元。截至年底,抚州城区、金溪、东乡、临川已基本完成"光网用户95%、覆盖能力100%"建设任务,光资源准确率全省第2。精品4G网络行业最优。全市超前超规模部署,4G基站达到1225个,室分系统332套,县城以上覆盖率99.1%(集团规划要求95%),乡镇覆盖率平均达到97.10%,,下行速率150M,下载、上传速率明显优于移动。

【企业发展步入新空间】　2015年,主营收入完成近4亿元,计费收入增幅持续改善,上缴税收1950万元,完成投资超2亿元,全市电信移动用户已达30余万户,宽带用户达近30万户,电信电视用户近10万户。党建工作更扎实。开展"三严三实"专题教育和巡视整改工作,责任意识、纪律和规矩意识普遍增强,履行"两个责任"取得实效。企业文化更鲜活。做实关心关爱员工,塑造先进典型,弘扬先进典型,许斐获得江西省劳动模范称号,公司荣获全国模范职工之家称号,企业环境更加稳定、社会关系更加和谐、社会地位得到显著改善。

(陈乐辉)

【市电信公司领导名录】

党委书记、总经理:沈蔚锋

副总经理:王维明　陈　斌

纪委书记兼工会主席:刘　毅

## 移动通信

【概况】 2015年,抚州移动公司深入贯彻落实省公司"三三五"发展战略,主动适应新常态,以"提质扩量、转型升级"为主线,以4G发展为引领,以资源整合为抓手,以改革创新为动力,纵深推进客户经营、流量运营、集客运营,着力提升智慧家庭、智慧生活运营水平,鼓足干劲,乘势而上,实现公司健康可持续发展,争当区域市场的领头羊。抚州移动公司全年运营收入11.45亿元,累计收入同比增幅4.62%,全省第五;收入增幅实现双超越,超行业收入增幅2.76%,收入三比份额67.45%,全省第四;日均通话客户到达份额84.24%,份额同比提升1.03%,份额提升全省第二;累计话务同比增幅1.53%,全省第二。以客户为中心,聚焦3星及以上重要客户,提升客户价值。全年存量客户保有率88.50%,全省第二;收入保有率96.90%,全省第四;话务保有率89.10%,全省第三。加强返乡、外出、校园、中小幼、聚类市场拓展,全年净增有效客户7.11万户,同比增幅4.40%,日均通话客户净增5.90万户,同比提升5.00%。构建了高校橙人队伍体系,以校园宽带为切入点,校园秋开期间累计新增份额88.21%,全省第三。

【4G发展迈上新台阶】 持续增强网络优势,2015年累计开通4G基站3273个,新增4G基站1742个,同比增加113.78%,基站建设规模远超竞争对手,实现城区、乡镇连续覆盖,高速、高铁和2A级以上景区100%覆盖,行政村80.30%覆盖。快速扩张客户规模,4G客户到达55.08万,全年4G客户净增42.46万户,全省第三;集团2/3G高流量换机、W制式换机均列全省第一,集团4G渗透率到达51.60%,全省第四。稳步提升流量经营,狠抓触点营销及流量适配,全年流量客户同比增幅1.69%,全省第四;流量同比增幅逐月改善,4G规模效益凸显,全年流量收入增幅46.45%,全省第二。加快服务转型步伐,以客户需求为导向,以客户保有为核心,夯实以手机为中心的服务体系,从抓服务指标向做服务品质转变,从客户满意度管理向客户忠诚度管理转变,实现服务的转型发展,全年客户满意度排名全省第一。

【数字化服务创造新佳绩】 2015年,完成信息化收入达100.84%,全省第五;大单累计签约86个,累计签约金额4420万,完成率158.00%,全省第三。突出"高带宽、高融合",提升全业务价值,魔百和(HITV)累计净增4.91万,完成全年目标213.30%,全省第四;HITV融合率36.90%,全省第五;家视讯发展2.59万,完成全年进度185.10%,全省第一。以"和我信"平台为入口,整合餐饮美食、休闲娱乐、商超购物、美容美发等行业优质商户,全年累计为42万移动客户提供了生活缴费返利、购物返利、商户消费折扣等优惠便民服务,打造本地客户智能生活入口。全年客户自行充值线下现金消费115万元,全省第一;优质商户数量达到272家,完成进度列全省第三。

【网络质量实现新跨越】 2015年建设宽带信息点近16万个,宽带信息点达到近70万户,同比增加29.30%;全年共新增传输杆路228千米,新增光缆7600皮长千米,通信管道新增260管程千米;规划49个城区综合业务接入区建设,已交付8个。网络质量不断提升。语音质量由98.90%提升至99.05%,全省第三;基础通信投诉环比降幅达30.83%,降幅全省第三;MR弱覆盖小区占比由1.00%改善至0.43%,全省第三;4G驻留比由81.98%提升至92.36%,提升幅度全省前列;开通优化高速站点176个,高速站点平均下载速度由9.20Mbps提升至25.20Mbps,平均覆盖率由65.23%提升至97%,CSFB回落成功率由95.50%提升至99.10%,均位于全省前列;开展宽带质量提升劳动竞赛活动,万投比由79.60改善至70.20,全省第五,宽带年度健康度排名全省第四。网络满意度79.96、领先度6.20,连续两年列全省第一;4G客户语音质量42.05、手机上网NPS值37.14,列全省第一。逐步规范网络管理。完善网络维护管理考核体系,量化代维考核,促进代维质量提升;梳理网络资源管理流程,综合资源网络健康度指标达标。网络安全切实保障。开展核心机楼动力健康检查和中心节点"四防"整治,加强乡镇中心节点防盗安全,增加围墙红外监控、门外视频监控和门禁声控警告等;优化传输网络结构,落实完成亚汇聚大环拆分、PTN业务QOS部署、城区OTN系统OLP保护改造,核心层业务均摊等一系列工作。实现全年无重大网络故障。

【基础管理适应新常态】 实施三项改革以来,乡镇、城区市场日均通话三比份额均有明显提升,区域市场整体大势牢牢掌控。增强员工创新能力,2015年共取得微创新成果271项,获得省公司成本补贴38.32万元,全省第三;公司六项QC成果在社会线条获奖;三项QC成果、两项管理创新成果均进入全省复评。推动酬金、促销等成本使用转型,全年营销费用占收比全省最低;五项行政管理费用同比降幅9.69%;构建全流程集团产品欠费管理体系,全年欠费率控制在5.50%,全省第一低;全面开展清仓查库工作,共清理废旧物资3575件,报废处置回收金额约135万元。组织架构不断优化。成立党委办公室(党群工作部)及监察室,撤销业务支撑中心和客户服务中心,更名工程建设中心,大市场、大网络、大综合的统筹协调作用进一步增强;优化乡镇统包单元,城区网格采取1+1模式,渠道管理强化条线协同,加速产品经理集中化,客户经理产品化转型,适应市场发展。全面加强风险管控,前移审计关口,全年集团的各项抽测均达标;加强增值税专用发票管理,开展营收资金归集率提升专项行动,100%实现批量代扣,代扣成功率达91.37%,提升28.08%;健全采购管理制度,持续优化采购合法合规工作;稳步推进物流信息化系统应用,ES平台上线率达100%;推进合同集中化管理,实现合同专用章分章管理,加快合同审批流程,平均审批时长控制在5个工作日内,审批效率全省前三;加大对资金、车辆和网络等重点领域安全的防范力度,全年未发生一起安全生产事故。

【队伍建设展现新风貌】 优化干部人才管理机制，实现干部能上能下。顺利完成全市中层管理人员动态调整，干部调整面达 51.06%，中层队伍更加年轻化、专业化；持续开展赛马选拔，做好后备干部储备。通过岗位技能认证、培训、业务技能大赛等多种方式促进员工能力提升，全年共开展 12 个岗位技能认证，认证平均通过率高出全省均值 13.36%；累计送 705 人次到省公司学习，自身举办培训 37 场；在 2015 年度江西移动营业厅业务技能大赛中，公司荣获三等奖。

【党建工作呈现新局面】 2015 年，对 4 个支部进行更名，按时完成 16 个党支部的换届选举，在全市各基层组织建立 33 个党小组。根据自身实际，建立健全党支部任期目标管理制度、理论学习制度、“三会一课”制度、民主生活制度，全年共举行党委中心组集中学习 5 次；组织召开第四次党员代表大会，选举产生新一届党委委员、纪委委员；开展党建调研、“戴党徽、亮身份、树形象、当先锋”主题活动及“走红色路圆中国梦”党员教育活动；扎实推进“三严三实”专题教育，共组织讲党课 37 次，集中学习 40 次，召开座谈会 22 场次；召开民主生活会，班子成员对 5 个方面的 26 个问题进行深入剖析和自我批评，提出改进方向和措施。继续保持“中国移动企业文化示范单位（二星级）”及“江西移动企业文化示范单位”称号；圆满完成“全国文明单位”复核工作，继续被认定为“全国文明单位”；一篇思想政治工作研究论文在集团公司荣获一等奖。把巡视整改作为重大政治任务来抓，逐条分解，倒排进度，全面完成 102 条整改任务。紧紧围绕经营管理中的热点问题和薄弱环节开展效能监察工作。全年累计开展“三重一大决策制度执行情况”“工程建设管理”“渠道酬金管理”“公车管理”等 4 次效能监察，促进公司管理水平提升。

（万安飞）

【市移动通信公司领导名录】
总 经 理：张和海（任至 10 月）
　　　　　张卫忠（10 月任）
党委书记：李绍清
副总经理：周　勇　熊冲平

## 联合通信

【概况】 中国联合网络通信有限公司抚州市分公司（以下简称“抚州联通”）是抚州市三大全业务通信运营商之一，已建成覆盖全市、能够满足语音、数据、图像、视频等业务需求的现代化智能通信网络，特别是在移动通信 3/4G 时代，抚州联通积极推进固定网络和移动网络的宽带化，打造精品网络，为广大用户提供全方位、高品质信息通信服务。公司拥有“沃 3G/沃 4G”“沃派”“沃家庭”等著名客户品牌。公司服务网号有 130、131、132、155、156、185、186、145、176 号段。2015 年，市分公司以规模发展和效益发展促进经济发展为目标，全力做大 4G、宽带等重点业务发展规模，全心全意做好用户服务，全面增强企业核心竞争力，经营发展稳步健康前行。在广大用户和社会大众的关心支持下，抚州联通不断成长。年底，公司拥有移动电话用户 30 万户，固定电话及宽带接入用户 6 万户，累计完成主营收入 1.6 亿元，上缴利税 2100 万元。

【业务发展规模持续提升】 大力拓展服务网点。全年公司新建各类服务网点 367 家，并通过提升门店形象、开展优惠活动、产品结构调整、终端拉动等举措，提升用户感知。重点加强自有厅建设，打造自有厅为服务标杆厅，实现自有厅精细化、标准化、连锁化管理。积极做好业务宣传。为让更多用户知晓和使用公司产品，采用线上线下双线并行宣传，线上依托公司微博、微信公众号和全员微信进行推广，线下由各实体店海报进行宣传。重点业务发展迅速。加快 4G 业务发展，以细分市场为工作主线，深挖用户个性化需求，紧抓 4G 换机市场，释放用户消费潜能，形成新的量收增长点。落实国家“提速降费”战略部署，宽带业务取得长足发展，特别是乡镇宽带发展迅猛。加大“互联网＋”通信基础设施建设投资，助力“互联网＋”抚州建设，全力打造云服务产业生态体系，进一步扩大云平台应用领域，提高云平台服务承载力，打通产业协同创新链条，推动抚州信息化发展。

【深化用户服务理念】 公司不断深化用户满意服务理念，强化企业责任意识，以“便民、利民、惠民”为主旨，以改善服务态度、提升服务质量与效率为主线，将服务不断超越，为客户提供更多的惊喜与享受，让客户的信息生活变得更加精彩。狠抓用户服务工作，采取信息化手段监控服务过程，2015 年较 2014 年服务投诉率下降 12%，用户满意度达到 96%。持续提升宽带装修服务水平，安排专人监控和督促每天的装机和修障情况，对当天的宽带新装和修障用户隔天进行回访，宽带装机和修障满意率进一步提升，排名全省前列。

【打造精品网络】 加强网络覆盖，打造精品网络。全年开通基站 915 个，其中 4G 基站 677 个，实现城区、重点乡镇、高速高铁路段 4G 覆盖。开通 U900 基站 329 个，进一步完善农村广覆盖，G 网络覆盖的行政村达到 1546 个，行政村覆盖率达 83%。以匠心态度，做好网络优化，针对户外覆盖弱区域，采取周期性的路测、合理调整基站布局等措施，有效提升网络质量。

【精神文明建设】 举办爬山、羽毛球等文体活动，丰富员工业余文化生活。积极参加社会公益活动。在发展主营业务的同时，积极参与抚州市省级文明城市创建活动。开展“四进四联四帮”及“慈善一日捐”募捐活动，帮扶弱势群体，积极援助贫困地区摆脱贫困。

（李　昊）

【市联通公司领导名录】
党委书记、总经理：刘运忠
副总经理：袁新敢
总经理助理：郑晓泉　钟贵飞

本栏编辑　吴主平

# 贸　易

## 综　述

2015年抚州市各级政府商务部门围绕年度发展目标，把握扩大内需这一基点，以搞活流通、扩大消费、促进转型，惠及民生为主线，全市商贸流通领域取得重要成效。全市实现社会消费品零售总额428.20亿元，增长9.4%。分城乡看：城镇消费品市场实现零售额348.38亿元，增长9.2%；乡村消费品市场实现零售额79.82亿元，增长9.9%。分行业看，批发和零售业是社会消费品零售市场的主导力量，实现零售额378.47亿元，增长9.0%，占全市社会消费品零售总额的88.4%；住宿和餐饮业零售额49.73亿元，增长12.1%。

## 商　务

【综述】　2015年，抚州市实现社会消费品零售总额428.20亿元，同比增长9.45%；进出口总额167194万美元，增长7.58%，其中出口总额165059万美元，增长7.21%，进口总额2135万美元，同比增长46.15%；实际利用外资3.8亿美元，同比增长31.03%，现汇进资10050万美元，现汇率26.44%；全市新引进并已开工5000万元以上项目312个，其中亿元以上工业项目189个，新引进并开工10亿元以上重大项目36个。全市当年5000万元以上工业项目实际进资407.36亿元，亿元以上工业项目实际进资259.5元。与此同时，着力加强商贸流通市场体系和加快完善商贸综合体建设，切实强化市场监管，各项工作保持较好的发展势头。

## 国内贸易

【完善市场体系建设】　2015年，抚州市商务部门不断完善市场体系建设，增强内贸流通活力。1. 积极争取市场体系建设项目。当年申报并组织验收市城区标准化菜市场建设改造项目3个（抚州市贸易广场农贸市场、临川区新城农贸市场、福泰农贸市场），其中，前2个农贸市场项目已通过验收，可获省财政扶持资金100万元。申报并验收万村千乡市场工程乡镇商贸中心建设项目3个（广昌县海润购物中心、广昌县甘竹平价超市、宜黄县丰客隆超市），可获中央财政资金190万元；2. 推进大型商贸综合体建设。大力推进已签约的大型商贸综合体工程项目建设，并想方设法吸引外地投资者到抚进行商贸综合体项目的建设。其中，仙峰商业中心项目23万平方米的的主体结构已全面封顶，二次结构已完成50%，外墙粉刷保温、室内粉刷分别完成100%和50%。华美立家建材家居广场项目多栋楼房主体工程基本完成，已正式对外营业。抚州市农产品配送中心项目正在与多家投资商洽谈。高桥商业城项目处在前期土地征迁收储阶段。

【组织企业参加各类展销会】　2015年，市商务部门紧紧围绕搞活流通，扩大消费，促进地方产品销售，为流通企业开拓市场提供优质服务，积极组织市内名优特新企业参加“2014年江西省地方特色商品（西安）展销会”及在南昌举办的第八届中国绿博会，展销会现场销售、洽谈签约、品牌宣传等都取得显著成效，达到政府满意、企业满意、消费者满意的效果。

【强化市场监管】　2015年，市商务部门强化市场监管力度，确保市场秩序稳定。加强对酒类流通行业、成品油市场、典当、物资行业及在生猪屠宰监管职能移交前的生猪屠宰和肉品安全的监管工作，确保市场秩序的稳定。同时做好全市各级商务主管部门的生猪屠宰监管职能的移交工作。

【促进电商企业发展】　2015年，市商务部门进一步搞好电商工作，努力促进电商企业在抚州的发展。首先，大力引导企业和个人开展电商，加大力度培育，扶持亿企通、东鑫电子商务园等电商载体和综合服务企业，大力支持乐美电商等有特色、有前景的电商平台企业做大做强。全市63.5%以上的生产企业均开辟网站、开展电商。其次，积极争取省级电子商务示范培育项目。除2014年尚丞商贸、冠莲食品2家电商企业获得省级电子商务示范企业和黎川县东鑫电子商务园被授予江西省第二批电子商务示范基地及黎川县被授予省级电子商务进农村综合示范县外，2015年，又有江西伟尔马伦服饰有限公司、江西美尔丝瓜络有限公司2家电商企业获得省级电子商务示范企业称号，东乡的江西新龙国际物流有限公司正在创建省级电子商务示范基地。

## 对外贸易

2015年，抚州市进出口总额为167194万美元，比2014年的155539

万美元，增长7.58%。其中，出口总额165059万美元，比2014年的153985万美元，增长7.21%，占全市国内生产总值1105.14亿元的9.25%，占全省出口额的5.0%。进口总额2135万美元，比2014年的1554万美元增长46.15%。

【引导外贸企业全方位开拓国际市场】 一是组织市内外贸进出口企业积极参加各类境内外展会。先后组织银圣王洁具、振宇实业、环球陶瓷等17家企业参加第117、118届广交会，积极帮助新出口企业恒力电池、志特建材、海鹏木业争取广交会摊位。引导南丰蜜桔企业参加迪拜果蔬展；高新汽配企业参加多个国际汽配展等，通过境外展会，帮助企业抢抓订单，开拓国际市场；二是帮助中小出口企业解决融资难、融资贵问题。积极向江西省商务厅推荐抚州市出口企业进入贷款企业名单，通过财政、园区和银行的对接，已有60余家出口企业获得流动资金贷款，切切实实解决企业融资难的问题，使企业最大限度地享受到政策红利。

【优化出口产品结构】 2015年，抚州市生产企业出口6.8亿美元，占出口总额40.9%，同比下降6.3%，其中，纺织服装3.3亿美元，同比下降13.3%，机电产品5.8亿美元，同比增长28.9%，医药化工1.0亿美元，同比下降1.2%，农副产品1.1亿美元，同比下降25.2%。高新技术产品0.7亿美元，同比下降2.4%。

【出口商品结构】 2015年，抚州市初级产品出口额10563万美元，占出口总额的6.4%；工业制成品出口额154496万美元，占出口总额的93.6%。

## 抚州市2015年出口额前10位商品情况表

表20-1

| 序号 | 商品名称 | 出口金额(万美元) | 占出口总额比重(%) |
|---|---|---|---|
| 1 | 纺织、服装 | 14542 | 8.81% |
| 2 | 工艺品 | 8552 | 5.18% |
| 3 | 电子设备 | 7433 | 4.50% |
| 4 | 南丰蜜橘 | 5053 | 3.06% |
| 5 | 电源、电池 | 4299 | 2.60% |
| 6 | 食品(不含南丰蜜橘) | 4024 | 2.44% |
| 7 | 鳗鱼 | 3400 | 2.06% |
| 8 | 汽摩零部件 | 2075 | 1.26% |
| 9 | 钛白粉 | 1766 | 1.07% |
| 10 | 香精、香料 | 1376 | 0.83% |

【进口商品结构】 2015年，抚州市初级产品进口额259万美元，占进口总额的12.13%；工业制成品进口额1876万美元，占进口总额的87.87%。

## 抚州市2015年进口额前10位商品情况表

表20-2

| 序号 | 商品名称 | 进口金额(万美元) | 占进口总额比重(%) |
|---|---|---|---|
| 1 | 模板加工 | 303.67 | 14.22% |
| 2 | 金属矿砂 | 196.27 | 9.19% |
| 3 | 服装织机 | 178.99 | 8.38% |
| 4 | 贵金属铂 | 157.72 | 7.39% |
| 5 | 半导体加工设备 | 134.65 | 6.31% |
| 6 | 食品饮料加工设备 | 120.00 | 5.62% |
| 7 | 铝料 | 98.69 | 4.62% |
| 8 | 净水设备 | 93.36 | 4.37% |
| 9 | 数控机床 | 93.27 | 4.37% |
| 10 | 陶瓷成型设备 | 86.97 | 4.07% |

【出口商品市场】 2015年，抚州市出口商品销往170个国家(地区)。主要出口市场见下表(按出口额从大到小排列)：

## 抚州市2015年前9位出口市场情况表

表20－3

| 序号 | 国别(地区) | 出口金额(万美元) | 占出口总额比重(%) |
|---|---|---|---|
| 1 | 美国 | 24099.94 | 14.60% |
| 2 | 马来西亚 | 11475.54 | 6.95% |
| 3 | 新加坡 | 9904.46 | 6.00% |
| 4 | 印度 | 7144.16 | 4.33% |
| 5 | 印度尼西亚 | 7056.08 | 4.27% |
| 6 | 英国 | 5410.83 | 3.28% |
| 7 | 阿拉伯联合酋长国 | 5351.62 | 3.24% |
| 8 | 韩国 | 5273.25 | 3.19% |
| 9 | 菲律宾 | 5157.08 | 3.12% |

【进口商品市场】 2015年,抚州市进口商品来自30个国家(地区)。主要进口市场见下表。

## 抚州市2015年前9位进口市场情况表

表20－4

| 序号 | 国别(地区) | 进口金额(万美元) | 占进口总额比重(%) |
|---|---|---|---|
| 1 | 德国 | 346.82 | 16.24% |
| 2 | 日本 | 210.63 | 9.87% |
| 3 | 玻利维亚 | 196.27 | 9.19% |
| 4 | 南非 | 190.21 | 8.91% |
| 5 | 比利时 | 177.84 | 8.33% |
| 6 | 美国 | 135.54 | 6.35% |
| 7 | 马来西亚 | 103.82 | 4.86% |
| 8 | 孟加拉国 | 86.78 | 4.06% |
| 9 | 韩国 | 75.51 | 3.54% |

# 口岸平台

2015年,市商务局着力推进检验检疫中心大楼的建设。检测中心大楼项目自2015年9月全面施工后,通过科学施工、合理安排时序,在确保工程质量的同时,较好地完成项目土地平整、施工用电、用水工程、地面硬化、地下室基础开挖等工程计划,确保年底前基础工程顺利完成。同时,还加快抚州综合物流产业园项目的建设步伐。该项目已经完成42公顷土地的招拍挂;并完成项目内的清淤清表,一期铁路专用线地基的平整已在进行中,至年底已完成30万方的土方工程;南昌铁路局已经正式受理铁路专用线预可研申报方案。

为积极推进南丰蜜桔运输在粤享受"绿色通道"政策转为常态化,抚州市积极配合江西省商务厅与相关单位进行协调和沟通,由盐田港和蛇口港出口的南丰蜜桔集装箱运输车辆,经检验检疫部门铅封加电子铅封,继续在指定的高速公路享受免查验免收高速通行费政策,并由2013年及2014年的工作试点推进为2015年的常态化运行。强力改善企业通关硬环境,一是大力推进海关机构的申报设立,市商务局领导先后拜访南昌海关、中编办,积极争取对抚州设立海关的支持和帮助;二是深化与检验检疫的对接合作,在加快检验检疫抚州办事处检测中心大楼建设的同时,进一步推动抚北铁路口岸作业区、黎川陶瓷检验检疫监管区等建设,完善提升南丰检验检疫监管区口岸功能,以改善当前企业通关不便的状况。 (龚 岐)

【市商务局领导名录】

局　　长:易光亮

党委书记:王国荣

党委副书记:曾献军(任至11月)

副 局 长:尧水平　李璜兴

周润贵(任至9月)

裴民强　郭　俊

纪委书记:胡　勇

## 供销合作

【概况】　2015年,抚州市供销系统紧紧围绕"瞄准一个目标、立足两个突破、实现三个提升"的工作部署,立足实际定目标,多措并举促落实,圆满完成全年各项目标任务,实现"十二五"的圆满收官。市供销社获得全省供销社综合业绩考评特等奖,排名前移五位,跃居全省第三位,取得历史性的突破。同时市供销社还先后获得抚州市计生工作先进单位、社会综合治理工作先进单位、公共机构节能工作先进单位。

【在改革发展上抓机遇】　自中发〔2015〕11号文件下发后,全市供销系统精心组织开展不同层次、形式多样的学习活动,对文件政策进行学习交流。市供销社专门下发文件要求各县(区)供销社在学习过程中对照文件涉及到的相关内容、政策、要求,结合工作遇到的困难、问题以及需要政府解决的重点难点提出意见建议。全国总社监事会汤益诚副主任4月份深入到抚州市对文件进行政策解读,进一步强化全系统的改革认识。2015年,市委书记肖毅、市政府市长张鸿星、副市长韦萍先后就供销社综合改革试点工作提出要求,要求实施精准改革,以更大力度推进改革创新,不断完善体制机制,力争在电子商务进农村、农产品流通流域等方面取得突破。市供销社因势力导,按照指示要求从思想认识、组织领导、工作目标、任务要求等方面向全系统提出四项贯彻意见,并围绕综合改革工作、电子商务发展、农产品流通等专题先后组织部分县(区)供销社赴浙江省衢州、义乌、遂昌及湖北省武汉市、仙桃市等市县区考察学习电商发展、三位一体及农副产品批发市场建设情况,并及时梳理调研报告上报市政府及省供销社。2015年全市供销系统围绕"改造自我、服务农民"的总要求,进一步凝聚起深化改革的强大思想共识与行动合力,多措并举努力营造谋改革、促改革的良好氛围,全系统的综合改革工作在电商发展、农产品流通经营方式取得一定的突破。2015年,在《中国合作经济》刊物第6期重点推介抚州市供销社在探索农村电商发展的典型经验做法,《中华合作时报》也刊登多篇文章展现抚州供销系统改革发展面貌。

【在传统发展上谋进步】　2015年,市供销系统注重在传统网络上求拓展、在项目带动上求成效、在基层建设上夯基础,不论是项目建设,还是网络平台建设、基层组织建设等方面均有可喜变化。当年全系统新增入库项目21个,项目库增至152个,成功申报2015年省财政农村现代流通服务体系建设"引导资金"项目4个、2015年农业综合开发供销合作总社新型合作示范项目2个。全市供销系统积极开展"三社一会"建设,10家专业合作社被省供销社新增为省级专业合作社示范社,10家基层供销社被省供销社新增为基层社标准化示范社建设单位,8家农村综合服务社被省供销社认定五星级供销社。一年中,由市供销系统领办、协办、合办的专业合作社增至347个,助农增收6000余万元,基层综合服务站达1218个,协会57个。2015年,南丰微红果业有限公司董事长王鸿斌和临川区农产品经纪人协会副理事长方婷获得全国百强农产品经纪人称号。临川区颐华蔬菜专业合作社周志华蝉联全国第三届"冬瓜大王"称号。临川区金山食用菌专业合作社社长方金山荣获"2015年优秀品牌创建人"和全国50佳合作社产品品牌。市供销系统充分利用点多面广、遍布村镇的农资网点优势,加强对农资化肥的储备购销,切实保障全市日常的农资化肥供应工作。同时在省供销社的大力支持下,市农产品经纪人协会先后在南丰、崇仁、乐安开展公益性免费培训,培训达400多人次,取得很好的社会效应。

【在电商发展上求突破】　2015年,抚州市供销社围绕为农服务领域着重在探索加快发展电子商务上谋思路求突破,从主要目标、组织领导、政策扶持等方面入手,拟定农村电子商务发展实施方案,提出"政府推动、企业主体、市场运作、示范带动"的工作思路,确定通过项目带动、政策扶持、试点建设、培育载体来找出适合抚州电子商务进农村的发展之路,积极借助"互联网+"的风口顺势而为,并在临川区开展试点。从2015年3月起,市供销社、临川区供销社注重加强与乐美电商合作,推出"农村电商=互联网+供销社+合作社+农户"电商发展模式,受到省委书记强卫、省长鹿心社等省市领导的充分肯定。7月,江西省供销系统电商推进会在抚州市临川区召开,临川区也被列为全国供销总社2015年电子商务示范县供销合作社。市供销社还与市商务局联合开办全市电子商务应用知识培训班。11月,南丰县供销社携手"聚超网"联合打造的江西新供销聚超网络科技有限公司正式投入运营。12月,广昌县供销社与聚超电子商务公司正式签订商务合作协议。2015年,市供销系统立足区域优势,积极探索适合自身发展各具特色的模式与路子,电商销售额近7000万元,全系统发展电商企业3家,共建平台4个。

【在发展环境上求稳定】　2015年,围绕烟花爆竹安全经营,市供销社及时与各县(区)供销社签订责任状,召开专门会议,下发相关文件,并会同安监、公安等部门对烟花爆竹经营进行安全大检查,确保全系统烟花爆竹经营市场全年安全有序,无安全经营事故发生。围绕系统的信访维稳工作,市供销社及各县(区)供销社领导班子始终高度重视,多次深入到所属企业(基层社)了解社情民意,多批次处理办结群众来信来访,并及时加强与各级党委政府及相关部门的沟通支持,采取积极稳妥的有效措施,力所能及地排解问题矛盾,确保全系统已改制或未改制企业或基层社的基本平稳,推动供销各项工作的有序开展。6月,由副市长韦萍专门主持召开市直21个部门参与的供销社改制工作会议,明确相关改制政策,并形成政府会议纪要予以下发执行,由财政暂借300万元先行用于三个未改制企业退休人员的代垫社保金,帮助企业解决现行退休人员社保金历史遗留问题,得到退休人员的一致好评,也为企业稳定奠定基础。

(胡　宏)

【市供销社领导名录】
主　　任：徐友洪
党委书记：杨国伟
副 主 任：余建中（任至9月）
　　　　　曾庆华
纪委书记：揭智能

## 粮　　油

【概况】　2015年，抚州市粮食局深入贯彻学习十八大和十八届三中、四中、五中全会精神和习近平总书记系列重要讲话精神，认真落实市委、市政府建设幸福抚州的工作部署，紧紧围绕粮食安全和行业发展的工作主线，以开展“三严三实”专题教育活动为突破口，不断强化责任意识，改进作风，开拓创新，奋力拼搏，较好的完成各项工作任务，取得新的成绩，为抚州经济社会又快又好发展作出应有贡献。

【思想作风建设】　一是坚持中心组学习制度。组织中心组成员重点对党的十八大、十八届三中、四中、五中全会精神、习近平总书记系列重要讲话精神、市委常委扩大会议精神以及中央、省、市重要文件和会议精神进行集中系统学习；二是组织全体党员深入学习党章、党规和省委改进工作作风建设二十条，通过“守纪律、讲规矩、把纪律挺在前面”教育学习活动，引导党员干部以身作则、率先垂范，坚决维护纪律的严肃性和权威性；三是着力抓好机关作风建设，采取“八个一”（组织一次专题学习、印发一份学习手册、开辟一个宣传栏、制定一个实施方案、举办一次学习考试、进行一次调研约谈、梳理一次问题建议、完善一些规章制度）的工作举措，在全市粮食系统掀起学习贯彻省委《意见》热潮，形成想干事、会干事、干成事、不出事的良好氛围；四是全面做好信访综治工作。督促局属两库返还返聘职工上岗责任保证金555.7万元，返还率达到95%以上。积极筹措资金近29万元，走访慰问系统困难职工209人，妥善解决好改革后存在的遗留问题。不断加强社会治安综合治理和信访工作，确保综治工作实现“四无”。全市国有粮食系统未出现集体进省赴京上访事件，确保了稳定。深入推进群众路线教育实践活动，推动整改落实取得新成效、作风建设形成新常态，实现作风进一步转变、精神进一步提振、能力进一步提升、事业进一步发展的活动目标。积极开展“三严三实”专题教育活动，进一步解决领导干部“不严”“不实”的突出问题，自觉践行“三严三实”，努力成为忠诚、干净、担当的好干部，改进工作作风，提高谋划粮食流通科学发展和领导粮食流通科学发展的能力和水平。

【廉政建设】　一是强力推动“两个责任”落实。全面落实党风廉政建设责任制，层层签订《党风廉政建设主体责任书》，建立一级抓一级、一级对一级负责的责任机制；二是扎实开展“把纪律挺在前面”“守纪律、讲规矩”“一个准则、两个条例”等一系列的主题学习教育活动，从而进一步增强全局各级党组织和全体党员的党纪党规意识，提高党员的党性修养；三是开展警示教育学习，通过典型案例进行反面教育，促使党员干部认真吸取教训，深刻反思，引以为戒，严格遵守党的政治纪律和政治规矩，清清白白做人，干干净净做事；四是研究制定下发《市粮食局落实党风廉政建设“两个责任”追究办法》，建立问责机制，强化纪律审查力度，扎实开展节日廉情检查，较好地营造粮食系统风清气正的从政环境。

【粮食收购】　2015年，全市各级粮食部门严格贯彻执行国家粮食收购政策，积极做好粮食收购工作，收购工作平稳有序，取得政府满意、农民增收、企业增效的可喜成绩。全年全市各类企业共收购稻谷11.38亿斤（早稻8.26亿斤、中晚稻3.12亿斤），其中国有粮食企业收购7.89亿斤，占收购总量的69.3%，充分发挥了主渠道作用。

【产销协作】　2015年，市粮食局积极组织企业与浙江衢州、杭州、温州、台州、福建厦门等地开展粮食购销和代收代储业务，形成优势互补、互惠互利、合作发展的粮食产销新格局。

【粮食轮换】　年初，市粮食局及时下达抚州市2015年省、市级储备粮的轮换计划，指导企业把握轮换时机和节奏，防范轮换风险，保质保量完成好各级储备粮轮换任务。全年共轮换省级储备粮3085万斤，市级储备粮500万斤。

【仓储管理】　2015年，市粮食局加强仓储管理。一是严格落实企业安全生产责任制，层层签订储粮安全责任书。在汛期、重要节假日先后组织开展对辖区内储备企业进行安全检查。举办消防知识培训和消防应急预案演练。二是做好粮食仓储设施专项调查工作，圆满完成企业填报、县（区）普查、市级复查以及汇总上报等各项工作，做到“有库必到、有仓（罐）必查、查必准确”。三是积极推广科学保粮，学习浙江省丽水和衢州的经验，选择抚州国储库和崇仁国储库进行低温充氮储粮技术试验。

【宏观调控】　2015年，抚州市落实县（区）级粮食储备1.27亿斤，比2014年增加200万斤，落实市县级储备食用油80万斤；狠抓应急保障体系建设。对认定的全市183家应急加工、供应网点进行统一授牌。临川、崇仁、乐安、南城等4个县（区）成功申报粮食应急保障项目，积极争取市财政应急资金15万元；全市设立46个粮情监测报点，定期对当地原粮、成品粮和食用油市场销售价格以及供需情况实行动态监测，及时掌握粮油价格动态；坚持以兵为本服务宗旨，积极采购优质粮源，做好军粮供应管理。

【依法行政】　2015年，市粮食局加强依法行政力度。一是推进粮食流通监督检查。积极指导东乡县粮食局开展粮食流通监督检查示范单位创建，并荣获抚州市首个“全国粮食流通监督检查示范单位”荣誉称号。组织开展粮食库存检查、托市收购专项检查、粮食收购资格核查、粮食流通统计制度、粮食最低最高库存量制度执行情况等专项检查。全年全市各级粮食部门共开展检查141次，出动检查人员399人次，查处违规案例17起，责令整改8例，警告7例，罚款2例，处理违规企业责任人2人。二是加强质量检测体系建设。完成全年粮食质量调查、品质测报样品的检测、汇总、上报、扦样等工作。其中质量调查样品 90 份，品质测报样品 86 份，为领导、部门和企业提供科学、准确具有法律效力的质量信息。三是开展首批“放心粮油示范加工企业”复审考评工作，对全市 2010 年获得江西省粮食行业协会授牌的十家企业现场逐项对照检查与复评；四是开展粮食流通宣传工作，组织开展以“爱粮节粮，利国惠民”为主题的粮食科技宣传周以及“世界粮食日”活动。

【项目建设】 2015 年，市粮食局深入推进项目建设。一是抓好仓储项目申报和建设。做好抚州国储库、东乡小璜粮库、临川大岗粮库等扩建项目的监督指导。完成乐安、广昌、麻姑集团等三个收纳库 6.5 万吨项目的申报，并获得江西省发改委的正式批复。二是做好“危仓老库”维修改造工作。加大对县（区）“危仓老库”建设的检查指导力度，全市共完成“危仓老库”维修改造 350 座，仓容 39.74 万吨，占计划数的 97.5%，通过江西省粮食局和省财政厅组织的“危仓老库”维修改造验收。三是推进国有粮食企业“退城进郊”，起草《关于推进我市基层粮食企业“退城进郊”建设粮食收储点的实施意见》。四是进一步推进放心粮油进机关、进院校、进军营、进社区、进企业、进农村的“六进”工程，对“放心粮油”生产示范企业和“放心粮油”产品进行监督检查和抽样检测，确保“放心粮油”真正让市民放心、满意。

【深化改革】 2015 年，市粮食系统不断深化各项改革。一是认真核查，全面梳理，编制抚州市粮食局行政权力清单和部门责任清单，同时做好局内非行政许可审批事项的调整工作；二是深化企业经营机制改革。指导崇仁国储库盘活国有资产，引入社会资本，与民营企业崇仁和氏米业有限公司合作，共同建设粮食烘干中心；三是发展粮食电子商务，积极与浙江衢州共同组建“抚州网上粮食市场”，建设电商平台；四是实施抚州粮油品牌战略。支持指导麻姑米业等重点骨干龙头企业靠大做强、整合品牌，提升抚州粮油品牌影响力，助推抚州粮油走向全国；五是推进统计制度改革，整合粮食流通统计职能，精简统计指标和报表，推行数据电子化和网络化，实现资源共享和信息互通。

【服务大局】 2015 年，市粮食局服从全市大局，努力做好各项中心工作。一是扎实做好“四进四联四帮”工作。组成两个驻村“连心”小分队及一个进社区工作组，分别下到黎川县厚村乡厚村村、飞源村和临川区钟岭街道长岭社区进行“连心”帮扶工作。二是做好四城同创工作。以改善卫生环境、提高整体卫生水平，努力把机关建设成为优美、文明的单位为目标，四城同创工作做到任务明确、分工明确、责任明确，创建工作成效显著。三是做好招商引资工作。成功引进一个投资近 5 亿元的项目—抚州市临川区沃达行太阳能发电有限公司在临川区温泉镇落户。四是加大跑项争资工作力度。充分利用好现有政策，积极向上争取项目资金，全年共争取各类项目资金近 1.4 亿元，比 2014 年增长 137%，为历年之最。五是严格埠外资产处置。对厦门的房产重新进行评估和公开拍卖，拍卖金额高于评估价，确保国有资产保值增值。六是积极配合临川区政府、六水桥社区，全力做好六水桥社区棚户区改造工作。七是落实好其他工作。扶贫工作、计划生育、岗位技能培训、老干部、协会（学会）等工作均按上级要求，循序渐进地抓好落实。

（陈 兵）

【市粮食局领导名录】
局　　长：谢克侵（任至 9 月）
党委书记：汪志强（任至 12 月）
副 局 长：管国辉　翁福达　黄炳辉
纪委书记：杨应庚

## 烟草专卖

【概况】 抚州市烟草专卖局（江西省烟草公司抚州市公司）成立于 1984 年 7 月。下辖临川区、东乡县、乐安县、崇仁县、南丰县、南城县、广昌县、宜黄县、黎川县、金溪县、资溪县等 11 个县（区）局（分公司）和 1 个物流配送中心。内设办公室、人事劳资科（离退办）、财务科、专卖监督管理科、政工科（机关党委、工会）、营销中心、纪检监察科、安保科、督查考评中心（信息中心）、烟叶科（基础办）、法规科、烟叶技术中心、综合计划科等 13 个职能科室（部门）和 1 个审计派驻办、1 个内管派驻办。

2015 年，抚州市烟草系统实现卷烟销售 10.8 万箱，同比增加 1105.5 箱，增长 1.03%，是江西省唯一一个销售总量同比增长的地市。收购烟叶 30.15 万担，因灾减产 3 万担。烟农户均收益 8.1 万元，同比增加 0.4 万元。实现税利 10.88 亿元，同比增加 1.75 亿元，增长 19.18%；其中，上缴税金 6.98 亿元，同比增加 1.48 亿元，增长 26.91%。上缴财政总额 11.18 亿元，同比增加 3.21 亿元，增长 40.31%。在烟草行业需求拐点逼近的紧要关头，抚州烟草综合业绩实现大踏步进位前移，经济运行继续保持稳中有进、进中向好发展的良好态势。

【烟叶生产】 2015 年，全市共种植烤烟 0.80 万公顷，同比持平；共有烟农 4765 户，同比减少 448 户；户均种植规模 1.69 公顷，同比增加 7.2%，高于全国平均水平。因受 5、6 月份烟叶成熟采烤期长期阴雨寡照气候和洪涝灾害的影响，全市共收购烟叶 30.15 万担，完成收购计划 86%，同比减少 3.36 万担。市烟草系统通过狠抓后期大田管理、加强收购质量管理，严把烟叶等级纯度等一系列行之有效的举措，扭转收购前预测出现产量、质量、收益“三下降”的局面，全市烟叶收购实现“三个最”，即收购纯度全省最高，得到国家烟草专卖局、江西省烟草专卖局检查组的充分肯定和全国各大卷烟工业企业的一致好评；收购均价全省最高，收购均价 25.16 元/千克，高出全省平均 1.11 元；收购秩序全省最好，收购秩序平稳有序，调拨进度全省最快。上等烟比例 53.37%，同比提高 1.6 个百分点；下低等烟比例 7.15%，同比放宽 2.3 个百分点，有效保障了烟农利益，烟农户均收益 8.1 万元，同比增加 0.4 万元，烟叶生产实现灾年不减收，保持稳定发展的良好势头。

2015 年，江西省首个上海科技示范园成功落户黎川，江西中烟和湖北中烟两个基地单元以及省烟科所科研基地顺利落户乐安；黎川县新庄烤烟专业合作社分别荣获国家烟草专卖局首批认证行业示范社和江西省农业示范合作社荣誉称号。全市完成常规基础设施项目投资1.43亿元，完成烟区新农村建设资金6320万元。

【推动烟叶产业发展】 2015年，市烟草专卖局积极与市委、市政府沟通协调，成立抚州市烟叶产业发展领导小组，设立市政府烟办，并将烟叶工作列入市政府对产烟县政府的年度工作业绩考核项目，在全市上下形成高位推动、多级联动、齐抓共管，共同促进烟叶产业健康发展的良好氛围。

【促进烟叶质量持续提升】 为了促进烟叶质量持续提升，市烟草专卖局狠抓关键技术的落实。重点抓好深翻高垄、壮苗培育、平衡精准施肥、科学打顶留叶、成熟采烤等五项关键实用技术推广应用，积极营造聚焦质量特色、狠抓技术落实、学先进促后进的浓厚氛围，呈现出“生产技术标准化、过程调度节令化、管理考核常态化”的标准化生产特点。2015年，全市小苗膜下移栽0.14万公顷，占比17%，深翻落实0.32万公顷，占比39.8%，高于全省平均水平8个百分点；施用优质饼肥0.28万公顷，推广应用生物炭基有机肥0.08万公顷，占比45%。

【狠抓基地单元及科技示范园建设】 2015年，市烟草系统加强与云南、湖南、上海、山东等原有基地单元的工业企业的深度协调，工业企业专家多次到产区指导工作，重点解决提升烟叶质量水平难题，使抚州烟叶更加符合工业企业的原料需求。牢牢把握上海集团沪赣科技示范园落户黎川的历史机遇，与优势品牌联姻、与科研院所联手、深化工商研深度合作，加快抚州优质特色烟叶研发。仅用短短的4个月时间，就高标准制定出中华基地单元建设规划，高标准建成中华品牌原料基地，并已开展8个科研项目、19项试验，取得初步成果。

【狠抓服务主体和种植主体建设】 2015年，市烟草系统大力发展综合服务型烟农合作社，理顺合作社组织架构，规范合作社资金运作，通过示范带动，按需组建育苗、机耕、植保、烘烤、分级等专业队，解决规模化种植中劳务成本高和专业化服务开展难的问题。加强合作社经营管理培训和人才支持，解决合作社建设中能人少的问题。全市12家合作社覆盖面积已达0.56万公顷，占总面积70.2%，烟农入社率达73.6%，拥有专业化服务队伍85支，专业化服务人员2094人，烟农种烟亩用工量下降8到10个，劳动强度明显降低，生产效率大幅提升。大力培育职业烟农，探索发展家庭农场，引导传统烟农向职业烟农转型、促进规模种植向产业种植转变、促进数量种植向效益种植发展。大力推进土地流转和专业化服务，不断降低烟农劳动强度和种植成本，提高烟叶产业化生产水平。至年底，全市种植专业户占比达83.8%，户均种植规模不断优化达1.57公顷，发展职业烟农2500余户，占全市烟农50%以上。

【卷烟营销】 2015年，全市烟草系统上下切实增强“破釜沉舟、背水一战”的胆识和“彻底洗脑、壮士断腕”的决心，全力以赴卖好省产烟、金圣烟，卷烟销售保持良好势头。全年累计销售卷烟10.8万箱，同比增加1105.5箱，增长1.03%，是江西省唯一一个销售总量同比增长的地市，销量增幅连续两年排名全省第一。省产烟销售4万箱，同比增加138箱，增长0.35%，增幅全省第三；金圣烟销售2.3万箱，同比增加1815.7箱，增长8.51%，增幅排名全省第二。

【加快品类结构调整步伐】 2015年，市烟草专卖局在准确把握市场动态、科学设计配货依据、增强网配驱动动力、健全保级升级机制的基础上，充分发挥盈利导向机制和网上配货机制的作用，加大市场化取向改革活力传导力度，鼓励和激励卷烟零售户多进货、多存货、多动销、多赚钱。通过深入市场调研，摸清市场需求，强化价格管理，先后根据市场状态情况清理40余个卷烟品类规格，全市投放规格数量由原先近120个调控保持在80个左右，进一步提高卷烟经营毛利，较好地落实“两个满足”（货源满足市场需求，投放满足客户需求）要求，有效激发了市场动力和潜力，取得积极成效。

【为省产烟发展创造空间】 2015年，市烟草专卖局面对存量分割挤压式竞争的现实状况，在细分区域市场、细分品牌规格、细分客户需求的基础上，加大清品牌控规格调控，力度之大前所未有，切实做到“两个果断”：一是果断控减省产烟竞品规格。对市场管理难度大的省外竞品，分区域市场进行精准调控、精准投放，全市共限供了50余个省外规格，确保调出良好市场状态；二是果断停供可有可无的品牌。对市场需求微弱、冲击不大、零售户意见不大的省外品牌规格坚决全面停供，为省产、金圣烟发展腾出更多市场空间。全市全面停供7个省外规格，同时各单位结合辖区市场实际分别对相应规格进行停供，停供最多的单位——广昌县共停供20个省外品牌规格。东乡、金溪、黎川三县全面停供芙蓉王（硬），宜黄、资溪两县全面停供利群（新版）。通过加大竞品调控力度，取得较好的成效。金圣主要竞品芙蓉王、双喜均为负增长，1－10月同比分别下降0.1%和10.9%，利群同比增长6.2%，增幅排名全省第八。

【突出省产新品培育】 2015年，全市烟草系统精心开展省产烟“创新提质”百日宣传促销活动，倾力打造新增长点。组织召开150场客户座谈会、161场现场品吸会和376户终端示范引导，全面加强省产烟、金圣烟宣传，全力做好金圣升级版、大红运庐山以及滕王阁、瑞香系列上市宣传促销和新品培育工作，努力做到稳住老规格，抓住增长点，提高上柜率，扩大铺货面，在确保价格坚挺的基础上提高动销率。

【调整修改年度工作业绩考核办法】 2015年，市烟草专卖局突出三大业绩指标，调整修改年度工作业绩考核办法，营造“马场赛马”的浓厚氛围。充分发挥考核机制“指挥棒”的作用，根据新形势要求，及时调整修改年度经济运行综合工作业绩考核办法，将原有10多项综合业绩考核指标精简为3大主要业绩指标（即：金圣、省产烟和总销量）。绩效工资全额挂勾考核，并结合各单位实际设定不同档次分值奖励，总体挂钩比例为金圣、省产烟、总销量5:3:2，进一步加大金圣烟、省产烟考核权重，激励各单位努力解决好发展短板问题。考核结果按月兑现，不仅与班子成员挂钩还与全员挂钩，有效将压力和活力逐级传导至每一位员工，切实增强全员工作责任心和紧迫感，调动全员工作积极性、主动性和创造性。

【专卖管理】 2015年，抚州市烟草系统突出监管实效，扎实推进市场检查方式转型，加大打假破网、案件查办力度，全年共查获各类违法违规案件887起，同比增长16.71%，查处五万元以上大要案件63起，同比增长80%，其中本地大要案件40起，同比增长122.22%；查处“两小”案件310起，同比增长91.35%。查处各类违规卷烟5.1万条，其中外市码段卷烟9843条，同比增长75.32%。被外单位查处外流卷烟数量4228.5条，同比下降74.8%。正在经营网络案件8起（其中4起为国标制售假烟网络案件），共判刑13人，逮捕5人，刑拘18人。一是突出本地案件查处，全面推进专卖精实监管。坚持以本地市场为主、以本地案件为主、以日常监管为主，采取错时错位、交叉检查、明查暗访、隐形检查方式，加大对辖区市场违法违规经营活动的精准查处，全面净化辖区卷烟市场，为卷烟销售“保驾护航、保健护理”。突出监管重点，将市场日常检查从注重频率向注重实效转变，由定期例行检查向重点精准检查转变，大幅压缩重点监管户违法空间，迫使其守法经营。全市外市码段、“两小”案件查处数量大幅增加，改变过去查处案值小、查获卷烟数量小的面貌。二是加强市县两级联合，积极开展市场整治行动。抽调专卖骨干，联合公安及各县级局执法力量在全市范围内开展35次卷烟市场专项整治行动，共出动人员220余人次，依法查获各类案件32起，其中，5万元大要案1起，3万元大要案1起，“两小”案18起，一般案件12起。查获各类违法卷烟730余条，涉案金额高达30万余元。三是提高案件经营能力，保持打假破网高压态势。健全完善与公安、检察院等部门联合办案工作机制，依法加大刑事打击力度，加强网络案件督导、协调和经营力度，认真梳理案件信息，深挖细掘摸清来龙去脉，狠抓案件重点环节分析研究，根据案件进度网络树型图，制定有针对性的攻坚措施，为公安侦破提供有力信息支撑，严厉打击利用互联网平台销售走私烟、雪茄烟等非法经营的行为，有效震慑涉烟不法分子，有力维护卷烟市场经营良好秩序。

【科技创新】 2015年，抚州烟草系统按照“建体系、推人才、出成果”的工作思路，稳步推进科技创新，推动科技成果转化。开展各类科研项目31项、烟叶田间实验项目73个、QC小组活动41项。其中2个科研项目通过江西省烟草专卖局（公司）成果鉴定，荣获省烟草专卖局科技进步一等奖1项、三等奖1项，优秀QC成果发布行业二等奖1项、全省系统一等奖1项、三等奖1项，获实用新型专利授权1项、公开发明专利2项，发表论文37篇，科技创新水平进一步提高。

【队伍建设】 2015年，抚州烟草系统深入开展“三严三实”专题教育，狠抓问题整改落实；认真落实“两个责任”，严格执行八项规定，坚持挺纪在前、压实责任，立明规矩、破潜规则。制订县级局班子和科级干部选拔、管理实施方案，旗帜鲜明地选贤任能，选拔提任的干部得到一致认可。加强作风建设，强化执纪问责，全年查处违规违纪行为为2起，处理7人，同比减少56%。积极开展多种形式员工培训，组织开展丰富多彩的文体活动，成功举办首届职工运动会，员工队伍整体综合素质进一步提高，全市烟草系统风清气正、心齐气顺、团结向上的精神风貌越来越好。

（宁 俊 郑琼珊）

【市烟草专卖局（公司）领导名录】

局长（经理）、党组书记：熊尚彬

副局长（副经理）：徐明发（任至7月）

副经理：何福荣（任至7月）

熊体科（8月任）

万应发 周华凤（5月任）

纪检组长：黄文胜

副局长：邓 雄（5月任）

## 食盐经营

【概况】 2015年，江西省盐业集团公司抚州公司面对食盐专营形势错综复杂，支撑发展要素条件发生变化，体制改革处于结构调整阵痛期的局面，以科学发展观为指导，统一思想、树立信心、转变观念、主动适应改制，认真履行食盐专营职责，依靠整体力量，实现年度盈利创历史最高水平的经营效益。全年购进各类盐产品12946吨，实际销售完成12383.3吨。其中，小包装盐完成9472.8吨。多品盐的计划1400吨，实际完成1483.9吨，完成年计划105.99%。

【食盐经营】 2015年，市盐业公司务实有序拓展新品种盐上市工作，年初即向全市各销售单位部门下发关于多品盐上市工作安排的通知，通知中对多品种食盐上市的目标、任务、时间节点及推广营销策略进行详细分解、说明，要求各单位部门要根据市场动销，优胜劣汰，扩大多品种盐市场份额，提升公司盈利增长点。公司对内强化盐品质量管理，规范操作流程，细化盐品运销各个环节，确保包括新品盐在内所有盐品的完整、干净、卫生。加强客户服务管理，原则上尽量满足经销商及消费者的合理诉求。二季度开始，在市广播电视台、抚州日报等主流媒体的黄金时间段及重要版面宣传包括食用低钠盐在内的多品种盐宣传。在“5·15食盐加碘防治碘缺乏危害宣传日”中，市盐业公司联合市疾控中心、市卫生局、市工商局、市公安局等单位设立多品种宣传咨询台，向消费者详细介绍多品种盐上市的目标、作用及功效。此外，针对金溪、资溪和宜黄三县销售下滑，网络建设不尽扎实的情况，5月份成立金溪（资溪）配送部，7月份成立宜黄配送部，通过一段时间的运作，食盐销售明显好转。

【食盐监管】 “食盐专营、利国利民”是我国目前仍实行的一项国策，然而小工业用盐饲料用盐市场的解禁及省级边界食盐市场的不安定，给抚州市食盐市场监管带来不稳定的因素。省内假小包装盐的发现、盐业违法行为的增加更给抚州盐政执法工作敲响警钟。按照3月份江西省盐业市场监管研讨会上提出的“守住小工业用盐饲料用盐外围阵地、巩固小包装盐核心阵地”的具体要求,抚州市盐务局联合市公安局、市疾控中心开展一系列宣传、稽查活动。全年全市共出动执法人员6000多人次。并且两度与市公安局、市食品安全办联合下发关于强化食盐市场安全监管文件,进一步巩固“政府领导、部门协调、群众参与”的市场管理机制。

【非盐销售】 2015年,市盐业公司经营酒类、食用油、大米、调味品、洗涤用品、方便面等7大类二三十个品种。非盐经营实际完成2009.28万元,全年累计实现毛利润134.7万元,毛利率6.7%,比2014年增长66.3%;6月底,公司组织多名客户经理赴九江公司参加赣北大区营销培训,增强怎样做一名合格的营销人员的认识及提升对联盟连锁工作等知识。7月,下发《客户经理营销规范管理办法》,加强客户经理服务意识,明确客户经理工作目标和努力方向。9月,公司从内部中层选聘联盟连锁区域经理,负责全市的联盟连锁和渠道建设工作。至年底,全市各县(区)联盟连锁店总数达56家,为非盐目标任务的达成奠定基础。

【党群工作】 2015年,市盐业公司党总支以提高党组织的凝聚力为核心,以干部员工最关心的盐业体制改革和今后企业前途命运问题为切入点,注重落实上级的相关工作安排。10月,召开全市盐业改制工作会议,成立抚州市盐业公司改制领导小组,负责全市改制重组期间的安全与和谐稳定工作。要求改制领导小组成员对所辖单位部门人员深入进行调查摸底,排查影响安全的隐患,并及时做好宣传引导工作。号召全体党员干部要认真贯彻落实江西省盐业集团公司相关文件精神,坚定不移地支持改制,保障改制工作顺利展开。经过公司全体干职工的共同努力,改制工作按期推进。

(张亚琼)

【市盐业公司(盐务局)领导名录】
总经理(局长):黄腾文
书记:彭敏峰
副经理:梁晓林　吴鲁江　朱华伟

## 石油经营

【概况】 2015年,中石化抚州分公司围绕年初江西省石油公司工作会议精神,努力完成各项经营任务,全年完成成品油销售总量47.52万吨,其中,零售量42.34万吨;直分销5.18万吨;天然气销售376.86万方;非油品营业额8479.98万元;主营业务收入28.58亿,上缴税金4220万元;全年未发生上报等级事故。2015年,公司被省公司评为“经营管理、财务管理、网络发展、信息管理、竞赛和技术比武”等5个方面先进单位称号,获得省公司“比学赶帮超”工作红旗21面,荣获省公司“比学赶帮超”工作标杆单位;员工薪酬小幅增长,其中一线劳务工增幅高于公司平均水平,公司连续七年荣获江西省劳动保障诚信等级“AAA”级单位。

【提升经营质量】 2015年中石化抚州分公司灵活经营,多措并举,提高经营总量。一是积极开展“多卖一吨油”“油非互促”“加油卡电子券”等主题活动,激发员工爱岗敬业的热情,加强基础管理,提高服务质量;二是突破瓶颈抢占直销市场;三是通过油非互促、卡非互动等各种营销手段,提高成品油零售销量和“易捷”便利店商品销售额。

【提高管理水平】 2015年,公司深入挖潜增效,提升综合管理水平。一是加大费用管理。加强月度计划的精确度,各费用归口管理部门每月对使用费用做好计划预算,强化预算对费用管理的引导作用,全年公务性支出节约预算5%。其他费用支出也有不同程度节约,降费增效取得明显效果;二是盘活闲置资产。对外出租17338.69平方米,租金收入24.29万元,同比增长28%;三是严把数质量入库关,每批次自采油品严格分析化验,不合格的坚决不收;四是倾情人文关怀,保障职工利益。本着“真困难真帮助”的原则,为163位符合条件的协解人员申报两险帮扶,帮扶金额105万余元。为189人办理协解退休人员生活支助,帮扶金额80万余元;五是开展多种形式的培训,目前一线员工持证比例达82%,现有技师24人,高级技师8人。

【从严安全管理】 2015年中石化抚州分公司始终坚持“三保、两防、一禁”的总体思路,稳步推进“安全隐患整改年”项目的实施,扎实推进安全生产工作。一是加大学习力度。组织学习“茂名石化出实招下狠劲抓安全生产”,在油库班组和加油站展开讨论,纠正全员在安全思维上的偏差;二是结合新《中华人民共和国安全生产法》的要求,及时修订和完善本单位QHSE责任制,落实“有岗必有责、上岗必担责”的安全责任;三是加大隐患整改力度,全年共查找隐患328个,整改320个,落实控制措施328条;四是开展各类应急预案演练900余场,使安全理念深入人心;五是有序推进“油库、加油站安全标准化”验收工作。

【突出网络发展】 2015年,按照省公司发展思路,抚州分公司转变投资方式,注重投资回报,积极探索实行“蓝海战略”,瞄准重点区域、重点网点,真正意义上主导成品油竞争市场。一是加强与市、县两级政府关系的沟通,配合政府部门制定“十三五”规划,争取到有利的规划布点;二是加快推进项目建设;三是继续落实好油气回收改造,完成加油站油气回收改造项目67座。

(中石化抚州分公司办公室)

【中石化抚州分公司领导名录】
经　理:周文胜
书　记:程少明
副经理:刘　宁

本栏编辑　汪　洋

# 市场建设·招商引资

## 商品市场

2015年抚州市社会消费品零售总额428.20亿元,增长9.4%。分城乡看:城镇消费品市场实现零售额348.38亿元,增长9.2%;乡村消费品市场实现零售额79.82亿元,增长9.9%。分行业看,批发和零售业是社会消费品零售市场的主导力量,实现零售额378.47亿元,增长9.0%,占全市社会消费品零售总额的88.4%;住宿和餐饮业零售额49.73亿元,增长12.1%。

## 电子商务

【概况】 2015年,市商务局引导企业和个人开展电子商务活动。培育扶持亿企通、东鑫电子商务园等电商载体和综合服务企业,大力支持乐美电商等有特色、有前景的电商平台企业做大做强。全市63.5%以上的生产企业均开辟网站、开展电商。

【省级电子商务示范项目】 除2014年尚丞商贸、冠莲食品2家电商企业获得省级电子商务示范企业和黎川县东鑫电子商务园被授予全省第二批电子商务示范基地及黎川县被授予省级电子商务进农村综合示范县外,2015年,又有江西伟尔马伦服饰有限公司、江西美尔丝瓜络有限公司2家电商企业获得省级电子商务示范企业称号,东乡的江西新龙国际物流有限公司正在创建省级电子商务示范基地。

(龚　岐)

## 人力资源市场

【概况】 2015年,抚州市人力资源市场紧紧围绕市委、市政府"绿色崛起、跨越发展"的决策部署,以信息化为引领、以改革为动力,以服务园区企业用工为抓手,积极组织举办招聘大会,采取就业直通车、送岗下乡进村、送岗进高校、就业招聘进(街道)社区等多种形式,为求职者和用工企业搭建用工服务平台。全年帮助园区企业招聘员工2.9万人,较好地满足园区企业的用工需求。

【2015"欢乐春节家乡行"】 全市累计开展各项招聘活动135场(次),组织企业496家,其中工业园区缺工企业457家参加现场招聘;提供就业岗位3.77万余个,其中工业园区企业岗位3.52万个;现场参加应聘人员19万人(次),初步达成就业意向3.4万人,其中已签订就业协议的1.3万人,累计发放宣传资料53万份。市本级(含临川区、抚州高新区),开展各项招聘活动27场(次),组织企业87家,其中工业园区缺工企业85家参加现场招聘;提供就业岗位4900余个,其中工业园区企业岗位4500个;现场参加应聘人员5万余人(次),初步达成就业意向1.32万人,正式签订就业协议的0.4万人。

【"春风行动"与就业援助】 以"送信息、送政策、送技能、送温暖"四送服务为手段,开展就业援助月活动,以"三送二调查一调度"为重点,开展"春风行动",帮扶和促进就业困难人员和农村劳动力实现就业。活动期间,全市共组织召开各类招聘洽谈会142场,市内和工业园区企业467家、市外企业47家开展现场招聘活动,提供就业岗位3.96万多个,其中,适合就业困难人员就业岗位800余个,有2.6万余农民工实现就地就近转移就业,帮助1102人就业困难人员实现就业,为4432人免费提供劳动维权服务和法律援助,帮助就业困难人员落实各项补贴资金417.64万元,认定零就业家庭3户,帮助零就业家庭成员实现就业3人。

【民营企业招聘】 联合教育、总工会、工商联组织实施大型民营企业招聘活动。活动期间组织开展各类专场招聘会27场,入场企业达496家,提供用工岗位2.1万余个,签订就业协议8973人。

【高校毕业生就业和网络招聘】 举办高校毕业生就业专项招聘会16场,提供就业岗位6525余个,达成就业意向3350人。同时,在抚州人才网、抚州就业信息网发布高校毕业生求职服务信息,并与省厅"离校未就业高校毕业生就业创业一键通服务平台"链接,实现省、市高校毕业生服务网站的相互联通,据统计,抚州市工业园区企业通过一键通服务平台和各类招聘专项活动,招收到高校毕业生247人,其中,应届高校毕业生51人,职业见习成功对接24人,其中,2015届高校毕业生12人。

(赵　辉)

## 赣东人才市场

【概况】 2015年,江西赣东人才市

场(抚州市人才服务中心)充分利用省级人才市场优势,坚持以科学发展观为指导,大力开发和合理配置人才资源,以高效、优质的服务,为全市经济和社会发展提供有力的人才保障和智力支持。在为企、事业单位招聘人才、人才择业、高校毕业生就业、企业人才咨询及流动人员人事档案管理等方面做了大量工作,人才服务水平、服务质量均有进一步提高。抚州人才网在抚州人才招聘网站中一直名列前茅,唱响省级人才市场的品牌。

【信息型人才服务】 一是实现流动人员档案信息网络管理。接收高校毕业生、各类人才档案2270份,为2026名高校毕业生及各类人才办理了档案管理手续。开具档案接收及商调函件1173件,提供档案查借阅服务、开具档案相关证明材料821人次。办理档案材料及人事关系转出645件,办理党组织关系转接39人次。录入档案管理系统及抚州人才网档案信息共计3976条。二是网络招聘与现场招聘齐头并进。提升抚州人才网点击率,日均浏览量已达到718次。积极发展企业网络高级会员3家,网络注册个人会员668人,2015年举办12场日常招聘会和7场大型招聘会。三是利用信息平台提升影响力。完善企业QQ群的服务与管理,企业管理群内人数186人,其中有企业130多家。开通短信平台,及时向企业会员和个人会员发布招聘信息。四是筹建人才招聘数据库。入库用人单位106家,求职者885人。为用人企业推荐数据库人才239人次,达成就业意向的92人次。为求职者推荐就业岗位319人次,达成就业意向的35人次。

【主动型人才服务】 开展"进园区、进高校"活动,把工业园区和高校作为人才服务的落脚点。一是主动加强与工业园区和行业主管部门的合作。6月4日,走访在园区新落户的企业江西德义半导体科技有限公司,就企业在人才招聘中遇到的实际困难进行分析和指导。有企业反映在建设过程中发生一起工伤事故,赣东人才市场便积极协调医保部门启动工伤调查工作。6月17日,深入广昌工业园区,走访江西志特现代建筑公司、江西鑫瑞动物医药有限公司等企业。并在工业园区现场召开座谈会,与县人社部门、园区负责人、企业代表一起交流。8月4号和11号分别走访市工业园区的物流公司和快递公司;二是主动适应市场需求加大人才培养。会同市建设局于4月14—20日在西安建筑科技大学举办"江西省抚州市2015年建筑业高管专题研修班",共有70位来自来自市内建筑施工企业高管和市、县(区)建筑行业管理人员参加为期7天的培训。此次专题研修班,是继上海同济大学、北京清华大学、重庆大学后,抚州市连续举办的第四期研修班。

(赵　辉)

## 土地市场

【概况】 2015年,全市共出让土地740.21公顷,同比增长73.09%,其中经营性用地238.22公顷,增长39.75%,工业用地484.25公顷,增长87.77%;经营性用地成交单价2383.05万元/公顷(即158.8万元/亩),增长23.26%,工业用地成交单价116.91万元/公顷(即7.79万元/亩),增长24.08%。

【土地出让收入】 2015年,全市全年成交土地使用权304宗,面积共740.21公顷,成交价款共63.03亿元。其中经营性用地111宗,面积238.22公顷,成交价款56.77亿元,工业用地182宗,面积484.25公顷,成交价款5.66亿元。市本级共出让土地4宗,成交价款1.5629亿元。

【土地调控与供应】 增强政府调控城市建设用地的能力,根据土地利用总体规划、城市总体规划和控详规模、城市建设的要求和土地供求等情况,科学制定土地收储计划,合理划定土地收储范围,依法有序进行土地收储,确保全市各类用地的有效供应,保持房地产市场健康稳定的发展,积极做好市直国有企业改制工作中涉及的土地资产处置工作,盘活改制企业土地资产,提高土地效益。2015年,市本级共收储土地135.65公顷。

(朱路遥)

## 房地产市场

【概况】 2015年,市房管局一是积极为市委市政府献计献策。为认真贯彻落实国家和省出台的房地产市场调控政策,促进抚州市房地产市场健康发展。市房管局拟定的《关于促进中心城区房地产市场平稳健康发展的实施意见》经市委市政府研究通过,于2015年5月22日正式下发执行。二是加强商品房预售许可审批。严格按照《城市商品房预售管理办法》的规定,审批核发商品房预售许可证,及时将批准的预售信息、可售楼盘及房源信息在房地产信息网上予以公示,做到公开透明。三是打通棚户区改造货币化、市场化安置通道。引导和鼓励被征收人购买商品房进行安置,进一步提高棚户区改造的货币化、市场化安置补偿标准。在落实原有的评估补偿标准和奖励费、补助费基础上,走出市场化安置的新路子,对在市中心城区购买商品房的安置户,再给予被征收房屋市场评估价10%(不含装修)的购房补贴。四是积极协调金融信贷政策落实。多次与市各商业银行就执行国家统一的住房贷款政策情况进行跟踪,及时收集和反馈房地产金融政策执行情况。从年内全市房地产形势看,商品房销售备案逐步回暖,销售均价保持稳定,二手房交易呈现回暖态势。

【房地产交易】 2015年1—10月,全市商品房销售备案面积291.04万平方米,同比增长15.04%;其中,住宅销售备案面积264.75万平方米,同比增长12.59%。商品房销售备案套数27430套,同比增长9.69%;其中住宅销售备案套数23348套,同比增长10.6%。全市商品住房销售备案均价4384元/平方米,同比减少3.63%;其中,中心城区商品住房销售备案均价5050元/平方米,同比减少3.96%。全市二手房交易面积82.1万平方米,同比增长43.36%;交易6102宗,同比增长23.45%。市中心城区二手房交易面积30.55万平方米,同比增长84.15%。二手房交易1983宗,同比增长27.52%。

(市房管局)

## 招商引资

【概况】 2015年,抚州市着力推进重点产业招大引强,全面促进产业升级。一是深入推进重点产业招商。要求各县(区)围绕2~3个特色产业制订招大引强方案,着力引进重点产业骨干企业和上下游配套项目。二是大力招引现代服务业。进一步推进旅游、商贸、现代物流、电子商务、健康养老等现代服务产业对外开放,全年力争引进投资5亿元现代服务业项目15个;三是大力开展现代农业招商。以发展现代农业为目标,不断推进农业转型升级,重点招引高效规模种养业、农产品精深加工业、休闲观光农业、特色农产品物流业项目。四是推动优质项目扩大投资。围绕已落户的主导产业3亿元以上规模以上企业,全年力争推进40个投资3亿元以上项目实际进资占总投资40%以上。围绕"经济效益好、科技含量高、创税能力强"的重大项目,着力推动企业扩大投资,增加生产线,全年力争推进10个投资10亿元以上项目扩大投资。

着力改进招商引资方式。一是切实加大对外招商力度。抓住沿海发达地区正在产业转型升级的契机,结合生物医药、汽车及零配件、电子信息、绿色食品等主导产业,引进一些重大工业、农业项目,促使全市形成1~2个百亿产值的产业集群。二是组织实施产业招商、精准招商。围绕中国光彩事业抚州(广昌)行活动,突出抓好北京、泉州、温州、上海、东莞、杭州、宁波等地重大招商活动,围绕工业、现代服务业、旅游业以及现代农业,精准对接一批重大客商,洽谈推进一批重大项目,确保全年签约1500亿元。

【重要招商活动】 2015年,抚州市围绕开展光彩事业抚州(广昌)行主题活动,精心组织重大招商活动,分别在抚州、北京、泉州、东莞、台湾、杭州、上海等地举办10场专题招商活动,签约项目135个,签约总额890.9亿元,取得良好成效。此外,还参加江西省"民企入赣"系列招商活动8场,共签约项目43个,签约总额230.54亿元。

【外资利用】 2015年,抚州市高度重视利用外资工作,把引进大企业、大项目作为利用外资的主要目标,着重抓好重大外资项目的引进,签约一批重大外资项目。如大唐发电、添光钛业、倍护公司等一大批外企进驻抚州市,法国国家电力公司与大唐国际合作投资12.89亿美元的大唐国际抚州发电有限公司一期工程已竣工发电;沙特科斯特公司投资1.76亿美元的江西钛业有限公司工业项目已完成6100万美元进资;投资6000万美元的江西千晶科技光能有限公司正在筹建中;正在洽谈的有倍护(中国)公司增资1亿欧元扩建。

【对外经济合作】 江西赣东路桥在埃塞俄比亚的奇达公路项目至2015年已完成近50%的工程进度。广昌的志特现代建筑科技有限公司在马来西亚投资兴办营销网点,临川区的银圣王洁具拟赴澳大利亚投资办企业,高新的嘉盛精密纺织拟赴美设立营销网点,正在办理境外投资备案等有关手续。

(龚 岐)

【市商务局领导名录】
局　　长:易光亮
党 委 书 记:王国荣
党委副书记:曾献军(任至11月)
副 局 长:尧水平 李璜兴
周润贵(任至9月)
裴民强 郭 俊
纪 委 书 记:胡 勇

本栏编辑 黄泽书

# 财政·税收

## 财政管理

【概况】 2015年是“十二五”规划实施的收官之年，也是深化财税改革、应对经济新常态的重要一年。抚州市财政部门紧紧围绕市委、市政府决策部署，凝心聚力、主动作为、开拓进取、扎实工作，有效克服国外经济形势复杂多变、国内经济下行趋势明显、政策性减收和刚性支出增多等诸多不利因素影响，圆满完成各项财政工作任务，取得显著的工作成效，并连续获江西省文明单位等称号。

【全市财政运行态势良好】 2015年全市财政总收入完成165.2亿元，同比增长10.1%，继续保持“两位数”增长，占经市政府调整收入任务的100%；税收收入完成139.8亿元，同比增长12%，税收财政总收入的比重为84.6%，同比提高1.4个百分点，高于全省平均水平6.1个百分点，全省排位由2014年的第5位上升到第2位，创撤地设市以来在全省最好水平；公共财政预算支出完成294.3亿元，同比增长15.1%；市本级财政收入完成22.5亿元，同比增长15.9%，高于县(区)平均增幅7.6个百分点，首次在增幅上超过县(区)；县级财政总收入完成130亿元，同比增长8.3%，实现县县收入超6亿元，其中临川区财政收入首超20亿元，超20亿元县2个，金溪县财政收入首超10亿元，超10亿元县8个。

【民生重点支出保障有力】 全市公共财政预算支出中用于教育、社会保障和就业、医疗卫生、农林水事业、节能环保等涉及民生方面的支出196.8亿元，同比增长13.9%，占财政支出比重66.9%，实现新增财力向民生领域倾斜；全市“一卡通”发放惠农资金17亿元，项目发放率和资金发放率分别为100%和97.7%，在全省综合排名列第3位，为全市开展“一卡通”发放工作以来在全省的最好排位；市本级重点项目资金保障有力。在加大资金统筹力度的基础上，市财政局将年节日集中付款转变为每月分散付款，确保在重点项目支付任务负担很重情况下，及时保障项目建设需要，得到市委、市政府领导充分肯定，也得到项目和施工单位的一致好评。

【财源建设力度持续加大】 2015年，市本级筹集3亿元资金设立产业发展引导基金，为下一步支持产业结构调整、助力新经济、新业态发展，服务经济赶超发展打下基础。同时，各县(区)积极谋划设立产业发展基金，财政支持产业结构调整和发展的力度逐步加强；在全省首创“过桥贷款”服务模式。2015年市本级利用搭桥贷款平台，帮助市本级企业提供过桥贷款7.8亿元，同比增长254.5%，为企业降低融资成本2000多万元；全市“财园信贷通”工作进入全省前列。2015年全市全面推开“财园信贷通”工作，帮助694户企业获得新增发放贷款29.4亿元，完成省财政厅下达任务数的103%，成为全省少数几个完成目标任务的设区市；加大“惠农信贷通”工作力度，帮助全市新型农业经营组织争取贷款4.4亿元；全市完成财政信用新增担保贷款9.6亿元，占省财政厅下达任务数的267.6%，新增发放小额担保贷款9.8亿元，占省财政厅下达任务数的106.8%，有力支持大众创业、万众创新，有效缓解企业融资难、融资贵问题。

【跑项争资工作不断增强】 2015年，通过积极跑项争资，抚州市共争取上级转移支付资金160.4亿元，同比增长20.1%，其中争取新增中央、省级均衡性转移支付6.1亿元，占全省50亿元的12.2%，争取省级区域发展资金2亿元，占全省12亿元的1/6；全市争取地方政府债券资金55.4亿元，其中存量债务置换债券资金39.3亿元，新增债券资金16.1亿元，减少利息支出约1.5亿元，较好地缓解全市偿债压力和债务风险；在省财政厅压缩往来资金的情况下，市本级省财政往来资金年末余额仍然达到4.7亿元，其中3亿元是超调资金，增强市本级国库支付能力。

【税收征管信息平台启动】 2015年，由财政牵头的市本级财税征管信息共享平台建设工作于7月份完成并正式开通上线，部分县(区)也完成平台建设。至年底，市国税、地税通过市本级平台累计查补漏税3亿元，为税务部门完成全年税收任务起到重要的保障作用，其中市国税完成7.1亿元，超任务1.3亿元，市地税完成11.9亿元，超任务1.6亿元。

【财政改革工作成效显著】 抚州市公务消费“一体化”监管改革工作继续走在全省前列。2015年6—7月，省委书记和省长先后到抚州市考察调研公务消费“一体化”改革工作，对抚州的改革工作给予充分肯定，并专门召开省委常委会，要求在全省推广抚州经验。省财政厅将抚州市公务消费改革树为样板在全省推广；廉政风险科技防控平台试点建设进展顺利。作为市直该平台两个试点单位之一，市财政局开发"以预算控制为龙头、以支出标准为依据、以预警监督为手段、以互控制衡为目标"的财政风险科技防控平台，可达到既对预算单位财政支出有效监督、又实现对财政局内部科室之间权力运行有效监控的目的；在2015年全国表彰江西的15个财政绩效评价工作先进县（区）中，抚州市南城、崇仁、金溪、广昌和东乡5个县受到表彰，占全省的1/3，全面逆转抚州市第1次被省财政厅约谈的县（区）占全省1/3的不利局面，且每个县获得奖励500万元。

（邱　磊）

【市财政局领导名录】
党组书记、局长：伍　鹏
党组成员、调研员：魏建新　刘金跃
党组成员、副局长：刘武奎　陆中和　龚升平
党组成员、副调研员：张福兰（任至5月）　章耀华
副局长：夏小青
党组成员、总会计师：黄文祥
党组成员、国库支付局长：敖亚明
党组成员、非税管理局长：艾文茂
市投融资中心副主任：涂时昌
副调研员、机关党委书记：王剑光

## 国家税收

【概况】　2015年，抚州市国税系统在省国税局和市委、市政府的正确领导下，积极应对各种困难和挑战，齐心协力、扎实工作，较好地完成各项工作任务。

【服务经济促发展】　2015年，抚州市国税系统组织各项税收收入58.08亿元，同比增长10.2％，完成省国税局计划的100.1％；其中财政口径收入54.14亿元，同比增长11％，完成市政府计划的100％，圆满完成双口径收入任务，为全市财政增收和经济发展作出积极贡献。以深化税收分析为先导抓实组织收入，制定下发《抚州市国税局税收分析工作制度》。按季对税收经济与征管质量进行合并分析，建立两者联席会议制度。加强重点税源监控工作，推行重点税源监控企业网上直报制度。认真开展专项分析调研，多篇调研报告被评为全省优秀调研文章。出台全力服务高新区发展升级的意见30条，围绕抚州经济发展积极建言献策，得到市委、市政府主要领导批示肯定。

【依法治税防风险】　2015年，抚州市国税局认真贯彻落实《江西省国家税务局关于全面推进依法治税的实施意见》，积极推进法治税务示范基地建设，推行税收执法权力清单制度。深化行政审批制度改革，取消行政审批项目6项，认真开展税收执法督察工作。制订《抚州市国税局税收风险管理2015年工作计划》，选拔56名业务能手组成风险评估小组。加大风险管理定期督导力度，统筹安排评估任务，全年评估查补税款及滞纳金6854.15万元。加大稽查案件查处力度，全年共组织稽查收入1.28亿元，同比增长26.7％。大力推进《国地税合作规范1.0版》落地，与市地税局、市财政局共同创建"抚州综合治税平台"，深入推进营业执照、组织机构代码与税务登记三证合一工作。

【强化征管提质效】　2015年，市国税局联合市地税局提请市政府批转下发税源清查实施方案，在全市范围开展税源清查。做好"营改增"扩围准备，主动掌握第一手资料。制定《抚州市货物运输服务税收管理办法》，进一步加强货物运输企业增值税管理，在江西省率先开展《货物运输信息管理系统》试点。加强重点行业、重点企业所得税管理，强化非居民企业税收管理，加强车辆购置税征收管理，推进4S店车辆购置税网上申报系统。认真开展金税三期综合网管系统的上线调试及试运行，全面铺开金税三期优化版升级工程。开展"网络安全周"活动，进一步提高网络信息安全系数。做好各大税收业务类应用系统运行维护工作，开展增值税发票系统升级版推行工作。

【创新手段优服务】　2015年，抚州市国税局联合市地税局、市农商银行在江西省率先推出"税贷通"项目，得到省长鹿心社、市委书记肖毅等领导的批示肯定。制定下发《纳税服务规范2.0版实施方案》，开展全市国税系统纳税服务规范知识竞赛。逐步完善涉税业务"先办后审"，不断提高纳税人税法遵从度和纳税服务满意度。制定下发《抚州市国家税务局关于进一步加强办税服务场所管理的通知》，按季开展办税服务厅视频监控抽查工作，加大星级办税服务厅建设力度。

【狠抓勤廉严作风】　2015年，市国税局成立"三严三实"专题教育领导小组，制定专题教育方案，全面开展"三严三实"专题教育活动。市国税局主要负责人率先为全系统干部职工上专题党课，举办"传递正能量，弘扬好传统"勤廉事迹专题报告会，认真开展批评和自我批评，精心组织召开班子民主生活会。深入推进"四进四联四帮"活动，认真做好对广昌县尖峰乡东坪村大塅村小组精准扶贫工作，被市委组织部树立为样板单位。召开党风廉政建设工作会议，严格落实市国税局党组的主体责任和纪检监察部门的监督责任。开展纪律讲堂活动，学习新修订的一准则和两条例。落实领导干部重大事项报告制度，完成领导干部廉政档案归档工作。完善内控机制建设，加大重点岗位监督管理。深入开展"红包"问题专项治理，全市国税系统干部全部签订承诺书，认真开展自查，并接受社会和广大纳税人监督。深入开展领导干部违规插手干预工程项目问题专项治理，全市国税系统203名领导干部进行自查，未发现违纪违规行为。

【以人为本带队伍】　2015年，市国税局出台《抚州市国税系统思想政治工作实施意见》和《2015年全市国税系统党建和思想政治工作要点》，全面加强思想政治建设。开展"服务型基层党组织""优秀党务工作者"和"优秀共产党员"评选表彰活动，举办全市国税系统基层党组织书记培训班，基层党的建设得到进一步加强。举办全市国税系统科级领导干部能力提升和更新知识培训班，开展县（区）局领导班子副职后备干部推荐选拔工作，启动税收专业化人才培养工程。在全市国税系统挑选100名成员组建税收宣传调研骨干小组，对《抚州国税》进行复刊。

加强网络学院管理和考核，系统学习成绩在全省靠前。积极开展精神文明创建活动，市局机关顺利通过“全国文明单位”荣誉称号复核，市国税局在全市宣传工作会议作文明创建工作典型发言。开展“身边好人榜”评选发布工作，组织参加大合唱比赛，积极筹备抚州市国税局文化展厅建设，“崇学、尚法、弘和、善为”——新时期抚州国税理念应运而生。

【着眼规范强管理】 2015 年，市国税局在全市国税系统广泛开展“听民声，问民计，汇民智——我为抚州国税发展建言献策”活动，共征集到意见建议 534 条。推进绩效管理，坚持抓关键、明导向、减负担，结合工作实际调整细化绩效管理办法和考评指标体系，建立月、季、年运行机制。规范绩效管理信息系统操作，举办绩效管理信息系统操作培训，坚持按月考评，逐月通报，对考评中发现的问题不遮掩、不护短。组织开展在职人员人事档案的整理、改版和审核，认真落实职务和职级并行制度，做好规范津补贴工作。严格财经纪律，加强预算控制，进一步规范经费审批手续和权限。全面落实离退休干部的政治、生活待遇。加强涉税舆情管理、市国税局连续 10 年被评为全市综合治理工作先进单位。

（朱雪峰）

## 全市国地税联合评定 2015 年度企业纳税信用等级名单一览表

表 22－1

| 纳税人识别号 | 纳税人名称 | 主管税务机关 |
|---|---|---|
| 361001716596815 | 中国石化销售有限公司江西抚州石油分公司 | 抚州市地方税务局直属局 |
| 361001794786315 | 中电投江西电力有限公司廖坊水电厂 | 抚州市地方税务局直属局 |
| 361001748502641 | 国网江西抚州市高新技术产业园区供电有限责任公司 | 抚州市地方税务局直属局 |
| 361001756778648 | 中国电信股份有限公司抚州分公司 | 抚州市地方税务局直属局 |
| 361001669782622 | 江西抚州长运有限公司 | 抚州市地方税务局直属局 |
| 91361000741966005B | 中国移动通信集团江西有限公司抚州分公司 | 抚州市地方税务局直属局 |
| 361001060757152 | 抚州农村商业银行股份有限公司 | 抚州市地方税务局直属局 |
| 361001162588433 | 中国工商银行股份有限公司抚州分行 | 抚州市地方税务局直属局 |
| 361001696077136 | 九江银行股份有限公司抚州分行 | 抚州市地方税务局直属局 |
| 913610007542207123 | 大亚木业（江西）有限公司 | 抚州市地方税务局直属局 |
| 91361000162581645Q | 江西省烟草公司抚州市公司 | 抚州市地方税务局直属局 |
| 361001763397229 | 抚州市宝洋纺织品有限公司 | 抚州市地方税务局直属局 |
| 361001736381627 | 抚州华润燃气有限公司 | 抚州市地方税务局直属局 |
| 361001492611501 | 中国邮政集团公司抚州市分公司 | 抚州市地方税务局直属局 |
| 361001862582200 | 中国农业银行股份有限公司抚州分行 | 抚州市地方税务局直属局 |
| 361003612440795 | 江西江铃集团轻型汽车有限公司 | 抚州高新技术产业园区地方税务局 |
| 91361000705517894M | 江西江铃底盘股份有限公司 | 抚州高新技术产业园区地方税务局 |
| 9136100374608487XE | 回音必集团抚州制药有限公司 | 抚州高新技术产业园区地方税务局 |
| 361003736358400 | 抚州市环球纺织有限公司 | 抚州高新技术产业园区地方税务局 |
| 361003727744350 | 江西恒和纺织有限公司 | 抚州高新技术产业园区地方税务局 |
| 36100374605139X | 江西邦和量具有限公司 | 抚州高新技术产业园区地方税务局 |
| 361003733934011 | 抚州市龙盛彩印包装有限公司 | 抚州高新技术产业园区地方税务局 |
| 361003733934089 | 江西东华机械有限责任公司 | 抚州高新技术产业园区地方税务局 |
| 361003162595633 | 抚州市临川工具厂 | 抚州高新技术产业园区地方税务局 |
| 361003754203920 | 江西东华纺织机械有限公司 | 抚州高新技术产业园区地方税务局 |

续表

| 纳税人识别号 | 纳税人名称 | 主管税务机关 |
| --- | --- | --- |
| 91361000748528032M | 抚州贝尔药品包装有限公司 | 抚州高新技术产业园区地方税务局 |
| 361003744290856 | 江西省群盛实业开发有限公司 | 抚州高新技术产业园区地方税务局 |
| 36100376979150X | 抚州市嘉庆机动车驾驶员培训有限公司 | 抚州高新技术产业园区地方税务局 |
| 361003672411988 | 抚州市金龙日用化妆品有限责任公司 | 抚州高新技术产业园区地方税务局 |
| 361003672407612 | 抚州市帅康电源材料有限公司 | 抚州高新技术产业园区地方税务局 |
| 36100356383691X | 抚州裕恒包装材料有限公司 | 抚州高新技术产业园区地方税务局 |
| 361003556048456 | 江西巨晟实业有限公司 | 抚州高新技术产业园区地方税务局 |
| 361003662016423 | 抚州长丰机械有限责任公司 | 抚州高新技术产业园区地方税务局 |
| 913610030544038410 | 江西汇仁集团医药科研营销有限公司抚州分公司 | 抚州高新技术产业园区地方税务局 |
| 361003672403443 | 抚州佳美钢结构置业有限公司 | 抚州高新技术产业园区地方税务局 |
| 361003685989789 | 抚州凯峰商贸有限公司 | 抚州高新技术产业园区地方税务局 |
| 361003794782509 | 抚州益华实业有限公司 | 抚州高新技术产业园区地方税务局 |
| 361003598854114 | 江西卓翰光电科技有限公司 | 抚州高新技术产业园区地方税务局 |
| 36100379475919X | 抚州市振兴教育后勤服务中心 | 抚州高新技术产业园区地方税务局 |
| 361003596535929 | 抚州市靖淞科技纱业有限公司 | 抚州高新技术产业园区地方税务局 |
| 361003792816816 | 抚州市华发纺织有限公司 | 抚州高新技术产业园区地方税务局 |
| 361003792849642 | 抚州伟星物业服务有限公司 | 抚州高新技术产业园区地方税务局 |
| 361003591810768 | 江西精派量具有限公司 | 抚州高新技术产业园区地方税务局 |
| 361003789733833 | 抚州市金纬房地产开发有限责任公司 | 抚州高新技术产业园区地方税务局 |
| 361003672407778 | 江西省德恒置业有限公司 | 抚州高新技术产业园区地方税务局 |
| 361003664790113 | 抚州市金巢开发区城西投资有限公司 | 抚州高新技术产业园区地方税务局 |
| 361003672415719 | 抚州市双菱磁性材料有限公司 | 抚州高新技术产业园区地方税务局 |
| 361003667487291 | 抚州汎港凯旋房地产开发有限公司 | 抚州高新技术产业园区地方税务局 |
| 36100366201919X | 江西鼎吉家俱有限公司 | 抚州高新技术产业园区地方税务局 |
| 361002162592264 | 抚州红狮水泥有限公司 | 临川区地方税务局 |
| 361002553514335 | 江西自立环保科技有限公司 | 临川区地方税务局 |
| 361002576135485 | 江西丰临医用器械有限公司 | 临川区地方税务局 |
| 361002672419971 | 江西恒力电池科技有限公司 | 临川区地方税务局 |
| 361002741965950 | 抚州华民康大药房连锁有限公司 | 临川区地方税务局 |
| 361021162643623 | 江西百神昌诺药业有限公司 | 南城县地方税务局 |
| 361021688546916 | 江西南城南方水泥有限公司 | 南城县地方税务局 |
| 361021581631416 | 江西豪普高科涂层织物有限公司 | 南城县地方税务局 |
| 361021781496706 | 南城县恒信锅业铸造厂 | 南城县地方税务局 |
| 361023705785901 | 国网江西南丰县供电有限责任公司 | 南丰县地方税务局 |
| 9136102372391675XE | 江西桔王药业有限公司 | 南丰县地方税务局 |

续表

| 纳税人识别号 | 纳税人名称 | 主管税务机关 |
|---|---|---|
| 361023162720190 | 抚州市烟草公司南丰分公司 | 南丰县地方税务局 |
| 361023672443648 | 江西隆昌生物能源科技有限公司 | 南丰县地方税务局 |
| 361022723907589 | 国网江西黎川县供电有限责任公司 | 黎川县地方税务局 |
| 36102469607754X | 江西宏特绝缘材料有限公司 | 崇仁县地方税务局 |
| 361024705794744 | 江西赣电电气有限公司 | 崇仁县地方税务局 |
| 361024778836319 | 江西万泰铝业有限公司 | 崇仁县地方税务局 |
| 361024795794074 | 江西成功房地产开发有限公司崇仁分公司 | 崇仁县地方税务局 |
| 91361024664778560K | 江西抚州国泰特种化工有限责任公司 | 崇仁县地方税务局 |
| 361024662044803 | 江西天行化工有限责任公司 | 崇仁县地方税务局 |
| 361024756798243 | 江西明正变电设备有限公司 | 崇仁县地方税务局 |
| 361024576116401 | 江西亚珀电气有限公司 | 崇仁县地方税务局 |
| 361024862763554 | 崇仁县农村信用合作联社 | 崇仁县地方税务局 |
| 361026693740641 | 江西洁美电子科技有限公司 | 宜黄县地方税务局 |
| 361026561097471 | 江西中宇塑业有限公司 | 宜黄县地方税务局 |
| 361026563820715 | 江西新恒丰塑业有限公司 | 宜黄县地方税务局 |
| 361026769757512 | 江西事达塑业有限公司 | 宜黄县地方税务局 |
| 361026769758574 | 江西华联塑业有限公司 | 宜黄县地方税务局 |
| 36102656109625X | 江西海发塑业有限公司 | 宜黄县地方税务局 |
| 36102655350353X | 宜黄县跃华塑业有限公司 | 宜黄县地方税务局 |
| 361026667485202 | 江西省立伟轻工制造有限公司 | 宜黄县地方税务局 |
| 361026662044352 | 抚州市森虎汽车用品有限公司 | 宜黄县地方税务局 |
| 36102679479039X | 江西志达塑业有限公司 | 宜黄县地方税务局 |
| 361026693746998 | 江西精华塑业有限公司 | 宜黄县地方税务局 |
| 36102661290609X | 宜黄县龙华塑料制品有限责任公司 | 宜黄县地方税务局 |
| 361026680912336 | 宜黄县大明塑业有限公司 | 宜黄县地方税务局 |
| 361026696057637 | 江西宏洲塑业有限公司 | 宜黄县地方税务局 |
| 36102679479346X | 江西富旺有色金属冶炼有限公司 | 宜黄县地方税务局 |
| 361026677970594 | 江西华腾工艺品有限公司 | 宜黄县地方税务局 |
| 361026591812683 | 抚州昌佳安防科技有限公司 | 宜黄县地方税务局 |
| 36102676978123X | 江西华塑包装有限公司 | 宜黄县地方税务局 |
| 361026573610746 | 宜黄县宏瑞塑业有限公司 | 宜黄县地方税务局 |
| 361026563837023 | 江西伯特利塑业有限公司 | 宜黄县地方税务局 |
| 361026696070866 | 江西博卡体育用品有限公司 | 宜黄县地方税务局 |
| 361026576146096 | 江西荣盛棉纺有限公司 | 宜黄县地方税务局 |
| 361026553524322 | 抚州市珊瑚科技发展有限公司 | 宜黄县地方税务局 |
| 361026763355475 | 江西弘泰电子信息材料有限公司 | 宜黄县地方税务局 |

续表

| 纳税人识别号 | 纳税人名称 | 主管税务机关 |
|---|---|---|
| 361026784130654 | 抚州三和医药化工有限公司 | 宜黄县地方税务局 |
| 9136102676975 1356Y | 江西旗帜投资有限公司 | 宜黄县地方税务局 |
| 361026772378580 | 江西华瑞塑业有限公司 | 宜黄县地方税务局 |
| 361026568657224 | 江西大荣塑业有限公司 | 宜黄县地方税务局 |
| 361026756788301 | 江西安泰物流有限公司 | 宜黄县地方税务局 |
| 361026705783009 | 宜黄县农村信用合作联社 | 宜黄县地方税务局 |
| 361025561059272 | 江西龙发包袋有限公司 | 乐安县地方税务局 |
| 361027566260063 | 江西盛伟实业有限公司 | 金溪县地方税务局 |
| 361027772357915 | 金溪县直坑山矿业有限公司 | 金溪县地方税务局 |
| 361027664760029 | 金溪县双塘镇建屏物流有限公司 | 金溪县地方税务局 |
| 361028796969537 | 抚州珍展鞋业有限公司 | 资溪县地方税务局 |
| 36102975676940X | 江西华琪合成橡胶有限公司 | 东乡县地方税务局 |
| 361029767031208 | 恒安(江西)家庭用品有限公司 | 东乡县地方税务局 |
| 361029723917736 | 江西荣成机械制造有限公司 | 东乡县地方税务局 |
| 361029591817863 | 江西永冠科技发展有限公司 | 东乡县地方税务局 |
| 91361029778807964A | 回音必集团(江西)东亚制药有限公司 | 东乡县地方税务局 |
| 361029063461242 | 江西中亚科技有限公司 | 东乡县地方税务局 |
| 9136102956866802X8 | 江西高信有机化工有限公司 | 东乡县地方税务局 |
| 361029674983592 | 东乡县远成实业有限公司 | 东乡县地方税务局 |
| 91361029775873472F | 江西科伦药业有限公司 | 东乡县地方税务局 |
| 361029763376719 | 江西省科达动物药业有限公司 | 东乡县地方税务局 |
| 361029690956041 | 东乡县正大焦电有限公司 | 东乡县地方税务局 |
| 361029751125090 | 江西铜业集团东同矿业有限责任公司 | 东乡县地方税务局 |
| 91361000744273829R | 江西施美药业股份有限公司 | 东乡县地方税务局 |
| 361029705780537 | 江西铜业集团(东乡)铸造有限公司 | 东乡县地方税务局 |
| 361029799491663 | 江西博大化工有限公司 | 东乡县地方税务局 |
| 361029739190527 | 江西红星变性淀粉有限公司 | 东乡县地方税务局 |
| 361029556015128 | 江西荣信新材料有限公司 | 东乡县地方税务局 |
| 361029705792212 | 东乡县海润矿业有限公司 | 东乡县地方税务局 |
| 361029563808775 | 东乡县锦溪混凝土有限公司 | 东乡县地方税务局 |
| 913610296937079994 | 抚州市佑美医药有限公司 | 东乡县地方税务局 |
| 36102977238493X | 江西金钻科技发展有限公司 | 东乡县地方税务局 |
| 361029744287112 | 江西红星药业有限公司 | 东乡县地方税务局 |
| 91361000586570245D | 江西志特新材料股份有限公司 | 广昌县地方税务局 |
| 361030705781521 | 国网江西广昌县供电有限责任公司 | 广昌县地方税务局 |
| 361030556008737 | 江西省广德环保科技股份有限公司 | 广昌县地方税务局 |

续表

| 纳税人识别号 | 纳税人名称 | 主管税务机关 |
| --- | --- | --- |
| 361030672406978 | 广昌县华能铜业有限公司 | 广昌县地方税务局 |
| 361030792802510 | 抚州金叶农资有限责任公司 | 广昌县地方税务局 |
| 361030492790757 | 广昌县农村信用合作联社 | 广昌县地方税务局 |
| 361030571199594 | 江西鸿先科技电子有限公司 | 广昌县地方税务局 |
| 361030696059288 | 江西邦民科技有限公司 | 广昌县地方税务局 |
| 361030693727826 | 江西新华发行集团有限公司广昌县分公司 | 广昌县地方税务局 |

【市国家税务局领导名录】
党组副书记、局长:曾长根(1月任)
党组书记、局长:曾长根(8月任)
副局长:隋照强　谢润斌　陈龙水
纪检组长:黄智洪
副局长:葛开珍
总经济师:温群茂

## 地方税收

【概况】 2015年,抚州市地税部门坚持组织收入"一个中心",抓住法治地税和税收业务"两条主线",强化税收法治、征管业务、思想作风"三项建设",突出依法行政、税源管理、风险监控、综合治税"四个重点",统筹税收征管、纳税服务、干部队伍、党风廉政、行政效能"五项管理",主动适应新常态,积极展现新作为,各项工作成效显著。全年累计组织入库各项收入90.96亿元,同比增收10.15亿元,增长12.56%。其中,地税收入完成85.65亿元,同比增收9.59亿元,增长12.61%。地税收入总量、质量位列财税三家第一,占全市财政总收入的比重为55.07%,比2014年提高1.24个百分点。

【服务发展措施有力】 市地税局谋势而为,精准发力,为推动抚州经济社会跨越发展作贡献。积极建言献策,超前做好税收可持续增长的对策研究,撰写针对性强、可操作的分析报告,如《抚州市经济运行状况分析报告》等调研文章,得到市委、市政府主要领导的高度评价。强化惠民措施,主动对接高新区升级,出台《支持抚州高新技术产业开发区税收优惠政策和服务举措25条》;晒出简政放权、简化税务行政审批干货;率先推出惠民政策,联合国税和市农商银行推出全省首个"税贷通"业务。狠抓政策落实,切实执行小型微利企业、高新技术企业、城镇退役士兵自谋职业、苏区振兴发展等税收优惠政策,推动经济转型升级,鼓励创业创新,1－12月共减免地方税收35837万元,惠及纳税人33929户(次),减免发票工本费70万元。强化基金(费)征收,助力抚州市社会公益事业发展,全市地税系统共实现基金(费)收入5.31亿元,同比增长11.79%,增收0.56亿元。参与地方共建,组建"连心"小分队开展"四进四联四帮"活动,积极做好省级文明城市创建、为民志愿服务活动,对定点扶贫村和共建社区的贫困户和困难党员进行走访慰问。

【工作创新成效显著】 市地税局以"加强科级干部管理、实行积分量化考核"的新模式,推进领导干部能上能下、健全领导干部考核体系。继省委书记强卫批示肯定之后,省委机关杂志《当代江西》2015年第10期以大篇幅,介绍该做法;省内外多家单位向该局学习科级干部积分管理经验。以"土地增值税监控平台为依托,强化房地产建设项目管理"新举措,运用关键指标控管土地增值税,稳定财源,成为税收业务建设一大突破,景德镇、九江、赣州等多个设区市地税局先后组织人员前往交流学习。以"实现房屋租赁税收常态化管理"为目标而开发的计税价格管理系统,利用智能信息化管税,实现房屋租赁税源的全面、准确、实时监控,既增加税收收入,防范税款流失,又可减少执法风险,被国家税务总局列为地税先进经验进行交流推广。

【文明创建成绩优异】 市地税局积极开展创先争优活动,取得精神文明创建和工作业绩"双丰收"。2月,该局被中央文明委授予"第四届全国文明单位",并于10月28日再次通过全国文明单位考评督查;3月,被市委、市政府评为2014年度全市经济发展先进单位;连续多年获全市综治工作先进单位、计划生育工作先进单位、全省地税系统节能减排先进单位和全市绩效管理先进单位。据统计,全市地税系统有11个单位获全省"文明单位",有24个部门分获"全国五一巾帼标兵岗""全省巾帼文明岗""巾帼建功先进集体"和"青年文明号"等多项荣誉,有力地提升抚州地税形象。

【法治建设扎实推进】 市地税局牢牢抓住依法治税、依法行政主线,积极打造法治地税。3月13日,在南城县颁发全省首张"三证合一"登记证(税务登记证、组织机构代码证、工商营业执照)。5月20日,全市首次公布诚信"红黑榜",市地税局和国税局依法联合评定的16家2014年度A级纳税信用企业登上"诚信红榜",市地税局评定纳税信用等级较差的2家企业上"失信黑榜"。普法工作得到上级领导认可,通过全省"六五"普法宣传先进单位考核验收并被推荐参评全国"六五"普法宣传先进单位。

【税收征管提质增效】 市地税局全面实施风险控税,实现风险扫描、推送、应对及反馈全过程的自动电子化监控,18个税收风险识别指标体系在风险管理平台中得到运用。强化税收征管措施,通过采取税源清查、税种清算、行业清理等10项堵偷防漏、挖潜增收、加强税收征管措施，为国库增加10.45亿元的“真金白银”，占组织收入的11.5%。大力加强信息管税，推进“互联网+”办税模式，全系统企业网上办税签约户9305户，税款网报率为83%。积极协调综合治税，加快推进全市统一的第三方涉税信息平台建设进程，完成质监、工商、国税、房管、公安、交警等21部门信息数据获取工作。扎实开展联合办税，联合国税部门推出一系列联合办税新举措，逐步实现由“厅内合作向厅外合作，单项合作向全面合作，浅层次合作向深层次合作”的转变。

【行政效能稳步提高】 2015年，市地税局结合“三严三实”等主题教育活动，积极弘扬清风正气主旋律，抓住思想政治工作主线，分五级落实思想政治工作责任制，弘扬地税先进文化，承办市道德讲堂等活动，树立地税干部忠诚、干净、担当新形象。开展“把纪律挺在前面”活动，全面开展“红包”问题常态化治理，向社会发布搜集地税干部收受“红包”问题线索有奖举报公告，在制度和措施上强化“红包”专项治理和领导干部违规插手工程建设项目清理，切实转变工作作风。强化党风廉政建设和行政监察，做到“两个责任”落地生根。以绩效管理和督查督办推动工作落实、责任落实，建立综合评价机制，继续抓好科级干部积分管理和运用工作；将督查督办工作列入“一把手”工程，事前布置工作、事中跟踪问效、事后督查结果，并取得显著成效。

（徐华云）

## 全市地税单独征管2015年度企业纳税信用等级名单一览表

表22-2

| 纳税人识别号 | 纳税人名称 | 主管税务机关 |
|---|---|---|
| 9136100075675307XB | 中阳建设集团有限公司 | 抚州市地方税务局直属局 |
| 361001739199345 | 玉茗建设集团有限公司 | 抚州市地方税务局直属局 |
| 36100176335275X | 抚州公路质量检测中心 | 抚州市地方税务局直属局 |
| 36100170551620X | 江西赣东路桥建设集团有限公司 | 抚州市地方税务局直属局 |
| 361001558482651 | 江西瑞日置业有限公司 | 抚州市地方税务局直属局 |
| 361001067470226 | 抚州华美立家置业有限公司 | 抚州市地方税务局直属局 |
| 361001683462043 | 抚州市卓越新农村典礼服务有限责任公司 | 抚州市地方税务局直属局 |
| 361001561081939 | 江西硕丰投资控股有限公司 | 抚州市地方税务局直属局 |
| 361003693705416 | 抚州市汇丰事业有限公司 | 抚州市高新区地方税务局 |
| 913610031625555353 | 江西恒冠建筑工程有限公司 | 抚州市高新区地方税务局 |
| 36100108394492X | 抚州康华投资有限公司 | 抚州市高新区地方税务局 |
| 36100166204458X | 江西省抚州市金巢建筑工程有限公司 | 抚州市高新区地方税务局 |
| 36100375675104X | 江西长茂实业投资有限公司 | 抚州市高新区地方税务局 |
| 361003698484050 | 抚州市环球投资有限公司 | 抚州市高新区地方税务局 |
| 361003748505041 | 抚州兄弟置业有限公司 | 抚州市高新区地方税务局 |
| 36100269847483X | 抚州市临川区中元和泰小额贷款有限公司 | 临川区地方税务局 |
| 361002309160969 | 抚州市临川区民间融资管理服务中心有限公司 | 临川区地方税务局 |
| 361002492694204 | 抚州市临川区皮肤病防治所 | 临川区地方税务局 |
| 361021092907290 | 南城富雅置业有限公司 | 南城县地方税务局 |
| 361021598871504 | 江西南城鸿河房地产有限公司 | 南城县地方税务局 |
| 316023705785581 | 江西南丰农村合作银行 | 南丰县地方税务局 |
| 361023862722891 | 中国农业银行股份有限公司南丰县支行 | 南丰县地方税务局 |
| 361023862723560 | 中国工商银行股份有限公司南丰支行 | 南丰县地方税务局 |
| 361023669798149 | 中国邮政储蓄银行股份有限公司南丰县支行 | 南丰县地方税务局四分局 |
| 361022563805523 | 黎川国安假日酒店有限公司 | 黎川县地方税务局 |

续表

| 纳税人识别号 | 纳税人名称 | 主管税务机关 |
|---|---|---|
| 361024862761532 | 中国人民财产保险股份有限公司崇仁支公司 | 崇仁县地方税务局 |
| 361026672446320 | 宜黄县新农村电力工程服务有限公司 | 宜黄县地方税务局 |
| 362526705784028 | 乐安县农村信用合作联社 | 乐安县地方税务局 |
| 361027091080172 | 金溪古村落文化发展有限公司 | 金溪县地方税务局 |
| 361027095287680 | 抚州东海传芳建筑有限公司 | 金溪县地方税务局 |
| 36102709751471X | 金溪县宏亿土石方建筑有限公司 | 金溪县地方税务局 |
| 36102709837611X | 江西辉宏土石方建筑有限公司 | 金溪县地方税务局 |
| 361027065377730 | 金溪腾越房地产开发有限公司 | 金溪县地方税务局 |
| 361027067479124 | 江西万佳建筑有限公司 | 金溪县地方税务局 |
| 316027071809077 | 江西金佳建筑工程有限公司 | 金溪县地方税务局 |
| 361027074299391 | 金溪县香都园林有限公司 | 金溪县地方税务局 |
| 361023314333445 | 金溪县中异建筑垃圾清运有限公司 | 金溪县地方税务局 |
| 91361028632407452D | 江西法水森林有限公司 | 资溪县地方税务局 |
| 361029332983461 | 东乡县中小企业担保有限公司 | 东乡县地方税务局 |
| 361029332366061 | 江铜集团东铜社区服务中心 | 东乡县地方税务局 |
| 361030482391553 | 中国工商银行股份有限公司广昌支行 | 广昌县地方税务局 |
| 361030492791530 | 中国建设银行股份有限公司广昌支行 | 广昌县地方税务局 |

【市地税局领导名录】

党组书记、局长:付和平

党组副书记、调研员:喻洪光

党组成员、副局长:刘建明　刘志勇

党组成员、副局长:杨仁华　穆　华

党组成员、总经济师:黄　磊

党组成员、纪检组长:吴江华

党组成员、副调研员:陈文清(9月任)

本栏编辑　鄢春琴

# 金融·保险

## 综　述

2015年，抚州市金融系统按照"高位谋势、精准发力、敢于担当、跨越发展"的工作总要求，主动把握和积极适应经济发展新常态，认真执行稳健的货币政策，深入推进金融改革，进一步提升金融服务实体经济的水平，全市金融改革发展再上新台阶。

【金融产业规模稳步提升】　截至年底，全市银行业金融机构资产规模达到1614.93亿元，较年初增加186.96亿元，增长13.09%。存贷款规模大幅增长，至2015年底，全市金融机构本外币各项存款余额为1436.14亿元，较年初增长13.3%；本外币各项贷款余额为939.96亿元，比年初增加183.76亿元，增长24.3%，增速高出全省水平6.06个百分点，全省排名第一。保险业务稳步增长，全市实现保费收入33.57亿元，同比增长35.65%。财产险公司实现保费收入9.4亿元，同比增长15.54%；人身险公司实现保费收入23.49亿元，同比增长44%。证券期货业务快速上升，全市证券经营机构累计代理成交金额3418.9亿元，同比增长36.5%；期货经营机构累计代理交易金额1657.8亿元，同比增长48.4%。两类机构业务平稳增长。小额贷款公司累计发放贷款119.4亿元，贷款余额12.28亿元；中小企业政策性担保资金到位4.64亿元，融资性担保机构累计为1454户企业提供担保贷款23.63亿元，在保责任余额为12.29亿元。

【金融机构组建成效明显】　商业银行引进工作取得实质性进展，南昌银行抚州分行和赣州银行抚州分行分别在2015年2月和6月顺利开业，兴业银行抚州支行正在试营业。村镇银行筹建进程加快。乐安洪都村镇银行获批开业，九江银行分别在崇仁和资溪各发起设立1家村镇银行，抚州农商行分别在黎川、金溪和宜黄三县各发起设立1家村镇银行，筹建工作进展顺利。

【金融改革创新有序推进】　县域农信社改制顺利推进，宜黄农商行已挂牌开业，乐安、黎川、东乡等县农信社达到改制条件，筹建工作进展顺利。引进全国十强的互联网金融公司杭州龙盈互联网金融信息技术有限公司在抚州市注册设立江西盈盈易贷小微金融服务有限公司，为抚州小微企业发展解决"融资难"问题。还有2家公司正在向抚州市申请设立2家网络小额贷款公司。全市唯一的要素交易市场－抚州市海峡钢铁交易所在6月份正式开业。抚州农商行与税务部门联合推出的以纳税信用为贷款抵押的"税贷通"信贷产品在全省引起广泛反响。

【资本市场融资取得突破】　积极推进江铃底盘股份有限公司在新加坡交易所的上市前期工作，并完成香港等地路演，即将实现抚州企业海外主板市场挂牌上市"零"的突破。高新区苍源制药、广昌广德环保科技和黎川川盛科技等3家企业已经成功进入全国中小企业股份转让系统（新三板）挂牌融资。有7家在上海股权托管交易中心Q板或E板挂牌，分别是盈川实业、明恒纺织、千佳米业、金顿香料、宇骏生物、南田彩印、华城建设；有3家在江西联合股权交易中心挂牌，分别是天行化工、华谊食品、华星陶瓷。中期票据发行工作进展顺利，会同市投资集团有限公司、人民银行抚州中支加强与南昌中支和浦发银行南昌分行的沟通联系，市投资集团有限公司已成功发行8亿元中期票据。

【金融服务机制逐步建立】　2015年，建立倒贷基金制度。全市设立企业融资倒贷基金规模2.61亿元，其中，市本级还贷周转金规模5000万元，至2015年年底，市本级还贷周转金累计搭桥110次，累计搭桥金额10.03亿元。建立银行抽贷报告制度，对单笔抽贷达到100万元以上或者占该企业未到期贷款余额30%以上的银行，必须事先报告市政府，由市政府金融办会同金融监管部门定期专门开会调度，这一举措有效防止银行业金融机构的大规模抽贷行为。建立问题企业贷款协调处置制度，针对"问题企业涉及2家及以上银行贷款、各银行之间贷款撤留不一导致企业财务状况恶化，银行不良贷款增加，严重影响企业正常生产经营"情况，明确协调制度的程序启动、基本原则、处置流程和工作要求等内容。有效开展政银企对接活动，市政府先后分别与中国银行江西省分行、邮储银行江西省分行、建设银行江西省分行，进出口银行江西省分行和农业发展银行江西省分行签订战略合作协议，每家机构在未来五年内对抚州提供不低于300亿元的融资规模。

【金融生态环境持续向好】　昌抚金融同城化取得积极进展。2015年9月，昌抚金融同城化专题协调会在抚州市召开，会上签署《昌抚金融同城化专题协调会备忘录》，南昌、抚州两地在金融管理、金融机构、金融市场、金融业务和金融生态环境建设等多领域开展的金融合作正式启动。严防非法集资引发区域性和系统性风险，下发《关于普及金融知识万里行集中宣传日活动实施方案的通知》等文件，开展多次全市性的打击非法集资宣传活动和非法集资集中整治专项行动，营造打击非法集资的良好氛围。同时，与江苏运时数据软件有限公司合作，开发建设全省首家综合金融服务平台－－抚州市综合金融服务平台并已成功上线，也标志着抚州市小微企业信用体系全面建成。

（袁珊珊）

【市政府金融办领导名录】

主　任：刘龙飞

副主任：王文丽

## 中国人民银行抚州市中心支行

【概况】　2015年，人民银行抚州市中心支行（以下简称“中支”）以党的十八大及十八届四中、五中全会精神为指引，认真贯彻落实中央经济工作会议和上级行工作会议精神，紧紧围绕年初制定的工作思路，继续以抓铁有痕的干劲和作风，不断夯实基础，开拓创新，砥砺前行，较好履行基层央行职责，各项工作取得新的成绩。中支先后再次荣获第四届全国文明单位、总行国库工作先进集体、抚州市绩效考评先进单位和社会管理综合治理先进单位等20多个综合荣誉。全辖共有46项重点、亮点和创新项目获上级行、地方党政领导批示肯定或在会议上做经验交流。

【围绕“三条主线”贯彻落实稳健的货币政策】　2015年，围绕“惠农”主线，提请市政府出台《抚州市金融惠农“攻坚年”活动实施方案》，实行“15条”措施，创新金融支持“三农”方式。指导乐安、广昌2个国家级贫困县出台扶贫攻坚方案，定向调增支农再贷款限额，督促金融机构加大对扶贫产业信贷投入；选取金溪、南城2县开展农村“两权”抵押贷款试点，人民银行南昌中支王信行长赴2县做专题调研，新华社记者也深入金溪县采访报道；建立银行与保险信息共享和风险分担机制，结合地区特色，在南丰、广昌、东乡、南城、宜黄、乐安6县率先推出蜜桔气象指数等特色“保险＋信贷”产品。围绕“众创”主线，提请市政府印发《抚州市银行业金融机构支持大众创业、万众创新的实施意见》，引导金融支持“创业、创新”。支持抚州高新区青年（大学生）创业孵化实训基地发展，为7家企业提供1000万元青年创业贷款，提供就业岗位3000多个。截至年底，全市累计发放个人创业贷款41.4亿元，扶持创业人数达到1.56万人。指导市农行、邮储银行举办创新创业大赛，邀请农业、生物科技等10余行业的105个团队参赛，对项目给予近8000万元的信贷支持。指导金融机构设立专营机构，推出“创业培训＋创业基地＋小额担保贷款”下岗再就业小额担保贷款发放、农信社创新开展税贷通等业务产品。辖区典型做法3次被《中央电视台》“新闻联播”和“致富经”栏目报道、1次在人民网报道。围绕“宣讲”主线，主动融入抚州“绿色崛起、跨越发展”。建立常态化形势分析例会制度，多措并举向地方党政和金融机构做好宣传解释工作。推进“特色金融调研年”活动，以《金融要情专报》为载体为地方党政领导决策提供有益参考，得到市领导批示8次。推进企业直接融资渠道政策宣讲，多次向张鸿星市长和分管副市长专题汇报，及时启动抚州“第一单”中票发行工作，12月抚州城投公司中期票据成功发行8亿元，抚州债务融资工具实现“零突破”。

【抓住“三个环节”加强金融改革创新和金融管理】　2015年，全行抓住金融改革关键环节，做好存款保险制度实施工作；开展地方法人金融机构合格审慎评估，推进利率市场化；做好“三农事业部”评估考核工作；重点跟踪反馈辖内农业银行“三农金融事业部”、政策性银行等金融机构改革进展；推进跨境人民币结算，推动人总行重大改革任务落地。加大协调力促《昌抚金融同城化专题协调会备忘录》的签署和政策落实，获地方党政充分肯定。抓住依法治行关键环节，开展“法治央行建设年”活动，通过制定实施方案，组织微建言征集、法律知识专题讲座、法规知识巡讲、法律知识竞赛、开发执法证管理系统和推动农村金融服务清单试点的“六个一”活动，促进干部职工在履职过程中做到信仰法治、坚守法治。抓住风险防范关键环节，加强实体经济特别是地方政府融资平台、房地产、小贷公司等风险监测。进一步完善《还贷周转金管理制度》，5年来共为辖区中小微企业发放过桥贷款322笔、24.2亿元，节约融资成本1亿元。全力维护辖区金融稳定，做法6次在省政府参阅文件等刊物推介，得到各界好评。制定《抚州市银行业金融机构负债管理现场评估工作方案》，开展现场评估，促进金融机构规范管理、稳健经营。选择市本级和崇仁县开展重点企业金融风险早期识别试点。加强新设银行业金融机构开业管理，加大支付服务市场专项治理和执法力度，加强依法行政和金融消费权益保护平台建设，坚守不发生区域性金融风险的底线。

【立足“三新思维”推进金融服务体系建设】　2015年，全行创新思维，专题调研辖区互联网金融和农村电商发展情况，密切关注新业态和风险防范；推进金融业综合统计工作；制定实施意见，推动特色金融调研；完善金融IC卡应用环境，加强金融机构信息安全工作指导，制作的宣传作品获省人行网络信息宣传大赛一等奖。创新方法，履行好支付结算、货币发行、经理国库职能。完成辖内金融机构网点存量个人存款账户身份信息的真实性核实验收工作；制定《全面推进深化抚州市农村支付服务环境建设工作实施方案》；指导宜黄县建立“五统一”标准化村级金融综合服务站，做法被《江西电视台》“新闻联播”栏目和《抚州日报》等媒体报道；做好新版100元人民币、抗战币、航天钞发行工作，推进人民币净化工程；组织闽浙赣三省反假货币协作会议并作经验交流；指导南丰县支行完善乡村人民币反假服务站工作流程；相关做法得到南昌中支领导批示肯定，并在国务院反假货币联席会议《工作简报》和《金融时报》推介。加强《中华人民共和国预算法》学习宣传，组织国债知识宣传，开展“经理国库30周年”系列活动；打造标准化国库，及时准确办理各级预算收入、支拨和直拨业务。创新举措，优化辖区金融服务环境。落实外汇管理改革和简政放权措施，辖区除南城设立支局外，已完成其余9县的外汇业务授权和挂牌开业，外汇服务实现县域“全覆盖”。加强跨境资金双向流动非现场监测预警，加大对外汇违法违规及犯罪活动打击力度，协助调查打击地下钱庄专项行动线索；与市发改委联合出台《抚州市社会信用体系建设规划（2015—2020年）》和《抚州市社会信用体系建设实施意见》，加大推进崇仁中小微企业和南丰农村信用体系试验区建设推进力度；与市金融办联合下发《关于开展小额贷款公司和融资性担保公司信用评级工作的通知》，完善“两类公司”信用评级工作；建立《抚州市社会信用体系建设联席会议制度》，参与市文明委牵头的诚信“红黑榜”工作。

【围绕“三个提升”履行从严治党政治责任】 2015年，全行以“三严三实”专题教育活动提升干部队伍素质。落实党委（党组）中心组学习、专题培训、党内民主生活会等制度，举办中心组学习5次和各类专题讲座14次，中支行领导、辖内县支行行长授“三严三实”专题党课18次，撰写体会文章40多篇，引导党员干部加强学习，自觉用“三严三实”要求武装头脑、指导实践。组织开展人事档案专项审核工作；按照“三严三实”标准选好配强县支行和机关科室的领导班子。不断完善党委领导班子议事决策机制，认真贯彻执行民主集中制；适时调整行领导分工，充分发挥班子整体合力。开展大讨论活动，引导干部职工“识大体、重大局”，不断筑牢中支事业全面可持续发展的底气。以“三全面、三提升”活动提升内控安全保障能力，全面开展财经法规知识宣传与测试，提升自律自省能力；全面推动财务管理风险评估，提升风险控制能力；全面落实问题整改及责任追究，提升财务治理能力。中支“三公经费”在2014年同比大幅减少情况下，2015年又同比下降16.6%，且没有发生一起违反财经纪律的行为。针对“两加强、两遏制”专项检查和内部审计发现的问题，以风险管理为核心出台有力整改举措，落实规范履职、高效管理、从严治行、确保安全的各项要求。汲取天津“8.12爆炸案”教训，严格落实安全生产和社会治安综合治理目标管理责任制，加强反恐怖工作和应急管理，做好重要敏感时期安全工作，中支系统继续保持安全无事故，连续14年被评为“抚州市社会管理综合治理先进单位”。以“守纪律、讲规矩、敢担当、有作为”专题活动提升作风建设水平。组织“学习宣传、讨论交流、主题实践”三个阶段活动，引导党员干部树立务实严谨的工作作风，自觉维护人民银行权威，全辖没有发生一起被上级监测反馈的不当言论。把党风廉政建设和案件防范工作列入到重要议事日程，抓住明确责任、履行责任、监督问责三个关键，中支系统没有发生任何被上级行和地方纪委通报的事件和案件，廉政建设和作风建设工作扎实高效。开展“核心价值观微故事”创作、“我为核心价值观代言”青年风采展示等“社会主义核心价值观推进年”活动，探索文明单位创建、和谐央行建设新方法，中支第四次荣获全国文明单位称号，辖内南城县支行连续三届荣获总行级文明单位称号，崇仁县支行、东乡县支行荣获武汉分行文明单位称号。组织纪念“庆祝抗战胜利70周年”系列活动，开展“阳光老人”主题活动，为党的事业增添正能量。

（毛洁慧）

【人民银行抚州市中心支行领导名录】
行　　长：叶莉萍
副 行 长：徐冬华　杨发根　夏享福
纪委书记：王建平
工会主任：张书和

## 中国银行业监管会抚州监管分局

【概况】 2015年，中国银行业监管会抚州监管分局认真贯彻落实市委、市政府工作部署，坚持稳中求进的总基调，积极主动作为，突出工作重点，着力防风险，促改革，强服务，不断创新工作思路，提升监管有效性，全市银行业运行保持总体稳健态势，各项工作积极有序推进。分局获2014－2015年度省局系统“文明单位”荣誉称号、分局工会获2015年度省局“先进职工之家”荣誉称号。被评为2015年度全市“绩效管理考核优秀单位”“综合治理目标管理先进单位”。

【防控重点领域风险】 2015年，分局确定六大重点风险，实施全面持续监测，建立风险、问题整改台账，跟踪监管。全年共下发监管意见书和风险提示书47份，约见高管谈话31次。组织机构对大额贷款、担保圈、重点行业、押品风险、非法集资风险、农合机构不良贷款和资金业务、柜面业务、大额存款业务、信息科技等10个方面风险大排查。扎实开展“案件风险排查年”活动，共发现并整改问题1841个，整改率97.46%。组织机构开展“一加强、两遏制”专项检查和现场督导。圆满完成对赣州市辖8家机构“一加强、两遏制”交叉专项现场检任务，对违规问题提出罚款120万元建议。全年，辖内银行业机构信贷风险稳定可控，没有发生行业性、集团性和重特大风险。

【提升金融支持实体经济水平】 2015年，分局不断改进服务，积极引领和督促机构优化存量、做大增量，辖内银行业机构贷款增速连续四年全省第一。小微企业贷款、涉农贷款保持稳步增长。在全省率先实现“村村通”，全市11个县（区）1795个行政村全部设立金融服务站，分局推进“三大工程”建设项目获中央金融团工委和中国银行业协会表彰。银行体系进一步完善，共引进赣州银行、南昌银行抚州分行、兴业银行抚州支行等3家机构，增设分支机构13家，批准设立（筹建）村镇银行6家。加强消费者权益保护，消费者投诉处置满意率为100%，推进机构理财产品销售全程录音录像，按要求完成79家消保站设立工作。

【推动农合机构改革转型发展】 分局年初确定5家（行）社完成改制，其余4家社在年底全部达到组建农商行条件的目标。加强对改革工作的指导督促,积极协调政府出台推进改革优惠政策文件并组成3个工作组到各县督导,使改革联社的当地地方政府用于支持改革的土地变现和相关减免税费政策全部到位。至年底,年初确定的改革任务如期完成。

【加强监管能力建设】 2015年,分局落实简政放权、放管结合,优化服务工作,严把高管品德关、能力关和考试关。加强现场检查的精准性、权威性,全年除高质量地完成省局安排的检查外,自主完成现场检查项目3个,发现和整改问题43个,责令机构处理责任人21人。完善银行运行数据监测体系,建立风险监测分析报告制度和异常情况询问制度,运用EAST系统开展检查和风险监测,并将EAST系统运用到机构筹建验收工作中。强化监管责任落实,制定《县监管办2+2监管职责清单》。实施与机构的上级行或发起行协同联动监管,形成监管合力。

【加强党建和队伍建设】 2015年,分局建立"十个一"的工作机制,完善党建工作考评监督,建立月度党员活动日制度,推行践诺工作法。扎实开展"三严三实"专题教育活动,对查摆出来的问题立行立改。建立"2+1+1"(即两个责任清单、一个落实台账和一项督查通报)的工作机制,抓好"两个主体"责任的落实。落实任前廉政谈话、对苗头性问题提醒谈话、对部门负责人定期约见谈话等"三项谈话"制度,开展各项纪律检查达25次。开展"制度学习月"活动和读书活动,自主举办各类业务培训7次,选派7名干部参加脱产培训,干部作风有显著的转变,分局上下风清气正,无违规违纪无举报。

(付　莉)

【抚州银监分局领导名录】
党委书记、局长:李荣祖
副 局 长:张和平　曹保华
纪委书记:李　洪

## 中国农业发展银行抚州市分行

【概况】 2015年,农发行抚州市分行面对复杂的经济金融形势,全行上下认真贯彻落实上级行和市委、市政府各项工作决策部署,遵照"胸怀全局、提升站位、支农报国"的新思想,落实"两个从严"战略新布局,践行"贷款立行、存款增效、管理强行"理念,一手抓从严管党治行,一手抓业务快速发展,全行业务经营和各项工作再上新台阶。年底全行各项贷款余额全行各项贷款余额98.8亿元,比年初增加21.8亿元,增幅为28.3%;各项存款余额25.3亿元,较年初增加7.9亿元,增幅为45.4%。人日均存款958.5万元,同比增加411.2万元;全年实现账面盈利1.61亿元,同比增长0.17亿元,同比增幅为11.8%;不良贷款余额0万元,与年初持平。

【推动信贷业务加速发展】 2015年,全行牢固树立"贷款立行"理念,积极应对经济新常态,不断加大信贷投放力度,推动信贷业务加速发展。强化政策职能,抓好粮油信贷业务。始终把支持粮棉油收储作为重中之重不放松,统筹做好支持政策性收购、市场收购、储备粮增储和轮换工作,全年投放粮油购销储贷款10亿元,代拨粮食收购信贷资金4.02亿元,共计支持粮食收购9.87亿斤,没有出现"打白条"和"卖粮难"问题;自觉提升站位,做大中长期信贷业务。围绕市委、市政府加快城乡一体化发展的战略布局,重点支持农民集中住房、农村路网、水利建设、农村土地整治、县域城镇建设等13个项目。全年投放政策指导性中长期贷款27.16亿元,比年初净增加19.58亿元,中长期贷款增长率51.6%,增幅居全省系统第2位;把握政策机遇,扎实做好重点基金建设工作。投放市城区棚户区改造、廖坊灌区等重点建设基金项目6个、资金5.97亿元,充分发挥基金杠杆作用,帮助解决全市重大基础设施建设项目资本金的需求。

【加强存款组织工作】 2015年,全行克服利差收窄、业务增速放缓、欠息逐步增加、刚性费用增长等多重制约因素,多措并举提升经营绩效。以中长期贷款集中投放为契机,深挖新增贷款客户资源,紧盯上下游客户,积极营销,强化贷款资金管理,切实提高贷款资金留存率和引存率。以建设基金陆续投入项目为契机,认真落实总行重点建设基金管理办法相关要求,严格账户管理,对项目资本金拨付认真审核把关,严密跟踪监督资金到账和使用情况,防止资金流失。

【规范发展中间业务】 2015年,全行积极拓宽收益来源,规范发展中间业务。有效促进国际业务发展。在确保存量贷款客户国际业务"不流失"的前提下,积极"走出去",广泛宣传我行国际业务的行业优势,大力营销非贷款客户,进一步拓宽客户群。全年共实现国际业务量556万美元,较同期增加152万美元,实现国际业务收入6.06万元,较同期增加2.71万元,国际业务结算量351.87万美元。新办理国际业务人民币跨境结算65万元人民币,实现全省零的突破;有效促进票据业务发展。充分利用现有金融产品和差异化信贷支持政策,在办贷的过程中积极主动向商业性贷款客户营销票据业务,共计办理100%保证金银行承兑汇票21笔、开票金额3671万元,全年银行承兑汇票为该行带来存款3671万元,占自营性贷款客户余额的7.42%,自营性贷款客户日均存贷比8.82%,同期相比下降4.67%。

【实现财务增收提效】 2015年,全行狠抓收息工作,重点抓好表外欠息清收,提高贷款利息收回率,确保利息应收尽收。同时,要强化财经纪律,均衡开支各项费用,严格费用开支程序,确保合法合规。通过狠抓增收节支,落实收息责任,各项表外欠息下降额达465万元,贷款利息收回率达101.28%。以项目贷款投放为契机,积极推进中间业务发展,实现咨询顾问、代理保险、汇票承兑和结算收入等中间业务收入557.9万元,同比增长278.1万,增幅为99.4%;严格执行"四不"原则,从严从紧把控费用开支，进一步规范各项开支管理，增强费用使用透明度。严格落实中央八项规定，坚持勤俭办行，进一步规范完善食堂财务管理，做到票据合规，手续齐备。从严控制会议规模、食宿及现场布置的费用支出，不搞形式主义。

【夯实各项基础】 2015年，全行做好财会内控管理工作。积极开展各项检查工作，围绕财会专项整治活动、会计岗位对接活动及瑞华会计师事务所清产核资活动，开展财会全面自查及检查工作，覆盖面达100%。继续组织会计坐班主任短期委派交流，重要岗位、敏感岗位员工的交流、轮岗、强制休假等工作，制定财会监管经理考核办法，通过内控管理机制化、流程化、精细化，有效防范风险，全面提高财会监督管理水平；提升信贷精细化管理水平。定期排查客户风险隐患，按风险程度分类排队，增强风险预测的前瞻性，做到早发现、早预警、早处置。从严开展风险排查，重点排查企业生产经营、财务管理、偿债能力和外部环境变化对企业形成的压力和风险，从严把握存量贷款的押品估值和折率，通过追加抵押物等方式，提高风险覆盖度，共对2.4亿元的流动资金贷款新增抵押物可抵押价值3690万元，第二还款来源保障度提高15.4%。同时对南丰振宇和南城麻姑不设定抵押价值资产进行一并抵押。

【开展合规文化根植活动】 2015年，全行扎实推进依法从严管党治行。始终坚持将"依法从严治行"理念贯穿于各项工作。在制度执行方面，坚持做到用制度管权、管事、管人，坚决维护制度的严肃性和权威性。坚决落实"一岗双责"和两个责任，不断加强基础工作建设；认真开展"合规文化根植年"活动。通过开展合规文化根植年活动，让员工都成为依法从严治行的自觉遵守者、坚定捍卫者。同时，在强化内控检查和评价工作的基础上，把考评结果与财务资源、绩效薪酬分配、评优评先、干部选任等挂钩，让依法合规经营的得到表扬、看到实惠；从严从细，扎实做好合规检查工作。为进一步推进全行合规文化建设，达到"强管理之基，固发展之本"的目的，市农发行紧紧抓住决策、执行和问责等三个环节，多箭齐发，对"两会三委"的议事、表决程序、重大合规风险、重大操作风险事件和重大客户投诉违规事件进行重点检查。通过此次全面的合规检查，不仅完善内控管理制度，而且充分调动各专业部室、各支行强化合规经营管理的积极性，促进合规经营管理长效机制的形成。

【开展"三严三实"教育活动】 2015年，全行扎实推进"三严三实"专题教育。确保专题教育取得实效，市行提出重点围绕"四个一"对专题教育的重点、内容、主要举措、方法步骤等进行具体化和细化，即：做好一份详细的专题学习计划、进行一次深刻警示教育、组织召开一次开诚布公的恳谈会、准备开好一次触及灵魂的民主生活会。同时市行成立专题教育领导小组，构建以主要领导、分管领导、联络人员为主体的组织体系，确保专题教育有人管、有人抓，见行动、见实效；认真学习党的新《准则》和《条例》。市行把组织学习贯彻落实新修订的《准则》和《条例》作为当前时期重点工作来抓，精心谋划，强化落实，把学习贯彻《准则》和《条例》列入党委中心组学习计划中，采取多种形式进行学习贯彻落实，县支行领导班子及市分行机关中层以上干部均上报心得体会；积极开展"三严三实"专题教育活动。在活动中，制定《抚州市分行"三严三实"专题教育安排明细表》，详细列明学习内容，讲党课时间，中心组学习召开时间以及发言人等情况。市分行班子成员把学习党的十八大及三中、四中、五中全会精神和习总书记系列讲话为主调，对同时参加中心组学习的机关中层和县（区）支行班子成员发放《习近平谈治国理政》《中华传统美德百问》《基层党务工作手册》等2套10余本学习丛书，收看总行、省分行领导上的党课和相关视频会等等。市分行领导给全行上党课5次，专题学习研讨29次，参加专题学习研讨发言人数500余人，班子查摆"不严不实"六个方面41个问题，立行立改41个，提出整改措施10条；开展着力解决解决基层干部不作为、乱作为等损害群众利益的工作部署，通过开展"不作为、乱作为"活动自查，发现并梳理出5个方面的问题清单，并对问题提出10条切实有效的整改措施。

【企业文化建设持续深化】 2015年，全行深化党群干群关系，不断提升员工凝聚力和向心力。铸就一种精神。采取广泛宣传、创新载体、丰富内涵等方式方法，把农发行价值体系贯穿于改革发展和经营管理全过程，使全行员工在思想上形成共识，行动上养成习惯，真正实现农发行价值体系内化于心、外化于行，充分发挥巨大感召力，在全行形成导向正确、上下同心、共谋发展的良好局面；完善一套制度。建立常态化的视觉形象维护机制和行风行貌监督机制，严格按照总行《VI手册》和省分行"6557"工程要求，以营业办公用房维修改造为契机，全面开展环境系统标识、办公标识、视频会议室和机构门面等综合整治改造工作，实现全辖视觉形象的"全统一"；开展一系列活动。积极推进"最美庭院"建设，因地制宜绿化、美化、净化营业办公环境，为员工创建优美舒适、温馨怡人的工作生活环境。强化工青妇团桥梁纽带作用，开展时代女性、青年文化月、争先创优等系列活动，成立摄影、棋类、文体等兴趣小组，并且开展拔河、徒步等户外活动，丰富员工文化生活。 （王天文 黄思忆）

【市农发行领导名录】
行 长：孙 凯
副行长：刘小明 余建宁 胡文超

## 中国工商银行抚州分行

【概况】 2015年，中国工商银行抚州分行紧紧围绕"狠抓基础业务发展，加强干部队伍管理，强化工作作风建设，理顺管理机制体制"开展工作，各项业务保持较好的发展势头。全年各项存款较年初增加13.27亿元，增量全省第三；各项贷款较年初增加17.14亿元，增量全省第三；实现拨备前利润3.72亿元，净利润2.55亿元，是全省效益指标完成最好的分行之一；不良贷款额1.24亿元，不良率1.16%，全省最低，较年初下降0.04个百分点，是全省唯一实现"单降"的分行；管理机制体制得到进一步完善，全行平稳运行,实现无大案要案、无重大事故、无外部案件的“三无”目标。

【增强负债业务核心竞争力】　一季度是营销存款的旺季,针对春节期间商品市场资金大量回笼,大量农民工返乡过年的情况,引导支行将目标锁定“两大市场”,大力营销年货销售款和打工储蓄,通过在车站、集市等设立多个金融服务点,着重宣传商友卡、田园卡,福农卡和转账 POS,取得较好效果,一季度市工行新增储蓄存款同业排名第一。同时,在理念上充分认识到开拓“两大市场”必须要常态化,在推动过程中引导支行借助有利的产品去挖掘市场、培养客户,全行再掀“两大市场”拓展工作的新高潮。

【实现资产业务稳健发展】　资产业务一直是抚州分行赶超发展的短板,特别是法人业务。为此,市行提出“公司信贷为主攻、投资银行为突破、票据业务为补充、个贷业务为基础、国际业务为重点”的思路,截至年底,初显成效。同时,进一步加强信贷队伍建设,利用周末时间进行现场培训,另外,每周由公司业务部和业务发展较好的支行轮流进行 45 分钟的视频培训,进一步提升信贷队伍的综合素质。

【夯实全行发展的根基】　抓好基础工作是全行实现可持续发展的前提,商品市场、农村市场、代发工资、分期付款、电子银行、渠道建设等基础工作时间长、见效慢,要持之以恒抓下去,全行形成浓厚的“抓基础工作”的氛围。2015 年,为推动省行党委提出的各项改革措施的落地,按照“思想上高度重视、行动上积极主动、实施中因地制宜,并做好总结分析”的指导思想抓好推动落实,取得明显效果。

【拓宽中间业务收入来源】　2015 年,为充分发挥资产业务对中间业务收入的拉动作用,先后与东方汇智资产管理公司、华融信托等积极开展证券结构化投资、同业资产结构化投资等业务合作,为全行带来可观的中间业务收入。同时,全力提升“分期付款”的贡献度,成立独立的银行卡中心,强力推动九大系统分期付款业务,年底全行分期付款增量及增幅均达到全省先进水平,同时在全省旺季工作会上作为先进行进行经验介绍。

【加强内控案防管理工作】　2015 年,市行积极落实省行党委“1 号文件”精神,分别安排 2 两名优秀干部员工到内控合规部锻炼;年底完成内控专管员编制上收工作。深入开展员工违规违纪排查和员工经商办企业排查,并配套开展“廉字在心中、自律不放松”主题教育活动,对违章违纪员工加大从严执纪的力度。市行党委书记上任后第二天就上了一堂“三严三实”专题党课;在第一次召开的支行行长会议上就对管理干部进行党风廉政建设集体约见谈话,进一步筑牢内控安防工作的基础。

【打造风清气正的干部队伍】　2015 年,市工行进一步加强劳动纪律管理。以“制度管人、层级管理”的方式强化对正常退出管理类干部的管理,这批干部除两人因为身体原因递交病休申请外,其他三十多人逐步恢复正常上班。同时,进一步严肃财经纪律,全行中层干部收入只能由市行统一发放;经营费用不能用于员工绩效发放,违者以贪污和违纪论处。在全行树立“严是爱、松是害”的管理理念。

【加大干部队伍的培养力度】　加强优秀年轻干部的培养和选拔,既是抚州分行干部梯度建设的需要,又是充分调动青年员工积极性的需要。为此,9 月份通过公开竞聘的方式选拔一批优秀的年轻员工分别到机关、支行以及营销团队进行培养锻炼,同时,推荐 7 名优秀青年员工参加省行第三期青年干部培训班,从人力资源上保证抚州分行持续健康发展的需要。

【提升关心关爱员工的能力】　以职工之家(小家)建设为主阵地,切实提升关心关爱员工的能力。截至年底,本部职工食堂、临川职工之家、乐安职工之家投入使用。组织成立各类兴趣小组十余个,不定期开展各类文体竞技活动,同时重新开放活动室,为全行员工减压解负。全面加强团委工作,引导青年员工正确面对压力与诱惑。

（苗信伦）

【市工行领导名录】

行　　长:黄新根(任至 5 月)

　　　　　陈红根(5 月任)

副 行 长:万　锋　高卫超　徐农学

纪委书记:陈家平

## 中国农业银行抚州分行

【概况】　2015 年,农行抚州分行始终坚持“面向三农,服务城乡”的经营宗旨,发扬“比学赶超”的精神,紧紧围绕全年经营目标和提升服务“三农”、市场竞争和风险管控能力,一手抓发展,一手抓风控,业务经营运行总体良好。截至年底,各项存款日均余额 171.79 亿元,同比日均增量 12.51 亿元。四行份额 26.34%,同比提升 0.78 个百分点。各项贷款余额 109.42 亿元,较去年末增长 34.47 亿元,同比多增 19.9 亿元,增幅 45.9%。各项贷款增量四行份额 44.13%,同比提升 19.3 个百分点。各项贷款余额、增量四行份额第一,首次获得“支持地方经济发展”一等奖。不良率保持在较低水平,不良管控相对较好。

【履行金融主体责任】　2015 年,市农行积极策应我市“三大战役”升级版,将发展资产业务作为全行的核心工作来抓,坚持“抓大不放小”的原则,加大产品和服务创新力度,资产业务迅速发展,全年对公实体贷款净增 28.97 亿元,有力支持了大唐电力、添光钛业等大项目。通过“财园信贷通”“金穗油茶贷”等产品的应用和“金穗惠农通”工程的推广,有效缓解工业园区小企业担保难、融资难的问题,支持一大批新型农业经营主体发展,使普惠金融成果惠及农村更多地区,广昌县贯桥村等地金融扶贫工作得到多方高度认可。《中国农村金融报》《信息日报》《抚州日报》、新华网等媒体对该行服务三农、支持新型农业经营主体发展进行了广泛的报道。截至年底,市农行发放小微企业贷款余额 12.52 亿元,较年初净增 3.54 亿元。涉农贷款余额达 35.86 亿元,较年初净增 8.48 亿元。“金穗油茶贷”贷款净增 5123 万元,覆盖油茶种植面积 0.25 万公顷。设有三农有效服务点1377个,行政村覆盖率达85.4%。

【推进三大业务转型】 2015年,市农行全面实施零售、县域和对公三大业务转型,建立转型工作例会制度,确保转型工作有效落实。深化零售转型升级。逐渐完善客户分层管理体系,实施网点劳动组合优化,组建重点产品营销专业团队,推进客户服务渠道建设,不断加强自助设备维护管理。对4个人工网点按照新VI标准进行改造,拟定抚河城西支行瘦身计划,将低效网点资溪泸阳支行迁址改名为抚州东方支行,打造2家智慧银行,新建离行式自助银行10个,布放超级柜台37台。稳步推进对公业务转型。制定网点对公业务考核激励办法,提升网点对公服务能力,实现网点对公业务开办率100%。完善负债类法人客户分层管理,优化信贷业务流程,通过分段明晰职责来提高贷款调查质量和办贷效率。全面实施县域转型。设立"两部三中心"管理架构和三农金融分部管理委员会,制定《县域业务发展转型与竞争力提升方案》,绘制县域支行2015—2017年信贷法人、农业产业化龙头企业、小微业主金融服务发展图谱和农户贷款发展路线图。10个县域支行作为服务"三农"和县域金融业务的独立经营单元,实施"一行一策"。在做好蜜橘贷、白莲贷等产品创新的同时,大力推广"财园信贷通""财政惠农信贷通""金穗油茶贷"等特色金融产品,积极申报对南丰县蜜桔产业、金溪县香料产业等制定区域特色金融服务方案。

【加强党廉队伍建设】 2015年,市农行党委将党风廉政建设工作与业务经营同部署。积极落实党委主体责任,制定专项考核办法、与各支行、各部门负责人签订党风廉政建设责任状,党委班子成员定期赴挂点支行检查党风廉政建设落实情况。多次召开会议、开展廉政谈话、组织警示教育课等,使廉政警示入脑入心。通过增设二级支行党支部,调整网点人员结构,发展新党员等方式,不断完善基层党组织建设,辖属20个二级支行全部成立独立党支部,实现二级支行行长兼任党支部书记、网点运营主管承担纪检工作。制定印发《中国农业银行抚州分行"三严三实"专题教育工作方案》,围绕践行"三严三实"全面提升服务"三农"和金融精准扶贫主题,进行问题查摆,制订整改落实方案。召开专题民主生活会,有效解决该行服务"三农"和金融精准扶贫工作中存在的不严不实问题。与此同时,狠抓文化聚合力,不断弘扬实干文化、合规文化、家园文化。始终坚持正确用人导向,拓宽员工成长、成才渠道。积极开展专业技能和规章制度培训,教育引导员工合规操作、依法办事。坚持把提高员工的幸福指数列为党委重要工作,切实加强"职工之家"建设,让员工快乐工作、快乐生活。

【提升风险管控能力】 2015年,市农行坚持"依法合规经营、科学稳健发展"的经营理念,着力加强信贷基础管理,加大员工行为管理,积极防范运营风险,及时化解信用风险,强力推进不良贷款清收。通过现场和非现场检查,每月对支行贷后管理情况进行通报。定期召开贷后管理例会,集中分析研判信用风险状况,督促信贷从业人员严格落实贷款"三查"和贷后管理"三亲自"制度。积极开展信贷客户风险排查,摸清客户风险底数,及时退出潜在风险客户。认真贯彻不良清收"应学尽学、应上尽上、应扣尽扣、应诉尽诉、应核尽核"二十字方针,加强与司法机关沟通,运用多种手段,切实加大不良及逾期贷款清收清户力度。持续开展"三化三铁"创建,加强"三基本"培训,认真落实运营管理"三亲见"和防范运营案件风险的"五个严把",重点抓实临柜业务印章、账户开立等运营重点环节的风险管控。抚州农行党委高度重视员工行为管理,全年共组织开展员工行为排查3次,专题听取排查汇报。每半年召开一次员工行为管理联席会,分析研究员工行为管理中存在的问题和对策,部署员工行为管理工作。

(饶淑微)

【市农行领导名录】

行　长:彭建军

副行长:王国庆(兼任纪委书记)

　　　张军强(任至3月)

　　　胡　珀(3月任)

　　　万　仞　刘九贤

## 中国银行抚州市分行

【概况】 2015年面对极其复杂的金融环境形势,中国银行抚州市分行紧抓新机遇,应对新挑战,通过推动理念更新,狠抓基础建设,增强自身攻击力,坚持将全行干部员工思想统一到"最佳服务、最佳形象、最佳业绩"经营目标及"三化、三高、三严"科学化管理体系上来,基本实现业务发展水平、综合竞争实力、风险管理能力的全面提升。各项经营指标战略前列,好于同期,优于同业。截至年底,人民币各项存款余额101.33亿元,较2014年新增11.62亿元。全辖人民币各项贷款余额达73亿元,较2014年新增新增9.54亿元。在主要指标快速发展的同时,资产质量保持稳定。年底,全口径不良余额2655.3万元,较2014年下降733.6万元,不良控制率为0.36%。全年没有发生案件和重大事故,保持安全运营,实现建行以来第35个安全年。

【竞争能力在应对挑战中不断增强】 2015年,市中行牢固树立"依托产品抓客户、依托产品增存款、依托产品促中收"的发展思路。在公司金融方面,以工商E线通、国际结算、票据贸融、现金管理等重点产品为核心,辅以各产品线重点产品、特色产品、创新产品为重要载体,通过产品带动,实现公司金融业务快速发展。在个人金融方面,以代发薪、一网两卡等五大战略产品业务为核心,以个人存款高关联的产品为重点,从机构层面、负债单产品线的存款管控转变为"全产品线助推个人存款、个人存款联动全产品线"的存款发展模式。同时,做好公私联动,合力将客户基础做大做强,把产品下沉和客户拓展、挖潜结合起来。当年,在保持国际结算业务市场份额32.60%和跨境人民币业务市场份额39.91%位居同业第一的同时,加大对重点项目和重点单位的营销力度,分别与抚州市公安局及辖内各县(区)公安局、抚州市森林公安局签订全面战略合作协议,与金溪县政府建立全面战略业务合作关系。与邮储银行抚州市分行、农业发展银行抚州市分行签订全面战略合作协议,实现优势互补、共谋发展,开启同业合作新模式。

【品牌形象在服务升级中逐步提升】 2015年,全行上下始终围绕"领导为下级服务、机关为基层服务、基层为网点服务、全行为客户服务"的要求,根据"标准化的形式服务 、高效率的内涵服务 、增值性的代客理财服务、主动性的柜员营销服务"在全行范围内强化服务意识、提升服务水平、提高客户体验、打造具有中行特色的服务品牌。充分发挥自助渠道和电子银行的功能和作用。统筹协调抓好渠道管理、持之以恒提升文优服务,以开展自助设备盘整巡视、网点服务礼仪导入等工作为契机,切实带动中行服务形象及员工队伍素质的快速有效提升。进一步改进工作作风。从最基本的劳动纪律、工作作风、办事效率、服务意识抓起,进一步提高对内对外、对上对下的服务水平。不断提升全辖文优服务质量,通过开展"争创最佳 赢在网点"文优提升月、举办网点服务礼仪特训营、开展"卓越网点 用心服务"员工风采大赛、持续推进技能练兵等形式多样的活动,将"两站三声一双手"的标准化形式服务礼仪深入人心,推进全辖整体服务水平实现阶梯式成长。圆满完成纪念币代理发行工作。作为全市唯一金融机构,按人行要求首次成功使用预约方式全程代理发行抗战币、航天币。这项工作时间紧、任务重、客户多,但在短短的时间内,全行上下统一思想、步调一致、形成合力,从机关到基层,从干部到员工,每一个环节环环相扣,在确保服务质量的同时,圆满完成抗战纪念币及航天币的预约发行工作,获得省分行、人民银行抚州中心支行、抚州市广大社会群众的一致好评。

【"三严三实"在企业文化中更加彰显】 2015年,以"三严三实"专题教育活动为契机,进一步改进工作作风,提升全行员工战斗力。开展"行长上党课"活动。开展"三严三实"专题教育党课活动,全辖220余名党员及员工代表参加。积极开展科学化管理大讨论。面向全辖中层管理人员开展"科学化管理"学习实践心得体会征集活动,要求各单位以加强"学习型"组织建设为契机,认真学习企业现代化经营管理方面的理论教程及专业知识,尤其是要认真学习贯彻省分行张东向行长系列重要讲话精神及系列管理理论,深入领会、吃透精髓、融会贯通、及时总结,努力为日常经营管理工作注入新的治行理念、新的管理方式、新的管控机制。健全基层调研常态化机制。围绕"主题更明、作风更优、措施更实"的工作要求,进一步完善基层调研常态化机制建设,把资源沉下去、把问题带上去,切实帮助基层机构研究解决经营发展过程中的矛盾和问题。重点围绕内控案防、授信巡查、绩效辅导、产品带动等主要内容,带着课题下基层、明确导向查问题、围绕需求抓帮扶、现场办公做培训,通过调研解掌握情况、论证经营决策,全面掌握"第一手"资料、及时发现并解决问题。

(吴诺璐)

【市中行领导名录】

行　　长:汪　武(任至12月)
　　　　　刘瑞明(12月任,11月兼党委书记)
纪委书记:仇晓专(10月任)
副 行 长:袁德光
　　　　　王　菁(12月任)
　　　　　熊诗群

## 中国建设银行抚州市分行

【概况】 2015年,建设银行抚州市分行深入贯彻落实省分行的战略部署,紧紧围绕市委、市政府的发展要求,以支持地方经济发展为己任,切实转变经营理念,加强风险内控管理,强化运营服务效能,改进工作作风,全力推进全行各项业务又好又快发展。截至年底,全行各项存款比年初新增15.98亿元,各项贷款比年初新增16.9亿元。

【提升实体经济服务能力】 2015年,抚州建行紧紧围绕支持地方经济的发展要求,充分发挥自身优势,深入分析市场定位、客户需求,强化联动、整合资源,进一步加强项目对接,创新金融产品和服务方式,多方位、多模式筹措资金,加大信贷资金投放。抚州建行对多个项目进行信贷支持,在开发贷款、按揭贷款、二手房贷款、公积金组合贷款、安居贷款给予重点支持,并积极参与旧城改造、保障房等民生工程。更好地服务抚州经济社会发展。抚州建行的工作得到市委、市政府的充分肯定,2013年至2015年连续三年荣获"金融支持地方经济发展建设奖"。2015年末,抚州市人民政府与建设银行江西省分行签署全面战略合作关系备忘录。

【提升客户服务能力】 2015年,抚州建行以信用卡消费为重点,推动居民购车、装修、旅游、留学和日常消费等;以智能手机为平台主推移动互联网金融;以建行"善融商务"为依托,积极开展电商业务,为抚州市企业产品面向全国提供服务平台;以网银贷为抓手,为各类创业者提供融资便利,如"快贷"系列产品,包括融e贷(最高500万元)、快e贷(最高50万)、质押贷(最高100万元)。

【增强内控管理】 2015年,抚州建行操作风险管理更规范。按规抓好抓紧柜面操作、安全设备管理、电子银行应用等操作风险管理。信访风险管理更深入。始终坚持做到两手抓,一手抓稳控,一手抓关爱,努力做到小事不出行,大事不上访,矛盾不上交,力争把矛盾化解在当地。安全风险管理更积极。积极应对社会上各种复杂形势的挑战,强化安全保卫工作,落实各项安全保卫措施,确保"元旦""春节""国庆"等传统节日和"两会"期间安全稳定。全年,实现安全营运,未发生案件和重大责任事故,获得抚州市"2015年度社会治安综合治理先进单位"等荣誉称号。信贷风险管理更科学有效。随着经济下行,信贷资产风险防控形势严峻,抚州分行对当前形势时刻保持清醒认识,强化主动风险管理意识,通过精细化、科学化的管理,在做好风险防控的同时不断提升自身服务水平与服务质量。

【优化管理队伍】 2015年,抚州建行坚持"管理出业绩,业绩出干部,干部能上能下”的用人导向,不断优化管理队伍结构,为一批想干事、会干事、能干事的中层干部提供了一个展示能力、发挥才干的平台。加强党的建设,严格落实“三重一大”、民主集中制、重大事项报告等制度,坚持行务和党务公开,主动接受内外部监督。通过加强党的建设、优化管理队伍,不断增强全行发展后劲。

【改进工作作风】 基层负责人能够注重调查研究、过程管控,能够沉下心去思考问题、发现差距,带头研究政策、学习业务、体验产品,通过学习转变经营理念、把握政策导向、抓住工作重点,进而增强业务工作的前瞻性和敏感性。

【丰富企业文化】 全行充分发挥工青团妇等组织的作用,通过开展各类业务知识竞赛、组织各类有益员工身心健康的文体活动、组建各类业余兴趣小组等方式,企业文化生活不断丰富,员工队伍的凝聚力和向心力不断增强。

(刘 欣)

【市建行领导名录】

行 长:余晓文

副行长:周启开(正行级,兼纪委书记)

吴念辉

黎小芬(任至9月)

杨美林(9月任)

嵇伟民

## 江西省农村信用社联合社抚州办事处

【概况】 2015年,抚州农村信用社(农商银行)认真贯彻落实省、市金融工作会议精神,牢牢把握市委、市政府“高位谋势,精准发力,敢于担当,跨越发展”十六字总要求,在提升社会贡献度的同时,有效促进全市农村信用社可持续发展。年底,全市农村信用社各项存款余额达464.88亿元,较年初净增58.30亿元,增幅14.34%,高出全市平均增幅3.11个百分点。各项贷款余额达325.60亿元,较年初增加46.15亿元,增幅16.51%。存款余额及增量的市场份额分别为32.46%、34.78%,贷款余额及增量的市场份额分别为34.65%、25.13%。存贷款增量、总量、市场份额稳居地方同业之首。

【提升服务水平】 全年新增ATM机及CRS机78台,总数达345台;布放POS机等自助机具3337台,总数达9142台。手机银行有效户数达到10.85万户,净增6.48万户;网上银行有效户数达到7.96万户,净增3.45万户。实现物理网点乡镇全覆盖,电子银行产品“村村通”。

【推进产权改革】 年底,宜黄农商银行顺利开业,黎川、东乡两县联社也已召开创立大会暨第一次股东大会,即将上报开业申请;其余行社也不断优化、夯实各项监管指标,至12月末,全市农信社不良贷款率3.89%,资本充足率12%,贷款损失准备充足率1.98%,贷款损失准备覆盖率184.12%,贷款拨备率7.17%。

【提优经营效益】 全年实现各项收入36.01亿元,同比增加4.99亿元,增幅16.10%。其中利息收入26.16亿元,同比增加4.51亿元,增幅20.85%;中间业务收入4806万元;各项支出31.57亿元,实现利润总额15.05亿元。

【加大支农支小力度】 至年底,涉农贷款余额达315.29亿元,较年初净增45.27亿元,增幅16.76%,占各项贷款96.83%;小微贷款余额184.65亿元,较年初净增29.29亿元,增幅18.85%;“财政惠农信贷通”贷款余额4.64亿元,较年初净增3.32亿元;“财园信贷通”贷款余额15.29亿元,较年初净增6.25亿元,“两通”贷款累放数和余额均列全市金融机构首位。

【社会贡献全面提升】 全年累计向企业提供融资支持169.95亿元,余额达164.28亿元,较年初增加37.61亿元,增幅29.69%。且作为全市唯一指定代理发放财政惠农补贴资金的金融机构,还主动承担许多成本倒贴的服务性工作。近两年,累计代理发放各项惠农补贴资金近70亿元,投入补贴成本1亿多元,惠及辖内近40万农户,赢得社会各界的一致好评。在向市委、市政府提交的工作汇报中,抚州市委书记肖毅、市长张鸿星皆高度评价全市农信社所做的工作。

【成立区域审计中心和辖区党组】 为适应全省农信社深化改革、快速发展和提升服务的需要,2015年12月,省联社对全省农村信用社市级办事处进行机构改革,撤销设区市办事处及办事处党组,成立区域审计中心和辖区党组。全省农信社成立了6大区域审计中心,其中赣东区域审计中心,办公地点设在抚州市,审计区域为南昌农商行、进贤县、南昌县、抚州市辖内共14家成员行社。新成立的赣东区域审计中心为省联社派出机构,办公地址为原办事处所在地,即抚州市伍塘路351号,审计中心主任由原办事处主任严加强担任。抚州隶属于赣东区域审计中心,该中心作为省联社内设机构,其主要职能是:在省联社的领导下,履行对辖内法人行社的审计、监督、评价、指导。除审计检查职能外,原抚州办事处的其他职能由辖区党组全面承担,辖区党组并入抚州农商银行,与抚州农商银行合署办公。改革后农村信用社(农商银行)将专注于提升服务品质,认真贯彻落实市委、市政府的战略部署,高位谋势,精准发力,敢于担当,跨越发展,发挥金融主力军作用,与抚州经济共生共荣、与民生同频共振,以实际行动回报市委、市政府支持与厚爱。

(曾 勇)

【省联社抚州办事处领导名录】

党组书记:杨样才

主任、党组副书记:严加强

党组副书记:王光星(任至11月,转非领导职务)

党组成员:黄勇明 胡水龙

吴文俊(11月转非领导职务) 曹临斌

## 抚州农商银行

【概况】 2015年,抚州农商银行认

真贯彻落实省、市金融工作会议精神要求,围绕年初确定的目标任务,牢牢把握"固本强基、提质增效"的工作总要求,统筹做好抓发展、促转型、防风险、强队伍等各项工作,实现业务规模持续增长。截至年底,全行各项存款余额165.84亿元,较年初新增18.59亿元,占各金融机构新增市场份额的23.11%,增幅18.59%。各项贷款余额119.88亿元,较年初新增15.45亿元,占各金融机构新增市场份额的17.28%,增幅14.79%。业务规模继续稳居市本级各金融机构之首。

【结构调整成效凸显】 2015年,储蓄存款占新增存款的66.7%,高于2014年1.07个百分点,存款稳定性进一步增强。抵(质)押贷款占新增贷款的69.95%。涉农贷款余额117.08亿元,较年初增长14.81%。小微企业贷款余额93.89亿元,较年初增长14.81%,实现"两个不低于"和"三个不低于"目标。

【盈利水平稳中有升】 全年共实现各项收入13.16亿元,同比增加1.73亿元,增长15.17%。其中,实现利息收入11.64亿元,同比增加1.66亿元,增长16.69%。实现拨备前利润5.97亿元,同比增长33.19%。成本收入比24.19%,同比下降3.62个百分点。累计贡献各类税收11473万元。

【发展质量逐步向好】 以推进监管达标升级为主线,不断优化监管指标,监管评级首次晋升为2级C档,标志着该行已成为全面发展的"好银行"。至12月末,按新统计口径,资本充足率13.31%,较年初提高0.05个百分点;贷款损失准备覆盖率177.26%,较年初提高22.06个百分点;贷款拨备率6.05%,较年初提高0.73个百分点。累计计提贷款损失准备4.05亿元,风险抵补能力显著增强。

【业务转型加快实施】 加快发展电子银行、票据、理财等业务,大力优化业务结构。截至年底,全行非利息收入占比11.5%。实现票据业务收入1097万元、存放同业收入16803万元、债券投资收入4710万元、投资理财收入6249万元。新发行百福卡7.02万张,新布放转账终端899台,新增网上银行客户1.02万户,新增手机银行客户1.61万户。柜面业务分流率达48%,较年初提高11个百分点。

【党建工作全面加强】 2015年,抚州农商行积极强化党委的主体责任和纪委的监督责任,结合"三严三实"专题教育活动,持续深入推进党风廉政建设和作风整治,在全行上下营造风清气正的良好局面,员工转作风、强服务的意识进一步增强,精神面貌焕然一新,工作作风明显改善,服务水平明显提高。

(揭志伟)

【抚州农商银行领导名录】
党委书记、董事长:苏海东
党委委员、行长:黄勇明
党委委员:胡水龙
党委委员、副行长:徐平岸 黎筱琴
党委委员、纪委书记、监事长:刘裕华

## 中国邮政储蓄银行抚州市分行

【概况】 2015年,邮储银行抚州市分行牢牢把握"稳中求进"总基调,确定"抓重点促发展,增亮点稳提升,强管理出效益",实现企业发展稳中有进、稳中有为,取得令人瞩目的成绩:获"全省经营绩效考核先进单位"荣誉称号,59项业务指标位居全省前列,东乡县支行荣获全省"十强县"荣誉称号,南城、金溪、黎川、临川荣获全省"十优县"荣誉称号。全市12个机关部门中有11个部门分别获得全省各条线专业评比的一、二、三等奖,获奖率超过90%。全行荣获全市2015年度"金融机构支持地方经济发展建设"二等奖;2015年度全市绩效考核良好单位;2015年度全市精神文明单位、2015年度全市社会管理综合治理目标管理先进单位等多项荣誉称号,实现企业发展与社会效益双丰收。

【经营业绩提升】 2015年,全行实现利润1.49亿元,同比增长50.42%,列全省第2位;完成省分行计划的108.14%,列全省第2位;实现收入3.52亿元,同比增长29.68%,列全省第2位;完成省分行计划的106.55%,列全省第3位。全行各项贷款结余62.72亿元,本年净增21.5亿元,列全省第2位(剔除票据业务),增速达52.01%,列全省第2位,贷款逾期率为0.1%,不良率为0.09%,均列全省第1位。邮储余额达161.1亿元,列全省第5位,年净增7.75亿元,列全省第5位。公司存款余额达16.11亿元,本年净增9225万元,结存规模创历史新高。

【风控能力增强】 2015年,市分行严把风险管控,风险防控日臻精细。全行"两额""两率"均保持在全省最低水平。全行开展每周"3个2"和市分行部门负责人挂点县支行两个活动,同时制定2015年风险金考核办法,加强贷款流程管理,强化动态逾期监管和不良资产处置力度。全行清收不良贷款本息合计1740.55万元,完成省分行下达清收计划的386.79%,排全省第3位,全年核销呆账62笔,核销金额合计为265.28万元;法律合规得到加强。加强法律事务工作,聘请法律顾问审查合同30余份,审查法律性文件33份,出具法律意见书17份,提供30多次的法律咨询服务,邀请法律顾问为县支行信贷部门员工进行法律培训。做好常规检查和责任认定工作。全年共填写稽查报告书433份,下发整改通知书319份,处罚金额44060元,其中问题整改率达96.73%。对全市76笔逾期贷款和27笔信用卡逾期进行责任认定;安保工作落到实处。签订安保责任书,落实安全保卫职责。建立领导干部安全保卫工作常态化机制。精心组织安保知识学习季考试活动。参加安保知识学习季考试的318人全部考试合格,达到省行的双百要求。按要求完成安全评估工作,在市公安、银监组成的联合评估中获得优秀成绩。建立全市自助设备每日安全巡查报告制度和金库值守制度,切实保障安全运行。

【管理水平精细】 2015年,全市邮储银行在提升经营水平的同时,不断强化全行的管理能力。授信管理做到精细。积极开展信贷全流程管理,突出抓好各类检查督导工作，规范放款流程和影像管理工作，明确放款相关岗位职责，完善授信管理制度。开展多项自查和专项检查工作。财会管理做到精进。加强财务资金管理，完善财务数据的专题与对标分析。加强资金备付管理，强化现金备付预警，提高资金收益率；渠道管理做到精密，4月份，成立信息科技部，基础建设得到稳步推进。乐安县乐安大道支行、广昌县支行办公楼、市本赣东大道南支行、金溪县浒湾镇支行、崇仁县县府西路自助银行、东乡汝河北路自助银行六个工程完成装修改造并投入使用；崇仁县胜利路西支行、宜黄县宜黄大道自助银行完成总体装修；渠道支撑得到加强，电子银行交易替代率达74.15%，电子银行交易笔数达380.25万笔。

【发展环境优化】 2015年，市分行不断优化内外发展环境。内外形象显著提升。全行通过加强与市委、市政府主要领导的汇报，促成省分行与抚州市人民政府签订全面战略合作协议。全行支持地方经济建设的突出成绩获得市领导亲自批示和充分肯定，市政府金融办还专门发文号召全市各金融机构以邮储银行为标杆。此外，全行成功获得住房公积金贷款准入行资格；企业品牌影响力得到提升。全行成功举办创富大赛活动，在电视台、高速路口、国道主干道、广场LED屏幕等投放邮行品牌宣传及业务宣传广告，在各类媒体发表新闻报道200余篇。纪律执行力提高。严格执行民主集中制，加强民主决策和依法决策，切实落实“三重一大”决策制度与党风廉政建设责任制，全面签订党风廉政建设责任状。做好办公用房清理、公务用车、采购项目排查。加强作风建设。开展领导包片、中层挂点活动，强化市县沟通协作，提升市分行机关办事效率和履职能力。

【企业凝聚力增强】 2015年，党群工会工作卓有成效，市分行机关党支部扩充为4个，南丰县支行党支部获评全省基层党支部示范点。陆续开展征文活动、“与邮储合影，对未来寄语”主题活动、三严三实专题教育活动、七一全体党员重温入党宣誓活动等10多项党内活动。南城支行党支部荣获全省先进党支部，4人获得全省优秀共产党员和党务工作者光荣称号。开展职工之家和职工小家建设，抚州市分行、临川、南丰支行获评全省先进职工之家。开展系列文体活动，举办“青年好声音”演讲比赛和“传承红色基因 争做出彩邮行人”文艺汇演，并在全省“传承红色基因、争做出彩邮行人”文艺活动中荣获二等奖和优秀奖，还有20余人次荣获总行、省银监局及省分行的个人荣誉。

（陈盼诚）

【市邮储银行领导名录】
行长、党委书记：彭华彬
副行长：何晓琴（兼纪委书记）
陈　林（任至6月）
刘德利
黄家亮（12月任）

## 九江银行抚州分行

【概况】 2015年，九江银行全行总资产达1700亿元，并荣获“2015年度全国金融系统青年五四奖章集体”称号，全国仅10家金融机构获此殊荣，以及由抚州市国税局评定的市级“A级纳税人”荣誉称号。九江银行抚州分行认真贯彻落实总行的各项工作部署，以“强化管理、防范风险”为重点，加快转型发展方式，积极探索转型之路，紧紧围绕“整治年、转型年、创新年”的工作目标，始终坚持以审慎经营为中心，以抚州实体经济为依托，为老百姓服务、小企业和微小企业、民营企业、民生经济发展而服务，不断完善各项规章制度，强化内部经营管理，狠抓条线考核贯彻落实，确保各项业务健康、稳健、安全运行。抚州分行经营效益良好，全年实现各项收入2.16亿元，其中贷款利息收入1.37亿元，中间业务收入146.67万元，营业外收入12.10万元，各项支出合计为7227万元，其中业务及管理费支出6383.93万元，手续费及佣金支出0.013万元，营业外支出0.2万元，营业税金及附加739.58万元。报表反映净利润1351.25万元。规模扩张进展顺利，至年底，抚州分行资产总额为52.02亿元；各项本外币存款余额达51.15亿元，比年初净增值3.3亿元，增幅达6.89%，占抚州地区市场份额的3.78%；各项贷款余额达20.26亿元，比年初净增3.6亿元，增幅为21.62%。存贷结构明显优化，全年新增存款3.25亿元，其中储蓄存款21.54亿元，较年初增长3.75亿元，增幅21.08%，对公存款28.53亿元。保证金存款1.08亿元，各项贷款余额20.26亿元，较年初新增3.6亿元，其中，小微企业贷款12.97亿元，比同期增长0.26亿元，涉农贷款9.80亿元，占比达48.37%；抵质押贷款比例76.99%，异地授信较年初压缩0.16亿元，本地授信较年初新增3.75亿元，政府融资平台贷款余额6.84亿元，比年初增加2.68亿元。从负债结构看，一般性存款由年初的47.89亿元上升到51.15亿元，增幅6.4%，上升3.26个百分点。其他各项业务发展平稳，银行承兑汇票业务：全年累计开立金额5.97亿元，累计解付承兑汇票14.43亿元，年末银行承兑汇票余额3.66亿元；大额资金清算业务情况：全年累计接收来帐2699笔，金额142.88亿元；累计发出往帐3005笔，总金额144.99亿元；理财业务情况：全年共代理发行理财产品202期，全年实现理财销售196649万元；银行卡业务情况：全年新开借记卡38413张，累计发卡量达到99139张，其中，活卡量达43222张，活卡率51.91%；累计发行公务卡281张，累计开立POS机431台，其中全年POS机累计交易量为35737万元，较去年新增9906万元；三方存管签约账户数：全年共开通三方存管账户1091户，银证转账金额和证银转账金额达5.5亿元；贵金属销售情况：自2015年9月份开展贵金属以来，全年实现贵金属销售额达132万元，实现中间业务收入14.3万元，实现全年任务目标的30%。国际业务办理：分行开展汇入汇款、汇出汇款、进口开证、出口押汇、跨境人民币、资本金等国际结算业务，总结算量为USD 11271.1万美元，与2014年相比同比增长22.75%，分行国际结算首次突破亿元大关。其中，办理汇入汇款126笔，共计金额4242.39万美元；进口开证9笔，金额为4470.47万美元，信用证保证金存款26860.3万元；汇出汇款18笔，金额为2556.34万美元。

【加强内控管理机制】 2015年，针对银行业案件高发的严峻形势，为确保分行合规经营，由分行各职能部门牵头先后开展对账工作检查、库存现金及重要空白凭证管理工作检查、日常凭证检查、业务凭证复查、季度新增授信业务检查、银行承兑汇票保证金账户专项检查等15次检查，对不合格和差错情况通过纠错通知单、文件通报等形式进行风险提示并责令限期整改。加强员工行为管理，认真落实银企对账工作要求，截至年底，全行对账率达98.31%，有效防范结算环节操作风险，确保全年零案件。继续完善内控机制建设，分行各职能部门对现有规章制度进行全面梳理，结合当前监管要求及分行实际，先后制定修改《关于下发九江银行抚州分行反洗钱相关制度的通知》《九江银行抚州分行舆情管理与处置实施办法(修订版)》《抚州分行行政印章及名章管理规定(2015年12月修订)》《九江银行抚州分行考勤管理办法》《九江银行抚州分行信贷业务移交管理办法》《九江银行抚州分行对账管理办法》《九江银行抚州分行财务费用审批管理暂行办法(2015年修订)》等制度，优化分行管理体系。

【加强信贷管理】 在办理授信业务过程中，严格执行审贷分离制度，将受理、调查、审批、发放、贷后管理等环节的工作职责进行分解，由不同部门和岗位承担，实现相互制约和相互支持。同时严格实行授权管理制度，对分支机构实行逐级的有效授权，受权人在授权范围内，对发生的信贷业务负责，并且严格遵守"先评级，后授信，再用信"的程序和原则，对法人客户按年度评级、授信。对于评级授信到期的客户，及时重新进行评级授信，对没有到期但因偿债能力、信用状况等情况发生变化的客户，及时进行动态调整。完成抵押物风险清理排查工作，分行组织辖属各机构对其抵押品进行排查，排查结果较为良好，分行所有抵押贷款均按照总行的相关规定程序办理。

【提升服务管理水平】 积极响应总行"用心服务、微笑九银"的号召，提升分行的服务水平，分行指派专人每月通过调阅监控、现场检查等方式对各营业网点的规范化服务情况进行例行检查并及时通报。同时也加大对后台机关人员的服务检查力度，确保服务做到每一位员工心中。抚州分行在《2015年九江银行提升优质服务竞赛活动评估》中，服务考评居全行上游水平。

【促进全员思想提高】 2015年，分行在总行及上级有关部门的指导下，党的群众路线教育如火如荼开展，紧密贯彻落实党风廉政建设党委主体责任和纪委监督责任，全面推进分行监察巡视工作的开展。分行按照总行精神，第一时间开展对员工"三严三实"的教育，组织基层党组织开展教育性党课学习，并召开党员干部座谈会，将活动如何开展落实作了明确部署，进一步推动分行中高级管理层把"三严三实"作为修身、做人、用权、律己的基本遵循，干事创业的行为准则。通过教育实践，广大党员的思想认识与宗旨意识明显强化，工作作风与精神风貌明显提升，展现昂扬向上的精神状态，激发锐意进取的工作热情，在全行更加形成心齐、气顺、劲足、实干的发展氛围。

【全年安全无事故】 分行始终坚持把安全防范溶入到日常管理中，防微杜渐，制定严格的"四防一保"考核机制，落实节假及双休日领导带班制度，并且保证值班人员在岗，做到"谁主管、谁负责，谁在岗、谁负责"，确保全天24小时有人在岗；支行每月对日常的安全、消防器材及110联网报警器进行自查，分行通过每月抽看网络录像和每季度现场检查等形式开展安全保卫检查，并对检查所发现的问题进行了通报问责，将安全工作责任落实到每一个人，确保实现全年安全无事故。

【筹建网点布局】 2015年，抚州分行除已设立的崇仁支行、临川支行、南丰支行、金溪支行、乐安支行、东乡支行在当地开花结果外，还按照总行2015年对分支机构网点布局要求，先后成功筹建马家山、西湖绿洲、羊城路、凤凰城、临川唱凯、崇仁永胜、东乡宏鑫等7家社区支行。其中，临川唱凯社区支行的成立，标志着九江银行在乡镇的第一家社区银行的诞生，也是抚州市区第一家乡镇社区支行。与此同时，黎川支行和广昌支行2家传统支行落地生根，分别于9月29日、10月16日顺利开业。

【人才队伍显规模】 2015年，抚州分行在职员工230人，其中本科以上文化224人，硕士以上文化6人，正式员工190人，全行今年新增员工72人。秉承公平、公开、公正的原则，2015年度分行举行2次公开竞聘，在业务突出，爱岗敬业的员工中选拔出4名支行行长、7名管理岗人员、6名会计主管，各营业网点配备行长助理。为全面提高员工综合素质，完善学以致用的长效机制，分行创办图书馆，为员工采购经济类、管理类、法律类、哲学类、自我实现/励志类、古籍类、历史传记类、小说类等读本400余本，以及订购《银行家》《当代金融》《金融博览》《求是》《眺望》《第一财经周刊》等报刊杂志，提高员工的专业视角和业务水平、文学修养。在员工培训方面，全年共培训918人次，受训人员覆盖率达到100%

【结构调整】 2015年，分行贯彻"调结构、扩规模"为主线的总体思想。立足于广大市民、立足于民营企业、立足于小微企业、立足于政府，大力开展储蓄业务、零售业务。开展一系列的专项存款竞赛，科学调整存款结构，实现存款成本合理性与稳定性的有机统一。至年底，抚州分行各项储蓄存款余额51.14亿元，比年初新增3.25亿元，增幅6.79%。零售业务是九江银行扎根当地的主导和重要支柱，分行先后举办"幸运大转盘抽奖""粽情端午、香醇九银""砸金蛋""点钞大赛""趣味乒乓球比赛""金榜题名时、礼品欢乐送""感恩客户，喜迎中秋""给力'苹'安夜"等活动。以上系列活动，全面提升分行电子银行业务市场份额和产品渗透能力，且活动场面盛大，反响强烈，深受广大抚州市民的喜爱。同时，双休、节假日分行员工引用"摆摊位"的形式深入到社区、工业园区进行业务推广活动，让更多的当地居民了解九江银行快捷、灵活的产品，提高九江银行的知名度，扩大九江银行影响力。

【发展小微客户】 全年压缩“三高产业”“两头在外”“集团授信”“大额授信”等企业,科学掌控投放节奏,实现贷款业务有序增长和信贷结构明显优化。突出小微企业投放。一方面,积极调整小微企业信贷业务投放结构,挖掘存量客户贷款潜力;另一方面,依托零售业务团队,努力打造小微企业信贷业务的专门营销部门,做强做大个贷业务。至年底,支持小微企业70户,个体工商户1451户,小微企业主139户,授信余额合计23.92亿元,其中贷款20.26亿元,银行承兑3.66亿元。坚持有进有退原则,优化存量、用好增量。对行业景气度持续下降的贷款坚持只减不增、逐步压缩、择机退出的原则,逐笔化解风险,全年累计压缩“三高产业”“两头在外”企业授信计0.53亿元,户数3户;新增本地授信7户,共计3.75亿元。在总行“信贷窗口”的指导下,调整方向,积极转型。在继续支持中小企业发展的基础上,严把信贷准入关,加大对优质客户、有效资产抵押客户的信贷投放力度,努力拓展一批技术含量高、市场竞争力强、经营效益好、国家鼓励发展行业内的企业客户。加强对单户大额贷款和集团客户贷款的管理,严格按计划逐步压缩超比例贷款,加大信贷管理力度,把好信贷投向和节奏,用足用好现有的信贷规模,做到好中选优。

【改革创新业务】 2015年,为激发全行员工的创新思维和创新意识,弘扬我行“快活”银行的特色,分行于3月29日成功举办第一届“零售营销活动方案征集”大赛,旨在进一步推进零售产品发行、拓宽销售渠道,从而最大限度的发挥集体的智慧和群众的力量,群策群力,为客户提供更加贴心便捷的服务,并督促各支行将“金点子营销方案”落到实际工作中开展营销。分行于二季度开始推出二手房按揭贷款,采取与中介机构合作的方式,三季度正式施行,并积极开展该项业务。至年底,分行已发放二手房按揭贷款120笔,金额3338万元。9月,分行组织各分支机构对该行现有个人贷款产品进行“个人贷款产品优化”方案大赛,在优化方案中分行优化“员工保证贷款”流程和“个人创业”贷款流程,为后期贷款营销和贷款发放提供便利。针对部分优质的小微企业,分行准入财园信贷通业务。年底分行已与抚州当地3个工业园区签订财园信贷通三方框架协议。与此同时,分行已审批财园信贷通业务3笔,金额1200万元,发放1笔,金额500万元,解决部分优质小微企业因缺乏抵押物而无法取得授信支持的困境。社会公益事业方面:分行积极推进政府及社会公益事业项目贷款,于9月底获批政府授信总额度18.58亿元,并于12月底之前审批通过7笔政府贷款,总金额7.3亿元,仅四季度新发放政府贷款4.3亿元。

【互联网科技金融创新】 全年分行电子银行交易笔数达1184904笔,电子银行分流率达75.19%,较2014年新增18个百分点。截至年底,分行已开办10家自助银行网点并成功运营。随着该行业务品种的不断完善,技术水平不断提升,分行配合总行零售新业务上线系统,如总行理财新系统录音录像的上线、完成三方存管系统调试及开户测试、ATM机监控系统的信息完善等,渠道系统的不断完善,将进一步促进分行各项业务的发展。

【培养核心人才】 2015年,除了激励绩优,破除大锅饭,创造你追我赶的氛围;分行大力提倡在岗位上实战培养员工,杜绝把年轻员工当流水线上的工人使用,给机会让员工放手去做,并给与及时指导。顺应总行学习型组织的号召,分支行积极组织各层次员工分别开展脱产培训与在岗学习相结合,特别是对分行业务拓展起着重要作用的客户经理,逐渐分批次参与总行或分行组织的客户经理脱产培训,并在培训后持续跟踪,对优秀员工积极实行轮岗学习制度,不断提高员工的综合素质和分行核心竞争力,培养能干事、想干事、干成事的人才。

【创新业务服务功能】 为使现今应用的核心系统逐步适应该行各条线业务发展的需要,进一步提高分行的办公文件安全性,根据总行统一部署安排,分行配合总行科技部上线相应系统。如“SGB前台柜面生产系统”“终端数据泄漏防护系统”“新冠字号系统”“理财面谈面签系统”等,各条线系统的经过紧锣密鼓的准备、测试到全面上线,也预示着该行致力于以信息及时革新推动改革创新、转型发展的又迈出一大步。

(谢　思)

【九江银行抚州分行领导名录】
行　长:许　操
副行长:邱　乐　李　群

## 上饶银行抚州分行

【概况】 2015年,是上饶银行新的三年发展战略规划的初始之年,抚州分行认真贯彻落实总行年初提出的“坚持稳中求进的总基调,主动适应经济发展新常态,从严治行,坚持以提高发展质量和效益为中心,进一步强化风险管理和合规建设,进一步推进改革创新和转型发展,进一步提升服务水平和竞争能力”的总体要求,不断加强内控管理,防范经营风险,提高服务水平,各项业务实现持续稳健发展。年底,各项存款时点数为27.76亿元,较年初新增6.31亿元,增幅为29.36%;各项存款日均数为23.60亿元,较年初新增5.86亿元,增幅为33.03%;各项贷款余额为13.52亿元(含信托贷款2930万元),较年初新增1.6亿元,增幅为13.42%;办理金融IC卡41843张,较年初新增16193张;开立对公账1189户,较年初新增185户;新增对公网上综合服务平台136户,其中有效户数108户;金易达有效户数421户,较年初新增55户,金易达收入共计1072.82万元;办理融易通103户,较年初新增42户,融易通收入110.09万元;签约掌易行客户3299户;办理POS机161台,较年初新增46台,优质商户累计26户;理财销售总额累计10.11亿元,2015年理财销售金额4.99亿元,较2014年同期新增1.9亿元,增幅为61.49%;银行承兑汇票余额为5.54亿元,较年初新增1.88亿元,增幅为51.37%。

【调整管理结构】 2015年上半年,总行对分行领导班子进行调整,新的领导班子继续践行总行的经营理念和管理思路,继续推进三级管理模式的创新。8月,分行对机关部门进行相应调整,撤销公司银行部与个人银行部,设立授信业务部,并将业务下沉到各支行及分行营业部。随着三级管理模式的成功推进,有力提升抚州分行经营管理的水平和统筹规划的能力;同时,制订《上饶银行抚州分行2015年度派遣制客户经理晋升实施方案》《上饶银行抚州分行2015年1级行员晋升实施方案》《上饶银行抚州分行电子银行产品营销指引(2015)》《上饶银行抚州分行贷款审查委员会管理暂行办法(试行)》等一系列新的规章制度。这些制度的完善给分行带来更加和谐和公平的氛围,使分行的内部管理变得更加科学合理。

【银企合作谋共赢】 经过多方上下联动,抚州分行于2015年10月16日与江西大觉山旅游景区有限公司成功签订战略合作协议,包括景区票务管理系统、景区网上票务管理平台、特约商户POS收单业务、银联全渠道业务收单服务、自助服务终端项目、"掌易行"本地商圈服务项目等多项业务,第一次实现与景区的全面合作,成为继公交项目之后又一大型项目。抚州分行即将发行具有抚州特色的金融IC卡——大觉山卡,前期工作已经接近尾声,通过大觉山卡与抚州"智慧大觉山"景区项目相辅相成,将有力提升分行在抚州市民心中的形象。

【确保经营安全】 2015年,抚州分行严格按照总行案防工作的时间安排组织开展各项排查工作,成立案防工作领导小组,制订案防活动方案,认真组织全年各项排查活动,排查面覆盖会计、电子银行、信贷、票据、跨业合作等工作,对存在问题的责任人进行处罚,并及时落实检查问题的整改工作,以完善营运管理的薄弱环节。3月10日至4月3日,江西省银监局对抚州分行进行"一加强两遏制"工作的现场检查,分行对发现的问题进行责任追究,并一一进行整改。10月,抚州银监分局督导组对"两加强两遏制回头看"活动开展情况进行督导,督导组对抚州分行在此项工作中的落实情况表示满意。

【丰富企业文化】 2015年,抚州分行积极开展各类党工团活动:深入开展"三严三实"专题教育活动,增强全体干部员工的自身理想信念和党性修养;开展春运暖冬活动,春运期间,抚州分行志愿者们结合抚州市火车站的实际情况,分小组到售票处、安监处、候车大厅、检票处、出站口协助车站工作人员开展工作,提升抚州分行在抚州市民心中的良好形象,增强员工的社会责任感;举办五四青年励志讲座,5月4日,抚州分行团总支邀请抚州市委办专职副书记盛吉林给分行青年员工们带来题为《丰富自己,坚定信念,带上你的梦想一起飞》的专题讲座;组织员工开展学雷锋、送金融知识下乡、篮球友谊赛等活动,在丰富员工的业余生活的同时,增强团队凝聚力;开展分行五周年庆典活动。通过演讲、征文等进一步提升分行全体员工的向心力和凝聚力;开通抚州分行业务讨论微信群、中层干部业务信息交流微信群等。

【夯实发展基础】 2015年4月16日,抚州凤凰城社区支行、东乡景泰社区支行正式开业,两家社区支行以服务社区、贴近居民为宗旨,为所在社区的居民、商户提供灵活、便捷的金融服务。为树立上饶银行品牌形象作出更大的贡献。12月23日,上饶银行金溪支行正式开业,进一步完善抚州分行在抚州地区的网点布局,为抚州分行跨区域发展增添一支重要力量,扩大分行金融服务范围,增强上饶银行品牌的影响力。

(陈　雯)

【上饶银行抚州分行领导名录】
行　长:曹长发(任至6月)
　　　　曹　平(6月任)
副行长:卢小武(任至4月)
　　　　张卫国 徐慧艳

## 中国人寿保险股份有限公司抚州分公司

【概况】 2015年,中国人寿连续十三年入选美国《财富》杂志全球企业500强,位居94位,较2014年上升4位,排名中国保险企业第一,同年6月份连续十一年入选"中国500最具价值品牌",连续九年位列该排行榜第5位;凭借这两项排名,中国人寿再次成为所有入选的国内保险企业中的"双料冠军"。中国人寿抚州分公司从1985年开展学平险、1992年开展农村纯女户养老以及0~6周岁子女保险以来,一直得到市委、市政府的大力支持。作为一家网络齐全的专业寿险公司,中国人寿在抚州所有的县(区)均设立机构,并且在乡镇设立网点服务部,并一直致力于为政府服务,为老百姓排忧解难,为提高商业保险的覆盖面,为完善多层次社会保障体系、改善民生、促进地方经济发展作出新的贡

中国人寿抚州分公司总经理廖必刚走访慰问抚州市福利院

献。2011年和2012年连续两年被抚州市委、市政府评为“文明单位”。

【业务发展稳中有升】 中国人寿抚州分公司2015年在人寿保险、意外伤害保险、健康医疗保险、养老保险等全面发展,总保费完成6.51亿元,同比增长6.60%;各项赔款和给付支出3.66亿元,同比增长68.37%;上缴地方税收490.88万元,同比增长17.56%;解决就业1200余人。

【品牌实力提升】 年底,中国人寿抚州分公司积极参与政府合作,为提高商业保险的覆盖面,为完善多层次社会保障体系、改善民生、促进地方经济发展做出了新的贡献。公司占据抚州市31.81%的寿险市场份额,继续引领抚州寿险市场。公司在抚州县(区)共有14个县级机构,并有55个乡镇营销服务部。截止2015年,中国人寿在抚州累计拥有超过28万份有效的个人和团体寿险保单、年金合同及长期健康险保单,有效承保人数超过260万人次,建立社会保障达1088亿元,充分发挥保险“社会稳定器”功能,为促进当地经济发展做出贡献,获得当地好评。

【开展“国寿1+N”增值服务】 自2007年正式推出“国寿1+N”服务品牌以来,中国人寿抚州分公司围绕服务品牌建设开展一系列增值服务项目,为全体客户提供多项保险基础服务,以及“健康好帮手”“国寿大讲堂”“国寿资讯通”“国寿特惠超值”和“特色客服活动”五大项附加值服务,VIP客户全部享受短信服务、柜面优先服务、并赠送国寿客户报,对金卡以上的客户实行疾病探望服务和享有精美生日礼物服务。同时并打造以国寿鹤卡为依托的“保险一卡通”服务,使其成为国内寿险市场第一张电子保单集合。自“国寿1+N”和“保险一卡通”服务推出至今,深受广大客户的一致良好反馈。

【发展计划生育系列保险】 2015年,中国人寿抚州分公司聚焦就医费用高,农村独生子女、二女家庭抗风险能力弱这个社会民生热点,公司推出爱心保险,由政府出资,为农村0-6周岁独生子女和二女不再生育家庭的第二个孩子办理健康平安保险,既有益于提高农村独生子女领证率,稳定低生育水平,又可提高农村独生子女和二女不再生育家庭的抗风险能力。

【普及学生平安保险】 公司开办学生保险业务近三十年,共为近1800万人次学生提供安全保障,解决无数个学生和家庭因遭受意外和疾病给家庭带来的经济困难,同时也在一定程度上给学校和社会消除不稳定因素,为社会的和谐和安定尽一份义务。做为抚州市唯一网点机构齐全、理赔快速便捷的寿险公司,学生保险以其收费低、保障高的特点和优质高效的服务,深得广大学生和家长以及社会的认可,取得很好的社会效益。

【开拓建筑工程险】 建筑工人属高危行业作业人员,一般都是家庭的经济支柱,而且大部分家庭经济情况比较困难,对于意外事故的承受能力很差,而投保“建工险”能够将风险转移到保险公司,缓解这些建筑工人家庭的经济压力,同时也能够免除一些不必要的矛盾和纠纷。公司积极开拓建工险,为开发商转移风险,解决开发商后顾之忧。

【服务社会主义新农村建设】 2015年,公司大力发展“三农”保险,在农村开办一大批适合农民需要的险种,有力支持农村的经济建设和发展。并专门推出惠农保险——国寿农村小额保险,其缴费低、手续简便,保障广、理赔快的特点,深受老百姓喜欢。并在很多地方推行一张保单保全村、全组、全家。公司在农村安排驻村服务员,极大方便农民群众的投保和理赔。普及农村百姓保险面,让更多的人得到保障,有效地发挥保险“社会稳定器”的作用。另外,充分发挥机构网络健全优势,进一步健全完善“三农”保险服务网络,持续推动农村营销服务部建设和“保险村”建设,更好地服务社会主义新农村建设,为实现农村富余劳动力转移和完善农村社会保障体系发挥更加积极的作用。

【安置下岗职工再就业】 公司在发展自身业务,服务社会的同时,致力解决社会人员就业问题,有针对性地出台措施,重点为企业下岗职工及应届大学毕业生提供职业辅导及就业机会,最大限度地消化缓解我市就业压力。共解决1200余名下岗职工及无业人员就业问题。仅2015年度,因保险业务发展需要而进行的员工招聘就有300余人,并提供基本保障,为社会稳定做出积极的贡献。

【发展商业养老保险和企业年金】 公司提供多样化的商业养老与健康保险产品与服务,随着我国老龄化社会的到来,养老问题日益严峻,企业年金制度越来越受到政府部门和广大职工、企业的重视。在目前中国社会保

中国人寿抚州分公司赴宜黄县进行扶贫工作洽谈

障体系建设时间不长、国家财力有限的情况下,商业保险对有效减轻财政负担、缓解政府压力、尽快扩大社会保障覆盖面和健全保障体系发挥积极作用。

【提升保险服务水平】 公司为更好地服务社会、履行责任,不断健全保险服务体系。秉承"专业、真诚、感动、超越"的服务理念,力求通过"热诚、规范、准确、便捷"的服务,回报广大客户多年以来的支持与信赖。以服务于和谐社会建设为出发点,充分发挥保险促进改革、保障经济、稳定社会、造福人民的重要功能,进一步提升服务、做好工作,把党和国家的优惠政策通过保险,送到每个农民手中。

(雷家昱)

【中国人寿抚州分公司领导名录】
党委书记、总经理:杨　林(任至5月)
　　　　　　　　　廖必刚(5月任)
副总经理:齐亚中(任至8月)
纪委书记:章圣贵(8月任)
总经理助理:肖文红(任至7月)
　　　　　　余建明(任至8月)
　　　　　　谢　羿(9月任)
　　　　　　陈玉霞(9月任)

## 中国人民财产保险股份有限公司抚州市分公司

【概况】 2015年,人保财险抚州市公司紧紧围绕"不违规、重盈利、快发展"的工作主基调,以争创一流市级分公司为指引,对标市场、聚焦问题、团结拼搏、攻坚克难,取得业务平稳发展、效益明显提高、服务有效改善、基础更加扎实的良好业绩,实现"十二五"完美收官,获得市政府"金融机构支持抚州经济建设一等奖",为保障抚州经济社会发展做出新贡献。

【业务规模再创新高】 2015年,市公司坚持对标市场,抓机遇谋发展,面对经济下行压力加大、商车险费改窗口期、行业竞争日益加剧的严峻形势,系统上下坚持对标市场,加强公关协调,开展业务竞赛,抢抓发展机遇,增量保费保持市场第一,市场地位有效巩固,保费收入突破5亿元大关,实现53032.14万元,同比增加5512.39万元、增长11.60%。

【三农保险稳步发展】 2015年,市公司积极适应政策性业务发展新要求,满足农民对商业保险的需求,加大与政府有关部门的协调沟通,深度参与国家惠民等政策性保险,大力探索商业农险发展途径。承保水稻12.27万公顷,林木保险39.89万公顷,桔柑0.57万公顷,烟叶0.13万公顷,能繁母猪及育肥猪12.11万头,肉牛202头,蛋鸡及肉鸡130.88万羽,三农保险业务品种、承保面金额都稳步增长。同时,继续为全市152万农村居民提供大病医疗补充及附加意外伤害住院医疗保险,并积极主动做好定点医院巡查、外部调查、医疗审核和保险宣传、服务工作,得到各级政府、卫计、财政等部门和人民群众的认可。

【发挥保险职能】 2015年,市公司认真履行保险和社会责任,狠抓保险理赔服务工作,共处理赔55000件,同比增加7968件;支付赔款30377.49万元,同比增加5683.85元,增长21.69%,上缴税款2312.83万元,代收车船税金额2534.82万元。特别是及时支付水稻保险水灾赔款1900万元,林木火灾保险赔款707万元,南丰柑桔冻灾赔款850万元,江西大唐国际抚州电厂意外事故赔款1280万元,广昌县大株乡莹石矿厂人员伤亡赔款60万元,江西大森服饰有限公司火灾赔款55万元;有力支持工农业恢复生产,稳定人民群众生活,保险社会"稳定器"、经济"助推器"的作用进一步扩大。

【服务能力再上台阶】 2015年,市公司从承保理赔服务、窗口服务、客户投诉等方面入手,积极打造人保服务升级版。全市系统服务行为规范,开展服务标准化培训,改造部分基层营业场所,加强窗口、前台、柜面人员着装、行为举止的网络视频监督和现场检查;出单时效管理更严格,出单中心在总公司出单运营考评中获得99.6的高分,名列全国系统第一;理赔服务效率大幅提升,优化理赔案件处理流程,简化理赔索赔单证,减少理赔流转时效,尤其是对学平险、校责险、治安险、农险等赔案实行特事特办,加快结案速度,全年全市系统案件处理率达101%;人保之友俱乐部成立,客户俱乐部系统暨微信平台投入使用,与42家修理厂签订"i保养"合作协议。

【强化基层建设】 2015年,市公司打破员工身份界限,不拘一格选拔年轻有为、群众公认的德才兼备、表现优秀的业务骨干充实到基层领导班子岗位上来;充分运用"千人工程"、大学生见习储备人才招聘等机遇,招聘新员工37人,充实到销售岗、农险岗和社保岗位;完善员工身份转换机制,畅通员工职业晋升渠道,将1名优秀营销员转为劳务派遣人员,将44名劳务派遣人员转为省版合同,将3名省版员工转为总版合同。基层员工技能培训加强,举办各类培训49期3075人次,素质全面提高。

【推进企业文化】 2015年,市公司积极实施员工关爱计划,员工幸福感工程测评得分居全省系统前列,对暂时遇到困难的两职工先后组织捐款解决当前困难,同时及时慰问生活困难的员工,优化员工薪酬标准;实施民主管理,开展职工代表提议案、员工提合理化建议活动;组织员工进行体检,举办丰富多彩的文体活动,派员参加江西省第二届职工网球大赛荣获全省设区市领导干部双打冠军。

(周杏福)

【人保财险抚州市分公司领导名录】
总经理、党委书记:吴根福
副总经理:吴志刚　熊钿华
　　　　　胡　勇(8月任)

本栏编辑　吴主平

# 经济管理与监督

## 综合管理与宏观调控

【概况】 2015年,抚州市按照“高位谋势、精准发力、敢于担当、跨越发展”工作总要求,稳增长、抓改革、促转型、惠民生,加大定向调控力度,有针对性地出台实施一系列政策措施,为发展注入新动力。全市经济社会平稳健康发展,增长速度保持在合理区间。

全年实现生产总值1105.14亿元,增长9.2%,完成计划任务的96.9%;实现财政总收入165.2亿元,增长10.1%,完成计划任务的100%,其中,实现一般公共预算收入126.8亿元,增长9%,完成计划任务的100%;实现规模以上工业增加值364.23亿元,增长8.6%,完成计划任务的103.2%;实现固定资产投资1099.67亿元,增长17.1%,完成计划任务的97.3%;实现社会消费品零售总额428.2亿元,增长9.4%,完成计划任务的100.8%;外贸出口总额16.51亿美元,增长7.2%,完成计划任务的99.5%;实际利用外商直接投资3.8亿美元,增长15.0%,完成计划任务的100%;城镇居民人均可支配收入25065元,增长8.5%,完成计划任务的98.2%;农村居民人均可支配收入11441元,增长9.9%,完成计划任务的98.6%。

【重大项目迅速推进】 江西大唐抚州电厂一期工程1号机组正式投产发电。抚州—南城—黎川段省天然气管网支线工程线路建成通气。抚州—金溪高速、南昌—宁都(乐安段)高速建成通车;资溪花山界(赣闽界)—里木、船顶隘—广昌、东乡—昌傅高速加紧建设;抚州东外环高速(抚金高速与东昌高速连接线)纳入全省高速公路网规划,丰城—崇仁—南城高速(昌宁高速与济广高速连接线)、贵溪—资溪高速公路开展前期工作。廖坊灌区二期工程可研性报告获批复。抚州综合物流产业园完成项目立项、可研性报告、一期土地受让,进行场地平整。鹰梅铁路、吉抚武铁路、抚州机场等一批重大项目前期工作取得进展。“十三五”重大项目谋划有序推进,编制《抚州市“十三五”重大项目开发储备库》,共谋划项目800多个、总投资1万多亿元。

【区域合作提升发展平台】 抚州、南昌两市政府签订“1+8”合作协议,即昌抚联动发展总体合作协议,以及昌抚文化、教育、卫生、旅游、宣传、农业、昌抚合作示范区和城际公交等8个子协议。已实现昌抚通信、社保、公积金同城化。《昌抚合作示范区总体规划(2015—2025年)》正式获批。昌抚城际铁路正在开展前期研究;昌抚大道建设路线规划方案编制完成,并上报省交通厅。

闽台合作不断深化。抚州市出台《关于进一步推进开放升级的意见》,积极开展对闽台地区招商,在泉州举办江西抚州(泉州)招商引资推介会,共签约项目24个、资金总额149亿元;抚州市台商协会正式成立,并召开2次抚台经贸合作恳谈会,共签约项目22个、资金总额约80亿元。加强旅游合作,联手南昌市共同在福建开展旅游推介会,福建多个城市也分别赴抚宣传促销;推动开通首列福州至抚州向莆旅游专列。积极承接闽台产业转移,规划建设赣闽台产业合作示范区。编制完成《赣闽台产业合作示范区规划》,由省发改委上报省政府待批。

原中央苏区振兴发展工作扎实推进。抚州市积极对接对口支援的国家部委,获得中央统战部、国家民委、文化部、国家文物局等项目资金17亿多元。与中国光彩事业促进会共同主办“中国光彩事业抚州(广昌)行”活动,在活动开幕式上14个项目集中签约,签约总额194.3亿元。抚州国家高新区、向莆经济带等4个省重点平台建设稳步推进,苏区振兴发展支撑进一步增强。

【农业现代化扎实推进】 2015年全市农业实现增加值181.8亿元,增长4.1%。粮食种植总面积40.13万公顷,总产292万吨,增长0.17%。预计蔬菜总产146.2万吨,增长3%;南丰蜜桔总产180万吨,增长25%;肉类总产35.6万吨,家禽出笼9050万羽,分别增长5.7%和4%。水产品产量18.8万吨,增长1.7%,其中,特种水产7.04万吨,增长7%。

全市休闲农业点发展到390个,其中农家乐280家、休闲农庄46家、休闲农业园区45家、民俗村19家,年接待游客45万人次,营业收入18亿。崇仁源野生态农庄被评为全国休闲农业与乡村旅游四星级企业,黎川县华山镇洲湖村被评为中国最美休闲乡村,资溪稻田景观和广昌荷花景观被评为中国美丽田园。新增农民合作社600家,总量达3711家,带动农户30.4万户,占总农户总数的41.3%;培育专业经纪人和专业销售服务组织230多个,带动农民成员2.3万余人,服务收入达2.2亿元。全市关停、搬迁和改造畜禽养殖场514家,新增有机肥厂处理能力3.2万吨/年。推广测土配方施肥技术,亩均化肥施用量减少近2.07千克,共减施肥料约0.74

万吨,大大减少农业面源污染。亩均节支增收 50.34 元,共节支增收 1.67 亿元。阿里巴巴"千城万企"江西首个试点城市落户南丰县,资溪一亩农庄建成产品质量安全可追溯平台,黎川聚龙湾建成首家水产品智能管理中心,江西联惠建成智能化蔬菜大棚,江西龙鑫、抚州民生建立"基地监控+网上交易+配送平台+实体店"的线上线下交易。

**【第二产业转型升级加快】** 第二产业实现增加值 549.3 亿元,增长 9.2%。新增认定 23 家高新技术企业、总量达 62 家,同比增长 55.2%,高新技术产业产值和增加值分别增长 21.8% 和 22.4%。施美制药被评为国家地方联合工程研究中心,国家级工程研究中心实现零的突破;新增 4 个省级工程技术中心和 1 个省重点实验室;博雅生物获准设立全市首个博士后科研工作站。抚州高新区升级为国家高新技术产业开发区;崇仁工业园区被批复为"国家级新型工业化产业示范基地";金溪县被国家林业局认定为全国唯一的"国家林木香料生物产业基地",成为全国最大的天然香料生产基地和香料集散地。

全市重点推进金溪香料、宜黄塑料制品、黎川日用耐热陶瓷、崇仁变电设备、东乡变性淀粉、南城南丰农副食品加工、高新区汽车零部件及生物医药、南城株良校具、临川有色金属加工等 10 个特色产业集群发展,其中抚州国家高新区汽车及零部件、崇仁变电设备、金溪香料产业集群分别完成主营业务收入 115 亿元、101.02 亿元、70 亿元,增长 13%、15.1% 和 15.5%。中阳建设集团成为该市首家特级企业,全市一级资质建筑企业达到 25 家,比 2014 年增加 9 家。江西华城建设有限公司率先对接资本市场,成为江西省首个在上海股权托管交易中心股份有限公司挂牌上市的建筑企业。全市建筑业完成产值 293.65 亿元,同比增长 16.8%,其中省外完成产值 114 亿元,增长 28%;新签合同额 336 亿元,增长 17.6%。

**【现代服务业发展加快】** 第三产业实现增加值 374 亿元,增长 11.4%。新增南昌银行抚州分行、赣州银行抚州分行、兴业银行抚州支行 3 家金融机构,总数达 15 家。全市金融机构本外币各项存款余额 1436.14 亿元,同比增长 13.3%;本外币各项贷款余额 939.96 亿元,同比增长 24.3%,增速位居全省第一。出台中小微企业进入"新三板"挂牌上市优惠政策,高新区苍源种植、广昌县广德环保、黎川县川盛科技 3 家企业在新三板挂牌,临川区盈川实业和宇骏生物、高新区明恒纺织、金溪县千佳生物、金顿香料、黎川县南田彩印、东乡县华城建设 7 家企业在上海 Q 板或 E 板挂牌。组建全市首家大宗商品交易中心(抚州市海峡钢铁交易所),并正式开业;引进杭州龙盈互联网金融信息技术有限公司(全国十强互联网金融公司)在抚州市注册设立江西盈盈易贷小微金融服务有限公司。旅游兴市战略深入推进。大觉山列入创建 AAAAA 级旅游景区预备名单。全市乡村旅游快速发展,南丰罗俚石生态桔园、乐安小蓬莱风景区和资溪新月畲族等 13 个休闲农业示范点被评为江西省乡村旅游 AAAA 级景点,崇仁源野生态农庄被评为全国休闲农业与乡村旅游四星级企业。全市接待游客 2112 万人次,实现旅游收入 184 亿元,分别同比增长 28% 和 38%。电子商务蓬勃兴起,全市 63.5% 以上的生产企业开展电子商务应用,全年电子商务交易额逾 200 亿元,增长 100%。全市共有淘宝商户 1900 多家,具有自有品牌的天猫旗舰店 98 家;通过阿里巴巴 1688 平台开展 B2B 贸易的企业 629 家;以乐美电商为代表的农村电商平台兴起。全市成功创建省级电商示范企业 4 家(尚丞商贸、冠莲食品、伟尔马伦服饰、美尔丝瓜络),省级电商示范基地 1 个(黎川县东鑫电子商务产业园),省级电子商务进农村综合示范县 1 个(黎川县)。全市物流企业达 996 户,抚州综合物流产业集群和南丰蜜桔物流产业集群被纳入全省 16 个重点物流产业集群,广昌汽运物流产业集群和黎川陶瓷物流产业集群被列入全省 50 个物流产业集群规划。昌顺物流开展全市园区零担物流业务试点,开通抚州至上海、温州、厦门等地零担班线,可降低生产企业物流成本 15%~20%。

**【招商引资、对外开放步伐加快】** 围绕中国光彩事业抚州(广昌)行等主题活动,共举办重大专题招商活动 10 场,参加江西省招商活动 8 场,共签约项目 178 个。全年新引进并开工 10 亿元以上重大项目 10 个,新签约 10 亿元以上项目 70 余个。赣东路桥在埃塞俄比亚的奇达公路项目完成近 50% 的工程进度,投资约 1410 万美元。广昌志特现代建筑科技赴马来西亚、高新区嘉盛精密纺织赴美投资兴办营销网点,临川银圣王洁具赴澳大利亚投资办企业。全市外贸企业与 170 个国家(地区)开展对外贸易,较 2014 年增加 11 个。全市有实绩的出口企业 216 家,同比增加 36 家,其中生产企业 153 家,占出口企业总数 70.8%,同比增加 30 家。

**【社会事业全面进步】** 民生支出保障有力,2015 年,全市财政用于文化教育、社会保障、医疗卫生等涉及民生领域支出 201.77 亿元,民生支出占公共财政预算支出比重达 68.6%。集中办好涉及群众切身利益的 50 件民生实事,全市城镇新增就业人数 4.39 万人,就业困难人员实现就业 0.46 万人,新增转移农村劳动力 6.52 万人;发放小额贷款 9.83 亿元,扶持个人创业贷款 7.32 亿元,扶持劳动密集型小企业贷款 2.51 亿元,直接扶持个人创业人数 0.95 万人,带动就业人数 4.39 万人。城镇职工和城乡居民参加五项社会保险达 392 万余人次,企业退休人员养老金实现"十一"连调。深入推进以精准扶贫攻坚为主要内容的"四进四联四帮"活动,实现 5 万人精准脱贫目标。完成城镇保障性安居工程 12153 套,新建改造农村危房 20144 户。全市共保障城乡低保对象 20.07 万人,实施城乡医疗救助 7.6 万人次,累计发放城乡低保、医疗救助、五保供养、临时救助资金 5.8 亿元。全面启动县级公立医院改革,实施药品零差价;市第三医院搬迁项目主体建筑完工,市第一人民医院门急诊大楼、市儿童专科医院新建、市妇幼保健院扩建等卫生重点项目正在实施。组建 21 个科技特派团,开展科技服务 415 次,实施科技项目 36 项,推广新技术 44 项、新品种 16 个。组织开展群众文化活动 50 多场,开展大型群众体育活动19次。民族宗教、人民防空、国防动员等其他社会事业有新进步，非法集资、安全生产等风险隐患整治取得新成效，食品药品安全、信访维稳、社会治安等得到进一步加强。

【生态文明建设取得新成效】 全市封山育林7930平方千米。广昌县被选为全省生态保护红线划定工作试点县。编制《抚州市生态文明先行示范市建设实施方案》上报省发改委，资溪县被批复为第一批省级生态文明先行示范县；新增1个省级生态乡（镇）和5个省级生态村，全市共有14个国家级生态乡（镇）、62个省级生态乡（镇）和71个省级生态村；新增2个全国生态文化村，总数达4个。完成“森林城乡、绿色通道”项目118个，市中心城区绿地率42.85%，绿化覆盖率46.68%，人均公园绿地面积16.53平方米。

【重点领域改革释放活力】 2015年，全市启动改革试点42个，完成32个；启动改革举措95项，完成81项；公务消费一体化监管、农村集体“三资”监管等一批改革事项走在全省前列。对国务院、省政府取消和下放的219项行政审批事项全面衔接落实到位，精简率达67.6%。市本级不再保留非行政许可审批，对原有的41项非行政许可审批事项进行全面清理。全面实施“三证合一”“一照一码”登记改革，全市共核发“三证合一”执照1507户、“一照一码”1225户。全面实行公司注册资本认缴登记制，取消公司设立的最低注册资本、首次出资比例、出资方式、出资期限等方面的限制，并简化登记事项和登记文件。全市新增个体工商户16148户、从业人员43449人、注册资金22.3亿元；新开业私营企业4346户、从业人员48940人、注册资金143.1亿元。土地承包经营权确权登记颁证稳步推进，全市调绘勘测完成村民小组数17201个，完成率99.7%；调绘勘测完成农户数716980户，完成率99.7%；调绘勘测完成面积2866.67平方千米，占二轮承包耕地总面积的比例为126%。经营权证书颁发完成村小组数15977个，完成率92.6%；证书到户农户数663395户，完成率92.3%；已颁证面积2464.67平方千米，占二轮承包耕地总面积的比例为108.3%。各县（区）建立确权数据库，完成数据录入农户数689282户，完成率95.9%；档案建立完成农户数667758户，完成率92.9%。农村综合产权交易市场建设有序推进，金溪县已经建成农村综合产权交易中心，其他县（区）建立县级农村土地流转服务中心，134个乡（镇）建立乡镇农村土地流转服务中心。全市土地流转总面积819平方千米，土地流转率达35.02%。小型水利工程产权制度改革试点基本完成，林权制度改革更加深入，农村集体产权制度改革试点全面启动。

（李建光）

【市发改委领导名录】
党组书记、主任：熊世平（任至6月）
帅歌柳（9月任，兼市苏区办主任）
党组副书记、副主任：陈　峰
党组成员、副主任：叶应钦（兼市物价局局长）　傅志红
彭　钢　徐辉祥
党组成员、市生态经济研究室（项目开发办、铁路筹建办）主任：伍湖辉
党组成员、市苏区办副主任：陈　伟

## 国有资产管理

【概况】 2015年，抚州市恢复国资委建制。1月，市政府印发《抚州市国有资产监督管理委员会主要职责、内设机构和人员编制规定》（抚府办发〔2015〕11号），组建抚州市国有资产监督管理委员会，为市政府工作部门，将原市国资办承担的职责划入市国资委。

2015年5户重点监管国有企业资产总额为298.8亿元，同比增长2.6%；所有者权益为204.8亿元，同比增长1.1%；主营业收入为11.4亿元，同比增长38.6%；利润总额为3.85亿元，同比增长141.2%；保值增值率为101.1%。

【国企改革稳步推进】 2015年，抚州市医药公司改制，开展地面建筑物拆除等工作。做好市属已改制企业剩余资产处置工作，摸实剩余资产状况，解决改制遗留问题。市保安服务总公司脱钩改制。推行网上产权交易系统建设。

【加强国有资产管理】 2015年，抚州市进一步加强资产统计和信息管理，核实市直单位国有资产。完善行政事业资产监管制度。制定《关于进一步规范国有资产转让行为的通知》，明确转让程序和各部门职责，推进阳光国资工作。严格执行省产权交易所关于资料审核、信息发布、交易方式确定等相关规定。制定《市直单位经营性资产租赁管理办法》，明确相关操作程序和办法。2015年，完成产权（资产）交易项目36个，成交金额5941万元，较起拍价增长1081万元。

2015年，央企在抚州市新增签约项目3个，签约合同金额94.35亿元，实际进资50.14亿元。

（周红晖）

【市国资委领导名录】
主　任：黄有盛（8月任）
副主任：祝正发（任至12月）

## 新城区开发建设管理

【概况】 2015年，抚州市投资公司认真履行市本级城市基础设施建设主体职责，围绕市委、市政府的决策部署和安排，积极开展新城区基础设施、公共事业、保障性安居工程项目建设，拉大新城区框架，改善城市面貌，提升城市品位，改善人居环境，促进城市发展。

【道路网络更加完善】 2015年，全长约3千米的赣东大道（环城南路至迎宾大道）路面改造工程建成通车，促进新老城区衔接，方便了市民出行。续建或开工建设汤显祖大道南延伸段（站前广场—崇岗路）、站前大道（玉茗大道—金妮大道）、赣东大道南延伸段（安石大道至金柅大道）、迎宾大道至凤岗河西路区间路（伟星浪琴湾区间路）、陆象山大道与曾巩大道区间路工程（万达广场区间路）、汤显祖大道南延伸段（长途汽车站南侧至崇

岗路)等城市道路基础设施项目,总投资近10亿元。进一步完善新城区道路网络,构建通畅的交通体系。

【公共交通更加便利】 启动快速大容量公交(BRT)系统工程项目规划工作。从新剪子口至火车站,南北走向,贯穿抚州市区南北区域,全长约12.2千米,全线设置22座路中车站,概算投资1.7亿元。另在火车站站前广场北面建设市公交枢纽工程项目,主要建设公交枢纽、综合大楼、主站房、加油站、候车场、公交始末站、候车长廊、智能化洗车中心、车辆维修中心等,项目总投资约8000万元。两个项目的建设,新城区公共交通将更加便利。

【城区环境更加优美】 4月,凤岗河二期改造工程开工建设,该项目全长4.8千米,总投资约3.6亿元。2015年完成约60%的水利工程和30%的景观,填、挖土方35万立方米,填筑两岸河堤4000米,砌筑毛石或挡土墙3200米,建设管理用房两座,建设景观亲水平台,木平台一、二,木栈道一、二、三、四,桥一、二、三以及包括两座岛屿、一个广场等河岸两边景观工程。该项目延长了新城区凤岗河河道景观,进一步改善城市面貌,优化城市环境。

【促进公共事业发展】 抚州职业技术学院扩建项目总建筑面积3.6万平方米,主要建设内容有学生公寓2栋,公共实训中心1栋,室内综合体育馆1座,以及其他附属工程等,总投资约1.32亿元。年内完成前期有关报批手续工作。进一步扩大抚州职业技术学院规模,增加新城区人气,促进片区发展。

开展抚州示范性综合实践基地项目建设,位于惠泉路与科技大道交叉处西北侧,占地面积84953.59平方米,总建设面积23435平方米,主要建设内容有室内综合实践、室外劳动实践、综合训练、生活等区域,总投资约4609.33万元。该项目建成可同时容纳1200名学生开展素质拓展、科学实践、专题教育、戏剧艺术学习等活动,将进一步提升新城区的人气和知名度。

投资近10亿元建设抚州市火车站新区安置地、仙溪宅基地安置点、祝家安置点安置地(外尧点)、仙溪安置房、祝家安置点公寓房等建设项目,总建筑面积30万多平方米,解决新城区项目建设拆迁户住房安置问题。

(邹志波)

【市投资公司领导名录】

党委书记、董事长、总经理:许小敏
党委副书记、副总经理:曾腊如
党委委员、副总经理:游件如(任至12月)
纪委书记、副总经理:徐金星
党委委员、副总经理:徐建文 刘海泉
副总经理:廖华贵

# 安全生产监督

【概况】 2015年,抚州市县(区)安全生产责任体系覆盖率100%,乡镇覆盖率100%,村级覆盖率97.51%,规模以上企业“五落实五到位”覆盖率93.36%。

2015年全市共发生各类事故357起,死亡109人。其中,共发生道路交通事故219起,死亡101人(生产经营性道路交通事故40起,死亡28人);火灾事故131起,死亡1人;工矿商贸事故7起,死亡7人。

【全面开展企业安全生产标准化建设】 2015年,《关于抚州市加强企业安全生产诚信体系建设的指导意见》出台。对全市非煤矿山、烟花爆竹、危险化学品、劳动密集型企业及粉尘超标易爆领域进行全面调查摸底,并对企业进行分类、安全风险分级建档,同时在市安监网站公示。80家石场通过安全生产标准化三级达标复评;新增6家危化生产企业完成安全标准化三级考评或复评,新增35家加油站达到标准化三级考评要求,4家工贸企业完成三级标准化创建。继续督促各地推动辖区高危行业企业和重点领域单位设置应急组织机构,配备专职应急管理人员,建立兼职应急救援队伍,提升应急救援水平。

全市烟花爆竹攻坚工作超限额完成省下达的攻坚控制指标任务。完成非煤矿山整顿关闭任务。完成油气输送管道隐患整治工作。完成职业病防治规划和三年专项整治。还开展工业园区“强管理、治隐患、防事故、保健康”安全生产专项行动工作、水上非法运输专项整治工作、建设工程落实施工方案专项行动工作、“道路运输平安年”活动。

【开展隐患排查和治理】 2015年,抚州市全面开展非煤矿山、烟花爆竹、危险化学品、道路交通、消防安全、建筑工地、旅游景点、特种设备等重点领域的隐患大排查。同时,组织开展多次隐患排查“回头看”行动,对隐患整改到位并经复查验收通过的,以市安委办名义下文摘帽销号,做到隐患排查治理闭环式管理。全年全市共派出检查组280多批次,排查安全隐患3925条,立即整改完成3731条,限期整改194条,整改到位率95.05%。

深入宣传、贯彻、实施新《中华人民共和国安全生产法》,年内打击非法违法行为838起,整治违规违章行为522起。其中停产整顿49家,关闭取缔8家,处罚罚款46.44万元。开展首次现场观摩式执法行动。从严查处中核抚州金安铀业有限公司“1·1”坍塌事故和大亚木业“11·25”事故。对汤显祖大剧院“4·6”火灾事故进行提级查处。市安委会修订《抚州市安全生产委员会工作规则》,组织5次全市性综合督查,安全生产秩序进一步规范。

【安全生产宣传教育培训】 2015年,抚州市安监部门大力开展安全生产宣传咨询日、职业病防治法宣传周、企业安全生产承诺、道路客运驾驶员安全宣誓承诺等系列“安全生产月”活动,取得良好社会效果,荣获全国、全省“安全生产月”活动先进单位荣誉称号。开展新《中华人民共和国安全生产法》知识竞赛活动,推进安全生产“六项创建”和安全文化“三个主题载体创建”活动。成立考试机构,建立网络考试点,不断提高安全考试质量和提升从业人员安全素质。2015年,市本级共举办各类安全知识培训班17期,参训人员达2187人次。

(王响华)

【市安监局领导名录】

党组书记、局长：邹节华

党组成员、副局长：李剑平 周晓健

傅亮平 黄国华

党组成员、调研员：李长泰

党组成员、总工程师：罗友保（7月任）

# 价格管理

【概况】 2015年，抚州市各级价格部门按照“减、放、改”的总体要求，推进依法治价，开展价格信息服务。全市价格总水平基本稳定，2015年居民消费价格指数3.2%，实现低于3.5%的调控目标。

【贯彻落实“改、放、减”】 7月1日起，全市统一取消收费许可证制度，停止核发、使用收费许可证。督促各单位建立健全收费台账制度，强化收费公示制度。要求各主管部门建立收费清单，将本部门具体实施行政事业性收费的单位名单及其收费项目标准信息通过政务网站及时向社会公示。对未纳入公示名单的收费单位、收费项目、收费标准，被收费对象可以拒绝向其缴纳费用。市物价局会同市卫计委、财政局、人社局出台县级公立医院医疗技术服务价格综合改革文件。

年内先后放开涉及非公立医院、民办教育、律师服务、会计师、税务师事务所、房产经纪、土地评估等多个收费项目和收费标准。进一步加强涉企收费管理，减轻企业负担，对市本级经营服务性收费项目和行政事业性收费进行全面清理规范并公布。2015年，市本级共取消50多个市直单位和部门的71项行政事业性、19项经营服务性收费项目，暂停征收行政事业性项目11个，免征小微企业（含个体工商户）中央级设立的46项、省级级设立的5项行政事业性收费，降低收费项目标准25个。据统计，这些措施每年可减轻企业和社会负担3000余万元。

【监督管理公共品价格】 2015年，市物价局批复抚州火车站人防地下工程停车场车辆停放保管服务费收费标准，从2月16日起执行。批复抚州市区至高铁抚州火车东站公交线路试行票价，从4月18日起执行。批复抚州名人雕塑园景区经营性服务项目收费试行价格。制订中心城区居民生活用水阶梯价格改革方案，从2016年1月1日起实施。放开住宅小区物业管理收费标准；放开食盐价格；放开烟叶收购价格，实行市场调节和种植户与烟草企业合同价格管理；从6月1日起全面放开除国家管制药品和精神类药品外的药品价格管理。

为降低企业成本，促进经济发展，根据江西省关于降低燃煤发电上网电价和工商业用电价格的通知，抚州市实行工商业用电同价。商业、工业用气价格分别从4.7元/$m^3$、3.90元/$m^3$统一调整为3.1元/$m^3$，实行工商业用气同。居民用气价格从3.55元/$m^3$调整为3.2元/$m^3$。车用CNG天然气价格由4.78元/$m^3$降为最高限价4.00元/$m^3$，下浮不限。核减国道运营路线的车辆通行费，调整市长运公司客运票价。按政府定价规则和听证程序，对市城区出租车运价进行调整，起步价统一调整为6元/2千米，基础运价统一调整为1.8元/千米，夜间23时至次日凌晨5时，基础运价加20%；单程超过7千米的，7千米以外部分每千米运价加收50%返程费。根据江西省发改委关于减少小水电上网电价分类档次的规定，全市500KW以下及1000KW以上上网电价未达到0.30元/度的水电站上网电价全部上调到0.30元/度，市本级审批了28座水电站上网电价调整。

【依法治价】 年内开展“重大节日市场价格检查”“教育收费专项检查”“药品市场价格专项检查”“涉企行政事业性收费专项检查”等多项价格监督检查工作。全市共查处价格违法案件136件，实行经济制裁总额538.065万元，其中退还用户7.781万元、没收违法所得463.794万元，罚款66.4898万元。

1月1日，全市完成市本级“12358”指挥调度系统建设，市、县两级价格网络升级改造完成，实现国家、省、市、县四级联网运行，标志着全国价格举报管理信息系统在抚州市成功上线运行。2015年全市价格举报中心共受理价格咨询208件，其中咨询件177件，举报投诉31件；查处价格举报案件24件，退还用户金额15668.7元。

市物价局参加市委、市政府开展的“五车整治”中心工作，评估认证封存电动三轮车1324辆，评估认证金额858.2万元。全市全年完成各类价格鉴证业务1590件，价格鉴证总金额近3.14亿元。对全市12家企业进行成本监审，共核减成本1296.08万元，核减21.12%。全市全年征收价调基金2759.50万元，其中市本级征收1991.36万元，比2014年增长7.74%。

（游平书 罗春佛 徐建平）

## 2015年抚州市主要农副产品价格

表24-1

| 品种 | 等级规格 | 计量单位 | 价格 | 品种 | 等级规格 | 计量单位 | 价格 |
|---|---|---|---|---|---|---|---|
| 早籼稻 | 混等 | 元/50千克 | 130.00 | 牛肉 | 新鲜 | 元/500克 | 41.20 |
| 晚籼稻 | 混等 | 元/50千克 | 132.00 | 活母鸡 | 1千克以上麻鸡 | 元/500克 | 9.60 |
| 早籼米 | 标一 | 元/500克 | 2.18 | 鸡蛋 | 新鲜(8个折) | 元/500克 | 5.50 |
| 晚籼米 | 标一 | 元/500克 | 2.34 | 鸭蛋 | 新鲜(7个折) | 元/500克 | 7.20 |
| 面粉 | 特一 | 元/500克 | 2.03 | 鲫鱼 | 500克以上 | 元/500克 | 9.00 |
| 油菜籽 | 中等 | 元/500克 | 2.70 | 草鱼 | 500克以上 | 元/500克 | 7.00 |
| 菜籽油 | 散装土榨 | 元/500克 | 10.00 | 白豆腐 | 块装 | 元/500克 | 2.00 |
| 花生油 | 散装土榨 | 元/500克 | 23.00 | 黄芽白 | 新鲜 | 元/500克 | 1.90 |
| 茶籽油 | 散装土榨 | 元/500克 | 35.00 | 包菜 | 新鲜 | 元/500克 | 1.77 |
| 调和油 | 金龙鱼 | 元/桶(5升) | 56.90 | 白萝卜 | 新鲜 | 元/500克 | 1.50 |
| | 福临门 | 元/桶(5升) | 53.00 | 黄瓜 | 新鲜 | 元/500克 | 3.00 |
| | 香满园 | 元/桶(5升) | 51.90 | 青椒 | 新鲜 | 元/500克 | 3.00 |
| | 道道全 | 元/桶(5升) | 56.80 | 西红柿 | 新鲜 | 元/500克 | 3.50 |
| 鲜猪肉 | 统货 | 元/500克 | 13.00 | 青菜 | 新鲜 | 元/500克 | 3.00 |
| | 瘦肉 | 元/500克 | 18.00 | 食盐 | 纸塑包装 | 元/500克 | 1.30 |

说明:以2015年12底抚州市城区市场中准价格数据为准,早、晚籼稻为各县(区)综合平均价

# 市场和质量监管

【概况】 2015年9月30日,抚州市工商行政管理局和市质量技术监督局合并,组建抚州市市场和质量监督管理局,10月18日集中办公,10月23日上午,抚州市市场和质量监督管理局正式挂牌成立。这是市委、市政府转变职能、促进经济发展、推动依法治市的一项重要举措,也是整合执法资源、更好地提升执法效能和市场监管水平的一种有益尝试。通过实施大市场监管体制改革,旨在形成"一体化、广覆盖、专业化、高效率"的市场监管体系,实现产品质量生产、流通、消费领域全过程统一监管,更好地推动广大群众消费维权,进一步推动社会治理创新,提升政府公共服务水平,真正达到企业投资便利、产品质量安全、市场秩序公平。

2015年,全市一共有内资企业5556户、外资企业350户。年内新设立内资企业279户,较2014年增长24.55%;外资企业新增16户,较2014年减少5.9%。全年新开业个体工商户18016户,增加从业人员42324人,比2014年分别增长12.38%、10.14%;年内新开业私营企业4773户,增加从业人员48383人,比2014年分别增长18.81%、12.06%。

【简政放权】 2015年,抚州市对商事登记制度进行改革,由注册资本实缴登记制改为注册资本认缴登记制,取消原有对公司注册资本、出资方式、出资额、出资时间等硬性规定,取消经营范围的登记和审批,从以往的"重审批轻监管"转变为"轻审批重监管"。全面实行工商营业执照、组织机构代码证、税务登记证以为合并核发一个营业执照的登记制度。3月13日,南城县发放全省首张"三证合一"营业执照。10月1日在全市实施企业登记"一照一码"登记制度,促进市场主体大发展。

利用股权质押、银企搭桥等办法,为企业办理股权出质登记133件,出质金额12.01亿元。在窗口单位发放便民服务联系卡,无障碍服务,建立创业服务绿色通道,企业营业执照办结时限缩减到2.5天,提速70%;免征工商登记费用的同时免征小微企业的组织机构代码证书费、计量考评员证书费等7项行政事业型收费。落实首查不罚制度,帮助企业改正违法行为578件。各级消费者协会设立企业内部消费纠纷联络员280人,调解企业与消费者纠纷。

【市场整治】 2015年,抚州市推进"质监利剑"行动,重点开展消费品、化肥、建材产品、汽车及零部件、油品5个专项整治,出动执法人员1680人次,检查企业351家次,立案查处113起,查获涉案货值金额68.5万元。开展节日市场、猪肉市场、野生动物保护、成品油市场、校园周边环境、合同格式条款等专项整治,累计出动人员16850人次、检查各类经营户176490余户次、集贸及批发市场1510余次,严厉打击制假售假、虚假广告、商标侵权、不正当竞争等行为,促进全市市场秩序良好。加强建材、农资、食品和特种设备安全等多领域的专项整治和专项打假,检查相关对象42家,立案查处30家。开展红盾网剑行动,立案查处网络侵权和假冒伪劣商品案件8件。强化对拍卖活动的事前事后备案,参与现场监拍9次,共办理拍卖备案63次,成交金额1.642亿元。提升广告监管效能,监测广告28523条次,广告总条数1391条,查处各类虚假违法广告案件44件。在开展"创建无传销城市工作"和"打击整治传销专项

行动”的执法行动中，共出动执法人员1300人次，执法车辆325台次，捣毁传销窝点66个，查获传销人员545余人，教育劝返传销人员524人，公安机关刑拘21人，收缴传销资料500多份，对41名传销积极分子现场下达责令停止违法行为警告处理。

【质量兴市】 组织实施质量竞争力指数调查和“质量月”宣传活动，继续开展第三届“市长质量奖”评定工作和江西名牌产品认定工作。组织开展“江西省质量信用AAA级企业”“江西省质量管理先进企业”申报工作，有4家企业入围。围绕政府推动、部门协调、企业为主、社会参与的商标战略，形成知名、著名、驰名3个梯次的品牌创建。2015年，抚州市转转门业有限公司的“转转及图”商标、江西嘉顺瓷业有限公司的“嘉顺及图”商标、江西广雅食品有限公司的“广雅及图”商标被国家工商总局商标局认定为全国驰名商标。新认定江西省著名商标14件、延续认定21件，新认定抚州市知名商标15件、延续认定10件。至年底，全市有效商标注册量7161件，同比增长14 %；拥有中国驰名商标13件，同比增长30%；拥有江西省著名商标157件、抚州市知名商标141件，分别同比增长10%和12%；拥有江西名牌产品43个，评选抚州市市长质量奖6家。

【引领标准化工作】 以基础标准化和农业、服务业标准化为重点，开拓社会公共管理、循环经济、高端装备标准化试点工作。完成4项地方标准复审工作，申报3项农业地方标准，其中《茶树菇》《茶树菇菌种》获批准实施，《南丰蜜桔果实黑点病综合防控技术规程》立项。完成第8批农业标准化广昌茶树菇试点和江西赣电电气有限公司服务业标准化试点申请。到2015年底，全市建成农业标准化示范区国家级10个、省级16个，建成省级服务业标准化示范区1个。

【服务三农成效突出】 发挥商标富农、红盾护农、合同帮农、经纪活农、质量助农职能作用，服务农村经济发展。开展农资计量专项监督检查，共检查农资生产企业8家，农资经营企业53家，农资定量包装抽查合格率为92%。在“红盾护农”行动中，检查农资经营户4259户次，对586个品种260个批次的农资产品进行抽样检验，立案查办各类农资案86件。做好地理标志商标培育和农业标准化示范基地建设，发展农民专业合作社和农村经济人，至年底，全市共有农民专业合作社4106户，成员总数81277人，新开业915户，增加成员15996人，比2014年分别增长28.67%、24.5%；培育和发展农村经纪人达7.9万余人，业务总量达52亿元。

【特种设备安全加强】 2015年，检查电梯3927台，发现存在隐患的电梯407台，存在严重隐患的电梯72台、老旧电梯2台，整改243台、封停55台。对全市所有自动扶梯和自动人行道进行全面排查，定期检验率达到100%。开展瓶装液化气充装站专项整治，共出动执法人员338人次，检查46家气瓶充装站，查出安全隐患17起，检验气瓶4000余只，强制报废气瓶3000余只。

【加强计量监管】 2015年，抚州市开展加油机、衡器、民用三表、医用计量器具和食品安全、环境保护等领域计量器具监督检查。年内市区加油机短斤少两问题实现“零”投诉；市城区水表送检9298块，比2014年增长10%，燃气表检定15582块，比2014年增长20%，市城区燃气表、电能表检定率达100%。农资定量包装抽查合格率为92%。组织开展商品定量包装专项检查。组织开展添光化工、兄弟铝业等6家市重点耗能企业能源计量审查工作，能源计量器具受检率达98%。

（张　锐）

【市市场和质量监督管理局领导名录】

局长：谢克侵（10月任）

党委书记：邬书成（10月任）

党委委员、副局长：刘　忠（10月任）

黄月荣（10月任）

陈建平（10月任）

李国新（10月任）

尤立成（10月任）

丁武安（10月任）

## 国土资源管理

【概况】 2015年，抚州市共审核上报农用地转用及土地征收109个批次，总面积1872.43公顷。其中报单独选址项目用地3个、面积30.25公顷，报省政府审批69批次、面积1602.65公顷，报市政府审批37批次、面积239.54公顷。成交土地使用权304宗，面积共740.21公顷，成交价款共63.03亿元；成交采矿权12宗，成交价款768.8万元。

【清理闲置低效工业用地】 大力清理闲置和低效用地，按照依法依规、以用为先、盘活存量的原则，制订下发《抚州市闲置和低效工业用地清理处置实施方案》，对全市各类工业园区、工业集聚区内企业闲置低效用地进行清理处置。2015年，全市共清理闲置和低效用地129宗、面积616.80公顷，处置完成58宗、面积237.82公顷。

【保护耕地】 2015年年末抚州市实有耕地面积34.19万公顷，大于省政府下达抚州市的耕地保护目标（31.99万公顷）；全市基本农田面积29.76万公顷，其中耕地28.35万公顷，大于省政府下达抚州市的基本农田保护目标（27.67万公顷）。积极造地，确保耕地占补平衡，全市年内共立项土地开发项目150个，建设规模1262.53公顷，新增耕地734.87公顷（含水田164.87公顷），新增耕地面积较2014年同比增长78.02%。大力实施高标准基本农田建设，开展现代农业标准良田、种粮大户良田、中低产田改造以及新增千亿斤粮标准农田建设“四大”工程，完成高标准农田建设面积约4.04万公顷，占省下达任务的106.02%。

【严格矿山管理】 2015年，全市共排查金属与非金属矿山企业245个，查出一般隐患78项，打击非法违法行为37起，整治违法违章行为1起，责令停产整顿12家，实施关闭取缔5家。全市有191个矿山编写完成《矿山环境保护与恢复治理方案》，累计缴存矿山环境保护与恢复治理保证金3271.73万元。

【防治地质灾害】 2015年，全市共建立地质灾害监测点1879个，配有监测人员1783个，发放防灾工作明白卡4909份、避险明白卡10818份，树立地灾危险警示牌1258个，建立临时地灾避让点861处。在全市推广地质灾害群测群防高标准“十有县”建设，南城县被评为全国地质灾害防治高标准“十有县”。

【加强国土资源执法监察】 2015年，全市共立案查处国土资源违法违规行为99件，其中查处土地违法违规案件89件，涉及土地面积85.02公顷(其中耕地10.97公顷)，移送法院拆除构建物46981平方米，没收构建物35221平方米，收缴罚没款241.31万元，移送纪检监察机关给予党纪处分13人；查处矿产资源违法违规案件10件，收缴罚没款12.36万元，移交公安部门予以立案查处10宗，涉案10人。大力开展“两违”防控整治工作，通过动态巡查发现和制止“两违”违法行为23件，涉及土地面积5.09公顷。

【不动产登记全面展开】 2015年12月21日，抚州市不动产登记局和不动产登记中心在市国土资源局正式挂牌成立。各县(区)不动产登记机构在12月25日前全部挂牌。房屋和土地登记发证工作于2016年1月1日之后全部实行“新开旧停”。

(朱路遥)

【市国土资源局领导名录】

党组书记、局长：罗光华

副局长：喻仁建　武明亮　桂吉芳

纪检组长：吴军华(10月任)

总规划师：徐桂荣

## 食品药品监督

【概况】 2015年9月，抚州市政府整合质监、工商食品生产、流通领域监管职能，明确市食品药品监督管理局为市政府工作部门，正处级，加挂市食品安全委员会办公室的牌子，承担食品(含食品添加剂、保健食品)、药品、医疗器械、化妆品的监管职责以及市食品安全委员会交办的事项。各县(区)成立“市场监督管理局”实行药监、工商、质监“三合一”。

2015年，全市医药工业主营业务收入达66.3亿元、利税总额9.43亿元、实现税金3.16亿元、利润总额6.27亿元，分别较2014年同比增长6.56%、10.11、12.74%和8.83%。生物医药产业工业增加值16.3亿元，同比增长11.5%。博雅生物荣获“2015年中国最受投资者尊重的百强上市公司”。

【检测能力提升】 争取国家、省、市专项资金，市政府核批立项食品检验大楼新建项目，安排0.18公顷建筑用地和417万元配套资金，项目建设前期工作启动。年内购置430余万元的食品药品检验检测仪器设备，市食品药品检验所具备5大类、616项食品药品检验参数的检测资质。通过全市事业单位医疗卫生岗位公开招聘人员，引进3名药学专业及2名食品专业技术人才，进一步充实专业技术力量，检验检测能力提升。

全年共完成药品检验1634批，国家基本药物(简称“基药”，下同)监督抽验720批，不合格58批，不合格率8.1%；省基药增补监督抽验164批，不合格8批，不合格率4.9%；非基药物监督抽验720批，不合格41批，不合格率5.7%；药包材30批，均合格。辖区内生产企业基本药物监督抽验41批，合格率100.0%，省基药增补4批，合格率100.0%；非基药监督性抽验102批(含41批原、辅料)，合格率100.0%。完成食品(含餐饮食品和生产流通环节食品)检验853批，不合格45批，不合格率5.28%；食用农产品抽验20批，均合格。完成保健食品54批，不合格2批，不合格率3.7%；化妆品35批，均合格。

【监管食品安全】 全市持证餐饮单位5625家，有4435家单位进行量化分级管理评定，其中A级22家，B级1073家，C级3340家。制订《抚州市食品药品监督管理局“实施洁厨亮灶，治理餐桌污染”工作方案》。引导餐饮单位通过采取透明隔断、开放明档、视频传输、网上晒厨房和设置参观走廊、参观窗口等多种形式，将餐饮服务单位的食品切配加工、烹饪制作、餐饮具清洗消毒等重点环节和关键部位的加工过程亮出来、晒出来，公开接受消费者监督，促进企业提高食品安全水平。全市14家餐饮单位实施“明厨亮灶”工作。

先后组织开展餐饮食品安全“早安”专项稽查行动、校园及周边“辣条”等面粉熟食食品集中清理整治、春季“护校行动”等多项专项整治行动。全市餐饮监管共检查8903户次，出动执法人员13949人次，下达监督意见书5015次，责令改正及警告3695次，立案1016起，办结898起，没收问题食品200公斤。

【监管药品安全】 实施新修订药品GMP，有20家药品生产企业通过新版GMP认证，未取得新版GMP证书的药品生产企业到期即刻停产。完成609家药品零售企业和16家批发(连锁)企业的GSP换发证工作，注销零售药店118家、批发(连锁)企业7家。全市基本药品电子监管覆盖率实现企业和品种均为100%，处理电子监管预警信息5500余条。全年办结食品、药品、医疗器械许可事项1400余件。

组织开展药品虚假违法广告、互联网销售假药违法行为、体外诊断试剂综合治理、保健食品原辅料管理、医疗器械“五整治”回头看等专项整治工作。全市共立案520起，结案462起，罚没款总计114.75万元。其中立案查处药品类违法案件118起，结案102起，罚没款40.84万元；医疗器械类违法案件19起，结案7起，罚没款13.3万元；保健食品类违法案件2起，结案2起，罚没款0.36万元；化妆品类违法案件6起，结案6起，罚没款0.91万元。移送违法广告4起，清理标签标识不全或过期的保健食品原辅料约150公斤。对严重违法的3家食品药品企业纳入黑名单，并上报省食品药品监督管理局公布。

年内，市食品药品监督管理局与公安部门联合查办一起由国家食品药品监督管理总局挂牌督办的南城县李某涉嫌制售假药金刚丸(同仁肾宝)案，捣毁制售生产经营窝点6个，抓获犯罪嫌疑人11名，涉案金额2000多万元。金溪县查办的“曾某涉嫌销售假药秘方风湿王胶囊案”由省食品药品稽查局挂牌督办。

（江 博）

【市食品药品监督管理局领导名录】
局长、党组书记：周卫国
副局长、党组成员：李肇寿（任至10月）
李小庆（9月任）
戴寿昌
黄少卿（10月任）
方翰林（10月任）

## 统计管理

【概况】 2015年，抚州市统计部门围绕市委、市政府的中心工作，推进依法统计，深化统计改革，夯实统计基础工作，提高基础数据质量，优化统计服务水平，努力打造现代化服务型统计。

【组织实施全国1%人口抽样调查】 2015年，抚州市统计部门将全市1%人口抽样调查工作列入统计部门年度重点工作。5月份、7月份先后举行两次大型全市业务培训会，对调查样本框整理、村级样本抽取、社区地图绘制和调查小区抽取等工作进行布置。9月末，高标准、高质量地完成全市211个调查小区样本抽取和确认。市人口抽样调查办公室于9月29日至10月1日举行全市综合业务培训会，详细讲解1%人口抽样调查方案和10项工作细则、PDA使用和平台操作方法，编印《抚州市2015年1%人口抽样调查工作资料汇编》作为培训教材。

至年底，全市2015年1%人口抽样调查摸底和登记人口总量达到样本设计要求，阶段性任务完成。

【创新统计改革】 为消除2014年试点数据普遍存在总量差距悬殊、增长速度畸高的问题，2015年，抚州市投资统计新老制度并行。2015年服务业统计范围进一步拓宽，月报制度全面推行。建立月度调查数据审核评估方法，客观反映服务业发展成效，为准确核算服务业增加值奠定基础。继续推进节能减排统计监测，建立健全应对气候变化统计工作方案和部门报表制度，为编制温室气体排放清单和核算各地温室气体排放总量打好基础。首次全面采用手持电子设备采集数据，做好发布就业、失业人员和调查失业率的准备。

【做好强化统计服务工作】 2015年，市统计部门密切跟踪经济发展状态。努力做好各级党委、政府交办的各项评价和监测工作，制订更加科学、规范、有操作性的评估方法，确保结果真实可信。着力强化统计分析研判服务。在当前经济形势复杂多变的情况下，撰写出针对性更强、参考价值更高的进度分析。坚持每月对全市经济运行情况作出分析研判。《抚州离全面小康有多远?》《政府强力支持，重建效果明显——抚州市建筑业连续三年保持快速发展势头》《比较中的抚州——抚州与全省11个设区市、与海西20个城市、与全国等量城市主要指标比较分析》《抚州市扶贫攻坚情况调研报告》《赴上饶市、吉安市统计局学习考察报告》《抚州限额以上消费品零售额偏低的原因分析》《节能形势有所改善 完成目标异常艰巨——“十二五”前期抚州市节能形势分析》等一批高质量统计调研材料推动了市委、市政府一批政策措施出台，推进经济社会发展。

继续推出“两会”专刊。在市人大和市政协两会召开之际，推出“两会”宣传折页。每月、每季、每年在第一时间做好“四张表”（全省各设区市主要经济指标、全市各县区主要经济指标、每月经济实际数和预计数、每季全省100县区主要经济指标对比表），并及时报送给市委、市政府主要领导。

【数据质量提高】 以提高统计数据质量为核心，以深化企业一套表改革为主线，及时、全面、准确地反映全市经济社会发展状况。完成统计年报。做好经济普查资料深度解读和开发应用工作，及时发布经济普查主要数据公报，编辑出版经济普查年鉴，运用可视化技术展示和传播普查数据。全面启动第三次农业普查准备工作。组建各级农业普查机构，落实普查经费和物资需求，做好农业普查方案设计。推进小康监测、区域经济基本情况和赣南中央苏区统计监测。开展各专业常规统计调查。如工业、农业、服务业、投资、房地产等经济领域，民生、稳定等社会领域，能源消耗、科技、环境等科学发展方面的统计报表达140余种。

【基层统计基础建设】 开展全国乡镇统计人员岗位知识培训工作。抚州市共有174名乡镇统计人员参加培训和考试，合格率高达100%。全年轮训县（区）基层业务骨干超过700人次。

开展统计数据质量专项治理，使统计数据更加客观真实，进一步提高统计能力，提高统计数据质量和统计公信力。统计知识和统计法律法规纳入市委党校教学内容。利用各种业务培训、会议，对统计人员进行统计法律知识和统计职业道德教育，着力提高统计人员的统计法律意识和依法统计、依法行政的能力。查处统计违法案件，年内全市共检查单位数2900家，发现统计违法行为70起，立案45起，结案28起，警告15起；通报批评13起。开展统计从业资格认定工作，发放2014年697人统计从业资格证书，2015年组织395人参加统计从业资格考试。设立“统计上失信企业公示平台”。根据《中华人民共和国统计法》《企业信息公示暂行条例》和《统计上严重失信企业信息公示暂行办法》，在抚州统计信息网设立“统计上失信企业公示平台”，对统计上严重失信企业信息予以公示。公示信息还与金融、工商等行业和部门信用信息互通，与企业融资、政府补贴、工商注册管理等挂钩。

（袁 靖）

【市统计局领导名录】
局　　长：陶雪华
副 局 长：唐永文　黄福荣（9月任）
总统计师：黄福荣（任至9月）

## 统计调查

【概况】 国家统计局抚州调查队的基本职责是完成国家统计局和国家统计局江西调查总队布置的常规统计调查任务，同时完成地方委托的统计调查工作。为政府决策和社会需求提供反映抚州社会经济运行状况的重要数据。2015年,调查方式以抽样调查为主,依法履行独立调查、独立监督、独立报告的职能。

【开展统计调查】 常规调查工作主要有:一是组织实施城乡住户一体化调查,包括城镇住户家庭和农村住户家庭的基本情况、收入、支出、消费、投资、生产等调查。二是组织实施居民消费价格调查,包括居民消费品和服务项目的价格调查。三是组织实施生产投资价格调查,包括房地产价格调查、工业生产者价格调查、固定资产投资价格调查。四是组织实施规下服务业调查,包括装卸搬运和其他运输服务业、仓储业、计算机服务业、软件业、租赁业、商务服务业、科技交流和推广服务业、居民服务业、社会福利业、体育和娱乐业、其他服务业等有关服务业生产经营情况的调查。五是组织实施规下工业调查、企业采购经理调查、小微企业固定资产投资调查、小型商业贸易调查、劳动力调查、粮食产量调查、畜禽监测调查、农村贫困监测调查等。以上常规调查为国家和地方政府研究分析城市和农村居民收入分配、消费需求、城乡贫困及社会保障问题提供基层调查数据;为国家制定房地产政策、编制流通消费价格指数包括居民消费价格指数、商品零售价格指数和农业生产资料价格指数,分析研究价格变动对社会生产和居民生活的影响、城乡市场流通状况、制定经济政策、进行宏观调控提供基层调查数据;为编制国家和江西省制造业采购经理指数,加强对国民经济活动的监测和预警能力,为国家和全省宏观调控及企业经营提供参考依据和咨询建议;为国家和各级政府掌握小型工业、服务业、商业贸易企业的生产经营状况、制定相关经济政策提供基层调查数据依据。加强对CPI、PPI调查数据的跟踪监测与预警分析,两个价格的调查数据多次被市政府有关文件材料采用。

2015年,抚州调查队还紧紧围绕市委、市政府创建省级文明城市决策部署,共组织开展4次文明城市创建模拟测评,为抚州市文明城市创建工作提供决策依据。

(杨家顺)

【抚州调查队领导名录】

队　　长:何　勇

副 队 长:董卫平　周平光

纪检组长:花志兴

# 审计监督

【概况】 2015年,抚州市共审计(调查)956个审计项目,查出各类违规金额53.5亿元,归还原资金渠道3.4亿元。为政府重点项目投资节约3.1亿元,其中市本级为4358.23万元。提出审计建议574条,提交审计专题(综合性)报告931篇。

【恪守职责开展各项审计工作】 年内,国家审计署和江西省审计厅统一部署,对抚州市2014年城镇保障性安居工程(包括廉租住房、公共租赁住房、经济适用住房、限价商品住房和各类棚户区改造)的投资、建设、分配、运营等情况进行交叉审计;对2015年稳增长等政策措施落实情况进行跟踪审计。

抚州市审计机关进一步深化市本级财政预算执行审计及县(区)财政收支管理审计。固定资产投资审计为政府重点项目投资节约3.1亿元,提高项目建设管理水平和投资效益。在对县(区)委书记、县(区)长经济责任审计中,首次探索将领导干部任职期间履行自然资源资产管理和生态环境保护责任情况纳入审计内容。

2015年,抚州市审计局把落实中央"八项规定"相关要求情况作为审计重要内容,配合市纪委开展党风廉政建设巡查及一些重大案件的查处,配合市财政局开展公务消费一体化工作。

(杨志波)

【市审计局领导名录】

局　　长:魏建平

党组书记:刘冰冰

副 局 长:吴晓兰　李兆龙

　　　　　万高峰　杨心灵

总审计师:陈国华

本栏编辑　吴根茂

# 城乡建设与管理

## 综　述

2015年，抚州市建设局紧紧围绕“绿色崛起、跨越发展，建设幸福抚州”发展目标，按照“高位谋势、精准发力、敢于担当、跨越发展”的工作总要求，以推进重点工程建设为中心，加快新型城镇化建设，提升城市品位，打造建筑强市。中阳建设集团荣获“鲁班奖”，成为在全省设区市（除南昌外）的首家建筑特级企业，实现抚州建筑特级企业“零”突破。江西华城建设有限公司在上海正式挂牌上市，开启抚州建筑业资本运作时代。抚州建筑业发展受到江西省住建厅的充分肯定，全省建筑业企业资质管理规定和资质标准宣传贯彻会、全省骨干建筑企业发展调度会、全省2015年城市（县城）建设统计报表布置培训会相继在抚州市召开。抚州市建设局连续四年被江西省住建厅评为全省住房和城乡建设工作先进集体。

【重点项目建设加快推进】　2015年市中心城区共实施84个城市基础设施重大推进项目，其中新开工项目43个，续建项目41个，有61个项目开工建设，完成投资23亿元。

【民生服务保障能力提升】　2015年日供水10万吨的南区水厂工程建设进度加快；管道天然气建设进一步推进，铺设各类高、中、低压管网约82千米，管网建设投资近3000万元，基本满足市中心城区管道天然气用户需求；市污水处理厂二期扩建工程（后期3万吨/日）竣工并投入试运行，共处理生活污水3927万吨。

【小城镇规划建设稳步推进】　2015年，抚州市重点狠抓12个百强中心镇建设，加大历史文化名镇名村和传统村落的申报力度。在已经申报5个国家级历史文化名镇名村、14个国家级传统村落、17个省级历史文化名镇名村基础上，再申报57个国家传统村落待批。江西省下达抚州市农房改造任务20144户均已开工建设并基本竣工，2016年春节前能确保搬进新居。

【建筑业发展加快转型升级】　2015年，抚州市建筑企业已有特级企业1家，一级资质企业25家，资质门类日趋齐全，提前超额完成市委、市政府《关于加快全市建筑业发展的实施意见》中“2015年，建筑集团公司发展到3家以上，特级建筑施工企业1家以上，一级建筑施工企业10家以上，二级建筑施工企业80家以上”的发展目标。2015年，全市建筑业完成产值293.6亿元，同比增16.83%；其中省外完成产值114亿元，同比增长28%；新签合同额336亿元，同比增长17.61%。建筑业税收25.71亿，同比增长22%。

全年共办理建筑工程施工许可项目53件（面积729947.6平方米），竣工备案25件（备案面积340602.05平方米），施工图设审备案56件（建筑面积491447.77平方米）。勘察设计院在取得甲级资质后大力拓展勘察设计市场，设计勘察业务量得到较大提升，勘察设计共完成设计项目86项，建筑面积约74万平方米，勘察项目128项，同比均有较大增长；规范城建档案管理，验收42个单位工程的档案，接待查询336人次，与河北省秦皇岛市对接城市建设档案电子文件异地备份工作。

【建筑市场监管力度不断提高】　2015年，抚州市按照《江西省实施＜中华人民共和国招标投标法＞办法》的相关规定，启动无监管人员入评标室的评标监督工作，市本级共受理招

市污水处理工程

标项目51项,其中邀请招标3项、公开招标48项,中标价9亿元;全面推进全市建设工程质量治理两年行动,强化对施工现场的质量监督和市场行为执法检查;对全市11个县(区)和主城区在建工程进行建筑工程质量安全大检查并召开全市建筑施工安全质量标准化工作现场会,进一步促进全市建筑施工安全质量管理水平的提升。实行工程建设项目全过程造价监管,共受理施工合同审签项目60个,回复定额解释及咨询电话90余次,处理、调解、仲裁建筑经济纠纷10余起,继续配合协助省建设局做好新版定额及新版工程套价软件的执行使用工作,使全市辖区内的造价人员能正确、合理使用新定额,并及时处理解决定额中的疑难问题及经济纠纷。

(吴　强)

【市建设局领导名录】
党委副书记、局长:张冲林
党委书记:郑济平
党委委员、副局长:曾恭麟　付铁夫
　　　　　　　　　胡林高　肖复星
党委委员、纪委书记:郑须生

## 城市规划

【概况】 2015年,抚州市规划局在市委、市政府的正确领导下,认真履行职责,积极开展城市规划编制,切实加强城市规划管理和规划执法工作,为抚州城市实现跨越发展出谋划策。

【优化城镇空间布局】 2015年,市规划局以城市总体规划修编为工作重点,配合中规院上海分院到各县(区)和市直相关单位开展资料收集、调研座谈等基础性工作,充分征求意见,了解全市经济社会发展现状和未来发展的预期,把脉区域经济发展的薄弱环节,在此基础上,提出规划期内将抚州建设成为“南昌大都市副中心城市,江西陆海对接开放新高地,赣东地区发展主引擎,江西省生态文明建设示范市,全国历史文化名城”的城市定位。

在市域体系规划中,市规划局充分研究市域城镇的地位、优势和特点,引导形成互为补充的新型城镇体系,依托抚州都市区带动外围重点城镇,沿交通廊道辐射重要县城和城镇,形成“一群一轴三带”的空间结构。

【调整控制性详细规划及有关专项规划】 2015年,市规划局高度重视专项规划的编制工作,已编制完成《抚州市中心城区城中村改造专项规划》《抚州市消防专项规划》《抚州市养老设施布点规划》《中心城区近期改善城区环境专项规划》等4项专项规划,正在编制《抚州市中心城区户外广告专项规划》《站前新区控规》《梦湖以西地块控规》《西津大道以西地块控规》《抚北东路以北地块控规》,同时启动《抚州市电网设施专项规划》《抚州市城市排水防涝设施专项规划》的编制工作。

【打击“两违”违法建设行为】 2015年,市规划局进一步加强规划监察执法工作,不断加大违法违章建设的巡查力度,及时发现、查处违法建设行为。规划监察支队及时消除违建隐患102处,制止违法抢建构筑物198处,依法强制拆除违法建筑106处(共计5546平方米),有效遏制市中心城区内的违法建设行为。

【督促推动县城总规修编工作】 2015年,市规划局督促广昌、乐安、资溪三县加快总规编制工作进度,并及时联系省住建厅组织相关专家对广昌、乐安二县的城市总体规划进行评审,广昌、乐安二县的总体规划已批复实施;资溪县的城市总体规划成果已通过评审,正报市政府审批。

【加强农民建房宣传管理】 2015年8月,市政府下发《抚州市城市规划区建设用地范围内集体土地上房屋征收补偿与农民公寓房安置管理办法(试行)》(抚府发〔2015〕15号),对农民土地征迁安置及符合“一户一宅”条件需解决住房问题的农民,不再审批农民建房,统一实行公寓住宅安置。文件颁布之初,农民建房户上访的情况较多,为此,市规划局对农民建房户开展政策宣传解释工作并取得大多数群众的理解和支持;同时,就15号文件实施以来出现的一些情况,开展专门调研,起草《关于<抚州市城市规划区建设用地范围内集体土地上房屋征收补偿与农民公寓房安置管理办法(试行)>中几个问题的具体实施意见》。

(杨黎军)

【市城市规划局领导名录】
局　长:何　明(3月任)
党组成员、副局长:李金龙
党组成员、调研员、总规划师:车正华
党组成员、副局长:周福生　聂　华
党组成员、纪检组长:何志刚

## 城市建设

【严格水质安全管理】 2015年,抚州市建设局加大供水监管力度,督促县(区)供水行政主管部门强化“水源水”到“龙头水”的全过程水质管理,全力抓好生活饮用水水源污染监测防范工作,确保水源地水质合格率100%。按国家有关技术标准,加强水源基础数据分析和水质信息公布工作,方便广大市民掌握水质安全信息,保障用水安全。

【强化污水处理设施建设运行督查】 2015年,市建设局定期对市污水处理厂扩建工程、水量、安全生产、运行管理等情况进行现场检查,做到污水处理的动态监管。污水处理厂二期扩建工程(后期3万吨/日)于2月份全面完工并投入运行,共处理生活污水3927万吨。

【助推燃气行业健康发展】 2015年,市建设局加大设施建设力度。华润燃气公司投入近100万元用于SCADA系统建设,实现管网数据的实时监控。铺设各类高、中、低压管网约82千米,管网建设投资近3000万元。安装用户15000多户,其中通气9700多户、商业用户50家、工业用户1家,基本满足市中心城区管道天然气用户需求。强化安全生产监管,进一步落实安全生产责任制,在元旦、春节等节假日期间积极组织安全生产大检查,对发现的问题责令定期整改,下达整改通知书4份,整改意见21条。加强燃气宣传教育,会同华润燃气在市政府网站举办“让百姓安全放心使用天然气"为主题在线访谈,44 次在抚州日报、临川晚报刊登安全使用常识,广泛宣传安全使用天然气常识、燃气炉具和热水器常识。

【申报海绵城市试点】 为提高城市渗水、滞水、储水、净水能力,保护和修复水生态系统,优化城市人居环境,市建设局牵头积极开展申报海绵城市试点前期工作,申报工作正按时间节点有效推进。

(吴 强)

## 村镇规划与建设

【抓好农村危房改造】 2015 年江西省下达抚州市农房改造任务 20144 户,其中国家下达任务为 10573 户,省级提前实施任务为 9571 户。开工 20144 户,开工率为 100%,竣工 19787 户,竣工率为 98%,列全省第 6 名。下达任务 20144 户已基本竣工,2016 年春节前能确保搬进新居。

【加强古村古镇保护】 会同市文化局指导各县(区)、各村镇开展历史文化名镇名村和传统村落申报工作。在已有 5 个国家级历史文化名镇名村、14 个国家级传统村落、17 个省级历史文化名镇名村基础上,再申报 57 个国家传统村落待批。

【申报国家传统村落保护补助资金】 根据江西省住建厅、省文化厅、省财政厅《关于做好 2015 年第一批中国传统村落中央财政补助资金申报工作的通知》精神,组织金溪县疏口村、全坊村、东岗村、东源曾家村、印山村,东乡县浯溪村,宜黄县建设村、民主村、解放村,乐安县湖坪村共 10 个未获得传统村落补助资金的古村积极申报传统村落补助资金,组织广昌县驿前村、乐安县流坑村、金溪县疏口村、宜黄县建设村申报 2015 年省级财政支持范围的中国传统村落名单。广昌县驿前村、金溪县疏口村获得批准并由省财政补助资金各 1000 万元。

(吴 强)

【2015 年抚州市重点工程建设项目】

1. 总部经济中心。项目位于赣东大道东侧、区间二路南侧、金巢大道西侧、王安石大道以北,用地 22 公顷,分 S1——S10 共 10 个地块挂牌招标,按规划要求分别建设总部办公大楼、酒店及配套商业,计划投资 30 亿元;

2. 温泉旅游休闲度假中心。项目分三期建设,控制区为 24 平方千米,核心区 5 平方千米。主要是利用临川温泉地热资源,进行温泉开发风景区的洗浴保健体系、游赏工程及五星级宾馆建设,初步形成年接待游客 20 万人次;

3. 仙峰商业中心。项目地块座落在抚州市迎宾大道北段,新民政局对面,总用地 8.13 公顷,总建筑面积近 35 万平方米,总投资额 20 亿元。主要建设内容包括酒店、商务办公、精品百货、大型超市卖场、家电卖场、家居家饰广场、电影院、电玩城、KTV、餐饮、儿童乐园、商业风情街等;

4. 抚北综合物流园。项目位于老抚北车站附近,用地 62.2 公顷,分三期建设。首期规划 23.3 公顷,投资 3 亿元,建设内容为口岸作业区、仓库、综合办公大楼、信息交易中心、公路港等。二期规划 20 公顷,投资 4 亿元,建设内容为铁路专线、大型装卸设备和集装箱作业区及配套项目。三期规划用地 18.86 公顷,投资 5 亿元,建设内容为保税园区、加工车间和配套项目;

5. 文昌里老城区改造。文昌里区域面积 80 多公顷,内有住户 4000 余户,历史文化底蕴极为深厚,同时又是最集中、最古老、最破烂的旧城区,市委、市政府将文昌里纳入棚户区改造,作为头号的城建项目和最大的民生工程,全力推进文昌里更新改造;

6. 赣东国际汽车城。项目位于京福高速下线以西,临川大道以南,用地面积 35.3 公顷左右,用于建设车辆交易、维修、保养中心;

7. 华美立家家居建材市场建设工程。项目位于抚州市安石大道与曾巩大道交汇处,总用地面积 12.08 公顷,总建筑面积 33 万平方米。总投资概算约为 20 亿元,其中商业部分投资额约为 14 亿元;

8. 金融中心。项目位于赣东大道以东,金巢大道以西,竹山路以北,用地约 6.67 公顷,计划投资 5 亿元;

9. 2013 年保障性住房。市中心城区建设 500 套廉租房及 800 套公租房,计划投资 2.2 亿元;

10. 南区水厂搬迁工程。项目位于汝水大道以西,南门路以南,占地面积 6.67 公顷,计划投资 1.9 亿元,建设规模为 15 万吨/日。一期建设规模为 10 万吨/日,主要建设清水池、排泥池、回收水池、沉淀池及配水管网等;

11. 汤显祖大道南延伸段(安石大道至崇岗路)建设工程。道路全长 3060 米,计划投资 1.85 亿元,分二期实施。一期起于站前广场,北至王安石大道,全长 2580 米,其中隧道 496 米,城市一级主干道,道路红线宽 55 米,采用沥青混凝土路面,已于 2014 年 12 月完工。二期 480 米,为亚行贷款项目,计划 2016 年 12 月完工;

12. 背山路东西延伸段建设工程。西起梦湖东路,东至金巢大道,全长 2270 米,规划红线 24 米,计划投资 1.7 亿元。建设内容包括道路、排水、路灯建设;

13. 长途汽车客运中心。项目位于向莆铁路抚州站南边,占地 6.02 公顷,建筑面积 4.5 万平方米,主要建设一级汽车站、综合大楼、汽车维修检测中心及其附属设施等。计划投资 1.5 亿元;

14. 钟岭大道西延伸段建设工程。西段东起陆象山大道,西至汤显祖大道,全长 1130 米,道路宽 45 米,含陆象山大道、曾巩大道之间农房拆迁,计划投资 1.4 亿元;

15. 高速公路赣东应急中心工程。项目用地 2.63 公顷,主体建筑层高 21 层,地上 20 层,地下 1 层,建筑面积 33000 平方米,计划投资 1.2 亿元;

16. 市委党校新校区建设工程。项目位于汝水大道南延伸段以西、王安石大道东延伸段以北,占地面积 10.26 公顷,主要建设综合教学大楼、办公楼、学员楼、学员食堂、文体楼等,建筑总面积 27431.41 平方米,总投资 1.3 亿元;

17. 抚州一中改造扩建工程。项目分二期进行,主要对校园内田径场、给排水、绿化、图书馆、教学、办公大楼及教学设备等进行改造提升,计划投资 1.1 亿元;

18. 科技大道建设工程。北起迎

宾大道,南至王安石大道,全长2320米,宽50米,双向六车道,沥青砼路面,计划投资1亿元;

19. 文昌大道拓宽改造(迎宾大道至王安石大道)工程。项目全长2200米左右,道路红线宽50米,双向六车道,路面设计采用沥青路面,计划投资1亿元;

20. 钟岭大道东延伸段建设工程。项目起点与汝水大道南延伸段相交,自东向西,经科技大道、抚州职业技术学院、排头村,终点与文昌大道相交,项目路线总长为2227米。建设内容主要包括道路工程、排水工程、照明工程、交通安全设施及绿化等相关工程。道路设计等级为城市主干路,设计速度为50km/h,路基宽度为45米。项目总投资为1亿元;

21. 抚北大桥建设工程。全长720米,其中大桥桥长488米,桥头引道长232米,道路和桥梁全宽36米,桥孔布置为3联4×40m预应力钢筋砼连续大箱梁。上部构造箱梁截面为单箱三室,斜腹板,下部构造造桥台采用钻孔灌注桩+承台+三肋式台+台帽,桥墩采用钻孔灌注桩+承台+H型柱,工程概算11028.61万元;

22. 凤岗河北段(临川大道至迎宾大道)东岸道路及景观工程。项目起于凤岗河东路与临川大道相交的人工湖环湖道路的起点,终点位于凤岗河东路与迎宾大道交叉处的财政局旁,路线全长1.415千米,道路规划红线宽20米,景观工程用地面积56928公顷。建设内容包括路面、排水、绿化、亮化及景观工程等;

23. 金柅大道南北延伸段建设工程。迎宾大道至南门路长786米,宽30米,金巢大道至崇岗大道,长约2000米,宽45米,计划投资9000万元;

24. 赣东大道南延伸段(安石大道至金柅大道)建设工程。项目北起于安石大道,南终于金柅大道,道路总长2930米,道路红线宽55米,工程用地18.4公顷,预算审定价8290万元(建安费);

25. 汝水大道南延伸段(迎宾大道至安石大道)建设工程。北起东临大桥,南至王安石大道,全长2500米,道路红线宽45米,主要建设道路、下水道、绿化、交通警示灯等工程,计划投资8500万元;

26. 揭暄大道(玉茗大道至金柅大道)建设工程。该项目起于揭暄大道及玉茗大道交叉口,终于金柅大道,道路总长2169米,其中玉茗大道至赣东大道长576米,道路红线宽度70米,赣东大道至金柅大道长1593米,道路红线宽度55米,用地面积13.48公顷,预算审定价6184万元;

27. 汤显祖纪念馆改造提升。陈列展览提升,园内景点新建及改造、汤馆周边配套库房、研究中心等设施建设,计划投资6400万元;

28. 南昌大学抚州医学分院学院北路工程。学院北路长1216米,宽30米,城市次干道,路面结构为沥青砼,计划投资6000万元;

29. 金巢大道南延伸段(安石大道至金柅大道)建设工程。项目北起于安石大道,南终于金柅大道,道路总长2061米,道路红线宽50米,工程用地11.62公顷,预算审定价4755万元;

30. 2014年老城区市政基础设施改造。对老城区排水管网、路灯、垃圾中转站、背街小巷等进行提质改造,计划投资5000万元;

31. 生猪批发市场。拟在罗湖镇选址用地0.4公顷,建设生猪批发、屠宰、肉类加工。计划投资5000万元;

32. 市第三医院搬迁工程。在文昌大道以东,王安石大道延伸段以南进行建设,用地面积6.67公顷,建筑面积为23172.7平方米,设病床400张,其中门诊、急诊、医技、行政办公楼建筑面积9758.23平方米。住院部建筑面积9823.25平方米,技能康复中心建筑面积2099.72平方米,食堂建筑面积946平方米,连廊建筑面积554.5平方米,项目总投资5000万元;

33. 市中心城区城市绿道建设工程。城市绿道是供自行车和步行使用的专业线路,结合中心城区水系和景点将梦湖、凤岗河湿地公园、名人园、迎宾大道、王安石大道、抚河大道等路段打造成城市绿道示范段,长约48千米,建设自行车专用道和驿站,统一设置绿道标识,计划投资5000万元;

34. 抚州市生活垃圾填埋场工程二期建设及渗滤液升级改造。填埋区二期(含进场道路),填埋标高由85米建至115米,渗滤液升级改造;

35. 金抚高速互通连接线。道路全长2.87千米,用地23.2公顷。计划投资4000万元。一期800米于2014年7月开工,2015年8月完工。二期进行土地征收及拆迁工作;

36. 2014年市城区主干道改造提升工程。主要对若士路、穆堂路、羊城路等道路进行道路、下水道、人行道改造。计划投资4000万元;

37. 文昌里排水工程。该工程包括老昌抚路(安置小区—孝义港)排水工程和洋洲立交桥排水改造工程两部分,其中老昌抚路(安置小区—孝义港)排水工程建设内容为:污水管道部分为沿文昌雅苑安置小区巷道,经大公路、老昌抚路由南向北敷设污水管,接至孝义港东侧污水主管。洋洲立交桥排水改造工程建设内容为:四条辅道重新改造,全长1628米,道路红线宽度7米,四条辅道雨水盖板沟进行改造,最终向西接入大公路规划雨水箱涵,盖板渠全长约1540米,增设DN400污水管长度约860米,四条辅道增设路灯,电缆总长度约3400米,路灯56杆,计划投资4000万元;

38. 新区保育院。项目位于钟岭大道以北,曾巩大道以东,陆象山大道以西,用地2.67公顷,建筑面积1.9万平方米,投资4300万元。按省示范幼儿园标准建设,办园规模1000多人;

39. 体育学校搬迁工程。项目市体育中心西北角,用地3公顷,建筑面积1.8万平方米,主要建设:教学综合楼、生活综合楼、综合训练馆、射击馆、市青少年竞训中心及附属设施建设,估算总投资3200万元;

40. 市烈士陵园升级改造工程。对市烈士陵园门牌楼改造,新建烈士纪念馆、著名烈士雕塑、文化墙及市政配套设施建设,计划投资2000万元;

41. 南昌大学抚州医学分院附属医院建设工程。项目由奥克斯集团投资(抚州明州医院有限公司)10亿元建设,位于迎宾大道以北、文昌大道以东、南昌大学抚州医学院以西,规划用地面积9.48公顷。项目共分两期建设,一期工程规划床位在600张以上,在取得建设用地后半年内开工,并在开工两年内投入运行;

42. 崇仁师范新校区建设工程。该项目位于科技大道以东,惠泉路以南,用地面积27.93公顷,建筑面积22万平方米,计划投资3.9亿元;

43. 孝桥商品安置房建设。拟选

址在赣东大桥引道以北，昌抚公路以西，面积约5.33公顷，计划投资2.6亿元。分二期建设，一期用地约2公顷；

44. 教育园区商品安置房建设。拟选址在钟岭大道以北，科技大道以西，用地面积5.33公顷。计划投资2.6亿元。分二期建设，一期2.67公顷；

45. 公交枢纽中心。项目位于向莆铁路抚州站北边，占地面积约5.09公顷，主要建设公交枢纽、调度中心、维修车间和BRT接客区、落客区、停车区、社会停车区等及BRT快速公交系统工程。计划投资2.356亿元；

46. 赣东农机交易市场。项目选址位于临川区孝桥镇316国道和新赣东大桥交汇处，规划总占地面积约为9.67公顷。该项目采取市场化运作模式，投资规模约2亿元；

47. 2015年保障性住房。高新区计划建设1500套公租房，计划投资2亿元；

48. 垃圾焚烧发电厂。采取BOT模式，利用垃圾焚烧产生余热发电，近期400吨/天，远期1200吨/天，计划投资20000万元；

49. 一河两岸一期工程。上顿渡河西宜黄河龙津大桥与上顿渡大桥两岸之间建设防洪墙、道路及景观绿化等工程，全长750米，计划投资20000万元；

50. 凤岗河治理生态建设工程。位于新城区西南部，南起火车站新区金侃大道延伸段，北至抚八线，连通行政新区凤岗河一期，河道全长约4.8千米，主要建设内容包括水利工程和景观工程。景观设计总面积为126.24公顷，重点打照"一带两湖三区"。项目投资估算16480.07万元；

51. 市第一人民医院老门诊楼建设工程。抚州市第一人民医院老院区(赣东大道现门诊、急诊楼位置)项目建设内容为门诊、急诊、医技综合大楼，其中门急诊建设规模为日最大接诊量为5000人次。项目总建筑面积为3万平方米，其中地下室面积6000平方米，项目总投资1.4亿元；

52. 仙溪安置点建设工程。主要是对凤岗河改造工程中涉及崇岗镇仙溪艾家、邱家、冯家等4个村小组约400户进行拆迁安置。主要建设公寓安置房45000平方米，安置地2.28公顷，计划投资1.12亿元；

53. 赣东大道路面改造工程。赣东大道道路损坏严重，极大影响车辆通行，给市民出行带来不便。为此，市政府决定对该道路进行路面改造，项目投资估算约8000万元。一期工程从迎宾大道至环城南路，计划2016年2月完工；

54. 临川安石学校。位于才都大道以西、平安大道以北，校园占地面积6.53公顷(其中含笠上小学1.64公顷)，新建教学楼、综合楼、行政办公用房、学生公寓及食堂等教学附属用房，总建筑面积45100平方米。计划招收学生6000名(小学部2500人，中学部3500名)。计划投资8000万元；

55. 临川区幼教中心。项目建设用地2.67公顷，新建教学办公楼、宿舍楼、综合楼、食堂、校门值班室，及相关配套设施等，建筑总面积约26000平方米，计划投资8000万元；

56. 临川二中新校区第三期工程。三期工程主要建设内容包括：体育馆、艺术楼、篮球场、围墙、绿化等，总面积约16200平方米，计划投资6300万元；

57. 2015年老城区市政道路及路灯提升工程。赣东大道、体育路、南门路等道路路面、人行道、下水道及路灯、无线监控系统改造，计划投资6000万元；

58. 付家小学。位于晏殊北大道以东，用地面积3.33公顷，计划新建教学楼、综合楼等教学附属用房，总建筑面积19000平方米。投资规模约6000万元。于2015年5月开工，计划2016年7月完工；

59. 市救助(救灾)中心。该项目用地面积4.9公顷，总建筑面积18500平方米，拟按照全国区域性小型救灾物资储备库的建设标准新建物资储备仓库11000平方米。新建重大自然灾害紧急庇护(救助)中心6416平方米，新建附属用房1084平方米，并配套建设直升机停机坪240平方米，户外货场、晒场1600平方米，以及道路、绿化等附属设施，计划投资5500万元；

60. 新城区农贸市场。位于钟岭大道以南，文昌大道以西，用地0.12公顷，计划投资5000万元；

61. 城南新区污水管网工程。项目分为污水管网和提升泵站建设2项工程，主要建设内容包括：完成安石大道至迎宾大道管径为DN1000、管长2465米的污水主干管铺设。完成城南污水提升泵站及城西污水提升泵站建设。完成竹山路箱涵改造。该项目计划投资4000万元；

62. 陆象山大道与汤显祖大道区间路。陆象山大道与汤显祖大道之间共建设三条区间路，其中区间一路道路西起华美立佳东部消防通道，东至陆象山大道，路线长约300米，道路红线宽11米。区间二路、区间三路均西起曾巩大道、东至陆象山大道，路线长均约为500米，道路红线宽30米，建设内容包括道路工程、桥涵工程、给水工程、雨水工程、污水工程、道路照明、绿化工程及道路交通设施。该项目概算2977万元；

63. 赣东大道与瑶坪南路区间路工程。该工程起点位于赣东大道，终点位于瑶坪南路。道路级为城市支路，长426.5米，宽12—18米，路面结构采用沥青砼路面。该项目总概算2500万；

64. 抚州市示范性综合实践基地。位于教育园区惠泉路与科技大道交界处东北侧，用地9.83公顷，建筑面积23435平方米。主要由综合活动区、室外劳动实践区、综合训练区、生活区等。计划投资3000万元；

65. 万达商业中心。项目位于迎宾大道以南，陆象山大道以西，曾巩大道以东，用地面积5.05公顷，建筑面积14万平方米(地上10万平方米，地下4万平方米)，7层(地上5层，地下2层)由万达集团投资建设，计划投资10亿元。

(吴　强)

## 建　筑　业

**【营造建筑业发展环境】** 2015年，抚州市建设局牵头起草市委、市政府《关于进一步扶持建筑业发展的若干意见》(征求意见稿)，增强企业争先创优积极性，为企业加快实施走出去战略创造条件；制订《抚州市建筑市场诚信行为"红黑榜"发布制度》(讨论稿)，为企业创造公平竞争的发展环境。

【扶持建筑骨干企业发展】 2015年,市建设局举办中阳建设集团转型升级交流会,进一步扩大中阳建设集团研发生产的建筑塑料复合模板等绿色建材的推广范围。召开一级建筑企业座谈会,重点督促企业完善内部治理,规范财务管理,加强人才引进和培养,不断充实企业的竞争力。会同市人社局在西安建筑科技大学联合举办建筑业高管专题研修班,着力提升建筑企业高层管理人员综合素质。

【加快推动建筑产业结构升级】 2015年,市建设局积极推动建筑产业升级,积极推动建筑工业化基地建设,实现由单一经营向多元经营转变。全市建筑企业已有特级企业1家,一级资质企业25家,且资质门类日趋齐全,实现由单一经营向多元经营转变。提前超额完成市委、市政府《关于加快全市建筑业发展的实施意见》中"'十二五'期间,全市建筑业总产值力争年均增长20%以上;对地方财政贡献率年均递增30%以上,至2015年达到地方财政总收入的10%以上;2015年,建筑集团公司发展到3家以上,特级建筑施工企业1家以上,一级建筑施工企业10家以上,二级建筑施工企业80家以上。"的发展目标。2015年建筑业完成产值293.6亿元,同比增16.83%;其中省外完成产值114亿元,同比增长28%;新签合同额336亿元,同比增长17.61%。建筑业税收25.71亿,同比增长22%,在经济下行压力较大的情况下,建筑业税收增幅跑赢各行业,行业经济地位进一步提升。 (吴　强)

## 房地产业

【概况】 2015年,抚州市房管局按照市委、市政府的总体部署和江西省住建厅的工作要求,以赢得房管应有的地位为动力,抓重点、攻难点、出亮点,扎实开展各项工作。

【保障性安居工程稳步推进】 2015年,全市城市棚户区改造任务5561户,已全面完成任务,其中货币安置2078户,以购代建470户,实物安置2996户,开工率100%;市中心城区城市棚户区任务1800户,其中货币安置1186户,实物安置614户,开工率100%;全市国有垦区危房改造任务1365户,开工1365户,开工率100%。全市头号民生工程文昌里更新改造项目扎实推进,房屋征收进展顺利,属地管理为主、责任部门配合的工作机制运行有序、推进有效,接近90%的被征收户已签订预征合同,项目建设的其余各项工作也都正紧锣密鼓、紧张有序地推进。同时,2015年全市公租房建设任务4597套,已按照省建设厅下达工程建设工作计划,全面达到开工要求。

【房地产市场健康稳定发展】 2015年,市房管局积极向市委、市政府建言献策,拟定《关于促进中心城区房地产市场平稳健康发展的实施意见》并于5月22日正式下发执行。严格按照《城市商品房预售管理办法》的规定,审批核发商品房预售许可证,及时将批准的预售信息、可售楼盘及房源信息在房地产信息网上予以公示,做到公开透明。引导和鼓励被征收人购买商品房进行安置,进一步提高棚户区改造的货币化、市场化安置补偿标准,对在市中心城区购买商品房的安置户,再给予被征收房屋市场评估价10%(不含装修)的购房补贴。协调金融信贷政策落实,多次与市各商业银行就执行国家统一的住房贷款政策情况进行跟踪,及时收集和反馈房地产金融政策执行情况。

【物业管理逐步规范】 2015年,市房管局针对目前物业管理现状,6月份,对全市各县(区)进行物业管理专题调研,向市政府呈报《关于进一步加强物业管理工作的报告》。市中心城区住宅小区共有70个(1.5万平方米以上),其中,5万~10万平方米的19个、10万平方米以上的20个,已落实物业管理和前期物业管理的小区49个,物业管理覆盖率达70%。新建商品房住宅小区26个,均落实物业管理,物业管理覆盖率达100%。

【房屋征收机制不断健全】 2015,市房管局创新征收纠纷调解机制,在江西省率先成立以人民调解、司法调解、行政调解相协调的抚州市中心城区房屋(土地)征收调处中心,有效调解征迁过程中的矛盾纠纷。完善房屋征收政策,经市政府下发《关于进一步改进市中心城区房屋征收工作机制的实施意见》《市城市规划区建设用地范围内集体土地上房屋征收补偿与农民公寓房安置管理办法(试行)》。规范征收操作流程,把好项目启动、房屋征收、土地挂牌三关,即对调查摸底同意改造率达90%以上的项目开始启动,百分之百的住户签约后房屋再拆迁,百分之百房屋拆迁后再挂牌出让土地。严肃房屋征收拆迁纪律,落实属地管理,部门配合的工作机制,开发企业和社会人员不得参与征收拆迁,征收实行统一的政策标准。

(万政旗)

【市房管局领导名录】
党组书记、局长:汪华辉
党组副书记:肖丽英
纪检组长:邓洪文
党组成员、调研员、副局长:陈　菁
党组成员、副局长:黎　明　吴国平
艾志峰
党组成员、房改办主任:危转安

## 城市管理

【概况】 2015年,抚州市城市管理执法局紧紧围绕"干干净净、漂漂亮亮、井然有序、和谐宜居"的城市管理目标,以创建省级文明城市活动为载体,结合城管工作实际,狠抓"内强素质,外树形象",凝心聚力,推动各项工作取得新进展、新成效,较好地完成各项工作任务。

【全面树立城管形象】 2015年,市城管执法局以创新为引擎,狠抓队伍建设,"内强素质,外树形象,从现在做起、从我做起,带好自己的队伍、管好自己的人、做好自己的事"。8月,市城管执法局利用业余时间对分局全体执法人员和协管人员320人,开展为期10天的军事化训练和执法业务培训。9月,市城管执法局实行全员挂牌上岗,要求全局领导干部、工作人员实行挂牌上岗,执法人员实行统一着装，佩戴标志，亮证执法。将全系统工作人员信息通过适当的方式进行公示，公开接受社会监督，提高城管执法队伍的公信力。

【努力健全工作机制】 2015年，市城管执法局实行“三个一”工作机制，强化工作实效，即一周工作计划、一周工作督查、一周工作总结。市城管执法局抽调65名正式执法人员在每个分局组建特巡执法队，执法人员统一着装、统一装备，每天由各分局1名班子成员带队在各自辖区重要路段上不间断地开展巡查执法，对占道经营等有损市容秩序的行为开展集中整治。实行“7315”制度，强化无缝管理，即每周工作7天，每天3个空档时间不断班，每天工作时间从早到晚15个小时），确保365天，每天都有城管队员上班，通过延长工作时间弥补管理不足的现状。局班子成员每周带队，对城区重点主要干道进行集中整治1次。同时，实行局领导轮班带队督查制度，每天都有1名局班子成员带1名科级干部对局属各单位外勤工作进行专项督查。市城管执法局积极探索，做到“徒步整治和驱车整治相结合”“综合整治与专项整治相结合”“综合整治与日常管理相结合”“综合整治与处理群众举报相结合”“蹲点管理与分散整治相结合”“正常、顺序整治和错时、跨区域整治相结合”“教育、劝导与清理、暂扣相结合”“报纸、电视台传统媒介与网站、论坛等新媒体整治宣传相结合”，实现城市管理长效机制，出店经营现象反弹率控制在10%以下。

【改造老城区基础设施】 2015年，市城管执法局改造抚河大道西段等13条道路13805.5米、排水主干管清淤3500米、临街墙体“穿衣戴帽”面积为25000平方米；临川大道与曾巩大道路口、背山路、体育路改造项目正在抓紧施工；对赣东大道等市区多条主干道进行5次大规模沥青路面维修，维修面积达26000平方米；对市区所有的雨水井、检查井进行全面清理，并对城区主次干道破损下水道进行抢修、改造，大大提高市城区路面的排水质量；完成六中旁小巷等7条背街小巷的改造升级工作。

抚州城市管理志愿者为高考学子送清凉

【改善民生环境】 2015年，市城管执法局继续加强地下管网信息化建设。重点普查市中心城区面积约60平方千米范围内的给水、排水、燃气、电力、通信5大类16种管线，外业普查共计2716.63千米，管线点测量131040个点、绘制1:500综合图800幅和1:500专业图6508幅。11月4日，对地下管网普查工作进行验收。推进文昌里排水改造工程。加快洋洲立交桥排水改造，完成箱涵敷设，排水管完成工程总量90%；大公路路面改造完成，四条辅道路面已完成水稳层，总工程量完成80%。开展生活垃圾填埋场建设，对进场道路、垃圾填埋场库区扩容的防渗处理和垃圾渗滤液处理技术升级改造。2015年共维修路灯13500余盏（次），维修路灯线路130余处，在凤岗河北段安装77组双臂高压钠灯，在背山路安装105组路灯，安装背街小巷路灯2600余盏，更换景观灯塑料灯柱25个，维修破损灯罩600余个，更换58组中华灯上的塑料板，对300余组路灯杆上油渍污物进行清理，年底对城区临街单位、楼盘进行景观亮化，灯杆悬挂节日灯笼，对灵谷峰景区道路安装路灯。

【架起便民服务桥梁】 2015年，市城管执法局全面推进志愿服务民心关爱工作。6月，市城管执法局在中、高考期间，积极开展“爱心助考”活动。8月14日，在抚州市七二一社区金安小区启动由该局城管志愿者协会发起的首个社会组织志愿服务公益项目——“爱心驿站”，主要是为小区空巢老人、留守儿童等弱势群体送去社会的关爱。对学校周边实行定人定岗，错时轮班制，在上下课高峰期适时增加管理人员，强化学校周边环境管理力度，方便师生出入。对群众通过网络、电话、信件、来访等渠道反映的问题，建立直接负责人现场处理、跟踪督查和行政问责等制度，努力做到信访投诉办结100%。2015年信访圆满解决率达98%，未出现非正常进京、赴省访的事件。

【强化法制意识】 2015年，市城管执法局在严格执法中提高执法办案水平，积极协助江西省住建厅在东乡县举行全省城管执法系统2015年度现场模拟执法大比武活动。全面实行网上办案，规范办案流程。市城管执法局对各类违章违法的行为立案查处584宗（一般程序案件），结案率为100%，全部案件执法文书规范，卷宗装订符合档案管理要求，且无一例行政诉讼和行政复议败诉案件。市城管执法局联合公路、交警、国土等职能部门，并充分发挥街道、社区干部、志愿者的优势，对迎宾大道、汤显祖大道、示范街存在的严重道路污染现象开展集中整治进行蹲守执勤，有力的打击部分钉子户的违法行为。参与“五车”整治，重点查处二轮、三轮摩托车，三轮、四轮电动车，残疾人代步车，人力三轮车的交通违法行为和非法营运行为。同时，市城管执法局还提供46个公益性岗位让“五车人员”实现再就业，让“五车”人员参与城市管理。

【推进专项整治】 2015年,市城管执法局整治夜市摊点,实行夜班机动巡查制,对15个重点路段安排人员定岗管理,集中规范治理市城区内擅自占道、店外餐饮、露天冒烟烧烤、流动摊点等违章行为。规范管理夜市摊点216户、取缔违章占道夜市摊点93户、教育纠正夜市摊点违章行为600余起。规范车辆占道行为,在赣东大道北等15条道路的人行道上划定机动车停车位320个,划定非机动停车位500余处,并在金巢大道等城区主要干道人行道安装非机动车护栏420米,规范人行道非机动车停放秩序。同时对市民随意停放现象,组织人员开展宣传教育,对违法停放在人行道上的机动车辆开出《违法停车告知单》15275张,通过劝、推、抬、引导2万余辆(次)非机动车规范停放。

【抢时增效合力创建】 2015年,市城管执法局根据文明创建工作的安排,开展市容市貌和环境卫生集中整治。90天5000人40次30条主次干道的大整治告别“脏乱差”。与赣东大道等主要路段临街的单位和门店签订“门前三包责任书”6000余份,悬挂、张贴“门前三包责任牌”6000余块;对城区主次干道近9000米盲道进行全面维修;共清理占道经营790余个,出店经营480余家,流动摊贩1480余次;狠抓农贸市场内外环境卫生,组织人员对10个农贸市场开展全面大扫除29次。严把占道促销活动审批关,对影响市政公共设施,妨碍生产或者人民生活,损害市容市貌的占道设置促销广告、设置气拱门、宣传演出等行为严格审批,全年共审批占道许可196件,审批许可件数较2014年大幅减少。

【加大扬尘治理力度】 2015年,市城管执法局加强城区道路扬尘污染管控,在城区540万平方米的道路清扫范围内,实行主干道17小时、次干道16小时清扫保洁制度。利用道路清扫车、洒水车、大型高压清洗车进行道路清污,联合街办、社区清理垃圾死角,基本做到无卫生死角、无暴露垃圾。加强建筑工地扬尘污染管控,对市中心城区建筑工地逐一进行走访宣传,督促工地文明作业,规范围挡硬化进出口、建冲洗平台。同时,加大日常巡查力度,对市城区的工地运余土情况进行实时监管,核准运输资质,要求密闭运输,严禁超高超载,指定专门倾倒地点,严禁沿路遗漏撒和乱倾倒。全年共查处工地扬尘30余次,处罚因车辆运输造成路面污染的施工企业4家,检查扬撒车辆1000余辆(次),查处无证、未密闭运输车辆260余辆,查处违规运输建筑余土和建筑垃圾的行为60余起。

【加强户外广告管理】 2015年,市城管执法局针对户外广告加大执法力度,出动执法人员500余人次,下达《限期整改通知书》200余份,累计收缴、拆除、销毁破损店招、占道落地牌、横幅等违规户外广告2000余块。函告相关部门单位对所属的年久失修、陈旧破损、严重影响城市容貌的公益广告牌、指示牌自行拆除或整改,对拒不自行拆除或整改的,予以强制拆除。加快市城区户外广告专项规划设计编制,制定店招标牌设置标准,对市城区50多条路段和重要节点进行明图示意,实行发布前审查、发布后核查、竣工验收备案制度。店招改造自4月份开始,已完成河滨路、上下沿河路、临川大道西段店招改造187块,共4110.39平方米。全面开展“牛皮癣”清理,启动市中心城区户外小广告(“牛皮癣”)清理和广告发布专栏经营权外包服务工作,在城区范围内召集广告权属单位,推广使用先进防张贴、涂写材料,从科技上加强“牛皮癣”防治工作。

(周文辉)

【市城管执法局领导名录】
党委书记、局长:尚江黎(7月任)
党委副书记、局长:吴建华(任至7月)
党委副书记、副局长:徐有生(任至12月)
党委委员、副局长:郭向阳 周平星 戴建毅 徐建平
党委委员、纪委书记:张 兵

## 城市园林

【概况】 2015年,抚州市园林绿化局(抚州市风景名胜管理局)在市委、市政府的正确领导下,坚持按照“国家生态园林城市”创建标准,以做美园林,做秀景区,做强功能,实现“三宜”(宜居、宜业、宜游)城市为工作思路,以增绿为突破口,护绿为依托,景区为载体,积极建设“城在青山绿水间,人在鸟语花香中”的幸福抚州。

【工程建设亮点纷呈】 2015年,市园林局完成拟岘台景区二楼布展工程,景区10月1日全面对外开放;城市绿道建设工程、行道树护树板安装工程、给排水泵站及浇灌系统工程、梦湖灯光改造工程、汝水小游园建设工程、金巢大道(军分区)街头绿地景观绿化工程等6个项目和文昌大道、赣东大道、万达广场、凤岗河改造等18个市重点工程项目,共移栽乔木8781株,灌木2357株,色块苗3690平方米、草皮655平方米、竹子145丛。至年底,市中心城区绿化三大指标人均公园绿地面积16.46㎡/人,绿地率43.26%、绿化覆盖率47.21%,其中人均公园绿地面积在江西省排名第一,绿地率、绿化覆盖率分别名列江西省第二、第三位。

【绿化管护成效明显】 2015年,市园林绿化局按照《城市绿化养护管理考核办法》《园林绿化养护管理标准及考核评分细则》对绿化养护工作进行日、月、季度三级考核。开展绿化督查专项整治,对名人雕塑园、梦湖、拟岘台景区摆摊设点和中心城区“偷、砍、移”树行为进行专项整治,通过严格督查,主动作为,共处理绿地破坏事件59起、查处损坏苗木127株、查处侵占绿地面积1015平方米、整改恢复绿地973平方米。多次邀请电视台对私自侵占破坏绿地行为曝光,如对凤岗河污水管网改造工程未经报批私自移除树木曝光。以“告市民一封信”的方式,向市民宣传护绿、护树的知识,对市民的诉求做到有求必应,大大减少乱砍树木的行为。

【行业管理逐步深化】 2015年，市园林局组织成立抚州市园林绿化行业协会，借助协会平台，推进抚州市园林绿化行业管理工作的开展。至年底，园林窗口已办理各项行政审批事项313件，办结率100%，保留行政许可事项共6项。为规范园林绿化项目验收标准，制订《抚州市城市建设项目配套绿地绿化验收暂行办法》；为进一步加强中心城区园林绿化工程建设管理，以市政府名义下发《抚州市中心城区城市园林绿化工程建设管理办法》。

【创先争优成绩突出】 2015年，崇仁相山景区、金溪天门岭景区申报省级风景名胜区获省政府批准，抚州市省级风景名胜区达到6处，个数位居全省第二。流坑省级风景名胜区申报国家级风景名胜区基础工作基本完成。全市共有34个单位、小区、道路被评为省级园林化单位、园林小区、林荫路。

## 风景名胜管理

【风景名胜区申报概述】 2015年，抚州市金溪县天门岭风景名胜区、崇仁县相山风景名胜区跻身为省级风景名胜区，全市省级风景名胜区达到6个。同时，积极开展流坑和南城麻姑山风景名胜区创建国家级风景名胜区前期准备工作。

【天门岭、相山风景名胜区简介】 天门岭是何源太山的一部分，位于金溪县何源镇东部，距道教发源地江西龙虎山风景区10千米，属于武夷山脉东北端天旭山山麓。于崖山之上，《明史》载"金溪东南。东有金窟山，旧产金。又有云林山，跨抚、信、建昌三府境。又有崖山，接贵溪县界。"主要有崖山笔架峰，骑马扛、天门岭，琵琶峰、三老峰。与贵溪县仙岩、龙虎诸峰，皆参差相接。处中亚热带，海拔高度500～1363米，相对高度在300米以上。其中以笔架峰为最，1363.4米，天门岭1230.4米，中源寺峰1131米。

相山是崇仁县境内南部的一座大山，位于今相山镇西10千米处，与乐安县的公溪镇接壤，古称巴山，相传东汉年间，豫章太守栾巴在任时，除暴扬善，人民安居乐业。他曾巡游至此，因迷恋此山风光，于是隐居在此一直到老。后人为了纪念他，就把这山叫巴山，把所在行政区域称作"巴山郡"（后改崇仁县），把县治所在地命名为巴山镇。宋朝时县令孙懋为了避"巴"字讳，因栾巴政绩显著，官拜汉沛臣相，乃改名为相山。面积35平方千米，主峰海拔1219.2米，山势陡峭，山峦起伏，连绵百里，为县内第一高峰，素有赣东名山之称。

【品牌创建持续开展】 2015年，积极启动金溪天门岭景区和崇仁相山景区申报省级风景名胜区工作，先后被江西省人民政府评为省级风景名胜区，同时，加强对流坑风景名胜区创建国家级风景名胜区的前期准备工作，以乐安流坑风景名胜区的资源本底为基础，聘请专业机构编制风景名胜区规划大纲，多次请专家赴景区实地考察，为国家级风景名胜区的申报奠定基础。

【风景名胜资源资料库日益完善】 开展全市风景名胜资源普查，努力申报国家级风景名胜区和省级风景名胜区。对全市11个县（区）进行风景名胜资源普查，收集到40处较出色的风景名胜资源；根据普查结果，初步拟定抚州市未来五年省级风景名胜区申报计划。

【风景名胜安全管理体系不断健全】 修订完善《旅游突发公共事件应急预案》《旅游消防安全管理制度》《梦湖防汛安全管理应急预案》等文件，在重大节日对重要设施和部位进行消防安全检查，消除消防安全隐患。对南城麻姑山、南丰潭湖、乐安流坑、黎川船屋等风景名胜区的建设管理、安全生产和"四乱"（乱搭、乱建、乱占、乱租）情况进行综合检查，发现问题及时下发检查情况通报，要求做好各项工作的整改，严防各类事故发生。

【景区营销水平不断提升】 举办三元楼开放日典礼暨"撞状元钟迎新春"、元宵灯谜竞猜、与您共庆抗战胜利70周年、中秋游园等系列活动，新增五个售货亭对外招商，成功引进自动平衡车、特色旅游纪念品制作等经营项目，利用景区现有资源，打造户外婚庆基地及活动庆典基地。名人雕塑园、梦湖景区创建"微信公众号"和政务微博，传递景区动态信息。拟岘台成功举办谷雨诗会，吸引抚州文化名人到此研讨、互动，提升拟岘台形象。积极参加市旅游部门组织的赴厦门等地的旅游宣传推介活动，全面展示抚州各景区丰富的旅游资源。

（杨　磊）

【市园林绿化（风景名胜管理）局领导名录】

党组副书记、局长：杨　皓

党组书记：吴　斌

党组副书记、副局长：邹小华

党组成员、纪检组长：陶文军

党组成员、副局长：吴素辉　付和平　胥保华

本栏编辑　谷丽茜

# 环境保护·自然观测

## 综　述

2015年，抚州市的环境保护工作坚持以十八大精神为统领，加强生态文明建设，以良好的大局意识、服务精神和担当的姿态，积极探索，开拓奋进，环境保护工作积极稳步推进。

积极服务抚州"绿色崛起、跨越发展"一是推进简政放权。将由市环保局审批的43个类别建设项目环境影响评价文件审批事项下放至各县（区）；二是优化审批流程，缩短环评审批时限。对市政府重大工程项目、跑项争资需出具环保手续的项目实行审批"绿色通道"。2015年共审理行政许可项目85个，其中审理环境影响评价文件59个，发放排污许可证1个，办理危险废物转运联单20份。出具初审意见5个，对不符合环保要求的14个建设项目退回原建设单位或不予审批的决定。审批辐射环评文件8个；三是环评审批全过程公开。对建设项目的环境影响评价文件从受理、拟批准和审批决定全部在局网站上进行公示和公开，接受群众的监督；四是严格控制燃煤项目。对现有10t/h及以下的燃煤锅炉进行燃油、燃气等锅炉改造。对市城区和高新技术产业园区不得新建燃煤等高污染燃料锅炉，其它地区原则不得新建10t/h及以下的燃煤锅炉项目，不受理煤气发生炉的项目。

较好完成主要污染物总量减排任务 通过领导重视，高位推动，落实污染减排目标责任制和"上大关小、以新代旧、区域削减""区域限批""行业限批""企业限批"等措施，较好完成四项减排指标任务。经环保部核查认定抚州市化学需氧量和氨氮排放量提前完成减排目标任务。二氧化硫和氮氧化物完成减排任务。积极做好减排监测体系建设考核工作。全市国控重点污染企业在线监控数据传输有效率达99.7%，自行监测结果综合公布率达99.2%。

积极推进市生态文明先行示范区建设 一是稳步推进生态补偿。配合市发改委制定出台《抚州市关于建立健全生态补偿机制的实施意见》；二是开展生态保护红线划定工作；三是组织开展抚河流域治理与建设规划和"十三五"环境规划编制。将广昌抚河源头保护区列入生态保护严控区，将抚河上游广昌、南丰、南城及洪门水库上游黎川、崇宜河上游宜黄、崇仁列入抚河流域水质重点保护区；四是有效开展农村环境整治和开展生态乡镇、生态村创建。全市获得命名的国家级生态乡镇14个，省级生态乡镇62个，省级生态村71个，市级生态村288个。

严格执法提升环境执法水平 开展严厉打击违法排污，保障群众健康等"四个专项行动"。2015年，全市环保部门共出动环境执法人员5200余人次，检查企业2626家，涉及化工、印染、造纸、重金属、冶炼等行业。对568家企业下达《责令违法行为改正决定书》，对46家企业立案处理并实施处罚，停产整治企业58家，关闭60家，移送公安部门行政或刑事拘留7人。按照市委肖毅书记的重要批示要求，2015年8月，在全市开展为期近一个月的清理整治"黑工厂、毒工厂"的专项行动，关停取缔50余家"黑工厂"。在开通"12369"环境举报投诉热线的基础上，又在江西省率先开通环保微信投诉平台，确保24小时受理各类环境问题及信访投诉，维护了群众的环境权益。全年共受理投诉157件，办结157件，办结率100%，市本级共征收排污费近1100万元，基本完成年内目标任务。

狠抓污染防治提升全市环境质量 开展地下水基础环境状况摸底调查，加强危险废物和危化品规范化管理监督，落实机动车环保定期检验制度，开展进口固体废物加工利用企业检查、工业企业挥发性有机污染物现状调查和沥青砼搅拌站燃料使用情况进行调查，推进加快督办抚州市油气回收治理工作，深入推进水库污染和畜禽养殖污染专项整治行动。

## 环境监测

【地表水监测】 2015年，抚州市辖区地表水十二个监测断面所有监测项目均达到或优于国家《地表水环境质量标准》（GB3838－2002）Ⅲ类水质标准，达到Ⅱ类水质标准的比率为95.0%，水质达标率为100%。和2014年相比，达到Ⅱ类水质标准的比率上升1.9%。根据国家总站制定的河流水质评价有关技术规定，抚河水质Ⅰ～Ⅲ类水质比例≥90%，故全年抚河水质状况为优。

市城区南区、荆公路、抚北和钟岭四水厂水源地水质21项基本项目、5项补充项目和33项优选特定项目的检测指标均达到国家《地表水环境质量标准》（GB3838－2002）Ⅱ类水质标准，水质达标率为100%，和2014年相比，达到Ⅱ类水质标准的比率上升4.2%，符合城镇集中式饮用水源地水质的要求。四水厂水源地8月完成1次109项全分析监测，所有监测项目均达到国家《地表水环境质量标准》

Ⅱ类水质标准，故全年市区四水厂水源地水质为优。

10个县（区）环保局每季度均对辖区内饮用水源地进行一次61项的集中式饮用水源地水质监测，除三季度金溪县的锌项目超标0.16倍外，其余监测数据均达到或优于国家《地表水环境质量标准》（GB3838－2002）Ⅲ类水质标准。与2014年相比，超标情况大有好转，故各县（区）饮用水源地水质为优良。

**【降尘监测】** 2015年，市区四个降尘监测点降尘值均达到国家环保总局推荐的评价标准；市区降尘均值为4.15吨/平方千米·月（等同于0.136克/平方米·日），低于国家评价标准36个百分点。和2014年相比变化较小，故全年市区降尘状况良好。

**【市城区环境空气监测】** 2015年，市城区空气质量优良天数为335天，占全年总天数的91.8%。其中空气质量优天数为145天，占总天数的39.7%；良天数为190天，占总天数的52.1%；轻度污染及以上天数为30天，占总天数的8.2%。四个空气自动监测站评价点PM10（可吸入颗粒物）浓度年均值为61微克/立方米，均达到国家《环境空气质量标准》（GB3095－2012）二级标准（150微克/立方米）；PM2.5（细颗粒物）浓度均值为41微克/立方米，均达到国家《环境空气质量标准》（GB3095—2012）二级标准（75微克/立方米）。和2014年PM10年均值为65微克/立方米相比，下降6.2%，达到省环保厅布置的年度空气质量改善目标，故全年市区空气质量为优良。

全年市区降水110次，两个降水监测点pH值范围为4.42～6.10，均值为5.13，酸雨（pH值小于5.65）频率为91.8%，降水酸性以煤烟型污染的硫酸根占主导地位。和2014年相比，pH均值上升3.0%，酸雨频率下降7.5%，故全年市区酸雨状况有所好转。

**【环境噪声监测】** 市区各功能区昼间和夜间噪声均达到所执行的声环境质量标准，与2014年相比无变化。市区城市区域环境噪声平均等效声级为57.8分贝，达到所执行的60分贝的噪声标准值。市区城市道路交通噪声平均等效声级64.2分贝，平均车流量551辆/小时，均达到所执行的70分贝的噪声标准值。与2014年相比，市区城市区域环境噪声和道路交通噪声均略有上升，故全年市区声环境状况良好。

## 辐射环境管理

**【概况】** 2015年，抚州市辐射工作紧紧围绕辐射环境安全这个中心，以核文化宣传贯彻为突破口，不断加强放射源和射线装置的日常监管，切实做好电磁辐射监督、辐射项目的审批、验收以及辐射安全许可证发放工作，妥善处理辐射环境信访，全市没有发生一起辐射事故，辐射环境安全稳定。

**【核技术利用项目环评审批与验收】**

市环保局严格按照国家有关法律法规要求，对核技术利用项目开展环评审批。2015年，全市共审批核与辐射类项目9个，同时，对省环保厅审批的5个辐射项目出具初审意见。对省环保厅验收的项目出具11个竣工环保验收现场检查意见。

**【辐射安全许可证发放】** 严格按照国家有关法律法规要求，明确辐射安全许可证核发程序及许可证办理条件，并在网上公示。辐射安全许可证的办理，首先在申报系统进行申报，再接受纸质材料予以办理。2015年对2家企业进行换证。

**【辐射安全检查】** 2015年5月和10月，先后2次配合环保部、省环保厅对抚州金安铀业有限公司进行监督检查，对检查中发现的问题，督促该公司进行整改，确保辐射环境安全。当年12月，对核工业地质局261大队8个铀矿地质勘探设施退役进行竣工环保验收现场检查并出具检查意见。

**【辐射安全日常监管】** 一是做好放射源和射线装置日常监管。组织县（区）环保局相关人员对辖区内的放射源、射线装置等核技术利用单位的辐射安全情况进行全面检查，对大唐电力抚州电厂异地使用放射源进行检查。全年共检查全市放射源单位13家，检查面达100%，详细掌握被检查单位相关信息，并完善辐射工作档案；二是加强对闲置放射源的监管，对东乡铜矿、浙赣水泥闲置放射源收贮进行督办，并下达督办意见；三是开展电磁辐射环境检查，全年共对移动、电信、联通等三家公司存在环境敏感点或有代表性的基站进行检查，共检查基站327座，占当期基站总数的51%，对检查中发现的问题督促运营单位整改到位；四是做好环境信访投诉，对被投诉的基站实行必测，并将监测结果及时告诉投诉人，消除投诉人的疑虑和担忧，做到件件有着落，事事有回音，信访投诉办结率100%，全市未发生一起因电磁环境污染而引发的集体上访。

**【核文化宣贯】** 2015年，开展对全市使用放射源、非密封放射性物质、Ⅱ类及Ⅲ类射线装置的核技术利用持证单位的核安全文化宣贯工作。并对本辖区内放射源使用单位及36家射线装置使用单位结合例行监督检查，进行“一对一”宣贯。各相关单位制定宣贯实施方案，开展自主宣贯，并保留宣贯会议签到表、会议照片、视频等相关佐证材料。全市核文化宣贯专项推进行动扎实有效，做到两个“全覆盖”。

**【辐射安全管理档案标准化建设】**

按照赣环辐字〔2015〕21号文件要求落实管理档案标准化建设工作，及时印发通知，要求持证单位做好辐射安全管理档案标准化建设工作，并进一步完善管理台账，收集相关资料，更新单位基本情况信息。对历年的资料进行存档，对放射源单位实行“一企一档”的管理档案。抚州市的档案标准化建设工作受到省环保厅表彰。

## 污染防治

**【水污染防治】** 一、为切实加大水污染防治力度，保障水环境安全，按照《江西省水污染防治实施方案》要求，成立水污染防治工作领导小组，由局长领导担任组长,分管局领导任副组长,局属各相关部门领导任成员,领导小组下设办公室,具体负责方案编制、数据核算、文字组织等工作,并编制完成《抚州市水污染防治工作方案》;二、市城区饮用水源地保护工作。根据国家环保部《集中式饮用水水源地环境保护状况评估技术规范》要求,从水源地取水状况、水质状况、环境管理状况等几个方面对市城区饮用水水源地环境状况进行评价,市城区饮用水源地得分97.6分(满分为100分),为优秀水源地;三、完成饮用水源地保护区划分工作。市钟岭水厂、南区水厂、荆公路水厂和抚北水厂4个城区集中式饮用水水源地均划定保护区并获得省政府批复(赣府字〔2007〕36号),同时设置和逐年更新保护区标志牌,并在水源一级保护区设置隔离防护栏。监测能力方面,市环境监测站每月对饮用水水源进行监督性监测,监测指标62项,7月进行一次全分析监测,监测指标109项。风险管理能力方面,市城区饮用水水源地均建立水源地风险源名录和危险化学品运输管理制度。应急管理方面,出台《抚州市饮用水源突发环境事件应急预案》,每年开展应急演练。有应对重大突发污染事故的物资和技术储备及快速启动应急监测的能力,有交通穿越的水源地,设置交通警示牌及防撞护栏。备用水源地建设正在有序推进;四、地级以下城市饮用水源地保护工作。县级以下饮用水水地保护工作评估得分90分以上的有6个,只有广昌和宜黄两地在丰水期铁离子超标,主要为上游的农业开发所至。因此,市环保局把加强生态环境保护和农村环境的综合整治提升到环保当前的中心工作中来。

【重金属污染防治】 按照《抚州市重金属污染综合防治"十二五"规划》目标,到2015年止,重点重金属铅、镉、砷、总铬、六价铬指标控制至2007年的水平。根据2007年重点重金属污染物排放量基数及2015年市重点重金属污染物排放量初步核算,废水中铅、汞、镉、铬、砷五个指标均大幅降低,形成减排量。对列入抚州市"十二五"重金属污染防治规划的19个项目进行全面排查,截至年底,已完成18家。

【清洁生产审核】 市环保局高度重视清洁生产审核工作,将清洁生产审核工作内容列入对县(区)局的年度目标考评,督促各地加大清洁生产的力度。年初制订出2015年度清洁生产审核计划,共申报21家重点审核企业,清洁生产范围涉及全市,其中涉重金属类5家,环境治理类1家,化工6,纺织5家,制药2家,其他2家。全年全市共完成清洁生产评估企业8家,其中涉重3家,化工类5家。

【农村环境综合整治】 2015年,抚州市加强农村环境综合整治项目库建设,提高项目编报质量,上报项目出具专家意见,全部通过省相关部门的专家评审,并按规定进行上报。同时争取上级支持,搞好农村环境综合整治工作,市财政局与环保局联合下发《关于组织申报2015年第二批省级环境保护专项资金项目的通知》,为县(区)的农村环境整治项目提供资金保障。

【医疗废物处置】 抚州市有1家医疗废物集中处置中心,年处理能力为1650吨,2015年度实际处理量为1260吨,主要采取焚烧的方式进行处理。全市日产医疗垃圾约4.2吨,医疗废物处置中心能满足处理要求,设施运行正常。

【危险废物管理】 危废企业主要行业是医药化工企业、陶瓷行业、医院、机械加工、铅蓄电池制造业等。其中,集中处置设施1家,省属产废单位53家,经营单位8家。对涉危企业开展专项检查,进行督查打分,产废单位规划化考核合格率87.3%,经营单位规划化考核合格率100%。据2015年统计、全市危险废物处置利用率达75.3%。

## 生态保护

【概况】 2015年,抚州市深入开展生态示范创建工作,成效显著。全市获得命名的国家级生态乡镇14个、省级生态乡镇62个,省级生态村71个,市级生态村288个。资溪县国家级生态县创建工作已通过省环保厅的预审,正报国家环保部技术评审,广昌县省级生态县的创建工作已报省环保厅技术评审。

【生态保护红线划定】 2015年,按照江西省政府的统一部署,在抚州市重点生态功能区、生态环境敏感区和脆弱区等区域划定生态保护红线,实行严格保护。市政府成立工作领导小组,制定《抚州市生态保护红线划定工作方案》,全市区划文本(征求意见稿)已经由省环保厅编制完成,初步划定的全市生态保护红线区块共272个,划定面积为5755.8平方千米,占国土面积30.6%,其中,一级管控区面积为566.7平方千米,占国土面积3.0%;二级管控区面积为5188.9平方千米,占国土面积27.6%。至年底,已经完成第二次征求意见。

(市环保局)

【市环保局领导名录】

局　长:邓长明

党组书记:贾小华

副局长:李　华　王瑞芳　黄达友

## 气象工作

【概况】 2015年,抚州市气象局认真学习贯彻十八大、十八届三中、四中、五中全会精神和习近平总书记系列重要讲话精神,坚持"公共气象、安全气象、资源气象"为理念,进一步解放思想,开拓创新,扎实工作,各项工作均取得长足进步。全年共获12个地厅级以上集体奖,23人次获地厅级以上个人奖。

【气象服务】 2015年,市气象局坚持服务意识,全力做好气象服务工作。一是公共气象服务覆盖面不断延伸。全市共发布预警信号947次,其中暴雨预警信号115次、高温预警信号94次、大雾预警信号167次、雷电预警信号535次,公众免费接收气象预警短信5000万人次,制作和发布决策气象服务材料286期,主要领导当面汇报、

2015年抚州市气象局影视制作中心正式运行。图为江南都市报小记者参观市气象影视制作中心

电话汇报等形式开展决策服务300余次，提供气象保障服务30余次；二是为农服务不断深化。不断完善为农服务工作机制，加强沟通协调，深入农产品基地、农民专业合作社及田间地头，采取座谈会、实地走访，问卷调查等方式，对全市农业生产基本情况，农业生产过程中主要气象灾害，主要农作物生长对气象服务的需求进行详细了解与调研，收集整理重点服务对象313个。全市共制作232期农用天气预报、农业气象灾害警报等产品，面向重点服务对象开展“直通式”服务200余次，免费发送手机短信300余万人次，指导农民科学安排农事活动；三是“两个体系”建设能力不断提升。积极做好4月17日省长鹿心社到东乡县虎圩乡气象信息服务站了解气象灾害预警信息发布情况的准备工作，并以鹿省长视察东乡虎圩乡气象信息服务站为契机，不断完善“两个体系”建设工作。全市创建国家级标准化气象灾害防御乡镇2个、省级17个，建成标准化气象信息服务站46个，标准化乡村气象信息服务点81个，发展气象信息员队伍2580余人。自建气象预警电子显示屏104套、预警大喇叭353套，对75个灾害防御重点单位开展应急准备认证，60%以上的县、乡政府建立气象灾害应急预案体系和气象灾害应急准备认证制度；四是应急气象服务能力不断提高。进一步完善气象应急系统和流程。全市组织开展应急演练14次。在汛期关键时期多次深入灾害中心区域开展现场应急监测气象服务。

【防雷减灾】　2015年，市气象局不断强化社会管理职能，做好防雷减灾工作。一是加强防雷监管力度。将防雷安全管理工作和汛期安全工作同部署、同落实、同检查，抽调精干力量参加省市两级汛期安全检查组，加强对易燃易爆场所和危化品场所的管理，要求建设单位防雷装置与主体工程同时设计、同时施工、同时验收，确保防雷装置尤其是新建建筑物防雷装置安装到位，对检查不合格的单位下达整改通知书；二是深入开展防雷减灾科普宣传活动。利用世界气象日，防灾减灾日、安全生产日等向烟花爆竹企业及其从业人员的宣传教育和科普工作，普及防雷知识，督促指导企业制定遭遇突发极端天气时的应对措施，真正做到“寓管理与服务之中，寓服务于社会之中”。

【气象改革】　2015年，市气象局坚持发展意识，全面深化气象改革。一是稳步推进气象现代化建设。8月27日，张鸿星市长代表市政府与江西省气象局签订《共同推进抚州气象现代化建设合作协议》。11月5日，市政府召开全市气象现代化建设工作会议，市气象现代化工作领导小组成员、市财政、编办、发改委主要负责人、全市11个县（区）常务副县（区）长、分管副县长、发改委、财政、编办、应急办等110余人参加会议。2015年，全市气象部门共解决地方编制63个，“十二五”规划配套资金2000多万元，各县（区）局实现从2016年起非税收入归入地方财政；二是深入推进气象业务现代化建设。建设完成抚州市气象影视制作中心，完成新一代天气雷达和高标准地面气象观测场建设并投入业务运行，完成临川新址搬迁工作，加快推进广昌气象探测改善工作。开发

5月13—14日，抚州市政府副秘书长张沪玉率发改委、编办、财政、气象等部门领导一行8人考察学习上饶气象现代化建设、气象灾害防御等工作的先进经验和做法，图为参观上饶市局

抚州现代化气象综合业务平台,搭建"气象设备保障培训平台",促进业务综合能力水平稳步提升。完成国家基准站、基本站新型自动气象站固态降水传感器的项目建设,全市11个县(区)局均完成双套自动气象站的建设;三是统筹规范管理。积极做好三单一网和便民服务事项的梳理及清理两项非行政许可事项,将"雷击风险评估"事项从新建建筑物防雷装置设计审核前置条件中删除,为公民和企业减轻负担;四是加强人才队伍建设。选拔市级首席预报员2名,省级业务科研骨干4名,市级业务科研骨干12名,一线优秀人才12名,县局综合业务带头人和带头人培养对象12名。

(陆　艳)

【市气象局领导名录】

党组书记、局长:计福建

副　局　长:吴建明

郭　艳(任至8月)

蔡　哲(11月任)

纪 检 组 长:周永辉

## 水文工作

【概况】 2015年,抚州市水文局深入贯彻落实党的十八届三中、四中、五中全会精神,以严格的行业规范要求和扎实的工作作风,充分发挥水文在防汛抗旱、水资源管理、水环境水生态保护和水工程科学调度等方面的积极作用,为当地的经济发展与社会和谐稳定提供重要的水情信息和科技支撑保障。

【雨情、水情概况】 2015年,全市平均降水量2368毫米,比多年平均偏多34.3%毫米。其中1—3月降水量355毫米,比多年同期平均偏少40毫米;4—6月主汛期降水量882毫米,比多年同期平均偏多56毫米;7—9月降水量570毫米,比多年同期平均偏多219毫米;10—12月降水量561毫米,比多年同期平均偏多369毫米。空间分布,降雨主要集中在南部的广昌、南丰及东部的资溪、黎川等县,县平均降雨量在2500毫米以上,资溪县2575毫米为最大。中、北部的临川区、东乡县降雨量相对较小,县平均降水量在2200毫米以下。时间分布,1—4月降雨量偏少,5—12月降雨量偏多,全年共出现20次较强降雨过程,主要发生在5月、6月,其中5月出现5次降雨过程。而最大强度的降雨过程出现在11月中旬,为历史罕见。

主汛期,市境内常出现区域性暴雨,导致多条河流5处水文站先后出现超警洪水。主汛过后,受11月10—16日的暴雨过程影响,盱江南丰站、南城站分别出现78.50米、67.98米的洪峰水位,水位分别达到警戒和超过警戒0.48米,成为历史上的罕见冬汛。受此影响,廖坊水库以下泄3700立方米每秒的流量进行防洪,因此致使抚河廖家湾水文站出现39.78米的洪峰水位。面对这非常水情,抚州市水文局首次向社会公众发布第01期洪水蓝色预警。

【水文情报服务】 2015年,不论汛期或枯期,全市水文工作人员坚守岗位、严守纪律,时刻监视和检索抚州水情测报系统和山洪预警系统的雨水情信息,并及时将各时段的雨水情实况以短信的方式发送至各级防汛部门及相关领导,同时还根据出现不同的雨水情形势,以编制《雨水情公报》《雨水情快报》和《水情预报件》等方式,报送给市领导、市防汛抗旱总指挥部和有关防汛部门。全年向省防汛抗旱总指挥部、国家防汛抗旱总指挥部水情信息中心发报雨水情信息2.04万余份;向各级领导发送雨水情短信5.17万余条;传送《雨水情公报》20期,《雨水情快报》139期,《雨水情呈阅件》11期;向社会公众发布洪水蓝色预警一次。及时、准确的雨水情信息,为领导科学决策防汛抢险救灾赢得时间,使全市安全转移群众1300余人,减免直接经济损失1.02亿元,受到各级政府和社会各界的一致好评。

【中小河流水文监测系统建设】 2015年,为实现中小河流暴雨洪水的自动监测和预测预警,提高对抚河流域内中小河流的洪水灾害防御能力,市水文局根据省项目部的要求,对2013—2014年新建水文站第一期新建项目工程东坑(二)、洽湾、炉油、陆坊、潘渡、龙湖、梨溪、棠阴、南坪、嵩湖、增田水文站加大建设力度,使此11个站的主体工程获得全面完成。抚州巡测基地与抚州水文测报信息中心大楼工程建设于2015年2月12日奠基,4月2日开工,年底已完成大楼封顶。完成廖家湾、娄家村、柏泉、桃陂4个水文站的站院整治工程建设。

【水环境监测】 2015年,开展对全市河流水体、重要城市主要供水水源地、重点水功能区及市、县界河断面水质水量动态监测,并将监测结果每旬定期编制《抚州市水资源质量简报》《抚州市水资源质量旬报》,于每月中旬在《抚州日报》向社会予以公布,同时报送市委、市人大、市政府、市行政主管部门,让广大市民群众、各级领导掌握了解全市水资源质量状况提供科学信息。

【环保抚河行活动】 市水文局作为环保抚河行组委会成员单位之一,严格按照活动方案要求,组织水文专业技术人员,积极开展对全市地表水水功能区的水质和城区饮用水水源地水质监测及降雨径流泥沙监测分析工作,将监测分析结果编写出《抚河流域水环境保护和治理》预调研报告报送市人大,获得市人大领导的肯定与好评。

【山洪灾害调查与评价】 为掌握了解全市各县(区)遭受的山洪灾害情况,2015年,市水文局按照上级部门的部署要求,组织专业技术人员历经长时间先后深入临川、黎川、资溪、广昌、乐安、宜黄等县(区),进行广泛深入的野外调查与测量,整理编写出《山洪灾害调查与分析报告》上交上级主管部门。

【水资源调查与评价】 完成《2014年抚州市水资源简报、公报》和2014年《江西省水资源调查评价》(抚州市)编制上报工作。按照上级文件精神,完成水电站、供水工程、农村饮水工程等建设项目水资源论证报告的编制,编写乐安惠民水库、宜黄凤冈惠民水库、宜黄县曹水提等河道管理范围内的建设项目防洪影响评价和《宜黄县市管、县管河道采砂规划报告》,为水行政主管部门科学决策提供技术支撑。

（邱模胜）

【市水文局领导】
党组书记、局长：李　杰
副　局　长：杨海保　梅中秋
　　　　　　徐满全　周　颖

# 防震减灾

【概况】 2015年，抚州市防震减灾局认真落实科学发展观，深入开展“三严三实”“把纪律挺在前面”等系列活动，围绕市委、市政府的中心工作，按照年初工作部署，认真开展防震减灾各项工作，全面完成年度目标任务。在省地震局年度考核中，市防震减灾局获得“全省防震减灾工作考核优秀单位”的称号，同时，在2016年度江西省地震趋势会商会上，抚州市防震减灾局撰写的《抚州市及邻区2016年度地震趋势分析报告》获三等奖。

【防震减灾宣传教育】 2015年，市防震减灾局提升宣传服务意识，全力做好防震减灾宣传教育工作。一是积极开展“5.12”防震减灾宣传周，利用报纸、电视、短信、现场咨询活动等多种方式，采取进校园、进社区、进机关等手段，对防震减灾法律法规、应急救援及科普知识进行全方位、多角度的宣传教育。活动期间，共散发宣传资料上千余份，展出防震减灾科普知识展板20余块；二是加强对第五代地震动参数区划图的宣贯工作。第五代《中国地震动参数区划图》于2015年5月15日颁布，于2016年6月1日正式实施。相较于第四代地震动参数区划图有两大变化：一是取消不设防地区，二是在附录中将地震动参数明确到乡镇。相当于当前全市10%抗震设防率，新一代地震动参数区划图的发布对于提高建设工程的抗震设防能力与水平，有效减轻地震灾害具有十分重要的意义，对于推动全市防震减灾工作具有巨大的促进作用；三是积极开展抗震设防宣传。制作“建设工程抗震设防温馨提示”的宣传单并放置在市防震减灾局及相关单位窗口供业主查阅，在行政服务中心电子大屏幕上长期滚动播放该温馨提示，与移动公司积极沟通，利用短信群发平台向广大市民发送抗震设防要求监管宣传短信共10余条。

【地震监测及震情跟踪】 2015年，市防震减灾局坚持“预防为主”理念，积极开展地震监测及震情跟踪工作。一是加强地震信息传输终端机房和南城、乐安两个数字地震遥测台站的运行管理，建立设备检修保养计划，健全设备管理档案；二是深入开展群测群防工作，完善市、县、乡三级防震减灾“三网一员”网络建设，制定“三网一员”网络管理制度，部分县（区）还将“三网一员”建设经费列入同级财政预算；三是高度重视震情发展趋势，严密震情会商，在江西省地震局年度评比中，抚州市防震减灾局地震趋势分析报告荣获三等奖；四是对南城老台站进行重新规划，拟在其原址上兴建集地下流体观测、地震烈度速报、地震宏观观测、科普宣教等多功能于一体的抚州市综合地震台站。江西省地震局已对抚州市南城老台重建项目作出批复，同意将该项目列入省防震减灾工作“十三五”规划。

【抗震设防监督管理】 2015年，市防震减灾局不断强化社会职能，开展抗震设防要求监督管理工作。一是开展专项督查。当年分两次对11个县（区）的防震减灾机构队伍建设、经费保障、防震减灾制度建设、抗震设防要求监管及审批窗口设立运行等情况先后进行专项督查；二是梳理“三单一网”。按照相关文件要求，共梳理出行政权力22项。其中，行政许可3项，行政处罚11项，行政确认2项，行政强制1项，行政奖励1项，其他行政权力4项。对应梳理的责任清单22项，梳理出便民服务事项9项；三是创新审批窗口工作方法。采取主动上门告知服务，年内向30余个业主单位派送建设工程抗震设防要求审批告知书。在项目审批上，针对很多建设单位对审批事项还不了解的情况，先期对全市的重点项目和在发改委立项但未办理审批手续的项目进行梳理，再安排全局干职工对相应数量的项目进行挂点跟踪服务，通过协调项目到市防震减灾局办理审批手续，逐步增强广大业主抗震设防意识，收到良好效果。

【应急管理】 2015年，市防震减灾局积极推进应急管理工作。一是利用“5·12”防震减灾活动宣传周，分别在抚州职业技术学院、临川十六中开展地震应急演练。制定规范的应急演练方案和流程，对学校师生进行应急培训，取得预期效果；二是推进县（区）地震应急预案的修订与统计工作。在2014年出台《抚州市地震应急预案》的基础上，制订《抚州市防震减灾局地震应急预案》，并制作地震应急响应流程图。全市11个县（区）均已出台《地震应急预案》，为科学高效应对可能发生的地震应急处置奠定坚实基础；三是创建地震应急避难场所。结合市省级文明城市创建办要求，当年9至10月份，市防震减灾局分别在市文化园广场和东华理工大学本部校区创建地震应急避难场所。同时，在公园社区内部，选取一处篮球场作为社区地震应急避难场所，设置避难场所标识和疏散路线指示牌，更新黄巢社区地震知识宣传栏。

（曾　菁）

【市防震减灾局领导名录】
党组书记、局长：李伟才
副　局　长：葛　斌
　　　　　　徐　明

本栏编辑　黄泽书

# 教　育

## 综　述

2015年,抚州市教育局团结带领全市教育工作者,认真贯彻落实党的十八届五中全会和市委三届十二次全会精神,坚持以全面深化改革为统领,紧紧围绕立德树人的根本任务,抓改革,强治理,提质量,促公平,各项工作迈出新的步伐。教育事业蓬勃发展,教育质量稳步提升,品牌影响力不断扩大,临川教育集团学校转型升级闯出新路,义务教育免试就近入学顺利实施,市属公办学校全面实现"零择校",校长教师交流轮岗成为全省样板,农村义务教育标准化建设取得突破,高考成绩连续十三年保持全省领先,全省中学生田径运动会在抚州市胜利召开。该局先后荣获全国青少年"五好小公民"主题教育活动先进集体、招收空军飞行学员工作先进单位、全省语言文字工作先进单位等荣誉称号,在全市招商引资、跑项争资、综合治理、安全生产、节能减排、文明城市创建等各项工作中位居前列,为建设抚州作出应有的贡献。

【教育概况】　至2015年底,全市有各级各类学校1818所,其中,普通高校2所,普通中等专业学校1所,成人中等专业学校12所,普通中学221所(高中35所,初中186所),职业高中25所,小学963所,幼儿园584所,特殊教育学校10所。全市有各级各类学校在校生743406人,其中,小学在校生349180人,初中在校生150193人,高中在校生83276人,幼儿园在校生116851人,职高在校生13772人。全市教职工总数(含高校、职高、幼儿园)有教职工46683人,其中,专任教师41611人。2015年,全市教育经费总支出65亿元,比2014年增长9.96%。

【办学条件】　抚州市以义务教育学校标准化建设为龙头,大力推进薄弱学校改造、农村教师周转宿舍、农村初中工程、教育信息化等十大教育重点工程建设,惠及全市1800多所学校。全年完成全面改薄和农村义务教育学校标准化建设项目365个,总投资32263万元,农村薄弱学校基本办学条件得到有效改善。市中心城区100个重点推进项目中教育项目达14个,总投资约18亿元,市保育院新园区建设基本完工,崇仁师范新校区、抚州一中改造提升、临川二中三期工程等项目正有序推进。在市本级的带动下,2015年各县(区)共安排28个教育重点项目,总投资达179365万元,临川区付家小学、南城二小、东乡一中、东乡三中、金溪一中、金溪六小、资溪鹤城新区幼儿园、宜黄实验小学等一批教育重点项目拔地而起,即将落成。教育优先发展的战略得到有效落实。

【教育均衡】　2015年,全市各地通过校长教师交流轮岗、教师"走教"、送教下乡、城乡结对等形式,积极推进义务教育均衡发展,共享优质教育资源。教育督导功能提升,临川区顺利通过县域义务教育均衡发展督导国家认定;全年开展教育督导12项108次,有力地推动教育职责落实。民生政策普惠千家万户,全年发放资助金9661万元,资助学生70903人次;发放生源地信用助学贷款4914.145万元,资助学生6439人。进城务工人员随迁子女、留守儿童、特殊群体入学率达到100%。全市普通高中均衡招生比例达到70%,有力保障农村学生平等接受教育的权利。

【教育改革】　2015年,市委、市政府出台《关于深化教育改革推进发展升级的实施意见》(抚发〔2015〕5号),对全市全面深化教育领域综合改革作出全面部署。临川教育集团转型升级取得重大突破,公办学校办学行为更加规范,三所混合所有制民办学校运转井然有序。新校建设顺利启动,吸纳社会资金10亿元以上,新增优质学位2万多个。市属公办义务教育学校创造性采取就近划片与电脑随机派位招生,通过抚州电视台现场直播电脑摇号派位,社会全程监督,公证处全程公证,市委、政府出台禁令,保障学生平等享有优质教育资源的权利,实现"零择校""零条子"。全市一半的县(区)开展义务教育校长教师交流轮岗,675名校长教师奔赴农村教学一线,开辟城乡教育均衡发展的新路径。建立五个维度20个核心指标的学生综合素质评价体系,在近百所样本学校进行试测试评,并初步形成测评成果。集团办学不断推进,临川教育集团学校帮扶县(区)高中、南丰县集团办学试点和"1+1"联合办学、金溪县教育联盟等协作发展模式广泛实施,效果明显。广泛开展示范性学校创建活动,25所学校被评为全市示范性学校,掀起比学赶超的创建热潮。

【各类教育】　学前教育扩容提质　2015年,市教育局在全市大力实施学前教育三年行动计划,落实中央学前教育资金6877万元,省级资金1478.25万元,新建、改扩建一大批幼儿园,有效扩充优质教育资源。全市省级示范幼儿园增加到13所。

义务教育均衡推进　各地通过校

长教师交流轮岗、教师“走教”、送教下乡、城乡结对等形式，积极推进义务教育均衡发展，共享优质教育资源。教育督导功能提升，临川区顺利通过县域义务教育均衡发展督导国家认定；全年开展教育督导12项108次，有力推动教育职责落实。

高中教育特色鲜明。资溪一中普职融合、崇仁二中艺术教育、东乡实验中学书法教育、临川一中高效课堂等省级普通高中特色发展试验工作进展顺利。临川一中承办全省中学生田径运动会，创作并摄制的微电影《棋忆》获得2015年全国青少年微电影大赛中学组“最佳影片金奖”；临川二中承办全市中小学生体育运动会，组队角逐全省汉字听写大会获得二等奖，并在全国决赛中取得优异成绩。

职业教育整合发展 制定下发《抚州市现代职业教育体系建设规划(2014—2020年)》，积极组建以抚州职业技术学院为龙头的职教联盟，职业教育现代化发展水平不断提升。积极组织参加省中职技能竞赛，获省一等奖5个，二等奖13个，三等奖16个，为历年最好成绩。抚州创新学校参赛布达佩斯国际速录大赛，获得青年组第二名的佳绩。

【区域协作】 2015年，抚州市政府与南昌市政府签订《昌抚教育交流合作协议》，确定开展师生交流活动、落实十校合作机制、推动职教协作发展等合作内容，临川一中接收南昌市湾里一中一名副校长挂职，南昌市派出50名教研员和教师到抚参加“同课异构”教研活动，两地教育合作交流开展顺利；赴莆田沟通洽谈教育合作事宜，初步拟定《抚莆教育合作协议》；组织4名市直学校教师援疆，在当地开办的“江西班”成绩优异，获得群众好评，临川一中教师胡冬莲入选最美援疆教师候选人，教育开放成效明显。临川一中、临川二中国际班开通直通国外院校的绿色通道，临川一中国际班首届毕业生10人全部录取美国、英国、加拿大等国重点大学，教育品牌形象不断提升。

【队伍建设】 按照“退一补一”的原则，通过全省统一招聘、免费师范生招聘、特岗计划等多种方式招聘教师741名，完成定向培养农村教师计划713名，抚州一中引进博士生1名。组织4万多人次参加远程培训、国培计划、骨干教师培训、教育管理者培训等系列培训。市本级落实专项培训经费100万元，开展8期暑期培训，培训校长教师480名；组织2期全市教育管理人员培训班，广大校长教师专业水平明显提升。职业教育教师培训力度增强，选派1名校长赴德国进修，组织127位教师参加全国、全省专业素质提高培训，“双师型”教师比例不断提高。严格落实上级决策部署，妥善解决代课教师问题。各县(区)下发正式文件，开展人员统计和资料审核工作，完成补偿经费发放，得到省委、省政府的充分肯定，省教育厅以专刊的形式对抚州市妥善解决代课教师工作给予通报表扬。认真做好“三区”人才支持计划教师专项计划落实工作，仅金溪县就有43人获得专项优惠；全面落实集中连片特困地区乡村教师生活补助政策，提高补贴标准。开展“吃空饷”清理整治工作要求，清理“吃空饷”人员30名。

【先进典型】 建立先进典型宣传机制，以庆祝教师节为契机，广泛开展优秀教师事迹集中宣传活动，市委、市政府主要领导多次到学校走访慰问师生。临川二中华小明校长被列为全省十佳校长候选人，19人被评为特级教师，14名乡村教师被评为全省“最美乡村教师”和“优秀乡村教师”，3名教师被评为教书育人楷模，4名教师被评为特岗教师优秀典型，11534人荣获长期从教荣誉证书，教师职业认同感和从教荣誉感进一步增强。

【依法治教】 召开中心组学习会，专题学习《中华人民共和国教育法》《中华人民共和国教师法》《中华人民共和国义务教育法》等教育法律法规，解读教育法律“一揽子”修改对教育运行的影响，广泛开展公务员法律知识学习，全局干部职工法律意识明显增强。依照有关财经法纪，开展市直教育系统财务内审工作，规范财务运行。积极推进简政放权，盘点并公示权力清单、责任清单，精简行政审批事项11项，精简率达78.6%，教育工作法制化管理水平明显提高。

【效能管理】 致力于学习型机关建设，把读书、调研作为破解本领恐慌、决策无据的重要抓手。在全市教育系统深入开展大兴“学习交流、调查研究、勤政为民、清正廉政”之风和“读一本好书”活动，读书、调研蔚然成风，干部职工驾驭教育工作的能力明显提升；坚持每周工作调度制、理论学习制、沟通交流制等工作机制，协调推进各项工作日清月结，有始有终。召开全市教育工作交流促进会，集体察看南城、金溪等地学校校园文化、项目推进、交流轮岗和学校党建等工作。通过学习交流，看到了创造，目染了亮点，感受了经验，找到了方向，点亮了希望，坚定了信心，起到抓点带面的作用。形成两年一届的“先进事迹巡回报告会、中小学生艺术节、中小学生体育运动会、教育巡察看变化”等工作机制，通过活动检阅成果，推动事业。

【文明创建】 积极响应市委、市政府号召，将省级文明城市创建作为一项中心工作狠抓。局主要领导亲自抓，经常调度，多方协调；分管领导和业务科长到市创建办集中办公，协调抓好全市未成年人思想道德建设等工作；抽调5名工作人员，提供专门办公场所和设备，专职从事文明城市创建工作，保证具体创建任务落实到位。按要求开展好文明交通劝导、爱心捐赠、义务清扫大街、无偿献血等一系列志愿活动，取得良好成效。市直教育系统“慈善一日捐”募集资金20多万元。

【规范运行】 严格执行义务教育阶段学校“一费制”收费办法，“阳光招生”工作全面落实。严肃查处教育乱收费行为，对收费举报排名倒数三位的县(区)教育部门和学校主要领导进行约谈，时刻警醒，落实责任。通过积极开展“开学安全教育第一课”“安全教育日”和“防灾减灾”等专题教育活动，进一步增强师生的安全自防、自救意识和能力。临川二中荣获全国第二届平安校园建设优秀成果奖，市教育局荣获全市新《中华人民共和国安全生产法》知识考试和竞赛活动第一名。建立定期督查、防溺水校家共管和留守儿童关爱等机制，继续巩固防溺水成果，全市学生防溺水工作经验在全省推广。协调有关部门，开展三次大规模校园及周边治安秩序集中整治行动,排查隐患,净化环境,解决一批安全难点问题。办理各类信访件405件,接待群众来电来访共计95批(次)450余人,办结率达100%。

【党的建设】　强化思想建设。围绕学习习近平总书记系列重要讲话精神,通过加强政治理论学习、中心组学习、举办纪律讲堂和上专题党课、廉政党课,局机关、下属单位、学校科级以上干部均撰写两篇以上心得体会和读书笔记,教育系统党员干部职工思想政治建设得到明显强化,讲政治、守规矩意识明显提升。广泛开设学生党校,积极培育学生党员和入党积极分子,充分发挥先锋模范带头作用。强化组织建设。积极推进“连心、强基、模范”三大工程,临川教育集团学校“把支部建在年级上、建在学科组织上”的党建新模式,受到中组部表彰。目前市属公办学校建有4个年级支部,2个学科组织支部。南城二中党员教师“五带头、五联系”、金溪二中“党员爸爸(妈妈)”与留守学生结对帮扶“六个一”活动等,充分发挥党支部的战斗堡垒作用和党员的先锋模范作用,基层组织建设进一步夯实。加强机关干部队伍和学校中层队伍建设,坚持德才兼备、以德为先、群众公认的标准选拔任用干部,一批想干事、能干事、干成事的优秀干部走上教育教学重要岗位。强化作风建设。广泛开展“三严三实”专题教育和解放思想“三问”大讨论,抽调7名机关干部组成两个“连心”小分队,到贫困村驻村1年开展“四进四联四帮”活动,帮助基层解决一批实实在在的困难,党群干群关系进一步密切。推出20条为民便民服务措施,师训科、毕就办、资助中心等科室长期坚持节假日轮流值班,随时提供资讯和办理档案转接、资助金发放等相关服务,全市教育生态风清气正,领导放心,群众满意。强化廉政建设。严格落实党风廉政建设“两个责任”,深入开展“把纪律挺在前面”活动,努力营造风清气正的政风行风。深入开展“红包”问题和领导干部插手工程项目专项整治,全年全市教育系统共上缴“红包”款45.569万元。对违法违纪人员进行严肃查处,给予22名党员干部党纪政纪处分。

(蔡志翔)

【市教育局领导名录】
局长、党委副书记:吴建发
党委书记:邹润发
党委副书记、副局长:袁旭光
(任至12月)
党委副书记(正县级):洪厚兴
党委委员、副局长:吴广平
纪委书记:章星期
副　局　长:刘　胜
党委委员、副局长:饶　宁

## 基础教育

【概况】　2015年,抚州市有普通中学221所,其中,普通高中学35所(含十二年一贯制学校),初级中学186所(含九年一贯制学校);普通初中在校生150193人;普通高中在校生83276人;普通中学教职工15188人(其中专任教师14359人)。全市有小学963所,教学点882个;在校学生349180人;小学教职工20324人(其中专任教师20169人)。全市有幼儿园584所,在园幼儿116851人;幼儿园教职工8587人(其中专任教师4964人)。全市特殊教育学校10所,在校学生数(含随班就读)1748人;特殊教育学校教职工64人(其中专任教师64人)。

【廉洁修身教育】　2015年秋季,市县两级财政共筹资229.5万元,继续面向全市小学四年级、初中一年级、高中一年级学生免费发放《廉洁修身教育》系列读本13.37万册。省纪检监察网、江西教育网、等先后对抚州市廉洁修身教育进行报道,廉洁修身教育已成为全市对广大师生开展思想道德教育的一张闪亮名片。

【“素质教育月”活动】　2015年3月,在全市中小学广泛开展以“诚信与守法”为主题的“素质教育月”活动,经学校、县(区)层层评审推荐,市级专家评审,共评出市级“素质教育月”活动先进学校2所,校园文化特色学校5所,优秀教学设计与课件一等奖4名、二等奖9名、三等奖12名,优秀征文一等奖24名、二等奖50名、三等奖90名。经推荐上报,黎川一小、南丰县桔都小学、金溪县锦绣小学、金溪县第二中学、东乡县实验小学、崇仁县二中、崇仁县一中、南城县第一小学获得全省“校园文化特色学校”称号。

【纪念中国人民抗日战争暨世界反法西斯战争胜利70周年主题教育活动】
2015年6月,市委宣传部、市教育局联合下发《关于纪念中国人民抗日战争暨世界反法西斯战争胜利70周年主题教育活动的通知》(抚教基字〔2015〕34号),在全市中小学开展“铭记历史、缅怀先烈、珍爱和平、开创未来”的主题教育活动,此次活动共收到征文作品3千余篇,书信作品15万余件。征文作品共评出一等奖20名、二等奖35名、三等奖40名。书信作品共评出一等奖20名、二等奖45名、三等奖104名;先进学校31所;先进个人24名;优秀组织奖6个。

【省、市级普通中学三好学生、优秀学生干部评选活动】　2015年3月,在全市开展市级三好学生、优秀学生干部评选和省级三好学生、优秀学生干部的推荐工作。共评出2014/2015学年度市级“三好学生”395名、“优秀学生干部”105名,省级“三好学生”121名、“优秀学生干部”30名、省级优秀学生2名。

【第二届中小学班主任“育人风采”展示活动】　2015年10月23－24日,在抚州举办全市首第二届中小学班主任“育人风采”展示活动,经过学校、县(区)的层层选拔后,全市小学、初中、高中三个组别共85名班主任参加此次展示活动,共决出一等奖13名、二等奖26名、三等奖43名和5个优秀组织奖。同时每个组别推荐前3名选手参加省里的比赛,获得较好成绩。

【争取国家、省资金支持学前教育发展】　2015年,全市共获得省级农村学前教育专项资金2786.62万元,获得中央扩大学前教育资源奖补资金6595万元。同时,根据国家、省项目报送相关要求,积极做好项目申报工作。

**【编制实施第二期学前教育三年行动计划】** 由市教育局、发改委、财政局联合下发《关于实施第二期学前教育三年行动计划的意见》(抚教发〔2015〕4号),为全市学前教育发展做出科学、合理的规划。

**【开展幼儿"健康、快乐、发展"主题活动】** 根据省教育厅《关于开展2105—2016年全省幼儿"健康、快乐、发展"主题活动的通知》(赣教基字〔2015〕11号)精神,市教育局在全市各级各类幼儿园中广泛开展幼儿"健康、快乐、发展"主题活动。各地各园紧紧围绕"给孩子适宜的爱"这一活动重点,引导广大幼教工作者、家长坚持科学保教、科学育儿、形成社会、家庭、园所三合一的学前教育氛围,促进幼儿健康快乐发展。

**【学前教育宣传月活动】** 2015年5月19日,市教育局选派10名园长参加全省学前教育宣传月活动启动仪式,各地各幼儿园紧紧围绕"给孩子适宜的爱"这一主题,通过电视台、校园网络等新闻媒体,采用公益广告、海报、滚动字幕、宣传栏、张贴宣传图画等多种形式,传播正确的保教理念和科学育儿方法。

**【做好省、市级示范幼儿园评估复评工作】** 2015年3月份,市教育局下发《关于公布2014市一级一类幼儿园评选结果的通知》(抚教基字〔2015〕15号),批复临川区红黄蓝幼儿园等4个园所为市一级一类幼儿园。到2015年底,全市共有省级示范幼儿园13所,市一级一类幼儿园39所。崇仁县幼儿园、临川区保育院顺利通过省级示范园复评。另外,还有8个园所接受市一级一类幼儿园复评,8个园所接受市一级一类幼儿园评估。

**【幼儿园教师观察案例征文比赛】** 为全面贯彻落实《3~6岁儿童学习与发展指南》精神,根据《关于开展全省幼儿园教师观察案例征集评选活动的通知》(赣幼教专字〔2015〕5号)文件要求,市教育局下发《关于开展全市幼儿园教师观察案例征集评选活动的通知》(抚教基字〔2015〕21号),全市共收到幼儿园观察案例200余篇,评出一等奖35篇、二等奖50篇、三等奖68篇。同时推荐优秀案例37篇参加省里的比赛。抚州市保育院唐燕老师的观察案例《好玩的圆形孔扣》获得全省第一名,并在全省2015年幼教年会上做分享发言,得到与会人员的高度赞誉。

**【学前教育科学保教培训】** 2015年7月3日,在抚州举办学前教育科学保教培训班,全市有107位骨干教师参加培训。这次培训紧紧围绕"给孩子适宜的爱"这一活动主题,让先进的教育理念和科学的教育方法落实到幼儿园保教工作的各个环节,提高保教质量。

**【参加全省幼儿园教师参加专业技能展示活动】** 市教育局选派6名幼儿园教师参加全省幼儿园教师专业技能展示活动,荣获优秀组织奖。

**【特殊教育持续发展】** 积极组织实施特殊教育提升计划,组织完成抚州市特殊教育提升计划进展情况调查问卷,抚州市2015年度未入学适龄残疾儿童少年信息及安置情况,对全市特殊教育进行调研,总结特殊教育提升计划进展情况。

**【做好普通高中省级评估工作】** 2015年,市教育局指导金溪县第一中学、乐安县第二中学做好迎接2015年普通高中省级评估工作。两所学校顺利通过评估验收。

**【示范学校创建】** 2015年,市教育局制发《关于做好2015年度抚州市示范性普通中小学创建评估工作的通知》,开展全市普通中小学示范学校创建活动,引导各地改善办学条件,提高办学水平,深化教育改革,提升教育质量,推动全市基础教育整体发展。经过学校自评、县(区)初评推荐,全市11个县(区)推荐47所学校参加市级示范性学校评估验收,有37所学校通过市级评估验收,成为抚州市第二批示范性普通中小学校。

**【校外教育有新突破】** 2015年,市教育局下发《关于深入开展中小学校外综合实践活动的通知》(抚教基字〔2015〕35号),进一步提高全市中小学综合实践活动课程的实施水平,利用抚州源野青少年综合实践基地、县级青少年校外活动中心、乡村少年宫三级校外活动基地开展活动。抚州市示范性综合实践基地正式动工建设。

**【科技教育成绩斐然】** 2015年,开展全市创新大赛,经过层层评选,择优推荐,各县区推荐科幻画165幅,青少年科技创新项目7个,青少年科技实践活动10个,科技辅导员创新成果5个,遴选出科幻画15幅,青少年科技创新项目8个,青少年科技实践活动3个,科技辅导员创新成果4个,科技创意活动4个,参加第三十届江西省青少年科技创新大赛。3个创新项目、1幅科幻画、1个科技实践活动获省一等奖,1幅科幻画入选全国创新大赛并获二等奖。

**【首次《国家学生体质健康标准》数据上报率达到100%】** 为做好数据测试上报工作,保质保量完成上报任务,全市开展《国家学生体质健康标准》数据测试和上报人员的业务培训,培训对象覆盖每所上报的学校。按照《国家学生体质健康标准》数据测试和上报时间节点按时上报数据。2015年,全市乡镇中心小学以上的学校全部完成上报任务。首次实现上报率100%。

**【首次举办中小学校园足球联赛】** 2015年5月,由市教育局、市体育局主办,市足球协会承办的首届中小学足球联赛成功举行。抚州中心城区18支中小学校参加比赛,比赛时间从6月份持续到11月份,比赛场次近200场,足球联赛的成功举办推动足球活动进校园。

**【高雅艺术进校园活动】** 2015年10月,省教育厅高雅艺术进校园演出团走进南城一中、南城二中,为师生献上精彩的节目,使师生近距离感受到高雅艺术的魅力。

**【举办中小学生体育运动会】** 2015年,系抚州市举办运动会之年,分别在9月底和11月初分两阶段进行。这届运动会参赛学生涵盖小学生、初中生和高中生。比赛项目除传统的田径项目外,增设游泳、广播体操、跳绳、拔河等项目,参赛人数近千人,成为全市中小学生体育盛会。

【关心下一代工作成绩突出】 开展市关爱报告团宣讲活动 市教育局与市关工委沟通,聘请10位德高望重、学识渊博、造诣深厚、阅历丰富、热心奉献的退休老干部、老专家深入南城、宜黄、市直学校从理想信念、礼廉教育、道德修养、抚州文化、风俗习惯等方面展开宣讲,提高青少年学生的思想道德素质。

开展全市青少年五好小公明"少年向上,真善美伴我行"主题教育活动 市教育局关工委、崇仁县教体局关工委、金溪县教育局关工委获得省里表彰的先进集体;3所学校荣获示范校;3人荣获优秀工作者。抚州市教育局关工委荣获教育部关心下一代工作委员会颁发的"先进集体"。

【妇女儿童发展规划中期评估】 2015年11月,上报抚州市教育局实施2011—2020年妇女儿童规划中期评估报告和座谈会发言材料,顺利接受省妇儿工委两纲中期评估组评估,评估组参观临川一中、抚州市保育院新园区和临川区特殊教育学校。

(董凯华)

## 2015年抚州市被北京大学、清华大学录取的新生名单一览表

(总计35名,其中北京大学22名,清华大学13名)

表27-1

| 姓名 | 性别 | 院校名称 | 专业名称 | 毕业中学 |
|---|---|---|---|---|
| 林　立 | 男 | 北京大学 | 德语 | 临川第一中学 |
| 罗天灵 | 男 | 北京大学 | 国际政治 | 临川第一中学 |
| 赖　蔚 | 男 | 北京大学 | 计算机科学与技术 | 临川第一中学 |
| 付博铭 | 男 | 北京大学 | 数学与应用数学 | 临川第一中学 |
| 张中艺 | 男 | 北京大学 | 经济学类 | 临川第一中学 |
| 赖海峰 | 男 | 北京大学 | 中国语言文学类 | 临川明达教育培训中心 |
| 余盈颖 | 女 | 北京大学 | 工商管理类 | 临川明达教育培训中心 |
| 黄清清 | 女 | 北京大学 | 哲学类 | 临川第一中学 |
| 李远帆 | 男 | 北京大学 | 工科试验班类(力学、工程结构、能源资源、航空航天、生物医学、材料) | 抚州一中 |
| 尧昱昊 | 男 | 北京大学 | 工商管理类 | 临川第一中学 |
| 汪　川 | 男 | 北京大学 | 工商管理类 | 临川明达教育培训中心 |
| 邹钰笛 | 女 | 北京大学 | 电子信息类(电子、微电子、计算机与智能科学) | 临川第一中学 |
| 黄志杰 | 男 | 北京大学 | 电子信息类(电子、微电子、计算机与智能科学) | 临川育才教育培训中心 |
| 章志娟 | 女 | 北京大学 | 电子信息类(电子、微电子、计算机与智能科学) | 临川第一中学 |
| 邬紫荆 | 女 | 北京大学 | 环境科学(环境科学、生态学、自然地理与资源环境) | 临川第二中学 |
| 刘渊强 | 男 | 北京大学 | 电子信息类(电子、微电子、计算机与智能科学) | 临川第一中学 |
| 胡凤松 | 男 | 北京大学医学部 | 英语(生物医学英语) | 临川第一中学 |
| 彭卫东 | 男 | 北京大学医学部 | 临床医学 | 临川第一中学 |
| 刘晓莺 | 女 | 北京大学医学部 | 药学(本硕连读) | 临川育才教育培训中心 |
| 许志浩 | 男 | 北京大学医学部 | 临床医学 | 临川第一中学 |
| 关　超 | 女 | 北京大学医学部 | 英语(生物医学英语) | 东乡县第一中学 |
| 乐依俊 | 男 | 北京大学医学部 | 临床医学(本博连读) | 东乡县第一中学 |
| 余晨珺 | 女 | 清华大学 | 日语 | 临川第一中学 |
| 胡　凯 | 男 | 清华大学 | 法学 | 临川第一中学 |
| 刘　阳 | 男 | 清华大学 | 自动化 | 临川第一中学 |

续表

| 姓名 | 性别 | 院校名称 | 专业名称 | 毕业中学 |
|---|---|---|---|---|
| 钟 都 | 男 | 清华大学 | 电子信息类 | 临川第一中学 |
| 陈 昊 | 男 | 清华大学 | 核工程与核技术(定向中核) | 东乡县第一中学 |
| 廖 爽 | 女 | 清华大学 | 经济与金融(国际班) | 临川第一中学 |
| 邹 仪 | 女 | 清华大学 | 经济与金融(国际班) | 临川第一中学 |
| 汪 瑜 | 女 | 清华大学 | 自动化 | 临川明达教育培训中心 |
| 徐雄斌 | 男 | 清华大学 | 机械工程 | 临川第一中学 |
| 黄松杰 | 男 | 清华大学 | 车辆工程 | 临川第一中学 |
| 邱嘉宝 | 男 | 清华大学 | 建筑学(含城乡规划) | 黎川县第一中学 |
| 黄 灏 | 男 | 清华大学 | 建筑学(含城乡规划) | 乐安县第一中学 |
| 许琛燕 | 女 | 清华大学 | 人文科学试验班 | 金溪县第一中学 |

(张志谦)

## 职业技术教育与成人教育

【概况】 2015年,抚州市有高职院校2所,高职招生3029人,在校高职生11517人;中职学校17所(含2所高职院校中专部),其中,国家改革发展示范中职学校1所,国家级重点中职学校1所,省重点中职学校2所,省示范性学校7所,省级达标中等职业学校8所。2015年招生8244人,在校中职生29259人。职业院校毕业生就业率为98.5%。全市职业教育与成人教育工作坚持以服务为宗旨,积极创先争优,在稳定办学规模、提高教育质量、服务当地经济建设和社会发展上下功夫,为经济社会的发展培养大批实用技能型人才。

【市领导高度重视职业教育发展】 2015年5月19日,新任市委书记肖毅在听取教育工作汇报时指出:“要努力克服当前教育运行中的矛盾和问题,着力抓好职业教育和高等教育发展。要从产业发展的高度抓好职业教育,为抚州赶超发展培养更多更好地产业技术工人,推动抚州产业升级发展。高等教育是人才的摇篮,是改革创新的动力和源泉,城市发展离不开高等教育。要积极谋划高等教育发展,从战略上高度重视,积极谋划和整合资源,推动抚州高等教育发展”。2015年10月8日,书记肖毅又就《关于推进我市教育改革,促进教育事业全面发展的调查与思考》作出重要批示,批示指出:“靠一个教育集团不行,如何面对全市?靠一个基础教育不全,如何发展整体教育?”10月17日市长张鸿星也就该文作出批示:“可以优先明确几件成熟的事情先干起来。如中医高专‘专升本’问题、职教园区建设问题,以进一步提升抚州在区域经济发展中的核心竞争优势。研究结果望及时报告”。12月5日,市长张鸿星又就市委政研室副主任左锋《关于促进我市职业教育发展的调查与思考》作出重要批示:“要尽快出台一个关于抚州职业教育的政策文件,以加快职业教育事业发展”。

【编制并下发抚州市现代职业教育体系建设规划】 为了全面贯彻落实全国、全省职业教育会议精神,加快发展现代职业教育,建设现代职业教育体系,依据《江西省教育厅等七部门关于印发<江西省现代职业教育体系建设规划>(2014—2020年)》以及相关行业规划,市教育局会同市发展和改革委员会、市财政局、市人力资源和社会保障局、市农业局、市扶贫和移民局、市工业和信息化委员会共同编制并下发《抚州市现代职业教育体系建设规划(2014—2020年)》(抚教职字〔2015〕3号)。

【推动示范县、示范校建设】 2015年,东乡县和临川现代教育学校分别面临教育部对全国第一批创建国家级农村职业教育和成人教育示范县和第三批国家中等职业教育改革发展示范性项目建设认定,为切实推动东乡县和临川现代教育学校做好示范县和示范校创建工作并顺利通过教育部认定,市教育局定期到项目学校和项目县督促指导,推动示范校、示范县建设,使之在职业教育和成人教育改革发展方面发挥示范引领作用。

【规范中职学校办学行为】 2015年,市教育局转发江西省教育厅《关于进一步规范中职学校办学行为的通知》。根据本地实际,要求各地、各校高度重视,端正办学态度,全面落实党的教育方针,严格遵守国家教育法律法规和教育行政部门的相关规定,切实将工作重心转变到提高教育教学质量上来,采取有效措施规范办学行为,维护良好办学秩序。同时要求各地、各校按照省教育厅《关于进一步规范中职学校办学行为的通知》精神,迅速对办学行为进行自查自纠,市教育局对全市中职学校自查自纠结果进行汇总并报送省教育厅。

【开展全民终身学习活动】 2015年全国“全民终身学习活动周”活动总开幕式10月举行,活动周主题“发展全民终身学习,推进法治社会建设”。对此,市教育局及时转发《关于江西省社区教育指导中心转发教育部办公室关于举办2015年全民终身学习活动周的通知》,要求各县(区)、职业院校认真做好活动周的舆论宣传工作,充分利用各种媒体渠道广泛宣传终身学习的理念,营造良好的学习型社会舆论氛围,动员更多的单位、更多的部门、更多的民众参与到活动中。各地结合本县(区)、学校实际,积极开展主题突出、特色鲜明、形式多样、内容丰富的学习活动。

【抓招生,促发展】 2015年,市教育局采取一系列措施,大力抓招生工作,促进职教事业发展。主要措施有:一是落实招生目标责任制。根据各地初中毕业生情况将招生任务层层分解落实到县,并列为年度目标考核和教育督导的重要内容;二是加大宣传力度。各地、各学校通过多种方式,大力宣传职业教育的各项方针政策,宣传国家助学政策、免费政策,宣传职教战线的先进事迹和就业典型;三是进一步拓宽招生渠道。除大力做好应往届初高中毕业生招生和涉农专业送教下乡招生的基础上,把城乡未就业劳动力、复退军人纳入职业学校招生范围;四是加强督导调度。招生过程中,市教育局及时掌握各地、各学校招生进展情况,并视其招生情况,加强督导调度,表扬先进,鞭策后进,确保招生工作顺利进行。2015年,全市高职招生3029人,中等职业学校招收学生约8244人。

【开展技能竞赛】 2015年3月,抚州市举办抚州市中等职业学校第六届技能竞赛活动,参赛选手206名,产生团体一等奖2个、二等奖3个、三等奖4个;产生学生个人一等奖39个、二等奖64个、三等奖98个。同时选拔64名学生参加江西省中等职业学校第十二届技能竞赛。通过参加全省22个项目激烈比拼,抚州选手取得优异成绩,获省一等奖5个,二等奖13个,三等奖16个,是历年全省中等职业学校技能竞赛获奖个数最多的一次。在本届全省技能竞赛中,抚州市还获得教师组一等奖1个,二等奖1个,分别是东乡机电中专的周国平老师获得数控车加工技术一等奖,抚州职业技术学院(中专部)的叶剑辉老师获得车加工技术二等奖。6月12日,资溪职业中学元娟娟同学被省选拔参加在苏州举办的全国中等职业学校学生技能大赛,并一举在中式客房铺床(个人赛)项目中获国家级三等奖。7月份,资溪职业中学历家鹏、陈潞建、林天顺3位同学和东乡机电中专吴天真同学又被省选拔参加在天津举办的全国中等职业学校学生技能大赛,资溪职业中学3位同学在网络布线(团体赛)项目中获国家级三等奖,东乡机电中专吴天真同学在计算机检测维修与数据恢复项目中获国家级三等奖。抚州创新学校学生吴美玉在2014年参加国家行业举办的中等职业学校技能竞赛获一等奖之后,2015年又参加布达佩斯国际速录大赛,获得计算机速录青年组文本创建项目第二名,同时获计算机速记项目第三名。

【选派教师参加出国进修和国家级、省级业务培训】 选派1名校长到德国进修,选派12位专业课教师参加国家级骨干教师培训和青年教师企业实践。同时选派112位教师参加江西省中等职业学校"双师"素质提高培训,3位校级干部参加校长培训。由此,不断提高职业学校校长管理水平和教师队伍的业务水平。

【组织推荐教师参加江西省中等职业学校教师信息化教学大赛】 通过组织学校报名,推荐选拔出14名教师参加江西省中等职业学校教师信息化教学大赛。教师们通过参加信息化教学设计、课堂教学和信息化实训教学3个项目的比赛,提高对现代化教学手段运用水平,进而提高专业教学能力。

【加强学校基础能力建设】 2015年,临川现代教育学校和南丰职业中等专业学校分别获得国家支持基础能力建设资金1000万元。

【组织中职学生参加技能等级考试】 2015年5月,全市共有933名学生自愿参加技能等级考试,合格率达100%。这些学生有望毕业时获得"双证"。

【申报教育部现代学徒制试点单位】 为探索建立校企联合招生、联合培养、一体化育人的长效机制,完善学徒培养的教学文件、管理制度及相关标准,推进专兼结合、校企互聘互用的"双师型"师资队伍建设,建立健全现代学徒制的支持政策,逐步建立起政府引导、行业参与、社会支持,企业和职业院校双主体育人的中国特色现代学制。教育部职成司2015年下发《关于开展现代学徒制试点工作的通知》(教职成司函〔2015〕2号),决定遴选一批有条件、基础好的地市、行业、企业和职业院校开展现代学徒制试点工作。金溪中等职业学校、东乡机电中专、南丰职业中等专业学校、抚州创新学校积极申报教育部现代学徒制试点单位。

【开展职业教育活动周系列活动】 为了弘扬劳动光荣、技能宝贵、创造伟大的时代风尚,根据省教育厅《关于转发教育部职业教育与成人教育司<关于做好首届全国职业教育活动周组织工作的预通知>的通知》精神,抚州市教育局印发《抚州市2015年职业教育周方案》。确定2015年第二周为抚州市"职业教育活动周",活动周的主题是"发展职业教育 成就出彩人生"。全市各职业院校积极组织并参与全国首届职业教育活动周的系列活动,抚州的活动内容主要有职业院校开放校园、进校园上街头宣传、便民服务、招生咨询等。

【完成人大建议和政协提案的回复工作】 2015年职成科共有人大建议和政协提案5个,已全部完成回复工作,满意率为100%。

(李建平)

## 学校后勤与产业管理

【履行学校后勤与产业管理工作职能】 2015年,抚州市学校后勤与产业管理办公室自更名后,按照相关职能的变化,认真履行新的职能要求,一是积极推动各县(区)完成更名工作,在条件成熟的县(区)已经完成更名工作;二是强化职能转变后的工作重点在学校后勤方面,要求县(区)将校园绿化美化、学校食堂、学生宿舍和校园超市列入日常管理工作;三是继续抓好学生社会实践、劳动实践场所的建设工作、教育行业风险管理工作和中小学生校服管理工作；四是在全省学校后勤与产业工作会议上，抚州市就推进农村学校劳动实践场所建设方面做典型发言，得到上级领导和其他设区市的好评。

【加强教育行业风险管理】 2015年，抚州市教育行业风险管理工作严格执行江西省教育厅《江西省校方责任保险管理实施办法》《关于开展职业院校学生实习责任保险工作的通知》和《关于印发〈江西省学生意外伤害保险优化方案〉的通知》文件精神，按照"大稳定、小调整、规范性"的原则，全力保障学校、学生和家长的合法权益。一是多次召开教育行业风险管理工作会议，统一思想，规范操作，密切配合；二是要求各校以高度的政治责任感，加强和规范教育保险宣传、承保和理赔服务工作；三是积极贯彻落实教育部等五部委关于2015年规范教育收费治理教育乱收费工作的实施意见，市后产办出台《规范全市教育行业风险管理工作的意见》，意见从校园方责任保险、职业学校实习责任保险和学生意外伤害保险三种教育保险做出规定，对承保方式、承保公司、保费金额和理赔服务等方面均做出要求，进一步规范教育保险市场；四是积极开展保险知识进校园活动。下发《关于印发2015年抚州市学校后勤与产业工作考评细则的通知》和《转发省厅关于举办全省中小学生保险教育知识竞赛活动》文件，要求各县（区）各学校要加强教育保险知识的宣传。在由省教育厅组织的全省中小学生保险教育知识竞赛活动中，抚州市代表队取得全省团体第一名的成绩。2015年全市校方责任保险的承保率为100%，学生意外伤害保险的承保率约为90%。

【做好农村学校劳动实践基地建设工作】 一是全市农村学校劳动实践基地建设工作，按照年初的工作计划组织开展基层学校调研工作。二是召开专题会议研究工作思路，部署下一步工作。三是下发《关于开展2015年抚州市农村学校劳动实践示范基地评选活动的通知》文件，经过县（区）教育局初审择优推荐，市教育局复审后，金溪县第三中学、琅琚中学，乐安县鹏州中学，南城县实验中学，资溪县马头山中学学生劳动实践场所被评为抚州市2015年农村学校劳动实践示范基地。全市现有省级示范基地2个，市级示范基地14个。

【监管学生校服和学生作业本质量】 一、全市学生校服管理工作。2015年8月17日，江西省教育厅、省工商局、省质监局联合下发《关于进一步加强中小学生校服管理工作的意见》，抚州市及时转发文件，要求学生校服不再采用"定点企业"和"统一商标"的方式进行管理，而是采用校服统一招标的方式，公平、公开、公正地遴选出信誉好、实力雄厚的校服企业。二、全市学生作业本管理工作。省发改委取消学生作业本的代收费后，市后产办在实地调研和召开座谈会等形式的基础上，参照其他设区市的做法，下发《规范全市全市中小学生（空白）作业本管理工作的意见》，严格执行省、市政府部门的规定。

（毛蔼堂）

# 高等教育和高等院校

## 东华理工大学

东华理工大学（原华东地质学院）是江西省人民政府分别与国家国防科技工业局、国土资源部、中国核工业集团公司共建的一所具有地学和核科学特色，以理工为主，经、管、文、法、教、艺兼备的多科性大学。学校是中国武警黄金指挥部士官选拔培训基地和中国核工业集团公司、中国核工业建设集团公司人才培养基地。

学校1956年6月由原地质部第三局在山西创建，1959年9月从山西太原迁入江西抚州市。学校先后隶属于地质部、二机部、核工业部、中国核工业总公司。建校半个多世纪以来，学校秉承"明德厚学、爱国荣校"校训，为国家培养出10万余名各类专门人才，被誉为"中国核地学人才摇篮"和"世界原子能事业的宝贵财富"，为中国核大国地位的确立和铀矿地质事业的发展、为国防科技工业和地方经济建设做出积极贡献。

学校现有抚州、南昌两个校区，校园总面积166.67公顷，在校生3万余人（含留学生）。设有地球科学学院、核工程与地球物理学院、水资源与环境工程学院、测绘工程学院、化学生物与材料科学学院、建筑工程学院、机械与电子工程学院、信息工程学院、外国语学院、经济与管理学院、文法学院、艺术学院、理学院、体育学院、抚州师范学院、软件学院、马克思主义学院、海军后备军官学院、国防科技学院（核能学院）、国际教育学院、研究生院、高等职业技术学院、继续教育学院、成人教育学院等20余个教学单位，还设立独立学院—长江学院。

学校拥有1个博士后科研流动站，1个博士学位授权一级学科，14个硕士学位授权一级学科，71个硕士学位授权二级学科，其中1个国防紧缺学科、14个省部级重点学科、2个江西省高水平学科（一级学科）、2个江西省示范性硕士点（一级学科），并具有工程硕士（10个领域）、教育硕士（11个领域）、法律硕士、会计硕士专业学位和同等学历人员硕士学位授予权。现有68个本科专业，其中5个国家管理专业、5个国家级特色专业、11个国防军工专业、1个国防重点专业、1个国防紧缺专业、14个江西省品牌专业。

2015年，学校有教职员工2800余人，其中教授、副教授600余人。教师中有中国工程院双聘院士、俄罗斯自然科学院外籍院士、国家杰出青年科学基金获得者、"井冈学者"，具有博士学位300余人，博士生导师20人。同时，学校还聘请200多位国内外兼职教授。学校由中国工程院钱七虎院士担任名誉校长。

学校积极推进素质教育，拥有放射性地质国家级实验教学示范中心等高水平教学平台，是国家级、省级教育体制改革试点项目试点高校，是国家"卓越工程师教育培养计划"高校，在勘查技术与工程、资源勘查工程、测绘工程、通信工程、电子信息工程、软件工程、核工程与核技术7个专业开展"卓越计划"试点工作。学校积极发展研究生教育，拥有3个省级研究生创新基地。

学校科技实力雄厚。拥有核资源与环境国家重点实验室培育基地、放射性地质与勘探技术国防重点学科实验室、国际原子能机构参比实验室等12个国家级、省部级重点实验室(工程技术中心、人文社科重点研究基地),以及铀资源勘查与开发协同创新中心和质谱科学与仪器协同创新中心,2个江西省“2011协同创新中心”和4个省部级科技创新团队。学校是国际原子能机构铀矿地质、同位素水文学高级培训中心,多位教授受聘国际原子能机构咨询专家。学校积极服务国家重大战略需求和区域经济社会发展,年科研项目经费达1.5亿元。

学校办学条件优良,拥有馆藏丰富的地质博物馆,生均教育资源各项指标均超过部颁标准。学校是花园式校园,先后被授予“全国绿化先进单位”和“江西省园林化单位”。学校面向全国招生与就业,毕业生就业率一直保持在90%以上,学校多次被评为“全省高校毕业生就业工作先进单位”。

学校坚持开放办学,与美国、俄罗斯、日本、澳大利亚等20多个国家的高校、科研院所建立校际交流和学术联系,并互派留学人员。

学校坚持科学发展观,着力加强内涵建设,办学水平和社会声誉稳步提升。当前,学校正在为建设特色鲜明的高水平核工业大学目标而努力奋斗。

(周艺玮)

【东华理工大学领导名录】

名誉校长:钱七虎

党委书记:徐跃进

校　　长:柳和生

副 校 长:孙占学　刘晓东　花　明

汤　彬　郭福生　陈晓勇

聂逢君　李德平

纪委书记:徐　鸿(任至7月)

万继锋(7月任)

校长助理:陈焕文

## 南昌大学抚州医学院

【概况】 抚州医学院成立于1978年,前身是创办于1958年的赣东大学医疗系,2000年成建制地并入原江西医学院,2005年随江西医学院并入南昌大学,成为南昌大学五大校区之一,是南昌大学具有独立校区、独立财政和独立法人资格的二级学院。抚州医学院原为一所抚州市属医学专科学校,并入南昌大学后成为南昌大学医学教育的组成部分,是培养医学专门实用型人才的教学型学院。回首过往,学院走过的是一条风雨沧桑、艰苦创业而又不断超越、荡气回肠的发展道路。在底子极度薄弱的基础上,经过多年的建设,学院有长足发展。

【学院现状】 学院自2003年整体搬入现校区后,全体师生员工自力更生、奋发图强,将学院建设成为一个占地面积近46.67公顷、建筑面积达26余万平方米的美丽校园。学院建有综合教学楼、实验楼、图书馆、学生活动中心和户外运动场等,校园建筑新颖别致,喷泉亭阁相映成趣,亮化绿化相得益彰,园林式新校区已成为师生员工学习、生活和工作的理想场所。

2015年,学院有教职工229人,其中在职在编职工119人,聘用职工110人;有全日制在校生8694人,其中本科生2569人,专科生6125人。学院开设临床医学、护理学、口腔医学、公共事业管理(卫生事业管理)、药学和化学等6个本科专业,临床医学、护理学、口腔医学、临床医学(全科医学方向)、临床医学(麻醉方向)、临床医学(医学影像方向)、医学检验技术和药学等9个专科专业。其中护理学是华东六省一市开办最早、省内外影响较大的专业,临床医学是江西省首批示范专业,口腔医学是学院特色专业。

在教学、科研上,学院通过不断的自我提升并依托校本部、兄弟院校和社会力量,建立起一支素质精良、严谨求实的师资队伍和科研团队。现有专任教师103人,其中博士研究生3人,硕士研究生61人,博士和硕士研究生占教师总数的62%;副高以上专业技术职称的教师占教师总数67%,学院始终保持和发展“严谨治学”和“严格教育教学要求”的优良校风 。

学院拥有抚州市第一人民医院(南昌大学第五附属医院)等四所非直属教学型附属医院,并正在与奥克斯集团有限公司合作建设一所现代化的三级甲等附属医院。学院在全国各地建立150多家实习基地,能够充分满足各级、各专业学生的实践教学需求。

【校园文化】 针对当前医学教育普遍存在重医学专业知识、轻人文素养的倾向,学院建立“知行合一”的德育教育模式,即以国学经典诵读为理论指导,以校园志愿服务和素质拓展活动为实践检验,完善学生人格和心智。经过多年的摸索和实践,校园志愿服务和素质拓展活动已成为学院的办学特色和文化传统,每一个学生都通过课程学习和实践活动陶冶情操、学会沟通、培养职业精神、感受人格养成和

第二十三届校园十佳歌手大赛

精神成人的过程，为将来的就业和发展做好积极准备。

同时，学院积极创设人文环境，培育育人载体，如军训、文训和全体各类文体活动练等。通过军训活动，增强学生国防观念、树立国防意识。军训期间同时进行文训，让学生通过诵读中华经典文化，感受先贤智慧和中华传统文化的深厚底蕴。学院还注重发挥学生会、学生社团的积极作用，每年开展各类文体活动50余次。学院通过这些丰富多彩的活动，营造积极向上、生机蓬勃的校园文化生态，引导和帮助学生自我教育、自我养成、全面成长成才。

【体系管理】 2005年，为适应新形式的发展，学院将当时国际先进的ISO 9001:2000质量管理体系引进到学院的整体管理工作中，成为国内首家获得ISO质量管理体系认证的公立高等医学院校。体系的运行经过不断改进，已形成为“三个体系一个平台（目标管理体系、质量管理体系、绩效考核体系，OA平台）”管理模式，“管理有目标，过程可监控，执行有记录，绩效重考评”，实现系统化、标准化、程序化、透明化、自动化，极大地降低管理成本、减少管理层级、加快信息传递和反馈的速度、提高了学院的整体管理水平和管理效能。

【特色专业】 在高校竞争激烈的当前，人无我有、人有我新，不断打造特色才是发展的不二选择。结合学院实际和市场需求，抚州医学院在保持临床医学和护理学等传统优势专业的基础上，将口腔医学作为学院特色专业进行建设，产生一定的影响力。

学院2004年开始开设口腔医学专科专业；2014年，学院将口腔医学作为特色专业建设发展，并成立口腔医学系；2015年，经南昌大学专家论证组考察和评审，学院获批增设口腔医学本科专业，开始招收第一届口腔医学专业本科生。学院现有口腔医学本、专科在校学生1000多名，学生人数及考证通过率均在国内医学院校中名列前茅。

学院新建的临床实验大楼面积共2.3万平方米，其中口腔医学专用实验室面积达5000平方米；购置大量先进的口腔医学教育教学设备，包括口腔模拟教学系统（教学仿头模）124台，牙科综合治疗椅60台，技工桌62台，洁牙机30套，内窥镜5台，教学标准化评估系统1套，数字化曲面断层全景X线机及牙片机各1套，在模拟口腔临床诊疗室还建立中央供气系统和中央负压系统各2套。口腔医学实验教学中心的建立和各类口腔实验教学设施设备的配置，能够充分满足现代口腔医学教学要求，让学生在实验室模拟口腔内牙体牙髓、口腔修复、颌面外科等学科的操作，与其他院校的口腔教学条件相比具有一定优势。

学院附属口腔医院是抚州市唯一一家集临床、教学、科研、预防和健康教育为一体的口腔专科医院。医院设备精良，拥有综合治疗台39台，拥有以色列产Syneron水激光和ESM超声骨刀（省内首台）、美国产Densply Protaper镍钛根扩系统、日本产Root ZX根管长度测量仪、意大利Conminox预轴真空消毒柜、当今头颅影像设备最有前途和实用性的设备Kavo CBCT、Kavo Soredex数字化全景机及Kavo数字化牙片机等一系列先进水平的口腔医疗设备。附属口腔医院在抚州市率先实行口腔诊疗过程中机头“一人一机一消毒”，所建立的“口腔健康教育基地”获批成为江西省首批示范基地建设单位之一。

2015年11月，抚州医学院顺利举办“口腔医学高峰论坛”，邀请中华口腔医学会会长王兴教授，副会长张志愿教授、黄洪章教授以及上海交通大学、中山大学、南京大学、南方医科大学、四川大学、重庆医科大学、浙江大学、中南大学、南昌大学等省内外院校30余名口腔医学界权威专家就口腔医学专业领域新进展、新技术开展系列学术报告和交流活动，全国300多名口腔医生参加。抚州市委副书记、市长张鸿星莅临开幕式并作重要讲话。“口腔医学高峰论坛”的顺利举办极大地推动了学院口腔医学教育和对外学术交流。

【突出成绩】 各种有益探索，结出了丰硕果实，学院培养出大批广受欢迎的医学专业人才。自2000年始，抚州医学院“专升本”录取率一直位列省内同类院校之首，创下“十六连冠”的佳绩；历年护士资格考试通过率均在98.2%以上，远远领先与省内同类院校；历届“推免生”因理论知识扎实、操作技能强、科研潜力大、口头表达能力好、综合素质高等优点，获得各类院校的青睐；2015年，有90名应届本科毕业生顺利考取硕士研究生（包括推免生），考研录取人数占本科毕业生总数（包括定向生）的20%；毕业生得到社会的认可和用人单位的好评，近五年一次性平均就业率达95.2%以上，毕业生就业质量稳步提升。同时，学院也受到广大考生的青睐，2015年，专科批次省内理科投档分数为345分，高出省控线145分；文科投档分数为387分，高出省控线187分；新生报到率达93.86%，创历史新高。抚州医学院有能力、有条件、有信心为省内外医疗卫生机构培养更多的实用型医学专业人才。

（张帅男）

【南昌大学抚州医学院领导名录】

党委书记：何 琴

党委副书记、纪委书记：邹敏辉

党委委员、副院长：李东明

党委委员、总会计师：邱亚雨

党委委员、院长助理：邓晓敏

党委委员：张 丽 饶泽昌

院长助理：邓莘芸

## 江西中医药高等专科学校

【概况】 江西中医药高等专科学校创建于1986年，是全国8所中医药高等专科学校之一，也是国家中医药管理局重点建设的新型特色高等院校。学校新老两个校区，共占地33.33公顷。至2015年末，在校生已超过1.2万人。老校区位于抚州市中心城区，校内亭阁池榭、绿树成荫，风格别致、环境优美，教学楼、实验楼、临床大楼、图书馆、行政楼、专家楼、体育馆等各类设施一应俱全。新校区位于抚州高新区，至2015年底，主要基础设施基本建成，已入住学生6000余人。

学校以建设“国内有影响、省内有优势、办学有特色、学生有作为”的新型中医药高专为定位,以培养面向医药卫生、保健康复行业产业的应用型高素质人才为目标,逐步形成以中医药高等专科学历教育为主,以高等职业教育、继续教育和社会培训为辅的办学体系。学校教育主体由“三系”(医疗系、药学系、护理系)“四部”(思想政治理论课教学部、医学基础部、公共与社会科学部、成教部)组成,共开设16个专业(方向),形成中医医疗、康复保健、药学、护理四大专业群。现有2个中央财政重点建设专业、3个省级人才培养创新实验区、5个省级优秀教学团队、5个省级特色专业和8门省级精品课程。学校根据中医药行业的特点和人才市场的需求,实施“双证制”教育,学生可同时获得学历证书以及国家劳动部门颁发的职业技能证书;积极拓展合作办学领域,与北京中医药大学、江西中医药大学建立联合培养模式,使中医学、中西医临床、护理、中药等本科专业得到继续教育。学校是全省唯一的全国农村中医药知识与技能培训示范基地。

学校坚持“教书育人、管理育人、服务育人、环境育人”的办学思路,坚持科学化、规范化的特色管理,努力营造和谐、稳定、安全的校园环境,取得显著成效。先后获得全国卫生文明建设先进集体、全国卫生系统先进集体、江西省文明单位、江西省安全文明校园、江西省园林单位、全省教育系统“规范管理年”活动先进集体、全省教育系统“创新发展年”活动先进集体和江西省高等学校节约型校园建设先进单位、江西省依法治校示范校、首届中国网民最尊敬的(江西)十大高校、江西省普通高校毕业生就业工作评估优秀单位、全省高校就业工作先进集体、全省征兵工作先进单位、全省高校党建工作优秀单位、全省高校“平安校园”创建先进单位、江西省情教育教学先进单位、抚州市文明单位、抚州市社会管理综合治理目标管理先进单位等荣誉。国家级、省部级、地市级等一批领导干部曾到该校视察,给予充分肯定。

【招生就业】 学校面向全国20多个省(自治区、直辖市)招生,报考人数连年攀升,2015年招生4473人,创历史新高。学校大力实施“校企合作、工学结合”办学模式,通过订单式培养、顶岗实习、带薪实习、实习就业一体化等培养模式,致力提升学生的专业技能和社会适应能力,增强学生就业竞争力。现有直属和非直属附属医院各一所、附属药厂一家,省内外实习实训基地138个,先后在长江三角洲、珠江三角洲及北京、福建等经济发达地区建立200余个稳定的就业网点,形成辐射中部地区和东南沿海地区的就业信息网络;组织优秀毕业生参加“三支一扶”“大学生应征入伍”“志愿服务西部计划”;积极开拓国外就业市场,选派优秀毕业生赴英国带薪实习就业。2015年,学校毕业生一次性就业率达89.8%,较2014年提升1.1个百分点,连续第九年居全省高职高专医药类院校前列。坚持创新发展理念,在稳定就业率的基础上,加大对学生创新创业扶持力度,成立领导小组,高位推动学生创新创业,并设立50万专项基金,保障学生创新创业工作的开展。开展以“保健”“推拿”“美容”“医药营销代理”“互联网+”等为主要项目的创业大赛活动,培养学生创新创业能力。2015年,学校组织在校生、毕业生参加江西省首届“互联网+”大学生创新创业大赛,该校11个大学生创业团队申请参赛,其中2个大学生创业团队进入省级复赛。

【师资队伍】 学校坚持“请大师、引贤才、育新人、重双师”的人才强校战略,着力打造一支高素质、高技能的“双师”型教师队伍。同时,坚持“不求所有、但为所用”的原则,与多家医院及医药企业建立人才共享机制,聘请医疗行业知名专家为专业带头人,建立起一支临床经验丰富的兼职教师队伍。2015年,继续积极引进高素质人才,先后引进2名博士、20名硕士,高素质、“双师”型教师比例进一步提高,教学科研水平不断攀升。现有中科院院士陈可翼、中国中西医结合学会副会长危北海、北京中医药大学博士生导师王琦、上海中医药大学博士生导师王灵台、著名针灸专家陈日新等10余位国内著名教授、专家为学校名誉教授;教授及正高职称人员36人,副教授及副高职称人员51人;“双师型”教师占比达72.5%,研究生以上学历教师占比达36%以上;国家级名老中医2人,享受省、市政府特殊津贴专家7人,江西省百千万人才5人,江西省高校学科带头人2人,江西省高校中青年骨干教师11人,江西省高校教学名师3人;全国五一劳动奖章获得者2人,省五一劳动奖章获得者2人;博士生导师1名,硕士生导师5名,二级教授2名,三级教授3名。

2015年,学校派送多名教师参加各类骨干教师培训;开展第五届教坛新秀课堂竞赛和首届“优质微课”评比活动;6月,思政部教师获全省高校思政课青年教师教学能手选拔赛三等奖。

【人才培养】 学校进一步明确“一二三四五”的发展战略。即:坚持以创办党和人民满意的高等教育为唯一宗旨,面向江西省、抚州市经济社会发展和中医药行业发展两个主体服务,紧紧抓住招生、教学、就业三个环节,建好干部队伍、师资队伍、学工队伍、社团队伍四支队伍,推进教风、教师、教学、教材、教改“五教工程”。

学校始终把增强学生综合素质放在人才培养的首位,通过培育“大学文化、中医药文化、临川文化”多元融合的校园文化,促进学生德、智、体、美全面发展。近几年,学生在国家和省市各类大赛上屡创佳绩。2015年,该校学生在江西省首届高校学生干部基本技能竞赛、第六届全省大中专学生社团文化艺术节、第十四届“挑战杯”全国大学生课外学术科技作品竞赛江西赛区等多项比赛中荣获奖项,成绩喜人。

【年度亮点】 2015年,学校以开展“三严三实”专题教育为契机,坚持以严的标准、实的手段,全面提升学校管理和作风建设,重点加大建章立制的力度,办结专项治理7项,完成建章立制20项,答复意见建议151项,进一步规范学校内部管理。积极开展学校精神文明创建活动,被评为江西省文明单位。

2015年,学校继续稳步扩大招生规模,招生人数创历史新高,在校生总数达到1.2万人,且新招大专文、理科投档分数线均高于省控线,生源质量进一步提升。

2015年,学校就业形势向好,连

续九年就业率居全省高职高专医学院校前列，同时实现就业安全零事故。学校实行实习就业"一体化"，与52家医院、药业及美容业实现校企合作，如与"博雅生物""科伦药业"及"银涛药业"合作开设定向班，采取实习顶岗就业等措施，实现大部分毕业生充分就业、体面就业、安全就业。

2015年，学校继续加大教学改革力度，科研水平不断提高。共申报省级教改课题6项，2项省级教改课题结题，其中1项获江西省教学成果一等奖。加快构建盱江医学体系建设，顺利通过"全国中医学术流派传承工作室建设项目"的中期检查和"盱江医学流派"传承工作室的中期检查。科研项目共立项25项，其中省教育厅科技计划1项，省卫计委中医药科研一般项目1项，抚州市社科联课题19项，市科技局课题2项，其余2项；科研课题共结题15项，其中省级课题7项，厅级课题4项，市级课题4项；共发表论文104篇，其中国家级期刊43篇，中文核心期刊12篇。课程建设进一步完善，基本完成大专康复治疗技术专业、医学美容专业的教学进程修改优化工作，参与"民族文化传承与创新子库——针灸推拿传承与创新"（针灸推拿专业教学资源库——中医内科学、中医基础理论、病原微生物）课程建设。

2015年，学校始终坚持"安全稳定压倒一切"的工作方针，以创建"和谐平安校园"为目标，全面落实《江西省高等学校安全稳定工作评估办法》，坚持安全教育、安全巡查和隐患排查常态化。全年没有发生一起重大刑事案件、一起上访事件、一起灾害事故，校园及周边无不良场所及流动摊点，实现"和谐平安校园"的创建目标，在省市两级评比检查中均获得优异成绩，被评为全省高校平安校园和抚州市社会治安综合治理目标管理先进单位，并在全省高校公共安全教育教学能力展示活动中获一等奖。

2015年，学校"升本建院"加快推进，已正式列入抚州市"十三五"发展规划和全省发展战略，即将列入省"十三五"高等教育本科院校设置规划。启动"升本建院"的研究以及相关材料的起草工作，先后完成《建院升本路线图》、《建院升本硬件条件对照》《建院升本可行性报告（初稿）》《建院升本的对策研究》等基础文件的撰写工作。并按照"以评促建、以评促改、以评促管、评建结合"的总要求积极稳妥推进其他各项具体工作。学校"升本建院"工作迈出了重要一步，在省、市均将产生积极影响，并为学校进一步发展增添动力。

（曹　舟）

【江西中医药高等专科学校领导名录】

党委书记：黄文贤
校　　长：胡志方
党委副书记：龚玉秀
副 校 长：陈建章　涂国卿
　　　　　卢　萍　曾金贵
纪委书记：王　砥

## 抚州市广播电视大学（抚州市高等职业技术教育中心）

【概况】　抚州广播电视大学创建于1979年，开始为抚州地区电大工作站。1984年，经省人民政府批准，正式成立江西广播电视大学抚州地区分校。1990年，抚州地区行署决定将抚州地区分校和抚州地区教育学院（筹）合并，成立抚州地区高等职业技术教育中心，实行三块牌子，一套人马，合署办公。2000年7月，经省政府同意，正式更名为抚州广播电视大学。抚州广播电视大学、抚州市高等职业技术教育中心为两块牌子、一套人马，是抚州市市属成人高等院校。该校是以教育部直属高校——国家开放大学（中央广播电视大学）为主体的中国广播电视大学系统的组成部分，经江西省人民政府批准创办，属国民教育系列。

学校采用系统运作的教学管理模式，以适合从业人员学习需求的专业和课程为内容，以整合优化的学习资源为基础，以天网、地网、人网合一的学习环境为支撑，以学习者自主学习为主要方式，以严格而有弹性的过程管理为保障，培养留得住、用得上、干得好的应用型高等专门人才。根据教育部规定，电大采用"宽进严出"的招生政策，国家开放大学本科教育的注册对象为具有国民教育系列相同或相近专业高等专科（含专科）以上学历者（其中本科护理学专业招生对象限于护理学专科毕业、持有护士执业资格证书的在职在岗卫生技术人员）；专科教育的注册对象为具有高中、职高、中专、技校及以上学历者（其中护理学、药学专业招生对象限于中专毕业、专业对口的在职在岗卫生技术人员，报读护理学专业的学生必须持有护士执业资格证书）。符合以上条件的学生均可到当地电大报名，经资格审查合格后即可免试入学和注册学习有关课程。学生注册后必须严格按照各专业培养方案完成各教学环节的学习任务，通过国家开放大学统一组织的形成性考核和课程考试，取得规定的学分，根据教育部有关要求，二年制专科、专科起点本科专业最短学习年限为两年半。符合毕业要求的，颁发国家承认的专科或本科学历毕业证书，教育部给予毕业证书电子注册，可在中国高等教育学生信息网（www. chsi. com. cn）查询，本科学生达到授予学位的标准并符合有关规定要求，可获得国家开放大学授予的学位证书。学生在校期间可按评优条件参加江西电大优秀学员和国家开放大学优秀毕业生的评选，学习成绩优秀的学员可以申请国家开放大学奖学金。

【教学基础设施建设】　学校校园占地2.67公顷，校舍建筑面积1.3万平方米，学校拥有较为先进的多媒体教学设施和教学实验手段。结合开放教育、远程教育特点，该校注重现代远程教育设施投入，现有计算机网络教室6个，可以进行双向视频会议、网上教学互动的多媒体多功能教室1个，云教室一间，联网48座和60座语音室各1个、财会模拟实验室1个；校图书馆现有藏书36000余册、期刊160余种，并建有网络阅览室；组建了100兆校园网，学生可以充分利用中央、省、市"电大在线"三级远程教学平台和国家培训网、奥鹏远程教育学习平台，自主开展网上学习；全校有电脑220台，投影仪12台，电子白板5个、地面卫星接收装置一套；教职工均配置台式和手提电脑，实现办公自动化、教学网络化。

【专业设置】 2015年，该校办学类型和专业层次主要有：1、电大开放教育本科。开设专业有金融学、法学、学前教育、英语、汉语言文学、计算机科学技术、土木工程、工商管理、会计学、行政管理、教育管理、护理学等；2、电大开放教育专科。开设专业有金融、法学、学前教育、汉语言文学、计算机信息管理、建筑施工与管理、工程造价管理、水利工程管理、园艺、药学、护理学、工商管理、会计、教育管理、小学教育、行政管理、机械制造与自动化等；3、与名牌大学合作本专科学历教育。与北京航空航天大学合作，开设的本、专科专业有法学、经济学（经济管理）；与中国医科大学、四川大学合作，开设的本、专科专业有护理学、药学；与中国石油大学（华东）合作，开设的本、专科专业有机电工程一体化、电气工程及自动化、人力资源管理；与东北农业大学合作，开设的本、专科专业有城市园林及绿化；与福建师范大学合作，开设的本、专科专业有历史、物理、数学等。

【师资建设】 学校拥有一批具有高、中级职称、政治思想、业务素质较好的专、兼职教师队伍，该校现有在岗教职工41人，其中正高职称3人、副高职称11人、中级职称11人、初级职称6人。学校有专职教师31名，其中教师系列职称者31人。为适应事业发展，该校还外聘10名特聘教授及84名高素质兼职教师（其中高级职称60人、中级职称24人）。该校深入研究开放教育、远程教育人才培养模式，加强与国内名牌高校合作，认真开展教学创新，着力实施以"劝学、导学、助学、督学"为主的教学改革；不断完善网上学习平台，丰富学习资源，实施"人性化""个性化"教学，为学生提供及时、全面、体贴、高效的学习支持服务；坚持教学科研一体化，广泛开展"听课评课""优质课"比赛和教学研讨会等活动，不断提高教学水平。学校的专职教师有较丰富的教学经验并积极开展教研活动。2015年，该校教师在省级及以上刊物发表科研论文6篇。

【系统建设】 该校高度重视系统建设，建有10个县电大工作站，在东乡县委党校、宜黄县委党校、广昌县委党校设有三个电大教学点。为适应实践教学环节的需要，在临川区人民法院、国泰君安证券抚州营业部、临川区东馆镇站上村等单位建立校外实践基地。

【招生与就业】 该校办学35年来，事业不断发展，为当地经济建设和社会事业培养出一大批高等应用型人才。2015年，该校招收本、专科新生2280名，其中招收江西省"一村一名大学生工程"学生519名，继续保持稳步发展的良好势头。至2015年年底，在校生总数6538人。该校积极开展职业技能、岗位、普通话等短期培训，2015年开展各类培训1000余人次。为全市各行各业培养输送一大批实用型人才，为抚州的经济发展做出应有的贡献。电大毕业生的良好素质和表现，深得社会各界人士的好评。

【主要成绩】 在市委、市政府坚强领导下，在省电大精心指导以及教育行政部门和社会各界关心支持下，该校党委、行政以紧紧围绕市委、市政府的决策部署，率领全校教职工心往一处想、劲往一处使，立足实际，倾力服务全市发展大局，以开放教育为主体，学历教育与非学历教育并举，狠抓队伍建设、能力建设、作风整治，凝心聚力、攻坚克难，奋力提升学校综合办学实力，努力办好人民满意的电大教育，推动各项工作再上新台阶，得到市委、市政府主要领导，市四套班子分管领导和省电大的充分肯定。校园面貌日新月异，教职工素质明显提高，取得经济效益和社会效益双丰收。学校招生、教学和管理等业务工作得到长足发展，工作有成效、事业有发展、办学有特色。2015年，学校被评为市级文明单位、综治先进单位、绩效考核合格单位和计生工作优秀单位。6名教职工被省、市有关单位和部门评为优秀教师、优秀班主任、优秀教育工作者及招生、学籍等工作先进个人；16名学生获得中央电大奖学金，4名学生荣获"希望的田野"奖学金。抚州电视台、《抚州日报》等媒体对该校工作进行多次报道，学校影响日益广泛，电大品牌更加深入人心。真正实现"作风高标准、管理高效率、教学高水平、服务高质量"，为建设幸福抚州提供有力的智力支持和人才保障，为把该校建成"全市成人学历教育名校、职业技能培训基地、继续教育和远程教育中心"，向国家开放大学转型打下坚实的基础。

（章伟华）

【抚州市广播电视大学（抚州市高等职业技术教育中心）领导名录】

党委书记：谢晓宇
党委副书记、校长（主任）：陈明华
党委委员、副校长（副主任）：吴文新
谢雪平
韩学军
党委委员、纪委书记：周　鼎

## 抚州职业技术学院

【概况】 抚州职业技术学院于2003年6月经江西省人民政府批准创建，是一所集理工、经贸、生物、艺术为一体，以培养高级应用型技术管理人才为目标的公办全日制综合性高等职业院校。学院位于具有深厚历史文化底蕴、素有"物华天宝、人杰地灵"美誉的江西省抚州市，学院新校区坐落在风景如画的抚河岸边、市新东城教育园区内，占地62.56公顷。至2015年，学院实际投资近6亿元人民币，新校区已建成建筑面积20多万平米，校园各种设施设备及教学办公场所能满足师生工作和生活、学习和实训的需要。学院实行院系二级管理，设有8个分院，分别是机电工程分院、艺术分院、经济管理分院、信息工程分院、汽车工程分院、旅游分院、商务分院、继续教育分院，24个大专专业。

2015年，抚州职业技术学院坚持育人为本办学思想，认真贯彻落实中央、省市有关大力发展职业教育文件精神，结合"三严三实"主题教育活动，围绕党的建设、教学改革、招生就业、学生管理等工作，大胆改革，敢于创新，各项工作取得较好成绩。

【党建工作】 一、扎实开展"三严三实"主题教育活动。按照市委统一部署,结合学院实际,制订工作方案,组织7次中心组学习会议,开展专题研讨,梳理出44条“不严不实”问题与表现,并对这些问题提出整改意见;精心组织专题民主生活会,剖析班子和领导干部中存在的问题,广泛开展批评与自我批评,提高班子凝聚力和战斗力;二、调整充实干部队伍。2015年,市委两次研究学院干部,班子成员中两人得到重用,一名中层干部得到提拔。学院坚持正确的用人导向,依照《党政领导干部选拔任用条例》,配齐配强系部班子。提拔5名一线年轻干部,配齐配强系部专职书记或副书记,加强系部党组织建设。学院领导班子精诚团结,尤其是书记、院长之间团结协作,敢于担当,班子成员之间多沟通、多商量,团结共事、齐心谋事;三、狠抓党风廉政建设。坚持把纪律挺在前面,创建德廉教育馆,设立纪律讲堂,加强对党员干部的廉政教育。2015年,共举办教育讲堂9次,听课达1900人次。对12位提拔干部进行任前谈话,班子成员到各系部、处室进行德廉调研,收集21条意见建议,分门别类进行处理。开展违规插手基建工程专项清理,所有建设、维修、政府采购等,一律按上级要求的程序办理,干干净净做事,清清白白为官,形成风清气正育人环境。

【招生工作有突破】 受市委、市政府职业教育与基础教育均衡发展利好政策影响,2015年,全年全校共招录新生3500余人,其中三年制大专1200余人,五年制大专2100余人,中职200余人,在校总人数突破8000人,实现超计划、超预期、超历史。学院按照“稳增长,调结构”目标,尽量减少中专招生数量,加大力度招收三年制大专生。学院8300名学生中,高职生(含五年制大专)占总数的2/3强,且第一次录取45名少数民族高职生。

【校企合作有发展】 产教结合、校企合作是职业教育发展的必由之路。面向抚州是办学的立足之本,面向全国是办学的发展之基。2015年,通过校企合作,学校与企业之间互通有无,带动专业建设与发展。

一是与市内的企业合作有发展。如与高新区江铃集团的合作,2014年招收190人,2015年又招收290人,总数达近500人,10个班。年内还增加与高新区德义公司和桑尼可公司合作,各招收一个定向班,分别招生40和42人。加之以前合作黎川油画产业园、大觉山旅游公司以及市内大型幼儿园等,目前毕业生留在市内企业或幼儿园工作的有1500多人,为全市的经济社会发展做出一定的贡献。

二是与沿海发达地区企业合作有发展。在与北京中航天使教育集团、北京华唐科技教育集团、人本集团、上海大众、上海新奇特、南京江宴集团等企业合作基础上,2015年又增加与海尔集团、十足集团、国鼎集团(智能楼宇)、深圳彩生活物业集团等合作办学。目前订单培养班学生达5120人,占在校生总数的63%,拓展了就业面,扩大了学院的知名度。

【基础设施建设有改善】 2015年,该校加大基础设施建设。一、教学和办公条件有改善。新建和完善物流、机电一体化、电子商务(呼叫商教两用)、物业、智能楼宇、导游、汽车等一批实训项目建设。购置137台多媒体,实现各教室多媒体教学全覆盖,购置了45台电脑、38台打字复印机、209台空调,极大地改善办公条件;二、基础设施得到进一步完善。新建七、八栋学生公寓,动工建设新教学楼;完成篮球架的更新和垃圾箱的更新,全面完成教师公寓建设,完善校园内绿化、亮化、硬化等工程,完成通水、通电、通网、通燃气等基础性设施,进一步方便了师生员工;三、跑项争资有成效。在市委、市政府大力支持下,经过多方努力,该学院争取到国家发改委1.8亿元国债项目资金,用于学院扩建工程建设。项目计划新建总建筑面积5.2万平方米。总建设工期从2015年10月至2017年10月,两年内完成。建设项目包括四栋学生公寓、公共实训中心、室内综合体育馆、智慧校园以及围墙、南大门、南面广场附属工程等。该建设项目采取“交钥匙”工程,全部由市政府城投公司承建。既减轻了学院压力与风险,又能确保工程进度。项目投入使用后,将满足万人规模的基础设施要求,达到现代化高职院校办学的硬件条件。

【干事创业有信心】 一是职业教育迎来春天。从中央到地方更加重视职业教育。政府层面上加大对职业教育投入。学生就业层面上,崇尚一技之长、不唯学历论能力风气正在逐步形成。

二是学院发展呈现良好态势。招生工作有大突破,教学水平有提高,学生管理也有加强,打架斗殴现象大幅度下降;设置门槛入校,生源质量稳步提升,全体教职员工看到学院发展的希望和良好前景,增强了荣誉感、自豪感和自信心。

三是教师收入稳步增加。随着办学规模的不断扩大,办学效益的不断提升,教师的收入也在稳步增加。2015年,学院按政策提高公积金标准,补发过去欠账的政策性津贴,并且正在向市政府申请增加学院绩效总量。

2015年,该学院连续获得省级文明单位、市级综合治理先进单位、节能减排先进单位、计划生育先进单位、全省高校平安创建示范学校等荣誉称号。学院师生还在省级以上技能大赛中获得不俗战绩,共获得一等奖5项;二等奖9项;三等奖14项。

(周自明)

【抚州职业技术学院领导名录】

党委书记:徐有田
院　　长:戴晓文
副 书 记:于　涛
副 院 长:邓步君　于　涛　范慧玲
　　　　　万晓定　徐安庆(9月任)
纪委书记:黄德明

本栏编辑　黄志刚

# 文化艺术·新闻出版管理

## 文　化

【综述】　2015年，抚州市委、市政府决定，整合市文化新闻出版局（版权局）、市广播电影电视局的职责，组建抚州市文化广电新闻出版局（另挂抚州市版权局牌子），为市人民政府组成部门。抚州市文化广电新闻出版局（版权局）内设9个科室：办公室、人事教育科、文化艺术科（非物质文化遗产保护科）、市场管理科（市“扫黄打非”工作办公室）、产业科（行政审批科）、宣传科、科技科、新闻出版科（版权科）、文物科。机关党委负责机关和下属单位的党群工作。纪检组（监察室）为市纪委（市监察局）的派驻机构。

2015年，在市委、市政府的正确领导和上级主管部门的精心指导下，该局按照年初确定的工作思路，围绕大局、服务中心，积极推动文化事业繁荣和促进文化产业发展，增强抚州文化软实力，为全市经济发展和社会进步作出应有的贡献。获省级及以上表彰10次，获省级及以上赛事奖励40多项，其中抚州市群艺旭东剧团、金溪县文广新局获第六届全国服务农民服务基层文化建设先进集体，抚州市文化综合执法支队获2015年全国文化市场综合行政执法先进集体，市图书馆孔彬获文化部表彰的中国图书馆榜样人物，南丰傩舞获第十二届中国民间文艺“山花奖”民俗表演奖，付晓辉书法作品《秋兴八首》入展第二届“中华之光”全国书画作品展。

【市文化广电新闻出版局领导名录】

党委副书记、局长：谭玉英（8月任）
党委委员、副局长：谭海斌（8月任）
党委委员、副局长：刘东（任至12月）
彭晓建　胡德勇
李黎明　陈高赞
陈宁广　周夏明
花宜抚
党委委员、纪委书记：余慧英

## 艺术创作

【概况】　2015年，抚州市艺术创作生产工作以习近平在文艺座谈会上的讲话精神为指导，紧密结合抚州市经济社会发展实际，全市艺术创作工作取得新成就。

【谋划大型剧目创作】　2015年上半年，抚州市启动大型舞台剧《临川新梦》的创作工作，该剧创作目的主要是结合纪念汤显祖逝世400周年，创作一台大型剧目以带动抚州旅游文化的开发，反映当代新临川的建设和精神风貌，丰富人民群众的文化生活，并力争让这部原创作品传下来。邀请原解放军总政治部话剧团团长、中国戏剧家协会副主席、一级编剧孟冰等人担任编剧。经过创作团队抵抚采风、座谈、集中创作等，9月，创作团队拿出剧本提纲，在广泛征求各方专家意见后，对剧目提出修改意见，因与创作团队修改意见不一致，故该剧目还停留在剧本修改阶段。

【举办全市首届艺术创作大赛】　为推动抚州市文艺创作繁荣发展，推出新人新作，打造艺术精品，该局联合抚州市委宣传部、市文联共同举办抚州市首届文艺创作比赛（全部要求新创作剧目），并于4月16日、17日在市区进行展演。市直单位和十县一区选送的小戏、小品、情景剧、表演唱、快板等24个新创节目开展角逐。通过比赛，挖掘整理出现代采茶小戏《林海深深》、小品《大觉山人》、说唱表演《逛新城》、临川话文《文明谣》、表演唱《抚州风光美》等新品佳作。

【组织抚州市纪念反法西斯胜利美术作品展】　为纪念中国人民抗日战争暨世界反法西斯战争胜利70周年，抚州市文化广电新闻出版局举办抚州市纪念抗日战争胜利暨世界反法西斯战争胜利70周年美术作品展。展览共收集到各县（区）及市直部分美术工作者送来的国画、油画、水彩等美术作品46幅，展期1个月，即6月16日—7月15日。

【举办抚州市首届美术作品展】　2015年8月，市文化广电新闻出版局联合市委宣传部、市文联共同主办“深入生活、扎根人民”首届江西省优秀美术作品展抚州分展暨抚州市首届美术作品展，并在市博物馆进行公开展览。展览共收到国画、水彩、油画、陶艺等各类美术作品135幅（件），参展作品题材广泛，艺术表现手法丰富多彩，表达抚州广大美术工作者积极弘扬社会主义核心价值观，自觉深入火热的现实生活，努力采撷自然美、生活美、人文美，推进艺术创新所取得的成就。该局对所有参展作品编辑成册并进行评奖。

【加强文艺创作平台建设】　2015年，市文化广电新闻出版局着力对《玉茗花》杂志进行改版。为推动全市文艺创作发展，培育挖掘艺术创作人才，2015年，该局深入全市各县（区），就艺术创作生产情况、艺术人才情况等进行调研,并在此基础上对市文广新局主办的文艺专业刊物《玉茗花》进行改版,在内容、版式、编辑安排等方面进行改版。从一年中的运行情况看,基本达到改版目的。

【启动汤显祖逝世400周年纪念活动筹备工作】 汤显祖逝世400周年纪念活动,从2014年12月起抚州市委、市政府就提上议事日程。2015年江西省委、省政府,抚州市委、市政府就汤显祖逝世400周年纪念活动举行座谈、调研、论证,充分听取各方意见建议。包括专门听取中国戏曲学会汤显祖研究分会副会长、武汉大学教授邹元江,中国戏曲学会汤显祖研究分会周育德老先生等的建议。省委书记、省长、省委宣传部部长、省政府副省长,市委书记、市长、宣传部部长、副市长等省、市领导多次就纪念活动赴北京沟通,在省内部署,2015年,抚州艺术创作生产工作的一件大事就是纪念活动的筹备工作。

## 社会文化

【概况】 2015年,抚州市文化新闻出版部门以建设中国特色的现代公共文化服务体系为中心,加强组织领导,充分调动社会各方面的积极性,狠抓文化基础设施建设,广泛开展各种群众性文化活动,丰富群众业余文化生活,提高干部群众的思想道德素质和健康水平。

【"华夏梦都才子之乡"——江西省抚州市文化展示月在京开幕】 2015年11月6—20日,"华夏梦都才子之乡"——江西省抚州市文化展示月在北京市恭王府举办。展示分为两大区域,第一区域简略介绍抚州全貌,分为"生态之都""文化之邦""崛起之地""幸福之城"四部分;第二区域介绍抚州非物质文化遗产,为突出重点、亮点,又分为"抚州临川渊源考""临川才子金溪书""汤显祖临川四梦""抚州傩舞活化石""华夏一绝手摇狮""麻姑山高风景美"和"抚州陶瓷烧造"七大版块。展示月以展览、展演、展示、展销四种方式同时进行。此次文化展示月旨在通过集中展示抚州文化亮点,让北京了解抚州,让全国了解抚州,让抚州文化登上国际舞台。

【"春雨工程—文化志愿者边疆行"文化交流】 2015年8月3日,在内蒙古包头市图书馆举办数字图书馆推广工程"全民阅读示范基地"讲座,抚州市图书馆专业人员详细介绍抚州市图书馆在数字图书馆建设方面的先进经验,包头市各级公共图书馆业务骨干百余人参加讲座。讲座后两市图书馆就在数字文化服务方面的做法和经验进行业务交流。抚州市图书馆还分别向包头市图书馆、包头市固阳县图书馆赠书900余册和600册。

【举办非物质文化遗产展演展示周活动】 2015年12月30日至2016年1月4日,"抚州市非物质文化遗产展演展示周"活动在市马家山广场举办,为弘扬优秀传统文化,建设抚州精神家园,营造热烈祥和喜庆的社会氛围,此次活动参演舞台类项目27个,现场技艺类项目展示15个,市级以上项目图片展览61个,参演参展人员达360余人,观众逾2万人,系抚州市近二十年来规模最宏大的民俗汇演。截至2015年年底,抚州市非物质文化遗产被列入国家级名录7项、省级名录40项、市级名录61项。此次活动旨在展示抚州非遗保护成果,推广抚州市非遗项目,让市民了解本土文化,增强文化自信,使非遗保护成为全民自觉行为。

【开展文化惠民工程】 2015年,全市共完成送戏下乡1039场,送电影下乡近29589场,指导乡村开展文体活动近632场。全市博物馆、纪念馆举办各类展览活动87个,接待参观人员160万人次;全市图书馆接待读者70万余人次,新办图书借阅卡5万余个;全市各级文化馆积极开展文化"六进"工程,共举办文艺演出、展览近1286场,参与市民120万人次,举办各类培训班179期,培训人员过万人。开展群众文化活动100多场,文博展览活动48场,继续实施抚州市"三区"人才支持计划,举办各类艺术培训班10多课次。

【继续打造书香抚州品牌活动】 市图书馆承办由文化部公共文化司指导,国家图书馆、中国图书馆学会、省文化厅主办的2015年全国网络书香·数字图书馆建设与服务宣传推广活动;策划开展网络书香过大年、"世界读书日"主题宣传、全民阅读"六进"、好书荐读、"小蝌蚪游书海"绘本阅读、"文化抚州大讲堂"系列讲座等活动,全年共举办各类讲座、展览、读书活动242场次。

【参演"百姓大舞台"全省优秀文艺节目汇演】 2015年12月14日,抚州市选送一台精品文艺节目参加"百姓大舞台"——全省优秀文艺节目汇演,演出在江西电视台600平米的演播厅举行,江西广播电视台对演出实况全程录制,将择期在影视频道播出。入选节目均为近两年中新创的精品及特色鲜明的节目,充分展示抚州自举办"百姓大舞台,大家一起来"公益性文化活动以后取得的优秀成果。

【抚州采茶戏再飨戏迷】 2015年11月24日至27日,抚州采茶戏大展演(第二季)在抚州市艺术剧院上演,大展演由市文化新闻出版局主办,市群艺馆、市文化活动中心和市艺术剧院承办,市文化志愿服务协会、荆公路办事处穆堂路社区协办,为市城区戏迷送上一道丰盛的文化大餐。此次展演旨在传播优秀传统文化,培植受众群体,传承和保护这一"国宝"级艺术精品。

## 文化市场监管

【概况】 2015年,抚州市文化市场监管工作坚持以文化市场综合执法改革为动力,以实施文化市场综合执法规范化建设工程为抓手,以管理体制、管理方式的转变和创新为支撑,坚持"一手抓繁荣,一手抓管理",深入开展社会文化环境整治,不断提高文化市场综合执法水平,净化全市社会文化环境。

【文化市场监管效能提升】 全市文化市场监管工作紧紧围绕创建和谐稳定的社会文化环境为目标,以保护知识产权、保障文化经营场所安全为重点,以安全生产为抓手,以繁荣市场为第一要务,以规范市场为根本保障,不断强化执法队伍素质建设,完善市场监管机制。紧紧围绕元旦、春节、两会、五一、高中考、暑假、国庆等重要节庆日和重大活动期间,精心组织开展各类文化市场专项整治,对网吧、歌舞娱乐场所、游艺动漫市场、演出市场、音像市场、书报刊市场、印刷出版等市场和学校周边环境以及文化市场安全生产等重点项目、重点区域、重点场所,加大整治力度和执法检查频度,有效地净化全市社会文化环境,确保全市文化市场健康繁荣有序。

据不完全统计,2015 年,全市共组织开展各类文化市场专项整治和"扫黄打非"专项行动 36 次,出动执法人员 3215 人次,检查各类文化经营场所 9957 家次;现场责令整改 109 家次,立案查处各类违法经营案件 228 件,取缔非法游商、摊点 3 家;收缴各类非法出版物 5030 多册、盗版音像制品 1500 多盘,强制拆除非法安装有线电视播出小前端 143 套,查扣违法设备 13 套;删除网络淫秽、色情、暴力等有害信息 2000 多条;受理重大举报、投诉 9 起,下发督查督办通知 9 份,件件有结果,事事有回复,查处率 100%。此外,配合相关部门取缔"黑网吧"和非法游戏动漫经营场所 5 家等。

【文化综合执法机构成果丰硕】 2015 年 11 月,抚州市文化综合执法支队被文化部授予"全国文化市场综合行政执法先进集体"荣誉称号,金溪县文化市场综合执法大队被中宣部、文化部、国家新闻出版广电总局授予"第五届全国服务农民、服务基层文化建设先进集体"荣誉称号。10 月,抚州市文化综合执法支队获文化部"2013——2015 年度全国文化市场综合执法规范案卷奖"。7 月,抚州市文化综合执法支队获国家版权局"全国 2014 年度查处侵权盗版案件有功单位三等奖"。8 月,抚州市文化综合执法支队获江西省文化厅"2015 年度全省文化市场综合执法优秀案卷制作单位"。11 月,抚州市文化综合执法支队获江西省新闻出版广电局"2015 年行政处罚案卷评查优秀组织单位";同时,3 人获江西省文化厅"2015 年度全省文化市场管理工作先进个人"等。

【文化执法队伍建设整体提升】 2015 年,为全面提升全市文化综合执法人员执法业务水平,抚州市各级文化市场综合执法机构坚持"训、练、比、督"四措并举,不断加强文化市场执法队伍建设,建立健全市、县(区)二级培训网络,实行文化综合执法人员法规知识和办案技能培训"全覆盖"。一是每周定期组织内部学习,进一步学习执法过程中所涉及的相关法律法规,做到"月月有计划,周周有学习";二是选派执法人员参加文化市场综合执法人员业务培训,先后共组织选送 8 批次 57 人次参加由文化部、省文化厅组织的各类综合执法业务骨干培训,进一步提高全市文化综合执法队伍的执法水平;三是积极采取"以案施训"的形式,通过组织选派市县两级执法骨干交叉参与观摩重大典型案例的办理,达到进一步提高市、县(区)两级文化综合执法业务水平的目的。

【文化市场监管平台领跑全省】 为全面深入推进"全国文化市场技术监管与服务平台"在执法工作一线的应用,抚州市各级文化综合执法机构按照文化部的统一部署,及时、准确录入各类文化市场行政执法案件及日常监管、检查信息,全面推行"全国文化市场技术监管与服务平台"应用工作常态化。自 2015 年 4 月"全国文化市场技术监管与服务平台"正式运行以后,通过层层推进、强化督导、统一调度等方式,全面深化对抚州市"全国文化市场技术监督与服务平台"的应用及维护,进一步推进全市文化市场综合执法标准化、信息化建设。据统计,全市 2015 年共录入各类文化市场执法信息 6326 条、行政审批项目事项 2033 家、执法案卷 228 件等,运用及录入工作位居江西省前列。并通过依托信息网络技术,逐步建成支撑文化市场的宏观决策、市场准入、综合执法、动态监管和公共服务等核心应用,实现市场准入、动态监管、综合执法业务的集中和统一,为文化大发展大繁荣创造良好社会文化环境。

## 图书馆藏

【概况】 抚州市现有公共图书馆 12 个,总藏书量 140.98 万册。2015 年办理借书证 37431 个,接待读者 96.28 万人次,书刊外借 116.54 万册次。全市各图书馆按照要求,实现无障碍、零门槛进入,将免费开放落到实处,进一步提升图书馆服务水平,推进市图书馆事业的发展,切实保障人民群众基本文化权益,为建设殷实、文明、和谐的幸福抚州做出应有贡献。市图书馆获"省级文明单位"荣誉称号,取得较好的社会效益。

【夯实阵地服务】 全市各图书馆始终秉承"读者第一、服务至上"的办馆宗旨,根据读者需求,积极转变服务观念,创新服务方式,提升服务能力,想方设法吸引更多读者走进图书馆,利用图书馆,参与图书馆开展的活动。2015 年,市图书馆开展各类读书活动 62 次,参与读者 1.2 万人次。举办"文化抚州大讲堂"等各类讲座 32 场(次),举办展览 12 期,解答读者咨询 402 例。2015 年,Fuzhoulib 微信号累计发布各类活动信息逾 200 条,充分发挥联系读者纽带作用。各图书馆举办每月少儿图书馆推介、贺新春图书展、迎"六一"新书展、纪念抗战胜利 70 周年专题书展等。市图书馆"文化抚州大讲堂"紧密结合社会热点与读者需求,举办涵盖文学、艺术、教育、文化、经济等主题讲座,如两场纪念抗战胜利专题讲座、莫言解读讲座、"如何培养一个优秀的孩子"家庭教育讲座等,场场座无虚席,深受广大市民和读者的喜爱。同时,抚州"道德讲堂""先锋论坛""江西省公共图书馆讲座与展览联盟"等优秀讲座在市图书馆的举办,进一步提升市图书馆的讲座品牌影响力。各图书馆先后举办抚州生态摄影展、野生珍禽鸟类摄影展、"爱护地球 保护生态"——中国濒危野生动植物图片展、中国油画之乡(黎川)作品展、科普知识图片展等。各县图书馆组织开展"我的阅读我做主""晒晒我的好书架""我为好书点个赞""科普宣传周 · 优秀科普作品推介展示”等群众喜闻乐见的阅读活动。各图书馆积极开展纪念抗战胜利70周年系列活动，首次以主题美术作品展、系列讲座、抚州地区抗战图片展及有关图书展的形式，形成合力，推动活动的持续深入开展。

【网络书香·数字图书馆建设与服务】 全市各馆数字图书馆的建设与推广工作在各级领导的高度重视和支持下，图书馆软硬件条件得到极大改善，基本实现数字图书馆主要功能，取得较好的社会效益。为进一步简化阅读流程、降低阅读门槛，正逐步推出读者直接通过身份证借阅图书服务功能；共享工程抚州支中心充分利用平台资源，为进城务工人员免费代购火车票；为返乡农民工、农村劳动力播放劳动法律法规，松武养殖、蔬菜种植等知识讲座视频；为青少年朋友举办共享工程精品资源展播活动。市图书馆精心准备主题为“网络书香过大年”的新春系列活动、“知识视界”网络知识答题活动等，利用数字图书馆平台，通过寓教于乐的形式，让孩子们在游戏中学到知识，增长本领。配合文化部、财政部共同推出的“数字图书馆推广工程”，做好该工程的宣传推广工作，由文化部公共文化司指导，国家图书馆、中国图书馆学会、江西省文化厅主办，江西省图书馆、江西省图书馆学会、抚州市图书馆承办的2015年“网络书香·数字图书馆建设与服务”宣传推广项目（江西站）系列活动4月15—19日在市图书馆举行。这是国家数字图书馆推广工程宣传项目（江西站）首次在抚举办，市图书馆反复与国家图书馆、省图书馆筹备人员商讨活动细节，精心布置会场、体验区，动员全馆力量，最终促成活动的圆满成功。

【服务读者活动形式多样内涵丰富】 一是各馆积极开展文化“六进”活动，拓展延伸服务。“六进”活动推动全民阅读深入农村、社区、校园、军营、企业、机关等社会各个角落，真正将全民阅读活动推广到基层群众中去。2015年市图书馆新增临川五中校园阅览室、抚州消防支队图书阅览室，并开展荐书活动。2015市两会期间，市图书馆连续第五年进入“两会”委员和代表驻地，设立服务点，提供丰富的信息及参考咨询服务，赠阅“两会”信息服务专题资料；二是开展少年儿童创新服务。如崇仁图书馆的“儿童阅读品牌推广活动－青婷小学堂”，市图书馆的“小蝌蚪游书海”绘本阅读、冰果少儿英语、“贝贝国学”、月亮姐姐讲故事、涂涂画画、优秀电影展播、新书推荐、好书导读等少儿活动，不断激发小朋友的参与热情，取得较好的效果。市图书馆邀请江南都市报抚州小记者进馆参观学习，进一步吸引全市少年儿童走进图书馆、利用图书馆，促使他们养成终身阅读的好习惯。为丰富留守儿童精神文化生活，传递社会正能量，1月14日，市图书馆联合黎川县图书馆开展以“绘本阅读 牵手留守儿童”为主题的绘本阅读活动。2月7日，市图书馆携手抚州市萤火虫爱心公益团队开展关爱留守儿童“幸福年”活动。“六一”儿童节期间，怀着对特教事业的关怀、对残疾儿童的关爱之情，市图书馆工作人员走进临川区特殊教育学校开展“情系特教，赠书助读”活动，旨在让浓郁的书香充盈特教学校的每个角落，残障儿童也更好地享受读书的快乐，活动受到特教学校师生的热烈欢迎；三是举办各类读书演讲比赛。“汤显祖诗词吟诵”比赛是全市各图书馆2015年世界读书日系列活动的一项重要内容，市直各单位及10县1区12支代表队22个节目近千名选手参加角逐，旨在着力打造“汤翁”文化品牌，推广全民阅读，凸显阅读的力量，在全市掀起经典阅读的高潮，让阅读引领文化生活时尚。宜黄县图书馆还举行“中华诵·2015经典诵读”比赛、“少年梦·青年梦·中国梦”主题读书演讲比赛。

【做好抚州—广州两地青年文化交流活动】 2015年7月16日上午，由市青年志愿者协会、抚州创新学校、抚州“找书虫”微公益、广州“志愿行者”公益组织联合举办的“抚州—广州两地青年文化交流活动”走进抚州市图书馆，开展为期半天的书法艺术学习与交流活动。市图书馆特藏部主任为大家上了一堂生动的书法理论与实践课，激起青年们的浓厚兴趣，并引发热烈的讨论。

【文化志愿边疆行活动有声有色】 2015年8月1—3日，市文化广电新闻出版局、市图书馆文化志愿者一行5人前往内蒙古包头市，与包头市文化新闻出版广电局、包头市图书馆共同承办江西省、内蒙古自治区“春雨工程”文化志愿者边疆行活动。此次文化志愿者边疆行活动以大讲堂为主要形式，介绍抚州市图书馆在数字图书馆建设方面的先进经验。讲座后，两市图书馆就数字文化服务方面的做法和经验进行业务交流。抚州市图书馆还分别向包头市图书馆、包头市固阳县图书馆赠书900余册和600册。通过此次“春雨工程——文化志愿者边疆行”活动，促进内地文化与边疆少数民族地区的文化互动与交融，加深两地之间的了解与友谊，促进两市各级公共图书馆数字文化服务工作的提升。

## 文物博物

【概况】 根据市委、市政府的要求和省文化厅、文物局的部署，抚州市积极开展各项文物工作，较好完成年度文物工作目标任务。

【加大文物保护工作力度】 一是认真做好全国重点文物保护单位和革命旧居旧址维修方案和江西省基层文物保护方案的编制，2015年获得国家省文物保护专项资金7118万元（含革命旧居旧址维修资金），获省基层文保专项资金520万元。二是认真抓好金溪县竹桥古村全国传统古村落保护试点工程和第二批中国传统村落试点工程，督促抓好全市第四批中国传统古村落的申报工作，全市有43个古村落申报第四批中国传统古村落。与武汉大学城市设计学院共同开展抚州市古村落保护和利用研究工作，初步完成《金溪县古村落保护总体规划》的编制工作。同时，不断探索和创新古村落保护模式，金溪县充分利用社会资金，与江西省恒立有限公司签订传统古村落保护合约。三是认真抓好文物保护维修工程的实施。督促抓好全市2014年全省基层文物保护单位维修工程，启动全市2015年基层文保项目的实施,全市2014年全国重点文物保护单位维修工程部分已接近尾声,抚州市2015年全国重点文物保护单位维修工程正在按照有关要求全面启动;完成53个革命旧居旧址维修方案的编制,并积极申报和争取国家资金支持。革命旧居旧址维修项目正在启动实施之中。四是开展文物安全检查工作。根据省文化厅的部署和要求,组织开展全市2015年春节期间文物安全检查和2015年全市文物安全检查暨安全隐患整改"回头看"集中行动,对全市11个县(区)和市级100余处文保单位进行安全检查,对存在安全隐患文物保护单位提出整改意见,并督促抓好安全隐患整改落实,实现文物安全年。

【提升博物馆服务水平】 一是开展第一次全国可移动文物普查工作。全市各级普查办共调查国有单位6376家,反馈收藏有可移动文物的国有单位共37家,占国有单位的0.58%,其中,文物系统15家,非文物系统其他国有单位22家。经初步统计,可移动文物数量合计41841件(套),其中,博物馆、纪念馆拥有文物16566件(套),占39.6%,非文物系统其他国有单位收藏文物25275件(套),占60.4%;二是积极抓好文博场馆提升工程,已完成汤显祖纪念馆改造提升主体工程、南丰县博物馆的陈列提升工程,完成王安石纪念馆陈列提升设计方案。

## 新闻出版管理

【概况】 2015年,抚州市文化广电新报出版局积极开展新闻出版版权宣传、版权登记及执法、世界读书日宣传,全市农家书屋建设及进一步推进机关软件正版化工作,取得明显成效。

【打造书香抚州品牌活动】 按照全省开展全民阅读的工作要求,该局结合抚州实际,在全市组织实施2015年"书香抚州"全民阅读系列推广活动。为推动市全民阅读活动深入开展,市委宣传部、市文化新闻出版局联合下发《抚州市2015年全民阅读活动实施方案》,以"阅读的力量"为活动主题,策划开展"世界读书日"主题活动、全民阅读"六进"活动、好书荐读、少儿品牌活动、"文化抚州大讲堂"系列讲座、"数字阅读推广",以及各种主题的图片展、文化知识展、科普展等各类讲座、展览、读书活动242场次。同时,在全市范围开展星级农家书屋评选活动,对1026家农家书屋进行出版物更新。

【打击侵犯著作权行为】 全面落实国家版权局等四部门《关于开展打击网络侵权盗版"剑网2015"专项行动的通知》的要求,对抚州市门户网站、论坛等网站进行检查,强化对互联网媒体的版权监管,严厉查处未经许可非法转载、传播他人作品的侵权盗版行为,保障和推动传统出版和新兴媒体融合发展。在检查时未发现有侵权行为,要求各网站对网友上传的帖子要加强巡查和审核,规范网络网站的运营,有效净化网络版权环境。全面加强对侵犯他人著作权案件的查处工作,2015年,共查处侵犯他人著作权大案要案6起,比2014年增长20%;共受理上级部门和省"扫黄打非"督办件1件,并按期按质予以办结。积极组织人员参加各类版权执法培训。加大"秋风2015"打击力度,组织执法人员对三个记者站及各个报社开展执法检查,通过开展检查,并未发现各报刊出版单位、记者站有不良行为。同时,该局加强记者站的审批管理,对记者站人员、资质、地址、通讯等情况均进行登记。4月20日上午,为迎接"4·26"世界知识产权日,按照全国、省"打黄打非"工作小组办公室统一部署和工作要求,抚州市开展2015年侵权盗版及非法出版物集中销毁活动,此次活动总共集中销毁盗版及非法出版物总计3万余件,其中,非法音像制品和色情盗版光碟8000多盘、各类侵权盗版1.5万余件、其他非法出版物7000余册。强化印刷复制企业监管,市县(区)两级文化新闻出版执法人员对本辖区内印刷复制企业开展重点整治,出动检查人员148人次,检查企业324家次,全面完善印刷复制企业台账制度。

【推进软件正版化工作】 进一步明确工作职责,强化督导检查,抓好宣传培训,机关软件正版化工作逐步形成"集中经费、集中采购、集中安装、分散使用"的工作模式,软件正版化工作在部门协作、经费保障、集中采购、市场监管和软件正版化督导检查等方面均取得显著成效。

【开展版权服务工作】 在全市范围开展版权登记活动,对所有个人创作的文学作品、艺术作品实行免费登记,共登记作品5件。

## 文化产业

【概况】 2015年,抚州市文化产业实现主营业务收入236.58亿元,同比增长22.9%;实现文化产业增加值48.5亿元,同比增长21.4%,文化产业增加值占GDP的比重为4.78%。产业招商引资金额16.75亿元,同比增涨16.5%,文化产业单位1907家,同比增长14.1%,从业人数37700人。

【产业结构优化】 全市有8个省级文化产业示范基地,逐步形成以荣盛艺术村为龙头的根雕木雕产业、以高新区印刷产业园为首的印刷产业、以黎川油画为代表的油画产业、以黎川陶瓷为龙头的工艺瓷产业和以资溪大觉山为首的文化休闲旅游产业五大产业集群。

【行政审批提效】 2015年,市文化广电新报出版局行政许可事项为14项。完成"抚州市临川佳华图文印务有限公司"等2家印刷企业设立申请,完成"抚州检察"等3家连续性内部资料的审批。该局严格按照相关法律、法规、条例的要求,规范审批行为,简化审批手续,提高审批效率。全年未出现"吃、拿、卡、扣"和受理行政复议等违法乱纪或业务纠纷等现象。

(余能华)

本栏编辑 黄志刚

# 新闻媒体

## 广播电视

【概况】 2015年，抚州市广播电视台在市委宣传部、市文广新局的正确领导下，认真学习贯彻党的十八届三中、四中、五中全会和习近平总书记系列重要讲话精神，以"三严三实"专题教育为动力，紧紧围绕市委、市政府中心工作，着力做好新闻宣传和舆论引导，积极发展广播电视产业，进一步加强广播电视管理，确保安全播出，各项工作在巩固中发展，在规范中提高，在创新中进步，保持良好的发展态势。

【围绕中心服务大局】 宣传突出主题，成果显著。主要表现在"多、实、新"。"多"，就是围绕全市中心工作开办的新闻栏目多。2015年，先后开设《学习贯彻习近平总书记在江西代表团重要讲话精神》《走基层看变化谋发展》《最美工业主攻手》《燃烧的岁月 辉煌的战果》《创新驱动 加快发展》《开展"四进四联四帮"主题活动》《连心进行时》《创建文明城市 共创美好家园》《聚力昌抚一体化》《故事江西精彩抚州——最美女党员》《凝思"三问"谋跨越》《纪念抗战胜利70周年》等20多个专栏。"实"，宣传效果取得实效，比2014年有较大提高。围绕宣传工作重点以及市民关心的热点、焦点问题，积极主动地做好策划。在《创建文明城市共建美好家园》的宣传中，对"五车"整治过程进行全面深入的报道，包括"五车"危害、"五车"整治动员、"五车"评估收购、开展整治行动、销售源头整治、主动上缴非法营运三轮车、举办"五车整治"人员就业专场招聘会、整治效果显著等，节目播出后收到良好社会效果，得到广泛好评。特别是在城区抚临路依法强拆"钉子户"时，记者及时跟进，从全市推进依法治市，建设法制政府的角度，对该典型案例进行详细报道，有力促进社会和谐稳定，充分发挥新闻宣传和舆论监督作用。在关于市委开展四进四联四帮活动的专栏《连心进行时》的宣传中，以"连心小分队"开展驻点帮扶工作为切入点，通过跟拍形式记录下小分队成员们和基层群众同吃、同住、同劳动，全天候、全覆盖、无缝隙地为群众提供服务的暖人场景和画面，尤其是活动百日综述上下两篇稿件，得到市委活动办的肯定。在"昌抚一体化"的宣传中，进行精心策划，在南昌市党政代表团到抚州市考察期间，推出《昌抚一体化大事记》《昌抚一体化给市民带来的红利和实惠》等重稿。在两市共同签署《关于进一步推进昌抚联动发展合作协议》以及宣传、文化、卫生、旅游、农业、教育、公交客运、共同打造昌抚合作示范区8个方面的合作协议后，又对"1+8"协议进行深入细致地解读，为广大观众全面了解昌抚一体化的具体内容和发展愿景，发挥主流媒体的权威作用。"新"，宣传方式上更新颖，节目更接地气，服务性、可看性明显增强。2015年，全台各频道、频率都对记者编辑提出新要求，改变以往死板的、一般性的报道，节目内容更活，稿件形式更活，要求记者开掘新闻的源头活水，把话筒和镜头对准普通群众，用心灵倾听百姓心声。如《记者新春走基层》栏目已成为《抚州新闻联播》春节节目的特色和亮点。春节期间，记者先后走近福利院孩子、医院护士、公交司机、春晚演员、爱心妈妈、盲人按摩师、大学生村官、抚州电商等，用镜头记录下一个个普通人的生活和情感，感受全市人民春节团聚的喜悦之情，反映人民群众的心声和期盼，讲述人们在岗位上坚守和奉献的感人故事。采取记者口导，全程跟拍，现场纪实等多种报道形式，让普通市民成为新闻节目的主角，接地气也提升新闻可看性和节目质量。特别是2015年初，分别就"2014年你忙了什么"和"再见2014 憧憬2015"在市城区进行大量海采，采拍市民200多名。《今日现场》栏目把关注民生、服务民众、反映民意、表达民愿作为栏目主旨，如对6月4日华萃庭院小区居民通过热线反映"有业主私自开挖地下室导致地面塌陷"及时作跟踪报道，督促协调规划、建设部门对此采取措施，有效阻止事态蔓延。而对于通过热线群众举报的文昌桥前广场聚众赌博现象，连续一周时间，安排记者通过暗访、联络公安取证，跟踪现场取缔和随后反馈整顿效果、群众反响等连续报道方式，有效打击犯罪，赢得群众信赖和公安机关的信任，在全省引起较大反响，成为全市公安机关"百日会战"的一个亮点。2015年《今日现场》共采制民生新闻1200多条，收到观众热线电话、来访来信300多件，解决和帮助解决观众反映的热点难点问题60多件(次)。

强化对外宣传，宣传质量得到提高。不断加大对外宣传力度，积极拓展外宣渠道，强化与各级媒体的联系，大力宣传抚州不断变化的区情。电视方面，在中央台新闻联播发稿12条，在江西新闻联播播发稿件543条，头条28条，其中单条头条6条，在全省各设区市排名第6。民生新闻被省台都市频道采用近150多条。广播电台方面，在中央台新闻和报纸摘要发稿13条，其中《严控公务消费 预防公务腐败》这一稿件为综合头条。上省台1282条，3615分，其中头条42条，用稿总分在全省各设区市中排名第6。5月18日，开通“抚州微视”微信公众号，每天新闻保持在7～8条，单条点击阅读量最高达到10000+，较好地实现让抚州新闻传得更远、更广的外宣目标。

【电视产业和广告经营稳健发展】 广告经营出新招。广告经营由于受全国经济下行压力和新广告法实施的影响，全国电视广告市场环境严峻，创收下滑严重。广告经营人员转变观念，深入市场第一线，掌握市场动态，了解客户需求，以市场为导向，适时而动、创新运作，重点培育房地产业、金融保险业、服饰业、饮食文化娱乐业等新的业务增长点。

产业发展出亮点。微电影、专题片、资料片、汇报片等节目的摄制和大型活动的现场摄制工作是产业发展中心收入的主要来源，更是产业发展中心赢得市场，扩大影响力的重要载体。积极与市直有关部门和各类企业进行广泛、密切的联系和沟通，完成微电影《我的奶奶傅淑清》的拍摄工作，制作《对台招商宣传片》《烟草成就宣传片》《民政双拥工作汇报》《三公消费一体化监管》《涉农资金管控》《红色抚州、筑梦振兴》等专题片、汇报片十余部，完成《抚州2015春晚》《2015抚州教育春晚》《永远跟党走国庆歌咏大赛》《长征组歌大型音乐会》《作风建设永远在路上——市委书记讲党课》及市委组织部和宜黄县委主要领导讲党课的现场录制工作。8月，直播全市市属公办学校入学现场摇号活动，这也是建台以来首次进行的电视直播活动。通过此次直播，政府的公信力得以提升，队伍也得到锻炼。同时积极探索新办节目资源，6月开播的少儿类日播电视专栏《龙腾教你学拉丁》，填补自制少儿栏目的空白。与资溪县政府合作，制作一期大型体验类电视节目《周末去哪儿——纯净资溪欢迎你》，节目播出后，反响激烈，许多观众纷纷来电要求参加。成立广电商贸发展有限公司，公司成立之初，与抚州市知名的白酒企业四梦酒业进行磋商。在2015年8月，获得四梦酒的全市总代理资格，取得初步成效。

【事业建设取得新进展】 加强技术改造和设备升级。把设备的更新改造作为2015年工作的重点，在资金相对有限的情况下，舍得投入。通过财政支持和自筹，全年共投入170余万元对广播电视设备进行升级改造。投入100万元更新的13台摄像机全部到位，采访设备实现从盒带向存储卡转变。投入50多万元更新改造广电网站，新增抚州微视微信平台，从传统媒体向新媒体迈出坚实一步。投入20多万元购置一批新的电视现场导播设备，从而使电视导播水平提升更进一步。同时，铁塔防腐处理，演播室屋顶改造工作基本完成。

【“三严三实”专题教育深入开展】 自中央作出开展“三严三实”专题教育活动指导意见后，抚州市广播电视台坚决拥护中央决定，把开展专题教育活动作为2015年首要政治任务，坚持高标准高质量搞好台专题教育活动。主要领导先后多次主持召开专题会，组织学习《习近平谈治国理政》《习近平关于党风廉政建设和反腐败斗争论述摘编》中有关重要论述，学习中央、省、市关于“三严三实”专题教育活动工作要求，以及“把纪律挺在前面”各项文件，省委、市委营造风清气正良好环境20条和《抚州市党员干部行为规范》等文件，部署安排专题教育活动。一是积极开展警示教育活动。先后赴市廉政教育基地、市博物馆实地接受“三严三实”专题教育和廉政警示教育，集中观看《反腐警示录》等专题片，开展正反面教育6场次，组织干部认真讨论，剖析案件，总结教训，构建反腐倡廉的思想防线；二是上党课。台主要领导带头为干部职工上党课；三是开展交心谈心活动。台主要领导与其他领导班子成员，领导班子成员与分管部室负责人开展交心谈心活动；四是组织理论考试。组织全体党员干部参加全市党章党规理论知识考试，参加国家新闻出版广电总局开展的第二届职工劳动技能练兵竞赛——法纪知识技能练兵竞赛活动；五是加大专题教育活动宣传。利用广播电视媒体，开设“三严三实”专题教育专栏，大力宣传“三严三实”专题教育活动先进典型事迹；六是加大整改力度。经常听取各方面情况汇报，分析研究广播电视台发展状况，解决存在的突出问题。

## 抚州日报社

【概况】 2015年，是抚州市全面贯彻落实党的十八大精神，也是实现“绿色崛起 跨越发展”关键之年，围绕市委常委会2015工作要点，一年中，抚州日报社在市委、市政府的正确领导下，全面贯彻落实党的十八大和十八届五中全会精神，紧紧围绕市委、市政府全面建成小康社会和建设幸福抚州的战略部署，坚持“以导向为灵魂，以真实为生命，以人民为中心”，为建设幸福抚州提供强有力的舆论支撑。

【营造“绿色崛起 跨越发展”氛围】 2015年，为深刻认识和解读“高位谋势、精准发力、敢于担当、跨越发展”十六字总要求的丰富内涵，为跨越发展提供舆论动力和智力支持，报社在一版开设《绿色崛起 跨越发展》专栏，对“产业升级、区域合作、项目带动、县域经济”四大工程取得的成效进行报道，先后发稿82篇；全会(市委三届十一次)一结束，报社就刊发题为《汇聚磅礴力量 全力推进抚州跨越发展》《解放思想 更新观念 奋力开创跨越发展新境界》等评论员文章；同时对各县(区)、高新区和市委各部门、市直各单位主要负责同志进行专访。大发展需要大智慧，“新常态”呼唤新动力，报社开设《凝思三问谋跨越——全市解放思想大讨论进行时》专栏，对各地各部门结合自身实际，对照先进找差距，畅所欲言谋对策，打破藩篱拓新路，为抚州在新一轮绿色崛起中实现弯道赶超积蓄强大能量，累计发稿80多篇。在《学习与实践》版开设“绿色崛起、跨越发展”理论学习宣传专栏，面向全市广大党员干部、社科理论工作者约稿，刊发学习、理解、贯彻十六字总要求的思考成果和实践经验。

【宣传助推“三严三实”专题教育活动】 开展“三严三实”专题教育，是党的群众路线教育实践活动的延展深化，是持续深入推进党的思想政治建设和作风建设的重要举措。全市“三严三实”专题教育活动开展后，针对全市查摆出来的“不严不实”6种现象25个具体表现，报社开设《“三严三实”整改成绩单》专栏，亮晒各地各单位“三严三实”专题教育边学边查边改情况，接受群众监督，同时配发题为《担起“作风建设永远在路上”的永恒使命》等的评论员文章，累计发稿122篇，推动全市以开展“三严三实”专题教育为契机，以进一步改进作风为动力，努力展示抚州干部迎难而上、攻坚克难的新作为，不断开创幸福抚州建设新局面。

6月24日，市委召开“四进四联四帮”活动暨扶贫攻坚动员大会，市委书记肖毅发布动员令：组织动员广大党员干部深入基层、深入群众，全面开展“四进四联四帮”活动，全力打好精准扶贫攻坚战，为进一步加快发展升级、建设幸福抚州、同步全面建成小康社会凝聚力量、夯实基础。报社适时开设《开展“四进四联四帮” 密切党群血肉联系》专栏，配发题为《以担当精神 倾力解民忧帮民困》等评论员文章，吹响深入基层的“集结号”，深入宣传选派的党员干部，发扬当年苏区红军的好作风，赴基层，下乡村、住农家，听民声、解民忧、化民怨、帮民困、顺民意的先进典型，再现深度融洽的干群鱼水情，全年共发稿100余篇。

【助推“省级文明城市创建”】 创建省级文明城市，是加快抚州经济社会发展、提升抚州城市竞争力的一项重大决策，是顺民心、得民意的惠民工程。活动开展以来，报社在A2和B1版分别设置《创建文明城市 共建美好家园》《文明聚集》两个专栏，每周四B2开辟“创建文明城市 共建美好家园”专版，开设《文明围观》《文明小议》《文明古风》《文明监督岗》《创建文明城市知识窗》和临时设置的《最美女党员》等系列栏目，集中报道全市为创建省级文明城市作出的成绩、存在的问题、进行的努力、各方的反映，至年底，累计发稿832篇。

【助推“昌抚一体化”建设】 融入省会，对接海西，推进昌抚一体化，建设幸福抚州，是当代人的“抚州梦”。从9月份开始，报社在A2、B1、B2和B3版不定期开设《昌抚一体化看南昌》和《昌抚新闻直通车—南昌新闻》专栏，增进市民对南昌的了解，为加快推进“昌抚一体化”建设营造良好氛围，共发稿82篇。

【提升新媒体建设】 为发挥党报高度、版面厚重、稿件深度等优势，牢牢占据主流舆论场，报社进行报网融合，推进“一岗双责”，对抚州新闻网进行全新改版，为网站拓展新闻内容；同时提升手机报的质量和阅读量。报社在原有日报、网站、手机报的基础上，开通新浪和腾讯微博，之后又开通微信公众号，将原创新闻（文字、图片、视频）第一时间发布给广大受众，2015年，订阅用户升至2万以上。

【强化责任 锻造队伍】 在报社队伍建设上，坚决落实“八项规定”要求，以及一《准则》两《条例》精神，坚持政治家办报的原则，坚决实行采编人员与经营人员分开、新闻报道与经营活动分开，采编人员不参与广告发行等经营业务，经营人员不参与新闻采编业务。在治理虚假报道问题上，认真核实消息来源，严格遵守新闻真实性原则，坚持实地采访、现场采访、直接采访，做忠于党的事业的新闻工作者。

（谢 焄）

【抚州日报社领导名录】

社　　长：武伦明（任至9月）
　　　　　黄小明（12月任）
党委书记：夏　俊
总 编 辑：黄小明（12月任）
副总编辑：黄萍萍　何建江
　　　　　黄乐程　赵　靖
纪委书记：王健曙
副 社 长：文驱愚（任至10月）

## 临川晚报社

【概况】 2015年，临川晚报社在市委宣传部和抚州日报社党委的正确领导下，围绕市委、市政府的中心工作，树立“本土就是核心竞争力”的办报理念，大力宣传身边的好人，为建设幸福抚州竭尽全力、摇旗呐喊。2015年，在新媒体和自媒体的冲击下，在经济转型的大背景下，临川晚报的广告经营和发行都遇到较大困难。在上级领导的支持下，在全体员工的共同努力下，晚报度过难关。

【围绕中心服务大局】 随着互联网的快速发展，新媒体和自媒体迅速崛起，对传统媒体产生巨大冲击。临川晚报作为一家地方晚报，在网络新闻方面没有优势，能吸引读者眼球的，还是当地新闻。为此，2015年，报社加大当地新闻的容量，每天保证7个版左右的当地新闻（含县区、部门合作的版块），为了解决记者人手紧、稿源不足的问题，报社在宣传报道方面，亮点频出，推出不少专栏稿件及系列报道：年初开设“为抚州点赞”“听故事看变化”“走基层看变化谋发展”“活力抚州 幸福家园”“年味”系列报道等专栏并刊发稿件数十篇；年中开设“临川教育集团转型升级”“记者走基层之进名企看活力”“创建文明城市共建美好家园”等专栏，刊发稿件上百篇。同时在夏季推出“高温下的感动”“运动改变生活”“夏夜寻趣”三个系列报道，刊发稿件40多篇；年底推出“老行当新生机”系列报道，发稿9篇；推出“绿色崛起看发展”“抚河两岸看变化”“跨越发展看后劲”三个专栏，推出“聚焦氧吧50强榜首”系列报道，并刊发大量稿件。

以上专栏的开设及系列报道的推出，不仅解决稿源的问题，而且取得较好的宣传效果，深受读者好评。

临川晚报虽然不是机关报，但同样是党和政府的喉舌，弘扬主旋律，传递正能量是报社应尽义务。根据上级要求，2015年，报社共推出“最美基层干部”“最美政法干部”“最美劳动者”等10个最美系列的报道，共发稿60余篇；派记者远赴新疆，报道全市援疆干部不畏艰辛、无私奉献，用实际行动赢得当地干部群众的信任、支持与尊重的典型事迹等。

与此同时，报社充分发挥自身的优势，继续凝聚悲悯的力量，发掘人性之美，推出专栏“身边的好人”，刊发大量稿件。例如《救命的两分钟致谢的两分钟》《女司机开车直奔医院并垫付医药费》《他们救起两落水女童后悄然离开》《准新娘患白血病未婚夫不离不弃》《吴妈妈和她的六个“孤残儿女”》等，报道一批身边好人，传递社会正能量。

【加大本土新闻的策划力度】　2015年,《临川晚报》更加注重本土味,加大本土新闻的策划力度,使本土新闻更具核心竞争力,并在重要节点时期适时推出一系列可读性较强、影响力较大的特刊和特别策划,如:1月1日,推出8个版的新年特刊《起航2015》;1月28日,推出12个版的特别策划《抚州新商圈》;2月16日,推出32个版的春节特刊;6月8日,推出4个版的特别策划《高考进行时》;9月3日,推出6个版的"纪念抗战胜利70周年"特别报道;9月7日,推出通版特别策划《大阅兵中的抚州元素》;9月14日,推出4个版的"昌抚一体化"特别策划《抚州城里的南昌印记》,12月31日,推出4个版的网络特别策划《盘点2015》等等。很多本地新闻稿件更加凸显报道深度,彰显媒体高度,使得新闻报道既具备思想性、权威性,又注重可读性、贴近性、实用性。

【好新闻评选获得大面积丰收】　2015年,晚报社选送的稿件首次囊括赵超构新闻奖一、二、三等奖。其中《深山里的白衣天使》(作者洪蓓)获得2014年度赵超构新闻奖一等奖,《那夜,5个人因他而重生》(作者洪蓓)获二等奖,《微博接力,让她找到了亲人》(作者戈芬)获三等奖;在抚州好新闻评选中更是硕果累累。报社选送的《围棋的江湖》(作者黄乐程),《黎川80后小伙网上卖泥巴》(作者赵静波),《那夜,5个人因他而重生》(作者洪蓓),《探访母亲河系列报道》获第14届抚州新闻奖一等奖;《"琴"定一生的中国心——访临川籍著名小提琴演奏家盛中国》(作者陈细勤)获得优秀新闻标题奖;此外,陈源茂还获得全国地市报新闻摄影奖。

【报纸发行创历史新高】　2015年是临川晚报报业经营较为困难的一年。在新媒体和自媒体及楼市宏观调控的冲击下,传统媒体的发行和广告经营都受到很大影响,临川晚报也不例外。但在上级领导的支持下,在全体员工的共同努力下,晚报又一次度过难关。

加大县(区)合作力度,报纸发行量创历史新高。2015年,晚报的发行大致由县(区)、部门合作、员工征订、发展小记者、邮局征订、市民自费订阅等几个部分组成。

广告经营有新起色。受楼市宏观调控的影响以及广告从业人员自身业务素质参差不齐等因素,晚报广告经营举步维艰。为此,2015年初,晚报社策划一期特刊《抚州新商圈》,盘点疏理出抚州城区6大商圈,1月28日刊出后取得较好效果。除此之外,晚报社还策划《春节特刊》及"寻找抚州名老中医"系列活动,广告经营有新起色。但广告经营仍然困难重重,面临比较大的挑战。

【外宣工作进展顺利】　2015年之前,市委宣传部均给临川晚报下达外宣任务,由于种种原因,每年都完不成任务。2015年,晚报加大外宣力度,把上国家级媒体作为主攻目标,并取得突破性进展。晚报有两篇稿件被《人民日报》刊用,另有一篇被《经济日报》刊用。此外,还有10篇稿件被省级媒体刊用,超额完成外宣任务,为对外宣传抚州尽力。

(黎文辉)

【临川晚报社领导名录】

总 编 辑:黄乐程

副总编辑:林　师　范建华

　　　　　王小强

## 抚州广播电视报

【围绕中心促发展】　2015年,抚州广播电视报在抚州市广播电视台的领导下,始终坚持正确的舆论导向,坚持团结稳定鼓劲、正面宣传为主方针,高扬主旋律,弘扬正能量,形成积极健康、昂扬向上的主流舆论。报社围绕广播电视的行业特色,为广大读者提供最新的广播电视资讯、科学健康的生活资讯、大众关注的社会深度报道,办报水平得到进一步提高,深受广大读者的喜爱。

一年中,报社紧紧围绕市委、市政府"绿色崛起、跨越发展,建设幸福抚州"的战略部署,结合开展"四进四联四帮"活动及创建省级文明城市工作,在报社领导班子调整的情况下,各项工作有条不紊地进行,报社保持平稳发展。

【抓好报社采编工作】　采编工作是报社的中心工作。2015年,在采编工作中,报社坚持正确的舆论导向,唱好重头戏,不断改革创新方法手段,把党的方针政策和市委、市政府的决策部署宣传好,推动报社采编工作与市委中心工作同频共振,讲好抚州故事、奏响抚州时代强音,始终坚持团结稳定鼓劲、正面宣传为主,用心用情用力推动报社采编工作为全市中心工作助力,为全局工作添彩。

在宣传报道工作中,做到有策划、有主题。2015年,是世界反法西斯战争暨中国人民抗日战争胜利70周年,抚州广播电视报社以纪念抗战胜利70周年为题材,开办采访报道全市抗战老兵专题特刊,并于6月底组织抚州各界爱心人士、社会团体、热心群众开展"关爱老兵、幸福抚州"慰问活动。此次活动共刊登13篇宣传老兵的文章。同时,组织撰写抗战题材的诗歌、散文、书法、字画40多篇(幅),其中,刊发诗歌、散文20多篇,书法、字画10多幅。7月,抚州市委、市政府启动创建省级文明城市工作,报社及时积极配合,开展文明创建大家谈、不文明行为随手拍等活动,共刊发文章、图片10多篇(幅)。不定期刊发公益广告10多幅,助力省级文明城市的创建,同时结合开展"四进四联四帮"活动,做好宣传报道工作。

报纸注重地方特色,本着"开门办报,凸现地方特色"的理念,加大地方新闻的采编和热点深度报道的力度。2015年,"赣东经纬"版突出周报优势,集中报道全市在建设幸福抚州中取得的成绩和涌现出来的先进人物、道德模范、"中国好人",共刊发新闻稿件60多篇。

"抚州城事"版面,突出时效性,内容大多反映民生,不少刊发稿件与市民工作生活息息相关。其中,"市民热线"栏目,成为编辑与读者沟通的桥梁,为市民解决在学习、生活、工作中遇到的问题,深受读者欢迎。2015年,共刊登市民热线104条,接到读者热线200多条,取得良好社会效果。"今日现场"和"今日关注"栏目,加强与电视台特色栏目的合作,做好电视报与广播电视的互通,全年共刊登两栏目稿件100多篇。

在新媒体不断对传统媒体的冲击下,为适应新形势需要,报社主动出击,加强与新媒体的融合,创办微信、微博等新媒体平台,提升报纸影响力,获得读者好评。

2015年,报社全年自采稿件180多篇,用稿100多篇。该报第8、9期的春节特刊经过精心策划,共60个版,成为广大读者春节期间的文化盛筵。

【转变工作作风】 2015年,报社要求编辑记者从转变自身工作作风入手,深入基层,深入群众,沉下身子,抓大鱼、活鱼,力争出精品。采编人员做到在工作上不断求新,在业务上不断求精,在完成采访任务、出优稿上下功夫,创作的不少稿件受到读者好评。在2015年度江西广播电视新闻奖——优秀广播电视报刊作品评比会上,该报选送5篇稿件,有3篇获奖,其中,一等奖1篇,三等奖2篇。汤丽娜、陈联生创作的《宁宏昌:八旬老党员和他的全国“最美家庭”》,获全省广电报刊作品一等奖。

【广告开拓新市场】 在广告方面,各种新媒体如雨后春笋般涌出,广告市场受到新媒体的强烈冲击。在广告市场下滑、竞争极为激烈的情况下,报社稳扎稳打,从容应对。6月以后,报社在新总编的带领下,保证在稳定原有的广告基础上,积极开拓新的广告市场,加强与新媒体的合作,走出广告新路子,取得一定成效,保持广告稳定发展。

同时,报社积极鼓励全体员工参与广告,鼓励员工走出去,推行激励机制,制订一些新举措,措施的推行取得一定实效,为占有更多的市场商机和份额打下坚实基础。2015年,报社广告经营收入保持平稳发展,广告经营收入没有出现大幅度滑坡。

【把握报纸大发行量基础】 在发行工作上,通过各方努力,坚持走多管齐下、多渠道发行的路子。报社稳住集团发行,继续与抚州烟草公司合作并签定发行协议,以此牢牢把握报纸大发行量的基础,发行量继续保持3万多份,在全省广电报行业报刊发行量继续领先,也为报纸的生存和发展打下坚实基础。

(陈联生)

【抚州广播电视报社领导名录】

总 编 辑:汤丽娜

副总编辑:傅蔬华 胡建国

## 图书发行

【概况】 2015年,在江西省出版集团、中文天地出版传媒股份有限公司和江西新华集团的正确领导下,新华发行集团抚州市分公司紧紧咬住目标不放松,强化管理,守土有责,挖掘潜力,扩大市场份额。至年底,全市各县(区)分公司销售收入2.84亿元,占全年任务的89%;实现利润3488万元,完成全年利润指标的116%。从主要几项经济指标的完成情况来看,销售利润好于销售收入,符合预期分析,销售收入指标完成与否一直是年度的重点及难点所在。

【巩固扩大主业市场份额】 以优质服务为前提,全力做好教材教辅发行工作。2015年,国家出台一系列新政策,教材发行工作面临新的挑战。为此,分公司建立完善的服务体系,强化全程优质服务,注重细节,维护好教材发行市场,提高教材发行服务质量,保障教材的及时、规范供应,赢得社会信任。

加大市场运作的力度,拓展教辅代购市场。市分公司适应市场变化,找准市场最佳切入点,采取多种灵活有效的举措,化被动为主动,化不利为有利,加大市场运作力度,扩大市场份额。采取有利措施积极开展工作。一方面加强与当地教育部门的沟通协调,密切关系,积极营造良好的外部环境,巩固现有市场,另一方面主动适应形势的变化和要求,走市场化运作之路,加强终端渗透能力,深入到学校、班级、学生进行宣传,扎实推进教辅发行工作。市分公司树立一盘棋的思想,任何违规操作受到处罚均追究个人责任。在教辅征订发行工作中有全局意识、集团意识,积极做好集团内出版社教辅发行。对于教辅发行工作,不断创新营销手段和方法,充分调动广大员工的工作积极性,确保教辅发行目标任务的完成。

加大推广可供教辅,教辅市场的空间拓展只能通过扩大可供教辅份额来实现,部分书店可供教辅在操作中难度大,款项回笼难等问题都需要正确面对和解决。市分公司全力以赴做好可供教辅,最大限度满足中小学校学校师生的需求,提高服务质量和服务水平,努力做大教辅这块蛋糕。

大中专教材发行实现零突破,2015年暑假期间,崇仁师范教材招标,发行集团相关部门与市分公司掌握信息后,积极介入,及时与校方沟通联系,参与竞标并中标,取得崇仁师范秋季教材的发行权。秋季大专教材码洋179万元。

加强连锁经营,促进一般图书销售。2015年,集团与市分公司签订一般图书连锁经营责任书,市分公司与辖区内县(区)分公司也签订一般图书经营目标责任书,进一步强化责任,对一般图书经营工作尤为重视。各分公司从规范连锁经营、提升服务质量、加强市场营销、推进读者俱乐部建设、拓展大中专教材及幼儿教材等方面入手,加大工作力度,努力扩大一般图书市场占有率。同时,结合自身实际开展形式多样的营销活动。特别是积极开展店外销售,走出店堂,变坐商为行商,深入到学校、机关等单位,扩大店外销售比重,并将店外销售业绩与绩效工资挂钩,激发员工拓展店外销售的积极性。扩大读者队伍。在巩固现有市场的同时,积极主动,进一步深入了解市场需求,通过各种有力措施抢占更大市场。积极拓展大中专教材和馆藏图书业务,努力扩大一般图书销售量。积极参与开发幼儿教材市场,努力实现经济效益和社会效益的双丰收。

积极推进“新华壹品”校园超市项目的开展,开拓在线教育市场。开拓新华壹品校园超市是集团发展战略的重要举措,也是市分公司2015年工作的重点,年底基本完成校园网点的布局工作。为推进转型升级、创新发展,落实“互联网+教育”战略,拓展在线教育产业,集团与人教社达成战略合作,代理其国内领先的教育数字化产品“人教e学”和“人教数字校园”建设“点亮课堂”智慧教育云平台。

【创新工作机制】 企业管理是永恒的主题。企业对市场的依存度越高,越需要加强管理。传统的管理方式要随着企业对市场的适应不断创新。以深化改革为动力,大胆创新工作机制。经营活动中,市分公司思想更解放、更大胆,只要不违反国家政策法规,有利于企业经营发展,均可尝试、探索。逐步打破用工制度,建立员工流动机制,对素质较高,为企业作出积极贡献的员工给予合适的岗位和待遇,对不适应工作要求的实行调换。操作上通过竞聘的方式产生,采用一年一度经营责任目标考核的方式。新聘员工的岗位也允许流动,按岗位和责任不同,对企业贡献大小确定工资收入。既按岗定薪,又凭贡献取酬,分配上打破干多干少一个样的现状。对积极拓展市场,营销业绩突出,给予重奖,激励员工为企业创效益,求发展作出贡献。持之以恒地抓好企业的制度建设,完善管理措施,实施民主决策和店务公开,避免决策的盲目性和随意性。严肃财经纪律,严格财务管理制度,依法经营,不得以任何形式设置小金库,坚决禁止商业贿赂行为。坚守勤俭办企业的精神,反对任何形式的奢侈浪费。重视安全生产工作,各单位制定安全生产责任制,常抓不懈,确保企业经营工作顺利开展。

【抓好班子建设和职工队伍建设】 2015年,有5个县分公司主要负责人发生变化,广昌、南丰、南城、崇仁均经过公推公选产生。随着市场经济的发展和教材工作变化,首先要求经营管理者审时度势,更新观念,学会并掌握驾驭市场的本领,不断增强组织工作、处理问题、破解难题的能力。面对新形势,市分公司树立不断学习、不断提高的思想。同时,增强工作责任感和压力感,勇挑重担,大胆工作。领导干部在精神状态和工作状态上做好群众的表率,不做群众尾巴。各分公司班子成员精诚团结,维护大局,按照职责分工各负其责。副职积极支持经理工作,认真履行职责,抓好分管工作。一如既往地抓好廉政建设,廉洁从业。领导干部严以律已,坚守党的纪律和国家法规,不得利用权利为自己牟取任何私利;加强工作的纪律性,严格各项工作规程和报批手续;提高政策意识,树立群众观念,化解各类矛盾,确保职工思想稳定,工作稳定。

各分公司很重视员工特别是新进员工的基本技能培训,并加强员工的职业道德教育。经常对职工进行形势教育、政策教育和开展各种类型的业务学习、培训,以提高员工的综合素质和服务水平。

【安全生产常抓不懈】 分公司高度重视安全生产工作,警钟长鸣,安全措施落到实处,不留死角和盲区。加强门市、仓库消防安全以及车辆使用维护及员工人身安全等,做到防患于未然。

(王光远)

【江西新华发行集团抚州市分公司领导名录】

经　理:章建平

副经理:张　文　吴胜茂

　　　　邱志如

本栏编辑　范蔚萍

# 科技·卫生·体育

## 综　述

2015年抚州市科技、卫生、体育事业发展迅速，成绩显著。科技事业加速发展。2015年地方财政科技支出4.95亿元，比2014年增长58.2%。争取国家科技计划项目7项，省级各类科技计划项目63项，共获得项目资助资金1065万元。全年全市申请专利2450件，获得授权专利1746件，分别比2014年增长60.6%和94.2%。完成技术合同登记额3.98亿元，取得科技成果登记38项，20项优秀科技成果项目获2015年度市科学技术奖。全市高新技术产业总产值306.90亿元，比2014年增长23.1%，高新技术产业增加值77.54亿元，比2014年增长23.5%，占GDP的比重7.02%，比2014年提高近1个百分点。卫生服务能力明显提高。全市参加新农合300.89万人，比2014年度增加5.92万人，参合率达到99.44%。共有医疗卫生机构2323个，编制床位数10528张，机构编制人数18504人。全市累计建立居民纸质健康档案325.7万份，建档率达82.5%；管理65岁老年人等重点服务对象94.9万人，管理率超过医改任务要求。体育社团组织发展迅速，成绩斐然。2015年全市共发展各单项体育社团组织179个，并积极组队参加各项比赛，取得优异成绩。

## 科　技

【概况】　2015年，抚州市大力培育高新技术产业，推进科技协同创新，强化企业创新主体地位，推动经济社会发展升级。7月，市政府印发《关于稳增长促升级的若干政策措施》（抚府发〔2015〕9号），第五项规定“鼓励大众创业万众创新”。对创建科技研发平台、科技合作、发明创造、开发新产品、设立院士工作站、科技创新项目支持、发展众创空间等7项条件提出具体优惠措施。

【高新技术产业快速发展】　抚州市大力扶持县域工业主导产业建设高新技术产业基地，培育发展壮大高新技术产业，全市高新技术产业得到快速发展。2015年，全市高新技术产业产值306.90亿元，增加值77.54亿元，同比增长23.10%和23.53%，高新技术产业增加值占全市规模以上工业增加值的21.3%，增速是同期规模以上工业企业增加值增速的2.7倍，创新驱动工业发展升级成效明显。高新区自有的22家高新技术企业主营业务收入91.8亿元，占高新区主营收入25.43%；工业增加值23.87亿元，占高新区比重25.78%。

2月，国务院批复抚州高新区升级为国家级高新区。省委书记强卫批示：“请抚州市抓住高新区升级的机遇乘势而上，促进产业升级、发展升级”。

印发《抚州市高新技术企业培育管理办法》，明确全市后备高新技术企业条件和培育支持措施。市科技局深入全市11个县（区）和高新区的重点科技型企业调查研究，指导企业完善科研管理体制、加强知识产权保护、充实申报材料等。2015年，全市组织申请高企认定企业30家，金比电子、东华金科、森科实业、华友机械等23家企业被认定为高新技术企业。全市高新企业总数发展达到62家，比2014年增长55.22%。

【科技合作协同创新】　健全政府搭台、部门推动、企业唱戏、产学研用紧密协同的科技协同创新工作机制。引进高层次科技创新人才，培养本地科技人才。

1月6—7日，召开“喜树碱类原料药伊立替康催化不对称全合成（第二代）”项目中试结果评议会，邀请中国工程院院士吴慰祖、舒兴田、胡永康以及复旦大学专家到会交流、论证。10月28日下午，江西省科学院与抚州市科技合作专项调研座谈会在汝水森林宾馆举行。市委副书记、市长张鸿星和省科学院院长王晓鸿分别致辞。省科学院22名专家到抚州高新区实地调研，与企业科技人员面对面交流。省科学院研究机构与多家企业与建立科技合作关系。市政府还将探索与省科学院签定长期科技合作协议书，联合建设人才基地、战略研究基地、成果转移转化基地以及中试与产业化基地，共同部署一批提升抚州生物医药产业科技创新能力和服务抚州经济社会发展的合作项目，争取一批重大科研及产业化项目落户抚州。

【加强企业研发中心建设】　2015年，抚州市组织申报博雅生物血液制品、东鑫实业红豆杉人工栽培及资源利用2个省重点实验室，红星药业中药质量控制、明正变电智能输变电等12个省级工程技术研究中心，赣电电气变电设备产业、东乡恒佳特种水产养殖产业等2个省级产业技术创新战略联盟。经江西省科技厅评审，抚州市获批1个省重点实验室和4个省级工程技术研究中心。华宇香料联合厦门大学、上海香料研究所组建的香精香料工程技术研究中心、市水科所联合南昌大学组建的池蝶蚌工程技术研究中心、明正变电组建的智能输变电工程技术研究中心、自立环保组建的有色金属再生利用工程技术研究中心列入省级工程技术中心,博雅生物组建的血液制品重点实验室列入省重点实验室。全市拥有省级工程技术研究中心12家,省级工程技术研究中心数量比2014年增长50%,省重点实验室数量达到4家。

【项目带动企业科技创新能力提升】通过科技计划项目引导企业与市外高校、科研机构等开展产学研合作协同创新,引进人才、技术,研发新技术、新产品,转化示范新成果。年内组织企业开展新产品57项,其中30项列为省重点新产品,11项通过省级专家鉴定。争取国家科技项目7项,省级63项,共获得项目资助资金1065万元。通过招商引资,重点引进生物医药等高新技术项目,引进富诚环保、三星药业两个亿元以上高科技术项目入驻抚州高新区。

【知识产权促进专利产业化】　科技部门引导促进企业科技成果产权化、知识产权产业化,为大众创业、万众创新营造公平公正、开放透明的法治和市场环境。围绕县域主导产业,推进知识产权产业化,临川(有色金属的资源回收专利技术推广及产业化)、宜黄县(杂交制种产业知识产权技术综合运用与示范)等4个县(区)被确定为2015年度江西省知识产权富民强县实施县,抚州市省级知识产权富民强县实现县(区)全覆盖。

2015年全市专利申请量2450件,同比增长60.6%;专利授权量1746件,同比增长94.2%,增长幅度高出全省平均19.5个百分点。其中,发明专利授权量同比增长47.8%,外观设计专利授权量同比增长达到118.4%。5月18日,科技局组织专家对申报抚州市科学技术39项请奖项目进行严格评审,评出拟奖项目20项,其中一等奖2项,二等奖8项,三等奖10项。

【科技计划及项目管理】　2015年,抚州市围绕高新技术产业和全市主导产业,申报省级以上各类科技计划项目68项、市级科技计划项目45项。此外,组织有关企业分三批共申报57项江西省重点新产品计划项目,其中50项列入省重点新产品计划;组织省重点新产品鉴定20项。全市列入国家级科技计划项目1项,列入省级科技计划项目65项,共获得无偿资金资助1387万元,项目扶持资金2200万元。

【科技经费投入与管理】　2015年,抚州市地方财政科学技术支出4.95亿元,比2014年增长58.2%。全市各县(区)财政共安排县(区)科技部门掌握的科技专项经费1649万元,比2014年增长21.36%。市科技局本级支配的科技专项经费合计800万元,其中科技三项费370万元,创新基金专项经费110万元,科技奖励专项经费40万元,专利专项经费50万元,新产品开发专项经费30万元,新能源汽车推广应用专项经费200万元。支出情况:高新技术产业和战略性新兴产业培育192万元,新产品开发66万元,科技协同创新平台建设45万元,高新技术企业发展44万元,先进实用技术示范与推广34万元,省级工程技术研究中心30万元,专利奖励与资助50万元,科学技术奖励40万元,科技服务与管理99万元,新能源汽车推广应用200万元。

【科技成果】　2015年,抚州市昌盛生态综合有限公司申报"江西省技术转移示范机构"科技成果转移转化项目。全市完成6个项目验收(结题)工作,向省科技厅推荐组织鉴定科技成果1项,市科技局组织成果鉴定20项,科技成果登记38项。回音必集团(江西)东亚制药有限公司的"碳酸氢钠注射液质量稳定技术"、江西省华星陶瓷有限公司的"强化釉骨质瓷烧成工艺"等9个项目参加在深圳举办的全国第十六届中国国际高新技术成果交易会。其中7个项目在江西展馆展出。

回音必集团(江西)东亚制药有限公司、江西科伦药业有限公司作为江西14家企业中的两家入选2015年国家知识产权优势企业评审结果公示名单。江西添光化工有限责任公司的《一种利用偏钛酸生产钛白粉双效晶种的制备方法》(ZL200910115274.4),获得第二届江西省专利奖。

(张　吟)

【市科技局领导名录】

局　　长:顾胜和

党组书记:封　炜(任至7月)

副 局 长:蔡　力　谢国旺

　　　　　胡汉华

市科技情报所所长:黎　明

# 卫　　生

【概况】　2015年9月,抚州市卫生局与市人口和计划生育委员会合并组建市卫生和计划生育委员会。全市深化医药卫生体制改革,进一步提升卫生服务能力,完善区域卫生发展规划,全面加快卫生项目建设,加强公共卫生工作,强化新农合制度保障能力。调整完善生育政策,推进全市人口均衡发展。2015年抚州市重点开展省级文明城市创建、卫生重点项目推进、实施单独两孩、医疗质量安全隐患集中整治、重大疾病的免费救治等工作,提升公众健康水平。

至年底,全市有各类医疗卫生业务机构2687个,其中各级医疗机构70个、基层医疗卫生机构2277个、专业公共卫生机构75个、私人诊所240个、其他机构25个;编制床位10318张,其中医院床位7352张、基层医疗卫生机构床位2645张、专业公共卫生机构床位321张;卫生技术人员13068人,其中执业医师4980人、注册护士5365人、药师981人、技师和检验师等2412人;另有乡村医生4900人、其他人员2003人。全市新农合参合人数300.89万人,参合率99.44%。无偿献血人数16083人,采血量27500个单位,基本满足全市临床用血需求。全市人均期望寿命达到76岁。

【深化医药卫生体制改革】　2015年,市政府成立抚州市中心城区医疗卫生改革领导小组。推进公立医院改革,实现县级公立医院改革全覆盖,全市所有政府办基层医疗卫生机构执行药品网上集中采购,100%配备使用国家基本药物及省级增补药物,实行药品零差率销售。政府举办的三级综合医院配备的基本药物品种不低于国家基本药物目录药品品种数量的95%,使用金额比例不低于15%;政府举办的二级综合医院配备的基本药物品种不低于国家基本药物目录药品品种数量的95%,使用金额比例不低于30%。在全市所有乡镇卫生院全面推进基本诊疗路径管理工作,推进基层医疗卫生机构处方点评制度,促进基层合理用药。新农合制度进一步完善,2015年,全市参加新农合达300.89万人,参合率达到99.44%。全面推行新农合大病保险和意外伤害保险,2015年全市大病保险补偿2912人次、1558.22万元。公共卫生服务能力持续提升,2015年全市累计建立居民纸质健康档案325.7万份,管理65岁老年人等重点服务对象94.9万人,对26211名农村孕产妇实行住院分娩补助,为全市2087名尿毒症患者进行免费血透救治,免费救治贫困家庭重性精神病患者4777人。

【卫生计生服务能力提升】 组织实施2015年卫生重点项目建设,推进市妇女儿童专科医院新建、市第二人民医院扩建项目,进一步加快市第三医院搬迁项目建设速度。年内市财政安排50万元专项经费用于卫生重点学科建设,每年安排60万元"卫生引智"专项经费。全市10余家二级以上医院与北京、上海、广州等地知名医疗机构建立共建关系。实施基层中医药服务能力提升工程,24所(全市21所,覆盖为率66.7%)社区卫生服务站或服务中心、134个(全市186个,覆盖为率72%)乡镇卫生院和1300(全市1806个,覆盖为率72%)个行政村、配备中医类别医师。加强基层卫生网底建设,全市为20所乡镇卫生院申报周转房254套,获得上级主管部门批准126套,筹集资金252万元。为4707名乡村医生申请省级公共卫生服务资金847.26万元,为1618名乡村医生申请养老生活补贴。

【加强公共卫生管理】 2015年,抚州市疫苗适龄儿童接种率以乡为单位达到90%以上,新发涂阳肺结核患者治愈率达98.22%。全市设立21个艾滋病监测哨点和1个丙肝监测点。全市卫生部门严格执行突发公共卫生报告程序、报告时限、报告方式、责任人,坚持突发事件和节假日24小时值班和领导带班制,全市各级医疗卫生机构开展应急演练20余次,及时更换和添置价值10万余元的防护物资,筹备"84"消毒液等物资2吨。全年无偿献血人数16083人,采血量27500个单位,基本满足全市临床用血需求。基层医疗机构管理信息系统项目建设推进迅速,一期4个项目县、乡镇卫生院使用率达到90%。做好疾病应急救助基金拨付。落实创卫成果长效管理机制,推进城市精细化管理,营造良好的人居环境。

【规范卫生行政执法和行业监管】 2015年,市卫生局与全市二级及以上医院签订医疗管理工作责任状,加强医院的科学化、专业化、精细化管理,确保医院回归公益性,医生回归看病本色。开展民营医院规范化服务专项检查,对全市7家存在问题的民营医院进行通报,对3家存在严重医疗安全隐患的医院进行停业整顿及暂停新农合报销资格的处理。督查新农合定点机构,对医疗机构违规收费、不合理治疗等行为严厉惩处,暂停1家定点医疗机构定点资格3个月,暂停4名医师半年执业活动,4名医师警告处分,处罚金额50.1万元,对定点医疗机构违规收费有关责任人进行诫勉谈话。在全市各级各类医疗机构全面推广医疗责任保险,12月底完成保险合同签订并启动理赔工作。认真开展医用设备和高值医用耗材招标采购,完成第一轮代理机构招标和第一阶段生产企业遴选。严厉查处非法行医单位和个人,全年共取缔7户。

(刘　勇　万　莉)

【市卫生局领导名录】

党委副书记、局长:祝文渊(任至9月)
党委书记:周希平(任至9月)
副 局 长:汤祖继(任至9月)
　　刘忠华(任至9月)
　　邓　旭(任至9月)
　　曾小芬(任至9月)

【市卫计委领导名录】

党委副书记、主任:祝文渊(9月任)
党委委员、副主任:周希平(正处长级,9月任)
　　汤祖继(9月任)
　　邱秀兰(9月任)
　　刘忠华(9月任)
　　邓　旭(9月任)
　　曾小芬(9月任)
　　程细街(9月任)
　　阙德康(9月任)
纪委书记:周三才(11月任)

# 体　育

【概况】 2015年,抚州市共开展大型群众体育活动19次,参赛人数上万人。举办和承办国际级比赛1次、全国级比赛1次、省级比赛4次、举办市级比赛13次。组队参加江西省青少年锦标赛15个项目的比赛,32人达优秀、53人达良好标准;举办全市举重、摔跤、乒乓球、羽毛球4个项目的锦标赛。市体育局与市残联联合举办抚州市第一届残疾人体育运动会。全市获得基层群众体育健身场所建设项目资金1200万元,免费、低收费开放补助资金115万元。

年内,抚州市休闲体育协会和抚州市山川户外协会成立,全市共有各单项体育社团组织179个。新建乡镇农民体育健身工程20个、农民体育健身工程151个、全民健身路径12条。

推进"三大球"进校园工作。参加江西省百县足球、篮球、田径运动会,获得团体三等奖。抚州一中、临川二中、临川三中、东乡铜矿学校参加江西省首届青少年"未来之星"阳光体育大会高中全部6个项目的比赛,列全省11个地市第7名,获团体总分三等奖。

【抚州市第一届残疾人运动会开幕】 25月22日上午,由市残疾人联合会与市体育局承办的全市第一届残疾人运动会开幕式在市体育中心隆重举行。市委书记肖毅宣布抚州市第一届残疾人运动会开幕。市委副书记、代市长张鸿星致开幕辞。省残联党组书记、理事长陈卫华为运动会致辞。

来自全市各县(区)12个代表队参加,参赛运动员130余人。22日至23日举行田径、乒乓球、羽毛球、篮球(定点投篮)、举重(卧举)和游泳等6个大项30个小项的比赛。金溪县、东乡县、临川区分获团体总分前三名。

**【市体育运动学校(市少年儿童学校)新校区揭牌】** 10月21日,市体育运动学校(市少年儿童学校)举行新校区揭牌仪式。新校区位于市体育中心(临川大道1111号),占地2.52公顷。总建筑面积1.85万平方米,建有综合教学楼、训练馆、射击馆、学生公寓、学生食堂、风雨跑道等,环境优雅、设施先进,可容纳400人学习训练。

**【全市中小学生体育运动会开幕】** 11月4日至6日,全市中小学生体育运动会开幕式在临川二中运动场举行。全市各县(区)及抚州一中、临川一中、临川二中、市实验学校的16支参赛队伍527名运动员同场竞技。

(徐海华)

**【市体育局领导名录】**
局　长:熊远定
副局长:曾小天　陈建铭

## 抚州市运动员参加全国性比赛基本情况和成绩统计表

表30－1

| 姓名 | 项目 | 赛事 | 成绩 |
| --- | --- | --- | --- |
| 黄　婷 | 举　重 | 世界青少年锦标赛 | 女子63kg级抓举、挺举、总成绩三项冠军 |
| | | 第一届全国青运会 | 女子63kg级第8名 |
| 沈慧珍 | | 全国举重冠军赛 | 抓举第5名、挺举第7名、总成绩第7名 |
| 杨雅莹 | | 全国青少年举重锦标赛 | 抓举第3名、挺举第7名、总成绩第5名 |
| 肖翠娟 | | 全国第九届残运会暨第六届特殊奥林匹克运动会 | 女子55kg级金牌(超世界纪录) |
| 曾　辉 | | | 男子72kg级银牌 |
| 肖应国 | | | 男子49kg级铜牌 |
| 余好华 | | | 女子50kg级第5名 |
| 肖金萍 | | | 女子41kg级第6名 |
| 陈佳韵 | 羽毛球 | 第一届全国青运会 | 羽毛球团体第1名 |
| 程灵芝 | 划　船 | 第一届全国青运会 | 女子200m 4人皮艇第6名 |
| 黄　勤 | 摔　跤 | 第一届全国青运会 | 女子自由跤51kg级第8名 |

## 抚州市群众参加全民健身比赛情况统计表

表30－2

| 比赛时间 | 参赛单位(个人) | 比赛名称 | 成绩 |
| --- | --- | --- | --- |
| 4月14日 | 市登山协会 | 2015年全国群众登山健身大会暨全国群众登山比赛 | 健身组第1、2、3、5、7名(一、二、三等奖)、竞技组鼓励奖 |
| 4月20日 | 市登山协会　王文清 | 第119届美国波士顿国际马拉松赛 | 60～64岁年龄组第214名 |
| 4月27日 | 市长跑协会　饶九花 | 2015南昌特跑汇12公里竞赛 | 女子组第5名 |
| 4月27日 | 抚州市小选手 | 2015年江西省第九届少年儿童围棋比赛 | 团体、个人共7块金牌 |
| 5月9日 | 市自行车协会　吴希光 | 2015年成都·金堂铁人三项世界杯赛 | 参加65岁以上组比赛,第42次参加铁人三项赛 |
| 5月10日 | 市长跑协会　桂飞云 | 2015年南昌市第二届迷你马拉松赛 | 女子组冠军 |
| 5月17日 | | 中国节能2015环艾溪湖低碳跑活动 | 女子组冠军 |
| 5月下旬 | 市围棋协会　王　梓 | “黄河杯”全国业余围棋公开赛 | 女子个人第4名 |
| 9月中旬 | | 第三届智运会女子围棋团体赛 | 6胜2负 |
| 5月31日 | 市自行车协会　韩　晨 | 江西吉安马拉松骑行大会暨第九届“马自骑”积分赛吉安站活动 | 男子个人第1名 |
| 9月17—21日 | 市老年体协门球队 | 2015年全国老人门球交流活动 | 获优胜奖、道德风尚奖 |
| 10月10—16日 | 抚州市代表团 | 第16届全国老干部象棋比赛 | 团体第5名、个人乙组第9名 |

续表

| 比赛时间 | 参赛单位(个人) | 比赛名称 | 成绩 |
|---|---|---|---|
| 10月30日 | 市网球协会 | 2015“共青城杯”江西网球公开赛 | 男子双打甲组第1、第2 |
| 10月23—25日 | 市乒乓球协会 | 第五届浙闽赣皖四省九市领导干部乒乓球友好交流邀请赛 | 混合团体第2、厅级干部组单打第1、协会组单打第1、科级干部组单打第2 |
| 11月26—29日 | 抚州市小选手 | 第25届全国体育舞蹈锦标赛 | 两项亚军、一项季军 |

## 抚州市群众体育活动一览表

表30-3

<table>
<tr><th>时间</th><th>主办单位</th><th colspan="2">活动名称</th><th>活动规模</th></tr>
<tr><td>1月1日</td><td>市体育局、市体育总会</td><td colspan="2">2015年江西省第十届冬泳邀请赛</td><td>全省38支冬泳队、600余人</td></tr>
<tr><td>3月8日</td><td>市长跑协会</td><td colspan="2">庆“三八”环梦湖长跑比赛</td><td>100人</td></tr>
<tr><td>4月18日</td><td>“找书虫”微公益、市登山协会、市青年志愿者协会等</td><td colspan="2">“书虫暴走”梦湖徒步活动</td><td>300人</td></tr>
<tr><td>4月25—26日</td><td>省竞赛管理中心主办抚州棋院承办</td><td colspan="2">全省少儿围棋赛</td><td>全省12支代表队、470名小选手</td></tr>
<tr><td>2月6—9日</td><td>市体育局、市体育总会</td><td rowspan="6">体育·惠民100全民健身系列活动</td><td>2015年首届抚州“才子之乡”围棋年度大赛</td><td>14支队、100余人</td></tr>
<tr><td>4月18日</td><td>南丰县政府、市体育局</td><td>南丰县“橘花香·橘园游”全民健身环城赛跑</td><td>南丰县、市长跑协会、赣州1000多人</td></tr>
<tr><td>5月17日</td><td>市体育局、市老干局</td><td>县级干部暨老干部围棋年度赛</td><td>11个县(区)代表队、45人</td></tr>
<tr><td>5月20日</td><td>市体育总会等</td><td>抚州市第八届太极拳比赛</td><td>21支队、300余人</td></tr>
<tr><td>7月25—26日</td><td>市体育总会</td><td>“桔都·军峰队”第五届乒乓球比赛</td><td>21支队、146人</td></tr>
<tr><td>10月5—7日</td><td>市体育总会等</td><td>“圆方杯”第二届业余围棋锦标赛</td><td>12支队、100余人</td></tr>
<tr><td>8月8日</td><td>市体育局、市体育总会</td><td colspan="2">抚州市全民健身日庆典活动</td><td>全市参与10万人次</td></tr>
<tr><td>9月24日</td><td>中国棋院、临川围棋协会等</td><td colspan="2">2015年金立智能手机杯中国围棋甲级联赛第14轮</td><td>4位世界冠军、7位九段国手</td></tr>
<tr><td>10月18日</td><td>市体育总会、市游泳协会</td><td colspan="2">2015年全市游泳邀请赛</td><td>21支队、200余人</td></tr>
<tr><td>10月18日</td><td>民进工委</td><td colspan="2">“寻找社区最美舞者”第三届广场舞大赛</td><td>城区11支代表队、近200人</td></tr>
<tr><td>11月30日闭幕</td><td>市体育总会主办、市足协、市职业技术学院承办</td><td colspan="2">2015抚州市男子足球锦标赛</td><td>18支球队、560人</td></tr>
<tr><td>11月28—29日</td><td>市体育总会、市围棋协会</td><td colspan="2">2015年冬季围棋段位赛</td><td>7个县(区)348名选手</td></tr>
</table>

本栏编辑　郭峻峰

# 民　　政

## 综　　述

2015年，抚州市民政系统围绕年初目标任务，坚持加快发展、深化改革、依法行政、真情服务，出台救助、养老、社工等重大政策，建成一批重大民生项目，承办双拥优抚、社会福利、民办养老等多个全省性会议，举办烈士公祭、防灾减灾日、重阳节、换届选举等众多大型活动，在全省设区市率先建成市、县、乡三级“数字民政”网络和启动中央级代储库标准建设的救灾物资储备库项目。年内，抚州市被评为全省双拥模范城，抚州市烈士陵园喜获全国文明优抚事业单位，抚州市福彩中心获中国福彩中心颁发的“创意刮刮乐．献礼十周年”团体创作三等奖。爱心超市负责人陈佩兰荣获“2015年度全国慈善会系统基础慈善工作者感人事迹宣传活动”十大感动人物。

民生保障向规范型攀升。以市政府名义印发《关于贯彻落实〈社会救助暂行办法〉实施意见》《关于进一步健全临时救助制度的通知》《抚州市居民家庭经济状况核对实施办法》三个规范性文件。重新修订完善《抚州市自然灾害应急救助工作手册》。建立由市政府领导为总召集人，民政牵头，26个职能部门为成员的社会救助联席会议制度。社会救助工作迎接全省涉农资金专项整治和稳增长促改革调结构惠民生两个专项检查。2015年城乡困难群众各项提标提补任务全面完成，20余万名城乡低保、五保供养、城乡孤儿以及困难人群的基本生活得到有效保障，7万余名患病困难群众得到医疗救助。全市有效应对洪涝、风雹、台风等灾害，帮助256户因灾倒房群众重建住房，举办“5·12”国家防灾减灾日大型活动，分别创建国家级和省级减灾示范社区5个和9个。其中金溪县探索开展自然灾害工作责任险（一元民生保险），惠及全县农业人口31万人。继续推进慈善品牌和项目建设，在做好“慈善爱心超市”“慈善情暖万家”“贫孤儿童培训基地”“慈善阳光班”等传统项目品牌的同时，新增“慈善关爱困难军人”“慈善关爱夕阳”“爱犹添翼”“大爱无疆资助贫困老人”等助学、助老、助医项目。全市新增助学冠名基金2个，“慈善阳光班”增至7个。

优抚双拥向融合式发展。市委书记肖毅主持召开全市双拥工作领导小组会议和省级双拥模范城创建部署动员大会，分管副市长和军分区政委带队赴各县（区）督查督导，高位推动双拥工作的落实。市本级和乐安、崇仁、黎川、南丰、金溪5个县迎接全省双拥工作考评验收。全市优抚政策全面落实，组织优抚数据和烈士褒扬工作专项督查。开展烈士纪念日公祭活动和“优抚政策宣讲年”活动，配合省民政厅相关单位做好优抚对象巡诊和军休医疗队老区行义诊工作。以积分择岗方式，公平、公正、公开做好转业士官安置，退役士兵职业教育和技能培训在全省会上交流。高度重视涉军群体信访问题，市委、市政府、市委政法委领导多次批示、调度、部署涉军群体信访问题。市委书记肖毅专门指示要将参战参试军队退役人员纳入全市“四进四联四帮”连心帮扶对象，对涉军困难人员在生活、医疗、住房救助上给予帮扶。市民政局下发《关于做好部分参战参试军队退役人员信息统计工作的通知》，对参战参试退役人员中生活确有困难的人员实行精准帮扶，较好地化解了矛盾，涉军集体访得到有效控制。

社会福利向普惠型拓展。积极应对人口老龄化发展趋势，以全国养老服务业综合改革试点为契机，积极探索经济欠发达地区可持续、可复制的养老服务业发展政策措施。市政府在出台《关于农村敬老院升级改造的实施意见》的基础上，2015年下发《关于加快发展养老服务业的实施办法》，明确土地供应、财政补贴、税费优惠免等扶持政策和保障措施。《抚州市养老服务设施布局规划》通过专家评审，与城市总体规划同步推进。全市为5.6万名80岁以上老人发放高龄津贴，为11.3万名70周岁以上老年人购买乘车人身意外伤害保险。积极鼓励条件较好的农村敬老院在落实“三无”老人和“五保”老人托底性养老工作的基础上，对农村纯女户老人、留守老人、困境老人、失能半失能老人以及自费老人开放。

社会管理向法治型转变。按照“法定职责必须为、法无授权不可为”的要求，对市本级行政审批、行政处罚、行政确认、行政给予等行政权力事项进行全面梳理，形成权力清单和责任清单，并通过中国抚州门户网和抚州民政网公开。优化社会组织行政审批程序。加大对社会组织行政审批窗口的工作督导，取消社会团体筹备成立阶段的审批程序和社会团体分支（代表）机构的审批登记。全面开展行业协会商会类直接登记工作，至年底直接登记行业协会2家。积极推动社会团体与行政机关脱钩，组织对全市社会团体中领导干部兼职情况调查摸底，全市821名在职公务人员在社会团体兼职。组织对市本级412家社会组织开展年度检查，参检单位合格率达90%以上。积极推进社会组织承接省级公益创投项目,市本级2015年首次安排30万元资金开展社会组织公益创投。全市1810个村委会和216个居委会换届选举工作全面完成,组织开展3期村(社区)两委人员培训。其中临川焦坑、青云石马巷社区换届试点经验得到省、市多家主流媒体关注。全面落实市中心城区社区干部工资每两年提标的政策,从2015年1月起,社区党支部书记(主任)月工资提高到1800元,其他委员工资提高到1500元。全市按照以点带面、示范引路,提升水平的基本思路,完成24个城乡社区精品示范点建设。市本级积极配合文明城市创建,通过帮扶、租赁、自购等形式购置一批社区办公用房。

公共服务向均等化发力。区划地名工作稳步推进,全面启动第二次全国地名普查工作。以创建省级文明城市为契机,中心城区重新规范路标路牌。开展边界联检联治活动20余次,签订平安边界管理协议书10余份,推进边界平安稳定。积极、有序、稳妥推进东乡撤县改区申报工作和广昌县塘坊撤乡设镇工作。殡葬改革工作有力推进,资溪、金溪、崇仁、东乡、乐安等县出台全民免费火化政策。市级建立殡葬改革工作领导小组,联合开展"治陋治乱"专项行动。通过加大政策宣传、开展倡廉教育、主动承诺公示、完善投诉反馈、组织明查暗访等形式,殡葬行业"红包"治理成效明显,得到省民政厅的充分肯定。依法办理婚姻收养登记,推进县级婚姻登记机关标准化建设。继续妥善、规范开展寻亲无着流浪乞讨人员的安置工作,加强对救助管理站中寻亲无着被托养对象的救助管理和规范服务。

项目建设向高层次迈进。重点谋划、大干快上一批民政项目。通过政策引领、资金整合、奖励推动,全市实施敬老院升级改造项目40个,新改扩建面积9.29万平方米,新增床位数3433张,第一期市级专项奖补资金707.6万元发放到位;市中心城区老年公寓一期工程作为市政府重点工程已全面完工,即将投入使用。市爱心居家养老服务中心项目全面竣工,拟采取公建民营模式由社会力量运营,力争打造成为全省一流的居家养老服务项目;市委、市政府在"十三五"规划中提出实施养生养老优市的战略,并正式启动3个大型养老项目建设。其中,市中心城区老年公寓二期项目作为国家开发银行专项发展基金重点支持的项目,计划引入医养结合的模式,由市投资发展公司融资代建;市本级西津养老机构示范点项目拟全部引入社会资本投资建设;温泉养老养生基地,拟融入生态养老、健康养老、休闲度假养老等内容,利用世界银行贷款作为项目启动,通过招商的形式由有实力的连锁性养老机构来投资、建设和运营。市烈士陵园升级改造工程和救灾救助中心项目继续列入市政府重点工程。其中市烈士陵园升级改造项目二期工程基本完成,三期工程有序推进,已通过国家级烈士纪念设施保护单位验收。市救灾救助中心项目按救灾物资储备库和救助管理中心统一规划,集中建设,分区管理,已完成立项、规划、设计、招标等,即将开工。

作风建设向长效型推进。全市民政系统认真落实党风廉政建设责任制和中央八项规定要求,召开全市民政系统党风廉政建设暨法治民政建设工作会议,以专题党课形式召开年中分析会,市民政局与县民政局及局属单位间签订党风廉政建设责任状。做好"把纪律挺在前面"先行先试、廉政风险防控、殡葬行业"红包"专项治理等项工作。开设"纪律讲堂"和领导干部落实党风廉政建设主体责任调研约谈活动。强化民政资金监管,组织对局属单位财务管理情况专项检查,对全市民政涉农资金情况专项督查。认真组织开展"三严三实"专题教育活动、"四进四联四帮"活动和省级文明城市创建活动。社会工作人才队伍建设工作取得重大突破,市委组织部、市民政局等19个部门首次联合下发加强社工人才队伍建设的实施意见。市社会福利中心获评抚州市首个社工人才建设示范点。全市民办社工机构破零,成立机构4家。防灾减灾专业人才建设稳步推进,下发《关于推动我市村(居)级灾害信息员队伍建设试点工作的指导意见》,村(居)级灾害信息员队伍建设工作在全市铺开。

(何 影)

【市民政局领导名录】
党组书记、局长:傅志雄
党组成员、副局长:何儒辉 赵 明
党组成员、老龄委办专职副主任:
涂建国
党组成员、副局长:邹 华 王东华

## 社会救助

【概况】 抚州市社会救助工作以贯彻落实《社会救助暂行办法》和社会救助工作法治化、规范化、科学化为重点,紧扣年初部署的各项社会救助任务和目标,精心组织、周密部署、狠抓落实,提高全市社会救助工作水平。

【民生工程惠及百姓】 2015年,全市共接收中央、省级财政下达各项社会救助资金6.44亿元。市、县级财政共预算配套城乡社会救助资金1.48亿元,比2014年的1.3亿元增加1800万元。全市城市低保保障标准由2014年430元提至450元,补差水平由2014年270元提至290元。农村低保保障标准由2014年220元提至240元,补差水平由2014年145元提至165元。农村五保集中供养标准由2014年336元/人/月提至378元/人/月,分散供养标准260元/人/月,县(区)集中供养标准超额完成民生工程任务。60年代精简退职人员救济水平,城市由2014年315元/人/月提至335元/人/月,农村由275元/人/月提至295元/人/月。

截至2015年12月,全市有城乡低保对象20.18万人,其中城市低保对象8.06万人,占非农业人口总数的8.01%,农村低保对象12.12万人,占全市农业总人口的3.7%。全年累计发放城乡低保资金5.21亿元,其中,城市低保资金2.81亿元,农村低保资金2.4亿元。城市低保补差水平291.39元,农村低保补差水平165.85元。全年共实施城乡医疗救助对象10.8万人次,累计发放城乡救助资金10915.9万元。其中,城市救助对象5.5万人次,发放救助金2395.1万元;农村救助对象5.3万人次,发放救助金8520.8万元。全年共保障农村五保供养人数18009人,其中集中供养11279人,分散供养6730人,累计发放农村五保供养资金7885万元。

全年对困难群众实施临时救助4916人次,累计发放临时救助资金1292.8万元,人均救助金额2630元。

【确保制度不断完善】　为深入贯彻落实《社会救助暂行办法》,2015年市政府下发《关于建立城乡社会救助工作联席会议制度的通知》,成立由市政府领导为总召集人,民政为牵头单位,财政、人社、房管等相关职能部门为成员的社会救助联席会议制度,进一步明确各成员单位的职责。下发《关于进一步健全完善临时救助制度的通知》《关于印发抚州市居民家庭经济状况核对办法的通知》和《关于贯彻落实社会救助暂行办法的实施意见》。资溪、南丰、崇仁等县也出台贯彻落实《社会救助暂行办法》相关文件。

【医疗救助成效显著】　近年来,按照省民政厅重大疾病专项医疗救助政策要求,抚州市先后开展爱心医疗救助、"光明·微笑"工程、尿毒症困难患者免费血透治疗,儿童"两病"免费救治等十余项重特大疾病专项救助。同时,按照国务院办公厅转发民政部等部门《关于进一步完善医疗救助制度全面开展重特大疾病医疗救助工作意见的通知》精神,黎川、崇仁、乐安、金溪、广昌、东乡等县针对重点救助对象中一般疾病和重特大疾病患者,分别设置不同救助比例和封顶线,重特大疾病救助水平明显高于一般疾病救助标准。低保对象重特大疾病救助比例最高达到70%,封顶线最高达到8万元。针对过去医疗救助对象办理救助手续复杂、费用结算繁琐的问题,抚州市积极推进医疗救助与基本医疗保险同步结算服务,全面建立医疗救助同步结算工作机制。市政府办转发市财政局等部门《抚州市疾病应急救助基金管理办法的通知》,市卫计委、市财政局、市人社局、市民政局、市公安局联合印发《抚州市疾病应急救助制度实施细则(试行)》,为疾病应急救助工作开展提供政策依据。

【加强资金安全运行】　2015年,全市民政部门通过内部监督检查以及借助审计、财政部门力量,对全市社会救助政策落实情况以及资金运行管理情况进行监督检查。年初,市民政局下发《抚州市民政局系统内部财务监督检查的工作方案》,重点对各县(区)2013—2014年各项资金收支使用情况进行监督检查。3月,市审计局下发《对抚州市稳增长促改革调结构惠民生政策措施落实情况进行跟踪审计的通知》,民政部门积极配合审计部门对加强社会救助、保障困难群众基本生活方面内容进行审计。4月,市财政局、市发改委、市农业局联合下发《抚州市开展涉农资金专项整治行动实施方案》,市民政局印发《开展全市民政系统涉农资金专项整治行动实施方案》,会同财政部门重点对全市农村低保、农村五保、农村医疗救助等涉农资金管理使用情况进行监督检查,确保社会救助资金管理和使用更加规范有序。

【保障"五车"整治推进】　为配合市委、市政府开展市中心城区"五车"(摩托车、三轮电动车、四轮电动车、残疾人专用车、黑的)整治活动,市民政局对生活困难且符合救助条件的"五车"人员开展基本生活救助。市民政局、市人社局联合印发《关于对生活困难的"五车"驾驶人员进行救助的工作方案》,并以宣传单形式向广大群众宣传"五车"重点救助人员、救助形式、救助标准等具体内容。在救助过程中,对符合低保条件人员及时办理低保。尽量优化工作流程,缩短审批周期,提高救助效率,将低保办理程序由30天缩短到15天。对因办理低保程序原因未及时得到低保救助的,按照其家庭经济状况、家庭收入状况,给予过渡性的临时救助。临时救助期限累计不超过4个月:城市对象每人每月不超过290元,农村对象每人每月不超过165元。临时救助办理程序由15天缩短到7天。通过民政部门耐心细致工作,生活困难"五车"驾驶人员及时得到政府救助。

【养老水平全面提升】　继续开展农村敬老院升级改造,广昌县敬老院升级改造建设,全部纳入中央统战部对口扶持中央振兴苏区项目工程,2015年中央统战部爱心企业捐赠资金达1700万元;临川区政府从2014年开始,每年投入800万元,用3年时间对全区敬老院按照三星级标准进行功能完善;资溪县政府从计划生育社会抚养费中划出260万元,对乡镇敬老院升级改造项目实行奖补。为做好敬老院安全管理工作,市民政局先后下发《关于加强全市福利、救助机构安全管理紧急通知》《关于加强敬老院安全管理工作的紧急通知》《关于加强敬老院消防安全管理工作的通知》。6月,市民政局组成多个督查组,重点对各地农村敬老院安全管理情况进行全面督查。并联合消防部门在临川区召开全市养老机构消防安全管理现场会,就全市敬老院消防安全工作进行重点部署。积极开展敬老院等级评定,抚州向省民政厅推荐参评敬老院80所,其中参评三星级的28所,参评二星级的34所,参评一星级的18所。

(吴　琦)

## 优抚安置

【概况】　2015年,全市享受国家抚恤补助优抚对象17858人,其中,残疾军人1572人、三属(烈属、因公牺牲军人遗属、病故军人遗属)444人、在乡老复员军人994人、带病回乡退伍军人2732人、参战参试退役人员2402人、60周岁农村籍退役士兵8998人、60周岁老烈士子女596人、铀矿开采军队退役人员120人。

【各项优抚政策落实到位】　全市民政系统组织开展优抚政策宣讲年活动,举办全市优抚政策及业务知识培训班,优抚对象第二代身份证扫描率达90%。全市各项抚恤和生活补助通过"一卡通"及时、足额发放到位。抗战胜利70周年之际,向抗战老战士发放抗战胜利70周年纪念章和一次性生活补助金,组织开展抗日英烈事迹巡回展、国家烈士纪念日公祭活动。积极推进烈士陵园建设,市烈士陵园升级改造项目已完成第二期浮雕项目建设;南城县全面完成烈士陵园新建工作;乐安、金溪烈士陵园进入施工阶段;除广昌县外,全市零散烈士纪念设施项目建设已全部完成。组织专家对200多名重点优抚巡诊及免费药品发放活动。

【军休人员接收安置顺利完成】 2015年，抚州市新接收军队退休干部1人，军队无军籍职工4人。落实军队离退休干部二次工资待遇调整，做好军队离退休干部护理费调整发放。纪念抗日战争胜利70周年，走访慰问抗战离休干部。

【退役士兵安置到位】 2015年全市共接收退役士兵1622人，其中自主就业退役士兵1526人，符合政策安置的退役士兵96人。至12月底，70%以上安置到全额拨款事业单位。990名自主就业退役士兵报名参加职业教育和技能培训，合格人员672人。自主就业退役士兵按4500元/年的标准及时发放一次性补助金，共发放资金2215万元。7月，制定下发《抚州市随军未就业家属基本生活补助发放实施办法》，在部队发放随军家属未就业期间基本生活补助的基础上，由驻地政府按照不低于当地上年度城镇非私营单位在岗职工平均工资的10%的标准发放，发放期限累计不超过36个月。

【抚州市第二次被评为全省双拥模范城】 2015年，抚州市开始新一轮全省双拥模范城县的创建工作，下发《抚州市创建全省双拥模范城实施方案》和各责任单位任务分解表。4月，召开全市双拥工作领导小组会议，部署全省双拥模范城（县）考评验收迎检工作，会上市委书记肖毅作讲话。6月，市本级及乐安、崇仁、黎川、南丰、金溪5县顺利通过省双拥模范城（县）考评组的考评验收，被评为全省双拥模范城（县）。

（全卫平）

## 救灾救济

【概况】 2015年，抚州市先后遭遇10次洪涝、1次风雹、1次台风灾害，较往年具有雨势猛、密度大、范围广的特点。特别是5月下旬、6月下旬先后连续遭遇4次集中强降雨及7月雷雨大风等强对流天气，全市135个乡镇受灾，累计受灾人口89.35万人，因灾死亡3人，紧急转移人口3.06万人，需紧急生活救助人口3.1万人；农作物受灾面积8.19万公顷、绝收面积0.51万公顷；倒塌房屋362间，严重损坏房屋446间，一般损坏房屋1331间，直接经济损失10.69亿元。

【防灾减灾组织健全】 5月12日，市民政局围绕“科学减灾，依法应对”主题在市城区步步高钧天购物广场举行大型防灾减灾知识宣传咨询活动，增强群众防灾减灾意识，掌握自救互救知识；8月20日，出台《抚州市减灾志愿者协会组建方案》，建立抚州市减灾志愿者协会，初步形成由民政、气象、水利、农业、卫生等单位主管的减灾志愿者小组，吸引蓝天救援队、登山协会、冬泳协会、户外联盟等众多有专业特长的社会热心人士和组织参与防灾减灾工作。大力开展综合减灾示范社区创建工作，8月26日在总结临川区示范社区试点经验的基础，市减灾委出台《关于推动我市村（居）级灾害信息员队伍建设试点工作的指导意见》，着力推进村（居）级灾害信息员队伍职业化、规模化建设。年内抚州市救灾（救助）中心项目建设开工，全市共创建5个国家级、9个省级减灾示范社区。其中金溪县探索开展自然灾害工作责任险（一元民生保险），惠及全县农业人口31万人。

【做好灾前防范灾后救助工作】 民政部门立足“防大汛、抢大险、救大灾”，加强与气象、水利、国土、防汛等部门的联系和协作，掌握雨情水情，通过短信、QQ平台，第一时间向涉灾地区和有关部门发送灾情预警信息，提前做好应对措施，加强防范。全年共帮助256户因灾倒房群众重建住房，为确保因灾倒房户冬春入住新房，民政部门采取每月一调度、一督查、一通报的方式，抓好灾后重建工作。

（黄高孙　周普泉）

## 社会福利

【概况】 抚州市以列入全国养老服务业综合改革试点市为契机，积极探索经济欠发达地区养老服务业发展新路径，大力推进城乡协同发展的养老服务体系框架建设。2015年，全市建成居家养老示范点28个、农村幸福院（颐养之家）132个，落实808名三无对象（无家可归、无依无靠、无生活来源的孤寡老人、残疾人、未成年人、精神病人）和2292名孤儿基本生活费发放，继续推进全市农村敬老院升级改造工作。

【养老服务体系建设不断完善】 市民政局认真编制养老“十三五”项目规划，指导各地做好2015—2020年项目的选取、细化前期工作、规范编报程序等，与市发改委联合召开项目编制座谈会，为做好项目规划安排，积极筹建社会福利项目储备库，高起点规划、科学布局，明确项目建设单位、名称、进展、类别。

【养老示范项目建设有序推进】 重点推进示范性养老机构建设，市中心城区老年公寓一期工程竣工并将试运营，二期工程占地面积3.67公顷，总建设面积5.64万平方米，建设床位1000张，总投资2.2亿元，已列入2015年抚州市重点建设项目。

【农村敬老院升级改造稳步实施】 2014年市政府将农村敬老院升级改造工程纳入对县区目标考核内容后，各地加快升级改造步伐，2015年共完成18个农村敬老院项目提升改造任务。

【福彩公益活动异彩纷呈】 2015年全市共发行福利彩票1.68亿元，获全省福彩站均销量第一名，销售增长奖第二名，电脑票完成任务奖第三名，比2014年增长21.03%，筹集公益金近5900万元。抚州市先后开展“福彩公益行——关爱困难群众”“福彩公益行——走近抗战老兵”“福彩公益行——爱心助盲人”等公益活动，扩大和提高福彩公益品牌，受到社会各界一致好评。

（颜文智　余育勤）

## 慈善事业

【概况】 2015年，市慈善总会广泛开展慈善活动，充分发挥慈善在赈灾、扶老、助残、助医、助学等方面的积极作用。全年筹集慈善款物526.07万元,发放慈善款物317.82万元,直接受惠困难对象2.14万人,基金存量1770.37万元,市慈善爱心超市经理陈佩兰获江西省唯一的“全国基层慈善工作者十大感动人物”奖。

【慈善活动空前活跃】　“慈善一日捐”参与单位、个人不断增多,2015年筹集慈善款100余万元,规模超过历年;金融企业、社会组织开业庆典,均举行慈善捐赠活动,如华美立家、南昌银行开业、福建商会成立庆典都举行慈善捐赠活动,向市慈善基金注资。市慈善总会配合中国老龄事业发展基金会,在临川上顿渡敬老院开展“大爱无疆”资助贫困老人大型公益活动,发放30万元爱心棉衣棉被,为70多名贫困老人赠送意外伤害保险;携手TCL集团启动“2015年公益万里行”扶贫惠民工程,投入家电补贴资金1200万元,让更多困难家庭买得起、用得起放心家电;联合熊玉钦长笛中心举行慈善音乐会,现场为福利中心孤残儿童筹集救助款2.24万元。先后开展华美立家为大病家庭黄园平开展爱心捐赠活动,临川二中慈善分会成立暨助学活动等系列大型慈善活动,集聚社会爱心,营造崇德向善的浓厚氛围。

【慈善项目品牌效应突显】　“慈善爱心超市”项目建立特色的物资募集、发放、运行模式,强化自身造血功能,共募集、发放救助资金42.5万元,惠及救助对象1535户;“慈善情暖万家”实行精准救助,市慈善总会组织21个慰问组,深入全市300户困难对象家中,了解他们的生活情况,送去慰问金和生活物资;“慈善关爱困难军人”项目,为10名家庭困难的驻抚部队官兵每户资助5000元,增进军民鱼水之情;“贫孤儿童培训基地”项目增加家庭式外出拓展,以家庭义工结成24个对子,让营员充分感受家庭的温暖和爱心;“慈善关爱夕阳”项目投入43万元,资助市福利中心老年公寓购买家俱和大型显示屏,投入20.4万元爱心物资开展端午慈善敬老慰问活动;“慈善阳光班”项目新增抚州一中、黎川二中两个班,至2015年年底有7个阳光班,在校学生350人;“爱犹添翼”高考助学项目对53名优秀贫困学生每人救助4000~5000元,圆了他们的大学梦;“慈善助医工程”帮助207名贫困老人实施免费体检,救助大病家庭43户,大病儿童26人;启动“社会组织孵化”项目,对10家具有潜力的公益组织通过入壳孵化的模式系统培育和扶持。抚州市贫孤儿童夏令营项目再次获得第四届深圳慈展会展位,与全国众多知名机构和项目进行交流展示。

【慈善文化建设取得新突破】　围绕“五星慈善城市”品牌,做大做强“一刊一报两网”,宣传抚州慈善工作,推动慈善文化建设。慈善微信公众平台及时推送慈善话题,引起社会广泛参与讨论,点赞量不断攀升。80台慈善多功能募捐箱设置于人流密集的公共场所,每天8个小时即时滚动播放慈善工作动态和宣传语等。抚州慈善期刊投放全国各兄弟慈善组织、各大商会、市内各机关企事业单位领导、慈善会员,扩大了慈善影响面。加强与市级新闻媒体的深度沟通与合作,播发稿件、新闻、专题近40篇(次),设立专版专题,进行慈善活动重点宣传。慈善元素也进入市文联的谷雨诗会,彰显慈善文化融合作用。

(王晓敏)

## 救助管理和殡葬改革

【概况】　2015年,市民政局开展寻亲无着流浪乞讨人员妥善安置工作,全面深化殡葬改革,大力开展市城区丧葬陋俗整治活动,将全市所有乡镇划为火葬区,火化率巩固在70%左右,高于全省平均火化率。

【妥善安置寻亲无着流浪乞讨人员】

根据省民政厅《关于加强寻亲无着流浪乞讨人员安置管理工作的通知》要求,市、县(区)民政局抽调人员,摸清滞留在救助管理机构、托养在福利机构的人数,单独设立安置工作台账,对安置对象逐一建档,做到人账相符,救助机构与受托机构账目相符。将原先长期安置的流浪人员,重新选择一家资质、工作人员、设施设备、安全管理和制度建设均符合条件的民办老年公寓中安置,并加强对托养救助对象的跟踪管理。

【深化殡葬改革】　2014年,市委办、市政府办下发《关于全面深化殡葬改革的实施办法》,市政府成立以副市长为组长的市殡葬改革工作领导小组,建立健全党委领导、政府负责、部门协作、社会参与的工作机制。以市殡葬改革工作领导小组名义印发《全市“治陋治乱”重点突破工作方案》,全面开启治理殡葬陋习、乱埋乱葬的整治行动。市政府常务副市长于秀明牵头召开整治市城区丧葬陋俗工作会议,以市政府名义发出《关于整治市城区丧葬陋俗的通告》和《关于进一步整治市城区丧葬陋俗的实施意见》。对市城区丧葬行为提出“六个严禁”,明确处罚细则,市中心城区游丧、抛洒纸钱等扰民现象基本消除。2015年继续推进遗体火葬改革,全市所有乡镇划为火葬区,资溪、金溪、崇仁、东乡、乐安等县出台全民免费火化政策。完善殡葬设施建设,各县都建有殡仪馆和公墓,2015年向省民政厅申请农村公益性墓地建设项目19个,争取补助资金90万元。规范文明祭扫行为,清明期间,市政府发布《关于清明节安全文明祭扫的通告》,向市直各单位、广大百姓印发“文明祭扫、平安清明”倡议书,倡导文明、安全、低碳、环保的祭祀方式。

【开展殡葬“红包”治理】　市民政局党组成立“红包”专项治理工作领导小组,召开会议动员部署,深入开展思想道德、职业操守、反腐倡廉教育活动,引导职工自觉抵御“红包”歪风。在殡仪馆服务场所竖立宣传栏、张贴告示、悬挂横幅,大力宣传殡葬管理法规政策。殡仪馆业务车均贴有“拒收红包”标识,时刻警醒工作人员拒收红包。重点环节、重要岗位、重点人员签订“拒收红包”承诺书,完善投诉反馈制度,在醒目位置公示承诺书、投诉电话、意见箱,24小时接受投诉和意见建议。对殡仪馆重点窗口、重点岗位人员进行全面排查,殡仪馆内部进行经常性排查,对乱收费、收人情费以及不给钱不办事行为明察暗访。填写自查自纠情况登记表,交“红包”专项治理领导小组张贴公示。公开殡葬服务项目和收费标准供丧属自行选择。严格执行民政部《殡仪接待服务》行业标准,完善以“一线通”白事服务、“家庭式”守灵服务、“一站式”陪同服务等亲情化服务为主要内容的殡葬“一条龙”惠民便民服务。

(梁 超)

## 社会组织管理

【概况】 全市有社会组织1367家。其中,社会团体815家,民办非企业单位552家。2015年上半年对市本级412家社会组织开展2014年度检查,参检率达到70%以上,参检单位合格率90%以上。全市共有40家社会组织成立党组织,有党员86人。

【优化社会组织行政审批程序】 加大对社会组织行政审批窗口的工作督导,要求审批窗口及时取消社会团体筹备成立阶段的审批程序,取消社会团体分支(代表)机构的审批登记;将异地商会、社区社会组织的登记权限下放到县(区)民政部门;破除行业协会商会“一业一会”限制,探索开展“一业多会”登记。

【协调开展社会组织公益创投活动】 与市文明办、市计生委投入资金30万元,联合开展市级社会组织公益创投工作。通过专家评审,最终确定10个社会组织获得创投项目,涉及留守儿童、关爱环卫工人、阳光助残、社会组织自身发展等各个方面。积极发动全市社会组织党组织申报省级公益创投项目,经省里评审,抚州市6个社会组织承接省级公益创优项目,获创投资金65.5万元。10月30日,举行抚州市社会组织孵化基地启动仪式,省民政厅副厅长饶剑明,抚州市政府副市长肖承贵等领导出席仪式。孵化基地采取“政府资金支持、民间力量兴办、专业团队管理、政府公众监督、社会民众受益”的运营模式,通过入壳孵化,提供硬件设施和软件服务,进行系统地培育和扶持,实现入孵组织持续健康发展。首批10家社会组织入驻基地。

【加强社会组织党组织建设】 采取与社会组织登记同步成立党组织的形式,通过开展社会组织登记、年度检查等工作,全面掌握社会组织党组织和党员基本数据,指导社会组织全面完善党建工作。认真落实《中国共产党发展党员工作细则》,按照“控制总量、优化结构、提高质量、发挥作用”的总要求,做好社会组织发展党员工作,逐步提高社会组织从业人员中的党员比例。严格工作程序,把社会组织的业务骨干和优秀分子吸收到党内,2015年上半年,对抚州市海西商会4名入党积极份子进行考察,并在年中的市社会组织党工委工作会议上进行表决通过。

(梁 超)

## 基层政权和社区建设

【概况】 2015年,全市基层政权和社区建设、区划地名、边界管理各项工作有序推进。一是圆满完成第九届村(居)换届选举工作。全市1808个村、185个社区开展换届选举,共选举产生村党组织书记1808人,村党组织副书记472人,村党组织委员6564人。社区党组织书记185人,社区党组织副书记47人,社区党组织委员168人。产生村委会主任1808人(其中书记、主任一肩挑87人),村委会委员5125人;二是加强城乡社区建设,综合服务能力全面提升。按照抓点带面、示范引路、提升水平的基本思路,省、市财政投入资金200余万元,全市创建城乡精品社区24个,改善社区办公用房1000余平方米,城乡社区居委会服务水平全面提升;三是努力创建“文明社区”示范建设,打造和谐文明社区。按照全市创建省级文明城市的统一部署,规范建立41个社区活动服务中心,开展各类志愿服务活动500余次,举办“道德讲堂”100余场,评选“身边好人”300人,不断助力社区精神文明建设。

【全面启动行政区划调整工作】 为加快抚州经济社会发展,优化行政区划结构,提升中心城区的承载能力和辐射带动能力,2015年10月21日,市委常委(扩大)会议研究,原则同意正式启动东乡撤县设区工作,12月10日以市政府名义正式呈报省人民政府,12月31日,省政府向国务院呈报《关于抚州市东乡县撤县设区的请示》《关于抚州市东乡县撤县设区方案论证和社会稳定风险评估的报告》两个文件。同时,为加快适应新型城镇化建设,对条件成熟的乡、垦殖场开展撤乡设镇,提升城镇化建设水平,年内圆满完成对广昌县塘坊乡撤乡设镇工作。

【组织实施地名普查】 根据江西省地名普查办统一部署,抚州市启动“地名普查、助力中国梦”主题宣传活动,发放宣传资料4000余份,制作宣传画册2000余册,为开展地名普查造势。聘请2024名普查员,组织普查业务骨干开展培训,提高专业技能。重点推进南城、黎川、广昌、崇仁、金溪5个县的普查试点,圆满完成试点项目协议签订。加强地名标准管理,年内完成对市中心城区20余条主次干道、50余条一般道、巷的地名设标,共设置路标牌200余块,规范了城区道路地名管理。

【边界管理成效显著】 2015年,完成4条市级、10条县级、55条乡级,总长约2000千米边界联检任务。同时,指导各县(区)抓好边界平安创建工作,扎实做好和谐平安边界管理和宣传,不断增强边界管桩护桩的水平。签订平安边界管理协议书10余份,开展联检联治活动20余次,高质高效完成联检任务。

(吴晓红)

本栏编辑 陈志平

# 居民生活·计划生育

## 城乡居民收入与消费

【概况】 2015年,抚州市城镇居民人均可支配收入25065元,增长8.5%;农村居民人均可支配收入11441元,增长9.9%。城市居民人均消费性支出15032元,增长11.7%;农村居民人均消费性支出7488元,增长12.1%。

【城乡居民收入】 2015年,抚州城镇居民人均工资性收入为16181元,同比增长5.85%。工资性收入占可支配收入64.6%,仍是城镇居民收入主要来源。人均经营净收入为2619元,增长19.4%,占可支配收入10.4%。人均财产净收入为1941元,同比增长47.9%,占可支配收入的7.7%。人均转移净收入为4324元,同比增长0.3%,占可支配收入的17.3%。

农村居民人均工资性收入3582元,增长28.8%,占农村居民人均可支配收入的31.3%。人均家庭经营净收入为6159元,增长10%,占农村居民人均可支配收入的53.8%,仍是其收入的主要来源,人均财产净收入为99元,增长15.1%。人均转移净收入为1600元,下降17.4%。

【城乡居民消费支出】 随着居民收入水平的提高和生活条件的改善,注重生活的“质”和“量”,注重生活用品及服务、医疗保健、居住等方面的消费。2015年,抚州城镇居民人均生活消费支出15032元,同比增长11.7%。其中人均食品烟酒消费支出5031元,同比下降2.9%;人均衣着消费支出1042元,同比下降1.3%;人均居住消费支出3187元,同比增长3.7%;人均生活用品及服务消费支出1049元,同比增长26.7%;人均交通通信消费支出2415元,同比增长68.9%;人均教育文化娱乐消费支出1281元,同比增长19.8%;人均医疗保健消费支出638元,同比增长13.5%;人均其他用品和服务消费支出388元,同比增长50.3%。

2015年,抚州农村居民人均消费支出7488元,比2014年增长12.1%。生活消费八大类支出呈现全面增长格局。其中人均食品烟酒消费支出2912元,同比增长7.8%;人均衣着消费支出378元,同比增长8.5%;人均居住消费支出1874元,同比增长13.5%;人均生活用品及服务支出454元,同比增长34.1%;人均交通通信支出607元,同比增长9.7%;人均教育文化娱乐支出609元,同比增长6.9%;人均医疗保健支出500元,同比增长32.9%;人均其他用品和服务支出154元,同比增长41.2%。

【数字影院代替传统影院】 2012年以前,抚州仅有影都电影院一家单厅数字影院。2012年11月,中映国际数字影城(现为星美国际影城)开业,结束抚州无多厅数字影院的历史。2013年1月,崇仁百线影院开业,成为全市第一家投入使用的县级多厅数字影院。2014年,抚州每个县(区)均有多厅数字影院。2015年,抚州半数以上县(区)建有两家以上多厅数字影院,全市建成数字影院21家,有85个放映厅。

电影票销售方式也多样化,既有传统的售票处购票,也有极为方便的网上购票,还有在电影院现场用手机扫二维码购电影票。全年全市数字影院实现票房收入4786.9万元,比2014年增加89%。18~25岁的观众群占一半比例,以学生为主;26~35岁的观众群占四分之一左右。

(杨家顺)

【新能源汽车推广】 抚州作为全国首批新能源汽车推广应用示范城市,大力推广新能源公交车。2015年,市城区有新能源公交车147辆,其中纯天然气公交车47辆、油电混合动力公交车100辆,占公交车总数一半以上。全市共有新能源汽车452辆。近年来,抚州市加快市区充电桩建设。2012年,市区建有1个充换电站、50个充电桩(分布在市区荆公路供电职工宿舍区、牛角湾供电职工宿舍区、荟萃中央小区等处)。2015年在西门口公交车停车场建设20个充电桩,在高新区企业孵化园建8个充电桩,在市公安局办公楼停车场建4个充电桩,特警支队建两个,市中院、市检察院各5个,抚州一中建10个。市行政中心的60个新能源汽车充电桩投入使用,至此,市区建设充电桩200多个。另外,江铃底盘、江铃轻汽等企业也建有充电桩。

抚州市还力促新能源汽车产业发展。抚州高新技术产业园区有55家企业具有生产加工新能源汽车配件的能力,同时引进和培育迪比科、江铃轻汽、永方电源等企业,涉及动力锂离子电池及材料、汽车总成、电机、电控、驱动装置、零部件及模具的研发等领域。

【市区公共自行车开始试运行】 11月25日,市区公共自行车项目开始试运行。市区梦湖广场、梦岛、凤岗河湿地公园、晏殊大道北段(利民嘉苑小区附近)建有公共自行车站点和锁车桩,投放公共自行车100多辆,市民可办卡取用，享受方便、低碳的绿色出行。试运行后，公共自行车的管理人员将对每个站点的借车量进行统计，测算每个点的实际需求，今后将根据实际需求再调整点位的分布以及每个点位投放的自行车量。

市区公共自行车租车方法：市居民凭借二代身份证原件和复印件，到梦湖广场、梦岛站点办理租车卡。办卡时需交180元诚信押金（退卡时可返还）和50元预存租车费以及办卡工本费20元。每张卡每次只能租一辆自行车，公共自行车从车辆锁止器内取出时开始计时，1小时内免费、2小时内收费1元、3小时内收费2元、5小时内收费5元、24小时内收费10元，超过24小时重新开始计算。

【"一元化"户口登记工作正式启动实施】 11月24日上午，抚州市"一元化"居民户口簿首发式在临川公安分局北站派出所举行。这标志着抚州市"一元化"户口登记工作正式启动实施。临川区抚北镇上源村村民包富兴是户口改革后第一个获得新户口簿的居民，"农业家庭户口"变成"居民家庭户"，意味着以"农业"和"非农业"区分户口性质的城乡二元户籍制度将成为历史，此后"户别"栏一律填写"居民家庭户"或"居民集体户"。

农民转户后，保留转户农民在农村的合法利益，"五个不变"，即宅基地使用权不变、土地承包权不变、林地承包权不变、集体经济利益分配权不变、计划生育优惠政策不变。农民转户后并依法享受城市居民的同等待遇，在教育上，转户居民子女接受教育不再收取择校费，而且就近入学，不是指定到农民工子女学校就读；在住房上，转户农民符合住房保障条件的，可享受城镇保障性住房相关政策；医保社保方面，转户后的农民可以享受与城镇居民同等的医疗保障和社会保障方面的政策。

"一元化"户口登记将在市中心城区青云、荆公路、西大街、六水桥、文昌、孝桥、抚北、温泉及钟岭、城西、崇岗11个街道（乡镇）展开，共涉及人口14万余户、40.8万余人。

【居民家庭经济状况核对中心成立】

7月27日，抚州市成立居民家庭经济状况核对中心，市民申领包括廉租房、低保、医疗救助、法律援助等社会救助，都须先经居民家庭经济状况核对中心"查清家底"。居民家庭经济状况核对中心主要依托数字民政网络，建立横向纵向联通各职能及县区核对平台，充分利用互联网技术，建立数据库，方便核对信息。

以前了解市民家庭经济情况主要采用传统手工方式调查，如入户调查、邻里访问、信函等。这种方式比较单一，不能完全掌握居民家庭经济状况，也不利于及时更新信息，往往容易出现瞒报、少报、不报或假报等现象。建立信息核对机制，可杜绝'人情保'、骗保、虚报冒领、骗吃骗救助等现象。核对流程首先由申请家庭经过授权委托，再交由核对中心通过全省统一核对网络平台，与相关部门连接进行核对，查实居民家庭经济收入及成员的财产状况，科学评估居民家庭经济水平，从而保障社会救助的公平、公正，真正让需要帮助的人得到实惠。核对的内容主要是居民的个人资产，如房产、车产、储蓄、遗产、股票收入等。

【居民购买本地汽车可获补贴】 为提振消费，拉动经济发展，促进汽车及零配件产业升级，7月6日，市相关部门日前联合制订《抚州市鼓励本地购买地产汽车补贴政策实施方案》。补贴对象是拥有市本地户籍（含城乡户籍）的个人，市辖区内法人组织（党政机关、事业单位、人民团体、社会组织等）以及中央、省驻抚单位。补贴车型为江铃集团轻型汽车有限公司生产的在抚州市销售的轻型汽车，且需在江铃轻汽授权的抚州市辖区内汽车销售公司购买。此次实行的政策期限暂定为1年（2015年6月1日至2016年5月30日），补贴标准为销售价格的10%。

【旧衣服捐赠和再使用公益项目启动】 随着人们生活水平提高，旧衣服囤积衣柜成为困扰问题。废旧纺织品数量惊人，大多被填埋或焚烧，不仅浪费也影响环境。政协抚州市三届五次会议提案第188号、第221号提案都建言尽早启动旧衣物回收工作。4月，市慈善总会、市文明办的公益慈善项目"衣循环·爱再生"启动实施。

4月，仁益社工中心成立，成员大部分是民政干部和社区干部中的专业社工，成员200余人。"衣循环·爱再生"项目陆续在市中心城区的一些社区内投放旧衣捐赠箱作为试点，如荆公路社区、县学岭社区等。该中心组织志愿者深入社区、学校、机关单位宣讲垃圾分类和旧衣回收的重要意义，引导居民形成良好旧衣处理习惯，帮助政府承担垃圾分类的负担，减少焚烧衣物给大气所带的污染，促进环保低碳。通过集中收集、分类管理、综合循环、回收利用的方法将废旧衣物变废为宝，化害为利。符合捐赠条件的捐给需要的人；不符合捐赠条件的旧衣物则交给专业企业处理，资源再利用再循环，形成捐赠、收集、转赠、再生的完整公益链条。

## 住　房

【概况】 2015年1—10月，抚州市商品房销售备案面积291.04万平方米，同比增长15.04%，其中住宅销售备案面积264.75万平方米，同比增长12.59%。商品房销售备案套数27430套，同比增长9.69%，其中住宅销售备案套数23348套，同比增长10.6%。

全市商品住房销售备案均价每平方米4384元，同比降低3.63%；其中，中心城区商品住房销售备案均价每平方米5050元，同比降低3.96%。全市二手房交易面积82.1万平方米，同比增长43.36%；交易6102宗，同比增长23.45%。市中心城区二手房交易面积30.55万平方米，同比增长84.15%。二手房交易1983宗，同比增长27.52%。

市中心城区1.5万平方米以上的成熟住宅小区有70个，其中5万~10万平方米的有19个、10万平方米以上的有20个，有物业管理的小区49个，物业管理覆盖率70%。新建商品房住宅小区26个，物业管理覆盖率100%。

【系列房产新政出台】 5月21日，为进一步完善房地产市场调控政策，合理引导住房消费，促进市中心城区房地产市场平稳健康发展,实行一系列房产新政,备受市民关注的"五改二""商转公"及契税补贴等购房利好政策正式实施。

优先满足居民首套住房和改善性住房资金需求。前期中国人民银行出台的关于降低首套房及二套房贷款首付比例和贷款利率优惠政策落地,此后市民购买二套房,首付比例最低降至四成,贷款利率也比以前更加优惠。住宅小区建筑容积率在1.0以上、单套建筑面积在144平方米(含144平方米)以下的住房属于普通商品住房的,取消价格限制。个人购买新建普通商品住房的,契税实行先征后补,以商品房买卖合同签订时间为起始时间,购房人缴纳契税后,依据商品房买卖合同、房屋产权证和完税凭证向同级房管部门提出补贴申请,经房管部门审核后,由同级财政给予契税50%的补贴。另外,全面放开购房户籍准入,中心城区以外个人购买商品房,凭房屋产权证或已办理备案的商品房买卖合同,可直接办理本人及其直系亲属在本市中心城区落户,外地户籍人员可在抚按揭贷款购房。

降低二手住房营业税征收门槛。个人购买房屋时间按商品房买卖合同签订时间确定。个人将购买不足两年住房对外出售的,全额征收营业税;个人将购买两年以上(含两年)的非普通住房对外销售的,以销售收入减去购房款的差额部分征收营业税;个人将购买两年以上(含两年)的普通住宅对外销售的,免征营业税。

鼓励棚户区改造货币化市场化安置,货币化安置补偿标准也将提高。即日起,市中心城区不再新增保障性住房建设项目,加大棚户区改造的货币化安置力度,引导和鼓励被征收人购买商品房进行安置,在落实原有的评估补偿标准和奖励费、补助费的基础上,对在市中心城区购买商品房的安置户,再给予被征收房屋市场评估价的10%(不含装修)的购房补贴,以拆迁安置协议签订时间为起始时间进行补贴。选择货币化安置的被征收人重新购置房屋,成交价格不超过货币补偿,对新购房屋免征契税;购房成交价格超过货币补偿的,对差价部分按规定征收契税;对个人取得的货币补偿款按相关规定免征个人所得税。

公积金方面,除了已实施的提高贷款额度、调整首付比例等政策外,公积金贷款将取消再次购建自住房贷款需间隔5年的限制。市住房公积金管理中心还出台《抚州市住房公积金管理中心商业银行个人住房贷款转换公积金贷款实施办法》,对使用商业银行贷款购建普通自住房,符合相关规定的缴存职工,允许其将商业住房贷款转换成住房公积金个人住房贷款。

【住房公积金有序发展】 2015年,归集住房公积金12.5亿元,同比增长14.47%;通过扩大覆盖面,新增缴存职工2853人,全市缴存公积金职工达到13.1万人。当年提取公积金4.44亿元,同比增长52.58%,其中住房消费性提取2.94亿元,占提取总额的66.22%。尽管受房地产市场下行的影响,全市仍发放个人住房公积金贷款3722户,贷款金额11.58亿元,同比分别增长93.55%和166.82%,超额完成年度计划。为全市缴存公积金职工计派账户利息7276.82万元。

【调整多项住房公积金政策】 4月,国家、省相关部门发布一系列关于住房公积金贷款、提取等方面的优惠政策。为支持住房合理消费,促进房地产市场平稳健康发展,从4月21日起,抚州市住房公积金多项政策调整。贷款条件放宽、额度提高。贷款条件由连续足额缴存住房公积金满1年以上,调整为连续足额缴存满6个月(含)以上。个人住房贷款额度由最高每户30万元提高至每户50万元;缴存职工使用住房公积金贷款购买首套普通自住房的,最低首付款比例下降至20%;对拥有一套住房并已结清相应贷款的缴存职工,为改善居住条件再次申请公积金贷款购买普通自住房的,最低首付款比例为30%。

在缴存职工还贷提取方面也予以放宽。新政规定,一年一次提取还贷,不再限制账户余额必须有足够一年的还贷额。另外,购买自住房提取的,购房备案合同上共有产权人虽非夫妻关系、但为直系亲属的也可提取其与配偶的个人公积金。在租房还租提取条件中,由连续足额缴存公积金6个月降为3个月,提取手续也相应简化。此后,租住普通商品住房的,无需再提供税务发票,开具无房证明房管部门不收费。提取还租额度上也有提高,市中心城区每户每年由过去的7200元提至9600元;县(区)每户每年由6000元提至7200元。同时提取还租也像提取还贷一样,账户余额低于年租金的,同样可以提取,超出部分不予提取。

(丁林彬)

【市住房公积金管理中心领导名录】

主　任:黎荣荣(任至10月)
　　　　肖乐阳(10月任)

## 保护消费者权益

2015年,抚州市进一步畅通"12315"投诉举报系统。年内"12315"共接诉受理6265件,其中接待咨询5620件、投诉590件、举报55件,办结率100%,及时答复咨询率和处理落实举报率达100%。实现消费维权网络全覆盖,全市建立基层消协分会89个、"12315"消费者维权联络站和投诉站859个、村级投诉点1772个,聘请维权监督员或志愿者2377人,并在150个学校、89个超市、62个商场设立"12315"投诉点。全年全市"一会两站"(消费者协会、消费者维权联络站和投诉站)共受理申诉投诉1164件,解决率99%,为消费者挽回经济损失117.26万元。

组织开展"3·15"国际消费者权益日纪念活动,通过网络、电视、电台等媒体发布消费警示、提示500余条;在社区、学校采取开设"消费教育大讲堂"、建立"消费教育基地",积极开展消费教育和引导工作。

## 婚　姻

2015年,抚州市婚姻登记工作严格按照国家AAA级婚姻登记机关标准。崇仁县婚姻登记处申报评选国家AAA级婚姻登记机关,获得省民政厅专款9万元开展标准化建设。宜黄县、南丰县婚姻登记机关标准化建设项目获省民政厅专款7万元。全市(区)婚姻登记处证件准确率及登记合格率达到100%。年内,全市参加省民政厅组织的婚姻登记员、颁证员、辅导员培训班40余人次。

## 家 庭

2015年,抚州市倡导和谐温暖的家庭文化,提升社会文明程度,弘扬正能量。评选出各具特色、事迹感人的“最美家庭”120余户。举办“三八”国际劳动妇女节105周年暨“最美家庭”颁奖典礼,对其中10户最美家庭颁奖。10月13日,在北京人民大会堂,崇仁县政协退休干部宁宏昌以德立家、以爱助人,被授予“第五届全国道德模范”称号,成为抚州首位获此殊荣的道德楷模。

利用“红杜鹃”家庭服务中心平台,培育和输送育婴师、月嫂、护工等家政服务人才,满足家庭和社会需求。2015年,全市共开展“红杜鹃”家政培训11期,培训家政人员1800多人。举办“青春有约 幸福牵手”单身青年联谊活动。开展“恒爱行动——百万家庭亲情一线牵”活动,以宜黄、黎川、广昌三县为试点,组织当地家庭与新疆民族家庭共同编织、相互赠送爱心毛衣,促进内地家庭和新疆民族家庭之间建立友好关系。

## 妇女儿童

【概况】 妇联部门依托妇女儿童活动中心、妇女之家、社区服务站等阵地,举办美术、舞蹈、器乐等教育培训,组织儿童画展、成人瑜伽户外展示、小记者体验等公益活动,帮助妇女、儿童开拓视野、丰富生活。定期举办妇女手工、家庭教育、女性健康、心理疏导等公益课堂,为妇女和家庭普及科学技术知识。通过宣传、咨询、讲座和竞赛等方式,提高妇女群众法律知识知晓率。健全妇女儿童维权“一线一站(点)”矛盾调处机制(即“12338”维权热线和基层维权投诉站),有效畅通妇女诉求渠道。2015年,全市妇联部门累计接待信访400多件,办结率100%,代理妇女维权案件10起。

【关怀帮扶女性】 市妇联结合“四进四联四帮”活动实施“春蕾计划”,资助市直连心小分队挂点村贫困学生227人,金额共198400元;组织女企业家与30名高一贫困女生进行“一对一”爱心结对,帮助她们完成高中学业,每人每年获资助3000元;开展“母亲健康快车”送医下乡活动;为农村贫困妇女争取到“两癌救助”“母亲邮包—孕产包”项目资助,资助金额达54万元;走访慰问29名困难村妇女主任和“三八红旗手”;在纪念抗日战争胜利70周年之际,组织走访19名抗战将士遗孀,为她们每人送去1000元的慰问金。

【关怀帮助儿童】 10月25日上午,由市女企业家协会、市妇联、市教育局联合举办的抚州市女企业家资助高中贫困女生结对帮扶仪式在市教育局举行。20位女企业家与临川一中、临川二中、抚州一中的21名家庭困难、品学兼优的学生结对“认亲”,每位“爱心妈妈”资助9000元帮助贫困女学生完成高中3年学业。

市关工委推出“老少共进”“校家同创”“六进农村”等活动,为服务青少年贡献一份力量。“校家同创”品牌先后被省委宣传部评为未成年人思想道德创新奖,被教育部评为未成年人思想道德创新案例。资溪县被评为全国农村留守(流动)儿童工作先进示范县,广昌“六进农村”工程被评为全国未成年人思想道德工作先进,宜黄一中由在校留守学生共同创办的“爱心社”被教育部评为学校德育工作金奖。

(赵 玲)

## 青年人

【青年创新创业创优】 2015年,全国青年创业示范园区3000平方米实训基地在抚州正式启用,入驻企业74家,成功“孵化”17家企业进入抚州高新区购地建厂。全市共建有初具规模的电商“孵化”基地6个、创业园6个。成立青年创业者、农村青年致富带头人协会等22支青年创业队伍。建立240个乡(镇)和村级电商平台,组织开展培训共54期,帮助农村青年实现电商创业梦。举办“农行杯”“邮储银行杯”青年创新创业创富大赛及“振兴杯”青工职业技能竞赛,推荐获奖选手参加省级以上比赛。举办“奋斗的青春最美丽”分享会16场、“见习助就业·牵手毕业生”见习岗位对接活动。

【青少年健康成长】 评选先进青少年典型,开展“最美少年”评选活动,表彰20名“最美少年”和“青年五四奖章”。开展“团青心连心点亮微心愿”活动,帮助青少年群体实现“微心愿”1600余个,为贫困学生捐款捐物30余万元。关爱农村留守儿童,开展“七彩课堂”“阳光助残行动”、给农民工子女支教、“探寻才乡文化 关爱留守儿童——抚州广州青年文化交流”等活动。全市各级团组织、青年志愿服务队与农民工子女结对37139对,结对志愿者组织111支,各级团组织开展关爱农民工子女志愿服务活动80余次,参与青年志愿者达10230人次。

(符 伟)

## 老 年 人

【概况】 随着生活水平的不断提高,长寿老人越来越多。2015年,全市60~65周岁的老人有228474人;66~70周岁的老人有140682人;71~75周岁的老人有81296人;76~79周岁的老人有52349人;80~85周岁的老人有30862人;86~90周岁的老人有20235人;91~95周岁的老人有3312人;96~100周岁的老人有2026人;100岁以上的老人有83人,女性占绝大部分,大都生活在农村。60岁以上老年人人口数量前三位的县区是:临川区140722人、崇仁县48026人、东乡县46082人;60岁以上老年人人口数量最少的是资溪县28340人。百岁寿星数量前三位的地方是临川区31位、资溪县23位和乐安县5位。抚州市对百岁以上的老人都发放长寿补贴。

【老年人权益保障】 3月,政府投入保险经费113.25万元,为全市70周岁以上老年人办理乘坐公交车意外伤害保险。至年底,共为13582名老年人办理老年证。

【居家养老服务】 年内,全市向上级部门共申报26个居家养老服务中心建设项目,获上级资金280万元、市本级福彩资金80万元。

【农村老年协会】 至年底,全市建有农村老年人协会150个。农村老年人协会与农村居家养老服务站资源整合成为农村老年人养老的重要服务平台,为解决农村留守老人、空巢老人的养老需求发挥重要作用。

【敬老爱老宣传】 10月21日,在市羊城广场举行“培育敬老家风、建设和睦家庭”重阳节庆典活动,市领导走访慰问老年人,给老年人送去党和政府的亲切关怀。

【全国第四次中国城乡老年人生活状况抽样调查】 8月,国家统一组织开展第四次城乡老年人生活状况抽样调查,时间为8月1日至31日。抚州市南城县是江西省13个县(市、区)抽样调查单位之一,完成城乡老年人生活状况抽样调查。

(胡雄光)

# 人口发展

【概况】 2011年11月,国家全面实施双独二孩政策;2013年12月,实施单独二孩政策;2015年12月21日,十二届全国人大常委会第十八次会议审议《人口与计划生育法修正案(草案)》,自2016年1月1日起施行实施全面二孩政策。

抚州市人均期望寿命达到76岁,比“十一五”期末增加2岁;孕产妇死亡率控制在5.63/10万以内,比2010年的7.90/10万下降2.27/10万;婴儿死亡率控制在3.34‰以内,比2010年的5.94‰下降2.50‰;总人口为399.28万人,比2010年净增7.62万人,人口规模控制在目标范围以内;年均人口出生率为13.36‰,比规划目标的14.2‰低0.84‰;年均人口自然增长率为7.17‰,比规划目标的8‰低0.83‰。

【做好人口服务管理】 2015年,全市共4131对夫妇办理《再生一胎生育证》、生育1086人。共为流动人口育龄妇女开展生殖健康检查84612人次,落实计划生育技术服务3995例。为流出育龄人口办理及补办流动人口婚育证明10567本。为新增的17户“失独家庭”再生育技术服务对象建立档案,认真开展技术服务及关爱服务,帮助5人接受辅助生殖技术,报销治疗费用10万元。全市完成免费孕前优生健康检查13114人,深入开展“生殖健康进农家”活动,完成妇科病普查1万余人,免费发放药品5万余元,为10万群众发放发放计生爱心卡。核准计划生育奖励扶助人群,实施计生奖励扶助4480人,城乡独生子女伤残、死亡家庭特别扶助776人,1.3万余名退休独生子女父母领取一次性奖励。在东乡县先行试点,依托人口数据平台,整合13部门信息共享,在全省率先建立网络办证平台,实行24小时在线网上申请和审批再生育一胎服务证、独生子女光荣证、流动人口婚育情况证明,解决群众计生办证难的问题。

打击“两非”,查结“两非”案例109例,全市各级共组织2777人次,开展执法活动726场次,对全市药店零售和批发单位、各级医疗机构和计生服务机构进行拉网式排查,查处非法售药3例,取缔无证户1家。

【关爱失独家庭】 1月,抚州市出台《关于建立完善失独家庭养老扶助制度的实施方案》,在扶助金标准、社会保险、医疗救助等方面加大对“失独家庭”的扶助力度。同时,启动“失独家庭”心理疏导试点项目,开展社工服务和心理疏导,让受助者从阴影中走出来,给他们点亮心灵的明灯。

在国家标准的基础上,按照3个年龄段,抚州市将“失独家庭”夫妻的特别扶助金标准分别提升至:40周岁至48周岁扶助标准为城乡每人每月150元;49周岁至59周岁的扶助标准为城镇人口每人每月340元,农村人口每人每月300元;60周岁以上的扶助标准为城乡每人每月500元。资金发放机构按照“直通车”的形式,直接把扶助资金拨付到扶助对象的个人银行账户。对符合条件的“失独家庭”成员参加城乡居民基本社会养老保险的,按照规定给予参保缴费补贴。对60周岁及以上的“失独家庭”夫妻,特别是失能或部分失能的,优先安排入住政府投资的养老机构。将符合条件的低收入计生“失独家庭”纳入城乡医疗救助范围,并全额补助其参与城镇居民基本医疗保险或新型农村合作医疗。

此外,抚州市还在江西省率先统筹社会抚养费征收总量的20%,用于敬老院升级改造,确保农村“失独家庭”老人以及农村一女、二女困难家庭老人纳入供养范围。全市为89对夫妇提供再生育技术服务,成功再生育35个小孩。年内共为127名“失独家庭”发放特别扶助资金31.35万元,仅黎川、东乡两县就有25名“失独家庭”老人纳入敬老院供养范围,其中年龄最大的81岁,年龄最小的65岁。

【落实农村“独生子女户、双女户”子女初中升学考试加分政策】 年内全市共有1785名符合条件的农村计生户子女享受到中考总成绩加10分的优惠政策,较2014年减少200人。中考加分的审核、审批权限下放至各县(区)计生部门。

(万 莉)

本栏编辑 吴根茂

# 县区概况

## 抚州国家高新技术产业开发区

【概况】　抚州高新技术产业开发区前身为抚州金巢经济开发区，创建于1992年8月，是江西省首批省级开发区和生态工业园区，于2015年2月经国务院批复升级为国家高新技术产业开发区。高新区管辖面积158.6平方千米，下辖一镇两街道，辖区人口15万。高新区共落户各类工业企业270余户，其中规模以上企业146户，形成生物医药、电子信息、汽车及零部件、新材料和纺织服装等五大产业，是“国家精细化工高新技术产业化基地”“省级生物产业基地”和“省级汽车零部件产业基地”。2015年，经济和社会各项事业取得显著成效。经济总量稳步壮大。全年实现主营业务收入367亿元，同比增长12%；新增规模以上工业企业16户，总数达到146户；实现规模以上工业增加值77.6亿元，比2014年增长12%；完成财政收入12.61亿元，比2014年增长20%；外贸出口总额首次突破2亿美元达2.32亿美元，比2014年增长55%，实际利用外资4742万美元，增幅位居全省17个国家级开发区第一。择商选资硕果累累。全年新引进5000万元以上工业项目44个，其中亿元以上工业项目29个，5亿元以上项目14个；新引进主导产业项目33个，占新引进项目总数的75%。投资30亿元的海利不锈钢和德义半导体、20亿元的迪比科动力电池、15亿元的宏吉食品、13.5亿元的博雅欣和等一批投资规模大、产业带动强、具有国内甚至国际领先技术水平的龙头项目，为高新区的跨越发展和转型升级提供强大动力和支撑。产业升级明显加快。全年新增高新技术企业7家，总数达到14家。生物医药、汽车及零部件、电子信息等三大主导产业规模和聚集度持续扩大，主营业务收入占高新区总量的62.3%。新能源新材料、电子商务、文化创意、“互联网＋”等新产业、新业态发展迅速，文化产业纳税突破1亿元。德义半导体“砷化镓柔性太阳能超薄衬底加工技术”荣获全国青年创业创新大赛第八名。苍源种植和明恒纺织先后在“新三板”和“Q版”挂牌上市。嘉盛精纺成功收购意大利高端品牌“蝴蝶”，开创该市企业收购国际品牌先河。项目建设成效明显。全年44个5000万元以上工业项目全部开工建设，开工率达100%，新建、续建工业项目达52个。赛华科技、迪比科（二期）、保尔安生物、森鸿科技等一批重大在建项目相继建成投（试）产，宏吉食品项目当年签约、当年开工建设，森鸿科技电子产业园一年内建成15栋标准厂房，面积达25万平方米。基础设施日趋完善。实施续建、新建基础设施项目42个，推进抚金高速互通连接线工程、文昌大道北拓工程等8个市重点项目。全面完成创业孵化基地改造提升，启动科创园、规划展示馆设计和赣闽产业合作示范区规划编制，全省首家220千伏智能化变电站投入运行，公交、学校、保障性住房、农民公寓房、农贸市场等一批社会功能项目配套跟进，高新区整体功能与品质不断提升。社会事业协调共进。全年民生支出3.5亿元，占财政支出40.8%。完成金巢实验学校改造提升工程，全面启动镇（街道）中心小学改造提升工程。加大扶贫攻坚力度，新农村建设、农村清洁工程、和谐秀美乡村建设稳步推进；失业、工伤保险覆盖面不断扩大，新农合、新农保、被征地农民养老保险的参合率继续保持全市领先。信访、维稳和社会治安综合治理工作不断加强，社会更加安定祥和，高新区首次被省处理信访突出问题暨群体性事件联席会评为“三无县区（开发区）”。

【主要领导名录】

党工委副书记、管委会主任：邱建国（1—11月主持工作）

党工委书记、管委会主任：邱建国（11—12月任）

【升级为国家级高新区】　3月初，国务院正式下发《关于同意抚州高新技术产业园区升级为国家高新技术产业开发区的批复》，同意抚州高新技术产业园区升级为国家高新技术产业开发区，定名为抚州高新技术产业开发区。抚州高新区成为江西省第5个国家级高新技术产业开发区。

【苍源种植在“新三板”挂牌上市】　4月29日，抚州苍源中药材种植股份有限公司在全国股份转让系统（新三板）挂牌仪式在北京举行。抚州苍源中药材种植股份有限公司成立于2005年8月，注册资金5000万元，位于抚州高新区。该公司是集金银花种植、研究开发、生产加工、销售为一体的省级农业产业化龙头企业。

【明恒纺织在上海股交中心成功挂牌上市】　6月25日，江西明恒纺织集团有限公司在上海股权托管交易中心举行挂牌仪式，成功登陆Q版，成为抚州首家纺织行业挂牌上市企业。江西明恒纺织集团有限公司成立于2002年3月，注册资金3400万元，位于抚州高新区。该公司是生产、销售棉纱、坯布、起绒布、染色布、纺织、针织、原辅材料、劳保用品行业的龙头企业。

【博雅生物获批抚州市首家博士后科研工作站】 10月,江西博雅生物制药股份有限公司获准设立博士后科研工作站,是抚州获准设立的首家博士后科研工作站,也是高新区继江铃地盘、德义半导体2家企业之后第3家获批准的国家级科研机构。高新区大力支持博雅生物,在资金、项目上予以倾斜,帮助企业利用社会科研资源,搭建人才培养使用和科学技术研究应用优势平台,发挥产、学、研、用合作机制,对重点科研项目和关键技术问题进行系统研究,培养企业发展需要的高级科技和管理人才,使企业与科研院所项目、资金、人才等资源有机结合,实现科技成果转化,加快企业技术创新步伐。

【德义半导体一项目荣获全国创业创新大赛第八名】 10月,"中国创翼"(2015)青年创业创新大赛总决赛,抚州高新区选送的江西德义半导体科技有限公司"砷化镓柔性太阳能超薄衬底加工技术"项目,以第八名的佳绩荣获"全国优胜奖"。大赛于2月份启动,全国31个省、市、自治区共3000多个创业团队报名参赛,20个团队进入总决赛的。抚州有1个项目、江西省共有2个项目入围总决赛,均以全国前十名的成绩获得"全国优胜奖"。

【嘉盛精纺成功收购意大利高端品牌"蝴蝶"】 12月23日,江西嘉盛精密纺织有限公司收购意大利 Filatura di Crosa(蝴蝶)品牌签约仪式在抚州汝水森林宾馆举行,开创抚州企业收购国际品牌先河。嘉盛精纺是抚州大型台资企业,位于抚州高新区,现有员工600多人,是集纺纱、纤维染色、针织服装开发设计、生产、销售为一体的综合性大型纺织企业。与嘉盛精纺有着多年合作关系的意大利威玛公司,是国际纺织行业巨头,旗下 Filatura di Crosa(蝴蝶)品牌是一个历史悠久的传统手钩纱国际知名品牌。该公司在全球有45个国家(含中国)登记商标注册。

【国内不锈钢第一品牌落户抚州】 12月25日,投资30亿元的江西海利不锈钢项目开工建设,由国内不锈钢第一品牌——广东海利集团投资兴建,其中,第一期投资15亿元,建设200~300条不锈钢生产线和一条磨砂板生产线,预计2016年8月投产。该项目具有投资规模大、品牌效益好、技术含量高、产业带动强等诸多优点,对于抚州大力实施品牌战略,带动提升抚州金属精深加工产业发展具有重大意义。 (龚伟明)

## 临川区

【概况】 位于抚州市中北部,辖9乡、17镇、2个垦殖场和5个街道办事处,总面积约1962.4平方千米,其中城区面积约84平方千米。耕地面积4.8万公顷,有林面积9.8万公顷。中心城区人均公共绿地面积7.2平方米,绿地覆盖率43.31%。总人口111.25万人,其中城镇人口57.23万人,农村人口54.02万人;城镇化率51.44%。2015年,地区生产总值341.62亿元,增长9.1%。其中,第一产业增加值39.35亿元,增长3.0%;第二产业增加值189.70亿元,增长10.1%;第三产业增加值112.57亿元,增长9.2%。一、二、三产业比为11.5:55.5:33。工业总产值202.6亿元,下降6.8%。规模以上工业增加值46.34亿元,增长9.1%。主要工业产品有水泥18.36万吨、精炼铜1.30万吨、人造板2480.2万立方米、临川贡酒35吨、化学农药117.5吨、饲料1.4万吨。农业总产值74.29亿元,增长4.13%。主要农产品粮食产量64.65万吨,西瓜29.22万吨、生猪出栏46.7万头、家禽出笼504.8万只、水产品2.98万吨、果树种植面积7032.13公顷。固定资产投资183.71亿元,增长18.2%,实际利用外资4500万美元、增长12.5%。财政总收入21.17亿元,增长11.0%,税收占财政总收入的比重79.7%;地方财政收入17.04亿元、增长12.4%。城镇居民人均可支配收入3.05万元、增长9.0%;农民人均纯收入1.39万元,增长11.1%。

主要矿产资源有金、银、地热和重金石。地方特产有临川贡酒、西瓜、菜梗、柑桔、柿子、甘庶、灯蕊草等。主要旅游景点有抚州名人园、王安石纪念馆、汤显祖纪念馆、汝水森林公园、金山寺、天主教堂、玉隆万寿宫(抚州会馆)、人民公园汤墓、温泉度假村、正觉寺、灵谷峰、梦湖、梦岛、梦山(仙桂峰)、中洲公园等。

【主要领导名录】
市委常委、区委书记:谭小平
区人大常委会主任:吴 勇
区 长:吴自胜
区政协主席:江瑞庆

【以路为媒推动旅游产业加速升级】 临川区围绕"大旅游"战略,依托临川文化、生态资源,在大力推进旅游重点项目建设时,以路为"媒",实现旅游产业提档升级。一是大投入建设温泉景区、大金山寺景区的道路。投资8000万元建设福银高速抚北互通,2月18日开通,大大缩短景区与福银高速的距离和通行时间。投资3.8亿元建设温泉大道连接温泉景区与福银高速,在景区内建设日泉路、月泉路、温泉路、温泉西路、青莲山路和展高线、上高线、抚北挂线,形成景区"三横五纵"的大路网格局。大金山寺景区投入1.8亿元建设资金,高标准建设进入景区的焕新大道及景区相关设施,已投入使用;二是高标准建设乡村旅游公路。在新开通的抚吉高速公路入口处,建成一条9千米长、40米宽的大道,不仅连通沿线连城、秋溪等乡镇的11个村庄,而且接通抚八线,与城区和景区形成快速通道。高速公路连接线对促进沿线资源开发利用、推动城镇化进程、带动区域经济发展产生积极的影响。秋溪镇抓住时机,投资1850万元新修宽20米、长4.3千米的乡间公路主动对接连接线,进而推动该镇旅游产业的全面提速。该镇引进投资超亿元的灵隐山生态农业园,并有深圳客商投巨资打造旅游休闲基地;三是建设乡村公路,带动乡村旅游业的发展。秋溪镇素有种植油菜的历史,随着福临川大道和秋溪大道的相继建成,每年的3、4月自驾到此赏花的游客络绎不绝,接待游客约6万人次,带动了该镇休闲农业、生态农业的发展,实现由油菜花园变游园的升级。该区有5家创评省级乡村旅游示范点。

【"三促"拓宽贫困农民增收路】 2015年,临川区采取措施拓宽贫困农民增收路:一是特色产业基地促增收。该区按照"一村一业""一村一品"的思路,在26个扶贫村实施"培育大户引导示范带动"模式,共培育种养大户40余户,形成桉树基地、辣椒基地、莲藕基地、山茶油基地等扶贫产业示范基地;二是农业龙头企业促增收。以荣裕药业、多木生态、苍源药业等6家省级、29家市级农业龙头企业为依托,采取"公司+协会+农户"的方式,不断引进和培植科技含量高、市场辐射广、联结农户多的农业龙头企业,带动农民致富;三是劳动技能培训促增收。大力实施"雨露计划",对青壮年开展劳动力转移技能培训,通过培训,让村民掌握1~2门实用技术,全年组织群众培训40多期,培训人员4000余人,帮助2万余名群众增收致富。

【推动物流产业发展】 2015年,临川区通过多种转型推动物流产业发展。一是挂靠向实体型转变。物流企业甩开挂靠车辆,开始自购运输车辆,全区实际载货汽车由2004年500辆增至4000辆;二是零散向专业型转变。全区专业性物流运输车辆达到三分之一,由零散订单向专业型发展,涉及食用油运输、冷冻熟食运输等;三是分散向规模化转变。物流企业与省内知名物流企业合作,以专业运输为起点,扩展零担物流业务,扩大物流园规模。至年底,全区拥有各类物流企业200余户,实际纳税企业51户,其中,区本级6家,实体企业18家。全区物流总运力达5.6万吨,从业人员近3000人。全年实现物流税收1.15亿元,增长0.8%。

【大唐抚州发电公司铁路专线开通】 10月4日,江西大唐抚州发电公司铁路专用线正式全线开通运行,成为国内唯一在时速超过200千米电气化高速客运铁路上开站接轨的铁路专用线。该工程于2014年1月20日开工,2015年8月30日经南昌铁路局验收合格。这条铁路专用线是该公司新建两台百万千瓦级机组的一项重要配套工程,全长10.48千米,总投资4.1亿元,接轨于向莆铁路,在临川区腾桥镇建站中转,终点电厂站,可同时供两列火车到达、卸运,能满足设计能力为年450万吨燃煤量。该铁路专用线是大唐抚州发电公司唯一的进煤通道,承担着该公司所有燃料的运输任务。

【傅烈烈士亲属一行回临川捐赠遗物】 4月4日,傅烈烈士亲属一行回到家乡临川凭吊亲人,并向市烈士纪念馆捐赠烈士遗物,包括书桌、衣帽架以及穿衣镜。其中最为珍贵的是书桌,刻有他亲手撰书的"崇实黜华""镕经铸史""闳中肆外""茹古涵今"四句座右铭。傅烈,原名见贤,化名贺德、贺泽、吁伯凯。1899年8月27日出生于临川上顿渡镇的小商家庭。1917年秋考入九江南伟烈大学。1920年5月赴法勤工俭学,是旅欧共产主义组织"中国少年共产党"的筹建人之一。1923年2月,"少共"改名为"中国社会主义青年团旅欧支部",周恩来任支部书记,傅烈任直属巴黎支部书记。1924年在法国加入中国共产党,同年秋,被中共旅欧支部选送到苏联莫斯科东方大学学习。1925年夏奉命回国,任国民军第三军政治秘书。1928年2月当选为中共四川省委书记兼军委书记,后联合各个游击队加以整编,建立一支几千人的川东游击军,从而爆发了声势浩大的"万(县)达(县)大暴动"。1928年3月9日下午,傅烈在重庆兴隆巷8号参加巴县县委成立大会时不幸被捕。1928年4月3日,被国民党反动派残酷杀害,年仅29岁。

【临川发布被评为2015江西最值得关注的十大县区政务微信】 2015年9月13日,由人民网、南昌日报社主办的"'2015媒体融合我们在路上'高峰论坛暨首届网络大V江西行启动仪式"在南昌举行,临川发布被评为2015江西最值得关注的十大县(区)政务微信。

(肖玲芬)

# 南城县

【概况】 位于抚州市中部,辖10镇、2乡,全县总面积1713平方千米,其中城区建成面积16.8平方千米(城区绿化覆盖率46.8%)。有耕地面积2.2万公顷,有林面积9.34万公顷,森林覆盖率62.5%。总人口33.9万人,其中城镇人口11.44万人,人口自然增长率7.04‰。2015年,地区生产总值105.8亿元,同比增长9.4%。其中,第一产业增加值15.8亿元,增长4.0%;第二产业增加值49.3亿元,增长9.1%;第三产业增加值40.7亿元,增长12.3%。一、二、三产业比为14.9∶ 46.6∶ 38.5。工业总产值207.5亿元,增长19.9%。规模以上工业增加值31.2亿元,增长8.8%,占地区生产总值比重29.5%。主要工业产品有水泥70.53万吨、各类砖4.11亿块、饮料酒19.8万吨。农业总产值29.6亿元,增长4.0%。主要农产品有水产品产量4.4万吨、水果总产量10.8万吨、柑橘产量10.6万吨、粮食总产量28.4万吨、稻谷总产量26.4万吨、家禽产量368.7万只、禽蛋总产量1.54万吨、生猪(出栏)25.5万头。固定资产投资132.8亿元,增长17.9%。财政总收入14.4亿元,增长10.8%;税收收入12.6亿元,增长12.2%。占财政总收入的比重87.7%;地方财政收入10.7亿元,增长7.9%;支出24.2亿元,增长19.4%。社会消费品零售总额38.9亿元,增长11.1%;实际利用外资3798万美元,增长19.2%;万元GDP能耗0.4455吨标煤,二氧化硫排放总量0.17万吨、削减率13.2%,氮氧化物排放量0.19万吨、消减率12.5%,城市污水处理率89%。城镇居民人均可支配收入2.66万元,增长9.8%;农村居民人均可支配收入1.29万元,增长10%。城乡居民年末储蓄余额52.5亿元,增长12.9%。

主要矿产资源有金、铁、硫铁、花岗石、煤、稀土、紫砂陶土、铀等。地方特产有麻姑米、麻姑米粉干、麻姑茶、麻姑酒、麻姑仙枣、麻姑茶油、池蝶蚌、五黑鸡、南城黑猪、鳜鱼、淮山系列产品等。主要旅游景区(点)有醉仙湖、麻姑山、从姑山、毕姑山、祥岗山、登高公园、滨水公园、双江公园、盱江书院、麻源三谷、太平湖、沸珠泉(天下第三泉)、潮音洞、明益王府遗址、明益王墓葬群、唐代宝方寺、南宋太平桥、活水亭桥、明代万年桥、聚星塔等。地方特产有麻姑米、麻姑米粉干、麻姑茶、麻姑酒、麻姑仙枣、麻姑茶油、池蝶蚌、南城黑猪、鳜鱼、淮山系列产品等。

【主要领导名录】
县委书记:胡领高
县人大常委会主任:陈跃进
县　　　长:王小林
县政协主席:过初良

【植入文化元素发展旅游业】 2015年,南城县充分发挥历史文化底蕴深厚的优势,按照“大产业、大文化、大市场、大服务”的要求,整合资源,突出特色,以建设旅游目的地为核心,以培强精品名牌为重点,提升文化旅游的产业化程度和旅游产品的核心竞争力。全年接待国内外游客211万人次,同比增35%。

叫响旅游品牌。为了有效整合境内旅游资源,该县聘请浙江专业旅游设计公司对当地旅游业进行重新规划,并确立以“寿文化、洪门文化、宗教文化”为主线,以麻姑山、洪门湖景区为突破口,积极融入海西旅游经济圈,着力打造麻姑山、从姑山、祥岗山、洪门湖、廖坊水库和城区“三山两湖一区”六大景区的发展思路。同时,采用“修古”“做新”的办法,将麻姑山、从姑山、洪门湖、廖坊水库等沿江古文化旅游资源进行重新整合,打造盱江、姑山文化旅游长廊;将磁圭古村、洪门渔社等一批富有农家生活气息的旅游景点与现代绿色生态休闲旅游结合起来,做活“农家乐”,精心打造一批有“看头”的旅游景点。

夯实旅游基础。该县成立麻姑山旅游景点文化遗产挖掘整理委员会,制定详细的抢救保护计划,组成4个搜集小组,重点搜集和整理有关麻姑文化、民间传说故事、地方民间文化、风土人情等方面的资料,并运用文字、录音、录像、数字化多媒体等方式,对旅游文化遗产进行真实、系统和全面记录,再通过博览会、推介会等形式向外宣传推介。此外,投资近3000万元,对仙都观景区、麻姑牌坊、民间文化陈列馆等进行全面修缮;县城外环线至麻姑山脚下的景区公路已完成规划设计;投资1.3亿元,拓宽洪门镇至蛟山段旅游景区公路,并完善景区指示牌、交通防护栏等安全设施。

【举行纪念罗汝芳诞辰500周年研讨会】 11月27—29日,南城县举办罗汝芳诞辰500周年学术研讨会,全国各地近30名专家学者与会,就罗汝芳生平思想、罗汝芳与弟子汤显祖关系等主题展开讨论。罗汝芳,江西省南城县天井源乡罗坊村人,明中后期著名哲学家,泰州学派的代表人物。他一生深入群众,宣讲哲理,以发人“良知”和济人急难闻名于世,一扫宋明理学迂谨之腐气。明代戏曲家汤显祖少年时受学于罗汝芳。

【多措并举保护古城】 南城县是江西省最早建县的18个古县之一,为了更好留住古城遗韵,该县在大力推进新型城镇化建设中,围绕打造赣东南历史文化名城的总目标,把历史文化元素融入城市精品工程,通过护其貌、铸其魂,提升城市文化品位。

在古城开发保护中,该县先后聘请同济大学、清华大学等国内优秀的设计团队参与古城规划,制定《南城古城保护与整治总体规划》等。县领导及古城保护与改造有关部门负责人先后经过近百次指导调度、研究论证和现场办公,最终形成传承、融合、创新的规划设计理念和保护历史文脉、发展旅游经济、改善城市民生的具体实施原则。

2015年,该县投资近1000万元对仙都观鲁公碑亭、麻姑洞天福地牌坊、民间文化陈列馆等重点文化遗产进行修复,重点整修聚星塔、上唐明清古民居、临坊王家祠堂等一批古迹、古建筑;并先后在城市核心景观区建设盱江书院,在滨水公园按历史原貌修建建昌帮塑像,在市民广场建设南城益王府历史文化墙,在宋城墙旧址兴建仿古一条街,实施登高阁改造、万年桥修缮、麻姑献寿塑像等古城遗韵保护工程。同时,依托县博物馆等公共文化设施载体,借助图片、实物、壁画、雕像,将南城文化串珠成链,向游客综合展现,增加互动性、趣味性,使城市特色文化“立”起来。

该县坚持精品战略,严格规划设计施工,巧妙地将县域基本情况、业态定位和文化内涵充实到每座建筑中,使每座建筑的功能定位、业态布局、文化故事、风格特色等有了明确内涵;在细节追求上,一笔一画精雕细琢留有韵味。在建设6千米长的仿古一条街时,该县在充分查阅和考证历史文献的基础上,对形制、规格、风貌、尺度甚至砖墙、瓦块都一一细化,做到适用美观,又体现历史的沧桑感和厚重感。

【中国家具协会与南城共建“中国校用家具生产基地”】 5月19日,中国家具协会评审组对南城县申报的“中国校用家具生产基地”进行评审,同意与南城县共建“中国校用家具生产基地”。南城县校具加工产业发展迅速,已成为当地的新兴支柱产业、特色产业和“十二五”期间重点发展的产业。2012年,该县获“江西省校具加工产业基地”称号,2013年校具产品远销南非,实现出口创汇零的突破。2014年,该县校具企业生产各类校具1200余万套,占全国行业的30%以上;实现主营业务收入27.5亿元,增长44.8%;利税2.65亿元,增长43.2%。

【南城醉仙湖水利风景区晋升国家级】 12月8日,水利部将南城县醉仙湖水利风景区列入全国第十五批国家水利风景区名单。

醉仙湖即洪门水库,是江西省第三大水库,位于南城县东部,面积40余平方千米,总库容量12亿立方米,水域开阔,湖内有岛屿1000余个,素有赣东“千岛湖”之称。湖区附近有明代益藩王墓群,为国家级文物保护区。

由于湖区湿地面积大,醉仙湖成为鸟类的天堂。每年冬季,上万只鸬鹚、白鹭成群结队迁徙而来。湖区内水鸟共有9目13科42种。为了加大对湖区的生态保护力度,该县专门制定生态保护细则,同时还组建多支护鸟队,定期巡查鸟类活动情况,良好的生态环境使得鸟类聚集量年年递增。

【南城新兴产业年创产值百亿元】 南城县加快培育和发展新兴产业,一批电子信息、新能源、新材料、生物医药等领域的大项目纷纷落地,构筑起工业发展新优势。一批老产业绽放“新枝桠”,围绕打造赣东医药名城,出台优惠政策,引导医药制造企业与高校、科研机构合作,不断提升产品研发能力。在优惠政策引导下，建洪中药饮片厂、赣亮贵医药中间体有限公司、江西建昌帮中药饮片项目、江西百神昌诺药业股份有限公司等10多家医药制造企业，江西联益电子科技有限公司、江西飞达新材料科技股份有限公司、中电投江西电力有限公司等新兴产业落户。拥有"新月"活血止痛胶囊、"万荣"螺旋藻等全省知名医药品牌20多个，年创产值10亿元，古老"建昌帮"迸发出勃勃生机。

至2015年底，该县已初步形成产业关联度高、产品特色鲜明、规模优势明显、示范带动性强的新兴产业体系：以风力发电、余热综合利用为主导的新能源产业；以电子元器件、电子新材料为主导的电子信息产业；以数控机床、节能环保设备为主导的现代制造产业；以生化制剂、医用介入导管为主导的生物医药产业；以建筑陶瓷、水泥制品为主导的新型建材产业。新兴产业年实现产值上百亿元。

【加强野外文物保护】 南城县不断加强野外文物保护力度。在新农村建设规划中，该县聘请专家对零散的野外文物保护进行科学指导。在专业队伍施工过程中，对旧村改造、村庄整治等建设中涉及的野外文物，坚持修旧如旧原则，结合规划予以切实保护和传承。该县天井源乡尧坊村围绕如何保护108间古建筑做出控制性详规，妥善进行修缮，保存古建筑的原汁原味；政府出资修旧如旧修复上唐镇源头村的宋代建筑"活水亭"廊桥。此外，该县积极筹措多方资金，先后修缮沙洲黄狮渡大捷指挥部，启动沙洲临坊王氏宗祠、危家祠堂等野外文物维修工程。始建于明崇祯八年(1635年)的江西现存最长古代石拱桥万年桥，以及始建于明万历四十二年(1614年)的聚星斜塔，报国家文物局批复立项，两项工程于该年底完成修缮工作。

【食品加工业发展升级】 南城县农产品丰富，素有"鱼米之乡"美誉。随着麻姑实业、洪门实业、阿颖金山药食品等一批国家级和省级农业产业化龙头企业的涌现，南城食品加工业初步形成禽产品加工企业群、蔬菜加工企业群、粮食加工企业群、蜜橘加工企业群，被认定为"江西省农副食品加工产业基地""全国食品工业强县"。江西麻姑实业集团有限公司，由一家只有5人的大米加工小作坊成长为一家拥有大米初、精、深系列加工的集团公司，年产"麻姑"系列米粉1.5万吨、糖浆3万吨，产值过亿元；麻姑实业至2014年底，投资1亿多元建设新厂区，新厂区占地6.67公顷，拥有8条自动化米粉生产线，年产值翻番。加快食品加工业发展步伐，规划建设生态食品科技产业园，食品加工企业从分散到集合，加快形成集技术推广、加工、包装、运输为一体的产业"母巢"，实现产业集聚效应和龙头带动作用。2015年，该县食品加工企业达80多家，其中国家级农业产业化龙头企业4家，省、市级农业产业化龙头企业39家。

鼓励企业创新，深挖原料价值，延伸价值链。每年安排3000万元工业发展基金，引导企业与高校、科研机构合作，加快新产品的研发、试制、生产，着力扶持企业提高产品的科技含量和附加值。江西阿颖金山药食品集团有限公司淮山产品有9大系列、100多个品种，产品畅销全国28个省、市、自治区，年产值达9000多万元；江西博君生态农业开发有限公司与江西农业大学合作，加大对食品加工技术的研究和产品开发力度，推出天然果蔬糕、果醋等系列产品，其中南丰蜜橘果糕加工方法获得国家专利。

培育知名农产品品牌，实施"品牌兴县"战略。制定名优农产品培育发展规划，建立品牌战略推进工作体系，着力政策引导、资金倾斜、科技支撑，对获得专利、创立品牌和承担制定行业标准任务的企业给予5—20万元不等的奖励，鼓励企业争创品牌，提升产品认知度和市场竞争力。江西洪门实业集团有限公司的"洪门"商标被认定为中华老字号，产品进入北美、中东市场，出口额增加80%；江西酒厂投资3亿元、年产商品酒5000吨的一期工程已竣工投产。2015年，该县食品加工企业拥有中国驰名商标1枚、江西省著名商标5枚，10多个产品被评为江西名牌农产品，39个产品通过国家有机食品认证，12个产品通过国家绿色食品认证。食品加工业实现主营业务收入16.4亿元，上交税金1.18亿元，分别占工业园区比重的14.5%、17.3%。

【14个重点民生项目温暖百姓】 2015年，南城县把民生工程作为发展落脚点，通过实施城区路网改造、保障性住房建设、污水处理等一批城乡居民关注度比较高的入学、就医、环境美化、道路交通、水利建设等民生项目，改善人居环境，提升居民生活品质和城市形象。该县投入资金，新建、扩建胜利西路幼儿园，县第二小学教学楼、行政办公综合楼和塑胶运动场等一批学校。同时，将保障房建设列入城区统一规划，配套完善生活设施。兴建公共租赁住房7栋、245套。加快城市区棚户区改造步伐，实施包括河东、生产路、沿河片区等旧城改造安置房。建设河西旧城改造东街高层安置房、林业局国有林场危旧房改造二期工程，两处安置房共安排棚户区困难居民600余户。进一步完善城市功能、提升城市品位。投资约4000万元建成污水处理厂二期工程，日处理生活污水能力2万吨。王府大街城市防洪墙景观堤改造工程成为市民休闲的"后花园"。

(吴云华)

## 黎川县

【概况】 位于江西省中部偏东，辖7镇、8乡和1个垦殖场，总面积1728.56平方千米，耕地面积1.59万公顷，林地面积13.2万公倾，森林覆盖率68.65%。总人口(常住人口)23.5万人，其中非农人口5.6万人，人口自然增长率7.01‰。2015年，地区生产总值60.4亿元，同比增长9%。其中，第一产业增加值9.5亿元，增长3.4%；第二产业增加值30.8亿元，增长9.5%；第三产业增加值20.1亿元，增长11.7%；一、二、三产业比为15.71∶50.99∶33.3。工业总产值93.55亿元，同比增长6.51%。规模以上工业增加值24.5亿元，增长9%，占地区生产总值的比重为40.6%。全年固定资产投资累计完成投资额72.2亿元，同比增长16.8%。县内主要工业产品有日用瓷、服装、铜材等，年产量分别为5.49亿件、251.16万件、1103.95吨。农业总产值17.9亿元，同比增长3.87%。主要农产品及其产量如下：粮食总产量16.5万吨，烟叶产量达6.82万担，肉类总产量为2.19万吨。财政总收入10.14亿元，增长1%，税收占财政总收入的比重为87.2%；地方财政收入8.32亿元，下降1.2%；地方财政支出18.51亿元，增长8.36%。农民人均可支配收入1.09万元，增加963元。城乡居民年末储蓄余额49亿元，增长10.8%。

主要矿产资源有极具工业开采价值的瓷土、石英石、高岭土、钨、铜、铝等。地方特产有食用菌、日用瓷、工艺瓷、烤烟、香榧等。主要旅游景点有“红色”闽赣省委、省苏维埃政府、省军区旧址，第五次反“围剿”团村、洵口、资福桥等战斗旧址；“古色”福山寺、禄山寺、寿昌寺、禧山寺和江西第一屋——洲湖船形古宅108间、县城十里明清古街；“绿色”岩泉国家森林公园、龙头寨水库、玉湖景区、洲湖原始次森林等。

【主要领导名录】
县委书记：李来木(任至8月)
县人大常委会主任：黄小明
县长：聂仕雄
县政协主席：徐小明

【油画产业蓬勃发展】 黎川县抓住文化部对口支援黎川的契机，瞄准“创世界油画基地，建文化产业名地”的目标，对油画产业进行大力支持。建设油画创意产业园，布局油画创意大楼、油画培训中心等，建成集油画创作、生产、展览、销售、艺术交流及相关绘画用品生产、销售为一体的油画生产基地、展示平台、流通中心。2015年，入驻画师300余人，入驻油画公司23家，年交易额约1.5亿元。黎川油画参加深圳广交会，参加义乌文交会，58幅油画参加“北京恭王府黎川旅游文化精品展”，51幅作品参展泰国曼谷举办的“黎明山川梦里江南——中国江西黎川油画精品展”。黎川油画产业的蓬勃发展吸引了新华通讯社江西分社、江西电视台、江西卫视、《人民日报》、中央电视台、中央人民广播电台、《经济日报》等大批媒体记者先后采访。江西网络广播电视台—江西卫视新闻联播“行走江西·讲述精彩故事”中对黎川油画产业进行报道。央视CCTV新闻联播年终特稿《2015文化强国路上的新跨越》中播放黎川油画产业。

【陶瓷产业发展提速】 黎川陶瓷产业是拉动该县经济增长的支柱性地标产业，产品格局形成日用瓷、耐热瓷、卫生洁具瓷、陈设艺术、酒店用瓷五大类型系列产品，尤以耐热瓷的生产规模和市场占有率体现黎川陶瓷产业特色，耐热瓷年产值已占到县内陶瓷行业年产值近五分之三。2015年，县委、县政府通过优化投资环境，大力开展招商引资，吸引众多陶瓷企业落户黎川，产业链不断延伸，陶瓷产业进入发展快车道。九州陶瓷-苏泊尔集团陶瓷生产基地的开工，标志着黎川县陶瓷产品正式迈入高档市场，成为该县陶瓷产业发展史上的一个里程碑，为进一步发展壮大陶瓷产业、加快培育百亿陶瓷产业规模注入强大动力。江西嘉顺瓷业有限公司注册的“嘉顺JSH及图”商标被国家工商总局商标局认定为“中国驰名商标”，该县拥有陶瓷中国驰名商标达到3枚。这年10月，陶瓷检测中心和国检监管区两大平台建成。

【第三产业实现新跨越】 2015年，黎川县把发展第三产业作为转变经济增长方式，提升产业结构，优化产业布局的切入点和突破口，培育壮大新兴服务业，第三产业实现新跨越。旅游产业取得突破。尚岛庄园旅游度假区项目正式签约，鑫诚花卉园等乡村旅游点得到提升。油画产业渐成规模。油画创意产业园入驻公司23家、画师300余人，被评为省级现代服务业集聚区，油画惠民项目被列为文化部公共文化服务示范项目。文化旅游宣传力度加大。央视《新闻联播》《走遍中国》《乡村大世界》《每日农经》等栏目分别对该县进行专题报道；在北京恭王府、泰国曼谷成功举办“黎川油画精品展”；邀请知名艺术家创作、演唱旅游歌曲6首。电子商务发展迅速。全县电商企业和团队达到160多家，东鑫电子商务园被评为全国众创空间和全省科技型企业孵化器。金融服务不断优化。九江银行正式开业，抚商村镇银行组建顺利；大力推行财园信贷通、财政惠农信贷通和“过桥资金”等支持政策，仅财园信贷通即为60家企业发放贷款2.29亿元，有效缓解企业融资压力。

【社会事业全面发展】 2015年，黎川县在促进经济又好又快发展的同时，扎实推进社会事业全面发展。教育事业稳步迈进，县二中校区改造全面完成，园区幼儿园已经招生开学，高考二本以上上线率居全市第3位，清华、北大上线3人、录取1人，石武荪老师被评为全国模范教师。县老年大学创建省级示范样获全省第2名，被评为全省老年教育先进集体。公共文化服务水平不断推进，中央歌剧院、中国儿童艺术剧院深入该县开展公益演出，6处红色遗址成功申报为全国重点文物保护单位扩展项目。城乡医疗条件持续改善，新建德胜、厚村、中田、社苹等卫生院业务用房，改扩建了23所村卫生室，康福精神病医院投入试营业。计生工作扎实推进，被评为全省计划生育先进县。国防动员与“双拥”工作成效明显，圆满完成“红土地—2015”战时国动委带民兵医疗保障分队演练任务，县政府主要负责人被原南京军区评为“国防先锋”，县人武部连续第六年被省军区评为“先进团单位”。

【森林防火工作成效显著】 黎川县高度重视森林防火工作，认真落实“预防为主、积极消灭”的森林防火方针，使该项工作取得显著成效。

该县严格按照《森林防火条例》和有关规定，实行三级行政领导包片负责制，即县级领导、指挥部成员及林业局班子成员包乡镇，乡镇领导包村，村干部包组，护林员包山头的负责制，切实做到山有人管、林有人护、责有人担；建立各种森林防火应急预案，确保组织、人员、扑火物资等处置工作全面落实到位；组建一支50人的专业森林消防队伍，编制、人员、扑火物资装备及训练经费全部落实到位，并将县森林防火指挥部办公室升格为副科级单位，配备专职主任；制定严格的野外用火计划审批程序，层层把关，责任到人，乡(镇)、村组织人员对重点地段区域的火源隐患及时进行清理和排除，节假日、重要时期组织专人在村庄林区巡山、鸣锣，有效地杜绝野外用火引发山火的发生；加大经费投入，在黎樟线、丰杉线高标准营造生物防火林带60千米(66.67余公顷)，共投入资金180余万元，有效地预防森林火灾的发生和缓延；投资40余万元，在县森林防火指挥部办公室安装林火远程视频监控设施18个，实现省、市、县三级联通、管理、监控报告制度；投资100余万元，把全县商品林全部纳入森林保险范围，有效地减轻森林财产的损失。通过认真落实各项措施，2013～2015年全县未发生重大森林火灾事故和人员伤亡事故。

**【环保工作成绩斐然】** 2015年，黎川县环保局全面贯彻落实环境保护工作监督管理责任制，采取各项措施狠抓环境保护工作，被省环境保护厅授予“全省环境保护工作先进单位”。一是积极宣传贯彻新法。下发新法培训通知到各企业及县直有关单位，聘请省市环保专家对新修订《中华人民共和国环境保护法》进行授课，切实提高企业的知法守法精神和环保人员的执法水平；二是抓好污染减排工作。全县完成减排工业源COD148.51吨、氨氮13.74吨、二氧化硫118.3吨、氮氧化物15.66吨；农业源COD89.24吨、氨氮15.19吨，全面完成“十二五”减排计划；三是抓好建设项目环境管理工作。全年审批环评项目96个，验收项目9个；四是抓好四个环保专项行动。共出动执法人员320余人次，共检查企业90多家，下达《责令改正违法行为决定书》等法律文书40多份。建立“一企一档”企业79家，责令停止建设9家，责令停产6家，关停取缔5家，移送公安机关行政拘留1家，行政处罚5家。建立县、乡、村三级监管网格，全县有网格责任人共141人；五是积极调处环境信访。全年接待来信来访48件，处理回复率100%，各种问题均得到妥善解决，既维护了群众的环境权益，又树立了环保形象；六是切实加强能力建设。该局环境监测设备标准化和环境监察标准化建设均通过省环境保护厅验收。

**【洲湖村获2015年中国最美休闲乡村(历史古村)称号】** 2015年，洲湖村被农业部评为2015年中国最美休闲乡村(历史古村)。洲湖村坐落于黎川县华山垦殖场北部，距离县城31千米，面积37平方千米。域内资源丰富，山林植被保存完好，有黑熊、金丝猴、羚羊、鸽鸡等10多种珍稀动物，红豆杉、五眼子树、梨木树、九重皮树、四方竹、观音竹等20余种珍稀植物。辖区内的“东华山水景区”原始林保护完好，自然人文景观丰富，有着全国罕见的“船形古宅”建筑群、远近闻名天然温泉、挂标保护的千年古衫、慷慨激昂的红军标语，是集“绿、古、红”色为一体的旅游休闲胜地。

**【新庄烤烟专业合作社服务烟农受表彰】** 新庄烤烟专业合作社占地面积1.9万平方米，总投资1450万元。建有工场化育苗棚6000平方米、密集型烤房58座、储烟仓库550平方米、农机棚1000平方米、拥有大小农机具708台。该社设有理事会、监事会和育苗、机耕、植保、烘烤、分级、创收、基管等7个专业化服务队伍。2015年，该社拥有社员551名，其中烟农社员540名，占总社员的98%，非烟农11名。辐射整个山东中烟公司黎川生产基地，辖内服务范围为四乡两镇一场，烤烟种植面积940公顷，总产量4万余担。有专业化育苗1041.6公顷，育苗面积覆盖率达100%，育苗质量明显提高，烟农满意率达98%以上；专业化机耕服务作业面积266.67公顷；专业化烘烤面积313.33公顷，烤房233座；专业化分级1.4万担。年内，新庄烤烟专业合作社受到国家烟草局(中国烟草总公司)和江西省烟草局(公司)表彰，被国家局授予烟农专业合作社行业示范社，被省烟草局授予烟农专业合作社省级示范社。

(过印光)

## 南丰县

**【概况】** 位于江西省东部，辖7镇5乡1场，总面积1920平方千米，其中，城区建成面积14.5平方千米(城区绿化覆盖率43.4%)，耕地面积1.73万公顷，林地面积9.56万公顷，森林覆盖率75.5%。总人口31.25万人，其中非农业人口6.3万人，人口自然增长率6.93‰。2015年，地区生产总值105.4亿元，同比增长9.1%。其中，第一产业增加值30.2亿元，增长4.5%；第二产业增加值32.8亿元，增长8.4%；第三产业增加值42.4亿元，增长13.9%。一、二、三产业比例为28.6%∶31.1%∶40.3%。工业总产值86.53亿元，增长12.58%。规模以上工业总产值85.1亿元，增长8.8%，规模以上工业企业增加值21.1亿元，增长8.5%。实际利用外商投资3036万美元。主要工业产品有中成药220.9吨、塑料制品15.22万吨、啤酒12.24万千升、饮料19.01万吨、布1981万米。农业总产值55.6亿元，增长4.8%。粮食总产量22.39万吨。主要农产品有南丰蜜橘148.8万吨、稻谷19.8万吨、蔬菜14.8万吨、西瓜5.3万吨、生猪出栏11万头。财政总收入11.7亿元，增长10.7%，人均3979元，税收占财政总收入的比重85.6%；地方财政收入9.8亿元，增长13.1%；财政支出19.54亿元，增长9.16%。万元GDP能耗0.41吨标煤，二氧化硫排放量1248.6吨、削减率2.06%，氮氧化物排放量122.18吨、消减率8.6%，城市污水处理率96.8%。农民人均纯收入1.71万元，增加1459元。城乡居民年末储蓄余额53亿元，增长10.4%。

主要矿产资源有瓷土、石灰石、铁、银、钨、锰、稀土、钾、粘土、矿泉水、辉绿岩、石英石等。地方特产有南丰蜜橘、南丰腌菜、甲鱼、豆腐皮、泥炉等。主要旅游景区(点)有：“国家森林公园”军峰山，“国家湿地公园”仙人湖，“国家非物质文化遗产”南丰傩舞文化村(石邮古傩山庄)，“全国农业旅游示范点”罗俚石蜜橘生态园，国家AAA级旅游景区潭湖生态养生岛、观必上乐园、国安风情园，国家AA级旅游景区戈镰石——仙人洞、曾巩纪念馆、南台寺，“省AAAA级乡村旅游示范点”前湖庄园、南湖农庄，“省AAA级乡村旅游点”梦缘山庄、洗马桥庄园、泸溪桔园、青源生态休闲农庄，爱国主义教育基地康都会议旧址、田东苏维埃旧址、醒依公园，琴城镇明清古街(地藏寺、寿昌寺等)，洽湾船形古镇，白舍宋元古窑遗址及南丰橘温泉等。

【主要领导名录】
县 委 书 记:祝宏根
县人大常委会主任:邓春水
县　　　长:姚飞翔
县政协主席:李履才

【南丰橘文化旅游产业集聚区成功创评“国家AAAA级旅游景区”】 南丰橘文化旅游产业集聚区是南丰县按照产业集群的理念,以南丰蜜橘文化为主线,将相关的一、二、三产业进行融合,全面进行景区化改造和旅游化提升,打造独具特色的无围墙景区。橘文化旅游产业集聚区具体包括一心(即游客服务中心)、一环(即橘都漫游环)、六区(即橘都休闲区、工业区、文化区、生活区、度假区、商贸区)等。根据规划,该县重点打造观必上乐园、小隐山庄、南湾农庄、洗马桥生态庄园、农家旅馆等农旅融合项目,华夏五千年酒庄、吉香林食品等工旅融合项目,国安综合体、果贸城等商旅融合项目,西门明清古街区、曾巩文化园、橘都文化广场等文旅融合项目。2015年年底,省景评委办公室组织专家对南丰橘文化旅游产业集聚区创AAAA景区予以评审。专家组在观看南丰橘文化旅游产业集聚区宣传片、实地视察、听取创建工作情况汇报后,对该县橘文化旅游产业集聚区创建AAAA景区工作给予充分肯定。专家组认为南丰县委、县政府高度重视景区创AAAA工作,创建工作举措实、力度大,把橘文化旅游产业集聚区打造成一个创新、协调、绿色、开放、共享型的景区,创造了南丰旅游的样板。依照国家《旅游景区质量等级的划分与评定》与《旅游景区登记管理办法》标准,经江西省旅游景区质量等级评定委员会评定,南丰橘文化旅游产业集聚区达到国家AAAA级旅游景区标准,被批准为全省首个以旅游产业为核心、覆盖全县的国家AAAA级景区。

【南丰县被评为全国食品工业强县】 5月,经各省(自治区、直辖市)食品工业协会或食品办推荐,中国食品工业协会对全国表现突出的38个县(市、区)授予2014～2015年度全国食品工业强县称号,南丰县名列其中,这是该县继2010年之后,再次获得此项荣誉,也是抚州市唯一获此殊荣的县(区)。食品工业是南丰传统优势产业之一,近年,该县把发展绿色食品产业定为全县工业主导产业,致力改革创新,坚持绿色发展理念,实施绿色崛起战略,做到扩量与提质并举,推进绿色食品工业转型升级。积极鼓励企业绿色技术创新,不断壮大绿色食品工业,集中精力打造绿色食品集群产业和全省绿色食品加工基地。2015年,全县拥有国元乳业、吉香林、华夏五千年、金吉尔实业等绿色食品企业43家;发展晟丰包装、华林塑业等相关企业30余家,食品产业链条得到有效延伸。在国内外宏观经济趋紧背景下实现逆势增长,食品工业增长速度连续多年领衔该县各大产业榜首。截至11月底,全县食品工业增加值完成11.46亿元,同比增长10.3%;主营业务收入完成46亿元,同比增长10.74%;实现利税3.12亿元,同比增长11.03%。食品工业已经成为该县经济发展速度快、亮点多、潜力大的支柱产业。

【南丰傩舞文化异彩纷呈】 南丰傩舞,俗称“跳傩”,是沿袭古代驱鬼逐疫的仪式“驱傩”,历经漫长岁月,逐渐演变而成的民间舞蹈。南丰傩舞始于汉初,历经2000多年盛行不衰,因其动作简朴刚劲,风格古老稚拙、粗犷豪放,保持着原生形态特质,被誉为“中国古代舞蹈活化石”。南丰因此被命名为“中国傩舞艺术之乡”,“南丰跳傩”被列为国家非物质文化遗产。近年,南丰县致力于挖掘、抢救和保护南丰傩文化,先后成立傩舞研究会、建立傩舞艺术培训中心,并在中小学开设傩舞兴趣班,组建少年傩舞队;坚持每年举办全县跳傩调研活动,召开高端傩舞学术研讨会,就南丰傩文化传承与发展进行深层次探索,不断创新傩舞艺术表现形式,将音乐、灯光、美术、舞台设计等融入傩舞表演之中,编创出节奏感强的《丰收乐》《开天辟地》《傩舞庆丰收》《傩舞集锦》等系列节目。在此基础上,大力组织南丰傩舞赴国内外开展文化交流。全县现有傩班130个,傩舞艺人达2000余人,数个傩舞队10多次应邀参加在日本、法国等国家举办的文化交流活动,使南丰傩舞蜚声海内外。2015年4月,经层层筛选,南丰傩舞被选入中国向联合国教科文组织申报“人类口述和非物质文化遗产代表作”预选名录。12月,在浙江省海宁市举办的第十二届中国民间文艺“山花奖”颁发典礼上,《南丰傩舞》民俗礼仪表演喜获中国文联和中国民间文艺家协会联合主办的“山花奖”“山花”殊荣(属中国文艺界最高奖项之一)。此外,该县积极依托资源优势相继创办傩文化经济实体23家,共开发傩面具等傩文化工艺系列产品20多种,年创产值达6500多万元。

【第十二届江西南丰蜜橘文化旅游节开幕】 11月10日,第十二届江西南丰蜜橘文化旅游节开幕式暨“橘送吉祥”文艺演出在南丰县橘都文化广场举行。省政府党组成员、副省长尹建业,中国国际经济合作发展局局长、中合三农集团党委书记张炳忠,中合三农集团董事长任怀深,省农业厅党委书记陈日武等省直有关部门负责人出席开幕式;抚州市委书记肖毅致欢迎辞,市委副书记、市长张鸿星主持开幕式。抚州市四套班子有关领导,南丰县委书记祝宏根、县长姚飞翔等在家的四套班子领导出席开幕式。兄弟及友好市(县、区)负责人,国内外客商、柑橘专家、新闻记者、游客及南丰县各界代表等共计5000余人参加开幕式。浙江大学CARD中国农业品牌研究中心董事蒋文龙在开幕式现场发布南丰蜜橘品牌价值(为40.93亿元,位居全国宽皮柑橘第一)。开幕式还对“2015十佳南丰蜜橘诚信经销商”、蜜橘品质擂台赛得主颁奖。随后,北京军区战友文工团激情演绎大型红色经典交响演唱会,《长征组歌》和《西柏坡组歌》首次联袂同台演出,为老区观众奉献了传承红色基因、充满“红色”情怀的视觉盛宴,把现场的热烈气氛一次又一次推向高潮。此届南丰蜜橘文化旅游节由抚州市人民政府、江西省农业厅、江西省旅发委、江西省商务厅主办,南丰县人民政府承办,新华网江西频道、人民网江西频道协办,活动主题为“游休闲南丰·品千年贡橘”。与历届不同的是,宣传推介南丰“橘园游”成为本届蜜橘节的重头戏。活动当天共邀请包括人民日报、经济日报、光明日报、中央人民广播电视台、人民网、新华网、凤凰网、新浪网、香港文汇报、香港商报在内的60多家境内外媒体全程参加。

【土地有序流转促进农户增收】
2015年，为引导土地有序流转，南丰县设立专项资金，一方面吸引工商资本和一些善经营、会管理、懂技术的农业企业及专业大户参与农产品规模化生产基地建设，开展集中连片经营，发展效益农业；另一方面，引导一些缺劳力、缺资金、缺技术、生产管理不善、市场营销薄弱的农户流出承包土地，向有生产能力、有技术水平、有经济实力、有营销网络的农业企业及专业大户集中，向优势产品、主导产业集聚，用现代农业代替传统农业，提高土地效益，增加农民收入。至年底，该县共有家庭农场180个，已成立超大果业、梦龙果业等农业产业化龙头企业24家，蜜橘、甲鱼、蔬菜、林木等各类农业专业合作社486家，入社农户近万户；发放各级补助资金3.7亿元，涌现规模种养大户119户，流转土地2533公顷，入社农户户均增收7000多元。

【包坊村获“全国民主法治示范村(社区)”称号】 8月，司法部、民政部在全国组织开展“民主法治示范村(社区)”评选活动，779个村(社区)被评为第六批“全国民主法治示范村(社区)”，南丰县市山镇包坊村名列其中。

包坊村把“民主法治示范村(社区)”创建作为基层民主法治建设的重要基础和维护基层社会稳定的重要举措，始终坚持民主选举、民主决策、民主管理、民主监督，利用村级信息网和政务公开宣传栏对全村村务进行公开，推进基层民主法治建设；坚持深入开展全方位、多角度的法治宣传教育，积极创办“文明 村民”学校，广泛开展“十星级 文明户" 评选活动，使法律意识、法治观念深入人心。此外，为规范村民行为，树立良好的村风、民风，该村制定、完善包坊村村规民约，并经全体村民讨论通过。该村规民约对社会治安、消防安全、村风民俗、邻里关系、婚姻家庭等方面进行规定，切实推进依法治村步伐。

【罕见秋、冬连汛致使南丰蜜橘受灾惨重】 受厄尔尼诺天气形势影响，南丰县2015年遭遇罕见长期阴雨天气。全年降水2214.5毫米，较常年多451.9毫米，尤以秋后降水严重偏多(是常年同期的3倍)，特别是11月降水异常偏多(是常年同期的5倍)，日照明显偏少(仅常年同期的4成)。11月15日晚~17日全县普遍出现大暴雨天气过程，过程雨量(11月15日20时~17日08时，下同)县城205.4毫米，桑田最大219.7毫米，莱溪212.6毫米；除治湾97.6毫米外，其余乡镇降水均在100~200毫米之间，为同期有气象记录以来首次。由于降水时间长、强度大，部分低洼地橘园出现内涝。此次连续阴雨和大暴雨天气过程，正值南丰蜜橘成熟采摘重要时期，鲜果烂果率较常年严重偏高，对蜜橘采摘、储运、销售造成严重影响和重大损失。“下树难”：至11下旬，该县蜜橘下树率约65%，有35%的蜜橘尚未采摘，部分挂树鲜果腐烂严重；“贮藏难”：因鲜果含水量过高及过度成熟等原因，蜜橘贮藏期腐烂率同比增加一倍以上，在分选、加工、运输过程中腐烂率进一步加重；“销售难”：由于鲜果含水多、口味淡、运输损耗较大等客观因素影响，经销商大幅减少蜜橘采购量，产地收购价直线下降，至年底降至每千克1元以下，处于近30年最低水平。国外市场因经济下行等原因，蜜橘消费疲软，影响蜜橘出口。当地政府虽积极采取劳力帮扶、出口补助、技术引导等切实措施，但罕见冬汛仍使广大橘农收成锐减，损失惨重。据该县民政局统计，全县11个乡镇、11.51万人受灾；农作物受灾面积6832公顷，成灾面积1518公顷，绝收面积25.7公顷，全县直接经济损失8665万元，其中蜜橘产业直接经济损失达6154万元；由此引发的南丰蜜橘采收时间延误及蜜橘保存期缩短等间接经济损失达2.78亿元。

【全省社会保险基金管理工作座谈会在南丰召开】 11月，全省社会保险基金管理工作座谈会在南丰召开，省社保中心副主任汤立新出席会议并讲话，省社保基金管理处处长方玲、各设区市社会保险经办机构负责人和财务人员等50多人参加会议，并分组对社会保险基金检查整改落实情况、基金管理存在的问题进行汇报及讨论。会议总结2015年江西社会保险基金管理工作情况，分析当前面临的新形势和存在的问题，研究部署下一步全省社会保险基金管理工作。会议针对各级社保经办机构当前存在的问题和不足，就完善基金预算编制和考核办法、完善各险种调剂金办法、完善养老保险补助金资金分配办法、研究建立全省社会保险基金财务管理办法、研究建立全省基金预警机制等方面，提出具体要求。会议强调，各级社保经办机构要紧紧围绕中央和省委、省政府的决策部署，夯实基础、恪守底线、增强意识、主动作为，全面完成各项工作任务，确保社保基金管理规范、安全、高效。

【南丰县农合行营业部获“全国巾帼文明岗”称号】 5月，南丰县营业部荣获全国妇联授予的“全国巾帼文明岗”称号。该农合行开展创建“巾帼文明岗”以来，积极组织女员工开展思想道德教育和业务技能培训，在网点内营造“爱岗敬业、岗位成才”的良好氛围。开展“让客户满意”“让客户欣喜”“让客户感动”活动，更好地满足客户金融需求；在“文明规范服务明星”评选活动中比学赶帮、创先争优。此外，该营业部还设立自助服务区、理财服务区和客户休息区，推行分类别、分区域的个性化服务，并实行首问负责制，竭诚为客户提供“一揽子”服务，深受客户欢迎。

【南丰县琴城镇入选江西“十大休闲旅游小镇”】 10月，在江西省乡村旅游提升与旅游扶贫推进工作大会上，南丰县琴城镇入选江西“十大休闲旅游小镇”，为抚州市唯一入选乡镇。该镇最鲜明的底色是“绿”，森林覆盖率76%，河流密布、水面辽阔，是环保部授予的国家生态乡镇。最显著的特色是“橘”，满目可望，触手可及，是南丰蜜橘的发祥地、核心种植区和特供鲜果优选地，所辖水南村蜜橘曾作为国礼，随毛泽东主席出访前苏联。最深厚的积淀是“人”，以曾巩为代表的才子文化、重学传统，代代相传。最古老的遗存是“城”，西门历史文化街区仍保留着明代城墙、城门和200多幢承载岁月的精美古建筑。最神秘的符号是“傩”，仍保留着10多个傩班、整套古代傩仪和傩神庙。在琴城，趟徉在山水之间,沉浸在时光当中,行走在橘海小径,真正的一幅“城在园中、园在城中、人在景中”的田园画卷,真正的一番“古今交汇、城乡互融”的心灵体验。

【举行大型民间艺术踩街活动】 11月10日,南丰县举行大型民间艺术踩街活动。抚州市委书记肖毅,市政协主席谢发明,市委常委、宣传部部长黄玉剑,市委常委,市委统战部部长朱章明,市委秘书长李建林,副市长刘菊娇、韦萍,县委书记祝宏根、县委副书记、县长姚飞翔、县政协主席李履才等领导参加踩街活动启动仪式。

民间艺术踩街活动的主题是“橘都古韵”,突出展示南丰独具特色的傩文化、橘文化和道教文化,同时还加入陕西延安的“安塞腰鼓”、四川阿坝羌族“锅庄舞”和金溪县“手摇狮”等众多外地民俗元素。踩街队伍由“橘之欢”“道之意”和“傩之韵”三大方阵组成,共有15个方队,1560人参加表演。三大方阵以南丰历史文化和蜜橘文化为主题,生动形象地展示了大气、古朴、神秘的南丰傩舞特质和南丰因橘而美、全县人民因橘而富的美好生活。

【国安美食街入选江西省美食街】 12月,经省商务厅评审认定,南丰国安美食街被评为“2015年江西省美食街”。南丰国安美食街(风情商业街)为该县一条“宜游、宜居、宜品、宜购”的商业街,有各类餐饮店40家,营业面积达12000平方米,总餐位数达6000个,日均流动人员达4500多人次,年营业额突破2亿元,是接待嘉宾、会聚朋友、休闲娱乐的理想场所。

【南丰县被评为全省专利十强县】 南丰县鼓励企业科技创新,出台《关于稳增长促升级的若干政策措施》,对获得国家发明专利授权的,每项一次性奖励专利权人5000元,在生产中得到实施实用的,每项再奖励5万元,对企业当年通过省级专家鉴定,获得省级新产品证书的新产品,一次性给予每个新产品5万元开发补贴。2015年,该县申请各类专利272件,比2014年增长121.10%;授权量达47件,同比增长268.10%,申请量和授权量连续3年增幅超过200%,位列全省前列。该县被省知识产权工作领导小组办公室、省知识产权局联合授予2015年度“全省专利十强县”称号。

(李燕青)

## 崇仁县

【概况】 位于江西省中部偏东,抚州市西部,辖7镇、8乡,总面积1520.1平方千米,其中城区面积13平方千米。耕地面积2.25万公顷,有林面积8.39万公顷,森林覆盖率60.75%,城区绿化率34.8%。总人口38.17万人,其中非农业人口7.17万人。2015年,地区生产总值96.8亿元,增长9.2%。其中,第一产业增加值23.09亿元,增长4.3%;第二产业增加值46.42亿元,增长9.7%;第三产业增加值27.30亿元,增长13.8%。一、二、三产业比例23.85∶47.95∶28.20。规模以上工业总产值183.82亿元,增长4.5%;规模以上工业增加值38.83亿元,增长8.7 %;外贸出口1.9亿美元,增长6.7%。主要工业产品有互感器5.66万台,变压器1227.63亿千伏安,服装1739.6万件,铜材9363.4万吨,电动手提式工具70.26万台(均为规模以上工业企业的产量)。农业总产值35.56亿元,增长4.9%。粮食总产量30.7万吨。主要农业产品有麻鸡饲养7396万只,棉花1330吨,油料16436吨,蔬菜13.77万吨,烟叶1450吨。全县财政收入10.53亿元,增长4.1 %;财政支出22. 亿元,增长12.7 %。城镇居民人均可支配收入2.27万元,增长9.6 %;农民人均年纯收入1.37万元,增长9.5 %。二氧化硫排放总量比2014年削减13.4 %;城市污水处理率80 %。

主要矿产资源有原煤、石灰石、花岗石、钨、瓷土、石莹沙等。主要旅游景点有虎毛山风景旅游区、华山寺、龙济寺、观音岩、相山、相山石塔、汤溪宝塔、乐史墓、老虎港等。地方特产有麻鸡及其产品、蝎王酒、乌鱼块、变压器、互感器、铝合金锭、电动工具、机制纸、原煤等。

【主要领导名录】

县委书记:方百春

县人大常委会主任:龙雪荣

县　　长:程新飞

县政协主席:魏友旗

【工业园区获“国家新型工业化产业示范基地”称号】 2月26日,经评审和公示,工业和信息化部批准江西崇仁工业园区为第六批“国家新型工业化产业示范基地”。

崇仁县实施工业强县战略,重视以变电设备产业为主导产业的工业园区建设。出台一系列政策,从产业培育、人才引进、技术研发以及财政扶持等方面加大支持力度;建设工业园区门户网站,构建安全可靠的信息基础设施,使企业实现信息化管理;建立完善的公共服务体系。变电设备主导产业链条全,产品有四大类35个系列2000余种,2015年变电设备企业达188家,其中,规模以上企业86家,相关配套企业60家,完成主营业务收入202.71亿元,税收3.74亿元,安排就业1.8万余人,人年均收入达4.8万元;创新能力强,形成江西变电等一批具有较强竞争力的龙头企业,拥有省级企业技术中心5个、国家级高新技术企业5个,与南昌大学、沈阳变压器研究所等著名院所开展“产学研”合作;品牌效应好,有中国驰名商标2个、江西省著名商标8个、国家专利产品98个。获省优秀新产品20多个,列全省各县之首,产品销售遍及全国各地以及亚、非、欧等国家,省内市场占有率达80 %,中低压变电产品全国市场覆盖达3 %。崇仁工业园区2008年被命名为“江西变电设备产业基地”,2011年列为省级生态园区试点园区、“江西省森林工业园”,2012年列为江西省首批重点工业园区,2014年成为江西省首批20个省级工业示范产业集群之一。

【周毛毛获“全国初中数学优质课说课评比一等奖”】 10月11日,崇仁县第三中学教师周毛毛代表抚州市参加第五届全国新世纪杯初中数学优质课现场说课大赛,荣获一等奖。此次大赛由北京师范大学基础教育课程研究中心、新世纪初中数学教材编委会共同组织,评委由全国各省市的10名专家组成。

29岁的女教师周毛毛,于2010

年通过省统一招聘考入该校任教。她上进好学，勤于钻研，教学效果明显。参赛准备过程中，她抓住新课程“授之以渔而非鱼”的理念，深究课本，联系知识体系，进行课程构思，虚心请教校内外同仁；通过试讲，不断调整设计，直到所设想效果。2013 年获抚州市优质课竞赛一等奖。

**【崇仁县与仙游县缔结友好城市】** 3 月 13 日，崇仁县与福建省仙游县在福建仙游中国古典艺术展览中心举行缔结友好城市签约仪式，标志着崇仁县与仙游县从此缔结为友好城市。两县党政领导班子参会。会上，崇仁县委书记方百春及仙游县委书记郑瑞锦分别介绍两县的基本情况，签订缔结友好城市框架协议，就未来加强两地企业、市场开放、商贸物流、旅游交流、科教文卫、人才引进领域的合作进行交流协作、共谋发展。

**【开展首届“最美崇仁人”评选活动】** 为推进公民思想道德和社会主义核心价值观建设，更好地鼓励先进、树立榜样，激励引领全社会学好人、做好人、扬正气、促和谐。6 月起，开展首届“最美崇仁人”评选活动。评选活动由崇仁县委宣传部、县文明办主办，分组织推荐、自荐和他荐等方法，采取自下而上、层层选拔的方式进行。为深入挖掘先进事迹，精心推选出具有代表性、品德高尚、事迹感人、影响力大的候选人物，评选活动组委会对推报人选等工作进行审核、把关。活动以“最美劳动者”“最美村官”“最美教师”“最美医生”“最美志愿者”“最美军人”“最美基层政法干部”“最美基层党务工作者”“最美客运司机”“最美少年”10 个类型为主广泛开展，不限行业职业，各条战线、各行业的人士均可参与，参评候选人条件是：把爱国、敬业、诚信、友善作为价值准则，具有品德高尚、甘于奉献、事迹感人、群众广泛认可。11 月底，县委、县政府决定，授予裴恩华等 20 人“最美崇仁人”荣誉称号，12 月 10 日举行“最美崇仁人”颁奖仪式。

**【举办第二届江西·崇仁麻鸡美食文化旅游节】** 12 月 29 日，崇仁县在源野山庄举行以“品大餐、赶大集、观大赛”为主题的第二届江西·崇仁麻鸡美食文化旅游节。600 余名来自省市县各地的宾客赴约。

崇仁县是“中国麻鸡之乡”。崇仁麻鸡荣获“中国十大名鸡”“中国名牌农产品”和“国家地理标志产品”等荣誉称号。2015 年麻鸡饲养 7396 万只。此届崇仁麻鸡美食文化节的举办旨在展示崇仁“小麻鸡、大产业”以及乡村休闲旅游发展成果，进一步打造特色麻鸡美食品牌。

**【企业申请专利大幅增长】** 2015 年，崇仁县坚持走科技兴企之路，重视发挥知识产权在推动企业转型升级中的作用，专利申请 179 件，授权 107 件，分别比 2014 年增长 62.7%、62.1%。

崇仁县高度重视知识产权工作，成立实施知识产权富民强县工程工作领导小组，下设办公室。制定关于加强专利工作的实施意见、《崇仁县专利资金管理办法》和《崇仁县知识产权局公开服务承诺书》。出台“专利申请奖励办法”：在崇仁行政辖区内提交专利申请的企事业单位及个人，发明专利被国家知识产权局受理并进入实质审查阶段，每项奖励申请单位或个人 1000 元，授权后，再追加奖励 2000 元；实用新型专利，2015 年获得授权的每项奖励申请单位或个人 500 元；外观设计专利，2015 年获得授权的每项奖励申请单位或个人 300 元。深入宣传知识产权各项政策，加大企业申请专利的政策引导，邀请省、市知识产权局有关专家及专利代理机构开展专利培训。

（杨文才）

## 乐安县

**【概况】** 位于江西省中部，抚州市西南部，辖 9 镇、7 乡（含 1 个农林垦殖场）。总面积 2412.59 平方千米。有耕地面积 2.26 万公顷，林地面积 18.48 万公顷，森林覆盖率 69.7%。总人口 35.32 万人，其中乡村人口 30.8 万人，人口自然增长率为 7.05‰。2015 年，地区生产总值 50.15 亿元，同比增长 12.1%。其中，第一产业增加值 9.40 亿元，增长 5.9%；第二产业增加值 19.54 亿元，增长 7%；第三产业增加值 21.38 亿元，增长 12.6%。一、二、三产业比例为 18.4:39:42.6。全县规模以上工业企业实现产值 16.96 亿元。主要工业产品有蚕丝 43526 吨。农业总产值 16.58 亿元，增长 5.7%。主要农产品有粮食 28.02 万吨、油料 1728 吨、烟叶 4236 吨、茶叶产量 25 吨，家禽出笼 187.77 万只、肉类总产量 1.05 万吨、水产品 8738 吨。公共预算财政收入 5.23 亿元，增长 8.4%。财政总收入 6.85 亿元，增长 13%；财政支出 20.49 亿元，增长 13.1%。全县从业人员平均工资 4.56 万元，增长 19.9%。在岗职工年平均工资 4.61 万元，增长 20.6%。城镇居民可支配收入 1.91 万元，增长 7.9%；农村居民人均可支配收入 7083 元，增长 13.9%。

主要矿产资源有花岗岩、萤石矿、钨矿等。地方特产有竹笋、霉豆腐、茶油、蘑菇等。主要旅游景点有胡耀邦同志祖籍地浯塘村，全国重点文物保护单位、首批中国历史文化名村、董必武祖籍地“千古第一村”流坑村，全国罕见第一古樟林，山势巍峨、奇峰独秀、素称“江南绝顶三峰”的大华山，气势恢宏兼有庐山瀑布之秀美和黄果树瀑布之雄奇的金竹 26 处的瀑布群，民族英雄文天祥幼时读书的石桥古寺，著名的明代董裕墓，红军第四次反“围剿”战役旧址——登仙桥，以及毛泽东旧居、周恩来旧居、邓小平旧居等红色、绿色、古色的旅游资源。

**【主要领导名录】**

县委书记：徐建辉（任至 1 月）<br>彭银贵（7 月任）

县人大常委会主任：陈绍平

县长：吴宜文

县政协主席：李以庚

**【央视七套《农广天地》栏目组拍摄“乐安花猪”】** 2015 年 4 月 12 日至 15 日，中央电视台七套《农广天地》栏目摄制组到乐安县，就乐安花猪保种繁育和推广情况，进行为期 4 天的采访、拍摄。期间，《农广天地》栏目摄制组主要在招携镇杭村的艾格福地生态农业有限公司乐安花猪保种及繁育基地内拍摄取景，用于制作中国地理标志保护产品——乐安花猪的专题片。

乐安花猪被畜牧专家誉为“熊猫猪”。具有抗逆性好、母性好、产仔多、肉质鲜美等优良性状。2014年经农业部农产品质量安全中心审查和组织专家评审，符合《农产品地理标志管理办法》规定的登记保护条件，被批准实施为国家农产品地理标志登记保护。

**【移民整体搬迁项目全面竣工】** 乐安县稠溪村是省级重大地质灾害危险点。2010年，国家有关部门派出专家前往稠溪村勘察，发现该村后山有一处宽20余厘米、长300多米的断裂带，极易诱发重大地质灾害。为保护群众生命财产安全，2011年，稠溪村地质灾害移民整体搬迁项目获立项，2012年开工建设。经过三年的建设，项目全面建成。稠溪新村占地8.33公顷，累计投资1900万元，整体搬迁202户、1088人。新村离县城仅2.5千米，水、电、路等设施完善，并配套建设小学、卫生院、幸福院、便民服务点、文化休闲广场等公共服务设施。新村建成后，村民远离了地质灾害威胁，走出了深山。

**【荣获全国法治县(市、区)创建活动先进单位称号】** 乐安县法治创建活动自2010年启动以来，法治政府、法治文化、基层民主法制等建设取得明显成效。创新形式，积极开展法制宣传教育，加强法治文化建设 。一是统一安排、集中宣传。通过“法律宣传月”“送法下乡”“6·26”国际禁毒日、“12·4”法制宣传日等活动，组织人员与群众面对面开展培训讲座、以案释法、印发资料、解答群众提出的法律问题；二是定期组织、送法下乡。2015年，该县组织县直相关部门、单位利用“科技下乡”“送法下乡”等方式深入乡镇开展普法宣传200余场次，受教育群众10余万人次；三是依托新闻媒体开辟普法宣传。在县电视和广播台(站)开辟法制栏(节)目。同时利用移动通讯向广大手机用户发送法律知识宣传信息；四是搞好法制宣传阵地建设。在行政中心建有160多米法治宣传长廊，在森林公园设立法制宣传橱窗，在农贸市场悬挂法制宣传格言画板。各乡镇也均建立30米以上的法制宣传长廊。该县还把依法治理的突破口放在农村，充分发挥自身职能，通过开展律师、公证业务和人民调解、安置帮教、法律援助、法制宣传工作，有效的为人民群众和各类组织提供法律服务，在化解矛盾纠纷，维护社会稳定中发挥重要作用。“民主法治村”创建活动深入推进，创建率达100%。

牛田镇麻坑村民委员会被民政部、司法部授予“全国民主法治示范村”，山砀镇山砀村、鳌溪镇下罗村、谷岗乡板岭村民委员会分别被江西省司法厅、江西省民政厅授予“江西省民主法治示范村”，鳌溪镇芜塘街居委会、鳌溪镇上大街居委会分别被江西省司法厅、江西省民政厅授予“江西省民主法治示范社区”称号。全县有2个机关和单位被授予“全省学法用法示范机关、单位”。2015年该县荣获全国法治县(市、区)创建活动先进单位称号。

**【曾传芳将军家庭获授“共和国将军之家”】** 曾传芳(1915—1982)，别名张平，乐安县湖坪乡善和村人。曾传芳1929年春参加赤卫军，同年加入中国共产主义青年团。1930年8月参加中国工农红军，任团政治部警卫员。1930年加入中国共产党。先后担任过红31师第93团政治处干事、连指导员、师政治部科长、红军大学步兵党校教员、部政治部主任教导师团总支书记等职。解放战争时期，历任渤海军事区津南支队政治委员，华东野战军渤海纵队11师18团政委，叁野33军98师政治部主任、副政治委员。参加了济南、淮海、渡江、上海等战役。解放后，先后担任华东军区公安115师政治委员，第27军政治部副主任、主任。上海警备区政治部副主任、主任、副政治委员等职。1964年4月被授予少将军衔。1982年享受正军级待遇。2015年元旦，曾传芳家庭被授予“共和国将军之家”。

**【精准扶贫扎实推进】** 2015年，该县通过仔细摸排，精准识别出农村贫困户15016户43746人，完成上级下达的脱贫任务1.4万人。争取上级专项扶贫资金6696.4万元，实施扶贫开发项目300余个。突出产业扶贫，扶持项目增加到10项，产业扶贫资金使用覆盖70%以上的贫困户。大力实施安居扶贫，在厚发工业区新建移民安置房720套，其中240套已完工；完成中心村移民安置636人，补助2400户贫困户农村危房改造资金3035.9万元。扎实推进保障扶贫，安排资金707万元，提高贫困户最低生活保障、大病救助标准和新农合报销比例；加大就学就业扶助力度，统筹资金440万元，补助中小学贫困寄宿生2489人、考入大学贫困生123人、就读职校贫困生446人、取得驾驶证和焊接证等中级资格证书贫困对象668人。

**【疾控中心荣获全省食品安全工作先进单位】** 乐安县疾控中心2014年共上报全县食源性疾病病例信息监测201例，完成任务数的402%。完成食源性疾病病原学检测201例，完成任务数的201%；检出阳性病例11例，其中沙门氏菌4例、志贺氏菌1例、致泻性大肠埃希氏菌6例；阳性菌株报送省疾控中心复核，准确率达到100%。完成调查处置食源性疾病事件5例(包括食品安全事故和食物中毒)。2015年，县疾控中心被评为全省食品安全工作先进单位。

**【社会保障便民服务点全覆盖模式在全省推广】** 2013年，乐安县在江西省率先实施社会保障便民服务“村村通”工程，以行政村为单位，以农村小超市、门诊为选点，统筹规划，合理布点，统一业务范围，建立服务点考核办法与激励机制，丰富服务内容，加大新农保、高龄补贴等事项的整合力度，发挥便民服务点“一点多能”实效。在全县农村地区以“社会保障卡”为载体，在各村的小卖铺、小诊所建立便民服务点，投放POS机，采取“人+机具”服务模式，实施便民服务“村村通”工程。便民服务点成为政府联系广大农村群众的“连心桥”，打通了解决服务广大农村群众“最后一千米”问题，获得省人社厅的充分肯定。截至2015年3月，全县共布设便民服务点149家，基本覆盖域内行政村，累计办理各类交易20余万笔，3.7万农民使用社会保障卡领取养老金，新农保基金存款余额1.28多亿元。为此，省人社厅组织新华社、江西卫视、江西广播电台等中央和省级新闻媒体齐集该县,通过实地考察社会保障村级便民服务点,集中宣传该县在打通服务广大群众"最后一千米"的具体做法,在全省推广该经验。

【全省社区(村)党组织书记、居(村)委会主任培训班到乐安观摩学习】 2015年5月,江西省社区(村)党组织书记、居(村)委会主任培训班学员到乐安县观摩学习基层党建品牌"134"模式。此次培训班学员来自全省100个县(区)。学员先后观摩学习南村乡望下村便民服务点、管坊村便民服务站和南村乡便民服务中心,听取该县经验介绍。培训班学员对该县创新党建载体、简政放权、整合资源,实行"三个向下"(权力下放、资源下沉、重心下移)以及构建四级服务网络(县行政服务中心、乡便民服务中心、村便民服务站、村便民服务店),方便群众办事给予充分肯定。

【智能遥控耕整机通过省农业机械鉴定站鉴定】 2011年以来,该县农民发明家曾书良先后研发出智能遥控耕整机、农用机械遥控自动控制系统、谷物收集机等产品,并获得两项国家发明专利和一项国家实用新型专利。

曾书良,男,1976年出生在乐安县招携镇坪上村,初中毕业后便中断学业,跟着师傅学习无线电修理,先后在招携镇望仙村和乐安县城开电器修理店。2006年,曾书良看准农机将逐渐普及的趋势,转行在县城开了一家农机销售店。从农村出来的曾书良对农机销售事业非常认真。他每代销一个新品牌的微耕机、手扶拖拉机,都会自己先开着机器到田里去试用。几年试下来,曾书良发现,虽然用机器代替耕牛速度快了,但是人跟在机器后面,又脏又累。为了实现站在田埂上就能完成机耕作业,曾书良走上发明创造之路。2011年,曾书良注册成立旺农农机制造有限公司,一边生产小型脱粒机,一边开始捣鼓起遥控耕整机。经过无数次的失败,一年多后,曾书良研发的第一台智能遥控耕整机终于亮相,他发明的农用机械智能遥控系统于2013年1月获得国家发明专利。为了让自己的发明创造转化为现实生产力,2015年,曾书良注册"良发"商标,公司生产的智能遥控耕整机通过省农业机械鉴定站的鉴定,并作为农机新产品进行推广。同时,还与湖南湘潭的一家农机生产企业合作,共同培育和拓展遥控耕整机市场。6月16—17日,中央电视台新闻中心记者何莉一行到乐安县,专程采访农民发明家曾书良。

【开展第七个全民健身日文体展示活动】 8月8日,乐安县第七个全民健身日文体展示活动。该活动由乐安县文体广电局和鳌溪镇共同举办,展示演出场地设在县灯光球场。活动中,县城各社区、街道的15支健身队伍先后为观众表演广场舞、交谊舞、太极拳、青少年武术、跆拳道等节目,展示全民健身成果,引导广大群众积极参与全民健身活动。8月9日,《人民日报》在头版刊登乐安县全民健身成果展示活动的新闻图片。

(王国庆)

## 宜黄县

【概况】 位于江西省中部偏东、抚州中南部,辖8镇、4乡、1个工业园区和2个垦殖场,总面积1944.2平方千米。耕地面积1.93万公顷,林地面积15.4万公顷,森林覆盖率76.25%。总人口(公安年报数)23.58万人,人口自然增长率10.16‰。2015年,实现地区生产总值58.03亿元,同比增长9.1%。其中,第一产业增加值8.58亿元,增长4.4%;第二产业增加值32.63亿元,增长8.9%;第三产业增加值16.82亿元,增长12.4%。一、二、三产业比为14.8∶56.2∶29。工业总产值111.08亿元,增长8%。规模以上工业企业增加值25.17亿元,增长8.6%,占地区生产总值比重43.37%。主要工业产品有棉纱0.7万吨、有色金属1.48万吨、机制纸及纸板7.89万吨、化学药品原药0.28万吨、人造板2.26万立方米。农业总产值14.47亿元,增长4.7%。主要农产品有稻谷14.93万吨、油料1790吨、烟叶2513吨、蔬菜7.96万吨、水果3416吨。财政总收入8.88亿元,增长11%,税收占财政总收入的比重87.28%;公共财政预算收入7.31亿元,增长13.4%;财政支出17亿元,增长18.87%。城镇居民人均可支配收入2.13万元,增长8.3%;农村居民人均可支配收入1.1万元,增长9.9%。

主要矿产资源有钨、铁、水晶等。地方主要特产有薯粉丝、豆腐乳、水煮笋、黑木耳、百合粉、白莲、斗米壶水酒等。主要旅游景点有曹山寺、卓望山森林公园、棠阴古镇、谭公休闲山庄、太极岩、山前竹海、黄陂战役遗址、东陂战役遗址、神岗大雄关战役遗址、军峰山、军峰湖、观音湖等风景区。

【主要领导名录】

县委书记:许中伟

县人大常委会主任:万贻茂

县长:毛宗保(任至7月)

常务副县长:叶峰(7月主持县政府工作)

县政协主席:谢光明

【获国家制种大县奖励】 宜黄县是江西省唯一国家级杂交水稻种子生产基地。该县大力推动杂交水稻制种产业发展,生产优质杂交水稻种子650万千克以上,产值7000多万元。4月,通过制种大县奖励专项答辩,获得2015年国家制种大县财政奖励资金1300多万元,3年可获奖励资金3000万元以上。该资金将重点用于提高宜黄县制种基地监管与服务能力,健全县、乡、村基地监管体系;用于种子生产技术创新、模式创新、机制创新,促进种子企业与农民合作社等新型农业经营主体结合,加快培育种业社会化服务体系;用于改善种子基地发展环境和管理设施装备,加快提升基地现代化水平。

【禾杠操获全国乡村"亿万农民健身活动"传统项目优胜奖】 10月19—23日,由中国农民体育协会主办、江西省农业厅、省体育局、省农民体育协会和南昌县人民政府承办的全国乡村"亿万农民健身活动"特色项目展示活动(东片)在南昌县举行,共有来自全国13个省(区、市)的乡镇和乡企代表队的16个特色项目参加展示。宜黄县农民展演的禾杠操,总分排名第一,获全国乡村"亿万农民健身活动"传统项目优胜奖。禾杠操是该县文化馆为丰富空巢老人生活而创作,是由禾杠舞(国家级非遗名录)演变而来,它是以生产生活中的简易劳动工具作为道具,和着欢快的音乐节奏,做着不同的敲打运动,运用优美活泼的肢体语言,展示人们在劳动生活中的欢乐场景,是江西一大特色,深受广大群众喜爱,系老少皆宜的韵律操。

【耕地保护工作成效显著】 2015年,省国土资源厅、省农业厅、省统计局联合开展2014年度市县政府耕地保护责任目标考核,并按耕地保有量、基本农田保护、耕地占补平衡、耕地保护制度措施4个方面进行考核评分。7月10日,省政府办公厅下发《关于2014年度市县政府耕地保护责任目标考核结果的通报》,宜黄县考核为优秀县。

宜黄县把贯彻"十分珍惜、合理利用土地和切实保护耕地"的基本国策摆在重要位置。建立耕地保护责任体系。为明确落实耕地保护目标责任,县与乡(镇)政府、乡(镇)政府与村委会、村委会与村小组层层签订《耕地保护目标责任状》,将耕地保有量、基本农田保护任务逐级下达,并落实到区块,实行目标管理,形成全社会齐抓共管的局面,确保耕地保有量2.43万公顷不减少,质量不降低。注重将"两区"建设规划项目尽量避开耕地,不占基本农田,切实避开不了的,补充同等数量和质量的耕地,做到占一补一。在建立基本农田保护制度的基础上,健全耕地监管制度,充分发挥执法监察队伍的主力军作用,县执法监察大队和乡、村干部实行定期或不定期的巡查。强化土地节约集约利用。出台《关于加强工业用地管理,推进节约集约用地的意见》,严把土地供应关,采用"腾笼换鸟"方式,盘活闲置低效用地。举办培训班及利用"4·22"地球日、"6·25"土地日、"8·29"测绘日、"12·4"法制宣传日营氛围,造声势,面向农村基层,采取电视、广播、专刊、横幅、标语、发宣传单等形式向广大群众宣传耕地保护法律法规政策,提高耕地保护意识。

【"三农"工作呈现新局面】 2015年,宜黄县开展"四进四联四帮"活动,安排工作经费200万元,组建132个连心小分队、抽调310名党员干部驻村帮扶。充分用好省级1000万元的产业扶贫资金,探索产业扶贫精准到户的帮扶模式,扶持产业基地、合作社25个。全年脱贫4860人,完成农村危房改造1704户。按照"六化"和"接二连三"思路,推进现代农业发展。发放财政"惠农信贷通"贷款1.3亿元,支持农业发展和扶贫攻坚。全县油茶、有机茶、蜜桔、杂交制种、毛竹、竹荪菇、食用菌等特色农业初具规模,杂交制种产销规模连续12年居全省第一,惠农种业华南虎牌"五优662"被农业部评为"超级稻"荣誉称号;争取到国家制种大县奖励资金2450万元,制种保险实现全覆盖。毛竹产业完成低产改造1.4万公顷,建设丰产毛竹林基地2000公顷,被列入全省"竹类特色产业项目实施县"。出台加快推进食用菌产业发展的意见,竹荪种植面积413.33公顷,产值7360万元,户均增收1600元,规模全省第一、全国前列。烟叶种植面积113.33公顷,成为富民富乡的优势产业。同时,高标准推进44个新农村点建设,梨溪、黄陂、棠阴的镇村联动初显成效,龙岗、里阴、郊源、帘前等中心村建设进展顺利,乡村环境更加秀美。

【国土执法成效显著】 宜黄县多措并举,大力推进国土执法,该县采取集中整治"三非",严厉查处土地违法违规案件,切实抓好执法检查工作。2015年,该县整合国土、建设、城管、房管等部门实行联合执法,对"三非"建筑分门别类进行依法处理,对严重影响城市总体规划的坚决拆除,共组织拆除行动60余次,拆除违法建筑5630余平方米,收缴规费和处罚款2600余万元,一批涉嫌违法犯罪人员受到查处,"三非"现象得到有效遏制。这一经验被省政府内参刊发,得到省领导肯定并作出重要批示。

【棠阴镇中心卫生院获全国"群众满意的乡镇卫生院"殊荣】 2014年8月,国家卫生计生委在全国范围内启动建设群众满意的乡镇卫生院活动。2015年12月,根据"群众满意的乡镇卫生院"标准,经逐级审核、现场抽查、公示等程序,国家卫计委公布全国1300所乡镇卫生院为"2014—2015年度群众满意的乡镇卫生院"。宜黄县棠阴镇中心卫生院功能定位明确,管理规范,服务水平较高,医改任务落实较好,群众满意度较高,获全国"群众满意的乡镇卫生院"殊荣。

【国家宗教事务局领导深入曹山宝积寺调研】 9月20日,国家宗教事务局局长王作安率队深入宜黄县曹山宝积寺调研,并召开座谈会。国家宗教事务局港澳台办主任肖虹随同调研。江西省委统战部副部长、省民宗局局长张勇,抚州市委书记肖毅,抚州市委副书记、市长张鸿星,江西省民宗局党组成员、副局长梅仕灿,抚州市委常委、统战部部长、抚州市委秘书长李建林陪同调研。王作安一行先后参观天王殿、禅堂、法堂、三学堂等寺院设施,了解曹山宝积寺发展历史、建设情况和发展规划。王作安充分肯定曹山宝积寺近年在僧才培养、丛林道风建设等方面取得的成果,对寺院在促进社会和谐、发挥佛教积极作用等方面的成绩表示高度赞赏并强调,要全面贯彻落实党的宗教工作方针,充分发挥宗教界人士在促进经济发展、文化繁荣、社会和谐稳定中的积极作用,大力推动宗教依法有序健康发展,为促进地方经济社会又好又快发展作出新的贡献。同时,也希望曹山宝积寺进一步加强对佛教文化遗产的保护、开发和利用,根据新的实践和时代要求,阐发佛教中应时益世的哲学思想、人文精神、道德理念,传承中华传统文化,为培育社会主义核心价值观提供思想资源和精神涵养。积极开展佛教学术研究,推动具有中国特色佛教文化的创造性转化、创新性发展,使之与当代文化相融相通,发挥以文化人的积极作用。进一步加强队伍建设,不断提高佛教信徒的综合素质,开展各种佛教文化艺术活动,以满足不同文化层次信教人群的需求,丰富信教群众的精神生活,倡导健康生活方式,为营造良好社会风气释放正能量。

【推行杂交水稻制种保险试点】 为确保国家级杂交水稻种子生产基地持续稳步发展,宜黄县大力开展杂交水稻制种大面积保险试点示范工作。2015年,杂交水稻制种面积1333.33公顷,参保面积900公顷,涉及农户

1286户,由中国人寿财产保险股份有限公司抚州市中心支公司承保,制种经纪人16位具体落实投保,每亩保额1500元,保费120元,其中企业及经纪人15元,农户10元,县财政承担95元。全年累计受损面积618.53公顷,涉及农户935户,理赔农户款597.75万元,由保险公司直接汇入各农户账户已到位,杂交水稻制种大面积保险试点示范工作成功实施。

【荣获“2015年春季森林防火平安县”称号】 9月2日,江西省人民政府森林防火总指挥部和省林业厅下发《关于表彰2015年全省森林防火“平安春季行动”优秀组织奖和平安县的决定》([赣火指字]9号)文件,宜黄县获2015年全省“春季森林防火平安县”称号。

1月1日至4月30日,宜黄县严格按照省森林防火总指挥部2015年全省森林防火“平安春季行动”实施方案的要求,扎实推进“平安春季行动”。制订具体方案,精心组织,周密部署,抓好野外火源集中整治、森林防火宣传月、瞒报森林火灾专项整治、查处森林火灾案件专项行动、森林防火重点督查等五方面工作的落实,确保春季特别是全国“两会”期间全县林区的安全稳定;确保林区生态资源安全和林区经济持续发展。

【县检察院被省检察院记集体三等功】 宜黄县检察院严格规范司法行为,不断提升司法水平,为维护社会稳定、优化发展环境、构建和谐社会作出积极贡献,受到上级部门的肯定。深化平安宜黄建设,努力维护社会和谐稳定。2013年1月至2015年7月,共批准逮捕犯罪嫌疑人148人,提起公诉208人,批捕、起诉准确率均为100%,有力打击犯罪分子的嚣张气焰,增强人民群众社会安全感。同时,认真贯彻宽严相济的刑事司法政策,有效缓解社会矛盾。依法查办和预防职务犯罪,深入推进反腐败斗争。将查处民生领域和重点环节的贪污贿赂案件和渎职侵权案件作为工作重点,共立案侦查各类职务犯罪案43人,其中贪污贿赂案33人,渎职侵权案10人,通过办案为国家挽回经济损失500余万元。强化诉讼活动法律监督,促进公正严格司法。深入开展立案监督工作,督促公安机关立案10件、撤案1件,纠正违法20次、纠正漏捕14人,追诉漏犯21人、漏罪11件,依法提出刑事抗诉6件,监督行政执法机关移送涉嫌犯罪案件2件,有效纠正有案不立、有罪不究、以罚代刑等问题。加强民事、行政审判活动及执行活动违法监督,纠正民事诉讼活动违法6件,向法院发出再审检察建议1件,查办金融领域虚假诉讼案件并提请抚州市检察院抗诉6件。同时依托检调对接平台作用,配合支持人民法院、基层调解组织依法进行调解,努力促成当事人双方达成和解,化解多起矛盾纠纷。加强基层院和检察队伍建设,着力提高新形势下履职能力。不断深化“一院一品”活动,推进“培优工程”建设,组织干警走访慰问全县12个乡镇的敬老院和困难群众,为困难群众办实事或解决困难40余件,协调相关部门向上级申报扶贫开发项目,落实项目资金200余万元,促进联系帮扶乡村经济社会发展,先后8次被授予省“文明单位”等市级以上先进集体。7月27日,被省检察院记集体三等功。

【对口支援工作(抚州市)座谈会在宜黄召开】 10月15日,中央国家机关及有关单位对口支援苏区振兴发展工作(抚州市)座谈会在宜黄县召开。江西省苏区办副主任、赣州市委常委、副市长张治峰主持会议,省苏区办副主任、赣州市委常委、副市长孙智宏和,省苏区办副主任谢宝河,抚州市委常委、副市长周学胜出席会议并讲话。会议要求,各受援县(区)要怀着感恩之心珍惜对口支援,主动担当;大胆创新,进一步加快政策落地,努力形成政策叠加效应、乘数效应;内外兼修,不断增强发展的内生动力,以加快发展来争取更多更大的支持。宜黄县委书记许中伟致辞,抚州市黎川、南丰、乐安、宜黄、广昌5个县挂职干部、对口支援工作分管领导和市苏区办参加会议并发言。

(罗来福)

# 金 溪 县

【概况】 位于江西省东部,辖8镇、5乡,总面积1358平方千米。耕地面积2.82万公顷,有林面积6.61万公顷,森林覆盖率57.2%。总人口31.8万人,其中非农业人口6.11万人,人口自然增长率6.96‰。2015年,地区生产总值72.2亿元,同比增长9.5%。其中,第一产业增加值11.6亿元,增长4.1%;第二产业增加值为33.1亿元,增长9.1%;第三产业增加值27.5亿元,增长12.5%。一、二、三产业比为16.1:45.8:38.1。全县规模以上工业企业实现产值99.9亿元,增长5.7%。农业总产值21.5亿元,增长4.7%。主要农产品有:稻谷34.7万吨,梨3.3万吨,茶叶1996吨,肉类总产2.1万吨。地方财政收入8.1亿元,增长13.8%;财政总收入10.1亿元,增长11%;财政总支出19.8亿元,增长17.4%。农民人均年可支配收入1.16万元,增11.1%。

主要矿产资源有石墨、铜、铅、锌、铁、高岭土、膨润土、建筑用石料、建筑用砂石、砖瓦粘土等。地方特产有藕丝糖、浒湾油面、方河米粉、金桔饼、蚕丝棉被、花炮等。主要旅游景区(点)有后龚红一方面军司令部旧址、金溪战役纪念碑、陆九渊墓、仰山书院、白马峰、翠云山、竹桥古村、东源古村、疏山寺等。

【主要领导】
县委书记:王成兵
县人大主任:肖 奇
县 长:彭银贵(任至7月)
常务副县长:邹裕明(7月主持县政府工作)
县政协主席:黄祖光

【农村土地确权登记颁证走在全省前列】 2015年,金溪县大力推进农村综合改革,农村土地确权登记颁证工作走在江西省前列。全省首批农村土地承包经营权证、全省首批整村颁证、全省首个农村产权综合交易中心和全省首笔农村土地承包经营权抵押贷款均出自金溪县,陆坊乡桥上村土地合作社模式具备较强的可复制、可推广价值。

在推进土地确权登记工作中,金溪县坚持“只组织不干预,只引导不拍板,只协调不做主”的原则,充分尊重农民主体地位,发挥农民首创精神,探索创新“粮租平衡人口增减法”“确权确地再确股法”等多种土地确权模式。这些模式在陆坊、陈坊、合市等乡镇试行后,很快得到农民的普遍认可,随后在全县其他乡镇推广。土地确权工作的推进,为金溪催生一大批专业大户、家庭农场、专业合作社和农业龙头企业等新型农业经营主体;推动金溪农业发展方式的转变,加快农业机械化、规模化、产业化、标准化进程。

**【金溪法院加大执行力度】** 2015年,金溪法院充分运用法律赋予的强制执行措施,加大执行力度。一是县法院与金融机构和公安、工商、国土、房管等部门建立“点对点”“总对总”网络执行查控系统,共查补执行人及其配偶银行存款4000余次,冻结、划拨存款400余万元,此外还采用扣押、提取、查封、拍卖和司法拘留等举措;二是充分运用与公安、检察机关构建的“打击拒执罪”机制,有效打击拒执行为,以涉嫌拒执罪移送公安机关立案侦查9案11人。充分运用失信被执行人名单制度,对被执行人进行信用惩戒。全年纳入失信被执行人名单967人次,执结案件30余件,标的额200余万元,被最高人民法院评为“有效实施失信被执行人名单制度示范法院”,成为全市唯一获此殊荣的法院;三是加大司法救助力度,积极探索“人民陪执员”制度建设。通过聘请有威望、知情况和善协调的陪执员参与执行,有效化解矛盾纷争。12月1日,全省部分法院人民陪执员试点及拒执自诉工作座谈会在金溪召开。

**【关工委获“全国关心下一代先进集体”称号】** 8月25日,纪念中国关心下一代工作委员会成立25周年暨全国关心下一代工作在北京召开,金溪县关工委获“全国关心下一代先进集体”称号。该县关工委成立以来,围绕培育“四有”新人的目标,立足基层,求实创新,把“急党政所急,想青少年所需,尽关工委所能”的要求落到实处,为促进青少年的健康成长发挥积极作用,先后6次被评为全省关心下一代先进单位。至12月,全县成立基层关工委49个,其中县直单位27个、县城中小学校7个、乡镇14个、民营企业1个;成立社区、村委会关心下一代工作小组141个,村小组关心下一代工作站33个。

**【金抚高速公路建成通车】** 11月6日,金溪至抚州高速公路建成通车。金抚高速是连接G35济南至广州高速公路与G70福州至银川高速公路的地方加密高速公路,全长39.58千米。沿线经过抚州市金溪县、临川区、金巢高新区两区一县,西接抚州南枢纽互通(抚吉高速公路与福银高速公路交汇)。该高速公路使两地来往的车程时间由原来的一个小时缩短至半个小时。

**【开展公共文化标准化均等化建设试点】** 2015年,金溪县被省文化厅列入全省公共文化标准化、均等化建设试点县。金溪县通过财政安排和争取上级资金,投入数百万元,在县城社区、街道及全县各乡镇安装调频广播1300余套,并对县文化馆、县图书馆、陆坊乡综合文化站、双塘镇综合文化站、秀谷徐坊农家书屋及左坊镇米家农家书屋6个首批抚州市百强公共文化服务示范点予以重点打造提升,共新增电脑26台、图书3万余套、书架12副及其他文化娱乐设施60余套。金溪县初步形成以县城文、博、图三馆及产业园为龙头,乡镇综合文化站为纽带,村级文化活动室(农家书屋)为基础的三级公共文化服务网络。在完善硬件建设的同时,金溪县还依托各类文化场所,创建文化品牌,积极开展丰富多彩的群众文化活动。以“三项活动”(送戏下乡、送电影下乡、支持自办文体活动)为引导,充分调动民营剧团、群众艺术团体的积极性,实现活动的常态化。

**【金溪县文化研究会成立】** 4月20日,金溪县文化研究会揭牌仪式暨成立大会在县委党校举行。该研究会是研究金溪文化和象山文化的群众性文化团体,首批会员约60人。武汉大学城市设计学院建筑系教授王炎松、武汉大学哲学院教授宫哲兵、江西师大南方古村镇发展与保护研究中心主任梁洪生、贵溪市象山文化筹备会代表叶航等数10位专家、学者出席大会。

**【《陆九渊故事》出版】** 12月,由金溪县文化研究会集体编撰的《陆九渊故事》一书,由江西人民出版社正式出版。该书由近140则故事组成,分“童年之慧心”“少年之悟心”“青年之砺心”“中年之洞心”“晚年之归心”5部分,全面讲述理学家、教育家、百世大儒陆象山一生的经历以及学问概要。这是第一部关于陆象山的故事集成,图文并茂,是不可多得的乡土文化作品。

**【金溪荣膺“江西省卫生县城”称号】**

8月,省爱卫会下发关于命名省级卫生城市的决定,金溪县荣获“江西省卫生县城”称号,成为抚州市唯一获此殊荣的县城。该县不断提升创建水平,大力开展县城环境综合整治工作,完善县城功能,提升县城品位,扎实推进创建“省级卫生县城”各项工作。同时,全面开展健康教育工作,形成完善的健康教育网络,社区、学校、医院、行业健康教育均取得较好成效。集中开展环境综合整治工作,对车辆乱停、非法营运、占道经营等现象开展集中整治。落实环卫责任制,集中清运各类生活垃圾,县城保洁率和垃圾清运率96%以上。环境保护取得新进展,各项环保综合指标达标。公共绿地分布日趋合理,达到点上成景、线上成荫、面上成林效果。

**【香料日化产业实力进一步加强】**

2015年,金溪县香料原料林首次纳入省林业厅造林补贴项目,调整2800公顷省级公益林发展香料原料。全年实现产值65亿元,增长15.5%,利润增长15.6%,税收增长14.8%,新增香料原料林面积616.4公顷。千佳生物、金顿香料成功进入Q版,盛伟香料正在进行股改,被评为“省级技术中心”。2015年,该县荣获“国家林木香料生物产业基地”称号。

**【国家林木生物产业基地落户金溪】**

5月16日,国家林业局专家评审组到金溪县对“江西金溪国家林木香料生物产业基地”进行评审。评审组先后到江西天香林业开发有限公司芳樟基地、江西思派思香料化工有限公司、拓普克林(金溪)香精香料有限公司等地实地查看。评审会上,专家们一致认为,金溪是全国重要的天然香精香料生产基地,已建立芳樟等香精香料产业原料林1万公顷,形成3大系列、11个类别、120多个品种产品,并与国内10多所科研机构建立密切的合作关系,形成产、学、研一体的技术研发平台,初步形成林木香料生物产业集群格局。7月,国家林业局科技司正式发文认定金溪县为“国家林木香料生物产业基地”,是江西省唯一的国家林业生物产业基地,也是全国第十四个林业生物产业基地之一。

【公共文化标准化均等化建设试点】 2015年,金溪县被省文化厅列入全省公共文化标准化、均等化建设试点县。该县通过财政安排和争取上级资金,投入数百万元,在县城社区、街道及全县各乡镇安装调频广播1300余套,并对县文化馆、图书馆、陆坊乡综合文化站、双塘镇综合文化站、秀谷徐坊农家书屋及左坊镇米家农家书屋等6个首批抚州市百强公共文化服务示范点予以重点打造提升,共新增电脑26台、图书30000余套、书架12副及其它文化娱乐设施60余套。金溪县初步形成以县城文、博、图三馆及产业园为龙头,乡镇综合文化站为纽带,村级文化活动室(农家书屋)为基础的三级公共文化服务网络。依托各类文化场所,创建文化品牌,开展丰富多彩的群众文化活动。以送戏下乡、送电影下乡、支持自办文体活动“三项活动”为引导,调动民营剧团、群众艺术团体的积极性,实现活动常态化。

【徐坊村获省级水生态文明村荣誉】 5月5日,省水利厅将全省第一块“江西省水生态文明村”荣誉牌授予金溪县秀谷镇徐坊村。为深入贯彻落实水利部关于加快推进水生态文明建设工作的要求,促进全省全国生态文明先行示范区建设,2014年10月,徐坊村被省水利厅确定为全省第一批生态文明建设试点村。该村充分挖掘区位资源、绿色资源、水土资源的潜力,围绕山水资源做好水生态建设,实施新农村建设。

【社会化模式联合建立未成年人就业帮教基地】 为给未成年人罪犯创造良好的帮教条件,12月,金溪县检察院联合县关工委、妇联、团委青年志愿者、人民监督员、社区干部、企业家共同建立“未成年人就业帮教基地”。该基地属于专门为社区未成年服刑人员成立的非营利性机构,集就业安置、帮助教育、监督于一体,对解决矫正人员就业问题发挥了重要作用。县检察院率先启动“轻罪失足少年一对一帮教”活动,志愿者分别与轻罪失足少年签订“一对一”帮教协议,真正解决失足未成年人“复学难、就学难、就业难”问题。县检察院开办失足未成年人培训班,主要面对“缓、免”未成年人和轻罪未成年人,建立新生档案,每年定期举办培训班,讲解法律、社会道德、就业技能知识等进行社会安置帮教。邀请已经走向社会的成功“学员”为新学员现身说法,让家长打消“顾虑”,对孩子重树信心。

【与江西师大签订全面合作协议】 7月8日,金溪县政府与江西师范大学在县会展中心举行全面合作签约仪式。该县与师大发挥各自优势,在香料香精产业升级、文化旅游产业发展、古村落保护与开发、人才培养、教育教学研究、科技攻关等方面开展广泛合作,构建产学研相结合创新体系,实现该县经济社会发展需求与高校人才智力、研发能力、先进科研成果有效对接。此外,该县还与师大签订科技、文化旅游、教育等3个子项目合作协议。

(李山冕 曾 铭)

## 资溪县

【概况】 位于抚州市东部,辖5镇、2乡、5场,总面积1251平方千米,其中城区建成面积15平方千米,城区绿化覆盖率47.15%。耕地面积0.63万公顷,有林面积10.19万公顷,森林覆盖率87.3%。总人口11.66万人,其中非农业人口2.79万人,人口自然增长率7.18‰。2015年,地区生产总值30.87亿元,同比增长8%。其中,第一产业增加值3.54亿元,增长2.7%;第二产业增加值13.79亿元,增长3%;第三产业增加值13.54亿元,增长13.8%。一、二、三产业比为11.47∶44.68∶43.85。工业总产值10.42亿元,增长0.2%。规模以上工业企业增加值3.32亿元,占地区生产总值比重10.75%。主要工业产品有竹地板、细木工艺板、鞋帽、电子等。农业总产值6.3亿元,增长3%。主要农产品:粮食总产量3.6万吨、烟叶产量902吨、白茶产量55吨、水果产量328吨、西瓜产量1524吨,生猪出栏3.63万头、家禽出栏11.75万只。固定资产投资18.8亿元。财政总收入6.01亿元,税收占财政总收入比重80.6%;公共财政预算收入4.91亿元;财政总支出10.54亿元,增长4.15%。万元GDP能耗下降1.65%,二氧化硫排放总量1040吨、削减率6%,氮氧化物排放量57.47吨、消减率8%。城镇居民人均可支配收入2.05万元,增长8.5%;农村居民人均可支配收入1.07万元,增长9.1%。

主要矿产资源有铜、铁、磁铁、铀、钨、花岗石、萤石、瓷土、稀土等。地方特产有面包、白茶、香菇、木耳、玉兰片、竹荪、鳗鱼、蕨菜、草莓等。主要旅游景区(点)有大觉山旅游区、马头山原始林区、尚莲清凉山庄、狮子山度假村、新月畲族村风情旅游、方家山龙潭瀑布群、北宋大思想家李觏故里、泰伯公园、泰伯楼、中央苏区纪念馆、田园书院和百越文化村等,其中马头山林区为国家级自然保护区,清凉山为国家森林公园,大觉山景区为国家AAAA级旅游景区。

【主要领导名录】

县 委 书 记:徐国义

县人大常委会主任:李莉华

县　　　长:吴建华(8月任)

县政协主席:万　鸣

【资溪全国首创的生态审计成为“样本”】 资溪县12年来坚持推行的“生态审计”模式,被誉为“在全国都有影响的资溪样本”。2003年,资溪县推出全国第一部“领导干部生态环境保护责任审计制”,2005年又在全国率先出台《领导干部生态文明建设责任审计办法》,对各单位和部门的主要领导干部实行“生态审计”,将森林覆盖率、水质标准、空气负氧离子等38项指标作为领导干部政绩考核、离任审计的重要内容。2013年,再次完善、细化考核项目和标准,对所有乡(镇、场)和县直有关单位主要领导的生态文明建设责任实行两年一考核、离任再审计,对其中审计不过关的干部实行严格问责,构建完善的“生态审计”体系。近年来,该县30名干部因生态保护成绩出色得到提拔重用,18名干部因审计结果不达标而分别受到免职、降级等处罚。为配合“生态审计”的不断深化,该县主动与中科院、国家林业局、浙江大学开展负氧离子、生态旅游、观光农业等多项科研合作,大力推进生态文化建设,并派出1000多名干部参加生态知识培训,着力培养“生态型”干部。该县大力调整优化产业结构,严把项目准入关,对能耗高、效益低、污染大的项目一律拒之门外。与此同时,该县狠抓生态产业发展升级,全县绿色食品种植面积近1.33万公顷,发展市级以上农业产业化龙头企业30家,13个农产品通过农业部有机食品认证。目前,该县森林覆盖率达87.3%,境内16个景区和保护区的检测结果表明,每立方厘米的空气中负氧离子含量最高的达36万个单位,生态环境综合指数列中部586个县(市、区)第一位,全国第七位,跻身“国家级生态示范区”“全国绿化模范县”“全国十佳绿色生态县”“省级森林城市”行列。

**【资溪列入全省首批生态文明先行示范县】** 11月,资溪县入选全省首批生态文明先行示范县,12月又获“江西生态文明十佳示范县”荣誉称号。该县深化生态文明理念,实施生态立县战略,保持绿色发展定力,探索生产发展、生活宽裕、生态优美发展模式,建设人与自然和谐相处的“纯净资溪”,森林覆盖率稳定在87.3%,被称为“难得的动植物基因库”。同时,用生态文明理念建设美丽乡村,深入挖掘农村文化、休闲、生态等功能,不断提高城乡居民的生态环保意识,扎实推进村庄环境卫生整治、农村垃圾无害化处理和农村小流域环境综合整治,健全农村环境卫生管理长效机制,并不断完善马头山国家级自然保护区、清凉山国家森林公园、大觉山国家4A级旅游景区建设,在景区种植香、色树种,提升春花秋叶,四季有景的观赏值,实现资溪绿色崛起。

**【资溪入选中国候鸟旅居县口碑榜】** 12月4日,资溪凭借完好的自然生态,入选由国际候鸟旅居组织评价中心评选的首届中国候鸟旅居县口碑榜“惬意踏春十佳”类,是抚州市唯一上榜的县(区)。候鸟旅居县是气候生态环境宜游宜居目的地代名词,该榜主要以气候、物候资源对旅居活动的不同影响为导向,将不同特色的代表性候鸟旅居县域细分为24个特色类型,向中外旅游者推荐不同时间的旅居最佳目的地。该县入选“惬意踏春十佳”,位列第二。

**【有机农业品牌效应突出】** 资溪县凭借优良自然环境,争创全国有机农业示范基地,发展现代特色农业。实施有机白茶、有机大米、有机竹笋、有机果蔬等特色生产基地的建设,有机农业种植面积达1.33万公顷。同时,把有机食品基地建设与生态家园建设相结合,与农村垃圾整治、秸秆还田利用等措施相合,丰富有机食品基地建设内涵,有机农业种类从茶叶、水稻发展到油茶种植、养殖业,达到种养结合,真正实现农业种养业的内部资源循环利用。至2015年年底,该县已创建有机农产品品牌22个,其中8家企业11个农产品通过有机产品认证,11家企业11个农产品通过有机产品转换认证;获评“江西省著名商标”5个,“江西省品牌农产品”2个;“资溪白茶”向国家工商总局成功注册地理标志证明商标,被国家质检总局批准为国家地理标志保护产品。香檀山茶业、逸沁茶叶、一亩茶园、悟怡茶业、馨田茶业等5家“资溪白茶”企业抱团荣获“江西十大名茶”企业称号,香檀山茶业、悟怡茶业白茶种植基础被列为“第七批国家级农业标准化示范区”,一亩茶园基地成为首批“全国生态茶园示范基地”,“御嵩源”白茶和“白眉红”红茶被农业部评为全国名优特新产品,多家农业企业多批有机产品获得国家(国际)评比金奖。“资溪白茶”品牌价值达2.06亿元,进入全国名茶品牌100强。

**【跻身国家可持续发展实验区】** 1月,资溪县通过由科技部牵头组织国家发改委、教育部、科技部、环保部、公安部等18个部委联合评审,10月被国家科技部批准列入国家可持续发展区。实验区建设规划明确特色产业发展、资源利用与环境保护、社会发展、科技支撑与创新、生态文明建设5个重点建设领域。包含有机白茶标准化基地建设、城镇生活污水网管建设等41个优先项目,涉及产业转型、现代农业、民生幸福等方面。

**【通过国家三类城市语言文字工作评估验收】** 12月16—17日,资溪县召开迎接国家三类城市语言文字规范化建设工作评估汇报会,顺利通过专家评估团的评估验收。该县认真执行《中华人民共和国国家通用语言文字法》和语言文字工作方针政策,强化宣传教育,推进语言文字工作制度化、规范化建设。着力加强领导层面建设,不断夯实语言文字规范化建设之基础。创新开展媒体层面工作,着力营造语言文字规范化建设之氛围。精心部署各项活动开展,大力推动语言文字规范化建设之进程。先后开展语言文字业务培训、公务员普通话培训、社会不规范用字整治等各项活动,2014年选派3名教师参加国家举办的“语言文字规范标准”培训班学习,2015年再次选派8人参加省、市举办的“中华诵经典诵读书写”培训,在全县举办公文格式写作培训和广告从业人员用字规范化培训。2015年7月,启动公务员普通话培训与测试工作,全县公务员和窗口行业服务人员903人报名,完成普通话测试工作854名,合格率达97.8%。注重突出重点层面工作,提升语言文字规范化建设。以党政机关、学校、新闻媒体、公共服务行业为重点,抓点带面,积极推动全县语言文字规范化建设工作全面开展。全县创建省级语言文字规范化示范校2所、市级语言文字规范化示范校6所,县级语言文字规范化示范校2所。

**【江西马头山国家级自然保护区管理局挂牌】** 7月,江西马头山国家级自然保护区管理局在资溪县生态工业园创新大道正式挂牌。马头山自然保护区始建于1994年,2001年经江西省人民政府批准晋升为省级自然保护区,2008年经国务院批准晋升为国家级自然保护区。

江西马头山国家级自然保护区位于资溪东北部,地处闽赣交界的武夷山西麓。保护区总面积1.39万公顷,区内森林植被以天然常绿阔叶林为主,森林覆盖率达97.43%,区内有高等植物275科100属2483种,其中国家级重点保护的植物有20种。陆生脊椎动物27目1科387种,其中国家重点保护野生动物有54种。保护区以珍稀植物美毛含笑、长叶榧、蛛网萼、伯乐树等珍稀植物及其原生种群为主要保护对象,是江西唯一以野生珍稀植物为主要保护对象的国家级自然保护区。

【举办江西省第三届寒兰博览会】 11月13—15日,江西省(资溪)第三届寒兰博览会在资溪县举办。省农业厅原厅长、省花协原会长刘初浔出席开幕式并宣布博览会开幕,省花卉协会会长姚技,省花协原顾问、抚州市花卉协会会长李宾等应邀出席开幕式,县委副书记、县长吴建华出席并致开幕词。来自广东、浙江、湖南、江西、湖北、福建等6省的12个市的400余盆寒兰参展,共评出2个特等金奖、10个金奖、20个银奖、30个铜奖。

(帅建忠 谢金凤)

## 广昌县

【概况】 位于抚州南端,辖5镇、6乡、1场,总面积1603平方千米,其中城区建成面积8.7平方千米,城区绿化覆盖率41.22%。耕地面积1.48万公顷,有林面积9.99万公顷,森林覆盖率66.64%。总人口25.02万人,其中城区人口10.65万人、乡村人口14.37万人,人口自然增长率7.42‰。2015年,地区生产总值50.13亿元,同比增长8.8%。其中,第一产业增加值8.85亿元,增长3.8%;第二产业增加值23.2亿元,增长9.1%;第三产业增加值18.08亿元,增长10.8%。一、二、三产业比为17.6∶46.3∶36.1。规模以上工业企业增加值17.55亿元,增长8.4%,占地区生产总值比重35%。主要工业产品有铜材2.95万吨、化纤布1.05亿米、服装924.43万件、汽车配件503万件、发电量8597万度。农业总产值15.76亿元,增长4%。主要农产品有稻谷、通芯白莲、烟叶。粮食总产量10.73万吨、通芯白莲总产量0.43万吨、生猪出栏5.57万头。固定资产投资50.05亿元,增长17.9%。财政总收入8.21亿元,增长1%,税收占财政总收入的比重81.7%;财政总支出17.12亿元,增长9.3%。万元GDP能耗0.474吨标煤,二氧化硫排放总量1479.78吨、削减率14.97%,氮氧化物排放量228.52吨,城市污水处理率76.7%。农村居民人均可支配收入7430元,增加877元;城镇居民人均可支配收入2.09万元,增加7.8%。

主要矿产资源有高岭土、稀土、硅藻土、瓷土、萤石、长石、石英及金属钨、铜等,其中,硅藻土储量2700万吨,是全国四大矿点之一;瓷土蕴藏量达2亿~3亿吨,其质量可与景德镇南港、三宝莲媲美。地方特产有通芯白莲、晒烟、烤烟、泽泻、香菇、茶树菇、茶油等。主要旅游景点有百里莲花带、青龙湖、摩崖石刻、抚(河)源飞瀑、恐龙化石、千年古刹定心寺、明代古寺龙凤岩、驿前明清建筑群、宋代雁塔、义军抗清营寨、莲花科技博览园、毛泽东故居、《减字木兰花·广昌路上》雕塑公园、广昌战斗指挥部旧址、红军高虎脑阻击战遗址等。

【主要领导名录】

县委书记:许爱军
县人大常委会主任:符忠林
县长:欧阳巧文
县政协主席:揭秉华

【产业转型升级提质增效】 2015年,广昌县工业经济稳中有进。新引进5000万元以上工业项目15个,其中亿元以上项目9个,实际进资23.8亿元;推进工业园区的扩区调区和产业平台建设,全面完成园区新区80公顷"三通一平"及配套功能区建设;新增规模以上工业企业12户;全年完成规模以上主营业务收入74.57亿元,利税总额6.8亿元;工业用电量达9767万千瓦小时,同比增长11.17%;实际利用外资2522万美元;外贸出口完成1.3亿美元。现代农业扬优成势。粮食播种面积1.51万公顷,产量10.73万吨;白莲种植面积6000公顷,产量0.43万吨,广昌成为全国唯一一个国家级白莲绿色食品标准化生产基地;烤烟种植面积0.14万公顷,产量5.12万担,实现税收1440万元;茶薪菇种植2.4亿筒,产值4.5亿元;有省级农业产业化龙头企业3家、市级龙头企业12家、农民专业合作社319家。第三产业更加繁荣。旅游业方面,完成2015—2020年发展总体规划编制和第一批旅游外部标识的建设,筹划完成在央视朝闻天下2016全年播出"中国莲乡——广昌"宣传片,广昌红色群雕园、荷源景区成功创评为国家3A级景区,火龙果生态休闲园、青龙生态园、岩谷山庄等系列乡村点创评为省级4A、3A乡村旅游点,启动了驿前中国莲花景区创建国家4A级旅游景区工作。商贸流通业方面,新增一般纳税人资格物流企业18家,总数达82家,实现税收1.76亿元;成立县电子商务协会,全县拥有电商个体户和企业400余家。

【保障和改善民生】 2015年,广昌县民生支出增长18.42%;新增城镇就业2408人、农村劳动力转移就业3766人;扶持个人创业629人,带动就业2200余人;落实社会捐赠资金1900万元,完成2所敬老院建设并启动4所敬老院升级改造工程;全年发放城乡低保资金3620万元、五保供养资金313万元、临时救助资金75万元;社会救助工作被评为2015年度"江西省社会救助先进县";投资2655万元,完成354套公共租赁住房建设。

【广昌快速发展电子商务】 2015底,广昌县拥有电商企业及个体户共400余家,从业人员达3500多人,电商企业年销售总额达3亿元。该县"快准实狠"发展电子商务。一是快速启动。10月成立广昌县电子商务协会,制定相关政策,从土地、财税、金融等方面给予电商企业扶持;二是瞄准特色。电商企业积极打造"莲乡"特色产品,将白莲、茶薪菇、泽泻、香扇、茶具等本地特色产品销到全国,甚至国外;三是扎实推进。自2014年开始,该县财政每年安排100万元(不含县财政投入产业园建设资金)作为县级电子商务发展基金,用于扶持电商企业做大做强,建设电子商务公共服务平台。县电子商务产业园平台建设包括中小企业孵化园和电子信息产业园两部分,其中占地5.87公顷的中小企业孵化园项目于2015年全面完成,可入驻中小企业40多家。同时,县政府对在县境内缴纳税金30万元以上的电商企业,前3年按地方所得部分的60%予以奖励;四是狠下功夫。2015年,电子商务纳入当年的县招商引资工作考评办法,对电子商务年营销额达200万元以上,按营销额50%折抵工业进资;在县委党校举办两期培训班,就网店运营、品牌策划、市场营销等内容,为创业的电商企业主及个体户"充电加油"。

【启动村卫生所的升级改造工程】 从2014年10月开始,广昌县启动村卫生所的升级改造工程,标准化规划诊疗室、治疗室、注射室、药房、值班室等用房,配备血糖仪、体重秤、血压计等设备。新的村卫生所窗明几净,墙上张贴着规章制度、药费报销流程图,一目了然。彻底改变原来卫生所房屋破旧不堪,医疗器械只有"一个听诊器、一个血压表、一个温度计"的状况。村卫生所除了为村民诊治一般性疾病,还为村民建立健康档案,每年开展两次健康体检,为高血压、糖尿病、结核病等人群提供防治指导,提供基本公共卫生服务。此次村卫生所升级改造工程,是由中央统战部协调中华海外联谊会援建的,每座卫生室建设资金为10万元,海联("中华海外联谊会"简称)捐助5万元,其余资金由中央预算内农村卫生服务体系建设项目资金和地方配套解决。到2015年底,广昌县共收到中华海外联谊会此项援建资金455万元,有50所海联卫生室已建成使用。广昌县已配备乡村医生275人,村卫所全面实行基本药物零差率销售,村民"小病不出村",不用往镇里或县里赶。

【发展果林产业治理水土流失】 2015年,广昌县在治理水土流失的过程中,注重提升治理措施的经济效益,突出经济果林开发,以市场为导向,发展"公司+农户""协会+农户"等新型农业产业开发经营模式,大力发展柑橘、脐橙、油茶、茶叶等水保产业,同时注重"猪—沼—果"配套,采取坡面水系建设和果草间作,解决了水土保持投入的问题。截至年底,全县治理面积在6.67公顷以上的治理大户有21家,累计开发种植油茶600公顷,引进嫁接300万株,高产油茶林苗木繁育基地1个,油茶深加工企业2家。

【盱江司法所荣获"全国模范司法所"称号】 12月,司法部表彰199个司法所为"全国模范司法所"、400个司法所为"全国先进司法所"、599人为"全国模范司法所长"。广昌县司法局盱江司法所获评"全国模范司法所"。

(谢衔生)

## 东乡县

【概况】 位于抚州市北部,辖9镇、4乡、3个垦殖场、1个林场,总面积约1270平方千米,其中城市建成区面积达到20.6平方千米,城区绿化覆盖率45.5%。,耕地面积2.57万公顷,有林面积5.13万公顷,森林覆盖率45.54%。总人口48.35万人,其中非农业人口15.94万人,人口自然增长率7.24‰。2015年,实现国内生产总值133.57亿元,同比增长9.6%。其中,第一产业增加值20.24亿元,增长3.4%;第二产业增加值79.44亿元,增长9.8%;第三产业增加值33.89亿元,增长12.3%。一、二、三产业比为15.16∶59.47∶25.37。规模以上工业总产值220亿元,增长1.3%;工业增加值50.97亿元,增长9.2%,占地区生产总值比重38.16%。主要工业产品有大米、化学肥料和农药、瓷质砖、纱、蚕丝及交织机织物、铜材、饲料等。农业总产值37.35亿元,增长5.05%。主要农产品有稻谷、生猪、油料、甘蔗、水果等。全年粮食总产量31.97万吨,增长1.61%;全年生猪出栏124.66万头,存栏59.72万头。固定资产投资181.22亿元,增长20.7%。财政总收入22.07亿元,增长10%,税收占财政总收入的比重81.1%;地方财政收入16.1亿元,增长8.94%;财政总支出33.45亿元,增长19.31%。万元GDP能耗0.522吨标煤,二氧化碳排放总量2397吨、削减率3.66%,氮氧化物排放量518吨、消减率8.4%,城市污水处理率97%。农民人均纯收入1.34万元,增长10%。城乡居民年末储蓄余额99.24亿元,增长12.52%。

主要矿产资源有铜、铁、铅、锌、金、煤、瓷土等。主要旅游景点有黎圩上池村王安石故里、黎圩省级历史文化名村浯溪、"龙山师水"石刻、"雄岚峰"古观、"金峰"虎岩泉、舒同博物馆,佛岭"吉和塔"、西隐禅寺、佛岭国际书法公园,珀干弄里艾家红军烈士墓以及烈士纪念塔等。

【主要领导名录】

县委书记:谭小平(任至9月)
县人大常委会主任:陈 文
县 长:许萍乡
县政协主席:陈 勤

【红星垦殖场纪念王震将军诞辰107周年】 4月11日,是王震将军诞辰107周年纪念日,200多名干部群众和中小学生聚集红星垦殖场王震公园,深切缅怀这位无产阶级革命家、新中国农垦事业的拓荒者。红星垦殖场于2014年成立红星精神研究会,已有会员60多人。王震与红星的情缘可以追溯到1958年11月,时任农垦部部长的他视察红星,给共大学生做报告,接见老红军战士,并划拨专款支持红星建起第一个养鸡场。1969年10月至1971年9月,王震蹲点红星,与红星人结下深厚友谊。回北京后,他身居高位,仍于1973年、1978年、1981年和1985年四次"回家探亲"。红星人把农垦文化、名人文化融入项目建设,修建王震公园、王震纪念馆、将军湖,促使红星面貌焕然一新,成为全省农垦集镇建设示范点。

【举行纪念舒同诞辰110周年活动】 12月25日,纪念舒同诞辰110周年系列活动在舒同博物馆举行。抚州市委常委、宣传部部长黄玉剑宣布活动开幕。中国书协副主席、省文联副主席、省书协主席毛国典,中央政府驻港联络办北京办事处主任秦新民等出席活动开幕式。此次活动主要有:介绍舒同生平、欣赏舒同书法真迹、观看“纪念舒同诞辰110周年全国名家书法邀请展”作品、召开纪念座谈会和名家笔会。

舒同1905年出生于东乡县,为中国革命事业和书法事业做出了特殊贡献,被毛泽东誉为“红军书法家”,其独创的“舒体”字广为流传。舒同晚年为家乡捐献141幅珍贵的书法作品。东乡县把书法艺术作为传承传统文化、打造文化强县的重要载体,积极开展书法普及、教育、提高和展览活动。书法教育进学校、机关、单位、企业、家庭,真正实现万户翰墨香,被评为中国书法之乡。

【人民调解宣传获全国先进】 12月20日,东乡县司法局被中华全国人民调解员协会授予“2015年度全国人民调解宣传工作优秀单位”称号。三年来,县司法局狠抓人民调解规范化建设,不断创新工作方法,扎实抓好矛盾纠纷排查调处,发挥“第一道防线”的作用。同时通过电视、报纸、网络、148法律服务专线等载体,加大对人民调解工作的宣传力度。2015年,共排查各类矛盾纠纷1679起,成功调处1663起,劝阻群众上访17起,收到良好的社会效果。

【东乡县获“2015中国新能源产业百强县”称号】 11月13日,在北京国家会议中心举行的2015第七届中国新能源产业经济发展年会上,东乡县荣获“2015中国新能源产业百强县”称号,这是东乡县首次获此殊荣。该县积极抢抓国家鼓励发展新能源产业的机遇,优化投资环境,强化服务意识,大力发展新能源产业,引进1000兆瓦碲化镉薄膜太阳能电池、晶科电力等新能源项目10多个。同时推广使用风能、太阳能等清洁能源,在现代农业示范园和新农村建设中,鼓励安装太阳能节能灯和太阳能热水器,修建养殖区域沼气池,既改善了居民生产生活条件,又保护了生态环境。

【花猪保种场成为国家级畜禽遗传资源保种场】 12月23日,农业部公布第五批国家级畜禽遗传资源保种场名单,东乡县乐平猪(东乡花猪)保种场入选,成为此次江西省唯一入选的畜禽遗传资源保种场。东乡花猪属《全国地方猪种志》收载的名种猪,其头黑、四肢白、躯干黑白花,体型结实,背腰不平,抗逆性强,繁殖率高、合群性好。该猪种生长快,瘦肉率高,且肉质鲜嫩味美。早在2005年就被列为江西省重点保护品种,2014年被列入《国家级畜禽遗传资源保护名录》。

【院士工作站揭牌】 8月19日,江西东华种畜禽有限公司中科院院士工作站揭牌。中国科学院院士吴常信等专家及省、市、县相关领导参加揭牌仪式。吴常信是中国著名的动物遗传育种领域的知名专家,有8项研究成果获国家级奖励。他10多年如一日关注东乡黑羽绿壳蛋鸡,多次亲临东乡实地考察、指导。院士工作站的设立有助于攻克世界珍稀品种东乡黑羽绿壳蛋鸡育种、饲养、防疫等技术难题。

【举办国际职业搏击王者争霸赛】 7月5日,东乡县体育馆举办国际职业搏击王者争霸赛,来自中国、俄罗斯、泰国、哈萨克斯坦四国的18名顶级职业拳手亮相东乡,700多名观众观赛。此次比赛兼容中国武术、日本空手道、韩国跆拳道、泰拳以及西方拳击和摔跤等武道的精华。赛事设置60千克级、65千克级、67千克级、70千克级4个级别。采取一局定胜负制,9场比赛决出9个冠军。其中,60千克级共举行3场比赛,决出3个冠军;65千克级举行1场比赛,决出1个冠军;67千克级举行3场比赛,决出3个冠军;70千克级举行两场比赛,决出两个冠军。经过9场不同级别的角逐,中国选手获得其中7场的冠军,泰国选手获得两个冠军。

【农民周长根出版学术著作】 3月2日,东乡农民周长根25万字的学术性著作《龙的栽培》,由中国言实出版社正式出版发行。65岁的周长根是东乡县孝岗镇新建村委会石溪村民小组农民,酷爱读书,善于思考,发明的“多头喷雾器”曾获国家实用新型专利证书。20世纪60年代,他高中肄业后返乡务农。40岁之后,开始潜心研究智力问题,自学心理学和教育学,做了数百万字学习笔记。经过20多年的认真观察、大胆释疑和自身实践,他发现了“智力构建源自大脑活动能量”这一生物学规则。为此,他积极搜集相关资料,自60岁时开始写作,把现有心理学理论整合成新的理念,破解“先天条件”这一教育上的困惑,并对先天条件创造、学前智力开发、儿童品格塑造、个人潜能挖掘、脑能强化和战胜遗忘等问题提出建设性指导意见。

【国家野生稻资源平台落户东乡】 9月16日,国家农作物种质资源野生稻资源平台在东乡县野生稻原位保护区正式挂牌。素有“植物大熊猫”之称的东乡野生稻是全球最北端的普通野生稻,因其具有遗传多样性及蕴藏着耐寒、耐旱、耐瘠、广亲和性、胞质雄性不育、抗病虫、高产等基因,对当代水稻的研究有着举足轻重的作用。到2015年,通过东乡野生稻培育的稻种有57种之多。该资源平台的建立,有利于长期、有效、安全地保护好东乡野生稻种质资源,高效利用和开发好东乡野生稻的有利基因,为实现中国粮食安全、资源安全和农业可持续发展提供强有力的科技支撑。

【143个便民取款点覆盖东乡行政村】

8月中旬,东乡县143个乡村金融便民取款服务点均配置自助转账终端设备,实现全县行政村全覆盖。从此,农村居民尤其是孤寡老人可以实现足不出村领到新农保、退耕还林等惠农补贴。此次农村金融便民取款服务点专门设在当地信誉较高且服务意识较强,具备一定金融知识的商家中,村民每卡每日累计取现限额为2000元,既满足农村小金额取现需求,又有利于保护账户资金安全。

【财政收入突破20亿元】 2015年,东乡县财政收入突破20亿元大关,达到22.07亿元,比2014年增长10%,其中税收收入占财政收入的81.1%,财政收入实现5年翻番。年内,抓住沪昆高铁抚州东站建设和高铁开通运营的有利时机,举全力招商引资,培植重点财源,做大财政“蛋糕”。设立4000万元工业发展专项基金,县财政拨付基础设施建设资金8000万元,重点扶持园区重大工业项目建设和重点企业发展;设立外贸出口贴息奖励扶持资金500万元,鼓励企业出口创汇。同时通过清理行政事业性收费项目、降低收费标准等措施,累计减轻企业和社会负担600万元。文化创意、新能源两大新兴产业发展步伐加快。城市建设为东乡第三产业发展注入活力,大量农民进城购房,全县房地产税费占财政收入的25.6%。

**【大学生村官获邀参加“东盟+3村官交流项目”活动】** 11月16日至21日,大学生村官、东乡县邓家乡嵇坊村党支部书记梁志强与国内另外两位村官一道,获邀参加在广西南宁举办的第三届东盟+3村官交流项目活动,代表中国村官与东盟成员国的村官交流农村减贫经验。梁志强大学毕业考取大学生村官,满腔热情致力于改变邓家乡嵇坊村综合工作全乡排名倒数第一的落后面貌。他带领村干部采用现代农村发展理念,带领村民用3年时间,在嵇坊村建成集观赏苗木种植、乡村旅游为一体的“花果山”,并将其打造成全省AAAA级乡村旅游景点,嵇坊村由此大变样。

**【年产10万吨燃料乙醇项目开工】** 1月28日,中国石化东乡年产10万吨燃料乙醇项目在东乡县红星省级经济开发区内开工建设。该项目由中国石油化工股份有限公司和江西雨帆农业发展有限公司合资兴建,总投资4.11亿元,主要建设建设木薯原料基地和燃料乙醇生产装置等。建成投产后,将形能成年产10.28万吨变性燃料乙醇的生产能力,实现年销售收入约10亿元,创利税超过1亿元,新增就业人员300人以上,新增物流、贮运及木薯推广等服务业从业人员数百人。

**【评为“全省专利十强县”】** 3月,东乡县被评为“2014年度全省专利十强县”。2014年该县专利申请总量301件、比2013年增长128%,专利授权量160件、增长142.4%。该县高度重视专利工作,采取多种措施促进专利工作。举办“科技创新与知识产权”“专利暨高新技术企业申报工作”等有关培训4期,参训者600余人次;邀请知识产权专家深入红星变性淀粉、博大化工、高信有机化工、荣成机械制造等多家企业实地提供知识产权专利咨询服务。落实专利奖励政策,对发明专利获得批准通过的每件奖励5万元,实用新型和外观设计专利获得批准通过的每件奖励1万元。

**【被列为全省水权试点地区】** 3月,省水利厅印发《江西省水权试点方案》,确定东乡县等3县市为全省首批水权试点县市。东乡县是全省唯一没有大河过境的县(区),水资源相对短缺,社会大众对水资源的重视程度及维权意识较强,使得在该县选取部分国有水库,规范取水许可,开展取用水户水资源使用权确权登记具备了较好的基础和试点价值。该方案明确东乡县开展水资源使用权确权登记试点的工作,即通过对选取的2至3个国有水库蓄水供水情况进行调查,对纳入取水许可管理的取水单位或个人、国有水库供水范围内的农业用水户进行确权,建立水资源使用权确权登记数据库以及开展相关制度建设等,探索形成推广、可复制的水资源使用权确权登记经验,逐步在全市乃至全省范围内予以推广。

**【开展农村垃圾专项治理】** 为改善农村人居环境,东乡县按照“五年治理、三年攻坚、首年大见成效”的总体部署,规范治理操作,全县启动,全民动员,以乡(镇、场)所在地、村“两委”驻地村庄、历年新农村建设村点、国省县乡道(含沿线村庄)、城乡结合部、工业园区结合部、主要水域(河流、水库、干渠、水塘沿岸及水面)等为重点,着力破解农村环境卫生“脏、乱、差”难题,共筑全县30万农民的幸福家园。自6月中旬开始,各乡(镇、场)、社区均建立卫生工作制度,实行农村垃圾专人管理、专人保洁、专人清运、专人处理。

**【率先在全市开展乡镇综合行政执法改革】** 5月,东乡县政府向全县17个乡(镇、场)颁发《授权委托书》,标志着东乡县率全市之先正式启动乡镇综合行政执法改革试点工作。各乡镇综合行政执法队重点在建房、土地、市场、卫生等领域履行行政执法权,进一步提升乡镇行政管理效能,实现乡镇管理向服务型、法治型转变组建乡镇综合行政执法队。乡镇综合行政执法工作着眼和落脚于为群众办好事、办实事,破解群众反映的突出问题,加大乡镇综合行政执法力度,提升服务水平,将事后处罚向事前监管转变。

**【两名学子考入俄罗斯列宾美术学院】** 5月13日,东乡县高考艺术生黄婷和梁博君2人以优异成绩被俄罗斯列宾美术学院录取。俄罗斯列宾美术学院位于俄罗斯圣彼得堡涅瓦河畔,是一所老牌艺术学院,与法国巴黎美术学院、意大利佛罗伦萨美术学院、英国皇家美术学院并称世界著名四大美术学院,油画、雕塑、建筑等专业尤为出色。

**【46名听障儿童获国外慈善机构捐赠助听器】** 4月21日,东乡县特殊学校46名听障儿童获赠终身保修的助听器和语音教学仪等教学设备。此次活动由澳大利亚“魏基成天籁列车”基金发起和捐赠。魏基成“天籁列车”助听器捐赠项目是由中国侨联海外顾问、慈善家魏基成先生创立,是非营利的私人捐赠慈善活动,目的是为了帮助无力购买助听器的听力障碍者。

(方莉华)

本栏编辑 饶国旺

# 人物·荣誉

## 2015年新任市领导

**肖　毅**　男，汉族，江西省赣州人，1962年5月出生，1981年9月参加工作，1984年8月加入中国共产党，毕业赣南师专中文系汉语言文学专业全日制教育，中央党校政治学理论专业、长江商学院高级工商管理专业在职教育，中央党校研究生、高级工商管理硕士毕业。1978年9月至1981年9月，江西省赣南师专中文系汉语言文学专业学习；1981年9月至1982年8月，江西省崇义县崇义中学教师；1982年8月至1984年11月，崇义县公安局干部；1984年11月至1985年9月，崇义县政府办秘书；1985年9月至1987年2月，崇义县政府办副主任；1987年2月至1988年4月，崇义县聂都乡党委副书记（主持工作）、人大主席；1988年4月至1989年3月，崇义县政府办副主任；1989年3月至1990年2月，崇义县体改委主任兼政府办副主任；1990年2月至1991年8月，崇义县经济委员会主任、党委书记；1991年8月至1992年11月，崇义县委办公室主任；1992年11月至1994年1月，江西省上犹县政府副县长；1994年1月至1995年3月，上犹县委常委、副县长；1995年3月至1996年1月，上犹县委副书记；1996年1月至1996年6月，龙南县委副书记兼政法委书记；1996年6月至1997年2月，瑞金市委副书记、代市长；1997年2月至2001年1月，瑞金市委副书记、市政府市长（其间：1996年8月至1998年12月参加中央党校函授学院经济管理专业本科班学习；1998年8月至1998年10月参加江西省委党校县干班学习；1997年7月至1999年7月，参加北京大学区域经济学专业硕士研究生课程班学习；2000年9月至2001年1月参加上海市委党校中青年干部培训班学习）；2001年1月至2003年6月，瑞金市委书记；2003年6月至2004年3月，赣州市政府副市长、瑞金市委书记；2004年3月至2006年5月，赣州市委常委、瑞金市委书记；2006年5月至2006年11月，赣州市委常委；2006年11月至2007年6月，江西省政府驻北京办事处副主任、党组副书记（其间：2005年3月至2007年1月中央党校政治学理论专业学习）；2007年6月至2009年8月，江西省政府驻北京办事处主任、党组书记；2009年8月至2015年4月，江西省政府副秘书长，省政府驻北京办事处主任、党组书记（其间：2011年9月至2012年10月长江商学院高级工商管理专业学习，获高级工商管理硕士学位；2013年3月至2013年7月中央党校第34期中青年干部培训一班学习）。2015年4月任江西省抚州市委书记。

**张鸿星**　男，汉族，江西婺源县人，1967年8月出生，1985年8月参加工作，1992年7月加入中国共产党，江西省婺源茶叶学校全日制教育毕业，中央党校函授学院经济管理专业、江西财经大学高级工商管理专业在职教育毕业、获中央党校大学高级工商管理硕士。1982年9月至1985年9月，江西省婺源茶业学校学习；1985年9月至1990年7月，江西省婺源县茶叶局茶技站技术员、茶叶局办公室干部（其间：1987年9月至1989年1月江西大学自学考试汉语言文学专业大专学习）；1990年7月至1993年5月，江西省婺源县政府办公室秘书、监察员、科员；1993年5月至1995年7月，江西省婺源县政府办公室副科级秘书；1995年7月至1995年11月，江西省婺源县政府办公室副主任；1995年11月至1997年2月，江西省婺源县思口镇党委副书记、镇长；1997年2月至1998年3月，江西省婺源县思口镇党委书记、镇长；1998年3月至1999年1月，江西省婺源县思口镇党委书记；1999年1月至2000年9月，江西省婺源县秋口镇党委书记；2000年9月至2001年3月，江西省婺源县政府办公室主任；2001年3月至2002年5月，江西省婺源县政府副县长（1998年8月至2000年12月中央党校函授学院经济管理专业本科班学习）；2002年5月至2003年5月，江西省上饶市建设局副局长；2003年5月至2005年7月，江西省上饶市政府副秘书长（正县级）（期间：2002年6月至2004年5月兼任市城市投资开发建设有限责任公司总经理；2003年11月至2005年5月南京大学城市规划与土地管理专业研究生班学习）；2005年7月至2007年4月，江西省上饶市信州区委副书记、区政府区长（期间：2006年7月至2007年4月兼任云碧峰国家森林公园党工委书记；2006年9月至2006年11月江西省委党校中青班学习）；2007年4月至2008年12月，江西省上饶县委书记（2006年4月至2008年8月香港公开大学李兆基商业管理学院高级工

商管理研修班学习、获工商管理硕士学位);2008年12月至2009年6月,江西省上饶市委常委、市政府党组成员、副市长兼上饶县委书记;2009年6月至2011年8月,江西省上饶市委常委、市政府党组成员、副市长;2011年8月至2015年2月,江西省南昌市委常委、副市长(2009年11月至2011年11月,江西财经大学高级工商管理专业学习,获高级工商管理硕士学位);2015年2月至2015年5月,江西省抚州市委副书记、代市长。2015年5月任江西省抚州市委副书记、市长。

**黄玉剑** 男,汉族,江西省进贤人,1962年10月出生于丰城,1984年8月参加工作,1983年8月加入中国共产党,江西医学院医疗专业全日制教育毕业、获大学医学学士,江西省委党校法学专业在职教育、获省委党校硕士。1979年9月至1984年8月,江西医学院医疗专业学习;1984年8月至1985年5月,经江西省委组织部选调,任江西省宜丰县棠浦乡卫生院副院长;1985年5月至1985年10月,宜丰县卫生局股长;1985年10月至1987年8月,宜丰县委组织部干事;1987年8月至1990年8月,宜春地委老干部局副科长;1990年8月至1993年1月,宜春地委老干部局科长;1993年1月至1997年8月,宜春地委老干部局副局长;1997年8月至2000年12月,靖安县委常委、宣传部部长(其间:1998年9月至1999年1月江西省委党校第13期青干班学习;1998年9月至2000年12月江西省委党校法律专业研究生班学习);2000年12月至2002年2月,靖安县委副书记、宣传部部长;2002年2月至2002年12月,宜春市委组织部副部长;2002年12月至2005年11月,宜春市委组织部副部长兼市委老干部局局长;2005年11月至2006年1月,樟树市委委员、常委、副书记、代市长;2006年1月至2008年7月,樟树市委副书记、市长(其间:2007年5月至2007年6月法国普瓦提埃大学高级公共管理培训);2008年7月至2009年2月,樟树市委书记、市人民政府市长;2009年2月至2011年9月,樟树市委书记(其间:2010年11月至2010年12月美国乔治亚大学政府管理能力培训);2011年9月至2012年10月,宜春市委常委、樟树市委书记;2012年10月至2015年9月,宜春市委常委。2015年9月任抚州市委常委、宣传部部长。

**李建林** 男,汉族,江西省抚州人,1963年11月出生,1982年8月参加工作,1986年12月加入中国共产党,毕业抚州师范专科学校物理专业,江西省委党校马哲专业在职教育获省委党校硕士。1979年9月至1982年8月,江西省抚州师范专科学校物理专业学习;1982年8月至1984年12月,江西省临川县湖南中学教师(其间:1984年9月至1984年12月借调临川县教育局工作);1984年12月至1987年12月,临川县委宣传部干事;1987年12月至1989年7月,临川县委宣传部科员;1989年7月至1990年2月,临川县委办公室副科级秘书;1990年2月至1992年2月,临川县委办公室副主任;1992年2月至1993年9月,临川县委办公室副主任、机要科科长;1993年9月至1999年1月,江西省抚州地委宣传部秘书科科长(其间:1996年8月至1998年12月中央党校函授学院经济管理专业学习);1999年1月至2003年4月,抚州地(市)委讲师团副团长;2003年4月至2007年2月,江西省抚州市委宣传部副部长、讲师团团长(其间:2001年7月至2003年12月江西省委党校马哲专业学习);2007年2月至2011年7月,抚州市文化局党委书记、局长;2011年7月至2012年2月,抚州市委副秘书长、办公室主任;2012年2月至2015年7月,抚州市委秘书长。2015年7月至2016年9月,任江西省抚州市委常委、统战部部长、市委秘书长。

**李兰贵** 男,汉族,江西省赣州市兴国县人,1964年12月出生,1984年9月参加工作,1985年6月加入中国共产党,江西农业大学园艺专业毕业,南京陆军学校中级指挥专业在职教育。1984年9月至1985年7月,南京陆军学校中级指挥专业学员;1985年7月至1988年7月,解放军31集团军91师273团高机连副连职排长;1988年7月至1988年12月,解放军31集团军91师273团2营6连副政治指导员;1988年12月至1989年10月,解放军31集团军91师273团2营6连政治指导员;1989年10月至1992年8月,解放军31集团军91师政治部组织科正连职干事;1992年8月至1993年5月,解放军31集团军91师271团政治处组织股股长;1993年5月至1994年3月,解放军31集团军91师政治部组织科副营职干事;1994年3月至1995年9月,解放军31集团军91师政治部组织科副科长;1995年9月至1996年12月,解放军31集团军政治部组织处正营职干事;1996年12月至1997年12月,解放军31集团军政治部组织处副团职干事;1997年12月至1998年10月,解放军31集团军政治部组织处副处长;1998年10月至1999年2月,解放军31集团军政治部组织处代处长;1999年2月至2001年3月,解放军31集团军政治部组织处处长;2001年3月至2006年8月,解放军31集团军91师炮兵团政委;2006年8月至2010年6月,南昌陆军学院政治部主任;2010年6月至2011年10月,南昌陆军学院副政委;2011年10月至2015年7月,江西省抚州军分区政治委员、党委书记。2015年7月,任江西省抚州市委常委、军分区政治委员、党委书记。

**谭小平** 男,汉族,江西省南丰县人,1965年7月生,1986年7月参加工作,1985年12月加入中国共产党,江西农业大学植保系植保专业毕业,大学农学学士。1982年9

月至1986年7月，江西农业大学植保系植保专业学习；1986年7月至1988年5月，南丰县莱溪乡政府干部；1988年5月至1991年2月，南丰县委对台办干事；1991年2月至1992年10月，南丰县委办秘书；1992年10月至1995年3月，南丰县政府办副主任；1995年3月至1998年4月，南丰县东坪乡党委副书记、乡长；1998年4月至2001年5月，南丰县白舍镇党委书记、人大主席；2001年5月至2002年2月，东乡县委常委、组织部长（其间：1999年9月至2001年7月江西财经大学证券投资分析系统计专业研究生课程班学习）；2002年2月至2002年7月，抚州市委组织员办主任；2002年7月至2005年9月，抚州市委组织部副部长；2005年9月至2006年5月，抚州市委组织部副部长、市委先进性教育办公室主任（正县级）；2006年5月至2006年11月，金溪县委副书记、县政府代县长；2006年11月至2011年5月，金溪县委副书记、县政府县长；2011年5月至2014年1月，金溪县委书记；2014年1月至2015年9月，东乡县委书记；2015年9月，任抚州市委常委、临川区委书记。

**吴建春** 男，汉族，江西会昌人，1965年12月出生，1983年6月参加工作，1985年7月加入中国共产党，毕业于全日制江西省团校马列主义基础理论专业，中央党校函授学院经济管理专业、武汉大学国际软件学院软件专业在职教育。1983年6月至1985年9月，江西省会昌县站塘乡团委干事、副书记（其间：1984年12月转为国家干部）；1985年9月至1987年7月，江西省团校马列主义基础理论专业学习；1987年7月至1987年9月，江西省会昌县站塘乡党委委员、团委书记；1987年9月至1990年1月，共青团江西省会昌县委干事、副书记；1990年1月至1992年10月，共青团江西省会昌县委书记；1992年10月至1994年7月，江西省会昌县长岭乡、周田乡党委书记；1994年7月至1997年12月，共青团江西省赣州地委副书记（其间：1995年8月至1997年12月参加中央党校函授学院本科班经管专业学习）；1997年12月至2001年1月，共青团江西省赣州（地）市委书记、党组书记（其间：1999年9月至2000年1月参加省委党校第15期青干班学习）；2001年1月至2004年3月，江西省定南县委副书记、县政府县长；2004年3月至2008年8月，江西省寻乌县委书记、县人大常委会主任；2008年8月至2010年1月，江西省兴国县委书记（其间：2007年9月至2009年6月武汉大学国际软件学院软件工程专业学习，获软件工程硕士学位）；2010年1月至2011年5月，江西省赣州市人大常委会副主任、兴国县委书记；2011年5月至2011年8月，江西省赣州市人大常委会副主任；2011年8月至2015年1月，江西省社会治安综合治理委员会办公室副主任。2015年1月，任抚州市人民政府副市长、市公安局局长。

**段院龙** 男，汉族，江西临川人，1963年11月生，1983年3月参加工作，民建会员，毕业于江西农业大学林学专业、全日制大学学士。1979年9月至1983年8月，江西农业大学林学专业学习；1983年8月至1984年8月，江西省临川县展坪林场技术员；1984年8月至1985年6月，江西省临川县展坪林场副场长；1985年6月至1986年1月，江西省临川县林业局营林股副股长；1986年1月至1989年1月，江西省临川县森林苗圃副主任；1989年1月至1993年11月，江西省临川林业局调查统计队副队长、基地管理站副站长；1993年11月至1995年11月，江西省临川林业局副局长；1995年11月至2003年1月，江西省临川市林业局副局长；2003年1月至2006年8月，江西省抚州市临川区政府副区长；2006年8月至2015年1月，民建江西省抚州市委会主委、临川区政府副区长。2015年1月，任江西省抚州市人民代表大会常务委员会副主任、民建市委会主委。

**肖承贵** 男，汉族，江西省赣州人，1968年4月出生，1987年11月参加工作，1991年9月加入中国共产党，高中全日制教育，在职教育毕业于南京陆军指挥学院合同战术专业。1987年11月至1990年8月，解放军第一集团军炮兵旅战士；1990年8月至1992年7月，沈阳炮兵学院中专班学员；1992年7月至1993年8月，解放军炮兵第三旅130加农炮三营八连一排排长；1993年8月至1995年7月，解放军陆军参谋学院大专班学员；1995年7月至1996年12月，解放军炮兵第三旅司令部作训科副连职参谋；1996年12月至1998年3月，江西省军区司令部作训处副连职参谋；1998年3月至1998年12月，南京军区司令部动员部组织动员处副连职参谋；1998年12月至2001年12月，江西省军区司令部作训处正连职参谋（其间：1998年9月至2001年7月南京陆军指挥学院合同战术专业学习）；2001年12月至2002年8月，江西省军区司令部作训处副营职参谋；2002年8月至2002年11月，江西省计委干部；2002年11月至2004年4月，江西省计委监察室副主任科员；2004年4月至2005年12月，江西省发改委监察室主任科员；2005年12月至2007年12月，江西省发改委国民经济综合处助理调研员（其间：2003年2月至2007年12月江西省政府副省长孙刚同志秘书）；2007年12月至2009年1月，江西省发改委社会发展处副处长；2009年1月至2013年10月，江西省发改委社会发展处处长；2013年10月至2015年7月，江西省发改委办公室主任。2015年7月任江西省抚州市政府副市长。

**徐建辉** 男，汉族，江西省抚州人，1960年8月出生，1979年2月参加工作，1987年1月加入中国共产党，毕业于江西师范大学中文

系汉语言文学专业、大学文学学士。1979年2月至1983年9月,江西省抚州地委机关职工;1983年9月至1985年7月,抚州师专中文科学习;1985年9月至1987年8月,江西师范大学中文系汉语言文学专业学习;1987年8月至1990年3月,江西省抚州东乡师范教师;1990年3月至1992年8月,江西省抚州地区政协联络处干部、副科长;1992年8月至1993年3月,江西省抚州地委政研室副科级政策研究员;1993年3月至1993年12月,江西省抚州地委政研室正科级政策研究员;1993年12月至1996年9月,江西省抚州地委办公室正科级秘书;1996年9月至1998年9月,江西省抚州地委政研室副主任;1998年9月至2000年6月,江西省抚州地委办公室副主任;2000年6月至2002年2月,江西省抚州地委副秘书长、办公室副主任;2002年2月至2004年4月,江西省抚州市委副秘书长(正县级);2004年4月至2007年9月,江西省乐安县委副书记(正县级)(其间:2004年9月至2005年1月江西省委党校第25期中青班学习);2007年9月至2007年10月,江西省乐安县委副书记、代县长;2007年10月至2011年5月江西省乐安县委副书记、县长;2011年5月至2015年1月,江西省乐安县委书记。2015年1月任江西省抚州市政协副主席。

**柏　林**　男,满族,黑龙江绥化人,1963年8月出生,1984年8月参加工作,1991年8月加入中国共产党,毕业于江西大学生物系微生物学专业,在职教育省委党校研究生、经济学类专业。1980年9月至1984年8月,江西大学生物系微生物学专业学习;1984年8月至1986年12月,江西省抚州地区经济情报研究所干部;1986年12月至1990年11月,江西省抚州地区经贸委企业管理科干部;1990年11月至1992年12月,江西省抚州地区经贸委企业管理科科员;1992年12月至1997年9月,江西省抚州地区经贸委技术改造科副科长;1997年9月至2002年7月,江西省抚州地区(市)经贸委能源科科长;2002年7月至2004年2月,江西省抚州市经贸委副主任;2004年2月至2005年11月,江西省抚州市政府副秘书长、政府办党组成员;2005年11月至2006年11月,江西省抚州市经贸委主任、党委副书记;2006年11月至2008年6月,江西省抚州市经贸委主任、党委书记;2008年6月至2013年4月,江西省抚州市政府市长助理,金巢经济开发区党工委书记;2013年4月至2015年1月,江西省抚州市政府市长助理,抚州高新技术产业园党工委书记。2015年1月任江西省抚州市政协副主席。

**宋智勇**　男,汉族,江西省樟树市人,1963年3月出生,1985年7月参加工作,1985年5月加入中国共产党,毕业于武汉大学法律专业,全日制教育大学法学学士,在职教育研究生法律硕士。1981年9月至1985年7月,武汉大学法律系学习;1985年7月至1986年7月,江西省人民检察院干部;1986年7月至1989年1月,江西省人民检察院科员级书记员;1989年1月至1992年2月,江西省人民检察院副科级书记员;1992年2月至2000年6月,江西省人民检察院正科级助理检察员(其间:1993年4月至1993年6月挂职任江西省赣州市检察院副检察长,1993年8月至1995年4月挂职江西省贵溪县彭湾乡政府乡长助理,1997年至2000年6月武汉大学法律专业学习并获法律硕士学位);2000年6月至2000年8月,江西省人民检察院副处级检察员;2000年10月至2002年11月,江西省丰城市政府副市长;2002年11月至2004年5月,江西省丰城市委常委、统战部部长;2004年5月至2004年9月,江西省人民检察院助理调研员;2004年9月至2007年2月,江西省人民检察院副处长级检察员;2007年2月至2007年3月,江西省人民检察院法律政策研究室主任、检察员;2007年3月至2009年12月,江西省人民检察院法律政策研究室主任、检察委员会委员、检察员;2009年12月至2010年12月,江西省人民检察院侦查监督处处长、检察委员会委员、检察员;2010年12月至2014年10月,江西省人民检察院侦查监督一处处长、检察委员会委员、检察员;2014年10月至2015年3月,江西省抚州市人民检察院代检察长。2015年3月任江西省抚州市人民检察院检察长。

(抚州市委组织部综合科)

## 2015年受省(省委、政府)部级以上表彰的先进个人

**梁　安**　女,汉族,1959年6月出生,江西临川人,大专学历,1985年5月加入中国共产党。1980年1月参加工作,先后任职中学教师,抚州市市委宣传部宣传干事,市委办公室副科级秘书,市委机要局副局长、局长,劳动人事局局长、党组书记,黎川县政府副县长,市劳动和社会保障局副局长兼社保局局长,商业行业管理办公室党组书记、主任,商务局党委书记、副局长等职务。2010年11月任现职抚州市妇联党组书记、主席。2015年荣获全国"三八"红旗手称号。

任现职六年以来,她带领全市各级妇联紧紧围绕妇女所急、党政所需和妇联所能,用"创新、协调、绿色、开放、共享"五大发展理念的新精神新要求指导和促进妇联工作,在围绕抚州发展大局、满足妇女群众需求中寻找切入点和着力点,在全面建成小康社会中发挥了半边天作用。通过搭建"双业双创"培训平台、"创业帮扶"活动平台、"巾帼示范"等平台,帮助城乡妇女增强本领、激发新潜能,引导广大妇女积极投身创业创新的火热实践中。通过健全妇女儿童维权"一线一站(点)一中心"矛盾调处机制,有效

畅通妇女表达诉求和受助的渠道，及时化解各类矛盾纠纷，以小家和谐促大家稳定。依托“妇女儿童活动中心”，开展了一系列妇女儿童喜闻乐见、寓教于乐的公益性文化活动，让广大妇女远离不良生活习惯和习俗，培养健康休闲方式和高尚品位；成立了抚州市“玉茗花”艺术团，将“以群众为中心，让群众当主角”的群团工作理念落到实处，激发广大妇女群众共同参与建设幸福抚州的奋斗热情。

**何　立**　男，1987年12月出生，江西乐安人，中共党员，大学本科学历。2008年6月入伍，现任福建省漳州市公安消防支队古雷港开发区大队古雷中队中队长，上尉警衔。在2015年4月6日发生的漳州古雷石化罐体爆炸着火事故灭火救援战斗中，作为辖区中队第一出动指挥员，他率先深入核心区域腹地侦察火情，为各级指挥员及时掌握火场情况提供重要信息，并带领队员成功开启油罐固定消防设施，对火罐及毗邻罐有效实施初期冷却，避免了火情进一步扩大。期间，他自始自终战斗在最危险的区域，所坚守的阵地离着火罐不足20米，发挥了重要作用。明火扑灭后，他仍持续留守做好工艺排险监护工作达10天，以防止重大次生灾害发生，为抢救国家财产和人民群众生命财产安全作出了突出贡献，充分体现了当代大学生军人沉着冷静、科学决策、果断指挥、不畏艰险、冲锋在前、连续作战的精神。由于他在“4.6”爆炸着火事故灭火救援战斗中功绩卓著，有重大贡献，被中华人民共和国公安部命令（公武奖字〔2015〕第20号）记个人一等功。

**吴广贤**　江西省广昌县人，中共党员。1977年他当上广昌公路分局临时养路工，1981年5月顶替父亲成为正式养路工。34年来，他敬业爱岗，以公路为业，以道班为家，团结带领队员精修勤养，获得沿线群众及社会各界的广泛赞誉，是全省公路系统学习的典范。担任水南道班队长后，他身先士卒，水南道班先后被授予市级“青年文明号”，被省公路局评为“文明道班”；任长桥道班队长后，该道先后被省公路局、省交通厅评为“先进集体”，2003年公路路容整治工作中，获全分局第一名；任昌厦养护中心道班班长时，一心扑在路上，常因公而忽略了小家，耄耋之年的母亲疾病缠身。他连续30年被广昌公路分局评为“先进个人”，连续17年被市公路局评为“先进个人”，先后7次被省交通厅、省公路局评为“先进工作者”，先后4次被省交通厅、省公路系统评为“全省交通系统劳动模范”“十佳养护标兵”“十佳模范养路工”，2005年被中国海员建设工会全国委员会授予“金桥奖”，2014年被广昌县委县政府评选为“最美莲乡人“。2015年他被抚州市委宣传部、市总工会评选为“全市十大最美劳动者”，被省交通厅授予“全省交通运输行业文明职工标兵”，被交通部评为“全国交通运输系统劳动模范”，被省委、省政府评为“江西省劳动模范”。

**兰念瑛**　女，1958年10月生，中共党员，资溪县乌石镇新月村党支部书记。她带领村民致富，被誉为“畲族金凤凰”。新月畲族村是资溪县唯一的少数民族村，辖4个村民小组，共117户417人。20多年来，该村在兰念瑛的带领下，走上了特色产业发展路，成为闻名遐迩的“苗木花卉村”，村民过上幸福的生活，家家住上新楼房，用上自来水、太阳能、液化气等。该村先后荣获全国民族团结进步先进集体、全国文明村等殊荣。她先后获得全省农村基层干部、全省井冈之子、全国三八红旗手、全国民族团结进步模范个人、全国“双学双比”女能手、全国绿色小康获得者、全国绿色小康户等荣誉，是第十一届、第十二届全国人大代表。2015年5月，荣获“全国劳动模范”称号。

**林小红**　女，1971年11月出生，市人大代表，资溪县逸沁茶业有限公司总经理。1991年开始创业，摆摊卖干

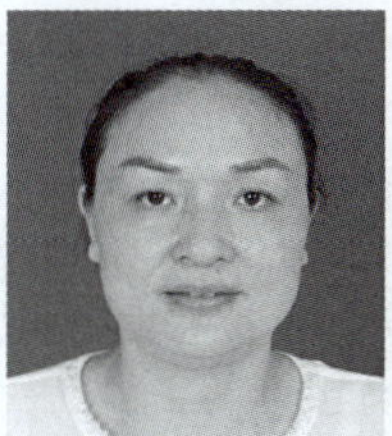

货。1994年开办小红干货店。2004年投资购买资溪宾馆，后又建成“资溪美食城”和“天上人间”娱乐中心。2008年创建资溪县逸沁茶业有限公司。公司拥有173.33公顷白茶生产基地，建有标准加工厂房1400平方米、名茶生产线二条，有技术工118人。她带动周边的农户种植茶叶致富，平均增收2万元以上，深受群众的好评。2012年，公司被评为农业产业化省级龙头企业。公司商标“出云峰”被评为江西省著名商标，“出云峰”白茶先后荣获江西省名牌农产品、江西省十大名茶、中国国际博览会金奖，并通过ISO 9001质量管理体系认证、ISO 14001环境管理体系认证、22000食品安全管理体系认证。她先后荣获女职工建功立业标兵、全省五一劳动奖章、全省女企业带头人等称号。2015年9月，被省委、省政府授予“全省劳动模范”称号。

**吴关保**　男，1958年12月出生，中共党员，现为资溪县马头山镇斗垣村村民。2009年11月至2012年9月，任该村主任。1987年，筹资创办香扇厂和竹席厂。1996年，他在帮别村安装有线电视主线杆时，造成四级伤残及右腿残疾。翌年，先后筹资在浙江义乌创办香扇厂和铝合金加工厂。2009年6月，他抛下义乌红火的生意，只身回到资溪斗垣村，自费2万元组装5台电脑，安装宽带，免费给村民们上网查阅资料，让村民们开阔眼界，寻找致富门路。随后，他又先后在村里创办香扇厂、月峰茶园和苗木基地，优先雇请本村家境贫困者和残疾人，帮助村民就业和致富，将自己养蜂、养羊的经验和种植白茶、苗木的技术，传授给村民，带动村民走上发展生态经济的脱贫增收之路。任村主任期间，多方募集资金百万余元，先后修筑河护堤400多米；村小组之间全部贯通水泥路；铺设水管，解决村里的吃水难

问题;修缮村小破旧教工宿舍,改善办学条件。2011 年 5 月,他荣获“十一五”期间江西省自强创业先进个人。2014 年 10 月被评为抚州市人大代表实干典型。2015 年 9 月,被省委、省政府授予“全省劳动模范”称号。

**魏九忠** 男,1969 年 10 月出生,中共党员,现任资溪县乌石镇中心小学校长。他 28 年如一日,扎根农村边远山区教坛,兢兢业业,在平凡的岗位上取得不平凡的成绩。他以校为家,每天最早到校,最晚离校。2000 年学校迁址重建,为节省开支,他同老师一起利用休息日平整新学校 3000 平方米操场,新建一条长 60 米、宽 2.5 米水泥道路,并上山挖树苗搞绿化。他创建“一校一品”特色校园,开展“廉政文化进校园”“弟子规国学经典进课堂”“民族文化进校园”“绿色与我同行”特色创建活动,优化育人环境,形成学校文化特色。其中“创民族特色学校”系列活动被中国教育报、江西日报、抚州日报等追踪报道。他热爱教育事业,积极开展教学研究,主持全国教育科学“十五”教育部重点课题《懋霍征教育思想与实践研究》的子课题的研究,多篇教学论文在省市级教育刊物上发表。乌石镇小学先后荣获全省人民群众满意学校、全市教育系统先进集体、全市教科研工作先进单位、全市语言文字规范化示范学校等称号。其本人先后被评为全市龚全珍式好干部、全省小学语文教材实验优秀教师、全省首届中小学优秀校长。2015 年 9 月,被省委、省政府授予“全省劳动模范”称号。

**王　俊** 1974 年 9 月出生,中共党员,研究生学历,现任资溪县高田乡党委书记、人大主席。在高田任职期间,他始终坚持执政为民的理念,把有限的资金最大限度地向民生实事倾斜,投资 5000 余万元新建卫生院门诊大楼、中学学生公寓、小学综合楼、乡敬老院院民宿舍、农田灌溉工程、小农水项目等在民生工程。该乡在全县率先开展土地确权、一办三中心、纪委监督同级党委先行先试工作,2011、2014 年先后在全县综合目标管理考评中名列第一,并多次被评为全市计划生育、新农村建设先进乡镇。他心系农村、心系群众,以上率下、以身作则,备受全乡干部群众的肯定,先后被评为全省第六次人口普查先进个人、全市“十大杰出青年”、全市先进工作者(劳动模范)、全市抗冰抢险先进个人、全县优秀共产党员、全县“三个代表”督导组优秀督导员。2015 年 11 月,被省委评为“龚全珍式好干部——全省优秀乡镇党委书记”。

**饶辉华** 抚州市中级法院立案一庭庭长。2015 年他先后被最高人民法院、省委、省政府分别授予全国优秀法官、江西省先进工作者称号。自 1996 年在市中级法院工作以来,他累计接待当事人 5000 余人次,及时、准确立案 3000 多件,接收、审查、移转各类审判案卷 6000 余册。在《人民司法》《人民法院报》《法制日报》《人民检察》《检察日报》等报刊发表文章 90 余篇。20 篇论文分别获得国家级、省级论文奖项;其中,合作论文《论民商事合同案件履行地管辖》获全国法院系统民商事管辖实务学术讨论会特等奖;个人撰写的《10 年 100 件公众关注案件的普遍性问题》获全国法院系统第二十四届学术讨论会一等奖。

**李剑平** 抚州市安全生产监督管理局干部,他爱岗敬业,不计较个人得失,努力做好安监工作。经过多年努力,他研究和探讨安全生产的规律和特点,在推动全市非煤矿山安全生产监督管理工作标准化、规范化建设方面进行卓有成效的探索。他服务大局、秉公执法,面对违法事件他铁面无私,而面对需要帮助的企业他却又满怀柔情,刚柔相济,在群众心目中树立了安监人员良好的社会形象。由于工作中表现突出,自 2008 年以来,他连续 3 年被江西省安委会授予全省安全生产先进个人等荣誉。2015 年 1 月,他被国家安全监管总局、国家煤矿安监局评为全国安全生成监管监察先进个人。

**陈森林** 抚州市安全生产监督管理局干部。自 2009 年从部队转业分配到市安监局工作以来,他认真钻研安全监管业务和理论知识,提高自身业务水平。他虚心好学、勤于思考、吃苦耐劳、爱岗敬业、无私奉献,在各个岗位上均能出色地完成任务。特别是在担任行政审批科负责人期间,安监窗口连续被市政府评为“先进窗口”和“全市十佳办事窗口”。他被市委、市政府评为 2011 年度“全市安全生产工作先进个人”。2015 年 1 月,他被国家安全监管总局、国家煤矿安监局评为全国安全生成监管监察先进个人。

**宁宏昌** 崇仁县政协退休干部,1935 年 10 月出生。2015 年 10 月 13 日,在北京召开的第五届全国道德模范座谈会上,他被评为“第五届全国道德模范”。他家境并不富裕,一生清廉节俭,住的是 20 世纪 80 年代的老房子,一辈子都没有办过生日喜事。他立家训、树家风、严家教,教育儿孙乡邻为党增辉、为人尽孝、洁己奉公、俭以养廉;他时刻把别人的困难当作自己的困难,5100 多个日夜言行如一,为困难老人撑起一片艳阳天;他扶危济困,通过一单单汇款,为他乡未曾蒙面的“亲人”送去温暖,先后帮助 40 多人、100 余次;他报党恩,积极交纳“特殊党费”,2008 年汶川地震交纳 5600 元,2012 年提前交纳人生最后一次特殊党费 5000 元,用于去世后再交 36 年,2013 年起,每年“七一”交纳特殊党费 1000 元,用于帮助困难党员;他响应组织发出的献爱心号召,积极捐善款,

2014年捐出一个月退休金2976元,用于县建设饮水工程;2015年,拿出10个月的"增长工资"共5200元捐给贫困学子。同年5月,宁宏昌一家被全国妇联授予"全国最美家庭"光荣称号,3月,他还入选"中国好人榜"。

**邱艳芳** 2015年3月31日,经中央文明办筛选和群众投票评议,东乡县实验中学学生邱艳芳入选"中国好人榜",成为抚州市第21位入选"中国好人榜"的身边好人。她出生时便被母亲抛弃,历经坎坷,在接连遭遇爷爷、父亲先后去世的厄运后,笑对人生,与中风生活不能自理的奶奶两人相依为命。悉心照顾奶奶,用浓浓的孝心和稚嫩的肩膀撑起破碎的家。她的孝心、坚强、勇敢、乐观让无数乡邻交口称赞。

**王文德** 东乡县小璜镇岭上村乡村人,乡村医生。岭上村有13个自然村,600户2500多人。1983年始学医,由于地处偏远,没有公路,各个自然村之间又隔着大山,每次出诊他均要翻山越岭,行走非常困难。他一把柴刀、一支手电筒、一个医药箱,走过32年行医路。其间,该村共有7名医生因为条件艰苦都先后离开了这里。他独自负责起全村医疗工作,无怨无悔。2015年3月31日,他入选中央文明办"中国好人榜"。

**汤　锋** 男,汉族,1966年12月出生,江西南丰人,大学本科学历,现任南丰县人民医院儿科主任医师。1987年他毕业被分配到南丰县人民医院儿科从事临床工作,20多年来,他始终兢兢业业,刻苦钻研业务,努力提高自身专业技术水平,对儿科的常见病、多发病以及重症疾病均能做出及时的诊断与合理的治疗。他视事业如生命,待患者如亲人,深受同事和患儿家属的信任和爱戴。担任科主任后,他严谨求实,言传身教,认真做好"传、帮、带",带出一支技术过硬、医德高尚的医生队伍。该院儿科多次组队参加省市岗位技能竞赛均取得优异成绩;在他的带领下全科医务人员高质量地完成多项市级科研项目,均通过省市专家的评审,达省内先进、市内领先水平,取得良好的社会效益和经济效益,多次受到上级表彰和奖励。他先后获"南丰十大杰出青年""南丰优秀专业技术人才""南丰县劳动模范",抚州市"参保人满意医生"、2012年抚州市医疗卫生系统"十佳医生"、2014年度"抚州市最美医护"等荣誉。2015年8月,他被省委、省政府授予"江西省先进工作者"荣誉称号。

**付长旺** 男,汉族,江西南丰人,中共党员,本科学历,学士学位,副主任医师,现任县卫计委副科级干部、机关党支部书记。1991年7月,他毕业被分配至南丰县卫生防疫站工作,后调县卫生局工作,先后任疾控卫监股股长、应急办主任、局纪委副书记、局医政股股长等职位。他认真履行职责,热心公益事业,坚持组织和亲身参与义务献血活动,开展义务献血知识宣传,组织应急义务献血和街头义务献血。他以身作则,率先垂范,义务献血十多年,累计献血八千余毫升,是全国造血干细胞义务捐献志愿者,曾多次受到上级部门表彰。2011年3月,他被省卫生厅授予全省卫生应急先进个人,同年6月,被江西省献血工作协调小组授予全省无偿献血奉献奖银奖。2015年3月,他被国家卫计委、中国红十字总会、解放军总后勤部卫生部联合授予"全国无偿献血奉献奖银奖"。

**艾应平** 男,汉族,南丰县太源乡墩里上村人,中共党员,大专学历,现任三溪乡南堡村党支部书记。大学毕业后,他任三溪乡池丰村党村支部书记助理(大学生村官);2009年6月始,任三溪乡南堡村党支部书记。2011年被抚州市委评为优秀党务工作者;2012年被江西省委组织部评为全省优秀大学生村官;2014年被抚州市委评为"龚全珍式好干部",同年被市纪委、宣传部、组织部评为全市"百名清廉人物"(廉洁为民好干部);2015年5月被市委宣传部,共青团抚州市委授予首届"青年五四奖章"。2015年10月,他被江西省委评为全省"龚全珍式好干部"——优秀村党支部书记。

**章水明** 男,汉族,1975年11月出生,江西南丰人,中共党员,大专学历,现任太源乡敬老院院长。他数十年如一日,坚持在家孝敬父母长辈,在外尊老敬老。任乡敬老院院长后,他视院里老人为亲人,嘘寒问暖,想方设法为他们改善生活环境。他以院为家,与老人同吃同住,陪老人聊天拉家常,急老人所需所缺,为老人跑前跑后。他自购机动车免费送接送生病老人,每年邀请1至2次乡卫生院医生到敬老院对老人进行全身体检。同时,开展娱乐活动丰富老人生活。1997年他获抚州市"星火计划"创业带头人称号;2010、2012年先后两次获抚州市十佳敬老院院长称号。2015年他被全国敬老爱老助老教育活动组委会评为"全国孝亲敬老之星"

**江聪越** 抚州市法院系统干部,因工作成绩突出,2015年被最高人民法院评为全国法院"网评之星"。

**魏云秀** 女,1963年10月生。现任广昌县人民检察院检察委员会专职委员、侦查监督科科长。她从事检察工作34年,致力于青少年维权岗工作,开创的青少年维权岗工作品牌,成为省、市检察机关特色品牌。她先后被评为抚州市检察机关标兵个人;全市政法系统"十佳检察官"、"人民满意"政法干警;全省预防青少年违法犯罪先进个人;分别荣立个人二等功一次、三等功二次;2009年被评为全市首届未成年人思想道德建设工作先进个人;2010年被江西省人民政府授予"全省先进工作者"荣誉称号;2011年,荣获全国政法系统优秀党员干警;全省人民满意检察干警;江西十大法治人物;抚州检察职业道德标兵和抚州市"十大优秀女性"称号。2014年4月,她获最高人民检察院"最美检察官提名奖"、全国"模范检察官"荣誉称号。2015年被中共中央、国务院授予"全国先进工作者"荣誉称号。

**温金花** 女,现任广昌县乡镇党委书记。因工作成绩突出,2015年被中共江西省委评为"龚全珍式好干部",全省优秀乡镇党委书记。

**揭金发** 男,1974年8月出生,中共党员,大专学历。现任广昌县长桥乡上凡村党支部书记。1998年进入村委会工作,2006年11月任村党支部书记以来,他一心为民办实事,为民解困难,

受到广大群众一致好评。他以“五好”为目标，狠抓支部建设，党员队伍建设。建立健全村两委工作机制。创建新型服务型党组织，以“三培两带两服务”为抓手、服务群众的理念根植于上凡村每个党员干部心中，村支部多次被县委评为“先进党支部”。他以“支部+基地+协会+公司”模式，创建黄花梨产业协会党支部，并被任命为支部书记。合作社和协会支部在服务群众、发展经济上发挥了巨大的作用，三大产业蓬勃发展，年产值达1100万元。建设农村基础设施，任职期间，上凡村共完成新农村建设点7个，14个村小组通上水泥路，15个村小组村民都喝上干净水；投资1000余万元，夯实机耕道、水渠、水陂等农业基础设施建设；投资360余万元购置现代化农业机械。在他带领下，上凡村成为远近闻名富裕村、文明村，先后被市县评为“文明村镇”，多年实现“零上访”。他本人也先后多次被评为广昌县优秀共产党员，烟叶生产先进工作者。2015年，被江西省委、省政府授予“省劳动模范”；被江西省委授予“龚全珍式好干部—全省优秀村党组织书记”荣誉称号。

**吴佺孙** 男，1952年出生。曾任中共广昌县委副书记，县人大常委会主任，2002年任县关工委主任。他虽已退休，身体也不是很好，但仍然工作在他热爱的关心下一代工作岗位上，为广昌县关心下一代事业奉献余热。他善于学习，当好领头羊。多年来一直坚持从各种媒体中学习党的方针政策，密切关注县委县政府的重大决策部署，用自己的人格魅力凝聚了一批德高望重的老同志加入到关心下一代的工作行列中，组建“五老”关爱报告团，在全县中小学作巡回报告。求真务实，传播正能量。抓好关工委组织和制度建设，各基层关工委人员、办公场所、办公经费等问题都得到解决，每年定时到乡镇、学校、社区调研，了解未成年人成长中遇到的问题和困难，以此制定下一步工作重点和工作计划；针对外出务工人员多，留守儿童特别多情况，开展留守儿童代理家长活动，在全县掀起关爱留守儿童的良好社会氛围。在创“五好”关工委活动中，他紧抓构建青少年社会主义核心价值观这一主线，积极推进全县未成年人思想道德建设“六进农村”“六进校园”“六进社区”工程，帮助引导青少年树立正确的人生观。2015年，他被中央精神文明建设指导委员会办公室、全国关心下一代工作委员会评为“关心下一代先进工作者”。

**周　宇** 抚州供电系统职工，因工作成绩突出，2015年被江西省委、省政府评为“江西省劳动模范”。

**邓民富** 抚州供电系统职工，因工作成绩突出，2015年被江西省委、省政府评为“江西省劳动模范”。

**郑木辉** 抚州供电系统职工，因工作成绩突出，2015年被江西省委、省政府评为“江西省劳动模范”。

**胡霞国** 抚州供电系统职工，因工作成绩突出，2015年被国家电网公司评为“网公司优秀班组长”。

**王　辉** 抚州供电系统职工，因工作成绩突出，2015年被国家电网公司评为“优秀共产党员”。

**李巧玲** 抚州供电系统职工，因工作成绩突出，2015年被国家电网公司评为“优秀共产党员”。

**邹　艳** 女，现任乐安一中教师。因教学成绩突出，2015年被江西省政府评为“江西省第七批特级教师”。

## 2015年受省（省委、政府）部级以上表彰的先进集体

表34-1

| 受表彰单位 | 先进年度或受表彰时间 | 荣誉称号 | 授予单位 |
| --- | --- | --- | --- |
| 抚州供电公司 | 2015年度 | 全国文明单位 | 中央文明委 |
| 国网宜黄县供电公司 | 2015年度 | 全国工人先锋号 | 中华全国总工会 |
| 国网宜黄县供电公司 | 2015年度 | 全国五一劳动奖状 | 中华全国总工会 |
| 国网宜黄县供电公司 | 2015年度 | 全省模范职工之家 | 中华全国总工会 |
| 电费核算与账务班 | 2015年度 | 国家电网公司先进班组 | 国家电网公司 |
| 抚州市工商行政管理局个体私营经济监督管理科 | 2015年度 | 全国清理整顿人力资源市场秩序专项行动先进单位 | 人力资源保障部、国家工商总局 |

续表

| 受表彰单位 | 先进年度或受表彰时间 | 荣誉称号 | 授予单位 |
|---|---|---|---|
| 抚州市消费者协会 | 2015 年度 | 全国消协组织先进集体 | 中国消费者协会 |
| 抚州市地税局 | 2015 年 2 月 | 第四届全国文明单位 | 中央文明委 |
| 抚州市检察院 | 2015 年度 | 第四届“全国文明单位” | 中央文明委 |
| 抚州市中级人民法院 | 2015 年 7 月 | 全国法院信息工作先进集体 | 最高人民法院 |
| 抚州市中级人民法院 | 2015 年 9 月 | 司法新闻宣传工作成绩突出人民法院 | 最高人民法院 |
| 抚州市临川区人民法院 | 2015 年 9 月 | 司法新闻宣传工作成绩突出人民法院 | 最高人民法院 |
| 抚州市中级人民法院 | 2015 年 12 月 | 全国模范职工之家 | 全国总工会 |
| 抚州市第一人民医院 | 2015 年度 | 巾帼文明岗 | 全国妇联 |
| 黎川县 | 2015 年 9 月 | 全省森林防火工作先进县 | 江西省政府 |
| 黎川县 | 2015 年 9 月 | 全省森林防火工作先进县 | 江西省政府 |
| 黎川县 | 2016 年 1 月 | 全省计划生育工作先进县 | 江西省政府 |
| 黎川县新庄烤烟专业合作社 | 2015 年 11 月 | 烟农专业合作社行业示范社 | 中国烟草总公司 |
| 黎川县华山场洲湖村 | 2015 年 11 月 | 中国最美休闲乡村(历史古村) | 农业部 |
| 南丰县 | 2015 年 5 月 | 全国食品工业强县 | 中国食品工业协会 |
| 南丰县 | 2015 年度 | 全省计划生育工作先进县 | 江西省政府 |
| 南丰县 | 2015 年 12 月 | 第十二届中国民间文艺“山花奖” | 中国文联 |
| 南丰县包坊村 | 2015 年 8 月 | 全国民主法制示范村(社区) | 司法部、民政部 |
| 南丰县农合行营业部 | 2015 年 5 月 | “全国巾帼文明岗” | 全国妇联 |
| 南丰县卫计委 | 2015 年 10 月 | 全国家庭文化通讯报道工作先进单位 | 国家卫计委 |
| 南丰县卫计委 | 2015 年 12 月 | 全国基层中医药复审工作先进单位 | 国家中医药管理局办公室 |
| 南丰县国税局 | 2015 年 12 月 | 全国五一劳动奖状 | 全国总工会 |
| 南丰县太和镇中心卫生院 | 2015 年度 | 群众满意的乡镇卫生院 | 国家卫计委 |
| 崇仁县相山风景名胜区 | 2015 年度 | 省级风景名胜区 | 江西省政府 |
| 崇仁县财政局 | 2015 年度 | 江西省第十三届文明单位 | 江西省委、省政府 |
| 崇仁县 | 2015 年度 | 全省农田水利建设先进县 | 江西省委、省政府 |
| 崇仁县工业园区 | 2015 年 2 月 | 国家新型工业化产业示范基地 | 中国工业和信息化部 |
| 乐安县 | 2015 年度 | 全国法治县(市、区)创建活动先进单位 | 全国普法办 |
| 乐安县广雅食品有限公司 | 2015 年度 | 全国驰名商标称号 | 国家工商总局 |
| 乐安县广雅食品有限公司 | 2015 年度 | “乐安竹笋”获地理标志产品 | 国家质检总局 |
| 乐安县流坑村、流舍村 |  | 中国乡村旅游模范村 | 国家旅游局 |
| 乐安县林业局 | 2015 年 | 全省森林防火平安县 | 江西省政府 |
| 宜黄县 | 2015 年 10 月 | 全国乡村“亿万农民健身活动”传统项目优胜奖 | 中国农民体育协会 |
| 宜黄县惠农种业 | 2015 年度 | 华南虎牌“五优 662”获“超级稻”称号 | 农业部 |
| 宜黄县棠阴镇中心卫生院 | 2015 年 12 月 | “2014－2015 年度群众满意的乡镇卫生院” | 国家卫生计生委 |
| 金溪县 | 2015 年 2 月 | 全国文明县城 | 中央文明办 |

续表

| 受表彰单位 | 先进年度或受表彰时间 | 荣誉称号 | 授予单位 |
|---|---|---|---|
| 金溪县 | 2015年5月 | 全省公共机构节能工作先进县 | 江西省政府 |
| 金溪县 | 2015年9月 | 春季森林防火平安县 | 江西省政府 |
| 金溪县 | 2015年12月 | 全国创建无障碍示范县 | 住房和城乡建设部、中国残联 |
| 金溪县 | 2015年12月 | 全国基层中医药工作先进县 | 国家中医药管理局 |
| 金溪县关工委 | 2015年8月 | 全国关心下一代先进集体 | 中央关工委 |
| 资溪县 | 2015年5月 | 科学发展综合考评先进县 | 江西省委、省政府 |
| 资溪县 | 2015年10月 | 国家可持续发展实验区 | 科技部 |
| 资溪县 | 2015年11月 | 全省首批生态文明先行示范县 | 江西省委、省政府 |
| 资溪县 | 2015年12月 | 首届中国候鸟旅居县口碑榜 | 国际候鸟旅居组织评价中心 |
| 资溪县 | 2015年度 | 全省信访“三无”县 | 省政府 |
| 资溪县乌石镇新月村 | 2015年5月 | 全国文明村镇 | 中央文明办 |
| 资溪县嵩市镇计划生育协会 | 2015年12月 | 全国计生协镇级先进单位 | 国家人口与计划生育协会 |
| 资溪县教育局 | 2015年3月 | “教育部-中国移动中小学校长培训项目”中获“优秀项目县” | 中国教育行政学院远程培训部、中国教育干部网络学院 |
| 广昌县 | 2015年度 | 全省科学发展综合考评先进县 | 江西省委、省政府 |
| 广昌县 | 2015年度 | 全国电商扶贫十佳县 | |
| 广昌县 | 2015年度 | 全国国有林场改革工作先进县 | 国家林业局 |
| 广昌县司法局盱江司法所 | 2015年度 | 全国模范司法所 | 国家司法部 |
| 东乡天然丝瓜络专业合作社 | 2015年12月 | 全国农民合作社加工示范单位 | 国家农业部 |
| 东乡县 | 2015年11月 | 中国新能源产业百强县 | 中国国际经济技术合作促进会、生产力学会、能源经济研究中心、新能源产业经济发展年会组委会 |

本栏编辑　饶国旺

# 主要统计资料

## 抚州市土地面积与乡镇名称

(2015)

表35-1

| 县(区)别 | 土地面积(平方公里) | 乡镇名称 |
|---|---|---|
| 抚州市 | 18799 | |
| 临川区 | 2125 | 青云街道办事处,六水桥街道办事处,文昌街道办事处,荆公路街道办事处,西大街街道办事处抚北镇,上顿渡镇,唱凯镇,温泉镇,高坪镇,腾桥镇,龙溪镇,孝桥镇,罗针镇,云山镇,罗湖镇,大岗镇,青泥镇,太阳镇,秋溪镇,东馆镇,荣山镇,河埠乡,茅排乡,湖南乡,七里岗乡,鹏田乡,连城乡,嵩湖乡,展坪乡,桐源乡 |
| 高新技术产业开发区 | | 城西街道办事处,钟岭街道办事处,崇岗镇 |
| 南城县 | 1713 | 建昌镇,上唐镇,洪门镇,株良镇,里塔镇,龙湖镇,沙洲镇,新丰街道,万坊镇,天井源乡,浔溪乡,徐家镇 |
| 黎川县 | 1709 | 日峰镇,宏村镇,洵口镇,熊村镇,德胜镇,龙安镇,华山镇,潭溪乡,荷源乡,厚村乡,湖坊乡,中田乡,樟溪乡,西城乡,社苹乡 |
| 南丰县 | 1913 | 琴城镇,太和镇,白舍镇,洽湾镇,桑田镇,市山镇,紫霄镇,华山镇,三溪乡,东坪乡莱溪乡,太源乡,傅坊乡 |
| 崇仁县 | 1520 | 巴山镇,相山镇,航埠镇,孙坊镇,河上镇,礼陂镇,马鞍镇,石庄乡,六家桥乡,白路乡,三山乡,白陂乡,桃源乡,许坊乡,郭圩乡 |
| 乐安县 | 2410 | 鳌溪镇,公溪镇,戴坊镇,牛田镇,招携镇,龚坊镇,山砀镇,增田镇,万崇镇,湖溪乡,罗陂乡,湖坪乡,金竹畲族乡,南村乡,谷岗乡,大马头乡 |
| 宜黄县 | 1937 | 凤岗镇,棠阴镇,黄陂镇,东陂镇,梨溪镇,二都镇,中港镇,桃陂镇,新丰乡,神冈乡,圳口乡,南源乡 |
| 金溪县 | 1353 | 秀谷镇,浒湾镇,双塘镇,何源镇,合市镇,琅琚镇,左坊镇,对桥镇,黄通乡,陆坊乡,陈坊积乡,琉璃乡,石门乡 |
| 资溪县 | 1248 | 鹤城镇,马头山镇,高阜镇,嵩市镇,乌石镇,高田乡,石峡乡 |
| 东乡县 | 1268 | 孝岗镇,小璜镇,圩上桥镇,马圩镇,詹圩镇,岗上积镇,杨桥殿镇,王桥镇,黎圩镇,珀干乡邓家乡,虎圩乡,瑶圩乡 |
| 广昌县 | 1603 | 盱江镇,头陂镇,赤水镇,驿前镇,甘竹镇,千善乡,水南圩乡,长桥乡,杨溪乡,尖峰乡塘坊镇 |

说明:高新技术产业开发区为国家高新技术产业开发区,辖城西、钟岭街办和崇岗镇,管辖面积158.6平方公里。

表35－2

| 指　　标 | 单位 | 1978年 | 1980年 | 1985年 | 1990年 | 1995年 |
|---|---|---|---|---|---|---|
| **一、年末总人口(抽样调查)** | **万人** | | | | **335.22** | **358.52** |
| 年平均人口(抽样调查) | 万人 | 279.52 | | | 323.87 | 356.29 |
| 年末总人口(公安人口) | 万人 | 282.50 | 288.09 | 300.94 | 326.91 | 340.85 |
| #农业人口 | 万人 | 242.78 | 244.96 | 252.31 | 270.59 | 274.61 |
| **二、年末社会从业人数** | **万人** | **101.81** | **107.50** | **143.05** | **155.54** | **174.60** |
| #职工人数 | 万人 | 12.38 | 15.33 | 23.63 | 25.87 | 27.89 |
| **三、生产总值** | **亿元** | **7.66** | **9.45** | **16.79** | **33.52** | **84.87** |
| 第一产业 | 亿元 | 4.00 | 5.28 | 9.48 | 19.10 | 40.22 |
| 第二产业 | 亿元 | 2.24 | 2.67 | 4.69 | 7.58 | 25.89 |
| 第三产业 | 亿元 | 1.42 | 1.50 | 2.62 | 6.84 | 18.76 |
| **四、农业** | | | | | | |
| 1.农业牧渔业总产值 | 万元 | 53351 | 161478 | 252326 | 333149 | 483116 |
| 农业产值 | 万元 | 40397 | 111815 | 156443 | 176370 | 242140 |
| 林业产值 | 万元 | 2055 | 12065 | 20172 | 23778 | 51664 |
| 牧业产值 | 万元 | 6065 | 21560 | 46916 | 82653 | 164579 |
| 渔业产值 | 万元 | 242 | 2450 | 4707 | 8225 | 24733 |
| 农林牧渔服务业产值 | 万元 | | | | | |
| 2.主要农产品产量 | | | | | | |
| 粮　　食 | 万吨 | 124.04 | 146.73 | 194.19 | 216.34 | 209.117 |
| 棉　　花 | 吨 | 1541 | 1651 | 1107 | 1930 | 5928 |
| 甘　　蔗 | 万吨 | 4.87 | 6.02 | 17.05 | 17.19 | 4107 |
| 麻　　类 | 吨 | 5035 | 3436 | 8290 | 5394 | 3345 |
| 茶　　叶 | 吨 | 173 | 260 | 394 | 634 | 753 |
| 水　　果 | 万吨 | 0.6 | 0.9 | 2.6 | 4.8 | 3.6 |
| #柑桔 | 万吨 | 0.5 | 0.8 | 2.3 | 4.5 | 2.7 |
| 水产品 | 万吨 | 0.3 | 0.6 | 1.3 | 2.3 | 5.2 |
| 生猪年末存栏 | 万头 | 126.09 | 115.29 | 144.11 | 183.59 | 237.18 |
| 生猪当年出栏 | 万头 | 59.34 | 61.99 | 88.75 | 167.20 | 311.15 |

说明:①1993年—2008年GDP数据按2008年经济普查数据平滑调整(下同)②根据《国家统计局关于布置2007年统计年计算总产值,所以本书中“农林牧渔业总产值”从2007年和开始为按当年价格计算的数据

## 主要指标

| 2000 年 | 2009 年 | 2010 年 | 2011 年 | 2012 年 | 2013 年 | 2014 年 | 2015 年 | 2015 年比 2014 年增长 % |
|---|---|---|---|---|---|---|---|---|
| **366.40** | **389.33** | **391.66** | **393.78** | **394.89** | **396.24** | **397.66** | **399.28** | **0.4** |
| 364.80 | 388.05 | 390.49 | 392.72 | 394.33 | 395.56 | 396.95 | 398.47 | 0.4 |
| 360.49 | 399.14 | 405.91 | 411.99 | 417.82 | 419.58 | 427.50 | 428.76 | 0.3 |
| 285.49 | 301.67 | 307.73 | 312.61 | 318.90 | 315.42 | 327.92 | 275.36 | -16.0 |
| **175.60** | **205.64** | **208.71** | **212.36** | **215.82** | **218.63** | **221.89** | **224.64** | **1.2** |
| 22.39 | 20.45 | 20.08 | 22.00 | 28.23 | 34.36 | 35.72 | 35.03 | -1.9 |
| **139.13** | **502.91** | **630.01** | **742.51** | **825.04** | **940.64** | **1036.77** | **1105.14** | **9.2** |
| 49.15 | 109.23 | 119.84 | 136.89 | 152.00 | 163.48 | 173.73 | 181.81 | 4.1 |
| 51.92 | 237.76 | 314.74 | 395.61 | 435.93 | 489.02 | 534.89 | 549.30 | 9.2 |
| 38.06 | 155.92 | 195.70 | 210.01 | 237.11 | 288.14 | 328.16 | 374.02 | 11.4 |
| | | | | | | | | |
| 550169 | 1949112 | 2193137 | 2527007 | 2813438 | 2962389 | 3131351 | 3283167 | 4.3 |
| 303852 | 1083065 | 1232744 | 1436911 | 1624611 | 1711992 | 1835592 | 1991916 | 6.7 |
| 53878 | 101615 | 113145 | 110468 | 127741 | 137443 | 138793 | 156543 | 5.7 |
| 138019 | 553954 | 615122 | 729877 | 778662 | 806427 | 817166 | 758684 | 1.8 |
| 54420 | 176395 | 188203 | 206742 | 230866 | 248824 | 272578 | 310392 | 3.3 |
| | 34083 | 43923 | 43009 | 51558 | 57703 | 67222 | 65632 | 5.7 |
| | | | | | | | | |
| 192.58 | 270.8 | 262.82 | 268.49 | 283.7125 | 286.13 | 291.49 | 293.07 | -0.2 |
| 4974 | 4215 | 4142 | 3858 | 3599 | 3685 | 3513 | 3065 | -5.3 |
| 37.2 | 20.45 | 18.98 | 19.79 | 19.0402 | 20.14 | 20.03 | 20.95 | 4.6 |
| 1102 | 547 | 537 | 578 | 563 | 552 | 521 | 513 | -1.5 |
| 626 | 2231 | 2500 | 2456 | 2511 | 2619 | 2534 | 2573 | 1.5 |
| 6.4 | 104.73 | 82.2 | 139.17 | 121.4037 | 159.93 | 157.17 | 182.21 | 15.9 |
| 4.4 | 98.6 | 76.4 | 133.6 | 115.4208 | 153.72 | 150.68 | 175.47 | 16.5 |
| 9.0 | 15.4 | 15.5 | 15.99 | 16.835 | 17.56 | 18.47 | 19.38 | 4.9 |
| 164.42 | 162.37 | 166.04 | 172.56 | 176.34 | 181.42 | 183.56 | 174.45 | -5.0 |
| 227.81 | 269.72 | 281.12 | 273.90 | 276.22 | 285.04 | 291.35 | 283.08 | -2.8 |

报 的和2008年定期统计报表制度的通知》的要求，我省取消了"农林牧渔业总产值和商品产值"中按1990年不变价格

续表

| 指　　标 | 单位 | 1978 年 | 1980 年 | 1985 年 | 1990 年 | 1995 年 |
|---|---|---|---|---|---|---|
| 五、工　　业 | | | | | | |
| 1.. 工业总产值 | 万元 | 40613 | 98615 | 154811 | 262624 | 540391 |
| 轻工业产值 | 万元 | 27689 | 56678 | 95142 | 134933 | 293858 |
| 重工业产值 | 万元 | 12924 | 21993 | 3620 | 92854 | 203237 |
| 2. 主要工业产品产量 | | | | | | |
| 布 | 万米 | 3355 | 5140 | 4946 | 5534 | 6526 |
| 饮料酒 | 千升 | 3378 | 3161 | 9622 | 16680 | 19379 |
| 机制纸及纸板 | 吨 | 3537 | 7549 | 18600 | 15828 | 61769 |
| 发电量 | 万千瓦时 | 2843 | 5535 | 8079 | 12258 | 35536 |
| 水　泥 | 万吨 | 5.17 | 5.24 | 12.08 | 13.3 | 25.6 |
| 3. 工业企业财务指标 | | | | | | |
| 主营业务收入 | 万元 | | | | | |
| 利润和税金总额 | 万元 | 3717 | 6266 | 7706 | 8686 | 18174 |
| 六、运输、邮电 | | | | | | |
| 1. 公路货物周转量 | 万吨公里 | 7089 | 12164 | 9132 | 86235 | 87456 |
| 2. 公路旅客周转量 | 万人公里 | 14370 | 23077 | 50002 | 91867 | 107549 |
| 七、国内外贸易 | | | | | | |
| 1. 社会消费品零售总额 | 万元 | 25520 | 35137 | 71239 | 122785 | 335727 |
| 2. 实际利用外资 | 万美元 | | | 345 | 45 | 727 |

说明:2002 年及以后年份的工业总产值及其分类是规模以上工业数据

续表

| 2000 年 | 2009 年 | 2010 年 | 2011 年 | 2012 年 | 2013 年 | 2014 年 | 2015 年 | 2015 年比 2014 年增长 % |
|---|---|---|---|---|---|---|---|---|
| | | | | | | | | |
| 1151228 | 5087579 | 7364518 | 8139521 | 10283391 | 12479053 | 14641030 | 15645654 | 6.9 |
| 694214 | 2027259 | 3060681 | 3376380 | 4327288 | 5165396 | 6054209 | 6495828 | 7.3 |
| 402328 | 3058320 | 4303837 | 4763140.6 | 5956103 | 7313657 | 8586821 | 9149826 | 6.6 |
| | | | | | | | | |
| 4503 | 16134 | 7649 | 10157 | 20884 | 18095 | 25243 | 19567 | -22.5 |
| 33324 | 133785 | 332283 | 373110 | 191401 | 270970 | 277469 | 218179 | -21.4 |
| | 75918 | 64035 | 86946 | 163847 | 130436 | 148067 | 180677 | 22.0 |
| 53.3 | 94.09 | 122.5512 | 176.0 | 245.3 | 231.2 | 257.9 | 258.2 | 0.1 |
| | | | | | | | | |
| 374763 | 5066868 | 7316815 | 8068089 | 10151818 | 12453535 | 14733639 | 15286101 | 3.7 |
| 6590 | 311623 | 543396 | 594677 | 692900 | 773790 | 888079 | 948208 | 6.8 |
| | | | | | | | | |
| 210708 | 2506537 | 2986087 | 3226403 | 3871683 | 4646644 | 3848190 | 4194997 | 9.0 |
| 180678 | 208213 | 256807 | 274213 | 281553 | 288141 | 228972 | 184288 | -19.5 |
| | | | | | | | | |
| 636049 | 1939500 | 2271100 | 2661700 | 3022508 | 3414562 | 3794962 | 4303478 | 13.4 |
| 3323 | 18094 | 20443 | 23123 | 26807 | 29149 | 33783 | 29313 | 13.2 |

续表

| 指　　标 | 单位 | 1978 年 | 1980 年 | 1985 年 | 1990 年 | 1995 年 | 2000 年 |
|---|---|---|---|---|---|---|---|
| 八、固定资产投资 | | | | | | | |
| 全社会固定资产投资 | 万元 | 1811 | 4444 | 10483 | 25006 | 96307 | 231967 |
| #房地产开发投资 | 万元 | | | | | 8099 | 23790 |
| 九、财政 | | | | | | | |
| 财政总收入 | 万元 | 6366 | 9485 | 12630 | 26117 | 61570 | 87643 |
| 财政支出 | 万元 | 7058 | 9975 | 20482 | 34698 | 65867 | 132668 |
| 十、教育卫生 | | | | | | | |
| 普通中学校数 | 所 | | 283 | 244 | 249 | 246 | 248 |
| 高等学校在校学生 | 人 | 941 | 1811 | 1510 | 2741 | 3077 | 2631 |
| 中等专业学校在校学生 | 人 | 2637 | 3270 | 3787 | 3742 | 1681 | 6696 |
| 普通中学在校学生 | 万人 | 15.06 | 15.58 | 14.44 | 17.51 | 18.29 | 23.03 |
| 小学生在校学生 | 万人 | 52.97 | 56.44 | 51.17 | 41.25 | 39.4 | 39.01 |
| 卫生机构数 | 个 | 5164 | 519 | 520 | 531 | 501 | 302 |
| 卫生技术人员 | 人 | 5702 | 6378 | 8483 | 9161 | 9262 | 11850 |
| #医生 | 人 | 1498 | 2732 | 3605 | 4093 | 4149 | 4506 |
| 病床数 | 张 | 5164 | 5757 | 6360 | 6511 | 6170 | 6857 |
| #医院病床数 | 张 | 4920 | 5482 | 6087 | 6251 | 5551 | 4970 |
| 十一、人民生活 | | | | | | | |
| 全部职工年平均工资 | 元 | 519 | 665 | 879 | 1549 | 3649 | 6094 |
| #国有单位 | 元 | 519 | 675 | 921 | 1640 | 3798 | 6299 |
| 集体所有单位 | 元 | 472 | 587 | 768 | 1239 | 2823 | 4681 |
| 城镇居民人均年可支配收入 | 元 | 206 | 244 | 535 | 999 | 2774 | 5006 |
| 城乡居民储蓄存款余额 | 万元 | 3610 | 8962 | 33196 | 125825 | 491749 | 1002499 |
| 农民人均年纯收入 | 元 | 132 | 266 | 478 | 728 | 1608 | 2155 |

续表

| 2009 年 | 2010 年 | 2011 年 | 2012 年 | 2013 年 | 2014 年 | 2015 年 | 2015 年比 2014 增长 % |
|---|---|---|---|---|---|---|---|
| | | | | | | | |
| 4819516 | 4798700 | 5720736 | 6977931 | 8352583 | 10014800 | 10996711 | 17.1 |
| 629909 | 746339 | 838684 | 660855 | 813592 | 988831 | 1100013 | 11.2 |
| | | | | | | | |
| 508550 | 740141 | 1001203 | 1122972 | 1305866 | 1500709 | 1651774 | 10.1 |
| 1051513 | 1394453 | 1786658 | 2022092 | 2276705 | 2557888 | 2942955 | 15.1 |
| | | | | | | | |
| 215 | 213 | 202 | 209 | 212 | 218 | 221 | 1.4 |
| 24.57 | 25.46 | 26.294 | 26.51 | 23.09 | 23.08 | 23.35 | 1.2 |
| 40.46 | 40.7 | 41.52 | 41.38 | 34.29 | 34.10 | 34.92 | 2.4 |
| 457 | 2282 | 2272 | 2281 | 2313 | 2310 | 2323 | 0.6 |
| 10216 | 10887 | 11341 | 11827 | 12349 | 13068 | 13292 | 1.7 |
| 4027 | 4202 | 4395 | 4582 | 4720 | 4980 | 4872 | -2.2 |
| 9192 | 9419 | 7829 | 8642 | 9676 | 10318 | 10583 | 2.6 |
| 4844 | 4956 | 5092 | 6069 | 6819 | 7352 | 7682 | 4.5 |
| | | | | | | | |
| 18203 | 21426 | 26895 | 32642 | 40011 | 44832 | 48975 | 9.2 |
| 19836 | 22964 | 27254 | 31692 | 37229 | 42507 | 49007 | 15.3 |
| 14852 | 17551 | 22208 | 29874 | 27327 | 32519 | 42172 | 29.7 |
| 13119 | 14445 | 16633 | 18932 | 20835 | 23101 | 25065 | 8.5 |
| 3744122 | 4363029 | 5235260 | 6363271 | 7300573 | 8378951 | 9426320 | 12.5 |
| 5117 | 5848 | 7050 | 8095 | 9059 | 10410 | 11411 | 9.6 |

## 抚州市生产总值及构成

表 35 - 3 单位:万元

| 指 标 | 2014 年 | 2015 年 | 2015 年增长% | 2015 年生产总值构成(%) |
|---|---|---|---|---|
| **总 计** | **10367713** | **11051377** | **6.6** | **100** |
| 第一产业 | 1737371 | 1818144 | 4.6 | 16.5 |
| 农林牧渔业 | 1737371 | 1863636 | 7.3 | 16.9 |
| 第二产业 | 5348925 | 5493022 | 2.7 | 49.7 |
| 工业 | 4433507 | 4498994 | 1.5 | 40.7 |
| 建筑业 | 915418 | 994028 | 8.6 | 9.0 |
| 第三产业 | 3281417 | 3740211 | 14.0 | 33.8 |
| 交通运输、仓储和邮政业 | 630424 | 672482 | 6.7 | 6.1 |
| 批发和零售业 | 516312 | 557133 | 7.9 | 5.0 |
| 批发业 | 302556 | 323833 | 7.0 | 2.9 |
| 零售业 | 213756 | 233300 | 9.1 | 2.1 |
| 住宿和餐饮业 | 230023 | 253948 | 10.4 | 2.3 |
| 住宿业 | 28729 | 31768 | 10.6 | 0.3 |
| 餐饮业 | 201294 | 222180 | 10.4 | 2.0 |
| 金融保险业 | 141944 | 175500 | 23.6 | 1.6 |
| 房地产业 | 397896 | 428187 | 7.6 | 3.9 |
| 其他营利性服务业 | 422973 | 510968 | 20.8 | 4.6 |
| 非营利性服务业 | 941845 | 1096501 | 16.4 | 9.9 |

# 抚州市主要年份生产总值

表 35 -4 （以上年为 100,按可比价计算） 单位:%

| 年 份 | 生产总值 | 第一产业 | 第二产业 | 第三产业 |
|---|---|---|---|---|
| 1980 年 | 106.6 | 108.4 | 115.6 | 86.9 |
| 1985 年 | 103.7 | 105.5 | 103.3 | 98.3 |
| 1990 年 | 99.8 | 101.3 | 106.8 | 90.1 |
| 1998 年 | 108.0 | 98.4 | 114.4 | 115.1 |
| 1999 年 | 104.5 | 103.0 | 105.0 | 106.0 |
| 2000 年 | 104.8 | 101.6 | 106.1 | 107.4 |
| 2001 年 | 108.4 | 103.6 | 111.7 | 110.0 |
| 2002 年 | 110.0 | 102.6 | 113.6 | 114.2 |
| 2003 年 | 112.6 | 102.0 | 120.3 | 113.9 |
| 2004 年 | 113.6 | 111.0 | 117.8 | 109.9 |
| 2005 年 | 113.0 | 106.5 | 119.0 | 111.7 |
| 2006 年 | 113.3 | 104.8 | 121.8 | 109.8 |
| 2007 年 | 114.0 | 106.1 | 120.4 | 111.5 |
| 2008 年 | 114.2 | 109.3 | 124.1 | 103.1 |
| 2009 年 | 113.9 | 108.5 | 114.2 | 117.2 |
| 2010 年 | 115.0 | 105.1 | 118.9 | 115.7 |
| 2011 年 | 112.5 | 104.4 | 113.4 | 116.0 |
| 2012 年 | 110.8 | 104.6 | 113.3 | 110.2 |
| 2013 年 | 110.3 | 104.9 | 112.9 | 109.0 |
| 2014 年 | 109.8 | 104.9 | 111.1 | 110.2 |
| 2015 年 | 109.2 | 104.1 | 109.2 | 111.4 |

## 抚州市规模以上工业企业单位数、总产值和增加值

表35－5　（2015年）　单位：万元

| 指　　标 | 企业单位数（个） | 工业总产值 | 增长速度（%） | 工业增加值 | 增长速度（%） |
|---|---|---|---|---|---|
| 总　　计 | 903 | 15645654 | 3.9 | 3642000 | 8.6 |
| 一、按登记注册类型分组 | | | | | |
| 国有企业 | 4 | 15633 | 11.9 | 10024 | 7.8 |
| 集体企业 | | | | | |
| 股份合作企业 | 4 | 33883 | 19.9 | 7340 | 21.7 |
| 联营企业 | 1 | 30049 | 12.4 | 6703 | 14.0 |
| 有限责任公司 | 439 | 7498988 | 3.8 | 1745251 | 7.3 |
| 股份有限公司 | 20 | 482287 | 10.8 | 121426 | 14.9 |
| 私营企业 | 380 | 6691516 | 3.9 | 1521715 | 10.7 |
| 港、澳、台商投资企业 | 41 | 689528 | －0.2 | 177559 | 0.5 |
| 外商投资企业 | 13 | 203771 | 2.4 | 51981 | 2.9 |
| 二、按轻、重工业分 | | | | | |
| 轻工业 | 460 | 6495828 | 4.2 | 1576600 | 3.4 |
| 重工业 | 443 | 9149826 | 3.7 | 2065400 | 12.8 |
| 三、按企业规模分 | | | | | |
| 大中型企业 | 94 | 4337740 | 3.0 | 1024981 | 9.1 |
| 小型企业 | 796 | 11307914 | 4.2 | 2617019 | 3.9 |
| 四、按工业行业分 | | | | | |
| 黑色金属矿采选业 | 4 | 33141 | －47.1 | 7809 | －38.3 |
| 有色金属矿采选业 | 3 | 41540 | －0.4 | 17694 | 6.4 |
| 非金属矿采选业 | 2 | 31938 | 19.2 | 8860 | 20.4 |
| 农副食品加工业 | 39 | 738895 | 9.7 | 151429 | 8.8 |
| 食品制造业 | 13 | 281879 | 9.1 | 69787 | 8.5 |
| 酒、饮料和精制茶制造业 | 7 | 116782 | 3.4 | 38918 | －3.3 |
| 纺织业 | 69 | 936112 | 0.3 | 188891 | 5.6 |
| 纺织服装、服饰业 | 82 | 880707 | －9.3 | 251596 | －11.1 |
| 皮革、毛皮、羽毛及其制品和制鞋业 | 24 | 296190 | 6.5 | 86654 | 5.7 |

续表

| 指　　标 | 企业单位数（个） | 工业总产值 | 增长速度（%） | 工业增加值 | 增长速度（%） |
| --- | --- | --- | --- | --- | --- |
| 木材加工和木、竹、藤、棕、草制品业 | 35 | 318606 | -14.8 | 75261 | -13.6 |
| 家具制造业 | 9 | 141470 | 1.5 | 38458 | 1.2 |
| 造纸和纸制品业 | 39 | 415959 | 8.1 | 97778 | 8.0 |
| 印刷和记录媒介复制业 | 8 | 80167 | 15.6 | 22145 | 15.6 |
| 文教、工美、体育和娱乐用品制造业 | 30 | 316351 | 4.4 | 78877 | 10.6 |
| 石油加工、炼焦和核燃料加工业 | 1 | 74455 | 25.5 | 13218 | 47.3 |
| 化学原料和化学制品制造业 | 100 | 1422040 | 8.0 | 331489 | 13.1 |
| 医药制造业 | 30 | 666967 | 11.9 | 163335 | 11.6 |
| 化学纤维制造业 | 1 | 21356 | 21.7 | 4406 | 28.4 |
| 橡胶和塑料制品业 | 89 | 1165437 | 13.8 | 253077 | 15.5 |
| 非金属矿物制品业 | 57 | 870424 | 9.2 | 233986 | 11.9 |
| 黑色金属冶炼和压延加工业 | 4 | 191084 | 33.0 | 37968 | 71.2 |
| 有色金属冶炼和压延加工业 | 44 | 2888920 | -11.0 | 563355 | 2.8 |
| 金属制品业 | 32 | 376870 | 13.8 | 76550 | 20.4 |
| 通用设备制造业 | 16 | 192759 | 24.8 | 48078 | 26.3 |
| 专用设备制造业 | 13 | 284692 | 20.0 | 69304 | 21.0 |
| 汽车制造业 | 43 | 722788 | 10.2 | 161941 | 11.2 |
| 铁路、船舶、航空航天和其他运输设备制造业 | 6 | 58949 | 12.8 | 15008 | 13.9 |
| 电气机械和器材制造业 | 52 | 1209367 | 19.9 | 300119 | 22.3 |
| 计算机、通信和其他电子设备制造业 | 18 | 416188 | 19.1 | 118759 | 22.7 |
| 仪器仪表制造业 | 6 | 87121 | 16.0 | 22002 | 15.6 |
| 其他制造业 | 4 | 43048 | -10.9 | 10456 | -17.8 |
| 废弃资源综合利用业 | 1 | 34514 | 19.1 | 6355 | 32.0 |
| 电力、热力生产和供应业 | 14 | 246562 | 2.9 | 59938 | 6.7 |
| 燃气生产和供应业 | 5 | 28745 | 11.2 | 8787 | 13.4 |
| 水的生产和供应业 | 3 | 13633 | 9.2 | 9713 | 6.7 |

抚州市主要

表35－6

(201

| 产品名称 | 单位 | 抚州市 | 临川区 | 南城县 | 黎川县 |
|---|---|---|---|---|---|
| 大米 | 吨 | 703857 | 18693 | — | 67000 |
| 饲料 | 吨 | 201359 | 167857 | — | — |
| 饮料酒 | 千升 | 218179 | 88275 | 87882 | — |
| 其中:白酒(折65度,商品量) | 千升 | 393 | 393 | — | — |
| 其中:啤酒 | 千升 | 210311 | 87882 | 87882 | — |
| 软饮料 | 吨 | 181176 | — | — | — |
| 纱 | 吨 | 91648 | 17178 | 17178 | 8113 |
| 布 | 万米 | 19567 | 4334 | 3167 | 2743 |
| 其中:棉布 | 万米 | 2071 | 1362 | 1362 | 709 |
| 丝 | 吨 | 1122 | — | — | — |
| 服装 | 万件 | 7716 | 85 | 85 | 4021 |
| 人造板 | 立方米 | 393281 | 200365 | — | — |
| 家俱 | 万件 | 235 | — | — | 200 |
| 机制纸及纸板 | 吨 | 180677 | 71914 | — | 23363 |
| 纸制品 | 吨 | 69686 | 23348 | — | 34960 |
| 农用氮、磷、钾化学肥料 | 吨 | 27350 | — | — | — |
| 化学农药 | 吨 | 6699 | 1217 | — | — |
| 中成药 | 吨 | 6764 | 537 | 130 | 1803 |
| 塑料制品 | 吨 | 411004 | — | — | 73725 |
| 水泥 | 万吨 | 258 | 164 | — | 71 |
| 十种有色金属 | 吨 | 181000 | 131241 | — | — |
| 铜材 | 吨 | 233832 | 83302 | — | — |
| 金属切削机床 | 台 | 1130 | 792 | — | — |
| 变压器 | 千伏安 | 13069547 | — | — | — |
| 铅酸蓄电池 | 千伏安时 | 637928 | 637928 | — | — |

## 工业产品产量

5 年)

| 南丰县 | 崇仁县 | 乐安县 | 宜黄县 | 金溪县 | 资溪县 | 东乡县 | 广昌县 | 高新区 |
|---|---|---|---|---|---|---|---|---|
| 57788 | | 222931 | | | 15880 | | 321564 | |
| — | — | — | — | — | — | — | 33502 | — |
| — | 129904 | — | — | — | — | — | — | — |
| — | — | — | — | — | — | — | — | — |
| — | 122429 | — | — | — | — | — | — | — |
| — | 181176 | — | — | — | — | — | — | — |
| — | — | 12794 | — | 6968 | 5171 | — | 41424 | — |
| — | 1981 | — | — | — | — | — | — | 10509 |
| — | — | — | — | — | — | — | — | — |
| — | — | — | 474 | — | 63 | — | 585 | — |
| 178 | — | 1740 | — | — | — | — | 656 | 1036 |
| 170300 | — | — | — | 22616 | — | — | — | — |
| 30 | — | 6 | — | — | — | — | — | — |
| — | 6522 | — | — | 78878 | — | — | — | — |
| — | 6434 | — | — | — | — | — | — | 4944 |
| — | — | — | — | — | — | — | 27350 | — |
| — | — | — | — | — | — | — | 5482 | — |
| — | 221 | — | 1633 | — | — | 2571 | — | — |
| 19298 | 155704 | — | — | 155958 | — | — | 6319 | — |
| — | 6 | 18 | — | — | — | — | — | — |
| — | — | — | — | 14812 | 34947 | — | — | — |
| — | — | 9363 | — | 1119 | — | — | 110562 | 29485 |
| — | — | 338 | — | — | — | — | — | — |
| — | — | 12276263 | — | — | 793284 | — | — | — |
| — | — | — | — | — | — | — | — | — |

## 抚州市主要农作物产量

表35－7　　单位:亩

| 指　　标 | 2014年 | 2015年 | 2015年比2014年 | |
|---|---|---|---|---|
| | | | 增长数 | 增长% |
| **农作物总播种面积** | **8905204** | **8913066** | **7862** | **0.1** |
| **一、粮食作物** | **6116177** | **6105021** | **－11156** | **－0.2** |
| (一)谷　物 | 5672730 | 5654713 | －18017 | －0.3 |
| 其中:夏收谷物 | 398 | 59 | －339 | －85.2 |
| 秋收谷物 | 3292953 | 3294435 | 1482 | 0.0 |
| 1.稻　谷 | 5646734 | 5629067 | －17667 | －0.3 |
| (1)早　稻 | 2379379 | 2360219 | －19160 | －0.8 |
| (2)中稻及一季晚稻 | 685339 | 694631 | 9292 | 1.4 |
| (3)双季晚稻 | 2582016 | 2574217 | －7799 | －0.3 |
| 2.小　麦 | 173 | 59 | －114 | －65.9 |
| (1)冬小麦 | 173 | 59 | －114 | －65.9 |
| (2)春小麦 | | | | |
| 3.玉　米 | 25321 | 25122 | －199 | －0.8 |
| 4.谷　子 | | | | |
| 5.高　粱 | | | | |
| 6.其它谷物 | 502 | 465 | －37 | －7.4 |
| 其中:大麦 | 225 | | －225 | －100.0 |
| 燕麦 | | | | |
| 荞麦 | 15 | | －15 | －100.0 |
| (二)豆　类 | 204525 | 210828 | 6303 | 3.1 |
| 1.大　豆 | 154769 | 159307 | 4538 | 2.9 |
| 2.绿　豆 | 19754 | 20965 | 1211 | 6.1 |
| 3.红小豆 | 1533 | 1619 | 86 | 5.6 |
| 4.蚕碗豆 | 28445 | 28935 | 490 | 1.7 |
| (三)薯类(折粮计算) | 238922 | 239480 | 558 | 0.2 |
| 其中:马铃薯 | 13357 | 10246 | －3111 | －23.3 |
| 红　薯 | 223184 | 226292 | 3108 | 1.4 |
| **二、油料作物** | **386832** | **402762** | **15930** | **4.1** |
| 1.花　生 | 198145 | 209047 | 10902 | 5.5 |
| 2.油菜籽 | 174298 | 180469 | 6171 | 3.5 |
| 3.芝　麻 | 14389 | 13246 | －1143 | －7.9 |
| 4.胡麻籽 | | | 0 | |
| 5.向日葵籽 | | | 0 | |
| **三、棉　花** | **30638** | **29014** | **－1624** | **－5.3** |
| **四、麻　类** | **1250** | **1230** | **－20** | **－1.6** |
| 其中:黄红麻 | 1075 | 1060 | －15 | －1.4 |
| 苎　麻 | 175 | 170 | －5 | －2.9 |
| 大　麻(线麻) | | | 0 | |
| 亚　麻 | | | 0 | |
| **五、甘　蔗** | **57581** | **59256** | **1675** | **2.9** |
| **六、烟叶类** | **125227** | **122626** | **－2601** | **－2.1** |
| 其中:烤　烟 | 122982 | 120602 | －2380 | －1.9 |
| **七、药材类** | **75591** | **76047** | **456** | **0.6** |
| **八、蔬菜类(含菜用瓜)** | **970215** | **981892** | **11677** | **1.2** |
| **九、瓜果类** | **299201** | **303668** | **4467** | **1.5** |
| 其中:西　瓜 | 274554 | 278819 | 4265 | 1.6 |
| 甜　瓜 | 9508 | 11497 | 1989 | 20.9 |
| 草　莓 | 834 | 981 | 147 | 17.6 |
| **十、其他农作物** | **842492** | **831550** | **－10942** | **－1.3** |
| 其中:莲　子 | 71465 | 81081 | 9616 | 13.5 |
| 青饲料 | 106269 | 107620 | 1351 | 1.3 |

# 抚州市农林牧渔业总产值

表35－8　（按现行价格计算）　单位：万元

| 指　　标 | 2014年 | 2015年 | 2015年比2014年 | |
|---|---|---|---|---|
| | | | 增加数 | 增长% |
| **农林牧渔业总产值** | **3131351** | **3283167** | **151816** | **4.8** |
| **一、农业产值** | **1835592** | **1991916** | **156324** | **8.5** |
| （一）谷物及其他作物 | 959076 | 1018567 | 59491 | 6.2 |
| 1.谷物 | 708925 | 736689 | 27764 | 3.9 |
| 其中：小麦 | 7 | 5 | －2 | －28.6 |
| 稻谷 | 704618 | 732198 | 27580 | 3.9 |
| 玉米 | 2962 | 3087 | 125 | 4.2 |
| 2.薯类 | 24221 | 29365 | 5144 | 21.2 |
| 其中：马铃薯 | 1849 | 2421 | 572 | 30.9 |
| 3.油料 | 37036 | 42517 | 5481 | 14.8 |
| 其中：花生 | 24316 | 27491 | 3175 | 13.1 |
| 油菜籽 | 11051 | 13672 | 2621 | 23.7 |
| 4.豆类 | 23733 | 26165 | 2432 | 10.2 |
| 其中：大豆 | 18987 | 20671 | 1684 | 8.9 |
| 5.棉花 | 4898 | 4093 | －805 | －16.4 |
| 6.生麻 | 31 | 31 | 0 | 0.0 |
| 7.糖类 | 26220 | 31480 | 5260 | 20.1 |
| 8.烟草 | 37761 | 40725 | 2964 | 7.8 |
| 9.其他农作物 | 96251 | 107502 | 11251 | 11.7 |
| 其中：饲料作物 | 10426 | 3315 | －7111 | －68.2 |
| （二）蔬菜、食用菌及花卉盆景园艺产品 | 387500 | 437173 | 49673 | 12.8 |
| 1.蔬菜（含菜用瓜） | 287867 | 328524 | 40657 | 14.1 |
| 2.食用菌 | 40526 | 48088 | 7562 | 18.7 |
| 3.花卉 | 10385 | 10051 | －334 | －3.2 |
| 4.盆景园艺 | 48722 | 50510 | 1788 | 3.7 |
| （三）水果、坚果、茶、饮料和香料 | 476536 | 523230 | 46694 | 9.8 |
| 1.水果 | 470033 | 516428 | 46395 | 9.9 |
| 其中：梨 | 9931 | 13058 | 3127 | 31.5 |
| 柑橘 | 373741 | 391283 | 17542 | 4.7 |
| 2.坚果 | 2472 | 2441 | －31 | －1.3 |
| 其中：核桃 | 0 | 0 | 0 | |
| 板栗 | 1649 | 2104 | 455 | 27.6 |
| 松子 | 248 | 30 | －218 | －87.9 |
| 3.茶及饮料原料 | 4031 | 4361 | 330 | 8.2 |
| 其中：茶叶 | 3462 | 4361 | 899 | 26.0 |
| 4.香料作物 | 0 | 0 | 0 | |
| 其中：花椒 | 0 | 0 | 0 | |
| 八角 | 0 | 0 | 0 | |
| （四）中草药材 | 12480 | 12946 | 466 | 3.7 |

续表

| 指　　标 | 2014 年 | 2015 年 | 2015 年比 2014 年 | |
|---|---|---|---|---|
| | | | 增加数 | 增长% |
| **二、林业产值** | **138793** | **156543** | **17750** | **12.8** |
| (一)林木的培育和种植 | 49920 | 46044 | -3876 | -7.8 |
| 1. 育种育苗 | 2578 | 2570 | -8 | -0.3 |
| 2. 造林 | 26423 | 19556 | -6867 | -26.0 |
| 3. 抚育和管理 | 20919 | 23918 | 2999 | 14.3 |
| (二)竹木采运 | 46046 | 51210 | 5164 | 11.2 |
| 其中:村及村以下 | 23489 | 25493 | 2004 | 8.5 |
| (三)林产品 | 42827 | 59289 | 16462 | 38.4 |
| **三、牧业产值** | **817166** | **758684** | **-58482** | **-7.2** |
| (一)牲畜饲养 | 50452 | 54352 | 3900 | 7.7 |
| 1. 牛的饲养 | 30362 | 33081 | 2719 | 9.0 |
| 2. 羊的饲养 | 1166 | 3308 | 2142 | 183.7 |
| 3. 其他牲畜饲养 | 7839 | 8037 | 198 | 2.5 |
| 4. 奶产品 | 8914 | 7091 | -1823 | -20.5 |
| 其中:牛奶 | 8914 | 6350 | -2564 | -28.8 |
| 5. 毛绒产品 | 0 | 0 | 0 | |
| 其中:羊毛 | 0 | 0 | 0 | |
| 6. 其他牲畜副产品 | 2171 | 2835 | 664 | 30.6 |
| (二)猪的饲养 | 515148 | 475680 | -39468 | -7.7 |
| (三)家禽的饲养 | 235148 | 214234 | -20914 | -8.9 |
| 1. 肉禽 | 159709 | 144637 | -15072 | -9.4 |
| 2. 禽蛋 | 75439 | 69597 | -5842 | -7.7 |
| (四)狩猎和捕捉动物 | 4242 | 3052 | -1190 | -28.1 |
| (五)其他畜牧业 | 12176 | 11366 | -810 | -6.7 |
| 其中:蚕茧 | 2531 | 2825 | 294 | 11.6 |
| 兔 | 212 | 288 | 76 | 35.8 |
| **四、渔业产值** | **272578** | **310392** | **37814** | **13.9** |
| 其中:养殖 | 222095 | 265016 | 42921 | 19.3 |
| (一)鱼　类 | 204652 | 232841 | 28189 | 13.8 |
| (二)虾蟹类 | 12368 | 14480 | 2112 | 17.1 |
| (三)贝　类 | 4585 | 5747 | 1162 | 25.3 |
| (四)其　他 | 50973 | 57324 | 6351 | 12.5 |
| **五、农林牧渔服务业产值** | **67222** | **65632** | **-1590** | **-2.4** |

## 抚州市农林牧渔业总产值

表35－9　　（按可比价格计算）　　单位：万元

| 指标 | 2014年 | 2015年 | 2015年比2014年 | |
|---|---|---|---|---|
| | | | 增加数 | 增长% |
| **农林牧渔业总产值** | **3131351** | **3262657** | **131306** | **4.2** |
| **一、农业产值** | **1835592** | **1973582** | **137990** | **7.5** |
| （一）谷物及其他作物 | 959076 | 999098 | 40022 | 4.2 |
| 1.谷物 | 708925 | 723048 | 14123 | 2.0 |
| 其中：小麦 | 7 | 5 | －2 | －28.6 |
| 稻谷 | 704618 | 718681 | 14063 | 2.0 |
| 玉米 | 2962 | 2964 | 2 | 0.1 |
| 2.薯类 | 24221 | 26998 | 2777 | 11.5 |
| 其中：马铃薯 | 1849 | 2486 | 637 | 34.5 |
| 3.油料 | 37036 | 41943 | 4907 | 13.2 |
| 其中：花生 | 24316 | 27039 | 2723 | 11.2 |
| 油菜籽 | 11051 | 13512 | 2461 | 22.3 |
| 4.豆类 | 23733 | 25255 | 1522 | 6.4 |
| 其中：大豆 | 18987 | 20086 | 1099 | 5.8 |
| 5.棉花 | 4898 | 4292 | －606 | －12.4 |
| 6.生麻 | 31 | 30 | －1 | －3.2 |
| 7.糖类 | 26220 | 30950 | 4730 | 18.0 |
| 8.烟草 | 37761 | 40055 | 2294 | 6.1 |
| 9.其他农作物 | 96251 | 106527 | 10276 | 10.7 |
| 其中：饲料作物 | 10426 | 3311 | －7115 | －68.2 |
| （二）蔬菜、食用菌及花卉盆景园艺产品 | 387500 | 425852 | 38352 | 9.9 |
| 1.蔬菜（含菜用瓜） | 287867 | 318984 | 31117 | 10.8 |
| 2.食用菌 | 40526 | 46473 | 5947 | 14.7 |
| 3.花卉 | 10385 | 11602 | 1217 | 11.7 |
| 4.盆景园艺 | 48722 | 48793 | 71 | 0.1 |
| （三）水果、坚果、茶、饮料和香料 | 476536 | 535832 | 59296 | 12.4 |
| 1.水果 | 470033 | 528701 | 58668 | 12.5 |
| 其中：梨 | 9931 | 13109 | 3178 | 32.0 |
| 柑桔 | 373741 | 406428 | 32687 | 8.7 |
| 2.坚果 | 2472 | 2812 | 340 | 13.8 |
| 其中：核桃 | | | | |
| 板栗 | 1649 | 2494 | 845 | 51.2 |
| 松子 | 248 | 30 | －218 | －87.9 |
| 3.茶及饮料原料 | 4031 | 4319 | 288 | 7.1 |
| 其中：茶叶 | 3462 | 4319 | 857 | 24.8 |
| 4.香料作物 | | | | |
| 其中：花椒 | | | | |
| 八角 | | | | |
| （四）中草药材 | 12480 | 12800 | 320 | 2.6 |

续表

| 指　　标 | 2014 年 | 2015 年 | 2015 年比 2014 年 | |
|---|---|---|---|---|
| | | | 增加数 | 增长% |
| **二、林业产值** | **138793** | **156207** | **17414** | **12.5** |
| (一)林木的培育和种植 | 49920 | 46125 | -3795 | -7.6 |
| 1. 育种育苗 | 2578 | 2547 | -31 | -1.2 |
| 2. 造林 | 26423 | 19936 | -6487 | -24.6 |
| 3. 抚育和管理 | 20919 | 23642 | 2723 | 13.0 |
| (二)竹木采运 | 46046 | 51386 | 5340 | 11.6 |
| 其中:村及村以下 | 23489 | 25418 | 1929 | 8.2 |
| (三)林产品 | 42827 | 58696 | 15869 | 37.1 |
| **三、牧业产值** | **817166** | **760199** | **-56967** | **-7.0** |
| (一)牲畜饲养 | 50452 | 54043 | 3591 | 7.1 |
| 1. 牛的饲养 | 30362 | 32365 | 2003 | 6.6 |
| 2. 羊的饲养 | 1166 | 3331 | 2165 | 185.7 |
| 3. 其他牲畜饲养 | 7839 | 8019 | 180 | 2.3 |
| 4. 奶产品 | 8914 | 7410 | -1504 | -16.9 |
| 其中:牛奶 | 8914 | 6669 | -2245 | -25.2 |
| 5. 毛绒产品 | 0 | 0 | 0 | |
| 其中:羊毛 | 0 | 0 | 0 | |
| 6. 其他牲畜副产品 | 2171 | 2918 | 747 | 34.4 |
| (二)猪的饲养 | 515148 | 476553 | -38595 | -7.5 |
| (三)家禽的饲养 | 235148 | 215109 | -20039 | -8.5 |
| 1. 肉禽 | 159709 | 145003 | -14706 | -9.2 |
| 2. 禽蛋 | 75439 | 70106 | -5333 | -7.1 |
| (四)狩猎和捕捉动物 | 4242 | 3166 | -1076 | -25.4 |
| (五)其他畜牧业 | 12176 | 11328 | -848 | -7.0 |
| 其中:蚕茧 | 2531 | 2786 | 255 | 10.1 |
| 兔 | 212 | 286 | 74 | 34.9 |
| **四、渔业产值** | **272578** | **307944** | **35366** | **13.0** |
| 其中:养殖 | 222095 | 262525 | 40430 | 18.2 |
| (一)鱼类 | 204652 | 231251 | 26599 | 13.0 |
| (二)虾蟹类 | 12368 | 14345 | 1977 | 16.0 |
| (三)贝类 | 4585 | 5625 | 1040 | 22.7 |
| (四)其他 | 50973 | 56723 | 5750 | 11.3 |
| **五、农林牧渔服务业产值** | **67222** | **64725** | **-2497** | **-3.7** |

## 抚州市畜牧业生产情况

表35－10

| 指　　标 | 单位 | 2014年 | 2015年 | 2015年比2014年 | |
|---|---|---|---|---|---|
| | | | | 增加数 | 增长% |
| 一、畜禽存栏 | | | | | |
| 1、猪存栏 | 头 | 1835612 | 1744525 | －91087 | －5.0 |
| 其中:能繁殖母猪 | 头 | 174897 | 157408 | －17489 | －10.0 |
| 2、牛存栏 | 头 | 256120 | 241142 | －14978 | －5.8 |
| 其中:肉牛 | 头 | 53870 | 59271 | 5401 | 10.0 |
| 奶牛 | 头 | 5499 | 3784 | －1715 | －31.2 |
| 其中:能繁殖母牛 | 头 | 82921 | 82934 | 13 | 0.0 |
| 3、羊存栏 | 只 | 16247 | 16784 | 537 | 3.3 |
| 4、兔存栏 | 只 | 35151 | 37530 | 2379 | 6.8 |
| 5、家禽 | 百只 | 260706 | 255135 | －5571 | －2.1 |
| 二、畜禽出栏 | | | | | |
| 1、猪出栏 | 头 | 2913476 | 2830753 | －82723 | －2.8 |
| 2、牛出栏 | 头 | 50288 | 50772 | 484 | 1.0 |
| 3、羊出栏 | 只 | 14705 | 15029 | 324 | 2.2 |
| 4、兔出栏 | 只 | 17652 | 18271 | 619 | 3.5 |
| 5、家禽出栏 | 百只 | 852742 | 882514 | 29772 | 3.5 |
| 三、畜禽产品产量 | | | | | |
| 1、肉类总产量 | 吨 | 336903 | 344817 | 7914 | 2.3 |
| 猪肉 | 吨 | 230833 | 233003 | 2170 | 0.9 |
| 牛肉 | 吨 | 6174 | 6188 | 14 | 0.2 |
| 羊肉 | 吨 | 268 | 270 | 2 | 0.7 |
| 兔肉 | 吨 | 31 | 35 | 4 | 12.9 |
| 禽肉 | 吨 | 99276 | 105007 | 5731 | 5.8 |
| 其它肉产量 | 吨 | 321 | 314 | －7 | －2.2 |
| 2、禽蛋 | 吨 | 41949 | 41860 | －89 | －0.2 |
| 鸡、鸭、鹅蛋产量 | 吨 | 39752 | 38816 | －936 | －2.4 |
| 其他禽蛋产量 | 吨 | 2197 | 3044 | 847 | 38.6 |
| 3、牛奶 | 吨 | 19833 | 15436 | －4397 | －22.2 |
| 4、其他奶产量 | 吨 | | | | |
| 5、羊毛产量 | 公斤 | | 141 | 141 | |
| 6、养蜂箱数 | 箱 | 30521 | 33031 | 2510 | 8.2 |
| 蜂蜜产量 | 吨 | 1188 | 1303 | 115 | 9.7 |
| 7、年末桑园面积 | 公顷 | 1391 | 1115 | －276 | －19.8 |
| 蚕茧产量 | 吨 | 764 | 894 | 130 | 17.0 |

## 抚州市渔业生产情况

表35－11

| 指　　标 | 单位 | 2014年 | 2015年 | 2015年比2014年 | |
|---|---|---|---|---|---|
| | | | | 增加数 | 增长% |
| **一、水产品产量** | 吨 | **184696** | **193808** | **9112** | **4.9** |
| （一）捕捞产量 | 吨 | 15233 | 15525 | 292 | 1.9 |
| 鱼　类 | 吨 | 12104 | 12319 | 215 | 1.8 |
| 虾蟹类 | 吨 | 846 | 870 | 24 | 2.8 |
| 贝　类 | 吨 | 1930 | 1960 | 30 | 1.6 |
| 其他类 | 吨 | 353 | 376 | 23 | 6.5 |
| （二）养殖产量 | 吨 | 169463 | 178283 | 8820 | 5.2 |
| 1.按养殖品种分类 | | | | 0 | |
| 鱼　类 | 吨 | 152637 | 158526 | 5889 | 3.9 |
| 虾蟹类 | 吨 | 2162 | 2154 | －8 | －0.4 |
| 贝　类 | 吨 | 2552 | 2680 | 128 | 5.0 |
| 其他类 | 吨 | 12112 | 14923 | 2811 | 23.2 |
| 2.按养殖类型分类 | | | | 0 | |
| 池　塘 | 吨 | 69060 | 73043 | 3983 | 5.8 |
| 湖　泊 | 吨 | | | | |
| 河　沟 | 吨 | 2633 | 2791 | 158 | 6.0 |
| 水　库 | 吨 | 89317 | 94025 | 4708 | 5.3 |
| 其　他 | 吨 | 8453 | 8424 | －29 | －0.3 |
| **二、水产品养殖面积** | 亩 | **619590** | **595388** | **－24202** | **－3.9** |
| （一）池塘养殖 | 亩 | 164344 | 165014 | 670 | 0.4 |
| （二）湖泊养殖 | 亩 | | | 0 | |
| （三）河沟养殖 | 亩 | 8703 | 8746 | 43 | 0.5 |
| （四）水库养殖 | 亩 | 413554 | 419395 | 5841 | 1.4 |
| （五）其他养殖 | 亩 | 32989 | 2233 | －30756 | －93.2 |
| 附记：稻田养鱼面积 | 亩 | 100868 | 96573 | －4295 | －4.3 |

## 抚州市金融机构信贷收支情况

表 35 - 12 单位:万元

| 指 标 | 2014 年 | 2015 年 | 2015 年比 2014 年增 长% |
|---|---|---|---|
| **一、各项存款** | **12643677** | **14320084** | **13.3** |
| 住户存款 | 8383504 | 9426320 | 12.4 |
| 其中:活期存款 | 2548728 | 3634643 | 42.6 |
| 非金融企业存款 | 2041440 | 2383706 | 16.8 |
| 广义政府存款 | 2204620 | 2498347 | 13.3 |
| 财政性存款 | 128924 | 182749 | 41.7 |
| 机关团体存款 | 2075698 | 2315598 | 11.6 |
| 非银行业金融机构存款 | 10727 | 9085 | -15.3 |
| **二、各项贷款** | **7559238** | **9395807** | **24.3** |
| 1、住户贷款 | 4472255 | 5197321 | 16.2 |
| (1) 短期贷款 | 1489551 | 1756339 | 17.9 |
| (2)中长期贷款 | 2982704 | 3440982 | 15.4 |
| 2、非金融企业及机关团体贷款 | 3086981 | 4198454 | 36.0 |
| (1)短期贷款 | 1641745 | 2137095 | 30.2 |
| (2)中长期贷款 | 1320836 | 1846325 | 39.8 |
| (3)票据融资 | 120020 | 191736 | 59.8 |
| (4)各项垫款 | 4379 | 23296 | 432.0 |
| 3、债券投资 | 325860 | 411194 | 26.2 |
| 4、股权及其他投资 | 9022 | 9322 | 3.3 |
| 5、应收及预付款 | 82421 | 62042 | -24.7 |

# 抚州市固定资投资

表35－13　　单位:万元

| 指　　标 | 2011年 | 2012年 | 2013年 | 2014年 | 2015年 | 2015年比2014年增长% |
|---|---|---|---|---|---|---|
| **一、投资完成额(万元)** | **5315984** | **6614052** | **7915961** | **9392481** | **10996711** | **17.1** |
| #住宅 | 753181 | 571069 | 671517 | 839482 | 910775 | 8.5 |
| 1.按登记注册类型分 | | | | | | |
| 内　资 | 5135805 | 6487947 | 7739014 | 9271809 | 10915456 | 17.7 |
| 国　有 | 1138326 | 1519674 | 1474672 | 2285809 | 2829756 | 23.8 |
| 集　体 | 35441 | 12786 | 16926 | 3745 | 1402 | －62.6 |
| 股份合作 | 5360 | 16790 | 20950 | 16481 | 8445 | －48.8 |
| 联　营 | 27657 | 5608 | 2072 | 9550 | 4251 | －55.5 |
| 有限责任公司 | 1609118 | 1870464 | 2274248 | 2710636 | 2928258 | 8.0 |
| 股份有限公司 | 830730 | 635276 | 731197 | 572740 | 492966 | －13.9 |
| 私营个体 | 1345485 | 2224976 | 2908912 | 3502674 | 4452799 | 27.1 |
| 其他内资 | 143688 | 202373 | 310037 | 170174 | 197579 | 16.1 |
| 港、澳、台投资 | 89532 | 33054 | 55590 | 42900 | 24518 | －42.8 |
| 外商投资 | 30843 | 44000 | 41438 | 12742 | 30 | －99.8 |
| 2.按构成分 | | | | | | |
| 建筑工程 | 3137331 | 3814694 | 4869851 | 6389909 | 7642711 | 19.6 |
| 安装工程 | 322032 | 455298 | 703343 | 845365 | 933965 | 10.5 |
| 设备、工器具购置 | 899894 | 1211534 | 1363589 | 1221891 | 1358477 | 11.2 |
| 其他费用 | 956727 | 1132526 | 979178 | 935316 | 1061558 | 13.5 |
| 3.按建设性质分 | | | | | | |
| #新　建 | 3832313 | 4917754 | 6165245 | 7580711 | 8812945 | 16.3 |
| 扩　建 | 1077671 | 1044628 | 1145441 | 1290451 | 1528870 | 18.5 |
| 改建和技术改造 | 348296 | 479261 | 422978 | 415702 | 618457 | 48.8 |
| 4.按产业分 | | | | | | |
| 第一产业 | 307661 | 358317 | 306636 | 329327 | 435572 | 32.3 |
| 第二产业 | 3037758 | 3831888 | 4942479 | 5427014 | 6264339 | 15.4 |
| #工　业 | 3033516 | 3831888 | 4942479 | 5418654 | 6186342 | 14.2 |
| 第三产业 | 1970565 | 2423847 | 2666846 | 3636140 | 4296800 | 18.2 |

说明:从2011年起,固定资产投资项目统计起点由过去的计划投资50万元及以上提高到计划投资500万元及以上,本篇章均为计划投资500万元及以上固定资产投资,不含跨设区市中央项目和500万元以下项目等其他投资

续表

| 指　　标 | 2011 年 | 2012 年 | 2013 年 | 2014 年 | 2015 年 | 2015 年比 2014 年增长% |
|---|---|---|---|---|---|---|
| 5. 按行业分 | | | | | | |
| 农、林、牧、渔业 | 307661 | 387023 | 333976 | 378412 | 548560 | 45.0 |
| 采矿业 | 77782 | 111669 | 162571 | 132164 | 194116 | 46.9 |
| 制造业 | 2821901 | 3556901 | 4548410 | 4833125 | 5447290 | 12.7 |
| 电力、燃气及水的生产和供应业 | 133833 | 173118 | 236768 | 453365 | 544936 | 20.2 |
| 建筑业 | 4242 | — | — | 9660 | 87194 | — |
| 交通运输、仓储和邮政业 | 214701 | 370771 | 356683 | 597578 | 756330 | 26.6 |
| 信息传输、计算机服务和软件业 | 13236 | 6327 | 3244 | — | 11423 | — |
| 批发和零售业 | 70895 | 129893 | 132806 | 168860 | 294215 | 74.2 |
| 住宿和餐饮业 | 37452 | 111621 | 118831 | 148108 | 211589 | 42.9 |
| 金融业 | 489 | — | — | 6752 | 16430 | — |
| 房地产业 | 886600 | 784666 | 919230 | 1233280 | 1255871 | 1.8 |
| 租赁和商务服务业 | 11522 | 87128 | 70854 | 41994 | 43555 | 3.7 |
| 科学研究、技术服务和地质勘查业 | 19844 | 30911 | 3639 | 3820 | 15689 | 310.7 |
| 水利、环境和公共设施管理业 | 541585 | 530806 | 527344 | 738906 | 767834 | 3.9 |
| 居民服务和其他服务业 | 8878 | 15039 | 2672 | 7877 | 27110 | 244.2 |
| 教育 | 52039 | 95270 | 182966 | 183590 | 153717 | -16.3 |
| 卫生、社会保障和社会福利业 | 28071 | 29734 | 51440 | 58819 | 106280 | 80.7 |
| 文化、体育和娱乐业 | 43458 | 112647 | 106359 | 134777 | 153727 | 14.1 |
| 公共管理和社会组织 | 41795 | 80528 | 158168 | 261394 | 360845 | 38.0 |
| **二、资金来源合计（万元）** | **6104171** | **7323092** | **9196188** | **10785890** | **12170043** | **12.8** |
| #本年资金来源 | 5829458 | 7158954 | 8844708 | 10349382 | 11734082 | 13.4 |
| 国家预算内资金 | 165059 | 233082 | 383641 | 407472 | 352737 | -13.4 |
| 国内贷款 | 171992 | 218703 | 402565 | 286396 | 421658 | 47.2 |
| 债券 | — | — | — | — | — | — |
| 利用外资 | 80080 | 31265 | 41147 | 8787 | 1200 | -86.3 |
| 自筹资金 | 3945663 | 5000006 | 5926801 | 7170661 | 8197927 | 14.3 |
| 其他资金 | 1466664 | 1675898 | 2090554 | 2476066 | 2760560 | 11.5 |
| **三、新增固定资产（万元）** | **2183040** | **3630834** | **4208298** | **6960351** | **8818931** | **26.7** |
| **四、房屋建筑施工面积（平方米）** | **10151165** | **12417353** | **14509492** | **15285517** | **14717131** | **-3.7** |
| #住宅 | 6911063 | 7361538 | 8208516 | 8626455 | 9167718 | 6.3 |
| 房屋建筑竣工面积 | 2258529 | 3024999 | 3359294 | 4811696 | 3348771 | -30.4 |
| #住宅 | 1393948 | 1463930 | 1197309 | 1559769 | 1258207 | -19.3 |

## 抚州市财政收入统计表

表 35－14 单位:万元

| 指　标 | 2014 年 | 2015 年 | 2015 年比 2014 年增 长% |
|---|---|---|---|
| **财政总收入** | **1500709** | **1651774** | **10.1** |
| **公共财政预算收入** | **1163784** | **1268197** | **9.0** |
| 增值税 | 205178 | 227200 | 10.7 |
| 营业税 | 254332 | 324600 | 27.6 |
| 企业所得税 | 64885 | 75485 | 16.3 |
| 个人所得税 | 13069 | 15163 | 16.0 |
| 资源税 | 33995 | 23822 | －29.9 |
| 城市维护建设税 | 38948 | 44011 | 13.0 |
| 房产税 | 23481 | 26094 | 11.1 |
| 印花税 | 7237 | 7467 | 3.2 |
| 城镇土地使用税 | 53023 | 56638 | 6.8 |
| 土地增值税 | 53909 | 53623 | －0.5 |
| 车船税 | 6045 | 7845 | 29.8 |
| 耕地占用税 | 87893 | 98634 | 12.2 |
| 契税 | 60797 | 63054 | 3.7 |
| 烟叶税 | 8621 | 8653 | 0.4 |
| 非税收入 | 252371 | 235908 | －6.5 |
| 专项收入 | 26773 | 41576 | 55.3 |
| 行政性收费收入 | 141166 | 119419 | －15.4 |
| 罚没收入 | 42581 | 40374 | －5.2 |
| 国有资源(资产)有偿使用收入 | 22374 | 24058 | 7.5 |
| 其他收入 | 19477 | 10481 | －46.2 |

## 抚州市财政支出

表 35－15 单位:万元

| 指　标 | 2014 年 | 2015 年 | 2014 年比 2015 年增 长% |
|---|---|---|---|
| **公共财政预算支出** | **2557888** | **2942955** | **15.1** |
| 一般公共服务 | 203777 | 233233 | 14.5 |
| 国防 | 4892 | 5231 | 6.9 |
| 公共安全 | 114377 | 129243 | 13.0 |
| 教　育 | 512909 | 560038 | 9.2 |
| 科学技术 | 31291 | 49486 | 58.1 |
| 文化体育与传媒 | 37263 | 45512 | 22.1 |
| 社会保障和就业 | 313895 | 376290 | 19.9 |
| 医疗卫生与计划生育 | 268781 | 318722 | 18.6 |
| 节能环保 | 74031 | 82977 | 12.1 |
| 城乡社区事务 | 138402 | 161900 | 17.0 |
| 农林水 | 414368 | 440257 | 6.2 |
| 交通运输 | 52903 | 50042 | －5.4 |
| 商业服务业等 | 21341 | 35000 | 64.0 |
| 其他支出 | 41579 | 27878 | －33.0 |

## 抚州市各级各类学校基本情况

表 35－16　　(2015 年)　　单位:人

| 指　标 | 学校数(所) | 班级(个) | 上学年初在校学生数 | 毕业生数 | 实际招生数 | 本学年初在校学生数 | 在校学生本学年比上学年 | |
|---|---|---|---|---|---|---|---|---|
| | | | | | | | 增减数 | 增减(%) |
| 普通中学 | 221 | 4018 | 230766 | 73648 | 75584 | 233469 | 2703 | 1.17 |
| 完全中学 | 25 | — | — | — | — | — | — | — |
| 高　中 | 35 | 1306 | 80867 | 25486 | 25494 | 83276 | 2409 | 2.98 |
| 初　中 | 186 | 2712 | 149899 | 48162 | 50090 | 150193 | 294 | 0.20 |
| 职业高中 | 25 | — | 14576 | 4842 | 4728 | 13772 | －804 | －5.52 |
| 小　学 | 963 | 10458 | 341025 | 48643 | 57482 | 349180 | 8155 | 2.39 |
| 幼儿园 | 584 | 3719 | 105019 | 44895 | 62312 | 116851 | 11832 | 11.27 |
| 特殊教育学校 | 10 | 47 | 1560 | 83 | 323 | 1748 | 188 | 12.05 |

| 指　标 | 上学年初教职工数 | 专任教师 | 本学年初教职工数 | 专任教师 | 本学年比上学年增减 | 专任教师 |
|---|---|---|---|---|---|---|
| 普通中学 | 15273 | 14402 | 15188 | 14359 | －85 | －43 |
| 完全中学 | — | — | — | — | — | — |
| 高　中 | — | 4099 | — | 4090 | — | －9 |
| 初　中 | — | 10303 | — | 10269 | — | －34 |
| 职业高中 | 853 | 725 | 844 | 751 | －9 | 26 |
| 小　学 | 20127 | 19891 | 20324 | 20169 | 197 | 278 |
| 幼儿园 | 7275 | 4270 | 8587 | 4964 | 1312 | 694 |
| 特殊教育学校 | 56 | 54 | 64 | 64 | 8 | 10 |

(市统计局)

本栏编辑　饶国旺

# 附　录

## 文件目录

### 2015 年抚州市委主要文件目录

表 36－1

| 文　号 | 文件标题 |
|---|---|
| 抚发[2015]1 号 | 中共抚州市委关于全面推进法治抚州建设的实施意见 |
| 抚发[2015]2 号 | 中共抚州市委　抚州市人民政府关于大力推进改革创新和农业现代化建设的实施意见 |
| 抚发[2015]3 号 | 中共抚州市委关于印发《中共抚州市委常委会 2015 年工作要点》的通知 |
| 抚发[2015]4 号 | 中共抚州市委关于认真学习宣传贯彻习近平总书记在参加十二届全国人大三次会议江西代表团审议时的重要讲话精神的通知 |
| 抚发[2015]5 号 | 中共抚州市委　抚州市人民政府关于深化教育改革推进发展升级的实施意见 |
| 抚发[2015]6 号 | 中共抚州市委　抚州市人民政府 抚州军分区关于加快推进军民融合深度发展的实施意见 |
| 抚发[2015]7 号 | 中共抚州市委　抚州市人民政府关于扎实推进精准扶贫工作的实施意见 |
| 抚发[2015]8 号 | 中共抚州市委　抚州市人民政府关于进一步推进开放升级的意见 |
| 抚发[2015]9 号 | 中共抚州市委　抚州市人民政府关于表彰 2014 年度社会管理综合治理目标管理工作先进县(区)、公众安全感满意县(区)公众满意政法单位、2012－2014 年社会管理综合治理优秀县(区)的决定 |
| 抚发[2015]10 号 | 中共抚州市委　抚州市人民政府关于批转市社会治安综合治理委员会《抚州市社会治安综合治理责任查究实施细则》的通知 |
| 抚发[2015]11 号 | 中共抚州市委关于与时俱进推动人大工作发展的意见 |
| 抚发[2015]12 号 | 中共抚州市委　抚州市人民政府关于加强禁毒工作的意见 |
| 抚发[2015]13 号 | 中共抚州市委　抚州市人民政府关于加快推进抚州高新技术产业开发区发展升级的意见 |
| 抚发[2015]14 号 | 中共抚州市委关于落实“把纪律挺在前面”要求的工作意见 |
| 抚发[2015]15 号 | 中共抚州市委　抚州市人民政府关于进一步加强全市机关作风建设的实施意见 |
| 抚发[2015]16 号 | 中共抚州市委　抚州市人民政府关于推进扩权强镇试点工作的意见 |
| 抚发[2015]17 号 | 中共抚州市委　抚州市人民政府关于表彰抚州市劳动模范和先进工作者的决定 |
| 抚发[2015]18 号 | 中共抚州市委　抚州市人民政府关于贯彻落实中发〔2015〕21 号、赣发〔2015〕19 号文件精神进一步做好下半年经济工作的实施意见 |
| 抚发[2015]19 号 | 中共抚州市委关于开展向宁宏昌同志学习活动的决定 |

续表

| 文　号 | 文件标题 |
|---|---|
| 抚发[2015]20号 | 中共抚州市委关于加强和改进党的群团工作的实施意见 |
| 抚发[2015]21号 | 中共抚州市委 抚州市人民政府关于推进生态文明建设实施全市封山育林的意见 |
| 抚发[2015]22号 | 中共抚州市委关于加强人民政协协商民主建设促进政协事业发展的意见 |
| 抚字[2015]1号 | 中共抚州市委关于报送《中共抚州市委2014年工作总结》的报告 |
| 抚字[2015]2号 | 中共抚州市委　抚州市人民政府关于举办光彩事业“抚州(广昌)行”活动有关工作情况的报告 |
| 抚字[2015]3号 | 中共抚州市委关于成立中共抚州市第三届人民代表大会第五次会议临时委员会的通知 |
| 抚字[2015]4号 | 中共抚州市委　抚州市人民政府关于2014年度全市经济社会发展考核工作情况的通报 |
| 抚字[2015]5号 | 中共抚州市委关于学习贯彻习近平总书记重要讲话精神和省纪委全会精神的情况报告 |
| 抚字[2015]6号 | 中共抚州市　委关于给予胡珊珊开除党籍处分的批复 |
| 抚字[2015]7号 | 中共抚州市委关于认真学习贯彻省委强卫书记在抚州高新区升级为国家高新区批复上的重要批示精神的情况报告 |
| 抚字[2015]8号 | 中共抚州市委　抚州市人民政府关于中华海外联谊会知名企业家抚州(广昌)行活动情况的报告 |
| 抚字[2015]9号 | 中共抚州市　委关于成立中共抚州市第三届人民代表大会第六次会议临时委员会的通知 |
| 抚字[2015]10号 | 中共抚州市委　抚州市人民政府关于印发《抚州市举行中国人民抗日战争暨世界反法西斯战争胜利70周年纪念活动的方案》的通知 |
| 抚字[2015]11号 | 中共抚州市委　抚州市人民政府关于推迟中国光彩事业抚州(广昌)行活动举办时间的请示 |
| 抚字[2015]12号 | 中共抚州市委　抚州市人民政府关于恳请尽快启动东昌高速与金抚高速连接线前期工可设计工作的请示 |
| 抚字[2015]13号 | 中共抚州市委关于印发《中共抚州市委人民武装委员会全体会议纪要》的通知 |
| 抚字[2015]14号 | 中共抚州市委关于印发《省委书记强卫在抚州调研时的讲话要点》的通知 |
| 抚字[2015]15号 | 中共抚州市委关于给予卜其元开除党籍处分的批复 |
| 抚字[2015]16号 | 中共抚州市委关于对聂小乐同志处理意见的批复 |
| 抚字[2015]17号 | 中共抚州市委关于贯彻落实强卫同志在抚州考察调研时重要讲话精神的情况报告 |
| 抚字[2015]18号 | 中共抚州市委关于省质监局向抚州市下划移交处级干部有关情况的报告 |
| 抚字[2015]19号 | 中共抚州市委　抚州市人民政府关于推迟中国光彩事业抚州(广昌)行活动举办时间的请示 |
| 抚字[2015]20号 | 中共抚州市委关于对市汤显祖大剧院“4.6”火灾事故责任人员处理意见的批复 |
| 抚字[2015]21号 | 中共抚州市委关于给予聂发来开除党籍、开除公职处分的批复 |
| 抚字[2015]22号 | 中共抚州市委关于给予傅新明开除党籍处分的批复 |
| 抚字[2015]23号 | 中共抚州市委关于贯彻落实省委十三届十一次全会精神情况报告 |
| 抚字[2015]24号 | 中共抚州市委关于报送《中共抚州市委2015年上半年工作总结》的报告 |
| 抚字[2015]25号 | 中共抚州市委关于调整市直有关单位党组织设置的通知 |
| 抚字[2015]26号 | 中共抚州市委　抚州市人民政府关于印发《抚州市党员干部行为规范(试行)》的通知 |
| 抚字[2015]27号 | 中共抚州市委　抚州市人民政府关于省委省政府督导组来我市督导贯彻全省重大决策部署落实情况的反馈意见及我市贯彻意见的报告 |
| 抚字[2015]28号 | 中共抚州市委关于给予孙木林开除党籍处分的批复 |
| 抚字[2015]29号 | 中共抚州市委关于我市市委书记肖毅率团出访英国、西班牙、法国的请示 |

续表

| 文　号 | 文件标题 |
|---|---|
| 抚字[2015]30 号 | 中共抚州市委　抚州市人民政府关于恳请支持南昌至抚州轻轨项目建设的请示 |
| 抚字[2015]31 号 | 中共抚州市委　抚州市人民政府关于恳请支持抚州市开展推进抚河流域生态保护和综合治理的请示 |
| 抚字[2015]32 号 | 中共抚州市委　抚州市人民政府关于恳请将抚州市列为江西省生态文明先行示范市的请示 |
| 抚字[2015]33 号 | 中共抚州市委　抚州市人民政府关于成立抚州市深化区域合作加快发展工作领导小组的通知 |
| 抚字[2015]34 号 | 中共抚州市委贯彻落实十八届五中全会和全省领导干部会议精神情况报告 |
| 抚字[2015]35 号 | 中共抚州市委　抚州市人民政府 抚州军分区关于印发《抚州市党管武装工作考评实施方案》的通知 |
| 抚字[2015]36 号 | 中共抚州市委关于给予孙剑平开除党籍处分的批复 |
| 抚字[2015]37 号 | 中共抚州市委　抚州市人民政府关于呈报《抚州市生态文明先行示范市建设实施方案》的函 |
| 抚字[2015]38 号 | 中共抚州市委　抚州市人民政府 抚州军分区关于调整市国防动员委员会和市委人民武装委员会成员的通知 |

（黄伟文）

## 2015 年抚州市人大常委会主要文件目录

表 36 - 2

| 文件标题 | 文　号 |
|---|---|
| 《抚州市人民代表大会常务委员会关于召开抚州市第三届人民代表大会第五次会议的决定》 | (2015 年 1 月 16 日抚州市第三届人民代表大会常务委员会第二十三次会议通过) |
| 《抚州市人民代表大会常务委员会关于接受左树青辞去抚州市人民代表大会常务委员会委员职务的请求的决定》 | (2015 年 1 月 16 日抚州市第三届人民代表大会常务委员会第二十三次会议通过) |
| 《抚州市人民代表大会常务委员会关于接受王晓媛、黄日强、彭映梅辞去江西省第十二届人民代表大会代表职务的请求的决定》 | (2015 年 1 月 16 日抚州市第三届人民代表大会常务委员会第二十三次会议通过) |
| 《抚州市第三届人民代表大会第五次会议关于接受王晓媛、黄日强辞去有关职务的决定》 | (2015 年 1 月 21 日抚州市第三届人民代表大会第五次会议通过) |
| 《抚州市第三届人民代表大会第五次会议关于政府工作报告的决议》 | (2015 年 1 月 22 日抚州市第三届人民代表大会第五次会议通过) |
| 《抚州市第三届人民代表大会第五次会议关于抚州市 2014 年国民经济和社会发展计划执行情况与 2015 年国民经济和社会发展计划的决议》 | (2015 年 1 月 22 日抚州市第三届人民代表大会第五次会议通过) |
| 《抚州市第三届人民代表大会第五次会议关于抚州市 2014 年市级总预算执行情况和 2015 年市本级预算的决议》 | (2015 年 1 月 22 日抚州市第三届人民代表大会第五次会议通过) |
| 《抚州市第三届人民代表大会第五次会议关于抚州市人民代表大会常务委员会工作报告的决议》 | (2015 年 1 月 22 日抚州市第三届人民代表大会第五次会议通过) |
| 《抚州市第三届人民代表大会第五次会议关于抚州市中级人民法院工作报告的决议》 | (2015 年 1 月 22 日抚州市第三届人民代表大会第五次会议通过) |
| 《抚州市第三届人民代表大会第五次会议关于抚州市人民检察院工作报告的决议》 | (2015 年 1 月 22 日抚州市第三届人民代表大会第五次会议通过) |
| 《抚州市人民代表大会常务委员会关于接受张和平辞去抚州市人民政府市长职务的请求的决定》 | (2015 年 3 月 23 日抚州市第三届人民代表大会常务委员会第二十四次会议通过) |
| 《抚州市人民代表大会常务委员会关于张鸿星代理抚州市人民政府市长职务的决定》 | (2015 年 3 月 23 日抚州市第三届人民代表大会常务委员会第二十四次会议通过) |

续表

| 文件标题 | 文号 |
| --- | --- |
| 《抚州市人民代表大会常务委员会关于召开抚州市第三届人民代表大会第六次会议的决定》 | (2015年3月23日抚州市第三届人民代表大会常务委员会第二十四次会议通过) |
| 《抚州市人民代表大会常务委员会专题询问暂行办法》 | (2015年3月23日抚州市第三届人民代表大会常务委员会第二十四次会议通过) |
| 《抚州市人民代表大会常务委员会关于调整抚州市第三届人民代表大会第六次会议召开时间的决定》 | (2015年4月24日抚州市第三届人民代表大会常务委员会第二十五次会议通过) |
| 《抚州市人民代表大会常务委员会关于批准2014年市本级决算的决议》 | (2015年7月31日抚州市第三届人民代表大会常务委员会第二十八次会议通过) |
| 《抚州市人民代表大会常务委员会关于批准2015年市本级预算调整方案的决议》 | (2015年7月31日抚州市第三届人民代表大会常务委员会第二十八次会议通过) |
| 《抚州市人民代表大会常务委员会关于接受封文元辞去抚州市第三届人民代表大会内务司法委员会主任委员职务的请求的决定》 | (2015年11月30日抚州市第三届人民代表大会常务委员会第三十次会议通过) |
| 《抚州市人民代表大会常务委员会关于批准2015年市本级一般公共预算第二次调整方案的决议》 | (2015年11月30日抚州市第三届人民代表大会常务委员会第三十次会议通过) |
| 《抚州市人民代表大会常务委员会关于同意东乡县撤县设区的意见》 | (2015年11月30日抚州市第三届人民代表大会常务委员会第三十次会议通过) |
| 《抚州市人民代表大会常务委员会关于接受黄牡香、毛宗保辞去江西省第十二届人民代表大会代表职务的请求的决定》 | (2015年12月29日抚州市第三届人民代表大会常务委员会第三十一次会议通过) |
| 《抚州市人民代表大会常务委员会关于召开抚州市第三届人民代表大会第七次会议的决定》 | (2015年12月29日抚州市第三届人民代表大会常务委员会第三十一次会议通过) |

(周 卿)

## 2015年抚州市政府主要文件目录

表36-3

| 文号 | 文件标题 |
| --- | --- |
| 一、抚府发 | |
| 抚府发[2015]1号 | 抚州市人民政府关于衔接上级政府取消和下放一批行政审批项目等事项的通知 |
| 抚府发[2015]2号 | 抚州市人民政府关于试行国有资本经营预算的意见 |
| 抚府发[2015]3号 | 抚州市人民政府关于印发加快发展养老服务业实施办法的通知 |
| 抚府发[2015]4号 | 抚州市人民政府关于加快电网发展强化电力保障的工作意见 |
| 抚府发[2015]5号 | 抚州市人民政府批转市环保局关于抚州市2015年主要污染物总量减排计划的通知 |
| 抚府发[2015]6号 | 抚州市人民政府关于规范市政府部门行政审批行为改进行政审批有关工作的通知 |
| 抚府发[2015]7号 | 抚州市人民政府关于创新经营机制做大做强国有林场的意见 |
| 抚府发[2015]8号 | 抚州市人民政府关于下达我市2015年国民经济和社会发展计划的通知 |
| 抚府发[2015]9号 | 抚州市人民政府关于稳增长促升级的若干政策措施的通知 |
| 抚府发[2015]10号 | 抚州市人民政府关于衔接上级政府取消和调整一批行政审批项目的通知 |
| 抚府发[2015]11号 | 抚州市人民政府关于印发抚州市本级政府和社会资本合作(PPP模式)实施办法(试行)的通知 |
| 抚府发[2015]12号 | 抚州市人民政府关于进一步支持农村信用社改革和发展的意见 |

续表

| 文　　号 | 文　件　标　题 |
| --- | --- |
| | |
| 抚府发[2015]13 号 | 抚州市人民政府关于进一步推进户籍制度改革的实施意见 |
| 抚府发[2015]14 号 | 抚州市人民政府关于实施房地产顺位抵押贷款登记管理工作的意见(试行) |
| 抚府发[2015]15 号 | 抚州市人民政府关于印发抚州市城市规划区建设用地范围内集体土地上房屋征收补偿与农民公寓房安置管理办法(试行)的通知 |
| 抚府发[2015]16 号 | 抚州市人民政府关于进一步完善市城市规划区建设用地范围内土地和房屋征收工作机制的通知 |
| 抚府发[2015]17 号 | 抚州市人民政府关于加强推进气象现代化建设的通知 |
| 抚府发[2015]18 号 | 抚州市人民政府关于开展农村生活垃圾专项治理的实施意见 |
| 抚府发[2015]19 号 | 抚州市人民政府 抚州军分区关于 2015 年征兵工作的通知 |
| 抚府发[2015]20 号 | 抚州市人民政府关于印发抚州市法治政府建设指标体系的通知 |
| 抚府发[2015]21 号 | 抚州市人民政府关于积极稳妥推进林地流转进一步深化集体林权制度改革的实施意见 |
| 抚府发[2015]22 号 | 抚州市人民政府关于印发抚州市服务业发展提速三年行动计划(2015－2017 年)的通知 |
| 抚府发[2015]24 号 | 抚州市人民政府关于取消非行政许可审批类别的通知 |
| 抚府发[2015]25 号 | 抚州市人民政府关于进一步加快推进昌抚通信同城化工作的实施意见 |
| 抚府发[2015]26 号 | 抚州市人民政府关于衔接省政府下放行政权力事项的通知 |
| 抚府发[2015]27 号 | 抚州市人民政府转发江西省人民政府关于印发《江西省人民政府行政应诉工作规则》的通知 |
| 抚府发[2015]28 号 | 抚州市人民政府关于进一步提升市中心城区环境空气质量的意见 |
| 抚府发[2015]29 号 | 抚州市人民政府关于印发“智慧抚州”总体规划(2015－2025)的通知 |
| 抚府发[2015]30 号 | 抚州市人民政府关于进一步健全完善临时救助制度的通知 |
| 抚府发[2015]31 号 | 抚州市人民政府转发《江西省人民政府关于进一步加强政务公开的意见》的通知 |
| 抚府发[2015]32 号 | 抚州市人民政府关于印发市中心城区规划委员会工作细则的通知 |
| 抚府发[2015]33 号 | 抚州市人民政府关于印发农村综合产权交易市场建设工作方案的通知 |
| 二、抚府字 | |
| 抚府字[2015]1 号 | 抚州市人民政府关于给予章新友行政记过处分的批复 |
| 抚府字[2015]2 号 | 抚州市人民政府关于 2014 年度全市教育发展考核工作情况的通报 |
| 抚府字[2015]3 号 | 抚州市人民政府关于市政府领导同志分工调整的通知 |
| 抚府字[2015]4 号 | 抚州市人民政府关于对中核抚州金安铀业有限公司“1·1”坍塌事故结案的批复 |
| 抚府字[2015]5 号 | 抚州市人民政府关于 2014 年度全市计划生育工作考核结果的通报 |
| 抚府字[2015]6 号 | 抚州市人民政府关于抚州市高新区山塘整治工程专项规划报告的批复 |
| 抚府字[2015]7 号 | 抚州市人民政府关于 2015 年度市本级土地储备计划的批复 |
| 抚府字[2015]8 号 | 抚州市人民政府关于变更抚州市规范性综合实践基地建设主体的批复 |
| 抚府字[2015]9 号 | 抚州市人民政府关于给予卜其元开除公职处分的批复 |
| 抚府字[2015]10 号 | 抚州市人民政府关于广昌县城区土地定级与基准地价第四次更新成果的批复 |
| 抚府字[2015]11 号 | 抚州市人民政府关于停止执行抚府办抄字[2012]188 号文件的批复 |
| 抚府字[2015]12 号 | 抚州市人民政府关于市政府领导分工的通知 |
| 抚府字[2015]13 号 | 抚州市人民政府关于抚州市投资发展(集团)有限公司转型改革方案的批复 |

续表

| 文　号 | 文 件 标 题 |
|---|---|
| 抚府字[2015]14 号 | 抚州市人民政府关于同意抚州市海峡钢铁交易所有限公司变更名称的批复 |
| 抚府字[2015]15 号 | 抚州市人民政府关于市政府副秘书长和市政府办公室负责同志分工的通知 |
| 抚府字[2015]16 号 | 抚州市人民政府关于对汤显祖大剧院“4·6”火灾事故结案的批复 |
| 抚府字[2015]17 号 | 抚州市人民政府关于印发 2015 年推进简政放权放管结合转变政府职能工作方案的通知 |
| 抚府字[2015]18 号 | 抚州市人民政府转发江西省人民政府关于印发促进经济平稳健康发展的若干措施的通知的通知 |
| 抚府字[2015]19 号 | 抚州市人民政府转发江西省人民政府关于大力推进大众创业万众创新若干政策措施的实施意见的通知 |
| 抚府字[2015]20 号 | 抚州市人民政府关于广昌县城市总体规划(2013－2020)的批复 |
| 抚府字[2015]21 号 | 抚州市人民政府关于在全市重点建设项目中全面推广使用建筑塑料复合模板的通知 |
| 抚府字[2015]22 号 | 抚州市人民政府关于同意临川区孝桥镇文昌街办纳入乡(镇)综合行政执法试点区域的批复 |
| 抚府字[2015]23 号 | 抚州市人民政府关于下达创建文明城市完善城市功能项目计划的通知 |
| 抚府字[2015]24 号 | 抚州市人民政府关于给予孙木林行政撤职处分的批复 |
| 抚府字[2015]25 号 | 抚州市人民政府转发江西省人民政府关于加快培育外贸竞争新优势的实施意见的通知 |
| 抚府字[2015]26 号 | 抚州市人民政府关于对中核抚州金安铀业有限公司“8·9”高处坠落事故调查报告的批复 |
| 抚府字[2015]27 号 | 抚州市人民政府关于切实做好全市主要污染物总量减排工作的通知 |
| 抚府字[2015]28 号 | 抚州市人民政府关于乐安县城市总体规划(2014－2030)的批复 |
| 抚府字[2015]29 号 | 抚州市人民政府关于乐安县十三五县道路网规划的批复 |
| 抚府字[2015]30 号 | 抚州市人民政府关于金溪县十三五县道路网规划的批复 |
| 抚府字[2015]31 号 | 抚州市人民政府关于广昌县十三五县道路网规划的批复 |
| 抚府字[2015]32 号 | 抚州市人民政府关于东乡县十三五县道路网规划的批复 |
| 抚府字[2015]33 号 | 抚州市人民政府关于崇仁县十三五县道路网规划的批复 |
| 抚府字[2015]34 号 | 抚州市人民政府关于资溪安县十三五县道路网规划的批复 |
| 抚府字[2015]35 号 | 抚州市人民政府关于宜黄县十三五县道路网规划的批复 |
| 抚府字[2015]36 号 | 抚州市人民政府关于黎川县十三五县道路网规划的批复 |
| 抚府字[2015]37 号 | 抚州市人民政府关于南丰县十三五县道路网规划的批复 |
| 抚府字[2015]38 号 | 抚州市人民政府关于南城县十三五县道路网规划的批复 |
| 抚府字[2015]39 号 | 抚州市人民政府关于临川区十三五县道路网规划的批复 |
| 抚府字[2015]40 号 | 抚州市人民政府关于申请设立金山省级森林公园的批复 |
| 抚府字[2015]41 号 | 抚州市人民政府关于黎川县乡镇机关事业单位工作人员实行乡镇工作补贴的批复 |
| 抚府字[2015]42 号 | 抚州市人民政府关于 2015 年度科学技术奖励的决定 |
| 抚府字[2015]43 号 | 抚州市人民政府关于授予资溪县公安消防大队资溪消防卫士荣誉称号授予金溪县公安消防大队执法规范化先进大队荣誉称号的决定 |
| 抚府字[2015]44 号 | 抚州市人民政府关于给予孙剑平开除公职处分的批复 |
| 抚府字[2015]45 号 | 抚州市人民政府关于廖坊水利枢纽灌区二期工程项目有关事项的批复 |
| 抚府字[2015]46 号 | 抚州市人民政府关于对抚州市工业与科技创新投资发展有限公司组建方案的批复 |

续表

| 文　　号 | 文　件　标　题 |
|---|---|
| 抚府字[2015]47号 | 抚州市人民政府关于我市2013年以来中央预算内资金总投资100万元以上及专项建设基金未开工项目情况的通报 |
| 抚府字[2015]48号 | 抚州市人民政府关于对大亚木业(江西)有限公司"8·26"机械伤害事故调查报告的批复 |
| 抚府字[2015]49号 | 抚州市人民政府关于资溪县城市总体规划(2013－2030)的批复 |

(李　晔)

## 2015年抚州市政协主要文件目录

表36－4

| 文　件　标　题 | 文　　号 |
|---|---|
| 关于表彰2014年度优秀市政协委员、优秀提案、优秀调研报告、优秀社情民意、宣传信息工作先进单位的决定 | 抚协发〔2015〕2号 |
| 关于市政协主席、副主席、秘书长工作分工的通知市政协常委会2015年工作要点 | 抚协发〔2015〕4号 |
| 关于协商确定市政府"市长领办"政协提案的函 | 抚协发〔2015〕5号 |
| 关于报送《市政协常委会议专题协商我市现代服务业发展暨资政建言的报告》 | 抚协字〔2015〕1号 |
| 关于报告市政协常委会议专题协商《适应生态文明建设新常态展现绿色崛起新作为》的报告 | 抚协字〔2015〕2号 |
| 中共政协抚州市委员会党组关于开展"三严三实"专题教育实施方案 | 抚协字〔2015〕3号 |
| 关于印发《市政协主席、副主席督办提案实施方案》 | 抚协党发〔2015〕2号 |
| 关于印发《市政协办公室、专委会与市各民主党派、工商联、党外知识分子联谊会联合督办提案实施方案》的通知 | 抚协办发〔2015〕3号 |
| 关于印发市政协理论研究会2015年工作要点的通知 | 抚协办发〔2015〕4号 |
| 关于报送市政协三届五次会议委员分组讨论《政府工作报告》情况的报告 | 抚协办发〔2015〕5号 |
| 关于报送《抚州市中心城区小升初免试就近入学情况的调研报告》的报告 | 抚协办字〔2015〕2号 |
| 关于报送《做大乡村旅游,加快建设旅游强市》的报告 | 抚协办字〔2015〕5号 |
| 关于报送《加速文明城市创建,助力转型升级发展》的报告 | 抚协办字〔2015〕6号 |
| 关于报送《关于轻纺城市场综合整治情况的视察报告》的报告 | 抚协办字〔2015〕8号 |
| 关于报送《我市贯彻落实〈江西省人民政府关于支持抚州深化区域合作加快发展的若干意见〉情况的视察报告》的报告 | 抚协办字〔2015〕9号 |
| 关于报送《优化法治环境,助推民营企业健康发展—— | 抚协办字〔2013〕12号 |
| 关于我市民营企业法治环境的调研与思考》的报告 | 抚协办字〔2015〕13号 |

(吴志贤)

## 2015年抚州市纪委主要文件目录

表36－5

| 文　　号 | 标　　题 |
|---|---|
| 抚纪发1号 | 关于开展"把纪律挺在前面"教育监督活动的通知 |
| 抚纪发2号 | 关于印发《关于"把纪律挺在前面"先行先试工作方案》的通知 |
| 抚纪发3号 | 关于印发《抚州市"把纪律挺在前面"先行先试工作若干配套方案(制度)》的通知 |

表 36－5

| 文 号 | 标 题 |
|---|---|
| 抚纪发 4 号 | 关于加强纪检监察干部监督工作的意见 |
| 抚纪字 1 号 | 关于调整市纪工委监察分局归口监督单位的通知 |
| 抚纪字 2 号 | 关于印发《抚州市廉政巡查队工作实施意见》的通知 |
| 抚纪字 3 号 | 关于转发省纪委《关于陈祥云同志顶风违纪收受“红包”问题的通报》的通知 |
| 抚纪字 4 号 | 关于成立抚州市党风廉政巡查工作领导小组的通知 |
| 抚纪字 5 号 | 关于在全市开展党章党纪考试的通知 |
| 抚纪字 6 号 | 关于组织参加“抚州市把纪律挺在前面主题教育展”的通知 |
| 抚纪字 7 号 | 关于对董华春同志违纪问题的立案呈批报告 |
| 抚纪字 8 号 | 关于对孙木林停职检查建议书 |
| 抚纪字 9 号 | 关于认真学习贯彻市委《关于落实“把纪律挺在前面”要求的工作意见》和市纪委监察局《关于“把纪律挺在前面”先行先试工作方案》的通知 |
| 抚纪字 10 号 | 关于执行遵规守纪双月报制度的通知 |
| 抚纪字 11 号 | 关于做好抚州市"作风建设一键通"宣传及办理工作的通知 |
| 抚纪字 12 号 | 转发省纪委《关于防止中秋国庆期间"四风"问题反弹的通知》 |
| 抚纪字 13 号 | 关于进一步做好全市党风廉政建设社会评价工作的通知 |
| 抚纪字 14 号 | 关于转发中央纪委《关于六起违反中央八项规定精神问题的通报》的通知 |
| 抚纪字 15 号 | 转发省纪委《关于李宗根同志违纪问题的通报》的通知 |
| 抚纪字 16 号 | 转发省纪委《关于五起党风廉政建设责任追究典型案件的通报》的通知 |
| 抚纪字 17 号 | 抚州市纪检监察系统第三届纪律审查技能大比武表彰决定 |
| 抚纪字 18 号 | 转发省纪委《关于我省 6 起违反中央八项规定精神问题的通报》的通知 |

（张彦杰）

# 文章目录

## 2015 年抚州市在国家级报刊、电（视）台上稿、播出情况

表 36－6

| | | | | |
|---|---|---|---|---|
| **人 民 日 报(5 篇)** | | | | |
| 1 | 1 月 21 日 | 20 版 | 抚州专家到乐安县送药下乡（图片） | 邹春林 |
| **经 济 日 报(6 篇)** | | | | |
| 1 | 1 月 1 日 | 8 版 | 江西广昌县城镇居民钟美英希望家庭幸福（图片）（广昌） | 李树贵 |
| 2 | 1 月 4 日 | 3 版 | 江西广昌县船顶隘高速建设如火如荼（图片）（广昌） | 言 午 |
| 3 | 1 月 5 日 | 6 版 | 江西乐安菇农致富（图片）（乐安） | 邹春林 |
| 4 | 1 月 10 日 | 8 版头条 | 江西南城养鸡大户：盼建立有机肥加工厂 | 揭方晓 |
| 5 | 1 月 14 日 | 10 版 | 江西崇仁引导脱贫典型反哺乡邻（崇仁） | 刘 兴 崔伟群 |

续表

| | | | | |
|---|---|---|---|---|
| 6 | 1月31日 | 7版 | 创新机制 精准扶贫(图片)(广昌) | 李树贵 |
| **光明日报(1篇)** | | | | |
| 1 | 1月27日 | 9版 | 江西南城加强野外文物保护 | 胡晓军 揭方晓 |
| **人民日报(7篇)** | | | | |
| 1 | 2月11日 | 20版综合 | 走进田间听农声(南城) | 潘 跃 |
| 2 | 2月13日 | 11版 | 喜迁新居(图片)(广昌) | 史家民 任江华 |
| 3 | 2月13日 | 16版 | 唤醒民族文化基因(图片)(广昌) | 曾恒贵 |
| 4 | 2月14日 | 1版 | 江西精准扶贫使对劲(综合)(市直) | 吴齐强 |
| 5 | 2月15日 | 11版 | 崇仁探索扶贫新机制(崇仁) | 崔伟群 熊仁华 |
| 6 | 2月20日 | 1版 | 抚州市社区舞龙队表演传统民俗(图片)(市直) | 陈源茂 |
| 7 | 2月20日 | 2版 | 黎川:小县念活文化经(黎川) | 吴齐强 |
| **经济日报(4篇)** | | | | |
| 1 | 2月14日 | 8版综合头条 | 确保节日市场繁荣有序(图片)(广昌) | 李树贵 |
| 2 | 2月19日 | 4版 | 广昌县居民买新衣过新年(图片)(广昌) | 李树贵 |
| 3 | 2月24日 | 3版 | 文明出游 欢乐过年(图片)(广昌) | 李树贵 |
| 4 | 2月25日 | 10版 | 江西黎川:文化产业强县 公共服务惠民 | 刘 兴 |
| **光明日报(1篇)** | | | | |
| 1 | 2月19日 | 3版 | 春风化雨润心田(黎川) | 胡晓军 张亚平 |
| **新华每日电讯(1篇)** | | | | |
| 1 | 2月25日 | 5版 | 广昌志愿者在河东雁塔捡垃圾(图片) | 曾恒贵 |
| **中央电视台(1篇)** | | | | |
| 1 | 2月28日 | 新闻联播 | 江西黎川:文化产业带动百姓致富 | 抚州黎川 |
| **中央人民广播电台(1篇)** | | | | |
| 1 | 2月19日 | 报纸摘要 | 抚州黎川县政府组织活跃群众生活 | 黎川 |
| **人民日报(13篇)** | | | | |
| 1 | 3月3日 | 12版 | 宜黄干部在卢坊村指导农民致富(图片) | 周 科 |
| 2 | 3月5日 | 22版综合头条 | 全国岗位学雷锋标兵名单(市直) | 新华社 |
| 3 | 3月6日 | 23版头条 | 南丰赣抚大地绿色崛起之明珠(专版)(文图) | 南丰宣传部 |
| 4 | 3月7日 | 1版综合头条 | 习近平参加江西省代表团审议(资溪) | 兰红光 |
| 5 | 3月12日 | 11版 | 正邦集团总裁林印孙代表和兰念瑛商讨生态农业(图片)(资溪) | 陈 斌 |
| 6 | 3月15日 | 1版头条综合 | 奏响“四个全面”的时代强音(资溪) | 张宿堂 秦 杰<br>李 斌 霍小光 |
| 7 | 3月17日 | 10版 | 东乡大力发展苗木产业(图片)(东乡) | 何江华 |
| 8 | 3月18日 | 9版 | 春季植树护林忙(图片)(乐安) | 邹春林 吴 衍 |
| 9 | 3月18日 | 20版 | "婚检率"能否高些,再高些(图片)(广昌) | 曾恒贵 |

续表

| | | | | |
|---|---|---|---|---|
| 10 | 3月23日 | 8版 | "盲猪倌"的梦(图片)(广昌) | 陈子夏 |
| 11 | 3月24日 | 20版 | 旅游服务"短版"需补齐(南城) | 彭国正 |
| 12 | 3月25日 | 19版 | 专家学者问诊法治实施(图片)(东乡) | 何江华 |
| 13 | 3月29日 | 10版 | 江西崇仁:网上乐把农资淘(崇仁) | 崔伟群 |
| **经济日报(10篇)** | | | | |
| 1 | 3月1日 | 5版组合头条 | 沿着百姓的期许前行－广昌就业培训(图片)(广昌) | 李树贵 |
| 2 | 3月2日 | 10版 | 三万农民赴沿海租地种菜(崇仁) | 刘　兴 |
| 3 | 3月5日 | 3版综合 | 全国岗位学雷锋标兵名单(市直) | 新华社 |
| 4 | 3月5日 | 8版 | 实字里面见功夫(资溪) | 张　双 |
| 5 | 3月12日 | 12版 | "健康中国"为百姓开启幸福之门(图片)(广昌) | 陈子夏 |
| 6 | 3月19日 | 6版 | 崇仁夜市银行(崇仁) | 朱　斌 |
| 7 | 3月22日 | 2版 | 集中育秧促高产(图片)(南丰) | 陈子夏 |
| 8 | 3月25日 | 11版综合 | 合作社里为钱愁(崇仁) | 刘　慧 |
| 9 | 3月26日 | 7版 | 金融扶持"三农"交出亮丽成绩单(乐安)(图片) | 邹春林 |
| 10 | 3月31日 | 15版综合 | 江西资溪生态为媒 旅游淘金(资溪) | 赖永峰　刘　兴 |
| **光明日报(2篇)** | | | | |
| 1 | 3月5日 | 16版综合 | 全国岗位学雷锋标兵名单(市直) | 新华社 |
| 2 | 3月8日 | 1版综合头条 | 习近平总书记谈创新说生态说党风引代表委员热议(资溪) | 王斯敏　张　翼<br>齐　芳 |
| **新华每日电讯(4篇)** | | | | |
| 1 | 3月4日 | 9版 | 两个小女孩在东乡县田野中玩耍(图片) | 何江华 |
| 2 | 3月6日 | 9版 | 南丰老年志愿者做交通协管员(图片) | 陈子夏 |
| 3 | 3月8日 | 5版综合 | 江西:自然与政治"两个生态"一起抓(资溪) | 陈春园　陈　卓 |
| 4 | 3月27日 | 13版 | 村医"父子兵"(图片)(广昌) | 陈子夏 |
| **中央电视台(2篇)** | | | | |
| 1 | 3月6日 | 头条提要 | 习近平参加江西代表团审议(综合) | 市　直 |
| 2 | 3月18日 | 新闻联播 | 江西:精准扶贫 造福老区 | 市直南丰 |
| **人民日报(3篇)** | | | | |
| 1 | 4月19日 | 1版报眼综合 | 江西 勇作为稳增长(市直)(南丰) | 刘士安 |
| 2 | 4月22日 | 19版 | 巡回法庭(图片)(乐安) | 曾文才 |
| 3 | 4月28日 | 2版 | 农民创客的致富梦(乐安) | 吴齐强 |
| **经济日报(9篇)** | | | | |
| 1 | 4月3日 | 10版 | 崇仁农民对油菜花施肥喷洒农药(图片) | 周志华 |
| 2 | 4月5日 | 8版 | 江西广昌通过银企对接破解融资难题(图片)(广昌) | 李树贵 |
| 3 | 4月6日 | 4版 | 同心聚力 文明花开(图片)(广昌) | 李树贵 |
| 4 | 4月8日 | 11版 | 橘农抱团闯市场(南丰) | 刘　兴 |
| 5 | 4月9日 | 6版 | 江西乐安地税局开展税收宣传活动(图片)(乐安) | 陈俊波 |

续表

| | | | | |
|---|---|---|---|---|
| 6 | 4月22日 | 15版 | 江西崇仁生态麻鸡获青睐(崇仁) | 陈胜孙 |
| 7 | 4月29日 | 14版 | 江西崇仁垃圾分类(图片)(崇仁) | 周志华 |
| 8 | 4月29日 | 16版综合 | 崇仁:既要多种田 也要多挣钱(崇仁) | 刘 慧 |
| 9 | 4月30日 | 4版 | 华夏大地春耕忙(图片)(广昌) | 曾恒贵 |
| **光明日报(1篇)** | | | | |
| 1 | 4月20日 | 6版综合 | 江西资溪马头山国家级自然保护区护林员吴可生(资溪) | 新华社 |
| **新华每日电讯(2篇)** | | | | |
| 1 | 4月5日 | 3版 | 2960亩田咋亏30万种粮大户想明白后谋大干(崇仁) | 李美娟 |
| 2 | 4月21日 | 7版 | 生态农业富农家(图片)(南丰) | 陈子夏 |
| **中央电视台(3篇)** | | | | |
| 1 | 4月8日 | 新闻联播 | “倒春寒”天气侵袭南方多地(综合) | 市直 |
| 2 | 4月10日 | 新闻联播 | 东部气温回升 南方结束“倒春寒”(综合) | 市直 |
| 3 | 4月23日 | 新闻联播 | 推动全民阅读 打造书香中国(综合) | 市直广昌 |
| **中央人民广播电台(2篇)** | | | | |
| 1 | 2月23日 | 新闻报摘 | 江西抚州一乡镇干部因病离世 家人无偿捐赠眼角膜(补)(宜黄)(市直) | 危志娟 |
| 2 | 4月15日 | 新闻报摘 | 崇仁县获批变电设备“国家新型工业化产业示范基地”(崇仁) | 章冠华 |
| **人民日报(5篇)** | | | | |
| 1 | 5月5日 | 20版 | 患病的农田需要医治(南城) | 彭国正 |
| 2 | 5月10日 | 10版 | 农技指导(图片)(南丰) | 卓忠伟 |
| 3 | 5月19日 | 17版 | 广昌县精准扶贫送年礼(图片)(广昌) | 曾恒贵 |
| 4 | 5月26日 | 18版 | 从"功成不必在我"到"功成必定有我"(资溪) | 徐国义 |
| 5 | 5月27日 | 20版<br>综合头条 | 好生态吃出好滋味(资溪) | 吴齐强 |
| **经济日报(3篇)** | | | | |
| 1 | 5月22日 | 5版综合 | 节俭养德全民节约行动先进单位和先进个人名单(崇仁) | 新华社 |
| 2 | 5月29日 | 11版 | 江西乐安县大力发展蚕桑产业(图片) | 邹春林 |
| 3 | 5月30日 | 8版 | 让廉价好药惠及百姓(图片)(广昌) | 李树贵 |
| **新华每日电讯(2篇)** | | | | |
| 1 | 5月12日 | 7版 | 13岁的"小妈妈"(图片)(广昌) | 陈子夏 |
| 2 | 5月27日 | 7版 | 江西:女儿严重烧伤 贫困母亲神伤(图片)(广昌) | 周 密 |
| **人民日报(4篇)** | | | | |
| 1 | 6月2日 | 12版 | 关爱农村留守儿童(图片)(广昌) | 魏本貌 曾恒贵 |
| 2 | 6月12日 | 6版 | 江西抚州荆公故里 听改革故事(综合)(东乡)(市直) | 吴齐强 汪晓东<br>于 洋 |
| 3 | 6月14日 | 11版 | 微信助农解难题(崇仁) | 崔伟群 |
| 4 | 6月23日 | 17版 | 江西乐安灾后自救(图片)(乐安) | 邹春林 |

续表

| | | | | |
|---|---|---|---|---|
| **经 济 日 报(11 篇)** | | | | |
| 1 | 6月8日 | 10版 | 江西崇仁打造输变电设备“国家新型工业化产业示范基地”(崇仁) | 崔伟群 |
| 2 | 6月13日 | 7版 | 让老百姓办事不再难(图片)(广昌) | 李树贵 |
| 3 | 6月19日 | 6版 | 崇仁金融部门积极打击和防范非法集资活动(崇仁) | 熊仁华 |
| 4 | 6月21日 | 8版 | 提速降费步伐还应加快(图片)(广昌) | 曾恒贵 |
| 5 | 6月23日 | 3版 | 端午小长假短线游受欢迎(图片)(广昌) | 李树贵 |
| 6 | 6月23日 | 14版 | 江西崇仁蔬菜生产绿色防控(崇仁) | 陈胜孙 |
| 7 | 6月23日 | 15版 | 江西省南城县洪门镇曹源村—又见“鸟叔”村里来(南城) | 赖永峰　彭国正 |
| 8 | 6月24日 | 21版 | 全国敬业奉献模范候选人(市直) | 新华社 |
| 9 | 6月24日 | 25版 | 全国见义勇为模范候选人(崇仁) | 新华社 |
| 10 | 6月25日 | 10版 | 江西南城县大力发展鲜枣产业—从一棵树到一片林(南城) | 赖永峰 揭方晓 |
| 11 | 6月25日 | 16版 | “借智”赢来满堂彩(南城) | 赖永峰　彭国正 |
| **光 明 日 报(1 篇)** | | | | |
| 1 | 6月1日 | 10版 | 江西宜黄防治地质灾害 | 程孝平 |
| **中 央 电 视 台(2 篇)** | | | | |
| 1 | 6月30日 | 新闻直播 | 江西 宁宏昌:帮助他人是党员的本色 | 市　直 |
| 2 | 6月30日 | 新闻直播 | 江西 李进明:想为部队通信建设做点事 | 市　直 |
| **中央人民广播电台(2 篇)** | | | | |
| 1 | 6月9日 | 报摘 | 强降雨侵袭长江中下游局地(综合) | 市　直 |
| 2 | 6月10日 | 报摘 | 关严控公务消费,预防公务腐败(综合) | 市　直 |
| **人 民 日 报(3 篇)** | | | | |
| 1 | 7月3日 | 20版 | 魅力(图片)(广昌) | 曾恒贵 |
| 2 | 7月7日 | 3版 | 国际杂交水稻专家到江西宜黄考察制种(图片)(宜黄) | 陈子夏 |
| 3 | 7月16日 | 10版 | 安全暑期行(图片)(乐安) | 邹春林 |
| **经 济 日 报(6 篇)** | | | | |
| 1 | 7月1日 | 11版 | 乐安大力发展科技含量较高的机械电子产业(图片)(乐安) | 吴　衍 |
| 2 | 7月7日 | 3版 | 国际杂交水稻专家到江西宜黄考察制种(图片)(宜黄) | 陈子夏 |
| 3 | 7月20日 | 15版 | 立足“小”字创大业(南城) | 赖永峰 彭国正 |
| 4 | 7月25日 | 7版 | 为农产品插上电商“翅膀”(图片)(广昌) | 木　禾 |
| 5 | 7月30日 | 16版 | 把学校搬回家(南城) | 赖永峰　彭国正 |
| 6 | 7月31日 | 40版 | 加快建设“互联网+”服装全产业链(图片)(广昌) | 李树贵 |
| **光 明 日 报(1 篇)** | | | | |
| 1 | 7月6日 | 10版 | 江西 临川警方开展“两个行动”优化“两个环境”(临川) | 邓海龙 |
| **新华每日电讯(1 篇)** | | | | |
| 1 | 7月22日 | 7版 | 江西:制度护环境,绿色崛起引领发展升级(资溪) | 郭远明 陈毓珊 |
| **人 民 日 报(9 篇)** | | | | |

续表

| | | | | |
|---|---|---|---|---|
| 1 | 8月4日 | 2版 | 江西东乡:收购夏粮(图片)(东乡) | 何江华 |
| 2 | 8月8日 | 10版 | 气象防灾减讯(图片)(乐安) | 曾文才 |
| 3 | 8月9日 | 11版 | 盛夏采摘忙(图片)(广昌) | 曾恒贵 |
| 4 | 8月9日 | 1版 | 全民健身运动(图片)(乐安) | 曾文才 |
| 5 | 8月18日 | 20版 | 善举莫成有害生物入侵的“帮凶”(南城) | 彭国正 |
| 6 | 8月19日 | 1版 | 资溪县大觉山风景区检查索道观光车(图片)(资溪) | 吴志贵 |
| 7 | 8月24日 | 20版 | 流动科技馆(组图)(乐安) | 邹春林　曾荣锋 |
| 8 | 8月28日 | 2版 | 金溪:“一村一品”助农富(图片)(金溪) | 邓兴东 |
| 9 | 8月30日 | 10版 | “遥控”种田真方便(临川) | 章晋辉 |
| **经济日报(8篇)** | | | | |
| 1 | 8月2日 | 8版综合 | 用制度保障社区"有事好商量"(南城) | 彭国正 |
| 2 | 8月13日 | 10版 | 江西崇仁县因地制宜开展金融扶贫 根据致富项目投放扶贫贷款(崇仁) | 刘　兴　崔伟群 |
| 3 | 8月16日 | 7版综合 | 农民工养老保险制度亟待完善(南城) | 揭方晓 |
| 4 | 8月22日 | 7版 | 资溪大觉山景区安全大检查(图片)(资溪) | 吴志贵 |
| 5 | 8月22日 | 7版综合 | 筑牢安全生产防线(南城) | 揭方晓 |
| 6 | 8月25日 | 3版 | 广昌县的孩子们向抗战老兵敬礼(图片)(广昌) | 李树贵 |
| 7 | 8月26日 | 11版 | 江西省崇仁县相山镇风岗村第五期超级杂交水稻攻关(图片)(崇仁) | 崔　周 |
| 8 | 8月27日 | 16版 | 把小产品做到极致(崇仁) | 崔伟群 |
| **光明日报(1篇)** | | | | |
| 1 | 8月20日 | 6版 | 爱心书包(图片)(广昌) | 郭俊锋 |
| **新华每日电讯(4篇)** | | | | |
| 1 | 8月3日 | 6版 | 江西东乡:自主创业 舞动青春(图片)(东乡) | 宋振平 |
| 2 | 8月4日 | 7版 | 荷香里的暑期(图片)(南丰) | 陈子夏 |
| 3 | 8月5日 | 2版 | 小小傩班(图片)(南丰) | 陈子夏 |
| 4 | 8月10日 | 3版 | 小小丝瓜络远销美日欧(图片)(东乡) | 宋振平 |
| **中央电视台(2篇)** | | | | |
| 1 | 8月6日 | 新闻联播 | 江西:激活生态优势 助力绿色崛起 | 抚州南丰 |
| 2 | 8月17日 | 新闻联播综合头条 | 各地各部门贯彻落实总书记重要指示 采取有力措施 确保安全生产 | 抚　州 |
| **人民日报(2篇)** | | | | |
| 1 | 9月6日 | 11版 | 资溪农民生态养殖致富(图片)(资溪) | 吴志贵 |
| 2 | 9月10日 | 17版综合头条 | 致敬！330万乡村教师(南城) | 张　烁 |
| **经济日报(7篇)** | | | | |
| 1 | 9月1日 | 14版 | 养好山水农家富(南城) | 赖永峰　彭国正 |

续表

| | | | | |
|---|---|---|---|---|
| 2 | 9月5日 | 8版 | 大病保险:让百姓病有所医广昌县新农合政策惠民(图片)(广昌) | 言　午 |
| 3 | 9月8日 | 16版 | 江西南丰:安全用电教育进校园(南丰) | 袁　智 |
| 4 | 9月16日 | 1版 | 丰收田野美如画(图片)(广昌) | 刘　兴 |
| 5 | 9月19日 | 7版综合 | 提高城市"海绵体"吐纳能力(南城) | 揭方晓 |
| 6 | 9月28日 | 9版综合 | 江西90余景区将开展百项活动(资溪) | 刘　兴 |
| 7 | 9月30日 | 12版 | 稻菽层层浪 金秋丰收忙(广昌) | 曾恒贵 |
| 新华每日电讯(1篇) | | | | |
| 1 | 9月9日 | 5版 | 一群没有周末节假日的老师 | 郭　强 |
| 中央电视台(1篇) | | | | |
| 1 | 9月28日 | 东方时空 | 江西临川:烧起“瓦子灯” 传承中秋风俗情 | 临　川 |
| 人民日报(2篇) | | | | |
| 1 | 10月4日 | 4版 | 岗位上的国庆节(图片)(南丰) | 袁　智 |
| 2 | 10月7日 | 2版 | 南丰蜜桔出口(图片)(南丰) | 魏本貌　卓忠伟 |
| 经济日报(7篇) | | | | |
| 1 | 10月3日 | 2版 | 坚守节日岗位(图片)(南丰) | 袁　智 |
| 2 | 10月3日 | 7版综合 | 建立科学合理的门票形成机制(南城) | 揭方晓 |
| 3 | 10月9日 | 13版 | 橘农喜摘橘(图片)(南丰) | 袁　智 |
| 4 | 10月17日 | 6版 | 崇仁让农民种粮更有信心(崇仁) | 刘　慧 |
| 5 | 10月18日 | 3版 | 贯桥新村(图片)(广昌) | 陈子夏 |
| 6 | 10月30日 | 26版 | 乳业保持平稳向好发展态势(图片)(广昌) | 李树贵 |
| 7 | 10月31日 | 8版 | 形成综合利用长效机制(南城) | 揭方晓 |
| 光明日报(1篇) | | | | |
| 1 | 10月26日 | 3版 | 宁宏昌:将党员的先进性坚持到最后一刻(崇仁) | 崔伟群　朱　斌<br>胡晓军 |
| 新华每日电讯(3篇) | | | | |
| 1 | 10月4日 | 2版 | 金秋蜜橘迎丰收(图片)(南丰) | 陈子夏 |
| 2 | 10月22日 | 8版 | 81岁宁宏昌:“看到别人困难,他就去帮”(文图)(崇仁) | 李美娟 |
| 3 | 10月29日 | 4版综合<br>头条 | 未来五年,百姓都期盼啥?(金溪) | 新华社 |
| 中央电视台 | | | | |
| 1 | 10月4日 | 新闻联播 | 应对大客流考验 热门景区有办法(综合) | 市　直 |
| 2 | 10月17日 | 新闻联播 | 各界热评习主席演讲　落实总书记指示 全面消除贫困(综合) | 市　直 |
| 3 | 10月21日 | 新闻联播 | 各级政府加大养老服务投入(综合) | 市　直 |
| 中央人民广播电台(1篇) | | | | |
| 1 | 10月22日 | 报纸摘要 | 江西各地开展重阳节关爱老人活动(综合) | 抚州 |

续表

| | | | | |
|---|---|---|---|---|
| 人 民 日 报(4 篇) | | | | |
| 1 | 11 月 2 日 | 6 版 | 纳税信用可抵押贷款(抚州) | 任江华 |
| 2 | 11 月 11 日 | 16 版 | 蜜橘丰收(南丰) | 魏本貌　时　雨 |
| 3 | 11 月 17 日 | 5 版 | 新农村之本在新农民(东乡) | 梁志强 |
| 4 | 11 月 22 日 | 9 版 | 广昌白莲处处莲香请君尝(图片)(广昌) | 吴齐强　曾恒贵 |
| 经 济 日 报(5 篇) | | | | |
| 1 | 11 月 2 日 | 4 版 | 2015 年全国 1% 人口抽样调查登记工作展开(图片)(市直) | 陈源茂 |
| 2 | 11 月 7 日 | 8 版 | 餐厨垃圾:善管还须善用(图片)(广昌) | 李树贵 |
| 3 | 11 月 10 日 | 10 版 | 江西崇仁油茶产业生态富民(崇仁) | 陈胜孙 |
| 4 | 11 月 11 日 | 1 版 | 南丰举行文化踩街活动(图片)(南丰) | 宋振平 |
| 5 | 11 月 14 日 | 8 版 | 农村“事实孤儿”亟需关怀救助(南城) | 揭方晓 |
| 光 明 日 报(2 篇) | | | | |
| 1 | 11 月 20 日 | 9 版 | 广昌孟戏(图片)(广昌) | 郭俊峰 |
| 2 | 11 月 29 日 | 4 版 | 纪念罗汝芳诞辰 500 周年研讨会举行(南城) | 胡晓军　揭方晓 |
| 新 华 每 日 电 讯(5 篇) | | | | |
| 1 | 11 月 12 日 | 8 版 | 南丰庆祝蜜桔丰收(图片)(南丰) | 宋振平 |
| 2 | 11 月 14 日 | 2 版 | 江西东乡:扶贫不再是把钱安排下去就完事(东乡) | 李美娟 |
| 3 | 11 月 20 日 | 6 版 | “新村官要引领新农民”—大学生村官梁志强的减贫经历(东乡) | 李美娟 |
| 4 | 11 月 25 日 | 2 版 | 出口退税极大刺激南丰蜜橘出国创收(南丰) | 程　俊 |
| 5 | 11 月 28 日 | 3 版 | 崇仁生态麻鸡养殖户均增收五万(图片)(崇仁) | 周志华 |
| 中央电视台(1 篇) | | | | |
| 1 | 11 月 9 日 | 新闻联播 | 江西等地通过微信预约 消防志愿者进社区普及防火常识(综合) | 市　直 |
| 人 民 日 报(3 篇) | | | | |
| 1 | 12 月 2 日 | 6 版 | 撑起贫困儿童“制度保护伞”(南城) | 彭国正 |
| 2 | 12 月 7 日 | 14 版 | 江西黎川瓷业推广清洁生产(黎川) | 魏本貌　熊　云 |
| 3 | 12 月 30 日 | 10 版 | 江西大唐国际抚州发电公司 29 日正式投产发电。(图片)(市直) | 任江华　常　青 |
| 经 济 日 报(7 篇) | | | | |
| 1 | 12 月 8 日 | 13 版 | 东乡:候鸟翔集鄱阳湖(图片)(东乡) | 何江华 |
| 2 | 12 月 9 日 | 8 版 | 完善家政服务行业标准(南城) | 彭国正 |
| 3 | 12 月 10 日 | 3 版 | 微农场 + 贫困户脱贫致富(图片)(广昌) | 李树贵 |
| 4 | 12 月 18 日 | 6 版 | 昔日废弃物 今朝香饽饽(图片)(东乡) | 何江华 |
| 5 | 12 月 19 日 | 8 版 | 推广电商十基地模式 (南城) | 揭方晓 |
| 6 | 12 月 22 日 | 11 版 | 江西省宜黄农信社开展“普惠金融进社区”活动(宜黄) | 熊绍伟 |
| 7 | 12 月 23 日 | 7 版 | 江西乐安地税"连心小分队"(图片)(乐安) | 陈俊波 |

续表

| | | | | |
|---|---|---|---|---|
| 新华每日电讯(3篇) | | | | |
| 1 | 12月1日 | 5版综合头条 | 阻断贫困代际传播,为“穷娃”点亮希望(金溪) | 陈子夏 |
| 2 | 12月8日 | 1版 | 东乡:鄱阳湖迎候鸟迁徙抵达高峰(图片)(东乡) | 何江华 |
| 3 | 12月17日 | 7版 | 江西东乡:多举措扶贫(图片)(东乡) | 宋振平 |
| 中央电视台(1篇) | | | | |
| 1 | 12月20日 | 新闻直播 | 江西警方破获特大非法制售象牙案:精美佛像牵出象牙交易 | 市　直 |
| 中央人民广播电台(3篇) | | | | |
| 1 | 12月6日 | 新闻报摘 | 金溪县被认定为国家林木香料生物产业基地 | 金　溪 |
| 2 | 12月11日 | 新闻报摘 | 乐安建立“突出重点,集中发力”精准扶贫工作机制,增强“造血机能” | 乐安 |
| 3 | 12月30日 | 新闻报摘 | 南城投资10亿元提升改造麻姑山风景名胜区 | 南　城 |

(李　勇)

本栏编辑　傅长岭